Steuerrecht der Bundesrepublik Deutschland

Auswahl aus der Sammlung
Das Deutsche Bundesrecht

 Nomos Verlagsgesellschaft
Baden-Baden

CIP-Titelaufnahme der Deutschen Bibliothek

Steuerrecht der Bundesrepublik Deutschland: Auswahl aus der Sammlung Das Deutsche Bundesrecht. –
1. Aufl. – Baden-Baden: Nomos Verl.-Ges., 1990

ISBN 3-7890-2083-4

1. Auflage 1990
© Nomos Verlagsgesellschaft, Baden-Baden 1990.
Printed in Germany. Alle Rechte, auch die des Nachdrucks von Auszügen, der photomechanischen Wiedergabe und der Übersetzung, vorbehalten.

Inhaltsübersicht

Abgabenordnung	VII A 1
Einkommensteuergesetz mit Tabellen	VII B 10
Einkommensteuer-DV	VII B 10 a
Lohnsteuer-DV	VII B 10 b
Bewertungsgesetz	VII B 12
Vermögensteuergesetz	VII B 17
Erbschaftsteuer- und Schenkungsteuergesetz	VII B 18
Körperschaftsteuergesetz 1984	VII B 20
Körperschaftsteuer-DV 1984	VII B 20 a
Umsatzsteuergesetz	VII B 30
Umsatzsteuer-DV	VII B 30 a
Gewerbesteuergesetz	VII B 40
Gewerbesteuer-DV	VII B 40 a
Grundsteuergesetz	VII B 45
Grunderwerbsteuergesetz	VII B 47
Umwandlungssteuergesetz	VII B 94

Abgabenordnung
Änderungsregister

Abgabenordnung
(AO 1977)

Vom 16. März 1976 (BGBl. I S. 613, 1977 S. 269)
(BGBl. III 610-1-3)

Änderungen

Paragraph	Art der Änderung	Geändert durch	Datum	Fundstelle BGBl.
15	geändert	Adoptionsgesetz	2. 7.1976	I S.1749
314	geändert	Viertes Gesetz zur Änderung der Pfändungsfreigrenzen	28. 2.1978	I S.333
391, 400	geändert	Strafverfahrens- änderungsgesetz 1979 (StVÄG 1979)1)	5.10.1978	I S.1645
150	geändert	Gesetz zur Änderung des Kraftfahrzeug- steuergesetzes	22.12.1978	I S.2063
284	geändert	Gesetz zur Änderung zwangsvollstreckungs- rechtlicher Vorschriften	1. 2.1979	I S.127
53, 68, 141, 149	geändert	Gesetz zur Neufassung des Umsatzsteuergesetzes und zur Änderung anderer Gesetze	26.11.1979	I S.1953
52, 58, 68	geändert	Gesetz zur Änderung der Abgabenordnung und des Einkommen- steuergesetzes	25. 6.1980	I S.731
141	geändert	Gesetz zur Neuregelung der Einkommens- besteuerung der Land- und Forstwirtschaft	25. 6.1980	I S.732
31	geändert	Steuerentlastungs- gesetz 1981	16. 8.1980	I S.1381
46, 155, 162, 287	geändert	Gesetz zur Änderung des Einkommen- steuergesetzes, des Körperschaftsteuer- gesetzes und anderer Gesetze	20. 8.1980	I S.1545
150	geändert	Siebentes Gesetz zur Änderung des Bundesausbildungs- förderungsgesetzes	13. 7.1981	I S.625

---

1) Textauszug des Strafverfahrensänderungsgesetzes 1979 (StVÄG 1979) abgedruckt unter II B 5.

Abgabenordnung
Änderungsregister

Paragraph	Art der Änderung	Geändert durch	Datum	Fundstelle BGBl.
391	geändert	Gesetz zur Neuordnung des Betäubungsmittelrechts	28. 7.1981	I S.681
31 a	eingefügt	Gesetz zur Bekämpfung der illegalen Beschäftigung	15.12.1981	I S.1390
175	geändert	2. Haushaltsstrukturgesetz	22.12.1981	I S.1523
52, 55, 415	geändert	Gesetz zur Änderung des Parteiengesetzes und anderer Gesetze	22.12.1983	I S.1577
180	geändert	Steuerentlastungsgesetz 1984	22.12.1983	I S.1583
141, 145, 147	geändert	Bilanzrichtliniengesetz	19.12.1985	I S.2355
6, 19, 30, 58, 61, 67, 68, 69, 105, 111, 116, 117, 122, 123, 138, 141, 144, 150, 152, 155, 160, 165, 167, 171-174, 179-185, 196, 204, 207, 226, 237, 309, 332, 334, 339, 349, 361, 365	geändert	Steuerbereinigungsgesetz 1986	19.12.1985	I S.2436
67 a, 93 a	eingefügt			
406	geändert	Strafverfahrensänderungsgesetz 1987	27. 1.1987	I S.475
167, 235-237, 239, 241	geändert	Steuerreformgesetz 1990	25. 7.1988	I S.1093
30 a, 233 a	eingefügt			
51, 52, 58, 64, 67 a, 68	geändert	Vereinsförderungsgesetz	18.12.1989	I S.2212
233 a	geändert	Wohnungsbauförderungsgesetz	22.12.1989	I S.2408

Abgabenordnung

Inhaltsübersicht

VII A 1 Seite 1

	§

Erster Teil
Einleitende Vorschriften

Erster Abschnitt
Anwendungsbereich

	§
Anwendungsbereich	1
Vorrang völkerrechtlicher Vereinbarungen	2

Zweiter Abschnitt
Steuerliche Begriffsbestimmungen

Steuern, steuerliche Nebenleistungen	3
Gesetz	4
Ermessen	5
Behörden, Finanzbehörden	6
Amtsträger	7
Wohnsitz	8
Gewöhnlicher Aufenthalt	9
Geschäftsleitung	10
Sitz	11
Betriebstätte	12
Ständiger Vertreter	13
Wirtschaftlicher Geschäftsbetrieb	14
Angehörige	15

Dritter Abschnitt
Zuständigkeit der Finanzbehörden

Sachliche Zuständigkeit	16
Örtliche Zuständigkeit	17
Gesonderte Feststellungen	18
Steuern vom Einkommen und Vermögen natürlicher Personen	19
Steuern vom Einkommen und Vermögen der Körperschaften, Personenvereinigungen, Vermögensmassen	20
Umsatzsteuer	21
Realsteuern	22
Zölle und Verbrauchsteuern	23
Ersatzzuständigkeit	24
Mehrfache örtliche Zuständigkeit	25
Zuständigkeitswechsel	26
Zuständigkeitsvereinbarung	27
Zuständigkeitsstreit	28
Gefahr im Verzug	29

Vierter Abschnitt
Steuergeheimnis

Steuergeheimnis	30
Schutz von Bankkunden	30 a
Mitteilung von Besteuerungsgrundlagen	31

Fünfter Abschnitt
Haftungsbeschränkung für Amtsträger

Haftungsbeschränkung für Amtsträger	32

Zweiter Teil
Steuerschuldrecht

Erster Abschnitt
Steuerpflichtiger

	§
Steuerpflichtiger	33
Pflichten der gesetzlichen Vertreter und der Vermögensverwalter	34
Pflichten des Verfügungsberechtigten	35
Erlöschen der Vertretungsmacht	36

Zweiter Abschnitt
Steuerschuldverhältnis

Ansprüche aus dem Steuerschuldverhältnis	37
Entstehung der Ansprüche aus dem Steuerschuldverhältnis	38
Zurechnung	39
Gesetz- oder sittenwidriges Handeln	40
Unwirksame Rechtsgeschäfte	41
Mißbrauch von rechtlichen Gestaltungsmöglichkeiten	42
Steuerschuldner, Steuervergütungsgläubiger	43
Gesamtschuldner	44
Gesamtrechtsnachfolge	45
Abtretung, Verpfändung, Pfändung	46
Erlöschen	47
Leistung durch Dritte, Haftung Dritter	48
Verschollenheit	49
Erlöschen und Unbedingtwerden der Verbrauchsteuer, Übergang der bedingten Verbrauchsteuerschuld	50

Dritter Abschnitt
Steuerbegünstigte Zwecke

Allgemeines	51
Gemeinnützige Zwecke	52
Mildtätige Zwecke	53
Kirchliche Zwecke	54
Selbstlosigkeit	55
Ausschließlichkeit	56
Unmittelbarkeit	57
Steuerlich unschädliche Betätigungen	58
Voraussetzung der Steuervergünstigung	59
Anforderung an die Satzung	60
Satzungsmäßige Vermögensbindung	61
Ausnahmen von der satzungsmäßigen Vermögensbindung	62
Anforderungen an die tatsächliche Geschäftsführung	63
Steuerpflichtige wirtschaftliche Geschäftsbetriebe	64
Zweckbetrieb	65
Wohlfahrtspflege	66
Krankenhäuser	67
Sportliche Veranstaltungen	67 a
Einzelne Zweckbetriebe	68

Abgabenordnung

Inhaltsübersicht

§

Vierter Abschnitt
Haftung

	§
Haftung der Vertreter	69
Haftung des Vertretenen	70
Haftung des Steuerhinterziehers und des Steuerhehlers	71
Haftung bei Verletzung der Pflicht zur Kontenwahrheit	72
Haftung bei Organschaft	73
Haftung des Eigentümers von Gegenständen	74
Haftung des Betriebsübernehmers	75
Sachhaftung	76
Duldungspflicht	77

Dritter Teil
Allgemeine Verfahrensvorschriften

Erster Abschnitt
Verfahrensgrundsätze

1. Unterabschnitt
Beteiligung am Verfahren

Beteiligte	78
Handlungsfähigkeit	79
Bevollmächtigte und Beistände	80
Bestellung eines Vertreters von Amts wegen	81

2. Unterabschnitt
Ausschließung und Ablehnung von Amtsträgern und anderen Personen

Ausgeschlossene Personen	82
Besorgnis der Befangenheit	83
Ablehnung von Mitgliedern eines Ausschußes	84

3. Unterabschnitt
Besteuerungsgrundsätze, Beweismittel

I. Allgemeines

Besteuerungsgrundsätze	85
Beginn des Verfahrens	86
Amtssprache	87
Untersuchungsgrundsatz	88
Beratung, Auskunft	89
Mitwirkungspflichten der Beteiligten	90
Anhörung Beteiligter	91
Beweismittel	92

II. Beweis durch Auskünfte und Sachverständigengutachten

Auskunftpflicht der Beteiligten und anderer Personen	93
Allgemeine Mitteilungspflichten	93 a
Eidliche Vernehmung	94
Versicherung an Eides Statt	95
Hinzuziehung von Sachverständigen	96

III. Beweis durch Urkunden und Augenschein

	§
Vorlage von Urkunden	97
Einnahme des Augenscheins	98
Betreten von Grundstücken und Räumen	99
Vorlage von Wertsachen	100

IV. Auskunfts- und Vorlageverweigerungsrechte

Auskunfts- und Eidesverweigerungsrecht der Angehörigen	101
Auskunftsverweigerungsrecht zum Schutz bestimmter Berufsgeheimnisse	102
Auskunftsverweigerungsrecht bei Gefahr der Verfolgung wegen einer Straftat oder einer Ordnungswidrigkeit	103
Verweigerung der Erstattung eines Gutachtens und der Vorlage von Urkunden	104
Verhältnis der Auskunfts- und Vorlagepflicht zur Schweigepflicht öffentlicher Stellen	105
Beschränkung der Auskunfts- und Vorlagepflicht bei Beeinträchtigung des staatlichen Wohles	106

V. Entschädigung der Auskunftspflichtigen und der Sachverständigen

Entschädigung der Auskunftspflichtigen und der Sachverständigen	107

4. Unterabschnitt
Fristen, Termine, Wiedereinsetzung

Fristen und Termine	108
Verlängerung von Fristen	109
Wiedereinsetzung in den vorigen Stand	110

5. Unterabschnitt
Rechts- und Amtshilfe

Amtshilfepflicht	111
Voraussetzung und Grenzen der Amtshilfe	112
Auswahl der Behörde	113
Durchführung der Amtshilfe	114
Kosten der Amtshilfe	115
Anzeige von Steuerstraftaten	116
Zwischenstaatliche Rechts- und Amtshilfe in Steuersachen	117

Zweiter Abschnitt
Verwaltungsakte

Begriff des Verwaltungsaktes	118
Bestimmtheit und Form des Verwaltungsaktes	119
Nebenbestimmungen zum Verwaltungsakt	120
Begründung des Verwaltungsaktes	121
Bekanntgabe des Verwaltungsaktes	122
Bestellung eines Empfangsbevollmächtigten	123
Wirksamkeit des Verwaltungsaktes	124
Nichtigkeit des Verwaltungsaktes	125
Heilung von Verfahrens- und Formfehlern	126

Abgabenordnung
Inhaltsübersicht

	§
Folgen von Verfahrens- und Formfehlern	127
Umdeutung eines fehlerhaften Verwaltungsaktes	128
Offenbare Unrichtigkeiten beim Erlaß eines Verwaltungsaktes	129
Rücknahme eines rechtswidrigen Verwaltungsaktes	130
Widerruf eines rechtswidrigen Verwaltungsaktes	131
Rücknahme, Widerruf, Aufhebung und Änderung im Rechtsbehelfsverfahren	132
Rückgabe von Urkunden und Sachen	133

**Vierter Teil
Durchführung der Besteuerung**

**Erster Abschnitt
Erfassung der Steuerpflichtigen**

1. Unterabschnitt
Personenstands- und Betriebsaufnahme

Personenstands- und Betriebsaufnahme	134
Mitwirkungspflicht bei der Personenstands- und Betriebsaufnahme	135
Änderungsmitteilungen für die Personenstandsaufnahme	136

2. Unterabschnitt
Anzeigepflichten

Steuerliche Erfassung von Körperschaften, Vereinigungen und Vermögensmassen	137
Anzeigen über die Erwerbstätigkeit	138
Anmeldung von Betrieben in besonderen Fällen	139

**Zweiter Abschnitt
Mitwirkungspflichten**

1. Unterabschnitt
Führung von Büchern und Aufzeichnungen

Buchführungs- und Aufzeichnungspflichten nach anderen Gesetzen	140
Buchführungspflicht bestimmter Steuerpflichtiger	141
Ergänzende Vorschriften für Land- und Forstwirte	142
Aufzeichnung des Wareneingangs	143
Aufzeichnung des Warenausgangs	144
Allgemeine Anforderungen an Buchführung und Aufzeichnungen	145
Ordnungsvorschriften für die Buchführung und für die Aufzeichnungen	146
Ordnungsvorschriften für die Aufbewahrung von Unterlagen	147
Bewilligung von Erleichterungen	148

	§
2. Unterabschnitt **Steuererklärungen**	
Abgabe der Steuererklärungen	149
Form und Inhalt der Steuererklärungen	150
Aufnahme der Steuererklärung an Amtsstelle	151
Verspätungszuschlag	152
Berichtigung von Erklärungen	153
3. Unterabschnitt **Kontenwahrheit**	
Kontenwahrheit	154

**Dritter Abschnitt
Festsetzungs- und Feststellungsverfahren**

1. Unterabschnitt
Steuerfestsetzung

I. Allgemeine Vorschriften

Steuerfestsetzung	155
Absehen von Steuerfestsetzung, Abrundung	156
Form und Inhalt der Steuerbescheide	157
Beweiskraft der Buchführung	158
Nachweis der Treuhänderschaft	159
Benennung von Gläubigern und Zahlungsempfängern	160
Fehlmengen bei Bestandsaufnahmen	161
Schätzung von Besteuerungsgrundlagen	162
Abweichende Festsetzung von Steuern aus Billigkeitsgründen	163
Steuerfestsetzung unter Vorbehalt der Nachprüfung	164
Vorläufige Steuerfestsetzung, Aussetzung der Steuerfestsetzung	165
Drittwirkung der Steuerfestsetzung	166
Steueranmeldung, Verwendung von Steuerzeichen oder Steuerstemplern	167
Wirkung einer Steueranmeldung	168

II. Festsetzungsverjährung

Festsetzungsfrist	169
Beginn der Festsetzungsfrist	170
Ablaufhemmung	171

III. Bestandskraft

Aufhebung und Änderung von Steuerbescheiden	172
Aufhebung oder Änderung von Steuerbescheiden wegen neuer Tatsachen oder Beweismittel	173
Widerstreitende Steuerfestsetzungen	174
Aufhebung oder Änderung von Steuerbescheiden in sonstigen Fällen	175
Vertrauensschutz bei der Aufhebung und Änderung von Steuerbescheiden	176
Berichtigung von Rechtsfehlern	177

Abgabenordnung
Inhaltsübersicht

	§
IV. Kosten	
Kosten bei besonderer Inanspruchnahme der Zollbehörden	178

2. Unterabschnitt
Gesonderte Feststellung von Besteuerungsgrundlagen, Feststellung von Steuermeßbeträgen

I. Gesonderte Feststellungen

	§
Feststellung von Besteuerungsgrundlagen	179
Gesonderte Feststellung von Besteuerungsgrundlagen	180
Verfahrensvorschriften für die gesonderte Feststellung, Feststellungsfrist, Erklärungspflicht	181
Wirkung der gesonderten Feststellung	182
Empfangsbevollmächtigte bei der einheitlichen Feststellung	183

II. Festsetzung von Steuermeßbeträgen

	§
Festsetzung von Steuermeßbeträgen	184

3. Unterabschnitt
Zerlegung und Zuteilung

	§
Geltung der allgemeinen Vorschriften	185
Beteiligte	186
Akteneinsicht	187
Zerlegungsbescheid	188
Änderung der Zerlegung	189
Zuteilungsverfahren	190

4. Unterabschnitt
Haftung

	§
Haftungsbescheide, Duldungsbescheide	191
Vertragliche Haftung	192

Vierter Abschnitt
Außenprüfung

1. Unterabschnitt
Allgemeine Vorschriften

	§
Zulässigkeit einer Außenprüfung	193
Sachlicher Umfang einer Außenprüfung	194
Zuständigkeit	195
Prüfungsanordnung	196
Bekanntgabe der Prüfungsanordnung	197
Ausweispflicht, Beginn der Außenprüfung	198
Prüfungsgrundsätze	199
Mitwirkungspflicht des Steuerpflichtigen	200
Schlußbesprechung	201
Inhalt und Bekanntgabe des Prüfungsberichts	202
Abgekürzte Außenprüfung	203

2. Unterabschnitt
Verbindliche Zusagen auf Grund einer Außenprüfung

	§
Voraussetzung der verbindlichen Zusage	204
Form der verbindlichen Zusage	205
Bindungswirkung	206
Außerkrafttreten, Aufhebung und Änderung der verbindlichen Zusage	207

Fünfter Abschnitt
Steuerfahndung (Zollfahndung)

	§
Steuerfahndung (Zollfahndung)	208

Sechster Abschnitt
Steueraufsicht in besonderen Fällen

	§
Gegenstand der Steueraufsicht	209
Befugnisse der Finanzbehörde	210
Pflichten des Betroffenen	211
Durchführungsvorschriften	212
Besondere Aufsichtsmaßnahmen	213
Beauftragte	214
Sicherstellung im Aufsichtsweg	215
Überführung in das Eigentum des Bundes	216
Steuerhilfspersonen	217

Fünfter Teil
Erhebungsverfahren

Erster Abschnitt
Verwirklichung, Fälligkeit und Erlöschen von Ansprüchen aus dem Steuerschuldverhältnis

1. Unterabschnitt
Verwirklichung und Fälligkeit von Ansprüchen aus dem Steuerschuldverhältnis

	§
Verwirklichung von Ansprüchen aus dem Steuerschuldverhältnis	218
Zahlungsaufforderung bei Haftungsbescheiden	219
Fälligkeit	220
Abweichende Fälligkeitsbestimmung	221
Stundung	222
Zahlungsaufschub	223

2. Unterabschnitt
Zahlung, Aufrechnung, Erlaß

	§
Leistungsort, Tag der Zahlung	224
Reihenfolge der Tilgung	225
Aufrechnung	226
Erlaß	227

3. Unterabschnitt
Zahlungsverjährung

	§
Gegenstand der Verjährung, Verjährungsfrist	228

Abgabenordnung
Inhaltsübersicht

	§
Beginn der Verjährung	229
Hemmung der Verjährung	230
Unterbrechung der Verjährung	231
Wirkung der Verjährung	232

Zweiter Abschnitt
Verzinsung, Säumniszuschläge

1. Unterabschnitt
Verzinsung

	§
Grundsatz	233
Verzinsung von Steuernachforderungen und Steuererstattungen	233 a
Stundungszinsen	234
Verzinsung von hinterzogenen Steuern	235
Zinsen auf Erstattungsbeträge	236
Zinsen bei Aussetzung der Vollziehung	237
Höhe und Berechnung der Zinsen	238
Festsetzung der Zinsen	239

2. Unterabschnitt
Säumniszuschläge

	§
Säumniszuschläge	240

Dritter Abschnitt
Sicherheitsleistung

	§
Art der Sicherheitsleistung	241
Wirkung der Hinterlegung von Zahlungsmitteln	242
Verpfändung von Wertpapieren	243
Taugliche Steuerbürgen	244
Sicherheitsleistung durch andere Werte	245
Annahmewerte	246
Austausch von Sicherheiten	247
Nachschußpflicht	248

Sechster Teil
Vollstreckung

Erster Abschnitt
Allgemeine Vorschriften

	§
Vollstreckungsbehörden	249
Vollstreckungsersuchen	250
Vollstreckbare Verwaltungsakte	251
Vollstreckungsgläubiger	252
Vollstreckungsschuldner	253
Voraussetzungen für den Beginn der Vollstreckung	254
Vollstreckung gegen juristische Personen des öffentlichen Rechts	255
Einwendungen gegen die Vollstreckung	256
Einstellung und Beschränkung der Vollstreckung	257
Einstweilige Einstellung oder Beschränkung der Vollstreckung	258

Zweiter Abschnitt
Vollstreckung wegen Geldforderungen

1. Unterabschnitt
Allgemeine Vorschriften

	§
Mahnung	259
Angabe des Schuldgrundes	260

	§
Niederschlagung	261
Rechte Dritter	262
Vollstreckung gegen Ehegatten	263
Vollstreckung gegen Nießbraucher	264
Vollstreckung gegen Erben	265
Sonstige Fälle beschränkter Haftung	266
Vollstreckungsverfahren gegen nichtrechtsfähige Personenvereinigungen	267

2. Unterabschnitt
Aufteilung einer Gesamtschuld

	§
Grundsatz	268
Antrag	269
Allgemeiner Aufteilungsmaßstab	270
Aufteilungsmaßstab für die Vermögenssteuer	271
Aufteilungsmaßstab für Vorauszahlungen	272
Aufteilungsmaßstab für Steuernachforderungen	273
Besonderer Aufteilungsmaßstab	274
Abrundung	275
Rückständige Steuer, Einleitung der Vollstreckung	276
Vollstreckung	277
Beschränkung der Vollstreckung	278
Form und Inhalt des Aufteilungsbescheides	279
Änderung des Aufteilungsbescheides	280

3. Unterabschnitt
Vollstreckung in das bewegliche Vermögen

I. Allgemeines

	§
Pfändung	281
Wirkung der Pfändung	282
Ausschluß von Gewährleistungsansprüchen	283
Eidesstattliche Versicherung	284

II. Vollstreckung in Sachen

	§
Vollziehungsbeamte	285
Vollstreckung in Sachen	286
Befugnisse des Vollziehungsbeamten	287
Zuziehung von Zeugen	288
Zeit der Vollstreckung	289
Aufforderungen und Mitteilungen des Vollziehungsbeamten	290
Niederschrift	291
Abwendung der Pfändung	292
Pfand- und Vorzugsrechte Dritter	293
Ungetrennte Früchte	294
Unpfändbarkeit von Sachen	295
Verwertung	296
Aussetzung der Verwertung	297
Versteigerung	298
Zuschlag	299
Mindestgebot	300

VII A 1

Abgabenordnung
Inhaltsübersicht

	§
Einstellung der Versteigerung	301
Wertpapiere	302
Namenspapiere	303
Versteigerung ungetrennter Früchte	304
Besondere Verwertung	305
Vollstreckung in Ersatzteile von Luftfahrzeugen	306
Anschlußpfändung	307
Verwertung bei mehrfacher Pfändung	308

III. Vollstreckung in Forderungen und andere Vermögensrechte

Pfändung einer Geldforderung	309
Pfändung einer durch Hypothek gesicherten Forderung	310
Pfändung einer durch Schiffshypothek oder Registerpfandrecht an einem Luftfahrzeug gesicherten Forderung	311
Pfändung einer Forderung aus indossablen Papieren	312
Pfändung fortlaufender Bezüge	313
Einziehungsverfügung	314
Wirkung der Einziehungsverfügung	315
Erklärungspflicht des Drittschuldners	316
Andere Art der Verwertung	317
Ansprüche auf Herausgabe oder Leistung von Sachen	318
Unpfändbarkeit von Forderungen	319
Mehrfache Pfändung einer Forderung	320
Vollstreckung in andere Vermögensrechte	321

4. Unterabschnitt
Vollstreckung in das unbewegliche Vermögen

Verfahren	322
Vollstreckung gegen den Rechtsnachfolger	323

5. Unterabschnitt
Arrest

Dinglicher Arrest	324
Aufhebung des dinglichen Arrestes	325
Persönlicher Sicherheitsarrest	326

6. Unterabschnitt
Verwertung von Sicherheiten

Verwertung von Sicherheiten	327

Dritter Abschnitt
Vollstreckung wegen anderer Leistungen als Geldforderungen

1. Unterabschnitt
Vollstreckung wegen Handlungen, Duldungen oder Unterlassungen

Zwangsmittel	328
Zwangsgeld	329
Ersatzvornahme	330
Unmittelbarer Zwang	331

	§
Androhung der Zwangsmittel	332
Festsetzung der Zwangsmittel	333
Ersatzzwangshaft	334
Beendigung des Zwangsverfahrens	335

2. Unterabschnitt
Erzwingung von Sicherheiten

Erzwingung von Sicherheiten	336

Vierter Abschnitt
Kosten

Kosten der Vollstreckung	337
Gebührenarten	338
Pfändungsgebühr	339
Wegnahmegebühr	340
Verwertungsgebühr	341
Mehrheit von Schuldnern	342
Abrundung	343
Auslagen	344
Reisekosten und Aufwandsentschädigungen	345
Unrichtige Sachbehandlung, Festsetzungsfrist	346

Siebenter Teil
Außergerichtliches Rechtsbehelfsverfahren

Erster Abschnitt
Zulässigkeit der Rechtsbehelfe

Zulässigkeit der Rechtsbehelfe	347
Einspruch	348
Beschwerde	349
Beschwer	350
Bindungswirkung anderer Verwaltungsakte	351
Rechtsbehelfsbefugnis bei einheitlichen Feststellungsbescheiden	352
Rechtsbehelfsbefugnis des Rechtsnachfolgers	353
Rechtsbehelfsverzicht	354

Zweiter Abschnitt
Allgemeine Verfahrensvorschriften

Rechtsbehelfsfrist	355
Rechtsbehelfsbelehrung	356
Einlegung der Rechtsbehelfe	357
Prüfung der Zulässigkeitsvoraussetzungen	358
Beteiligte	359
Hinzuziehung zum Verfahren	360
Aussetzung der Vollziehung	361
Rücknahme des Rechtsbehelfs	362
Aussetzung des Verfahrens	363
Mitteilung der Besteuerungsunterlagen	364
Anwendung von Verfahrensvorschriften	365
Zustellung der Rechtsbehelfsentscheidung	366

Abgabenordnung
Inhaltsübersicht

	§
Dritter Abschnitt **Besondere Verfahrensvorschriften**	
Entscheidung über den Einspruch	367
Entscheidung über die Beschwerde ...	368
Achter Teil **Straf- und Bußgeldvorschriften** **Straf- und Bußgeldverfahren**	
Erster Abschnitt **Strafvorschriften**	
Steuerstraftaten	369
Steuerhinterziehung	370
Selbstanzeige bei Steuerhinterziehung .	371
Bannbruch	372
Gewerbsmäßiger, gewaltsamer und bandenmäßiger Schmuggel	373
Steuerhehlerei	374
Nebenfolgen	375
Unterbrechung der Verfolgungsverjährung	376
Zweiter Abschnitt **Bußgeldvorschriften**	
Steuerordnungswidrigkeiten	377
Leichtfertige Steuerverkürzung	378
Steuergefährdung	379
Gefährdung der Abzugsteuern	380
Verbrauchssteuergefährdung	381
Gefährdung der Eingangsabgaben ...	382
Unzulässiger Erwerb von Steuererstattungs- und Vergütungsansprüchen	383
Verfolgungsverjährung	384
Dritter Abschnitt **Strafverfahren**	
1. Unterabschnitt **Allgemeine Vorschriften**	
Geltung von Verfahrensvorschriften ..	385
Zuständigkeit der Finanzbehörde bei Steuerstraftaten	386
Sachlich zuständige Finanzbehörde ...	387
Örtlich zuständige Finanzbehörde	388
Zusammenhängende Strafsachen	389
Mehrfache Zuständigkeit	390
Zuständiges Gericht	391
Verteidigung	392
Verhältnis des Strafverfahrens zum Besteuerungsverfahren	393
Übergang des Eigentums	394
Akteneinsicht der Finanzbehörde	395
Aussetzung des Verfahrens	396
Zweiter Unterabschnitt **Ermittlungsverfahren**	
I. Allgemeines	
Einleitung des Strafverfahrens	397
Einstellung wegen Geringfügigkeit ...	398

	§
II. Verfahren der Finanzbehörde bei Steuerstraftaten	
Rechte und Pflichten der Finanzbehörde	399
Antrag auf Erlaß eines Strafbefehls ...	400
Antrag auf Anordnung von Nebenfolgen im selbständigen Verfahren	401
III. Stellung der Finanzbehörde im Verfahren der Staatsanwaltschaft	
Allgemeine Rechte und Pflichten der Finanzbehörde	402
Beteiligung der Finanzbehörde	403
IV. Steuer- und Zollfahndung	
Steuer- und Zollfahndung	404
V. Entschädigung der Zeugen und der Sachverständigen	
Entschädigung der Zeugen und der Sachverständigen	405
3. Unterabschnitt **Gerichtliches Verfahren**	
Mitwirkung der Finanzbehörde im Strafbefehlsverfahren und im selbständigen Verfahren	406
Beteiligung der Finanzbehörde in sonstigen Fällen	407
4. Unterabschnitt **Kosten des Verfahrens**	
Kosten des Verfahrens	408
Vierter Abschnitt **Bußgeldverfahren**	
Zuständige Verwaltungsbehörde	409
Ergänzende Vorschriften für das Bußgeldverfahren	410
Bußgeldverfahren gegen Rechtsanwälte, Steuerberater, Steuerbevollmächtigte, Wirtschaftsprüfer oder vereidigte Buchprüfer	411
Zustellung, Vollstreckung, Kosten	412
Neunter Teil **Schlußvorschriften**	
Einschränkung von Grundrechten	413
Berlin-Klausel	414
Inkrafttreten	415
Anlage	
Pfändungsgebühren für Pfändungen nach § 339 Abs. 1 Nr. 2	

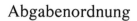

Einleitende Vorschriften
Anwendungsbereich – Steuerliche Begriffsbestimmungen
§§ 1-3

Der Bundestag hat mit Zustimmung des Bundesrates das folgende Gesetz beschlossen:

Erster Teil
Einleitende Vorschriften

Erster Abschnitt
Anwendungsbereich

§ 1 Anwendungsbereich

(1) Dieses Gesetz gilt für alle Steuern einschließlich der Steuervergütungen, die durch Bundesrecht oder Recht der Europäischen Gemeinschaften geregelt sind, soweit sie durch Bundesfinanzbehörden oder durch Landesfinanzbehörden verwaltet werden.
(2) Für die Realsteuern gelten, soweit ihre Verwaltung den Gemeinden übertragen worden ist, die folgenden Vorschriften dieses Gesetzes entsprechend:
1. die Vorschriften des Ersten, Zweiten und Vierten Abschnitts des Ersten Teils (Anwendungsbereich, Steuerliche Begriffsbestimmungen, Steuergeheimnis),
2. die Vorschriften des Zweiten Teils (Steuerschuldrecht),
3. die Vorschriften des Dritten Teils mit Ausnahme der §§ 82 bis 84 (Allgemeine Verfahrensvorschriften),
4. die Vorschriften des Vierten Teils (Durchführung der Besteuerung),
5. die Vorschriften des Fünften Teils (Erhebungsverfahren),
6. die §§ 351 und 361 Abs. 1 Satz 2 und Abs. 3,
7. die Vorschriften des Achten Teils (Straf- und Bußgeldvorschriften, Straf- und Bußgeldverfahren).
(3) Auf steuerliche Nebenleistungen sind die Vorschriften dieses Gesetzes sinngemäß anzuwenden. Der Dritte bis Sechste Abschnitt des Vierten Teils gilt jedoch nur, soweit dies besonders bestimmt wird.

§ 2 Vorrang völkerrechtlicher Vereinbarungen

Verträge mit anderen Staaten im Sinne des Artikels 59 Abs. 2 Satz 1 des Grundgesetzes über die Besteuerung gehen, soweit sie unmittelbar anwendbares innerstaatliches Recht geworden sind, den Steuergesetzen vor.

Zweiter Abschnitt
Steuerliche Begriffsbestimmungen

§ 3 Steuern, steuerliche Nebenleistungen

(1) Steuern sind Geldleistungen, die nicht eine Gegenleistung für eine besondere Leistung darstellen und von einem öffentlich-rechtlichen Gemeinwesen zur Erzielung von Einnahmen allen auferlegt werden, bei denen der Tatbestand zutrifft, an den das Gesetz die Leistungspflicht knüpft; die Erzielung von Einnahmen kann Nebenzweck sein. Zölle und Abschöpfungen sind Steuern im Sinne dieses Gesetzes.
(2) Realsteuern sind die Grundsteuer und die Gewerbesteuer.
(3) Steuerliche Nebenleistungen sind Verspätungszuschläge (§ 152), Zinsen (§§ 233 bis 237), Säumniszuschläge (§ 240), Zwangsgelder (§ 329) und Kosten (§ 178, §§ 337 bis 345).
(4) Das Aufkommen der Zinsen steht den jeweils steuerberechtigten Körperschaften zu. Die übrigen steuerlichen Nebenleistungen fließen den verwaltenden Körperschaften zu.

Abgabenordnung

Einleitende Vorschriften
Steuerliche Begriffsbestimmungen
§§ 4–12

§ 4 Gesetz
Gesetz ist jede Rechtsnorm.

§ 5 Ermessen
Ist die Finanzbehörde ermächtigt, nach ihrem Ermessen zu handeln, hat sie ihr Ermessen entsprechend dem Zweck der Ermächtigung auszuüben und die gesetzlichen Grenzen des Ermessens einzuhalten.

§ 6 Behörden, Finanzbehörden
(1) Behörde ist jede Stelle, die Aufgaben der öffentlichen Verwaltung wahrnimmt.

(2) Finanzbehörden im Sinne dieses Gesetzes sind die folgenden im Gesetz über die Finanzverwaltung genannten Bundes- und Landesfinanzbehörden:
1. der Bundesminister der Finanzen und die für die Finanzverwaltung zuständigen obersten Landesbehörden als oberste Behörden,
2. die Bundesmonopolverwaltung für Branntwein und das Bundesamt für Finanzen als Bundesoberbehörden,
3. Rechenzentren als Landesoberbehörden,
4. die Oberfinanzdirektionen und die Monopolverwaltung für Branntwein Berlin als Mittelbehörden und
5. die Hauptzollämter einschließlich ihrer Dienststellen, das Zollkriminalinstitut, die Zollfahndungsämter, die Finanzämter und die besonderen Landesfinanzbehörden als örtliche Behörden.

§ 7 Amtsträger
Amtsträger ist, wer nach deutschem Recht
1. Beamter oder Richter (§ 11 Abs. 1 Nr. 3 des Strafgesetzbuches) ist,
2. in einem sonstigen öffentlich-rechtlichen Amtsverhältnis steht oder
3. sonst dazu bestellt ist, bei einer Behörde oder bei einer sonstigen Stelle oder in deren Auftrag Aufgaben der öffentlichen Verwaltung wahrzunehmen.

§ 8 Wohnsitz
Einen Wohnsitz hat jemand dort, wo er eine Wohnung unter Umständen innehat, die darauf schließen lassen, daß er die Wohnung beibehalten und benutzen wird.

§ 9 Gewöhnlicher Aufenthalt
Den gewöhnlichen Aufenthalt hat jemand dort, wo er sich unter Umständen aufhält, die erkennen lassen, daß er an diesem Ort oder in diesem Gebiet nicht nur vorübergehend verweilt. Als gewöhnlicher Aufenthalt im Geltungsbereich dieses Gesetzes ist stets und von Beginn an ein zeitlich zusammenhängender Aufenthalt von mehr als sechs Monaten Dauer anzusehen; kurzfristige Unterbrechungen bleiben unberücksichtigt. Satz 2 gilt nicht, wenn der Aufenthalt ausschließlich zu Besuchs-, Erholungs-, Kur- oder ähnlichen privaten Zwecken genommen wird und nicht länger als ein Jahr dauert.

§ 10 Geschäftsleitung
Geschäftsleitung ist der Mittelpunkt der geschäftlichen Oberleitung.

§ 11 Sitz
Den Sitz hat eine Körperschaft, Personenvereinigung oder Vermögensmasse an dem Ort, der durch Gesetz, Gesellschaftsvertrag, Satzung, Stiftungsgeschäft oder dergleichen bestimmt ist.

§ 12 Betriebstätte
Betriebstätte ist jede feste Geschäftseinrichtung oder Anlage, die der Tätigkeit eines Unternehmens dient.

Abgabenordnung

Einleitende Vorschriften
Steuerliche Begriffsbestimmungen
§§ 13–15

Als Betriebstätten sind insbesondere anzusehen:
1. die Stätte der Geschäftsleitung,
2. Zweigniederlassungen,
3. Geschäftsstellen,
4. Fabrikations- oder Werkstätten,
5. Warenlager,
6. Ein- oder Verkaufsstellen,
7. Bergwerke, Steinbrüche oder andere stehende, örtlich fortschreitende oder schwimmende Stätten der Gewinnung von Bodenschätzen,
8. Bauausführungen oder Montagen, auch örtlich fortschreitende oder schwimmende, wenn
   a) die einzelne Bauausführung oder Montage oder
   b) eine von mehreren zeitlich nebeneinander bestehenden Bauausführungen oder Montagen oder
   c) mehrere ohne Unterbrechung aufeinander folgende Bauausführungen oder Montagen

länger als sechs Monate dauern.

§ 13 Ständiger Vertreter

Ständiger Vertreter ist eine Person, die nachhaltig die Geschäfte eines Unternehmens besorgt und dabei dessen Sachweisungen unterliegt. Ständiger Vertreter ist insbesondere eine Person, die für ein Unternehmen nachhaltig

1. Verträge abschließt oder vermittelt oder Aufträge einholt oder
2. einen Bestand von Gütern oder Waren unterhält und davon Auslieferungen vornimmt.

§ 14 Wirtschaftlicher Geschäftsbetrieb

Ein wirtschaftlicher Geschäftsbetrieb ist eine selbständige nachhaltige Tätigkeit, durch die Einnahmen oder andere wirtschaftliche Vorteile erzielt werden und die über den Rahmen einer Vermögensverwaltung hinausgeht. Die Absicht, Gewinn zu erzielen, ist nicht erforderlich. Eine Vermögensverwaltung liegt in der Regel vor, wenn Vermögen genutzt, zum Beispiel Kapitalvermögen verzinslich angelegt oder unbewegliches Vermögen vermietet oder verpachtet wird.

§ 15 Angehörige

(1) Angehörige sind:
1. der Verlobte,
2. der Ehegatte,
3. Verwandte und Verschwägerte gerader Linie,
4. Geschwister,
5. Kinder der Geschwister,
6. Ehegatten der Geschwister und Geschwister der Ehegatten,
7. Geschwister der Eltern,
8. Personen, die durch ein auf längere Dauer angelegtes Pflegeverhältnis mit häuslicher Gemeinschaft wie Eltern und Kind miteinander verbunden sind (Pflegeeltern und Pflegekinder).

(2) Angehörige sind die in Absatz 1 aufgeführten Personen auch dann, wenn
1. in den Fällen der Nummern 2, 3 und 6 die die Beziehung begründende Ehe nicht mehr besteht;
2. in den Fällen der Nummern 3 bis 7 die Verwandtschaft oder Schwägerschaft durch Annahme als Kind erloschen ist;
3. im Falle der Nummer 8 die häusliche Gemeinschaft nicht mehr besteht, sofern die Personen weiterhin wie Eltern und Kind miteinander verbunden sind.

Abgabenordnung

Einleitende Vorschriften
Zuständigkeit der Finanzbehörden
§§ 16-19

Dritter Abschnitt
Zuständigkeit der Finanzbehörden

§ 16 Sachliche Zuständigkeit

Die sachliche Zuständigkeit der Finanzbehörden richtet sich, soweit nichts anderes bestimmt ist, nach dem Gesetz über die Finanzverwaltung.

§ 17 Örtliche Zuständigkeit

Die örtliche Zuständigkeit richtet sich, soweit nichts anderes bestimmt ist, nach den folgenden Vorschriften.

§ 18 Gesonderte Feststellungen

(1) Für die gesonderten Feststellungen nach § 180 ist örtlich zuständig:
1. bei Betrieben der Land- und Forstwirtschaft, bei Grundstücken, Betriebsgrundstücken und Mineralgewinnungsrechten das Finanzamt, in dessen Bezirk der Betrieb, das Grundstück, das Betriebsgrundstück, das Mineralgewinnungsrecht oder, wenn sich der Betrieb, das Grundstück, das Betriebsgrundstück oder das Mineralgewinnungsrecht auf die Bezirke mehrerer Finanzämter erstreckt, der wertvollste Teil liegt (Lagefinanzamt),
2. bei gewerblichen Betrieben mit Geschäftsleitung im Geltungsbereich dieses Gesetzes das Finanzamt, in dessen Bezirk sich die Geschäftsleitung befindet, bei gewerblichen Betrieben ohne Geschäftsleitung im Geltungsbereich dieses Gesetzes das Finanzamt, in dessen Bezirk eine Betriebsstätte — bei mehreren Betriebsstätten die wirtschaftlich bedeutendste — unterhalten wird (Betriebsfinanzamt),
3. bei freiberuflicher Tätigkeit das Finanzamt von dessen Bezirk aus die Berufstätigkeit vorwiegend ausgeübt wird,
4. bei einer Beteiligung mehrerer Personen an anderen Einkünften als Einkünften aus Land- und Forstwirtschaft, aus Gewerbebetrieb oder aus freiberuflicher Tätigkeit, die nach § 180 Abs. 1 Nr. 2 Buchstabe a gesondert festgestellt werden, das Finanzamt, von dessen Bezirk die Verwaltung dieser Einkünfte ausgeht, oder, wenn diese im Geltungsbereich dieses Gesetzes nicht feststellbar ist, das Finanzamt, in dessen Bezirk sich der wertvollste Teil des Vermögens, aus dem die gemeinsamen Einkünfte fließen, befindet. Dies gilt sinngemäß auch bei einer gesonderten Feststellung nach § 180 Abs. 1 Nr. 3 oder nach § 180 Abs. 2.

(2) Ist eine gesonderte Feststellung mehreren Steuerpflichtigen gegenüber vorzunehmen und läßt sich nach Absatz 1 die örtliche Zuständigkeit nicht bestimmen, so ist jedes Finanzamt örtlich zuständig, das nach den §§ 19 oder 20 für die Steuern vom Einkommen und Vermögen eines Steuerpflichtigen zuständig ist, dem ein Anteil an dem Gegenstand der Feststellung zuzurechnen ist. Soweit dieses Finanzamt auf Grund einer Verordnung nach § 17 Abs. 2 Satz 3 und 4 des Finanzverwaltungsgesetzes sachlich nicht für die gesonderte Feststellung zuständig ist, tritt an seine Stelle das sachlich zuständige Finanzamt.

§ 19 Steuern vom Einkommen und Vermögen natürlicher Personen

(1) Für die Besteuerung natürlicher Personen nach dem Einkommen und Vermögen ist das Finanzamt örtlich zuständig, in dessen Bezirk der Steuerpflichtige seinen Wohnsitz oder in Ermangelung eines Wohnsitzes seinen gewöhnlichen Aufenthalt hat (Wohnsitzfinanzamt). Bei mehrfachem Wohnsitz im Geltungsbereich des Gesetzes ist der Wohnsitz maßgebend, an dem sich der Steuerpflichtige vorwiegend aufhält; bei mehrfachem Wohnsitz eines verheirateten Steuerpflichtigen, der von seinem Ehegatten nicht dauernd getrennt lebt, ist der Wohnsitz maßgebend, an dem sich die Familie vorwiegend aufhält. Für die nach § 1 Abs. 2 und 3 des Einkommensteuergesetzes und nach § 1 Abs. 2 des Vermögensteuergesetzes unbeschränkt steuerpflichtigen Personen ist das Finanzamt örtlich zuständig, in dessen Bezirk sich die zahlende öffentliche Kasse befindet.

(2) Liegen die Voraussetzungen des Absatzes 1 nicht vor, so ist das Finanzamt örtlich zuständig, in dessen Bezirk sich das Vermögen des Steuerpflichtigen und, wenn dies für mehrere Finanzämter zutrifft, in dessen Bezirk sich der wertvollste Teil des Vermögens

befindet. Hat der Steuerpflichtige kein Vermögen im Geltungsbereich des Gesetzes, so ist das Finanzamt örtlich zuständig, in dessen Bezirk die Tätigkeit im Geltungsbereich des Gesetzes vorwiegend ausgeübt oder verwertet wird oder worden ist.

(3) Gehören zum Bereich der Wohnsitzgemeinde mehrere Finanzämter und übt ein Steuerpflichtiger mit Einkünften aus Land- und Forstwirtschaft, Gewerbebetrieb oder freiberuflicher Tätigkeit diese Tätigkeit innerhalb der Wohnsitzgemeinde, aber im Bezirk eines anderen Finanzamts als dem des Wohnsitzfinanzamts aus, so ist abweichend von Absatz 1 jenes Finanzamt zuständig, wenn es nach § 18 Abs. 1 Nr. 1, 2 oder 3 für eine gesonderte Feststellung dieser Einkünfte zuständig wäre. Einkünfte aus Gewinnanteilen sind bei Anwendung des Satzes 1 nur dann zu berücksichtigen, wenn sie die einzigen Einkünfte des Steuerpflichtigen im Sinne des Satzes 1 sind.

(4) Steuerpflichtige, die zusammen zu veranlagen sind oder zusammen veranlagt werden können, sind bei Anwendung des Absatzes 3 so zu behandeln, als seien ihre Einkünfte von einem Steuerpflichtigen bezogen worden.

(5) Durch Rechtsverordnung der Landesregierung kann bestimmt werden, daß als Wohnsitzgemeinde im Sinne des Absatzes 3 ein Gebiet gilt, das mehrere Gemeinden umfaßt, soweit dies mit Rücksicht auf die Wirtschafts- oder Verkehrsverhältnisse, den Aufbau der Verwaltungsbehörden oder andere örtliche Bedürfnisse zweckmäßig erscheint. Die Landesregierung kann die Ermächtigung auf die für die Finanzverwaltung zuständige oberste Landesbehörde übertragen.

§ 20 Steuern vom Einkommen und Vermögen der Körperschaften, Personenvereinigungen, Vermögensmassen

(1) Für die Besteuerung von Körperschaften, Personenvereinigungen und Vermögensmassen nach dem Einkommen und Vermögen ist das Finanzamt örtlich zuständig, in dessen Bezirk sich die Geschäftsleitung befindet.

(2) Befindet sich die Geschäftsleitung nicht im Geltungsbereich des Gesetzes oder läßt sich der Ort der Geschäftsleitung nicht feststellen, so ist das Finanzamt örtlich zuständig, in dessen Bezirk die Steuerpflichtige ihren Sitz hat.

(3) Ist weder die Geschäftsleitung noch der Sitz im Geltungsbereich des Gesetzes, so ist das Finanzamt örtlich zuständig, in dessen Bezirk sich Vermögen der Steuerpflichtigen und, wenn dies für mehrere Finanzämter zutrifft, das Finanzamt, in dessen Bezirk sich der wertvollste Teil des Vermögens befindet.

(4) Befindet sich weder die Geschäftsleitung noch der Sitz noch Vermögen der Steuerpflichtigen im Geltungsbereich des Gesetzes, so ist das Finanzamt örtlich zuständig, in dessen Bezirk die Tätigkeit im Geltungsbereich des Gesetzes vorwiegend ausgeübt oder verwertet wird oder worden ist.

§ 21 Umsatzsteuer

Für die Umsatzsteuer mit Ausnahme der Einfuhrumsatzsteuer ist das Finanzamt zuständig, von dessen Bezirk aus der Unternehmer sein Unternehmen im Geltungsbereich des Gesetzes ganz oder vorwiegend betreibt. Wird das Unternehmen von einem nicht zum Geltungsbereich des Gesetzes gehörenden Ort aus betrieben, so ist das Finanzamt zuständig, in dessen Bezirk der Unternehmer seine Umsätze im Geltungsbereich des Gesetzes ganz oder vorwiegend bewirkt.

§ 22 Realsteuern

(1) Für die Festsetzung und Zerlegung der Steuermeßbeträge ist bei der Grundsteuer das Lagefinanzamt (§ 18 Abs. 1 Nr. 1) und bei der Gewerbesteuer das Betriebsfinanzamt (§ 18 Abs. 1 Nr. 2) örtlich zuständig.

(2) Soweit die Festsetzung, Erhebung und Beitreibung von Realsteuern den Finanzämtern obliegt, ist dafür das Finanzamt örtlich zuständig, zu dessen Bezirk die hebeberechtigte Gemeinde gehört. Gehört eine hebeberechtigte Gemeinde zu den Bezirken mehrerer Finanzämter, so ist von diesen Finanzämtern das Finanzamt örtlich zuständig, das nach Absatz 1 zuständig ist oder zuständig wäre, wenn im Geltungsbereich dieses Gesetzes nur die in der hebeberechtigten Gemeinde liegenden Teile des Betriebes, des Grundstückes oder des Betriebsgrundstückes vorhanden wären.

Abgabenordnung

Einleitende Vorschriften
Zuständigkeit der Finanzbehörden – Steuergeheimnis
§§ 23–30

(3) Absatz 2 gilt sinngemäß, soweit einem Land nach Artikel 106 Abs. 6 Satz 3 des Grundgesetzes das Aufkommen der Realsteuern zusteht.

§ 23 Zölle und Verbrauchsteuern

(1) Für die Zölle und Verbrauchsteuern ist das Hauptzollamt örtlich zuständig, in dessen Bezirk der Tatbestand verwirklicht wird, an den das Gesetz die Steuer knüpft.
(2) Örtlich zuständig ist ferner das Hauptzollamt, von dessen Bezirk aus der Steuerpflichtige sein Unternehmen betreibt. § 21 Satz 2 gilt sinngemäß.
(3) Werden Zölle und Verbrauchsteuern im Zusammenhang mit einer Steuerstraftat oder einer Steuerordnungswidrigkeit geschuldet, so ist auch das Hauptzollamt örtlich zuständig, das für die Strafsache oder die Bußgeldsache zuständig ist.

§ 24 Ersatzzuständigkeit

Ergibt sich die örtliche Zuständigkeit nicht aus anderen Vorschriften, so ist die Finanzbehörde zuständig, in deren Bezirk der Anlaß für die Amtshandlung hervortritt.

§ 25 Mehrfache örtliche Zuständigkeit

Sind mehrere Finanzbehörden zuständig, so entscheidet die Finanzbehörde, die zuerst mit der Sache befaßt worden ist, es sei denn, die zuständigen Finanzbehörden einigen sich auf eine andere zuständige Finanzbehörde oder die gemeinsame fachlich zuständige Aufsichtsbehörde bestimmt, daß eine andere örtlich zuständige Finanzbehörde zu entscheiden hat. Fehlt eine gemeinsame Aufsichtsbehörde, so treffen die fachlich zuständigen Aufsichtsbehörden die Entscheidung gemeinsam.

§ 26 Zuständigkeitswechsel

Geht die örtliche Zuständigkeit durch eine Veränderung der sie begründenden Umstände von einer Finanzbehörde auf eine andere Finanzbehörde über, so tritt der Wechsel der Zuständigkeit in dem Zeitpunkt ein, in dem eine der beiden Finanzbehörden hiervon erfährt. Die bisher zuständige Finanzbehörde kann ein Verwaltungsverfahren fortführen, wenn dies unter Wahrung der Interessen der Beteiligten der einfachen und zweckmäßigen Durchführung des Verfahrens dient und die nunmehr zuständige Finanzbehörde zustimmt.

§ 27 Zuständigkeitsvereinbarung

Im Einvernehmen mit der Finanzbehörde, die nach den Vorschriften der Steuergesetze örtlich zuständig ist, kann eine andere Finanzbehörde die Besteuerung übernehmen, wenn der Betroffene zustimmt.

§ 28 Zuständigkeitsstreit

(1) Die gemeinsame fachlich zuständige Aufsichtsbehörde entscheidet über die örtliche Zuständigkeit, wenn sich mehrere Finanzbehörden für zuständig oder für unzuständig halten oder wenn die Zuständigkeit aus anderen Gründen zweifelhaft ist. § 25 Satz 2 gilt entsprechend.
(2) § 5 Abs. 1 Nr. 7 des Gesetzes über die Finanzverwaltung bleibt unberührt.

§ 29 Gefahr im Verzug

Bei Gefahr im Verzug ist für unaufschiebbare Maßnahmen jede Finanzbehörde örtlich zuständig, in deren Bezirk der Anlaß für die Amtshandlung hervortritt. Die sonst örtlich zuständige Behörde ist unverzüglich zu unterrichten.

Vierter Abschnitt
Steuergeheimnis

§ 30 Steuergeheimnis

(1) Amtsträger haben das Steuergeheimnis zu wahren.
(2) Ein Amtsträger verletzt das Steuergeheimnis, wenn er

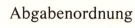

Einleitende Vorschriften
Steuergeheimnis
§ 30

1. Verhältnisse eines anderen, die ihm
   a) in einem Verwaltungsverfahren oder einem gerichtlichen Verfahren in Steuersachen,
   b) in einem Strafverfahren wegen einer Steuerstraftat oder einem Bußgeldverfahren wegen einer Steuerordnungswidrigkeit,
   c) aus anderem Anlaß durch Mitteilung einer Finanzbehörde oder durch die gesetzlich vorgeschriebene Vorlage eines Steuerbescheides oder einer Bescheinigung über die bei der Besteuerung getroffenen Feststellungen

bekanntgeworden sind, oder

2. ein fremdes Betriebs- oder Geschäftsgeheimnis, das ihm in einem der in Nummer 1 genannten Verfahren bekanntgeworden ist,

unbefugt offenbart oder verwertet, oder

3. nach Nummer 1 oder Nummer 2 geschützte Daten im automatisierten Verfahren unbefugt abruft, wenn sie für eines der in Nummer 1 genannten Verfahren in einer Datei gespeichert sind.

(3) Den Amtsträgern stehen gleich

1. die für den öffentlichen Dienst besonders Verpflichteten (§ 11 Abs. 1 Nr. 4 des Strafgesetzbuches),

2. amtlich zugezogene Sachverständige,

3. die Träger von Ämtern der Kirchen und anderen Religionsgemeinschaften, die Körperschaften des öffentlichen Rechts sind.

(4) Die Offenbarung der nach Absatz 2 erlangten Kenntnisse ist zulässig, soweit

1. sie der Durchführung eines Verfahrens im Sinne des Absatzes 2 Nr. 1 Buchstabe a und b dient,

2. sie durch Gesetz ausdrücklich zugelassen ist,

3. der Betroffene zustimmt,

4. sie der Durchführung eines Strafverfahrens wegen einer Tat dient, die keine Steuerstraftat ist, und die Kenntnisse
   a) in einem Verfahren wegen einer Steuerstraftat oder Steuerordnungswidrigkeit erlangt worden sind; dies gilt jedoch nicht für solche Tatsachen, die der Steuerpflichtige in Unkenntnis der Einleitung des Strafverfahrens oder des Bußgeldverfahrens offenbart hat oder die bereits vor Einleitung des Strafverfahrens oder des Bußgeldverfahrens im Besteuerungsverfahren bekanntgeworden sind, oder
   b) ohne Bestehen einer steuerlichen Verpflichtung oder unter Verzicht auf ein Auskunftsverweigerungsrecht erlangt worden sind,

5. für sie ein zwingendes öffentliches Interesse besteht; ein zwingendes öffentliches Interesse ist namentlich gegeben, wenn
   a) Verbrechen und vorsätzliche schwere Vergehen gegen Leib und Leben oder gegen den Staat und seine Einrichtungen verfolgt werden oder verfolgt werden sollen,
   b) Wirtschaftsstraftaten verfolgt werden oder verfolgt werden sollen, die nach ihrer Begehungsweise oder wegen des Umfangs des durch sie verursachten Schadens geeignet sind, die wirtschaftliche Ordnung erheblich zu stören oder das Vertrauen der Allgemeinheit auf die Redlichkeit des geschäftlichen Verkehrs oder auf die ordnungsgemäße Arbeit der Behörden und der öffentlichen Einrichtungen erheblich zu erschüttern,

oder

   c) die Offenbarung erforderlich ist zur Richtigstellung in der Öffentlichkeit verbreiteter unwahrer Tatsachen, die geeignet sind, das Vertrauen in die Verwaltung erheblich zu erschüttern; die Entscheidung trifft die zuständige oberste Finanzbehörde im Einvernehmen mit dem Bundesminister der Finanzen; vor der Richtigstellung soll der Steuerpflichtige gehört werden.

Abgabenordnung

Einleitende Vorschriften
Steuergeheimnis
§ 30 a

(5) Vorsätzlich falsche Angaben des Betroffenen dürfen den Strafverfolgungsbehörden gegenüber offenbart werden.

(6) Der automatisierte Abruf von Daten, die für eines der in Absatz 2 Nr. 1 genannten Verfahren in einer Datei gespeichet sind, ist nur zulässig, soweit er der Durchführung eines Verfahrens im Sinne des Absatzes 2 Nr. 1 Buchstaben a und b oder der zulässigen Weitergabe von Daten dient. Zur Wahrung des Steuergeheimnisses kann der Bundesminister der Finanzen durch Rechtsverordnung mit Zustimmung des Bundesrates bestimmen, welche technischen und organisatorischen Maßnahmen gegen den unbefugten Abruf von Daten zu treffen sind. Insbesondere kann er nähere Regelungen treffen über die Art der Daten, deren Abruf zulässig ist, sowie über den Kreis der Amtsträger, die zum Abruf solcher Daten berechtigt sind. Die Rechtsverordnungen bedürfen nicht der Zustimmung des Bundesrates, soweit sie Zölle und Verbrauchsteuern, mit Ausnahme der Biersteuer, betreffen.

§ 30 a Schutz von Bankkunden

(1) Bei der Ermittlung des Sachverhalts (§ 88) haben die Finanzbehörden auf das Vertrauensverhältnis zwischen den Kreditinstituten und deren Kunden besonders Rücksicht zu nehmen.

(2) Die Finanzbehörden dürfen von den Kreditinstituten zum Zwecke der allgemeinen Überwachung die einmalige oder periodische Mitteilung von Konten bestimmter Art oder bestimmter Höhe nicht verlangen.

(3) Die Guthabenkonten oder Depots, bei deren Errichtung eine Legitimationsprüfung nach § 154 Abs. 2 vorgenommen worden ist, dürfen anläßlich der Außenprüfung bei einem Kreditinstitut nicht zwecks Nachprüfung der ordnungsmäßigen Versteuerung festgestellt oder abgeschrieben werden. Die Ausschreibung von Kontrollmitteilungen soll insoweit unterbleiben.

(4) In Vordrucken für Steuererklärungen soll die Angabe der Nummern von Konten und Depots, die der Steuerpflichtige bei Kreditinstituten unterhält, nicht verlangt werden, soweit nicht steuermindernde Ausgaben oder Vergünstigungen geltend gemacht werden oder die Abwicklung des Zahlungsverkehrs mit dem Finanzamt dies bedingt.

(5) Für Auskunftsersuchen an Kreditinstitute gilt § 93. Ist die Person des Steuerpflichtigen bekannt und gegen ihn kein Verfahren wegen einer Steuerstraftat oder einer Steuerordnungswidrigkeit eingeleitet, soll auch im Verfahren nach § 208 Abs. 1 Satz 1 ein Kreditinstitut erst um Auskunft und Vorlage von Urkunden gebeten werden, wenn ein Auskunftsersuchen an den Steuerpflichtigen nicht zum Ziele führt oder keinen Erfolg verspricht.

(Fortsetzung auf Seite 15)

Abgabenordnung
Steuerschuldrecht
Steuerpflichtiger
§§ 31–33

§ 31 Mitteilung von Besteuerungsgrundlagen

(1) Die Finanzbehörden sind berechtigt, Besteuerungsgrundlagen, Steuermeßbeträge und Steuerbeträge an Körperschaften des öffentlichen Rechts einschließlich der Religionsgemeinschaften, die Körperschaften des öffentlichen Rechts sind, zur Festsetzung von solchen Abgaben mitzuteilen, die an diese Besteuerungsgrundlagen, Steuermeßbeträge oder Steuerbeträge anknüpfen.

(2) Die Finanzbehörden sind berechtigt, die nach § 30 geschützten Verhältnisse des Betroffenen der Künstlersozialkasse den Trägern der gesetzlichen Sozialversicherung zum Zwecke der Festsetzung von Beiträgen mitzuteilen.

§ 31 a Mitteilungen zur Bekämpfung der illegalen Beschäftigung

(1) Die Offenbarung der nach § 30 geschützten Verhältnisse des Betroffenen ist zulässig, soweit sie der Bekämpfung der Schwarzarbeit dient und der Betroffene schuldhaft seine steuerlichen Pflichten verletzt hat. Gleiches gilt, wenn ein Arbeitnehmer ohne die erforderliche Erlaubnis nach § 19 Abs. 1 des Arbeitsförderungsgesetzes beschäftigt oder tätig wird.

(2) Die Finanzbehörden sind berechtigt, der Bundesanstalt für Arbeit Tatsachen mitzuteilen, die zu der Versagung, der Rücknahme oder dem Widerruf einer Erlaubnis nach dem Arbeitnehmerüberlassungsgesetz führen können. Sie dürfen der Bundesanstalt Anhaltspunkte für eine unerlaubte Arbeitnehmerüberlassung mitteilen.

Fünfter Abschnitt
Haftungsbeschränkung für Amtsträger

§ 32 Haftungsbeschränkung für Amtsträger

Wird infolge der Amts- oder Dienstpflichtverletzung eines Amtsträgers
1. eine Steuer oder eine steuerliche Nebenleistung nicht, zu gering oder zu spät festgesetzt, erhoben oder beigetrieben oder
2. eine Steuererstattung oder Steuervergütung zu Unrecht gewährt oder
3. eine Besteuerungsgrundlage oder eine Steuerbeteiligung nicht, zu niedrig oder zu spät festgesetzt,

so kann er nur in Anspruch genommen werden, wenn die Amts- oder Dienstpflichtverletzung mit einer Strafe bedroht ist.

Zweiter Teil
Steuerschuldrecht

Erster Abschnitt
Steuerpflichtiger

§ 33 Steuerpflichtiger

(1) Steuerpflichtiger ist, wer eine Steuer schuldet, für eine Steuer haftet, eine Steuer für Rechnung eines Dritten einzubehalten und abzuführen hat, wer eine Steuererklärung abzugeben, Sicherheit zu leisten, Bücher und Aufzeichnungen zu führen oder andere ihm durch die Steuergesetze auferlegten Verpflichtungen zu erfüllen hat.

(2) Steuerpflichtiger ist nicht, wer in einer fremden Steuersache Auskunft zu erteilen, Urkunden vorzulegen, ein Sachverständigengutachten zu erstatten oder das Betreten von Grundstücken, Geschäfts- und Betriebsräumen zu gestatten hat.

Abgabenordnung
Steuerschuldrecht
Steuerschuldverhältnis
§§ 34–39

§ 34 Pflichten der gesetzlichen Vertreter und der Vermögensverwalter

(1) Die gesetzlichen Vertreter natürlicher und juristischer Personen und die Geschäftsführer von nichtrechtsfähigen Personenvereinigungen und Vermögensmassen haben deren steuerliche Pflichten zu erfüllen. Sie haben insbesondere dafür zu sorgen, daß die Steuern aus den Mitteln entrichtet werden, die sie verwalten.

(2) Soweit nichtrechtsfähige Personenvereinigungen ohne Geschäftsführer sind, haben die Mitglieder oder Gesellschafter die Pflichten im Sinne des Absatzes 1 zu erfüllen. Die Finanzbehörde kann sich an jedes Mitglied oder jeden Gesellschafter halten. Für nichtrechtsfähige Vermögensmassen gelten die Sätze 1 und 2 mit der Maßgabe, daß diejenigen, denen das Vermögen zusteht, die steuerlichen Pflichten zu erfüllen haben.

(3) Steht eine Vermögensverwaltung anderen Personen als den Eigentümern des Vermögens oder deren gesetzlichen Vertretern zu, so haben die Vermögensverwalter die in Absatz 1 bezeichneten Pflichten, soweit ihre Verwaltung reicht.

§ 35 Pflichten des Verfügungsberechtigten

Wer als Verfügungsberechtigter im eigenen oder fremden Namen auftritt, hat die Pflichten eines gesetzlichen Vertreters (§ 34 Abs. 1), soweit er sie rechtlich und tatsächlich erfüllen kann.

§ 36 Erlöschen der Vertretungsmacht

Das Erlöschen der Vertretungsmacht oder der Verfügungsmacht läßt die nach den §§ 34 und 35 entstandenen Pflichten unberührt, soweit diese den Zeitraum betreffen, in dem die Vertretungsmacht oder Verfügungsmacht bestanden hat und soweit der Verpflichtete sie erfüllen kann.

Zweiter Abschnitt
Steuerschuldverhältnis

§ 37 Ansprüche aus dem Steuerschuldverhältnis

(1) Ansprüche aus dem Steuerschuldverhältnis sind der Steueranspruch, der Steuervergütungsanspruch, der Haftungsanspruch, der Anspruch auf eine steuerliche Nebenleistung, der Erstattungsanspruch nach Absatz 2 sowie die in Einzelsteuergesetzen geregelten Steuererstattungsansprüche.

(2) Ist eine Steuer, eine Steuervergütung, ein Haftungsbetrag oder eine steuerliche Nebenleistung ohne rechtlichen Grund gezahlt oder zurückgezahlt worden, so hat derjenige, auf dessen Rechnung die Zahlung bewirkt worden ist, an den Leistungsempfänger einen Anspruch auf Erstattung des gezahlten oder zurückgezahlten Betrages. Dies gilt auch dann, wenn der rechtliche Grund für die Zahlung oder Rückzahlung später wegfällt.

§ 38 Entstehung der Ansprüche aus dem Steuerschuldverhältnis

Die Ansprüche aus dem Steuerschuldverhältnis entstehen, sobald der Tatbestand verwirklicht ist, an den das Gesetz die Leistungspflicht knüpft.

§ 39 Zurechnung

(1) Wirtschaftsgüter sind dem Eigentümer zuzurechnen.
(2) Abweichend von Absatz 1 gelten die folgenden Vorschriften:
1. Übt ein anderer als der Eigentümer die tatsächliche Herrschaft über ein Wirtschaftsgut in der Weise aus, daß er den Eigentümer im Regelfall für die gewöhnliche Nutzungsdauer von der Einwirkung auf das Wirtschaftsgut wirtschaftlich ausschließen kann, so ist ihm das Wirtschaftsgut zuzurechnen. Bei Treuhandverhältnissen sind die Wirtschaftsgüter dem Treugeber, beim Sicherungseigentum dem Sicherungsgeber und beim Eigenbesitz dem Eigenbesitzer zuzurechnen.

Abgabenordnung

Steuerschuldrecht
Steuerschuldverhältnis
§§ 40–46

2. Wirtschaftsgüter, die mehreren zur gesamten Hand zustehen, werden den Beteiligten anteilig zugerechnet, soweit eine getrennte Zurechnung für die Besteuerung erforderlich ist.

§ 40 Gesetz- oder sittenwidriges Handeln

Für die Besteuerung ist es unerheblich, ob ein Verhalten, das den Tatbestand eines Steuergesetzes ganz oder zum Teil erfüllt, gegen ein gesetzliches Gebot oder Verbot oder gegen die guten Sitten verstößt.

§ 41 Unwirksame Rechtsgeschäfte

(1) Ist ein Rechtsgeschäft unwirksam oder wird es unwirksam, so ist dies für die Besteuerung unerheblich, soweit und solange die Beteiligten das wirtschaftliche Ergebnis dieses Rechtsgeschäfts gleichwohl eintreten und bestehen lassen. Dies gilt nicht, soweit sich aus den Steuergesetzen etwas anderes ergibt.
(2) Scheingeschäfte und Scheinhandlungen sind für die Besteuerung unerheblich. Wird durch ein Scheingeschäft ein anderes Rechtsgeschäft verdeckt, so ist das verdeckte Rechtsgeschäft für die Besteuerung maßgebend.

§ 42 Mißbrauch von rechtlichen Gestaltungsmöglichkeiten

Durch Mißbrauch von Gestaltungsmöglichkeiten des Rechts kann das Steuergesetz nicht umgangen werden. Liegt ein Mißbrauch vor, so entsteht der Steueranspruch so, wie er bei einer den wirtschaftlichen Vorgängen angemessenen rechtlichen Gestaltung entsteht.

§ 43 Steuerschuldner, Steuervergütungsgläubiger

Die Steuergesetze bestimmen, wer Steuerschuldner oder Gläubiger einer Steuervergütung ist. Sie bestimmen auch, ob ein Dritter die Steuer für Rechnung des Steuerschuldners zu entrichten hat.

§ 44 Gesamtschuldner

(1) Personen, die nebeneinander dieselbe Leistung aus dem Steuerschuldverhältnis schulden oder für sie haften oder die zusammen zu einer Steuer zu veranlagen sind, sind Gesamtschuldner. Soweit nichts anderes bestimmt ist, schuldet jeder Gesamtschuldner die gesamte Leistung.
(2) Die Erfüllung durch einen Gesamtschuldner wirkt auch für die übrigen Schuldner. Das gleiche gilt für die Aufrechnung und für eine geleistete Sicherheit. Andere Tatsachen wirken nur für und gegen den Gesamtschuldner, in dessen Person sie eintreten. Die Vorschriften der §§ 268 bis 280 über die Beschränkung der Vollstreckung in den Fällen der Zusammenveranlagung bleiben unberührt.

§ 45 Gesamtrechtsnachfolge

(1) Bei Gesamtrechtsnachfolge gehen die Forderungen und Schulden aus dem Steuerschuldverhältnis auf den Rechtsnachfolger über. Dies gilt jedoch bei der Erbfolge nicht für Zwangsgelder.
(2) Erben haben für die aus dem Nachlaß zu entrichtenden Schulden nach den Vorschriften des bürgerlichen Rechts über die Haftung des Erben für Nachlaßverbindlichkeiten einzustehen. Vorschriften, durch die eine steuerrechtliche Haftung der Erben begründet wird, bleiben unberührt.

§ 46 Abtretung, Verpfändung, Pfändung

(1) Ansprüche auf Erstattung von Steuern, Haftungsbeträgen, steuerlichen Nebenleistungen und auf Steuervergütungen können abgetreten, verpfändet und gepfändet werden.
(2) Die Abtretung wird jedoch erst wirksam, wenn sie der Gläubiger in der nach Absatz 3 vorgeschriebenen Form der zuständigen Finanzbehörde nach Entstehung des Anspruchs anzeigt.

Abgabenordnung

Steuerschuldrecht
Steuerschuldverhältnis
§§ 47–50

(3) Die Abtretung ist der zuständigen Finanzbehörde unter Angabe des Abtretenden, des Abtretungsempfängers sowie der Art und Höhe des abgetretenen Anspruchs und des Abtretungsgrundes auf einem amtlich vorgeschriebenen Vordruck anzuzeigen. Die Anzeige ist vom Abtretenden und vom Abtretungsempfänger zu unterschreiben.
(4) Der geschäftsmäßige Erwerb von Erstattungs- oder Vergütungsansprüchen zum Zwecke der Einziehung oder sonstigen Verwertung auf eigene Rechnung ist nicht zulässig. Dies gilt nicht für die Fälle der Sicherungsabtretung. Zum geschäftsmäßigen Erwerb und zur geschäftsmäßigen Einziehung der zur Sicherung abgetretenen Ansprüche sind nur Unternehmen befugt, denen das Betreiben von Bankgeschäften erlaubt ist.
(5) Wird der Finanzbehörde die Abtretung angezeigt, so müssen Abtretender und Abtretungsempfänger der Finanzbehörde gegenüber die angezeigte Abtretung gegen sich gelten lassen, auch wenn sie nicht erfolgt oder nicht wirksam oder wegen Verstoßes gegen Absatz 4 nichtig ist.
(6) Ein Pfändungs- und Überweisungsbeschluß oder eine Pfändungs- und Einziehungsverfügung dürfen nicht erlassen werden, bevor der Anspruch entstanden ist. Ein entgegen diesem Verbot erwirkter Pfändungs- und Überweisungsbeschluß oder erwirkte Pfändungs- und Einziehungsverfügung sind nichtig. Die Vorschriften der Absätze 2 bis 5 sind auf die Verpfändung sinngemäß anzuwenden.
(7) Bei Pfändung eines Erstattungs- oder Vergütungsanspruchs gilt die Finanzbehörde, die über den Anspruch entschieden oder zu entscheiden hat, als Drittschuldner im Sinne der §§ 829, 845 der Zivilprozeßordnung.

§ 47 Erlöschen

Ansprüche aus dem Steuerschuldverhältnis erlöschen insbesondere durch Zahlung (§§ 224, 225), Aufrechnung (§ 226), Erlaß (§§ 163, 227), Verjährung (§§ 169 bis 171, §§ 228 bis 232), ferner durch Eintritt der Bedingung bei auflösend bedingten Ansprüchen.

§ 48 Leistung durch Dritte, Haftung Dritter

(1) Leistungen aus dem Steuerschuldverhältnis gegenüber der Finanzbehörde können auch durch Dritte bewirkt werden.
(2) Dritte können sich vertraglich verpflichten, für Leistungen im Sinne des Absatzes 1 einzustehen.

§ 49 Verschollenheit

Bei Verschollenheit gilt für die Besteuerung der Tag als Todestag, mit dessen Ablauf der Beschluß über die Todeserklärung des Verschollenen rechtskräftig wird.

§ 50 Erlöschen und Unbedingtwerden der Verbrauchsteuer, Übergang der bedingten Verbrauchsteuerschuld

(1) Werden nach den Verbrauchsteuergesetzen Steuervergünstigungen unter der Bedingung gewährt, daß verbrauchsteuerpflichtige Waren einer besonderen Zweckbestimmung zugeführt werden, so erlischt die Steuer nach Maßgabe der Vergünstigung ganz oder teilweise, wenn die Bedingung eintritt oder wenn die Waren untergehen, ohne daß vorher die Steuer unbedingt geworden ist.
(2) Die bedingte Steuerschuld geht jeweils auf den berechtigten Erwerber über, wenn die Waren vom Steuerschuldner vor Eintritt der Bedingung im Rahmen der vorgesehenen Zweckbestimmung an ihn weitergegeben werden.
(3) Die Steuer wird unbedingt,
1. wenn die Waren entgegen der vorgesehenen Zweckbestimmung verwendet werden oder ihr nicht mehr zugeführt werden können. Kann der Verbleib der Waren nicht festgestellt werden, so gelten sie als nicht der vorgesehenen Zweckbestimmung zugeführt, wenn der Begünstigte nicht nachweist, daß sie ihr zugeführt worden sind,
2. in sonstigen gesetzlich bestimmten Fällen.

Abgabenordnung
§§ 51–53

Dritter Abschnitt
Steuerbegünstigte Zwecke

§ 51 Allgemeines

Gewährt das Gesetz eine Steuervergünstigung, weil eine Körperschaft ausschließlich und unmittelbar gemeinnützige, mildtätige oder kirchliche Zwecke (steuerbegünstigte Zwecke) verfolgt, so gelten die folgenden Vorschriften. Unter Körperschaften sind die Körperschaften, Personenvereinigungen und Vermögensmassen im Sinne des Körperschaftsteuergesetzes zu verstehen. Funktionale Untergliederungen (Abteilungen) von Körperschaften gelten nicht als selbständige Steuersubjekte.

§ 52 Gemeinnützige Zwecke

(1) Eine Körperschaft verfolgt gemeinnützige Zwecke, wenn ihre Tätigkeit darauf gerichtet ist, die Allgemeinheit auf materiellem, geistigem oder sittlichem Gebiet selbstlos zu fördern. Eine Förderung der Allgemeinheit ist nicht gegeben, wenn der Kreis der Personen, dem die Förderung zugute kommt, fest abgeschlossen ist, zum Beispiel Zugehörigkeit zu einer Familie oder zur Belegschaft eines Unternehmens, oder infolge seiner Abgrenzung, insbesondere nach räumlichen oder beruflichen Merkmalen, dauernd nur klein sein kann. Eine Förderung der Allgemeinheit liegt nicht allein deswegen vor, weil eine Körperschaft ihre Mittel einer Körperschaft des öffentlichen Rechts zuführt.

(2) Unter den Voraussetzungen des Absatzes 1 sind als Förderung der Allgemeinheit anzuerkennen insbesondere:
1. die Förderung von Wissenschaft und Forschung, Bildung und Erziehung, Kunst und Kultur, der Religion, der Völkerverständigung, der Entwicklungshilfe, des Umwelt-, Landschafts- und Denkmalschutzes, des Heimatgedankens,
2. die Förderung der Jugendhilfe, der Altenhilfe, des öffentlichen Gesundheitswesens, des Wohlfahrtswesens und des Sports. Schach gilt als Sport,
3. die allgemeine Förderung des demokratischen Staatswesens im Geltungsbereich des Grundgesetzes und in Berlin (West); hierzu gehören nicht Bestrebungen, die nur bestimmte Einzelinteressen staatsbürgerlicher Art verfolgen oder die auf den kommunalpolitischen Bereich beschränkt sind,
4. die Förderung der Tierzucht, der Pflanzenzucht, der Kleingärtnerei, des traditionellen Brauchtums einschließlich des Karnevals, der Fastnacht und des Faschings, der Soldaten- und Reservistenbetreuung, des Amateurfunkens, des Modellflugs und des Hundesports.

§ 53 Mildtätige Zwecke

Eine Körperschaft verfolgt mildtätige Zwecke, wenn ihre Tätigkeit darauf gerichtet ist, Personen selbstlos zu unterstützen,
1. die infolge ihres körperlichen, geistigen oder seelischen Zustandes auf die Hilfe anderer angewiesen sind oder
2. deren Bezüge nicht höher sind als das Vierfache des Regelsatzes der Sozialhilfe im Sinne des § 22 des Bundessozialhilfegesetzes; beim Alleinstehenden oder Haushaltsvorstand tritt an die Stelle des Vierfachen das Fünffache des Regelsatzes. Dies gilt nicht für Personen, deren Vermögen zur nachhaltigen Verbesserung ihres Unterhalts

ausreicht und denen zugemutet werden kann, es dafür zu verwenden. Bei Personen, deren wirtschaftliche Lage aus besonderen Gründen zu einer Notlage geworden ist, dürfen die Bezüge oder das Vermögen die genannten Grenzen übersteigen. Bezüge im Sinne dieser Vorschrift sind
    a)   Einkünfte im Sinne des § 2 Abs. 1 des Einkommensteuergesetzes und
    b)   andere zur Bestreitung des Unterhalts bestimmte oder geeignete Bezüge,
die der Alleinstehende oder der Haushaltsvorstand und die sonstigen Haushaltsangehörigen haben. Unterhaltsansprüche sind zu berücksichtigen. Zu den Bezügen zählen nicht Leistungen der Sozialhilfe und bis zur Höhe der Leistungen der Sozialhilfe Unterhaltsleistungen an Personen, die ohne die Unterhaltsleistungen sozialhilfeberechtigt wären.

§ 54 Kirchliche Zwecke

(1) Eine Körperschaft verfolgt kirchliche Zwecke, wenn ihre Tätigkeit darauf gerichtet ist, eine Religionsgemeinschaft, die Körperschaft des öffentlichen Rechts ist, selbstlos zu fördern.

(2) Zu diesen Zwecken gehören insbesondere die Errichtung, Ausschmückung und Unterhaltung von Gotteshäusern und kirchlichen Gemeindehäusern, die Abhaltung von Gottesdiensten, die Ausbildung von Geistlichen, die Erteilung von Religionsunterricht, die Beerdigung und die Pflege des Andenkens der Toten, ferner die Verwaltung des Kirchenvermögens, die Besoldung der Geistlichen, Kirchenbeamten und Kirchendiener, die Alters- und Behindertenversorgung für diese Personen und die Versorgung ihrer Witwen und Waisen.

§ 55 Selbstlosigkeit

(1) Eine Förderung oder Unterstützung geschieht selbstlos, wenn dadurch nicht in erster Linie eigenwirtschaftliche Zwecke – zum Beispiel gewerbliche Zwecke oder sonstige Erwerbszwecke – verfolgt werden und wenn die folgenden Voraussetzungen gegeben sind:
1. Mittel der Körperschaft dürfen nur für die satzungsmäßigen Zwecke verwendet werden. Die Mitglieder oder Gesellschafter (Mitglieder im Sinne dieser Vorschriften) dürfen keine Gewinnanteile und in ihrer Eigenschaft als Mitglieder auch keine sonstigen Zuwendungen aus Mitteln der Körperschaft erhalten. Die Körperschaft darf ihre Mittel weder für die unmittelbare noch für die mittelbare Unterstützung oder Förderung politischer Parteien verwenden.
2. Die Mitglieder dürfen bei ihrem Ausscheiden oder bei Auflösung oder Aufhebung der Körperschaft nicht mehr als ihre eingezahlten Kapitalanteile und den gemeinen Wert ihrer geleisteten Sacheinlagen zurückerhalten.
3. Die Körperschaft darf keine Person durch Ausgaben, die dem Zweck der Körperschaft fremd sind, oder durch unverhältnismäßig hohe Vergütungen begünstigen.
4. Bei Auflösung oder Aufhebung der Körperschaft oder bei Wegfall ihres bisherigen Zwecks darf das Vermögen der Körperschaft, soweit es die eingezahlten Kapitalanteile der Mitglieder und den gemeinen Wert der von den Mitgliedern geleisteten Sacheinlagen übersteigt, nur für steuerbegünstigte Zwecke verwendet werden (Grundsatz der Vermögensbindung). Diese Voraussetzung ist auch erfüllt, wenn das Vermögen einer anderen steuerbegünstigten Körperschaft oder einer Körperschaft des öffentlichen Rechts für steuerbegünstigte Zwecke übertragen werden soll.

Abgabenordnung
§§ 56–58

(2) Bei der Ermittlung des gemeinen Werts (Absatz 1 Nr. 2 und 4) kommt es auf die Verhältnisse zu dem Zeitpunkt an, in dem die Sacheinlagen geleistet worden sind.

(3) Die Vorschriften, die die Mitglieder der Körperschaft betreffen (Absatz 1 Nr. 1, 2 und 4), gelten bei Stiftungen für die Stifter und ihre Erben, bei Betrieben gewerblicher Art von Körperschaften des öffentlichen Rechts für die Körperschaft sinngemäß, jedoch mit der Maßgabe, daß bei Wirtschaftsgütern, die nach § 6 Abs. 1 Ziff. 4 Sätze 2 und 3 des Einkommensteuergesetzes aus einem Betriebsvermögen zum Buchwert entnommen worden sind, an die Stelle des gemeinen Werts der Buchwert der Entnahme tritt.

§ 56 Ausschließlichkeit

Ausschließlichkeit liegt vor, wenn eine Körperschaft nur ihre steuerbegünstigten satzungsmäßigen Zwecke verfolgt.

§ 57 Unmittelbarkeit

(1) Eine Körperschaft verfolgt unmittelbar ihre steuerbegünstigten Zwecke, wenn sie selbst diese Zwecke verwirklicht. Das kann auch durch Hilfspersonen geschehen, wenn nach den Umständen des Falles, insbesondere nach den rechtlichen und tatsächlichen Beziehungen, die zwischen der Körperschaft und der Hilfsperson bestehen, das Wirken der Hilfsperson wie eigenes Wirken der Körperschaft anzusehen ist.

(2) Eine Körperschaft, in der steuerbegünstigte Körperschaften zusammengefaßt sind, wird einer Körperschaft, die unmittelbar steuerbegünstigte Zwecke verfolgt, gleichgestellt.

§ 58 Steuerlich unschädliche Betätigungen

Die Steuervergünstigung wird nicht dadurch ausgeschlossen, daß
1. eine Körperschaft Mittel für die Verwirklichung der steuerbegünstigten Zwecke einer anderen Körperschaft oder für die Verwirklichung steuerbegünstigter Zwecke durch eine Körperschaft des öffentlichen Rechts beschafft,
2. eine Körperschaft ihre Mittel teilweise einer anderen, ebenfalls steuerbegünstigten Körperschaft oder einer Körperschaft des öffentlichen Rechts zur Verwendung zu steuerbegünstigten Zwecken zuwendet,
3. eine Körperschaft ihre Arbeitskräfte anderen Personen, Unternehmen oder Einrichtungen für steuerbegünstigte Zwecke zur Verfügung stellt,
4. eine Körperschaft ihr gehörende Räume einer anderen steuerbegünstigten Körperschaft zur Benutzung für deren steuerbegünstigte Zwecke überläßt,
5. eine Stiftung einen Teil, jedoch höchstens ein Drittel ihres Einkommens dazu verwendet, um in angemessener Weise den Stifter und seine nächsten Angehörigen zu unterhalten, ihre Gräber zu pflegen und ihr Andenken zu ehren,
6. eine Körperschaft ihre Mittel ganz oder teilweise einer Rücklage zuführt, soweit dies erforderlich ist, um ihre steuerbegünstigten satzungsmäßigen Zwecke nachhaltig erfüllen zu können,
7. a) eine Körperschaft höchstens ein Viertel des Überschusses der Einnahmen über die Unkosten aus Vermögensverwaltung einer freien Rücklage zuführt,
   b) eine Körperschaft Mittel zum Erwerb von Gesellschaftsrechten zur Erhaltung der prozentualen Beteiligung an Kapitalgesellschaften ansammelt oder im Jahr des Zuflusses verwendet; diese Beträge sind auf die nach Buchstabe a in demselben Jahr oder künftig zulässigen Rücklagen anzurechnen,

8. eine Körperschaft gesellige Zusammenkünfte veranstaltet, die im Vergleich zu ihrer steuerbegünstigten Tätigkeit von untergeordneter Bedeutung sind,
9. ein Sportverein neben dem unbezahlten auch den bezahlten Sport fördert.

§ 59 Voraussetzung der Steuervergünstigung

Die Steuervergünstigung wird gewährt, wenn sich aus der Satzung, dem Stiftungsgeschäft oder der sonstigen Verfassung (Satzung im Sinne dieser Vorschriften) ergibt, welchen Zweck die Körperschaft verfolgt, daß dieser Zweck den Anforderungen der §§ 52 bis 55 entspricht und daß er ausschließlich und unmittelbar verfolgt wird; die tatsächliche Geschäftsführung muß diesen Satzungsbestimmungen entsprechen.

§ 60 Anforderungen an die Satzung

(1) Die Satzungszwecke und die Art ihrer Verwirklichung müssen so genau bestimmt sein, daß auf Grund der Satzung geprüft werden kann, ob die satzungsmäßigen Voraussetzungen für Steuervergünstigungen gegeben sind.

(2) Die Satzung muß den vorgeschriebenen Erfordernissen bei der Körperschaftsteuer und bei der Gewerbesteuer während des ganzen Veranlagungs- oder Bemessungszeitraums, bei den anderen Steuern im Zeitpunkt der Entstehung der Steuer entsprechen.

§ 61 Satzungsmäßige Vermögensbindung

(1) Eine steuerlich ausreichende Vermögensbindung (§ 55 Abs. 1 Nr. 4) liegt vor, wenn der Zweck, für den das Vermögen bei Auflösung oder Aufhebung der Körperschaft oder bei Wegfall ihres bisherigen Zweckes verwendet werden soll, in der Satzung so genau bestimmt ist, daß auf Grund der Satzung geprüft werden kann, ob der Verwendungszweck steuerbegünstigt ist.

(2) Kann aus zwingenden Gründen der künftige Verwendungszweck des Vermögens bei der Aufstellung der Satzung nach Absatz 1 noch nicht genau angegeben werden, so genügt es, wenn in der Satzung bestimmt wird, daß das Vermögen bei Auflösung oder Aufhebung der Körperschaft oder bei Wegfall ihres bisherigen Zweckes zu steuerbegünstigten Zwecken zu verwenden ist und daß der künftige Beschluß der Körperschaft über die Verwendung erst nach Einwilligung des Finanzamts ausgeführt werden darf. Das Finanzamt hat die Einwilligung zu erteilen, wenn der beschlossene Verwendungszweck steuerbegünstigt ist.

(3) Wird die Bestimmung über die Vermögensbindung nachträglich so geändert, daß sie den Anforderungen des § 55 Abs. 1 Nr. 4 nicht mehr entspricht, so gilt sie von Anfang an als steuerlich nicht ausreichend. § 175 Abs. 1 Nr. 2 ist mit der Maßgabe anzuwenden, daß Steuerbescheide erlassen, aufgehoben oder geändert werden können, soweit sie Steuern betreffen, die innerhalb der letzten zehn Kalenderjahre vor der Änderung der Bestimmung über die Vermögensbindung entstanden sind.

§ 62 Ausnahmen von der satzungsmäßigen Vermögensbindung

Bei Betrieben gewerblicher Art von Körperschaften des öffentlichen Rechts, bei staatlich beaufsichtigten Stiftungen, bei den von einer Körperschaft des öffentlichen Rechts verwalteten unselbständigen Stiftungen und bei geistlichen Genossenschaften (Orden, Kongregationen) braucht die Vermögensbindung in der Satzung nicht festgelegt zu werden.

Abgabenordnung
§§ 63–65

§ 63 Anforderungen an die tatsächliche Geschäftsführung

(1) Die tatsächliche Geschäftsführung der Körperschaft muß auf die ausschließliche und unmittelbare Erfüllung der steuerbegünstigten Zwecke gerichtet sein und den Bestimmungen entsprechen, die die Satzung über die Voraussetzungen für Steuervergünstigungen enthält.

(2) Für die tatsächliche Geschäftsführung gilt sinngemäß § 60 Abs. 2, für eine Verletzung der Vorschrift über die Vermögensbindung § 61 Abs. 3.

(3) Die Körperschaft hat den Nachweis, daß ihre tatsächliche Geschäftsführung den Erfordernissen des Absatzes 1 entspricht, durch ordnungsmäßige Aufzeichnungen über ihre Einnahmen und Ausgaben zu führen.

§ 64 Steuerpflichtige wirtschaftliche Geschäftsbetriebe

(1) Schließt das Gesetz die Steuervergünstigung insoweit aus, als ein wirtschaftlicher Geschäftsbetrieb (§ 14) unterhalten wird, so verliert die Körperschaft die Steuervergünstigung für die dem Geschäftsbetrieb zuzuordnenden Besteuerungsgrundlagen (Einkünfte, Umsätze, Vermögen), soweit der wirtschaftliche Geschäftsbetrieb kein Zweckbetrieb (§§ 65 bis 68) ist.

(2) Unterhält die Körperschaft mehrere wirtschaftliche Geschäftsbetriebe, die keine Zweckbetriebe (§§ 65 bis 68) sind, werden diese als ein wirtschaftlicher Geschäftsbetrieb behandelt.

(3) Übersteigen die Einnahmen einschließlich Umsatzsteuer aus wirtschaftlichen Geschäftsbetrieben, die keine Zweckbetriebe sind, insgesamt nicht 60 000 Deutsche Mark im Jahr, so unterliegen die diesen Geschäftsbetrieben zuzuordnenden Besteuerungsgrundlagen nicht der Körperschaftsteuer und der Gewerbesteuer.

(4) Die Aufteilung einer Körperschaft in mehrere selbständige Körperschaften zum Zweck der mehrfachen Inanspruchnahme der Steuervergünstigung nach Absatz 3 gilt als Mißbrauch von rechtlichen Gestaltungsmöglichkeiten im Sinne des § 42.

(5) Überschüsse aus der Verwertung unentgeltlich erworbenen Altmaterials außerhalb einer ständig dafür vorgehaltenen Verkaufsstelle, die der Körperschaftsteuer und der Gewerbesteuer unterliegen, können in Höhe des branchenüblichen Reingewinns geschätzt werden.

§ 65 Zweckbetrieb

Ein Zweckbetrieb ist gegeben, wenn
1. der wirtschaftliche Geschäftsbetrieb in seiner Gesamtrichtung dazu dient, die steuerbegünstigten satzungsmäßigen Zwecke der Körperschaft zu verwirklichen,
2. die Zwecke nur durch einen solchen Geschäftsbetrieb erreicht werden können und
3. der wirtschaftliche Geschäftsbetrieb zu nicht begünstigten Betrieben derselben oder ähnlicher Art nicht in größerem Umfang in Wettbewerb tritt, als es bei Erfüllung der steuerbegünstigten Zwecke unvermeidbar ist.

(Fortsetzung auf Seite 21)

Abgabenordnung
§§ 66–67 a

§ 66 Wohlfahrtspflege

(1) Eine Einrichtung der Wohlfahrtspflege ist ein Zweckbetrieb, wenn sie in besonderem Maße den in § 53 genannten Personen dient.

(2) Wohlfahrtspflege ist die planmäßige, zum Wohle der Allgemeinheit und nicht des Erwerbes wegen ausgeübte Sorge für notleidende oder gefährdete Mitmenschen. Die Sorge kann sich auf das gesundheitliche, sittliche, erzieherische oder wirtschaftliche Wohl erstrecken und Vorbeugung oder Abhilfe bezwecken.

(3) Eine Einrichtung der Wohlfahrtspflege dient in besonderem Maße den in § 53 genannten Personen, wenn diesen mindestens zwei Drittel ihrer Leistungen zugute kommen. Für Krankenhäuser gilt § 67.

§ 67 Krankenhäuser

(1) Ein Krankenhaus, das in den Anwendungsbereich der Bundespflegesatzverordnung fällt, ist ein Zweckbetrieb, wenn mindestens 40 vom Hundert der jährlichen Pflegetage auf Patienten entfallen, bei denen nur Entgelte für allgemeine Krankenhausleistungen (§§ 5, 6 und 21 der Bundespflegesatzverordnung) berechnet werden.

(2) Ein Krankenhaus, das nicht in den Anwendungsbereich der Bundespflegesatzverordnung fällt, ist ein Zweckbetrieb, wenn mindestens 40 vom Hundert der jährlichen Pflegetage auf Patienten entfallen, bei denen für die Krankenhausleistungen kein höheres Entgelt als nach Absatz 1 berechnet wird.

§ 67 a Sportliche Veranstaltungen

(1) Sportliche Veranstaltungen eines Sportvereins sind ein Zweckbetrieb, wenn die Einnahmen einschließlich Umsatzsteuer insgesamt 60 000 DM im Jahr nicht übersteigen. Der Verkauf von Speisen und Getränken sowie die Werbung gehören nicht zu den sportlichen Veranstaltungen.

(2) Der Sportverein kann dem Finanzamt bis zur Unanfechtbarkeit des Körperschaftsteuerbescheids erklären, daß er auf die Anwendung des Absatzes 1 Satz 1 verzichtet. Die Erklärung bindet den Sportverein für mindestens fünf Veranlagungszeiträume.

(3) Wird auf die Anwendung des Absatzes 1 Satz 1 verzichtet, sind sportliche Veranstaltungen eines Sportvereins ein Zweckbetrieb, wenn
1. kein Sportler des Vereins teilnimmt, der für seine sportliche Betätigung oder für die Benutzung seiner Person, seines Namens, seines Bildes oder seiner sportlichen Betätigung zu Werbezwecken von dem Verein oder einem Dritten über eine Aufwandsentschädigung hinaus Vergütungen oder andere Vorteile erhält und
2. kein anderer Sportler teilnimmt, der für die Teilnahme an der Veranstaltung von dem Verein oder einem Dritten im Zusammenwirken mit dem Verein über eine Aufwandsentschädigung hinaus Vergütungen oder andere Vorteile erhält.

Andere sportliche Veranstaltungen sind ein steuerpflichtiger wirtschaftlicher Geschäftsbetrieb. Dieser schließt die Steuervergünstigung nicht aus, wenn die Vergütungen oder andere Vorteile ausschließlich aus wirtschaftlichen Geschäftsbetrieben, die nicht Zweckbetriebe sind, oder von Dritten geleistet werden.

§ 68 Einzelne Zweckbetriebe

Zweckbetriebe sind auch:
1. a) Alten-, Altenwohn- und Pflegeheime, Erholungsheime, Mahlzeitendienste, wenn sie in besonderem Maße den in § 53 genannten Personen dienen (§ 66 Abs. 3),
   b) Kindergärten, Kinder-, Jugend- und Studentenheime, Schullandheime und Jugendherbergen,
2. a) landwirtschaftliche Betriebe und Gärtnereien, die der Selbstversorgung von Körperschaften dienen und dadurch die sachgemäße Ernährung und ausreichende Versorgung von Anstaltsangehörigen sichern,
   b) andere Einrichtungen, die für die Selbstversorgung von Körperschaften erforderlich sind, wie Tischlereien, Schlossereien,
   wenn die Lieferungen und sonstigen Leistungen dieser Einrichtungen an Außenstehende dem Wert nach 20 vom Hundert der gesamten Lieferungen und sonstigen Leistungen des Betriebes – einschließlich der an die Körperschaft selbst bewirkten – nicht übersteigen,
3. Werkstätten für Behinderte, die nach den Vorschriften des Arbeitsförderungsgesetzes förderungsfähig sind und Personen Arbeitsplätze bieten, die wegen ihrer Behinderung nicht auf dem allgemeinen Arbeitsmarkt tätig sein können, sowie Einrichtungen für Beschäftigungs- und Arbeitstherapie, die der Eingliederung von Behinderten dienen,
4. Einrichtungen, die zur Durchführung der Blindenfürsorge und zur Durchführung der Fürsorge für Körperbehinderte unterhalten werden,
5. Einrichtungen der Fürsorgeerziehung und der freiwilligen Erziehungshilfe,
6. von den zuständigen Behörden genehmigte Lotterien und Ausspielungen, die eine steuerbegünstigte Körperschaft höchstens zweimal im Jahr zu ausschließlich gemeinnützigen, mildtätigen oder kirchlichen Zwecken veranstaltet,
7. kulturelle Einrichtungen, wie Museen, Theater, und kulturelle Veranstaltungen, wie Konzerte, Kunstausstellungen; dazu gehört nicht der Verkauf von Speisen und Getränken,
8. Volkshochschulen und andere Einrichtungen, soweit sie selbst Vorträge, Kurse und andere Veranstaltungen wissenschaftlicher oder belehrender Art durchführen; dies gilt auch, soweit die Einrichtungen den Teilnehmern dieser Veranstaltungen selbst Beherbergung und Beköstigung gewähren.

Abgabenordnung

Steuerschuldrecht
Haftung
§§ 69-74

Vierter Abschnitt
Haftung

§ 69 Haftung der Vertreter

Die in den §§ 34 und 35 bezeichneten Personen haften, soweit Ansprüche aus dem Steuerschuldverhältnis (§ 37) infolge vorsätzlicher oder grob fahrlässiger Verletzung der ihnen auferlegten Pflichten nicht oder nicht rechtzeitig festgesetzt oder erfüllt oder soweit infolgedessen Steuervergütungen oder Steuererstattungen ohne rechtlichen Grund gezahlt werden. Die Haftung umfaßt auch die infolge der Pflichtverletzung zu zahlenden Säumniszuschläge.

§ 70 Haftung des Vertretenen

(1) Wenn die in den §§ 34 und 35 bezeichneten Personen bei Ausübung ihrer Obliegenheiten eine Steuerhinterziehung oder eine leichtfertige Steuerverkürzung begehen oder an einer Steuerhinterziehung teilnehmen und hierdurch Steuerschuldner oder Haftende werden, so haften die Vertretenen, soweit sie nicht Steuerschuldner sind, für die durch die Tat verkürzten Steuern und die zu Unrecht gewährten Steuervorteile.
(2) Absatz 1 ist nicht anzuwenden bei Taten gesetzlicher Vertreter natürlicher Personen, wenn diese aus der Tat des Vertreters keinen Vermögensvorteil erlangt haben. Das gleiche gilt, wenn die Vertretenen denjenigen, der die Steuerhinterziehung oder die leichtfertige Steuerverkürzung begangen hat, sorgfältig ausgewählt und beaufsichtigt haben.

§ 71 Haftung des Steuerhinterziehers und des Steuerhehlers

Wer eine Steuerhinterziehung oder eine Steuerhehlerei begeht oder an einer solchen Tat teilnimmt, haftet für die verkürzten Steuern und die zu Unrecht gewährten Steuervorteile sowie für die Zinsen nach § 235.

§ 72 Haftung bei Verletzung der Pflicht zur Kontenwahrheit

Wer vorsätzlich oder grob fahrlässig der Vorschrift des § 154 Abs. 3 zuwiderhandelt, haftet, soweit dadurch die Verwirklichung von Ansprüchen aus dem Steuerschuldverhältnis beeinträchtigt wird.

§ 73 Haftung bei Organschaft

Eine Organgesellschaft haftet für solche Steuern des Organträgers, für welche die Organschaft zwischen ihnen steuerlich von Bedeutung ist. Den Steuern stehen die Ansprüche auf Erstattung von Steuervergütungen gleich.

§ 74 Haftung des Eigentümers von Gegenständen

(1) Gehören Gegenstände, die einem Unternehmen dienen, nicht dem Unternehmer, sondern einer an dem Unternehmen wesentlich beteiligten Person, so haftet der Eigentümer der Gegenstände mit diesen für diejenigen Steuern des Unternehmens, bei denen sich die Steuerpflicht auf den Betrieb des Unternehmens gründet. Die Haftung erstreckt sich jedoch nur auf die Steuern, die während des Bestehens der wesentlichen Beteiligung entstanden sind. Den Steuern stehen die Ansprüche auf Erstattung von Steuervergütungen gleich.
(2) Eine Person ist an dem Unternehmen wesentlich beteiligt, wenn sie unmittelbar oder mittelbar zu mehr als einem Viertel am Grund- oder Stammkapital oder am Vermögen des Unternehmens beteiligt ist. Als wesentlich beteiligt gilt auch, wer auf das Unternehmen einen beherrschenden Einfluß ausübt und durch sein Verhalten dazu beiträgt, daß fällige Steuern im Sinne des Absatzes 1 Satz 1 nicht entrichtet werden.

Abgabenordnung

Steuerschuldrecht – Allgemeine Verfahrensvorschriften
Haftung – Verfahrensgrundsätze
Beteiligung am Verfahren
§§ 75–78

§ 75 Haftung des Betriebsübernehmers

(1) Wird ein Unternehmen oder ein in der Gliederung eines Unternehmens gesondert geführter Betrieb im ganzen übereignet, so haftet der Erwerber für Steuern, bei denen sich die Steuerpflicht auf den Betrieb des Unternehmens gründet, und für Steuerabzugsbeträge, vorausgesetzt, daß die Steuern seit dem Beginn des letzten, vor der Übereignung liegenden Kalenderjahres entstanden sind und bis zum Ablauf von einem Jahr nach Anmeldung des Betriebes durch den Erwerber festgesetzt oder angemeldet werden. Die Haftung beschränkt sich auf den Bestand des übernommenen Vermögens. Den Steuern stehen die Ansprüche auf Erstattung von Steuervergütungen gleich.
(2) Absatz 1 gilt nicht für Erwerbe aus einer Konkursmasse, für Erwerbe aus dem Vermögen eines Vergleichsschuldners, das auf Grund eines Vergleichsvorschlages nach § 7 Abs. 4 der Vergleichsordnung verwertet wird, und für Erwerbe im Vollstreckungsverfahren.

§ 76 Sachhaftung

(1) Verbrauchsteuerpflichtige Waren und zollpflichtige Waren dienen ohne Rücksicht auf die Rechte Dritter als Sicherheit für die darauf ruhenden Steuern (Sachhaftung).
(2) Die Sachhaftung entsteht bei verbrauchsteuerpflichtigen Waren, wenn nichts anderes vorgeschrieben ist, mit Beginn ihrer Herstellung oder mit ihrer Einfuhr, bei zollpflichtigen Waren, sobald die Waren Zollgut werden.
(3) Solange die Steuer nicht entrichtet ist, kann die Finanzbehörde die Waren mit Beschlag belegen. Als Beschlagnahme genügt das Verbot an den, der die Waren im Gewahrsam hat, über sie zu verfügen.
(4) Die Sachhaftung erlischt mit der Steuerschuld. Sie erlischt ferner mit der Aufhebung der Beschlagnahme oder dadurch, daß die Waren mit Zustimmung der Finanzbehörde in einen steuerlich nicht beschränkten Verkehr übergehen.
(5) Von der Geltendmachung der Sachhaftung wird abgesehen, wenn die Waren dem Verfügungsberechtigten abhanden gekommen sind und die verbrauchsteuerpflichtigen Waren in einen Herstellungsbetrieb aufgenommen oder die zollpflichtigen Waren einer Zollbehandlung zugeführt werden.

§ 77 Duldungspflicht

(1) Wer kraft Gesetzes verpflichtet ist, eine Steuer aus Mitteln, die seiner Verwaltung unterliegen, zu entrichten, ist insoweit verpflichtet, die Vollstreckung in dieses Vermögen zu dulden.
(2) Wegen einer Steuer, die als öffentliche Last auf Grundbesitz ruht, hat der Eigentümer die Zwangsvollstreckung in den Grundbesitz zu dulden. Zugunsten der Finanzbehörde gilt als Eigentümer, wer als solcher im Grundbuch eingetragen ist. Das Recht des nicht eingetragenen Eigentümers, die ihm gegen die öffentliche Last zustehenden Einwendungen geltend zu machen, bleibt unberührt.

Dritter Teil
Allgemeine Verfahrensvorschriften
Erster Abschnitt
Verfahrensgrundsätze
1. Unterabschnitt
Beteiligung am Verfahren

§ 78 Beteiligte

Beteiligte sind
1. Antragsteller und Antragsgegner,
2. diejenigen, an die die Finanzbehörde den Verwaltungsakt richten will oder gerichtet hat,
3. diejenigen, mit denen die Finanzbehörde einen öffentlich-rechtlichen Vertrag schließen will oder geschlossen hat.

Abgabenordnung

Allgemeine Verfahrensvorschriften
Verfahrensgrundsätze
Beteiligung am Verfahren
§§ 79–81

§ 79 Handlungsfähigkeit

(1) Fähig zur Vornahme von Verfahrenshandlungen sind:
1. natürliche Personen, die nach bürgerlichem Recht geschäftsfähig sind,
2. natürliche Personen, die nach bürgerlichem Recht in der Geschäftsfähigkeit beschränkt sind, soweit sie für den Gegenstand des Verfahrens durch Vorschriften des bürgerlichen Rechts als geschäftsfähig oder durch Vorschriften des öffentlichen Rechts als handlungsfähig anerkannt sind,
3. juristische Personen, Vereinigungen oder Vermögensmassen durch ihre gesetzlichen Vertreter oder durch besonders Beauftragte,
4. Behörden durch ihre Leiter, deren Vertreter oder Beauftragte.

(2) Die §§ 53 und 55 der Zivilprozeßordnung gelten entsprechend.

§ 80 Bevollmächtigte und Beistände

(1) Ein Beteiligter kann sich durch einen Bevollmächtigten vertreten lassen. Die Vollmacht ermächtigt zu allen das Verwaltungsverfahren betreffenden Verfahrenshandlungen, sofern sich aus ihrem Inhalt nicht etwas anderes ergibt; sie ermächtigt nicht zum Empfang von Steuererstattungen und Steuervergütungen. Der Bevollmächtigte hat auf Verlangen seine Vollmacht schriftlich nachzuweisen. Ein Widerruf der Vollmacht wird der Behörde gegenüber erst wirksam, wenn er ihr zugeht.

(2) Die Vollmacht wird weder durch den Tod des Vollmachtgebers noch durch eine Veränderung in seiner Handlungspflicht oder seiner gesetzlichen Vertretung aufgehoben; der Bevollmächtigte hat jedoch, wenn er für den Rechtsnachfolger im Verwaltungsverfahren auftritt, dessen Vollmacht auf Verlangen schriftlich beizubringen.

(3) Ist für das Verfahren ein Bevollmächtigter bestellt, so soll sich die Behörde an ihn wenden. Sie kann sich an den Beteiligten selbst wenden, soweit er zur Mitwirkung verpflichtet ist. Wendet sich die Finanzbehörde an den Beteiligten, so soll der Bevollmächtigte verständigt werden.

(4) Ein Beteiligter kann zu Verhandlungen und Besprechungen mit einem Beistand erscheinen. Das von dem Beistand Vorgetragene gilt als von dem Beteiligten vorgebracht, soweit dieser nicht unverzüglich widerspricht.

(5) Bevollmächtigte und Beistände sind zurückzuweisen, wenn sie geschäftsmäßig Hilfe in Steuersachen leisten, ohne dazu befugt zu sein; dies gilt nicht für Notare und Patentanwälte.

(6) Bevollmächtigte und Beistände können vom schriftlichen Vortrag zurückgewiesen werden, wenn sie hierzu ungeeignet sind; vom mündlichen Vortrag können sie zurückgewiesen werden, wenn sie zum sachgemäßen Vortrag nicht fähig sind. Dies gilt nicht für die in § 3 und in § 4 Nr. 1 und 2 des Steuerberatungsgesetzes bezeichneten natürlichen Personen.

(7) Die Zurückweisung nach den Absätzen 5 und 6 ist auch dem Beteiligten, dessen Bevollmächtigter oder Beistand zurückgewiesen wird, mitzuteilen. Verfahrenshandlungen des zurückgewiesenen Bevollmächtigten oder Beistandes, die dieser nach der Zurückweisung vornimmt, sind unwirksam.

§ 81 Bestellung eines Vertreters von Amts wegen

(1) Ist ein Vertreter nicht vorhanden, so hat das Vormundschaftsgericht auf Ersuchen der Finanzbehörde einen geeigneten Vertreter zu bestellen
1. für einen Beteiligten, dessen Person unbekannt ist,
2. für einen abwesenden Beteiligten, dessen Aufenthalt unbekannt ist oder der an der Besorgung seiner Angelegenheiten verhindert ist,
3. für einen Beteiligten ohne Aufenthalt im Geltungsbereich dieses Gesetzes, wenn er der Aufforderung der Finanzbehörde, einen Vertreter zu bestellen, innerhalb der ihm gesetzten Frist nicht nachgekommen ist,
4. für einen Beteiligten, der infolge körperlicher oder geistiger Gebrechen nicht in der Lage ist, in dem Verwaltungsverfahren selbst tätig zu werden,
5. bei herrenlosen Sachen, auf die sich das Verfahren bezieht, zur Wahrung der sich in bezug auf die Sache ergebenden Rechte und Pflichten.

Abgabenordnung
Allgemeine Verfahrensvorschriften
Verfahrensgrundsätze
Ausschließung und Ablehnung von Amtsträgern
und anderen Personen
§§ 82–83

(2) Für die Bestellung des Vertreters ist das Vormundschaftsgericht zuständig, in dessen Bezirk die ersuchende Finanzbehörde ihren Sitz hat.

(3) Der Vertreter hat gegen den Rechtsträger der Finanzbehörde, die um seine Bestellung ersucht hat, Anspruch auf eine angemessene Vergütung und auf die Erstattung seiner baren Auslagen. Die Finanzbehörde kann von dem Vertretenen Ersatz ihrer Aufwendungen verlangen. Sie bestimmt die Vergütung und stellt die Auslagen und Aufwendungen fest.

(4) Im übrigen gelten für die Bestellung und für das Amt des Vertreters die Vorschriften über die Pflegschaft entsprechend.

2. Unterabschnitt
Ausschließung und Ablehnung von Amtsträgern und anderen Personen

§ 82 Ausgeschlossene Personen

(1) In einem Verwaltungsverfahren darf für eine Finanzbehörde nicht tätig werden,
1. wer selbst Beteiligter ist,
2. wer Angehöriger (§ 15) eines Beteiligten ist,
3. wer einen Beteiligten kraft Gesetzes oder Vollmacht allgemein oder in diesem Verfahren vertritt,
4. wer Angehöriger (§ 15) einer Person ist, die für einen Beteiligten in diesem Verfahren Hilfe in Steuersachen leistet,
5. wer bei beinem Beteiligten gegen Entgelt beschäftigt ist oder bei ihm als Mitglied des Vorstandes, des Aufsichtsrates oder eines gleichartigen Organs tätig ist; dies gilt nicht für den, dessen Anstellungskörperschaft Beteiligte ist,
6. wer außerhalb seiner amtlichen Eigenschaft in der Angelegenheit ein Gutachten abgegeben hat oder sonst tätig geworden ist.

Dem Beteiligten steht gleich, wer durch die Tätigkeit oder durch die Entscheidung einen unmittelbaren Vorteil oder Nachteil erlangen kann. Dies gilt nicht, wenn der Voroder Nachteil nur darauf beruht, daß jemand einer Berufs- oder Bevölkerungsgruppe angehört, deren gemeinsame Interessen durch die Angelegenheit berührt werden.

(2) Wer nach Absatz 1 ausgeschlossen ist, darf bei Gefahr im Verzuge unaufschiebbare Maßnahmen treffen.

(3) Hält sich ein Mitglied eines Ausschusses für ausgeschlossen oder bestehen Zweifel, ob die Voraussetzungen des Absatzes 1 gegeben sind, ist dies dem Vorsitzenden des Ausschusses mitzuteilen. Der Ausschuß entscheidet über den Ausschluß. Der Betroffene darf an dieser Entscheidung nicht mitwirken. Das ausgeschlossene Mitglied darf bei der weiteren Beratung und Beschlußfassung nicht zugegen sein.

§ 83 Besorgnis der Befangenheit

(1) Liegt ein Grund vor, der geeignet ist, Mißtrauen gegen die Unparteilichkeit des Amtsträgers zu rechtfertigen oder wird von einem Beteiligten das Vorliegen eines solchen Grundes behauptet, so hat der Amtsträger den Leiter der Behörde oder den von ihm Beauftragten zu unterrichten und sich auf dessen Anordnung der Mitwirkung zu enthalten. Betrifft die Besorgnis der Befangenheit den Leiter der Behörde, so trifft diese Anordnung die Aufsichtsbehörde, sofern sich der Behördenleiter nicht selbst einer Mitwirkung enthält.

(2) Bei Mitgliedern eines Ausschusses ist sinngemäß nach § 82 Abs. 3 zu verfahren.

Abgabenordnung

Allgemeine Verfahrensvorschriften
Verfahrensgrundsätze
Besteuerungsgrundsätze, Beweismittel
§§ 84–87

§ 84 Ablehnung von Mitgliedern eines Ausschusses

Jeder Beteiligte kann ein Mitglied eines in einem Verwaltungsverfahren tätigen Ausschusses ablehnen, das in diesem Verwaltungsverfahren nicht tätig werden darf (§ 82) oder bei dem die Besorgnis der Befangenheit besteht (§ 83). Eine Ablehnung vor einer mündlichen Verhandlung ist schriftlich oder zur Niederschrift zu erklären. Die Erklärung ist unzulässig, wenn sich der Beteiligte ohne den ihm bekannten Ablehnungsgrund geltend zu machen, in eine mündliche Verhandlung eingelassen hat. Für die Entscheidung über die Ablehnung gilt § 82 Abs. 3 Sätze 2 bis 4. Die Entscheidung über das Ablehnungsgesuch kann nur zusammen mit der Entscheidung angefochten werden, die das Verfahren vor dem Ausschuß abschließt.

3. Unterabschnitt
Besteuerungsgrundsätze, Beweismittel

I. Allgemeines

§ 85 Besteuerungsgrundsätze

Die Finanzbehörden haben die Steuern nach Maßgabe der Gesetze gleichmäßig festzusetzen und zu erheben. Insbesondere haben sie sicherzustellen, daß Steuern nicht verkürzt, zu Unrecht erhoben oder Steuererstattungen und Steuervergütungen nicht zu Unrecht gewährt oder versagt werden.

§ 86 Beginn des Verfahrens

Die Finanzbehörde entscheidet nach pflichtgemäßem Ermessen, ob und wann sie ein Verwaltungsverfahren durchführt. Dies gilt nicht, wenn die Finanzbehörde auf Grund von Rechtsvorschriften

1. von Amts wegen oder auf Antrag tätig werden muß,
2. nur auf Antrag tätig werden darf und ein Antrag nicht vorliegt.

§ 87 Amtssprache

(1) Die Amtssprache ist deutsch.

(2) Werden bei einer Finanzbehörde in einer fremden Sprache Anträge gestellt oder Eingaben, Belege, Urkunden oder sonstige Schriftstücke vorgelegt, kann die Finanzbehörde verlangen, daß unverzüglich eine Übersetzung vorgelegt wird. In begründeten Fällen kann die Vorlage einer beglaubigten oder von einem öffentlich bestellten oder beeidigten Dolmetscher oder Übersetzer angefertigten Übersetzung verlangt werden. Wird die verlangte Übersetzung nicht unverzüglich vorgelegt, so kann die Finanzbehörde auf Kosten des Beteiligten selbst eine Übersetzung beschaffen. Hat die Finanzbehörde Dolmetscher oder Übersetzer herangezogen, werden diese in entsprechender Anwendung des Gesetzes über die Entschädigung von Zeugen und Sachverständigen entschädigt.

(3) Soll durch eine Anzeige, einen Antrag oder die Abgabe einer Willenserklärung eine Frist in Lauf gesetzt werden, innerhalb deren die Finanzbehörde in einer bestimmten Weise tätig werden muß, und gehen diese in einer fremden Sprache ein, so beginnt der Lauf der Frist erst mit dem Zeitpunkt, in dem der Finanzbehörde eine Übersetzung vorliegt.

(4) Soll durch eine Anzeige, einen Antrag oder eine Willenserklärung, die in fremder Sprache eingehen, zugunsten eines Beteiligten eine Frist gegenüber der Finanzbehörde gewahrt, ein öffentlich-rechtlicher Anspruch geltend gemacht oder eine Leistung begehrt werden, so gelten die Anzeige, der Antrag oder die Willenserklärung als zum Zeitpunkt des Eingangs bei der Finanzbehörde abgegeben, wenn auf Verlangen der Finanzbehörde innerhalb einer von dieser zu setzenden angemessenen Frist eine Übersetzung vorgelegt wird. Andernfalls ist der Zeitpunkt des Eingangs der Übersetzung maßgebend, soweit sich nicht aus zwischenstaatlichen Vereinbarungen etwas anderes ergibt. Auf diese Rechtsfolge ist bei der Fristsetzung hinzuweisen.

Abgabenordnung

Allgemeine Verfahrensvorschriften
Verfahrensgrundsätze
Besteuerungsgrundsätze, Beweismittel
§§ 88–92

§ 88 Untersuchungsgrundsatz

(1) Die Finanzbehörde ermittelt den Sachverhalt von Amts wegen. Sie bestimmt Art und Umfang der Ermittlungen; an das Vorbringen und an die Beweisanträge der Beteiligten ist sie nicht gebunden. Der Umfang dieser Pflichten richtet sich nach den Umständen des Einzelfalles.

(2) Die Finanzbehörde hat alle für den Einzelfall bedeutsamen, auch die für die Beteiligten günstigen Umstände zu berücksichtigen.

§ 89 Beratung, Auskunft

Die Finanzbehörde soll die Abgabe von Erklärungen, die Stellung von Anträgen oder die Berichtigung von Erklärungen oder Anträgen anregen, wenn diese offensichtlich nur versehentlich oder aus Unkenntnis unterblieben oder unrichtig abgegeben oder gestellt worden sind. Sie erteilt, soweit erforderlich, Auskunft über die den Beteiligten im Verwaltungsverfahren zustehenden Rechte und die ihnen obliegenden Pflichten.

§ 90 Mitwirkungspflichten der Beteiligten

(1) Die Beteiligten sind zur Mitwirkung bei der Ermittlung des Sachverhaltes verpflichtet. Sie kommen der Mitwirkungspflicht insbesondere dadurch nach, daß sie die für die Besteuerung erheblichen Tatsachen vollständig und wahrheitsgemäß offenlegen und die ihnen bekannten Beweismittel angeben. Der Umfang dieser Pflichten richtet sich nach den Umständen des Einzelfalles.

(2) Ist ein Sachverhalt zu ermitteln und steuerrechtlich zu beurteilen, der sich auf Vorgänge außerhalb des Geltungsbereichs dieses Gesetzes bezieht, so haben die Beteiligten diesen Sachverhalt aufzuklären und die erforderlichen Beweismittel zu beschaffen. Sie haben dabei alle für sie bestehenden rechtlichen und tatsächlichen Möglichkeiten auszuschöpfen. Ein Beteiligter kann sich nicht darauf berufen, daß er Sachverhalte nicht aufklären oder Beweismittel nicht beschaffen kann, wenn er sich nach Lage des Falles bei der Gestaltung seiner Verhältnisse die Möglichkeit dazu hätte beschaffen oder einräumen lassen können.

§ 91 Anhörung Beteiligter

(1) Bevor ein Verwaltungsakt erlassen wird, der in Rechte eines Beteiligten eingreift, soll diesem Gelegenheit gegeben werden, sich zu den für die Entscheidung erheblichen Tatsachen zu äußern. Dies gilt insbesondere, wenn von dem in der Steuererklärung erklärten Sachverhalt zuungunsten des Steuerpflichtigen wesentlich abgewichen werden soll.

(2) Von der Anhörung kann abgesehen werden, wenn sie nach den Umständen des Einzelfalles nicht geboten ist, insbesondere wenn
1. eine sofortige Entscheidung wegen Gefahr im Verzug oder im öffentlichen Interesse notwendig erscheint,
2. durch die Anhörung die Einhaltung einer für die Entscheidung maßgeblichen Frist in Frage gestellt würde,
3. von den tatsächlichen Angaben eines Beteiligten, die dieser in einem Antrag oder einer Erklärung gemacht hat, nicht zu seinen Ungunsten abgewichen werden soll,
4. die Finanzbehörde eine Allgemeinverfügung oder gleichartige Verwaltungsakte in größerer Zahl oder Verwaltungsakte mit Hilfe automatischer Einrichtungen erlassen will,
5. Maßnahmen in der Vollstreckung getroffen werden sollen.

(3) Eine Anhörung unterbleibt, wenn ihr ein zwingendes öffentliches Interesse entgegensteht.

§ 92 Beweismittel

Die Finanzbehörde bedient sich der Beweismittel, die sie nach pflichtgemäßem Ermessen zur Ermittlung des Sachverhaltes für erforderlich hält. Sie kann insbesondere

Abgabenordnung

Allgemeine Verfahrensvorschriften
Verfahrensgrundsätze
Besteuerungsgrundsätze, Beweismittel
§§ 93–93 a

1. Auskünfte jeder Art von den Beteiligten und anderen Personen einholen,
2. Sachverständige zuziehen,
3. Urkunden und Akten beiziehen,
4. den Augenschein einnehmen.

II. Beweis durch Auskünfte und Sachverständigengutachten

§ 93 Auskunftspflicht der Beteiligten und anderer Personen

(1) Die Beteiligten und andere Personen haben der Finanzbehörde die zur Feststellung eines für die Besteuerung erheblichen Sachverhaltes erforderlichen Auskünfte zu erteilen. Dies gilt auch für nicht rechtsfähige Vereinigungen, Vermögensmassen, Behörden und Betriebe gewerblicher Art der Körperschaften des öffentlichen Rechts. Andere Personen als die Beteiligten sollen erst dann zur Auskunft angehalten werden, wenn die Sachverhaltsaufklärung durch die Beteiligten nicht zum Ziele führt oder keinen Erfolg verspricht.

(2) In dem Auskunftsersuchen ist anzugeben, worüber Auskünfte erteilt werden sollen und ob die Auskunft über die Besteuerung des Auskunftspflichtigen oder für die Besteuerung anderer Personen angefordert wird. Auskunftsersuchen haben auf Verlangen des Auskunftspflichtigen schriftlich zu ergehen.

(3) Die Auskünfte sind wahrheitsgemäß nach bestem Wissen und Gewissen zu erteilen. Auskunftspflichtige, die nicht aus dem Gedächtnis Auskunft geben können, haben Bücher, Aufzeichnungen, Geschäftspapiere und andere Urkunden, die ihnen zur Verfügung stehen, einzusehen und, soweit nötig, Aufzeichnungen daraus zu entnehmen.

(4) Der Auskunftspflichtige kann die Auskünfte schriftlich, mündlich oder fernmündlich erteilen. Die Finanzbehörde kann verlangen, daß der Auskunftspflichtige schriftlich Auskunft erteilt, wenn dies sachdienlich ist.

(5) Die Finanzbehörde kann anordnen, daß der Auskunftspflichtige eine mündliche Auskunft an Amtsstelle erteilt. Hierzu ist sie insbesondere dann befugt, wenn trotz Aufforderung eine schriftliche Auskunft nicht erteilt worden ist oder eine schriftliche Auskunft nicht zu einer Klärung des Sachverhaltes geführt hat. Absatz 2 Satz 1 gilt entsprechend.

(6) Auf Antrag des Auskunftspflichtigen ist über die mündliche Auskunft an Amtsstelle eine Niederschrift aufzunehmen. Die Niederschrift soll den Namen der anwesenden Personen, den Ort, den Tag und den wesentlichen Inhalt der Auskunft enthalten. Sie soll von dem Amtsträger, dem die mündliche Auskunft erteilt wird, und dem Auskunftspflichtigen unterschrieben werden. Den Beteiligten ist eine Abschrift der Niederschrift zu überlassen.

§ 93 a Allgemeine Mitteilungspflichten

(1) Zur Sicherung der Besteuerung (§ 85) kann die Bundesregierung durch Rechtsverordnung mit Zustimmung des Bundesrates Behörden verpflichten,
1. Verwaltungsakte, die die Versagung oder Einschränkung einer steuerlichen Vergünstigung zur Folge haben oder dem Betroffenen steuerpflichtige Einnahmen ermöglichen,
2. Subventionen und ähnliche Förderungsmaßnahmen sowie
3. Anhaltspunkte für Schwarzarbeit, unerlaubte Arbeitnehmerüberlassung oder unerlaubte Ausländerbeschäftigung

den Finanzbehörden mitzuteilen. Durch Rechtsverordnung kann auch bestimmt werden, daß bei Zahlungen von Behörden und öffentlich-rechtlichen Rundfunkanstalten der Zahlungsempfänger zur Erleichterung seiner steuerlichen Aufzeichnungs- und Erklärungspflichten über die Summe der jährlichen Zahlungen sowie über die Auffassung der Finanzbehörden zu den daraus entstehenden Steuerpflichten zu unterrichten ist; der zuständigen Finanzbehörde sind der Empfänger, der Rechtsgrund und der Zeitpunkt der Zahlungen mitzuteilen. Die Verpflichtung der Behörden und der Rundfunkanstalten zu Mitteilungen, Auskünften, Anzeigen und zur Amtshilfe auf Grund anderer Vorschriften bleibt unberührt.

Abgabenordnung

Allgemeine Verfahrensvorschriften
Verfahrensgrundsätze
Besteuerungsgrundsätze, Beweismittel
§§ 94–95

(2) Schuldenverwaltungen, Postgiroämter, Postsparkassenämter, Kreditinstitute, Betriebe gewerblicher Art von juristischen Personen des öffentlichen Rechts im Sinne des Körperschaftsteuergesetzes, Berufskammern und Versicherungsunternehmen sind von der Mitteilungspflicht ausgenommen.

(3) In der Rechtsverordnung sind die mitteilenden Stellen, die Verpflichtung zur Unterrichtung der Betroffenen, die mitzuteilenden Angaben und die für die Entgegennahme der Mitteilungen zuständigen Finanzbehörden näher zu bestimmen sowie der Umfang, der Zeitpunkt und das Verfahren der Mitteilung zu regeln. In der Rechtsverordnung können Ausnahmen von der Mitteilungspflicht, insbesondere für Fälle geringer steuerlicher Bedeutung, zugelassen werden.

§ 94 Eidliche Vernehmung

(1) Hält die Finanzbehörde mit Rücksicht auf die Bedeutung der Auskunft oder zur Herbeiführung einer wahrheitsgemäßen Auskunft die Beeidigung einer anderen Person als eines Beteiligten für geboten, so kann sie das für den Wohnsitz oder den Aufenthaltsort der zu beeidigenden Person zuständige Finanzgericht um die eidliche Vernehmung ersuchen. Befindet sich der Wohnsitz oder der Aufenthaltsort der zu beeidigenden Person nicht am Sitz eines Finanzgerichts oder eines besonders errichteten Senates, so kann auch das zuständige Amtsgericht um die eidliche Vernehmung ersucht werden.

(2) In dem Ersuchen hat die Finanzbehörde den Gegenstand der Vernehmung sowie die Namen und Anschriften der Beteiligten anzugeben. Das Gericht hat die Beteiligten und die ersuchende Finanzbehörde von den Terminen zu benachrichtigen. Die Beteiligten und die ersuchende Finanzbehörde sind berechtigt, während der Vernehmung Fragen zu stellen.

(3) Das Gericht entscheidet über die Rechtmäßigkeit der Verweigerung des Zeugnisses oder der Eidesleistung.

§ 95 Versicherung an Eides Statt

(1) Die Finanzbehörde kann den Beteiligten auffordern, daß er die Richtigkeit von Tatsachen, die er behauptet, an Eides Statt versichert. Eine Versicherung an Eides Statt soll nur gefordert werden, wenn andere Mittel zur Erforschung der Wahrheit nicht vorhanden sind, zu keinem Ergebnis geführt haben oder einen unverhältnismäßigen Aufwand erfordern. Von eidesunfähigen Personen im Sinne des § 393 der Zivilprozeßordnung darf eine eidesstattliche Versicherung nicht verlangt werden.

(2) Die Versicherung an Eides Statt wird von der Finanzbehörde zur Niederschrift aufgenommen. Zur Aufnahme sind der Behördenleiter, sein ständiger Vertreter sowie Angehörige des öffentlichen Dienstes befugt, welche die Befähigung zum Richteramt haben oder die Voraussetzungen des § 110 Satz 1 des Deutschen Richtergesetzes erfüllen. Andere Angehörige des öffentlichen Dienstes kann der Behördenleiter oder sein ständiger Vertreter hierzu allgemein oder im Einzelfall schriftlich ermächtigen.

(3) Die Angaben, deren Richtigkeit versichert werden soll, sind schriftlich festzustellen und dem Beteiligten mindestens eine Woche vor Aufnahme der Versicherung mitzuteilen. Die Versicherung besteht darin, daß der Beteiligte unter Wiederholung der behaupteten Tatsache erklärt: „Ich versichere an Eides Statt, daß ich nach bestem Wissen die reine Wahrheit gesagt und nichts verschwiegen habe." Bevollmächtigte und Beistände des Beteiligten sind berechtigt, an der Aufnahme der Versicherung an Eides Statt teilzunehmen.

(4) Vor der Aufnahme der Versicherung an Eides Statt ist der Beteiligte über die Bedeutung der eidesstattlichen Versicherung und die strafrechtlichen Folgen einer unrichtigen oder unvollständigen eidesstattlichen Versicherung zu belehren. Die Belehrung ist in der Niederschrift zu vermerken.

(5) Die Niederschrift hat ferner die Namen der anwesenden Personen sowie den Ort und den Tag der Niederschrift zu enthalten. Die Niederschrift ist dem Beteiligten, der die eidesstattliche Versicherung abgibt, zur Genehmigung vorzulesen oder auf Ver-

Abgabenordnung

Allgemeine Verfahrensvorschriften
Verfahrensgrundsätze
Besteuerungsgrundsätze, Beweismittel
§ 96

langen zur Durchsicht vorzulegen. Die erteilte Genehmigung ist zu vermerken und von dem Beteiligten zu unterschreiben. Die Niederschrift ist sodann von dem Amtsträger, der die Versicherung an Eides Statt aufgenommen hat, sowie von dem Schriftführer zu unterschreiben.

(6) Die Versicherung an Eides Statt kann nicht nach § 328 erzwungen werden.

§ 96 Hinzuziehung von Sachverständigen

(1) Die Finanzbehörde bestimmt, ob ein Sachverständiger zuzuziehen ist. Soweit nicht Gefahr im Verzug vorliegt, hat sie die Person, die sie zum Sachverständigen ernennen will, den Beteiligten vorher bekanntzugeben.

(2) Die Beteiligten können einen Sachverständigen wegen Besorgnis der Befangenheit ablehnen, wenn ein Grund vorliegt, der geeignet ist, Zweifel an seiner Unparteilichkeit zu rechtfertigen oder wenn von seiner Tätigkeit die Verletzung eines Geschäfts- oder Betriebsgeheimnisses oder Schaden für die geschäftliche Tätigkeit eines Beteiligten zu befürchten ist. Die Ablehnung ist der Finanzbehörde gegenüber unverzüglich nach Bekanntgabe der Person des Sachverständigen, jedoch spätestens innerhalb von zwei Wochen unter Glaubhaftmachung der Ablehnungsgründe geltend zu machen. Nach diesem Zeitpunkt ist die Ablehnung nur zulässig, wenn glaubhaft gemacht wird, daß der Ablehnungsgrund vorher nicht geltend gemacht werden konnte. Über die Ablehnung entscheidet die Finanzbehörde, die den Sachverständigen ernannt hat oder ernennen will. Das Ablehnungsgesuch hat keine aufschiebende Wirkung.

(3) Der zum Sachverständigen Ernannte hat der Ernennung Folge zu leisten, wenn er zur Erstattung von Gutachten der erforderlichen Art öffentlich bestellt ist oder wenn er die Wissenschaft, die Kunst oder das Gewerbe, deren Kenntnis Voraussetzung der Begutachtung ist, öffentlich zum Erwerb ausübt oder wenn er zur Ausübung derselben öffentlich bestellt oder ermächtigt ist. Zur Erstattung des Gutachtens ist auch derjenige verpflichtet, der sich hierzu der Finanzbehörde gegenüber bereit erklärt hat.

(4) Der Sachverständige kann die Erstattung des Gutachtens unter Angabe der Gründe wegen Besorgnis der Befangenheit ablehnen.

(5) Angehörige des öffentlichen Dienstes sind als Sachverständige nur dann zuzuziehen, wenn sie die nach dem Dienstrecht erforderliche Genehmigung erhalten.

(Fortsetzung auf Seite 31)

Abgabenordnung

Allgemeine Verfahrensvorschriften
Verfahrensgrundsätze
Besteuerungsgrundsätze, Beweismittel
§§ 97–100

(6) Die Sachverständigen sind auf die Vorschriften über die Wahrung des Steuergeheimnisses hinzuweisen.

(7) Das Gutachten ist regelmäßig schriftlich zu erstatten. Die mündliche Erstattung des Gutachtens kann zugelassen werden. Die Beeidigung des Gutachtens darf nur gefordert werden, wenn die Finanzbehörde dies mit Rücksicht auf die Bedeutung des Gutachtens für geboten hält. Ist der Sachverständige für die Erstattung von Gutachten der betreffenden Art im allgemeinen beeidigt, so genügt die Berufung auf den geleisteten Eid; sie kann auch in einem schriftlichen Gutachten erklärt werden. Anderenfalls gilt für die Beeidigung § 94 sinngemäß.

III. Beweis durch Urkunden und Augenschein

§ 97 Vorlage von Urkunden

(1) Die Finanzbehörde kann von den Beteiligten und anderen Personen die Vorlage von Büchern, Aufzeichnungen, Geschäftspapieren und anderen Urkunden zur Einsicht und Prüfung verlangen. Dabei ist anzugeben, ob die Urkunden für die Besteuerung des zur Vorlage Aufgeforderten oder für die Besteuerung anderer Personen benötigt werden. § 93 Abs. 1 Satz 2 gilt entsprechend.

(2) Die Vorlage von Büchern, Aufzeichnungen, Geschäftspapieren und anderen Urkunden soll in der Regel erst dann verlangt werden, wenn der Vorlagepflichtige eine Auskunft nicht erteilt hat, wenn die Auskunft unzureichend ist oder Bedenken gegen ihre Richtigkeit bestehen. Diese Einschränkungen gelten nicht gegenüber dem Beteiligten, soweit dieser eine steuerliche Vergünstigung geltend macht, oder wenn die Finanzbehörde eine Außenprüfung nicht durchführen will oder wegen der erheblichen steuerlichen Auswirkungen eine baldige Klärung für geboten hält.

(3) Die Finanzbehörde kann die Vorlage der in Absatz 1 genannten Urkunden an Amtsstelle verlangen oder sie bei dem Vorlagepflichtigen einsehen, wenn dieser einverstanden ist oder die Urkunden für eine Vorlage an Amtsstelle ungeeignet sind. § 147 Abs. 5 gilt entsprechend.

§ 98 Einnahme des Augenscheins

(1) Führt die Finanzbehörde einen Augenschein durch, so ist das Ergebnis aktenkundig zu machen.

(2) Bei der Einnahme des Augenscheins können Sachverständige zugezogen werden.

§ 99 Betreten von Grundstücken und Räumen

(1) Die von der Finanzbehörde mit der Einnahme des Augenscheins betrauten Amtsträger und die nach den §§ 96 und 98 zugezogenen Sachverständigen sind berechtigt, Grundstücke, Räume, Schiffe, umschlossene Betriebsvorrichtungen und ähnliche Einrichtungen während der üblichen Geschäfts- und Arbeitszeit zu betreten, soweit dies erforderlich ist, um im Besteuerungsinteresse Feststellungen zu treffen. Die betroffenen Personen sollen angemessene Zeit vorher benachrichtigt werden. Wohnräume dürfen gegen den Willen des Inhabers nur zur Verhütung dringender Gefahren für die öffentliche Sicherheit und Ordnung betreten werden.

(2) Maßnahmen nach Absatz 1 dürfen nicht zu dem Zweck angeordnet werden, nach unbekannten Gegenständen zu forschen.

§ 100 Vorlage von Wertsachen

(1) Der Beteiligte und andere Personen haben der Finanzbehörde auf Verlangen Wertsachen (Geld, Wertpapiere, Kostbarkeiten) vorzulegen, soweit dies erforderlich ist, um im Besteuerungsinteresse Feststellungen über ihre Beschaffenheit und ihren Wert zu treffen. § 98 Abs. 2 ist anzuwenden.

(2) Die Vorlage von Wertsachen darf nicht angeordnet werden, um nach unbekannten Gegenständen zu forschen.

Abgabenordnung

Allgemeine Verfahrensvorschriften
Verfahrensgrundsätze
Besteuerungsgrundsätze, Beweismittel
§§ 101–104

IV. Auskunfts- und Vorlageverweigerungsrechte

§ 101 Auskunfts- und Eidesverweigerungsrecht der Angehörigen

(1) Die Angehörigen (§ 15) eines Beteiligten können die Auskunft verweigern, soweit sie nicht selbst als Beteiligte über ihre eigenen steuerlichen Verhältnisse auskunftspflichtig sind oder die Auskunftspflicht für einen Beteiligten zu erfüllen haben. Die Angehörigen sind über das Auskunftsverweigerungsrecht zu belehren. Die Belehrung ist aktenkundig zu machen.
(2) Die in Absatz 1 genannten Personen haben ferner das Recht, die Beeidigung ihrer Auskunft zu verweigern. Absatz 1 Sätze 2 und 3 gelten entsprechend.

§ 102 Auskunftsverweigerungsrecht zum Schutz bestimmter Berufsgeheimnisse

(1) Die Auskunft können ferner verweigern:
1. Geistliche über das, was ihnen in ihrer Eigenschaft als Seelsorger anvertraut worden oder bekanntgeworden ist,
2. Mitglieder des Bundestages, eines Landtages oder einer zweiten Kammer über Personen, die ihnen in ihrer Eigenschaft als Mitglieder dieser Organe oder denen sie in dieser Eigenschaft Tatsachen anvertraut haben, sowie über diese Tatsachen selbst,
3. a) Verteidiger,
   b) Rechtsanwälte, Patentanwälte, Notare, Steuerberater, Wirtschaftsprüfer, Steuerbevollmächtigte, vereidigte Buchprüfer,
   c) Ärzte, Zahnärzte, Apotheker und Hebammen,
   über das, was ihnen in dieser Eigenschaft anvertraut worden oder bekanntgeworden ist,
4. Personen, die bei der Vorbereitung, Herstellung oder Verbreitung von periodischen Druckwerken oder Rundfunksendungen berufsmäßig mitwirken oder mitgewirkt haben, über die Person des Verfassers, Einsenders oder Gewährsmanns von Beiträgen und Unterlagen sowie über die ihnen im Hinblick auf ihre Tätigkeit gemachten Mitteilungen, soweit es sich um Beiträge, Unterlagen und Mitteilungen für den redaktionellen Teil handelt; § 160 bleibt unberührt.
(2) Den im Absatz 1 Nr. 1 bis 3 genannten Personen stehen ihre Gehilfen und die Personen gleich, die zur Vorbereitung auf den Beruf an der berufsmäßigen Tätigkeit teilnehmen. Über die Ausübung des Rechts dieser Hilfspersonen, die Auskunft zu verweigern, entscheiden die im Absatz 1 Nr. 1 bis 3 genannten Personen, es sei denn, daß diese Entscheidung in absehbarer Zeit nicht herbeigeführt werden kann.
(3) Die in Absatz 1 Nr. 3 genannten Personen dürfen die Auskunft nicht verweigern, wenn sie von der Verpflichtung zur Verschwiegenheit entbunden sind. Die Entbindung von der Verpflichtung zur Verschwiegenheit gilt auch für die Hilfspersonen.
(4) Die gesetzlichen Anzeigepflichten der Notare bleiben unberührt. Soweit die Anzeigepflichten bestehen, sind die Notare auch zur Vorlage von Urkunden und zur Erteilung weiterer Auskünfte verpflichtet.

§ 103 Auskunftsverweigerungsrecht bei Gefahr der Verfolgung wegen einer Straftat oder einer Ordnungswidrigkeit

Personen, die nicht Beteiligte und nicht für einen Beteiligten auskunftspflichtig sind, können die Auskunft auf solche Fragen verweigern, deren Beantwortung sie selbst oder einen ihrer Angehörigen (§ 15) der Gefahr strafgerichtlicher Verfolgung oder eines Verfahrens nach dem Gesetz über Ordnungswidrigkeiten aussetzen würde. Über das Recht, die Auskunft zu verweigern, sind sie zu belehren. Die Belehrung ist aktenkundig zu machen.

§ 104 Verweigerung der Erstattung eines Gutachtens und der Vorlage von Urkunden

(1) Soweit die Auskunft verweigert werden darf, kann auch die Erstattung eines Gutachtens und die Vorlage von Urkunden oder Wertsachen verweigert werden. § 102 Abs. 4 Satz 2 bleibt unberührt.
(2) Nicht verweigert werden kann die Vorlage von Urkunden und Wertsachen, die für den Beteiligten aufbewahrt werden, soweit der Beteiligte bei eigenem Gewahrsam zur

Abgabenordnung
Allgemeine Verfahrensvorschriften
Verfahrensgrundsätze
Besteuerungsgrundsätze, Beweismittel – Fristen,
Termine, Wiedereinsetzung
§§ 105–109

Vorlage verpflichtet wäre. Für den Beteiligten aufbewahrt werden auch die für ihn geführten Geschäftsbücher und sonstigen Aufzeichnungen.

§ 105 Verhältnis der Auskunfts- und Vorlagepflicht zur Schweigepflicht öffentlicher Stellen

(1) Die Verpflichtung der Behörden oder sonstiger öffentlicher Stellen einschließlich der Deutschen Bundesbank, der Staatsbanken, der Schuldenverwaltungen, der Postgiroämter und der Postsparkassenämter sowie der Organe und Bediensteten dieser Stellen zur Verschwiegenheit gilt nicht für ihre Auskunfts- und Vorlagepflicht gegenüber den Finanzbehörden.
(2) Absatz 1 gilt nicht, soweit die Behörden und die mit postdienstlichen Verrichtungen betrauten Personen gesetzlich verpflichtet sind, das Brief-, Post- und Fernmeldegeheimnis zu wahren.

§ 106 Beschränkung der Auskunfts- und Vorlagepflicht bei Beeinträchtigung des staatlichen Wohls

Eine Auskunft oder die Vorlage von Urkunden darf nicht gefordert werden, wenn die zuständige oberste Bundes- oder Landesbehörde erklärt, daß die Auskunft oder Vorlage dem Wohle des Bundes oder eines Landes erhebliche Nachteile bereiten würde.

V. Entschädigung der Auskunftspflichtigen und der Sachverständigen

§ 107 Entschädigung der Auskunftspflichtigen und der Sachverständigen

Auskunftspflichtige und Sachverständige, die die Finanzbehörde zu Beweiszwecken herangezogen hat, werden auf Antrag in entsprechender Anwendung des Gesetzes über die Entschädigung von Zeugen und Sachverständigen entschädigt. Dies gilt nicht für die Beteiligten und für die Personen, die für die Beteiligten die Auskunftspflicht zu erfüllen haben.

4. Unterabschnitt
Fristen, Termine, Wiedereinsetzung

§ 108 Fristen und Termine

(1) Für die Berechnung von Fristen und für die Bestimmung von Terminen gelten die §§ 187 bis 193 des Bürgerlichen Gesetzbuches entsprechend, soweit nicht durch die Absätze 2 bis 5 etwas anderes bestimmt ist.
(2) Der Lauf einer Frist, die von einer Behörde gesetzt wird, beginnt mit dem Tag, der auf die Bekanntgabe der Frist folgt, außer wenn dem Betroffenen etwas anderes mitgeteilt wird.
(3) Fällt das Ende einer Frist auf einen Sonntag, einen gesetzlichen Feiertag oder einen Sonnabend, so endet die Frist mit dem Ablauf des nächstfolgenden Werktages.
(4) Hat eine Behörde Leistungen nur für einen bestimmten Zeitraum zu erbringen, so endet dieser Zeitraum auch dann mit dem Ablauf seines letzten Tages, wenn dieser auf einen Sonntag, einen gesetzlichen Feiertag oder einen Sonnabend fällt.
(5) Der von einer Behörde gesetzte Termin ist auch dann einzuhalten, wenn er auf einen Sonntag, gesetzlichen Feiertag oder Sonnabend fällt.
(6) Ist eine Frist nach Stunden bestimmt, so werden Sonntage, gesetzliche Feiertage oder Sonnabende mitgerechnet.

§ 109 Verlängerung von Fristen

(1) Fristen zur Einreichung von Steuererklärungen und Fristen, die von einer Finanzbehörde gesetzt sind, können verlängert werden. Sind solche Fristen bereits abgelaufen, so können sie rückwirkend verlängert werden, insbesondere wenn es unbillig wäre, die durch den Fristablauf eingetretenen Rechtsfolgen bestehen zu lassen.
(2) Die Finanzbehörde kann die Verlängerung der Frist von einer Sicherheitsleistung abhängig machen oder sonst nach § 120 mit einer Nebenbestimmung verbinden.

Abgabenordnung

Allgemeine Verfahrensvorschriften
Verfahrensgrundsätze
Fristen, Termine, Wiedereinsetzung –
Rechts- und Amtshilfe
§§ 110–112

§ 110 Wiedereinsetzung in den vorigen Stand

(1) War jemand ohne Verschulden verhindert, eine gesetzliche Frist einzuhalten, so ist ihm auf Antrag Wiedereinsetzung in den vorigen Stand zu gewähren. Das Verschulden eines Vertreters ist dem Vertretenen zuzurechnen.
(2) Der Antrag ist innerhalb eines Monats nach Wegfall des Hindernisses zu stellen. Die Tatsachen zur Begründung des Antrages sind bei der Antragstellung oder im Verfahren über den Antrag glaubhaft zu machen. Innerhalb der Antragsfrist ist die versäumte Handlung nachzuholen. Ist dies geschehen, so kann Wiedereinsetzung auch ohne Antrag gewährt werden.
(3) Nach einem Jahr seit dem Ende der versäumten Frist kann die Wiedereinsetzung nicht mehr beantragt oder die versäumte Handlung nicht mehr nachgeholt werden, außer wenn dies vor Ablauf der Jahresfrist infolge höherer Gewalt unmöglich war.
(4) Über den Antrag auf Wiedereinsetzung entscheidet die Finanzbehörde, die über die versäumte Handlung zu befinden hat.

5. Unterabschnitt
Rechts- und Amtshilfe

§ 111 Amtshilfepflicht

(1) Alle Gerichte und Behörden haben die zur Durchführung der Besteuerung erforderliche Amtshilfe zu leisten. § 102 bleibt unberührt.
(2) Amtshilfe liegt nicht vor, wenn
1. Behörden einander innerhalb eines bestehenden Weisungsverhältnisses Hilfe leisten,
2. die Hilfeleistung in Handlungen besteht, die der ersuchten Behörde als eigene Aufgabe obliegen.
(3) Schuldenverwaltungen, Postgiroämter, Postsparkassenämter, Kreditinstitute sowie Betriebe gewerblicher Art der Körperschaften des öffentlichen Rechts fallen nicht unter diese Vorschrift.
(4) Auf dem Gebiet der Zollverwaltung erstreckt sich die Amtshilfepflicht auch auf diejenigen dem öffentlichen Verkehr oder dem öffentlichen Warenumschlag dienenden Unternehmen, die der Bundesminister der Finanzen als Zollhilfsorgane besonders bestellt hat, und auf die Bediensteten dieser Unternehmen.
(5) Die §§ 105 und 106 sind entsprechend anzuwenden.

§ 112 Voraussetzungen und Grenzen der Amtshilfe

(1) Eine Finanzbehörde kann um Amtshilfe insbesondere dann ersuchen, wenn sie
1. aus rechtlichen Gründen die Amtshandlung nicht selbst vornehmen kann,
2. aus tatsächlichen Gründen, besonders weil die zur Vornahme der Amtshandlung erforderlichen Dienstkräfte oder Einrichtungen fehlen, die Amtshandlung nicht selbst vornehmen kann,
3. zur Durchführung ihrer Aufgaben auf die Kenntnis von Tatsachen angewiesen ist, die ihr unbekannt sind und die sie selbst nicht ermitteln kann,
4. zur Durchführung ihrer Aufgaben Urkunden oder sonstige Beweismittel benötigt, die sich im Besitz der ersuchten Behörde befinden,
5. die Amtshandlung nur mit wesentlich größerem Aufwand vornehmen könnte als die ersuchte Behörde.
(2) Die ersuchte Behörde darf Hilfe nicht leisten, wenn sie hierzu aus rechtlichen Gründen nicht in der Lage ist.
(3) Die ersuchte Behörde braucht Hilfe nicht zu leisten, wenn
1. eine andere Behörde die Hilfe wesentlich einfacher oder mit wesentlich geringerem Aufwand leisten kann,
2. sie die Hilfe nur mit unverhältnismäßig großem Aufwand leisten könnte,
3. sie unter Berücksichtigung der Aufgaben der ersuchenden Finanzbehörde durch den Umfang der Hilfeleistung die Erfüllung ihrer eigenen Aufgaben ernstlich gefährden würde.

Abgabenordnung

Allgemeine Verfahrensvorschriften
Verfahrensgrundsätze
Rechts- und Amtshilfe
§§ 113–117

(4) Die ersuchte Behörde darf die Hilfe nicht deshalb verweigern, weil sie das Ersuchen aus anderen als den in Absatz 3 genannten Gründen oder weil sie die mit der Amtshilfe zu verwirklichende Maßnahme für unzweckmäßig hält.
(5) Hält die ersuchte Behörde sich zur Hilfe nicht für verpflichtet, so teilt sie der ersuchenden Finanzbehörde ihre Auffassung mit. Besteht diese auf der Amtshilfe, so entscheidet über die Verpflichtung zur Amtshilfe die gemeinsame fachlich zuständige Aufsichtsbehörde oder, sofern eine solche nicht besteht, die für die ersuchte Behörde fachlich zuständige Aufsichtsbehörde.

§ 113 Auswahl der Behörde

Kommen für die Amtshilfe mehrere Behörden in Betracht, so soll nach Möglichkeit eine Behörde der untersten Verwaltungsstufe des Verwaltungszweiges ersucht werden, dem die ersuchende Finanzbehörde angehört.

§ 114 Durchführung der Amtshilfe

(1) Die Zulässigkeit der Maßnahme, die durch die Amtshilfe verwirklicht werden soll, richtet sich nach dem für die ersuchende Finanzbehörde, die Durchführung der Amtshilfe nach dem für die ersuchte Behörde geltenden Recht.
(2) Die ersuchende Finanzbehörde trägt gegenüber der ersuchten Behörde die Verantwortung für die Rechtmäßigkeit der zu treffenden Maßnahme. Die ersuchte Behörde ist für die Durchführung der Amtshilfe verantwortlich.

§ 115 Kosten der Amtshilfe

(1) Die ersuchende Finanzbehörde hat der ersuchten Behörde für die Amtshilfe keine Verwaltungsgebühr zu entrichten. Auslagen hat sie der ersuchten Behörde auf Anforderung zu erstatten, wenn sie im Einzelfall fünfzig Deutsche Mark übersteigen. Leisten Behörden desselben Rechtsträgers einander Amtshilfe, so werden die Auslagen nicht erstattet.
(2) Nimmt die ersuchte Behörde zur Durchführung der Amtshilfe eine kostenpflichtige Amtshandlung vor, so stehen ihr die von einem Dritten hierfür geschuldeten Kosten (Verwaltungsgebühren, Benutzungsgebühren und Auslagen) zu.

§ 116 Anzeige von Steuerstraftaten

(1) Gerichte und die Behörden von Bund, Ländern und kommunalen Trägern der öffentlichen Verwaltung haben Tatsachen, die sie dienstlich erfahren und die den Verdacht einer Steuerstraftat begründen, der Finanzbehörde mitzuteilen.
(2) § 105 Abs. 2 gilt entsprechend.

§ 117 Zwischenstaatliche Rechts- und Amtshilfe in Steuersachen

(1) Die Finanzbehörden können zwischenstaatliche Rechts- und Amtshilfe nach Maßgabe des deutschen Rechts in Anspruch nehmen.
(2) Die Finanzbehörden können zwischenstaatliche Rechts- und Amtshilfe auf Grund innerstaatlich anwendbarer völkerrechtlicher Vereinbarungen, innerstaatlich anwendbarer Rechtsakte der Europäischen Gemeinschaften sowie des EG-Amtshilfe-Gesetzes leisten.
(3) Die Finanzbehörden können nach pflichtgemäßem Ermessen zwischenstaatliche Rechts- und Amtshilfe auf Ersuchen auch in anderen Fällen leisten, wenn
1. die Gegenseitigkeit verbürgt ist,
2. der ersuchende Staat gewährleistet, daß die übermittelten Auskünfte und Unterlagen nur für Zwecke seines Besteuerungs- oder Steuerstrafverfahrens (einschließlich Ordnungswidrigkeitenverfahren) verwendet werden, und daß die übermittelten Auskünfte und Unterlagen nur solchen Personen, Behörden oder Gerichten zugänglich gemacht werden, die mit der Bearbeitung der Steuersache oder Verfolgung der Steuerstraftat befaßt sind,
3. der ersuchende Staat zusichert, daß er bereit ist, bei den Steuern vom Einkommen, Ertrag und Vermögen eine mögliche Doppelbesteuerung im Verständigungswege durch eine sachgerechte Abgrenzung der Besteuerungsgrundlagen zu vermeiden und

Abgabenordnung

Allgemeine Verfahrensvorschriften
Verwaltungsakte
§§ 118–120

4. die Erledigung des Ersuchens die Souveränität, die Sicherheit, die öffentliche Ordnung oder andere wesentliche Interessen des Bundes oder seiner Gebietskörperschaften nicht beeinträchtigt und keine Gefahr besteht, daß dem inländischen Beteiligten ein mit dem Zweck der Rechts- und Amtshilfe nicht zu vereinbarender Schaden entsteht, falls ein Handels-, Industrie-, Gewerbe- oder Berufsgeheimnis oder ein Geschäftsverfahren, das auf Grund des Ersuchens offenbart werden soll, preisgegeben wird.

Soweit die zwischenstaatliche Rechts- und Amtshilfe Steuern betrifft, die von den Landesfinanzbehörden verwaltet werden, entscheidet der Bundesminister der Finanzen im Einvernehmen mit der zuständigen obersten Landesbehörde.

(4) Bei der Durchführung der Rechts- und Amtshilfe richten sich die Befugnisse der Finanzbehörden sowie die Rechte und Pflichten der Beteiligten und anderer Personen nach den für Steuern im Sinne von § 1 Abs. 1 geltenden Vorschriften. § 114 findet entsprechende Anwendung. Bei der Übermittlung von Auskünften und Unterlagen gilt für inländische Beteiligte § 91 entsprechend; soweit die Rechts- und Amtshilfe Steuern betrifft, die von den Landesfinanzbehörden verwaltet werden, hat eine Anhörung des inländischen Beteiligten abweichend von § 91 Abs. 1 stets stattzufinden, wenn nicht eine Ausnahme nach § 91 Abs. 2 oder 3 vorliegt.

(5) Der Bundesminister der Finanzen wird ermächtigt, zur Förderung der zwischenstaatlichen Zusammenarbeit durch Rechtsverordnung mit Zustimmung des Bundesrates völkerrechtliche Vereinbarungen über die gegenseitige Rechts- und Amtshilfe auf dem Gebiete des Zollwesens in Kraft zu setzen, wenn sich die darin übernommenen Verpflichtungen im Rahmen der nach diesem Gesetz zulässigen zwischenstaatlichen Rechts- und Amtshilfe halten.

Zweiter Abschnitt
Verwaltungsakte

§ 118 Begriff des Verwaltungsaktes

Verwaltungsakt ist jede Verfügung, Entscheidung oder andere hoheitliche Maßnahme, die eine Behörde zur Regelung eines Einzelfalles auf dem Gebiet des öffentlichen Rechts trifft und die auf unmittelbare Rechtswirkung nach außen gerichtet ist. Allgemeinverfügung ist ein Verwaltungsakt, der sich an einen nach allgemeinen Merkmalen bestimmten oder bestimmbaren Personenkreis richtet oder die öffentlich-rechtliche Eigenschaft einer Sache oder ihre Benutzung durch die Allgemeinheit betrifft.

§ 119 Bestimmtheit und Form des Verwaltungsaktes

(1) Ein Verwaltungsakt muß inhaltlich hinreichend bestimmt sein.
(2) Ein Verwaltungsakt kann schriftlich, mündlich oder in anderer Weise erlassen werden. Ein mündlicher Verwaltungsakt ist schriftlich zu bestätigen, wenn hieran ein berechtigtes Interesse besteht und der Betroffene dies unverzüglich verlangt.
(3) Ein schriftlicher Verwaltungsakt muß die erlassende Behörde erkennen lassen und die Unterschrift oder die Namenswiedergabe des Behördenleiters, seines Vertreters oder seines Beauftragten enthalten.
(4) Bei einem schriftlichen Verwaltungsakt, der formularmäßig oder mit Hilfe automatischer Einrichtungen erlassen wird, können abweichend von Absatz 3 Unterschrift und Namenswiedergabe fehlen. Zur Inhaltsangabe können Schlüsselzeichen verwendet werden, wenn derjenige, für den der Verwaltungsakt bestimmt ist oder der von ihm betroffen wird, auf Grund der dazu gegebenen Erläuterungen den Inhalt des Verwaltungsaktes eindeutig erkennen kann.

§ 120 Nebenbestimmungen zum Verwaltungsakt

(1) Ein Verwaltungsakt, auf den ein Anspruch besteht, darf mit einer Nebenbestimmung nur versehen werden, wenn sie durch Rechtsvorschrift zugelassen ist oder wenn sie sicherstellen soll, daß die gesetzlichen Voraussetzungen des Verwaltungsaktes erfüllt werden.
(2) Unbeschadet des Absatzes 1 darf ein Verwaltungsakt nach pflichtgemäßem Ermessen erlassen werden mit

Abgabenordnung

Allgemeine Verfahrensvorschriften
Verwaltungsakte
§§ 121–122

1. einer Bestimmung, nach der eine Vergünstigung oder Belastung zu einem bestimmten Zeitpunkt beginnt, endet oder für einen bestimmten Zeitraum gilt (Befristung),
2. einer Bestimmung, nach der der Eintritt oder der Wegfall einer Vergünstigung oder einer Belastung von dem ungewissen Eintritt eines zukünftigen Ereignisses abhängt (Bedingung),
3. einem Vorbehalt des Widerrufs

oder verbunden werden mit

4. einer Bestimmung, durch die dem Begünstigten ein Tun, Dulden oder Unterlassen vorgeschrieben wird (Auflage),
5. einem Vorbehalt der nachträglichen Aufnahme, Änderung oder Ergänzung einer Auflage.

(3) Eine Nebenbestimmung darf dem Zweck des Verwaltungsaktes nicht zuwiderlaufen.

§ 121 Begründung des Verwaltungsaktes

(1) Ein schriftlicher oder schriftlich bestätigter Verwaltungsakt ist schriftlich zu begründen, soweit dies zu seinem Verständnis erforderlich ist.

(2) Einer Begründung bedarf es nicht,
1. soweit die Finanzbehörde einem Antrag entspricht oder einer Erklärung folgt und ihr Verwaltungsakt nicht in Rechte eines anderen eingreift,
2. soweit demjenigen, für den der Verwaltungsakt bestimmt ist oder der von ihm betroffen wird, die Auffassung der Finanzbehörde über die Sach- und Rechtslage bereits bekannt oder auch ohne schriftliche Begründung für ihn ohne weiteres erkennbar ist,
3. wenn die Finanzbehörde gleichartige Verwaltungsakte in größerer Zahl oder Verwaltungsakte mit Hilfe automatischer Einrichtungen erläßt und die Begründung nach den Umständen des Einzelfalles nicht geboten ist,
4. wenn sich dies aus einer Rechtsvorschrift ergibt,
5. wenn eine Allgemeinverfügung öffentlich bekanntgegeben wird.

§ 122 Bekanntgabe des Verwaltungsaktes

(1) Ein Verwaltungsakt ist demjenigen Beteiligten bekanntzugeben, für den er bestimmt ist oder der von ihm betroffen wird. § 34 Abs. 2 ist entsprechend anzuwenden. Der Verwaltungsakt kann auch gegenüber einem Bevollmächtigten bekanntgegeben werden.

(2) Ein schriftlicher Verwaltungsakt, der durch die Post übermittelt wird, gilt als bekanntgegeben
1. bei einer Übermittlung im Geltungsbereich dieses Gesetzes am dritten Tage nach der Aufgabe zur Post,
2. bei einer Übermittlung an einen Beteiligten außerhalb des Geltungsbereichs dieses Gesetzes einen Monat nach der Aufgabe zur Post,

außer wenn er nicht oder zu einem späteren Zeitpunkt zugegangen ist; im Zweifel hat die Behörde den Zugang des Verwaltungsaktes und den Zeitpunkt des Zugangs nachzuweisen.

(3) Ein Verwaltungsakt darf öffentlich bekanntgegeben werden, wenn dies durch Rechtsvorschrift zugelassen ist. Eine Allgemeinverfügung darf auch dann öffentlich bekanntgegeben werden, wenn eine Bekanntgabe an die Beteiligten untunlich ist.

(4) Die öffentliche Bekanntgabe eines schriftlichen Verwaltungsaktes wird dadurch bewirkt, daß sein verfügender Teil ortsüblich bekanntgemacht wird. In der ortsüblichen Bekanntmachung ist anzugeben, wo der Verwaltungsakt und seine Begründung eingesehen werden können. Der Verwaltungsakt gilt zwei Wochen nach dem Tage der ortsüblichen Bekanntmachung als bekanntgegeben. In einer Allgemeinverfügung kann ein hiervon abweichender Tag, jedoch frühestens der auf die Bekanntmachung folgende Tag bestimmt werden.

(5) Ein schriftlicher Verwaltungsakt wird zugestellt, wenn dies gesetzlich vorgeschrieben ist oder behördlich angeordnet wird. Die Zustellung richtet sich nach den Vorschriften des Verwaltungszustellungsgesetzes.

Abgabenordnung

Allgemeine Verfahrensvorschriften
Verwaltungsakte
§§ 123–126

§ 123 Bestellung eines Empfangsbevollmächtigten

Ein Beteiligter ohne Wohnsitz oder gewöhnlichen Aufenthalt, Sitz oder Geschäftsleitung im Geltungsbereich dieses Gesetzes hat der Finanzbehörde auf Verlangen innerhalb einer angemessenen Frist einen Empfangsbevollmächtigten im Geltungsbereich dieses Gesetzes zu benennen. Unterläßt er dies, so gilt ein an ihn gerichtetes Schriftstück einen Monat nach der Aufgabe zur Post als zugegangen, es sei denn, daß feststeht, daß das Schriftstück den Empfänger nicht oder zu einem späteren Zeitpunkt erreicht hat. Auf die Rechtsfolgen der Unterlassung ist der Beteiligte hinzuweisen.

§ 124 Wirksamkeit des Verwaltungsaktes

(1) Ein Verwaltungsakt wird gegenüber demjenigen, für den er bestimmt ist oder der von ihm betroffen wird, in dem Zeitpunkt wirksam, in dem er ihm bekanntgegeben wird. Der Verwaltungsakt wird mit dem Inhalt wirksam, mit dem er bekanntgegeben wird.
(2) Ein Verwaltungsakt bleibt wirksam, solange und soweit er nicht zurückgenommen, widerrufen, anderweitig aufgehoben oder durch Zeitablauf oder auf andere Weise erledigt ist.
(3) Ein nichtiger Verwaltungsakt ist unwirksam.

§ 125 Nichtigkeit des Verwaltungsaktes

(1) Ein Verwaltungsakt ist nichtig, soweit er an einem besonders schwerwiegenden Fehler leidet und dies bei verständiger Würdigung aller in Betracht kommenden Umstände offenkundig ist.
(2) Ohne Rücksicht auf das Vorliegen der Voraussetzungen des Absatzes 1 ist ein Verwaltungsakt nichtig,
1. der schriftlich erlassen worden ist, die erlassende Finanzbehörde aber nicht erkennen läßt,
2. den aus tatsächlichen Gründen niemand befolgen kann,
3. der die Begehung einer rechtswidrigen Tat verlangt, die einen Straf- oder Bußgeldtatbestand verwirklicht,
4. der gegen die guten Sitten verstößt.
(3) Ein Verwaltungsakt ist nicht schon deshalb nichtig, weil
1. Vorschriften über die örtliche Zuständigkeit nicht eingehalten worden sind,
2. eine nach § 82 Abs. 1 Satz 1 Nr. 2 bis 6 und Satz 2 ausgeschlossene Person mitgewirkt hat,
3. ein durch Rechtsvorschrift zur Mitwirkung berufener Ausschuß den für den Erlaß des Verwaltungsaktes vorgeschriebenen Beschluß nicht gefaßt hat oder nicht beschlußfähig war,
4. die nach einer Rechtsvorschrift erforderliche Mitwirkung einer anderen Behörde unterblieben ist.
(4) Betrifft die Nichtigkeit nur einen Teil des Verwaltungsaktes, so ist er im ganzen nichtig, wenn der nichtige Teil so wesentlich ist, daß die Finanzbehörde den Verwaltungsakt ohne den nichtigen Teil nicht erlassen hätte.
(5) Die Finanzbehörde kann die Nichtigkeit jederzeit von Amts wegen feststellen; auf Antrag ist sie festzustellen, wenn der Antragsteller hieran ein berechtigtes Interesse hat.

§ 126 Heilung von Verfahrens- und Formfehlern

(1) Eine Verletzung von Verfahrens- oder Formvorschriften, die nicht den Verwaltungsakt nach § 125 nichtig macht, ist unbeachtlich, wenn
1. der für den Verwaltungsakt erforderliche Antrag nachträglich gestellt wird,
2. die erforderliche Begründung nachträglich gegeben wird,
3. die erforderliche Anhörung eines Beteiligten nachgeholt wird,
4. der Beschluß eines Ausschusses, dessen Mitwirkung für den Erlaß des Verwaltungsaktes erforderlich ist, nachträglich gefaßt wird,
5. die erforderliche Mitwirkung einer anderen Behörde nachgeholt wird.

Abgabenordnung

Allgemeine Verfahrensvorschriften
Verwaltungsakte
§§ 127–130

(2) Handlungen des Absatzes 1 Nr. 2 bis 5 dürfen nur bis Abschluß eines außergerichtlichen Rechtsbehelfsverfahrens oder, falls ein außergerichtliches Rechtsbehelfsverfahren nicht stattfindet, bis zur Erhebung der finanzgerichtlichen Klage nachgeholt werden.
(3) Fehlt einem Verwaltungsakt die erforderliche Begründung oder ist die erforderliche Anhörung eines Beteiligten vor Erlaß des Verwaltungsaktes unterblieben und ist dadurch die rechtzeitige Anfechtung des Verwaltungsaktes versäumt worden, so gilt die Versäumung der Rechtsbehelfsfrist als nicht verschuldet. Das für die Wiedereinsetzungsfrist nach § 110 Abs. 2 maßgebende Ereignis tritt im Zeitpunkt der Nachholung der unterlassenen Verfahrenshandlung ein.

§ 127 Folgen von Verfahrens- und Formfehlern

Die Aufhebung eines Verwaltungsaktes, der nicht nach § 125 nichtig ist, kann nicht allein deshalb beansprucht werden, weil er unter Verletzung von Vorschriften über das Verfahren, die Form oder die örtliche Zuständigkeit zustande gekommen ist, wenn keine andere Entscheidung in der Sache hätte getroffen werden können.

§ 128 Umdeutung eines fehlerhaften Verwaltungsaktes

(1) Ein fehlerhafter Verwaltungsakt kann in einen anderen Verwaltungsakt umgedeutet werden, wenn er auf das gleiche Ziel gerichtet ist, von der erlassenden Finanzbehörde in der geschehenen Verfahrensweise und Form rechtmäßig hätte erlassen werden können und wenn die Voraussetzungen für dessen Erlaß erfüllt sind.
(2) Absatz 1 gilt nicht, wenn der Verwaltungsakt, in den der fehlerhafte Verwaltungsakt umzudeuten wäre, der erkennbaren Absicht der erlassenden Finanzbehörde widerspräche oder seine Rechtsfolgen für den Betroffenen ungünstiger wären als die des fehlerhaften Verwaltungsaktes. Eine Umdeutung ist ferner unzulässig, wenn der fehlerhafte Verwaltungsakt nicht zurückgenommen werden dürfte.
(3) Eine Entscheidung, die nur als gesetzlich gebundene Entscheidung ergehen kann, kann nicht in eine Ermessensentscheidung umgedeutet werden.
(4) § 91 ist entsprechend anzuwenden.

§ 129 Offenbare Unrichtigkeiten beim Erlaß eines Verwaltungsaktes

Die Finanzbehörde kann Schreibfehler, Rechenfehler und ähnliche offenbare Unrichtigkeiten, die beim Erlaß eines Verwaltungsaktes unterlaufen sind, jederzeit berichtigen. Bei berechtigtem Interesse des Beteiligten ist zu berichtigen. Die Finanzbehörde ist berechtigt, die Vorlage des Schriftstückes zu verlangen, das berichtigt werden soll.

§ 130 Rücknahme eines rechtswidrigen Verwaltungsaktes

(1) Ein rechtswidriger Verwaltungsakt kann, auch nachdem er unanfechtbar geworden ist, ganz oder teilweise mit Wirkung für die Zukunft oder für die Vergangenheit zurückgenommen werden.
(2) Ein Verwaltungsakt, der ein Recht oder einen rechtlich erheblichen Vorteil begründet oder bestätigt hat (begünstigender Verwaltungsakt), darf nur dann zurückgenommen werden, wenn
1. er von einer sachlich unzuständigen Behörde erlassen worden ist,
2. er durch unlautere Mittel, wie arglistige Täuschung, Drohung oder Bestechung erwirkt worden ist,
3. ihn der Begünstigte durch Angaben erwirkt hat, die in wesentlicher Beziehung unrichtig oder unvollständig waren,
4. seine Rechtswidrigkeit dem Begünstigten bekannt oder infolge grober Fahrlässigkeit nicht bekannt war.
(3) Erhält die Finanzbehörde von Tatsachen Kenntnis, welche die Rücknahme eines rechtswidrigen begünstigenden Verwaltungsaktes rechtfertigen, so ist die Rücknahme

Abgabenordnung

Allgemeine Verfahrensvorschriften
Verwaltungsakte
§§ 131–133

nur innerhalb eines Jahres seit dem Zeitpunkt der Kenntnisnahme zulässig. Dies gilt nicht im Falle des Absatzes 2 Nr. 2.

(4) Über die Rücknahme entscheidet nach Unanfechtbarkeit des Verwaltungsaktes die nach den Vorschriften über die örtliche Zuständigkeit zuständige Finanzbehörde; dies gilt auch dann, wenn der zurückzunehmende Verwaltungsakt von einer anderen Finanzbehörde erlassen worden ist; § 26 Satz 2 bleibt unberührt.

§ 131 Widerruf eines rechtmäßigen Verwaltungsaktes

(1) Ein rechtmäßiger nicht begünstigender Verwaltungsakt kann, auch nachdem er unanfechtbar geworden ist, ganz oder teilweise mit Wirkung für die Zukunft widerrufen werden, außer wenn ein Verwaltungsakt gleichen Inhalts erneut erlassen werden müßte oder aus anderen Gründen ein Widerruf unzulässig ist.

(2) Ein rechtmäßiger begünstigender Verwaltungsakt darf, auch nachdem er unanfechtbar geworden ist, ganz oder teilweise mit Wirkung für die Zukunft nur widerrufen werden,

1. wenn der Widerruf durch Rechtsvorschrift zugelassen oder im Verwaltungsakt vorbehalten ist,
2. wenn mit dem Verwaltungsakt eine Auflage verbunden ist und der Begünstigte diese nicht oder nicht innerhalb einer ihm gesetzten Frist erfüllt hat,
3. wenn die Finanzbehörde auf Grund nachträglich eingetretener Tatsachen berechtigt wäre, den Verwaltungsakt nicht zu erlassen, und wenn ohne den Widerruf das öffentliche Interesse gefährdet würde.

§ 130 Abs. 3 gilt entsprechend.

(3) Der widerrufene Verwaltungsakt wird mit dem Wirksamwerden des Widerrufs unwirksam, wenn die Finanzbehörde keinen späteren Zeitpunkt bestimmt.

(4) Über den Widerruf entscheidet nach Unanfechtbarkeit des Verwaltungsaktes die nach den Vorschriften über die örtliche Zuständigkeit zuständige Finanzbehörde; dies gilt auch dann, wenn der zu widerrufende Verwaltungsakt von einer anderen Finanzbehörde erlassen worden ist.

§ 132 Rücknahme, Widerruf, Aufhebung und Änderung im Rechtsbehelfsverfahren

Die Vorschriften über Rücknahme, Widerruf, Aufhebung und Änderung von Verwaltungsakten gelten auch während eines außergerichtlichen Rechtsbehelfsverfahrens und während eines finanzgerichtlichen Verfahrens. § 130 Abs. 2 und 3 und § 131 Abs. 2 und 3 stehen der Rücknahme und dem Widerruf eines von einem Dritten angefochtenen begünstigenden Verwaltungsaktes während des außergerichtlichen Rechtsbehelfsverfahrens oder des finanzgerichtlichen Verfahrens nicht entgegen, soweit dadurch dem außergerichtlichen Rechtsbehelf oder der Klage abgeholfen wird.

§ 133 Rückgabe von Urkunden und Sachen

Ist ein Verwaltungsakt unanfechtbar widerrufen oder zurückgenommen oder ist seine Wirksamkeit aus einem anderen Grund nicht oder nicht mehr gegeben, so kann die Finanzbehörde die auf Grund dieses Verwaltungsaktes erteilten Urkunden oder Sachen, die zum Nachweis der Rechte aus dem Verwaltungsakt oder zu deren Ausübung bestimmt sind, zurückfordern. Der Inhaber und, sofern er nicht der Besitzer ist, auch der Besitzer dieser Urkunden oder Sachen sind zu ihrer Herausgabe verpflichtet. Der

Abgabenordnung

Durchführung der Besteuerung
Erfassung der Steuerpflichtigen
Personenstands- und Betriebsaufnahme
§§ 134–136

Inhaber oder der Besitzer kann jedoch verlangen, daß ihm die Urkunden oder Sachen wieder ausgehändigt werden, nachdem sie von der Finanzbehörde als ungültig gekennzeichnet sind; dies gilt nicht bei Sachen, bei denen eine solche Kennzeichnung nicht oder nicht mit der erforderlichen Offensichtlichkeit oder Dauerhaftigkeit möglich ist.

Vierter Teil
Durchführung der Besteuerung

Erster Abschnitt
Erfassung der Steuerpflichtigen

1. Unterabschnitt
Personenstands- und Betriebsaufnahme

§ 134 Personenstands- und Betriebsaufnahme

(1) Zur Erfassung von Personen und Unternehmen, die der Besteuerung unterliegen, können die Gemeinden für die Finanzbehörden eine Personenstands- und Betriebsaufnahme durchführen. Die Gemeinden haben hierbei die Befugnisse nach den §§ 328 bis 335.
(2) Die Personenstandsaufnahme erstreckt sich nicht auf diejenigen Angehörigen der Bundeswehr, des Bundesgrenzschutzes und der Polizei, die in Dienstunterkünften untergebracht sind und keine andere Wohnung haben.
(3) Die Landesregierungen bestimmen durch Rechtsverordnung den Zeitpunkt der Erhebungen. Sie können den Umfang der Erhebungen (§ 135) auf bestimmte Gemeinden und bestimmte Angaben beschränken. Die Landesregierungen können diese Ermächtigung durch Rechtsverordnung auf die obersten Finanzbehörden übertragen.
(4) Mit der Personenstands- und Betriebsaufnahme können die Gemeinden für ihre Zwecke besondere Erhebungen verbinden, soweit für diese Erhebungen eine Rechtsgrundlage besteht. Für solche Erhebungen gilt Absatz 1 Satz 2 nicht.

§ 135 Mitwirkungspflicht bei der Personenstands- und Betriebsaufnahme

(1) Die Grundstückseigentümer sind verpflichtet, bei der Durchführung der Personenstands- und Betriebsaufnahme Hilfe zu leisten. Sie haben insbesondere die Personen anzugeben, die auf dem Grundstück eine Wohnung, Wohnräume, eine Betriebsstätte, Lagerräume oder sonstige Geschäftsräume haben.

(2) Die Wohnungsinhaber und die Untermieter haben über sich und über die zu ihrem Haushalt gehörenden Personen auf den amtlichen Vordrucken die Angaben zu machen, die für die Personenstands- und Betriebsaufnahme notwendig sind, insbesondere über Namen, Familienstand, Geburtstag und Geburtsort, Religionszugehörigkeit, Wohnsitz, Erwerbstätigkeit oder Beschäftigung, Betriebsstätten.

(3) Die Inhaber von Betriebsstätten, Lagerräumen oder sonstigen Geschäftsräumen haben über den Betrieb, der in diesen Räumen ausgeübt wird, die Angaben zu machen, die für die Betriebsaufnahme notwendig sind und in den amtlichen Vordrucken verlangt werden, insbesondere über Art und Größe des Betriebes und über die Betriebsinhaber.

§ 136 Änderungsmitteilungen für die Personenstandsaufnahme

Die Meldebehörden haben die ihnen nach den Vorschriften über das Meldewesen der Länder bekanntgewordenen Änderungen in den Angaben nach § 135 dem zuständigen Finanzamt mitzuteilen.

Abgabenordnung

Durchführung der Besteuerung
Erfassung der Steuerpflichtigen
Anzeigepflichten
§§ 137–139

2. Unterabschnitt
Anzeigepflichten

§ 137 Steuerliche Erfassung von Körperschaften, Vereinigungen und Vermögensmassen

(1) Steuerpflichtige, die nicht natürliche Personen sind, haben dem nach § 20 zuständigen Finanzamt und den für die Erhebung der Realsteuern zuständigen Gemeinden die Umstände anzuzeigen, die für die steuerliche Erfassung von Bedeutung sind, insbesondere die Gründung, den Erwerb der Rechtsfähigkeit, die Änderung der Rechtsform, die Verlegung der Geschäftsleitung oder des Sitzes und die Auflösung.

(2) Die Mitteilungen sind innerhalb eines Monats seit dem meldepflichtigen Ereignis zu erstatten.

§ 138 Anzeigen über die Erwerbstätigkeit

(1) Wer einen Betrieb der Land- und Forstwirtschaft, einen gewerblichen Betrieb oder eine Betriebsstätte eröffnet, hat dies auf amtlich vorgeschriebenem Vordruck der Gemeinde mitzuteilen, in der der Betrieb oder die Betriebsstätte eröffnet wird; die Gemeinde unterrichtet unverzüglich das nach § 22 Abs. 1 zuständige Finanzamt von dem Inhalt der Mitteilung. Ist die Festsetzung der Realsteuern den Gemeinden nicht übertragen worden, so tritt an die Stelle der Gemeinde das nach § 22 Abs. 2 zuständige Finanzamt. Wer eine freiberufliche Tätigkeit aufnimmt, hat dies dem nach § 19 zuständigen Finanzamt mitzuteilen. Das gleiche gilt für die Verlegung und die Aufgabe eines Betriebes, einer Betriebsstätte oder einer freiberuflichen Tätigkeit.

(2) Steuerpflichtige mit Wohnsitz, gewöhnlichem Aufenthalt, Geschäftsleitung oder Sitz im Geltungsbereich dieses Gesetzes haben dem nach §§ 18 bis 20 zuständigen Finanzamt mitzuteilen:

1. die Gründung und den Erwerb von Betrieben und Betriebsstätten im Ausland,
2. die Beteiligung an ausländischen Personengesellschaften,
3. den Erwerb von Beteiligungen an einer Körperschaft, Personenvereinigung oder Vermögensmasse im Sinne des § 2 Abs. 1 Nr. 1 des Körperschaftsteuergesetzes, wenn damit unmittelbar eine Beteiligung von mindestens zehn vom Hundert oder mittelbar eine Beteiligung von mindestens 25 vom Hundert am Kapital oder am Vermögen der Körperschaft, Personenvereinigung oder Vermögensmasse erreicht wird.

(3) Die Mitteilungen sind in den Fällen des Absatzes 1 innerhalb eines Monats seit dem meldepflichtigen Ereignis, in den Fällen des Absatzes 2 spätestens dann zu erstatten, wenn nach dem meldepflichtigen Ereignis eine Einkommen- oder Körperschaftsteuererklärung oder eine Erklärung zur gesonderten Gewinnfeststellung einzureichen ist.

§ 139 Anmeldung von Betrieben in besonderen Fällen

(1) Wer Waren gewinnen oder herstellen will, an deren Gewinnung, Herstellung, Entfernung aus dem Herstellungsbetrieb oder Verbrauch innerhalb des Herstellungsbetriebes eine Verbrauchsteuerpflicht geknüpft ist, hat dies der zuständigen Finanzbehörde vor Eröffnung des Betriebes anzumelden. Das gleiche gilt für den, der ein Unternehmen betreiben will, bei dem besondere Verkehrsteuern anfallen.

(2) Durch Rechtsverordnung können Bestimmungen über den Zeitpunkt, die Form und den Inhalt der Anmeldung getroffen werden. Die Rechtsverordnung erläßt die Bundesregierung, soweit es sich um Verkehrsteuern handelt, im übrigen der Bundesminister der Finanzen. Die Rechtsverordnung des Bundesministers der Finanzen bedarf der Zustimmung des Bundesrates nur, soweit sie die Biersteuer betrifft.

Abgabenordnung

Durchführung der Besteuerung
Mitwirkungspflichten
Führung von Büchern und Aufzeichnungen
§§ 140-143

Zweiter Abschnitt
Mitwirkungspflichten

1. Unterabschnitt
Führung von Büchern und Aufzeichnungen

§ 140 Buchführungs- und Aufzeichnungspflichten nach anderen Gesetzen

Wer nach anderen Gesetzen als den Steuergesetzen Bücher und Aufzeichnungen zu führen hat, die für die Besteuerung von Bedeutung sind, hat die Verpflichtungen, die ihm nach den anderen Gesetzen obliegen, auch für die Besteuerung zu erfüllen.

§ 141 Buchführungspflicht bestimmter Steuerpflichtiger

(1) Gewerbliche Unternehmer sowie Land- und Forstwirte, die nach den Feststellungen der Finanzbehörde für den einzelnen Betrieb
1. Umsätze einschließlich der steuerfreien Umsätze, ausgenommen die Umsätze nach § 4 Nr. 8 bis 10 des Umsatzsteuergesetzes, von mehr als 500 000 Deutsche Mark im Kalenderjahr oder
2. ein Betriebsvermögen von mehr als 125 000 Deutsche Mark oder
3. selbstbewirtschaftete land- und forstwirtschaftliche Flächen mit einem Wirtschaftswert (§ 46 des Bewertungsgesetzes) von mehr als 40 000 Deutsche Mark oder
4. einen Gewinn aus Gewerbebetrieb von mehr als 36 000 Deutsche Mark im Wirtschaftsjahr oder
5. einen Gewinn aus Land- und Forstwirtschaft von mehr als 36 000 Deutsche Mark im Kalenderjahr gehabt haben, sind auch dann verpflichtet, für diesen Betrieb Bücher zu führen und auf Grund jährlicher Bestandsaufnahmen Abschlüsse zu machen, wenn sich eine Buchführungspflicht nicht aus § 140 ergibt. Die §§ 238, 240 bis 242 Abs. 1 und die §§ 243 bis 256 des Handelsgesetzbuches gelten sinngemäß, sofern sich nicht aus den Steuergesetzen etwas anderes ergibt. Bei der Anwendung der Nummer 3 ist der Wirtschaftswert aller vom Land- und Forstwirt selbstbewirtschafteten Flächen maßgebend, unabhängig davon, ob sie in seinem Eigentum stehen oder nicht. Bei Land- und Forstwirten, die nach Nummern 1, 3 oder 5 zur Buchführung verpflichtet sind, braucht sich die Bestandsaufnahme nicht auf das stehende Holz zu erstrecken.
(2) Die Verpflichtung nach Absatz 1 ist vom Beginn des Wirtschaftsjahres an zu erfüllen, das auf die Bekanntgabe der Mitteilung folgt, durch die die Finanzbehörde auf den Beginn dieser Verpflichtung hingewiesen hat. Die Verpflichtung endet mit dem Ablauf des Wirtschaftsjahres, das auf das Wirtschaftsjahr folgt, in dem die Finanzbehörde feststellt, daß die Voraussetzungen nach Absatz 1 nicht mehr vorliegen.
(3) Die Buchführungspflicht geht auf denjenigen über, der den Betrieb im ganzen zur Bewirtschaftung als Eigentümer oder Nutzungsberechtigter übernimmt. Ein Hinweis nach Absatz 2 auf den Beginn der Buchführungspflicht ist nicht erforderlich.
(4) Absatz 1 Nr. 5 in der vorstehenden Fassung ist erstmals auf den Gewinn des Kalenderjahres 1980 anzuwenden.

§ 142 Ergänzende Vorschriften für Land- und Forstwirte

Land- und Forstwirte, die nach § 141 Abs. 1 Nr. 1, 3 oder 5 zur Buchführung verpflichtet sind, haben neben den jährlichen Bestandsaufnahmen und den jährlichen Abschlüssen ein Anbauverzeichnis zu führen. In dem Anbauverzeichnis ist nachzuweisen, mit welchen Fruchtarten die selbstbewirtschafteten Flächen im abgelaufenen Wirtschaftsjahr bestellt waren.

§ 143 Aufzeichnung des Wareneingangs

(1) Gewerbliche Unternehmer müssen den Wareneingang gesondert aufzeichnen.
(2) Aufzuzeichnen sind alle Waren einschließlich der Rohstoffe, unfertigen Erzeugnisse, Hilfsstoffe und Zutaten, die der Unternehmer im Rahmen seines Gewerbebetriebes zur Weiterveräußerung oder zum Verbrauch entgeltlich oder unentgeltlich, für eigene oder für fremde Rechnung, erwirbt; dies gilt auch dann, wenn die Waren vor der Weiterveräußerung oder dem Verbrauch be- oder verarbeitet werden sollen. Waren, die nach Art des Betriebes üblicherweise für den Betrieb zur Weiterveräußerung oder zum Verbrauch erworben werden, sind auch dann aufzuzeichnen, wenn sie für betriebsfremde Zwecke verwendet werden.

Abgabenordnung

Durchführung der Besteuerung
Mitwirkungspflichten
Führung von Büchern und Aufzeichnungen
§§ 144–146

(3) Die Aufzeichnungen müssen die folgenden Angaben enthalten:
1. den Tag des Wareneingangs oder das Datum der Rechnung,
2. den Namen oder die Firma und die Anschrift des Lieferers,
3. die handelsübliche Bezeichnung der Ware,
4. den Preis der Ware,
5. einen Hinweis auf den Beleg.

§ 144 Aufzeichnung des Warenausgangs

(1) Gewerbliche Unternehmer, die nach der Art ihres Geschäftsbetriebes Waren regelmäßig an andere gewerbliche Unternehmer zur Weiterveräußerung oder zum Verbrauch als Hilfsstoffe liefern, müssen den erkennbar für diese Zwecke bestimmten Warenausgang gesondert aufzeichnen.

(2) Aufzuzeichnen sind auch alle Waren, die der Unternehmer
1. auf Rechnung (auf Ziel, Kredit, Abrechnung oder Gegenrechnung), durch Tausch oder unentgeltlich liefert, oder
2. gegen Barzahlung liefert, wenn die Ware wegen der abgenommenen Menge zu einem Preis veräußert wird, der niedriger ist als der übliche Preis für Verbraucher.

Dies gilt nicht, wenn die Ware erkennbar nicht zur gewerblichen Weiterverwendung bestimmt ist.

(3) Die Aufzeichnungen müssen die folgenden Angaben enthalten:
1. den Tag des Warenausgangs oder das Datum der Rechnung,
2. den Namen oder die Firma und die Anschrift des Abnehmers,
3. die handelsübliche Bezeichnung der Ware,
4. den Preis der Ware,
5. einen Hinweis auf den Beleg.

(4) Der Unternehmer muß über jeden Ausgang der in den Absätzen 1 und 2 genannten Waren einen Beleg erteilen, der die in Absatz 3 bezeichneten Angaben sowie seinen Namen oder die Firma und seine Anschrift enthält. Dies gilt insoweit nicht, als nach § 14 Abs. 5 des Umsatzsteuergesetzes eine Gutschrift an die Stelle einer Rechnung tritt oder auf Grund des § 14 Abs. 6 des Umsatzsteuergesetzes Erleichterungen gewährt werden.

(5) Die Absätze 1 bis 4 gelten auch für Land- und Forstwirte, die nach § 141 buchführungspflichtig sind.

§ 145 Allgemeine Anforderungen an Buchführung und Aufzeichnungen

(1) Die Buchführung muß so beschaffen sein, daß sie einem sachverständigen Dritten innerhalb angemessener Zeit einen Überblick über die Geschäftsvorfälle und über die Lage des Unternehmens vermitteln kann. Die Geschäftsvorfälle müssen sich in ihrer Entstehung und Abwicklung verfolgen lassen.

(2) Aufzeichnungen sind so vorzunehmen, daß der Zweck, den sie für die Besteuerung erfüllen sollen, erreicht wird.

§ 146 Ordnungsvorschriften für die Buchführung und für Aufzeichnungen

(1) Die Buchungen und die sonst erforderlichen Aufzeichnungen sind vollständig, richtig, zeitgerecht und geordnet vorzunehmen. Kasseneinnahmen und Kassenausgaben sollen täglich festgehalten werden.

(2) Bücher und die sonst erforderlichen Aufzeichnungen sind im Geltungsbereich dieses Gesetzes zu führen und aufzubewahren. Dies gilt nicht, soweit für Betriebstätten außerhalb des Geltungsbereichs dieses Gesetzes nach dortigem Recht eine Verpflichtung besteht, Bücher und Aufzeichnungen zu führen, und diese Verpflichtung erfüllt wird. In diesem Falle sowie bei Organgesellschaften außerhalb des Geltungsbereichs dieses Gesetzes müssen die Ergebnisse der dortigen Buchführung in die Buchführung des hiesigen Unternehmens übernommen werden, soweit sie für die Besteuerung von Bedeutung sind. Dabei sind die erforderlichen Anpassungen an die steuerrechtlichen Vorschriften im Geltungsbereich dieses Gesetzes vorzunehmen und kenntlich zu machen.

(3) Die Buchungen und die sonst erforderlichen Aufzeichnungen sind in einer lebenden Sprache vorzunehmen. Wird eine andere als die deutsche Sprache verwendet, so kann die Finanzbehörde Übersetzungen verlangen. Werden Abkürzungen, Ziffern, Buchstaben oder Symbole verwendet, muß im Einzelfall deren Bedeutung eindeutig festliegen.

Abgabenordnung

Durchführung der Besteuerung
Mitwirkungspflichten
Führung von Büchern und Aufzeichnungen
§ 147

(4) Eine Buchung oder eine Aufzeichnung darf nicht in einer Weise verändert werden, daß der ursprüngliche Inhalt nicht mehr feststellbar ist. Auch solche Veränderungen dürfen nicht vorgenommen werden, deren Beschaffenheit es ungewiß läßt, ob sie ursprünglich oder erst später gemacht worden sind.

(5) Die Bücher und die sonst erforderlichen Aufzeichnungen können auch in der geordneten Ablage von Belegen bestehen oder auf Datenträgern geführt werden, soweit diese Formen der Buchführung einschließlich des dabei angewandten Verfahrens den Grundsätzen ordnungsmäßiger Buchführung entsprechen; bei Aufzeichnungen, die allein nach den Steuergesetzen vorzunehmen sind, bestimmt sich die Zulässigkeit des angewendeten Verfahrens nach dem Zweck, den die Aufzeichnungen für die Besteuerung erfüllen sollen. Bei der Führung der Bücher und der sonst erforderlichen Aufzeichnungen auf Datenträgern muß insbesondere sichergestellt sein, daß die Daten während der Dauer der Aufbewahrungsfrist verfügbar sind und jederzeit innerhalb angemessener Frist lesbar gemacht werden können. Absätze 1 bis 4 gelten sinngemäß.

(6) Die Ordnungsvorschriften gelten auch dann, wenn der Unternehmer Bücher und Aufzeichnungen, die für die Besteuerung von Bedeutung sind, führt, ohne hierzu verpflichtet zu sein.

§ 147 Ordnungsvorschriften für die Aufbewahrung von Unterlagen

(1) Die folgenden Unterlagen sind geordnet aufzubewahren:
1. Bücher und Aufzeichnungen, Inventare, Jahresabschlüsse, Lageberichte, die Eröffnungsbilanz sowie die zu ihrem Verständnis erforderlichen Arbeitsanweisungen und sonstigen Organisationsunterlagen,
2. die empfangenen Handels- oder Geschäftsbriefe,
3. Wiedergaben der abgesandten Handels- oder Geschäftsbriefe,
4. Buchungsbelege,
5. sonstige Unterlagen, soweit sie für die Besteuerung von Bedeutung sind.

(2) Mit Ausnahme der Jahresabschlüsse und der Eröffnungsbilanz können die in Absatz 1 aufgeführten Unterlagen auch als Wiedergabe auf einem Bildträger oder auf anderen Datenträgern aufbewahrt werden, wenn dies den Grundsätzen ordnungsmäßiger Buchführung entspricht und sichergestellt ist, daß die Wiedergabe oder die Daten
1. mit den empfangenen Handels- oder Geschäftsbriefen und den Buchungsbelegen bildlich und mit den anderen Unterlagen inhaltlich übereinstimmen, wenn sie lesbar gemacht werden,
2. während der Dauer der Aufbewahrungsfrist verfügbar sind und jederzeit innerhalb angemessener Frist lesbar gemacht werden können.
Sind Unterlagen auf Grund des § 146 Abs. 5 auf Datenträgern hergestellt worden, können statt der Datenträger die Daten auch ausgedruckt aufbewahrt werden; die ausgedruckten Unterlagen können auch nach Satz 1 aufbewahrt werden.

(3) Die in Absatz 1 Nr. 1 aufgeführten Unterlagen sind zehn Jahre, die sonstigen in Absatz 1 aufgeführten Unterlagen sechs Jahre aufzubewahren, sofern nicht in anderen Steuergesetzen kürzere Aufbewahrungsfristen zugelassen sind. Die Aufbewahrungsfrist läuft jedoch nicht ab, soweit und solange die Unterlagen für Steuern von Bedeutung sind, für welche die Festsetzungsfrist noch nicht abgelaufen ist; § 169 Abs. 2 Satz 2 gilt nicht.

(4) Die Aufbewahrungsfrist beginnt mit dem Schluß des Kalenderjahrs, in dem die letzte Eintragung in das Buch gemacht, das Inventar, die Eröffnungsbilanz, der Jahresabschluß oder der Lagebericht aufgestellt, der Handels- oder Geschäftsbrief empfangen oder abgesandt worden oder der Buchungsbeleg entstanden ist, ferner die Aufzeichnung vorgenommen worden ist oder die sonstigen Unterlagen entstanden sind.

Abgabenordnung

Durchführung der Besteuerung
Mitwirkungspflichten
Führung von Büchern und Aufzeichnungen – Steuererklärungen
§§ 148–150

(5) Wer aufzubewahrende Unterlagen nur in der Form einer Wiedergabe auf einem Bildträger oder auf anderen Datenträgern vorlegen kann, ist verpflichtet, auf seine Kosten diejenigen Hilfsmittel zur Verfügung zu stellen, die erforderlich sind, um die Unterlagen lesbar zu machen; auf Verlangen der Finanzbehörde hat er auf seine Kosten die Unterlagen unverzüglich ganz oder teilweise auszudrucken oder ohne Hilfsmittel lesbare Reproduktionen beizubringen.

§ 148 Bewilligung von Erleichterungen

Die Finanzbehörden können für einzelne Fälle oder für bestimmte Gruppen von Fällen Erleichterungen bewilligen, wenn die Einhaltung der durch die Steuergesetze begründeten Buchführungs-, Aufzeichnungs- und Aufbewahrungspflichten Härten mit sich bringt und die Besteuerung durch die Erleichterung nicht beeinträchtigt wird. Erleichterungen nach Satz 1 können rückwirkend bewilligt werden. Die Bewilligung kann widerrufen werden.

2. Unterabschnitt
Steuererklärungen

§ 149 Abgabe der Steuererklärungen

(1) Die Steuergesetze bestimmen, wer zur Abgabe einer Steuererklärung verpflichtet ist. Zur Abgabe einer Steuererklärung ist auch verpflichtet, wer hierzu von der Finanzbehörde aufgefordert wird. Die Aufforderung kann durch öffentliche Bekanntmachung erfolgen. Die Verpflichtung zur Abgabe einer Steuererklärung bleibt auch dann bestehen, wenn die Finanzbehörde die Besteuerungsgrundlagen geschätzt hat (§ 162).

(2) Soweit die Steuergesetze nichts anderes bestimmen, sind Steuererklärungen, die sich auf ein Kalenderjahr oder einen gesetzlich bestimmten Zeitpunkt beziehen, spätestens fünf Monate danach abzugeben. Bei Steuerpflichtigen, die den Gewinn aus Land- und Forstwirtschaft nach einem vom Kalenderjahr abweichenden Wirtschaftsjahr ermitteln, endet die Frist nicht vor Ablauf des dritten Monats, der auf den Schluß des in dem Kalenderjahr begonnenen Wirtschaftsjahrs folgt.

§ 150 Form und Inhalt der Steuererklärungen

(1) Die Steuererklärungen sind nach amtlich vorgeschriebenem Vordruck abzugeben, soweit nicht eine mündliche Steuererklärung zugelassen ist. Der Steuerpflichtige hat in der Steuererklärung die Steuer selbst zu berechnen, soweit dies gesetzlich vorgeschrieben ist (Steueranmeldung).

(2) Die Angaben in den Steuererklärungen sind wahrheitsgemäß nach bestem Wissen und Gewissen zu machen. Dies ist, wenn der Vordruck dies vorsieht, schriftlich zu versichern.

(3) Ordnen die Steuergesetze an, daß der Steuerpflichtige die Steuererklärung eigenhändig zu unterschreiben hat, so ist die Unterzeichnung durch einen Bevollmächtigten nur dann zulässig, wenn der Steuerpflichtige infolge seines körperlichen oder geistigen Zustandes oder durch längere Abwesenheit an der Unterschrift gehindert ist. Die eigenhändige Unterschrift kann nachträglich verlangt werden, wenn der Hinderungsgrund weggefallen ist.

(4) Den Steuererklärungen müssen die Unterlagen beigefügt werden, die nach den Steuergesetzen vorzulegen sind. Dritte Personen sind verpflichtet, hierfür erforderliche Bescheinigungen auszustellen.

(5) In die Vordrucke der Steuererklärung können auch Fragen aufgenommen werden, die zur Ergänzung der Besteuerungsunterlagen für Zwecke einer Statistik nach dem Gesetz über Steuerstatistiken erforderlich sind. Die Finanzbehörden können ferner von Steuerpflichtigen Auskünfte verlangen, die für die Durchführung des Bundesausbildungsförderungsgesetzes erforderlich sind. Die Finanzbehörden haben bei der Überprüfung der Angaben dieselben Befugnisse wie bei der Aufklärung der für die Besteuerung erheblichen Verhältnisse.

Abgabenordnung

Durchführung der Besteuerung
Mitwirkungspflichten
Steuererklärungen
§§ 151–152

(6) Zur Erleichterung und Vereinfachung des automatisierten Besteuerungsverfahrens kann der Bundesminister der Finanzen durch Rechtsverordnung mit Zustimmung des Bundesrates bestimmen, daß Steueranmeldungen, Steuererklärungen im Sinne des Kraftfahrzeugsteuergesetzes oder sonstige für das Besteuerungsverfahren erforderliche Daten ganz oder teilweise auf maschinell verwertbaren Datenträgern oder durch Datenfernübertragung übermittelt werden können. Dabei können insbesondere geregelt werden:
1. die Voraussetzungen für die Anwendung des Verfahrens,
2. das Nähere über Form, Inhalt, Verarbeitung und Sicherung der zu übermittelnden Daten,
3. die Art und Weise der Übermittlung der Daten,
4. die Zuständigkeit für die Entgegennahme der zu übermittelnden Daten,
5. die Haftung von Dritten für Steuern oder Steuervorteile, die auf Grund unrichtiger Verarbeitung oder Übermittlung der Daten verkürzt oder erlangt werden,
6. der Umfang und die Form der für dieses Verfahren erforderlichen besonderen Erklärungspflichten des Steuerpflichtigen.

Zur Regelung der Datenübermittlung kann in der Rechtsverordnung auf Veröffentlichungen sachverständiger Stellen verwiesen werden; hierbei sind das Datum der Veröffentlichung, die Bezugsquelle und eine Stelle zu bezeichnen, bei der die Veröffentlichung archivmäßig gesichert niedergelegt ist.

§ 151 Aufnahme der Steuererklärung an Amtsstelle

Steuererklärungen, die schriftlich abzugeben sind, können bei der zuständigen Finanzbehörde zur Niederschrift erklärt werden, wenn die Schriftform dem Steuerpflichtigen nach seinen persönlichen Verhältnissen nicht zugemutet werden kann, insbesondere, wenn er nicht in der Lage ist, eine gesetzlich vorgeschriebene Selbstberechnung der Steuer vorzunehmen oder durch einen Dritten vornehmen zu lassen.

§ 152 Verspätungszuschlag

(1) Gegen denjenigen, der seiner Verpflichtung zur Abgabe einer Steuererklärung nicht oder nicht fristgemäß nachkommt, kann ein Verspätungszuschlag festgesetzt werden. Von der Festsetzung eines Verspätungszuschlages ist abzusehen, wenn die Versäumnis entschuldbar erscheint. Das Verschulden eines gesetzlichen Vertreters oder eines Erfüllungsgehilfen steht dem eigenen Verschulden gleich.
(2) Der Verspätungszuschlag darf zehn vom Hundert der festgesetzten Steuer oder des festgesetzten Meßbetrages nicht übersteigen und höchstens zehntausend Deutsche Mark betragen. Bei der Bemessung des Verspätungszuschlages sind neben seinem Zweck, den Steuerpflichtigen zur rechtzeitigen Abgabe der Steuererklärung anzuhalten, die Dauer der Fristüberschreitung, die Höhe des sich aus der Steuerfestsetzung ergebenden Zahlungsanspruches, die aus der verspäteten Abgabe der Steuererklärung gezogenen Vorteile, sowie das Verschulden und die wirtschaftliche Leistungsfähigkeit des Steuerpflichtigen zu berücksichtigen.
(3) Der Verspätungszuschlag ist regelmäßig mit der Steuer oder dem Steuermeßbetrag festzusetzen.
(4) Bei Steuererklärungen für gesondert festzustellende Besteuerungsgrundlagen gelten die Absätze 1 bis 3 mit der Maßgabe, daß bei Anwendung des Absatzes 2 Satz 1 die steuerlichen Auswirkungen zu schätzen sind.
(5) Der Bundesminister der Finanzen kann zum Verspätungszuschlag, insbesondere über die Festsetzung im automatisierten Besteuerungsverfahren, allgemeine Verwaltungsvorschriften mit Zustimmung des Bundesrates erlassen. Diese können auch bestimmen, unter welchen Voraussetzungen von der Festsetzung eines Verspätungszuschlags abgesehen werden soll. Die allgemeinen Verwaltungsvorschriften bedürfen nicht der Zustimmung des Bundesrates, soweit sie Zölle und Verbrauchsteuern betreffen.

(Fortsetzung auf Seite 47)

Abgabenordnung

Durchführung der Besteuerung
Mitwirkungspflichten – Festsetzungs- und Feststellungsverfahren
Steuererklärungen – Kontenwahrheit – Steuerfestsetzung
§§ 153–155

§ 153 Berichtigung von Erklärungen

(1) Erkennt ein Steuerpflichtiger nachträglich vor Ablauf der Festsetzungsfrist,
1. daß eine von ihm oder für ihn abgegebene Erklärung unrichtig oder unvollständig ist und daß es dadurch zu einer Verkürzung von Steuern kommen kann oder bereits gekommen ist oder
2. daß eine durch Verwendung von Steuerzeichen oder Steuerstemplern zu entrichtende Steuer nicht in der richtigen Höhe entrichtet worden ist,

so ist er verpflichtet, dies unverzüglich anzuzeigen und die erforderliche Richtigstellung vorzunehmen. Die Verpflichtung trifft auch den Gesamtrechtsnachfolger eines Steuerpflichtigen und die nach den §§ 34 und 35 für den Gesamtrechtsnachfolger oder den Steuerpflichtigen handelnden Personen.

(2) Die Anzeigepflicht besteht ferner, wenn die Voraussetzungen für eine Steuerbefreiung, Steuerermäßigung oder sonstige Steuervergünstigung nachträglich ganz oder teilweise wegfallen.

(3) Wer Waren, für die eine Steuervergünstigung unter einer Bedingung gewährt worden ist, in einer Weise verwenden will, die der Bedingung nicht entspricht, hat dies vorher der Finanzbehörde anzuzeigen.

3. Unterabschnitt
Kontenwahrheit

§ 154 Kontenwahrheit

(1) Niemand darf auf einen falschen oder erdichteten Namen für sich oder einen Dritten ein Konto errichten oder Buchungen vornehmen lassen, Wertsachen (Geld, Wertpapiere, Kostbarkeiten) in Verwahrung geben oder verpfänden oder sich ein Schließfach geben lassen.

(2) Wer ein Konto führt, Wertsachen verwahrt oder als Pfand nimmt oder ein Schließfach überläßt, hat sich zuvor Gewißheit über die Person und Anschrift des Verfügungsberechtigten zu verschaffen und die entsprechenden Angaben in geeigneter Form, bei Konten auf dem Konto, festzuhalten. Er hat sicherzustellen, daß er jederzeit Auskunft darüber geben kann, über welche Konten oder Schließfächer eine Person verfügungsberechtigt ist.

(3) Ist gegen Absatz 1 verstoßen worden, so dürfen Guthaben, Wertsachen und der Inhalt eines Schließfachs nur mit Zustimmung des für die Einkommen- und Körperschaftsteuer des Verfügungsberechtigten zuständigen Finanzamts herausgegeben werden.

Dritter Abschnitt

Festsetzungs- und Feststellungsverfahren

1. Unterabschnitt:
Steuerfestsetzung

I. Allgemeine Vorschriften

§ 155 Steuerfestsetzung

(1) Die Steuern werden, soweit nichts anderes vorgeschrieben ist, von der Finanzbehörde durch Steuerbescheid festgesetzt. Steuerbescheid ist der nach § 122 Abs. 1 bekanntgegebene Verwaltungsakt. Dies gilt auch für die volle oder teilweise Freistellung von einer Steuer und für die Ablehnung eines Antrages auf Steuerfestsetzung.

(2) Ein Steuerbescheid kann erteilt werden, auch wenn ein Grundlagenbescheid noch nicht erlassen wurde.

(3) Schulden mehrere Steuerpflichtige eine Steuer als Gesamtschuldner, so können gegen sie zusammengefaßte Steuerbescheide ergehen. Mit zusammengefaßten Steuerbescheiden können Verwaltungsakte über steuerliche Nebenleistungen oder sonstige Ansprüche, auf die dieses Gesetz anzuwenden ist, gegen einen oder mehrere der Steuerpflichtigen verbunden werden. Das gilt auch dann, wenn festgesetzte Steuern, steuerliche Nebenleistungen oder sonstige Ansprüche nach dem zwischen den Steuerpflichtigen bestehenden Rechtsverhältnis nicht von allen Beteiligten zu tragen sind.

(4) Die Bekanntgabe eines Steuerbescheides an einen Beteiligten zugleich mit Wirkung für und gegen andere Beteiligte ist zulässig, soweit die Beteiligten einverstanden sind; diese Beteiligten können nachträglich eine Abschrift des Bescheides verlangen.

(5) Betrifft ein zusammengefaßter schriftlicher Bescheid Ehegatten oder Ehegatten mit ihren Kindern oder Alleinstehende mit ihren Kindern, so reicht es für die Bekanntgabe an alle Beteiligten aus, wenn ihnen eine Ausfertigung unter ihrer gemeinsamen Anschrift übermittelt wird. Der Bescheid ist den Beteiligten einzeln bekanntzugeben, soweit sie dies beantragt haben oder soweit der Finanzbehörde bekannt ist, daß zwischen ihnen ernstliche Meinungsverschiedenheiten bestehen.

(6) Die für die Steuerfestsetzung geltenden Vorschriften sind auf die Festsetzung einer Steuervergütung sinngemäß anzuwenden.

§ 156 Absehen von Steuerfestsetzung, Abrundung

(1) Der Bundesminister der Finanzen kann zur Vereinfachung der Verwaltung durch Rechtsverordnung bestimmen, daß
1. Steuern und steuerliche Nebenleistungen nicht festgesetzt werden, wenn der Betrag, der festzusetzen ist, einen durch diese Rechtsverordnung zu bestimmenden Betrag voraussichtlich nicht übersteigt; der zu bestimmende Betrag darf 20 Deutsche Mark nicht überschreiten,
2. Steuern und steuerliche Nebenleistungen abgerundet werden, es ist mindestens auf zehn Deutsche Pfennige abzurunden, der Abrundungsbetrag darf fünf Deutsche Mark nicht überschreiten

Die Rechtsverordnungen bedürfen nicht der Zustimmung des Bundesrates, soweit sie Zölle und Verbrauchsteuern mit Ausnahme der Biersteuer betreffen.

(2) Die Festsetzung von Steuern und steuerlichen Nebenleistungen kann unterbleiben, wenn feststeht, daß die Einziehung keinen Erfolg haben wird, oder wenn die Kosten der Einziehung einschließlich der Festsetzung außer Verhältnis zu dem Betrag stehen.

§ 157 Form und Inhalt der Steuerbescheide

(1) Steuerbescheide sind schriftlich zu erteilen, soweit nichts anderes bestimmt ist. Schriftliche Steuerbescheide müssen die festgesetzte Steuer nach Art und Betrag bezeichnen und angeben, wer die Steuer schuldet. Ihnen ist außerdem eine Belehrung darüber beizufügen, welcher Rechtsbehelf zulässig ist und binnen welcher Frist und bei welcher Behörde er einzulegen ist.

(2) Die Feststellung der Besteuerungsgrundlagen bildet einen mit Rechtsbehelfen nicht selbständig anfechtbaren Teil des Steuerbescheides, soweit die Besteuerungsgrundlagen nicht gesondert festgestellt werden.

Abgabenordnung

Durchführung der Besteuerung
Festsetzungs- und Feststellungsverfahren
Steuerfestsetzung
§§ 158-163

§ 158 Beweiskraft der Buchführung

Die Buchführung und die Aufzeichnungen des Steuerpflichtigen, die den Vorschriften der §§ 140 bis 148 entsprechen, sind der Besteuerung zugrunde zu legen, soweit nach den Umständen des Einzelfalles kein Anlaß ist, ihre sachliche Richtigkeit zu beanstanden.

§ 159 Nachweis der Treuhänderschaft

(1) Wer behauptet, daß er Rechte, die auf seinen Namen lauten, oder Sachen, die er besitzt, nur als Treuhänder, Vertreter eines anderen oder Pfandgläubiger innehabe oder besitze, hat auf Verlangen nachzuweisen, wem die Rechte oder Sachen gehören; anderenfalls sind sie ihm regelmäßig zuzurechnen. Das Recht der Finanzbehörde, den Sachverhalt zu ermitteln, wird dadurch nicht eingeschränkt.

(2) § 102 bleibt unberührt.

§ 160 Benennung von Gläubigern und Zahlungsempfängern

(1) Schulden und andere Lasten, Betriebsausgaben, Werbungskosten und andere Ausgaben sind steuerlich regelmäßig nicht zu berücksichtigen, wenn der Steuerpflichtige dem Verlangen der Finanzbehörde nicht nachkommt, die Gläubiger oder die Empfänger genau zu benennen. Das Recht der Finanzbehörde, den Sachverhalt zu ermitteln, bleibt unberührt.

(2) § 102 bleibt unberührt.

§ 161 Fehlmengen bei Bestandsaufnahmen

Ergeben sich bei einer vorgeschriebenen oder amtlich durchgeführten Bestandsaufnahme Fehlmengen an verbrauchsteuerpflichtigen Waren, so wird vermutet, daß hinsichtlich der Fehlmengen eine Verbrauchsteuer entstanden oder eine bedingt entstandene Verbrauchsteuer unbedingt geworden ist, soweit nicht glaubhaft gemacht wird, daß die Fehlmengen auf Umstände zurückzuführen sind, die eine Steuer nicht begründen oder eine bedingte Steuer nicht unbedingt werden lassen. Die Steuer gilt im Zweifel im Zeitpunkt der Bestandsaufnahme als entstanden oder unbedingt geworden.

§ 162 Schätzung von Besteuerungsgrundlagen

(1) Soweit die Finanzbehörde die Besteuerungsgrundlagen nicht ermitteln oder berechnen kann, hat sie sie zu schätzen. Dabei sind alle Umstände zu berücksichtigen, die für die Schätzung von Bedeutung sind.

(2) Zu schätzen ist insbesondere dann, wenn der Steuerpflichtige über seine Angaben keine ausreichenden Aufklärungen zu geben vermag oder weitere Auskunft oder eine Versicherung an Eides Statt verweigert oder seine Mitwirkungspflicht nach § 90 Abs. 2 verletzt. Das gleiche gilt, wenn der Steuerpflichtige Bücher oder Aufzeichnungen, die er nach den Steuergesetzen zu führen hat, nicht vorlegen kann oder wenn die Buchführung oder die Aufzeichnungen der Besteuerung nicht nach § 158 zugrunde gelegt werden.

(3) In den Fällen des § 155 Abs. 2 können die in einem Grundlagenbescheid festzustellenden Besteuerungsgrundlagen geschätzt werden.

§ 163 Abweichende Festsetzung von Steuern aus Billigkeitsgründen

(1) Steuern können niedriger festgesetzt werden, und einzelne Besteuerungsgrundlagen, die die Steuern erhöhen, können bei der Festsetzung der Steuer unberücksichtigt bleiben, wenn die Erhebung der Steuer nach Lage des einzelnen Falles unbillig wäre. Mit Zustimmung des Steuerpflichtigen kann bei Steuern vom Einkommen zugelassen werden, daß einzelne Besteuerungsgrundlagen, soweit sie die Steuer erhöhen, bei der Steuerfestsetzung erst zu einer späteren Zeit und, soweit sie die Steuer mindern, schon

Abgabenordnung

Durchführung der Besteuerung
Festsetzungs- und Feststellungsverfahren
Steuerfestsetzung
§§ 164–167

zu einer früheren Zeit berücksichtigt werden. Die Entscheidung über die abweichende Festsetzung kann mit der Steuerfestsetzung verbunden werden.

(2) Die Befugnisse nach Absatz 1 stehen der obersten Finanzbehörde der Körperschaft, die die Steuer verwaltet, oder den von ihr bestimmten Finanzbehörden zu. § 203 Abs. 5 des Lastenausgleichsgesetzes bleibt unberührt.

§ 164 Steuerfestsetzung unter Vorbehalt der Nachprüfung

(1) Die Steuern können, solange der Steuerfall nicht abschließend geprüft ist, allgemein oder im Einzelfall unter dem Vorbehalt der Nachprüfung festgesetzt werden, ohne daß dies einer Begründung bedarf. Die Festsetzung einer Vorauszahlung ist stets eine Steuerfestsetzung unter Vorbehalt der Nachprüfung.

(2) Solange der Vorbehalt wirksam ist, kann die Steuerfestsetzung aufgehoben oder geändert werden. Der Steuerpflichtige kann die Aufhebung oder Änderung der Steuerfestsetzung jederzeit beantragen. Die Entscheidung hierüber kann jedoch bis zur abschließenden Prüfung des Steuerfalles, die innerhalb angemessener Frist vorzunehmen ist, hinausgeschoben werden.

(3) Der Vorbehalt der Nachprüfung kann jederzeit aufgehoben werden. Die Aufhebung steht einer Steuerfestsetzung ohne Vorbehalt der Nachprüfung gleich; § 157 Abs. 1 Satz 1 und 3 gilt sinngemäß. Nach einer Außenprüfung ist der Vorbehalt aufzuheben, wenn sich Änderungen gegenüber der Steuerfestsetzung unter Vorbehalt der Nachprüfung nicht ergeben.

(4) Der Vorbehalt der Nachprüfung entfällt, wenn die Festsetzungsfrist abläuft. § 169 Abs. 2 Satz 2 und § 171 Abs. 7, 8 und 10 sind nicht anzuwenden.

§ 165 Vorläufige Steuerfestsetzung, Aussetzung der Steuerfestsetzung

(1) Soweit ungewiß ist, ob die Voraussetzungen für die Entstehung einer Steuer eingetreten sind, kann sie vorläufig festgesetzt werden. Diese Regelung ist auch anzuwenden, wenn ungewiß ist, ob und wann Verträge mit anderen Staaten über die Besteuerung (§ 2), die sich zugunsten des Steuerschuldners auswirken, für die Steuerfestsetzung wirksam werden. Umfang und Grund der Vorläufigkeit sind anzugeben. Unter den Voraussetzungen der Sätze 1 oder 2 kann die Steuerfestsetzung auch gegen oder ohne Sicherheitsleistung ausgesetzt werden.

(2) Soweit die Finanzbehörde eine Steuer vorläufig festgesetzt hat, kann sie die Festsetzung aufheben oder ändern. Wenn die Ungewißheit beseitigt ist, ist eine vorläufige Steuerfestsetzung aufzuheben, zu ändern oder für endgültig zu erklären; eine ausgesetzte Steuerfestsetzung ist nachzuholen.

§ 166 Drittwirkung der Steuerfestsetzung

Ist die Steuer dem Steuerpflichtigen gegenüber unanfechtbar festgesetzt, so hat dies neben einem Gesamtrechtsnachfolger auch gegen sich gelten zu lassen, wer in der Lage gewesen wäre, den gegen den Steuerpflichtigen erlassenen Bescheid als dessen Vertreter, Bevollmächtigter oder kraft eigenen Rechts anzufechten.

§ 167 Steueranmeldung, Verwendung von Steuerzeichen oder Steuerstemplern

(1) Ist eine Steuer auf Grund gesetzlicher Verpflichtung anzumelden (§ 150 Abs. 1 Satz 2), so ist eine Festsetzung der Steuer nach § 155 nur erforderlich, wenn die Festsetzung zu einer abweichenden Steuer führt oder der Steuer- oder Haftungsschuldner die Steueranmeldung nicht abgibt. Satz 1 gilt sinngemäß, wenn die Steuer auf Grund gesetzlicher Verpflichtung durch Verwendung von Steuerzeichen oder Steuerstemplern zu entrichten ist.

(2) Steueranmeldungen gelten auch dann als rechtzeitig abgegeben, wenn sie fristgerecht bei der zuständigen Kasse eingehen. Dies gilt nicht für Zölle und Verbrauchsteuern.

Abgabenordnung

Durchführung der Besteuerung
Festsetzungs- und Feststellungsverfahren
Steuerfestsetzung
§§ 168-170

§ 168 Wirkung einer Steueranmeldung

Eine Steueranmeldung steht einer Steuerfestsetzung unter Vorbehalt der Nachprüfung gleich. Führt die Steueranmeldung zu einer Herabsetzung der bisher zu entrichtenden Steuer oder zu einer Steuervergütung, so gilt Satz 1 erst, wenn die Finanzbehörde zustimmt. Die Zustimmung bedarf keiner Form.

II. Festsetzungsverjährung

§ 169 Festsetzungsfrist

(1) Eine Steuerfestsetzung sowie ihre Aufhebung oder Änderung sind nicht mehr zulässig, wenn die Festsetzungsfrist abgelaufen ist. Dies gilt auch für die Berichtigung wegen offenbarer Unrichtigkeit nach § 129. Die Frist ist gewahrt, wenn vor Ablauf der Festsetzungsfrist
1. der Steuerbescheid den Bereich der für die Steuerfestsetzung zuständigen Finanzbehörde verlassen hat oder
2. bei öffentlicher Zustellung der Steuerbescheid oder eine Benachrichtigung nach § 15 Abs. 2 des Verwaltungszustellungsgesetzes ausgehändigt wird.
(2) Die Festsetzungsfrist beträgt:
1. ein Jahr
   für Zölle, Verbrauchsteuern, Zollvergütungen und Verbrauchsteuervergütungen,
2. vier Jahre
   für die nicht in Nummer 1 genannten Steuern und Steuervergütungen.
Die Festsetzungsfrist beträgt zehn Jahre, soweit eine Steuer hinterzogen, und fünf Jahre, soweit sie leichtfertig verkürzt worden ist. Dies gilt auch dann, wenn die Steuerhinterziehung oder leichtfertige Steuerverkürzung nicht durch den Steuerschuldner oder eine Person begangen worden ist, deren er sich zur Erfüllung seiner steuerlichen Pflichten bedient, es sei denn, der Steuerschuldner weist nach, daß er durch die Tat keinen Vermögensvorteil erlangt hat und daß sie auch nicht darauf beruht, daß er die im Verkehr erforderlichen Vorkehrungen zur Verhinderung von Steuerverkürzungen unterlassen hat.

§ 170 Beginn der Festsetzungsfrist

(1) Die Festsetzungsfrist beginnt mit Ablauf des Kalenderjahres, in dem die Steuer entstanden ist oder eine bedingt entstandene Steuer unbedingt geworden ist.
(2) Abweichend von Absatz 1 beginnt die Festsetzungsfrist, wenn
1. auf Grund gesetzlicher Vorschrift eine Steuererklärung oder eine Steueranmeldung einzureichen oder eine Anzeige zu erstatten ist, mit Ablauf des Kalenderjahres, in dem die Steuererklärung, die Steueranmeldung oder die Anzeige eingereicht wird, spätestens jedoch mit Ablauf des dritten Kalenderjahres, das auf das Kalenderjahr folgt, in dem die Steuer entstanden ist, es sei denn, daß die Festsetzungsfrist nach Absatz 1 später beginnt,
2. eine Steuer durch Verwendung von Steuerzeichen oder Steuerstemplern zu zahlen ist, mit Ablauf des Kalenderjahres, in dem für den Steuerfall Steuerzeichen oder Steuerstempler verwendet worden sind, spätestens jedoch mit Ablauf des dritten Kalenderjahres, das auf das Kalenderjahr folgt, in dem die Steuerzeichen oder Steuerstempler hätten verwendet werden müssen.
Dies gilt nicht für Zölle und Verbrauchsteuern.
(3) Wird eine Steuer oder eine Steuervergütung nur auf Antrag festgesetzt, so beginnt die Frist für die Aufhebung oder Änderung dieser Festsetzung nicht vor Ablauf des Kalenderjahres, in dem der Antrag gestellt wird.
(4) Wird durch Anwendung des Absatzes 2 Nr. 1 auf die Vermögensteuer oder die Grundsteuer der Beginn der Festsetzungsfrist für das erste Kalenderjahr des Hauptveranlagungszeitraumes oder für das erste Kalenderjahr, auf das sich eine gesetzlich vorgeschriebene Anzeige auswirkt, hinausgeschoben, so wird der Beginn der Festsetzungsfrist für die weiteren Kalenderjahre des Hauptveranlagungszeitraumes jeweils um die gleiche Zeit hinausgeschoben.

Abgabenordnung

Durchführung der Besteuerung
Festsetzungs- und Feststellungsverfahren
Steuerfestsetzung
§ 171

(5) Für die Erbschaftsteuer (Schenkungsteuer) beginnt die Festsetzungsfrist nach den Absätzen 1 oder 2
1. bei einem Erwerb von Todes wegen nicht vor Ablauf des Kalenderjahres, in dem der Erwerber Kenntnis von dem Erwerb erlangt hat,
2. bei einer Schenkung nicht vor Ablauf des Kalenderjahres, in dem der Schenker gestorben ist oder die Finanzbehörde von der vollzogenen Schenkung Kenntnis erlangt hat,
3. bei einer Zweckzuwendung unter Lebenden nicht vor Ablauf des Kalenderjahres, in dem die Verpflichtung erfüllt worden ist.
(6) Für die Wechselsteuer beginnt die Festsetzungsfrist nicht vor Ablauf des Kalenderjahres, in dem der Wechsel fällig geworden ist.

§ 171 Ablaufhemmung

(1) Die Festsetzungsfrist läuft nicht ab, solange die Steuerfestsetzung wegen höherer Gewalt innerhalb der letzten sechs Monate des Fristlaufes nicht erfolgen kann.
(2) Ist beim Erlaß eines Steuerbescheides eine offenbare Unrichtigkeit unterlaufen, so endet die Festsetzungsfrist insoweit nicht vor Ablauf eines Jahres nach Bekanntgabe dieses Steuerbescheides.
(3) Wird vor Ablauf der Festsetzungsfrist ein Antrag auf Steuerfestsetzung oder auf Aufhebung oder Änderung einer Steuerfestsetzung gestellt, so läuft die Festsetzungsfrist insoweit nicht ab, bevor über den Antrag unanfechtbar entschieden worden ist. Dem Antrag nach Satz 1 steht die Anfechtung eines vor Ablauf der Festsetzungsfrist erlassenen Steuerbescheides (§ 169 Abs. 1) auch dann gleich, wenn der Rechtsbehelf nach Ablauf der Festsetzungsfrist eingelegt wird. In den Fällen des § 100 Abs. 1 Satz 1, Abs. 2 Satz 2, § 101 der Finanzgerichtsordnung ist über den Antrag erst dann unanfechtbar entschieden, wenn ein auf Grund der genannten Vorschriften erlassener Steuerbescheid unanfechtbar geworden ist.
(4) Wird vor Ablauf der Festsetzungsfrist mit einer Außenprüfung begonnen oder wird deren Beginn auf Antrag des Steuerpflichtigen hinausgeschoben, so läuft die Festsetzungsfrist für die Steuern, auf die sich die Außenprüfung erstreckt oder im Falle der Hinausschiebung der Außenprüfung erstrecken sollte, nicht ab, bevor die auf Grund der Außenprüfung zu erlassenden Steuerbescheide unanfechtbar geworden sind oder nach Bekanntgabe der Mitteilung nach § 202 Abs. 1 Satz 3 drei Monate verstrichen sind. Dies gilt nicht, wenn eine Außenprüfung unmittelbar nach ihrem Beginn für die Dauer von mehr als sechs Monaten aus Gründen unterbrochen wird, die die Finanzbehörde zu vertreten hat. Die Festsetzungsfrist endet spätestens, wenn seit Ablauf des Kalenderjahres, in dem die Schlußbesprechung stattgefunden hat, oder, wenn sie unterblieben ist, seit Ablauf des Kalenderjahres, in dem die letzten Ermittlungen im Rahmen der Außenprüfung stattgefunden haben, die in § 169 Abs. 2 genannten Fristen verstrichen sind; eine Ablaufhemmung nach anderen Vorschriften bleibt unberührt.
(5) Beginnen die Zollfahndungsämter oder die mit der Steuerfahndung betrauten Dienststellen der Landesfinanzbehörden vor Ablauf der Festsetzungsfrist beim Steuerpflichtigen mit Ermittlungen der Besteuerungsgrundlagen, so läuft die Festsetzungsfrist insoweit nicht ab, bevor die auf Grund der Ermittlungen zu erlassenden Steuerbescheide unanfechtbar geworden sind; Absatz 4 Satz 2 gilt sinngemäß. Das gleiche gilt, wenn dem Steuerpflichtigen vor Ablauf der Festsetzungsfrist die Einleitung des Steuerstrafverfahrens oder des Bußgeldverfahrens wegen einer Steuerordnungswidrigkeit bekanntgegeben worden ist; § 169 Abs. 1 Satz 3 gilt sinngemäß.
(6) Ist bei Steuerpflichtigen eine Außenprüfung im Geltungsbereich dieses Gesetzes nicht durchführbar, wird der Ablauf der Festsetzungsfrist auch durch sonstige Ermittlungshandlungen im Sinne des § 92 gehemmt, bis die auf Grund dieser Ermittlungen erlassenen Steuerbescheide unanfechtbar geworden sind. Die Ablaufhemmung tritt jedoch nur dann ein, wenn der Steuerpflichtige vor Ablauf der Festsetzungsfrist auf den Beginn der Ermittlungen nach Satz 1 hingewiesen worden ist; § 169 Abs. 1 Satz 3 gilt sinngemäß.
(7) In den Fällen des § 169 Abs. 2 Satz 2 endet die Festsetzungsfrist nicht, bevor Verfolgung der Steuerstraftat oder der Steuerverordnungswidrigkeit verjährt ist.
(8) Ist die Festsetzung einer Steuer nach § 165 ausgesetzt oder die Steuer vorläufig festgesetzt worden, so endet die Festsetzungsfrist nicht vor dem Ablauf eines Jahres,

Abgabenordnung

Durchführung der Besteuerung
Festsetzungs- und Feststellungsverfahren
Steuerfestsetzung
§§ 172-173

nachdem die Ungewißheit beseitigt ist und die Finanzbehörde hiervon Kenntnis erhalten hat.

(9) Erstattet der Steuerpflichtige vor Ablauf der Festsetzungsfrist eine Anzeige nach den §§ 153, 371 und 378 Abs. 3, so endet die Festsetzungsfrist nicht vor Ablauf eines Jahres nach Eingang der Anzeige.

(10) Soweit für die Festsetzung einer Steuer ein Feststellungsbescheid, ein Steuermeßbescheid oder ein anderer Verwaltungsakt bindend ist (Grundlagenbescheid), endet die Festsetzungsfrist nicht vor Ablauf eines Jahres nach Bekanntgabe des Grundlagenbescheides.

(11) Ist eine geschäftsunfähige oder in der Geschäftsfähigkeit beschränkte Person ohne gesetzlichen Vertreter, so endet die Festsetzungsfrist nicht vor Ablauf von sechs Monaten nach dem Zeitpunkt, in dem die Person unbeschränkt geschäftsfähig wird oder der Mangel der Vertretung aufhört.

(12) Richtet sich die Steuer gegen einen Nachlaß, so endet die Festsetzungsfrist nicht vor dem Ablauf von sechs Monaten nach dem Zeitpunkt, in dem die Erbschaft von dem Erben angenommen oder der Konkurs über den Nachlaß eröffnet wird oder von dem an die Steuer gegen einen Vertreter festgesetzt werden kann.

(13) Wird vor Ablauf der Festsetzungsfrist eine noch nicht festgesetzte Steuer im Konkursverfahren angemeldet, so läuft die Festsetzungsfrist insoweit nicht vor Ablauf von drei Monaten nach Beendigung des Konkursverfahrens ab.

(14) Die Festsetzungsfrist für einen Steueranspruch endet nicht, soweit ein damit zusammenhängender Erstattungsanspruch nach § 37 Abs. 2 noch nicht verjährt ist (§ 228).

III. Bestandskraft

§ 172 Aufhebung und Änderung von Steuerbescheiden

(1) Ein Steuerbescheid darf, soweit er nicht vorläufig oder unter dem Vorbehalt der Nachprüfung ergangen ist, nur aufgehoben oder geändert werden,
1. wenn er Zölle oder Verbrauchsteuern betrifft,
2. wenn er andere Steuern betrifft,
    a) soweit der Steuerpflichtige zustimmt oder seinem Antrag der Sache nach entsprochen wird; dies gilt jedoch zugunsten des Steuerpflichtigen nur, soweit er vor Ablauf der Rechtsbehelfsfrist zugestimmt oder den Antrag gestellt hat,
    b) soweit er von einer sachlich unzuständigen Behörde erlassen worden ist,
    c) soweit er durch unlautere Mittel, wie arglistige Täuschung, Drohung oder Bestechung erwirkt worden ist,
    d) soweit dies sonst gesetzlich zugelassen ist; die §§ 130 und 131 gelten nicht.

Dies gilt auch dann, wenn der Steuerbescheid durch Einspruchsentscheidung bestätigt oder geändert worden ist.

(2) Absatz 1 gilt auch für einen Verwaltungsakt, durch den ein Antrag auf Erlaß, Aufhebung oder Änderung eines Steuerbescheides ganz oder teilweise abgelehnt wird.

§ 173 Aufhebung oder Änderung von Steuerbescheiden wegen neuer Tatsachen oder Beweismittel

(1) Steuerbescheide sind aufzuheben oder zu ändern,
1. soweit Tatsachen oder Beweismittel nachträglich bekanntwerden, die zu einer höheren Steuer führen,
2. soweit Tatsachen oder Beweismittel nachträglich bekanntwerden, die zu einer niedrigeren Steuer führen und den Steuerpflichtigen kein grobes Verschulden daran trifft, daß die Tatsachen oder Beweismittel erst nachträglich bekanntwerden. Das Verschulden ist unbeachtlich, wenn die Tatsachen oder Beweismittel in einem unmittelbaren oder mittelbaren Zusammenhang mit Tatsachen oder Beweismitteln im Sinne der Nummer 1 stehen.

Eine Änderung unterbleibt, sofern die Abweichung im Falle der Festsetzung eines Betrages geringer als eins vom Hundert des bisherigen Betrages ist und weniger als fünfhundert Deutsche Mark beträgt.

Abgabenordnung

Durchführung der Besteuerung
Festsetzungs- und Feststellungsverfahren
Steuerfestsetzung
§§ 174–176

(2) Abweichend von Absatz 1 können Steuerbescheide, soweit sie auf Grund einer Außenprüfung ergangen sind, nur aufgehoben oder geändert werden, wenn eine Steuerhinterziehung oder eine leichtfertige Steuerverkürzung vorliegt. Dies gilt auch in den Fällen, in denen eine Mitteilung nach § 202 Abs. 1 Satz 3 ergangen ist.

§ 174 Widerstreitende Steuerfestsetzungen

(1) Ist ein bestimmter Sachverhalt in mehreren Steuerbescheiden zuungunsten eines oder mehrerer Steuerpflichtiger berücksichtigt worden, obwohl er nur einmal hätte berücksichtigt werden dürfen, so ist der fehlerhafte Steuerbescheid auf Antrag aufzuheben oder zu ändern. Ist die Festsetzungsfrist für diese Steuerfestsetzung bereits abgelaufen, so kann der Antrag noch bis zum Ablauf eines Jahres gestellt werden, nachdem der letzte der betroffenen Steuerbescheide unanfechtbar geworden ist. Wird der Antrag rechtzeitig gestellt, steht der Aufhebung oder Änderung des Steuerbescheides insoweit keine Frist entgegen.
(2) Absatz 1 gilt sinngemäß, wenn ein bestimmter Sachverhalt in unvereinbarer Weise mehrfach zugunsten eines oder mehrerer Steuerpflichtiger berücksichtigt worden ist; ein Antrag ist nicht erforderlich. Der fehlerhafte Steuerbescheid darf jedoch nur dann geändert werden, wenn die Berücksichtigung des Sachverhaltes auf einen Antrag oder eine Erklärung des Steuerpflichtigen zurückzuführen ist.
(3) Ist ein bestimmter Sachverhalt in einem Steuerbescheid erkennbar in der Annahme nicht berücksichtigt worden, daß er in einem anderen Steuerbescheid zu berücksichtigen sei, und stellt sich diese Annahme als unrichtig heraus, so kann die Steuerfestsetzung, bei der die Berücksichtigung des Sachverhaltes unterblieben ist, insoweit nachgeholt, aufgehoben oder geändert werden. Die Nachholung, Aufhebung oder Änderung ist nur zulässig bis zum Ablauf der für die andere Steuerfestsetzung geltenden Festsetzungsfrist.
(4) Ist auf Grund irriger Beurteilung eines bestimmten Sachverhaltes ein Steuerbescheid ergangen, der auf Grund eines Rechtsbehelfs oder sonst auf Antrag des Steuerpflichtigen durch die Finanzbehörde zu seinen Gunsten aufgehoben oder geändert wird, so können aus dem Sachverhalt nachträglich durch Erlaß oder Änderung eines Steuerbescheides die richtigen steuerlichen Folgerungen gezogen werden. Dies gilt auch dann, wenn der Steuerbescheid durch das Gericht aufgehoben oder geändert wird. Der Ablauf der Festsetzungsfrist ist unbeachtlich, wenn die steuerlichen Folgerungen innerhalb eines Jahres nach Aufhebung oder Änderung des fehlerhaften Steuerbescheides gezogen werden. War die Festsetzungsfrist bereits abgelaufen, als der später aufgehobene oder geänderte Steuerbescheid erlassen wurde, gilt dies nur unter den Voraussetzungen des Absatzes 3 Satz 1.
(5) Gegenüber Dritten gilt Absatz 4, wenn sie an dem Verfahren, das zur Aufhebung oder Änderung des fehlerhaften Steuerbescheides geführt hat, beteiligt waren. Ihre Hinzuziehung oder Beiladung zu diesem Verfahren ist zulässig.

§ 175 Aufhebung oder Änderung von Steuerbescheiden in sonstigen Fällen

(1) Ein Steuerbescheid ist zu erlassen, aufzuheben oder zu ändern,
1. soweit ein Grundlagenbescheid (§ 171 Abs. 10), dem Bindungswirkung für diesen Steuerbescheid zukommt, erlassen, aufgehoben oder geändert wird,
2. soweit ein Ereignis eintritt, das steuerliche Wirkung für die Vergangenheit hat (rückwirkendes Ereignis).

In den Fällen des Satzes 1 Nr. 2 beginnt die Festsetzungsfrist mit Ablauf des Kalenderjahres, in dem das Ereignis eintritt.
(2) Als rückwirkendes Ereignis gilt auch der Wegfall einer Voraussetzung für eine Steuervergünstigung, wenn gesetzlich bestimmt ist, daß diese Voraussetzung für eine bestimmte Zeit gegeben sein muß, oder wenn durch Verwaltungsakt festgestellt worden ist, daß sie die Grundlage für die Gewährung der Steuervergünstigung bildet.

§ 176 Vertrauensschutz bei der Aufhebung und Änderung von Steuerbescheiden

(1) Bei der Aufhebung oder Änderung eines Steuerbescheides darf nicht zuungunsten des Steuerpflichtigen berücksichtigt werden, daß

Abgabenordnung

Durchführung der Besteuerung
Festsetzungs- und Feststellungsverfahren
Steuerfestsetzung
§§ 177–178

1. das Bundesverfassungsgericht die Nichtigkeit eines Gesetzes feststellt, auf der die bisherige Steuerfestsetzung beruht,
2. ein oberster Gerichtshof des Bundes eine Norm, auf der die bisherige Steuerfestsetzung beruht, nicht anwendet, weil er sie für verfassungswidrig hält,
3. sich die Rechtsprechung eines obersten Gerichtshofes des Bundes geändert hat, die bei der bisherigen Steuerfestsetzung von der Finanzbehörde angewandt worden ist.

Ist die bisherige Rechtsprechung bereits in einer Steuererklärung oder einer Steueranmeldung berücksichtigt worden, ohne daß das für die Finanzbehörde erkennbar war, so gilt Nummer 3 nur, wenn anzunehmen ist, daß die Finanzbehörde bei Kenntnis der Umstände die bisherige Rechtsprechung angewandt hätte.
(2) Bei der Aufhebung oder Änderung eines Steuerbescheides darf nicht zuungunsten des Steuerpflichtigen berücksichtigt werden, daß eine allgemeine Verwaltungsvorschrift der Bundesregierung, einer obersten Bundes- oder Landesbehörde von einem obersten Gerichtshof des Bundes als nicht mit dem geltenden Recht in Einklang stehend bezeichnet worden ist.

§ 177 Berichtigung von Rechtsfehlern

(1) Liegen die Voraussetzungen für die Aufhebung oder Änderung eines Steuerbescheides zuungunsten des Steuerpflichtigen vor, so sind, soweit die Änderung reicht, zuungunsten und zugunsten des Steuerpflichtigen solche Rechtsfehler zu berichtigen, die nicht Anlaß der Aufhebung oder Änderung sind.
(2) Liegen die Voraussetzungen für die Aufhebung oder Änderung eines Steuerbescheides zugunsten des Steuerpflichtigen vor, so sind, soweit die Änderung reicht, zuungunsten und zugunsten des Steuerpflichtigen solche Rechtsfehler zu berichtigen, die nicht Anlaß der Aufhebung oder Änderung sind.
(3) § 164 Abs. 2, § 165 Abs. 2 und § 176 bleiben unberührt.

IV. Kosten

§ 178 Kosten bei besonderer Inanspruchnahme der Zollbehörden

(1) Die Behörden der Bundeszollverwaltung sowie die Behörden, denen die Wahrnehmung von Aufgaben der Bundeszollverwaltung übertragen worden ist, können für eine besondere Inanspruchnahme oder Leistung (kostenpflichtige Amtshandlung) Gebühren erheben und die Erstattung von Auslagen verlangen.
(2) Eine besondere Inanspruchnahme oder Leistung im Sinne des Absatzes 1 liegt insbesondere vor bei
1. Amtshandlungen außerhalb des Amtsplatzes und außerhalb der Öffnungszeiten, soweit es sich nicht um Maßnahmen der Steueraufsicht handelt,
2. Amtshandlungen, die zu einer Diensterschwernis führen, weil sie antragsgemäß zu einer bestimmten Zeit vorgenommen werden sollen,
3. Untersuchungen von Waren, wenn
    a) sie durch einen Antrag auf Erteilung einer verbindlichen Zolltarifauskunft, Gewährung einer Steuervergütung oder sonstigen Vergünstigungen veranlaßt sind oder
    b) bei Untersuchungen von Amts wegen Angaben oder Einwendungen des Verfügungsberechtigten sich als unrichtig oder unbegründet erweisen oder
    c) die untersuchten Waren den an sie gestellten Anforderungen nicht entsprechen,
4. Überwachungsmaßnahmen in Betrieben und bei Betriebsvorgängen, wenn sie durch Zuwiderhandlungen gegen die zur Sicherung des Steueraufkommens erlassenen Rechtsvorschriften veranlaßt sind,
5. amtliche Bewachungen und Begleitungen von Beförderungsmitteln oder Waren,
6. Verwahrung von Zollgut, die von Amts wegen oder auf Antrag vorgenommen wird,
7. Schreibarbeiten (Fertigung von Schriftstücken, Abschriften und Ablichtungen), die auf Antrag ausgeführt werden.

Abgabenordnung

Durchführung der Besteuerung
Festsetzungs- und Feststellungsverfahren
Gesonderte Feststellung von Besteuerungsgrundlagen, ...
§§ 179–180

(3) Der Bundesminister der Finanzen wird ermächtigt, durch Rechtsverordnung, die der Zustimmung des Bundesrates nicht bedarf, die kostenpflichtigen Amtshandlungen näher festzulegen, die für sie zu erhebenden Kosten nach dem auf sie entfallenden durchschnittlichen Verwaltungsaufwand zu bemessen und zu pauschalieren sowie die Voraussetzungen zu bestimmen, unter denen von ihrer Erhebung wegen Geringfügigkeit, zur Vermeidung von Härten oder aus ähnlichen Gründen ganz oder teilweise abgesehen werden kann.

(4) Auf die Festsetzung der Kosten sind die für Zölle und Verbrauchsteuern geltenden Vorschriften entsprechend anzuwenden. Die §§ 18 bis 22 des Verwaltungskostengesetzes gelten für diese Kosten nicht.

2. Unterabschnitt
Gesonderte Feststellung von Besteuerungsgrundlagen, Festsetzung von Steuermeßbeträgen

I. Gesonderte Feststellungen

§ 179 Feststellung von Besteuerungsgrundlagen

(1) Abweichend von § 157 Abs. 2 werden die Besteuerungsgrundlagen durch Feststellungsbescheid gesondert festgestellt, soweit dies in diesem Gesetz oder sonst in den Steuergesetzen bestimmt ist.

(2) Ein Feststellungsbescheid richtet sich gegen den Steuerpflichtigen, dem der Gegenstand der Feststellung bei der Besteuerung zuzurechnen ist. Die gesonderte Feststellung wird gegenüber mehreren Beteiligten einheitlich vorgenommen, wenn dies gesetzlich bestimmt ist oder der Gegenstand der Feststellung mehreren Personen zuzurechnen ist. Ist eine dieser Personen an dem Gegenstand der Feststellung nur über eine andere Person beteiligt, so kann insoweit eine besondere gesonderte Feststellung vorgenommen werden.

(3) Soweit in einem Feststellungsbescheid eine notwendige Feststellung unterblieben ist, ist sie in einem Ergänzungsbescheid nachzuholen.

§ 180 Gesonderte Feststellung von Besteuerungsgrundlagen

(1) Gesondert festgestellt werden insbesondere:
1. die Einheitswerte nach Maßgabe des Bewertungsgesetzes,
2. a) die einkommensteuerpflichtigen und körperschaftsteuerpflichtigen Einkünfte, wenn an den Einkünften mehrere Personen beteiligt sind und die Einkünfte diesen Personen steuerlich zuzurechnen sind,
   b) in anderen als den in Buchstabe a genannten Fällen die Einkünfte aus Land- und Forstwirtschaft, Gewerbebetrieb oder einer freiberuflichen Tätigkeit, wenn das für die gesonderte Feststellung zuständige Finanzamt nicht auch für die Steuern vom Einkommen zuständig ist,
3. der Wert der vermögensteuerpflichtigen Wirtschaftsgüter (§§ 114 bis 117 a des Bewertungsgesetzes) und der Wert der Schulden und sonstigen Abzüge (§ 118 des Bewertungsgesetzes), wenn die Wirtschaftsgüter, Schulden und sonstigen Abzüge mehreren Personen zuzurechnen sind und die Feststellungen für die Besteuerung von Bedeutung sind.

(2) Zur Sicherstellung einer einheitlichen Rechtsanwendung bei gleichen Sachverhalten und zur Erleichterung des Besteuerungsverfahrens kann der Bundesminister der Finanzen durch Rechtsverordnung mit Zustimmung des Bundesrates bestimmen, daß in anderen als den in Absatz 1 genannten Fällen Besteuerungsgrundlagen gesondert und für mehrere Personen einheitlich festgestellt werden. Dabei können insbesondere geregelt werden
1. der Gegenstand und der Umfang der gesonderten Feststellung,
2. die Voraussetzungen für das Feststellungsverfahren,
3. die örtliche Zuständigkeit der Finanzbehörden,

Abgabenordnung

Durchführung der Besteuerung
Festsetzungs- und Feststellungsverfahren
Gesonderte Feststellung von Besteuerungsgrundlagen, ...
§ 181

VII A 1 Seite 57

4. die Bestimmungen der am Feststellungsverfahren beteiligten Personen (Verfahrensbeteiligte) und der Umfang ihrer steuerlichen Pflichten und Rechte einschließlich der Vertretung Beteiligter durch andere Beteiligte,
5. die Bekanntgabe von Verwaltungsakten an die Verfahrensbeteiligten und Empfangsbevollmächtigte,
6. die Zulässigkeit, der Umfang und die Durchführung von Außenprüfungen zur Ermittlung der Besteuerungsgrundlagen.

Durch Rechtsverordnung kann der Bundesminister der Finanzen mit Zustimmung des Bundesrates bestimmen, daß Besteuerungsgrundlagen, die sich erst später auswirken, zur Sicherung der späteren zutreffenden Besteuerung gesondert und für mehrere Personen einheitlich festgestellt werden; Satz 2 Nr. 1 und 2 gilt entsprechend. Die Rechtsverordnungen bedürfen nicht der Zustimmung des Bundesrates, soweit sie Zölle und Verbrauchsteuern, mit Ausnahme der Biersteuer, betreffen.

(3) Absatz 1 Nr. 2 Buchstabe a gilt nicht, wenn
1. nur eine der an den Einkünften beteiligten Personen mit ihren Einkünften im Geltungsbereich dieses Gesetzes einkommensteuerpflichtig oder körperschaftsteuerpflichtig ist, oder
2. es sich um einen Fall von geringer Bedeutung handelt, insbesondere weil die Höhe des festgestellten Betrages und die Aufteilung feststehen. Dies gilt sinngemäß auch für die Fälle des Absatzes 1 Nr. 3.

Das nach § 18 Abs. 1 Nr. 4 zuständige Finanzamt kann durch Bescheid feststellen, daß eine gesonderte Feststellung nicht durchzuführen ist. Der Bescheid gilt als Steuerbescheid.

(4) Absatz 1 Nr. 2 Buchstabe a gilt ferner nicht für Arbeitsgemeinschaften, deren alleiniger Zweck sich auf die Erfüllung eines einzigen Werkvertrages oder Werklieferungsvertrages beschränkt, es sei denn, daß bei Abschluß des Vertrages anzunehmen ist, daß er nicht innerhalb von drei Jahren erfüllt wird.

(5) Absatz 1 Nr. 2 Buchstabe a, Absatz 2 und 3 sind entsprechend anzuwenden, soweit die nach einem Abkommen zur Vermeidung der Doppelbesteuerung von der Bemessungsgrundlage ausgenommenen Einkünfte bei der Festsetzung der Steuern der beteiligten Personen von Bedeutung sind.

§ 181 Verfahrensvorschriften für die gesonderte Feststellung, Feststellungsfrist, Erklärungspflicht

(1) Für die gesonderte Feststellung gelten die Vorschriften über die Durchführung der Besteuerung sinngemäß. Steuererklärung im Sinne des § 170 Abs. 2 Nr. 1 ist die Erklärung zur gesonderten Feststellung.

(2) Eine Erklärung zur gesonderten Feststellung hat abzugeben, wem der Gegenstand der Feststellung ganz oder teilweise zuzurechnen ist. Erklärungspflichtig sind insbesondere
1. in den Fällen des § 180 Abs. 1 Nr. 2 Buchstabe a jeder Feststellungsbeteiligte, dem ein Anteil an den einkommen- oder körperschaftsteuerpflichtigen Einkünften zuzurechnen ist;
2. in den Fällen des § 180 Abs. 1 Nr. 2 Buchstabe b der Unternehmer;
3. in den Fällen des § 180 Abs. 1 Nr. 3 jeder Feststellungsbeteiligte, dem ein Anteil an den Wirtschaftsgütern, Schulden oder sonstigen Abzügen zuzurechnen ist;
4. in den Fällen des § 180 Abs. 1 Nr. 2 Buchstabe a und Nr. 3 auch die in § 34 bezeichneten Personen.

Hat ein Erklärungspflichtiger eine Erklärung zur gesonderten Feststellung abgegeben, sind andere Beteiligte insoweit von der Erklärungspflicht befreit.

(3) Die Frist für die gesonderte Feststellung von Einheitswerten (Feststellungsfrist) beginnt mit Ablauf des Kalenderjahres, auf dessen Beginn die Hauptfeststellung, die Fortschreibung, die Nachfeststellung oder die Aufhebung eines Einheitswertes vorzunehmen ist. Wird eine für den Hauptfeststellungszeitpunkt einzureichende Erklärung zur gesonderten Feststellung des Einheitswertes nach Ablauf des ersten Kalenderjahres des Hauptfeststellungszeitraumes abgegeben, so beginnt die Frist für die geson-

Abgabenordnung

Durchführung der Besteuerung
Festsetzungs- und Feststellungsverfahren
Gesonderte Feststellung von Besteuerungsgrundlagen, ...
§§ 182–183

derte Feststellung auf den Hauptfeststellungszeitpunkt mit Ablauf des Kalenderjahres, in dem die Erklärung eingereicht wird, spätestens jedoch mit Ablauf des dritten Kalenderjahres, das auf das Kalenderjahr folgt, auf dessen Beginn die Hauptfeststellung vorgenommen wird. Wird der Beginn der Feststellungsfrist nach Satz 2 hinausgeschoben, so wird der Beginn der Feststellungsfrist für die gesonderte Feststellung auf einen Fortschreibungszeitpunkt jeweils um die gleiche Zeit hinausgeschoben.

(4) In den Fällen des Absatzes 3 beginnt die Feststellungsfrist nicht vor Ablauf des Kalenderjahres, auf dessen Beginn der Einheitswert erstmals steuerlich anzuwenden ist.

(5) Eine gesonderte Feststellung kann auch nach Ablauf der für sie geltenden Feststellungsfrist insoweit erfolgen, als die gesonderte Feststellung für eine Steuerfestsetzung von Bedeutung ist, für die die Festsetzungsfrist im Zeitpunkt der gesonderten Feststellung noch nicht abgelaufen ist; hierbei bleibt § 171 Abs. 10 außer Betracht. Hierauf ist im Feststellungsbescheid hinzuweisen. § 169 Abs. 1 Satz 3 gilt sinngemäß.

§ 182 Wirkungen der gesonderten Feststellung

(1) Feststellungsbescheide sind, auch wenn sie noch nicht unanfechtbar sind, für andere Feststellungsbescheide, für Steuermeßbescheide, für Steuerbescheide und für Steueranmeldungen (Folgebescheide) bindend, soweit die in den Feststellungsbescheiden getroffenen Feststellungen für diese Folgebescheide von Bedeutung sind.

(2) Ein Feststellungsbescheid über einen Einheitswert (§ 180 Abs. 1 Nr. 1) wirkt auch gegenüber dem Rechtsnachfolger, auf den der Gegenstand der Feststellung nach dem Feststellungszeitpunkt mit steuerlicher Wirkung übergeht. Tritt die Rechtsnachfolge jedoch ein, bevor der Feststellungsbescheid ergangen ist, so wirkt er gegen den Rechtsnachfolger nur dann, wenn er ihm bekanntgegeben wird.

(3) Ist in einem Feststellungsbescheid im Sinne des § 180 Abs. 1 Nr. 2 und Abs. 2 ein Beteiligter unrichtig bezeichnet, weil Rechtsnachfolge eingetreten ist, kann dies durch besonderen Bescheid gegenüber dem betroffenen Beteiligten berichtigt werden.

§ 183 Empfangsbevollmächtigte bei der einheitlichen Feststellung

(1) Richtet sich ein Feststellungsbescheid gegen mehrere Personen, die an dem Gegenstand der Feststellung als Gesellschafter oder Gemeinschafter beteiligt sind (Feststellungsbeteiligte), so sollen sie einen gemeinsamen Empfangsbevollmächtigten bestellen, der ermächtigt ist, für sie alle Verwaltungsakte und Mitteilungen in Empfang zu nehmen, die mit dem Feststellungsverfahren und dem anschließenden Verfahren über einen außergerichtlichen Rechtsbehelf zusammenhängen. Ist ein gemeinsamer Empfangsbevollmächtigter nicht vorhanden, so gilt ein zur Vertretung der Gesellschaft oder der Feststellungsbeteiligten oder ein zur Verwaltung des Gegenstandes der Feststellung Berechtigter als Empfangsbevollmächtigter. Anderenfalls kann die Finanzbehörde die Beteiligten auffordern, innerhalb einer bestimmten angemessenen Frist einen Empfangsbevollmächtigten zu benennen. Hierbei ist ein Beteiligter vorzuschlagen und darauf hinzuweisen, daß diesem die in Satz 1 genannten Verwaltungsakte und Mitteilungen mit Wirkung für und gegen alle Beteiligten bekanntgegeben werden, soweit nicht ein anderer Empfangsbevollmächtigter benannt wird. Bei der Bekanntgabe an den Empfangsbevollmächtigten ist darauf hinzuweisen, daß die Bekanntgabe mit Wirkung für und gegen alle Feststellungsbeteiligten erfolgt.

(2) Absatz 1 ist insoweit nicht anzuwenden, als der Finanzbehörde bekannt ist, daß die Gesellschaft oder Gemeinschaft nicht mehr besteht, daß ein Beteiligter aus der Gesellschaft oder der Gemeinschaft ausgeschieden ist oder daß zwischen den Beteiligten ernstliche Meinungsverschiedenheiten bestehen. Ist bei Gesellschaften oder Gemeinschaften mit mehr als 100 Beteiligten Einzelbekanntgabe erforderlich, so sind dem Beteiligten der Gegenstand der Feststellung, die alle Gesellschafter betreffenden Besteuerungsgrundlagen, sein Anteil, die Zahl der Beteiligten und die ihn persönlich betreffenden Besteuerungsgrundlagen bekanntzugeben. Bei berechtigtem Interesse ist dem Beteiligten der gesamte Inhalt des Feststellungsbescheides mitzuteilen.

Abgabenordnung

Durchführung der Besteuerung
Festsetzungs- und Feststellungsverfahren
Gesonderte Feststellung von Besteuerungsgrundlagen, ... –
Zerlegung und Zuteilung
§§ 184–187

(3) Ist ein Empfangsbevollmächtigter nach Absatz 1 Satz 1 vorhanden, können Feststellungsbescheide ihm gegenüber auch mit Wirkung für einen in Absatz 2 Satz 1 genannten Beteiligten bekanntgegeben werden, soweit und solange dieser Beteiligte oder der Empfangsbevollmächtigte nicht widersprochen hat. Der Widerruf der Vollmacht wird der Finanzbehörde gegenüber erst wirksam, wenn er ihr zugeht.

(4) Wird eine wirtschaftliche Einheit Ehegatten oder Ehegatten mit ihren Kindern oder Alleinstehenden mit ihren Kindern zugerechnet und haben die Beteiligten keinen gemeinsamen Empfangsbevollmächtigten bestellt, so gelten für die Bekanntgabe von Feststellungsbescheiden über den Einheitswert die Regelungen über zusammengefaßte Bescheide in § 155 Abs. 5 entsprechend.

II. Festsetzung von Steuermeßbeträgen

§ 184 Festsetzung von Steuermeßbeträgen

(1) Steuermeßbeträge, die nach den Steuergesetzen zu ermitteln sind, werden durch Steuermeßbescheid festgesetzt. Mit der Festsetzung der Steuermeßbeträge wird auch über die persönliche und sachliche Steuerpflicht entschieden. Die Vorschriften über die Durchführung der Besteuerung sind sinngemäß anzuwenden. Ferner sind § 182 Abs. 1 und für Grundsteuermeßbescheide auch Abs. 2 und § 183 sinngemäß anzuwenden.

(2) Die Befugnis, Realsteuermeßbeträge festzusetzen, schließt auch die Befugnis zu Maßnahmen nach § 163 Abs. 1 Satz 1 ein, soweit für solche Maßnahmen in einer allgemeinen Verwaltungsvorschrift der Bundesregierung oder einer obersten Landesfinanzbehörde Richtlinien aufgestellt worden sind. Eine Maßnahme nach § 163 Abs. 1 Satz 2 wirkt, soweit sie die gewerblichen Einkünfte als Grundlage für die Festsetzung der Steuer vom Einkommen beeinflußt, auch für den Gewerbeertrag als Grundlage für die Festsetzung des Gewerbesteuermeßbetrages.

(3) Die Finanzbehörden teilen den Inhalt des Steuermeßbescheides sowie die nach Absatz 2 getroffenen Maßnahmen den Gemeinden mit, denen die Steuerfestsetzung (der Erlaß des Realsteuerbescheids) obliegt.

3. Unterabschnitt
Zerlegung und Zuteilung

§ 185 Geltung der allgemeinen Vorschriften

Auf die in den Steuergesetzen vorgesehene Zerlegung von Steuermeßbeträgen sind die für die Steuermeßbeträge geltenden Vorschriften entsprechend anzuwenden, soweit im folgenden nichts anderes bestimmt ist.

§ 186 Beteiligte

Am Zerlegungsverfahren sind beteiligt:
1. der Steuerpflichtige,
2. die Steuerberechtigten, denen ein Anteil an dem Steuermeßbetrag zugeteilt worden ist oder die einen Anteil beanspruchen. Soweit die Festsetzung der Steuer dem Steuerberechtigten nicht obliegt, tritt an seine Stelle die für die Festsetzung der Steuer zuständige Behörde.

§ 187 Akteneinsicht

Die beteiligten Steuerberechtigten können von der zuständigen Finanzbehörde Auskunft über die Zerlegungsgrundlagen verlangen und durch ihre Amtsträger Einsicht in die Zerlegungsunterlagen nehmen.

Abgabenordnung

**Durchführung der Besteuerung
Festsetzungs- und Feststellungsverfahren
Zerlegung und Zuteilung
§ 188**

§ 188 Zerlegungsbescheid

(1) Über die Zerlegung ergeht ein schriftlicher Bescheid (Zerlegungsbescheid), der den Beteiligten bekanntzugeben ist, soweit sie betroffen sind.

(2) Der Zerlegungsbescheid muß die Höhe des zu zerlegenden Steuermeßbetrages angeben und bestimmen, welche Anteile den beteiligten Steuerberechtigen zugeteilt werden. Er muß ferner die Zerlegungsgrundlagen angeben.

(Fortsetzung auf Seite 59)

Abgabenordnung

Durchführung der Besteuerung
Festsetzungs- und Feststellungsverfahren
Zerlegung und Zuteilung – Haftung
§§ 189–191

§ 189 Änderung der Zerlegung

Ist der Anspruch eines Steuerberechtigten auf einen Anteil am Steuermeßbetrag nicht berücksichtigt und auch nicht zurückgewiesen worden, so wird die Zerlegung von Amts wegen oder auf Antrag geändert oder nachgeholt. Ist der bisherige Zerlegungsbescheid gegenüber denjenigen Steuerberechtigten, die an dem Zerlegungsverfahren bereits beteiligt waren, unanfechtbar geworden, so dürfen bei der Änderung der Zerlegung nur solche Änderungen vorgenommen werden, die sich aus der nachträglichen Berücksichtigung der bisher übergangenen Steuerberechtigten ergeben. Eine Änderung oder Nachholung der Zerlegung unterbleibt, wenn ein Jahr vergangen ist, seitdem der Steuermeßbescheid unanfechtbar geworden ist, es sei denn, daß der übergangene Steuerberechtigte die Änderung oder Nachholung der Zerlegung vor Ablauf des Jahres beantragt hatte.

§ 190 Zuteilungsverfahren

Ist ein Steuermeßbetrag in voller Höhe einem Steuerberechtigten zuzuteilen, besteht aber Streit darüber, welchem Steuerberechtigten der Steuermeßbetrag zusteht, so entscheidet die Finanzbehörde auf Antrag eines Beteiligten durch Zuteilungsbescheid. Die für das Zerlegungsverfahren geltenden Vorschriften sind entsprechend anzuwenden.

4. Unterabschnitt
Haftung

§ 191 Haftungsbescheide, Duldungsbescheide

(1) Wer kraft Gesetzes für eine Steuer haftet (Haftungsschuldner), kann durch Haftungsbescheid, wer kraft Gesetzes verpflichtet ist, die Vollstreckung zu dulden, kann durch Duldungsbescheid in Anspruch genommen werden. Die Bescheide sind schriftlich zu erteilen.

(2) Bevor gegen einen Rechtsanwalt, Patentanwalt, Notar, Steuerberater, Steuerbevollmächtigten, Wirtschaftsprüfer oder vereidigten Buchprüfer wegen einer Handlung im Sinne des § 69, die er in Ausübung seines Berufes vorgenommen hat, ein Haftungsbescheid erlassen wird, gibt die Finanzbehörde der zuständigen Berufskammer Gelegenheit, die Gesichtspunkte vorzubringen die von ihrem Standpunkt für die Entscheidung von Bedeutung sind.

(3) Die Vorschriften über die Festsetzungsfrist sind auf den Erlaß von Haftungsbescheiden entsprechend anzuwenden. Die Festsetzungsfrist beträgt vier Jahre, in den Fällen des § 70 bei Steuerhinterziehung zehn Jahre, bei leichtfertiger Steuerverkürzung fünf Jahre, in den Fällen des § 71 zehn Jahre. Die Festsetzungsfrist beginnt mit Ablauf des Kalenderjahres, in dem der Tatbestand verwirklicht worden ist, an den das Gesetz die Haftungsfolge knüpft. Ist die Steuer, für die gehaftet wird, noch nicht festgesetzt worden, so endet die Festsetzungsfrist für den Haftungsbescheid nicht vor Ablauf der für die Steuerfestsetzung geltenden Festsetzungsfrist; andernfalls gilt § 171 Abs. 10 sinngemäß. In den Fällen der §§ 73 und 74 endet die Festsetzungsfrist nicht, bevor die gegen den Steuerschuldner festgesetzte Steuer verjährt (§ 228) ist.

(4) Ergibt sich die Haftung nicht aus den Steuergesetzen, so kann ein Haftungsbescheid ergehen, solange die Haftungsansprüche nach dem für sie maßgebenden Recht noch nicht verjährt sind.

(5) Ein Haftungsbescheid kann nicht mehr ergehen,

1. soweit die Steuer gegen den Steuerschuldner nicht festgesetzt worden ist und wegen Ablaufs der Festsetzungsfrist auch nicht mehr festgesetzt werden kann,
2. soweit die gegen den Steuerschuldner festgesetzte Steuer verjährt ist oder die Steuer erlassen worden ist.

Dies gilt nicht, wenn die Haftung darauf beruht, daß der Haftungsschuldner Steuerhinterziehung oder Steuerhehlerei begangen hat.

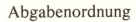

Durchführung der Besteuerung
Festsetzungs- und Feststellungsverfahren – Außenprüfung
Haftung – Allgemeine Vorschriften
§§ 192–196

§ 192 Vertragliche Haftung

Wer sich auf Grund eines Vertrages verpflichtet hat, für die Steuer eines anderen einzustehen, kann nur nach den Vorschriften des bürgerlichen Rechts in Anspruch genommen werden.

Vierter Abschnitt
Außenprüfung

1. Unterabschnitt
Allgemeine Vorschriften

§ 193 Zulässigkeit einer Außenprüfung

(1) Eine Außenprüfung ist zulässig bei Steuerpflichtigen, die einen gewerblichen oder land- und forstwirtschaftlichen Betrieb unterhalten oder die freiberuflich tätig sind.

(2) Bei anderen als den in Absatz 1 bezeichneten Steuerpflichtigen ist eine Außenprüfung zulässig,
1. soweit sie die Verpflichtung dieser Steuerpflichtigen betrifft, für Rechnung eines anderen Steuern zu entrichten oder Steuern einzubehalten und abzuführen oder
2. wenn die für die Besteuerung erheblichen Verhältnisse der Aufklärung bedürfen und eine Prüfung an Amtsstelle nach Art und Umfang des zu prüfenden Sachverhaltes nicht zweckmäßig ist.

§ 194 Sachlicher Umfang einer Außenprüfung

(1) Die Außenprüfung dient der Ermittlung der steuerlichen Verhältnisse des Steuerpflichtigen. Sie kann eine oder mehrere Steuerarten, einen oder mehrere Besteuerungszeiträume umfassen oder sich auf bestimmte Sachverhalte beschränken. Die Außenprüfung bei einer Personengesellschaft umfaßt die steuerlichen Verhältnisse der Gesellschafter insoweit, als diese Verhältnisse für die zu überprüfenden einheitlichen Feststellungen von Bedeutung sind. Die steuerlichen Verhältnisse anderer Personen können insoweit geprüft werden, als der Steuerpflichtige verpflichtet war oder verpflichtet ist, für Rechnung dieser Personen Steuern zu entrichten oder Steuern einzubehalten und abzuführen; dies gilt auch dann, wenn etwaige Steuernachforderungen den anderen Personen gegenüber geltend zu machen sind.

(2) Die steuerlichen Verhältnisse von Gesellschaftern und Mitgliedern sowie von Mitgliedern der Überwachungsorgane können über die in Absatz 1 geregelten Fälle hinaus in die bei einer Gesellschaft durchzuführende Außenprüfung einbezogen werden, wenn dies im Einzelfall zweckmäßig ist.

(3) Werden anläßlich einer Außenprüfung Verhältnisse anderer als der in Absatz 1 genannten Personen festgestellt, so ist die Auswertung der Feststellungen insoweit zulässig, als ihre Kenntnis für die Besteuerung dieser anderen Personen von Bedeutung ist oder die Feststellungen eine unerlaubte Hilfeleistung in Steuersachen betreffen.

§ 195 Zuständigkeit

Außenprüfungen werden von den für die Besteuerung zuständigen Finanzbehörden durchgeführt. Sie können andere Finanzbehörden mit der Außenprüfung beauftragen. Die beauftragte Finanzbehörde kann im Namen der zuständigen Finanzbehörde die Steuerfestsetzung vornehmen und verbindliche Zusagen (§§ 204 bis 207) erteilen.

§ 196 Prüfungsanordnung

Die Finanzbehörde bestimmt den Umfang der Außenprüfung in einer schriftlich zu erteilenden Prüfungsanordnung mit Rechtsbehelfsbelehrung (§ 356).

Abgabenordnung

Durchführung der Besteuerung
Außenprüfung
Allgemeine Vorschriften
§§ 197–201

§ 197 Bekanntgabe der Prüfungsanordnung

(1) Die Prüfungsanordnung sowie der voraussichtliche Prüfungsbeginn und die Namen der Prüfer sind dem Steuerpflichtigen, bei dem die Außenprüfung durchgeführt werden soll, angemessene Zeit vor Beginn der Prüfung bekanntzugeben, wenn der Prüfungszweck dadurch nicht gefährdet wird. Der Steuerpflichtige kann auf die Einhaltung der Frist verzichten. Soll die Prüfung nach § 194 Abs. 2 auf die steuerlichen Verhältnisse von Gesellschaftern und Mitgliedern sowie von Mitgliedern der Überwachungsorgane erstreckt werden, so ist die Prüfungsanordnung insoweit auch diesen Personen bekanntzugeben.

(2) Auf Antrag der Steuerpflichtigen soll der Beginn der Außenprüfung auf einen anderen Zeitpunkt verlegt werden, wenn dafür wichtige Gründe glaubhaft gemacht werden.

§ 198 Ausweispflicht, Beginn der Außenprüfung

Die Prüfer haben sich bei Erscheinen unverzüglich auszuweisen. Der Beginn der Außenprüfung ist unter Angabe von Datum und Uhrzeit aktenkundig zu machen.

§ 199 Prüfungsgrundsätze

(1) Der Außenprüfer hat die tatsächlichen und rechtlichen Verhältnisse, die für die Steuerpflicht und für die Bemessung der Steuer maßgebend sind (Besteuerungsgrundlagen), zugunsten wie zuungunsten des Steuerpflichtigen zu prüfen.

(2) Der Steuerpflichtige ist während der Außenprüfung über die festgestellten Sachverhalte und die möglichen steuerlichen Auswirkungen zu unterrichten, wenn dadurch Zweck und Ablauf der Prüfung nicht beeinträchtigt werden.

§ 200 Mitwirkungspflichten des Steuerpflichtigen

(1) Der Steuerpflichtige hat bei der Feststellung der Sachverhalte, die für die Besteuerung erheblich sein können, mitzuwirken. Er hat insbesondere Auskünfte zu erteilen, Aufzeichnungen, Bücher, Geschäftspapiere und andere Urkunden zur Einsicht und Prüfung vorzulegen und die zum Verständnis der Aufzeichnungen erforderlichen Erläuterungen zu geben. Sind der Steuerpflichtige oder die von ihm benannten Personen nicht in der Lage, Auskünfte zu erteilen, oder sind die Auskünfte zur Klärung des Sachverhaltes unzureichend oder versprechen Auskünfte des Steuerpflichtigen keinen Erfolg, so kann der Außenprüfer auch andere Betriebsangehörige um Auskunft ersuchen. § 93 Abs. 2 Satz 2 und § 97 Abs. 2 gelten nicht.

(2) Die in Absatz 1 genannten Unterlagen hat der Steuerpflichtige in seinen Geschäftsräumen oder, soweit ein zur Durchführung der Außenprüfung geeigneter Geschäftsraum nicht vorhanden ist, in seinen Wohnräumen oder an Amtsstelle vorzulegen. Ein zur Durchführung der Außenprüfung geeigneter Raum oder Arbeitsplatz sowie die erforderlichen Hilfsmittel sind unentgeltlich zur Verfügung zu stellen.

(3) Die Außenprüfung findet während der üblichen Geschäfts- oder Arbeitszeit statt. Die Prüfer sind berechtigt, Grundstücke und Betriebsräume zu betreten und zu besichtigen. Bei der Betriebsbesichtigung soll der Betriebsinhaber oder sein Beauftragter hinzugezogen werden.

§ 201 Schlußbesprechung

(1) Über das Ergebnis der Außenprüfung ist eine Besprechung abzuhalten (Schlußbesprechung), es sei denn, daß sich nach dem Ergebnis der Außenprüfung keine Änderung der Besteuerungsgrundlagen ergibt oder daß der Steuerpflichtige auf die Bespre-

Abgabenordnung
Durchführung der Besteuerung
Außenprüfung
Allgemeine Vorschriften – Verbindliche Zusagen
auf Grund einer Außenprüfung
§§ 202–205

chung verzichtet. Bei der Schlußbesprechung sind insbesondere strittige Sachverhalte sowie die rechtliche Beurteilung der Prüfungsfeststellungen und ihre steuerlichen Auswirkungen zu erörtern.

(2) Besteht die Möglichkeit, daß auf Grund der Prüfungsfeststellungen ein Straf- oder Bußgeldverfahren durchgeführt werden muß, soll der Steuerpflichtige darauf hingewiesen werden, daß die straf- oder bußgeldrechtliche Würdigung einem besonderen Verfahren vorbehalten bleibt.

§ 202 Inhalt und Bekanntgabe des Prüfungsberichts

(1) Über das Ergebnis der Außenprüfung ergeht ein schriftlicher Bericht (Prüfungsbericht). Im Prüfungsbericht sind die für die Besteuerung erheblichen Prüfungsfeststellungen in tatsächlicher und rechtlicher Hinsicht sowie die Änderungen der Besteuerungsgrundlagen darzustellen. Führt die Außenprüfung zu keiner Änderung der Besteuerungsgrundlagen, so genügt es, wenn dies dem Steuerpflichtigen schriftlich mitgeteilt wird.

(2) Die Finanzbehörde hat dem Steuerpflichtigen auf Antrag den Prüfungsbericht vor seiner Auswertung zu übersenden und ihm Gelegenheit zu geben, in angemessener Zeit dazu Stellung zu nehmen.

§ 203 Abgekürzte Außenprüfung

(1) Bei Steuerpflichtigen, bei denen die Finanzbehörde eine Außenprüfung in regelmäßigen Zeitabständen nach den Umständen des Falles nicht für erforderlich hält, kann sie eine abgekürzte Außenprüfung durchführen. Die Prüfung hat sich auf die wesentlichen Besteuerungsgrundlagen zu beschränken.

(2) Der Steuerpflichtige ist vor Abschluß der Prüfung darauf hinzuweisen, inwieweit von den Steuererklärungen oder den Steuerfestsetzungen abgewichen werden soll. Die steuerlich erheblichen Prüfungsfeststellungen sind dem Steuerpflichtigen spätestens mit den Steuerbescheiden schriftlich mitzuteilen. § 201 Abs. 1 und § 202 Abs. 2 gelten nicht.

2. Unterabschnitt
Verbindliche Zusagen auf Grund einer Außenprüfung

§ 204 Voraussetzung der verbindlichen Zusage

Im Anschluß an eine Außenprüfung soll die Finanzbehörde dem Steuerpflichtigen auf Antrag verbindlich zusagen, wie ein für die Vergangenheit geprüfter und im Prüfungsbericht dargestellter Sachverhalt in Zukunft steuerrechtlich behandelt wird, wenn die Kenntnis der künftigen steuerrechtlichen Behandlung für die geschäftlichen Maßnahmen des Steuerpflichtigen von Bedeutung ist.

§ 205 Form der verbindlichen Zusage

(1) Die verbindliche Zusage wird schriftlich erteilt und als verbindlich gekennzeichnet.

(2) Die verbindliche Zusage muß enthalten:
1. den ihr zugrunde gelegten Sachverhalt; dabei kann auf den im Prüfungsbericht dargestellten Sachverhalt Bezug genommen werden,
2. die Entscheidung über den Antrag und die dafür maßgebenden Gründe,
3. eine Angabe darüber, für welche Steuern und für welchen Zeitraum die verbindliche Zusage gilt.

Abgabenordnung

Durchführung der Besteuerung
Außenprüfung – Steuerfahndung (Zollfahndung) –
Steueraufsicht in besonderen Fällen
Verbindliche Zusagen auf Grund einer Außenprüfung
§§ 206–209

§ 206 Bindungswirkung

(1) Die verbindliche Zusage ist für die Besteuerung bindend, wenn sich der später verwirklichte Sachverhalt mit dem der verbindlichen Zusage zugrunde gelegten Sachverhalt deckt.

(2) Absatz 1 gilt nicht, wenn die verbindliche Zusage zuungunsten des Antragstellers dem geltenden Recht widerspricht.

§ 207 Außerkrafttreten, Aufhebung und Änderung der verbindlichen Zusage

(1) Die verbindliche Zusage tritt außer Kraft, wenn die Rechtsvorschriften, auf denen die Entscheidung beruht, geändert werden.

(2) Die Finanzbehörde kann die verbindliche Zusage mit Wirkung für die Zukunft aufheben oder ändern.

(3) Eine rückwirkende Aufhebung oder Änderung der verbindlichen Zusage ist nur zulässig, falls der Steuerpflichtige zustimmt oder wenn die Voraussetzungen des § 130 Abs. 2 Nr. 1 oder 2 vorliegen.

Fünfter Abschnitt
Steuerfahndung (Zollfahndung)

§ 208 Steuerfahndung (Zollfahndung)

(1) Aufgabe der Steuerfahndung (Zollfahndung) ist
1. die Erforschung von Steuerstraftaten und Steuerordnungswidrigkeiten,
2. die Ermittlung der Besteuerungsgrundlagen in den in Nummer 1 bezeichneten Fällen,
3. die Aufdeckung und Ermittlung unbekannter Steuerfälle.
Die mit der Steuerfahndung betrauten Dienststellen der Landesfinanzbehörden und die Zollfahndungsämter haben außer den Befugnissen nach § 404 Satz 2 erster Halbsatz auch die Ermittlungsbefugnisse, die den Finanzämtern (Hauptzollämtern) zustehen. In den Fällen der Nummern 2 und 3 gelten die Einschränkungen des § 93 Abs. 1 Satz 3, Abs. 2 Satz 2 und des § 97 Abs. 2 und 3 nicht; § 200 Abs. 1 Satz 1 und 2, Abs. 2, Abs. 3 Satz 1 und 2 gilt sinngemäß, § 393 Abs. 1 bleibt unberührt.

(2) Unabhängig von Absatz 1 sind die mit der Steuerfahndung betrauten Dienststellen der Landesfinanzbehörden und die Zollfahndungsämter zuständig
1. für steuerliche Ermittlungen einschließlich der Außenprüfung auf Ersuchen der zuständigen Finanzbehörde,
2. für die ihnen sonst im Rahmen der Zuständigkeit der Finanzbehörden übertragenen Aufgaben.

(3) Die Aufgaben und Befugnisse der Finanzämter (Hauptzollämter) bleiben unberührt.

Sechster Abschnitt
Steueraufsicht in besonderen Fällen

§ 209 Gegenstand der Steueraufsicht

(1) Der Warenverkehr über die Grenze und in den Zollfreigebieten sowie die Gewinnung und Herstellung verbrauchsteuerpflichtiger Waren unterliegen der zollamtlichen Überwachung (Steueraufsicht).

(2) Der Steueraufsicht unterliegen ferner:
1. der Versand, die Ausfuhr, Lagerung, Verwendung, Vernichtung, Veredelung, Umwandlung und sonstige Bearbeitung oder Verarbeitung von Waren in einem Zoll- oder Verbrauchsteuerverfahren,
2. die Herstellung und Ausfuhr von Waren, für die ein Erlaß, eine Erstattung oder Vergütung von Zoll oder Verbrauchsteuer beansprucht wird.

(3) Andere Sachverhalte unterliegen der Steueraufsicht, wenn es gesetzlich bestimmt ist.

Abgabenordnung

Durchführung der Besteuerung
Steueraufsicht in besonderen Fällen
§§ 210–212

§ 210 Befugnisse der Finanzbehörde

(1) Die von der Finanzbehörde mit der Steueraufsicht betrauten Amtsträger sind berechtigt, Grundstücke und Räume sowie Schiffe und andere Fahrzeuge von Personen, denen ein der Steueraufsicht unterliegender Sachverhalt zuzurechnen ist, während der Geschäfts- und Arbeitszeiten zu betreten, um Prüfungen vorzunehmen oder sonst Feststellungen zu treffen, die für die Besteuerung erheblich sein können (Nachschau).
(2) Der Nachschau unterliegen ferner Grundstücke und Räume sowie Schiffe und andere Fahrzeuge ohne zeitliche Einschränkung, wenn Tatsachen die Annahme rechtfertigen, daß sich dort Schmuggelwaren oder nicht ordnungsgemäß versteuerte verbrauchsteuerpflichtige Waren befinden oder dort sonst gegen Vorschriften oder Anordnungen verstoßen wird, deren Einhaltung durch die Steueraufsicht gesichert werden soll. Bei Gefahr im Verzug ist eine Durchsuchung von Wohn- und Geschäftsräumen auch ohne richterliche Anordnung zulässig.
(3) Die Amtsträger sind berechtigt, die der Nachschau unterliegende Schiffe und anderen Fahrzeuge anzuhalten.
(4) Wenn Feststellungen bei Ausübung der Steueraufsicht hierzu Anlaß geben, kann ohne vorherige Prüfungsanordnung (§ 196) zu einer Außenprüfung nach § 193 übergegangen werden. Auf den Übergang zur Außenprüfung wird schriftlich hingewiesen.
(5) Wird eine Nachschau in einem Dienstgebäude oder einer nicht allgemein zugänglichen Einrichtung oder Anlage der Bundeswehr erforderlich, so wird die vorgesetzte Dienststelle der Bundeswehr um ihre Durchführung ersucht. Die Finanzbehörde ist zur Mitwirkung berechtigt. Ein Ersuchen ist nicht erforderlich, wenn die Nachschau in Räumen vorzunehmen ist, die ausschließlich von anderen Personen als Soldaten bewohnt werden.

§ 211 Pflichten des Betroffenen

(1) Wer von einer Maßnahme der Steueraufsicht betroffen wird, hat den Amtsträgern auf Verlangen Aufzeichnungen, Bücher, Geschäftspapiere und andere Urkunden über die der Steueraufsicht unterliegenden Sachverhalte und über den Bezug und den Absatz zoll- oder verbrauchsteuerpflichtiger Waren vorzulegen, Auskünfte zu erteilen und die zur Durchführung der Steueraufsicht sonst erforderlichen Hilfsdienste zu leisten. § 200 Abs. 2 Satz 2 gilt sinngemäß.
(2) Die Pflichten nach Absatz 1 gelten auch dann, wenn bei einer gesetzlich vorgeschriebenen Nachversteuerung verbrauchsteuerpflichtiger Waren in einem der Steueraufsicht unterliegenden Betrieb oder Unternehmen festgestellt werden soll, an welche Empfänger und in welcher Menge nachsteuerpflichtige Waren geliefert worden sind.
(3) Vorkehrungen, die die Ausübung der Steueraufsicht hindern oder erschweren, sind unzulässig.

§ 212 Durchführungsvorschriften

(1) Der Bundesminister der Finanzen kann durch Rechtsverordnung zur näheren Bestimmung der im Rahmen der Steueraufsicht zu erfüllenden Pflichten anordnen, daß
1. bestimmte Handlungen nur in Räumen vorgenommen werden dürfen, die der Finanzbehörde angemeldet sind oder deren Benutzung für diesen Zweck von der Finanzbehörde besonders genehmigt ist,
2. Räume, Fahrzeuge, Geräte, Gefäße und Leitungen, die der Herstellung, Bearbeitung, Verarbeitung, Lagerung, Beförderung oder Messung steuerpflichtiger Waren dienen oder dienen können, auf Kosten des Betriebsinhabers in bestimmter Weise einzurichten, herzurichten, zu kennzeichnen oder amtlich zu verschließen sind,
3. der Überwachung unterliegende Waren in bestimmter Weise behandelt, bezeichnet, gelagert, verpackt, versandt oder verwendet werden müssen,
4. der Handel mit steuerpflichtigen Waren besonders überwacht wird, wenn der Händler zugleich Hersteller der Waren ist,
5. über die Betriebsvorgänge und über die steuerpflichtigen Waren sowie über die zu ihrer Herstellung verwendeten Einsatzstoffe, Fertigungsstoffe, Hilfsstoffe und Zwischenerzeugnisse in bestimmter Weise Anschreibungen zu führen und die Bestände festzustellen sind,

Abgabenordnung

Durchführung der Besteuerung
Steueraufsicht in besonderen Fällen
§§ 213–215

6. Bücher, Aufzeichnungen und sonstige Unterlagen in bestimmter Weise aufzubewahren sind,
7. Vorgänge und Maßnahmen in Betrieben oder Unternehmen, die für die Besteuerung von Bedeutung sind, der Finanzbehörde anzumelden sind,
8. von steuerpflichtigen Waren, von Waren, für die ein Erlaß, eine Erstattung oder Vergütung von Zoll oder Verbrauchsteuern beansprucht wird, von Stoffen, die zur Herstellung dieser Waren bestimmt sind, sowie von Umschließungen dieser Waren unentgeltlich Proben entnommen werden dürfen oder unentgeltlich Muster zu hinterlegen sind.

(2) Die Rechtsverordnung bedarf, außer wenn sie die Biersteuer betrifft, nicht der Zustimmung des Bundesrates.

§ 213 Besondere Aufsichtsmaßnahmen

Betriebe oder Unternehmen, deren Inhaber oder deren leitende Angehörige wegen Steuerhinterziehung, versuchter Steuerhinterziehung oder wegen der Teilnahme an einer solchen Tat rechtskräftig bestraft worden sind, dürfen auf ihre Kosten besonderen Aufsichtsmaßnahmen unterworfen werden, wenn dies zur Gewährleistung einer wirksamen Steueraufsicht erforderlich ist. Insbesondere dürfen zusätzliche Anschreibungen und Meldepflichten, der sichere Verschluß von Räumen, Behältnissen und Geräten sowie ähnliche Maßnahmen vorgeschrieben werden.

§ 214 Beauftragte

Wer sich zur Erfüllung steuerlicher Pflichten, die ihm auf Grund eines der Steueraufsicht unterliegenden Sachverhaltes obliegen, durch einen mit der Wahrnehmung dieser Pflichten beauftragten Angehörigen seines Betriebes oder Unternehmens vertreten läßt, bedarf der Zustimmung der Finanzbehörde. Dies gilt nicht für die Vertretung in Eingangsabgabensachen im Zusammenhang mit der Zollbehandlung.

§ 215 Sicherstellung im Aufsichtsweg

(1) Die Finanzbehörde kann durch Wegnahme, Anbringen von Siegeln oder durch Verfügungsverbot sicherstellen:
1. verbrauchsteuerpflichtige Waren, die ein Amtsträger vorfindet
   a) in Herstellungsbetrieben oder anderen anmeldepflichtigen Räumen, die der Finanzbehörde nicht angemeldet sind,
   b) im Handel ohne eine den Steuergesetzen entsprechende Verpackung, Bezeichnung, Kennzeichnung oder ohne vorschriftsmäßige Steuerzeichen,
2. Waren, die im Zollgrenzbezirk oder in Gebieten, die der Grenzaufsicht unterworfen sind, aufgefunden werden, wenn sie weder abgabenfrei noch nach den Umständen offenbar Freigut sind,
3. Waren, die in Gewässern oder Watten, die Zollfreigebiete sind, aufgefunden werden, wenn sie weder abgabenfrei sind noch nach den Umständen offenbar nach § 67 Abs. 2 des Zollgesetzes ausgesetzt werden durften,
4. die Umschließungen der in den Nummern 1 bis 3 genannten Waren,
5. Geräte, die zur Herstellung von verbrauchsteuerpflichtigen Waren bestimmt sind und die sich in einem der Finanzbehörde nicht angemeldeten Herstellungsbetrieb befinden.

Die Sicherstellung ist auch zulässig, wenn die Sachen zunächst in einem Strafverfahren beschlagnahmt und dann der Finanzbehörde zur Verfügung gestellt worden sind.

(2) Über die Sicherstellung ist eine Niederschrift aufzunehmen. Die Sicherstellung ist den betroffenen Personen (Eigentümer, Besitzer) mitzuteilen, soweit sie bekannt sind.

§ 216 Überführung in das Eigentum des Bundes

(1) Nach § 215 sichergestellte Sachen sind in das Eigentum des Bundes überzuführen, sofern sie nicht nach § 375 Abs. 2 eingezogen werden. Für Fundgut gilt dies nur, wenn kein Eigentumsanspruch geltend gemacht wird.
(2) Die Überführung sichergestellter Sachen in das Eigentum des Bundes ist den betroffenen Personen mitzuteilen. Ist eine betroffene Person nicht bekannt, so gilt § 15 Abs. 2 und 3 des Verwaltungszustellungsgesetzes sinngemäß.
(3) Der Eigentumsübergang wird wirksam, sobald der von der Finanzbehörde erlassene Verwaltungsakt unanfechtbar ist. Bei Sachen, die mit dem Grund und Boden verbunden sind, geht das Eigentum unter der Voraussetzung des Satzes 1 mit der Trennung über. Rechte Dritter an einer sichergestellten Sache bleiben bestehen. Das Erlöschen dieser Rechte kann jedoch angeordnet werden, wenn der Dritte leichtfertig dazu beigetragen hat, daß die in das Eigentum des Bundes überführte Sache der Sicherstellung unterlag oder er sein Recht an der Sache in Kenntnis der Umstände erwarb, welche die Sicherstellung veranlaßt haben.
(4) Sichergestellte Sachen können schon vor der Überführung in das Eigentum des Bundes veräußert werden, wenn ihr Verderb oder eine wesentliche Minderung ihres Wertes droht oder ihre Aufbewahrung, Pflege oder Erhaltung mit unverhältnismäßig großen Kosten oder Schwierigkeiten verbunden ist; zu diesem Zweck dürfen auch Sachen, die mit dem Grund und Boden verbunden sind, von diesem getrennt werden. Der Erlös tritt an die Stelle der Sachen. Die Notveräußerung wird nach den Vorschriften dieses Gesetzes über die Verwertung gepfändeter Sachen durchgeführt. Die betroffenen Personen sollen vor der Anordnung der Veräußerung gehört werden. Die Anordnung sowie Zeit und Ort der Veräußerung sind ihnen, soweit tunlich, mitzuteilen.
(5) Sichergestellte oder bereits in das Eigentum des Bundes überführte Sachen werden zurückgegeben, wenn die Umstände, die die Sicherstellung veranlaßt haben, dem Eigentümer nicht zuzurechnen sind oder wenn die Überführung in das Eigentum des Bundes als eine unbillige Härte für die Betroffenen erscheint. Gutgläubige Dritte, deren Rechte durch die Überführung in das Eigentum des Bundes erloschen oder beeinträchtigt sind, werden aus dem Erlös der Sachen angemessen entschädigt. Im übrigen kann eine Entschädigung gewährt werden, soweit es eine unbillige Härte wäre, sie zu versagen.

§ 217 Steuerhilfspersonen

Zur Feststellung von Tatsachen, die zoll- oder verbrauchsteuerrechtlich erheblich sind, kann die Finanzbehörde Personen, die vom Ergebnis der Feststellung nicht selbst betroffen werden, als Steuerhilfspersonen bestellen.

Fünfter Teil
Erhebungsverfahren

Erster Abschnitt
Verwirklichung, Fälligkeit und Erlöschen von Ansprüchen aus dem Steuerschuldverhältnis

1. Unterabschnitt
Verwirklichung und Fälligkeit von Ansprüchen aus dem Steuerschuldverhältnis

§ 218 Verwirklichung von Ansprüchen aus dem Steuerschuldverhältnis

(1) Grundlage für die Verwirklichung von Ansprüchen aus dem Steuerschuldverhältnis (§ 37) sind die Steuerbescheide, die Steuervergütungsbescheide, die Haftungsbescheide und die Verwaltungsakte, durch die steuerliche Nebenleistungen festgesetzt werden; bei den Säumniszuschlägen genügt die Verwirklichung des gesetzlichen Tatbestandes (§ 240). Die Steueranmeldungen (§ 168) stehen den Steuerbescheiden gleich.
(2) Über Streitigkeiten, die die Verwirklichung der Ansprüche im Sinne des Absatzes 1 betreffen, entscheidet die Finanzbehörde durch Verwaltungsakt. Dies gilt auch, wenn die Streitigkeit einen Erstattungsanspruch (§ 37 Abs. 2) betrifft.

Abgabenordnung

Erhebungsverfahren
Verwirklichung und Fälligkeit von
Ansprüchen aus dem Steuerschuldverhältnis –
Zahlung, Aufrechnung, Erlaß
§§ 219–224

§ 219 Zahlungsaufforderung bei Haftungsbescheiden

Wenn nichts anderes bestimmt ist, darf ein Haftungsschuldner auf Zahlung nur in Anspruch genommen werden, soweit die Vollstreckung in das bewegliche Vermögen des Steuerschuldners ohne Erfolg geblieben oder anzunehmen ist, daß die Vollstreckung aussichtslos sein würde. Diese Einschränkung gilt nicht, wenn die Haftung auf § 6 Abs. 1, 3 und 5, § 8 Abs. 3, § 40 a Abs. 1 oder auf § 41 Abs. 2, 5 und 8 des Zollgesetzes beruht oder darauf, daß der Haftungsschuldner Steuerhinterziehung oder Steuerhehlerei begangen hat oder gesetzlich verpflichtet war, Steuern einzubehalten und abzuführen oder zu Lasten eines anderen zu entrichten.

§ 220 Fälligkeit

(1) Die Fälligkeit von Ansprüchen aus dem Steuerschuldverhältnis richtet sich nach den Vorschriften der Steuergesetze.
(2) Fehlt es an einer besonderen gesetzlichen Regelung über die Fälligkeit, so wird der Anspruch mit seiner Entstehung fällig, es sei denn, daß in einem nach § 254 erforderlichen Leistungsgebot eine Zahlungsfrist eingeräumt worden ist. Ergibt sich der Anspruch in den Fällen des Satzes 1 aus der Festsetzung einer Steuer, einer Steuervergütung oder einer steuerlichen Nebenleistung, so tritt die Fälligkeit nicht vor Bekanntgabe der Festsetzung ein.

§ 221 Abweichende Fälligkeitsbestimmung

Hat ein Steuerpflichtiger eine Verbrauchsteuer oder die Umsatzsteuer mehrfach nicht rechtzeitig entrichtet, so kann die Finanzbehörde verlangen, daß die Steuer jeweils zu einem von der Finanzbehörde zu bestimmenden, vor der gesetzlichen Fälligkeit aber nach Entstehung der Steuer liegenden Zeitpunkt entrichtet wird. Das gleiche gilt, wenn die Annahme begründet ist, daß der Eingang einer Verbrauchsteuer oder der Umsatzsteuer gefährdet ist; an Stelle der Vorverlegung der Fälligkeit kann auch Sicherheitsleistung verlangt werden. In den Fällen des Satzes 1 ist die Vorverlegung der Fälligkeit nur zulässig, wenn sie dem Steuerpflichtigen für den Fall erneuter nicht rechtzeitiger Entrichtung angekündigt worden ist.

§ 222 Stundung

Die Finanzbehörden können Ansprüche aus dem Steuerschuldverhältnis ganz oder teilweise stunden, wenn die Einziehung bei Fälligkeit eine erhebliche Härte für den Schuldner bedeuten würde und der Anspruch durch die Stundung nicht gefährdet erscheint. Die Stundung soll in der Regel nur auf Antrag und gegen Sicherheitsleistung gewährt werden.

§ 223 Zahlungsaufschub

Bei Zöllen und Verbrauchsteuern kann die Zahlung fälliger Beträge auf Antrag des Steuerschuldners gegen Sicherheitsleistung hinausgeschoben werden, soweit die Steuergesetze dies bestimmen.

2. Unterabschnitt
Zahlung, Aufrechnung, Erlaß

§ 224 Leistungsort, Tag der Zahlung

(1) Zahlungen an Finanzbehörden sind an die zuständige Kasse zu entrichten. Außerhalb des Kassenraumes können Zahlungsmittel nur einem Amtsträger übergeben werden, der zur Annahme von Zahlungsmitteln außerhalb des Kassenraumes besonders ermächtigt worden ist und sich hierüber ausweisen kann.
(2) Eine wirksam geleistete Zahlung gilt als entrichtet:
1. bei Übergabe oder Übersendung von Zahlungsmitteln
   am Tag des Eingangs,

Abgabenordnung

Erhebungsverfahren
Zahlung, Aufrechnung, Erlaß
§§ 225–227

2. bei Überweisung oder Einzahlung auf ein Konto der Finanzbehörde und bei Einzahlung mit Zahlschein, Zahlkarte oder Postanweisung
an dem Tag, an dem der Betrag der Finanzbehörde gutgeschrieben wird,
3. bei Vorliegen einer Einzugsermächtigung
am Fälligkeitstag.

(3) Zahlungen der Finanzbehörden sind unbar zu leisten. Der Bundesminister der Finanzen und die für die Finanzverwaltung zuständigen obersten Landesbehörden können für ihre Geschäftsbereiche Ausnahmen zulassen. Als Tag der Zahlung gilt bei Überweisung oder durch Postscheck der dritte Tag nach der Hingabe oder Absendung des Auftrages an die Bundespost oder an das Kreditinstitut oder, wenn der Betrag nicht sofort abgebucht werden soll, der dritte Tag nach der Abbuchung.

(4) Die zuständige Kasse kann für die Übergabe von Zahlungsmitteln gegen Quittung geschlossen werden. Absatz 2 Nr. 1 gilt entsprechend, wenn bei der Schließung von Kassen nach Satz 1 am Ort der Kasse eine oder mehrere Zweiganstalten der Deutschen Bundesbank oder, falls solche am Orte der Kasse nicht bestehen, ein oder mehrere Kreditinstitute ermächtigt werden, für die Kasse Zahlungsmittel gegen Quittung anzunehmen.

§ 225 Reihenfolge der Tilgung

(1) Schuldet ein Steuerpflichtiger mehrere Beträge und reicht bei freiwilliger Zahlung der gezahlte Betrag nicht zur Tilgung sämtlicher Schulden aus, so wird die Schuld getilgt, die der Steuerpflichtige bei der Zahlung bestimmt.

(2) Trifft der Steuerpflichtige keine Bestimmung, so werden mit einer freiwilligen Zahlung, die nicht sämtliche Schulden deckt, zunächst die Geldbußen, sodann nacheinander die Zwangsgelder, die Steuerabzugsbeträge, die übrigen Steuern, die Kosten, die Verspätungszuschläge, die Zinsen und die Säumniszuschläge getilgt. Innerhalb dieser Reihenfolge sind die einzelnen Schulden nach ihrer Fälligkeit zu ordnen; bei gleichzeitig fällig gewordenen Beträgen und bei den Säumniszuschlägen bestimmt die Finanzbehörde die Reihenfolge der Tilgung.

(3) Wird die Zahlung im Verwaltungswege erzwungen (§ 249) und reicht der verfügbare Betrag nicht zur Tilgung aller Schulden aus, derentwegen die Vollstreckung oder die Verwertung der Sicherheiten erfolgt ist, so bestimmt die Finanzbehörde die Reihenfolge der Tilgung.

§ 226 Aufrechnung

(1) Für die Aufrechnung mit Ansprüchen aus dem Steuerschuldverhältnis sowie für die Aufrechnung gegen diese Ansprüche gelten sinngemäß die Vorschriften des bürgerlichen Rechts, soweit nichts anderes bestimmt ist.

(2) Mit Ansprüchen aus dem Steuerschuldverhältnis kann nicht aufgerechnet werden, wenn sie durch Verjährung oder Ablauf einer Ausschlußfrist erloschen sind.

(3) Die Steuerpflichtigen können gegen Ansprüche aus dem Steuerschuldverhältnis nur mit unbestrittenen oder rechtskräftig festgestellten Gegenansprüchen aufrechnen.

(4) Für die Aufrechnung gilt als Gläubiger oder Schuldner eines Anspruches aus dem Steuerschuldverhältnis auch die Körperschaft, die die Steuer verwaltet.

§ 227 Erlaß

(1) Die Finanzbehörden können Ansprüche aus dem Steuerschuldverhältnis ganz oder zum Teil erlassen, wenn deren Einziehung nach Lage des einzelnen Falles unbillig wäre; unter den gleichen Voraussetzungen können bereits entrichtete Beträge erstattet oder angerechnet werden.

(2) Die Befugnisse nach Absatz 1 stehen der obersten Finanzbehörde der Körperschaft, die die Steuer verwaltet, oder den von ihr bestimmten Finanzbehörden zu. § 203 Abs. 5 des Lastenausgleichsgesetzes bleibt unberührt.

Abgabenordnung
§§ 228–231

3. Unterabschnitt
Zahlungsverjährung

§ 228 Gegenstand der Verjährung, Verjährungsfrist

Ansprüche aus dem Steuerschuldverhältnis unterliegen einer besonderen Zahlungsverjährung. Die Verjährungsfrist beträgt fünf Jahre.

§ 229 Beginn der Verjährung

(1) Die Verjährung beginnt mit Ablauf des Kalenderjahres, in dem der Anspruch erstmals fällig geworden ist. Sie beginnt jedoch nicht vor Ablauf des Kalenderjahres, in dem die Festsetzung oder die Aufhebung oder Änderung der Festsetzung eines Anspruchs aus dem Steuerschuldverhältnis wirksam geworden ist, aus der sich der Anspruch ergibt; eine Steueranmeldung steht einer Steuerfestsetzung gleich.

(2) Ist ein Haftungsbescheid ohne Zahlungsaufforderung ergangen, so beginnt die Verjährung mit Ablauf des Kalenderjahres, in dem der Haftungsbescheid wirksam geworden ist.

§ 230 Hemmung der Verjährung

Die Verjährung ist gehemmt, solange der Anspruch wegen höherer Gewalt innerhalb der letzten sechs Monate der Verjährungsfrist nicht verfolgt werden kann.

§ 231 Unterbrechung der Verjährung

(1) Die Verjährung wird unterbrochen durch schriftliche Geltendmachung des Anspruches, durch Zahlungsaufschub, durch Stundung, durch Aussetzung der Vollziehung, durch Sicherheitsleistung, durch Vollstreckungsaufschub, durch eine Vollstreckungsmaßnahme, durch Anmeldung im Konkurs und durch Ermittlungen der Finanzbehörde nach dem Wohnsitz oder dem Aufenthaltsort des Zahlungspflichtigen. § 169 Abs. 1 Satz 3 gilt sinngemäß.

(2) Die Unterbrechung der Verjährung durch Zahlungsaufschub, durch Stundung, durch Aussetzung der Vollziehung, durch Sicherheitsleistung, durch Vollstreckungsaufschub, durch eine Vollstreckungsmaßnahme, die zu einem Pfändungspfandrecht, einer Zwangshypothek oder einem sonstigen Vorzugsrecht auf Befriedigung führt, oder durch Anmeldung im Konkurs dauert fort, bis der Zahlungsaufschub, die Stundung, die Aussetzung der Vollziehung oder der Vollstreckungsaufschub abgelaufen, die Sicherheit, das Pfändungspfandrecht, die Zwangshypothek oder ein sonstiges Vorzugsrecht auf Befriedigung erloschen oder das Konkursverfahren beendet worden ist. Wird gegen die Finanzbehörde ein Anspruch geltend gemacht, so endet die hierdurch eingetretene Unterbrechung der Verjährung nicht, bevor über den Anspruch rechtskräftig entschieden worden ist.

(3) Mit Ablauf des Kalenderjahres, in dem die Unterbrechung geendet hat, beginnt eine neue Verjährungsfrist.

(4) Die Verjährung wird nur in Höhe des Betrages unterbrochen, auf den sich die Unterbrechungshandlung bezieht.

§ 232 Wirkung der Verjährung

Durch die Verjährung erlöschen der Anspruch aus dem Steuerschuldverhältnis und die von ihm abhängenden Zinsen.

Zweiter Abschnitt
Verzinsung, Säumniszuschläge

1. Unterabschnitt
Verzinsung

§ 233 Grundsatz

Ansprüche aus dem Steuerschuldverhältnis (§ 37) werden nur verzinst, soweit dies gesetzlich vorgeschrieben ist. Ansprüche auf steuerliche Nebenleistungen (§ 3 Abs. 3) und die entsprechenden Erstattungsansprüche werden nicht verzinst.

§ 233 a Verzinsung von Steuernachforderungen und Steuererstattungen

(1) Führt die Festsetzung der Einkommen-, Körperschaft-, Vermögen-, Umsatz- oder Gewerbesteuer zu einer Steuernachforderung oder Steuererstattung, ist diese nach Maßgabe der folgenden Absätze zu verzinsen. Dies gilt nicht für die Festsetzung von Vorauszahlungen und Steuerabzugsbeträgen.

(2) Der Zinslauf beginnt 15 Monate nach Ablauf des Kalenderjahrs, in dem die Steuer entstanden ist. Er beginnt für die Einkommen- und Körperschaftsteuer 21 Monate nach diesem Zeitpunkt, wenn die Einkünfte aus Land- und Forstwirtschaft bei der erstmaligen Steuerfestsetzung die anderen Einkünfte überwiegen. Er endet mit der Fälligkeit der Steuernachforderung oder Steuererstattung, spätestens vier Jahre nach seinem Beginn.

(3) Maßgebend für die Zinsberechnung ist die festgesetzte Steuer, vermindert um die anzurechnenden Steuerabzugsbeträge, um die anzurechnende Körperschaftsteuer und um die festgesetzten Vorauszahlungen (Unterschiedsbetrag). Bei der Vermögensteuer ist als Unterschiedsbetrag für die Zinsberechnung die festgesetzte Steuer, vermindert um die festgesetzten Vorauszahlungen oder die bisher festgesetzte Jahressteuer, maßgebend. Ein Unterschiedsbetrag zugunsten des Steuerpflichtigen ist nur bis zur Höhe des zu erstattenden Betrages zu verzinsen; die Verzinsung beginnt frühestens mit dem Tag der Zahlung.

(4) Die Festsetzung der Zinsen soll mit der Steuerfestsetzung verbunden werden.

(5) Wird die Steuerfestsetzung oder die Anrechnung von Steuerbeträgen aufgehoben oder geändert, ist eine bisherige Zinsfestsetzung zu ändern. Maßgebend für die Zinsberechnung ist der Unterschiedsbetrag zwischen der festgesetzten Steuer und der vorher festgesetzten Steuer, jeweils vermindert um die anzurechnenden Steuerabzugsbeträge und um die anzurechnende Körperschaftsteuer. Dem sich hiernach ergebenden Zinsbetrag sind bisher festzusetzende Zinsen hinzuzurechnen; bei einem Unterschiedsbetrag zugunsten des Steuerpflichtigen entfallen darauf festgesetzte Zinsen. Im übrigen gilt Absatz 3 Satz 3 entsprechend.

Abgabenordnung
§ 234

(6) Die Absätze 1 bis 5 gelten bei der Durchführung des Lohnsteuer-Jahresausgleichs entsprechend.

§ 234 Stundungszinsen

(1) Für die Dauer einer gewährten Stundung von Ansprüchen aus dem Steuerschuldverhältnis werden Zinsen erhoben.

(2) Auf die Zinsen kann ganz oder teilweise verzichtet werden, wenn ihre Erhebung nach Lage des einzelnen Falles unbillig wäre.

(3) Die Befugnisse nach Absatz 2 stehen der obersten Finanzbehörde der Körperschaft, die die Steuer verwaltet, für die die Zinsen zu erheben sind, oder den von ihr bestimmten Finanzbehörden zu. § 203 Abs. 5 des Lastenausgleichsgesetzes bleibt unberührt.

(Fortsetzung auf Seite 71)

Abgabenordnung

Erhebungsverfahren
Verzinsung, Säumniszuschläge
Verzinsung
§§ 235–237

§ 235 Verzinsung von hinterzogenen Steuern

(1) Hinterzogene Steuern sind zu verzinsen. Zinsschuldner ist derjenige, zu dessen Vorteil die Steuern hinterzogen worden sind. Wird die Steuerhinterziehung dadurch begangen, daß ein anderer als der Steuerschuldner seine Verpflichtung, einbehaltene Steuern an die Finanzbehörde abzuführen oder Steuern zu Lasten eines anderen zu entrichten, nicht erfüllt, so ist dieser Zinsschuldner.
(2) Der Zinsablauf beginnt mit dem Eintritt der Verkürzung oder der Erlangung des Steuervorteils, es sei denn, daß die hinterzogenen Beträge ohne die Steuerhinterziehung erst später fällig geworden wären. In diesem Fall ist der spätere Zeitpunkt maßgebend.
(3) Der Zinslauf endet mit der Zahlung der hinterzogenen Steuern. Für eine Zeit, für die ein Säumniszuschlag verwirkt, die Zahlung gestundet oder die Vollziehung ausgesetzt ist, werden Zinsen nach dieser Vorschrift nicht erhoben.
(4) Zinsen nach § 233 a, die für denselben Zeitraum festgesetzt wurden, sind anzurechnen.

§ 236 Prozeßzinsen auf Erstattungsbeträge

(1) Wird durch eine rechtskräftige gerichtliche Entscheidung oder auf Grund einer solchen Entscheidung eine festgesetzte Steuer herabgesetzt oder eine Steuervergütung gewährt, so ist der zu erstattende oder zu vergütende Betrag vorbehaltlich des Absatzes 3 vom Tag der Rechtshängigkeit an bis zum Auszahlungstag zu verzinsen. Ist der zu erstattende Betrag erst nach Eintritt der Rechtshängigkeit entrichtet worden, so beginnt die Verzinsung mit dem Tag der Zahlung.
(2) Absatz 1 ist entsprechend anzuwenden, wenn
1. sich der Rechtsstreit durch Aufhebung oder Änderung des angefochtenen Verwaltungsaktes oder durch Erlaß des beantragten Verwaltungsaktes erledigt oder
2. eine rechtskräftige gerichtliche Entscheidung oder ein unanfechtbarer Verwaltungsakt, durch den sich der Rechtsstreit erledigt hat,
   a) zur Herabsetzung der in einem Folgebescheid festgesetzten Steuer,
   b) zur Herabsetzung der Gewerbesteuer nach Änderung des Gewerbesteuermeßbetrages
führt.
(3) Ein zu erstattender oder zu vergütender Betrag wird nicht verzinst, soweit dem Beteiligten die Kosten des Rechtsbehelfs nach § 137 Satz 1 Finanzgerichtsordnung auferlegt worden sind.
(4) Zinsen nach § 233 a, die für denselben Zeitraum festgesetzt wurden, sind anzurechnen.

§ 237 Zinsen bei Aussetzung der Vollziehung

(1) Soweit ein förmlicher außergerichtlicher Rechtsbehelf oder eine Anfechtungsklage gegen einen Steuerbescheid, eine Steueranmeldung oder einen Verwaltungsakt, der einen Steuervergütungsbescheid aufhebt oder ändert, oder gegen eine Einspruchsentscheidung über einen dieser Verwaltungsakte endgültig keinen Erfolg gehabt hat, ist der geschuldete Betrag, hinsichtlich dessen die Vollziehung des angefochtenen Verwaltungsaktes ausgesetzt wurde, zu verzinsen. Satz 1 gilt entsprechend, wenn nach Einlegung eines förmlichen außergerichtlichen oder gerichtlichen Rechtsbehelfs gegen einen Grundlagenbescheid (§ 171 Abs. 10) oder eine Rechtsbehelfsentscheidung über einen Grundlagenbescheid die Vollziehung eines Folgebescheides ausgesetzt wurde.
(2) Zinsen werden erhoben vom Tag des Eingangs des außergerichtlichen Rechtsbehelfs bei der Behörde, deren Verwaltungsakt angefochten wird, oder vom Tag der Rechtshängigkeit beim Gericht an bis zum Tag, an dem die Aussetzung der Vollziehung endet. Ist die Vollziehung erst nach dem Eingang des außergerichtlichen Rechtsbehelfs oder erst nach der Rechtshängigkeit ausgesetzt worden, so beginnt die Verzinsung mit dem Tag, an dem die Wirkung der Aussetzung der Vollziehung beginnt.

Abgabenordnung

Erhebungsverfahren
Verzinsung, Säumniszuschläge
Verzinsung – Säumniszuschläge
§§ 238–240

(3) Absätze 1 und 2 sind entsprechend anzuwenden, wenn nach Aussetzung der Vollziehung des Einkommensteuerbescheides, des Körperschaftsteuerbescheides oder eines Feststellungsbescheides die Vollziehung eines Gewerbesteuermeßbescheides oder Gewerbesteuerbescheides ausgesetzt wird.

(4) § 234 Abs. 2 und 3 gelten entsprechend.

§ 238 Höhe und Berechnung der Zinsen

(1) Die Zinsen betragen für jeden Monat einhalb vom Hundert. Sie sind von dem Tag an, an dem der Zinslauf beginnt, nur für volle Monate zu zahlen; angefangene Monate bleiben außer Ansatz.

(2) Für die Berechnung der Zinsen wird der zu verzinsende Betrag jeder Steuerart auf volle hundert Deutsche Mark nach unten abgerundet.

§ 239 Festsetzung der Zinsen

(1) Auf die Zinsen sind die für die Steuern geltenden Vorschriften entsprechend anzuwenden, jedoch beträgt die Festsetzungsfrist ein Jahr. Die Festsetzungsfrist beginnt:
1. in den Fällen des § 233 a mit Ablauf des Kalenderjahrs, in dem die Steuer festgesetzt, aufgehoben oder geändert worden ist,
2. in den Fällen des § 234 mit Ablauf des Kalenderjahres, in dem die Stundung geendet hat,
3. in den Fällen des § 235 mit Ablauf des Kalenderjahres, in dem die Festsetzung der hinterzogenen Steuern unanfechtbar geworden ist, jedoch nicht vor Ablauf des Kalenderjahres, in dem ein eingeleitetes Strafverfahren rechtskräftig abgeschlossen worden ist,
4. in den Fällen des § 236 mit Ablauf des Kalenderjahres, in dem die Steuer erstattet oder die Steuervergütung ausgezahlt worden ist,
5. in den Fällen des § 237 mit Ablauf des Kalenderjahres, in dem ein außergerichtlicher Rechtsbehelf oder eine Anfechtungsklage endgültig erfolglos geblieben ist.

Die Festsetzungsfrist läuft in den Fällen des § 233 a nicht ab, solange die Steuerfestsetzung sowie ihre Aufhebung oder Änderung noch zulässig ist.

(2) Zinsen werden nur dann festgesetzt, wenn sie mindestens zwanzig Deutsche Mark betragen.

2. Unterabschnitt
Säumniszuschläge

§ 240 Säumniszuschläge

(1) Wird eine Steuer nicht bis zum Ablauf des Fälligkeitstages entrichtet, so ist für jeden angefangenen Monat der Säumnis ein Säumniszuschlag von eins vom Hundert des rückständigen auf hundert Deutsche Mark nach unten abgerundeten Steuerbetrages zu entrichten. Das gleiche gilt für zurückzuzahlende Steuervergütungen. Die Säumnis nach Satz 1 tritt nicht ein, bevor die Steuer festgesetzt oder angemeldet worden ist. Wird die Festsetzung einer Steuer oder Steuervergütung aufgehoben oder geändert, so bleiben die bis dahin verwirkten Säumniszuschläge unberührt.

(2) Säumniszuschläge entstehen nicht bei steuerlichen Nebenleistungen.

(3) Ein Säumniszuschlag wird bei einer Säumnis bis zu fünf Tagen nicht erhoben.

(4) In den Fällen der Gesamtschuld entstehen Säumniszuschläge gegenüber jedem säumigen Gesamtschuldner. Insgesamt ist jedoch kein höherer Säumniszuschlag zu entrichten als verwirkt worden wäre, wenn die Säumnis nur bei einem Gesamtschuldner eingetreten wäre.

Abgabenordnung
Erhebungsverfahren
Sicherheitsleistung
§ 241

Dritter Abschnitt
Sicherheitsleistung

§ 241 Art der Sicherheitsleistung

(1) Wer nach den Steuergesetzen Sicherheit zu leisten hat, kann diese erbringen
1. durch Hinterlegung von im Geltungsbereich dieses Gesetzes umlaufenden Zahlungsmitteln bei der zuständigen Finanzbehörde,
2. durch Verpfändung der in Absatz 2 genannten Wertpapiere, die von dem zur Sicherheitsleistung Verpflichteten der Deutschen Bundesbank oder einem Kreditinstitut zur Verwahrung anvertraut worden sind, das zum Depotgeschäft zugelassen ist, wenn dem Pfandrecht keine anderen Rechte vorgehen. Die Haftung der Wertpapiere für Forderungen des Verwahrers für ihre Verwahrung und Verwaltung bleibt unberührt. Der Verpfändung von Wertpapieren steht die Verpfändung von Anteilen an einem Sammelbestand nach § 6 des Gesetzes über die Verwahrung und Anschaffung von Wertpapieren vom 4. Februar 1937 (Reichsgesetzbl. I S. 171), zuletzt geändert durch das Einführungsgesetz zum Strafgesetzbuch vom 2. März 1974 (Bundesgesetzblatt I S. 469), gleich,
3. durch eine mit der Übergabe des Sparbuches verbundene Verpfändung von Spareinlagen bei einem Kreditinstitut, das im Geltungsbereich dieses Gesetzes zum Einlagengeschäft zugelassen ist, wenn dem Pfandrecht keine anderen Rechte vorgehen,
4. durch Verpfändung von Forderungen, die in einem Schuldbuch des Bundes, eines Sondervermögens des Bundes oder eines Landes eingetragen sind, wenn dem Pfandrecht keine anderen Rechte vorgehen,
5. durch Bestellung
   a) erstrangigen Hypotheken, Grund- oder Rentenschulden an Grundstücken oder Erbbaurechten, die im Geltungsbereich dieses Gesetzes belegen sind,
   b) erstrangigen Schiffshypotheken an Schiffen, Schiffsbauwerken oder Schwimmdocks, die in einem im Geltungsbereich dieses Gesetzes geführten Schiffsregister oder Schiffsbauregister eingetragen sind,
6. durch Verpfändung von Forderungen, für die eine erstrangige Verkehrshypothek an einem im Geltungsbereich dieses Gesetzes belegenen Grundstück oder Erbbaurecht besteht, oder durch Verpfändung von erstrangigen Grundschulden oder Rentenschulden an im Geltungsbereich dieses Gesetzes belegenen Grundstücken oder Erbbaurechten, wenn an den Forderungen, Grundschulden oder Rentenschulden keine vorgehenden Rechte bestehen,
7. durch Schuldversprechen, Bürgschaft oder Wechselverpflichtungen eines tauglichen Steuerbürgen (§ 244).
(2) Wertpapiere im Sinne von Absatz 1 Nr. 2 sind
1. Schuldverschreibungen des Bundes, eines Sondervermögens des Bundes, eines Landes, einer Gemeinde oder eines Gemeindeverbandes,

(Fortsetzung auf Seite 73)

Abgabenordnung

Erhebungsverfahren
Sicherheitsleistung
§§ 242–245

2. Schuldverschreibungen zwischenstaatlicher Einrichtungen, denen der Bund Hoheitsrechte übertragen hat, wenn sie im Geltungsbereich dieses Gesetzes zum amtlichen Börsenhandel zugelassen sind,
3. Schuldverschreibungen der Deutschen Genossenschaftsbank, der Deutschen Siedlungs- und Landesrentenbank, der Deutschen Ausgleichsbank, der Kreditanstalt für Wiederaufbau und der Landwirtschaftlichen Rentenbank,
4. Pfandbriefe, Kommunalobligationen und verwandte Schuldverschreibungen,
5. Schuldverschreibungen, deren Verzinsung und Rückzahlung vom Bund oder von einem Land gewährleistet werden.

(3) Ein unter Steuerverschluß befindliches Lager steuerpflichtiger Waren gilt als ausreichende Sicherheit für die darauf lastende Steuer.

§ 242 Wirkung der Hinterlegung von Zahlungsmitteln

Zahlungsmittel, die nach § 241 Abs. 1 Nr. 1 hinterlegt werden, gehen in das Eigentum der Körperschaft über, der die Finanzbehörde angehört, bei der sie hinterlegt worden sind. Die Forderung auf Rückzahlung ist nicht zu verzinsen. Mit der Hinterlegung erwirbt die Körperschaft, deren Forderung durch die Hinterlegung gesichert werden soll, ein Pfandrecht an der Forderung auf Rückerstattung der hinterlegten Zahlungsmittel.

§ 243 Verpfändung von Wertpapieren

Die Sicherheitsleistung durch Verpfändung von Wertpapieren nach § 241 Abs. 1 Nr. 2 ist nur zulässig, wenn der Verwahrer die Gewähr für die Umlauffähigkeit übernimmt. Die Übernahme dieser Gewähr umfaßt die Haftung dafür,
1. daß das Rückforderungsrecht des Hinterlegers durch gerichtliche Sperre und Beschlagnahme nicht beschränkt ist,
2. daß die anvertrauten Wertpapiere in den Sammellisten aufgerufener Wertpapiere nicht als gestohlen oder als verloren gemeldet und weder mit Zahlungssperre belegt noch zur Kraftloserklärung aufgeboten oder für kraftlos erklärt worden sind,
3. daß die Wertpapiere auf den Inhaber lauten, oder, falls sie auf den Namen ausgestellt sind, mit Blankoindossament versehen und auch sonst nicht gesperrt sind, und daß die Zinsscheine und die Erneuerungsscheine bei den Stücken sind.

§ 244 Taugliche Steuerbürgen

(1) Schuldversprechen, Bürgschaften und Wechselverpflichtungen aus Artikel 28 oder 78 des Wechselgesetzes sind als Sicherheit nur geeignet, wenn sie
1. von Personen abgegeben oder eingegangen sind, die ein der Höhe der zu leistenden Sicherheit angemessenes Vermögen besitzen und ihren allgemeinen Gerichtsstand im Geltungsbereich dieses Gesetzes haben,
2. im Falle der Bürgschaft den Verzicht auf die Einrede der Vorausklage enthalten.
Sicherungsgeber und Sicherungsnehmer dürfen nicht wechselseitig füreinander Sicherheit leisten und auch nicht wirtschaftlich miteinander verflochten sein.
(2) Kreditinstitute, die im Geltungsbereich dieses Gesetzes zum Geschäftsbetrieb zugelassen sind, und Versicherungsunternehmungen, die geschäftsmäßig Sicherheit für andere leisten und eine Niederlassung im Geltungsbereich dieses Gesetzes haben, kann die Finanzbehörde allgemein als Steuerbürge zulassen. Bei der Zulassung ist ein Höchstbetrag festzusetzen (Bürgschaftssumme). Die gesamten Verbindlichkeiten aus Schuldversprechen, Bürgschaften und Wechselversprechen, die der Steuerbürge gegenüber der Finanzverwaltung übernommen hat, dürfen nicht über die Bürgschaftssumme hinausgehen.

§ 245 Sicherheitsleistung durch andere Werte

Andere als die in § 241 bezeichneten Sicherheiten kann die Finanzbehörde nach ihrem Ermessen annehmen. Vorzuziehen sind Vermögensgegenstände, die größere Sicherheit bieten oder bei Eintritt auch außerordentlicher Verhältnisse ohne erhebliche Schwierigkeit und innerhalb angemessener Frist verwertet werden können.

Abgabenordnung

Vollstreckung
Allgemeine Vorschriften
§§ 246-251

§ 246 Annahmewerte

Die Finanzbehörde bestimmt nach ihrem Ermessen, zu welchen Werten Gegenstände als Sicherheit anzunehmen sind. Der Annahmewert darf jedoch den bei einer Verwertung zu erwartenden Erlös abzüglich der Kosten der Verwertung nicht übersteigen. Er darf bei den in § 241 Abs. 1 Nr. 2 und 4 aufgeführten Gegenständen und bei beweglichen Sachen, die nach § 245 als Sicherheit angenommen werden, nicht unter den in § 234 Abs. 3, § 236 und § 237 Satz 1 des Bürgerlichen Gesetzbuches genannten Werten liegen.

§ 247 Austausch von Sicherheiten

Wer nach den §§ 241 bis 245 Sicherheit geleistet hat, ist berechtigt, die Sicherheit oder einen Teil davon durch eine andere nach den §§ 241 bis 244 geeignete Sicherheit zu ersetzen.

§ 248 Nachschußpflicht

Wird eine Sicherheit unzureichend, so ist sie zu ergänzen oder es ist anderweitige Sicherheit zu leisten.

Sechster Teil
Vollstreckung

Erster Abschnitt
Allgemeine Vorschriften

§ 249 Vollstreckungsbehörden

(1) Die Finanzbehörden können Verwaltungsakte, mit denen eine Geldleistung, eine sonstige Handlung, eine Duldung oder Unterlassung gefordert wird, im Verwaltungsweg vollstrecken. Dies gilt auch für Steueranmeldungen (§ 168). Vollstreckungsbehörden sind die Finanzämter und die Hauptzollämter; § 328 Abs. 1 Satz 3 bleibt unberührt.
(2) Zur Vorbereitung der Vollstreckung können die Finanzbehörden die Vermögens- und Einkommensverhältnisse des Vollstreckungsschuldners ermitteln.

§ 250 Vollstreckungsersuchen

(1) Soweit eine Vollstreckungsbehörde auf Ersuchen einer anderen Vollstreckungsbehörde Vollstreckungsmaßnahmen ausführt, tritt sie an die Stelle der anderen Vollstreckungsbehörde. Für die Vollstreckbarkeit des Anspruchs bleibt die ersuchende Vollstreckungsbehörde verantwortlich.
(2) Hält sich die ersuchte Vollstreckungsbehörde für unzuständig oder hält sie die Handlung, um die sie ersucht worden ist, für unzulässig, so teilt sie ihre Bedenken der ersuchenden Vollstreckungsbehörde mit. Besteht diese auf der Ausführung des Ersuchens und lehnt die ersuchte Vollstreckungsbehörde die Ausführung ab, so entscheidet die Aufsichtsbehörde der ersuchten Vollstreckungsbehörde.

§ 251 Vollstreckbare Verwaltungsakte

(1) Verwaltungsakte können vollstreckt werden, soweit nicht ihre Vollziehung ausgesetzt oder die Vollziehung durch Einlegung eines Rechtsbehelfs gehemmt ist (§ 361; § 69 der Finanzgerichtsordnung).
(2) Unberührt bleiben die Vorschriften der Konkursordnung und der Vergleichsordnung sowie § 79 Abs. 2 des Gesetzes über das Bundesverfassungsgericht. Die Finanzbehörde ist berechtigt, in den Fällen des § 164 Abs. 2 und des § 194 der Konkursordnung sowie des § 85 Abs. 1 der Vergleichsordnung gegen den Schuldner im Verwaltungswege zu vollstrecken.

Abgabenordnung

**Vollstreckung
Allgemeine Vorschriften
§§ 252-257**

VII A

1

Seite 75

(3) Macht die Finanzbehörde im Konkursverfahren einen Anspruch aus dem Steuerschuldverhältnis als Konkursforderung geltend, so stellt sie erforderlichenfalls die Konkursforderung und ein Konkursvorrecht durch schriftlichen Verwaltungsakt fest.

§ 252 Vollstreckungsgläubiger

Im Vollstreckungsverfahren gilt die Körperschaft als Gläubigerin der zu vollstreckenden Ansprüche, der die Vollstreckungsbehörde angehört.

§ 253 Vollstreckungsschuldner

Vollstreckungsschuldner ist derjenige, gegen den sich ein Vollstreckungsverfahren nach § 249 richtet.

§ 254 Voraussetzungen für den Beginn der Vollstreckung

(1) Soweit nichts anderes bestimmt ist, darf die Vollstreckung erst beginnen, wenn die Leistung fällig ist und der Vollstreckungsschuldner zur Leistung oder Duldung oder Unterlassung aufgefordert worden ist (Leistungsgebot) und seit der Aufforderung mindestens eine Woche verstrichen ist. Das Leistungsgebot kann mit dem zu vollstreckenden Verwaltungsakt verbunden werden. Ein Leistungsgebot ist auch dann erforderlich, wenn der Verwaltungsakt gegen den Vollstreckungsschuldner wirkt, ohne ihm bekanntgegeben zu sein. Soweit der Vollstreckungsschuldner eine von ihm auf Grund einer Steueranmeldung geschuldete Leistung nicht erbracht hat, bedarf es eines Leistungsgebotes nicht.

(2) Eines Leistungsgebotes wegen der Säumniszuschläge und Zinsen bedarf es nicht, wenn sie zusammen mit der Steuer beigetrieben werden. Dies gilt sinngemäß für die Vollstreckungskosten, wenn sie zusammen mit dem Hauptanspruch beigetrieben werden.

§ 255 Vollstreckung gegen juristische Personen des öffentlichen Rechts

(1) Gegen den Bund oder ein Land ist die Vollstreckung nicht zulässig. Im übrigen ist die Vollstreckung gegen juristische Personen des öffentlichen Rechts, die der Staatsaufsicht unterliegen, nur mit Zustimmung der betreffenden Aufsichtsbehörde zulässig. Die Aufsichtsbehörde bestimmt den Zeitpunkt der Vollstreckung und die Vermögensgegenstände, in die vollstreckt werden kann.

(2) Gegenüber öffentlich-rechtlichen Kreditinstituten gelten die Beschränkungen des Absatzes 1 nicht.

§ 256 Einwendungen gegen die Vollstreckung

Einwendungen gegen den zu vollstreckenden Verwaltungsakt sind außerhalb des Vollstreckungsverfahrens mit den hierfür zugelassenen Rechtsbehelfen zu verfolgen.

§ 257 Einstellung und Beschränkung der Vollstreckung

(1) Die Vollstreckung ist einzustellen oder zu beschränken, sobald
1. die Vollstreckbarkeitsvoraussetzungen des § 251 Abs. 1 weggefallen sind,
2. der Verwaltungsakt, aus dem vollstreckt wird, aufgehoben wird,
3. der Anspruch auf die Leistung erloschen ist,
4. die Leistung gestundet worden ist.

Abgabenordnung

Vollstreckung
Vollstreckung wegen Geldforderungen
Allgemeine Vorschriften
§§ 258–263

(2) In den Fällen des Absatzes 1 Nr. 2 und 3 sind bereits getroffene Vollstreckungsmaßnahmen aufzuheben. Ist der Verwaltungsakt durch eine gerichtliche Entscheidung aufgehoben worden, so gilt dies nur, soweit die Entscheidung unanfechtbar geworden ist und nicht auf Grund der Entscheidung ein neuer Verwaltungsakt zu erlassen ist. Im übrigen bleiben die Vollstreckungsmaßnahmen bestehen, soweit nicht ihre Aufhebung ausdrücklich angeordnet worden ist.

§ 258 Einstweilige Einstellung oder Beschränkung der Vollstreckung

Soweit im Einzelfall die Vollstreckung unbillig ist, kann die Vollstreckungsbehörde sie einstweilen einstellen oder beschränken oder eine Vollstreckungsmaßnahme aufheben.

Zweiter Abschnitt
Vollstreckung wegen Geldforderungen

1. Unterabschnitt
Allgemeine Vorschriften

§ 259 Mahnung

Der Vollstreckungsschuldner soll in der Regel vor Beginn der Vollstreckung mit einer Zahlungsfrist von einer Woche gemahnt werden. Als Mahnung gilt auch ein Postnachnahmeauftrag. Einer Mahnung bedarf es nicht, wenn der Vollstreckungsschuldner vor Eintritt der Fälligkeit an die Zahlung erinnert wird. An die Zahlung kann auch durch öffentliche Bekanntmachung allgemein erinnert werden.

§ 260 Angabe des Schuldgrundes

Im Vollstreckungsauftrag oder in der Pfändungsverfügung ist für die beizutreibenden Geldbeträge der Schuldgrund anzugeben.

§ 261 Niederschlagung

Ansprüche aus dem Steuerschuldverhältnis dürfen niedergeschlagen werden, wenn feststeht, daß die Einziehung keinen Erfolg haben wird, oder wenn die Kosten der Einziehung außer Verhältnis zu dem Betrag stehen.

§ 262 Rechte Dritter

(1) Behauptet ein Dritter, daß ihm am Gegenstand der Vollstreckung ein die Veräußerung hinderndes Recht zustehe oder werden Einwendungen nach den §§ 772 bis 774 der Zivilprozeßordnung erhoben, so ist der Widerspruch gegen die Vollstreckung erforderlichenfalls durch Klage vor den ordentlichen Gerichten geltend zu machen. Als Dritter gilt auch, wer zur Duldung der Vollstreckung in ein Vermögen, das von ihm verwaltet wird, verpflichtet ist, wenn er geltend macht, daß ihm gehörende Gegenstände von der Vollstreckung betroffen seien. Welche Rechte die Veräußerung hindern, bestimmt sich nach bürgerlichem Recht.

(2) Für die Einstellung der Vollstreckung und die Aufhebung von Vollstreckungsmaßnahmen gelten die §§ 769 und 770 der Zivilprozeßordnung.

(3) Die Klage ist ausschließlich bei dem Gericht zu erheben, in dessen Bezirk die Vollstreckung erfolgt. Wird die Klage gegen die Körperschaft, der die Vollstreckungsbehörde angehört, und gegen den Vollstreckungsschuldner gerichtet, so sind sie Streitgenossen.

§ 263 Vollstreckung gegen Ehegatten

Für die Vollstreckung gegen Ehegatten sind die Vorschriften der §§ 739, 740, 741, 743 und 745 der Zivilprozeßordnung entsprechend anzuwenden.

Abgabenordnung

Vollstreckung
Vollstreckung wegen Geldforderung
Aufteilung einer Gesamtschuld
§§ 264–271

§ 264 Vollstreckung gegen Nießbraucher
Für die Vollstreckung in Gegenstände, die dem Nießbrauch an einem Vermögen unterliegen, ist die Vorschrift des § 737 der Zivilprozeßordnung entsprechend anzuwenden.

§ 265 Vollstreckung gegen Erben
Für die Vollstreckung gegen Erben sind die Vorschriften der §§ 1958, 1960 Abs. 3, § 1961 des Bürgerlichen Gesetzbuches sowie der §§ 747, 748, 778, 779, 781 bis 784 der Zivilprozeßordnung entsprechend anzuwenden.

§ 266 Sonstige Fälle beschränkter Haftung
Die Vorschriften der §§ 781 bis 784 der Zivilprozeßordnung sind auf die nach § 1489 des Bürgerlichen Gesetzbuches eintretende beschränkte Haftung, die Vorschrift des § 781 der Zivilprozeßordnung ist auf die nach den §§ 419, 1480, 1504 und 2187 des Bürgerlichen Gesetzbuches eintretende beschränkte Haftung entsprechend anzuwenden.

§ 267 Vollstreckungsverfahren gegen nichtrechtsfähige Personenvereinigungen
Bei nichtrechtsfähigen Personenvereinigungen, die als solche steuerpflichtig sind, genügt für die Vollstreckung in deren Vermögen ein vollstreckbarer Verwaltungsakt gegen die Personenvereinigung. Dies gilt entsprechend für Zweckvermögen und sonstige einer juristischen Person ähnliche steuerpflichtige Gebilde.

2. Unterabschnitt
Aufteilung einer Gesamtschuld

§ 268 Grundsatz
Sind Personen Gesamtschuldner, weil sie zusammen zu einer Steuer vom Einkommen oder zur Vermögensteuer veranlagt worden sind, so kann jeder von ihnen beantragen, daß die Vollstreckung wegen dieser Steuern jeweils auf den Betrag beschränkt wird, der sich nach Maßgabe der §§ 269 bis 278 bei einer Aufteilung der Steuern ergibt.

§ 269 Antrag
(1) Der Antrag ist bei dem im Zeitpunkt der Antragstellung für die Besteuerung nach dem Einkommen oder dem Vermögen zuständigen Finanzamt schriftlich zu stellen oder zur Niederschrift zu erklären.
(2) Der Antrag kann frühestens nach Bekanntgabe des Leistungsgebots gestellt werden. Nach vollständiger Tilgung der rückständigen Steuer ist der Antrag nicht mehr zulässig. Der Antrag muß alle Angaben enthalten, die zur Aufteilung der Steuer erforderlich sind, soweit sich diese Angaben nicht aus der Steuererklärung ergeben.

§ 270 Allgemeiner Aufteilungsmaßstab
Die rückständige Steuer ist nach dem Verhältnis der Beträge aufzuteilen, die sich bei getrennter Veranlagung nach Maßgabe des § 26 a des Einkommensteuergesetzes und der §§ 271 bis 276 ergeben würden. Dabei sind die tatsächlichen und rechtlichen Feststellungen maßgebend, die der Steuerfestsetzung bei der Zusammenveranlagung zugrunde gelegt worden sind, soweit nicht die Anwendung der Vorschriften über die getrennte Veranlagung zu Abweichungen führt.

§ 271 Aufteilungsmaßstab für die Vermögensteuer
Die Vermögensteuer ist wie folgt aufzuteilen:
1. Für die Berechnung des Vermögens und der Vermögensteuer der einzelnen Gesamtschuldner ist vorbehaltlich der Abweichungen in den Nummern 2 und 3 von

Abgabenordnung

Vollstreckung
Vollstreckung wegen Geldforderungen
Aufteilung einer Gesamtschuld
§§ 272–276

den Vorschriften des Bewertungsgesetzes und des Vermögenssteuergesetzes in der Fassung auszugehen, die der Zusammenveranlagung zugrunde gelegen hat.
2. Wirtschaftsgüter eines Ehegatten, die bei der Zusammenveranlagung als land- und forstwirtschaftliches Vermögen oder als Betriebsvermögen dem anderen Ehegatten zugerechnet worden sind, werden als eigenes land- und forstwirtschaftliches Vermögen oder als eigenes Betriebsvermögen behandelt.
3. Schulden, die nicht mit bestimmten, einem Gesamtschuldner zugerechneten Wirtschaftsgütern in wirtschaftlichem Zusammenhang stehen, werden bei den einzelnen Gesamtschuldnern nach gleichen Teilen abgesetzt, soweit sich ein bestimmter Schuldner nicht feststellen läßt.

§ 272 Aufteilungsmaßstab für Vorauszahlungen

(1) Die rückständigen Vorauszahlungen sind im Verhältnis der Beträge aufzuteilen, die sich bei einer getrennten Festsetzung der Vorauszahlungen ergeben würden. Ein Antrag auf Aufteilung von Vorauszahlungen gilt zugleich als Antrag auf Aufteilung der weiteren im gleichen Veranlagungszeitraum fällig werdenden Vorauszahlungen und einer etwaigen Abschlußzahlung. Nach Durchführung der Veranlagung ist eine abschließende Aufteilung vorzunehmen. Aufzuteilen ist die gesamte Steuer abzüglich der Beträge, die nicht in die Aufteilung der Vorauszahlungen einbezogen worden sind. Dabei sind jedem Gesamtschuldner die von ihm auf die aufgeteilten Vorauszahlungen entrichteten Beträge anzurechnen. Ergibt sich eine Überzahlung gegenüber dem Aufteilungsbetrag, so ist der überzahlte Betrag zu erstatten.
(2) Werden die Vorauszahlungen erst nach der Veranlagung aufgeteilt, so wird der für die veranlagte Steuer geltende Aufteilungsmaßstab angewendet.

§ 273 Aufteilungsmaßstab für Steuernachforderungen

(1) Werden Steuern auf Grund einer Änderung einer Steuerfestsetzung nachgefordert, so ist die aus der Nachforderung herrührende rückständige Steuer im Verhältnis der Mehrbeträge aufzuteilen, die sich bei einem Vergleich der berichtigten getrennten Veranlagungen mit den früheren getrennten Veranlagungen ergeben.
(2) Der in Absatz 1 genannte Aufteilungsmaßstab ist nicht anzuwenden, wenn die bisher festgesetzte Steuer noch nicht getilgt ist.

§ 274 Besonderer Aufteilungsmaßstab

Abweichend von den §§ 270 bis 273 kann die rückständige Steuer nach einem von den Gesamtschuldnern gemeinschaftlich vorgeschlagenen Maßstab aufgeteilt werden, wenn die Tilgung sichergestellt ist. Der gemeinschaftliche Vorschlag ist schriftlich einzureichen oder zur Niederschrift zu erklären; er ist von allen Gesamtschuldnern zu unterschreiben.

§ 275 Abrundung

Der aufzuteilende Betrag ist auf volle Deutsche Mark nach unten abzurunden. Die errechneten aufgeteilten Beträge sind so auf den nächsten durch zehn Deutsche Pfennige teilbaren Betrag auf- oder abzurunden, daß ihre Summe mit dem der Aufteilung zugrunde liegenden Betrag übereinstimmt.

§ 276 Rückständige Steuer, Einleitung der Vollstreckung

(1) Wird der Antrag vor Einleitung der Vollstreckung bei der Finanzbehörde gestellt, so ist die im Zeitpunkt des Eingangs des Aufteilungsantrages geschuldete Steuer aufzuteilen.
(2) Wird der Antrag nach Einleitung der Vollstreckung gestellt, so ist die im Zeitpunkt der Einleitung der Vollstreckung geschuldete Steuer, derentwegen vollstreckt wird, aufzuteilen.
(3) Steuerabzugsbeträge und getrennt festgesetzte Vorauszahlungen sind in die Aufteilung auch dann einzubeziehen, wenn sie vor der Stellung des Antrages entrichtet worden sind.

Abgabenordnung

Vollstreckung
Vollstreckung wegen Geldforderungen
Aufteilung einer Gesamtschuld
§§ 277-280

(4) Zur rückständigen Steuer gehören auch Säumniszuschläge, Zinsen und Verspätungszuschläge.

(5) Die Vollstreckung gilt mit der Ausfertigung der Rückstandsanzeige als eingeleitet.

(6) Zahlungen, die in den Fällen des Absatzes 1 nach Antragstellung, in den Fällen des Absatzes 2 nach Einleitung der Vollstreckung von einem Gesamtschuldner geleistet worden sind oder die nach Absatz 3 in die Aufteilung einzubeziehen sind, werden dem Schuldner angerechnet, der sie geleistet hat oder für den sie geleistet worden sind. Ergibt sich dabei eine Überzahlung gegenüber dem Aufteilungsbetrag, so ist der überzahlte Betrag zu erstatten.

§ 277 Vollstreckung

Solange nicht über den Antrag auf Beschränkung der Vollstreckung unanfechtbar entschieden ist, dürfen Vollstreckungsmaßnahmen nur soweit durchgeführt werden, als dies zur Sicherung des Anspruchs erforderlich ist.

§ 278 Beschränkung der Vollstreckung

(1) Nach der Aufteilung darf die Vollstreckung nur nach Maßgabe der auf die einzelnen Schuldner entfallenden Beträge durchgeführt werden.

(2) Werden einem Steuerschuldner von einer mit ihm zusammen veranlagten Person in oder nach dem Veranlagungszeitraum, für den noch Steuerrückstände bestehen, unentgeltlich Vermögensgegenstände zugewendet, so kann der Empfänger über den sich nach Absatz 1 ergebenden Betrag hinaus bis zur Höhe des gemeinen Werts dieser Zuwendung für die Steuer in Anspruch genommen werden. Dies gilt nicht für gebräuchliche Gelegenheitsgeschenke.

§ 279 Form und Inhalt des Aufteilungsbescheides

(1) Über den Antrag auf Beschränkung der Vollstreckung ist nach Einleitung der Vollstreckung durch schriftlichen Bescheid (Aufteilungsbescheid) gegenüber den Beteiligten einheitlich zu entscheiden. Eine Entscheidung ist jedoch nicht erforderlich, wenn keine Vollstreckungsmaßnahmen ergriffen oder bereits ergriffene Vollstreckungsmaßnahmen wieder aufgehoben werden.

(2) Der Aufteilungsbescheid hat die Höhe der auf jeden Gesamtschuldner entfallenden anteiligen Steuer zu enthalten; ihm ist eine Belehrung beizufügen, welcher Rechtsbehelf zulässig ist und binnen welcher Frist und bei welcher Behörde er einzulegen ist. Er soll ferner enthalten:
1. die Höhe der aufzuteilenden Steuer,
2. den für die Berechnung der rückständigen Steuer maßgebenden Zeitpunkt,
3. die Höhe der Besteuerungsgrundlagen, die den einzelnen Gesamtschuldnern zugerechnet worden sind, wenn von den Angaben der Gesamtschuldner abgewichen ist,
4. die Höhe der bei getrennter Veranlagung (§ 270) auf den einzelnen Gesamtschuldner entfallenden Steuer,
5. die Beträge, die auf die aufgeteilte Steuer des Gesamtschuldners anzurechnen sind.

§ 280 Änderung des Aufteilungsbescheides

(1) Der Aufteilungsbescheid kann außer in den Fällen des § 129 nur geändert werden, wenn
1. nachträglich bekannt wird, daß die Aufteilung auf unrichtigen Angaben beruht und die rückständige Steuer infolge falscher Aufteilung ganz oder teilweise nicht beigetrieben werden konnte,
2. sich die rückständige Steuer durch Änderung der Steuerfestsetzung erhöht oder vermindert.

(2) Nach Beendigung der Vollstreckung ist eine Änderung des Aufteilungsbescheides nicht mehr zulässig.

Abgabenordnung

Vollstreckung
Vollstreckung wegen Geldforderungen
Vollstreckung in das bewegliche Vermögen
§§ 281–284

3. Unterabschnitt
Vollstreckung in das bewegliche Vermögen

I. Allgemeines

§ 281 Pfändung

(1) Die Vollstreckung in das bewegliche Vermögen erfolgt durch Pfändung.
(2) Die Pfändung darf nicht weiter ausgedehnt werden, als es zur Deckung der beizutreibenden Geldbeträge und der Kosten der Vollstreckung erforderlich ist.
(3) Die Pfändung unterbleibt, wenn die Verwertung der pfändbaren Gegenstände einen Überschuß über die Kosten der Vollstreckung nicht erwarten läßt.

§ 282 Wirkung der Pfändung

(1) Durch die Pfändung erwirbt die Körperschaft, der die Vollstreckungsbehörde angehört, ein Pfandrecht an dem gepfändeten Gegenstand.
(2) Das Pfandrecht gewährt ihr im Verhältnis zu anderen Gläubigern dieselben Rechte wie ein Pfandrecht im Sinne des Bürgerlichen Gesetzbuches; es geht Pfand- und Vorzugsrechten vor, die im Konkurs diesem Pfandrecht nicht gleichgestellt sind.
(3) Das durch eine frühere Pfändung begründete Pfandrecht geht demjenigen vor, das durch eine spätere Pfändung begründet wird.

§ 283 Ausschluß von Gewährleistungsansprüchen

Wird ein Gegenstand auf Grund der Pfändung veräußert, so steht dem Erwerber wegen eines Mangels im Recht oder wegen eines Mangels der veräußerten Sache ein Anspruch auf Gewährleistung nicht zu.

§ 284 Eidesstattliche Versicherung

(1) Hat die Vollstreckung in das bewegliche Vermögen des Vollstreckungsschuldners zu einer vollständigen Befriedigung nicht geführt oder ist anzunehmen, daß eine vollständige Befriedigung nicht zu erlangen sein wird, so hat der Vollstreckungsschuldner der Vollstreckungsbehörde auf Verlangen ein Verzeichnis seines Vermögens vorzulegen und für seine Forderungen den Grund und die Beweismittel zu bezeichnen. Aus dem Vermögensverzeichnis müssen auch ersichtlich sein:
1. die im letzten Jahre vor dem ersten zur Abgabe der eidesstattlichen Versicherung anberaumten Termin vorgenommenen entgeltlichen Veräußerungen des Vollstreckungsschuldners an seinen Ehegatten, vor oder während der Ehe, an seine oder seines Ehegatten Verwandte in auf- oder absteigender Linie, an seine oder seines Ehegatten voll- und halbbürtigen Geschwister oder an den Ehegatten einer dieser Personen,
2. die im letzten Jahre vor dem ersten zur Abgabe der eidesstattlichen Versicherung anberaumten Termin von dem Vollstreckungsschuldner vorgenommenen unentgeltlichen Verfügungen, sofern sie nicht gebräuchliche Gelegenheitsgeschenke zum Gegenstand hatten,
3. die in den letzten zwei Jahren vor dem ersten zur Abgabe der eidesstattlichen Versicherung anberaumten Termin von dem Vollstreckungsschuldner vorgenommenen unentgeltlichen Verfügungen zugunsten seines Ehegatten.

Sachen, die nach § 811 Nr. 1, 2 der Zivilprozeßordnung der Pfändung offensichtlich nicht unterworfen sind, brauchen in dem Vermögensverzeichnis nicht angegeben zu werden, es sei denn, daß eine Austauschpfändung in Betracht kommt.
(2) Der Vollstreckungsschuldner hat zu Protokoll an Eides Statt zu versichern, daß er die von ihm verlangten Angaben nach bestem Wissen und Gewissen richtig und vollständig gemacht habe. Die Vollstreckungsbehörde kann von der Abnahme der eidesstattlichen Versicherung absehen.
(3) Ein Vollstreckungsschuldner, der die in dieser Vorschrift oder die in § 807 der Zivilprozeßordnung bezeichnete eidesstattliche Versicherung abgegeben hat, ist, wenn die Abgabe der eidesstattlichen Versicherung in dem Schuldnerverzeichnis (§ 915 der Zivilprozeßordnung) noch nicht gelöscht ist, in den ersten drei Jahren nach ihrer Abgabe zur nochmaligen eidesstattlichen Versicherung nur verpflichtet, wenn anzunehmen ist, daß er später Vermögen erworben hat oder daß ein bisher bestehendes Arbeitsverhältnis mit ihm aufgelöst worden ist. Die Vollstreckungsbehörde hat von Amts wegen festzustellen, ob im Schuldnerverzeichnis eine Eintragung darüber

Abgabenordnung

Vollstreckung
Vollstreckung wegen Geldforderungen
Vollstreckung in das bewegliche Vermögen
§§ 285–286

besteht, daß der Vollstreckungsschuldner innerhalb der letzten drei Jahre eine eidesstattliche Versicherung abgegeben hat oder daß gegen ihn die Haft zur Erzwingung der Abgabe der eidesstattlichen Versicherung angeordnet ist.

(4) Für die Abnahme der eidesstattlichen Versicherung ist die Vollstreckungsbehörde zuständig, in deren Bezirk sich der Wohnsitz oder Aufenthaltsort des Vollstreckungsschuldners befindet. Liegen diese Voraussetzungen bei der Vollstreckungsbehörde, die die Vollstreckung betreibt, nicht vor, so kann sie die eidesstattliche Versicherung abnehmen, wenn der Vollstreckungsschuldner zu ihrer Abgabe bereit ist.

(5) Die Ladung zu dem Termin zur Abgabe der eidesstattlichen Versicherung ist dem Vollstreckungsschuldner selbst zuzustellen. Bestreitet der Vollstreckungsschuldner die Verpflichtung zur Abgabe der eidesstattlichen Versicherung, so entscheidet die Vollstreckungsbehörde über seine Einwendungen, die die Vollstreckung betreibt. Die Abgabe der eidesstattlichen Versicherung erfolgt erst nach Eintritt der Unanfechtbarkeit dieser Entscheidung. Die Vollstreckungsbehörde kann jedoch die Abgabe der eidesstattlichen Versicherung vor Eintritt der Unanfechtbarkeit anordnen, wenn bereits frühere Einwendungen unanfechtbar verworfen worden sind.

(6) Nach der Abgabe der eidesstattlichen Versicherung hat die Vollstreckungsbehörde dem nach § 899 der Zivilprozeßordnung zuständigen Amtsgericht Namen, Vornamen, Geburtstag, Beruf und Anschrift des Vollstreckungsschuldners sowie den Tag der Abgabe der eidesstattlichen Versicherung zur Aufnahme in das Schuldnerverzeichnis mitzuteilen und eine beglaubigte Abschrift des Vermögensverzeichnisses zu übersenden. § 915 Abs. 2 bis 4 der Zivilprozeßordnung ist anzuwenden.

(7) Ist der Vollstreckungsschuldner ohne ausreichende Entschuldigung in dem zur Abgabe der eidesstattlichen Versicherung anberaumten Termin vor der in Absatz 4 Satz 1 bezeichneten Vollstreckungsbehörde nicht erschienen oder verweigert er ohne Grund die Vorlage des Vermögensverzeichnisses oder die Abgabe der eidesstattlichen Versicherung, so kann die Vollstreckungsbehörde, die die Vollstreckung betreibt, das nach § 899 der Zivilprozeßordnung zuständige Amtsgericht um Anordnung der Haft zur Erzwingung der eidesstattlichen Versicherung ersuchen. Die §§ 902, 904 bis 910, 913 bis 915 der Zivilprozeßordnung sind sinngemäß anzuwenden.

(8) Lehnt das Amtsgericht das Ersuchen der Vollstreckungsbehörde ab, die Haft anzuordnen, so ist die sofortige Beschwerde nach der Zivilprozeßordnung gegeben.

II. Vollstreckung in Sachen

§ 285 Vollziehungsbeamte

(1) Die Vollstreckungsbehörde führt die Vollstreckung in bewegliche Sachen durch Vollziehungsbeamte aus.

(2) Dem Vollstreckungsschuldner und Dritten gegenüber wird der Vollziehungsbeamte zur Vollstreckung durch schriftlichen Auftrag der Vollstreckungsbehörde ermächtigt; der Auftrag ist vorzuzeigen.

§ 286 Vollstreckung in Sachen

(1) Sachen, die im Gewahrsam des Vollstreckungsschuldners sind, pfändet der Vollziehungsbeamte dadurch, daß er sie in Besitz nimmt.

(2) Andere Sachen als Geld, Kostbarkeiten und Wertpapiere sind im Gewahrsam des Vollstreckungsschuldners zu lassen, wenn die Befriedigung hierdurch nicht gefährdet wird. Bleiben die Sachen im Gewahrsam des Vollstreckungsschuldners, so ist die Pfändung nur wirksam, wenn sie durch Anlegung von Siegeln oder in sonstiger Weise ersichtlich gemacht ist.

(3) Der Vollziehungsbeamte hat dem Vollstreckungsschuldner die Pfändung mitzuteilen.

(4) Diese Vorschriften gelten auch für die Pfändung von Sachen im Gewahrsam eines Dritten, der zu ihrer Herausgabe bereit ist.

Abgabenordnung

Vollstreckung
Vollstreckung wegen Geldforderungen
Vollstreckung in das bewegliche Vermögen
§§ 287–292

§ 287 Befugnisse des Vollziehungsbeamten

(1) Der Vollziehungsbeamte ist befugt, die Wohn- und Geschäftsräume sowie die Behältnisse des Vollstreckungsschuldners zu durchsuchen, soweit dies der Zweck der Vollstreckung erfordert.

(2) Er ist befugt, verschlossene Türen und Behältnisse öffnen zu lassen.

(3) Wenn er Widerstand findet, kann er Gewalt anwenden und hierzu um Unterstützung durch Polizeibeamte nachsuchen.

(4) Für die richterliche Anordnung einer Durchsuchung ist das Amtsgericht zuständig, in dessen Bezirk die Durchsuchung vorgenommen werden soll.

§ 288 Zuziehung von Zeugen

Wird bei einer Vollstreckungshandlung Widerstand geleistet oder ist bei einer Vollstreckungshandlung in den Wohn- oder Geschäftsräumen des Vollstreckungsschuldners weder der Vollstreckungsschuldner noch eine Person, die zu seiner Familie gehört oder bei ihm beschäftigt ist, gegenwärtig, so hat der Vollziehungsbeamte zwei Erwachsene oder einen Gemeinde- oder Polizeibeamten als Zeugen zuzuziehen.

§ 289 Zeit der Vollstreckung

(1) Zur Nachtzeit (§ 188 Abs. 1 der Zivilprozeßordnung) sowie an Sonntagen und staatlich anerkannten allgemeinen Feiertagen darf eine Vollstreckungshandlung nur mit schriftlicher Erlaubnis der Vollstreckungsbehörde vorgenommen werden.

(2) Die Erlaubnis ist bei der Vollstreckungshandlung vorzuzeigen.

§ 290 Aufforderungen und Mitteilungen des Vollziehungsbeamten

Die Aufforderungen und die sonstigen Mitteilungen, die zu den Vollstreckungshandlungen gehören, sind vom Vollziehungsbeamten mündlich zu erlassen und vollständig in die Niederschrift aufzunehmen; können sie mündlich nicht erlassen werden, so hat die Vollstreckungsbehörde demjenigen, an den die Aufforderung oder Mitteilung zu richten ist, eine Abschrift der Niederschrift zu senden.

§ 291 Niederschrift

(1) Der Vollziehungsbeamte hat über jede Vollstreckungshandlung eine Niederschrift aufzunehmen.

(2) Die Niederschrift muß enthalten:

1. Ort und Zeit der Aufnahme,
2. den Gegenstand der Vollstreckungshandlung unter kurzer Erwähnung der Vorgänge,
3. die Namen der Personen, mit denen verhandelt worden ist,
4. die Unterschriften der Personen und die Bemerkung, daß nach Vorlesung oder Vorlegung zur Durchsicht und nach Genehmigung unterzeichnet sei,
5. die Unterschrift des Vollziehungsbeamten.

(3) Hat einem der Erfordernisse unter Absatz 2 Nr. 4 nicht genügt werden können, so ist der Grund anzugeben.

§ 292 Abwendung der Pfändung

(1) Der Vollstreckungsschuldner kann die Pfändung nur abwenden, wenn er den geschuldeten Betrag an den Vollziehungsbeamten zahlt oder nachweist, daß ihm eine Zahlungsfrist bewilligt worden ist oder daß die Schuld erloschen ist.

(2) Absatz 1 gilt entsprechend, wenn der Vollstreckungsschuldner eine Entscheidung vorlegt, aus der sich die Unzulässigkeit der vorzunehmenden Pfändung ergibt oder wenn er eine Post- oder Bankquittung vorlegt, aus der sich ergibt, daß er den geschuldeten Betrag eingezahlt hat.

Abgabenordnung

Vollstreckung
Vollstreckung wegen Geldforderungen
Vollstreckung in der bewegliche Vermögen
§§ 293-298

§ 293 Pfand- und Vorzugsrechte Dritter

(1) Der Pfändung einer Sache kann ein Dritter, der sich nicht im Besitz der Sache befindet, auf Grund eines Pfand- oder Vorzugsrechts nicht widersprechen. Er kann jedoch vorzugsweise Befriedigung aus dem Erlös verlangen ohne Rücksicht darauf, ob seine Forderung fällig ist oder nicht.
(2) Für eine Klage auf vorzugsweise Befriedigung ist ausschließlich zuständig das ordentliche Gericht, in dessen Bezirk gepfändet worden ist. Wird die Klage gegen die Körperschaft, der die Vollstreckungsbehörde angehört, und gegen den Vollstreckungsschuldner gerichtet, so sind sie Streitgenossen.

§ 294 Ungetrennte Früchte

(1) Früchte, die vom Boden noch nicht getrennt sind, können gepfändet werden, solange sie nicht durch Vollstreckung in das unbewegliche Vermögen in Beschlag genommen worden sind. Sie dürfen nicht früher als einen Monat vor der gewöhnlichen Zeit der Reife gepfändet werden.
(2) Ein Gläubiger, der ein Recht auf Befriedigung aus dem Grundstück hat, kann der Pfändung nach § 262 widersprechen, wenn nicht für einen Anspruch gepfändet ist, der bei der Vollstreckung in das Grundstück vorgeht.

§ 295 Unpfändbarkeit von Sachen

Die §§ 811 bis 812 und 813 Abs. 1 bis 3 der Zivilprozeßordnung sowie die Beschränkungen und Verbote, die nach anderen gesetzlichen Vorschriften für die Pfändung von Sachen bestehen, gelten entsprechend. An die Stelle des Vollstreckungsgerichts tritt die Vollstreckungsbehörde.

§ 296 Verwertung

(1) Die gepfändeten Sachen sind auf schriftliche Anordnung der Vollstreckungsbehörde öffentlich zu versteigern, und zwar in der Regel durch den Vollziehungsbeamten; § 292 gilt entsprechend.
(2) Bei Pfändung von Geld gilt die Wegnahme als Zahlung des Vollstreckungsschuldners.

§ 297 Aussetzung der Verwertung

Die Vollstreckungsbehörde kann die Verwertung gepfändeter Sachen unter Anordnung von Zahlungsfristen zeitweilig aussetzen, wenn die alsbaldige Verwertung unbillig wäre.

§ 298 Versteigerung

(1) Die gepfändeten Sachen dürfen nicht vor Ablauf einer Woche seit dem Tag der Pfändung versteigert werden, sofern sich nicht der Vollstreckungsschuldner mit einer früheren Versteigerung einverstanden erklärt oder diese erforderlich ist, um die Gefahr einer beträchtlichen Wertverringerung abzuwenden oder unverhältnismäßige Kosten längerer Aufbewahrung zu vermeiden.
(2) Zeit und Ort der Versteigerung sind öffentlich bekanntzumachen; dabei sind die Sachen, die versteigert werden sollen, im allgemeinen zu bezeichnen. Auf Ersuchen der Vollstreckungsbehörde hat ein Gemeindebediensteter oder ein Polizeibeamter der Versteigerung beizuwohnen.
(3) Bei der Versteigerung gilt § 1239 Abs. 1 Satz 1 und Abs. 2 des Bürgerlichen Gesetzbuches entsprechend.

Abgabenordnung

Vollstreckung
Vollstreckung wegen Geldforderungen
Vollstreckung in das bewegliche Vermögen
§§ 299–303

§ 299 Zuschlag

(1) Dem Zuschlag an den Meistbietenden soll ein dreimaliger Aufruf vorausgehen; die Vorschriften des § 156 des Bürgerlichen Gesetzbuches sind anzuwenden.

(2) Die Aushändigung einer zugeschlagenen Sache darf nur gegen bare Zahlung geschehen.

(3) Hat der Meistbietende nicht zu der in den Versteigerungsbedingungen bestimmten Zeit oder in Ermangelung einer solchen Bestimmung nicht vor dem Schluß des Versteigerungstermins die Aushändigung gegen Zahlung des Kaufgeldes verlangt, so wird die Sache anderweitig versteigert. Der Meistbietende wird zu einem weiteren Gebot nicht zugelassen; er haftet für den Ausfall, auf den Mehrerlös hat er keinen Anspruch.

(4) Wird der Zuschlag dem Gläubiger erteilt, so ist dieser von der Verpflichtung zur baren Zahlung so weit befreit, als der Erlös nach Abzug der Kosten der Vollstreckung zu seiner Befriedigung zu verwenden ist. Soweit der Gläubiger von der Verpflichtung zur baren Zahlung befreit ist, gilt der Betrag als von dem Schuldner an den Gläubiger gezahlt.

§ 300 Mindestgebot

(1) Der Zuschlag darf nur auf ein Gebot erteilt werden, das mindestens die Hälfte des gewöhnlichen Verkaufswertes der Sache erreicht (Mindestgebot). Der gewöhnliche Verkaufswert und das Mindestgebot sollen bei dem Ausbieten bekanntgegeben werden.

(2) Wird der Zuschlag nicht erteilt, weil ein das Mindestgebot erreichendes Gebot nicht abgegeben worden ist, so bleibt das Pfandrecht bestehen. Die Vollstreckungsbehörde kann jederzeit einen neuen Versteigerungstermin bestimmen oder eine anderweitige Verwertung der gepfändeten Sachen nach § 305 anordnen. Wird die anderweitige Verwertung angeordnet, so gilt Absatz 1 entsprechend.

(3) Gold- und Silbersachen dürfen auch nicht unter ihrem Gold- oder Silberwert zugeschlagen werden. Wird ein den Zuschlag gestattendes Gebot nicht abgegeben, so können die Sachen auf Anordnung der Vollstreckungsbehörde aus freier Hand verkauft werden. Der Verkaufspreis darf den Gold- oder Silberwert und die Hälfte des gewöhnlichen Verkaufswertes nicht unterschreiten.

§ 301 Einstellung der Versteigerung

(1) Die Versteigerung wird eingestellt, sobald der Erlös zur Deckung der beizutreibenden Beträge einschließlich der Kosten der Vollstreckung ausreicht.

(2) Die Empfangnahme des Erlöses durch den versteigernden Beamten gilt als Zahlung des Vollstreckungsschuldners, es sei denn, daß der Erlös hinterlegt wird (§ 308 Abs. 4).

§ 302 Wertpapiere

Gepfändete Wertpapiere, die einen Börsen- oder Marktpreis haben, sind aus freier Hand zum Tageskurs zu verkaufen; andere Wertpapiere sind nach den allgemeinen Vorschriften zu versteigern.

§ 303 Namenspapiere

Lautet ein gepfändetes Wertpapier auf einen Namen, so ist die Vollstreckungsbehörde berechtigt, die Umschreibung auf den Namen des Käufers oder, wenn es sich um ein auf einen Namen umgeschriebenes Inhaberpapier handelt, die Rückverwandlung in ein Inhaberpapier zu erwirken und die hierzu erforderlichen Erklärungen anstelle des Vollstreckungsschuldners abzugeben.

Abgabenordnung

Vollstreckung
Vollstreckung wegen Geldforderungen
Vollstreckung in das bewegliche Vermögen
§§ 304-308

§ 304 Versteigerung ungetrennter Früchte

Gepfändete Früchte, die vom Boden noch nicht getrennt sind, dürfen erst nach der Reife versteigert werden. Der Vollziehungsbeamte hat sie abernten zu lassen, wenn er sie nicht vor der Trennung versteigert.

§ 305 Besondere Verwertung

Auf Antrag des Vollstreckungsschuldners oder aus besonderen Zweckmäßigkeitsgründen kann die Vollstreckungsbehörde anordnen, daß eine gepfändete Sache in anderer Weise oder an einem anderen Ort, als in den vorstehenden Paragraphen bestimmt ist, zu verwerten oder durch eine andere Person als den Vollziehungsbeamten zu versteigern sei.

§ 306 Vollstreckung in Ersatzteile von Luftfahrzeugen

(1) Für die Vollstreckung in Ersatzteile, auf die sich ein Registerpfandrecht an einem Luftfahrzeug nach § 71 des Gesetzes über Rechte an Luftfahrzeugen erstreckt, gilt § 100 des Gesetzes über Rechte an Luftfahrzeugen; an die Stelle des Gerichtsvollziehers tritt der Vollziehungsbeamte.
(2) Absatz 1 gilt für die Vollstreckung in Ersatzteile, auf die sich das Recht an einem ausländischen Luftfahrzeug erstreckt, mit der Maßgabe, daß die Vorschriften des § 106 Abs. 1 Nr. 2 und Abs. 4 des Gesetzes über Rechte an Luftfahrzeugen zu berücksichtigen sind.

§ 307 Anschlußpfändung

(1) Zur Pfändung bereits gepfändeter Sachen genügt die in die Niederschrift aufzunehmende Erklärung des Vollziehungsbeamten, daß er die Sache für die zu bezeichnende Forderung pfändet. Dem Vollstreckungsschuldner ist die weitere Pfändung mitzuteilen.
(2) Ist die erste Pfändung für eine andere Vollstreckungsbehörde oder durch einen Gerichtsvollzieher erfolgt, so ist dieser Vollstreckungsbehörde oder dem Gerichtsvollzieher eine Abschrift der Niederschrift zu übersenden. Die gleiche Pflicht hat ein Gerichtsvollzieher, der eine Sache pfändet, die bereits im Auftrag einer Vollstreckungsbehörde gepfändet ist.

§ 308 Verwertung bei mehrfacher Pfändung

(1) Wird dieselbe Sache mehrfach durch Vollziehungsbeamte oder durch Vollziehungsbeamte und Gerichtsvollzieher gepfändet, so begründet ausschließlich die erste Pfändung die Zuständigkeit zur Versteigerung.
(2) Betreibt ein Gläubiger die Versteigerung, so wird für alle beteiligten Gläubiger versteigert.
(3) Der Erlös wird nach der Reihenfolge der Pfändungen oder nach abweichender Vereinbarung der beteiligten Gläubiger verteilt.
(4) Reicht der Erlös zur Deckung der Forderungen nicht aus und verlangt ein Gläubiger, für den die zweite oder eine spätere Pfändung erfolgt ist, ohne Zustimmung der übrigen beteiligten Gläubiger eine andere Verteilung als nach der Reihenfolge der Pfändungen, so ist die Sachlage unter Hinterlegung des Erlöses dem Amtsgericht, in dessen Bezirk gepfändet ist, anzuzeigen. Der Anzeige sind die Schriftstücke, die sich auf das Verfahren beziehen, beizufügen. Für das Verteilungsverfahren gelten die §§ 873 bis 882 der Zivilprozeßordnung.
(5) Wird für verschiedene Gläubiger gleichzeitig gepfändet, so finden die Vorschriften der Absätze 2 bis 4 mit der Maßgabe Anwendung, daß der Erlös nach dem Verhältnis der Forderungen verteilt wird.

Abgabenordnung

Vollstreckung
Vollstreckung wegen Geldforderungen
Vollstreckung in das bewegliche Vermögen
§§ 309–312

III. Vollstreckung in Forderungen und andere Vermögensrechte

§ 309 Pfändung einer Geldforderung

(1) Soll eine Geldforderung gepfändet werden, so hat die Vollstreckungsbehörde dem Drittschuldner schriftlich zu verbieten, an den Vollstreckungsschuldner zu zahlen, und dem Vollstreckungsschuldner schriftlich zu gebieten, sich jeder Verfügung über die Forderung, insbesondere ihrer Einziehung, zu enthalten (Pfändungsverfügung).

(2) Die Pfändung ist bewirkt, wenn die Pfändungsverfügung dem Drittschuldner zugestellt ist. Die an den Drittschuldner zuzustellende Pfändungsverfügung soll den beizutreibenden Geldbetrag nur in einer Summe, ohne Angabe der Steuerarten und der Zeiträume, für die er geschuldet wird, bezeichnen. Die Zustellung ist dem Vollstreckungsschuldner mitzuteilen.

§ 310 Pfändung einer durch Hypothek gesicherten Forderung

(1) Zur Pfändung einer Forderung, für die eine Hypothek besteht, ist außer der Pfändungsverfügung die Aushändigung des Hypothekenbriefes an die Vollstreckungsbehörde erforderlich. Die Übergabe gilt als erfolgt, wenn der Vollziehungsbeamte den Brief wegnimmt. Ist die Erteilung des Hypothekenbriefes ausgeschlossen, so muß die Pfändung in das Grundbuch eingetragen werden; die Eintragung erfolgt auf Grund der Pfändungsverfügung auf Ersuchen der Vollstreckungsbehörde.

(2) Wird die Pfändungsverfügung vor der Übergabe des Hypothekenbriefes oder der Eintragung der Pfändung dem Drittschuldner zugestellt, so gilt die Pfändung diesem gegenüber mit der Zustellung als bewirkt.

(3) Diese Vorschriften gelten nicht, soweit Ansprüche auf die in § 1159 des Bürgerlichen Gesetzbuches bezeichneten Leistungen gepfändet werden. Das gleiche gilt bei einer Sicherungshypothek im Fall des § 1187 des Bürgerlichen Gesetzbuches von der Pfändung der Hauptforderung.

§ 311 Pfändung einer durch Schiffshypothek oder Registerpfandrecht an einem Luftfahrzeug gesicherten Forderung

(1) Die Pfändung einer Forderung, für die eine Schiffshypothek besteht, bedarf der Eintragung in das Schiffsregister oder das Schiffsbauregister.

(2) Die Pfändung einer Forderung, für die ein Registerpfandrecht an einem Luftfahrzeug besteht, bedarf der Eintragung in das Register für Pfandrechte an Luftfahrzeugen.

(3) Die Pfändung nach den Absätzen 1 und 2 wird auf Grund der Pfändungsverfügung auf Ersuchen der Vollstreckungsbehörde eingetragen. § 310 Abs. 2 gilt entsprechend.

(4) Die Absätze 1 bis 3 sind nicht anzuwenden, soweit es sich um die Pfändung der Ansprüche auf die in § 53 des Gesetzes über Rechte an eingetragenen Schiffen und Schiffsbauwerken und auf die in § 53 des Gesetzes über Rechte an Luftfahrzeugen bezeichneten Leistungen handelt. Das gleiche gilt, wenn bei einer Schiffshypothek für eine Forderung aus einer Schuldverschreibung auf den Inhaber, aus einem Wechsel oder aus einem anderen durch Indossament übertragbaren Papier die Hauptforderung gepfändet ist.

(5) Für die Pfändung von Forderungen, für die ein Recht an einem ausländischen Luftfahrzeug besteht, gilt § 106 Abs. 1 Nr. 3 und Abs. 5 des Gesetzes über Rechte an Luftfahrzeugen.

§ 312 Pfändung einer Forderung aus indossablen Papieren

Forderungen aus Wechseln und anderen Papieren, die durch Indossament übertragen werden können, werden dadurch gepfändet, daß der Vollziehungsbeamte die Papiere

Abgabenordnung

Vollstreckung
Vollstreckung wegen Geldforderungen
Vollstreckung in das bewegliche Vermögen
§§ 313-316

in Besitz nimmt. Dies gilt entsprechend für die Pfändung des Postsparguthabens oder eines Teils dieses Guthabens.

§ 313 Pfändung fortlaufender Bezüge

(1) Das Pfandrecht, das durch die Pfändung einer Gehaltsforderung oder einer ähnlichen in fortlaufenden Bezügen bestehenden Forderung erworben wird, erstreckt sich auch auf die Beträge, die später fällig werden.
(2) Die Pfändung eines Diensteinkommens trifft auch das Einkommen, das der Vollstreckungsschuldner bei Versetzung in ein anderes Amt, Übertragung eines neuen Amts oder einer Gehaltserhöhung zu beziehen hat. Dies gilt nicht bei Wechsel des Dienstherrn.

§ 314 Einziehungsverfügung

(1) Die Vollstreckungsbehörde ordnet die Einziehung der gepfändeten Forderung an. § 309 Abs. 2 gilt entsprechend.
(2) Die Einziehungsverfügung kann mit der Pfändungsverfügung verbunden werden.
(3) Wird die Einziehung eines bei einem Geldinstitut gepfändeten Guthabens eines Vollstreckungsschuldners, der eine natürliche Person ist, angeordnet, so gilt § 835 Abs. 3 Abs. 3 Satz 2 der Zivilprozeßordnung entsprechend.

§ 315 Wirkung der Einziehungsverfügung

(1) Die Einziehungsverfügung ersetzt die förmlichen Erklärungen des Vollstreckungsschuldners, von denen nach bürgerlichem Recht die Berechtigung zur Einziehung abhängt. Sie genügt auch bei einer Forderung, für die eine Hypothek, Schiffshypothek oder ein Registerpfandrecht an einem Luftfahrzeug besteht. Zugunsten des Drittschuldners gilt eine zu Unrecht ergangene Einziehungsverfügung dem Vollstreckungsschuldner gegenüber solange als rechtmäßig, bis sie aufgehoben ist und der Drittschuldner hiervon erfährt.
(2) Der Vollstreckungsschuldner ist verpflichtet, die zur Geltendmachung der Forderung nötige Auskunft zu erteilen und die über die Forderung vorhandenen Urkunden herauszugeben. Die Vollstreckungsbehörde kann die Urkunden durch den Vollziehungsbeamten wegnehmen lassen oder ihre Herausgabe nach den §§ 328 bis 335 erzwingen.
(3) Werden die Urkunden nicht vorgefunden, so hat der Vollstreckungsschuldner auf Verlangen der Vollstreckungsbehörde zu Protokoll an Eides Statt zu versichern, daß er die Urkunden nicht besitze, auch nicht wisse, wo sie sich befinden. Die Vollstreckungsbehörde kann die eidesstattliche Versicherung der Lage der Sache entsprechend ändern. § 284 Abs. 4, 5, 7 und 8 gilt sinngemäß.
(4) Hat ein Dritter die Urkunde, so kann die Vollstreckungsbehörde auch den Anspruch des Vollstreckungsschuldners auf Herausgabe geltend machen.

§ 316 Erklärungspflicht des Drittschuldners

(1) Auf Verlangen der Vollstreckungsbehörde hat ihr der Drittschuldner binnen zwei Wochen, von der Zustellung der Pfändungsverfügung an gerechnet, zu erklären:
1. ob und inwieweit er die Forderung als begründet anerkenne und bereit sei, zu zahlen,
2. ob und welche Ansprüche andere Personen an die Forderung erheben,
3. ob und wegen welcher Ansprüche die Forderung bereits für andere Gläubiger gepfändet sei.
Die Erklärung des Drittschuldners zu Nummer 1 gilt nicht als Schuldanerkenntnis.
(2) Die Aufforderung zur Abgabe dieser Erklärung kann in die Pfändungsverfügung aufgenommen werden. Der Drittschuldner haftet der Vollstreckungsbehörde für den Schaden, der aus der Nichterfüllung seiner Verpflichtung entsteht. Er kann zur Abgabe der Erklärung durch ein Zwangsgeld angehalten werden; § 334 ist nicht anzuwenden.
(3) Die §§ 841 bis 843 der Zivilprozeßordnung sind anzuwenden.

Abgabenordnung
Vollstreckung
Vollstreckung wegen Geldforderungen
Vollstreckung in das bewegliche Vermögen
§§ 317–321

§ 317 Andere Art der Verwertung

Ist die gepfändete Forderung bedingt oder betagt oder ihre Einziehung schwierig, so kann die Vollstreckungsbehörde anordnen, daß sie in anderer Weise zu verwerten ist; § 315 Abs. 1 gilt entsprechend. Der Vollstreckungsschuldner ist vorher zu hören, sofern nicht eine Bekanntgabe außerhalb des Geltungsbereiches des Gesetzes oder eine öffentliche Bekanntmachung erforderlich ist.

§ 318 Ansprüche auf Herausgabe oder Leistung von Sachen

(1) Für die Vollstreckung in Ansprüche auf Herausgabe oder Leistung von Sachen gelten außer den §§ 309 bis 317 die nachstehenden Vorschriften.
(2) Bei der Pfändung eines Anspruchs, der eine bewegliche Sache betrifft, ordnet die Vollstreckungsbehörde an, daß die Sache an den Vollziehungsbeamten herauszugeben sei. Die Sache wird wie eine gepfändete Sache verwertet.
(3) Bei Pfändung eines Anspruchs, der eine unbewegliche Sache betrifft, ordnet die Vollstreckungsbehörde an, daß die Sache an einen Treuhänder herauszugeben sei, den das Amtsgericht der belegenen Sache auf Antrag der Vollstreckungsbehörde bestellt. Ist der Anspruch auf Übertragung des Eigentums gerichtet, so ist dem Treuhänder als Vertreter des Vollstreckungsschuldners aufzulassen. Mit dem Übergang des Eigentums auf den Vollstreckungsschuldners erlangt die Körperschaft, der die Vollstreckungsbehörde angehört, eine Sicherungshypothek für die Forderung. Der Treuhänder hat die Eintragung der Sicherungshypothek zu bewilligen. Die Vollstreckung in die herausgegebene Sache wird nach den Vorschriften über die Vollstreckung in unbewegliche Sachen bewirkt.
(4) Absatz 3 gilt entsprechend, wenn der Anspruch ein im Schiffsregister eingetragenes Schiff, ein Schiffsbauwerk oder Schwimmdock, das im Schiffsbauregister eingetragen ist oder in dieses Register eingetragen werden kann oder ein Luftfahrzeug betrifft, das in der Luftfahrzeugrolle eingetragen ist oder nach Löschung in der Luftfahrzeugrolle noch in dem Register für Pfandrechte an Luftfahrzeugen eingetragen ist.
(5) Dem Treuhänder ist auf Antrag eine Entschädigung zu gewähren. Die Entschädigung darf die Vergütung nicht übersteigen, die durch die Verordnung über die Geschäftsführung und die Vergütung des Zwangsverwalters vom 16. Februar 1970 (Bundesgesetzbl. I S. 185) festgesetzt worden ist.

§ 319 Unpfändbarkeit von Forderungen

Beschränkungen und Verbote, die nach §§ 850 bis 852 der Zivilprozeßordnung und anderen gesetzlichen Bestimmungen für die Pfändung von Forderungen und Ansprüchen bestehen, gelten sinngemäß.

§ 320 Mehrfache Pfändung einer Forderung

(1) Ist eine Forderung durch mehrere Vollstreckungsbehörden oder durch eine Vollstreckungsbehörde und ein Gericht gepfändet, so sind die §§ 853 bis 856 der Zivilprozeßordnung und § 99 Abs. 1 Satz 1 des Gesetzes über Rechte an Luftfahrzeugen entsprechend anzuwenden.
(2) Fehlt es an einem Amtsgericht, das nach den §§ 853 und 854 der Zivilprozeßordnung zuständig wäre, so ist bei dem Amtsgericht zu hinterlegen, in dessen Bezirk die Vollstreckungsbehörde ihren Sitz hat, deren Pfändungsverfügung dem Drittschuldner zuerst zugestellt worden ist.

§ 321 Vollstreckung in andere Vermögensrechte

(1) Für die Vollstreckung in andere Vermögensrechte, die nicht Gegenstand der Vollstreckung in das unbewegliche Vermögen sind, gelten die vorstehenden Vorschriften entsprechend.
(2) Ist kein Drittschuldner vorhanden, so ist die Pfändung bewirkt, wenn dem Vollstreckungsschuldner das Gebot, sich jeder Verfügung über das Recht zu enthalten, zugestellt ist.
(3) Ein unveräußerliches Recht ist, wenn nichts anderes bestimmt ist, insoweit pfändbar, als die Ausübung einem anderen überlassen werden kann.

Abgabenordnung

Vollstreckung
Vollstreckung wegen Geldforderungen
Vollstreckung in das unbewegliche Vermögen
§ 322

(4) Die Vollstreckungsbehörde kann bei der Vollstreckung in unveräußerliche Rechte, deren Ausübung einem anderen überlassen werden kann, besondere Anordnungen erlassen, insbesondere bei der Vollstreckung in Nutzungsrechte eine Verwaltung anordnen; in diesem Fall wird die Pfändung durch Übergabe der zu benutzenden Sache an den Verwalter bewirkt, sofern sie nicht durch Zustellung der Pfändungsverfügung schon vorher bewirkt ist.

(5) Ist die Veräußerung des Rechts zulässig, so kann die Vollstreckungsbehörde die Veräußerung anordnen.

(6) Für die Vollstreckung in eine Reallast, eine Grundschuld oder eine Rentenschuld gelten die Vorschriften über die Vollstreckung in eine Forderung, für die eine Hypothek besteht.

(7) Die §§ 858 bis 863 der Zivilprozeßordnung gelten sinngemäß.

4. Unterabschnitt
Vollstreckung in das unbewegliche Vermögen

§ 322 Verfahren

(1) Der Vollstreckung in das unbewegliche Vermögen unterliegen außer den Grundstücken die Berechtigungen, für welche die sich auf Grundstücke beziehenden Vorschriften gelten, die im Schiffsregister eingetragenen Schiffe, die Schiffsbauwerke und Schwimmdocks, die im Schiffsbauregister eingetragen sind oder in dieses Register eingetragen werden können, sowie die Luftfahrzeuge, die in der Luftfahrzeugrolle eingetragen sind oder nach Löschung in der Luftfahrzeugrolle noch in dem Register für Pfandrechte an Luftfahrzeugen eingetragen sind. Auf die Vollstreckung sind die für die gerichtliche Zwangsvollstreckung geltenden Vorschriften, namentlich die §§ 864 bis 871 der Zivilprozeßordnung und das Gesetz über die Zwangsversteigerung und die Zwangsverwaltung anzuwenden. Bei Stundung und Aussetzung der Vollziehung geht eine im Wege der Vollstreckung eingetragene Sicherungshypothek jedoch nur dann nach § 868 der Zivilprozeßordnung auf den Eigentümer über und erlischt eine Schiffshypothek oder ein Registerpfandrecht an einem Luftfahrzeug jedoch nur dann nach § 870 a Abs. 3 der Zivilprozeßordnung sowie § 99 Abs. 1 des Gesetzes über Rechte an Luftfahrzeugen, wenn zugleich die Aufhebung der Vollstreckungsmaßnahme angeordnet wird.

(2) Für die Vollstreckung in ausländische Schiffe gilt § 171 des Gesetzes über die Zwangsversteigerung und die Zwangsverwaltung, für die Vollstreckung in ausländische Luftfahrzeuge § 106 Abs. 1, 2 des Gesetzes über Rechte an Luftfahrzeugen sowie die §§ 171 h bis 171 n des Gesetzes über Zwangsversteigerung und die Zwangsverwaltung.

(3) Die für die Vollstreckung in das unbewegliche Vermögen erforderlichen Anträge des Gläubigers stellt die Vollstreckungsbehörde. Sie hat hierbei zu bestätigen, daß die gesetzlichen Voraussetzungen für die Vollstreckung vorliegen. Diese Fragen unterliegen nicht der Beurteilung des Vollstreckungsgerichts oder des Grundbuchamts. Anträge auf Eintragung einer Sicherungshypothek, einer Schiffshypothek oder eines Registerpfandrechts an einem Luftfahrzeug sind Ersuchen im Sinne des § 38 der Grundbuchordnung und des § 45 der Schiffsregisterordnung.

(4) Zwangsversteigerung und Zwangsverwaltung soll die Vollstreckungsbehörde nur beantragen, wenn festgestellt ist, daß der Geldbetrag durch Vollstreckung in das bewegliche Vermögen nicht beigetrieben werden kann.

(5) Soweit der zu vollstreckende Anspruch gemäß § 10 Abs. 1 Nr. 3 des Gesetzes über die Zwangsversteigerung und Zwangsverwaltung den Rechten am Grundstück im Rang vorgeht, kann eine Sicherungshypothek unter der aufschiebenden Bedingung in das Grundbuch eingetragen werden, daß das Vorrecht wegfällt.

Abgabenordnung

Vollstreckung
Vollstreckung wegen Geldforderungen
Arrest
§§ 323–326

§ 323 Vollstreckung gegen den Rechtsnachfolger

Ist nach § 322 eine Sicherungshypothek, eine Schiffshypothek oder ein Registerpfandrecht an einem Luftfahrzeug eingetragen worden, so bedarf es zur Zwangsversteigerung aus diesem Recht nur dann eines Duldungsbescheides, wenn nach der Eintragung dieses Rechts ein Eigentumswechsel eingetreten ist. Satz 1 gilt sinngemäß für die Zwangsverwaltung aus einer nach § 322 eingetragenen Sicherungshypothek.

5. Unterabschnitt
Arrest

§ 324 Dinglicher Arrest

(1) Zur Sicherung der Vollstreckung von Geldforderungen nach den §§ 249 bis 323 kann die für die Steuerfestsetzung zuständige Finanzbehörde den Arrest in das bewegliche oder unbewegliche Vermögen anordnen, wenn zu befürchten ist, daß sonst die Beitreibung vereitelt oder wesentlich erschwert wird. Sie kann den Arrest auch dann anordnen, wenn die Forderung noch nicht zahlenmäßig feststeht oder wenn sie bedingt oder betagt ist. In der Arrestanordnung ist ein Geldbetrag zu bestimmen, bei dessen Hinterlegung die Vollziehung des Arrestes gehemmt und der vollzogene Arrest aufzuheben ist.

(2) Die Arrestanordnung ist zuzustellen. Sie muß begründet und von dem anordnenden Bediensteten unterschrieben sein.

(3) Die Vollziehung der Arrestanordnung ist unzulässig, wenn seit dem Tag, an dem die Anordnung unterzeichnet worden ist, ein Monat verstrichen ist. Die Vollziehung ist auch schon vor der Zustellung an den Arrestschuldner zulässig, sie ist jedoch ohne Wirkung, wenn die Zustellung nicht innerhalb einer Woche nach der Vollziehung und innerhalb eines Monats seit der Unterzeichnung erfolgt. Bei Zustellung im Ausland und öffentlicher Zustellung gilt § 169 Abs. 1 Satz 3 entsprechend. Auf die Vollziehung des Arrestes finden die §§ 930 bis 932 der Zivilprozeßordnung sowie § 99 Abs. 2 und § 106 Abs. 1, 3 und 5 des Gesetzes über Rechte an Luftfahrzeugen entsprechende Anwendung; an die Stelle des Arrestgerichts und des Vollstreckungsgerichts tritt die Vollstreckungsbehörde, an die Stelle des Gerichtsvollziehers der Vollziehungsbeamte. Soweit auf die Vorschriften über die Pfändung verwiesen wird, sind die entsprechenden Vorschriften dieses Gesetzes anzuwenden.

§ 325 Aufhebung des dinglichen Arrestes

Die Arrestanordnung ist aufzuheben, wenn nach ihrem Erlaß Umstände bekanntwerden, die die Arrestanordnung nicht mehr gerechtfertigt erscheinen lassen.

§ 326 Persönlicher Sicherheitsarrest

(1) Auf Antrag der für die Steuerfestsetzung zuständigen Finanzbehörde kann das Amtsgericht einen persönlichen Sicherheitsarrest anordnen, wenn er erforderlich ist, um die gefährdete Vollstreckung in das Vermögen des Pflichtigen zu sichern. Zuständig ist das Amtsgericht, in dessen Bezirk die Finanzbehörde ihren Sitz hat oder sich der Pflichtige befindet.

(2) In dem Antrag hat die für die Steuerfestsetzung zuständige Finanzbehörde den Anspruch nach Art und Höhe sowie die Tatsachen anzugeben, die den Arrestgrund ergeben.

(3) Für die Anordnung, Vollziehung und Aufhebung des persönlichen Sicherheitsarrestes gelten § 921 Abs. 1 und die §§ 922 bis 925, 927, 929, 933, 934 Abs. 1, 3 und 4 der Zivilprozeßordnung sinngemäß. § 911 der Zivilprozeßordnung ist nicht anzuwenden.

(4) Für Zustellungen gelten die Vorschriften der Zivilprozeßordnung.

Abgabenordnung
Vollstreckung
Vollstreckung wegen anderer Leistungen als Geldforderungen
Vollstreckung wegen Handlungen,
Duldungen oder Unterlassungen
§§ 327–332

6. Unterabschnitt
Verwertung von Sicherheiten

§ 327 Verwertung von Sicherheiten

Werden Geldforderungen, die im Verwaltungsverfahren vollstreckbar sind (§ 251), bei Fälligkeit nicht erfüllt, kann sich die Vollstreckungsbehörde aus den Sicherheiten befriedigen, die sie zur Sicherung dieser Ansprüche erlangt hat. Die Sicherheiten werden nach den Vorschriften dieses Abschnitts verwertet. Die Verwertung darf erst erfolgen, wenn dem Vollstreckungsschuldner die Verwertungsabsicht bekanntgegeben und seit der Bekanntgabe mindestens eine Woche verstrichen ist.

Dritter Abschnitt
Vollstreckung wegen anderer Leistungen als Geldforderungen

1. Unterabschnitt
Vollstreckung wegen Handlungen, Duldungen oder Unterlassungen

§ 328 Zwangsmittel

(1) Ein Verwaltungsakt, der auf Vornahme einer Handlung oder auf Duldung oder Unterlassung gerichtet ist, kann mit Zwangsmitteln (Zwangsgeld, Ersatzvornahme, unmittelbarer Zwang) durchgesetzt werden. Für die Erzwingung von Sicherheiten gilt § 336. Vollstreckungsbehörde ist die Behörde, die den Verwaltungsakt erlassen hat.
(2) Es ist dasjenige Zahlungsmittel zu bestimmen, durch das der Pflichtige und die Allgemeinheit am wenigsten beeinträchtigt werden. Das Zwangsmittel muß in einem angemessenen Verhältnis zu seinem Zweck stehen.

§ 329 Zwangsgeld

Das einzelne Zwangsgeld darf fünftausend Deutsche Mark nicht übersteigen.

§ 330 Ersatzvornahme

Wird die Verpflichtung, eine Handlung vorzunehmen, deren Vornahme durch einen anderen möglich ist (vertretbare Handlung), nicht erfüllt, so kann die Vollstreckungsbehörde einen anderen mit der Vornahme der Handlung auf Kosten des Pflichtigen beauftragen.

§ 331 Unmittelbarer Zwang

Führen das Zwangsgeld oder die Ersatzvornahme nicht zum Ziele oder sind sie untunlich, so kann die Finanzbehörde den Pflichtigen zur Handlung, Duldung oder Unterlassung zwingen oder die Handlung selbst vornehmen.

§ 332 Androhung der Zwangsmittel

(1) Die Zwangsmittel müssen schriftlich angedroht werden. Wenn zu besorgen ist, daß dadurch der Vollzug des durchzusetzenden Verwaltungsaktes vereitelt wird, genügt es, die Zwangsmittel mündlich oder auf andere nach der Lage gebotene Weise anzudrohen. Zur Erfüllung der Verpflichtung ist eine angemessene Frist zu bestimmen.
(2) Die Androhung kann mit dem Verwaltungsakt verbunden werden, durch den die Handlung, Duldung oder Unterlassung aufgegeben wird. Sie muß sich auf ein bestimmtes Zwangsmittel beziehen und für jede einzelne Verpflichtung getrennt ergehen. Zwangsgeld ist in bestimmter Höhe anzudrohen.
(3) Eine neue Androhung wegen derselben Verpflichtung ist erst dann zulässig, wenn das zunächst angedrohte Zwangsmittel erfolglos ist. Wird vom Pflichtigen ein Dulden oder Unterlassen gefordert, so kann das Zwangsmittel für jeden Fall der Zuwiderhandlung angedroht werden.
(4) Soll die Handlung durch Ersatzvornahme ausgeführt werden, so ist in der Androhung der Kostenbetrag vorläufig zu veranschlagen.

Abgabenordnung

Vollstreckung
Vollstreckung wegen anderer Leistungen
als Geldforderungen – Kosten
Vollstreckung wegen Handlungen, Duldungen
oder Unterlassungen – Erzwingung von Sicherheiten
§§ 333–339

§ 333 Festsetzung der Zwangsmittel

Wird die Verpflichtung innerhalb der Frist, die in der Androhung bestimmt ist, nicht erfüllt oder handelt der Pflichtige der Verpflichtung zuwider, so setzt die Finanzbehörde das Zwangsmittel fest.

§ 334 Ersatzzwangshaft

(1) Ist ein gegen eine natürliche Person festgesetztes Zwangsgeld uneinbringlich, so kann das Amtsgericht auf Antrag der Finanzbehörde nach Anhörung des Pflichtigen Ersatzzwangshaft anordnen, wenn bei Androhung des Zwangsgeldes hierauf hingewiesen worden ist. Ordnet das Amtsgericht Ersatzzwangshaft an, so hat es einen Haftbefehl auszufertigen, in dem die antragstellende Behörde, der Pflichtige und der Grund der Verhaftung zu bezeichnen sind.
(2) Das Amtsgericht entscheidet nach pflichtgemäßem Ermessen durch Beschluß. Örtlich zuständig ist das Amtsgericht, in dessen Bezirk der Pflichtige seinen Wohnsitz oder in Ermangelung eines Wohnsitzes seinen gewöhnlichen Aufenthalt hat. Gegen den Beschluß des Amtsgerichts ist die sofortige Beschwerde nach der Zivilprozeßordnung gegeben.
(3) Die Ersatzzwangshaft beträgt mindestens einen Tag, höchstens zwei Wochen. Die Vollziehung der Ersatzzwangshaft richtet sich nach den §§ 904 bis 906, 909 und 910 der Zivilprozeßordnung und den §§ 171 bis 175 des Strafvollzugsgesetzes.
(4) Ist der Anspruch auf das Zwangsgeld verjährt, so darf die Haft nicht mehr vollstreckt werden.

§ 335 Beendigung des Zwangsverfahrens

Wird die Verpflichtung nach Festsetzung des Zwangsmittels erfüllt, so ist der Vollzug einzustellen.

2. Unterabschnitt
Erzwingung von Sicherheiten

§ 336 Erzwingung von Sicherheiten

(1) Wird die Verpflichtung zur Leistung von Sicherheiten nicht erfüllt, so kann die Finanzbehörde geeignete Sicherheiten pfänden.
(2) Der Erzwingung der Sicherheit muß eine schriftliche Androhung vorausgehen. Die §§ 262 bis 323 sind entsprechend anzuwenden.

Vierter Abschnitt
Kosten

§ 337 Kosten der Vollstreckung

(1) Die Kosten der Vollstreckung (Gebühren und Auslagen) fallen dem Vollstreckungsschuldner zur Last.
(2) Für das Mahnverfahren werden keine Kosten erhoben. Jedoch hat der Vollstreckungsschuldner die Kosten zu tragen, die durch einen Postnachnahmeauftrag (§ 259 Satz 2) entstehen.

§ 338 Gebührenarten

Im Vollstreckungsverfahren werden Pfändungsgebühren (§ 339), Wegnahmegebühren (§ 340) und Verwertungsgebühren (§ 341) erhoben.

§ 339 Pfändungsgebühr

(1) Die Pfändungsgebühr wird erhoben:
1. für die Pfändung von beweglichen Sachen, von Früchten, die vom Boden noch nicht getrennt sind, von Forderungen aus Wechseln oder anderen Papieren, die durch Indossament übertragen werden können, und von Postspareinlagen,

2. für die Pfändung von Forderungen, die nicht unter Nummer 1 fallen, und von anderen Vermögensrechten.

(2) Die Gebühr entsteht:
1. sobald der Vollziehungsbeamte Schritte zur Ausführung des Vollstreckungsauftrages unternommen hat,
2. mit der Zustellung der Verfügung, durch die eine Forderung oder ein anderes Vermögensrecht gepfändet werden soll.

(3) Die Gebühr bemißt sich nach der Summe der zu vollstreckenden Beträge. Die durch die Pfändung entstehenden Kosten sind nicht mitzurechnen. Bei der Vollziehung eines Arrestes bemißt sich die Pfändungsgebühr nach der Hinterlegungssumme (§ 324 Abs. 1 Satz 3).

(4) Die Höhe der Gebühr richtet sich nach der Gebührentabelle zu § 13 Abs. 1 des Gesetzes über Kosten der Gerichtsvollzieher; in den Fällen des Absatzes 1 Nr. 1 wird die volle Gebühr, in den Fällen des Absatzes 1 Nr. 2 werden zwei Drittel der Gebühr, aufgerundet auf volle Deutsche Mark, erhoben.

(5) Die halbe Gebühr wird erhoben, wenn
1. ein Pfändungsversuch erfolglos geblieben ist, weil pfändbare Gegenstände nicht vorgefunden wurden,
2. die Pfändung in den Fällen des § 281 Abs. 3 dieses Gesetzes sowie der §§ 812 und 851 b Abs. 1 der Zivilprozeßordnung unterbleibt.

(6) Die volle Gebühr wird erhoben, wenn
1. durch Zahlung an den Vollziehungsbeamten die Pfändung abgewendet wird oder
2. auf andere Weise Zahlung geleistet wird, nachdem sich der Vollziehungsbeamte an Ort und Stelle begeben hat.
Wird die Pfändung auf andere Weise abgewendet, wird keine Gebühr erhoben.

(7) Werden wegen desselben Anspruchs mehrere Forderungen, die nicht unter Absatz 1 Nr. 1 fallen, oder andere Vermögensrechte gepfändet, so wird die Gebühr nur einmal erhoben.

§ 340 Wegnahmegebühr

(1) Die Wegnahmegebühr wird für die Wegnahme beweglicher Sachen einschließlich Urkunden in den Fällen der §§ 310, 315 Abs. 2 Satz 2, §§ 318, 321, 331 und 336 erhoben. Dies gilt auch dann, wenn der Vollstreckungsschuldner an den zur Vollstreckung erschienenen Vollziehungsbeamten freiwillig leistet.

(2) § 339 Abs. 2 Nr. 1 ist entsprechend anzuwenden.

(3) Die Höhe der Wegnahmegebühr richtet sich nach § 22 Abs. 1 Satz 1 des Gesetzes über Kosten der Gerichtsvollzieher.

(4) Sind die in Absatz 1 bezeichneten Sachen nicht aufzufinden, so wird für den Wegnahmeversuch nur die halbe Gebühr erhoben.

§ 341 Verwertungsgebühr

(1) Die Verwertungsgebühr wird für die Versteigerung und andere Verwertung von Gegenständen erhoben.

(2) Die Gebühr entsteht, sobald der Vollziehungsbeamte oder ein anderer Beauftragter Schritte zur Ausführung des Verwertungsauftrages unternommen hat.

(3) Die Gebühr bemißt sich nach dem Erlös. Übersteigt der Erlös die Summe der zu vollstreckenden Beträge, so ist diese maßgebend. Die Höhe der Gebühr beträgt das Zweieinhalbfache der Gebühr für Pfändungen nach § 339 Abs. 1 Nr. 1.

(4) Wird die Verwertung abgewendet (§ 296 Abs. 1 zweiter Halbsatz), so ist § 339 Abs. 6 Satz 1 mit der Maßgabe anzuwenden, daß ein Viertel der vollen Gebühr, höchstens sechzig Deutsche Mark, erhoben wird; im übrigen wird keine Gebühr erhoben. Die Gebühr bemißt sich nach dem Betrag, der bei einer Verwertung der Gegenstände voraussichtlich als Erlös zu erzielen wäre (Schätzwert). Absatz 3 Satz 2 gilt sinngemäß.

Abgabenordnung

Vollstreckung
Kosten
§§ 342-346

§ 342 Mehrheit von Schuldnern

(1) Wird gegen mehrere Schuldner vollstreckt, so sind die Gebühren, auch wenn der Vollziehungsbeamte bei derselben Gelegenheit mehrere Vollstreckungshandlungen vornimmt, von jedem Vollstreckungsschuldner zu erheben.

(2) Wird gegen Gesamtschuldner wegen der Gesamtschuld bei derselben Gelegenheit vollstreckt, so werden Pfändungs-, Wegnahme- und Verwertungsgebühren nur einmal erhoben. Die in Satz 1 bezeichneten Personen schulden die Gebühren als Gesamtschuldner. Wird die Vollstreckung einer Gesamtschuld nach den §§ 268 bis 278 beschränkt, so ermäßigen sich die bis dahin entstandenen Gebühren entsprechend.

§ 343 Abrundung

Ergeben sich bei der Berechnung der Gebühr Pfennigbeträge, so sind sie auf einen durch zehn teilbaren Betrag abzurunden.

§ 344 Auslagen

(1) Als Auslagen werden erhoben:
1. Schreibauslagen für nicht von Amts wegen zu erteilende Abschriften. Die Schreibauslagen betragen für jede Seite unabhängig von der Art der Herstellung eine Deutsche Mark,
2. Fernsprechgebühren im Fernverkehr, Telegrafen- und Fernschreibgebühren,
3. Postgebühren für Zustellungen durch die Post mit Postzustellungsurkunde und für Nachnahmen; wird durch die Behörde zugestellt (§ 5 des Verwaltungszustellungsgesetzes), so werden die für Zustellungen durch die Post mit Zustellungsurkunde entstehenden Postgebühren erhoben,
4. Kosten, die durch öffentliche Bekanntmachung entstehen,
5. Entschädigungen der zum Öffnen von Türen oder Behältnissen sowie zur Durchsuchung von Vollstreckungsschuldnern zugezogenen Personen,
6. Kosten der Beförderung, Verwahrung und Beaufsichtigung gepfändeter Sachen, Kosten der Aberntung gepfändeter Früchte und Kosten der Verwahrung, Fütterung und Pflege gepfändeter Tiere,
7. Beträge, die als Entschädigung an Zeugen, Auskunftspersonen und Sachverständige (§ 107) sowie an Treuhänder (§ 318 Abs. 5) zu zahlen sind,
8. andere Beträge, die auf Grund von Vollstreckungsmaßnahmen an Dritte zu zahlen sind, insbesondere Beträge, die bei der Ersatzvornahme oder beim unmittelbaren Zwang an Beauftragte und an Hilfspersonen gezahlt werden und sonstige durch Ausführung des unmittelbaren Zwanges oder Anwendung der Ersatzzwangshaft entstandene Kosten.

(2) Werden Sachen, die bei mehreren Vollstreckungsschuldnern gepfändet worden sind, in einem einheitlichen Verfahren abgeholt und verwertet, so werden die Auslagen, die in diesem Verfahren entstehen, auf die beteiligten Vollstreckungsschuldner verteilt. Dabei sind die besonderen Umstände des einzelnen Falles, vor allem Wert, Umfang und Gewicht der Gegenstände, zu berücksichtigen.

§ 345 Reisekosten und Aufwendungsentschädigungen

Im Vollstreckungsverfahren sind die Reisekosten des Vollziehungsbeamten und Auslagen, die durch Aufwandsentschädigungen abgegolten werden, von dem Vollstreckungsschuldner nicht zu erstatten.

§ 346 Unrichtige Sachbehandlung, Festsetzungsfrist

(1) Kosten, die bei richtiger Behandlung der Sache nicht entstanden wären, sind nicht zu erheben.

(2) Die Frist für den Ansatz der Kosten und für die Aufhebung und Änderung des Kostenansatzes beträgt ein Jahr. Sie beginnt mit Ablauf des Kalenderjahres, in dem die Kosten entstanden sind. Einem vor Ablauf der Frist gestellten Antrag auf Aufhebung oder Änderung kann auch nach Ablauf der Frist entsprochen werden.

Abgabenordnung

Außergerichtliches Rechtsbehelfsverfahren
Zulässigkeit der Rechtsbehelfe
§§ 347–348

Siebenter Teil
Außergerichtliches Rechtsbehelfsverfahren

Erster Abschnitt
Zulässigkeit der Rechtsbehelfe

§ 347 Zulässigkeit der Rechtsbehelfe

(1) Die Rechtsbehelfe dieses Teils sind gegeben:
1. in Abgabenangelegenheiten, auf die dieses Gesetz Anwendung findet,
2. in Verfahren zur Vollstreckung von Verwaltungsakten in anderen als den in Nummer 1 bezeichneten Angelegenheiten, soweit die Verwaltungsakte durch Bundesfinanzbehörden oder Landesfinanzbehörden nach den Vorschriften dieses Gesetzes zu vollstrecken sind,
3. in öffentlich-rechtlichen und berufsrechtlichen Streitigkeiten über Angelegenheiten, die durch den Ersten Teil, den Zweiten und den Sechsten Abschnitt des Zweiten Teils und den Ersten Abschnitt des Dritten Teils des Steuerberatungsgesetzes geregelt werden,
4. in anderen durch die Finanzbehörden verwalteten Angelegenheiten, soweit die Vorschriften über die außergerichtlichen Rechtsbehelfe durch Gesetz für anwendbar erklärt worden sind oder erklärt werden.

(2) Abgabenangelegenheiten sind alle mit der Verwaltung der Abgaben einschließlich Abgabenvergütungen oder sonst mit der Anwendung der abgabenrechtlichen Vorschriften durch die Finanzbehörden zusammenhängenden Angelegenheiten einschließlich der Maßnahmen der Bundesfinanzbehörden und der Finanzbehörden des Landes Berlin zur Beachtung der Verbote und Beschränkungen für den Warenverkehr über die Grenze; den Abgabenangelegenheiten stehen die Angelegenheiten der Verwaltung der Finanzmonopole gleich. Die Vorschriften des Absatzes 1 finden auf das Straf- und Bußgeldverfahren keine Anwendung.

§ 348 Einspruch

(1) Gegen die folgenden Verwaltungsakte ist, auch soweit sie für Zwecke der Vorauszahlungen erteilt werden, als Rechtsbehelf der Einspruch gegeben:
1. Steuerbescheide und Steuervergütungsbescheide (§ 155) sowie Steueranmeldungen (§ 168),
2. Feststellungsbescheide (§ 179), Steuermeßbescheide (§ 184), Zerlegungsbescheide (§ 188) und Zuteilungsbescheide (§ 190) sowie alle anderen Verwaltungsakte, die für die Festsetzung von Steuern verbindlich sind, ausgenommen die Billigkeitsmaßnahmen nach § 163,
3. Verwaltungsakte über Steuervergünstigungen, auf deren Gewährung oder Belassung ein Rechtsanspruch besteht,
4. Haftungsbescheide und Duldungsbescheide (§ 191),
5. verbindliche Zolltarifauskünfte,
6. verbindliche Zusagen nach § 204,
7. Verwaltungsakte, durch die auf Grund des Gesetzes über das Branntweinmonopol ein Kontingent festgesetzt wird (Kontingentbescheide),
8. Aufteilungsbescheide (§ 279),
9. Verwaltungsakte nach § 218 Abs. 2,
10. Verwaltungsakte über Zinsen und Kosten,
11. Verwaltungsakte nach § 251 Abs. 3.

(2) In den Fällen des Absatzes 1 ist der Einspruch auch gegeben, wenn ein Verwaltungsakt aufgehoben oder geändert oder ein Antrag auf Erlaß, Aufhebung oder Änderung eines Verwaltungsaktes abgelehnt wird.

Abgabenordnung

Außergerichtliches Rechtsbehelfsverfahren
Zulässigkeit der Rechtsbehelfe
§§ 349-352

§ 349 Beschwerde

(1) Gegen andere als die in § 348 aufgeführten Verwaltungsakte ist als Rechtsbehelf die Beschwerde gegeben. Dies gilt nicht für Entscheidungen über einen außergerichtlichen Rechtsbehelf.

(2) Die Beschwerde ist außerdem gegeben, wenn jemand geltend macht, daß über einen von ihm gestellten Antrag auf Erlaß eines Verwaltungsaktes ohne Mitteilung eines zureichenden Grundes binnen angemessener Frist sachlich nicht entschieden worden ist. Entscheidungen über einen außergerichtlichen Rechtsbehelf gelten nicht als Verwaltungsakte in diesem Sinne.

(3) Die Beschwerde ist nicht gegeben gegen
1. Verwaltungsakte der obersten Finanzbehörden des Bundes und der Länder sowie der Bundesmonopolverwaltung für Branntwein und der Monopolverwaltung für Branntwein Berlin,
2. Entscheidungen des Zulassungsausschusses und des Prüfungsausschusses der Oberfinanzdirektionen in Angelegenheiten des Steuerberatungsgesetzes.

§ 350 Beschwer

Befugt, Rechtsbehelfe einzulegen, ist nur, wer geltend macht, durch einen Verwaltungsakt oder dessen Unterlassung beschwert zu sein.

§ 351 Bindungswirkung anderer Verwaltungsakte

(1) Verwaltungsakte, die unanfechtbare Verwaltungsakte ändern, können nur insoweit angegriffen werden, als die Änderung reicht, es sei denn, daß sich aus den Vorschriften über die Aufhebung und Änderung von Verwaltungsakten etwas anderes ergibt.

(2) Entscheidungen in einem Grundlagenbescheid (§ 171 Abs. 10) können nur durch Anfechtung dieses Bescheides, nicht auch durch Anfechtung des Folgebescheides, angegriffen werden.

§ 352 Rechtsbehelfsbefugnis bei einheitlichen Feststellungsbescheiden

(1) Einen Einspruch in Angelegenheiten, die einen einheitlichen Feststellungsbescheid über Einkünfte aus Gewerbebetrieb, über den Einheitswert eines gewerblichen Betriebes oder über wirtschaftliche Untereinheiten von gewerblichen Betrieben betreffen, können die folgenden Personen einlegen:
1. soweit es sich darum handelt, wer an dem festgestellten Betrag beteiligt ist und wie dieser sich auf die einzelnen Beteiligten verteilt:
jeder Gesellschafter oder Gemeinschafter, der durch die Feststellungen hierzu berührt wird,
2. soweit es sich um eine Frage handelt, die einen Gesellschafter oder Gemeinschafter persönlich angeht:
der Gesellschafter oder Gemeinschafter, der durch die Feststellungen über die Frage berührt wird,
3. im übrigen:
nur die zur Geschäftsführung berufenen Gesellschafter oder Gemeinschafter.

(2) Sind in anderen als den Fällen des Absatzes 1 einheitliche Feststellungsbescheide gegen Mitberechtigte ergangen, so ist jeder Mitberechtigte befugt, Einspruch einzulegen.

Abgabenordnung

Außergerichtliches Rechtsbehelfsverfahren
Zulässigkeit der Rechtsbehelfe –
Allgemeine Verfahrensvorschriften
§§ 353–357

§ 353 Rechtsbehelfsbefugnis des Rechtsnachfolgers

Wirkt ein Feststellungsbescheid über einen Einheitswert, ein Grundsteuermeßbescheid oder ein Zerlegungs- oder Zuteilungsbescheid über einen Grundsteuermeßbetrag gegenüber dem Rechtsnachfolger, ohne daß er diesem bekanntgegeben worden ist (§ 182 Abs. 2, § 184 Abs. 1 Satz 4, §§ 185 und 190), so kann der Rechtsnachfolger nur innerhalb der für den Rechtsvorgänger maßgebenden Rechtsbehelfsfrist Einspruch einlegen.

§ 354 Rechtsbehelfsverzicht

(1) Auf Einlegung eines Rechtsbehelfs kann nach Erlaß des Verwaltungsaktes verzichtet werden. Der Verzicht kann auch bei Abgabe einer Steueranmeldung für den Fall ausgesprochen werden, daß die Steuer nicht abweichend von der Steueranmeldung festgesetzt wird. Durch den Verzicht wird der Rechtsbehelf unzulässig.

(2) Der Verzicht ist gegenüber der zuständigen Finanzbehörde schriftlich oder zur Niederschrift zu erklären; er darf keine weiteren Erklärungen enthalten. Wird nachträglich die Unwirksamkeit des Verzichts geltend gemacht, so gilt § 110 Abs. 3 sinngemäß.

Zweiter Abschnitt
Allgemeine Verfahrensvorschriften

§ 355 Rechtsbehelfsfrist

(1) Die Rechtsbehelfe gegen einen Verwaltungsakt sind innerhalb eines Monats nach Bekanntgabe des Verwaltungsaktes einzulegen. Ein Rechtsbehelf gegen eine Steueranmeldung ist innerhalb eines Monats nach Eingang der Steueranmeldung bei der Finanzbehörde, in den Fällen des § 168 Satz 2 innerhalb eines Monats nach Bekanntwerden der Zustimmung, einzulegen.

(2) Die Beschwerde nach § 349 Abs. 2 ist unbefristet.

§ 356 Rechtsbehelfsbelehrung

(1) Ergeht ein Verwaltungsakt schriftlich, so beginnt die Frist für die Einlegung des Rechtsbehelfs nur, wenn der Beteiligte über den Rechtsbehelf und die Finanzbehörde, bei der er einzulegen ist, deren Sitz und die einzuhaltende Frist schriftlich belehrt worden ist.

(2) Ist die Belehrung unterblieben oder unrichtig erteilt, so ist die Einlegung des Rechtsbehelfs nur binnen eines Jahres seit Bekanntgabe des Verwaltungsaktes zulässig, es sei denn, daß die Einlegung vor Ablauf der Jahresfrist infolge höherer Gewalt unmöglich war oder eine schriftliche Belehrung dahin erfolgt ist, daß ein Rechtsbehelf nicht gegeben sei. § 110 Abs. 2 gilt für den Fall höherer Gewalt sinngemäß.

§ 357 Einlegung der Rechtsbehelfe

(1) Die Rechtsbehelfe sind schriftlich einzureichen oder zur Niederschrift zu erklären. Es genügt, wenn aus dem Schriftstück hervorgeht, wer den Rechtsbehelf eingelegt hat. Einlegung durch Telegramm ist zulässig. Unrichtige Bezeichnung des Rechtsbehelfs schadet nicht.

(2) Der Einspruch oder die Beschwerde ist bei der Finanzbehörde anzubringen, deren Verwaltungsakt angefochten wird oder bei der ein Antrag auf Erlaß eines Verwaltungsaktes gestellt worden ist. Die Beschwerde kann auch bei der zur Entscheidung berufenen Finanzbehörde eingelegt werden. Ferner genügt es, wenn ein Rechtsbehelf, der sich gegen die Feststellung von Besteuerungsgrundlagen oder gegen die Festsetzung eines Steuermeßbetrages richtet, bei der zur Erteilung des Steuerbescheides zuständigen Behörde angebracht wird. Der Rechtsbehelf ist in den Fällen der Sätze 2 und 3 der zuständigen Finanzbehörde zu übermitteln. Die schriftliche Anbringung bei einer anderen Behörde ist unschädlich, wenn der Rechtsbehelf vor Ablauf der Rechtsbehelfsfrist einer der Behörden übermittelt wird, bei der er nach den Sätzen 1 bis 3 angebracht werden kann.

Abgabenordnung

Außergerichtliches Rechtsbehelfsverfahren
Allgemeine Verfahrensvorschriften
§§ 358–361

(3) Bei der Einlegung soll der Verwaltungsakt bezeichnet werden, gegen den der Rechtsbehelf gerichtet ist. Es soll angegeben werden, inwieweit der Verwaltungsakt angefochten und seine Aufhebung beantragt wird. Ferner sollen die Tatsachen, die zur Begründung dienen, und die Beweismittel angeführt werden.

§ 358 Prüfung der Zulässigkeitsvoraussetzungen

Die zur Entscheidung über den Rechtsbehelf berufene Finanzbehörde hat zu prüfen, ob der Rechtsbehelf zulässig, insbesondere in der vorgeschriebenen Form und Frist eingelegt ist. Mangelt es an einem dieser Erfordernisse, so ist der Rechtsbehelf als unzulässig zu verwerfen.

§ 359 Beteiligte

Beteiligte am Verfahren sind:
1. wer den Rechtsbehelf eingelegt hat,
2. wer zum Verfahren hinzugezogen worden ist.

§ 360 Hinzuziehung zum Verfahren

(1) Die zur Entscheidung über den Rechtsbehelf berufene Finanzbehörde kann von Amts wegen oder auf Antrag andere hinzuziehen, deren rechtliche Interessen nach den Steuergesetzen durch die Entscheidung berührt werden, insbesondere solche, die nach den Steuergesetzen neben dem Steuerpflichtigen haften. Vor der Hinzuziehung ist derjenige zu hören, der den Rechtsbehelf eingelegt hat.
(2) Wird eine Abgabe für einen anderen Abgabenberechtigten verwaltet, so kann dieser nicht deshalb hinzugezogen werden, weil seine Interessen als Abgabenberechtigter durch die Entscheidung berührt werden.
(3) Sind an dem streitigen Rechtsverhältnis Dritte derart beteiligt, daß die Entscheidung auch ihnen gegenüber nur einheitlich ergehen kann, so sind sie hinzuzuziehen. Dies gilt nicht für Mitberechtigte, die nach § 352 nicht befugt sind, Einspruch einzulegen.
(4) Wer zum Verfahren hinzugezogen worden ist, kann dieselben Rechte geltend machen, wie derjenige, der den Rechtsbehelf eingelegt hat.

§ 361 Aussetzung der Vollziehung

(1) Durch Einlegung des Rechtsbehelfs wird die Vollziehung des angefochtenen Verwaltungsaktes vorbehaltlich des Absatzes 4 nicht gehemmt, insbesondere die Erhebung einer Abgabe nicht aufgehalten. Entsprechendes gilt bei Anfechtung von Grundlagenbescheiden für die darauf beruhenden Folgebescheide.
(2) Die Finanzbehörde, die den angefochtenen Verwaltungsakt erlassen hat, kann die Vollziehung ganz oder teilweise aussetzen; § 367 Abs. 1 Satz 2 gilt sinngemäß. Auf Antrag soll die Aussetzung erfolgen, wenn ernstliche Zweifel an der Rechtmäßigkeit des angefochtenen Verwaltungsaktes bestehen oder wenn die Vollziehung für den Betroffenen eine unbillige, nicht durch überwiegende öffentliche Interessen gebotene Härte zur Folge hätte. Die Aussetzung kann von einer Sicherheitsleistung abhängig gemacht werden.
(3) Soweit die Vollziehung eines Grundlagenbescheides ausgesetzt wird, ist auch die Vollziehung eines Folgebescheides auszusetzen. Der Erlaß eines Folgebescheides bleibt zulässig. Über eine Sicherheitsleistung ist bei der Aussetzung eines Folgebescheides zu entscheiden, es sei denn, daß bei der Aussetzung der Vollziehung des Grundlagenbescheides die Sicherheitsleistung ausdrücklich ausgeschlossen worden ist.
(4) Durch Einlegung eines außergerichtlichen Rechtsbehelfs gegen die Untersagung des Gewerbebetriebes oder der Berufsausübung wird die Vollziehung des angefochtenen Verwaltungsaktes gehemmt. Die Finanzbehörde, die den Verwaltungsakt erlassen hat, kann die hemmende Wirkung durch besondere Anordnung ganz oder zum Teil beseitigen, wenn sie es im öffentlichen Interesse für geboten hält; sie hat das öffentliche Interesse schriftlich zu begründen. § 367 Abs. 1 Satz 2 gilt sinngemäß.

Abgabenordnung

Außergerichtliches Rechtsbehelfsverfahren
Allgemeine Verfahrensvorschriften –
Besondere Verfahrensvorschriften
§§ 362–367

§ 362 Rücknahme des Rechtsbehelfs

(1) Der Rechtsbehelf kann bis zur Bekanntgabe der Entscheidung über den Rechtsbehelf zurückgenommen werden. § 357 Abs. 1 und 2 gilt sinngemäß.

(2) Die Rücknahme hat den Verlust des eingelegten Rechtsbehelfs zur Folge. Wird nachträglich die Unwirksamkeit der Rücknahme geltend gemacht, so gilt § 110 Abs. 3 sinngemäß.

§ 363 Aussetzung des Verfahrens

(1) Die zur Entscheidung berufene Finanzbehörde kann, wenn die Entscheidung des Rechtsbehelfs ganz oder zum Teil von dem Bestehen oder Nichtbestehen eines Rechtsverhältnisses abhängt, das den Gegenstand eines anhängigen Rechtsstreits bildet oder von einem Gericht oder einer Verwaltungsbehörde festzustellen ist, anordnen, daß die Entscheidung bis zur Erledigung des anderen Rechtsstreits oder bis zur Entscheidung des Gerichts oder der Verwaltungsbehörde ausgesetzt wird.

(2) Die zur Entscheidung berufene Finanzbehörde kann das Verfahren mit Zustimmung des Beteiligten, der den Rechtsbehelf eingelegt hat, ruhen lassen, wenn das aus wichtigen Gründen zweckmäßig erscheint.

§ 364 Mitteilung der Besteuerungsunterlagen

Den Beteiligten sind, soweit es noch nicht geschehen ist, die Unterlagen der Besteuerung auf Antrag oder, wenn die Begründung des Rechtsbehelfs dazu Anlaß gibt, von Amts wegen mitzuteilen.

§ 365 Anwendung von Verfahrensvorschriften

(1) Für das Verfahren über den außergerichtlichen Rechtsbehelf gelten im übrigen die Vorschriften sinngemäß, die für den Erlaß des angefochtenen oder des begehrten Verwaltungsaktes gelten.

(2) In den Fällen des § 93 Abs. 5, des § 96 Abs. 7 Satz 2 und der §§ 98 bis 100 ist den Beteiligten und ihren Bevollmächtigten und Beiständen (§ 80) Gelegenheit zu geben, an der Beweisaufnahme teilzunehmen.

(3) Wird der angefochtene Verwaltungsakt geändert oder ersetzt, so wird der neue Verwaltungsakt Gegenstand des Rechtsbehelfsverfahrens.

§ 366 Zustellung der Rechtsbehelfsentscheidung

Die Entscheidung über den Rechtsbehelf ist schriftlich abzufassen und den Beteiligten zuzustellen. Sie ist zu begründen und mit einer Rechtsbehelfsbelehrung zu versehen.

Dritter Abschnitt
Besondere Verfahrensvorschriften

§ 367 Entscheidung über den Einspruch

(1) Über den Einspruch entscheidet die Finanzbehörde, die den Verwaltungsakt erlassen hat, durch Einspruchsentscheidung. Ist für den Steuerfall nachträglich eine andere Finanzbehörde zuständig geworden, so entscheidet diese Finanzbehörde; § 26 Satz 2 bleibt unberührt.

(2) Die Finanzbehörde, die über den Einspruch entscheidet, hat die Sache in vollem Umfang erneut zu prüfen. Der Verwaltungsakt kann auch zum Nachteil dessen, der Einspruch eingelegt hat, geändert werden, wenn dieser auf die Möglichkeit einer verbösernden Entscheidung unter Angabe von Gründen hingewiesen und ihm Gelegenheit gegeben worden ist, sich hierzu zu äußern. Einer Einspruchsentscheidung bedarf es nur insoweit, als die Finanzbehörde dem Einspruch nicht abhilft.

(3) Richtet sich der Einspruch gegen einen Verwaltungsakt, den eine Behörde auf Grund gesetzlicher Vorschrift für die zuständige Finanzbehörde erlassen hat, so entscheidet die zuständige Finanzbehörde über den Einspruch. Auch die für die zuständige Finanzbehörde handelnde Behörde ist berechtigt, dem Einspruch abzuhelfen.

Abgabenordnung

Außergerichtliches Rechtsbehelfsverfahren – Straf- und Bußgeldvorschriften, Straf- und Bußgeldverfahren
Besondere Verfahrensvorschriften – Strafvorschriften
§§ 368–370

§ 368 Entscheidung über die Beschwerde

(1) Die Finanzbehörde, deren Verwaltungsakt mit der Beschwerde angefochten ist oder von der mit der Beschwerde der Erlaß eines Verwaltungsaktes begehrt wird, kann der Beschwerde abhelfen; § 367 Abs. 1 Satz 2 gilt sinngemäß. Der Beschwerde kann auch die Behörde abhelfen, die den angefochtenen Verwaltungsakt auf Grund gesetzlicher Vorschrift für die zuständige Finanzbehörde erlassen hat oder von der begehrt wird, daß sie auf Grund gesetzlicher Vorschrift für die zuständige Finanzbehörde einen Verwaltungsakt erläßt.
(2) Wird der Beschwerde nicht abgeholfen, so ist sie der zur Entscheidung berufenen Finanzbehörde vorzulegen. Über die Beschwerde entscheidet die nächsthöhere Behörde durch Beschwerdeentscheidung. In den Fällen des Absatzes 1 Satz 2 entscheidet die der zuständigen Finanzbehörde vorgesetzte Behörde.

Achter Teil
Straf- und Bußgeldvorschriften
Straf- und Bußgeldverfahren

Erster Abschnitt
Strafvorschriften

§ 369 Steuerstraftaten

(1) Steuerstraftaten (Zollstraftaten) sind:
1. Taten, die nach den Steuergesetzen strafbar sind,
2. der Bannbruch,
3. die Wertzeichenfälschung und deren Vorbereitung, soweit die Tat Steuerzeichen betrifft,
4. die Begünstigung einer Person, die eine Tat nach den Nummern 1 bis 3 begangen hat.
(2) Für Steuerstraftaten gelten die allgemeinen Gesetze über das Strafrecht, soweit die Strafvorschriften der Steuergesetze nichts anderes bestimmen.

§ 370 Steuerhinterziehung

(1) Mit Freiheitsstrafe bis zu 5 Jahren oder mit Geldstrafe wird bestraft, wer
1. den Finanzbehörden oder anderen Behörden über steuerlich erhebliche Tatsachen unrichtige oder unvollständige Angaben macht,
2. die Finanzbehörden pflichtwidrig über steuerlich erhebliche Tatsachen in Unkenntnis läßt oder
3. pflichtwidrig die Verwendung von Steuerzeichen oder Steuerstempeln unterläßt und dadurch Steuern verkürzt oder für sich oder einen anderen nicht gerechtfertigte Steuervorteile erlangt.
(2) Der Versuch ist strafbar.
(3) In besonders schweren Fällen ist die Strafe Freiheitsstrafe von sechs Monaten bis zu zehn Jahren. Ein besonders schwerer Fall liegt in der Regel vor, wenn der Täter
1. aus grobem Eigennutz in großem Ausmaß Steuern verkürzt oder nicht gerechtfertigte Steuervorteile erlangt,
2. seine Befugnisse oder seine Stellung als Amtsträger mißbraucht,
3. die Mithilfe eines Amtsträgers ausnutzt, der seine Befugnisse oder seine Stellung mißbraucht, oder
4. unter Verwendung nachgemachter oder verfälschter Belege fortgesetzt Steuern verkürzt oder nicht gerechtfertigte Steuervorteile erlangt.
(4) Steuern sind namentlich dann verkürzt, wenn sie nicht, nicht in voller Höhe oder nicht rechtzeitig festgesetzt werden; dies gilt auch dann, wenn die Steuer vorläufig oder unter Vorbehalt der Nachprüfung festgesetzt wird oder eine Steueranmeldung einer Steuerfestsetzung unter Vorbehalt der Nachprüfung gleichsteht. Steuervorteile sind auch Steuervergütungen; nicht gerechtfertigte Steuervorteile sind erlangt, soweit sie zu Unrecht gewährt oder belassen werden. Die Voraussetzungen der Sätze 1 und 2 sind

Abgabenordnung

Straf- und Bußgeldvorschriften – Straf- und Bußgeldverfahren
Strafvorschriften
§§ 371–373

auch dann erfüllt, wenn die Steuer, auf die sich die Tat bezieht, aus anderen Gründen hätte ermäßigt oder der Steuervorteil aus anderen Gründen hätte beansprucht werden können.

(5) Die Tat kann auch hinsichtlich solcher Waren begangen werden, deren Einfuhr, Ausfuhr oder Durchfuhr verboten ist.

(6) Die Absätze 1 bis 5 gelten auch dann, wenn sich die Tat auf Eingangsabgaben bezieht, die von einem anderen Mitgliedstaat der Europäischen Gemeinschaften verwaltet werden oder die einem Mitgliedstaat der Europäischen Freihandelsassoziation oder einem mit dieser assoziierten Staat zustehen. Sie gelten unabhängig von dem Recht des Tatortes auch für Taten, die außerhalb des Geltungsbereiches dieses Gesetzes begangen werden.

§ 371 Selbstanzeige bei Steuerhinterziehung

(1) Wer in den Fällen des § 370 unrichtige oder unvollständige Angaben bei der Finanzbehörde berichtigt oder ergänzt oder unterlassene Angaben nachholt, wird insoweit straffrei.

(2) Straffreiheit tritt nicht ein, wenn
1. vor der Berichtigung, Ergänzung oder Nachholung
   a) ein Amtsträger der Finanzbehörde zur steuerlichen Prüfung oder zur Ermittlung einer Steuerstraftat oder einer Steuerordnungswidrigkeit erschienen ist oder
   b) dem Täter oder seinem Vertreter die Einleitung des Straf- oder Bußgeldverfahrens wegen der Tat bekanntgegeben worden ist oder
2. die Tat im Zeitpunkt der Berichtigung, Ergänzung oder Nachholung ganz oder zum Teil bereits entdeckt war und der Täter dies wußte oder bei verständiger Würdigung der Sachlage damit rechnen mußte.

(3) Sind Steuerverkürzungen bereits eingetreten oder Steuervorteile erlangt, so tritt für einen an der Tat Beteiligten Straffreiheit nur ein, soweit er die zu seinen Gunsten hinterzogenen Steuern innerhalb der ihm bestimmten angemessenen Frist entrichtet.

(4) Wird die in § 153 vorgesehene Anzeige rechtzeitig und ordnungsmäßig erstattet, so wird ein Dritter, der die in § 153 bezeichneten Erklärungen abzugeben unterlassen oder unrichtig oder unvollständig abgegeben hat, strafrechtlich nicht verfolgt, es sei denn, daß ihm oder seinem Vertreter vorher die Einleitung eines Straf- oder Bußgeldverfahrens wegen der Tat bekanntgegeben worden ist. Hat der Dritte zum eigenen Vorteil gehandelt, so gilt Absatz 3 entsprechend.

§ 372 Bannbruch

(1) Bannbruch begeht, wer Gegenstände entgegen einem Verbot einführt, ausführt oder durchführt, ohne sie der zuständigen Zollstelle ordnungsgemäß anzuzeigen.

(2) Der Täter wird nach § 370 Absatz 1, 2 bestraft, wenn die Tat nicht in anderen Vorschriften als Zuwiderhandlung gegen ein Einfuhr-, Ausfuhr- oder Durchfuhrverbot mit Strafe oder mit Geldbuße bedroht ist.

§ 373 Gewerbsmäßiger, gewaltsamer und bandenmäßiger Schmuggel

(1) Wer gewerbsmäßig Eingangsabgaben hinterzieht oder gewerbsmäßig durch Zuwiderhandlungen gegen Monopolvorschriften Bannbruch begeht, wird mit Freiheitsstrafe von drei Monaten bis zu fünf Jahren bestraft.

(2) Ebenso wird bestraft, wer
1. eine Hinterziehung von Eingangsabgaben oder einen Bannbruch begeht, bei denen er oder ein anderer Beteiligter eine Schußwaffe bei sich führt,
2. eine Hinterziehung von Eingangsabgaben oder einen Bannbruch begeht, bei denen er oder ein anderer Beteiligter eine Waffe oder sonst ein Werkzeug oder Mittel bei sich führt, um den Widerstand eines anderen durch Gewalt oder Drohung mit Gewalt zu verhindern oder zu überwinden, oder
3. als Mitglied einer Bande, die sich zur fortgesetzten Begehung der Hinterziehung von Eingangsabgaben oder des Bannbruchs verbunden hat, unter Mitwirkung eines anderen Bandenmitglieds die Tat ausführt.

Abgabenordnung

Straf- und Bußgeldvorschriften – Straf- und Bußgeldverfahren
Bußgeldvorschriften
§§ 374–378

§ 374 Steuerhehlerei

(1) Wer Erzeugnisse oder Waren, hinsichtlich deren Verbrauchsteuern oder Zoll hinterzogen oder Bannbruch nach § 372 Abs. 2, § 373 begangen worden ist, ankauft oder sonst sich oder einem Dritten verschafft, sie absetzt oder abzusetzen hilft, um sich oder einen Dritten zu bereichern, wird nach § 370 Abs. 1 und 2, wenn er gewerbsmäßig handelt, nach § 373 bestraft.
(2) Absatz 1 gilt auch dann, wenn Eingangsabgaben hinterzogen worden sind, die von einem anderen Mitgliedstaat der Europäischen Gemeinschaften verwaltet werden oder die einem Mitgliedstaat der Europäischen Freihandelsassoziation oder einem mit dieser assoziierten Staat zustehen; § 370 Abs. 6 Satz 2 ist anzuwenden.

§ 375 Nebenfolgen

(1) Neben einer Freiheitsstrafe von mindestens einem Jahr wegen
1. Steuerhinterziehung,
2. Bannbruchs nach § 372 Abs. 2, § 373,
3. Steuerhehlerei oder
4. Begünstigung einer Person, die eine Tat nach den Nummern 1 bis 3 begangen hat,

kann das Gericht die Fähigkeit, öffentliche Ämter zu bekleiden, und die Fähigkeit, Rechte aus öffentlichen Wahlen zu erlangen, aberkennen (§ 45 Abs. 2 des Strafgesetzbuches).
(2) Ist eine Steuerhinterziehung, ein Bannbruch nach § 372 Abs. 2, § 373 oder eine Steuerhehlerei begangen worden, so können
1. die Erzeugnisse, Waren und andere Sachen, auf die sich die Hinterziehung von Verbrauchsteuer oder Zoll, der Bannbruch oder die Steuerhehlerei bezieht, und
2. die Beförderungsmittel, die zur Tat benutzt worden sind,

eingezogen werden. § 74 a des Strafgesetzbuches ist anzuwenden.

§ 376 Unterbrechung der Verfolgungsverjährung

Die Verjährung der Verfolgung einer Steuerstraftat wird auch dadurch unterbrochen, daß dem Beschuldigten die Einleitung des Bußgeldverfahrens bekanntgegeben oder diese Bekanntgabe angeordnet wird.

Zweiter Abschnitt
Bußgeldvorschriften

§ 377 Steuerordnungswidrigkeiten

(1) Steuerordnungswidrigkeiten (Zollordnungswidrigkeiten) sind Zuwiderhandlungen, die nach den Steuergesetzen mit Geldbuße geahndet werden können.
(2) Für Steuerordnungswidrigkeiten gelten die Vorschriften des Ersten Teils des Gesetzes über Ordnungswidrigkeiten, soweit die Bußgeldvorschriften der Steuergesetze nichts anderes bestimmen.

§ 378 Leichtfertige Steuerverkürzung

(1) Ordnungswidrig handelt, wer als Steuerpflichtiger oder bei Wahrnehmung der Angelegenheiten eines Steuerpflichtigen eine der in § 370 Abs. 1 bezeichneten Taten leichtfertig begeht. § 370 Abs. 4 bis 6 gilt entsprechend.
(2) Die Ordnungswidrigkeit kann mit einer Geldbuße bis zu hunderttausend Deutsche Mark geahndet werden.
(3) Eine Geldbuße wird nicht festgesetzt, soweit der Täter unrichtige oder unvollständige Angaben bei der Finanzbehörde berichtigt oder ergänzt oder unterlassene Angaben nachholt, bevor ihm oder seinem Vertreter die Einleitung eines Straf- oder Bußgeldverfahrens wegen der Tat bekanntgegeben worden ist. § 371 Abs. 3 und 4 gilt entsprechend.

Abgabenordnung

Straf- und Bußgeldvorschriften – Straf- und Bußgeldverfahren
Bußgeldvorschriften
§§ 379–382

§ 379 Steuergefährdung

(1) Ordnungswidrig handelt, wer vorsätzlich oder leichtfertig
1. Belege ausstellt, die in tatsächlicher Hinsicht unrichtig sind, oder
2. nach Gesetz buchungs- oder aufzeichnungspflichtige Geschäftsvorfälle oder Betriebsvorgänge nicht oder in tatsächlicher Hinsicht unrichtig verbucht oder verbuchen läßt

und dadurch ermöglicht, Steuern zu verkürzen oder nicht gerechtfertigte Steuervorteile zu erlangen. Satz 1 Nr. 1 gilt auch dann, wenn Eingangsabgaben verkürzt werden können, die von einem anderen Mitgliedstaat der Europäischen Gemeinschaften verwaltet werden oder die einem Staat zustehen, der für Waren aus den Europäischen Gemeinschaften auf Grund eines Assoziations- oder Präferenzabkommens eine Vorzugsbehandlung gewährt; § 370 Abs. 6 Satz 2 ist anzuwenden.
(2) Ordnungswidrig handelt, wer vorsätzlich oder leichtfertig
1. der Mitteilungspflicht nach § 138 Abs. 2 nicht, nicht vollständig oder nicht rechtzeitig nachkommt,
2. die Pflicht zur Kontenwahrheit nach § 154 Abs. 1 verletzt.
(3) Ordnungswidrig handelt, wer vorsätzlich oder fahrlässig einer Auflage nach § 120 Abs. 2 Nr. 4 zuwiderhandelt, die einem Verwaltungsakt für Zwecke der besonderen Steueraufsicht (§§ 209 bis 217) beigefügt worden ist.
(4) Die Ordnungswidrigkeit kann mit einer Geldbuße bis zu zehntausend Deutsche Mark geahndet werden, wenn die Handlung nicht nach § 378 geahndet werden kann.

§ 380 Gefährdung der Abzugsteuern

(1) Ordnungswidrig handelt, wer vorsätzlich oder leichtfertig seiner Verpflichtung, Steuerabzugsbeträge einzubehalten und abzuführen, nicht, nicht vollständig oder nicht rechtzeitig nachkommt.
(2) Die Ordnungswidrigkeit kann mit einer Geldbuße bis zu zehntausend Deutsche Mark geahndet werden, wenn die Handlung nicht nach § 378 geahndet werden kann.

§ 381 Verbrauchsteuergefährdung

(1) Ordnungswidrig handelt, wer vorsätzlich oder leichtfertig Vorschriften der Verbrauchsteuergesetze oder der dazu erlassenen Rechtsverordnungen
1. über die zur Vorbereitung, Sicherung oder Nachprüfung der Besteuerung auferlegten Pflichten,
2. über Verpackung und Kennzeichnung verbrauchsteuerpflichtiger Erzeugnisse oder Waren, die solche Erzeugnisse enthalten, oder über Verkehrs- oder Verwendungsbeschränkungen für solche Erzeugnisse oder Waren oder
3. über den Verbrauch unversteuerter Waren in den Freihäfen
zuwiderhandelt, soweit die Verbrauchsteuergesetze oder die dazu erlassenen Rechtsverordnungen für einen bestimmten Tatbestand auf diese Bußgeldvorschrift verweisen.
(2) Die Ordnungswidrigkeit kann mit einer Geldbuße bis zu zehntausend Deutsche Mark geahndet werden, wenn die Handlung nicht nach § 378 geahndet werden kann.

§ 382 Gefährdung der Eingangsabgaben

(1) Ordnungswidrig handelt, wer als Pflichtiger oder bei der Wahrnehmung der Angelegenheiten eines Pflichtigen vorsätzlich oder fahrlässig Vorschriften der Zollgesetze, der dazu erlassenen Rechtsverordnungen oder der Verordnungen des Rates oder der Kommission der Europäischen Gemeinschaften zuwiderhandelt, die
1. für die Erfassung des Warenverkehrs über die Grenze oder für die in den §§ 9, 40 a und 41 des Zollgesetzes genannten Arten der Zollbehandlung,
2. für die Zollfreigebiete, für den Zollgrenzbezirk oder für die der Grenzaufsicht unterworfenen Gebiete
gelten, soweit die Zollgesetze, die dazu oder die auf Grund von Absatz 4 erlassenen Rechtsverordnungen für einen bestimmten Tatbestand auf diese Bußgeldvorschrift verweisen.
(2) Absatz 1 ist auch anzuwenden, soweit die Zollgesetze und die dazu erlassenen Rechtsverordnungen für Verbrauchsteuern sinngemäß gelten.

Abgabenordnung

Straf- und Bußgeldvorschriften – Straf- und Bußgeldverfahren
Strafverfahren
Allgemeine Vorschriften
§§ 383–386

(3) Die Ordnungswidrigkeit kann mit einer Geldbuße bis zu zehntausend Deutsche Mark geahndet werden, wenn die Handlung nicht nach § 378 geahndet werden kann.

(4) Der Bundesminister der Finanzen kann durch Rechtsverordnungen die Tatbestände der Verordnungen des Rates oder der Kommission der Europäischen Gemeinschaften, die nach den Absätzen 1 bis 3 als Ordnungswidrigkeiten mit Geldbuße geahndet werden können, bezeichnen, soweit dies zur Durchführung dieser Rechtsvorschriften erforderlich ist und die Tatbestände Pflichten zur Gestellung oder Vorführung von Waren, zur Abgabe von Erklärungen oder Anzeigen, zur Aufnahme von Niederschriften sowie zur Ausfüllung oder Vorlage von Zolldokumenten oder zur Aufnahme von Vermerken in solchen Dokumenten betreffen.

§ 383 Unzulässiger Erwerb von Steuererstattungs- und Vergütungsansprüchen

(1) Ordnungswidrig handelt, wer entgegen § 46 Abs. 4 Satz 1 Erstattungs- oder Vergütungsansprüche erwirbt.

(2) Die Ordnungswidrigkeit kann mit einer Geldbuße bis zu hunderttausend Deutsche Mark geahndet werden.

§ 384 Verfolgungsverjährung

Die Verfolgung von Steuerordnungswidrigkeiten nach den §§ 378 bis 380 verjährt in fünf Jahren.

Dritter Abschnitt
Strafverfahren

1. Unterabschnitt
Allgemeine Vorschriften

§ 385 Geltung von Verfahrensvorschriften

(1) Für das Strafverfahren wegen Steuerstraftaten gelten, soweit die folgenden Vorschriften nichts anderes bestimmen, die allgemeinen Gesetze über das Strafverfahren, namentlich die Strafprozeßordnung, das Gerichtsverfassungsgesetz und das Jugendgerichtsgesetz.

(2) Die für Steuerstraftaten geltenden Vorschriften dieses Abschnitts, mit Ausnahme des § 386 Abs. 2 sowie der §§ 399 bis 401, sind bei dem Verdacht einer Straftat, die unter Vorspiegelung eines steuerlich erheblichen Sachverhaltes gegenüber der Finanzbehörde oder einer anderen Behörde auf die Erlangung von Vermögensvorteilen gerichtet ist und kein Steuerstrafgesetz verletzt, entsprechend anzuwenden.

§ 386 Zuständigkeit der Finanzbehörde bei Steuerstraftaten

(1) Bei dem Verdacht einer Steuerstraftat ermittelt die Finanzbehörde den Sachverhalt. Finanzbehörde im Sinne dieses Abschnitts ist das Hauptzollamt, das Finanzamt und das Bundesamt für Finanzen.

(2) Die Finanzbehörde führt das Ermittlungsverfahren in den Grenzen des § 399 Abs. 1 und der §§ 400, 401 selbständig durch, wenn die Tat
1. ausschließlich eine Steuerstraftat darstellt oder
2. zugleich andere Strafgesetze verletzt und deren Verletzung Kirchensteuern oder andere öffentlich-rechtliche Abgaben betrifft, die an Besteuerungsgrundlagen, Steuermeßbeträge oder Steuerbeträge anknüpfen.

(3) Absatz 2 gilt nicht, sobald gegen einen Beschuldigten wegen der Tat ein Haftbefehl oder ein Unterbringungsbefehl erlassen ist.

(4) Die Finanzbehörde kann die Strafsache jederzeit an die Staatsanwaltschaft abgeben. Die Staatsanwaltschaft kann die Strafsache jederzeit an sich ziehen. In beiden Fällen kann die Staatsanwaltschaft im Einvernehmen mit der Finanzbehörde die Strafsache wieder an die Finanzbehörde abgeben.

Abgabenordnung

Straf- und Bußgeldvorschriften – Straf- und Bußgeldverfahren
Strafverfahren
Allgemeine Vorschriften
§§ 387–391

§ 387 Sachlich zuständige Finanzbehörde

(1) Sachlich zuständig ist die Finanzbehörde, welche die betroffene Steuer verwaltet.
(2) Die Zuständigkeit nach Absatz 1 kann durch Rechtsverordnung einer Finanzbehörde für den Bereich mehrerer Finanzbehörden übertragen werden, soweit dies mit Rücksicht auf die Wirtschafts- oder Verkehrsverhältnisse, den Aufbau der Verwaltungsbehörden oder andere örtliche Bedürfnisse zweckmäßig erscheint. Die Rechtsverordnung erläßt, soweit die Finanzbehörde eine Landesbehörde ist, die Landesregierung, im übrigen der Bundesminister der Finanzen. Die Rechtsverordnung des Bundesministers der Finanzen bedarf nicht der Zustimmung des Bundesrates. Die Landesregierung kann die Ermächtigung auf die für die Finanzverwaltung zuständige oberste Landesbehörde übertragen.

§ 388 Örtlich zuständige Finanzbehörde

(1) Örtlich zuständig ist die Finanzbehörde,
1. in deren Bezirk die Steuerstraftat begangen oder entdeckt worden ist,
2. die zur Zeit der Einleitung des Strafverfahrens für die Abgabenangelegenheiten zuständig ist oder
3. in deren Bezirk der Beschuldigte zur Zeit der Einleitung des Strafverfahrens seinen Wohnsitz hat.
(2) Ändert sich der Wohnsitz des Beschuldigten nach Einleitung des Strafverfahrens, so ist auch die Finanzbehörde örtlich zuständig, in deren Bezirk der neue Wohnsitz liegt. Entsprechendes gilt, wenn sich die Zuständigkeit der Finanzbehörde für die Abgabenangelegenheit ändert.
(3) Hat der Beschuldigte im räumlichen Geltungsbereich dieses Gesetzes keinen Wohnsitz, so wird die Zuständigkeit auch durch den gewöhnlichen Aufenthaltsort bestimmt.

§ 389 Zusammenhängende Strafsachen

Für zusammenhängende Strafsachen, die einzeln nach § 388 zur Zuständigkeit verschiedener Finanzbehörden gehören würden, ist jede dieser Finanzbehörden zuständig. § 3 der Strafprozeßordnung gilt entsprechend.

§ 390 Mehrfache Zuständigkeit

(1) Sind nach den §§ 387 bis 389 mehrere Finanzbehörden zuständig, so gebührt der Vorzug der Finanzbehörde, die wegen der Tat zuerst ein Strafverfahren eingeleitet hat.
(2) Auf Ersuchen dieser Finanzbehörde hat eine andere zuständige Finanzbehörde die Strafsache zu übernehmen, wenn dies für die Ermittlungen sachdienlich erscheint. In Zweifelsfällen entscheidet die Behörde, der die ersuchte Finanzbehörde untersteht.

§ 391 Zuständiges Gericht

(1) Ist das Amtsgericht sachlich zuständig, so ist örtlich zuständig das Amtsgericht, in dessen Bezirk das Landgericht seinen Sitz hat. Im vorbereitenden Verfahren gilt dies, unbeschadet einer weitergehenden Regelung nach § 58 Abs. 1 des Gerichtsverfassungsgesetzes, nur für die Zustimmung des Gerichts nach § 153 Abs. 1 und 153 a Abs. 1 der Strafprozeßordnung.
(2) Die Landesregierung kann durch Rechtsverordnung die Zuständigkeit abweichend von Absatz 1 Satz 1 regeln, soweit dies mit Rücksicht auf die Wirtschafts- oder Verkehrsverhältnisse, den Aufbau der Verwaltungsbehörden oder andere örtliche Bedürfnisse zweckmäßig erscheint. Die Landesregierung kann diese Ermächtigung auf die Landesjustizverwaltung übertragen.
(3)[1] Strafsachen wegen Steuerstraftaten sollen beim Amtsgericht einer bestimmten Abteilung zugewiesen werden.

---
[1] § 391 Abs. 3 in der Fassung des Strafverfahrensänderungsgesetzes 1979 vom 5. 10. 1978 (BGBl. I S. 1645) tritt am 1. 1. 1979 in Kraft. Gemäß Artikel 8 Abs. 6 des genannten Gesetzes ist Abs. 3 in der neuen Fassung nicht anzuwenden, wenn bei Inkrafttreten des StVÄG 1979 das Hauptverfahren bereits eröffnet ist. Wird nach dem Inkrafttreten des genannten Gesetzes eine Sache vom Rechtsmittelgericht zurückverwiesen (§ 328 Abs. 2, § 354 Abs. 2 der Strafprozeßordnung), so hat das Rechtsmittelgericht die Sache jedoch an den nach den geänderten Vorschriften zuständigen Spruchkörper zurückzuverweisen.

Abgabenordnung

Straf- und Bußgeldvorschriften – Straf- und Bußgeldverfahren
Strafverfahren
Allgemeine Vorschriften
§§ 392–396

(4) Die Absätze 1 bis 3 gelten auch, wenn das Verfahren nicht nur Steuerstraftaten zum Gegenstand hat; sie gelten jedoch nicht, wenn dieselbe Handlung eine Straftat nach dem Betäubungsmittelgesetz darstellt, und nicht für Steuerstraftaten, welche die Kraftfahrzeugsteuer betreffen.

§ 392 Verteidigung

(1) Abweichend von § 138 Abs. 1 der Strafprozeßordnung können auch Steuerberater, Steuerbevollmächtigte, Wirtschaftsprüfer und vereidigte Buchprüfer zu Verteidigern gewählt werden, soweit die Finanzbehörde das Strafverfahren selbständig durchführt; im übrigen können sie die Verteidigung nur in Gemeinschaft mit einem Rechtsanwalt oder einem Rechtslehrer an einer deutschen Hochschule führen.

(2) § 138 Abs. 2 der Strafprozeßordnung bleibt unberührt.

§ 393 Verhältnis des Strafverfahrens zum Besteuerungsverfahren

(1) Die Rechte und Pflichten der Steuerpflichtigen und der Finanzbehörde im Besteuerungsverfahren und im Strafverfahren richten sich nach den für das jeweilige Verfahren geltenden Vorschriften. Im Besteuerungsverfahren sind jedoch Zwangsmittel (§ 328) gegen den Steuerpflichtigen unzulässig, wenn er dadurch gezwungen würde, sich selbst wegen einer von ihm begangenen Steuerstraftat oder Steuerordnungswidrigkeit zu belasten. Dies gilt stets, soweit gegen ihn wegen einer solchen Tat das Strafverfahren eingeleitet worden ist. Der Steuerpflichtige ist hierüber zu belehren, soweit dazu Anlaß besteht.

(2) Soweit der Staatsanwaltschaft oder dem Gericht in einem Strafverfahren aus den Steuerakten Tatsachen oder Beweismittel bekannt werden, die der Steuerpflichtige der Finanzbehörde vor Einleitung des Strafverfahrens oder in Unkenntnis der Einleitung des Strafverfahrens in Erfüllung steuerrechtlicher Pflichten offenbart hat, dürfen diese Kenntnisse gegen ihn nicht für die Verfolgung einer Tat verwendet werden, die keine Steuerstraftat ist. Dies gilt nicht für Straftaten, an deren Verfolgung ein zwingendes öffentliches Interesse (§ 30 Abs. 4 Nr. 5) besteht.

§ 394 Übergang des Eigentums

Hat ein Unbekannter, der bei einer Steuerstraftat auf frischer Tat betroffen wurde, aber entkommen ist, Sachen zurückgelassen und sind diese Sachen beschlagnahmt oder sonst sichergestellt worden, weil sie eingezogen werden können, so gehen sie nach Ablauf eines Jahres in das Eigentum des Staates über, wenn der Eigentümer der Sachen unbekannt ist und die Finanzbehörde durch eine öffentliche Bekanntmachung auf den drohenden Verlust des Eigentums hingewiesen hat. § 15 Abs. 2 Satz 1 des Verwaltungszustellungsgesetzes gilt entsprechend. Die Frist beginnt mit dem Aushang der Bekanntmachung.

§ 395 Akteneinsicht der Finanzbehörde

Die Finanzbehörde ist befugt, die Akten, die dem Gericht vorliegen oder im Falle der Erhebung der Anklage vorzulegen wären, einzusehen sowie beschlagnahmte oder sonst sichergestellte Gegenstände zu besichtigen. Die Akten werden der Finanzbehörde auf Antrag zur Einsichtnahme übersandt.

§ 396 Aussetzung des Verfahrens

(1) Hängt die Beurteilung der Tat als Steuerhinterziehung davon ab, ob ein Steueranspruch besteht, ob Steuern verkürzt oder ob nicht gerechtfertigte Steuervorteile erlangt sind, so kann das Strafverfahren ausgesetzt werden, bis das Besteuerungsverfahren rechtskräftig abgeschlossen ist.

(2) Über die Aussetzung entscheidet im Ermittlungsverfahren die Staatsanwaltschaft, im Verfahren nach Erhebung der öffentlichen Klage das Gericht, das mit der Sache befaßt ist.

(3) Während der Aussetzung des Verfahrens ruht die Verjährung.

Abgabenordnung

Straf- und Bußgeldvorschriften – Straf- und Bußgeldverfahren
Strafverfahren
Ermittlungsverfahren
§§ 397–401

2. Unterabschnitt
Ermittlungsverfahren

I. Allgemeines

§ 397 Einleitung des Strafverfahrens

(1) Das Strafverfahren ist eingeleitet, sobald die Finanzbehörde, die Polizei, die Staatsanwaltschaft, einer ihrer Hilfsbeamten oder der Strafrichter eine Maßnahme trifft, die erkennbar darauf abzielt, gegen jemanden wegen einer Steuerstraftat strafrechtlich vorzugehen.

(2) Die Maßnahme ist unter Angabe des Zeitpunktes unverzüglich in den Akten zu vermerken.

(3) Die Einleitung des Strafverfahrens ist dem Beschuldigten spätestens mitzuteilen, wenn er dazu aufgefordert wird, Tatsachen darzulegen oder Unterlagen vorzulegen, die im Zusammenhang mit der Straftat stehen, derer er verdächtig ist.

§ 398 Einstellung wegen Geringfügigkeit

Die Staatsanwaltschaft kann von der Verfolgung einer Steuerhinterziehung, bei der nur eine geringwertige Steuerverkürzung eingetreten ist oder nur geringwertige Steuervorteile erlangt sind, auch ohne Zustimmung des für die Eröffnung des Hauptverfahrens zuständigen Gerichts absehen, wenn die Schuld des Täters als gering anzusehen wäre und kein öffentliches Interesse an der Verfolgung besteht. Dies gilt für das Verfahren wegen einer Steuerhehlerei nach § 374 und einer Begünstigung einer Person, die eine der in § 375 Abs. 1 Nr. 1 bis 3 genannten Taten begangen hat, entsprechend.

II. Verfahren der Finanzbehörde bei Steuerstraftaten

§ 399 Rechte und Pflichten der Finanzbehörde

(1) Führt die Finanzbehörde das Ermittlungsverfahren auf Grund des § 386 Abs. 2 selbständig durch, so nimmt sie die Rechte und Pflichten wahr, die der Staatsanwaltschaft im Ermittlungsverfahren zustehen.

(2) Ist einer Finanzbehörde nach § 387 Abs. 2 die Zuständigkeit für den Bereich mehrerer Finanzbehörden übertragen, so bleiben das Recht und die Pflicht dieser Finanzbehörden unberührt, bei dem Verdacht einer Steuerstraftat den Sachverhalt zu erforschen und alle unaufschiebbaren Anordnungen zu treffen, um die Verdunkelung der Sache zu verhüten. Sie können Beschlagnahmen, Notveräußerungen, Durchsuchungen, Untersuchungen und sonstige Maßnahmen nach den für Hilfsbeamte der Staatsanwaltschaft geltenden Vorschriften der Strafprozeßordnung anordnen.

§ 400 Antrag auf Erlaß eines Strafbefehls

Bieten die Ermittlungen genügenden Anlaß zur Erhebung der öffentlichen Klage, so beantragt die Finanzbehörde beim Richter den Erlaß eines Strafbefehls, wenn die Strafsache zur Behandlung im Strafbefehlsverfahren geeignet erscheint; ist dies nicht der Fall, so legt die Finanzbehörde die Akten der Staatsanwaltschaft vor.

§ 401 Antrag auf Anordnung von Nebenfolgen im selbständigen Verfahren

Die Finanzbehörde kann den Antrag stellen, die Einziehung oder den Verfall selbständig anzuordnen oder eine Geldbuße gegen eine juristische Person oder eine Personenvereinigung selbständig festzusetzen (§§ 440, 422 Abs. 1, § 444 Abs. 3 der Strafprozeßordnung).

Abgabenordnung

Straf- und Bußgeldvorschriften – Straf- und Bußgeldverfahren
Strafverfahren
Ermittlungsverfahren – Gerichtliches Verfahren
§§ 402–406

III. Stellung der Finanzbehörde im Verfahren der Staatsanwaltschaft

§ 402 Allgemeine Rechte und Pflichten der Finanzbehörde

(1) Führt die Staatsanwaltschaft das Ermittlungsverfahren durch, so hat die sonst zuständige Finanzbehörde dieselben Rechte und Pflichten wie die Behörden des Polizeidienstes nach der Strafprozeßordnung sowie die Befugnisse nach § 399 Abs. 2 Satz 2.

(2) Ist einer Finanzbehörde nach § 387 Abs. 2 die Zuständigkeit für den Bereich mehrerer Finanzbehörden übertragen, so gilt Absatz 1 für jede dieser Finanzbehörden.

§ 403 Beteiligung der Finanzbehörde

(1) Führt die Staatsanwaltschaft oder die Polizei Ermittlungen durch, die Steuerstraftaten betreffen, so ist die sonst zuständige Finanzbehörde befugt, daran teilzunehmen. Ort und Zeit der Ermittlungshandlungen sollen ihr rechtzeitig mitgeteilt werden. Dem Vertreter der Finanzbehörde ist zu gestatten, Fragen an Beschuldigte, Zeugen und Sachverständige zu stellen.

(2) Absatz 1 gilt sinngemäß für solche richterlichen Verhandlungen, bei denen auch der Staatsanwaltschaft die Anwesenheit gestattet ist.

(3) Der sonst zuständigen Finanzbehörde sind die Anklageschrift und der Antrag auf Erlaß eines Strafbefehls mitzuteilen.

(4) Erwägt die Staatsanwaltschaft, das Verfahren einzustellen, so hat sie die sonst zuständige Finanzbehörde zu hören.

IV. Steuer- und Zollfahndung

§ 404 Steuer- und Zollfahndung

Die Zollfahndungsämter und die mit der Steuerfahndung betrauten Dienststellen der Landesfinanzbehörden sowie ihre Beamten haben im Strafverfahren wegen Steuerstraftaten dieselben Rechte und Pflichten wie die Behörden und Beamten des Polizeidienstes nach den Vorschriften der Strafprozeßordnung. Die in Satz 1 bezeichneten Stellen haben die Befugnisse nach § 399 Abs. 2 Satz 2 sowie die Befugnis zur Durchsicht der Papiere des von der Durchsuchung Betroffenen (§ 110 Abs. 1 der Strafprozeßordnung); ihre Beamten sind Hilfsbeamte der Staatsanwaltschaft.

V. Entschädigung der Zeugen und der Sachverständigen

§ 405 Entschädigung der Zeugen und der Sachverständigen

Werden Zeugen und Sachverständige von der Finanzbehörde zu Beweiszwecken herangezogen, so werden sie nach dem Gesetz über die Entschädigung von Zeugen und Sachverständigen entschädigt. Dies gilt auch in den Fällen des § 404.

3. Unterabschnitt
Gerichtliches Verfahren

§ 406 Mitwirkung der Finanzbehörde im Strafbefehlsverfahren und im selbständigen Verfahren

(1) Hat die Finanzbehörde den Erlaß eines Strafbefehls beantragt, so nimmt sie die Rechte und Pflichten der Staatsanwaltschaft wahr, solange nicht nach § 408 Abs. 3 Satz 2 der Strafprozeßordnung Hauptverhandlung anberaumt oder Einspruch gegen den Strafbefehl erhoben wird.

(2) Hat die Finanzbehörde den Antrag gestellt, die Einziehung oder den Verfall selbständig anzuordnen oder eine Geldbuße gegen eine juristische Person oder eine Personenvereinigung selbständig festzusetzen (§ 401), so nimmt sie die Rechte und Pflichten der Staatsanwaltschaft wahr, solange nicht mündliche Verhandlung beantragt oder vom Gericht angeordnet wird.

Abgabenordnung

Straf- und Bußgeldvorschriften – Straf- und Bußgeldverfahren
Strafverfahren – Bußgeldverfahren
Kosten des Verfahrens
§§ 407–411

§ 407 Beteiligung der Finanzbehörde in sonstigen Fällen

(1) Das Gericht gibt der Finanzbehörde Gelegenheit, die Gesichtspunkte vorzubringen, die von ihrem Standpunkt für die Entscheidung von Bedeutung sind. Dies gilt auch, wenn das Gericht erwägt, das Verfahren einzustellen. Der Termin zur Hauptverhandlung und der Termin zur Vernehmung durch einen beauftragten oder ersuchten Richter (§§ 223, 233 der Strafprozeßordnung) werden der Finanzbehörde mitgeteilt. Ihr Vertreter erhält in der Hauptverhandlung auf Verlangen das Wort. Ihm ist zu gestatten, Fragen an Angeklagte, Zeugen und Sachverständige zu richten.

(2) Das Urteil und andere das Verfahren abschließende Entscheidungen sind der Finanzbehörde mitzuteilen.

4. Unterabschnitt
Kosten des Verfahrens

§ 408 Kosten des Verfahrens

Notwendige Auslagen eines Beteiligten im Sinne des 464 a Abs. 2 Nr. 2 der Strafprozeßordnung sind im Strafverfahren wegen einer Steuerstraftat auch die gesetzlichen Gebühren und Auslagen eines Steuerberaters, Steuerbevollmächtigten, Wirtschaftsprüfers oder vereidigten Buchprüfers. Sind Gebühren und Auslagen gesetzlich nicht geregelt, so können sie bis zur Höhe der gesetzlichen Gebühren und Auslagen eines Rechtsanwalts erstattet werden.

Vierter Abschnitt
Bußgeldverfahren

§ 409 Zuständige Verwaltungsbehörde

Bei Steuerordnungswidrigkeiten ist zuständige Verwaltungsbehörde im Sinne des § 36 Abs. 1 Nr. 1 des Gesetzes über Ordnungswidrigkeiten die nach § 387 Abs. 1 sachlich zuständige Finanzbehörde. § 387 Abs. 2 gilt entsprechend.

§ 410 Ergänzende Vorschriften über das Bußgeldverfahren

(1) Für das Bußgeldverfahren gelten außer den verfahrensrechtlichen Vorschriften des Gesetzes über Ordnungswidrigkeiten entsprechend:
1. die §§ 388 bis 390 über die Zuständigkeit der Finanzbehörde,
2. § 391 über die Zuständigkeit des Gerichts,
3. § 392 über die Verteidigung,
4. § 393 über das Verhältnis des Strafverfahrens zum Besteuerungsverfahren,
5. § 396 über die Aussetzung des Verfahrens,
6. § 397 über die Einleitung des Strafverfahrens,
7. § 399 Abs. 2 über die Rechte und Pflichten der Finanzbehörde,
8. die §§ 402, 403 Abs. 1, 3 und 4 über die Stellung der Finanzbehörde im Verfahren der Staatsanwaltschaft,
9. § 404 Satz 1 und Satz 2 erster Halbsatz über die Steuer- und Zollfahndung,
10. § 405 über die Entschädigung der Zeugen und der Sachverständigen,
11. § 407 über die Beteiligung der Finanzbehörde und
12. § 408 über die Kosten des Verfahrens.

(2) Verfolgt die Finanzbehörde eine Steuerstraftat, die mit einer Steuerordnungswidrigkeit zusammenhängt (§ 42 Abs. 1 Satz 2 des Gesetzes über Ordnungswidrigkeiten), so kann sie in den Fällen des § 400 beantragen, den Strafbefehl auf die Steuerordnungswidrigkeit zu erstrecken.

§ 411 Bußgeldverfahren gegen Rechtsanwälte, Steuerberater, Steuerbevollmächtigte, Wirtschaftsprüfer oder vereidigte Buchprüfer

Bevor gegen einen Rechtsanwalt, Steuerberater, Steuerbevollmächtigten, Wirtschaftsprüfer oder vereidigten Buchprüfer wegen einer Steuerordnungswidrigkeit, die er in Ausübung seines Berufs bei der Beratung in Steuersachen begangen hat, ein Bußgeld-

Abgabenordnung

Schlußvorschriften
§§ 412–415

bescheid erlassen wird, gibt die Finanzbehörde der zuständigen Berufskammer Gelegenheit, die Gesichtspunkte vorzubringen, die von ihrem Standpunkt für die Entscheidung von Bedeutung sind.

§ 412 Zustellung, Vollstreckung, Kosten

(1) Für das Zustellungsverfahren gelten abweichend von § 51 Abs. 1 Satz 1 des Gesetzes über Ordnungswidrigkeiten die Vorschriften des Verwaltungszustellungsgesetzes auch dann, wenn eine Landesfinanzbehörde den Bescheid erlassen hat. § 51 Abs. 1 Satz 2 und Absatz 2 bis 5 des Gesetzes über Ordnungswidrigkeiten bleibt unberührt.

(2) Für die Vollstreckung von Bescheiden der Finanzbehörden in Bußgeldverfahren gelten abweichend von § 90 Abs. 1 und 4, § 108 Abs. 2 des Gesetzes über Ordnungswidrigkeiten die Vorschriften des Sechsten Teils dieses Gesetzes. Die übrigen Vorschriften des Neunten Abschnitts des Zweiten Teils des Gesetzes über Ordnungswidrigkeiten bleiben unberührt.

(3) Für die Kosten des Bußgeldverfahrens gilt § 107 Abs. 4 des Gesetzes über Ordnungswidrigkeiten auch dann, wenn eine Landesfinanzbehörde den Bußgeldbescheid erlassen hat; an Stelle des § 19 des Verwaltungskostengesetzes gelten § 227 Abs. 1 und § 261 dieses Gesetzes.

Neunter Teil
Schlußvorschriften

§ 413 Einschränkung von Grundrechten

Die Grundrechte auf körperliche Unversehrtheit und Freiheit der Person (Artikel 2 Abs. 2 des Grundgesetzes), des Briefgeheimnisses sowie des Post- und Fernmeldegeheimnisses (Artikel 10 des Grundgesetzes) und der Unverletzlichkeit der Wohnung (Artikel 13 des Grundgesetzes) werden nach Maßgabe dieses Gesetzes eingeschränkt.

§ 414 Berlin-Klausel

Dieses Gesetz gilt nach Maßgabe des § 12 Abs. 1 und des § 13 Abs. 1 des Dritten Überleitungsgesetzes vom 4. Januar 1952 (BGBl. I S. 1) auch im Land Berlin. Rechtsverordnungen, die auf Grund dieses Gesetzes erlassen werden, gelten im Land Berlin nach § 14 des Dritten Überleitungsgesetzes.

§ 415 Inkrafttreten

(1) Dieses Gesetz tritt am 1. Januar 1977 in Kraft, soweit die folgenden Absätze nichts anderes bestimmen.

(2) § 19 Abs. 5, § 117 Abs. 5, § 134 Abs. 3, § 139 Abs. 2, § 150 Abs. 6, § 156 Abs. 1, § 178 Abs. 3, § 212, § 382 Abs. 4, § 387 Abs. 2 und § 391 Abs. 2 treten am Tage nach der Verkündung in Kraft.[1]

(3) Die §§ 52 und 55 sind erstmals ab 1. Januar 1984 anzuwenden.

Das vorstehende Gesetz wird hiermit verkündet.

Der Bundespräsident
Der Bundeskanzler
Der Bundesminister der Finanzen

---

[1] Verkündet am 23. 3. 1976.

Abgabenordnung

Anlage

(zu § 339 Abs. 4)

Pfändungsgebühren für Pfändung nach § 339 Abs. 1 Nr. 2

bis zu	100 Deutsche Mark einschließlich	1,— Deutsche Mark
bis zu	150 Deutsche Mark einschließlich	1,50 Deutsche Mark
bis zu	200 Deutsche Mark einschließlich	2,— Deutsche Mark
bis zu	300 Deutsche Mark einschließlich	3,— Deutsche Mark
bis zu	400 Deutsche Mark einschließlich	4,— Deutsche Mark
bis zu	500 Deutsche Mark einschließlich	5,— Deutsche Mark
bis zu	600 Deutsche Mark einschließlich	6,— Deutsche Mark
bis zu	700 Deutsche Mark einschließlich	6,75 Deutsche Mark
bis zu	800 Deutsche Mark einschließlich	7,50 Deutsche Mark
bis zu	900 Deutsche Mark einschließlich	8,25 Deutsche Mark
bis zu	1 000 Deutsche Mark einschließlich	9,— Deutsche Mark
bis zu	1 100 Deutsche Mark einschließlich	9,75 Deutsche Mark
bis zu	1 200 Deutsche Mark einschließlich	10,50 Deutsche Mark
bis zu	1 300 Deutsche Mark einschließlich	11,25 Deutsche Mark
bis zu	1 400 Deutsche Mark einschließlich	12,— Deutsche Mark
bis zu	1 500 Deutsche Mark einschließlich	12,75 Deutsche Mark
bis zu	1 600 Deutsche Mark einschließlich	13,50 Deutsche Mark
bis zu	1 700 Deutsche Mark einschließlich	14,25 Deutsche Mark
bis zu	1 800 Deutsche Mark einschließlich	14,75 Deutsche Mark
bis zu	1 900 Deutsche Mark einschließlich	15,25 Deutsche Mark
bis zu	2 000 Deutsche Mark einschließlich	15,75 Deutsche Mark
bis zu	2 300 Deutsche Mark einschließlich	16,75 Deutsche Mark
bis zu	2 600 Deutsche Mark einschließlich	17,75 Deutsche Mark
bis zu	2 900 Deutsche Mark einschließlich	18,75 Deutsche Mark
bis zu	3 200 Deutsche Mark einschließlich	19,75 Deutsche Mark
bis zu	3 500 Deutsche Mark einschließlich	20,75 Deutsche Mark
bis zu	3 800 Deutsche Mark einschließlich	21,75 Deutsche Mark
bis zu	4 100 Deutsche Mark einschließlich	22,75 Deutsche Mark
bis zu	4 400 Deutsche Mark einschließlich	23,75 Deutsche Mark
bis zu	4 700 Deutsche Mark einschließlich	24,75 Deutsche Mark
bis zu	5 000 Deutsche Mark einschließlich	25,75 Deutsche Mark
bis zu	5 400 Deutsche Mark einschließlich	27,— Deutsche Mark
bis zu	5 800 Deutsche Mark einschließlich	28,25 Deutsche Mark
bis zu	6 200 Deutsche Mark einschließlich	29,50 Deutsche Mark
bis zu	6 600 Deutsche Mark einschließlich	30,75 Deutsche Mark
bis zu	7 000 Deutsche Mark einschließlich	32,— Deutsche Mark
bis zu	7 400 Deutsche Mark einschließlich	33,25 Deutsche Mark
bis zu	7 800 Deutsche Mark einschließlich	34,50 Deutsche Mark
bis zu	8 200 Deutsche Mark einschließlich	35,75 Deutsche Mark
bis zu	8 600 Deutsche Mark einschließlich	37,— Deutsche Mark
bis zu	9 000 Deutsche Mark einschließlich	38,25 Deutsche Mark
bis zu	9 500 Deutsche Mark einschließlich	39,50 Deutsche Mark
bis zu	10 000 Deutsche Mark einschließlich	40,75 Deutsche Mark
bis zu	10 800 Deutsche Mark einschließlich	42,— Deutsche Mark
bis zu	11 600 Deutsche Mark einschließlich	43,25 Deutsche Mark
bis zu	12 400 Deutsche Mark einschließlich	44,50 Deutsche Mark
bis zu	13 200 Deutsche Mark einschließlich	45,75 Deutsche Mark
bis zu	14 000 Deutsche Mark einschließlich	47,— Deutsche Mark
bis zu	14 800 Deutsche Mark einschließlich	48,25 Deutsche Mark
bis zu	15 600 Deutsche Mark einschließlich	49,50 Deutsche Mark
bis zu	16 400 Deutsche Mark einschließlich	50,75 Deutsche Mark
bis zu	17 200 Deutsche Mark einschließlich	52,— Deutsche Mark

Abgabenordnung

bis zu 18 000 Deutsche Mark einschließlich	53,25 Deutsche Mark
bis zu 18 800 Deutsche Mark einschließlich	54,50 Deutsche Mark
bis zu 19 600 Deutsche Mark einschließlich	55,75 Deutsche Mark
bis zu 20 400 Deutsche Mark einschließlich	57,— Deutsche Mark
bis zu 21 200 Deutsche Mark einschließlich	58,25 Deutsche Mark
bis zu 22 000 Deutsche Mark einschließlich	59,50 Deutsche Mark
bis zu 22 800 Deutsche Mark einschließlich	60,75 Deutsche Mark
bis zu 23 600 Deutsche Mark einschließlich	62,— Deutsche Mark
bis zu 24 400 Deutsche Mark einschließlich	63,25 Deutsche Mark
bis zu 25 200 Deutsche Mark einschließlich	64,50 Deutsche Mark
bis zu 26 000 Deutsche Mark einschließlich	65,75 Deutsche Mark
bis zu 26 800 Deutsche Mark einschließlich	67,— Deutsche Mark
bis zu 27 600 Deutsche Mark einschließlich	68,25 Deutsche Mark
bis zu 28 400 Deutsche Mark einschließlich	69,50 Deutsche Mark
bis zu 29 200 Deutsche Mark einschließlich	70,75 Deutsche Mark
bis zu 30 000 Deutsche Mark einschließlich	72,— Deutsche Mark
bis zu 30 800 Deutsche Mark einschließlich	73,25 Deutsche Mark
bis zu 31 600 Deutsche Mark einschließlich	74,50 Deutsche Mark
bis zu 32 400 Deutsche Mark einschließlich	75,75 Deutsche Mark
bis zu 33 200 Deutsche Mark einschließlich	77,— Deutsche Mark
bis zu 34 000 Deutsche Mark einschließlich	78,25 Deutsche Mark
bis zu 34 800 Deutsche Mark einschließlich	79,50 Deutsche Mark
bis zu 35 600 Deutsche Mark einschließlich	80,75 Deutsche Mark
bis zu 36 400 Deutsche Mark einschließlich	82,— Deutsche Mark
bis zu 37 200 Deutsche Mark einschließlich	83,25 Deutsche Mark
bis zu 38 000 Deutsche Mark einschließlich	84,50 Deutsche Mark
bis zu 38 800 Deutsche Mark einschließlich	85,75 Deutsche Mark
bis zu 39 600 Deutsche Mark einschließlich	87,— Deutsche Mark
bis zu 40 400 Deutsche Mark einschließlich	88,25 Deutsche Mark
bis zu 41 200 Deutsche Mark einschließlich	89,50 Deutsche Mark
bis zu 42 000 Deutsche Mark einschließlich	90,75 Deutsche Mark
bis zu 42 800 Deutsche Mark einschließlich	92,— Deutsche Mark
bis zu 43 600 Deutsche Mark einschließlich	93,25 Deutsche Mark
bis zu 44 400 Deutsche Mark einschließlich	94,50 Deutsche Mark
bis zu 45 200 Deutsche Mark einschließlich	95,75 Deutsche Mark
bis zu 46 000 Deutsche Mark einschließlich	97,— Deutsche Mark
bis zu 46 800 Deutsche Mark einschließlich	98,25 Deutsche Mark
bis zu 47 600 Deutsche Mark einschließlich	99,50 Deutsche Mark
bis zu 48 400 Deutsche Mark einschließlich	100,75 Deutsche Mark
bis zu 49 200 Deutsche Mark einschließlich	102,— Deutsche Mark
bis zu 50 000 Deutsche Mark einschließlich	103,25 Deutsche Mark

von dem Mehrbetrag für je 1 000 Deutsche Mark 1,50 Deutsche Mark. Werte über 50 000 Deutsche Mark sind auf volle 1 000 Deutsche Mark aufzurunden.

Einkommensteuergesetz

Änderungsregister

Einkommensteuergesetz 1987 (EStG 1987)

Vom 16. Oktober 1934 (RGBl. I S. 1005)
in der Fassung der Bekanntmachung vom 27. Februar 1987 (BGBl. I S. 657)[1])
zuletzt geändert durch das Finanzmarktförderungsgesetz vom 22. 2. 1990 (BGBl. I S. 266)
(BGBl. III 611-1)

[1)] **Bekanntmachung
der Neufassung des Einkommensteuergesetzes**
Vom 27. Februar 1987

Auf Grund des § 51 Abs. 4 Nr. 3 des Einkommensteuergesetzes 1986 in der Fassung der Bekanntmachung vom 15. April 1986 (BGBl. I S. 441) wird nachstehend der Wortlaut des Einkommensteuergesetzes in der jetzt geltenden Fassung bekanntgemacht. Die Neufassung berücksichtigt:
1. die Fassung der Bekanntmachung vom 15. April 1986 (BGBl. I S. 441),
2. den am 1. Januar 1987 in Kraft getretenen Artikel 1 des Gesetzes vom 15. Mai 1986 (BGBl. I S. 730),
3. den mit Wirkung vom 1. Januar 1986 in Kraft getretenen § 8 des Gesetzes vom 21. Juli 1986 (BGBl. I S. 1070),
4. den am 1. Juli 1987 in Kraft tretenden Artikel 2 Nr. 15 des Gesetzes vom 8. Dezember 1986 (BGBl. I S. 2191),
5. den am 1. Mai 1987 in Kraft tretenden Artikel 2 Abs. 9 des Gesetzes vom 16. Dezember 1986 (BGBl. I S. 2478) und
6. den am 31. Dezember 1986 in Kraft getretenen Artikel 2 des Gesetzes vom 19. Dezember 1986 (BGBl. I S. 2595).

Der Bundesminister der Finanzen

Einkommensteuergesetz
Inhaltsübersicht

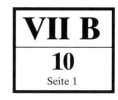

Inhaltsübersicht

	§
I. Steuerpflicht	
Steuerpflicht	1
II. Einkommen	
1. Sachliche Voraussetzungen für die Besteuerung	
Umfang der Besteuerung, Begriffsbestimmungen	2
Negative ausländische Einkünfte	2 a
2. Steuerfreie Einnahmen	
Steuerfreie Einnahmen	3
Steuerbefreiung bestimmter Zinsen	3 a
Steuerfreiheit von Zuschlägen für Sonntags-, Feiertags- oder Nachtarbeit	3 b
Anteilige Abzüge	3 c
3. Gewinn	
Gewinnbegriff im allgemeinen	4
Gewinnermittlungszeitraum, Wirtschaftsjahr	4 a
Direktversicherung	4 b
Zuwendungen an Pensionskassen	4 c
Zuwendungen an Unterstützungskassen	4 d
Gewinn bei Vollkaufleuten und bei bestimmten anderen Gewerbetreibenden	5
Bewertung	6
Pensionsrückstellung	6 a
Gewinn aus der Veräußerung bestimmter Anlagegüter	6 b
Gewinn aus der Veräußerung von Grund und Boden, Gebäuden sowie von Aufwuchs auf oder Anlagen im Grund und Boden bei der Ermittlung des Gewinns nach § 4 Abs. 3 oder nach Durchschnittssätzen	6 c
Befristete Rücklage bei Erwerb von Betrieben, deren Fortbestand gefährdet ist	6 d
Absetzung für Abnutzung oder Substanzverringerung	7
Gemeinsame Vorschriften für erhöhte Absetzungen und Sonderabschreibungen	7 a
Erhöhte Absetzungen für Einfamilienhäuser, Zweifamilienhäuser und Eigentumswohnungen	7 b
Erhöhte Absetzungen für Baumaßnahmen an Gebäuden zur Schaffung neuer Mietwohnungen	7 c
Erhöhte Absetzungen für Wirtschaftsgüter, die dem Umweltschutz dienen	7 d
Bewertungsfreiheit für Fabrikgebäude, Lagerhäuser und landwirtschaftliche Betriebsgebäude	7 e
Bewertungsfreiheit für abnutzbare Wirtschaftsgüter des Anlagevermögens privater Krankenhäuser	7 f

	§
Sonderabschreibung zur Förderung kleiner und mittlerer Betriebe	7 g
Erhöhte Absetzungen bei Gebäuden in Sanierungsgebieten und städtebaulichen Entwicklungsbereichen	7 h
Erhöhte Absetzungen bei Baudenkmalen	7 i
Erhöhte Absetzungen für Wohnungen mit Sozialbindung	7 k
4. Überschuß der Einnahmen über die Werbungskosten	
Einnahmen	8
Werbungskosten	9
Pauschbeträge für Werbungskosten	9 a
4 a. Umsatzsteuerrechtlicher Vorsteuerabzug	
Umsatzsteuerrechtlicher Vorsteuerabzug	9 b
5. Sonderausgaben	
Sonderausgaben	10
Steuerbegünstigung des nicht entnommenen Gewinns	10 a
Steuerbegünstigte Zwecke	10 b
Sonderausgaben-Pauschbetrag, Vorsorgepauschale	10 c
Verlustabzug	10 d
Steuerbegünstigung der zu eigenen Wohnzwecken genutzten Wohnung im eigenen Haus	10 e
Steuerbegünstigung für zu eigenen Wohnzwecken genutzte Baudenkmale und Gebäude in Sanierungsgebieten und städtebaulichen Entwicklungsbereichen	10 f
6. Vereinnahmung und Verausgabung	
Vereinnahmung und Verausgabung	11
Sonderbehandlung von Erhaltungsaufwand bei Gebäuden in Sanierungsgebieten und städtebaulichen Entwicklungsbereichen	11 a
Sonderbehandlung von Erhaltungsaufwand bei Baudenkmalen	11 b
7. Nicht abzugsfähige Ausgaben	
Nicht abzugsfähige Ausgaben	12
8. Die einzelnen Einkunftsarten	
a) Land- und Forstwirtschaft	
Einkünfte aus Land- und Forstwirtschaft	13
Ermittlung des Gewinns aus Land- und Forstwirtschaft nach Durchschnittssätzen	13 a
Veräußerung des Betriebs	14
Vergünstigungen bei der Veräußerung bestimmter land- und forstwirtschaftlicher Betriebe	14 a

Einkommensteuergesetz

Inhaltsübersicht

	§
b) Gewerbebetrieb	
Einkünfte aus Gewerbebetrieb	15
Verluste bei beschränkter Haftung	15 a
Veräußerung des Betriebs	16
Veräußerung von Anteilen an Kapitalgesellschaften bei wesentlicher Beteiligung	17
c) Selbständige Arbeit	
Selbständige Arbeit	18
d) Nichtselbständige Arbeit	
Nichtselbständige Arbeit	19
Überlassung von Vermögensbeteiligungen an Arbeitnehmer	19 a
e) Kapitalvermögen	
Kapitalvermögen	20
f) Vermietung und Verpachtung	
Vermietung und Verpachtung	21
Pauschalierung des Nutzungswerts der selbstgenutzten Wohnung im eigenen Haus	21 a
g) Sonstige Einkünfte	
Arten der sonstigen Einkünfte	22
Spekulationsgeschäfte	23
h) Gemeinsame Vorschriften	
Gemeinsame Vorschriften	24
Altersentlastungsbetrag	24 a
Ausbildungsplatz-Abzugsbetrag	24 b

III. Veranlagung

Veranlagungszeitraum, Steuererklärungspflicht	25
Veranlagung von Ehegatten	26
Getrennte Veranlagung von Ehegatten	26 a
Zusammenveranlagung von Ehegatten	26 b
Besondere Veranlagung für den Veranlagungszeitraum der Eheschliessung	26 c
(weggefallen)	27
Besteuerung bei fortgesetzter Gütergemeinschaft	28
(weggefallen)	29 bis 31

IV. Tarif

Kinder, Kinderfreibetrag, Sonderfreibeträge	32
Einkommensteuertarif	32 a
Progressionsvorbehalt	32 b
Außergewöhnliche Belastungen	33
Außergewöhnliche Belastung in besonderen Fällen	33 a
Pauschbeträge für Behinderte, Hinterbliebene und Pflegepersonen	33 b
Kinderbetreuungskosten	33 c
Außerordentliche Einkünfte	34
(weggefallen)	34 a
Steuersätze bei außerordentlichen Einkünften aus Forstwirtschaft	34 b

V. Steuerermäßigungen

	§
1. Steuerermäßigung bei ausländischen Einkünften	
Steuerermäßigung bei ausländischen Einkünften	34 c
Ausländische Einkünfte	34 d
2. Steuerermäßigung bei Einkünften aus Land- und Forstwirtschaft	
Steuerermäßigung bei Einkünften aus Land- und Forstwirtschaft	34 e
2a. Steuerermäßigung für Steuerpflichtige mit Kindern bei Inanspruchnahme erhöhter Absetzungen für Wohngebäude oder der Steuerbegünstigungen für eigengenutztes Wohneigentum	
Steuerermäßigung für Steuerpflichtige mit Kindern bei Inanspruchnahme erhöhter Absetzungen für Wohngebäude oder der Steuerbegünstigungen für eigengenutztes Wohneigentum	34 f
2 b. Steuerermäßigung bei Mitgliedsbeiträgen und Spenden an politische Parteien und an unabhängige Wählervereinigungen	34 g
3. Steuerermäßigung bei Belastung mit Erbschaftsteuer	
Steuerermäßigung bei Belastung mit Erbschaftsteuer	35

VI. Steuererhebung

1. Erhebung der Einkommensteuer	
Entstehung und Tilgung der Einkommensteuer	36
Ausschluß der Anrechnung von Körperschaftsteuer in Sonderfällen	36 a
Vergütung von Körperschaftsteuer	36 b
Vergütung von Körperschaftsteuer auf Grund von Sammelanträgen	36 c
Vergütung von Körperschaftsteuer in Sonderfällen	36 d
Vergütung des Körperschaftsteuer-Erhöhungsbetrags an beschränkt Einkommensteuerpflichtige	36 e
Einkommensteuer-Vorauszahlung	37
2. Steuerabzug vom Arbeitslohn (Lohnsteuer)	
Erhebung der Lohnsteuer	38
Höhe der Lohnsteuer	38 a
Lohnsteuerklassen	38 b
Lohnsteuertabellen	38 c
Lohnsteuerkarte	39
Freibetrag beim Lohnsteuerabzug	39 a

Einkommensteuergesetz
Inhaltsübersicht

	§
Durchführung des Lohnsteuerabzugs für unbeschränkt einkommensteuerpflichtige Arbeitnehmer	39 b
Durchführung des Lohnsteuerabzugs ohne Lohnsteuerkarte	39 c
Durchführung des Lohnsteuerabzugs für beschränkt einkommensteuerpflichtige Arbeitnehmer	39 d
Pauschalierung der Lohnsteuer in besonderen Fällen	40
Pauschalierung der Lohnsteuer für Teilzeitbeschäftigte	40 a
Pauschalierung der Lohnsteuer bei bestimmten Zukunftssicherungsleistungen	40 b
Aufzeichnungspflichten beim Lohnsteuerabzug	41
Anmeldung und Abführung der Lohnsteuer	41 a
Abschluß des Lohnsteuerabzugs	41 b
Änderung des Lohnsteuerabzugs	41 c
Lohnsteuer-Jahresausgleich	42
Gemeinsamer Lohnsteuer-Jahresausgleich für Ehegatten	42 a
Lohnsteuer-Jahresausgleich durch den Arbeitgeber	42 b
Örtliche Zuständigkeit der Finanzämter im Lohnsteuerverfahren	42 c
Haftung des Arbeitgebers und Haftung bei Arbeitnehmerüberlassung	42 d
Anrufungsauskunft	42 e
Lohnsteuer-Außenprüfung	42 f

3. Steuerabzug vom Kapitalertrag (Kapitalertragsteuer)

	§
Kapitalerträge mit Steuerabzug	43
Bemessung der Kapitalertragsteuer	43 a
Entrichtung der Kapitalertragsteuer in den Fällen des § 43 Abs. 1 Nr. 1 bis 6 und 8	44
Abstandnahme vom Steuerabzug	44 a
Erstattung der Kapitalertragsteuer	44 b
Erstattung von Kapitalertragsteuer an bestimmte Körperschaften, Personenvereinigungen und Vermögensmassen	44 c
Ausschluß der Erstattung von Kapitalertragsteuer	45
Anmeldung und Bescheinigung der Kapitalertragsteuer in den Fällen des § 43 Abs. 1 Nr. 1 bis 5	45 a
Besondere Behandlung von Kapitalerträgen im Sinne des § 43 Abs. 1 Nr. 5	45 b
Entrichtung der Kapitalertragsteuer in den Fällen des § 43 Abs. 1 Nr. 6	45 c

4. Veranlagung von Steuerpflichtigen mit steuerabzugspflichtigen Einkünften

	§
Veranlagung bei Bezug von Einkünften aus nichtselbständiger Arbeit	46
(weggefallen)	46 a, 47
VII. (weggefallen)	48

VIII. Besteuerung beschränkt Steuerpflichtiger

	§
Beschränkt steuerpflichtige Einkünfte	49
Sondervorschriften für beschränkt Steuerpflichtige	50
Steuerabzug bei beschränkt Steuerpflichtigen	50 a

IX. Sonstige Vorschriften, Ermächtigungs- und Schlußvorschriften

	§
Prüfungsrecht	50 b
Wertminderung von Anteilen durch Gewinnausschüttungen	50 c
Besonderheiten im Fall von Doppelbesteuerungsabkommen	50 d
Ermächtigung	51
Einkommensteuer als Maßstabsteuer	51 a
Anwendungsvorschriften	52
(weggefallen)	52 a
Anwendung des § 33 a Abs. 1 für die Veranlagungszeiträume 1988 und 1989	53
Schlußvorschrift zu § 33 a Abs. 3 EStG 1981 (Sondervorschrift zum Abzug von Aufwendungen für Dienstleistungen zur Beaufsichtigung oder Betreuung eines Kindes)	53 a
(weggefallen)	53 b, 54
Schlußvorschriften (Sondervorschriften für die Gewinnermittlung nach § 4 oder nach Durchschnittssätzen bei vor dem 1. Juli 1970 angeschafftem Grund und Boden)	55
(weggefallen)	56

Anlagen[1]

---

1) Eine Übersicht über die Anlagen befindet sich auf S. 124 y.

Einkommensteuergesetz
§§ 1–2

I. Steuerpflicht

§ 1

(1) Natürliche Personen, die im Inland einen Wohnsitz oder ihren gewöhnlichen Aufenthalt haben, sind unbeschränkt einkommensteuerpflichtig. Zum Inland im Sinne dieses Gesetzes gehört auch der der Bundesrepublik Deutschland zustehende Anteil am Festlandsokkel, soweit dort Naturschätze des Meeresgrundes und des Meeresuntergrundes erforscht oder ausgebeutet werden.

(2) Unbeschränkt einkommensteuerpflichtig sind auch deutsche Staatsangehörige, die
1. im Inland weder einen Wohnsitz noch ihren gewöhnlichen Aufenthalt haben und
2. zu einer inländischen juristischen Person des öffentlichen Rechts in einem Dienstverhältnis stehen und dafür Arbeitslohn aus einer inländischen öffentlichen Kasse beziehen,

sowie zu ihrem Haushalt gehörende Angehörige, die die deutsche Staatsangehörigkeit besitzen oder keine Einkünfte oder nur Einkünfte beziehen, die ausschließlich im Inland einkommensteuerpflichtig sind. Dies gilt nur für natürliche Personen, die in dem Staat, in dem sie ihren Wohnsitz oder ihren gewöhnlichen Aufenthalt haben, lediglich in einem der beschränkten Einkommensteuerpflicht ähnlichen Umfang zu einer Steuer vom Einkommen herangezogen werden.

(3) Als unbeschränkt einkommensteuerpflichtig gelten auch deutsche Staatsangehörige, die die Voraussetzungen des Absatzes 2 Nr. 1 und 2 erfüllen, sowie ihr nicht dauernd getrennt lebender Ehegatte, wenn die Steuerpflichtigen allein oder zusammen mit ihrem Ehegatten im Ausland einkommensteuerpflichtige Einnahmen von nicht mehr als 5 000 Deutsche Mark im Veranlagungszeitraum beziehen. Satz 1 ist entsprechend anzuwenden bei Empfängern von Versorgungsbezügen im Sinne des § 19 Abs. 2 Satz 2 Nr. 1, soweit dafür nicht nach einem Abkommen zur Vermeidung der Doppelbesteuerung das Besteuerungsrecht dem ausländischen Staat zusteht, in dem der Steuerpflichtige seinen Wohnsitz hat. In den Fällen der Sätze 1 und 2 ist § 32 Abs. 2 für zum Haushalt des Steuerpflichtigen gehörende Kinder nicht anzuwenden.

(4) Natürliche Personen, die im Inland weder einen Wohnsitz noch ihren gewöhnlichen Aufenthalt haben, sind vorbehaltlich der Absätze 2 und 3 beschränkt einkommensteuerpflichtig, wenn sie inländische Einkünfte im Sinne des § 49 haben.

II. Einkommen

1. Sachliche Voraussetzungen für die Besteuerung

§ 2 Umfang der Besteuerung, Begriffsbestimmungen

(1) Der Einkommensteuer unterliegen
1. Einkünfte aus Land- und Forstwirtschaft,
2. Einkünfte aus Gewerbebetrieb,
3. Einkünfte aus selbständiger Arbeit,
4. Einkünfte aus nichtselbständiger Arbeit,
5. Einkünfte aus Kapitalvermögen,
6. Einkünfte aus Vermietung und Verpachtung,
7. sonstige Einkünfte im Sinne des § 22,

Einkommensteuergesetz
§ 2 a

die der Steuerpflichtige während seiner unbeschränkten Einkommensteuerpflicht oder als inländische Einkünfte während seiner beschränkten Einkommensteuerpflicht erzielt. Zu welcher Einkunftsart die Einkünfte im einzelnen Fall gehören, bestimmt sich nach den §§ 13 bis 24.

(2) Einkünfte sind
1. bei Land- und Forstwirtschaft, Gewerbebetrieb und selbständiger Arbeit der Gewinn (§§ 4 bis 7 g),
2. bei den anderen Einkunftsarten der Überschuß der Einnahmen über die Werbungskosten (§§ 8 bis 9 a).

(3) Die Summe der Einkünfte, vermindert um den Altersentlastungsbetrag, den Ausbildungsplatz-Abzugsbetrag und die nach § 34 c Abs. 2 und 3 abgezogene Steuer, ist der Gesamtbetrag der Einkünfte.

(4) Der Gesamtbetrag der Einkünfte, vermindert um die Sonderausgaben und die außergewöhnlichen Belastungen, ist das Einkommen.

(5) Das Einkommen, vermindert um den Kinderfreibetrag nach § 32 Abs. 6, den Haushaltsfreibetrag nach § 32 Abs. 7 und um die sonstigen vom Einkommen abzuziehenden Beträge, ist das zu versteuernde Einkommen; dieses bildet die Bemessungsgrundlage für die tarifliche Einkommensteuer.

(6) Die tarifliche Einkommensteuer, vermindert um die Steuerermäßigungen, ist die festzusetzende Einkommensteuer.

(7) Die Einkommensteuer ist eine Jahressteuer. Die Grundlagen für ihre Festsetzung sind jeweils für ein Kalenderjahr zu ermitteln. Besteht die unbeschränkte oder beschränkte Einkommensteuerpflicht nicht jeweils während eines ganzen Kalenderjahrs, so tritt an die Stelle des Kalenderjahrs der Zeitraum der jeweiligen Einkommensteuerpflicht.

§ 2 a Negative ausländische Einkünfte

(1) Negative ausländische Einkünfte
1. aus einer in einem ausländischen Staat belegenen land- und forstwirtschaftlichen Betriebsstätte,
2. aus einer in einem ausländischen Staat belegenen gewerblichen Betriebsstätte,
3. aus der Beteiligung an einem Handelsgewerbe als stiller Gesellschafter und aus partiarischen Darlehen, wenn der Schuldner Wohnsitz, Sitz oder Geschäftsleitung in einem ausländischen Staat hat, und
4. aus der Vermietung oder der Verpachtung unbeweglichen Vermögens oder von Sachinbegriffen, wenn diese in einem ausländischen Staat belegen sind,

dürfen nur mit ausländischen Einkünften der jeweils selben Art aus demselben Staat ausgeglichen werden; sie dürfen auch nicht nach § 10 d abgezogen werden. Soweit die negativen Einkünfte nicht nach Satz 1 ausgeglichen werden können, mindern sie die positiven ausländischen Einkünfte der jeweils selben Art, die der Steuerpflichtige in den folgenden sieben Veranlagungszeiträumen aus demselben Staat erzielt.

(2) Absatz 1 Nr. 2 ist nicht anzuwenden, wenn die negativen Einkünfte aus einer gewerblichen Betriebsstätte im Ausland stammen, die ausschließlich oder fast ausschließlich die Herstellung oder Lieferung von Waren, außer Waffen, die Gewinnung von Bodenschätzen sowie die Bewirkung gewerblicher Leistungen zum Gegenstand hat, soweit diese nicht in

Einkommensteuergesetz

§ 3

der Errichtung oder dem Betrieb von Anlagen, die dem Fremdenverkehr dienen, oder in der Vermietung oder der Verpachtung von Wirtschaftsgütern einschließlich der Überlassung von Rechten, Plänen, Mustern, Verfahren, Erfahrungen und Kenntnissen bestehen.

(3) Sind nach einem Abkommen zur Vermeidung der Doppelbesteuerung bei einem unbeschränkt Steuerpflichtigen aus einer in einem ausländischen Staat belegenen Betriebsstätte stammende Einkünfte aus gewerblicher Tätigkeit von der Einkommensteuer zu befreien, so ist auf Antrag des Steuerpflichtigen ein Verlust, der sich nach den Vorschriften des inländischen Steuerrechts bei diesen Einkünften ergibt, bei der Ermittlung des Gesamtbetrags der Einkünfte abzuziehen, soweit er vom Steuerpflichtigen ausgeglichen oder abgezogen werden könnte, wenn die Einkünfte nicht von der Einkommensteuer zu befreien wären, und soweit er nach diesem Abkommen zu befreiende positive Einkünfte aus gewerblicher Tätigkeit aus anderen in diesem ausländischen Staat belegenen Betriebsstätten übersteigt. Soweit der Verlust dabei nicht ausgeglichen wird, ist bei Vorliegen der Voraussetzungen des § 10 d der Verlustabzug zulässig. Der nach den Sätzen 1 und 2 abgezogene Betrag ist, soweit sich in einem der folgenden Veranlagungszeiträume bei den nach diesem Abkommen zu befreienden Einkünften aus gewerblicher Tätigkeit aus in diesem ausländischen Staat belegenen Betriebsstätten insgesamt ein positiver Betrag ergibt, in dem betreffenden Veranlagungszeitraum bei der Ermittlung des Gesamtbetrags der Einkünfte wieder hinzuzurechnen. Satz 3 ist nicht anzuwenden, wenn der Steuerpflichtige nachweist, daß nach den für ihn geltenden Vorschriften des ausländischen Staates ein Abzug von Verlusten in anderen Jahren als dem Verlustjahr allgemein nicht beansprucht werden kann.

(4) Wird eine in einem ausländischen Staat belegene Betriebsstätte in eine Kapitalgesellschaft umgewandelt, so ist ein nach Absatz 3 Sätze 1 und 2 abgezogener Verlust, soweit er nach Absatz 3 Satz 3 nicht wieder hinzugerechnet worden ist oder nicht noch hinzuzurechnen ist, im Veranlagungszeitraum der Umwandlung in entsprechender Anwendung des Absatzes 3 Satz 3 dem Gesamtbetrag der Einkünfte hinzuzurechnen. Satz 1 ist nicht anzuwenden, wenn
1. bei der umgewandelten Betriebsstätte die Voraussetzungen des Absatzes 3 Satz 4 vorgelegen haben oder
2. der Steuerpflichtige nachweist, daß die Kapitalgesellschaft nach den für sie geltenden Vorschriften einen Abzug von Verlusten der Betriebsstätte nicht beanspruchen kann.

2. Steuerfreie Einnahmen

§ 3

Steuerfrei sind
1. a) Leistungen aus einer Krankenversicherung und aus der gesetzlichen Unfallversicherung,
   b) Sachleistungen und Kinderzuschüsse aus den gesetzlichen Rentenversicherungen einschließlich der Sachleistungen nach dem Gesetz über eine Altershilfe für Landwirte,
   c) Geldleistungen nach § 1240 der Reichsversicherungsordnung, § 17 des Angestelltenversicherungsgesetzes, § 39 des Reichsknappschaftsgesetzes und den §§ 7, 8 des Gesetzes über eine Altershilfe für Landwirte sowie entsprechende Geldleistungen nach § 9 des genannten Gesetzes,

d) das Mutterschaftsgeld nach dem Mutterschutzgesetz, der Reichsversicherungsordnung und dem Gesetz über die Krankenversicherung der Landwirte, die Sonderunterstützung für im Familienhaushalt beschäftigte Frauen sowie der Zuschuß zum Mutterschaftsgeld nach dem Mutterschutzgesetz;
2. das Arbeitslosengeld, das Kurzarbeitergeld, das Schlechtwettergeld, die Arbeitslosenhilfe und das Unterhaltsgeld sowie die übrigen Leistungen nach dem Arbeitsförderungsgesetz, soweit sie Arbeitnehmern oder Arbeitsuchenden oder zur Förderung der Ausbildung oder Fortbildung der Empfänger gewährt werden, sowie Leistungen nach § 55 a des Arbeitsförderungsgesetzes;
2a. die Arbeitslosenbeihilfe und die Arbeitslosenhilfe nach dem Soldatenversorgungsgesetz;
3. Kapitalabfindungen auf Grund der gesetzlichen Rentenversicherung der Arbeiter und der Angestellten, aus der Knappschaftsversicherung und auf Grund der Beamten-(Pensions-)Gesetze;
4. bei Angehörigen der Bundeswehr, des Bundesgrenzschutzes, der Bereitschaftspolizei der Länder, der Vollzugspolizei und der Berufsfeuerwehr der Länder und Gemeinden und bei Vollzugsbeamten der Kriminalpolizei des Bundes, der Länder und Gemeinden
   a) der Geldwert der ihnen aus Dienstbeständen überlassenen Dienstkleidung,
   b) Einkleidungsbeihilfen und Abnutzungsentschädigungen für die Dienstkleidung der zum Tragen oder Bereithalten von Dienstkleidung Verpflichteten und für dienstlich notwendige Kleidungsstücke der Vollzugsbeamten der Kriminalpolizei,
   c) Verpflegungs- und Beköstigungszuschüsse und der Geldwert der im Einsatz unentgeltlich abgegebenen Verpflegung,
   d) der Geldwert der freien ärztlichen Behandlung, der freien Krankenhauspflege, des freien Gebrauchs von Kur- und Heilmitteln und der freien ärztlichen Behandlung erkrankter Ehefrauen und unterhaltsberechtigter Kinder;
5. die Geld- und Sachbezüge sowie die Heilfürsorge, die Soldaten auf Grund des § 1 Abs. 1 Satz 1 des Wehrsoldgesetzes und Zivildienstleistende auf Grund des § 35 des Zivildienstgesetzes erhalten;
6. Bezüge, die auf Grund gesetzlicher Vorschriften aus öffentlichen Mitteln versorgungshalber an Wehrdienstbeschädigte und Zivildienstbeschädigte oder ihre Hinterbliebenen, Kriegsbeschädigte, Kriegshinterbliebene und ihnen gleichgestellte Personen gezahlt werden, soweit es sich nicht um Bezüge handelt, die auf Grund der Dienstzeit gewährt werden;
7. Ausgleichsleistungen nach dem Lastenausgleichsgesetz, Leistungen nach dem Flüchtlingshilfegesetz in der im Bundesgesetzblatt Teil III, Gliederungsnummer 240-10, veröffentlichten bereinigten Fassung, zuletzt geändert durch Gesetz vom 24. Juni 1985 (BGBl. I S. 1144), und Leistungen nach dem Reparationsschädengesetz;
8. Geldrenten, Kapitalentschädigungen und Leistungen im Heilverfahren, die auf Grund gesetzlicher Vorschriften zur Wiedergutmachung nationalsozialistischen Unrechts gewährt werden. Die Steuerpflicht von Bezügen aus einem aus Wiedergutmachungsgründen neu begründeten oder wieder begründeten Dienstverhältnis sowie von Bezügen aus einem früheren Dienstverhältnis, die aus Wiedergutmachungsgründen neu gewährt oder wieder gewährt werden, bleibt unberührt;
9. Abfindungen wegen einer vom Arbeitgeber veranlaßten oder gerichtlich ausgesprochenen Auflösung des Dienstverhältnisses, höchstens jedoch 24 000 Deutsche Mark. Hat der Arbeitnehmer das 50. Lebensjahr vollendet und hat das Dienstverhältnis minde-

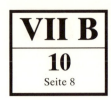

stens 15 Jahre bestanden, so beträgt der Höchstbetrag 30 000 Deutsche Mark, hat der Arbeitnehmer das 55. Lebensjahr vollendet und hat das Dienstverhältnis mindestens 20 Jahre bestanden, so beträgt der Höchstbetrag 36 000 Deutsche Mark;

10. Übergangsgelder und Übergangsbeihilfen auf Grund gesetzlicher Vorschriften wegen Entlassung aus einem Dienstverhältnis;
11. Bezüge aus öffentlichen Mitteln oder aus Mitteln einer öffentlichen Stiftung, die wegen Hilfsbedürftigkeit oder als Beihilfe zu dem Zweck bewilligt werden, die Erziehung oder Ausbildung, die Wissenschaft oder Kunst unmittelbar zu fördern. Darunter fallen nicht Kinderzuschläge und Kinderbeihilfen, die auf Grund der Besoldungsgesetze, besonderer Tarife oder ähnlicher Vorschriften gewährt werden. Voraussetzung für die Steuerfreiheit ist, daß der Empfänger mit den Bezügen nicht zu einer bestimmten wissenschaftlichen oder künstlerischen Gegenleistung oder zu einer Arbeitnehmertätigkeit verpflichtet wird;
12. aus einer Bundeskasse oder Landeskasse gezahlte Bezüge, die in einem Bundesgesetz oder Landesgesetz oder einer auf bundesgesetzlicher oder landesgesetzlicher Ermächtigung beruhenden Bestimmung oder von der Bundesregierung oder einer Landesregierung als Aufwandsentschädigung festgesetzt sind und als Aufwandsentschädigung im Haushaltsplan ausgewiesen werden. Das gleiche gilt für andere Bezüge, die als Aufwandsentschädigung aus öffentlichen Kassen an öffentliche Dienste leistende Personen gezahlt werden, soweit nicht festgestellt wird, daß sie für Verdienstausfall oder Zeitverlust gewährt werden oder den Aufwand, der dem Empfänger erwächst, offenbar übersteigen;
13. die aus öffentlichen Kassen gezahlten Reisekostenvergütungen, Umzugskostenvergütungen und Trennungsgelder. Vergütungen für Verpflegungsmehraufwendungen sind nur insoweit steuerfrei, als sie die Höchstbeträge nach § 9 Abs. 4 nicht überschreiten;
14. Zuschüsse eines Trägers der gesetzlichen Rentenversicherung zu den Aufwendungen eines Rentners für seine Krankenversicherung;
15. Zuwendungen, die Arbeitnehmer anläßlich ihrer Eheschließung oder der Geburt eines Kindes von ihrem Arbeitgeber erhalten, soweit sie jeweils 700 Deutsche Mark nicht übersteigen;
16. die Vergütungen, die Arbeitnehmer außerhalb des öffentlichen Dienstes von ihrem Arbeitgeber zur Erstattung von Reisekosten, Umzugskosten oder Mehraufwendungen bei doppelter Haushaltsführung erhalten, soweit sie die beruflich veranlaßten Mehraufwendungen, bei Verpflegungsmehraufwendungen die Höchstbeträge nach § 9 Abs. 4 und bei Familienheimfahrten mit einem eigenen oder zur Nutzung überlassenen Kraftfahrzeug die Pauschbeträge nach § 9 Abs. 1 Nr. 4 nicht übersteigen;
17. Leistungen nach dem Sozialversicherungs-Beitragsentlastungsgesetz;
18. das Aufgeld für ein an die Bank für Vertriebene und Geschädigte (Lastenausgleichsbank) zugunsten des Ausgleichsfonds (§ 5 Lastenausgleichsgesetz) gegebenes Darlehen, wenn das Darlehen nach § 7 f des Gesetzes in der Fassung der Bekanntmachung vom 15. September 1953 (BGBl. I S. 1355) im Jahr der Hingabe als Betriebsausgabe abzugsfähig war;
19. Entschädigungen auf Grund des Gesetzes über die Entschädigung ehemaliger deutscher Kriegsgefangener;
20. die aus öffentlichen Mitteln des Bundespräsidenten aus sittlichen oder sozialen Gründen gewährten Zuwendungen an besonders verdiente Personen oder ihre Hinterbliebenen;

Einkommensteuergesetz
§ 3

21. Zinsen aus Schuldbuchforderungen im Sinne des § 35 Abs. 1 des Allgemeinen Kriegsfolgengesetzes in der im Bundesgesetzblatt Teil III, Gliederungsnummer 653-1, veröffentlichten bereinigten Fassung;
22. der Ehrensold, der auf Grund des Gesetzes über Titel, Orden und Ehrenzeichen in der im Bundesgesetzblatt Teil III, Gliederungsnummer 1132-1, veröffentlichten bereinigten Fassung, zuletzt geändert durch Gesetz vom 24. April 1986 (BGBl. I S. 560), gewährt wird;
23. die Leistungen nach dem Häftlingshilfegesetz in der Fassung der Bekanntmachung vom 4. Februar 1987 (BGBl. I S. 512);
24. Leistungen, die auf Grund des Bundeskindergeldgesetzes oder nachträglich auf Grund der durch das Bundeskindergeldgesetz aufgehobenen Kindergeldgesetze gewährt werden;
25. Entschädigungen nach dem Bundesseuchengesetz;
26. Aufwandsentschädigungen für nebenberufliche Tätigkeiten als Übungsleiter, Ausbilder, Erzieher oder für eine vergleichbare nebenberufliche Tätigkeit oder für die nebenberufliche Pflege alter, kranker oder behinderter Menschen zur Förderung gemeinnütziger, mildtätiger und kirchlicher Zwecke (§§ 52 bis 54 Abgabenordnung) im Dienst oder Auftrag einer inländischen juristischen Person des öffentlichen Rechts oder einer unter § 5 Abs. 1 Nr. 9 des Körperschaftsteuergesetzes fallenden Einrichtung. Als Aufwandsentschädigungen sind Einnahmen für die in Satz 1 bezeichneten Tätigkeiten bis zur Höhe von insgesamt 2 400 Deutsche Mark im Jahr anzusehen;
27. der Grundbetrag der Produktionsaufgaberente und das Ausgleichsgeld nach dem Gesetz zur Förderung der Einstellung der landwirtschaftlichen Erwerbstätigkeit bis zum Höchstbetrag von 36 000 Deutsche Mark;
28. die Aufstockungsbeträge im Sinne des § 3 Abs. 1 Nr. 1 Buchstabe a sowie die Beiträge und Aufwendungen im Sinne des § 3 Abs. 1 Nr. 1 Buchstabe b und des § 4 Abs. 2 des Altersteilzeitgesetzes,
29. das Gehalt und die Bezüge, die die diplomatischen Vertreter fremder Mächte, die ihnen zugewiesenen Beamten und die in ihren Diensten stehenden Personen erhalten, soweit sie nicht die deutsche Staatsangehörigkeit besitzen, sowie das Gehalt und die Bezüge der Berufskonsuln, der Konsulatsangehörigen und deren Personal, soweit sie Angehörige des Entsendestaates sind und in der Bundesrepublik Deutschland einschließlich Berlin (West) außerhalb ihres Amtes oder Dienstes keinen Beruf, kein Gewerbe und keine andere gewinnbringende Tätigkeit ausüben;
30. Entschädigungen für die betriebliche Benutzung von Werkzeugen eines Arbeitnehmers (Werkzeuggeld), soweit sie die entsprechenden Aufwendungen des Arbeitnehmers nicht offensichtlich übersteigen;
31. die typische Berufskleidung, die der Arbeitgeber seinem Arbeitnehmer unentgeltlich oder verbilligt überläßt; dasselbe gilt für eine Barablösung eines nicht nur einzelvertraglichen Anspruchs auf Gestellung von typischer Berufskleidung, wenn die Barablösung betrieblich veranlaßt ist und die entsprechenden Aufwendungen des Arbeitnehmers nicht offensichtlich übersteigt;
32. die unentgeltliche oder verbilligte Sammelbeförderung eines Arbeitnehmers zwischen Wohnung und Arbeitsstätte mit einem vom Arbeitgeber gestellten Kraftfahrzeug, soweit die Sammelbeförderung für den betrieblichen Einsatz des Arbeitnehmers notwendig ist;
33. bis 41. (weggefallen);
42. die Zuwendungen, die auf Grund des Fulbright-Abkommens gezahlt werden;

Einkommensteuergesetz
§ 3

43. der Ehrensold für Künstler sowie Zuwendungen aus Mitteln der Deutschen Künstlerhilfe, wenn es sich um Bezüge aus öffentlichen Mitteln handelt, die wegen der Bedürftigkeit des Künstlers gezahlt werden;
44. Stipendien, die unmittelbar aus öffentlichen Mitteln oder von zwischenstaatlichen oder überstaatlichen Einrichtungen, denen die Bundesrepublik Deutschland als Mitglied angehört, zur Förderung der Forschung oder zur Förderung der wissenschaftlichen oder künstlerischen Ausbildung oder Fortbildung gewährt werden. Das gleiche gilt für Stipendien, die zu den in Satz 1 bezeichneten Zwecken von einer Einrichtung, die von einer Körperschaft des öffentlichen Rechts errichtet ist oder verwaltet wird, oder von einer Körperschaft, Personenvereinigung oder Vermögensmasse im Sinne des § 5 Abs. 1 Nr. 9 des Körperschaftsteuergesetzes gegeben werden. Voraussetzung für die Steuerfreiheit ist, daß
    a) die Stipendien einen für die Erfüllung der Forschungsaufgabe oder für die Bestreitung des Lebensunterhalts und die Deckung des Ausbildungsbedarfs erforderlichen Betrag nicht übersteigen und nach den von dem Geber erlassenen Richtlinien vergeben werden,
    b) der Empfänger im Zusammenhang mit dem Stipendium nicht zu einer bestimmten wissenschaftlichen oder künstlerischen Gegenleistung oder zu einer Arbeitnehmertätigkeit verpflichtet ist,
    c) bei Stipendien zur Förderung der wissenschaftlichen oder künstlerischen Fortbildung im Zeitpunkt der erstmaligen Gewährung eines solchen Stipendiums der Abschluß der Berufsausbildung des Empfängers nicht länger als zehn Jahre zurückliegt;
45. (weggefallen);
46. Bergmannsprämien nach dem Gesetz über Bergmannsprämien;
47. Leistungen nach § 14 a Abs. 4 und § 14 b des Arbeitsplatzschutzgesetzes;
48. Leistungen nach dem Unterhaltssicherungsgesetz, soweit sie nicht nach dessen § 15 Abs. 1 Satz 2 steuerpflichtig sind;
49. laufende Zuwendungen eines früheren alliierten Besatzungssoldaten an seine im Geltungsbereich des Grundgesetzes ansässige Ehefrau, soweit sie auf diese Zuwendungen angewiesen ist;
50. die Beträge, die der Arbeitnehmer vom Arbeitgeber erhält, um sie für ihn auszugeben (durchlaufende Gelder), und die Beträge, durch die Auslagen des Arbeitnehmers für den Arbeitgeber ersetzt werden (Auslagenersatz);
51. Trinkgelder, die dem Arbeitnehmer von Dritten gezahlt werden, ohne daß ein Rechtsanspruch darauf besteht, soweit sie 2 400 Deutsche Mark im Kalenderjahr nicht übersteigen;
52. besondere Zuwendungen des Arbeitgebers an den Arbeitnehmer nach näherer Maßgabe einer Rechtsverordnung, soweit es aus sozialen Gründen oder zur Vereinfachung des Besteuerungsverfahrens geboten erscheint, die Zuwendungen ganz oder teilweise steuerfrei zu belassen;
53. (aufgehoben)
54. Zinsen aus Entschädigungsansprüchen für deutsche Auslandsbonds im Sinne der §§ 52 bis 54 des Bereinigungsgesetzes für deutsche Auslandsbonds in der im Bundesgesetzblatt Teil III, Gliederungsnummer 4139-2, veröffentlichten bereinigten Fassung, soweit sich die Entschädigungsansprüche gegen den Bund oder die Länder richten. Das gleiche gilt für die Zinsen aus Schuldverschreibungen und Schuldbuchforderungen, die nach den §§ 9, 10 und 14 des Gesetzes zur näheren Regelung der Entschädigungsan-

Einkommensteuergesetz
§ 3

sprüche für Auslandsbonds in der im Bundesgesetzblatt Teil III, Gliederungsnummer 4139-3, veröffentlichten bereinigten Fassung vom Bund oder von den Ländern für Entschädigungsansprüche erteilt oder eingetragen werden;

55. und 56. (weggefallen);

57. die Beträge, die die Künstlersozialkasse zugunsten des nach dem Künstlersozialversicherungsgesetz Versicherten aus dem Aufkommen von Künstlersozialabgabe und Bundeszuschuß an einen Träger der Sozialversicherung oder an den Versicherten zahlt;

58. das Wohngeld nach dem Wohngeldgesetz und die sonstigen Leistungen zur Senkung der Miete oder Belastung im Sinne des § 38 des Wohngeldgesetzes;

59. Entschädigungen aus Mitteln des Ausgleichsfonds nach dem Dritten Abschnitt des Wertpapierbereinigungsschlußgesetzes in der im Bundesgesetzblatt Teil III, Gliederungsnummer 4139-1-4, veröffentlichten bereinigten Fassung, soweit sie für Zinsen geleistet werden, die nach § 3 a steuerfrei sind;

60. Leistungen aus öffentlichen Mitteln an Arbeitnehmer des Steinkohlen-, Pechkohlen- und Erzbergbaues, des Braunkohlentiefbaues und der Eisen- und Stahlindustrie aus Anlaß von Stillegungs-, Einschränkungs-, Umstellungs- oder Rationalisierungsmaßnahmen;

61. Leistungen nach § 4 Abs. 1 Nr. 2, § 7 Abs. 3, §§ 9, 10 Abs. 1, §§ 13, 15 des Entwicklungshelfer-Gesetzes;

62. Ausgaben des Arbeitgebers für die Zukunftssicherung des Arbeitnehmers, soweit sie auf Grund gesetzlicher Verpflichtung geleistet werden. Den Ausgaben des Arbeitgebers für die Zukunftssicherung, die auf Grund gesetzlicher Verpflichtung geleistet werden, werden gleichgestellt Zuschüsse des Arbeitgebers zu den Aufwendungen des Arbeitnehmers

   a) für eine Lebensversicherung,
   b) für die freiwillige Weiterversicherung in einer gesetzlichen Rentenversicherung,
   c) für eine öffentlich-rechtliche Versicherungs- oder Versorgungseinrichtung seiner Berufsgruppe,

   wenn der Arbeitnehmer von der Versicherungspflicht in der gesetzlichen Rentenversicherung befreit worden ist. Die Zuschüsse sind nur insoweit steuerfrei, als sie insgesamt bei Befreiung von der Versicherungspflicht in der gesetzlichen Rentenversicherung der Angestellten die Hälfte und bei Befreiung von der Versicherungspflicht in der knappschaftlichen Rentenversicherung zwei Drittel der Gesamtaufwendungen des Arbeitnehmers nicht übersteigen und nicht höher sind als der Betrag, der als Arbeitgeberanteil bei Versicherungspflicht in der gesetzlichen Rentenversicherung der Angestellten oder in der knappschaftlichen Rentenversicherung zu zahlen wäre. Die Sätze 2 und 3 gelten sinngemäß für Beiträge des Arbeitgebers zu einer Pensionskasse, wenn der Arbeitnehmer bei diesem Arbeitgeber nicht im Inland beschäftigt ist und der Arbeitgeber keine Beiträge zur gesetzlichen Rentenversicherung im Inland leistet; Beiträge des Arbeitgebers zu einer Rentenversicherung auf Grund gesetzlicher Verpflichtung sind anzurechnen;

63. Einkünfte der in § 49 bezeichneten Art, wenn sie in der Deutschen Demokratischen Republik oder in Berlin (Ost) bezogen und dort zu einer der inländischen Einkommensteuer entsprechenden Steuer tatsächlich herangezogen werden;

64. bei Arbeitnehmern, die nach § 1 Abs. 2 oder 3 unbeschränkt einkommensteuerpflichtig sind, die Bezüge insoweit, als sie den Arbeitslohn, der bei einer gleichwertigen Tätig-

Einkommensteuergesetz
§ 3 a

keit am Ort der zahlenden öffentlichen Kasse dem Arbeitnehmer zustehen würde, übersteigen; bei anderen für einen begrenzten Zeitraum in ein Gebiet außerhalb des Inlands entsandten Arbeitnehmern, die dort einen Wohnsitz oder ihren gewöhnlichen Aufenthalt haben, der ihnen von einem inländischen Arbeitgeber gewährte Kaufkraftausgleich, soweit er den für vergleichbare Auslandsdienstbezüge nach § 54 des Bundesbesoldungsgesetzes zulässigen Betrag nicht übersteigt;

65. Beiträge des Trägers der Insolvenzsicherung (§ 14 des Gesetzes zur Verbesserung der betrieblichen Altersversorgung in der im Bundesgesetzblatt Teil III, Gliederungsnummer 800-22, veröffentlichten bereinigten Fassung, zuletzt geändert durch Gesetz vom 20. Februar 1986, BGBl. I S. 297) zugunsten eines Versorgungsberechtigten und seiner Hinterbliebenen an eine Pensionskasse oder ein Unternehmen der Lebensversicherung zur Ablösung von Verpflichtungen, die der Träger der Insolvenzsicherung im Sicherungsfall gegenüber dem Versorgungsberechtigten und seinen Hinterbliebenen hat. Die Leistungen der Pensionskasse oder des Unternehmens der Lebensversicherung auf Grund der Beiträge nach Satz 1 gehören zu den Einkünften, zu denen die Versorgungsleistungen gehören würden, die ohne Eintritt des Sicherungsfalls zu erbringen wären. Soweit sie zu den Einkünften aus nichtselbständiger Arbeit im Sinne des § 19 gehören, ist von ihnen Lohnsteuer einzubehalten. Für die Erhebung der Lohnsteuer gelten die Pensionskasse oder das Unternehmen der Lebensversicherung als Arbeitgeber und der Leistungsempfänger als Arbeitnehmer;
66. Erhöhungen des Betriebsvermögens, die dadurch entstehen, daß Schulden zum Zweck der Sanierung ganz oder teilweise erlassen werden;
67. das Erziehungsgeld nach dem Bundeserziehungsgeldgesetz und vergleichbare Leistungen der Länder sowie Leistungen nach dem Kindererziehungsleistungs-Gesetz;
68. (aufgehoben)

§ 3 a Steuerbefreiung bestimmter Zinsen

(1) Steuerfrei sind
1. Zinsen aus im Geltungsbereich des Grundgesetzes oder in Berlin (West) ausgegebenen Pfandbriefen und Kommunalschuldverschreibungen, wenn die Erlöse aus diesen Wertpapieren mindestens zu 90 vom Hundert zur Finanzierung des sozialen Wohnungsbaues und der durch ihn bedingten Kosten der Aufschließungsmaßnahmen und Gemeinschaftseinrichtungen bestimmt sind;
2. Zinsen aus
   a) festverzinslichen Schuldverschreibungen des Bundes und aus Schatzanweisungen des Bundes mit einer Laufzeit von mindestens drei Jahren,
   b) festverzinslichen Schuldverschreibungen der Länder und aus Schatzanweisungen der Länder mit einer Laufzeit von mindestens drei Jahren, wenn der Ausschuß für Kapitalverkehr (§ 6 des Gesetzes über den Kapitalverkehr vom 2. September 1949 – Gesetzblatt der Verwaltung des Vereinigten Wirtschaftsgebietes S. 305) festgestellt hat, daß die vorgesehenen Ausgabebedingungen das Kurs- und Zinsgefüge am Kapitalmarkt nicht stören;
3. Zinsen aus vor dem 1. April 1952 – in Berlin (West) vor dem 27. Juni 1952 – im Geltungsbereich des Grundgesetzes oder in Berlin (West) ausgegebenen festverzinslichen Wertpapieren (ausgenommen Namenschuldverschreibungen) und aus festverzinslichen Wertpapieren, die in der Zeit nach dem 31. März 1952 – in Berlin (West) nach dem

Einkommensteuergesetz
§ 3 a

26. Juni 1952 – bis zum 17. Dezember 1952 im Geltungsbereich des Grundgesetzes oder in Berlin (West) ausgegeben und nach dem Gesetz über den Kapitalverkehr vom 2. September 1949 (Gesetzblatt der Verwaltung des Vereinigten Wirtschaftsgebietes S. 305) genehmigt worden sind. Die Steuerfreiheit bezieht sich auch auf Zinsen aus vor dem 21. Juni 1948 – in Berlin (West) vor dem 25. Juni 1948 – außerhalb des Geltungsbereichs des Grundgesetzes und von Berlin (West) ausgegebenen festverzinslichen Wertpapieren
a) von Geldinstituten, die nach § 3 der 35. Durchführungsverordnung zum Umstellungsgesetz (Öffentlicher Anzeiger Nr. 83 vom 13. September 1949) bis zum 17. Dezember 1952 als verlagert anerkannt worden sind oder vor dem 21. Juni 1948 ihren Sitz in den Geltungsbereich des Grundgesetzes oder vor dem 25. Juni 1948 nach Berlin (West) verlegt haben,
b) von anderen Unternehmen, die ihren Sitz in den Geltungsbereich des Grundgesetzes oder nach Berlin (West) verlegt haben und auf deren Emissionen § 1 des Gesetzes zur Bereinigung des Wertpapierwesens (Wertpapierbereinigungsgesetz) in der im Bundesgesetzblatt Teil III, Gliederungsnummer 4139-1, veröffentlichten bereinigten Fassung, geändert durch Gesetz vom 2. März 1974 (BGBl. I S. 469), – in Berlin (West) § 1 des Gesetzes zur Bereinigung des Wertpapierwesens (Wertpapierbereinigungsgesetz) vom 26. September 1949 (Verordnungsblatt für Groß-Berlin Teil I S. 346) – anzuwenden ist.
Die Steuerfreiheit gilt nicht für Zinsen aus Industrieobligationen, die nach dem 20. Juni 1948 – im Saarland nach dem 19. November 1947 und in Berlin (West) nach dem 24. Juni 1948 – ausgegeben worden sind, und nicht für Zinsen aus Wandelanleihen und Gewinnobligationen. Sie gilt jedoch für Zinsen aus vor dem 1. Januar 1952 ausgegebenen Industrieobligationen (ausgenommen Wandelanleihen und Gewinnobligationen), soweit und nachdem der Zinssatz auf 5,5 vom Hundert ermäßigt worden ist;
4. Zinsen aus nach dem 31. März 1952 – in Berlin (West) nach dem 26. Juni 1952 – im Geltungsbereich des Grundgesetzes oder in Berlin (West) ausgegebenen festverzinslichen Wertpapieren, wenn der Verwendungszweck des Erlöses nach Anhörung des Ausschusses für Kapitalverkehr (§ 6 des Gesetzes über den Kapitalverkehr vom 2. September 1949 – Gesetzblatt der Verwaltung des Vereinigten Wirtschaftsgebietes S. 305) durch Rechtsverordnung als besonders förderungswürdig anerkannt worden ist. Eine Anerkennung darf nur erfolgen, wenn eine Ausgabe für den vorgesehenen Verwendungszweck zu den üblichen Bedingungen am Kapitalmarkt nicht möglich ist und wenn der Kapitalverkehrsausschuß festgestellt hat, daß durch die Ausgabe das Kurs- und Zinsgefüge am Kapitalmarkt nicht gestört wird.

(2) Eine Anleihe gilt im Sinne des Absatzes 1 als ausgegeben, wenn mindestens ein Wertpapier der Anleihe veräußert worden ist.

(3) Die Steuerfreiheit der Zinsen aus den in Absatz 1 bezeichneten Anleihen wird durch eine Änderung des Ausgabekurses der Anleihe nicht berührt, wenn der Bundesminister für Wirtschaft im Einvernehmen mit dem Bundesminister der Finanzen die Änderung genehmigt hat.

(4) Die Vorschriften des Absatzes 1 Nr. 1, 2 und 4 gelten für Zinsen aus Anleihen im Sinne des Absatzes 1 Nr. 1, 2 und 4, die vor dem 1. Januar 1955 ausgegeben worden sind.

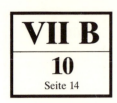

Einkommensteuergesetz
§§ 3 b–4

§ 3 b Steuerfreiheit von Zuschlägen für Sonntags-, Feiertags- oder Nachtarbeit

(1) Steuerfrei sind Zuschläge, die für tatsächlich geleistete Sonntags-, Feiertags- oder Nachtarbeit neben dem Grundlohn gezahlt werden, soweit sie
1. für Nachtarbeit 25 vom Hundert,
2. vorbehaltlich der Nummern 3 und 4 für Sonntagsarbeit 50 vom Hundert,
3. vorbehaltlich der Nummer 4 für Arbeit am 31. Dezember ab 14 Uhr und an den gesetzlichen Feiertagen 125 vom Hundert,
4. für Arbeit am 24. Dezember ab 14 Uhr, am 25. und 26. Dezember sowie am 1. Mai 150 vom Hundert

des Grundlohns nicht übersteigen.

(2) Grundlohn ist der laufende Arbeitslohn, der dem Arbeitnehmer bei der für ihn maßgebenden regelmäßigen Arbeitszeit für den jeweiligen Lohnzahlungszeitraum zusteht; er ist in einen Stundenlohn umzurechnen. Nachtarbeit ist die Arbeit in der Zeit von 20 Uhr bis 6 Uhr. Sonntagsarbeit und Feiertagsarbeit ist die Arbeit in der Zeit von 0 Uhr bis 24 Uhr des jeweiligen Tages. Die gesetzlichen Feiertage werden durch die am Ort der Arbeitsstätte geltenden Vorschriften bestimmt.

(3) Wenn die Nachtarbeit vor 0 Uhr aufgenommen wird, gilt abweichend von den Absätzen 1 und 2 folgendes:
1. Für Nachtarbeit in der Zeit von 0 Uhr bis 4 Uhr erhöht sich der Zuschlagssatz auf 40 vom Hundert,
2. als Sonntagsarbeit und Feiertagsarbeit gilt auch die Arbeit in der Zeit von 0 Uhr bis 4 Uhr des auf den Sonntag oder Feiertag folgenden Tages.

§ 3 c Anteilige Abzüge

Soweit Ausgaben mit steuerfreiem Einkommen in unmittelbarem wirtschaftlichem Zusammenhang stehen, dürfen sie nicht als Betriebsausgaben oder Werbungskosten abgezogen werden.

3. Gewinn

§ 4 Gewinnbegriff im allgemeinen

(1) Gewinn ist der Unterschied zwischen dem Betriebsvermögen am Schluß des Wirtschaftsjahrs und dem Betriebsvermögen am Schluß des vorangegangenen Wirtschaftsjahrs, vermehrt um den Wert der Entnahmen und vermindert um den Wert der Einlagen. Entnahmen sind alle Wirtschaftsgüter (Barentnahmen, Waren, Erzeugnisse, Nutzungen und Leistungen), die der Steuerpflichtige dem Betrieb für sich, für seinen Haushalt oder für andere betriebsfremde Zwecke im Laufe des Wirtschaftsjahrs entnommen hat. Ein Wirtschaftsgut wird nicht dadurch entnommen, daß der Steuerpflichtige zur Gewinnermittlung nach Absatz 3 oder nach § 13 a übergeht. Eine Änderung der Nutzung eines Wirtschaftsguts, die bei Gewinnermittlung nach Satz 1 keine Entnahme ist, ist auch bei Gewinnermittlung nach Absatz 3 oder nach § 13 a keine Entnahme. Einlagen sind alle Wirtschaftsgüter (Bareinzahlungen und sonstige Wirtschaftsgüter), die der Steuerpflichtige dem Betrieb im Laufe des Wirtschaftsjahrs zugeführt hat. Bei der Ermittlung des Gewinns sind die Vorschriften über die Betriebsausgaben, über die Bewertung und über die Absetzung für Abnutzung oder Substanzverringerung zu befolgen.

Einkommensteuergesetz
§ 4

(2) Der Steuerpflichtige darf die Vermögensübersicht (Bilanz) auch nach ihrer Einreichung beim Finanzamt ändern, soweit sie den Grundsätzen ordnungsmäßiger Buchführung unter Befolgung der Vorschriften dieses Gesetzes nicht entspricht. Darüber hinaus ist eine Änderung der Vermögensübersicht (Bilanz) nur mit Zustimmung des Finanzamts zulässig.

(3) Steuerpflichtige, die nicht auf Grund gesetzlicher Vorschriften verpflichtet sind, Bücher zu führen und regelmäßig Abschlüsse zu machen, und die auch keine Bücher führen und keine Abschlüsse machen, können als Gewinn den Überschuß der Betriebseinnahmen über die Betriebsausgaben ansetzen. Hierbei scheiden Betriebseinnahmen und Betriebsausgaben aus, die im Namen und für Rechnung eines anderen vereinnahmt und verausgabt werden (durchlaufende Posten). Die Vorschriften über die Absetzung für Abnutzung oder Substanzverringerung sind zu befolgen. Die Anschaffungs- oder Herstellungskosten für nicht abnutzbare Wirtschaftsgüter des Anlagevermögens sind erst im Zeitpunkt der Veräußerung oder Entnahme dieser Wirtschaftsgüter als Betriebsausgaben zu berücksichtigen. Die nicht abnutzbaren Wirtschaftsgüter des Anlagevermögens sind unter Angabe des Tages der Anschaffung oder Herstellung und der Anschaffungs- oder Herstellungskosten oder des an deren Stelle getretenen Werts in besondere, laufend zu führende Verzeichnisse aufzunehmen.

(4) Betriebsausgaben sind die Aufwendungen, die durch den Betrieb veranlaßt sind.

(5) Die folgenden Betriebsausgaben dürfen den Gewinn nicht mindern:
1. Aufwendungen für Geschenke an Personen, die nicht Arbeitnehmer des Steuerpflichtigen sind. Satz 1 gilt nicht, wenn die Anschaffungs- oder Herstellungskosten der dem Empfänger im Wirtschaftsjahr zugewendeten Gegenstände insgesamt 75 Deutsche Mark nicht übersteigen;
2. Aufwendungen für die Bewirtung von Personen aus geschäftlichem Anlaß, soweit sie 80 vom Hundert der Aufwendungen übersteigen, die nach der allgemeinen Verkehrsauffassung als angemessen anzusehen und deren Höhe und betriebliche Veranlassung nachgewiesen sind. Zum Nachweis der Höhe und der betrieblichen Veranlassung der Aufwendungen hat der Steuerpflichtige schriftlich die folgenden Angaben zu machen: Ort, Tag, Teilnehmer und Anlaß der Bewirtung sowie Höhe der Aufwendungen. Hat die Bewirtung in einer Gaststätte stattgefunden, so genügen Angaben zu dem Anlaß und den Teilnehmern der Bewirtung; die Rechnung über die Bewirtung ist beizufügen;
3. Aufwendungen für Einrichtungen des Steuerpflichtigen, soweit sie der Bewirtung, Beherbergung oder Unterhaltung von Personen, die nicht Arbeitnehmer des Steuerpflichtigen sind, dienen (Gästehäuser) und sich außerhalb des Orts eines Betriebs des Steuerpflichtigen befinden;
4. Aufwendungen für Jagd oder Fischerei, für Segeljachten oder Motorjachten sowie für ähnliche Zwecke und für die hiermit zusammenhängenden Bewirtungen;
5. Mehraufwendungen für Verpflegung, soweit sie 140 vom Hundert der höchsten Tagegeldbeträge des Bundesreisekostengesetzes übersteigen;
6. Aufwendungen für Fahrten des Steuerpflichtigen zwischen Wohnung und Betriebsstätte und für Familienheimfahrten, soweit sie die sich in entsprechender Anwendung von § 9 Abs. 1 Nr. 4 und 5 und Abs. 2 ergebenden Beträge übersteigen;
7. andere als die in den Nummern 1 bis 6 bezeichneten Aufwendungen, die die Lebensführung des Steuerpflichtigen oder anderer Personen berühren, soweit sie nach allgemeiner Verkehrsauffassung als unangemessen anzusehen sind;

Einkommensteuergesetz
§ 4 a

8. von einem Gericht oder einer Behörde im Geltungsbereich dieses Gesetzes oder von Organen der Europäischen Gemeinschaften festgesetzte Geldbußen, Ordnungsgelder und Verwarnungsgelder. Dasselbe gilt für Leistungen zur Erfüllung von Auflagen oder Weisungen, die in einem berufsgerichtlichen Verfahren erteilt werden, soweit die Auflagen oder Weisungen nicht lediglich der Wiedergutmachung des durch die Tat verursachten Schadens dienen. Die Rückzahlung von Ausgaben im Sinne der Sätze 1 und 2 darf den Gewinn nicht erhöhen;
8a. Zinsen auf hinterzogene Steuern nach § 235 der Abgabenordnung;
9. Ausgleichszahlungen, die in den Fällen der §§ 14, 17 und 18 des Körperschaftsteuergesetzes an außenstehende Anteilseigner geleistet werden.

Das Abzugsverbot gilt nicht, soweit die in den Nummern 2 bis 4 bezeichneten Zwecke Gegenstand einer mit Gewinnabsicht ausgeübten Betätigung des Steuerpflichtigen sind. § 12 Nr. 1 bleibt unberührt.

(6) Aufwendungen zur Förderung staatspolitischer Zwecke (§ 10 b Abs. 2) sind keine Betriebsausgaben.

(7) Aufwendungen im Sinne des Absatzes 5 Nr. 1 bis 5 und 7 sind einzeln und getrennt von den sonstigen Betriebsausgaben aufzuzeichnen. Soweit diese Aufwendungen nicht bereits nach Absatz 5 vom Abzug ausgeschlossen sind, dürfen sie bei der Gewinnermittlung nur berücksichtigt werden, wenn sie nach Satz 1 aufgezeichnet sind.

(8) Für Erhaltungsaufwand bei Gebäuden in Sanierungsgebieten und städtebaulichen Entwicklungsbereichen sowie bei Baudenkmalen gelten die §§ 11 a und 11 b entsprechend.

§ 4 a Gewinnermittlungszeitraum, Wirtschaftsjahr

(1) Bei Land- und Forstwirten und bei Gewerbetreibenden ist der Gewinn nach dem Wirtschaftsjahr zu ermitteln. Wirtschaftsjahr ist
1. Bei Land- und Forstwirten der Zeitraum vom 1. Juli bis zum 30. Juni. Durch Rechtsverordnung kann für einzelne Gruppen von Land- und Forstwirten ein anderer Zeitraum bestimmt werden, wenn das aus wirtschaftlichen Gründen erforderlich ist;
2. bei Gewerbetreibenden, deren Firma im Handelsregister eingetragen ist, der Zeitraum, für den sie regelmäßig Abschlüsse machen. Die Umstellung des Wirtschaftsjahrs auf einen vom Kalenderjahr abweichenden Zeitraum ist steuerlich nur wirksam, wenn sie im Einvernehmen mit dem Finanzamt vorgenommen wird.
3. bei anderen Gewerbetreibenden das Kalenderjahr. Sind sie gleichzeitig buchführende Land- und Forstwirte, so können sie mit Zustimmung des Finanzamts den nach Nummer 1 maßgebenden Zeitraum als Wirtschaftsjahr für den Gewerbebetrieb bestimmen, wenn sie für den Gewerbebetrieb Bücher führen und für diesen Zeitraum regelmäßig Abschlüsse machen.

(2) Bei Land- und Forstwirten und bei Gewerbetreibenden, deren Wirtschaftsjahr vom Kalenderjahr abweicht, ist der Gewinn aus Land- und Forstwirtschaft oder aus Gewerbebetrieb bei der Ermittlung des Einkommens in folgender Weise zu berücksichtigen:
1. Bei Land- und Forstwirten ist der Gewinn des Wirtschaftsjahrs auf das Kalenderjahr, in dem das Wirtschaftsjahr beginnt, und auf das Kalenderjahr, in dem das Wirtschaftsjahr endet, entsprechend dem zeitlichen Anteil aufzuteilen. Bei der Aufteilung sind Veräußerungsgewinne im Sinne des § 14 auszuscheiden und dem Gewinn des Kalenderjahrs hinzuzurechnen, in dem sie entstanden sind;

Einkommensteuergesetz
§§ 4 b–4 d

2. bei Gewerbetreibenden gilt der Gewinn des Wirtschaftsjahrs als in dem Kalenderjahr bezogen, in dem das Wirtschaftsjahr endet.

§ 4 b Direktversicherung

Der Versicherungsanspruch aus einer Direktversicherung, die von einem Steuerpflichtigen aus betrieblichem Anlaß abgeschlossen wird, ist dem Betriebsvermögen des Steuerpflichtigen nicht zuzurechnen, soweit am Schluß des Wirtschaftsjahrs hinsichtlich der Leistungen des Versicherers die Person, auf deren Leben die Lebensversicherung abgeschlossen ist, oder ihre Hinterbliebenen bezugsberechtigt sind. Das gilt auch, wenn der Steuerpflichtige die Ansprüche aus dem Versicherungsvertrag abgetreten oder beliehen hat, sofern er sich der bezugsberechtigten Person gegenüber schriftlich verpflichtet, sie bei Eintritt des Versicherungsfalls so zu stellen, als ob die Abtretung oder Beleihung nicht erfolgt wäre.

§ 4 c Zuwendungen an Pensionskassen

(1) Zuwendungen an eine Pensionskasse dürfen von dem Unternehmen, das die Zuwendungen leistet (Trägerunternehmen), als Betriebsausgaben abgezogen werden, soweit sie auf einer in der Satzung oder im Geschäftsplan der Kasse festgelegten Verpflichtung oder auf einer Anordnung der Versicherungsaufsichtsbehörde beruhen oder der Abdeckung von Fehlbeträgen bei der Kasse dienen.

(2) Zuwendungen im Sinne des Absatzes 1 dürfen als Betriebsausgaben nicht abgezogen werden, soweit die Leistungen der Kasse, wenn sie vom Trägerunternehmen unmittelbar erbracht würden, bei diesem nicht betrieblich veranlaßt wären.

§ 4 d Zuwendungen an Unterstützungskassen

(1) Zuwendungen an eine Unterstützungskasse dürfen von dem Unternehmen, das die Zuwendungen leistet (Trägerunternehmen), als Betriebsausgaben abgezogen werden, soweit sie die folgenden Beträge nicht übersteigen:
1. bei Unterstützungskassen, die lebenslänglich laufende Leistungen gewähren:
   a) das Deckungskapital für die laufenden Leistungen nach der dem Gesetz als Anlage 3 beigefügten Tabelle,
   b) in jedem Wirtschaftsjahr für jeden Leistungsanwärter,
      aa) wenn die Kasse nur Invaliditätsversorgung oder nur Hinterbliebenenversorgung gewährt, jeweils 6 vom Hundert,
      bb) wenn die Kasse Altersversorgung mit oder ohne Einschluß von Invaliditätsversorgung oder Hinterbliebenenversorgung gewährt, 25 vom Hundert
   des Durchschnittsbetrags der von der Kasse im Wirtschaftsjahr gewährten Leistungen. Hat die Kasse noch keine Leistungen gewährt, so tritt an die Stelle des in Satz 1 bezeichneten Durchschnittsbetrags der durchschnittliche Höchstbetrag der jährlichen Leistungen, den die Leistungsanwärter, die am Schluß des Wirtschaftsjahrs über 60 Jahre alt sind, oder deren Hinterbliebene erhalten können; hat eine Unterstützungskasse keine über 60 Jahre alten Leistungsanwärter, so treten an ihre Stelle die über 55 Jahre alten Leistungsanwärter. Leistungsanwärter ist jede Person, die von der Unterstützungskasse Leistungen erhalten kann; soweit die Kasse Hinterbliebenenversorgung gewährt, gilt als Leistungsanwärter die Person, deren Hinterbliebene die Hinterbliebenenversorgung erhalten können,

c) den Betrag der Jahresprämie, den die Kasse an einen Versicherer zahlt, soweit sie sich die Mittel für ihre Leistungen durch Abschluß einer Versicherung verschafft; die Zuwendungen nach den Buchstaben a und b sind in diesem Fall in dem Verhältnis zu vermindern, in dem die Leistungen durch die Versicherung gedeckt sind,

d) den Betrag, den die Kasse einem Leistungsanwärter vor Eintritt des Versorgungsfalls als Abfindung für künftige Versorgungsleistungen gewährt oder den sie an einen anderen Versorgungsträger zahlt, der eine ihr obliegende Versorgungsverpflichtung übernommen hat; dieser Betrag vermindert sich in den Fällen des Buchstabens c um den Anspruch gegen die Versicherung.

Zuwendungen nach den Buchstaben a und b dürfen nicht als Betriebsausgaben abgezogen werden, wenn das Vermögen der Kasse ohne Berücksichtigung künftiger Kassenleistungen am Schluß des Wirtschaftsjahrs das zulässige Kassenvermögen übersteigt. Bei der Ermittlung des Vermögens der Kasse ist der Grundbesitz mit dem Wert anzusetzen, mit dem er bei einer Veranlagung der Kasse zur Vermögensteuer auf den Veranlagungszeitpunkt anzusetzen wäre, der auf den Schluß des Wirtschaftsjahrs folgt; das übrige Vermögen ist mit dem gemeinen Wert am Schluß des Wirtschaftsjahrs zu bewerten. Zulässiges Kassenvermögen ist die Summe aus dem Deckungskapital für alle am Schluß des Wirtschaftsjahrs laufenden Leistungen nach der dem Gesetz als Anlage 3 beigefügten Tabelle und dem Achtfachen der nach Buchstabe b abzugsfähigen Zuwendungen; soweit sich die Kasse die Mittel für ihre Leistungen durch Abschluß einer Versicherung verschafft, tritt an die Stelle des Achtfachen der nach Buchstabe b zulässigen Zuwendungen der Anspruch gegen die Versicherung. Gewährt eine Unterstützungskasse an Stelle von lebenslänglich laufenden Leistungen eine einmalige Kapitalleistung, so gelten 10 vom Hundert der Kapitalleistung als Jahresbetrag einer lebenslänglich laufenden Leistung;

2. bei Kassen, die keine lebenslänglich laufenden Leistungen gewähren, für jedes Wirtschaftsjahr 0,2 vom Hundert der Lohn- und Gehaltssumme des Trägerunternehmens, mindestens jedoch den Betrag der von der Kasse in einem Wirtschaftsjahr erbrachten Leistungen, soweit dieser Betrag höher ist als die in den vorangegangenen fünf Wirtschaftsjahren vorgenommenen Zuwendungen abzüglich der in dem gleichen Zeitraum erbrachten Leistungen. Diese Zuwendungen dürfen nicht als Betriebsausgaben abgezogen werden, wenn das Vermögen der Kasse am Schluß des Wirtschaftsjahrs 1 vom Hundert der durchschnittlichen jährlichen Lohn- und Gehaltssumme der letzten drei Wirtschaftsjahre des Trägerunternehmens übersteigt (zulässiges Kassenvermögen); für die Bewertung des Vermögens der Kasse gilt Nummer 1 Satz 5 entsprechend. Bei der Berechnung der Lohn- und Gehaltssumme des Trägerunternehmens sind Löhne und Gehälter von Personen, die von der Kasse keine nicht lebenslänglich laufenden Leistungen erhalten können, auszuscheiden.

Gewährt eine Kasse lebenslänglich laufende und nicht lebenslänglich laufende Leistungen, so gelten die Nummern 1 und 2 nebeneinander. Leistet ein Trägerunternehmen Zuwendungen an mehrere Unterstützungskassen, so sind diese Kassen bei der Anwendung der Nummern 1 und 2 als Einheit zu behandeln.

(2) Zuwendungen im Sinne des Absatzes 1 sind von dem Trägerunternehmen in dem Wirtschaftsjahr als Betriebsausgaben abzuziehen, in dem sie geleistet werden. Zuwendungen, die innerhalb eines Monats nach Aufstellung oder Feststellung der Bilanz des Trägerunternehmens für den Schluß eines Wirtschaftsjahrs geleistet werden können, können von dem Trägerunternehmen noch für das abgelaufene Wirtschaftsjahr durch eine Rückstellung

Einkommensteuergesetz
§ 5

gewinnmindernd berücksichtigt werden. Übersteigen die in einem Wirtschaftsjahr geleisteten Zuwendungen die nach Absatz 1 abzugsfähigen Beträge, so können die übersteigenden Beträge im Wege der Rechnungsabgrenzung auf die folgenden drei Wirtschaftsjahre vorgetragen und im Rahmen der für diese Wirtschaftsjahre abzugsfähigen Beträge als Betriebsausgaben behandelt werden.

(3) Zuwendungen im Sinne des Absatzes 1 dürfen als Betriebsausgaben nicht abgezogen werden, soweit die Leistungen der Kasse, wenn sie vom Trägerunternehmen unmittelbar erbracht würden, bei diesem nicht betrieblich veranlaßt wären.

§ 5 Gewinn bei Vollkaufleuten und bei bestimmten anderen Gewerbetreibenden

(1) Bei Gewerbetreibenden, die auf Grund gesetzlicher Vorschriften verpflichtet sind, Bücher zu führen und regelmäßig Abschlüsse zu machen, oder die ohne eine solche Verpflichtung Bücher führen und regelmäßig Abschlüsse machen, ist für den Schluß des Wirtschaftsjahrs das Betriebsvermögen anzusetzen (§ 4 Abs. 1 Satz 1), das nach den handelsrechtlichen Grundsätzen ordnungsmäßiger Buchführung auszuweisen ist. Steuerrechtliche Wahlrechte bei der Gewinnermittlung sind in Übereinstimmung mit der handelsrechtlichen Jahresbilanz auszuüben.

(2) Für immaterielle Wirtschaftsgüter des Anlagevermögens ist ein Aktivposten nur anzusetzen, wenn sie entgeltlich erworben wurden.

(3) Rückstellungen wegen Verletzung fremder Patent-, Urheber- oder ähnlicher Schutzrechte dürfen erst gebildet werden, wenn
1. der Rechtsinhaber Ansprüche wegen der Rechtsverletzung geltend gemacht hat oder
2. mit einer Inanspruchnahme wegen der Rechtsverletzung ernsthaft zu rechnen ist.

Eine nach Satz 1 Nr. 2 gebildete Rückstellung ist spätestens in der Bilanz des dritten auf ihre erstmalige Bildung folgenden Wirtschaftsjahrs gewinnerhöhend aufzulösen, wenn Ansprüche nicht geltend gemacht worden sind.

(4) Rückstellungen für die Verpflichtung zu einer Zuwendung anläßlich eines Dienstjubiläums dürfen nur gebildet werden, wenn das Dienstverhältnis mindestens zehn Jahre bestanden hat, das Dienstjubiläum das Bestehen eines Dienstverhältnisses von mindestens fünfzehn Jahren voraussetzt und die Zusage schriftlich erteilt ist.

(5) Als Rechnungsabgrenzungsposten sind nur anzusetzen
1. auf der Aktivseite Ausgaben vor dem Abschlußstichtag, soweit sie Aufwand für eine bestimmte Zeit nach diesem Tag darstellen;
2. auf der Passivseite Einnahmen vor dem Abschlußstichtag, soweit sie Ertrag für eine bestimmte Zeit nach diesem Tag darstellen.

Auf der Aktivseite sind ferner anzusetzen
1. als Aufwand berücksichtigte Zölle und Verbrauchsteuern, soweit sie auf am Abschlußstichtag auszuweisende Wirtschaftsgüter des Vorratsvermögens entfallen,
2. als Aufwand berücksichtigte Umsatzsteuer auf am Abschlußstichtag auszuweisende Anzahlungen.

(6) Die Vorschriften über die Entnahmen und die Einlagen, über die Zulässigkeit der Bilanzänderung, über die Betriebsausgaben, über die Bewertung und über die Absetzung für Abnutzung oder Substanzverringerung sind zu befolgen.

§ 6 Bewertung

(1) Für die Bewertung der einzelnen Wirtschaftsgüter, die nach § 4 Abs. 1 oder nach § 5 als Betriebsvermögen anzusetzen sind, gilt das Folgende:

1. Wirtschaftsgüter des Anlagevermögens, die der Abnutzung unterliegen, sind mit den Anschaffungs- oder Herstellungskosten, vermindert um die Absetzungen für Abnutzung nach § 7, anzusetzen. Ist der Teilwert niedriger, so kann dieser angesetzt werden. Teilwert ist der Betrag, den ein Erwerber des ganzen Betriebs im Rahmen des Gesamtkaufpreises für das einzelne Wirtschaftsgut ansetzen würde; dabei ist davon auszugehen, daß der Erwerber den Betrieb fortführt. Bei Wirtschaftsgütern, die bereits am Schluß des vorangegangenen Wirtschaftsjahrs zum Anlagevermögen des Steuerpflichtigen gehört haben, kann der Steuerpflichtige in den folgenden Wirtschaftsjahren den Teilwert auch dann ansetzen, wenn er höher ist als der letzte Bilanzansatz; es dürfen jedoch höchstens die Anschaffungs- oder Herstellungskosten oder der nach Nummer 5 oder 6 an deren Stelle tretende Wert, vermindert um die Absetzungen für Abnutzung nach § 7, angesetzt werden.
2. Andere als die in Nummer 1 bezeichneten Wirtschaftsgüter des Betriebs (Grund und Boden, Beteiligungen, Umlaufvermögen) sind mit den Anschaffungs- oder Herstellungskosten anzusetzen. Statt der Anschaffungs- oder Herstellungskosten kann der niedrigere Teilwert (Nummer 1 Satz 3) angesetzt werden. Bei Wirtschaftsgütern, die bereits am Schluß des vorangegangenen Wirtschaftsjahrs zum Betriebsvermögen gehört haben, kann der Steuerpflichtige in den folgenden Wirtschaftsjahren den Teilwert auch dann ansetzen, wenn er höher ist als der letzte Bilanzansatz; es dürfen jedoch höchstens die Anschaffungs- oder Herstellungskosten oder der nach Nummer 5 oder 6 an deren Stelle tretende Werte angesetzt werden. Bei land- und forstwirtschaftlichen Betrieben ist auch der Ansatz des höheren Teilwerts zulässig, wenn das den Grundsätzen ordnungsmäßiger Buchführung entspricht.
2a. Steuerpflichtige, die den Gewinn nach § 5 ermitteln, können für den Wertansatz gleichartiger Wirtschaftsgüter des Vorratsvermögens unterstellen, daß die zuletzt angeschafften oder hergestellten Wirtschaftsgüter zuerst verbraucht oder veräußert worden sind, soweit dies den handelsrechtlichen Grundsätzen ordnungsmäßiger Buchführung entspricht und kein Bewertungsabschlag nach § 51 Abs. 1 Nr. 2 Buchstabe m vorgenommen wird. Der Vorratsbestand am Schluß des Wirtschaftsjahrs, das der erstmaligen Anwendung der Bewertung nach Satz 1 vorangeht, gilt mit seinem Bilanzansatz als erster Zugang des neuen Wirtschaftsjahrs. Auf einen im Bilanzansatz berücksichtigten Bewertungsabschlag nach § 51 Abs. 1 Nr. 2 Buchstabe m ist Satz 2 dieser Vorschrift entsprechend anzuwenden. Von der Verbrauchs- oder Veräußerungsfolge nach Satz 1 kann in den folgenden Wirtschaftsjahren nur mit Zustimmung des Finanzamts abgewichen werden.
3. Verbindlichkeiten sind unter sinngemäßer Anwendung der Vorschriften der Nummer 2 anzusetzen.
4. Entnahmen des Steuerpflichtigen für sich, für seinen Haushalt oder für andere betriebsfremde Zwecke sind mit dem Teilwert anzusetzen. Wird ein Wirtschaftsgut im unmittelbaren Anschluß an seine Entnahme
    a) einer nach § 5 Abs. 1 Nr. 9 des Körperschaftsteuergesetzes von der Körperschaftsteuer befreiten Körperschaft, Personenvereinigung oder Vermögensmasse, die ausschließlich und unmittelbar der Förderung wissenschaftlicher Zwecke oder der Förderung der Erziehung, Volks- und Berufsbildung dient, oder

Einkommensteuergesetz
§ 6

   b) einer Körperschaft, Anstalt oder Stiftung des öffentlichen Rechts, die ausschließlich und unmittelbar der Förderung wissenschaftlicher Zwecke oder der Förderung der Erziehung, Volks- und Berufsbildung dient,

unentgeltlich überlassen, so kann die Entnahme mit dem Buchwert angesetzt werden. Satz 2 gilt nicht für die Entnahme von Nutzungen und Leistungen. Werden Gebäude, soweit sie zu einem Betriebsvermögen gehören und nicht Wohnzwecken dienen, und der in angemessenem Umfang dazugehörende Grund und Boden entnommen und im Anschluß daran vom Steuerpflichtigen in den folgenden zehn Jahren unter den Voraussetzungen des § 7 k Abs. 2 Nr. 1, 2, 4 und 5 und Abs. 3 vermietet, so kann die Entnahme bis zum 31. Dezember 1992 mit dem Buchwert angesetzt werden.

5. Einlagen sind mit dem Teilwert für den Zeitpunkt der Zuführung anzusetzen; sie sind jedoch höchstens mit den Anschaffungs- oder Herstellungskosten anzusetzen, wenn das zugeführte Wirtschaftsgut
   a) innerhalb der letzten drei Jahre vor dem Zeitpunkt der Zuführung angeschafft oder hergestellt worden ist oder
   b) ein Anteil an einer Kapitalgesellschaft ist und der Steuerpflichtige an der Gesellschaft im Sinne des § 17 Abs. 1 beteiligt ist; § 17 Abs. 2 Satz 2 gilt entsprechend.

   Ist die Einlage ein abnutzbares Wirtschaftsgut, so sind die Anschaffungs- und Herstellungskosten um Absetzungen für Abnutzung zu kürzen, die auf den Zeitraum zwischen der Anschaffung oder Herstellung des Wirtschaftsguts und der Einlage entfallen. Ist die Einlage ein Wirtschaftsgut, das vor der Zuführung aus einem Betriebsvermögen des Steuerpflichtigen entnommen worden ist, so tritt an die Stelle der Anschaffungs- oder Herstellungskosten der Wert, mit dem die Entnahme angesetzt worden ist, und an die Stelle des Zeitpunkts der Anschaffung oder Herstellung der Zeitpunkt der Entnahme.

6. Bei Eröffnung eines Betriebs ist Nummer 5 entsprechend anzuwenden.
7. Bei entgeltlichem Erwerb eines Betriebs sind die Wirtschaftsgüter mit dem Teilwert, höchstens jedoch mit den Anschaffungs- oder Herstellungskosten anzusetzen.

(2) Die Anschaffungs- oder Herstellungskosten oder der nach Absatz 1 Nr. 5 oder 6 an deren Stelle tretende Wert von abnutzbaren beweglichen Wirtschaftsgütern des Anlagevermögens, die einer selbständigen Nutzung fähig sind, können im Wirtschaftsjahr der Anschaffung, Herstellung oder Einlage des Wirtschaftsguts oder der Eröffnung des Betriebs in voller Höhe als Betriebsausgaben abgesetzt werden, wenn die Anschaffungs- oder Herstellungskosten, vermindert um einen darin enthaltenen Vorsteuerbetrag (§ 9 b Abs. 1), oder der nach Absatz 1 Nr. 5 oder 6 an deren Stelle tretende Wert für das einzelne Wirtschaftsgut 800 Deutsche Mark nicht übersteigen. Ein Wirtschaftsgut ist einer selbständigen Nutzung nicht fähig, wenn es nach seiner betrieblichen Zweckbestimmung nur zusammen mit anderen Wirtschaftsgütern des Anlagevermögens genutzt werden kann und die in den Nutzungszusammenhang eingefügten Wirtschaftsgüter technisch aufeinander abgestimmt sind. Das gilt auch, wenn das Wirtschaftsgut aus dem betrieblichen Nutzungszusammenhang gelöst und in einen anderen betrieblichen Nutzungszusammenhang eingefügt werden kann. Satz 1 ist nur bei Wirtschaftsgütern anzuwenden, die unter Angabe des Tages der Anschaffung, Herstellung oder Einlage des Wirtschaftsguts oder der Eröffnung des Betriebs und der Anschaffungs- oder Herstellungskosten oder des nach Absatz 1 Nr. 5 oder 6 an deren Stelle tretenden Werts in einem besonderen, laufend zu führenden Verzeichnis aufgeführt sind. Das Verzeichnis braucht nicht geführt zu werden, wenn diese Angaben aus der Buchführung ersichtlich sind.

(3) (aufgehoben)

§ 6 a Pensionsrückstellung

(1) Für eine Pensionsverpflichtung darf eine Rückstellung (Pensionsrückstellung) nur gebildet werden, wenn
1. der Pensionsberechtigte einen Rechtsanspruch auf einmalige oder laufende Pensionsleistungen hat,
2. die Pensionszusage keinen Vorbehalt enthält, daß die Pensionsanwartschaft oder die Pensionsleistung gemindert oder entzogen werden kann, oder ein solcher Vorbehalt sich nur auf Tatbestände erstreckt, bei deren Vorliegen nach allgemeinen Rechtsgrundsätzen unter Beachtung billigen Ermessens eine Minderung oder ein Entzug der Pensionsanwartschaft oder der Pensionsleistung zulässig ist, und
3. die Pensionszusage schriftlich erteilt ist.

(2) Eine Pensionsrückstellung darf erstmals gebildet werden
1. vor Eintritt des Versorgungsfalls für das Wirtschaftsjahr, in dem die Pensionszusage erteilt wird, frühestens jedoch für das Wirtschaftsjahr, bis zu dessen Mitte der Pensionsberechtigte das 30. Lebensjahr vollendet,
2. nach Eintritt des Versorgungsfalls für das Wirtschaftsjahr, in dem der Versorgungsfall eintritt.

(3) Eine Pensionsrückstellung darf höchstens mit dem Teilwert der Pensionsverpflichtung angesetzt werden. Als Teilwert einer Pensionsverpflichtung gilt
1. vor Beendigung des Dienstverhältnisses des Pensionsberechtigten der Barwert der künftigen Pensionsleistungen am Schluß des Wirtschaftsjahrs abzüglich des sich auf denselben Zeitpunkt ergebenden Barwerts betragsmäßig gleichbleibender Jahresbeträge. Die Jahresbeträge sind so zu bemessen, daß am Beginn des Wirtschaftsjahrs, in dem das Dienstverhältnis begonnen hat, ihr Barwert gleich dem Barwert der künftigen Pensionsleistungen ist; die künftigen Pensionsleistungen sind dabei mit dem Betrag anzusetzen, der sich nach den Verhältnissen am Bilanzstichtag ergibt. Es sind die Jahresbeträge zugrunde zu legen, die vom Beginn des Wirtschaftsjahrs, in dem das Dienstverhältnis begonnen hat, bis zu dem in der Pensionszusage vorgesehenen Zeitpunkt des Eintritts des Versorgungsfalls rechnungsmäßig aufzubringen sind. Erhöhungen oder Verminderungen der Pensionsleistungen nach dem Schluß des Wirtschaftsjahrs, die hinsichtlich des Zeitpunkts ihres Wirksamwerdens oder ihres Umfangs ungewiß sind, sind bei der Berechnung des Barwerts der künftigen Pensionsleistungen und der Jahresbeträge erst zu berücksichtigen, wenn sie eingetreten sind. Wird die Pensionszusage erst nach dem Beginn des Dienstverhältnisses erteilt, so ist die Zwischenzeit für die Berechnung der Jahresbeträge nur insoweit als Wartezeit zu behandeln, als sie in der Pensionszusage als solche bestimmt ist. Hat das Dienstverhältnis schon vor der Vollendung des 30. Lebensjahrs des

Einkommensteuergesetz
§ 6 b

Pensionsberechtigten bestanden, so gilt es als zu Beginn des Wirtschaftsjahrs begonnen, bis zu dessen Mitte der Pensionsberechtigte das 30. Lebensjahr vollendet;

2. nach Beendigung des Dienstverhältnisses des Pensionsberechtigten unter Aufrechterhaltung seiner Pensionsanwartschaft oder nach Eintritt des Versorgungsfalls der Barwert der künftigen Pensionsleistungen am Schluß des Wirtschaftsjahrs; Nummer 1 Satz 4 gilt sinngemäß.

Bei der Berechnung des Teilwerts der Pensionsverpflichtung sind ein Rechnungszinsfuß von 6 vom Hundert und die anerkannten Regeln der Versicherungsmathematik anzuwenden.

(4) Eine Pensionsrückstellung darf in einem Wirtschaftsjahr höchstens um den Unterschied zwischen dem Teilwert der Pensionsverpflichtung am Schluß des Wirtschaftsjahrs und am Schluß des vorangegangenen Wirtschaftsjahrs erhöht werden. In dem Wirtschaftsjahr, in dem mit der Bildung einer Pensionsrückstellung frühestens begonnen werden darf (Erstjahr), darf die Rückstellung bis zur Höhe des Teilwerts der Pensionsverpflichtung am Schluß des Wirtschaftsjahrs gebildet werden; diese Rückstellung kann auf das Erstjahr und die beiden folgenden Wirtschaftsjahre gleichmäßig verteilt werden. Erhöht sich in einem Wirtschaftsjahr gegenüber dem vorangegangenen Wirtschaftsjahr der Barwert der künftigen Pensionsleistungen um mehr als 25 vom Hundert, so kann die für dieses Wirtschaftsjahr zulässige Erhöhung der Pensionsrückstellung auf dieses Wirtschaftsjahr und die beiden folgenden Wirtschaftsjahre gleichmäßig verteilt werden. Am Schluß des Wirtschaftsjahrs, in dem das Dienstverhältnis des Pensionsberechtigten unter Aufrechterhaltung seiner Pensionsanwartschaft endet oder der Versorgungsfall eintritt, darf die Pensionsrückstellung stets bis zur Höhe des Teilwerts der Pensionsverpflichtung gebildet werden; die für dieses Wirtschaftsjahr zulässige Erhöhung der Pensionsrückstellung kann auf dieses Wirtschaftsjahr und die beiden folgenden Wirtschaftsjahre gleichmäßig verteilt werden.

(5) Die Absätze 3 und 4 gelten entsprechend, wenn der Pensionsberechtigte zu dem Pensionsverpflichteten in einem anderen Rechtsverhältnis als einem Dienstverhältnis steht.

§ 6 b Gewinn aus der Veräußerung bestimmter Anlagegüter

(1) Steuerpflichtige, die
Grund und Boden,
Aufwuchs auf oder Anlagen im Grund und Boden mit dem dazugehörigen Grund und Boden, wenn der Aufwuchs oder die Anlagen zu einem land- und forstwirtschaftlichen Betriebsvermögen gehören,
Gebäude,
abnutzbare bewegliche Wirtschaftsgüter mit einer betriebsgewöhnlichen Nutzungsdauer von mindestens 25 Jahren,
Schiffe,
Anteile an Kapitalgesellschaften oder
im Zusammenhang mit einer Betriebsumstellung lebendes Inventar land- und forstwirtschaftlicher Betriebe
veräußern, können im Wirtschaftsjahr der Veräußerung von den Anschaffungs- oder Herstellungskosten der in Satz 2 bezeichneten Wirtschaftsgüter, die im Wirtschaftsjahr der Veräußerung oder im vorangegangenen Wirtschaftsjahr angeschafft oder hergestellt worden sind, einen Betrag bis zur Höhe von 50 vom Hundert des bei der Veräußerung entstandenen Gewinns abziehen; bei Veräußerung von Grund und Boden, Gebäuden, Aufwuchs auf oder Anlagen im Grund und Boden kann ein Betrag bis zur vollen Höhe des bei der Veräußerung

Einkommensteuergesetz
§ 6 b

entstandenen Gewinns abgezogen werden; letzteres gilt auch bei der Veräußerung von Anteilen an Kapitalgesellschaften durch Unternehmensbeteiligungsgesellschaften im Sinne des Satzes 2 Nr. 5. Der Abzug ist zulässig bei den Anschaffungs- oder Herstellungskosten von

1. abnutzbaren beweglichen Wirtschaftsgütern,
2. Grund und Boden,
   soweit der Gewinn bei der Veräußerung von Grund und Boden entstanden ist,
3. Aufwuchs auf oder Anlagen im Grund und Boden mit dem dazugehörigen Grund und Boden, wenn der Aufwuchs oder die Anlagen zu einem land- und forstwirtschaftlichen Betriebsvermögen gehören,
   soweit der Gewinn bei der Veräußerung von Grund und Boden oder der Veräußerung von Aufwuchs auf oder Anlagen im Grund und Boden mit dem dazugehörigen Grund und Boden entstanden ist,
4. Gebäuden,
   soweit der Gewinn bei der Veräußerung von Grund und Boden, von Aufwuchs auf oder Anlagen im Grund und Boden mit dem dazugehörigen Grund und Boden, von Gebäuden oder Anteilen an Kapitalgesellschaften entstanden ist, oder
5. Anteilen an Kapitalgesellschaften, die eine Unternehmensbeteiligungsgesellschaft angeschafft hat, die nach dem Gesetz über Unternehmensbeteiligungsgesellschaften vom 17. Dezember 1986 (BGBl. I S. 2488) anerkannt ist, soweit der Gewinn bei der Veräußerung von Anteilen an Kapitalgesellschaften entstanden ist. Der Widerruf der Anerkennung und der Verzicht auf die Anerkennung haben Wirkung für die Vergangenheit, wenn nicht Aktien der Unternehmensbeteiligungsgesellschaft öffentlich angeboten worden sind. Bescheide über die Anerkennung, die Rücknahme oder den Widerruf der Anerkennung und über die Feststellung, ob Aktien der Unternehmensbeteiligungsgesellschaften öffentlich angeboten worden sind, sind Grundlagenbescheide im Sinne der Abgabenordnung.

Der Anschaffung oder Herstellung von Gebäuden oder Schiffen steht ihre Erweiterung, ihr Ausbau oder ihr Umbau gleich. Der Abzug ist in diesem Fall nur von dem Aufwand für die Erweiterung, den Ausbau oder den Umbau der Gebäude oder Schiffe zulässig.

(2) Gewinn im Sinne des Absatzes 1 Satz 1 ist der Betrag, um den der Veräußerungspreis nach Abzug der Veräußerungskosten den Buchwert übersteigt, mit dem das veräußerte Wirtschaftsgut im Zeitpunkt der Veräußerung anzusetzen gewesen wäre. Buchwert ist der Wert, mit dem ein Wirtschaftsgut nach § 6 anzusetzen ist.

(3) Soweit Steuerpflichtige den Abzug nach Absatz 1 nicht vorgenommen haben, können sie im Wirtschaftsjahr der Veräußerung eine den steuerlichen Gewinn mindernde Rücklage bilden. Bis zur Höhe dieser Rücklage können sie von den Anschaffungs- oder Herstellungskosten der in Absatz 1 Satz 2 bezeichneten Wirtschaftsgüter, die in den folgenden vier Wirtschaftsjahren angeschafft oder hergestellt worden sind, im Wirtschaftsjahr ihrer Anschaffung oder Herstellung einen Betrag abziehen; bei dem Abzug gelten die Einschränkungen des Absatzes 1 Satz 2 Nr. 2 bis 5 sowie Absatz 1 Sätze 3 und 4 entsprechend. Die Frist von vier Jahren verlängert sich bei neu hergestellten Gebäuden auf sechs Jahre, wenn mit ihrer Herstellung vor dem Schluß des vierten auf die Bildung der Rücklage folgenden Wirtschaftsjahrs begonnen worden ist. Die Rücklage ist in Höhe des abgezogenen Betrags gewinnerhöhend aufzulösen. Ist eine Rücklage am Schluß des vierten auf ihre Bildung folgenden Wirtschaftsjahrs noch vorhanden, so ist sie in diesem Zeitpunkt gewinnerhöhend aufzulösen, soweit nicht ein Abzug von den Herstellungskosten von Gebäuden in Betracht kommt, mit deren Herstellung bis zu diesem Zeitpunkt begonnen worden ist; ist die Rücklage am Schluß des sechsten auf ihre Bildung folgenden Wirtschaftsjahrs noch vorhanden, so ist sie in diesem Zeitpunkt gewinnerhöhend aufzulösen.

Einkommensteuergesetz
§ 6 b

(4) Voraussetzung für die Anwendung der Absätze 1 und 3 ist, daß
1. der Steuerpflichtige den Gewinn nach § 4 Abs. 1 oder § 5 ermittelt,
2. die veräußerten Wirtschaftsgüter im Zeitpunkt der Veräußerung mindestens sechs Jahre ununterbrochen zum Anlagevermögen einer inländischen Betriebsstätte gehört haben; die Frist von sechs Jahren entfällt für lebendes Inventar land- und forstwirtschaftlicher Betriebe,
3. die angeschafften oder hergestellten Wirtschaftsgüter zum Anlagevermögen einer inländischen Betriebsstätte gehören,
4. der bei der Veräußerung entstandene Gewinn bei der Ermittlung des im Inland steuerpflichtigen Gewinns nicht außer Ansatz bleibt und
5. der Abzug nach Absatz 1 und die Bildung und Auflösung der Rücklage nach Absatz 3 in der Buchführung verfolgt werden können.

Der Abzug nach den Absätzen 1 und 3 ist bei Wirtschaftsgütern, die zu einem land- und forstwirtschaftlichen Betrieb gehören oder der selbständigen Arbeit dienen, nicht zulässig, wenn der Gewinn bei der Veräußerung von Wirtschaftsgütern eines Gewerbebetriebs entstanden ist.

(5) An die Stelle der Anschaffungs- oder Herstellungskosten im Sinne des Absatzes 1 tritt in den Fällen, in denen das Wirtschaftsgut im Wirtschaftsjahr vor der Veräußerung angeschafft oder hergestellt worden ist, der Buchwert am Schluß des Wirtschaftsjahrs der Anschaffung oder Herstellung.

(6) Ist ein Betrag nach Absatz 1 oder 3 abgezogen worden, so tritt für die Absetzungen für Abnutzung oder Substanzverringerung oder in den Fällen des § 6 Abs. 2 im Wirtschaftsjahr des Abzugs der verbleibende Betrag an die Stelle der Anschaffungs- oder Herstellungskosten. In den Fällen des § 7 Abs. 4 Satz 1 und Abs. 5 sind die um den Abzugsbetrag nach Absatz 1 oder 3 geminderten Anschaffungs- oder Herstellungskosten maßgebend.

(7) Soweit eine nach Absatz 3 Satz 1 gebildete Rücklage gewinnerhöhend aufgelöst wird, ohne daß ein entsprechender Betrag nach Absatz 3 abgezogen wird, ist der Gewinn des Wirtschaftsjahrs, in dem die Rücklage aufgelöst wird, für jedes volle Wirtschaftsjahr, in dem die Rücklage bestanden hat, um 6 vom Hundert des aufgelösten Rücklagenbetrags zu erhöhen.

(8) Werden Wirtschaftsgüter im Sinne des Absatzes 1 zum Zweck der Vorbereitung oder Durchführung von städtebaulichen Sanierungs- oder Entwicklungsmaßnahmen an einen der in Satz 3 bezeichneten Erwerber übertragen, sind die Absätze 1 bis 7 mit der Maßgabe anzuwenden, daß
1. die Fristen des Absatzes 3 Sätze 2, 3 und 5 sich jeweils um drei Jahre verlängern und
2. an die Stelle der in Absatz 4 Nr. 2 bezeichneten Frist von sechs Jahren eine Frist von zwei Jahren tritt.

Nummer 1 gilt nicht für den Abzug von den Anschaffungs- oder Herstellungskosten von Anteilen an Kapitalgesellschaften oder Schiffen. Erwerber im Sinne des Satzes 1 sind Gebietskörperschaften, Gemeindeverbände, Verbände im Sinne des § 166 Abs. 4 des Baugesetzbuchs, Planungsverbände nach § 205 des Baugesetzbuchs, Sanierungsträger nach § 157 des Baugesetzbuchs, Entwicklungsträger nach § 167 des Baugesetzbuchs sowie Erwerber, die städtebauliche Sanierungsmaßnahmen als Eigentümer selbst durchführen (§ 147 Abs. 2 und § 148 Abs. 1 des Baugesetzbuchs).

(9) Absatz 8 ist nur anzuwenden, wenn die nach Landesrecht zuständige Behörde bescheinigt, daß die Übertragung der Wirtschaftsgüter zum Zweck der Vorbereitung oder Durchfüh-

rung von städtebaulichen Sanierungs- oder Entwicklungsmaßnahmen an einen der in Absatz 8 Satz 3 bezeichneten Erwerber erfolgt ist.

§ 6 c Gewinn aus der Veräußerung von Grund und Boden, Gebäuden sowie von Aufwuchs auf oder Anlagen im Grund und Boden bei der Ermittlung des Gewinns nach § 4 Abs. 3 oder nach Durchschnittssätzen

(1) § 6 b mit Ausnahme des § 6 b Abs. 4 Nr. 1 ist mit der folgenden Maßgabe entsprechend anzuwenden, wenn der Gewinn nach § 4 Abs. 3 oder die Einkünfte aus Land- und Forstwirtschaft nach Durchschnittssätzen ermittelt werden:
1. Der Abzug nach § 6 b Abs. 1 und 3 ist nur zulässig, soweit der Gewinn entstanden ist bei der Veräußerung von
Grund und Boden,
Gebäuden oder
Aufwuchs auf oder Anlagen im Grund und Boden mit dem dazugehörigen Grund und Boden, wenn der Aufwuchs oder die Anlagen zu einem land- und forstwirtschaftlichen Betriebsvermögen gehören.
2. Soweit nach § 6 b Abs. 3 eine Rücklage gebildet werden kann, ist ihre Bildung als Betriebsausgabe (Abzug) und ihre Auflösung als Betriebseinnahme (Zuschlag) zu behandeln; der Zeitraum zwischen Abzug und Zuschlag gilt als Zeitraum, in dem die Rücklage bestanden hat.

(2) Voraussetzung für die Anwendung des Absatzes 1 ist, daß die Wirtschaftsgüter, bei denen ein Abzug von den Anschaffungs- oder Herstellungskosten oder von dem Wert nach § 6 b Abs. 5 vorgenommen worden ist, in besondere, laufend zu führende Verzeichnisse aufgenommen werden. In den Verzeichnissen sind der Tag der Anschaffung oder Herstellung, die Anschaffungs- oder Herstellungskosten, der Abzug nach § 6 b Abs. 1 und 3 in Verbindung mit Absatz 1, die Absetzungen für Abnutzung, die Abschreibungen sowie die Beträge nachzuweisen, die nach § 6 b Abs. 3 in Verbindung mit Absatz 1 Nr. 2 als Betriebsausgaben (Abzug) oder Betriebseinnahmen (Zuschlag) behandelt worden sind.

§ 6 d Befristete Rücklage bei Erwerb von Betrieben, deren Fortbestand gefährdet ist

(1) Steuerpflichtige, die auf Grund eines nach dem 30. September 1982 rechtswirksam abgeschlossenen obligatorischen Vertrags oder gleichstehenden Rechtsakts vor dem 1. Januar 1987 Kapitalanlagen im Sinne des Absatzes 2 vornehmen, können im Wirtschaftsjahr der Kapitalanlage eine den Gewinn mindernde Rücklage bilden. Die Rücklage darf 30 vom Hundert der Anschaffungskosten der Kapitalanlage nicht übersteigen. Wird nach Absatz 3 Nr. 1 Buchstabe e bescheinigt, daß die Umsatzerlöse oder die an deren Stelle tretende Bezugsgröße des Unternehmens weniger als 50 Millionen Deutsche Mark betragen haben, darf die Rücklage bis zur Höhe von 40 vom Hundert der Anschaffungskosten der Kapitalanlage gebildet werden.

(2) Kapitalanlagen im Sinne des Absatzes 1 sind
1. der Erwerb eines im Inland belegenen Betriebs oder Teilbetriebs oder einer im Inland belegenen Betriebsstätte,
2. der Erwerb eines Mitunternehmeranteils (§ 15 Abs. 1 Nr. 2) an einem Betrieb im Sinne der Nummer 1 mit Ausnahme von Mitunternehmeranteilen, die gegen Einlagen erworben werden,
3. der Erwerb von zum Anlagevermögen gehörenden Anteilen an einer Kapitalgesellschaft mit Sitz und Geschäftsleitung im Inland mit Ausnahme von Anteilen, die durch Erhöhung des Kapitals der Gesellschaft gegen Einlagen erworben werden.

Einkommensteuergesetz
§ 7

(3) Die Rücklage darf nur gebildet werden, wenn die folgenden Voraussetzungen erfüllt sind:
1. Der Steuerpflichtige weist durch eine Bescheinigung nach, daß
    a) im Wirtschaftsjahr des Erwerbs der Kapitalanlage der Betrieb, Teilbetrieb oder die Betriebsstätte stillgelegt oder von der Stillegung bedroht war,
    b) die Kapitalanlage geeignet war, den Fortbestand des Betriebs, Teilbetriebs oder der Betriebsstätte zu sichern,
    c) die Kapitalanlage geeignet war, bestehende Dauerarbeitsplätze, die für die Wirtschaftsregion und für den jeweiligen Arbeitsmarkt von besonderem Gewicht sind, nachhaltig zu sichern,
    d) die Kapitalanlage für die Wettbewerbsverhältnisse unbedenklich ist und
    e) die Umsatzerlöse in seinem Unternehmen in dem Wirtschaftsjahr, das vor dem Erwerb der Kapitalanlage endete, weniger als 200 Millionen Deutsche Mark betragen haben. Ist das Unternehmen ein abhängiges oder herrschendes Unternehmen im Sinne des § 17 des Aktiengesetzes oder ein Konzernunternehmen im Sinne des § 18 des Aktiengesetzes, so sind die Umsatzerlöse aller herrschenden und abhängigen Unternehmen oder die Umsatzerlöse aller Konzernunternehmen zusammenzurechnen; Umsatzerlöse aus Lieferungen und Leistungen zwischen diesen Unternehmen (Innenumsatzerlöse) dürfen abgezogen werden. An die Stelle der Umsatzerlöse treten bei Kreditinstituten und Bausparkassen die Bilanzsumme, bei Versicherungsunternehmen die Prämieneinnahmen; die Bilanzsumme darf um diejenigen Ansätze gemindert werden, die für Beteiligungen an im Sinne des Satzes 2 verbundenen Unternehmen ausgewiesen sind.
   Die Bescheinigung wird von der obersten Wirtschaftsbehörde im Einvernehmen mit der obersten Finanzbehörde des Landes erteilt, das für die Besteuerung des Erwerbers nach dem Einkommen und Ertrag zuständig ist.
2. Der Steuerpflichtige ermittelt den Gewinn nach § 4 Abs. 1 oder § 5.
3. In der handelsrechtlichen Jahresbilanz ist ein Passivposten in mindestens gleicher Höhe ausgewiesen.
4. Die Bildung der Rücklage und ihre Auflösung nach Absatz 4 müssen in der Buchführung verfolgt werden können.

(4) Die Rücklage ist spätestens vom sechsten auf ihre Bildung folgenden Wirtschaftsjahr an mit jährlich mindestens einem Fünftel gewinnerhöhend aufzulösen. Die Rücklage ist vorzeitig aufzulösen, wenn
1. der Betrieb, Teilbetrieb oder die Betriebsstätte stillgelegt oder die Kapitalanlage veräußert oder entnommen wird; wird die Kapitalanlage zum Teil veräußert oder entnommen, ist die Rücklage im Verhältnis des Anteils der veräußerten oder entnommenen Kapitalanlage zur gesamten Kapitalanlage vorzeitig gewinnerhöhend aufzulösen,
2. bei Kapitalanlagen im Sinne des Absatzes 2 Nr. 3 die Beteiligung mit dem niedrigeren Teilwert angesetzt wird; in diesen Fällen ist die Rücklage in Höhe des Anteils vorzeitig gewinnerhöhend aufzulösen, der dem Unterschied zwischen dem Wert, mit dem die Kapitalanlage bisher angesetzt war, und dem niedrigeren Teilwert entspricht.

§ 7 Absetzung für Abnutzung oder Substanzverringerung

(1) Bei Wirtschaftsgütern, deren Verwendung oder Nutzung durch den Steuerpflichtigen zur Erzielung von Einkünften sich erfahrungsgemäß auf einen Zeitraum von mehr als einem Jahr erstreckt, ist jeweils für ein Jahr der Teil der Anschaffungs- oder Herstellungskosten abzusetzen, der bei gleichmäßiger Verteilung dieser Kosten auf die Gesamtdauer der Ver-

Einkommensteuergesetz
§ 7

wendung oder Nutzung auf ein Jahr entfällt (Absetzung für Abnutzung in gleichen Jahresbeträgen). Die Absetzung bemißt sich hierbei nach der betriebsgewöhnlichen Nutzungsdauer des Wirtschaftsguts. Als betriebsgewöhnliche Nutzungsdauer des Geschäfts- oder Firmenwerts eines Gewerbebetriebs oder eines Betriebs der Land- und Forstwirtschaft gilt ein Zeitraum von 15 Jahren. Bei beweglichen Wirtschaftsgütern des Anlagevermögens, bei denen es wirtschaftlich begründet ist, die Absetzung für Abnutzung nach Maßgabe der Leistung des Wirtschaftsguts vorzunehmen, kann der Steuerpflichtige dieses Verfahren statt der Absetzung für Abnutzung in gleichen Jahresbeträgen anwenden, wenn er den auf das einzelne Jahr entfallenden Umfang der Leistung nachweist. Absetzungen für außergewöhnliche technische oder wirtschaftliche Abnutzung sind zulässig.

(2) Bei beweglichen Wirtschaftsgütern des Anlagevermögens kann der Steuerpflichtige statt der Absetzung für Abnutzung in gleichen Jahresbeträgen die Absetzung für Abnutzung in fallenden Jahresbeträgen bemessen. Die Absetzung für Abnutzung in fallenden Jahresbeträgen kann nach einem unveränderlichen Hundertsatz vom jeweiligen Buchwert (Restwert) vorgenommen werden; der dabei anzuwendende Hundertsatz darf höchstens das Dreifache des bei der Absetzung für Abnutzung in gleichen Jahresbeträgen in Betracht kommenden Hundertsatzes betragen und 30 vom Hundert nicht übersteigen. § 7 a Abs. 8 gilt entsprechend. Bei Wirtschaftsgütern, bei denen die Absetzung für Abnutzung in fallenden Jahresbeträgen bemessen wird, sind Absetzungen für außergewöhnliche technische oder wirtschaftliche Abnutzung nicht zulässig.

(3) Der Übergang von der Absetzung für Abnutzung in fallenden Jahresbeträgen zur Absetzung für Abnutzung in gleichen Jahresbeträgen ist zulässig. In diesem Fall bemißt sich die Absetzung für Abnutzung vom Zeitpunkt des Übergangs an nach dem dann noch vorhandenen Restwert und der Restnutzungsdauer des einzelnen Wirtschaftsguts. Der Übergang von der Absetzung für Abnutzung in gleichen Jahresbeträgen zur Absetzung für Abnutzung in fallenden Jahresbeträgen ist nicht zulässig.

(4) Bei Gebäuden sind abweichend von Absatz 1 als Absetzung für Abnutzung die folgenden Beträge bis zur vollen Absetzung abzuziehen:
1. bei Gebäuden, soweit sie zu einem Betriebsvermögen gehören und nicht Wohnzwecken dienen und für die der Bauantrag nach dem 31. März 1985 gestellt worden ist, jährlich 4 vom Hundert,
2. bei Gebäuden, soweit sie die Voraussetzungen der Nummer 1 nicht erfüllen und die
   a) nach dem 31. Dezember 1924 fertiggestellt worden sind, jährlich 2 vom Hundert,
   b) vor dem 1. Januar 1925 fertiggestellt worden sind, jährlich 2,5 vom Hundert
der Anschaffungs- oder Herstellungskosten. Beträgt die tatsächliche Nutzungsdauer eines Gebäudes in den Fällen der Nummer 1 weniger als 25 Jahre, in den Fällen der Nummer 2 Buchstabe a weniger als 50 Jahre, in den Fällen der Nummer 2 Buchstabe b weniger als 40 Jahre, so können an Stelle der Absetzungen nach Satz 1 die der tatsächlichen Nutzungsdauer entsprechenden Absetzungen für Abnutzung vorgenommen werden. Absatz 1 letzter Satz bleibt unberührt. Bei Gebäuden im Sinne der Nummer 2 rechtfertigt die für Gebäude im Sinne der Nummer 1 geltende Regelung weder die Anwendung des Absatzes 1 letzter Satz noch den Ansatz des niedrigeren Teilwerts (§ 6 Abs. 1 Nr. 1 Satz 2).

(5) Bei im Inland belegenen Gebäuden, die vom Steuerpflichtigen hergestellt oder bis zum Ende des Jahres der Fertigstellung angeschafft worden sind, können abweichend von Absatz 4 als Absetzung für Abnutzung die folgenden Beträge abgezogen werden:
1. bei Gebäuden im Sinne des Absatzes 4 Satz 1 Nr. 1
   im Jahr der Fertigstellung
   oder Anschaffung

Einkommensteuergesetz
§ 7 a

und in den folgenden		
3 Jahren	jeweils	10 vom Hundert,
in den darauffolgenden		
3 Jahren	jeweils	5 vom Hundert,
in den darauffolgenden		
18 Jahren	jeweils	2,5 vom Hundert,

2. bei Gebäuden im Sinne des Absatzes 4 Satz 1 Nr. 2
im Jahr der Fertigstellung
oder Anschaffung

und in den folgenden		
7 Jahren	jeweils	5 vom Hundert,
in den darauffolgenden		
6 Jahren	jeweils	2,5 vom Hundert,
in den darauffolgenden		
36 Jahren	jeweils	1,25 vom Hundert

der Herstellungskosten oder der Anschaffungskosten. Bei Gebäuden im Sinne der Nummer 2,
für die der Bauantrag nach dem 28. Februar 1989 gestellt worden ist und die vom Steuerpflichtigen hergestellt worden sind oder
die vom Steuerpflichtigen nach dem 28. Februar 1989 auf Grund eines nach diesem Zeitpunkt rechtswirksam abgeschlossenen obligatorischen Vertrags bis zum Ende des Jahres der Fertigstellung angeschafft worden sind,
können, soweit die Gebäude Wohnzwecken dienen, anstelle der Beträge nach Satz 1 die folgenden Beträge abgezogen werden:
im Jahr der Fertigstellung und

in den folgenden 3 Jahren	jeweils	7 vom Hundert,
in den darauffolgenden 6 Jahren	jeweils	5 vom Hundert,
in den darauffolgenden 6 Jahren	jeweils	2 vom Hundert,
in den darauffolgenden 24 Jahren	jeweils	1,25 vom Hundert

der Herstellungskosten oder der Anschaffungskosten. Im Fall der Anschaffung können die Sätze 1 und 2 nur angewendet werden, wenn der Hersteller für das veräußerte Gebäude weder Absetzungen für Abnutzung nach Satz 1 oder 2 vorgenommen noch erhöhte Absetzungen oder Sonderabschreibungen in Anspruch genommen hat.

(5 a) Die Absätze 4 und 5 sind auf Gebäudeteile, die selbständige unbewegliche Wirtschaftsgüter sind, sowie auf Eigentumswohnungen und auf im Teileigentum stehende Räume entsprechend anzuwenden.

(6) Bei Bergbauunternehmen, Steinbrüchen und anderen Betrieben, die einen Verbrauch der Substanz mit sich bringen, ist Absatz 1 entsprechend anzuwenden; dabei sind Absetzungen nach Maßgabe des Substanzverzehrs zulässig (Absetzung für Substanzverringerung).

§ 7 a Gemeinsame Vorschriften für erhöhte Absetzungen und Sonderabschreibungen

(1) Werden in dem Zeitraum, in dem bei einem Wirtschaftsgut erhöhte Absetzungen oder Sonderabschreibungen in Anspruch genommen werden können (Begünstigungszeitraum), nachträgliche Herstellungskosten aufgewendet, so bemessen sich vom Jahr der Entstehung der nachträglichen Herstellungskosten an bis zum Ende des Begünstigungszeitraums die Absetzungen für Abnutzung, erhöhten Absetzungen und Sonderabschreibungen nach den um die nachträglichen Herstellungskosten erhöhten Anschaffungs- oder Herstellungskosten. Entsprechendes gilt für nachträgliche Anschaffungskosten. Werden im Begünstigungs-

zeitraum die Anschaffungs- oder Herstellungskosten eines Wirtschaftsguts nachträglich gemindert, so bemessen sich vom Jahr der Minderung an bis zum Ende des Begünstigungszeitraums die Absetzungen für Abnutzung, erhöhten Absetzungen und Sonderabschreibungen nach den geminderten Anschaffungs- oder Herstellungskosten.

(2) Können bei einem Wirtschaftsgut erhöhte Absetzungen oder Sonderabschreibungen bereits für Anzahlungen auf Anschaffungskosten oder für Teilherstellungskosten in Anspruch genommen werden, so sind die Vorschriften über erhöhte Absetzungen und Sonderabschreibungen mit der Maßgabe anzuwenden, daß an die Stelle der Anschaffungs- oder Herstellungskosten die Anzahlungen auf Anschaffungskosten oder die Teilherstellungskosten und an die Stelle des Jahres der Anschaffung oder Herstellung das Jahr der Anzahlung oder Teilherstellung treten. Nach Anschaffung oder Herstellung des Wirtschaftsguts sind erhöhte Absetzungen oder Sonderabschreibungen nur zulässig, soweit sie nicht bereits für Anzahlungen auf Anschaffungskosten oder für Teilherstellungskosten in Anspruch genommen worden sind. Anzahlungen auf Anschaffungskosten sind im Zeitpunkt der tatsächlichen Zahlung aufgewendet. Werden Anzahlungen auf Anschaffungskosten durch Hingabe eines Wechsels geleistet, so sind sie in dem Zeitpunkt aufgewendet, in dem dem Lieferanten durch Diskontierung oder Einlösung des Wechsels das Geld tatsächlich zufließt. Entsprechendes gilt, wenn an Stelle von Geld ein Scheck hingegeben wird.

(3) Bei Wirtschaftsgütern, bei denen erhöhte Absetzungen in Anspruch genommen werden, müssen in jedem Jahr des Begünstigungszeitraums mindestens Absetzungen in Höhe der Absetzungen für Abnutzung nach § 7 Abs. 1 oder 4 berücksichtigt werden.

(4) Bei Wirtschaftsgütern, bei denen Sonderabschreibungen in Anspruch genommen werden, sind die Absetzungen für Abnutzung nach § 7 Abs. 1 oder 4 vorzunehmen.

(5) Liegen bei einem Wirtschaftsgut die Voraussetzungen für die Inanspruchnahme von erhöhten Absetzungen oder Sonderabschreibungen auf Grund mehrerer Vorschriften vor, so dürfen erhöhte Absetzungen oder Sonderabschreibungen nur auf Grund einer dieser Vorschriften in Anspruch genommen werden.

(6) Erhöhte Absetzungen oder Sonderabschreibungen sind bei der Prüfung, ob die in § 141 Abs. 1 Nr. 4 und 5 der Abgabenordnung bezeichneten Buchführungsgrenzen überschritten sind, nicht zu berücksichtigen.

(7) Ist ein Wirtschaftsgut mehreren Beteiligten zuzurechnen und sind die Voraussetzungen für erhöhte Absetzungen oder Sonderabschreibungen nur bei einzelnen Beteiligten erfüllt, so dürfen die erhöhten Absetzungen und Sonderabschreibungen nur anteilig für diese Beteiligten vorgenommen werden. Die erhöhten Absetzungen oder Sonderabschreibungen dürfen von den Beteiligten, bei denen die Voraussetzungen dafür erfüllt sind, nur einheitlich vorgenommen werden.

(8) Erhöhte Absetzungen oder Sonderabschreibungen sind bei Wirtschaftsgütern, die zu einem Betriebsvermögen gehören, nur zulässig, wenn sie in ein besonderes, laufend zu führendes Verzeichnis aufgenommen werden, das den Tag der Anschaffung oder Herstellung, die Anschaffungs- oder Herstellungskosten, die betriebsgewöhnliche Nutzungsdauer und die Höhe der jährlichen Absetzungen für Abnutzung, erhöhten Absetzungen und Sonderabschreibungen enthält. Das Verzeichnis braucht nicht geführt zu werden, wenn diese Angaben aus der Buchführung ersichtlich sind.

(9) Sind für ein Wirtschaftsgut Sonderabschreibungen vorgenommen worden, so bemessen sich nach Ablauf des maßgebenden Begünstigungszeitraums die Absetzungen für Abnutzung bei Gebäuden und bei Wirtschaftsgütern im Sinne des § 7 Abs. 5 a nach dem Restwert

Einkommensteuergesetz
§ 7 b

und dem nach § 7 Abs. 4 unter Berücksichtigung der Restnutzungsdauer maßgebenden Vomhundertsatz, bei anderen Wirtschaftsgütern nach dem Restwert und der Restnutzungsdauer.

§ 7 b Erhöhte Absetzungen für Einfamilienhäuser, Zweifamilienhäuser und Eigentumswohnungen

(1) Bei im Inland belegenen Einfamilienhäusern, Zweifamilienhäusern und Eigentumswohnungen, die zu mehr als 66 $^2/_3$ vom Hundert Wohnzwecken dienen und die vor dem 1. Januar 1987 hergestellt oder angeschafft worden sind, kann abweichend von § 7 Abs. 4 und 5 der Bauherr im Jahr der Fertigstellung und in den sieben folgenden Jahren jeweils bis zu 5 vom Hundert der Herstellungskosten oder ein Erwerber im Jahr der Anschaffung und in den sieben folgenden Jahren jeweils bis zu 5 vom Hundert der Anschaffungskosten absetzen. Nach Ablauf dieser acht Jahre sind als Absetzung für Abnutzung bis zur vollen Absetzung jährlich 2,5 vom Hundert des Restwerts abzuziehen; § 7 Abs. 4 Satz 2 gilt entsprechend. Übersteigen die Herstellungskosten oder die Anschaffungskosten bei einem Einfamilienhaus oder einer Eigentumswohnung 200 000 Deutsche Mark, bei einem Zweifamilienhaus 250 000 Deutsche Mark, bei einem Anteil an einem dieser Gebäude oder einer Eigentumswohnung den entsprechenden Teil von 200 000 Deutsche Mark oder von 250 000 Deutsche Mark, so ist auf den übersteigenden Teil der Herstellungskosten oder der Anschaffungskosten § 7 Abs. 4 anzuwenden. Satz 1 ist nicht anzuwenden, wenn der Steuerpflichtige das Einfamilienhaus, Zweifamilienhaus, die Eigentumswohnung oder einen Anteil an einem dieser Gebäude oder an einer Eigentumswohnung

1. von seinem Ehegatten anschafft und bei den Ehegatten die Voraussetzungen des § 26 Abs. 1 vorliegen;
2. anschafft und im zeitlichen Zusammenhang mit der Anschaffung an den Veräußerer ein Einfamilienhaus, Zweifamilienhaus oder eine Eigentumswohnung oder einen Anteil an einem dieser Gebäude oder an einer Eigentumswohnung veräußert; das gilt auch, wenn das veräußerte Gebäude, die veräußerte Eigentumswohnung oder der veräußerte Anteil dem Ehegatten des Steuerpflichtigen zuzurechnen war und bei den Ehegatten im Zeitpunkt der Anschaffung und im Zeitpunkt der Veräußerung die Voraussetzungen des § 26 Abs. 1 vorliegen;
3. nach einer früheren Veräußerung durch ihn wieder anschafft; das gilt auch, wenn das Gebäude, die Eigentumswohnung oder der Anteil im Zeitpunkt der früheren Veräußerung dem Ehegatten des Steuerpflichtigen zuzurechnen war und bei den Ehegatten die Voraussetzungen des § 26 Abs. 1 vorliegen.

(2) Absatz 1 gilt entsprechend für Herstellungskosten, die für Ausbauten und Erweiterungen an einem Einfamilienhaus, Zweifamilienhaus oder an einer Eigentumswohnung aufgewendet worden sind und der Ausbau oder die Erweiterung vor dem 1. Januar 1987 fertiggestellt worden ist, wenn das Einfamilienhaus, Zweifamilienhaus oder die Eigentumswohnung vor dem 1. Januar 1964 fertiggestellt und nicht nach dem 31. Dezember 1976 angeschafft worden ist. Weitere Voraussetzung ist, daß das Gebäude oder die Eigentumswohnung im Inland belegen ist und die ausgebauten oder neu hergestellten Gebäudeteile zu mehr als 80 vom Hundert Wohnzwecken dienen. Nach Ablauf des Zeitraums, in dem nach Satz 1 erhöhte Absetzungen vorgenommen werden können, ist der Restwert den Anschaffungs- oder Herstellungskosten des Gebäudes oder dem an deren Stelle tretenden Wert hinzuzurechnen; die weiteren Absetzungen für Abnutzung sind einheitlich für das gesamte Gebäude nach dem sich hiernach ergebenden Betrag und dem für das Gebäude maßgebenden Hundertsatz zu bemessen.

(3) Der Bauherr kann erhöhte Absetzungen, die er im Jahr der Fertigstellung und in den

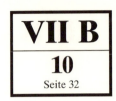

Einkommensteuergesetz
§ 7 b

zwei folgenden Jahren nicht ausgenutzt hat, bis zum Ende des dritten auf das Jahr der Fertigstellung folgenden Jahres nachholen. Nachträgliche Herstellungskosten, die bis zum Ende des dritten auf das Jahr der Fertigstellung folgenden Jahres entstehen, können abweichend von § 7 a Abs. 1 vom Jahr ihrer Entstehung an so behandelt werden, als wären sie bereits im ersten Jahr des Begünstigungszeitraums entstanden. Die Sätze 1 und 2 gelten für den Erwerber eines Einfamilienhauses, eines Zweifamilienhauses oder einer Eigentumswohnung und bei Ausbauten und Erweiterungen im Sinne des Absatzes 2 entsprechend.

(4) Zum Gebäude gehörende Garagen sind ohne Rücksicht auf ihre tatsächliche Nutzung als Wohnzwecken dienend zu behandeln, soweit in ihnen nicht mehr als ein Personenkraftwagen für jede in dem Gebäude befindliche Wohnung untergestellt werden kann. Räume für die Unterstellung weiterer Kraftwagen sind stets als nicht Wohnzwecken dienend zu behandeln.

(5) Erhöhte Absetzungen nach den Absätzen 1 und 2 kann der Steuerpflichtige nur für ein Einfamilienhaus oder für ein Zweifamilienhaus oder für eine Eigentumswohnung oder für den Ausbau oder die Erweiterung eines Einfamilienhauses, eines Zweifamilienhauses oder einer Eigentumswohnung in Anspruch nehmen. Ehegatten, bei denen die Voraussetzungen des § 26 Abs. 1 vorliegen, können erhöhte Absetzungen nach den Absätzen 1 und 2 für insgesamt zwei der in Satz 1 bezeichneten Gebäude, Eigentumswohnungen, Ausbauten oder Erweiterungen in Anspruch nehmen. Den erhöhten Absetzungen nach den Absätzen 1 und 2 stehen die erhöhten Absetzungen nach § 7 b in der jeweiligen Fassung ab Inkrafttreten des Gesetzes vom 16. Juni 1964 (BGBl. I S. 353) und nach § 15 Abs. 1 bis 4 des Berlinförderungsgesetzes in der Fassung des Gesetzes vom 11. Juli 1977 (BGBl. I S. 1213) gleich. Ist das Einfamilienhaus, das Zweifamilienhaus oder die Eigentumswohnung (Erstobjekt) dem Steuerpflichtigen nicht bis zum Ablauf des Begünstigungszeitraums zuzurechnen, so kann der Steuerpflichtige abweichend von den Sätzen 1 bis 3 erhöhte Absetzungen bei einem weiteren Einfamilienhaus, Zweifamilienhaus oder einer weiteren Eigentumswohnung im Sinne des Absatzes 1 Satz 1 (Folgeobjekt) in Anspruch nehmen, wenn er das Folgeobjekt innerhalb eines Zeitraums von zwei Jahren vor und drei Jahren nach Ablauf des Veranlagungszeitraums, in dem ihm das Erstobjekt letztmals zugerechnet worden ist, anschafft oder herstellt; Entsprechendes gilt bei einem Ausbau oder einer Erweiterung eines Einfamilienhauses, Zweifamilienhauses oder einer Eigentumswohnung. Im Fall des Satzes 4 ist der Begünstigungszeitraum für das Folgeobjekt um die Anzahl der Veranlagungszeiträume zu kürzen, in denen das Erstobjekt dem Steuerpflichtigen zugerechnet worden ist; hat der Steuerpflichtige das Folgeobjekt in einem Veranlagungszeitraum, in dem ihm das Erstobjekt noch zuzurechnen ist, hergestellt oder angeschafft oder einen Ausbau oder eine Erweiterung vorgenommen, so beginnt der Begünstigungszeitraum für das Folgeobjekt abweichend von Absatz 1 mit Ablauf des Veranlagungszeitraums, in dem das Erstobjekt dem Steuerpflichtigen letztmals zugerechnet worden ist.

(6) Ist ein Einfamilienhaus, ein Zweifamilienhaus oder eine Eigentumswohnung mehreren Steuerpflichtigen zuzurechnen, so ist Absatz 5 mit der Maßgabe anzuwenden, daß der Anteil des Steuerpflichtigen an einem dieser Gebäude oder an einer Eigentumswohnung einem Einfamilienhaus, einem Zweifamilienhaus oder einer Eigentumswohnung gleichsteht; Entsprechendes gilt bei dem Ausbau oder der Erweiterung von Einfamilienhäusern, Zweifamilienhäusern oder Eigentumswohnungen, die mehreren Steuerpflichtigen zuzurechnen sind. Satz 1 ist nicht anzuwenden, wenn ein Einfamilienhaus, ein Zweifamilienhaus oder eine Eigentumswohnung ausschließlich dem Steuerpflichtigen und seinem Ehegatten zuzurechnen ist und bei den Ehegatten die Voraussetzungen des § 26 Abs. 1 vorliegen.

(7) Der Bauherr von Kaufeigenheimen, Trägerkleinsiedlungen und Kaufeigentumswoh-

Einkommensteuergesetz
§§ 7 c–7 d

nungen kann abweichend von Absatz 5 für alle von ihm vor dem 1. Januar 1987 erstellten Kaufeigenheime, Trägerkleinsiedlungen und Kaufeigentumswohnungen im Jahr der Fertigstellung und im folgenden Jahr erhöhte Absetzungen bis zu jeweils 5 vom Hundert vornehmen.

(8) Führt eine nach § 7 c begünstigte Baumaßnahme dazu, daß das bisher begünstigte Objekt kein Einfamilienhaus, Zweifamilienhaus und keine Eigentumswohnung mehr ist, kann der Steuerpflichtige die erhöhten Absetzungen nach den Absätzen 1 und 2 bei Vorliegen der übrigen Voraussetzungen für den restlichen Begünstigungszeitraum unter Einbeziehung der Herstellungskosten für die Baumaßnahme nach § 7 c in Anspruch nehmen, soweit er diese Herstellungskosten nicht in die Bemessungsgrundlage nach § 7 c einbezogen hat.

§ 7 c Erhöhte Absetzungen für Baumaßnahmen an Gebäuden zur Schaffung neuer Mietwohnungen

(1) Bei Wohnungen im Sinne des Absatzes 2, die durch Baumaßnahmen an Gebäuden im Inland hergestellt worden sind, können abweichend von § 7 Abs. 4 und 5 im Jahr der Fertigstellung und in den folgenden 4 Jahren Absetzungen jeweils bis zu 20 vom Hundert der Bemessungsgrundlage vorgenommen werden.

(2) Begünstigt sind Wohnungen,
1. für die der Bauantrag nach dem 2. Oktober 1989 gestellt worden ist oder, falls ein Bauantrag nicht erforderlich ist, mit deren Herstellung nach diesem Zeitpunkt begonnen worden ist,
2. die vor dem 1. Januar 1993 fertiggestellt worden sind und
3. für die keine Mittel aus öffentlichen Haushalten unmittelbar oder mittelbar gewährt werden.

(3) Bemessungsgrundlage sind die Aufwendungen, die dem Steuerpflichtigen durch die Baumaßnahme entstanden sind, höchstens jedoch 60 000 Deutsche Mark je Wohnung. Sind durch die Baumaßnahmen Gebäudeteile hergestellt worden, die selbständige unbewegliche Wirtschaftsgüter sind, gilt für die Herstellungskosten, für die keine Absetzungen nach Absatz 1 vorgenommen werden, § 7 Abs. 4; § 7 b Abs. 8 bleibt unberührt.

(4) Die erhöhten Absetzungen können nur in Anspruch genommen werden, wenn die Wohnung vom Zeitpunkt der Fertigstellung bis zum Ende des Begünstigungszeitraums fremden Wohnzwecken dient.

(5) Nach Ablauf des Begünstigungszeitraums ist ein Restwert den Anschaffungs- oder Herstellungskosten des Gebäudes oder dem an deren Stelle tretenden Wert hinzuzurechnen; die weiteren Absetzungen für Abnutzung sind einheitlich für das gesamte Gebäude nach dem sich hiernach ergebenden Betrag und dem für das Gebäude maßgebenden Hundertsatz zu bemessen. Satz 1 ist auf Gebäudeteile, die selbständig unbewegliche Wirtschaftsgüter sind, und auf Eigentumswohnungen entsprechend anzuwenden.

§ 7 d Erhöhte Absetzungen für Wirtschaftsgüter, die dem Umweltschutz dienen

(1) Bei abnutzbaren beweglichen und unbeweglichen Wirtschaftsgütern des Anlagevermögens, bei denen die Voraussetzungen des Absatzes 2 vorliegen und die nach dem 31. Dezember 1974 und vor dem 1. Januar 1991 angeschafft oder hergestellt worden sind, können abweichend von § 7 im Wirtschaftsjahr der Anschaffung oder Herstellung bis zu 60 vom Hundert und in den folgenden Wirtschaftsjahren bis zur vollen Absetzung jeweils bis zu 10 vom Hundert der Anschaffungs- oder Herstellungskosten abgesetzt werden. Nicht in

Einkommensteuergesetz
§ 7 d

Anspruch genommene erhöhte Absetzungen können nachgeholt werden. Nachträgliche Anschaffungs- oder Herstellungskosten, die vor dem 1. Januar 1991 entstanden sind, können abweichend von § 7 a Abs. 1 so behandelt werden, als wären sie im Wirtschaftsjahr der Anschaffung oder Herstellung entstanden.

(2) Die erhöhten Absetzungen nach Absatz 1 können nur in Anspruch genommen werden, wenn
1. die Wirtschaftsgüter in einem im Inland belegenen Betrieb des Steuerpflichtigen unmittelbar und zu mehr als 70 vom Hundert dem Umweltschutz dienen und
2. die von der Landesregierung bestimmte Stelle bescheinigt, daß
   a) die Wirtschaftsgüter zu dem in Nummer 1 bezeichneten Zweck bestimmt und geeignet sind und
   b) die Anschaffung oder Herstellung der Wirtschaftsgüter im öffentlichen Interesse erforderlich ist.

(3) Die Wirtschaftsgüter dienen dem Umweltschutz, wenn sie dazu verwendet werden,
1. a) den Anfall von Abwasser oder
   b) Schädigungen durch Abwasser oder
   c) Verunreinigungen der Gewässer durch andere Stoffe als Abwasser oder
   d) Verunreinigungen der Luft oder
   e) Lärm oder Erschütterungen
   zu verhindern, zu beseitigen oder zu verringern oder
2. Abfälle nach den Grundsätzen des Abfallbeseitigungsgesetzes zu beseitigen.
Die Anwendung des Satzes 1 ist nicht dadurch ausgeschlossen, daß die Wirtschaftsgüter zugleich für Zwecke des innerbetrieblichen Umweltschutzes verwendet werden.

(4) Die Absätze 1 bis 3 sind auf nach dem 31. Dezember 1974 und vor dem 1. Januar 1991 entstehende nachträgliche Herstellungskosten bei Wirtschaftsgütern, die dem Umweltschutz dienen und die vor dem 1. Januar 1975 angeschafft oder hergestellt worden sind, mit der Maßgabe entsprechend anzuwenden, daß im Wirtschaftsjahr der Fertigstellung der nachträglichen Herstellungsarbeiten erhöhte Absetzungen bis zur vollen Höhe der nachträglichen Herstellungskosten vorgenommen werden können. Das gleiche gilt, wenn bei Wirtschaftsgütern, die nicht dem Umweltschutz dienen, nachträgliche Herstellungskosten nach dem 31. Dezember 1974 und vor dem 1. Januar 1991 dadurch entstehen, daß ausschließlich aus Gründen des Umweltschutzes Veränderungen vorgenommen werden.

(5) Die erhöhten Absetzungen nach Absatz 1 können bereits für Anzahlungen auf Anschaffungskosten und für Teilherstellungskosten in Anspruch genommen werden. § 7 a Abs. 2 ist mit der Maßgabe anzuwenden, daß die Summe der erhöhten Absetzungen 60 vom Hundert der bis zum Ende des jeweiligen Wirtschaftsjahrs insgesamt aufgewendeten Anzahlungen oder Teilherstellungskosten nicht übersteigen darf. Satz 1 gilt in den Fällen des Absatzes 4 sinngemäß.

(6) Die erhöhten Absetzungen nach den Absätzen 1 bis 5 werden unter der Bedingung gewährt, daß die Voraussetzung des Absatzes 2 Nr. 1
1. in den Fällen des Absatzes 1 mindestens fünf Jahre nach der Anschaffung oder Herstellung der Wirtschaftsgüter,
2. in den Fällen des Absatzes 4 Satz 1 mindestens fünf Jahre nach Beendigung der nachträglichen Herstellungsarbeiten
erfüllt wird.

(7) Steuerpflichtige, die nach dem 31. Dezember 1974 und vor dem 1. Januar 1991 durch Hingabe eines Zuschusses zur Finanzierung der Anschaffungs- oder Herstellungskosten von

Einkommensteuergesetz
§ 7 e

abnutzbaren Wirtschaftsgütern im Sinne des Absatzes 2 ein Recht auf Mitbenutzung dieser Wirtschaftsgüter erwerben, können bei diesem Recht abweichend von § 7 erhöhte Absetzungen nach Maßgabe des Absatzes 1 oder 4 Satz 1 vornehmen. Die erhöhten Absetzungen können nur in Anspruch genommen werden, wenn der Empfänger
1. den Zuschuß unverzüglich und unmittelbar zur Finanzierung der Anschaffung oder Herstellung der Wirtschaftsgüter oder der nachträglichen Herstellungsarbeiten bei den Wirtschaftsgütern verwendet und
2. dem Steuerpflichtigen bestätigt, daß die Voraussetzung der Nummer 1 vorliegt und daß für die Wirtschaftsgüter oder die nachträglichen Herstellungsarbeiten eine Bescheinigung nach Absatz 2 Nr. 2 erteilt ist.

Absatz 6 gilt sinngemäß.

(8) Die erhöhten Absetzungen nach den Absätzen 1 bis 7 können nicht für Wirtschaftsgüter in Anspruch genommen werden, die in Betrieben oder Betriebsstätten verwendet werden, die in den letzten zwei Jahren vor dem Beginn des Kalenderjahrs, in dem das Wirtschaftsgut angeschafft oder hergestellt worden ist, errichtet worden sind. Die Verlagerung von Betrieben oder Betriebsstätten gilt nicht als Errichtung im Sinne des Satzes 1, wenn die in Absatz 2 Nr. 2 bezeichnete Behörde bestätigt, daß die Verlagerung im öffentlichen Interesse aus Gründen des Umweltschutzes erforderlich ist.

§ 7 e Bewertungsfreiheit für Fabrikgebäude, Lagerhäuser und landwirtschaftliche Betriebsgebäude

(1) Steuerpflichtige, die
1. auf Grund des Bundesvertriebenengesetzes zur Inanspruchnahme von Rechten und Vergünstigungen berechtigt sind oder
2. aus Gründen der Rasse, Religion, Nationalität, Weltanschauung oder politischer Gegnerschaft gegen den Nationalsozialismus verfolgt worden sind,

ihre frühere Erwerbsgrundlage verloren haben und den Gewinn nach § 5 ermitteln, können bei Gebäuden, die im eigenen gewerblichen Betrieb unmittelbar
a) der Fertigung oder
b) der Bearbeitung von zum Absatz bestimmten Wirtschaftsgütern oder
c) der Wiederherstellung von Wirtschaftsgütern oder
d) ausschließlich der Lagerung von Waren, die zum Absatz an Wiederverkäufer bestimmt sind oder für fremde Rechnung gelagert werden,

dienen und vor dem 1. Januar 1993 hergestellt worden sind, im Wirtschaftsjahr der Herstellung und in dem darauffolgenden Wirtschaftsjahr Sonderabschreibungen bis zu je 10 vom Hundert der Herstellungskosten vornehmen.

(2) Absatz 1 ist entsprechend anwendbar auf die Herstellungskosten von land- und forstwirtschaftlichen Betriebsgebäuden und auf die Aufwendungen zum Wiederaufbau von durch Kriegseinwirkung ganz oder teilweise zerstörten land- und forstwirtschaftlichen Betriebsgebäuden, wenn der Gewinn aus Land- und Forstwirtschaft nach § 4 Abs. 1 ermittelt wird.

(3) Bei nach dem 31. Dezember 1966 hergestellten Gebäuden können die Abschreibungen nach Absatz 1 oder Absatz 2 nur in Anspruch genommen werden, wenn die Gebäude vom Steuerpflichtigen vor Ablauf des zehnten Kalenderjahrs seit der erstmaligen Aufnahme einer gewerblichen oder land- und forstwirtschaftlichen Tätigkeit im Geltungsbereich dieses Gesetzes hergestellt worden sind. Abschreibungen nach Absatz 1 oder Absatz 2 sind nur zulässig, wenn der Steuerpflichtige seinen Wohnsitz oder gewöhnlichen Aufenthalt im Geltungsbereich dieses Gesetzes vor dem 1. Januar 1990 begründet und das Gebäude vor Ablauf des zwanzigsten Kalenderjahres seit der erstmaligen Begründung hergestellt hat.

Einkommensteuergesetz
§§ 7 f–7 h

§ 7 f Bewertungsfreiheit für abnutzbare Wirtschaftsgüter des Anlagevermögens privater Krankenhäuser

(1) Steuerpflichtige, die im Inland ein privates Krankenhaus betreiben, können unter den Voraussetzungen des Absatzes 2 bei abnutzbaren Wirtschaftsgütern des Anlagevermögens, die dem Betrieb dieses Krankenhauses dienen, im Jahr der Anschaffung oder Herstellung und in den vier folgenden Jahren Sonderabschreibungen vornehmen, und zwar
1. bei beweglichen Wirtschaftsgütern des Anlagevermögens bis zur Höhe von insgesamt 50 vom Hundert,
2. bei unbeweglichen Wirtschaftsgütern des Anlagevermögens bis zur Höhe von insgesamt 30 vom Hundert
der Anschaffungs- oder Herstellungskosten.

(2) Die Abschreibungen nach Absatz 1 können nur in Anspruch genommen werden, wenn bei dem privaten Krankenhaus im Jahr der Anschaffung oder Herstellung der Wirtschaftsgüter und im Jahr der Inanspruchnahme der Abschreibungen die in § 67 Abs. 1 oder 2 der Abgabenordnung bezeichneten Voraussetzungen erfüllt sind.

(3) Die Abschreibungen nach Absatz 1 können bereits für Anzahlungen auf Anschaffungskosten und für Teilherstellungskosten in Anspruch genommen werden.

§ 7 g Sonderabschreibungen zur Förderung kleiner und mittlerer Betriebe

(1) Bei neuen beweglichen Wirtschaftsgütern des Anlagevermögens, können unter den Voraussetzungen des Absatzes 2 im Jahr der Anschaffung oder Herstellung und in den vier folgenden Jahren neben den Absetzungen für Abnutzung nach § 7 Abs. 1 oder 2 Sonderabschreibungen bis zu insgesamt 20 vom Hundert der Anschaffungs- oder Herstellungskosten in Anspruch genommen werden.

(2) Die Sonderabschreibungen nach Absatz 1 kann nur in Anspruch genommen werden, wenn
1. im Zeitpunkt der Anschaffung oder Herstellung des Wirtschaftsguts
   a) der Einheitswert des Betriebs, zu dessen Anlagevermögen das Wirtschaftsgut gehört, nicht mehr als 240 000 Deutsche Mark beträgt und
   b) bei Gewerbebetrieben im Sinne des Gewerbesteuergesetzes das Gewerbekapital nicht mehr als 500 000 Deutsche Mark beträgt und
2. das Wirtschaftsgut
   a) mindestens ein Jahr nach seiner Anschaffung oder Herstellung in einer inländischen Betriebsstätte dieses Betriebs verbleibt und
   b) im Jahr der Inanspruchnahme von Sonderabschreibungen im Betrieb des Steuerpflichtigen ausschließlich oder fast ausschließlich betrieblich genutzt wird.

§ 7 h Erhöhte Absetzungen bei Gebäuden in Sanierungsgebieten und städtebaulichen Entwicklungsbereichen

(1) Bei einem im Inland belegenen Gebäude in einem förmlich festgelegten Sanierungsgebiet oder städtebaulichen Entwicklungsbereich kann der Steuerpflichtige abweichend von § 7 Abs. 4 und 5 jeweils bis zu 10 vom Hundert der Herstellungskosten für Modernisierungs- und Instandsetzungsmaßnahmen im Sinne des § 177 des Baugesetzbuchs im Jahr der Herstellung und in den folgenden 9 Jahren absetzen. Satz 1 ist entsprechend anzuwenden auf Herstellungskosten für Maßnahmen, die der Erhaltung, Erneuerung und funktionsge-

Einkommensteuergesetz
§ 7 i

rechten Verwendung eines Gebäudes im Sinne des Satzes 1 dienen, das wegen seiner geschichtlichen, künstlerischen oder städtebaulichen Bedeutung erhalten bleiben soll, und zu deren Durchführung sich der Eigentümer neben bestimmten Modernisierungsmaßnahmen gegenüber der Gemeinde verpflichtet hat. Der Steuerpflichtige kann die erhöhten Absetzungen im Jahr des Abschlusses der Maßnahme und in den folgenden 9 Jahren auch für Anschaffungskosten in Anspruch nehmen, die auf Maßnahmen im Sinne der Sätze 1 und 2 entfallen, soweit diese nach dem rechtswirksamen Abschluß eines obligatorischen Erwerbsvertrags oder eines gleichstehenden Rechtsakts durchgeführt worden sind. Die erhöhten Absetzungen können nur in Anspruch genommen werden, soweit die Herstellungs- oder Anschaffungskosten durch Zuschüsse aus Sanierungs- oder Entwicklungsförderungsmitteln nicht gedeckt sind. Nach Ablauf des Begünstigungszeitraums ist ein Restwert den Herstellungs- oder Anschaffungskosten des Gebäudes oder dem an deren Stelle tretenden Wert hinzuzurechnen; die weiteren Absetzungen für Abnutzung sind einheitlich für das gesamte Gebäude nach dem sich hiernach ergebenden Betrag und dem für das Gebäude maßgebenden Hundertsatz zu bemessen.

(2) Der Steuerpflichtige kann die erhöhten Absetzungen nur in Anspruch nehmen, wenn er durch eine Bescheinigung der zuständigen Gemeindebehörde die Voraussetzungen des Absatzes 1 für das Gebäude und die Maßnahmen nachweist. Sind ihm Zuschüsse aus Sanierungs- oder Entwicklungsförderungsmitteln gewährt worden, so hat die Bescheinigung auch deren Höhe zu enthalten; werden ihm solche Zuschüsse nach Ausstellung der Bescheinigung gewährt, so ist diese entsprechend zu ändern.

(3) Die Absätze 1 und 2 sind auf Gebäudeteile, die selbständige unbewegliche Wirtschaftsgüter sind, sowie auf Eigentumswohnungen und auf im Teileigentum stehende Räume entsprechend anzuwenden.

§ 7 i Erhöhte Absetzungen bei Baudenkmalen

(1) Bei einem im Inland belegenen Gebäude, das nach den jeweiligen landesrechtlichen Vorschriften ein Baudenkmal ist, kann der Steuerpflichtige abweichend von § 7 Abs. 4 und 5 jeweils bis zu 10 vom Hundert der Herstellungskosten für Baumaßnahmen, die nach Art und Umfang zur Erhaltung des Gebäudes als Baudenkmal oder zu seiner sinnvollen Nutzung erforderlich sind, im Jahr der Herstellung und in den folgenden 9 Jahren absetzen. Eine sinnvolle Nutzung ist nur anzunehmen, wenn das Gebäude in der Weise genutzt wird, daß die Erhaltung der schützenswerten Substanz des Gebäudes auf die Dauer gewährleistet ist. Bei einem im Inland belegenen Gebäudeteil, das nach den jeweiligen landesrechtlichen Vorschriften ein Baudenkmal ist, sind die Sätze 1 und 2 entsprechend anzuwenden. Bei einem im Inland belegenen Gebäude oder Gebäudeteil, das für sich allein nicht die Voraussetzungen für ein Baudenkmal erfüllt, aber Teil einer Gebäudegruppe oder Gesamtanlage ist, die nach den jeweiligen landesrechtlichen Vorschriften als Einheit geschützt ist, kann der Steuerpflichtige die erhöhten Absetzungen von den Herstellungskosten für Baumaßnahmen vornehmen, die nach Art und Umfang zur Erhaltung des schützenswerten äußeren Erscheinungsbildes der Gebäudegruppe oder Gesamtanlage erforderlich sind. Der Steuerpflichtige kann die erhöhten Absetzungen im Jahr des Abschlusses der Baumaßnahme und in den folgenden 9 Jahren auch für Anschaffungskosten in Anspruch nehmen, die auf Baumaßnahmen im Sinne der Sätze 1 bis 4 entfallen, soweit diese nach dem rechtswirksamen Abschluß eines obligatorischen Erwerbsvertrags oder eines gleichstehenden Rechtsakts durchgeführt worden sind. Die Baumaßnahmen müssen in Abstimmung mit der in Absatz 2 bezeichneten Stelle durchgeführt worden sein. Die erhöhten Absetzungen können nur in Anspruch genommen werden, soweit die Herstellungs- oder Anschaffungskosten nicht durch Zuschüsse aus öffentlichen Kassen gedeckt sind. § 7 h Abs. 1 Satz 5 ist entsprechend anzuwenden.

(2) Der Steuerpflichtige kann die erhöhten Absetzungen nur in Anspruch nehmen, wenn er durch eine Bescheinigung der nach Landesrecht zuständigen oder von der Landesregierung bestimmten Stelle die Voraussetzungen des Absatzes 1 für das Gebäude oder Gebäudeteil und für die Erforderlichkeit der Aufwendungen nachweist. Hat eine der für Denkmalschutz oder Denkmalpflege zuständigen Behörden ihm Zuschüsse gewährt, so hat die Bescheinigung auch deren Höhe zu enthalten; werden ihm solche Zuschüsse nach Ausstellung der Bescheinigung gewährt, so ist diese entsprechend zu ändern.

(3) § 7 h Abs. 3 ist entsprechend anzuwenden.

§ 7 k Erhöhte Absetzungen für Wohnungen mit Sozialbindung

(1) Bei Wohnungen im Sinne des Absatzes 2 können abweichend von § 7 Abs. 4 und 5 im Jahr der Fertigstellung und in den folgenden 4 Jahren jeweils bis zu 10 vom Hundert und in den folgenden 5 Jahren jeweils bis zu 7 vom Hundert der Herstellungskosten oder Anschaffungskosten abgesetzt werden. Im Fall der Anschaffung ist Satz 1 nur anzuwenden, wenn der Hersteller für die veräußerte Wohnung weder Absetzungen für Abnutzung nach § 7 Abs. 5 vorgenommen noch erhöhte Absetzungen oder Sonderabschreibungen in Anspruch genommen hat. Nach Ablauf dieser 10 Jahre sind als Absetzungen für Abnutzung bis zur vollen Absetzung jährlich $3\,{}^{1}\!/_{3}$ vom Hundert des Restwerts abzuziehen; § 7 Abs. 4 Satz 2 gilt entsprechend.

(2) Begünstigt sind Wohnungen im Inland,
1. a) für die der Bauantrag nach dem 28. Februar 1989 gestellt worden ist und die vom Steuerpflichtigen hergestellt worden sind oder
   b) die vom Steuerpflichtigen nach dem 28. Februar 1989 auf Grund eines nach diesem Zeitpunkt rechtswirksam abgeschlossenen obligatorischen Vertrags bis zum Ende des Jahres der Fertigstellung angeschafft worden sind,
2. die vor dem 1. Januar 1993 fertiggestellt worden sind,
3. für die keine Mittel aus öffentlichen Haushalten unmittelbar oder mittelbar gewährt werden,
4. die im Jahr der Anschaffung oder Herstellung und in den folgenden 9 Jahren (Verwendungszeitraum) dem Steuerpflichtigen zu fremden Wohnzwecken dienen und
5. für die der Steuerpflichtige für jedes Jahr des Verwendungszeitraums, in dem er die Wohnungen vermietet hat, durch eine Bescheinigung nachweist, daß die Voraussetzungen des Absatzes 3 vorliegen.

(3) Die Bescheinigung nach Absatz 2 Nr. 5 ist von der nach § 3 des Wohnungsbindungsgesetzes zuständigen Stelle, im Saarland von der durch die Landesregierung bestimmten Stelle (zuständige Stelle), nach Ablauf des jeweiligen Jahres des Begünstigungszeitraums für Wohnungen zu erteilen,
1. a) die der Steuerpflichtige nur an Personen vermietet hat, für die
   aa) eine Bescheinigung über die Wohnberechtigung nach § 5 des Wohnungsbindungsgesetzes, im Saarland eine Mieteranerkennung, daß die Voraussetzungen des § 14 des Wohnungsbaugesetzes für das Saarland erfüllt sind, ausgestellt worden ist, oder
   bb) eine Bescheinigung ausgestellt worden ist, daß sie die Voraussetzungen des § 88 a Abs. 1 Buchstabe b des Zweiten Wohnungsbaugesetzes, im Saarland des § 51 b Abs. 1 Buchstabe b des Wohnungsbaugesetzes für das Saarland, erfüllen,
   und wenn die Größe der Wohnung die in dieser Bescheinigung angegebene Größe nicht übersteigt, oder

Einkommensteuergesetz
§§ 8–9

b) für die der Steuerpflichtige keinen Mieter im Sinne des Buchstabens a gefunden hat und für die ihm die zuständige Stelle nicht innerhalb von 6 Wochen nach seiner Anforderung einen solchen Mieter nachgewiesen hat,
und
2. bei denen die Höchstmiete nicht überschritten worden ist. Die Landesregierungen werden ermächtigt, die Höchstmiete in Anlehnung an die Beträge nach § 72 Abs. 3 des Zweiten Wohnungsbaugesetzes, im Saarland unter Berücksichtigung der Besonderheiten des Wohnungsbaugesetzes für das Saarland durch Rechtsverordnung festzusetzen. In der Rechtsverordnung ist eine Erhöhung der Mieten in Anlehnung an die Erhöhung der Mieten im öffentlich geförderten sozialen Wohnungsbau zuzulassen. § 4 des Gesetzes zur Regelung der Miethöhe bleibt unberührt.

4. Überschuß der Einnahmen über die Werbungskosten

§ 8 Einnahmen

(1) Einnahmen sind alle Güter, die in Geld oder Geldeswert bestehen und dem Steuerpflichtigen im Rahmen einer der Einkunftsarten des § 2 Abs. 1 Nr. 4 bis 7 zufließen.

(2) Einnahmen, die nicht in Geld bestehen (Wohnung, Kost, Waren und sonstige Sachbezüge), sind mit den üblichen Endpreisen am Abgabeort anzusetzen. Bei Arbeitnehmern, für deren Sachbezüge durch Rechtsverordnung nach § 17 Abs. 1 Nr. 3 Viertes Buch Sozialgesetzbuch Werte bestimmt worden sind, sind diese Werte maßgebend. Die Werte nach Satz 2 sind auch bei Arbeitnehmern anzusetzen, die nicht der gesetzlichen Rentenversicherungspflicht unterliegen, wenn sie für deren Sachbezüge nicht offensichtlich unzutreffend sind. Die oberste Finanzbehörde eines Landes kann mit Zustimmung des Bundesministers der Finanzen für weitere Sachbezüge der Arbeitnehmer Durchschnittswerte festsetzen.

(3) Erhält ein Arbeitnehmer auf Grund seines Dienstverhältnisses Waren oder Dienstleistungen, die vom Arbeitgeber nicht überwiegend für den Bedarf seiner Arbeitnehmer hergestellt, vertrieben oder erbracht werden und deren Bezug nicht nach § 40 pauschal versteuert wird, so gelten als deren Werte abweichend von Absatz 2 die um vier vom Hundert geminderten Endpreise, zu denen der Arbeitgeber oder der dem Abgabeort nächstansässige Abnehmer die Waren oder Dienstleistungen fremden Letztverbrauchern im allgemeinen Geschäftsverkehr anbietet. Die sich nach Abzug der vom Arbeitnehmer gezahlten Entgelte ergebenden Vorteile sind steuerfrei, soweit sie aus dem Dienstverhältnis insgesamt 2 400 Deutsche Mark im Kalenderjahr nicht übersteigen.

§ 9 Werbungskosten

(1) Werbungskosten sind Aufwendungen zur Erwerbung, Sicherung und Erhaltung der Einnahmen. Sie sind bei der Einkunftsart abzuziehen, bei der sie erwachsen sind. Werbungskosten sind auch
1. Schuldzinsen und auf besonderen Verpflichtungsgründen beruhende Renten und dauernde Lasten, soweit sie mit einer Einkunftsart in wirtschaftlichem Zusammenhang stehen. Bei Leibrenten kann nur der Anteil abgezogen werden, der sich aus der in § 22 Nr. 1 Satz 3 Buchstabe a aufgeführten Tabelle ergibt; in den Fällen des § 22 Nr. 1 Satz 3 Buchstabe a letzter Satz kann nur der Anteil, der nach der in dieser Vorschrift vorgesehenen Rechtsverordnung zu ermitteln ist, abgezogen werden;
2. Steuern vom Grundbesitz, sonstige öffentliche Abgaben und Versicherungsbeiträge,

soweit solche Ausgaben sich auf Gebäude oder auf Gegenstände beziehen, die dem Steuerpflichtigen zur Einnahmeerzielung dienen;
3. Beiträge zu Berufsständen und sonstigen Berufsverbänden, deren Zweck nicht auf einen wirtschaftlichen Geschäftsbetrieb gerichtet ist;
4. Aufwendungen des Arbeitnehmers für Fahrten zwischen Wohnung und Arbeitsstätte. Fährt der Arbeitnehmer an einem Arbeitstag mehrmals zwischen Wohnung und Arbeitsstätte hin und her, so sind die zusätzlichen Fahrten nur zu berücksichtigen, soweit sie durch einen zusätzlichen Arbeitseinsatz außerhalb der regelmäßigen Arbeitszeit oder durch eine Arbeitszeitunterbrechung von mindestens vier Stunden veranlaßt sind. Hat ein Arbeitnehmer mehrere Wohnungen, so sind die Fahrten von oder zu einer Wohnung, die nicht der Arbeitsstätte am nächsten liegt, nur zu berücksichtigen, wenn sie den Mittelpunkt der Lebensinteressen des Arbeitnehmers bildet und nicht nur gelegentlich aufgesucht wird. Bei Fahrten mit einem eigenen oder zur Nutzung überlassenen Kraftfahrzeug sind die Aufwendungen mit den folgenden Pauschbeträgen anzusetzen:
   a) bei Benutzung eines Kraftwagens   0,50 Deutsche Mark,
   b) bei Benutzung eines Motorrads oder Motorrollers   0,22 Deutsche Mark
für jeden Kilometer der Entfernung zwischen Wohnung und Arbeitsstätte; für die Bestimmung der Entfernung ist die kürzeste benutzbare Straßenverbindung maßgebend;
5. notwendige Mehraufwendungen, die einem Arbeitnehmer wegen einer aus beruflichem Anlaß begründeten doppelten Haushaltsführung entstehen, und zwar unabhängig davon, aus welchen Gründen die doppelte Haushaltsführung beibehalten wird. Eine doppelte Haushaltsführung liegt vor, wenn der Arbeitnehmer außerhalb des Ortes, in dem er einen eigenen Hausstand unterhält, beschäftigt ist und auch am Beschäftigungsort wohnt. Aufwendungen für Fahrten vom Beschäftigungsort zum Ort des eigenen Hausstands und zurück (Familienheimfahrten) können jeweils nur für eine Familienheimfahrt wöchentlich als Werbungskosten abgezogen werden. Bei Familienheimfahrten mit einem eigenen oder zur Nutzung überlassenen Kraftfahrzeug ist je Kilometer der Entfernung zwischen dem Ort des eigenen Hausstands und dem Beschäftigungsort Nummer 4 Satz 4 entsprechend anzuwenden.
6. Aufwendungen für Arbeitsmittel, zum Beispiel für Werkzeuge und typische Berufskleidung. Nummer 7 bleibt unberührt;
7. Absetzungen für Abnutzung und für Substanzverringerung und erhöhte Absetzungen. § 6 Abs. 2 Satz 1 bis 3 ist in Fällen der Anschaffung oder Herstellung von Wirtschaftsgütern entsprechend anzuwenden.

(2) Anstelle der Pauschbeträge nach Absatz 1 Nr. 4 Satz 1 können
1. Behinderte, deren Grad der Behinderung mindestens 70 beträgt,
2. Behinderte, deren Grad der Behinderung weniger als 70, aber mindestens 50 beträgt und die in ihrer Bewegungsfähigkeit im Straßenverkehr erheblich beeinträchtigt sind,
für Fahrten zwischen Wohnung und Arbeitsstätte und für Familienheimfahrten die tatsächlichen Aufwendungen ansetzen. Die Voraussetzungen der Nummern 1 und 2 sind durch amtliche Unterlagen nachzuweisen.

(3) Absatz 1 Nr. 4 und 5 und Absatz 2 gelten bei den Einkunftsarten im Sinne des § 2 Abs. 1 Nr. 5 bis 7 entsprechend.

(4) Mehraufwendungen für Verpflegung können höchstens mit 140 vom Hundert der höchsten Tagegeldbeträge des Bundesreisekostengesetzes als Werbungskosten anerkannt werden.

(5) § 4 Abs. 5 Nr. 8 und 8 a und Abs. 6 gilt sinngemäß.

Einkommensteuergesetz
§§ 9 a–10

§ 9 a Pauschbeträge für Werbungskosten

Für Werbungskosten sind bei der Ermittlung der Einkünfte die folgenden Pauschbeträge abzuziehen, wenn nicht höhere Werbungskosten nachgewiesen werden:
1. von den Einnahmen aus nichtselbständiger Arbeit:
   ein Arbeitnehmer-Pauschbetrag von 2 000 Deutsche Mark;
2. von den Einnahmen aus Kapitalvermögen:
   ein Pauschbetrag von 100 Deutsche Mark;
   bei Ehegatten, die nach den §§ 26, 26 b zusammen veranlagt werden, erhöht sich dieser Pauschbetrag auf insgesamt 200 Deutsche Mark;
3. von den Einnahmen im Sinne des § 22 Nr. 1 und 1 a:
   ein Pauschbetrag von insgesamt 200 Deutsche Mark.

Der Arbeitnehmer-Pauschbetrag darf nur bis zur Höhe der um den Versorgungs- Freibetrag (§ 19 Abs. 2) geminderten Einnahmen, die Pauschbeträge nach den Nummern 2 und 3 dürfen nur bis zur Höhe der Einnahmen abgezogen werden.

4 a. Umsatzsteuerrechtlicher Vorsteuerabzug

§ 9 b

(1) Der Vorsteuerbetrag nach § 15 des Umsatzsteuergesetzes gehört, soweit er bei der Umsatzsteuer abgezogen werden kann, nicht zu den Anschaffungs- oder Herstellungskosten des Wirtschaftsguts, auf dessen Anschaffung oder Herstellung er entfällt. Der Teil des Vorsteuerbetrags, der nicht abgezogen werden kann, braucht den Anschaffungs- oder Herstellungskosten des Wirtschaftsguts, auf dessen Anschaffung oder Herstellung der Vorsteuerbetrag entfällt, nicht zugerechnet zu werden,
1. wenn er 25 vom Hundert des Vorsteuerbetrags und 500 Deutsche Mark nicht übersteigt, oder
2. wenn die zum Ausschluß von Vorsteuerabzug führenden Umsätze nicht mehr als 3 vom Hundert des Gesamtumsatzes betragen.

(2) Wird der Vorsteuerabzug nach § 15 a des Umsatzsteuergesetzes berichtigt, so sind die Mehrbeträge als Betriebseinnahmen oder Einnahmen, die Minderbeträge als Betriebsausgaben oder Werbungskosten zu behandeln; die Anschaffungs- oder Herstellungskosten bleiben unberührt.

5. Sonderausgaben

§ 10

(1) Sonderausgaben sind die folgenden Aufwendungen, wenn sie weder Betriebsausgaben noch Werbungskosten sind:
1. Unterhaltsleistungen an den geschiedenen oder dauernd getrennt lebenden unbeschränkt einkommensteuerpflichtigen Ehegatten, wenn der Geber dies mit Zustimmung des Empfängers beantragt, bis zu 27 000 Deutsche Mark im Kalenderjahr. Der Antrag kann jeweils nur für ein Kalenderjahr gestellt und nicht zurückgenommen werden. Die Zustimmung ist mit Ausnahme der nach § 894 Abs. 1 der Zivilprozeßordnung als erteilt geltenden bis auf Widerruf wirksam. Der Widerruf ist vor Beginn des Kalenderjahrs, für das die Zustimmung erstmals nicht gelten soll, gegenüber dem Finanzamt zu erklären. Die Sätze 1 bis 4 gelten für Fälle der Nichtigkeit oder der Aufhebung der Ehe entsprechend.

1a. auf besonderen Verpflichtungsgründen beruhende Renten und dauernde Lasten, die nicht mit Einkünften in wirtschaftlichem Zusammenhang stehen, die bei der Veranlagung außer Betracht bleiben. Bei Leibrenten kann nur der Anteil abgezogen werden, der sich aus der in § 22 Nr. 1 Satz 3 Buchstabe a aufgeführten Tabelle ergibt; in den Fällen des § 22 Nr. 1 Satz 3 Buchstabe a letzter Satz kann nur der Anteil, der nach der in dieser Vorschrift vorgesehenen Rechtsverordnung zu ermitteln ist, abgezogen werden;
2. a) Beiträge zu Kranken-, Unfall- und Haftpflichtversicherungen, zu den gesetzlichen Rentenversicherungen und an die Bundesanstalt für Arbeit;
    b) Beiträge zu den folgenden Versicherungen auf den Erlebens- oder Todesfall:
        aa) Risikoversicherungen, die nur für den Todesfall eine Leistung vorsehen,
        bb) Rentenversicherungen ohne Kapitalwahlrecht,
        cc) Rentenversicherungen mit Kapitalwahlrecht gegen laufende Beitragsleistung, wenn das Kapitalwahlrecht nicht vor Ablauf von zwölf Jahren seit Vertragsabschluß ausgeübt werden kann,
        dd) Kapitalversicherungen gegen laufende Beitragsleistung mit Sparanteil, wenn der Vertrag für die Dauer von mindestens zwölf Jahren abgeschlossen worden ist.
    Fondsgebundene Lebensversicherungen sind ausgeschlossen;
3. 50 vom Hundert der an Bausparkassen zur Erlangung von Baudarlehen geleisteten Beiträge;
4. gezahlte Kirchensteuer;
5. Zinsen nach den §§ 233 a, 234 und 237 der Abgabenordnung;
6. Steuerberatungskosten;
7. Aufwendungen des Steuerpflichtigen für seine Berufsausbildung oder seine Weiterbildung in einem nicht ausgeübten Beruf bis zu 900 Deutsche Mark im Kalenderjahr. Dieser Betrag erhöht sich auf 1 200 Deutsche Mark, wenn der Steuerpflichtige wegen der Ausbildung oder Weiterbildung außerhalb des Orts untergebracht ist, in dem er einen eigenen Hausstand unterhält. Die Sätze 1 und 2 gelten entsprechend, wenn dem Steuerpflichtigen Aufwendungen für eine Berufsausbildung oder Weiterbildung seines Ehegatten erwachsen und die Ehegatten die Voraussetzungen des § 26 Abs. 1 Satz 1 erfüllen; in diesem Fall können die Beträge von 900 Deutsche Mark und 1 200 Deutsche Mark für den in der Berufsausbildung oder Weiterbildung befindlichen Ehegatten insgesamt nur einmal abgezogen werden. Zu den Aufwendungen für eine Berufsausbildung oder Weiterbildung gehören nicht Aufwendungen für den Lebensunterhalt, es sei denn, daß es sich um Mehraufwendungen handelt, die durch eine auswärtige Unterbringung im Sinne des Satzes 2 entstehen;
8. Aufwendungen des Steuerpflichtigen bis zu 12 000 Deutsche Mark im Kalenderjahr für hauswirtschaftliche Beschäftigungsverhältnisse, wenn auf Grund der Beschäftigungsverhältnisse Pflichtbeiträge zur inländischen gesetzlichen Rentenversicherung entrichtet werden. Weitere Voraussetzung ist, daß zum Haushalt des Steuerpflichtigen
    a) zwei Kinder, bei Alleinstehenden (§ 33 c Abs. 2) ein Kind im Sinne des § 32 Abs. 1 Satz 1, die zu Beginn des Kalenderjahres das zehnte Lebensjahr noch nicht vollendet haben, oder
    b) ein Hilfloser im Sinne des § 33 b Abs. 6
    gehören. Leben zwei Alleinstehende, die jeweils die Voraussetzungen von Buchstabe a oder b erfüllen, in einem Haushalt zusammen, können sie den Höchstbetrag insgesamt nur einmal in Anspruch nehmen. Für jeden vollen Kalendermonat, in dem die Vorausset-

Einkommensteuergesetz
§ 10

zungen der Sätze 1 und 2 nicht vorgelegen haben, ermäßigt sich der Höchstbetrag nach Satz 1 um ein Zwölftel.

(2) Voraussetzung für den Abzug der in Absatz 1 Nr. 2 und 3 bezeichneten Beträge (Vorsorgeaufwendungen) ist, daß sie
1. nicht in unmittelbarem wirtschaftlichem Zusammenhang mit steuerfreien Einnahmen stehen,
2. an Versicherungsunternehmen oder Bausparkassen, die ihren Sitz oder ihre Geschäftsleitung im Inland haben oder denen die Erlaubnis zum Geschäftsbetrieb im Inland erteilt ist, oder an einen Sozialversicherungsträger geleistet werden und
3. nicht vermögenswirksame Leistungen darstellen, für die Anspruch auf eine Arbeitnehmer-Sparzulage nach § 13 des Fünften Vermögensbildungsgesetzes besteht.

(3) Für Vorsorgeaufwendungen gelten je Kalenderjahr folgende Höchstbeträge:
1. ein Grundhöchstbetrag von 2 340 Deutsche Mark,
   im Fall der Zusammenveranlagung von Ehegatten 4 680 Deutsche Mark;
2. für Beiträge im Sinne des Absatzes 1 Nr. 2
   zusätzlich ein Vorwegabzug von 4 000 Deutsche Mark,
   im Fall der Zusammenveranlagung von Ehegatten von
   8 000 Deutsche Mark.

Diese Beträge sind zu kürzen
a) bei Steuerpflichtigen,
   aa) die bei einem Träger der gesetzlichen Rentenversicherung oder einer öffentlich-rechtlichen Versicherungs- oder Versorgungseinrichtung ihrer Berufsgruppe pflichtversichert sind – ausgenommen bei einer landwirtschaftlichen Alterskasse – und die Pflichtbeiträge nicht allein tragen,
   bb) denen für den Fall ihres Ausscheidens aus der Beschäftigung auf Grund des Beschäftigungsverhältnisses oder denen nach Beendigung der Ausübung eines Mandats eine lebenslängliche Versorgung oder an deren Stelle eine Abfindung zusteht oder die in der gesetzlichen Rentenversicherung nachzuversichern sind,
   cc) die eine Berufstätigkeit ausüben und im Zusammenhang damit auf Grund vertraglicher Vereinbarungen Anwartschaftsrechte auf eine Altersversorgung ganz oder teilweise ohne eigene Beitragsleistung erwerben,
   dd) für die der Arbeitgeber Ausgaben für die Zukunftssicherung im Sinne des § 3 Nr. 62 Sätze 2 bis 4 leistet,
   um 9 vom Hundert,
b) bei Steuerpflichtigen,
   aa) die bei einem Träger der gesetzlichen Krankenversicherung pflichtversichert sind – ausgenommen bei einer landwirtschaftlichen Krankenkasse – und die Pflichtbeiträge nicht allein tragen,
   bb) die Anspruch auf Beihilfe in Krankheits- und Geburtsfällen oder auf Zuschüsse zu Krankenversicherungsbeiträgen auf Grund beamtenrechtlicher Regelungen, tarifvertraglicher Regelungen für Arbeitnehmer des öffentlichen Dienstes oder entsprechender gesetzlicher Vorschriften oder des Abgeordnetengesetzes, des Europaabgeordnetengesetzes oder der entsprechenden Gesetze der Länder oder nach beamtenrechtlichen Grundsätzen von Körperschaften, Anstalten oder Stiftungen des öffentlichen Rechts oder öffentlich-rechtlichen Verbänden von Körperschaften haben,

Einkommensteuergesetz
§ 10

cc) die einen gesetzlichen Anspruch auf Zuschüsse zu Krankenversicherungsbeiträgen haben,

um 3 vom Hundert
des Arbeitslohns aus der Beschäftigung, der Einkünfte nach § 22 Nr. 4 aus der Mandatsausübung und des Gewinns aus der Tätigkeit, mit der die Alters- oder Krankenversorgung zusammenhängt, höchstens des Jahresbetrags der Beitragsbemessungsgrenze in der gesetzlichen Rentenversicherung der Angestellten oder des Anteils dieses Jahresbetrags, der auf die Dauer der Beschäftigung, Mandatsausübung oder Tätigkeit im Kalenderjahr entfällt;

3. soweit die Vorsorgeaufwendungen den Grundhöchstbetrag und den Vorwegabzug übersteigen, können sie zur Hälfte, höchstens bis zu 50 vom Hundert abgezogen werden (hälftiger Höchstbetrag).

(4) Steuerpflichtige, die Anspruch auf eine Prämie nach dem Wohnungsbau-Prämiengesetz haben, können für jedes Kalenderjahr wählen, ob sie für Bausparbeiträge (Absatz 1 Nr. 3) den Sonderausgabenabzug oder eine Prämie nach dem Wohnungsbau-Prämiengesetz erhalten wollen (Wahlrecht). Das Wahlrecht kann für die Bausparbeiträge eines Kalenderjahrs nur einheitlich ausgeübt werden. Steuerpflichtige, die im Sparjahr (§ 4 Abs. 1 Wohnungsbau-Prämiengesetz) eine Höchstbetragsgemeinschaft (§ 3 Abs. 2 Wohnungsbau-Prämiengesetz) bilden, können ihr Wahlrecht nur einheitlich ausüben. Das Wahlrecht wird zugunsten des Sonderausgabenabzugs dadurch ausgeübt, daß der Steuerpflichtige einen ausdrücklichen Antrag auf Berücksichtigung der betreffenden Sonderausgaben stellt.

(5) Nach Maßgabe einer Rechtsverordnung ist eine Nachversteuerung durchzuführen
1. bei Rentenversicherungen gegen Einmalbeitrag (Absatz 1 Nr. 2 Buchstabe b Doppelbuchstabe bb), wenn vor Ablauf von zwölf Jahren seit Vertragsabschluß, außer im Schadensfall oder bei Erbringung der vertragsmäßigen Rentenleistung, Einmalbeiträge ganz oder zum Teil zurückgezahlt oder Ansprüche aus dem Versicherungsvertrag ganz oder zum Teil abgetreten oder beliehen werden;
2. bei Bausparverträgen (Absatz 1 Nr. 3), wenn vor Ablauf von zehn Jahren seit Vertragsabschluß die Bausparsumme ganz oder zum Teil ausgezahlt, geleistete Beiträge ganz oder zum Teil zurückgezahlt oder Ansprüche aus dem Bausparvertrag abgetreten oder beliehen werden. Unschädlich ist jedoch die vorzeitige Verfügung, wenn
   a) die Bausparsumme ausgezahlt oder die Ansprüche aus dem Vertrag beliehen werden und der Steuerpflichtige die empfangenen Beträge unverzüglich und unmittelbar zum Wohnungsbau verwendet oder
   b) im Fall der Abtretung der Erwerber die Bausparsumme oder die auf Grund einer Beleihung empfangenen Beträge unverzüglich und unmittelbar zum Wohnungsbau für den Abtretenden oder dessen Angehörige im Sinne des § 15 der Abgabenordnung verwendet oder
   c) der Steuerpflichtige oder sein von ihm nicht dauernd getrennt lebender Ehegatte nach Vertragsabschluß gestorben oder völlig erwerbsunfähig geworden ist oder
   d) der Steuerpflichtige nach Vertragsabschluß arbeitslos geworden ist und die Arbeitslosigkeit mindestens ein Jahr lang ununterbrochen bestanden hat und im Zeitpunkt der vorzeitigen Verfügung noch besteht oder
   e) der Steuerpflichtige, der Staatsangehöriger eines Staates ist, mit dem die Bundesregierung Vereinbarungen über Anwerbung und Beschäftigung von Arbeitnehmern abgeschlossen hat und der nicht Mitglied der Europäischen Gemeinschaften ist,
      aa) den Geltungsbereich dieses Gesetzes auf Dauer verlassen hat oder

Einkommensteuergesetz
§ 10 a

bb) wenn er die Bausparsumme oder die Zwischenfinanzierung nach den §§ 1 bis 6 des Gesetzes über eine Wiedereingliederungshilfe im Wohnungsbau für rückkehrende Ausländer vom 18. Februar 1986 (BGBl. I S. 280) unverzüglich und unmittelbar zum Wohnungsbau im Heimatland verwendet und innerhalb von vier Jahren und drei Monaten nach Beginn der Auszahlung der Bausparsumme, spätestens am 31. März 1998, den Geltungsbereich dieses Gesetzes auf Dauer verlassen hat.

Als Wohnungsbau gelten auch bauliche Maßnahmen des Mieters zur Modernisierung seiner Wohnung.

§ 10 a Steuerbegünstigung des nicht entnommenen Gewinns

(1) Steuerpflichtige, die
1. auf Grund des Bundesvertriebenengesetzes zur Inanspruchnahme von Rechten und Vergünstigungen berechtigt sind oder
2. aus Gründen der Rasse, Religion, Nationalität, Weltanschauung oder politischer Gegnerschaft gegen den Nationalsozialismus verfolgt worden sind,

ihre frühere Erwerbsgrundlage verloren haben und ihre Gewinne aus Land- und Forstwirtschaft und aus Gewerbebetrieb nach § 4 Abs. 1 oder nach § 5 ermitteln, können auf Antrag bis zu 50 vom Hundert der Summe der nicht entnommenen Gewinne, höchstens aber 20 000 Deutsche Mark als Sonderausgaben vom Gesamtbetrag der Einkünfte abziehen. Als nicht entnommen gilt auch der Teil der Summe der Gewinne, der zur Zahlung der auf die Betriebsvermögen entfallenden Abgaben nach dem Lastenausgleichsgesetz verwendet wird. Der als steuerbegünstigt in Anspruch genommene Teil der Summe der Gewinne ist bei der Veranlagung besonders festzustellen.

(2) Übersteigen in einem der auf die Inanspruchnahme der Steuerbegünstigung (Absatz 1) folgenden drei Jahre bei dem Steuerpflichtigen oder seinem Gesamtrechtsnachfolger die Entnahmen aus dem Betrieb die Summe der bei der Veranlagung zu berücksichtigenden Gewinne aus Land- und Forstwirtschaft und aus Gewerbebetrieb, so ist der übersteigende Betrag (Mehrentnahme) bis zur Höhe des besonders festgestellten Betrags (Absatz 1 letzter Satz) dem Einkommen im Jahr der Mehrentnahme zum Zweck der Nachversteuerung hinzuzurechnen. Beträge, die zur Zahlung der auf die Betriebsvermögen entfallenden Abgaben nach dem Lastenausgleichsgesetz verwendet werden, rechnen auch in diesem Fall nicht zu den Entnahmen. Soweit Entnahmen zur Zahlung von Erbschaftsteuer auf den Erwerb des Betriebsvermögens von Todes wegen oder auf den Übergang des Betriebsvermögens an Personen der Steuerklasse I des § 15 des Erbschaftsteuergesetzes verwendet werden oder soweit sich Entnahmen durch Veräußerung des Betriebs (§§ 14 und 16) ergeben, gelten sie zum Zweck der Nachversteuerung als außerordentliche Einkünfte im Sinne des § 34 Abs. 1; das gilt nicht für die Veräußerung eines Teilbetriebs und im Fall der Umwandlung in eine Kapitalgesellschaft. Auf Antrag des Steuerpflichtigen ist eine Nachversteuerung auch dann vorzunehmen, wenn in dem in Betracht kommenden Jahr eine Mehrentnahme nicht vorliegt.

(3) Die Vorschriften der Absätze 1 und 2 gelten entsprechend für den Gewinn aus selbständiger Arbeit mit der Maßgabe, daß dieser Gewinn hinsichtlich der Steuerbegünstigung (Absatz 1) und der Nachversteuerung (Absatz 2) für sich zu behandeln ist.

(4) Die Steuerbegünstigung nach den Absätzen 1 bis 3 kann nur für den Veranlagungszeitraum, in dem der Steuerpflichtige im Geltungsbereich dieses Gesetzes erstmals Ein-

künfte aus Land- und Forstwirtschaft, Gewerbebetrieb oder selbständiger Arbeit erzielt hat, und für die folgenden sieben Veranlagungszeiträume in Anspruch genommen werden. Die Inanspruchnahme der Steuerbegünstigung ist nur zulässig, wenn der Steuerpflichtige seinen Wohnsitz oder gewöhnlichen Aufenthalt im Geltungsbereich dieses Gesetzes vor dem 1. Januar 1990 begründet hat und seit der erstmaligen Begründung nicht mehr als zwanzig Veranlagungszeiträume abgelaufen sind; sie ist letztmalig zulässig für den Veranlagungszeitraum 1992.

§ 10 b Steuerbegünstigte Zwecke

(1) Ausgaben zur Förderung mildtätiger, kirchlicher, religiöser, wissenschaftlicher und der als besonders förderungswürdig anerkannten gemeinnützigen Zwecke sind bis zur Höhe von insgesamt 5 vom Hundert des Gesamtbetrags der Einkünfte oder 2 vom Tausend der Summe der gesamten Umsätze und der im Kalenderjahr aufgewendeten Löhne und Gehälter als Sonderausgaben abzugsfähig. Für wissenschaftliche, mildtätige und als besonders förderungswürdig anerkannte kulturelle Zwecke erhöht sich der Vomhundertsatz von 5 um weitere 5 vom Hundert.

(2) Mitgliedsbeiträge und Spenden an politische Parteien im Sinne des § 2 des Parteiengesetzes sind bis zur Höhe von insgesamt 60 000 Deutsche Mark und im Fall der Zusammenveranlagung von Ehegatten bis zur Höhe von insgesamt 120 000 Deutsche Mark im Kalenderjahr abzugsfähig. Sie können nur insoweit als Sonderausgaben abgezogen werden, als für sie nicht eine Steuerermäßigung nach § 34 g gewährt worden ist. Spenden an eine Partei oder einen oder mehrere ihrer Gebietsverbände, deren Gesamtwert in einem Kalenderjahr 40 000 Deutsche Mark übersteigt, können nur abgezogen werden, wenn sie nach § 25 Abs. 2 des Parteiengesetzes im Rechenschaftsbericht verzeichnet worden sind.

(3) Als Ausgabe im Sinne dieser Vorschrift gilt auch die Zuwendung von Wirtschaftsgütern mit Ausnahme von Nutzungen und Leistungen. Ist das Wirtschaftsgut unmittelbar vor seiner Zuwendung einem Betriebsvermögen entnommen worden, so darf bei der Ermittlung der Ausgabenhöhe der bei der Entnahme angesetzte Wert nicht überschritten werden. In allen übrigen Fällen bestimmt sich die Höhe der Ausgabe nach dem gemeinen Wert des zugewendeten Wirtschaftsguts. Aufwendungen zugunsten einer zum Empfang steuerlich abzugsfähiger Zuwendungen berechtigten Körperschaft sind nur abzugsfähig, wenn ein Anspruch auf die Erstattung der Aufwendungen durch Vertrag oder Satzung eingeräumt und auf die Erstattung verzichtet worden ist. Der Anspruch darf nicht unter der Bedingung des Verzichts eingeräumt worden sein.

(4) Der Steuerpflichtige darf auf die Richtigkeit der Bestätigung über Spenden und Mitgliedsbeiträge vertrauen, es sei denn, daß er die Bestätigung durch unlautere Mittel oder falsche Angaben erwirkt hat oder daß ihm die Unrichtigkeit der Bestätigung bekannt oder infolge grober Fahrlässigkeit nicht bekannt war. Wer vorsätzlich oder grob fahrlässig eine unrichtige Bestätigung ausstellt oder wer veranlaßt, daß Zuwendungen nicht zu den in der Bestätigung angegebenen steuerbegünstigten Zwecken verwendet werden, haftet für die entgangene Steuer. Diese ist mit 40 vom Hundert des zugewendeten Betrags anzusetzen.

§ 10 c Sonderausgaben-Pauschbetrag, Vorsorgepauschale

Für Sonderausgaben nach § 10 Abs. 1 Nr. 1, 1 a, 4 bis 8 und nach § 10 b wird ein Pauschbetrag von 108 Deutsche Mark abgezogen (Sonderausgaben-Pauschbetrag), wenn der Steuerpflichtige nicht höhere Aufwendungen nachweist. Im Fall der Zusammenveranlagung von Ehegatten ist der Betrag nach Satz 1 zu verdoppeln.

Einkommensteuergesetz
§ 10 d

(2) Hat der Steuerpflichtige Arbeitslohn bezogen, so wird für Vorsorgeaufwendungen (§ 10 Abs. 1 Nr. 2 und 3) eine Vorsorgepauschale abgezogen, wenn der Steuerpflichtige nicht Aufwendungen nachweist, die zu einem höheren Abzug führen. Die Vorsorgepauschale beträgt 18 vom Hundert des Arbeitslohns, jedoch
1. höchstens 4 000 Deutsche Mark abzüglich 12 vom Hundert des Arbeitslohns zuzüglich
2. höchstens 2 340 Deutsche Mark, soweit der Teilbetrag nach Nummer 1 überschritten wird, zuzüglich
3. höchstens die Hälfte bis zu 1 170 Deutsche Mark, soweit die Teilbeträge nach den Nummern 1 und 2 überschritten werden.

Die Vorsorgepauschale ist auf den nächsten durch 54 ohne Rest teilbaren vollen Deutsche-Mark-Betrag abzurunden, wenn sie nicht bereits durch 54 ohne Rest teilbar ist. Arbeitslohn im Sinne der Sätze 1 und 2 ist der um den Versorgungs-Freibetrag (§ 19 Abs. 2) und den Altersentlastungsbetrag (§ 24 a) verminderte Arbeitslohn.

(3) Für Arbeitnehmer, die während des ganzen oder eines Teils des Kalenderjahrs
1. in der gesetzlichen Rentenversicherung versicherungsfrei oder auf Antrag des Arbeitgebers von der Versicherungspflicht befreit waren und denen für den Fall ihres Ausscheidens aus der Beschäftigung auf Grund des Beschäftigungsverhältnisses eine lebenslängliche Versorgung oder an deren Stelle eine Abfindung zusteht oder die in der gesetzlichen Rentenversicherung nachzuversichern sind oder
2. nicht der gesetzlichen Rentenversicherungspflicht unterliegen, eine Berufstätigkeit ausgeübt und im Zusammenhang damit auf Grund vertraglicher Vereinbarungen Anwartschaftsrechte auf eine Altersversorgung ganz oder teilweise ohne eigene Beitragsleistung erworben haben oder
3. Versorgungsbezüge im Sinne des § 19 Abs. 2 Nr. 1 erhalten haben oder
4. Altersruhegeld aus der gesetzlichen Rentenversicherung erhalten haben,

beträgt die Vorsorgepauschale 18 vom Hundert des Arbeitslohns, jedoch höchstens 2 000 Deutsche Mark.

(4) Im Fall der Zusammenveranlagung von Ehegatten zur Einkommensteuer sind
1. die Deutsche-Mark-Beträge nach Absatz 2 Nr. 1 bis 3 und Absatz 3 zu verdoppeln und
2. Absatz 2 Satz 4 auf den Arbeitslohn jedes Ehegatten gesondert anzuwenden.

Wenn beide Ehegatten Arbeitslohn bezogen haben und ein Ehegatte zu dem Personenkreis des Absatzes 3 gehört, ist die höhere Vorsorgepauschale abzuziehen, die sich ergibt, wenn entweder die Deutsche-Mark-Beträge nach Absatz 2 Nr. 1 bis 3 verdoppelt und der sich für den Ehegatten im Sinne des Absatzes 3 nach Absatz 2 Satz 2 erster Halbsatz ergebende Betrag auf 2 000 Deutsche Mark begrenzt wird oder der Arbeitslohn des nicht unter Absatz 3 fallenden Ehegatten außer Betracht bleibt. Nummer 1 gilt auch, wenn die tarifliche Einkommensteuer nach § 32 a Abs. 6 zu ermitteln ist.

§ 10 d Verlustabzug

(1) Verluste, die bei der Ermittlung des Gesamtbetrags der Einkünfte nicht ausgeglichen werden, sind bis zu einem Betrag von insgesamt 10 Millionen Deutsche Mark wie Sonderausgaben vom Gesamtbetrag der Einkünfte des zweiten dem Veranlagungszeitraum vorangegangenen Veranlagungszeitraums abzuziehen; soweit ein Abzug danach nicht möglich ist, sind sie wie Sonderausgaben vom Gesamtbetrag der Einkünfte des ersten dem Veranlagungszeitraum vorangegangenen Veranlagungszeitraums abzuziehen. Sind für die vorangegangenen Veranlagungszeiträume bereits Steuerbescheide erlassen worden, so sind sie inso-

Einkommensteuergesetz

§ 10 e

weit zu ändern, als der Verlustabzug zu gewähren oder zu berichtigen ist. Das gilt auch dann, wenn die Steuerbescheide unanfechtbar geworden sind; die Verjährungsfristen enden insoweit nicht, bevor die Verjährungsfrist für den Veranlagungszeitraum abgelaufen ist, in dem Verluste nicht ausgeglichen werden.

(2) Nicht ausgeglichene Verluste, die nach Absatz 1 nicht abgezogen werden können, sind in den folgenden Veranlagungszeiträumen wie Sonderausgaben vom Gesamtbetrag der Einkünfte abzuziehen. Der Abzug ist nur insoweit zulässig, als die Verluste in den vorangegangenen Veranlagungszeiträumen nicht abgezogen werden konnten (verbleibender Verlustabzug).

(3) Der am Schluß eines Veranlagungszeitraums verbleibende Verlustabzug ist gesondert festzustellen. Verbleibender Verlustabzug ist der bei der Ermittlung des Gesamtbetrags der Einkünfte nicht ausgeglichene Verlust, vermindert um die nach den Absätzen 1 und 2 abgezogenen Beträge und vermehrt um den auf den Schluß des vorangegangenen Veranlagungszeitraums festgestellten verbleibenden Verlustabzug. Zuständig für die Feststellung ist das für die Besteuerung des Einkommens zuständige Finanzamt. Feststellungsbescheide sind zu erlassen, aufzuheben oder zu ändern, soweit sich die nach Satz 2 zu berücksichtigenden Beträge ändern und deshalb der entsprechende Steuerbescheid zu erlassen, aufzuheben oder zu ändern ist. Satz 4 ist entsprechend anzuwenden, wenn der Erlaß, die Aufhebung oder die Änderung des Steuerbescheids mangels steuerlicher Auswirkung unterbleibt.

§ 10 e   Steuerbegünstigung der zu eigenen Wohnzwecken genutzten Wohnung im eigenen Haus

(1) Der Steuerpflichtige kann von den Herstellungskosten einer Wohnung in einem im Inland belegenen eigenen Haus oder einer im Inland belegenen eigenen Eigentumswohnung zuzüglich der Hälfte der Anschaffungskosten für den dazugehörenden Grund und Boden (Bemessungsgrundlage) im Jahr der Fertigstellung und in den sieben folgenden Jahren jeweils bis zu 5 vom Hundert, höchstens jeweils 15 000 Deutsche Mark wie Sonderausgaben abziehen. Voraussetzung ist, daß der Steuerpflichtige die Wohnung hergestellt und in dem jeweiligen Jahr des Zeitraums nach Satz 1 (Abzugszeitraum) zu eigenen Wohnzwecken genutzt hat und die Wohnung keine Ferienwohnung oder Wochenendwohnung ist. Eine Nutzung zu eigenen Wohnzwecken liegt auch vor, wenn Teile einer zu eigenen Wohnzwecken genutzten Wohnung unentgeltlich zu Wohnzwecken überlassen werden. Hat der Steuerpflichtige die Wohnung angeschafft, so sind die Sätze 1 bis 3 mit der Maßgabe anzuwenden, daß an die Stelle des Jahres der Fertigstellung das Jahr der Anschaffung und an die Stelle der Herstellungskosten die Anschaffungskosten treten. § 6 Abs. 6 gilt sinngemäß. Bei einem Anteil an der zu eigenen Wohnzwecken genutzten Wohnung kann der Steuerpflichtige den entsprechenden Teil der Abzugsbeträge nach Satz 1 wie Sonderausgaben abziehen. Werden Teile der Wohnung nicht zu eigenen Wohnzwecken genutzt, ist die Bemessungsgrundlage um den auf den nicht zu eigenen Wohnzwecken entfallenden Teil zu kürzen. Satz 4 ist nicht anzuwenden, wenn der Steuerpflichtige die Wohnung oder einen Anteil daran von seinem Ehegatten anschafft und bei den Ehegatten die Voraussetzungen des § 26 Abs. 1 vorliegen.

(2) Absatz 1 gilt entsprechend für Herstellungskosten zu eigenen Wohnzwecken genutzter Ausbauten und Erweiterungen an einer im Inland belegenen, zu eigenen Wohnzwecken genutzten Wohnung.

Einkommensteuergesetz
§ 10 e

(3) Der Steuerpflichtige kann die Abzugsbeträge nach den Absätzen 1 und 2, die er in den ersten drei Jahren des Abzugszeitraums nicht ausgenutzt hat, bis zum Ende des vierten Jahres des Abzugszeitraums abziehen. Nachträgliche Herstellungskosten oder Anschaffungskosten, die bis zum Ende des Abzugszeitraums entstehen, können vom Jahr ihrer Entstehung an für die Veranlagungszeiträume, in denen der Steuerpflichtige Abzugsbeträge nach den Absätzen 1 und 2 hätte abziehen können, so behandelt werden, als wären sie zu Beginn des Abzugszeitraums entstanden.

(4) Die Abzugsbeträge nach den Absätzen 1 und 2 kann der Steuerpflichtige nur für eine Wohnung oder für einen Ausbau oder eine Erweiterung abziehen. Ehegatten, bei denen die Voraussetzungen des § 26 Abs. 1 vorliegen, können die Abzugsbeträge nach den Absätzen 1 und 2 für insgesamt zwei der in Satz 1 bezeichneten Objekte abziehen, jedoch nicht gleichzeitig für zwei in räumlichem Zusammenhang belegene Objekte, wenn bei den Ehegatten im Zeitpunkt der Herstellung oder Anschaffung der Objekte die Voraussetzungen des § 26 Abs. 1 vorliegen. Den Abzugsbeträgen stehen die erhöhten Absetzungen nach § 7 b in der jeweiligen Fassung ab Inkrafttreten des Gesetzes vom 16. Juni 1964 (BGBl. I S. 353) und nach § 15 Abs. 1 bis 4 des Berlinförderungsgesetzes in der jeweiligen Fassung ab Inkrafttreten des Gesetzes vom 11. Juli 1977 (BGBl. I S. 1213) gleich. Nutzt der Steuerpflichtige die Wohnung im eigenen Haus oder die Eigentumswohnung (Erstobjekt) nicht bis zum Ablauf des Abzugszeitraums zu eigenen Wohnzwecken und kann er deshalb die Abzugsbeträge nach den Absätzen 1 und 2 nicht mehr in Anspruch nehmen, so kann er die Abzugsbeträge nach Absatz 1 bei einer weiteren Wohnung im Sinne des Absatzes 1 Satz 1 (Folgeobjekt) in Anspruch nehmen, wenn er das Folgeobjekt innerhalb von zwei Jahren vor und drei Jahren nach Ablauf des Veranlagungszeitraums, in dem er das Erstobjekt letztmals zu eigenen Wohnzwecken genutzt hat, anschafft oder herstellt; Entsprechendes gilt bei einem Ausbau oder einer Erweiterung einer Wohnung. Im Fall des Satzes 4 ist der Abzugszeitraum für das Folgeobjekt um die Anzahl der Veranlagungszeiträume zu kürzen, in denen der Steuerpflichtige für das Erstobjekt die Abzugsbeträge nach den Absätzen 1 und 2 hätte abziehen können; hat der Steuerpflichtige das Folgeobjekt in einem Veranlagungszeitraum, in dem er das Erstobjekt noch zu eigenen Wohnzwecken genutzt hat, hergestellt oder angeschafft oder ausgebaut oder erweitert, so beginnt der Abzugszeitraum für das Folgeobjekt mit Ablauf des Veranlagungszeitraums, in dem der Steuerpflichtige das Erstobjekt letztmals zu eigenen Wohnzwecken genutzt hat. Dem Erstobjekt im Sinne des Satzes 4 steht ein Erstobjekt im Sinne des § 7 b Abs. 5 Satz 4 sowie des § 15 Abs. 1 und des § 15 b Abs. 1 des Berlinförderungsgesetzes gleich.

(5) Sind mehrere Steuerpflichtige Eigentümer einer zu eigenen Wohnzwecken genutzten Wohnung, so ist Absatz 4 mit der Maßgabe anzuwenden, daß der Anteil des Steuerpflichtigen an der Wohnung einer Wohnung gleichsteht; Entsprechendes gilt bei dem Ausbau oder bei der Erweiterung einer zu eigenen Wohnzwecken genutzten Wohnung. Satz 1 ist nicht anzuwenden, wenn Eigentümer der Wohnung ausschließlich der Steuerpflichtige und sein Ehegatte sind und bei den Ehegatten die Voraussetzungen des § 26 Abs. 1 vorliegen. Erwirbt im Fall des Satzes 2 ein Ehegatte infolge Erbfalls einen Miteigentumsanteil an der Wohnung hinzu, so kann er die auf diesen Anteil entfallenden Abzugsbeträge nach den Absätzen 1 und 2 weiter in der bisherigen Höhe abziehen; Entsprechendes gilt, wenn im Fall des Satzes 2 während des Abzugszeitraums die Voraussetzungen des § 26 Abs. 1 wegfallen und ein Ehegatte den Anteil des anderen Ehegatten an der Wohnung erwirbt.

(6) Aufwendungen des Steuerpflichtigen, die bis zum Beginn der erstmaligen Nutzung

einer Wohnung im Sinne des Absatzes 1 zu eigenen Wohnzwecken entstehen, unmittelbar mit der Herstellung oder Anschaffung des Gebäudes oder der Eigentumswohnung oder der Anschaffung des dazugehörenden Grund und Bodens zusammenhängen, nicht zu den Herstellungskosten oder Anschaffungskosten der Wohnung oder zu den Anschaffungskosten des Grund und Bodens gehören und die im Fall der Vermietung oder Verpachtung der Wohnung als Werbungskosten abgezogen werden könnten, können wie Sonderausgaben abgezogen werden. Wird eine Wohnung bis zum Beginn der erstmaligen Nutzung zu eigenen Wohnzwecken vermietet oder zu eigenen beruflichen oder eigenen betrieblichen Zwecken genutzt und sind die Aufwendungen Werbungskosten oder Betriebsausgaben, können sie nicht wie Sonderausgaben abgezogen werden. Die Sätze 1 und 2 gelten entsprechend bei Ausbauten und Erweiterungen an einer zu Wohnzwecken genutzten Wohnung.

(7) Sind mehrere Steuerpflichtige Eigentümer einer zu eigenen Wohnzwecken genutzten Wohnung, so können die Abzugsbeträge nach den Absätzen 1 und 2 und die Aufwendungen nach Absatz 6 Satz 1 gesondert und einheitlich festgestellt werden. Die für die gesonderte Feststellung von Einkünften nach § 180 Abs. 1 Nr. 2 Buchstabe a der Abgabenordnung geltenden Vorschriften sind entsprechend anzuwenden.

§ 10 f Steuerbegünstigung für zu eigenen Wohnzwecken genutzte Baudenkmale und Gebäude in Sanierungsgebieten und städtebaulichen Entwicklungsbereichen

(1) Der Steuerpflichtige kann Aufwendungen an einem eigenen Gebäude im Kalenderjahr des Abschlusses der Baumaßnahme und in den neun folgenden Kalenderjahren jeweils bis zu 10 vom Hundert wie Sonderausgaben abziehen, wenn die Voraussetzungen des § 7 h oder des § 7 i vorliegen. Dies gilt nur, soweit er das Gebäude in dem jeweiligen Kalenderjahr zu eigenen Wohnzwecken nutzt und die Aufwendungen nicht in die Bemessungsgrundlage nach § 10 e einbezogen hat. Für Zeiträume, für die der Steuerpflichtige erhöhte Absetzungen von Aufwendungen nach § 7 h oder § 7 i abgezogen hat, kann er für diese Aufwendungen keine Abzugsbeträge nach Satz 1 in Anspruch nehmen. Eine Nutzung zu eigenen Wohnzwecken liegt auch vor, wenn Teile einer zu eigenen Wohnzwecken genutzten Wohnung unentgeltlich zu Wohnzwecken überlassen werden.

(2) Der Steuerpflichtige kann Erhaltungsaufwand, der an einem eigenen Gebäude entsteht und nicht zu den Betriebsausgaben oder Werbungskosten gehört, im Kalenderjahr des Abschlusses der Maßnahme und in den neun folgenden Kalenderjahren jeweils bis zu 10 vom Hundert wie Sonderausgaben abziehen, wenn die Voraussetzungen des § 11 a Abs. 1 in Verbindung mit § 7 h Abs. 2 oder des § 11 b Sätze 1 oder 2 in Verbindung mit § 7 i Abs. 1 Satz 2 und Abs. 2 vorliegen. Dies gilt nur, soweit der Steuerpflichtige das Gebäude in dem jeweiligen Kalenderjahr zu eigenen Wohnzwecken nutzt und diese Aufwendungen nicht nach § 10 e Abs. 6 abgezogen hat. Soweit der Steuerpflichtige das Gebäude während des Verteilungszeitraums zur Einkunftserzielung nutzt, ist der noch nicht berücksichtigte Teil des Erhaltungsaufwands im Jahr des Übergangs zur Einkunftserzielung wie Sonderausgaben abzuziehen. Absatz 1 Satz 4 ist entsprechend anzuwenden.

(3) Die Abzugsbeträge nach den Absätzen 1 und 2 kann der Steuerpflichtige nur bei einem Gebäude in Anspruch nehmen. Ehegatten, bei denen die Voraussetzungen des § 26 Abs. 1 vorliegen, können die Abzugsbeträge nach den Absätzen 1 und 2 bei insgesamt zwei Gebäuden abziehen. Gebäuden im Sinne der Absätze 1 und 2 stehen Gebäude gleich, für die Abzugsbeträge nach § 52 Abs. 21 Satz 6 in Verbindung mit § 51 Abs. 1 Nr. 2 Buchstabe x oder Buchstabe y des Einkommensteuergesetzes 1987 in der Fassung der Bekanntmachung vom 27. Februar 1987 (BGBl. I S. 657) in Anspruch genommen worden sind.

Einkommensteuergesetz
§ 11–11 a

VII B

10

Seite 48 c

(4) Sind mehrere Steuerpflichtige Eigentümer eines Gebäudes, so ist Absatz 3 mit der Maßgabe anzuwenden, daß der Anteil des Steuerpflichtigen an einem solchen Gebäude dem Gebäude gleichsteht. Erwirbt ein Miteigentümer, der für seinen Anteil bereits Abzugsbeträge nach Absatz 1 oder Absatz 2 abgezogen hat, einen Anteil an demselben Gebäude hinzu, kann er für danach von ihm durchgeführte Maßnahmen im Sinne der Absätze 1 oder 2 auch die Abzugsbeträge nach den Absätzen 1 und 2 in Anspruch nehmen, die auf den hierzuerworbenen Anteil entfallen. § 10 e Abs. 5 Satz 2 und 3 sowie Abs. 7 ist sinngemäß anzuwenden.

(5) Die Absätze 1 bis 4 sind auf Gebäudeteile, die selbständige unbewegliche Wirtschaftsgüter sind, und auf Eigentumswohnungen entsprechend anzuwenden.

6. Vereinnahmung und Verausgabung

§ 11

(1) Einnahmen sind innerhalb des Kalenderjahrs bezogen, in dem sie dem Steuerpflichtigen zugeflossen sind. Regelmäßig wiederkehrende Einnahmen, die dem Steuerpflichtigen kurze Zeit vor Beginn oder kurze Zeit nach Beendigung des Kalenderjahrs, zu dem sie wirtschaftlich gehören, zugeflossen sind, gelten als in diesem Kalenderjahr bezogen. Für Einnahmen aus nichtselbständiger Arbeit gilt § 38 a Abs. 1 Sätze 2 und 3. Die Vorschriften über die Gewinnermittlung (§ 4 Abs. 1, § 5) bleiben unberührt.

(2) Ausgaben sind für das Kalenderjahr abzusetzen, in dem sie geleistet worden sind. Für regelmäßig wiederkehrende Ausgaben gilt Absatz 1 Satz 2 entsprechend. Die Vorschriften über die Gewinnermittlung (§ 4 Abs. 1, § 5) bleiben unberührt.

§ 11 a Sonderbehandlung von Erhaltungsaufwand bei Gebäuden in Sanierungsgebieten und städtebaulichen Entwicklungsbereichen

(1) Der Steuerpflichtige kann durch Zuschüsse aus Sanierungs- oder Entwicklungsförderungsmitteln nicht gedeckten Erhaltungsaufwand für Maßnahmen im Sinne des § 177 des Baugesetzbuchs an einem im Inland belegenen Gebäude in einem förmlich festgelegten Sanierungsgebiet oder städtebaulichen Entwicklungsbereich auf 2 bis 5 Jahre gleichmäßig verteilen. Satz 1 ist entsprechend anzuwenden auf durch Zuschüsse aus Sanierungs- oder Entwicklungsförderungsmitteln nicht gedeckten Erhaltungsaufwand für Maßnahmen, die der Erhaltung, Erneuerung und funktionsgerechten Verwendung eines Gebäudes im Sinne des Satzes 1 dienen, das wegen seiner geschichtlichen, künstlerischen oder städtebaulichen Bedeutung erhalten bleiben soll, und zu deren Durchführung sich der Eigentümer neben bestimmten Modernisierungsmaßnahmen gegenüber der Gemeinde verpflichtet hat.

(2) Wird das Gebäude während des Verteilungszeitraums veräußert, ist der noch nicht berücksichtigte Teil des Erhaltungsaufwands im Jahr der Veräußerung als Betriebsausgaben oder Werbungskosten abzusetzen. Das gleiche gilt, wenn ein nicht zu einem Betriebsvermögen gehörendes Gebäude in ein Betriebsvermögen eingebracht oder wenn ein Gebäude aus dem Betriebsvermögen entnommen oder wenn ein Gebäude nicht mehr zur Einkunftserzielung genutzt wird.

(3) Steht das Gebäude im Eigentum mehrerer Personen, ist der in Absatz 1 bezeichnete Erhaltungsaufwand von allen Eigentümern auf den gleichen Zeitraum zu verteilen.

(4) § 7 h Abs. 2 und 3 ist entsprechend anzuwenden.

§ 11 b Sonderbehandlung von Erhaltungsaufwand bei Baudenkmalen

Der Steuerpflichtige kann durch Zuschüsse aus öffentlichen Kassen nicht gedeckten Erhaltungsaufwand für ein im Inland belegenes Gebäude oder Gebäudeteil, das nach den jeweiligen landesrechtlichen Vorschriften ein Baudenkmal ist, auf 2 bis 5 Jahre gleichmäßig verteilen, soweit die Aufwendungen nach Art und Umfang zur Erhaltung des Gebäudes oder Gebäudeteils als Baudenkmal oder zu seiner sinnvollen Nutzung erforderlich und die Maßnahmen in Abstimmung mit der in § 7 i Abs. 2 bezeichneten Stelle vorgenommen worden sind. Durch Zuschüsse aus öffentlichen Kassen nicht gedeckten Erhaltungsaufwand für ein im Inland belegenes Gebäude oder Gebäudeteil, das für sich allein nicht die Voraussetzungen für ein Baudenkmal erfüllt, aber Teil einer Gebäudegruppe oder Gesamtanlage ist, die nach den jeweiligen landesrechtlichen Vorschriften als Einheit geschützt ist, kann der Steuerpflichtige auf 2 bis 5 Jahre gleichmäßig verteilen, soweit die Aufwendungen nach Art und Umfang zur Erhaltung des schützenswerten äußeren Erscheinungsbildes der Gebäudegruppe oder Gesamtanlage erforderlich und die Maßnahmen in Abstimmung mit der in § 7 i Abs. 2 bezeichneten Stelle vorgenommen worden sind. § 7 h Abs. 3 und § 7 i Abs. 1 Satz 2 und Abs. 2 sowie § 11 a Abs. 2 und 3 sind entsprechend anzuwenden.

7. Nicht abzugsfähige Ausgaben

§ 12

Soweit in § 10 Abs. 1 Nr. 1, 2 bis 8, § 10 b und §§ 33 bis 33 c nichts anderes bestimmt ist, dürfen weder bei den einzelnen Einkunftsarten noch vom Gesamtbetrag der Einkünfte abgezogen werden

1. die für den Haushalt des Steuerpflichtigen und für den Unterhalt seiner Familienangehörigen aufgewendeten Beträge. Dazu gehören auch die Aufwendungen für die Lebensführung, die die wirtschaftliche oder gesellschaftliche Stellung des Steuerpflichtigen mit sich bringt, auch wenn sie zur Förderung des Berufs oder der Tätigkeit des Steuerpflichtigen erfolgen;
2. freiwillige Zuwendungen, Zuwendungen auf Grund einer freiwillig begründeten Rechtspflicht und Zuwendungen an eine gegenüber dem Steuerpflichtigen oder seinem Ehegatten gesetzlich unterhaltsberechtigte Person oder deren Ehegatten, auch wenn diese Zuwendungen auf einer besonderen Vereinbarung beruhen;
3. die Steuern vom Einkommen und sonstige Personensteuern sowie die Umsatzsteuer für den Eigenverbrauch und für Lieferungen oder sonstige Leistungen, die Entnahmen sind; das gilt auch für die auf diese Steuern entfallenden Nebenleistungen;
4. in einem Strafverfahren festgesetzte Geldstrafen, sonstige Rechtsfolgen vermögensrechtlicher Art, bei denen der Strafcharakter überwiegt, und Leistungen zur Erfüllung von Auflagen oder Weisungen, soweit die Auflagen oder Weisungen nicht lediglich der Wiedergutmachung des durch die Tat verursachten Schadens dienen.

Einkommensteuergesetz
§ 13

8. Die einzelnen Einkunftsarten

a) Land- und Forstwirtschaft
(§ 2 Abs. 1 Nr. 1)

§ 13 Einkünfte aus Land- und Forstwirtschaft

(1) Einkünfte aus Land- und Forstwirtschaft sind
1. Einkünfte aus dem Betrieb von Landwirtschaft, Forstwirtschaft, Weinbau, Gartenbau, Obstbau, Gemüsebau, Baumschulen und aus allen Betrieben, die Pflanzen und Pflanzenteile mit Hilfe der Naturkräfte gewinnen. Zu diesen Einkünften gehören auch die Einkünfte aus der Tierzucht und Tierhaltung, wenn im Wirtschaftsjahr

für die ersten 20 Hektar	nicht mehr als 10 Vieheinheiten,
für die nächsten 10 Hektar	nicht mehr als 7 Vieheinheiten,
für die nächsten 10 Hektar	nicht mehr als 3 Vieheinheiten,
und für die weitere Fläche	nicht mehr als 1,5 Vieheinheiten

je Hektar der vom Inhaber des Betriebs regelmäßig landwirtschaftlich genutzten Fläche erzeugt oder gehalten werden. Die Tierbestände sind nach dem Futterbedarf in Vieheinheiten umzurechnen. § 51 Abs. 2 bis 5 des Bewertungsgesetzes und die auf Grund des § 122 Abs. 2 des Bewertungsgesetzes vom Senat von Berlin (West) erlassenen Rechtsverordnungen sind anzuwenden. Die Einkünfte aus Tierzucht und Tierhaltung einer Gesellschaft, bei der die Gesellschafter als Unternehmer (Mitunternehmer) anzusehen sind, gehören zu den Einkünften im Sinne des Satzes 1, wenn die Voraussetzungen des § 51 a des Bewertungsgesetzes erfüllt sind und andere Einkünfte der Gesellschafter aus dieser Gesellschaft zu den Einkünften aus Land- und Forstwirtschaft gehören;
2. Einkünfte aus Binnenfischerei, Teichwirtschaft, Fischzucht für Binnenfischerei und Teichwirtschaft, Imkerei und Wanderschäferei;
3. Einkünfte aus Jagd, wenn diese mit dem Betrieb einer Landwirtschaft oder einer Forstwirtschaft im Zusammenhang steht;
4. Einkünfte von Hauberg-, Wald-, Forst- und Laubgenossenschaften und ähnlichen Realgemeinden im Sinne des § 3 Abs. 2 des Körperschaftsteuergesetzes.

(2) Zu den Einkünften im Sinne des Absatzes 1 gehören auch
1. Einkünfte aus einem land- und forstwirtschaftlichen Nebenbetrieb. Als Nebenbetrieb gilt ein Betrieb, der dem land- und forstwirtschaftlichen Hauptbetrieb zu dienen bestimmt ist;
2. der Nutzungswert der Wohnung des Steuerpflichtigen, wenn die Wohnung die bei Betrieben gleicher Art übliche Größe nicht überschreitet;
3. die Produktionsaufgaberente nach dem Gesetz zur Förderung der Einstellung der landwirtschaftlichen Erwerbstätigkeit.

(3) Die Einkünfte aus Land- und Forstwirtschaft werden bei der Ermittlung des Gesamtbetrags der Einkünfte nur berücksichtigt, soweit sie den Betrag von 2 000 Deutsche Mark übersteigen. Bei Ehegatten, die nach den §§ 26, 26 b zusammen veranlagt werden, erhöht sich der Betrag von 2 000 Deutsche Mark auf 4 000 Deutsche Mark.

(4) Werden einzelne Wirtschaftsgüter eines land- und forstwirtschaftlichen Betriebs auf einen der gemeinschaftlichen Tierhaltung dienenden Betrieb im Sinne des § 34 Abs. 6 a des Bewertungsgesetzes einer Erwerbs- und Wirtschaftsgenossenschaft oder eines Vereins gegen Gewährung von Mitgliedsrechten übertragen, so ist die auf den dabei entstehenden Gewinn

entfallende Einkommensteuer auf Antrag in jährlichen Teilbeträgen zu entrichten. Der einzelne Teilbetrag muß mindestens ein Fünftel dieser Steuer betragen.

(5) § 15 Abs. 1 Nr. 2 und Abs. 2 Sätze 2 und 3 und § 15 a sind entsprechend anzuwenden.

§ 13 a Ermittlung des Gewinns aus Land- und Forstwirtschaft nach Durchschnittssätzen

(1) Der Gewinn ist für einen Betrieb der Land- und Forstwirtschaft nach den Absätzen 3 bis 8 zu ermitteln, wenn
1. der Steuerpflichtige nicht auf Grund gesetzlicher Vorschriften verpflichtet ist, Bücher zu führen und regelmäßig Abschlüsse zu machen, und
2. der Ausgangswert nach Absatz 4 mehr als 0 Deutsche Mark, jedoch nicht mehr als 32 000 Deutsche Mark beträgt, und
3. die Tierbestände drei Vieheinheiten je Hektar regelmäßig landwirtschaftlich genutzter Fläche oder insgesamt 30 Vieheinheiten nicht übersteigen; bei einem Anteil an den Tierbeständen von mehr als 75 vom Hundert Schweine und Geflügel erhöht sich die Grenze für die ersten 15 Hektar auf vier Vieheinheiten je Hektar.

Der Gewinn ist letztmalig für das Wirtschaftsjahr nach Durchschnittssätzen zu ermitteln, das nach Bekanntgabe der Mitteilung endet, durch die die Finanzbehörde auf den Beginn der Buchführungspflicht (§ 141 Abs. 2 Abgabenordnung) oder den Wegfall einer anderen Voraussetzung des Satzes 1 hingewiesen hat.

(2) Auf Antrag des Steuerpflichtigen ist für einen Betrieb im Sinne des Absatzes 1 der Gewinn für vier aufeinanderfolgende Wirtschaftsjahre
1. durch Betriebsvermögensvergleich zu ermitteln, wenn für das erste dieser Wirtschaftsjahre Bücher geführt werden und ein Abschluß gemacht wird,
2. durch Vergleich der Betriebseinnahmen mit den Betriebsausgaben zu ermitteln, wenn für das erste dieser Wirtschaftsjahre keine Bücher geführt werden und kein Abschluß gemacht wird, aber die Betriebseinnahmen und Betriebsausgaben aufgezeichnet werden; für das zweite bis vierte Wirtschaftsjahr bleibt § 141 der Abgabenordnung unberührt.

Der Antrag ist bis zur Abgabe der Steuererklärung, jedoch spätestens 12 Monate nach Ablauf des ersten Wirtschaftsjahrs, auf das er sich bezieht, schriftlich zu stellen. Er kann innerhalb dieser Frist zurückgenommen werden.

Einkommensteuergesetz
§ 13 a

VII B
10
Seite 49

(3) Durchschnittssatzgewinn ist die Summe aus
1. dem Grundbetrag (Absatz 4),
2. dem Wert der Arbeitsleistung des Betriebsinhabers und seiner im Betrieb beschäftigten Angehörigen (Absatz 5),
3. den vereinnahmten Pachtzinsen (Absatz 6 Satz 2),
4. dem Nutzungswert der Wohnung des Betriebsinhabers (Absatz 7),
5. den nach Absatz 8 gesondert zu ermittelnden Gewinnen.

Abzusetzen sind verausgabte Pachtzinsen (Absatz 6 Satz 1, Absatz 7 Satz 2) und diejenigen Schuldzinsen, die Betriebsausgaben sind, sowie dauernde Lasten, die Betriebsausgaben sind und die bei der Einheitsbewertung nicht berücksichtigt sind.

(4) Als Grundbetrag ist
a) bei einem Ausgangswert bis 25 000 Deutsche Mark der sechste Teil,
b) bei einem Ausgangswert über 25 000 Deutsche Mark der fünfte Teil
des Ausgangswerts anzusetzen. Dieser ist nach den folgenden Nummern 1 bis 5 zu ermitteln:

1. Ausgangswert ist der im maßgebenden Einheitswert des Betriebs der Land- und Forstwirtschaft ausgewiesene Vergleichswert der landwirtschaftlichen Nutzung einschließlich der dazugehörenden Abschläge und Zuschläge nach § 41 des Bewertungsgesetzes, jedoch ohne Sonderkulturen. Zum Ausgangswert gehören ferner die im maßgebenden Einheitswert des Betriebs der Land- und Forstwirtschaft ausgewiesenen Hektarwerte des Geringstlandes und die Vergleichswerte der Sonderkulturen, der weinbaulichen Nutzung, der gärtnerischen Nutzung und der sonstigen land- und forstwirtschaftlichen Nutzung einschließlich der zu diesen Nutzungen oder Nutzungsteilen gehörenden Abschläge und Zuschläge nach § 41 des Bewertungsgesetzes sowie die Einzelertragswerte der Nebenbetriebe und des Abbaulandes, wenn die für diese Nutzungen, Nutzungsteile und sonstige Wirtschaftsgüter nach den Vorschriften des Bewertungsgesetzes ermittelten Werte zuzüglich oder abzüglich des sich nach Nummer 4 ergebenden Werts insgesamt 2 000 Deutsche Mark nicht übersteigen. Maßgebend ist grundsätzlich der Einheitswert, der auf den letzten Feststellungszeitpunkt festgestellt worden ist, der vor dem Beginn des Wirtschaftsjahrs liegt oder mit dem Beginn des Wirtschaftsjahrs zusammenfällt, für das der Gewinn zu ermitteln ist. Sind bei einer Fortschreibung oder Nachfeststellung die Umstände, die zu der Fortschreibung oder Nachfeststellung geführt haben, bereits vor oder mit Beginn des Wirtschaftsjahrs eingetreten, in das der Fortschreibungs- oder Nachfeststellungszeitpunkt fällt, so ist der fortgeschriebene oder nachfestgestellte Einheitswert bereits für die Gewinnermittlung dieses Wirtschaftsjahrs maßgebend. § 175 Nr. 1, § 182 Abs. 1 und § 351 Abs. 2 der Abgabenordnung sind anzuwenden. Hat ein Zugang oder Abgang von Flächen der landwirtschaftlichen Nutzung wegen der Fortschreibungsgrenzen des § 22 des Bewertungsgesetzes nicht zu einer Fortschreibung des Einheitswerts geführt, so ist der Vergleichswert der landwirtschaftlichen Nutzung um die auf diese Flächen entfallenden Wertanteile zu vermehren oder zu vermindern.

2. Beim Pächter ist der Vergleichswert der landwirtschaftlichen Nutzung des eigenen Betriebs um den Vergleichswert der landwirtschaftlichen Nutzung für die zugepachteten landwirtschaftlichen Flächen zu erhöhen. Besteht für die zugepachteten landwirtschaftlichen Flächen kein besonderer Vergleichswert, so ist die Erhöhung nach dem Hektarwert zu errechnen, der bei der Einheitsbewertung für den eigenen Betrieb beim Vergleichswert der landwirtschaftlichen Nutzung zugrunde gelegt worden ist.

Einkommensteuergesetz

§ 13 a

3. Beim Verpächter ist der Vergleichswert der landwirtschaftlichen Nutzung um den Wertanteil zu vermindern, der auf die verpachteten landwirtschaftlichen Flächen entfällt.
4. Werden Flächen mit Sonderkulturen, weinbaulicher Nutzung, gärtnerischer Nutzung, sonstiger land- und forstwirtschaftlicher Nutzung sowie Nebenbetriebe, Abbauland oder Geringstland zugepachtet oder verpachtet, so sind deren Werte oder deren nach entsprechender Anwendung der Nummern 2 und 3 ermittelte Werte den Werten der in Nummer 1 Satz 2 genannten Nutzungen, Nutzungsteile oder sonstigen Wirtschaftsgüter im Fall der Zupachtung hinzuzurechnen oder im Fall der Verpachtung von ihnen abzuziehen.
5. Landwirtschaftlich genutzte Flächen sowie Flächen und Wirtschaftsgüter der in Nummer 4 bezeichneten Art eines Betriebs, die bei der Einheitsbewertung nach § 69 des Bewertungsgesetzes dem Grundvermögen zugerechnet und mit dem gemeinen Wert bewertet worden sind, sind mit dem Wert anzusetzen, der sich nach den Vorschriften über die Bewertung des land- und forstwirtschaftlichen Vermögens ergeben würde. Dieser Wert ist nach dem Hektarwert zu errechnen, der bei der Einheitsbewertung für den eigenen Betrieb beim Vergleichswert der jeweiligen Nutzung zugrunde gelegt worden ist oder zugrunde zu legen wäre.

(5) Der Wert der Arbeitsleistung ist nach den folgenden Nummern 1 bis 5 zu ermitteln:
1. Der Wert der Arbeitsleistung beträgt für
   a) die körperliche Mitarbeit des Betriebsinhabers und der im Betrieb beschäftigten Angehörigen (§ 15 Abgabenordnung) bei einem Ausgangswert nach Absatz 4
      aa) bis 8 000 Deutsche Mark   je 8 000 Deutsche Mark,
      bb) über 8 000 Deutsche Mark
          bis 12 000 Deutsche Mark   je 10 000 Deutsche Mark,
      cc) über 12 000 Deutsche Mark
          bis 25 000 Deutsche Mark   je 12 000 Deutsche Mark,
      dd) über 25 000 Deutsche Mark   je 14 000 Deutsche Mark,
   b) die Leitung des Betriebs 5 vom Hundert des Ausgangswerts nach Absatz 4.
2. Die Arbeitsleistung von Angehörigen unter 15 und über 65 Jahren bleibt außer Betracht. Bei Angehörigen, die zu Beginn des Wirtschaftsjahrs das 15., nicht aber das 18. Lebensjahr vollendet haben, ist der Wert der Arbeitsleistung mit der Hälfte des in Nummer 1 Buchstabe a genannten Betrags anzusetzen.
3. Sind die in den Nummern 1 und 2 bezeichneten Personen nicht voll im Betrieb beschäftigt, so ist ein der körperlichen Mitarbeit entsprechender Teil des nach Nummer 1 Buchstabe a und Nummer 2 maßgebenden Werts der Arbeitsleistung anzusetzen. Satz 1 gilt entsprechend bei Minderung der Erwerbsfähigkeit. Für Angehörige, mit denen Arbeitsverträge abgeschlossen sind, unterbleibt der Ansatz des Werts der Arbeitsleistung.
4. Der Wert der körperlichen Mitarbeit der Person, die den Haushalt führt, vermindert sich für jede im Haushalt voll beköstigte und untergebrachte Person um 20 vom Hundert.
5. Der Wert der Arbeitsleistung des Betriebsinhabers und der Angehörigen kann höchstens für die nach Art und Größe des Betriebs angemessene Zahl von Vollarbeitskräften angesetzt werden. Entgeltlich beschäftigte Vollarbeitskräfte sind entsprechend der Dauer ihrer Beschäftigung auf die angemessene Zahl der Arbeitskräfte anzurechnen. Je Hektar dürfen höchstens 0,07 Vollarbeitskräfte berücksichtigt werden.

Einkommensteuergesetz
§§ 14–14 a

(6) Pachtzinsen sind abziehbar, soweit sie den auf die zugepachteten Flächen nach Absatz 4 Nr. 2 und 4 entfallenden Grundbetrag nicht übersteigen. Eingenommene Pachtzinsen sind anzusetzen, wenn sie zu den Einkünften aus Land- und Forstwirtschaft gehören.

(7) Der Nutzungswert der Wohnung des Betriebsinhabers ist mit einem Achtzehntel des im Einheitswert besonders ausgewiesenen Wohnungswerts anzusetzen. Im Fall der Zupachtung eines Wohngebäudes können die hierauf entfallenden Pachtzinsen bis zur Höhe von einem Achtzehntel des Wohnungswerts abgezogen werden.

(8) In den Durchschnittssatzgewinn nach den Absätzen 4 bis 7 sind auch Gewinne, soweit sie insgesamt 3 000 Deutsche Mark übersteigen, einzubeziehen aus
1. Sonderkulturen, weinbaulicher Nutzung, gärtnerischer Nutzung, sonstiger land- und forstwirtschaftlicher Nutzung, Nebenbetrieben, Abbauland sowie Geringstland, wenn die hierfür nach den Vorschriften des Bewertungsgesetzes ermittelten Werte zuzüglich oder abzüglich der sich nach Absatz 4 Nr. 4 ergebenden Werte 2 000 Deutsche Mark übersteigen,
2. forstwirtschaftlicher Nutzung,
3. Betriebsvorgängen, die bei der Feststellung des Ausgangswerts nach Absatz 4 nicht berücksichtigt worden sind,
4. der Veräußerung oder Entnahme von Grund und Boden; hierbei sind § 4 Abs. 3 sowie § 55 entsprechend anzuwenden.

§ 14 Veräußerung des Betriebs

Zu den Einkünften aus Land- und Forstwirtschaft gehören auch Gewinne, die bei der Veräußerung eines land- oder forstwirtschaftlichen Betriebs oder Teilbetriebs oder eines Anteils an einem land- und forstwirtschaftlichen Betriebsvermögen erzielt werden. § 16 Abs. 1 Nr. 1 letzter Halbsatz und Abs. 2 bis 4 gilt mit der Maßgabe entsprechend, daß der Freibetrag nach § 16 Abs. 4 nicht zu gewähren ist, wenn der Freibetrag nach § 14 a Abs. 1 gewährt wird.

§ 14 a Vergünstigungen bei der Veräußerung bestimmter land- und forstwirtschaftlicher Betriebe

(1) Veräußert ein Steuerpflichtiger nach dem 30. Juni 1970 und vor dem 1. Januar 1992 seinen land- und forstwirtschaftlichen Betrieb im ganzen, so wird auf Antrag der Veräußerungsgewinn (§ 16 Abs. 2) nur insoweit zur Einkommensteuer herangezogen, als er den Betrag von 90 000 Deutsche Mark übersteigt, wenn
1. der für den Zeitpunkt der Veräußerung maßgebende Wirtschaftswert (§ 46 Bewertungsgesetz) des Betriebs 40 000 Deutsche Mark nicht übersteigt,
2. die Einkünfte des Steuerpflichtigen im Sinne des § 2 Abs. 1 Nr. 2 bis 7 in den dem Veranlagungszeitraum der Veräußerung vorangegangenen beiden Veranlagungszeiträumen jeweils den Betrag von 24 000 Deutsche Mark nicht überstiegen haben. Bei Ehegatten, die nicht dauernd getrennt leben, gilt Satz 1 mit der Maßgabe, daß die Einkünfte beider Ehegatten zusammen jeweils 48 000 Deutsche Mark nicht überstiegen haben.

Ist im Zeitpunkt der Veräußerung ein nach Nummer 1 maßgebender Wirtschaftswert nicht festgestellt oder sind bis zu diesem Zeitpunkt die Voraussetzungen für eine Wertfortschreibung erfüllt, so ist der Wert maßgebend, der sich für den Zeitpunkt der Veräußerung als Wirtschaftswert ergeben würde.

Einkommensteuergesetz

§ 14 a

(2) Der Anwendung des Absatzes 1 und des § 34 Abs. 1 steht nicht entgegen, wenn die zum land- und forstwirtschaftlichen Vermögen gehörenden Gebäude mit dem dazugehörigen Grund und Boden nicht mitveräußert werden. In diesem Fall gelten die Gebäude mit dem dazugehörigen Grund und Boden als entnommen. Der Entnahmegewinn bleibt außer Ansatz, soweit er auf die Wohnung (§ 13 Abs. 2 Nr. 2) und den dazugehörigen Grund und Boden entfällt, wenn der Steuerpflichtige im Anschluß an die Veräußerung des Betriebs die Wohnung mindestens zwei Jahre selbst bewohnt und in dieser Zeit nicht veräußert.

(3) Als Veräußerung gilt auch die Aufgabe des Betriebs, wenn
1. die Voraussetzungen des Absatzes 1 erfüllt sind und
2. der Steuerpflichtige seinen land- und forstwirtschaftlichen Betrieb zum Zweck der Strukturverbesserung abgegeben hat und dies durch eine Bescheinigung der nach Landesrecht zuständigen Stelle nachweist.

§ 16 Abs. 3 Sätze 3 und 4 gilt entsprechend.

(4) Veräußert oder entnimmt ein Steuerpflichtiger nach dem 31. Dezember 1979 und vor dem 1. Januar 1992 Teile des zu einem land- und forstwirtschaftlichen Betrieb gehörenden Grund und Bodens, so wird der bei der Veräußerung oder der Entnahme entstehende Gewinn auf Antrag nur insoweit zur Einkommensteuer herangezogen, als er den Betrag von 120 000 Deutsche Mark übersteigt. Satz 1 ist nur anzuwenden, wenn

1. der Steuerpflichtige
   a) den Veräußerungspreis nach Abzug der Veräußerungskosten oder den entnommenen Grund und Boden innerhalb von 12 Monaten nach der Veräußerung oder Entnahme in sachlichem Zusammenhang mit der Hoferbfolge oder Hofübernahme zur Abfindung weichender Erben verwendet
   oder
   b) Grund und Boden, den er zur Abfindung als weichender Erbe im Wege der Erbfolge erhalten hat, entnimmt und
2. das Einkommen des Steuerpflichtigen ohne Berücksichtigung des Gewinns aus der Veräußerung oder Entnahme und des Freibetrags in dem dem Veranlagungszeitraum der Veräußerung oder Entnahme vorangegangenen Veranlagungszeitraum den Betrag von 24 000 Deutsche Mark nicht überstiegen hat; bei Ehegatten, die nach den §§ 26, 26 b zusammen veranlagt werden, erhöht sich der Betrag von 24 000 Deutsche Mark auf 48 000 Deutsche Mark.

Übersteigt das Einkommen den Betrag von 24 000 Deutsche Mark, so vermindert sich der Betrag von 120 000 Deutsche Mark nach Satz 1 für jede angefangenen 500 Deutsche Mark des übersteigenden Einkommens um 20 000 Deutsche Mark; bei Ehegatten, die nach den §§ 26, 26 b zusammen veranlagt werden und deren Einkommen den Betrag von 48 000 Deutsche Mark übersteigt, vermindert sich der Betrag von 120 000 Deutsche Mark nach Satz 1 für jede angefangenen 1 000 Deutsche Mark des übersteigenden Einkommens um 20 000 Deutsche Mark. Werden mehrere weichende Erben abgefunden, so kann der Freibetrag mehrmals, jedoch insgesamt nur einmal je weichender Erbe geltend gemacht werden, auch wenn die Abfindung in mehreren Schritten oder durch mehrere Eigentümer des Betriebs vorgenommen wird. Weichender Erbe ist, wer gesetzlicher Erbe eines Eigentümers eines land- und forstwirtschaftlichen Betriebs ist oder bei gesetzlicher Erbfolge wäre, aber nicht zur Übernahme des Betriebs berufen ist.

(5) Veräußert ein Steuerpflichtiger nach dem 31. Dezember 1985 und vor dem 1. Januar 1993 Teile des zu einem land- und forstwirtschaftlichen Betrieb gehörenden Grund und

Einkommensteuergesetz
§ 15

Bodens, so wird der bei der Veräußerung entstehende Gewinn auf Antrag nur insoweit zur Einkommensteuer herangezogen, als er den Betrag von 90 000 Deutsche Mark übersteigt, wenn
1. der Steuerpflichtige den Veräußerungspreis nach Abzug der Veräußerungskosten zur Tilgung von Schulden verwendet, die zu dem land- und forstwirtschaftlichen Betrieb gehören und vor dem 1. Juli 1985 bestanden haben, und
2. die Voraussetzungen des Absatzes 4 Nr. 2 erfüllt sind.

Übersteigt das Einkommen den Betrag von 24 000 Deutsche Mark, so vermindert sich der Betrag von 90 000 Deutsche Mark nach Satz 1 für jede angefangenen 500 Deutsche Mark des übersteigenden Einkommens um 15 000 Deutsche Mark; bei Ehegatten, die nach den §§ 26, 26 b zusammen veranlagt werden und bei denen das Einkommen den Betrag von 48 000 Deutsche Mark übersteigt, vermindert sich der Betrag von 90 000 Deutsche Mark nach Satz 1 für jede angefangenen 1 000 Deutsche Mark des übersteigenden Einkommens um 15 000 Deutsche Mark. Der Freibetrag von höchstens 90 000 Deutsche Mark wird für alle Veräußerungen im Sinne des Satzes 1 insgesamt nur einmal gewährt.

(6) Verwendet der Steuerpflichtige den Veräußerungspreis oder entnimmt er den Grund und Boden nur zum Teil zu den in den Absätzen 4 und 5 angegebenen Zwecken, so ist nur der entsprechende Teil des Gewinns aus der Veräußerung oder Entnahme steuerfrei.

(7) Auf die Freibeträge nach Absatz 4 in dieser Fassung sind die Freibeträge, die nach Absatz 4 in den vor dem 1. Januar 1986 geltenden Fassungen gewährt worden sind, anzurechnen.

b) Gewerbebetrieb
(§ 2 Abs. 1 Nr. 2)

§ 15 Einkünfte aus Gewerbebetrieb

(1) Einkünfte aus Gewerbebetrieb sind
1. Einkünfte aus gewerblichen Unternehmen. Dazu gehören auch Einkünfte aus gewerblicher Bodenbewirtschaftung, z. B. aus Bergbauunternehmen und aus Betrieben zur Gewinnung von Torf, Steinen und Erden, soweit sie nicht land- oder forstwirtschaftliche Nebenbetriebe sind;
2. die Gewinnanteile der Gesellschafter einer Offenen Handelsgesellschaft, einer Kommanditgesellschaft und einer anderen Gesellschaft, bei der der Gesellschafter als Unternehmer (Mitunternehmer) anzusehen ist, und die Vergütungen, die der Gesellschafter von der Gesellschaft für seine Tätigkeit im Dienst der Gesellschaft oder für die Hingabe von Darlehen oder für die Überlassung von Wirtschaftsgütern bezogen hat;
3. die Gewinnanteile der persönlich haftenden Gesellschafter einer Kommanditgesellschaft auf Aktien, soweit sie nicht auf Anteile am Grundkapital entfallen, und die Vergütungen, die der persönlich haftende Gesellschafter von der Gesellschaft für seine Tätigkeit im Dienst der Gesellschaft oder für die Hingabe von Darlehen oder für die Überlassung von Wirtschaftsgütern bezogen hat.

Satz 1 Nr. 2 und 3 gilt auch für Vergütungen, die als nachträgliche Einkünfte (§ 24 Nr. 2) bezogen werden.

(2) Eine selbständige nachhaltige Betätigung, die mit der Absicht, Gewinn zu erzielen, unternommen wird und sich als Beteiligung am allgemeinen wirtschaftlichen Verkehr dar-

Einkommensteuergesetz
§ 15 a

stellt, ist Gewerbebetrieb, wenn die Betätigung weder als Ausübung von Land- und Forstwirtschaft noch als Ausübung eines freien Berufs noch als eine andere selbständige Arbeit anzusehen ist. Eine durch die Betätigung verursachte Minderung der Steuern vom Einkommen ist kein Gewinn im Sinne des Satzes 1. Ein Gewerbebetrieb liegt, wenn seine Voraussetzungen im übrigen gegeben sind, auch dann vor, wenn die Gewinnerzielungsabsicht nur ein Nebenzweck ist.

(3) Als Gewerbebetrieb gilt in vollem Umfang die mit Einkünfteerzielungsabsicht unternommene Tätigkeit
1. einer offenen Handelsgesellschaft, einer Kommanditgesellschaft oder einer anderen Personengesellschaft, wenn die Gesellschaft auch eine Tätigkeit im Sinne des Absatzes 1 Nr. 1 ausübt,
2. einer Personengesellschaft, die keine Tätigkeit im Sinne des Absatzes 1 Nr. 1 ausübt und bei der ausschließlich eine oder mehrere Kapitalgesellschaften persönlich haftende Gesellschafter sind und nur diese oder Personen, die nicht Gesellschafter sind, zur Geschäftsführung befugt sind (gewerblich geprägte Personengesellschaft). Ist eine gewerblich geprägte Personengesellschaft als persönlich haftender Gesellschafter an einer anderen Personengesellschaft beteiligt, so steht für die Beurteilung, ob die Tätigkeit dieser Personengesellschaft als Gewerbebetrieb gilt, die gewerblich geprägte Personengesellschaft einer Kapitalgesellschaft gleich.

(4) Verluste aus gewerblicher Tierzucht oder gewerblicher Tierhaltung dürfen weder mit anderen Einkünften aus Gewerbebetrieb noch mit Einkünften aus anderen Einkunftsarten ausgeglichen werden; sie dürfen auch nicht nach § 10 d abgezogen werden. Die Verluste mindern jedoch nach Maßgabe des § 10 d die Gewinne, die der Steuerpflichtige in vorangegangenen und in späteren Wirtschaftsjahren aus gewerblicher Tierzucht oder gewerblicher Tierhaltung erzielt hat oder erzielt.

§ 15 a Verluste bei beschränkter Haftung

(1) Der einem Kommanditisten zuzurechnende Anteil am Verlust der Kommanditgesellschaft darf weder mit anderen Einkünften aus Gewerbebetrieb noch mit Einkünften aus anderen Einkunftsarten ausgeglichen werden, soweit ein negatives Kapitalkonto des Kommanditisten entsteht oder sich erhöht; er darf insoweit auch nicht nach § 10 d abgezogen werden. Haftet der Kommanditist am Bilanzstichtag den Gläubigern der Gesellschaft auf Grund des § 171 Abs. 1 des Handelsgesetzbuchs, so können abweichend von Satz 1 Verluste des Kommanditisten bis zur Höhe des Betrags, um den die im Handelsregister eingetragene Einlage des Kommanditisten seine geleistete Einlage übersteigt, auch ausgeglichen oder abgezogen werden, soweit durch den Verlust ein negatives Kapitalkonto entsteht oder sich erhöht. Satz 2 ist nur anzuwenden, wenn derjenige, dem der Anteil zuzurechnen ist, im Handelsregister eingetragen ist, das Bestehen der Haftung nachgewiesen wird und eine Vermögensminderung auf Grund der Haftung nicht durch Vertrag ausgeschlossen oder nach Art und Weise des Geschäftsbetriebs unwahrscheinlich ist.

(2) Soweit der Verlust nach Absatz 1 nicht ausgeglichen oder abgezogen werden darf, mindert er die Gewinne, die dem Kommanditisten in späteren Wirtschaftsjahren aus seiner Beteiligung an der Kommanditgesellschaft zuzurechnen sind.

(3) Soweit ein negatives Kapitalkonto des Kommanditisten durch Entnahmen entsteht oder sich erhöht (Einlageminderung) und soweit nicht auf Grund der Entnahmen eine nach

Einkommensteuergesetz
§ 15 a

Absatz 1 Satz 2 zu berücksichtigende Haftung besteht oder entsteht, ist dem Kommanditisten der Betrag der Einlageminderung als Gewinn zuzurechnen. Der nach Satz 1 zuzurechnende Betrag darf den Betrag der Anteile am Verlust der Kommanditgesellschaft nicht übersteigen, der im Wirtschaftsjahr der Einlageminderung und in den zehn vorangegangenen Wirtschaftsjahren ausgleichs- oder abzugsfähig gewesen ist. Wird der Haftungsbetrag im Sinne des Absatzes 1 Satz 2 gemindert (Haftungsminderung) und sind im Wirtschaftsjahr der Haftungsminderung und den zehn vorangegangenen Wirtschaftsjahren Verluste nach Absatz 1 Satz 2 ausgleichs- oder abzugsfähig gewesen, so ist dem Kommanditisten der Betrag der Haftungsminderung, vermindert um auf Grund der Haftung tatsächlich geleistete Beträge, als Gewinn zuzurechnen; Satz 2 gilt sinngemäß. Die nach den Sätzen 1 bis 3 zuzurechnenden Beträge mindern die Gewinne, die dem Kommanditisten im Wirtschaftsjahr der Zurechnung oder in späteren Wirtschaftsjahren aus seiner Beteiligung an der Kommanditgesellschaft zuzurechnen sind.

(4) Der nach Absatz 1 nicht ausgleichs- oder abzugsfähige Verlust eines Kommanditisten, vermindert um die nach Absatz 2 abzuziehenden und vermehrt um die nach Absatz 3 hinzuzurechnenden Beträge (verrechenbarer Verlust), ist jährlich gesondert festzustellen. Dabei ist von dem verrechenbaren Verlust des vorangegangenen Wirtschaftsjahrs auszugehen. Zuständig für den Erlaß des Feststellungsbescheids ist das für die gesonderte Feststellung des Gewinns und Verlustes der Gesellschaft zuständige Finanzamt. Der Feststellungsbescheid kann nur insoweit angegriffen werden, als der verrechenbare Verlust gegenüber dem verrechenbaren Verlust des vorangegangenen Wirtschaftsjahrs sich verändert hat. Die gesonderten Feststellungen nach Satz 1 können mit der gesonderten und einheitlichen Feststellung der einkommensteuerpflichtigen und körperschaftsteuerpflichtigen Einkünfte verbunden werden. In diesen Fällen sind die gesonderten Feststellungen des verrechenbaren Verlustes einheitlich durchzuführen.

(5) Absatz 1 Satz 1, Absatz 2, Absatz 3 Sätze 1, 2 und 4 sowie Absatz 4 gelten sinngemäß für andere Unternehmer, soweit deren Haftung der eines Kommanditisten vergleichbar ist, insbesondere für

1. stille Gesellschafter einer stillen Gesellschaft im Sinne des § 230 des Handelsgesetzbuchs, bei der der stille Gesellschafter als Unternehmer (Mitunternehmer) anzusehen ist,

2. Gesellschafter einer Gesellschaft im Sinne des Bürgerlichen Gesetzbuchs, bei der der Gesellschafter als Unternehmer (Mitunternehmer) anzusehen ist, soweit die Inanspruchnahme des Gesellschafters für Schulden in Zusammenhang mit dem Betrieb durch Vertrag ausgeschlossen oder nach Art und Weise des Geschäftsbetriebs unwahrscheinlich ist,

3. Gesellschafter einer ausländischen Personengesellschaft, bei der der Gesellschafter als Unternehmer (Mitunternehmer) anzusehen ist, soweit die Haftung des Gesellschafters für Schulden in Zusammenhang mit dem Betrieb der eines Kommanditisten oder eines stillen Gesellschafters entspricht oder soweit die Inanspruchnahme des Gesellschafters für Schulden in Zusammenhang mit dem Betrieb durch Vertrag ausgeschlossen oder nach Art und Weise des Geschäftsbetriebs unwahrscheinlich ist,

4. Unternehmer, soweit Verbindlichkeiten nur in Abhängigkeit von Erlösen oder Gewinnen aus der Nutzung, Veräußerung oder sonstigen Verwertung von Wirtschaftsgütern zu tilgen sind,

5. Mitreeder einer Reederei im Sinne des § 489 des Handelsgesetzbuchs, bei der der Mitreeder als Unternehmer (Mitunternehmer) anzusehen ist, wenn die persönliche Haftung

des Mitreeders für die Verbindlichkeiten der Reederei ganz oder teilweise ausgeschlossen oder soweit die Inanspruchnahme des Mitreeders für Verbindlichkeiten der Reederei nach Art und Weise des Geschäftsbetriebs unwahrscheinlich ist.

§ 16 Veräußerung des Betriebs

(1) Zu den Einkünften aus Gewerbetrieb gehören auch Gewinne, die erzielt werden bei der Veräußerung
1. des ganzen Gewerbebetriebs oder eines Teilbetriebs; als Teilbetrieb gilt auch die Beteiligung an einer Kapitalgesellschaft, wenn die Beteiligung das gesamte Nennkapital der Gesellschaft oder alle Kuxe der bergrechtlichen Gewerkschaft umfaßt;
2. des Anteils eines Gesellschafters, der als Unternehmer (Mitunternehmer) des Betriebs anzusehen ist (§ 15 Abs. 1 Nr. 2);
3. des Anteils eines persönlich haftenden Gesellschafters einer Kommanditgesellschaft auf Aktien (§ 15 Abs. 1 Nr. 3).

(2) Veräußerungsgewinn im Sinne des Absatzes 1 ist der Betrag, um den der Veräußerungspreis nach Abzug der Veräußerungskosten den Wert des Betriebsvermögens (Absatz 1 Nr. 1) oder den Wert des Anteils am Betriebsvermögen (Absatz 1 Nr. 2 und 3) übersteigt. Der Wert des Betriebsvermögens oder des Anteils ist für den Zeitpunkt der Veräußerung nach § 4 Abs. 1 oder nach § 5 zu ermitteln.

(3) Als Veräußerung gilt auch die Aufgabe des Gewerbebetriebs. Werden die einzelnen dem Betrieb gewidmeten Wirtschaftsgüter im Rahmen der Aufgabe des Betriebs veräußert, so sind die Veräußerungspreise anzusetzen. Werden die Wirtschaftsgüter nicht veräußert, so ist der gemeine Wert im Zeitpunkt der Aufgabe anzusetzen. Bei Aufgabe eines Gewerbebetriebs, an dem mehrere Personen beteiligt waren, ist für jeden einzelnen Beteiligten der gemeine Wert der Wirtschaftsgüter anzusetzen, die er bei der Auseinandersetzung erhalten hat.

(4) Der Veräußerungsgewinn wird zur Einkommensteuer nur herangezogen, soweit er bei der Veräußerung des ganzen Gewerbebetriebs 30 000 Deutsche Mark und bei der Veräußerung eines Teilbetriebs oder eines Anteils am Betriebsvermögen den entsprechenden Teil von 30 000 Deutsche Mark übersteigt. Der Freibetrag ermäßigt sich um den Betrag, um den der Veräußerungsgewinn bei der Veräußerung des ganzen Gewerbebetriebs 100 000 Deutsche Mark und bei der Veräußerung eines Teilbetriebs oder eines Anteils am Betriebsvermögen den entsprechenden Teil von 100 000 Deutsche Mark übersteigt. An die Stelle der Beträge von 30 000 Deutsche Mark tritt jeweils der Betrag von 120 000 Deutsche Mark und an die Stelle der Beträge von 100 000 Deutsche Mark jeweils der Betrag von 300 000 Deutsche Mark, wenn der Steuerpflichtige nach Vollendung seines 55. Lebensjahrs oder wegen dauernder Berufsunfähigkeit seinen Gewerbebetrieb veräußert oder aufgibt.

§ 17 Veräußerung von Anteilen an Kapitalgesellschaften bei wesentlicher Beteiligung

(1) Zu den Einkünften aus Gewerbebetrieb gehört auch der Gewinn aus der Veräußerung von Anteilen an einer Kapitalgesellschaft, wenn der Veräußerer innerhalb der letzten fünf Jahre am Kapital der Gesellschaft wesentlich beteiligt war und die innerhalb eines Veranlagungszeitraums veräußerten Anteile 1 vom Hundert des Kapitals der Gesellschaft übersteigen. Anteile an einer Kapitalgesellschaft sind Aktien, Anteile an einer Gesellschaft mit beschränkter Haftung, Kuxe, Genußscheine oder ähnliche Beteiligungen und Anwartschaf-

Einkommensteuergesetz
§ 18

ten auf solche Beteiligungen. Eine wesentliche Beteiligung ist gegeben, wenn der Veräußerer an der Gesellschaft zu mehr als einem Viertel unmittelbar oder mittelbar beteiligt war. Hat der Veräußerer den veräußerten Anteil innerhalb der letzten fünf Jahre vor der Veräußerung unentgeltlich erworben, so gilt Satz 1 entsprechend, wenn der Veräußerer zwar nicht selbst, aber der Rechtsvorgänger oder, sofern der Anteil nacheinander unentgeltlich übertragen worden ist, einer der Rechtsvorgänger innerhalb der letzten fünf Jahre wesentlich beteiligt war.

(2) Veräußerungsgewinn im Sinne des Absatzes 1 ist der Betrag, um den der Veräußerungspreis nach Abzug der Veräußerungskosten die Anschaffungskosten übersteigt. Hat der Veräußerer den veräußerten Anteil unentgeltlich erworben, so sind als Anschaffungskosten des Anteils die Anschaffungskosten des Rechtsvorgängers maßgebend, der den Anteil zuletzt entgeltlich erworben hat.

(3) Der Veräußerungsgewinn wird zur Einkommensteuer nur herangezogen, soweit er den Teil von 20 000 Deutsche Mark übersteigt, der dem veräußerten Anteil an der Kapitalgesellschaft entspricht. Der Freibetrag ermäßigt sich um den Betrag, um den der Veräußerungsgewinn den Teil von 80 000 Deutsche Mark übersteigt, der dem veräußerten Anteil an der Kapitalgesellschaft entspricht.

(4) Die Absätze 1 bis 3 sind entsprechend anzuwenden, wenn eine Kapitalgesellschaft aufgelöst wird oder wenn ihr Kapital herabgesetzt und zurückgezahlt wird, soweit die Rückzahlung nicht als Gewinnanteil (Dividende) gilt. In diesen Fällen ist als Veräußerungspreis der gemeine Wert des dem Steuerpflichtigen zugeteilten oder zurückgezahlten Vermögens der Kapitalgesellschaft anzusetzen, soweit es nicht nach § 20 Abs. 1 Nr. 1 oder 2 zu den Einnahmen aus Kapitalvermögen gehört.

c) Selbständige Arbeit
(§ 2 Abs. 1 Nr. 3)

§ 18

(1) Einkünfte aus selbständiger Arbeit sind
1. Einkünfte aus freiberuflicher Tätigkeit. Zu der freiberuflichen Tätigkeit gehören die selbständig ausgeübte wissenschaftliche, künstlerische, schriftstellerische, unterrichtende oder erzieherische Tätigkeit, die selbständige Berufstätigkeit der Ärzte, Zahnärzte, Tierärzte, Rechtsanwälte, Notare, Patentanwälte, Vermessungsingenieure, Ingenieure, Architekten, Handelschemiker, Wirtschaftsprüfer, Steuerberater, beratenden Volks- und Betriebswirte, vereidigten Buchprüfer (vereidigten Bücherrevisoren), Steuerbevollmächtigten, Heilpraktiker, Dentisten, Krankengymnasten, Journalisten, Bildberichterstatter, Dolmetscher, Übersetzer, Lotsen und ähnlicher Berufe. Ein Angehöriger eines freien Berufs im Sinne der Sätze 1 und 2 ist auch dann freiberuflich tätig, wenn er sich der Mithilfe fachlich vorgebildeter Arbeitskräfte bedient; Voraussetzung ist, daß er auf Grund eigener Fachkenntnisse leitend und eigenverantwortlich tätig wird. Eine Vertretung im Fall vorübergehender Verhinderung steht der Annahme einer leitenden und eigenverantwortlichen Tätigkeit nicht entgegen;
2. Einkünfte der Einnehmer einer staatlichen Lotterie, wenn sie nicht Einkünfte aus Gewerbebetrieb sind;

3. Einkünfte aus sonstiger selbständiger Arbeit, z. B. Vergütungen für die Vollstreckung von Testamenten, für Vermögensverwaltung und für die Tätigkeit als Aufsichtsratsmitglied.

(2) Einkünfte nach Absatz 1 sind auch dann steuerpflichtig, wenn es sich nur um eine vorübergehende Tätigkeit handelt.

(3) Zu den Einkünften aus selbständiger Arbeit gehört auch der Gewinn, der bei der Veräußerung des Vermögens oder eines selbständigen Teils des Vermögens oder eines Anteils am Vermögen erzielt wird, das der selbständigen Arbeit dient. § 16 Abs. 1 Nr. 1 letzter Halbsatz und Abs. 2 bis 4 gilt entsprechend.

(4) § 15 Abs. 1 Nr. 2 und Abs. 2 Sätze 2 und 3 und § 15 a sind entsprechend anzuwenden.

d) Nichtselbständige Arbeit
(§ 2 Abs. 1 Nr. 4)

§ 19

(1) Zu den Einkünften aus nichtselbständiger Arbeit gehören
1. Gehälter, Löhne, Gratifikationen, Tantiemen und andere Bezüge und Vorteile, die für eine Beschäftigung im öffentlichen oder privaten Dienst gewährt werden;
2. Wartegelder, Ruhegelder, Witwen- und Waisengelder und andere Bezüge und Vorteile aus früheren Dienstleistungen.
Es ist gleichgültig, ob es sich um laufende oder um einmalige Bezüge handelt und ob ein Rechtsanspruch auf sie besteht.

(2) Von Versorgungsbezügen bleibt ein Betrag in Höhe von 40 vom Hundert dieser Bezüge, höchstens jedoch insgesamt ein Betrag von 4 800 Deutsche Mark im Veranlagungszeitraum, steuerfrei (Versorgungs-Freibetrag). Versorgungsbezüge sind Bezüge und Vorteile aus früheren Dienstleistungen, die
1. als Ruhegehalt, Witwen- oder Waisengeld, Unterhaltsbeitrag oder als gleichartiger Bezug
   a) auf Grund beamtenrechtlicher oder entsprechender gesetzlicher Vorschriften,
   b) nach beamtenrechtlichen Grundsätzen von Körperschaften, Anstalten oder Stiftungen des öffentlichen Rechts oder öffentlich-rechtlichen Verbänden von Körperschaften
  oder
2. in anderen Fällen wegen Erreichens einer Altersgrenze, Berufsunfähigkeit, Erwerbsunfähigkeit oder als Hinterbliebenenbezüge gewährt werden; Bezüge, die wegen Erreichens einer Altersgrenze gewährt werden, gelten erst dann als Versorgungsbezüge, wenn der Steuerpflichtige das 62. Lebensjahr oder, wenn er Schwerbehinderter ist, das 60. Lebensjahr vollendet hat.

(3) bis (5) (aufgehoben)

§ 19 a Überlassung von Vermögensbeteiligungen an Arbeitnehmer

(1) Erhält ein Arbeitnehmer im Rahmen eines gegenwärtigen Dienstverhältnisses unentgeltlich oder verbilligt Sachbezüge in Form von Kapitalbeteiligungen oder Darlehnsforderungen (Vermögensbeteiligungen) nach Absatz 3, so ist der Vorteil steuerfrei, soweit er

Einkommensteuergesetz
§ 19 a

nicht höher als der halbe Wert der Vermögensbeteiligung (Absatz 8) ist und insgesamt 500 Deutsche Mark im Kalenderjahr nicht übersteigt. Voraussetzung ist die Vereinbarung, daß Vermögensbeteiligungen im Sinne des Absatzes 3 Nr. 1 bis 6 unverzüglich nach ihrer Überlassung bis zum Ablauf einer Frist von sechs Jahren (Sperrfrist) festgelegt werden und über Vermögensbeteiligungen im Sinne des Absatzes 3 bis zum Ablauf der Sperrfrist nicht durch Rückzahlung, Abtretung, Beleihung oder in anderer Weise verfügt wird.

(2) Die Sperrfrist beginnt am 1. Januar des Kalenderjahrs, in dem der Arbeitnehmer die Vermögensbeteiligung erhalten hat. Wird vor Ablauf der Sperrfrist über eine Vermögensbeteiligung verfügt oder die Festlegung einer Vermögensbeteiligung aufgehoben, so ist eine Nachversteuerung durchzuführen. Für die nachzufordernde Lohnsteuer haftet der Arbeitgeber oder das Kreditinstitut bis zu der sich aus der Rechtsverordnung nach Absatz 9 Nr. 4 ergebenden Höhe, wenn die in der Rechtsverordnung nach Absatz 9 Nr. 2 bestimmten Anzeigepflichten verletzt werden. Die Nachversteuerung unterbleibt, wenn die Sperrfrist nicht eingehalten wird, weil der Arbeitnehmer das Umtausch- oder Abfindungsangebot eines Wertpapier-Emittenten angenommen hat, weil Wertpapiere dem Aussteller nach Auslosung oder Kündigung durch den Aussteller zur Einlösung vorgelegt worden sind oder weil die Vermögensbeteiligung im Sinne des Absatzes 3 ohne Mitwirkung des Arbeitnehmers wertlos geworden ist. Eine vorzeitige Verfügung oder Aufhebung der Festlegung ist unschädlich, wenn

1. der Arbeitnehmer oder sein von ihm nicht dauernd getrennt lebender Ehegatte nach Erhalt der Vermögensbeteiligung gestorben oder völlig erwerbsunfähig geworden ist oder
2. der Arbeitnehmer nach Erhalt der Vermögensbeteiligung, aber vor der vorzeitigen Verfügung oder der vorzeitigen Aufhebung der Festlegung geheiratet hat und im Zeitpunkt der vorzeitigen Verfügung oder der vorzeitigen Aufhebung der Festlegung mindestens zwei Jahre seit Beginn der Sperrfrist vergangen sind oder
3. der Arbeitnehmer nach Erhalt der Vermögensbeteiligung arbeitslos geworden ist und die Arbeitslosigkeit mindestens ein Jahr lang ununterbrochen bestanden hat und im Zeitpunkt der vorzeitigen Verfügung oder der vorzeitigen Aufhebung der Festlegung noch besteht oder
4. der Arbeitnehmer, der Staatsangehöriger eines Staates ist, mit dem die Bundesregierung Vereinbarungen über Anwerbung und Beschäftigung von Arbeitnehmern abgeschlossen hat und der nicht Mitglied der Europäischen Gemeinschaften ist, nach Erhalt der Vermögensbeteiligung den Geltungsbereich dieses Gesetzes auf Dauer verlassen hat oder
5. der Arbeitnehmer nach Erhalt der Vermögensbeteiligung unter Aufgabe der nichtselbständigen Arbeit eine Erwerbstätigkeit, die nach § 138 Abs. 1 der Abgabenordnung der Gemeinde mitzuteilen ist, aufgenommen hat oder
6. Vermögensbeteiligungen im Sinne des Absatzes 3 Nr. 1 bis 6, die auf Grund eines Sparvertrags über Wertpapiere oder andere Vermögensbeteiligungen im Sinne des § 5 Abs. 1 des Fünften Vermögensbildungsgesetzes erworben worden sind, vor Ablauf der Sperrfrist unter Wiederverwendung des Erlöses zum Erwerb von Vermögensbeteiligungen im Sinne des Absatzes 3 Nr. 1 bis 6 veräußert werden; § 4 Abs. 4 Nr. 6 des Fünften Vermögensbildungsgesetzes ist entsprechend anzuwenden.

(3) Vermögensbeteiligungen sind
1. Aktien, die vom Arbeitgeber oder von Unternehmen mit Sitz und Geschäftsleitung im Geltungsbereich dieses Gesetzes ausgegeben werden oder die an einer deutschen Börse

Einkommensteuergesetz
§ 19 a

zum amtlichen Handel oder zum geregelten Markt zugelassen oder in den geregelten Freiverkehr einbezogen sind,

2. Kuxe und Wandelschuldverschreibungen, die von Unternehmen mit Sitz und Geschäftsleitung im Geltungsbereich dieses Gesetzes ausgegeben werden, sowie Gewinnschuldverschreibungen, die vom Arbeitgeber oder von Unternehmen mit Sitz und Geschäftsleitung im Geltungsbereich dieses Gesetzes, die keine Kreditinstitute sind, ausgegeben werden, wenn im Fall von Namensschuldverschreibungen des Arbeitgebers auf dessen Kosten die Ansprüche des Arbeitnehmers aus der Schuldverschreibung durch ein Kreditinstitut verbürgt oder durch ein Versicherungsunternehmen privatrechtlich gesichert sind und das Kreditinstitut oder Versicherungsunternehmen im Geltungsbereich dieses Gesetzes zum Geschäftsbetrieb befugt ist,

3. Genußscheine, die vom Arbeitgeber als Wertpapiere ausgegeben werden oder an einer deutschen Börse zum amtlichen Handel oder zum geregelten Markt zugelassen sind und von Unternehmen mit Sitz und Geschäftsleitung im Geltungsbereich dieses Gesetzes, die keine Kreditinstitute sind, ausgegeben werden, wenn mit den Genußscheinen das Recht am Gewinn eines Unternehmens verbunden ist und der Arbeitnehmer nicht als Mitunternehmer im Sinne des § 15 Abs. 1 Nr. 2 anzusehen ist,

4. Anteilscheine an einem Wertpapier-Sondervermögen, die von Kapitalanlagegesellschaften im Sinne des Gesetzes über Kapitalanlagegesellschaften ausgegeben werden, wenn nach dem Rechenschaftsbericht für das vorletzte Geschäftsjahr vor dem Jahr des Erhalts des Anteilscheins der Wert der Aktien im Wertpapier-Sondervermögen 70 vom Hundert des Werts der in diesem Sondervermögen befindlichen Wertpapiere nicht unterschreitet; für neu aufgelegte Wertpapier-Sondervermögen ist für das erste und zweite Geschäftsjahr der erste Rechenschaftsbericht oder der erste Halbjahresbericht nach Auflegung des Sondervermögens maßgebend,

5. Anteilscheine an einem Beteiligungs-Sondervermögen, die von Kapitalanlagegesellschaften im Sinne des Gesetzes über Kapitalanlagegesellschaften ausgegeben werden, wenn nach dem Rechenschaftsbericht für das vorletzte Geschäftsjahr vor dem Jahr des Erhalts des Anteilscheins der Wert der Aktien und der stillen Beteiligungen in diesem Beteiligungs-Sondervermögen 70 vom Hundert des Werts der in diesem Sondervermögen befindlichen Wertpapiere und stillen Beteiligungen nicht unterschreitet; für neu aufgelegte Beteiligungs-Sondervermögen ist für das erste und zweite Geschäftsjahr der erste Rechenschaftsbericht oder der erste Halbjahresbericht nach Auflegung des Sondervermögens maßgebend,

6. Anteilscheine an einem ausländischem Recht unterstehenden Vermögen aus Wertpapieren, wenn die Anteilscheine nach dem Auslandinvestment-Gesetz im Wege des öffentlichen Anbietens, der öffentlichen Werbung oder in ähnlicher Weise vertrieben werden dürfen und nach dem gemäß § 4 Abs. 1 Nr. 1 oder § 15 b Satz 1 des Auslandinvestment-Gesetzes veröffentlichten Rechenschaftsbericht für das vorletzte Geschäftsjahr vor dem Jahr des Erhalts des Anteilscheins der Wert der Aktien in diesem Vermögen 70 vom Hundert des Werts der in diesem Vermögen befindlichen Wertpapiere nicht unterschreitet; beim Erwerb verbriefter EG-Investmentanteile gemäß § 15 des Auslandinvestment-Gesetzes ist für neu aufgelegte Vermögen aus Wertpapieren für das erste und zweite Geschäftsjahr der erste Rechenschaftsbericht oder der erste Halbjahresbericht nach Auflegung des Vermögens maßgebend,

7. Geschäftsguthaben bei einer Genossenschaft mit Sitz und Geschäftsleitung im Geltungsbereich dieses Gesetzes,

Einkommensteuergesetz
§ 19 a

8. Stammeinlagen oder Geschäftsanteile an einer Gesellschaft mit beschränkter Haftung mit Sitz und Geschäftsleitung im Geltungsbereich dieses Gesetzes,
9. Beteiligungen als stiller Gesellschafter im Sinne des § 230 des Handelsgesetzbuchs am Unternehmen des Arbeitgebers mit Sitz und Geschäftsleitung im Geltungsbereich dieses Gesetzes, wenn der Arbeitnehmer nicht als Mitunternehmer im Sinne des § 15 Abs. 1 Nr. 2 anzusehen ist,
10. Darlehnsforderungen gegen den Arbeitgeber, wenn auf dessen Kosten die Ansprüche des Arbeitnehmers aus dem Darlehnsvertrag durch ein Kreditinstitut verbürgt oder durch ein Versicherungsunternehmen privatrechtlich gesichert sind und das Kreditinstitut oder Versicherungsunternehmen im Geltungsbereich dieses Gesetzes zum Geschäftsbetrieb befugt ist,
11. Genußrechte am Unternehmen des Arbeitgebers mit Sitz und Geschäftsleitung im Geltungsbereich dieses Gesetzes, wenn damit das Recht am Gewinn dieses Unternehmens verbunden ist, der Arbeitnehmer nicht als Mitunternehmer im Sinne des § 15 Abs. 1 Nr. 2 anzusehen ist und über die Genußrechte keine Genußscheine nach Nummer 3 ausgegeben werden.

(3 a) Aktien, Gewinnschuldverschreibungen oder Genußscheine eines Unternehmens, das im Sinne des § 18 Abs. 1 des Aktiengesetzes als herrschendes Unternehmen mit dem Unternehmen des Arbeitgebers verbunden ist, stehen Aktien, Gewinnschuldverschreibungen oder Genußscheinen gleich, die vom Arbeitgeber ausgegeben werden. Eine Beteiligung als stiller Gesellschafter an einem Unternehmen mit Sitz und Geschäftsleitung im Geltungsbereich dieses Gesetzes, das im Sinne des § 18 Abs. 1 des Aktiengesetzes als herrschendes Unternehmen mit dem Unternehmen des Arbeitgebers verbunden ist oder das auf Grund eines Vertrags mit dem Arbeitgeber an dessen Unternehmen gesellschaftsrechtlich beteiligt ist, steht einer Beteiligung als stiller Gesellschafter am Unternehmen des Arbeitgebers gleich. Eine Darlehensforderung gegen ein Unternehmen mit Sitz und Geschäftsleitung im Geltungsbereich dieses Gesetzes, das im Sinne des § 18 Abs. 1 des Aktiengesetzes als herrschendes Unternehmen mit dem Unternehmen des Arbeitgebers verbunden ist, oder ein Genußrecht an einem solchen Unternehmen stehen einer Darlehensforderung gegen den Arbeitgeber oder einem Genußrecht am Unternehmen des Arbeitgebers gleich.

(4) Die Überlassung von Gewinnschuldverschreibungen im Sinne des Absatzes 3 Nr. 2, in denen neben der gewinnabhängigen Verzinsung eine gewinnunabhängige Mindestverzinsung zugesagt ist, ist nach Absatz 1 begünstigt, wenn
1. der Aussteller in der Gewinnschuldverschreibung erklärt, die gewinnunabhängige Mindestverzinsung werde im Regelfall die Hälfte der Gesamtverzinsung nicht überschreiten, oder
2. die gewinnunabhängige Mindestverzinsung zum Zeitpunkt der Ausgabe der Gewinnschuldverschreibung die Hälfte der Emissionsrendite festverzinslicher Wertpapiere nicht überschreitet, die in den Monatsberichten der Deutschen Bundesbank für den viertletzten Kalendermonat ausgewiesen wird, der dem Kalendermonat der Ausgabe vorausgeht.

(5) Die Überlassung von Genußscheinen im Sinne des Absatzes 3 Nr. 3 und von Genußrechten im Sinne des Absatzes 3 Nr. 11 ist nach Absatz 1 begünstigt, wenn eine Rückzahlung zum Nennwert nicht zugesagt ist; ist neben dem Recht am Gewinn eine gewinnunabhängige Mindestverzinsung zugesagt, gilt Absatz 4 entsprechend.

(6) Der Überlassung von Vermögensbeteiligungen nach Absatz 3 Nr. 3, 9 bis 11 bei einer Genossenschaft mit Sitz und Geschäftsleitung im Geltungsbereich dieses Gesetzes stehen

Einkommensteuergesetz
§ 20

§ 19 und eine Festsetzung durch Statut nach § 20 des Gesetzes betreffend die Erwerbs- und Wirtschaftsgenossenschaft nicht entgegen.

(7) Werden Darlehnsforderungen nach Absatz 3 Nr. 10 in Tarifverträgen vereinbart, so kann der Arbeitgeber sich hiervon befreien, wenn er dem Arbeitnehmer anstelle der Darlehnsforderung eine andere gleichwertige Vermögensbeteiligung nach Absatz 3 zuwendet; sofern der Arbeitnehmer dies verlangt, sind dabei mindestens zwei verschiedene Formen der Vermögensbeteiligung nach Absatz 3 Nr. 1 bis 9 und 11, von denen mindestens eine keine Vermögensbeteiligung am Unternehmen des Arbeitgebers ist, zur Auswahl anzubieten.

(8) Als Wert der Vermögensbeteiligung ist der gemeine Wert anzusetzen. Werden einem Arbeitnehmer Vermögensbeteiligungen im Sinne des Absatzes 3 Nr. 1 bis 3 überlassen, die am Tag der Beschlußfassung über die Überlassung an einer deutschen Börse zum amtlichen Handel zugelassen sind, so werden diese mit dem niedrigsten an diesem Tag für sie im amtlichen Handel notierten Kurs angesetzt, wenn am Tag der Überlassung nicht mehr als neun Monate seit dem Tag der Beschlußfassung über die Überlassung vergangen sind. Liegt am Tag der Beschlußfassung über die Überlassung eine Notierung nicht vor, so werden diese Vermögensbeteiligungen mit dem letzten innerhalb von 30 Tagen vor diesem Tag im amtlichen Handel notierten Kurs angesetzt. Die Sätze 2 und 3 gelten entsprechend für Vermögensbeteiligungen im Sinne des Absatzes 3 Nr. 1 bis 3, die zum geregelten Markt zugelassen oder in den geregelten Freiverkehr einbezogen sind. Sind am Tag der Überlassung von Vermögensbeteiligungen im Sinne des Absatzes 3 Nr. 1 bis 3 mehr als neun Monate seit dem Tag der Beschlußfassung über die Überlassung vergangen, so tritt an die Stelle des Tages der Beschlußfassung über die Überlassung im Sinne der Sätze 2 bis 4 der Tag der Überlassung. Der Wert von Vermögensbeteiligungen im Sinne des Absatzes 3 Nr. 4 bis 6 wird mit dem Ausgabepreis am Tag der Überlassung angesetzt. Der Wert von Vermögensbeteiligungen im Sinne des Absatzes 3 Nr. 7, 9, 10 und 11 wird mit dem Nennbetrag angesetzt, wenn nicht besondere Umstände einen höheren oder niedrigeren Wert begründen. Vermögensbeteiligungen im Sinne des Absatzes 3 Nr. 8 sind mit dem Wert anzusetzen, der vor dem Tag der Überlassung zuletzt nach § 11 Abs. 2 Satz 2 des Bewertungsgesetzes festzustellen ist oder war.

(9) Durch Rechtsverordnung können Vorschriften erlassen werden über
1. die Festlegung der Vermögensbeteiligungen nach Absatz 3 Nr. 1 bis 6 und die Art der Festlegung,
2. die Begründung von Aufzeichnungs- und Anzeigepflichten zum Zweck der Sicherung der Nachversteuerung,
3. die vorläufige Nachversteuerung im Laufe des Kalenderjahrs einer schädlichen Verfügung oder Aufhebung der Festlegung mit einem Pauschsteuersatz,
4. das Verfahren bei der abschließenden Nachversteuerung nach Ablauf des Kalenderjahrs einer schädlichen Verfügung oder Aufhebung der Festlegung.

e) Kapitalvermögen
(§ 2 Abs. 1 Nr. 5)

§ 20
(1) Zu den Einkünften aus Kapitalvermögen gehören
1. Gewinnanteile (Dividenden), Ausbeuten und sonstige Bezüge aus Aktien, Kuxen, Genußrechten, mit denen das Recht am Gewinn und Liquidationserlös einer Kapitalgesell-

Einkommensteuergesetz
§ 20

schaft verbunden ist, aus Anteilen an Gesellschaften mit beschränkter Haftung, an Erwerbs- und Wirtschaftsgenossenschaften, Kolonialgesellschaften und an bergbautreibenden Vereinigungen, die die Rechte einer juristischen Person haben. Zu den sonstigen Bezügen gehören auch verdeckte Gewinnausschüttungen. Die Bezüge gehören nicht zu den Einnahmen, soweit sie aus Ausschüttungen einer unbeschränkt steuerpflichtigen Körperschaft stammen, für die Eigenkapital im Sinne des § 30 Abs. 2 Nr. 4 des Körperschaftsteuergesetzes als verwendet gilt;

2. Bezüge, die auf Grund einer Kapitalherabsetzung oder nach der Auflösung unbeschränkt steuerpflichtiger Körperschaften oder Personenvereinigungen im Sinne der Nummer 1 anfallen, soweit bei diesen für Ausschüttungen verwendbares Eigenkapital im Sinne des § 29 des Körperschaftsteuergesetzes als verwendet gilt und die Bezüge nicht zu den Einnahmen im Sinne der Nummer 1 gehören. Nummer 1 Satz 3 gilt entsprechend;

3. die nach § 36 Abs. 2 Nr. 3 anzurechnende oder nach den §§ 36 b bis 36 e dieses Gesetzes oder nach § 52 des Körperschaftsteuergesetzes zu vergütende Körperschaftsteuer. Die anzurechnende oder zu vergütende Körperschaftsteuer gilt außer in den Fällen des § 36 e dieses Gesetzes und des § 52 des Körperschaftsteuergesetzes als zusammen mit den Einnahmen im Sinne der Nummern 1 oder 2 oder des Absatzes 2 Nr. 2 Buchstabe a bezogen;

4. Einnahmen aus der Beteiligung an einem Handelsgewerbe als stiller Gesellschafter und aus partiarischen Darlehen, es sei denn, daß der Gesellschafter oder Darlehnsgeber als Mitunternehmer anzusehen ist. Auf Anteile des stillen Gesellschafters am Verlust des Betriebs ist § 15 a sinngemäß anzuwenden;

5. Zinsen aus Hypotheken und Grundschulden und Renten aus Rentenschulden. Bei Tilgungshypotheken und Tilgungsgrundschulden ist nur der Teil der Zahlungen anzusetzen, der als Zins auf den jeweiligen Kapitalrest entfällt;

6. außerrechnungsmäßige und rechnungsmäßige Zinsen aus den Sparanteilen, die in den Beiträgen zu Versicherungen auf den Erlebens- oder Todesfall enthalten sind. Dies gilt nicht für Zinsen aus Versicherungen im Sinne des § 10 Abs. 1 Nr. 2 Buchstabe b, die mit Beiträgen verrechnet oder im Versicherungsfall oder im Fall des Rückkaufs des Vertrags nach Ablauf von zwölf Jahren seit dem Vertragsabschluß ausgezahlt werden. Die Sätze 1 und 2 sind auf Kapitalerträge aus fondsgebundenen Lebensversicherungen entsprechend anzuwenden;

7. Zinsen aus sonstigen Kapitalforderungen jeder Art, z. B. aus Einlagen und Guthaben bei Kreditinstituten, aus Darlehen und Anleihen;

8. Diskontbeträge von Wechseln und Anweisungen einschließlich der Schatzwechsel.

(2) Zu den Einkünften aus Kapitalvermögen gehören auch

1. besondere Entgelte oder Vorteile, die neben den in Absatz 1 bezeichneten Einnahmen oder an deren Stelle gewährt werden;

2. Einnahmen aus der Veräußerung
    a) von Dividendenscheinen und sonstigen Ansprüchen durch den Anteilseigner,
    b) von Zinsscheinen durch den Inhaber der Schuldverschreibung,
wenn die dazugehörigen Aktien, sonstigen Anteile oder Schuldverschreibungen nicht mitveräußert werden. Anteilseigner ist derjenige, dem nach § 39 der Abgabenordnung die Anteile an dem Kapitalvermögen im Sinne des Absatzes 1 Nr. 1 zuzurechnen sind. Sind einem Nießbraucher oder Pfandgläubiger die Einnahmen im Sinne des Absatzes 1 Nr. 1 oder 2 zuzurechnen, so gilt er als Anteilseigner;

3. Einnahmen aus der Veräußerung von Zinsscheinen, wenn die dazugehörigen Schuldverschreibungen mitveräußert werden und das Entgelt für die auf den Zeitraum bis zur Veräußerung der Schuldverschreibung entfallenden Zinsen des laufenden Zinszahlungszeitraums (Stückzinsen) besonders in Rechnung gestellt ist. Die bei der Einlösung oder Weiterveräußerung der Zinsscheine vom Erwerber der Zinsscheine vereinnahmten Zinsen sind um das Entgelt für den Erwerb der Zinsscheine zu kürzen;
4. Kapitalerträge aus der Veräußerung oder Abtretung von abgezinsten oder aufgezinsten Schuldverschreibungen, Schuldbuchforderungen und ähnliche Kapitalforderungen, soweit die Kapitalerträge rechnerisch auf die Zeit der Innehabung dieser Wertpapiere oder Forderungen entfallen.

Die Nummern 2 und 3 gelten sinngemäß für die Einnahmen aus der Abtretung von Dividenden- oder Zinsansprüchen oder sonstigen Ansprüchen im Sinne der Nummer 2, wenn die dazugehörigen Anteilsrechte oder Schuldverschreibungen nicht in einzelnen Wertpapieren verbrieft sind. Satz 2 gilt auch bei der Abtretung von Zinsansprüchen aus Schuldbuchforderungen, die in ein öffentliches Schuldbuch eingetragen sind.

(3) Soweit Einkünfte der in den Absätzen 1 und 2 bezeichneten Art zu den Einkünften aus Land- und Forstwirtschaft, aus Gewerbebetrieb, aus selbständiger Arbeit oder aus Vermietung und Verpachtung gehören, sind sie diesen Einkünften zuzurechnen.

(4) Bei der Ermittlung der Einkünfte aus Kapitalvermögen ist nach Abzug der Werbungskosten ein Betrag von 600 Deutsche Mark abzuziehen (Sparer-Freibetrag). Ehegatten, die zusammen veranlagt werden, wird ein gemeinsamer Sparer-Freibetrag von 1200 Deutsche Mark gewährt. Der gemeinsame Sparer-Freibetrag ist bei der Einkunftsermittlung bei jedem Ehegatten je zur Hälfte abzuziehen; sind die um die Werbungskosten geminderten Kapitalerträge eines Ehegatten niedriger als 600 Deutsche Mark, so ist der anteilige Sparer-Freibetrag insoweit, als er die um die Werbungskosten geminderten Kapitalerträge dieses Ehegatten übersteigt, beim anderen Ehegatten abzuziehen. Der Sparer-Freibetrag und der gemeinsame Sparer-Freibetrag dürfen nicht höher sein als die um die Werbungskosten geminderten Kapitalerträge.

f) **Vermietung und Verpachtung**
(§ 2 Abs. 1 Nr. 6)

§ 21
(1) Einkünfte aus Vermietung und Verpachtung sind
1. Einkünfte aus Vermietung und Verpachtung von unbeweglichem Vermögen, insbesondere von Grundstücken, Gebäuden, Gebäudeteilen, Schiffen, die in ein Schiffsregister eingetragen sind, und Rechten, die den Vorschriften des bürgerlichen Rechts über Grundstücke unterliegen (z. B. Erbbaurecht, Mineralgewinnungsrecht);
2. Einkünfte aus Vermietung und Verpachtung von Sachinbegriffen, insbesondere von beweglichem Betriebsvermögen;

Einkommensteuergesetz
§ 21 a

3. Einkünfte aus zeitlich begrenzter Überlassung von Rechten, insbesondere von schriftstellerischen, künstlerischen und gewerblichen Urheberrechten, von gewerblichen Erfahrungen und von Gerechtigkeiten und Gefällen;
4. Einkünfte aus der Veräußerung von Miet- und Pachtzinsforderungen, auch dann, wenn die Einkünfte im Veräußerungspreis von Grundstücken enthalten sind und die Miet- oder Pachtzinsen sich auf einen Zeitraum beziehen, in dem der Veräußerer noch Besitzer war.

§ 15 a ist sinngemäß anzuwenden.

(2) Zu den Einkünften aus Vermietung und Verpachtung gehört auch der Nutzungswert der Wohnung im eigenen Haus oder der Nutzungswert einer dem Steuerpflichtigen ganz oder teilweise unentgeltlich überlassenen Wohnung einschließlich der zugehörigen sonstigen Räume und Gärten. Beträgt das Entgelt für die Überlassung einer Wohnung zu Wohnzwecken weniger als 50 vom Hundert der ortsüblichen Marktmiete, so ist die Nutzungsüberlassung in einen entgeltlichen und einen unentgeltlichen Teil aufzuteilen.

(3) Einkünfte der in den Absätzen 1 und 2 bezeichneten Art sind Einkünften aus anderen Einkunftsarten zuzurechnen, soweit sie zu diesen gehören.

§ 21 a Pauschalierung des Nutzungswerts der selbstgenutzten Wohnung im eigenen Haus

(1) Bei einer Wohnung im eigenen Einfamilienhaus im Sinne des § 75 Abs. 5 des Bewertungsgesetzes wird der Nutzungswert (§ 21 Abs. 2) auf Grund des Einheitswerts des Grundstücks ermittelt. Satz 1 gilt auch bei einer Wohnung in einem eigenen Haus, das kein Einfamilienhaus ist. Satz 2 ist nicht anzuwenden, wenn der Steuerpflichtige in dem eigenen Haus mindestens eine Wohnung oder eine anderen als Wohnzwecken dienende Einheit von Räumen
1. zur dauernden Nutzung vermietet hat oder
2. innerhalb von sechs Monaten nach Fertigstellung oder Anschaffung des Hauses, nach Beendigung einer Vermietung oder nach Beendigung der Selbstnutzung zur dauernden Nutzung vermietet oder
3. zu gewerblichen oder beruflichen Zwecken selbst nutzt oder zu diesen Zwecken unentgeltlich überläßt und der zu gewerblichen oder beruflichen Zwecken genutzte Teil des Hauses mindestens 33 $^1/_3$ vom Hundert der gesamten Nutzfläche des Hauses beträgt.

Als Grundbetrag für den Nutzungswert ist 1 vom Hundert des maßgebenden Einheitswerts des Grundstücks anzusetzen. Liegen die Voraussetzungen der Sätze 1 und 2 nicht während des ganzen Kalenderjahrs vor, so ist nur der Teil des Grundbetrags anzusetzen, der auf die vollen Kalendermonate entfällt, in denen diese Voraussetzungen vorliegen.

(2) Maßgebend ist der Einheitswert für den letzten Feststellungszeitpunkt (Hauptfeststellungs-, Fortschreibungs- oder Nachfeststellungszeitpunkt), der vor dem Beginn des Kalenderjahrs liegt oder mit dem Beginn des Kalenderjahrs zusammenfällt, für das der Nutzungswert zu ermitteln ist. Ist das Einfamilienhaus oder das andere Haus erst innerhalb des Kalenderjahrs fertiggestellt worden, für das der Nutzungswert zu ermitteln ist, so ist der Einheitswert maßgebend, der zuerst für das Einfamilienhaus oder das andere Haus festgestellt wird.

(3) Von dem Grundbetrag dürfen nur abgesetzt werden:
1. die mit der Nutzung des Grundstücks zu Wohnzwecken in wirtschaftlichem Zusammenhang stehenden Schuldzinsen bis zur Höhe des Grundbetrags;

Einkommensteuergesetz
§ 21 a

2. erhöhte Absetzungen, die bei dem Einfamilienhaus oder dem anderen Haus in Anspruch genommen werden, nach Abzug der Schuldzinsen im Sinne der Nummer 1; Absetzungen für Abnutzung nach § 7 Abs. 5 dürfen von dem Grundbetrag nicht abgesetzt werden.

(4) Bei einem Haus im Sinne des Absatzes 1, für das der Antrag auf Baugenehmigung nach dem 30. September 1982 gestellt worden ist und das vom Steuerpflichtigen vor dem 1. Januar 1987 hergestellt oder angeschafft worden ist, können die mit der Nutzung des Grundstücks zu Wohnzwecken in wirtschaftlichem Zusammenhang stehenden Schuldzinsen im Jahr der Herstellung oder Anschaffung und in den beiden folgenden Kalenderjahren über die Höhe des Grundbetrags hinaus bis zur Höhe von jeweils 10 000 Deutsche Mark von dem nach Absatz 3 Nr. 1 gekürzten Grundbetrag abgesetzt werden. Soweit der Schuldzinsenabzug nach Satz 1 nicht in vollem Umfang im Erstjahr in Anspruch genommen werden kann, kann er in dem dritten auf das Jahr der Herstellung oder Anschaffung folgenden Kalenderjahr nachgeholt werden. Voraussetzung für die Anwendung des Satzes 1 im Falle der Anschaffung ist, daß der Steuerpflichtige das Haus bis zum Ende des Jahres der Fertigstellung angeschafft hat. Die Sätze 1 bis 3 gelten entsprechend bei einem Haus, für das der Bauantrag vor dem 1. Oktober 1982 gestellt und bei dem mit den Bauarbeiten nach dem 30. September 1982 begonnen worden ist. Satz 1 gilt entsprechend für Schuldzinsen, die mit den Herstellungskosten für Ausbauten und Erweiterungen an einem Haus im Sinne des Absatzes 1 in wirtschaftlichem Zusammenhang stehen, wenn mit den Arbeiten für den Ausbau oder die Erweiterung nach dem 30. September 1982 begonnen worden ist und der Ausbau oder die Erweiterung vor dem 1. Januar 1987 fertiggestellt worden ist. An die Stelle des Antrags auf Baugenehmigung tritt die Bauanzeige, wenn diese baurechtlich ausreicht. Satz 5 ist nicht anzuwenden, wenn bei einem Haus im Sinne des Absatzes 1 Schuldzinsen nach Satz 1 oder 5 abgezogen worden sind.

(5) Dient das Grundstück teilweise eigenen gewerblichen oder beruflichen Zwecken oder wird das Grundstück teilweise zu diesen Zwecken unentgeltlich überlassen und liegen die Voraussetzungen des Absatzes 1 Satz 3 Nr. 3 nicht vor, so vermindert sich der maßgebende Einheitswert um den Teil, der bei einer Aufteilung nach dem Verhältnis der Nutzflächen auf den gewerblich oder beruflich genutzten Teil des Grundstücks entfällt. Dasselbe gilt, wenn Teile des Einfamilienhauses oder Teile einer Wohnung in einem anderen Haus vermietet sind und die Einnahmen hieraus das Dreifache des anteilig auf die vermieteten Teile entfallenden Grundbetrags, mindestens aber 1 000 Deutsche Mark im Kalenderjahr, übersteigen.

(6) Die Absätze 1 bis 5 sind nicht anzuwenden, wenn die gesamte Fläche des Grundstücks größer als das Zwanzigfache der bebauten Grundfläche ist; in diesem Fall ist jedoch mindestens der Nutzungswert anzusetzen, der sich nach den Absätzen 1 bis 5 ergeben würde, wenn die gesamte Fläche des Grundstücks nicht größer als das Zwanzigfache der bebauten Grundfläche wäre.

(7) Absatz 1 Satz 2 ist nicht bei einem Gebäude anzuwenden,
1. bei dem der Antrag auf Baugenehmigung vor dem 30. Juli 1981 gestellt worden ist oder das in Erwerbsfällen auf Grund eines vor dem 30. Juli 1981 rechtswirksam abgeschlossenen obligatorischen Vertrags oder sonstigen Rechtsakts erworben worden ist oder
2. das nach dem 29. Juli 1981 im Wege der Erbfolge erworben worden ist, wenn bei dem Rechtsvorgänger für dieses Gebäude die Voraussetzungen der Nummer 1 vorlagen.

An Stelle des Antrags auf Baugenehmigung tritt die Bestellung, wenn diese nachweislich vor der Stellung des Antrags auf Baugenehmigung erfolgte. Im Fall der Anschaffung von

Einkommensteuergesetz
§ 22

Kaufeigenheimen oder Trägerkleinsiedlungen, für die der Antrag auf Baugenehmigung nach dem 31. Dezember 1979 und vor dem 30. Juli 1981 gestellt worden ist, ist Absatz 1 Satz 2 nicht anzuwenden, wenn die Gebäude vor dem 1. Juli 1983 angeschafft worden sind. Im Fall des Umbaus eines Einfamilienhauses zu einer anderen Gebäudeart ist Absatz 1 Satz 2 nicht anzuwenden, wenn vor dem 30. Juli 1981 mit den Umbauarbeiten begonnen oder der für den Umbau erforderliche Antrag auf Baugenehmigung gestellt worden ist. An die Stelle des Antrags auf Baugenehmigung tritt die Bauanzeige, wenn diese baurechtlich ausreicht.

g) Sonstige Einkünfte
(§ 2 Abs. 1 Nr. 7)

§ 22 Arten der sonstigen Einkünfte

Sonstige Einkünfte sind
1. Einkünfte aus wiederkehrenden Bezügen, soweit sie nicht zu den in § 2 Abs. 1 Nr. 1 bis 6 bezeichneten Einkunftsarten gehören. Werden die Bezüge freiwillig oder auf Grund einer freiwillig begründeten Rechtspflicht oder einer gesetzlich unterhaltsberechtigten Person gewährt, so sind sie nicht dem Empfänger zuzurechnen, wenn der Geber unbeschränkt einkommensteuerpflichtig oder unbeschränkt körperschaftsteuerpflichtig ist; dem Empfänger sind dagegen zuzurechnen
    a) Bezüge, die von einer unbeschränkt steuerpflichtigen, von der Körperschaftsteuer befreiten Körperschaft, Personenvereinigung oder Vermögensmasse außerhalb der Erfüllung steuerbegünstigter Zwecke im Sinne der §§ 52 bis 54 der Abgabenordnung gewährt werden,
    b) Bezüge im Sinne des § 1 der Verordnung über die Steuerbegünstigung von Stiftungen, die an die Stelle von Familienfideikommissen getreten sind, in der im Bundesgesetzblatt Teil III, Gliederungsnummer 611-4-3, veröffentlichten bereinigten Fassung.

    Zu den in Satz 1 bezeichneten Einkünften gehören auch
    a) Leibrenten insoweit, als in den einzelnen Bezügen Einkünfte aus Erträgen des Rentenrechts enthalten sind. Als Ertrag des Rentenrechts gilt für die gesamte Dauer des Rentenbezugs der Unterschied zwischen dem Jahresbetrag der Rente und dem Betrag, der sich bei gleichmäßiger Verteilung des Kapitalwerts der Rente auf ihre voraussichtliche Laufzeit ergibt; dabei ist der Kapitalwert nach dieser Laufzeit zu berechnen. Der Ertrag des Rentenrechts (Ertragsanteil) ist aus der nachstehenden Tabelle zu entnehmen:

Einkommensteuergesetz

§ 22

Bei Beginn der Rente vollendetes Lebensjahr des Rentenberechtigten	Ertragsanteil in v. H.	Bei Beginn der Rente vollendetes Lebensjahr des Rentenberechtigten	Ertragsanteil in v. H.	Bei Beginn der Rente vollendetes Lebensjahr des Rentenberechtigten	Ertragsanteil in v. H.
0 bis 2	72	42	48	66	23
3 bis 5	71	43 bis 44	47	67	22
6 bis 8	70	45	46	68	21
9 bis 10	69	46	45	69	20
11 bis 12	68	47	44	70	19
13 bis 14	67	48	43	71	18
15 bis 16	66	49	42	72	17
17 bis 18	65	50	41	73	16
19 bis 20	64	51	39	74	15
21 bis 22	63	52	38	75	14
23 bis 24	62	53	37	76 bis 77	13
25 bis 26	61	54	36	78	12
27	60	55	35	79	11
28 bis 29	59	56	34	80	10
30	58	57	33	81 bis 82	9
31 bis 32	57	58	32	83	8
33	56	59	31	84 bis 85	7
34	55	60	29	86 bis 87	6
35	54	61	28	88 bis 89	5
36 bis 37	53	62	27	90 bis 91	4
38	52	63	26	92 bis 93	3
39	51	64	25	94 bis 96	2
40	50	65	24	ab 97	1
41	49				

Die Ermittlung des Ertrags aus Leibrenten, die vor dem 1. Januar 1955 zu laufen begonnen haben, und aus Renten, deren Dauer von der Lebenszeit mehrerer Personen oder einer anderen Person als des Rentenberechtigten abhängt, sowie aus Leibrenten, die auf eine bestimmte Zeit beschränkt sind, wird durch eine Rechtsverordnung bestimmt;
   b) Einkünfte aus Zuschüssen und sonstigen Vorteilen, die als wiederkehrende Bezüge gewährt werden;
1 a. Einkünfte aus Unterhaltsleistungen, soweit sie nach § 10 Abs. 1 Nr. 1 vom Geber abgezogen werden können;
2. Einkünfte aus Spekulationsgeschäften im Sinne des § 23;

Einkommensteuergesetz
§ 23

3. Einkünfte aus Leistungen, soweit sie weder zu anderen Einkunftsarten (§ 2 Abs. 1 Nr. 1 bis 6) noch zu den Einkünften im Sinne der Nummern 1, 1 a, 2 oder 4 gehören, z. B. Einkünfte aus gelegentlichen Vermittlungen und aus der Vermietung beweglicher Gegenstände. Solche Einkünfte sind nicht einkommensteuerpflichtig, wenn sie weniger als 500 Deutsche Mark im Kalenderjahr betragen haben. Übersteigen die Werbungskosten die Einnahmen, so darf der übersteigende Betrag bei Ermittlung des Einkommens nicht ausgeglichen werden; er darf auch nicht nach § 10 d abgezogen werden;
4. Entschädigungen, Amtszulagen, Zuschüsse zu Krankenversicherungsbeiträgen, Übergangsgelder, Sterbegelder, Versorgungsabfindungen, Versorgungsbezüge, die auf Grund des Abgeordnetengesetzes oder des Europaabgeordnetengesetzes, sowie vergleichbare Bezüge, die auf Grund der entsprechenden Gesetze der Länder gezahlt werden. Werden zur Abgeltung des durch das Mandat veranlaßten Aufwandes Aufwandsentschädigungen gezahlt, so dürfen die durch das Mandat veranlaßten Aufwendungen nicht als Werbungskosten abgezogen werden. Wahlkampfkosten zur Erlangung eines Mandats im Bundestag, im Europäischen Parlament oder im Parlament eines Landes dürfen nicht als Werbungskosten abgezogen werden. Es gelten entsprechend
    a) für Nachversicherungsbeiträge auf Grund gesetzlicher Verpflichtung nach den Abgeordnetengesetzen im Sinne des Satzes 1 und für Zuschüsse zu Krankenversicherungsbeiträgen § 3 Nr. 62,
    b) für Versorgungsbezüge § 19 Abs. 2; beim Zusammentreffen mit Versorgungsbezügen im Sinne von § 19 Abs. 2 Satz 2 bleibt jedoch insgesamt höchstens ein Betrag von 4 800 Deutsche Mark im Veranlagungszeitraum steuerfrei,
    c) für das Übergangsgeld, das in einer Summe gezahlt wird, und für die Versorgungsabfindung § 34 Abs. 3.

§ 23 Spekulationsgeschäfte

(1) Spekulationsgeschäfte (§ 22 Nr. 2) sind
1. Veräußerungsgeschäfte, bei denen der Zeitraum zwischen Anschaffung und Veräußerung beträgt:
    a) bei Grundstücken und Rechten, die den Vorschriften des bürgerlichen Rechts über Grundstücke unterliegen (z. B. Erbbaurecht, Mineralgewinnungsrecht), nicht mehr als zwei Jahre,
    b) bei anderen Wirtschaftsgütern, insbesondere bei Wertpapieren, nicht mehr als sechs Monate;
2. Veräußerungsgeschäfte, bei denen die Veräußerung der Wirtschaftsgüter früher erfolgt als der Erwerb.

(2) Außer Ansatz bleiben die Einkünfte aus der Veräußerung von
1. Schuld- und Rentenverschreibungen von Schuldnern, die Wohnsitz, Geschäftsleitung oder Sitz im Inland haben, es sei denn, daß bei ihnen neben der festen Verzinsung ein Recht auf Umtausch in Gesellschaftsanteile (Wandelanleihen) oder eine Zusatzverzinsung, die sich nach der Höhe der Gewinnausschüttung des Schuldners richtet, eingeräumt ist oder daß sie von dem Steuerpflichtigen im Ausland erworben worden sind;
2. Forderungen, die in ein inländisches öffentliches Schuldbuch eingetragen sind.

(3) Spekulationsgeschäfte liegen nicht vor, wenn Wirtschaftsgüter veräußert werden, deren Wert bei Einkünften im Sinne des § 2 Abs. 1 Nr. 1 bis 6 anzusetzen ist.

(4) Gewinn oder Verlust aus Spekulationsgeschäften ist der Unterschied zwischen dem Veräußerungspreis einerseits und den Anschaffungs- oder Herstellungskosten und den Werbungskosten andererseits. Gewinne aus Spekulationsgeschäften bleiben steuerfrei, wenn der aus Spekulationsgeschäften erzielte Gesamtgewinn im Kalenderjahr weniger als 1 000 Deutsche Mark betragen hat. Verluste aus Spekulationsgeschäften dürfen nur bis zur Höhe des Spekulationsgewinns, den der Steuerpflichtige im gleichen Kalenderjahr erzielt hat, ausgeglichen werden; sie dürfen nicht nach § 10 d abgezogen werden.

h) Gemeinsame Vorschriften

§ 24

Zu den Einkünften im Sinne des § 2 Abs. 1 gehören auch
1. Entschädigungen, die gewährt worden sind
   a) als Ersatz für entgangene oder entgehende Einnahmen oder
   b) für die Aufgabe oder Nichtausübung einer Tätigkeit, für die Aufgabe einer Gewinnbeteiligung oder einer Anwartschaft auf eine solche;
   c) als Ausgleichszahlungen an Handelsvertreter nach § 89 b des Handelsgesetzbuchs;
2. Einkünfte aus einer ehemaligen Tätigkeit im Sinne des § 2 Abs. 1 Nr. 1 bis 4 oder aus einem früheren Rechtsverhältnis im Sinne des § 2 Abs. 1 Nr. 5 bis 7, und zwar auch dann, wenn sie dem Steuerpflichtigen als Rechtsnachfolger zufließen;
3. Nutzungsvergütungen für die Inanspruchnahme von Grundstücken für öffentliche Zwecke sowie Zinsen auf solche Nutzungsvergütungen und auf Entschädigungen, die mit der Inanspruchnahme von Grundstücken für öffentliche Zwecke zusammenhängen.

§ 24 a   Altersentlastungsbetrag

Altersentlastungsbetrag ist ein Betrag von 40 vom Hundert des Arbeitslohns und der positiven Summe der Einkünfte, die nicht solche aus nichtselbständiger Arbeit sind, höchstens jedoch insgesamt ein Betrag von 3 720 Deutsche Mark im Kalenderjahr. Versorgungsbezüge im Sinne des § 19 Abs. 2, Einkünfte aus Leibrenten im Sinne des § 22 Nr. 1 Satz 3 Buchstabe a und Einkünfte im Sinne des § 22 Nr. 4 Satz 4 Buchstabe b bleiben bei der Bemessung des Betrags außer Betracht. Der Altersentlastungsbetrag wird einem Steuerpflichtigen gewährt, der vor dem Beginn des Kalenderjahrs, in dem er sein Einkommen bezogen hat, das 64. Lebensjahr vollendet hatte. Im Fall der Zusammenveranlagung von Ehegatten zur Einkommensteuer sind die Sätze 1 bis 3 für jeden Ehegatten gesondert anzuwenden.

§ 24 b   Ausbildungsplatz-Abzugsbetrag

(1) Steuerpflichtigen, die bis 31. Dezember 1990 finanzielle Hilfen auf Grund einer Rechtsverordnung nach § 2 Abs. 1 des Ausbildungsplatzförderungsgesetzes erhalten und bei denen die finanziellen Hilfen zu den Betriebseinnahmen aus Land- und Forstwirtschaft, Gewerbebetrieb oder selbständiger Arbeit gehören, wird ein Ausbildungsplatz-Abzugsbetrag in Höhe der finanziellen Hilfen gewährt. Dies gilt auch für Zuwendungen aus öffentlichen Mitteln, die dazu bestimmt sind, zusätzliche Ausbildungsplätze bereitzustellen.

(2) Wird die finanzielle Hilfe einer Gesellschaft im Sinne des § 15 Abs. 1 Nr. 2 gewährt, so wird jedem Mitunternehmer ein Ausbildungsplatz-Abzugsbetrag in Höhe des Teils der finanziellen Hilfe gewährt, der dem Verhältnis des Gewinnanteils des Mitunternehmers

Einkommensteuergesetz

§§ 25–26 a

einschließlich der Vergütungen zum Gewinn der Gesellschaft entspricht. Der Ausbildungsplatz-Abzugsbetrag und die Anteile der Mitunternehmer am Ausbildungsplatz-Abzugsbetrag sind gesondert festzustellen (§ 179 Abgabenordnung).

III. Veranlagung

§ 25 Veranlagungszeitraum, Steuererklärungspflicht

(1) Die Einkommensteuer wird nach Ablauf des Kalenderjahrs (Veranlagungszeitraum) nach dem Einkommen veranlagt, das der Steuerpflichtige in diesem Veranlagungszeitraum bezogen hat, soweit nicht nach § 46 eine Veranlagung unterbleibt.

(2) Hat die Steuerpflicht nicht während des vollen Veranlagungszeitraums bestanden, so wird das während der Dauer der Steuerpflicht bezogene Einkommen zugrunde gelegt. In diesem Fall kann die Veranlagung bei Wegfall der Steuerpflicht sofort vorgenommen werden.

(3) Der Steuerpflichtige hat für den abgelaufenen Veranlagungszeitraum eine Einkommensteuererklärung abzugeben. Ehegatten haben für den Fall der Zusammenveranlagung (§ 26 b) eine gemeinsame Einkommensteuererklärung abzugeben. Wählt einer der Ehegatten die getrennte Veranlagung (§ 26 a) oder wählen beide Ehegatten die besondere Veranlagung für den Veranlagungszeitraum der Eheschließung (§ 26 c), hat jeder der Ehegatten eine Einkommensteuererklärung abzugeben. Der Steuerpflichtige hat die Einkommensteuererklärung eigenhändig zu unterschreiben. Eine gemeinsame Einkommensteuererklärung ist von beiden Ehegatten eigenhändig zu unterschreiben.

§ 26 Veranlagung von Ehegatten

(1) Ehegatten, die beide beschränkt einkommensteuerpflichtig sind und nicht dauernd getrennt leben und bei denen diese Voraussetzungen zu Beginn des Veranlagungszeitraums vorgelegen haben oder im Laufe des Veranlagungszeitraums eingetreten sind, können zwischen getrennter Veranlagung (§ 26 a) und Zusammenveranlagung (§ 26 b) wählen; für den Veranlagungszeitraum der Eheschließung können sie statt dessen die besondere Veranlagung nach § 26 c wählen. Eine Ehe, die im Laufe des Veranlagungszeitraums aufgelöst worden ist, bleibt für die Anwendung des Satzes 1 unberücksichtigt, wenn einer der Ehegatten in demselben Veranlagungszeitraum wieder geheiratet hat und bei ihm und dem neuen Ehegatten die Voraussetzungen des Satzes 1 ebenfalls vorliegen.

(2) Ehegatten werden getrennt veranlagt, wenn einer der Ehegatten getrennte Veranlagung wählt. Ehegatten werden zusammen veranlagt oder – für den Veranlagungszeitraum der Eheschließung – nach § 26 c veranlagt, wenn beide Ehegatten die betreffende Veranlagungsart wählen. Die zur Ausübung der Wahl erforderlichen Erklärungen sind beim Finanzamt schriftlich oder zu Protokoll abzugeben.

(3) Werden die nach Absatz 2 erforderlichen Erklärungen nicht abgegeben, so wird unterstellt, daß die Ehegatten die Zusammenveranlagung wählen.

§ 26 a Getrennte Veranlagung von Ehegatten

(1) Bei getrennter Veranlagung von Ehegatten in den in § 26 bezeichneten Fällen sind jedem Ehegatten die von ihm bezogenen Einkünfte zuzurechnen. Einkünfte eines Ehegat-

ten sind nicht allein deshalb zum Teil dem anderen Ehegatten zuzurechnen, weil dieser bei der Erzielung der Einkünfte mitgewirkt hat.

(2) Außergewöhnliche Belastungen (§§ 33 bis 33 c) werden in Höhe des bei einer Zusammenveranlagung der Ehegatten in Betracht kommenden Betrags bei beiden Veranlagungen jeweils zur Hälfte abgezogen, wenn die Ehegatten nicht gemeinsam eine andere Aufteilung beantragen. Die nach § 33 b Abs. 5 übertragbaren Pauschbeträge stehen den Ehegatten insgesamt nur einmal zu; sie werden jedem Ehegatten zur Hälfte gewährt. Die nach § 34 f zu gewährende Steuerermäßigung steht den Ehegatten in dem Verhältnis zu, in dem sie erhöhte Absetzungen nach § 7 b oder Abzugsbeträge nach § 10 e Abs. 1 bis 5 oder nach § 15 b des Berlinförderungsgesetzes in Anspruch nehmen.

(3) Die Anwendung der §§ 10 a und 10 d für den Fall des Übergangs von der getrennten Veranlagung zur Zusammenveranlagung und von der Zusammenveranlagung zur getrennten Veranlagung, wenn bei beiden Ehegatten nicht entnommene Gewinne oder nicht ausgeglichene Verluste vorliegen, wird durch Rechtsverordnung geregelt.

§ 26 b Zusammenveranlagung von Ehegatten

Bei der Zusammenveranlagung von Ehegatten werden die Einkünfte, die die Ehegatten erzielt haben, zusammengerechnet, den Ehegatten gemeinsam zugerechnet und, soweit nichts anderes vorgeschrieben ist, die Ehegatten sodann gemeinsam als Steuerpflichtiger behandelt.

§ 26 c Besondere Veranlagung für den Veranlagungszeitraum der Eheschließung

(1) Bei besonderer Veranlagung für den Veranlagungszeitraum der Eheschließung werden Ehegatten so behandelt, als ob sie unverheiratet wären. § 12 Nr. 2 und § 33 c Abs. 2 bleiben unberührt. § 26 a Abs. 1 gilt sinngemäß.

(2) Bei der besonderen Veranlagung ist das Verfahren nach § 32 a Abs. 5 anzuwenden, wenn der zu veranlagende Ehegatte zu Beginn des Veranlagungszeitraums verwitwet war und bei ihm die Voraussetzungen des § 32 a Abs. 6 Nr. 1 vorgelegen hatten.

(3) Für die Anwendung des § 32 Abs. 7 bleiben Kinder unberücksichtigt, wenn das Kindschaftsverhältnis (§ 32 Abs. 1) in Beziehung zu beiden Ehegatten erst nach der Eheschließung begründet wird.

§ 27 (weggefallen)

§ 28 Besteuerung bei fortgesetzter Gütergemeinschaft

Bei fortgesetzter Gütergemeinschaft gelten Einkünfte, die in das Gesamtgut fallen, als Einkünfte des überlebenden Ehegatten, wenn dieser unbeschränkt steuerpflichtig ist.

§§ 29 bis 31 (weggefallen)

Einkommensteuergesetz
§ 32

IV. Tarif

§ 32 Kinder, Kinderfreibetrag, Sonderfreibeträge

(1) Kinder im Sinne der Absätze 2 bis 5 und des Absatzes 7 sind:
1. Kinder, die im ersten Grad mit dem Steuerpflichtigen verwandt sind;
2. Pflegekinder. Das sind Personen, mit denen der Steuerpflichtige durch ein familienähnliches, auf längere Dauer berechnetes Band verbunden ist und die er in seinen Haushalt aufgenommen hat. Voraussetzung ist, daß das Obhuts- und Pflegeverhältnis zu den Eltern nicht mehr besteht und der Steuerpflichtige das Kind mindestens zu einem nicht unwesentlichen Teil auf seine Kosten unterhält.

Steht ein angenommenes Kind zu Beginn des Kalenderjahrs noch in einem Kindschaftsverhältnis zu seinen leiblichen Eltern, so kann es bei diesen nur berücksichtigt werden, wenn sie ihrer Unterhaltsverpflichtung gegenüber dem Kind für das Kalenderjahr im wesentlichen nachkommen. Entsprechendes gilt, wenn ein Pflegekind auch in einem Kindschaftsverhältnis zu seinen Eltern steht.

(2) Ein Kind kann nur berücksichtigt werden, wenn es zu Beginn des Kalenderjahrs unbeschränkt einkommensteuerpflichtig war oder im Laufe des Kalenderjahrs unbeschränkt einkommensteuerpflichtig geworden ist.

(3) Ein Kind wird in dem Kalenderjahr, in dem es lebend geboren wurde, und in jedem folgenden Kalenderjahr, zu dessen Beginn es das 16. Lebensjahr noch nicht vollendet hat, berücksichtigt.

(4) Ein Kind, das zu Beginn des Kalenderjahrs das 16. Lebensjahr, aber noch nicht das 27. Lebensjahr vollendet hat, wird berücksichtigt, wenn es
1. für einen Beruf ausgebildet wird oder
2. eine Berufsausbildung mangels Ausbildungsplatzes nicht beginnen oder fortsetzen kann oder
3. den gesetzlichen Grundwehrdienst oder Zivildienst leistet oder
4. freiwillig für die Dauer von nicht mehr als drei Jahren Wehr- oder Polizeivollzugsdienst leistet, der an Stelle des gesetzlichen Grundwehrdienstes oder Zivildienstes abgeleistet wird, oder
5. eine vom gesetzlichen Grundwehrdienst oder Zivildienst befreiende Tätigkeit als Entwicklungshelfer im Sinne des § 1 Abs. 1 des Entwicklungshelfer-Gesetzes ausübt oder
6. ein freiwilliges soziales Jahr im Sinne des Gesetzes zur Förderung eines freiwilligen sozialen Jahres leistet oder
7. wegen körperlicher, geistiger oder seelischer Behinderung außerstande ist, sich selbst zu unterhalten.

In den Fällen der Nummern 3 bis 5 ist Voraussetzung, daß durch die Aufnahme des Dienstes oder der Tätigkeit eine Berufsausbildung unterbrochen worden ist. Im Fall der Nummer 7 gilt Absatz 5 Satz 2 entsprechend.

(5) Ein Kind, das zu Beginn des Kalenderjahrs das 27. Lebensjahr vollendet hat, wird berücksichtigt, wenn es wegen körperlicher, geistiger oder seelischer Behinderung außerstande ist, sich selbst zu unterhalten. Ist das Kind verheiratet oder geschieden, so ist weitere Voraussetzung, daß sein Ehegatte oder sein früherer Ehegatte ihm keinen ausreichenden Unterhalt leisten kann oder ihm gegenüber nicht unterhaltspflichtig ist.

Einkommensteuergesetz

§ 32 a

(6) Ein Kinderfreibetrag von 1 512 Deutsche Mark wird für jedes zu berücksichtigende Kind des Steuerpflichtigen vom Einkommen abgezogen. Bei Ehegatten, die nach den §§ 26, 26 b zusammen zur Einkommensteuer veranlagt werden, wird ein Kinderfreibetrag von 3 024 Deutsche Mark abgezogen, wenn das Kind zu beiden Ehegatten in einem Kindschaftsverhältnis steht. Ein Kinderfreibetrag von 3 024 Deutsche Mark wird auch abgezogen, wenn
1. der andere Elternteil vor dem Beginn des Kalenderjahrs verstorben ist oder während des ganzen Kalenderjahrs nicht unbeschränkt einkommensteuerpflichtig gewesen ist oder
2. der Steuerpflichtige allein das Kind angenommen hat oder das Kind nur zu ihm in einem Pflegekindschaftsverhältnis steht.

Abweichend von Satz 1 wird bei einem unbeschränkt einkommensteuerpflichtigen Elternpaar, bei dem die Voraussetzungen des § 26 Abs. 1 Satz 1 nicht vorliegen, auf Antrag eines Elternteils der Kinderfreibetrag des anderen Elternteils auf ihn übertragen, wenn er, nicht jedoch der andere Elternteil seiner Unterhaltsverpflichtung gegenüber dem Kind für das Kalenderjahr im wesentlichen nachkommt, oder wenn der andere Elternteil dem Antrag zustimmt; die Zustimmung kann nicht widerrufen werden.

(7) Ein Haushaltsfreibetrag von 5 616 Deutsche Mark wird bei einem Steuerpflichtigen, für den das Splitting-Verfahren (§ 32 a Abs. 5 und 6) nicht anzuwenden und der auch nicht als Ehegatte (§ 26 Abs. 1) getrennt zur Einkommensteuer zu veranlagen ist, vom Einkommen abgezogen, wenn er einen Kinderfreibetrag für mindestens ein Kind erhält, das in seiner Wohnung gemeldet ist. Kinder, die bei beiden Elternteilen gemeldet sind, werden dem Elternteil zugeordnet, in dessen Wohnung sie im Kalenderjahr zuerst gemeldet waren, im übrigen der Mutter oder mit deren Zustimmung dem Vater; die Zustimmung kann nicht widerrufen werden.

(8) (aufgehoben)

§ 32 a   Einkommensteuertarif

(1) Die tarifliche Einkommensteuer bemißt sich nach dem zu versteuernden Einkommen. Sie beträgt vorbehaltlich der §§ 32 b, 34 und 34 b und 34 c jeweils in Deutsche Mark für zu versteuernde Einkommen
1. bis 5 616 Deutsche Mark (Grundfreibetrag):
   0;
2. von 5 617 Deutsche Mark bis 8 153 Deutsche Mark:
   $0,19 \cdot x - 1\,067$;
3. von 8 154 Deutsche Mark bis 120 041 Deutsche Mark:
   $(151,94 \cdot y + 1\,900) \cdot y + 472$;
4. von 120 042 Deutsche Mark an:
   $0,53 \cdot x - 22\,842$;

»x« ist das abgerundete zu versteuernde Einkommen. »y« ist ein Zehntausendstel des 8 100 Deutsche Mark übersteigenden Teils des abgerundeten zu versteuernden Einkommens.

(2) Das zu versteuernde Einkommen ist auf den nächsten durch 54 ohne Rest teilbaren vollen Deutsche-Mark-Betrag abzurunden, wenn es nicht bereits durch 54 ohne Rest teilbar ist.

Einkommensteuergesetz
§ 32 b

(3) Die zur Berechnung der tariflichen Einkommensteuer erforderlichen Rechenschritte sind in der Reihenfolge auszuführen, die sich nach dem Horner- Schema ergibt. Dabei sind die sich aus den Multiplikationen ergebenden Zwischenergebnisse für jeden weiteren Rechenschritt mit drei Dezimalstellen anzusetzen; die nachfolgenden Dezimalstellen sind fortzulassen. Der sich ergebende Steuerbetrag ist auf den nächsten vollen Deutsche-Mark-Betrag abzurunden.

(4) Für zu versteuernde Einkommen bis 120 041 Deutsche Mark ergibt sich die nach den Absätzen 1 bis 3 berechnete tarifliche Einkommensteuer aus der diesem Gesetz beigefügten Anlage 1 (Einkommensteuer-Grundtabelle).

(5) Bei Ehegatten, die nach den §§ 26, 26 b zusammen zur Einkommensteuer veranlagt werden, beträgt die tarifliche Einkommensteuer vorbehaltlich der §§ 32 b, 34 und 34 b das Zweifache des Steuerbetrags, der sich für die Hälfte ihres gemeinsam zu versteuernden Einkommens nach den Absätzen 1 bis 3 ergibt (Splitting-Verfahren). Für zu versteuernde Einkommen bis 240 083 Deutsche Mark ergibt sich die nach Satz 1 berechnete tarifliche Einkommensteuer aus der diesem Gesetz beigefügten Anlage 2 (Einkommensteuer-Splittingtabelle).

(6) Das Verfahren nach Absatz 5 ist auch anzuwenden zur Berechnung der tariflichen Einkommensteuer für das zu versteuernde Einkommen
1. bei einem verwitweten Steuerpflichtigen für den Veranlagungszeitraum, der dem Kalenderjahr folgt, in dem der Ehegatte verstorben ist, wenn der Steuerpflichtige und sein verstorbener Ehegatte im Zeitpunkt seines Todes die Voraussetzungen des § 26 Abs. 1 Satz 1 erfüllt haben,
2. bei einem Steuerpflichtigen, dessen Ehe in dem Kalenderjahr, in dem er sein Einkommen bezogen hat, durch Tod, Scheidung oder Aufhebung aufgelöst worden ist, wenn in diesem Kalenderjahr
   a) der Steuerpflichtige und sein bisheriger Ehegatte die Voraussetzungen des § 26 Abs. 1 Satz 1 erfüllt haben,
   b) der bisherige Ehegatte wieder geheiratet hat und
   c) der bisherige Ehegatte und dessen neuer Ehegatte ebenfalls die Voraussetzungen des § 26 Abs. 1 Satz 1 erfüllen.

Voraussetzung ist, daß der Steuerpflichtige nicht nach den §§ 26, 26 a getrennt zur Einkommensteuer veranlagt wird.

§ 32 b Progressionsvorbehalt

(1) Hat ein unbeschränkt Steuerpflichtiger
1. a) Arbeitslosengeld, Arbeitslosenhilfe, Kurzarbeitergeld, Schlechtwettergeld, Konkursausfallgeld, Übergangsgeld, Unterhaltsgeld als Zuschuß, Überbrückungsgeld, Eingliederungsgeld oder Krankengeld nach dem Arbeitsförderungsgesetz,
   b) Krankengeld, Mutterschaftsgeld, Verletztengeld, Übergangsgeld oder vergleichbare Lohnersatzleistungen nach der Reichsversicherungsordnung, dem Gesetz über die Krankenversicherung der Landwirte, dem Angestelltenversicherungsgesetz oder dem Reichsknappschaftsgesetz,
   c) Mutterschaftsgeld, Zuschuß zum Mutterschaftsgeld sowie die Sonderunterstützung nach dem Mutterschutzgesetz,
   d) Arbeitslosenbeihilfe oder Arbeitslosenhilfe nach dem Soldatenversorgungsgesetz,

e) Entschädigungen für Verdienstausfall nach dem Bundesseuchengesetz,
f) Versorgungskrankengeld oder Übergangsgeld nach dem Bundesversorgungsgesetz,
g) Aufstockungsbeträge nach dem Altersteilzeitgesetz,
h) Verdienstausfallentschädigung nach dem Unterhaltssicherungsgesetz oder
2. ausländische Einkünfte, die nach einem Abkommen zur Vermeidung der Doppelbesteuerung steuerfrei sind, oder Einkünfte, die nach einem sonstigen zwischenstaatlichen Übereinkommen unter dem Vorbehalt der Einbeziehung bei der Berechnung der Einkommensteuer steuerfrei sind,

bezogen, so ist auf das nach § 32 a Abs. 1 zu versteuernde Einkommen ein besonderer Steuersatz anzuwenden.

(2) Der besondere Steuersatz nach Absatz 1 ist der Steuersatz, der sich ergibt, wenn bei der Berechnung der Einkommensteuer einbezogen werden:
1. im Fall des Absatzes 1 Nr. 1 die Summe der bezogenen Leistungen nach Abzug des Arbeitnehmer-Pauschbetrags (§ 9 a Nr. 1), soweit er nicht bei der Ermittlung der Einkünfte aus nichtselbständiger Arbeit abziehbar ist;
2. im Fall des Absatzes 1 Nr. 2 die dort bezeichneten Einkünfte, ausgenommen die darin enthaltenen außerordentlichen Einkünfte.

(3) Die Träger der Sozialleistungen im Sinne des Absatzes 1 Nr. 1 haben bei Einstellung der Leistung oder spätestens am Ende des jeweiligen Kalenderjahrs dem Empfänger die Dauer des Leistungszeitraums sowie Art und Höhe der während des Kalenderjahrs gezahlten Leistungen zu bescheinigen. In der Bescheinigung ist der Empfänger auf die steuerliche Behandlung dieser Leistungen und seine Steuererklärungspflicht hinzuweisen.

§ 33 Außergewöhnliche Belastungen

(1) Erwachsen einem Steuerpflichtigen zwangsläufig größere Aufwendungen als der überwiegenden Mehrzahl der Steuerpflichtigen gleicher Einkommensverhältnisse, gleicher Vermögensverhältnisse und gleichen Familienstands (außergewöhnliche Belastung), so wird auf Antrag die Einkommensteuer dadurch ermäßigt, daß der Teil der Aufwendungen, der die dem Steuerpflichtigen zumutbare Belastung (Absatz 3) übersteigt, vom Gesamtbetrag der Einkünfte abgezogen wird.

(2) Aufwendungen erwachsen dem Steuerpflichtigen zwangsläufig, wenn er sich ihnen aus rechtlichen, tatsächlichen oder sittlichen Gründen nicht entziehen kann und soweit die Aufwendungen den Umständen nach notwendig sind und einen angemessenen Betrag nicht übersteigen. Aufwendungen, die zu den Betriebsausgaben, Werbungskosten oder Sonderausgaben gehören, bleiben dabei außer Betracht; das gilt für Aufwendungen im Sinne des § 10 Abs. 1 Nr. 7 und 8 nur insoweit, als sie als Sonderausgaben abgezogen werden können. Aufwendungen, die durch Diätverpflegung entstehen, können nicht als außergewöhnliche Belastung berücksichtigt werden.

Einkommensteuergesetz
§ 33 a

(3) Die zumutbare Belastung beträgt

bei einem Gesamtbetrag der Einkünfte	bis 30 000 DM	über 30 000 DM bis 100 000 DM	über 100 000 DM
1. bei Steuerpflichtigen, die keine Kinder haben und bei denen die Einkommensteuer			
a) nach § 32a Abs. 1, ...	5	6	7
b) nach § 32a Abs. 5 oder 6 (Splitting-Verfahren)	4	5	6
zu berechnen ist;			
2. bei Steuerpflichtigen mit			
a) einem Kind oder zwei Kindern, ...	2	3	4
b) drei oder mehr Kindern	1	1	2

vom Hundert des Gesamtbetrags der Einkünfte.

Als Kinder des Steuerpflichtigen zählen die, für die er einen Kinderfreibetrag erhält.

§ 33 a Außergewöhnliche Belastung in besonderen Fällen

(1) Erwachsen einem Steuerpflichtigen zwangsläufig (§ 33 Abs. 2) Aufwendungen für den Unterhalt und eine etwaige Berufsausbildung einer Person, für die weder der Steuerpflichtige noch eine andere Person Anspruch auf einen Kinderfreibetrag hat, so wird auf Antrag die Einkommensteuer dadurch ermäßigt, daß die Aufwendungen vom Gesamtbetrag der Einkünfte abgezogen werden, und zwar im Kalenderjahr
1. für eine Person, die das 18. Lebensjahr noch nicht vollendet hat oder für die der Steuerpflichtige die Voraussetzungen für einen Ausbildungsfreibetrag nach Absatz 2 erfüllt, bis zu 3 024 Deutsche Mark,
2. für andere Personen bis zu 5 400 Deutsche Mark.

Voraussetzung ist, daß die unterhaltene Person kein oder nur ein geringes Vermögen besitzt. Hat die unterhaltene Person andere Einkünfte oder Bezüge, die zur Bestreitung des Unterhalts bestimmt oder geeignet sind, so vermindern sich die Beträge von 3 024 und 5 400 Deutsche Mark um den Betrag, um den diese Einkünfte und Bezüge den Betrag von 4 500 Deutsche Mark übersteigen. Ist die unterhaltene Person nicht unbeschränkt einkommensteuerpflichtig, so können die Aufwendungen nur abgezogen werden, soweit sie nach den Verhältnissen des Wohnsitzstaates der unterhaltenen Person notwendig und angemessen sind, höchstens jedoch der Betrag, der sich nach den Sätzen 1 bis 3 ergibt; ob der

Einkommensteuergesetz
§ 33 a

Steuerpflichtige sich den Aufwendungen aus rechtlichen, tatsächlichen oder sittlichen Gründen nicht entziehen kann, ist nach inländischen Maßstäben zu beurteilen. Werden die Aufwendungen für eine unterhaltene Person von mehreren Steuerpflichtigen getragen, so wird bei jedem der Teil des sich hiernach ergebenden Betrags abgezogen, der seinem Anteil am Gesamtbetrag der Leistungen entspricht.

(1 a)   (aufgehoben)

(2) Erwachsen einem Steuerpflichtigen Aufwendungen für die Berufsausbildung eines Kindes, für das er einen Kinderfreibetrag erhält oder erhielte, wenn das Kind unbeschränkt einkommensteuerpflichtig wäre, so wird auf Antrag ein Ausbildungsfreibetrag vom Gesamtbetrag der Einkünfte abgezogen. Das gleiche gilt, wenn ein Kind im Sinne des § 32 Abs. 1, für das der Steuerpflichtige keinen Kinderfreibetrag erhält, den gesetzlichen Grundwehrdienst oder Zivildienst geleistet hat und im übrigen die Voraussetzungen des Satzes 1 vorliegen, für die Zeit bis zur Vollendung des 29. Lebensjahrs des Kindes. Ausbildungsfreibeträge können je Kalenderjahr wie folgt abgezogen werden:
1. für ein Kind, das das 18. Lebensjahr noch nicht vollendet hat, in Höhe von 1 800 Deutsche Mark, wenn das Kind auswärtig untergebracht ist;
2. für ein Kind, das das 18. Lebensjahr vollendet hat, ein Betrag von 2 400 Deutsche Mark. Dieser Betrag erhöht sich auf 4 200 Deutsche Mark, wenn das Kind auswärtig untergebracht ist.

Die Ausbildungsfreibeträge vermindern sich jeweils um die eigenen Einkünfte und Bezüge des Kindes, die zur Bestreitung seines Unterhalts oder seiner Berufsausbildung bestimmt oder geeignet sind, soweit diese 3 600 Deutsche Mark im Kalenderjahr übersteigen, sowie um die von dem Kind als Ausbildungshilfe aus öffentlichen Mitteln oder von Förderungseinrichtungen, die hierfür öffentliche Mittel erhalten, bezogenen Zuschüsse. Der anrechnungsfreie Betrag kann nur in Anspruch genommen werden, wenn der Steuerpflichtige für das Kind einen Kinderfreibetrag erhält. Für ein nicht unbeschränkt einkommensteuerpflichtiges Kind mindern sich die vorstehenden Beträge nach Maßgabe des Absatzes 1 Satz 4. Erfüllen mehrere Steuerpflichtige für dasselbe Kind die Voraussetzungen des Satzes 1, so kann der Ausbildungsfreibetrag insgesamt nur einmal gewährt werden. Steht das Kind zu zwei Steuerpflichtigen, die zusammen die Voraussetzungen des § 26 Abs. 1 Satz 1 nicht erfüllen, in einem Kindschaftsverhältnis, so erhält jeder die Hälfte des Abzugsbetrags nach den Sätzen 1 bis 6. Steht das Kind zu mehr als zwei Steuerpflichtigen in einem Kindschaftsverhältnis, so erhält ein Elternpaar zusammen die Hälfte des Abzugsbetrags. Liegen im Fall des Satzes 9 bei einem Elternpaar die Voraussetzungen des § 26 Abs. 1 Satz 1 nicht vor, so erhält jeder Elternteil ein Viertel des Abzugsbetrags. Auf gemeinsamen Antrag eines Elternpaares, bei dem die Voraussetzungen des § 26 Abs. 1 Satz 1 nicht vorliegen, kann in den Fällen der Sätze 8 bis 10 bei einer Veranlagung zur Einkommensteuer der einem Elternteil zustehende Anteil am Abzugsbetrag auf den anderen Elternteil übertragen werden.

(3) Erwachsen einem Steuerpflichtigen Aufwendungen durch die Beschäftigung einer Hilfe im Haushalt, so können sie bis zu den folgenden Höchstbeträgen vom Gesamtbetrag der Einkünfte abgezogen werden:
1. 1 200 Deutsche Mark im Kalenderjahr, wenn
   a) der Steuerpflichtige oder sein nicht dauernd getrennt lebender Ehegatte das 60. Lebensjahr vollendet hat oder

Einkommensteuergesetz
§ 33 b

b) wegen Krankheit des Steuerpflichtigen oder seines nicht dauernd getrennt lebenden Ehegatten oder eines zu seinem Haushalt gehörigen Kindes im Sinne des § 32 Abs. 1 Satz 1 oder einer anderen zu seinem Haushalt gehörigen unterhaltenen Person, für die eine Ermäßigung nach Absatz 1 gewährt wird, die Beschäftigung einer Hilfe im Haushalt erforderlich ist,

2. 1 800 Deutsche Mark im Kalenderjahr, wenn eine der in Nummer 1 Buchstabe b genannten Personen hilflos im Sinne des § 33 b oder schwer behindert ist.

Erwachsen einem Steuerpflichtigen wegen der Unterbringung in einem Heim oder zur dauernden Pflege Aufwendungen, die Kosten für Dienstleistungen enthalten, die mit denen einer Hilfe im Haushalt vergleichbar sind, so können sie bis zu den folgenden Höchstbeträgen vom Gesamtbetrag der Einkünfte abgezogen werden:

1. 1 200 Deutsche Mark, wenn der Steuerpflichtige oder sein nicht dauernd getrennt lebender Ehegatte in einem Heim untergebracht ist, ohne pflegebedürftig zu sein,
2. 1 800 Deutsche Mark, wenn die Unterbringung zur dauernden Pflege erfolgt.

Die jeweiligen Höchstbeträge der Sätze 1 und 2 können auch bei Ehegatten, bei denen die Voraussetzungen des § 26 Abs. 1 vorliegen, insgesamt nur einmal abgezogen werden, es sei denn, die Ehegatten sind wegen Pflegebedürftigkeit eines der Ehegatten an einer gemeinsamen Haushaltsführung gehindert.

(4) Für jeden vollen Kalendermonat, in dem die in den Absätzen 1 bis 3 bezeichneten Voraussetzungen nicht vorgelegen haben, ermäßigen sich die dort bezeichneten Beträge um je ein Zwölftel. Eigene Einkünfte und Bezüge der unterhaltenen Person oder des Kindes, die auf diese Kalendermonate entfallen, vermindern die nach Satz 1 ermäßigten Höchstbeträge und Freibeträge nicht. Als Ausbildungshilfe bezogene Zuschüsse mindern nur die zeitanteiligen Höchstbeträge und Freibeträge der Kalendermonate, für die die Zuschüsse bestimmt sind.

(5) In den Fällen des Absatzes 1 Satz 1 und der Absätze 2 und 3 kann wegen der in diesen Vorschriften bezeichneten Aufwendungen der Steuerpflichtige eine Steuerermäßigung nach § 33 nicht in Anspruch nehmen.

§ 33 b Pauschbeträge für Behinderte, Hinterbliebene und Pflegepersonen

(1) Wegen der außergewöhnlichen Belastungen, die einem Behinderten unmittelbar infolge seiner Behinderung erwachsen, kann er anstelle einer Steuerermäßigung nach § 33 einen Pauschbetrag nach Absatz 3 geltend machen (Behinderten-Pauschbetrag).

(2) Die Pauschbeträge erhalten
1. Behinderte, deren Grad der Behinderung auf mindestens 50 festgestellt ist;
2. Behinderte, deren Grad der Behinderung auf weniger als 50, aber mindestens auf 25 festgestellt ist, wenn
   a) dem Behinderten wegen seiner Behinderung nach gesetzlichen Vorschriften Renten oder andere laufende Bezüge zustehen, und zwar auch dann, wenn das Recht auf die Bezüge ruht oder der Anspruch auf die Bezüge durch Zahlung eines Kapitals abgefunden worden ist, oder
   b) die Behinderung zu einer äußerlich erkennbaren dauernden Einbuße der körperlichen Beweglichkeit geführt hat oder auf einer typischen Berufskrankheit beruht.

(3) Die Höhe des Pauschbetrags richtet sich nach dem dauernden Grad der Behinderung. Als Pauschbeträge werden gewährt bei einem Grad der Behinderung

Einkommensteuergesetz

§ 33 b

von 25 und 30	600 Deutsche Mark
von 35 und 40	840 Deutsche Mark
von 45 und 50	1 110 Deutsche Mark
von 55 und 60	1 410 Deutsche Mark
von 65 und 70	1 740 Deutsche Mark
von 75 und 80	2 070 Deutsche Mark
von 85 und 90	2 400 Deutsche Mark
von 95 und 100	2 760 Deutsche Mark.

Für Behinderte, die infolge ihrer Behinderung so hilflos sind, daß sie für die gewöhnlichen und regelmäßig wiederkehrenden Verrichtungen im Ablauf des täglichen Lebens in erheblichem Umfang fremder Hilfe dauernd bedürfen, und für Blinde erhöht sich der Pauschbetrag auf 7 200 Deutsche Mark.

(4) Personen, denen laufende Hinterbliebenenbezüge bewilligt worden sind, erhalten auf Antrag einen Pauschbetrag von 720 Deutsche Mark (Hinterbliebenen- Pauschbetrag), wenn die Hinterbliebenenbezüge geleistet werden
1. nach dem Bundesversorgungsgesetz oder einem anderen Gesetz, das die Vorschriften des Bundesversorgungsgesetzes über Hinterbliebenenbezüge für entsprechend anwendbar erklärt, oder
2. nach den Vorschriften über die gesetzliche Unfallversicherung oder
3. nach den beamtenrechtlichen Vorschriften an Hinterbliebene eines an den Folgen eines Dienstunfalls verstorbenen Beamten oder
4. nach den Vorschriften des Bundesentschädigungsgesetzes über die Entschädigung für Schäden an Leben, Körper oder Gesundheit.
Der Pauschbetrag wird auch dann gewährt, wenn das Recht auf die Bezüge ruht oder der Anspruch auf die Bezüge durch Zahlung eines Kapitals abgefunden worden ist.

(5) Steht der Behinderten-Pauschbetrag oder der Hinterbliebenen- Pauschbetrag einem Kind des Steuerpflichtigen zu, für das er einen Kinderfreibetrag erhält, so wird der Pauschbetrag auf Antrag auf den Steuerpflichtigen übertragen, wenn ihn das Kind nicht in Anspruch nimmt. Erhalten für das Kind mehrere Steuerpflichtige einen Kinderfreibetrag, so gilt für die Übertragung des Pauschbetrags § 33 a Abs. 2 Sätze 8 bis 10 sinngemäß. Abweichend hiervon kann auf gemeinsamen Antrag eines Elternpaares, bei dem die Voraussetzungen des § 26 Abs. 1 Satz 1 nicht vorliegen, bei einer Veranlagung zur Einkommensteuer der zu übertragende Pauschbetrag anders aufgeteilt werden; in diesem Fall kann eine Steuerermäßigung nach § 33 wegen der Aufwendungen, für die der Behinderten-Pauschbetrag gilt, nicht gewährt werden.

(6) Wegen der außergewöhnlichen Belastungen, die einem Steuerpflichtigen durch die Pflege einer Person erwachsen, die nicht nur vorübergehend so hilflos ist, daß sie für die gewöhnlichen und regelmäßig wiederkehrenden Verrichtungen im Ablauf des täglichen Lebens in erheblichem Umfang fremder Hilfe dauernd bedarf, kann er anstelle einer Steuerermäßigung nach § 33 einen Pauschbetrag von 1 800 Deutsche Mark im Kalenderjahr geltend machen (Pflege-Pauschbetrag). Voraussetzung ist, daß der Steuerpflichtige die Pflege im Inland entweder in seiner Wohnung oder in der Wohnung des Pflegebedürftigen persönlich durchführt. Wird ein Pflegebedürftiger von mehreren Steuerpflichtigen im Veranlagungszeitraum gepflegt, wird der Pauschbetrag nach der Zahl der Pflegepersonen, bei denen die Voraussetzungen der Sätze 1 und 2 vorliegen, geteilt.

Einkommensteuergesetz
§ 33 c

(7) Die Bundesregierung wird ermächtigt, durch Rechtsverordnung mit Zustimmung des Bundesrates zu bestimmen, wie nachzuweisen ist, daß die Voraussetzungen für die Inanspruchnahme der Pauschbeträge vorliegen.

§ 33 c Kinderbetreuungskosten

(1) Aufwendungen für Dienstleistungen zur Betreuung eines zum Haushalt eines Alleinstehenden gehörenden unbeschränkt einkommensteuerpflichtigen Kindes, das nach § 32 Abs. 1 bis 3 zu berücksichtigen ist, gelten als außergewöhnliche Belastung im Sinne des § 33, soweit die Aufwendungen wegen
1. Erwerbstätigkeit oder
2. körperlicher, geistiger oder seelischer Behinderung oder
3. Krankheit
des Steuerpflichtigen erwachsen. Im Fall der Nummer 3 muß die Krankheit innerhalb eines zusammenhängenden Zeitraums von mindestens drei Monaten bestanden haben. Satz 2 gilt nicht, wenn der Krankheitsfall unmittelbar im Anschluß an eine Erwerbstätigkeit eintritt. Die Aufwendungen können nur berücksichtigt werden, soweit sie den Umständen nach notwendig sind und einen angemessenen Betrag nicht übersteigen. Aufwendungen für Unterricht, die Vermittlung besonderer Fähigkeiten, sportliche und andere Freizeitbetätigungen werden nicht berücksichtigt.

(2) Alleinstehend sind Unverheiratete sowie Verheiratete, die von ihrem Ehegatten dauernd getrennt leben. Als alleinstehend gelten auch Verheiratete, deren Ehegatte nicht unbeschränkt einkommensteuerpflichtig ist.

(3) Der nach Absatz 1 abzuziehende Betrag darf bei Alleinstehenden mit einem Kind (Absatz 1 Satz 1) 4 000 Deutsche Mark im Kalenderjahr nicht übersteigen. Dieser Betrag erhöht sich für jedes weitere Kind um 2 000 Deutsche Mark. Für jeden vollen Kalendermonat, in dem die Voraussetzungen des Absatzes 1 nicht vorgelegen haben, ermäßigt sich der für das Kind in Betracht kommende Höchstbetrag oder Erhöhungsbetrag um ein Zwölftel. Gehörte das Kind gleichzeitig zum Haushalt von zwei Alleinstehenden, so ist bei jedem von ihnen der maßgebende Höchstbetrag oder Erhöhungsbetrag zur Hälfte anzusetzen.

(4) Für Aufwendungen im Sinne des Absatzes 1 wird bei Alleinstehenden mit einem Kind (Absatz 1 Satz 1) mindestens ein Pauschbetrag von 480 Deutsche Mark im Kalenderjahr abgezogen. Der Pauschbetrag erhöht sich für jedes weitere Kind um 480 Deutsche Mark. Absatz 3 Sätze 3 und 4 gilt entsprechend.

(5) Bei Ehegatten, die beide unbeschränkt einkommensteuerpflichtig sind und nicht dauernd getrennt leben, gelten Absatz 1, Absatz 3 Sätze 1 bis 3 und Absatz 4 entsprechend, soweit die Aufwendungen wegen
1. körperlicher, geistiger oder seelischer Behinderung oder
2. Krankheit
eines Ehegatten erwachsen, wenn der andere Ehegatte erwerbstätig oder ebenfalls krank oder behindert ist.

Einkommensteuergesetz
§§ 34–34 b

§ 34 Außerordentliche Einkünfte

(1) Sind in dem Einkommen außerordentliche Einkünfte enthalten, so ist die darauf entfallende Einkommensteuer nach einem ermäßigten Steuersatz zu bemessen. Dieser beträgt für den Teil der außerordentlichen Einkünfte, der den Betrag von 30 Millionen Deutsche Mark nicht übersteigt, die Hälfte des durchschnittlichen Steuersatzes, der sich ergäbe, wenn die tarifliche Einkommensteuer nach dem gesamten zu versteuernden Einkommen zuzüglich der dem Progressionsvorbehalt unterliegenden Einkünfte zu bemessen wäre. Auf das verbleibende zu versteuernde Einkommen ist vorbehaltlich des Absatzes 3 die Einkommensteuertabelle anzuwenden. Die Sätze 1 bis 3 gelten nicht, wenn der Steuerpflichtige auf die außerordentlichen Einkünfte ganz oder teilweise § 6 b oder § 6 c anwendet.

(2) Als außerordentliche Einkünfte im Sinne des Absatzes 1 kommen nur in Betracht
1. Veräußerungsgewinne im Sinne der §§ 14, 14 a Abs. 1, §§ 16, 17 und 18 Abs. 3;
2. Entschädigungen im Sinne des § 24 Nr. 1;
3. Nutzungsvergütungen und Zinsen im Sinne des § 24 Nr. 3, soweit sie für einen Zeitraum von mehr als drei Jahren nachgezahlt werden.

(3) Die Einkommensteuer auf Einkünfte, die die Vergütung für eine mehrjährige Tätigkeit sind, beträgt das Dreifache des Unterschiedsbetrags zwischen der Einkommensteuer für das um diese Einkünfte verminderte zu versteuernde Einkommen (verbleibendes zu versteuerndes Einkommen) und der Einkommensteuer für das verbleibende zu versteuernde Einkommen zuzüglich eines Drittels dieser Einkünfte.

§ 34 a (weggefallen)

§ 34 b Steuersätze bei außerordentlichen Einkünften aus Forstwirtschaft

(1) Wird ein Bestandsvergleich für das stehende Holz nicht vorgenommen, so sind die ermäßigten Steuersätze dieser Vorschrift auf Einkünfte aus den folgenden Holznutzungsarten anzuwenden:
1. Außerordentliche Holznutzungen. Das sind Nutzungen, die außerhalb des festgesetzten Nutzungssatzes (Absatz 4 Nr. 1) anfallen, wenn sie aus wirtschaftlichen Gründen erfolgt sind. Bei der Bemessung ist die außerordentliche Nutzung des laufenden Wirtschaftsjahrs um die in den letzten drei Wirtschaftsjahren eingesparten Nutzungen (nachgeholte Nutzungen) zu kürzen. Außerordentliche Nutzungen und nachgeholte Nutzungen liegen nur insoweit vor, als die um die Holznutzungen infolge höherer Gewalt (Nummer 2) verminderte Gesamtnutzung den Nutzungssatz übersteigt;
2. Holznutzungen infolge höherer Gewalt (Kalamitätsnutzungen). Das sind Nutzungen, die durch Eis-, Schnee-, Windbruch oder Windwurf, Erdbeben, Bergrutsch, Insektenfraß, Brand oder ein anderes Naturereignis, das in seinen Folgen den angeführten Ereignissen gleichkommt, verursacht werden. Zu diesen rechnen nicht die Schäden, die in der Forstwirtschaft regelmäßig entstehen.

(2) Bei der Ermittlung der Einkünfte aus den einzelnen Holznutzungsarten sind
1. die persönlichen und sachlichen Verwaltungskosten, Grundsteuer und Zwangsbeiträge, soweit sie zu den festen Betriebsausgaben gehören, bei den Einnahmen aus ordentlichen Holznutzungen und Holznutzungen infolge höherer Gewalt, die innerhalb des Nutzungssatzes (Absatz 4 Nr. 1) anfallen, zu berücksichtigen. Sie sind entsprechend der Höhe der Einnahmen aus den bezeichneten Holznutzungen auf diese zu verteilen;
2. die anderen Betriebsausgaben entsprechend der Höhe der Einnahmen aus allen Holznutzungsarten auf diese zu verteilen.

Einkommensteuergesetz
§ 34 c

(3) Die Einkommensteuer bemißt sich
1. bei Einkünften aus außerordentlichen Holznutzungen im Sinne des Absatzes 1 Nr. 1 nach dem Steuersatz des § 34 Abs. 1 Sätze 1 und 2, der auf außerordentliche Einkünfte bis zu 30 Millionen Deutsche Mark anzuwenden ist;
2. bei Einkünften aus nachgeholten Nutzungen im Sinne des Absatzes 1 Nr. 1 nach dem durchschnittlichen Steuersatz, der sich bei Anwendung der Einkommensteuertabelle auf das Einkommen ohne Berücksichtigung der Einkünfte aus außerordentlichen Holznutzungen, nachgeholten Nutzungen und Holznutzungen infolge höherer Gewalt ergibt, mindestens jedoch auf 10 vom Hundert der Einkünfte aus nachgeholten Nutzungen;
3. bei Einkünften aus Holznutzungen infolge höherer Gewalt im Sinne des Absatzes 1 Nr. 2,
    a) soweit sie im Rahmen des Nutzungssatzes (Absatz 4 Nr. 1) anfallen, nach den Steuersätzen der Nummer 1,
    b) soweit sie den Nutzungssatz übersteigen, nach den halben Steuersätzen der Nummer 1,
    c) soweit sie den doppelten Nutzungssatz übersteigen, nach einem Viertel der Steuersätze der Nummer 1.

(4) Die Steuersätze des Absatzes 3 sind nur unter den folgenden Voraussetzungen anzuwenden:
1. Auf Grund eines amtlich anerkannten Betriebsgutachtens oder durch ein Betriebswerk muß periodisch für zehn Jahre ein Nutzungssatz festgesetzt sein. Dieser muß den Nutzungen entsprechen, die unter Berücksichtigung der vollen jährlichen Ertragsfähigkeit des Waldes in Festmetern nachhaltig erzielbar sind;
2. die in einem Wirtschaftsjahr erzielten verschiedenen Nutzungen müssen mengenmäßig nachgewiesen werden;
3. Schäden infolge höherer Gewalt müssen unverzüglich nach Feststellung des Schadensfalls dem zuständigen Finanzamt mitgeteilt werden.

V. Steuerermäßigungen

1. Steuerermäßigung bei ausländischen Einkünften

§ 34 c

(1) Bei unbeschränkt Steuerpflichtigen, die mit ausländischen Einkünften in dem Staat, aus dem die Einkünfte stammen, zu einer der deutschen Einkommensteuer entsprechenden Steuer herangezogen werden, ist die festgesetzte und gezahlte und keinem Ermäßigungsanspruch mehr unterliegende ausländische Steuer auf die deutsche Einkommensteuer anzurechnen, die auf die Einkünfte aus diesem Staat entfällt. Die auf diese ausländischen Einkünfte entfallende deutsche Einkommensteuer ist in der Weise zu ermitteln, daß die sich bei der Veranlagung des zu versteuernden Einkommens (einschließlich der ausländischen Einkünfte) nach den §§ 32 a, 32 b, 34 und 34 b ergebende deutsche Einkommensteuer im Verhältnis dieser ausländischen Einkünfte zum Gesamtbetrag der Einkünfte aufgeteilt wird. Die ausländischen Steuern sind nur insoweit anzurechnen, als sie auf die im Veranlagungszeitraum bezogenen Einkünfte entfallen.

Einkommensteuergesetz
§ 34 c

(2) Statt der Anrechnung (Absatz 1) ist die ausländische Steuer auf Antrag bei der Ermittlung des Gesamtbetrags der Einkünfte abzuziehen.

(3) Bei unbeschränkt Steuerpflichtigen, bei denen eine ausländische Steuer vom Einkommen nach Absatz 1 nicht angerechnet werden kann, weil die Steuer nicht der deutschen Einkommensteuer entspricht oder nicht in dem Staat erhoben wird, aus dem die Einkünfte stammen, oder weil keine ausländischen Einkünfte vorliegen, ist die festgesetzte und gezahlte und keinem Ermäßigungsanspruch mehr unterliegende ausländische Steuer bei der Ermittlung des Gesamtbetrags der Einkünfte abzuziehen, soweit sie auf Einkünfte entfällt, die der deutschen Einkommensteuer unterliegen.

(4) Statt der Anrechnung oder des Abzugs einer ausländischen Steuer (Absätze 1 bis 3) ist bei unbeschränkt Steuerpflichtigen auf Antrag die auf ausländische Einkünfte aus dem Betrieb von Handelsschiffen im internationalen Verkehr entfallende Einkommensteuer nach dem Steuersatz des § 34 Abs. 1 Sätze 1 und 2 zu bemessen, der auf außerordentliche Einkünfte bis zu 30 Millionen Deutsche Mark anzuwenden ist. Handelsschiffe werden im internationalen Verkehr betrieben, wenn eigene oder gecharterte Handelsschiffe, die im Wirtschaftsjahr überwiegend in einem inländischen Seeschiffsregister eingetragen sind und die Flagge der Bundesrepublik Deutschland führen, in diesem Wirtschaftsjahr überwiegend zur Beförderung von Personen und Gütern im Verkehr mit oder zwischen ausländischen Häfen, innerhalb eines ausländischen Hafens oder zwischen einem ausländischen Hafen und der freien See eingesetzt werden. Zum Betrieb von Handelsschiffen im internationalen Verkehr gehören auch die Vercharterung von Handelsschiffen für die in Satz 2 bezeichneten Zwekke, wenn die Handelsschiffe vom Vercharterer ausgerüstet worden sind, die mit dem Betrieb und der Vercharterung von Handelsschiffen in unmittelbarem Zusammenhang stehenden Neben- und Hilfsgeschäfte sowie die Veräußerung von im internationalen Verkehr betriebenen Handelsschiffen. Als ausländische Einkünfte im Sinne des Satzes 1 gelten, wenn ein Gewerbebetrieb ausschließlich den Betrieb von Handelsschiffen im internationalen Verkehr zum Gegenstand hat, 80 vom Hundert des Gewinns dieses Gewerbebetriebs. Ist Gegenstand eines Gewerbebetriebs nicht ausschließlich der Betrieb von Handelsschiffen im internationalen Verkehr, so gelten 80 vom Hundert des Teils des Gewinns des Gewerbebetriebs, der auf den Betrieb von Handelsschiffen im internationalen Verkehr entfällt, als ausländische Einkünfte im Sinne des Satzes 1; in diesem Fall ist Voraussetzung für die Anwendung des Satzes 1, daß dieser Teil des Gewinns gesondert ermittelt wird. Die Sätze 1 und 3 bis 5 sind sinngemäß anzuwenden, wenn eigene oder gecharterte Schiffe, die im Wirtschaftsjahr überwiegend in einem inländischen Seeschiffsregister eingetragen sind und die Flagge der Bundesrepublik Deutschland führen, in diesem Wirtschaftsjahr überwiegend außerhalb der deutschen Hoheitsgewässer zur Aufsuchung von Bodenschätzen oder zur Vermessung von Energielagerstätten unter dem Meeresboden eingesetzt werden.

(5) Die obersten Finanzbehörden der Länder können mit Zustimmung des Bundesministers der Finanzen die auf ausländische Einkünfte entfallende deutsche Einkommensteuer ganz oder zum Teil erlassen oder in einem Pauschbetrag festsetzen, wenn es aus volkswirtschaftlichen Gründen zweckmäßig ist oder die Anwendung des Absatzes 1 besonders schwierig ist.

(6) Die Absätze 1 bis 3 sind vorbehaltlich der Sätze 2 und 3 nicht anzuwenden, wenn die Einkünfte aus einem ausländischen Staat stammen, mit dem ein Abkommen zur Vermeidung der Doppelbesteuerung besteht. Soweit in einem Abkommen zur Vermeidung der Doppelbesteuerung die Anrechnung einer ausländischen Steuer auf die deutsche Einkom-

Einkommensteuergesetz
§ 34 d

mensteuer vorgesehen ist, sind Absatz 1 Sätze 2 und 3 und Absatz 2 entsprechend auf die nach dem Abkommen anzurechnende ausländische Steuer anzuwenden. Wird bei Einkünften aus einem ausländischen Staat, mit dem ein Abkommen zur Vermeidung der Doppelbesteuerung besteht, nach den Vorschriften dieses Abkommens die Doppelbesteuerung nicht beseitigt oder bezieht sich das Abkommen nicht auf eine Steuer vom Einkommen dieses Staates, so sind die Absätze 1 und 2 entsprechend anzuwenden.

(7) Durch Rechtsverordnung können Vorschriften erlassen werden über
1. die Anrechnung ausländischer Steuern, wenn die ausländischen Einkünfte aus mehreren fremden Staaten stammen,
2. den Nachweis über die Höhe der festgesetzten und gezahlten ausländischen Steuern,
3. die Berücksichtigung ausländischer Steuern, die nachträglich erhoben oder zurückgezahlt werden.

§ 34 d Ausländische Einkünfte

Ausländische Einkünfte im Sinne des § 34 c Abs. 1 bis 5 sind
1. Einkünfte aus einer in einem ausländischen Staat betriebenen Land- und Forstwirtschaft (§§ 13 und 14) und Einkünfte der in den Nummern 3, 4, 6, 7 und 8 Buchstabe c genannten Art, soweit sie zu den Einkünften aus Land- und Forstwirtschaft gehören;
2. Einkünfte aus Gewerbebtrieb (§§ 15 und 16),
    a) die durch eine in einem ausländischen Staat belegene Betriebsstätte oder durch einen in einem ausländischen Staat tätigen ständigen Vertreter erzielt werden, und Einkünfte der in den Nummern 3, 4, 6, 7 und 8 Buchstabe c genannten Art, soweit sie zu den Einkünften aus Gewerbebetrieb gehören,
    b) die aus Bürgschafts- und Avalprovisionen erzielt werden, wenn der Schuldner Wohnsitz, Geschäftsleitung oder Sitz in einem ausländischen Staat hat, oder
    c) die durch den Betrieb eigener oder gecharterter Seeschiffe oder Luftfahrzeuge aus Beförderungen zwischen ausländischen oder von ausländischen zu inländischen Häfen erzielt werden, einschließlich der Einkünfte aus anderen mit solchen Beförderungen zusammenhängenden, sich auf das Ausland erstreckenden Beförderungsleistungen;
3. Einkünfte aus selbständiger Arbeit (§ 18), die in einem ausländischen Staat ausgeübt oder verwertet wird oder worden ist, und Einkünfte der in den Nummern 4, 6, 7 und 8 Buchstabe c genannten Art, soweit sie zu den Einkünften aus selbständiger Arbeit gehören;
4. Einkünfte aus der Veräußerung von
    a) Wirtschaftsgütern, die zum Anlagevermögen eines Betriebs gehören, wenn die Wirtschaftsgüter in einem ausländischen Staat belegen sind,
    b) Anteilen an Kapitalgesellschaften, wenn die Gesellschaft Geschäftsleitung oder Sitz in einem ausländischen Staat hat;
5. Einkünfte aus nichtselbständiger Arbeit (§ 19), die in einem ausländischen Staat ausgeübt oder, ohne im Inland ausgeübt zu werden oder worden zu sein, in einem ausländischen Staat verwertet wird oder worden ist, und Einkünfte, die von ausländischen öffentlichen Kassen mit Rücksicht auf ein gegenwärtiges oder früheres Dienstverhältnis gewährt werden. Einkünfte, die von inländischen öffentlichen Kassen einschließlich der Kassen der Deutschen Bundesbahn und der Deutschen Bundesbank mit Rücksicht auf ein gegenwärtiges oder früheres Dienstverhältnis gewährt werden, gelten auch dann als

inländische Einkünfte, wenn die Tätigkeit in einem ausländischen Staat ausgeübt wird oder worden ist;
6. Einkünfte aus Kapitalvermögen (§ 20), wenn der Schuldner Wohnsitz, Geschäftsleitung oder Sitz in einem ausländischen Staat hat oder das Kapitalvermögen durch ausländischen Grundbesitz gesichert ist;
7. Einkünfte aus Vermietung und Verpachtung (§ 21), soweit das unbewegliche Vermögen oder die Sachinbegriffe in einem ausländischen Staat belegen oder die Rechte zur Nutzung in einem ausländischen Staat überlassen worden sind;
8. sonstige Einkünfte im Sinne des § 22, wenn
    a) der zur Leistung der wiederkehrenden Bezüge Verpflichtete Wohnsitz, Geschäftsleitung oder Sitz in einem ausländischen Staat hat,
    b) bei Spekulationsgeschäften die veräußerten Wirtschaftsgüter in einem ausländischen Staat belegen sind,
    c) bei Einkünften aus Leistungen einschließlich der Einkünfte aus Leistungen im Sinne des § 49 Abs. 1 Nr. 9 der zur Vergütung der Leistung Verpflichtete Wohnsitz, Geschäftsleitung oder Sitz in einem ausländischen Staat hat.

2. Steuerermäßigung bei Einkünften aus Land- und Forstwirtschaft

§ 34 e

(1) Die tarifliche Einkommensteuer ermäßigt sich vorbehaltlich des Absatzes 2 um die Einkommensteuer, die auf den Gewinn des Veranlagungszeitraums aus einem land- und forstwirtschaftlichen Betrieb entfällt, höchstens jedoch um 2 000 Deutsche Mark, wenn der Gewinn des im Veranlagungszeitraum beginnenden Wirtschaftsjahrs nicht nach § 13 a ermittelt worden ist und den Betrag von 50 000 Deutsche Mark nicht übersteigt. Beträgt der Gewinn mehr als 50 000 Deutsche Mark, so vermindert sich der Höchstbetrag für die Steuerermäßigung um 20 vom Hundert des Betrags, um den der Gewinn den Betrag von 50 000 Deutsche Mark übersteigt. Sind an einem solchen land- und forstwirtschaftlichen Betrieb mehrere Steuerpflichtige beteiligt, so ist der Höchstbetrag für die Steuerermäßigung auf die Beteiligten nach ihrem Beteiligungsverhältnis aufzuteilen. Die Anteile der Beteiligten an dem Höchstbetrag für die Steuerermäßigung sind gesondert festzustellen (§ 179 Abgabenordnung).

(2) Die Steuerermäßigung darf beim Steuerpflichtigen nicht mehr als insgesamt 2 000 Deutsche Mark betragen. Die auf den Gewinn des Veranlagungszeitraums nach Absatz 1 Satz 1 entfallende Einkommensteuer bemißt sich nach dem durchschnittlichen Steuersatz der tariflichen Einkommensteuer; dabei ist dieser Gewinn um den Teil des Freibetrags nach § 13 Abs. 3 zu kürzen, der dem Verhältnis des Gewinns zu den Einkünften des Steuerpflichtigen aus Land- und Forstwirtschaft vor Abzug des Freibetrags entspricht. Werden Ehegatten nach den §§ 26, 26 b zusammen veranlagt, wird die Steuerermäßigung jedem der Ehegatten gewährt, soweit sie Inhaber oder Mitinhaber verschiedener land- und forstwirtschaftlicher Betriebe im Sinne des Absatzes 1 Satz 1 sind.

Einkommensteuergesetz
§§ 34 f–34 g

2 a. Steuerermäßigung für Steuerpflichtige mit Kindern bei Inanspruchnahme erhöhter Absetzungen für Wohngebäude oder der Steuerbegünstigungen für eigengenutztes Wohneigentum

§ 34 f

(1) Bei Steuerpflichtigen, die erhöhte Absetzungen nach § 7 b oder nach § 15 des Berlinförderungsgesetzes in Anspruch nehmen, ermäßigt sich die tarifliche Einkommensteuer, vermindert um die sonstigen Steuerermäßigungen mit Ausnahme der der §§ 34 g und 35, auf Antrag um je 600 Deutsche Mark für das zweite und jedes weitere Kind des Steuerpflichtigen oder seines Ehegatten. Voraussetzung ist,
1. daß der Steuerpflichtige das Objekt, bei einem Zweifamilienhaus mindestens eine Wohnung, zu eigenen Wohnzwecken nutzt oder wegen des Wechsels des Arbeitsortes nicht zu eigenen Wohnzwecken nutzen kann und
2. daß es sich einschließlich des ersten Kindes um Kinder im Sinne des § 32 Abs. 1 bis 5 handelt, die zum Haushalt des Steuerpflichtigen gehören oder in dem für die erhöhten Absetzungen maßgebenden Begünstigungszeitraum gehört haben, wenn diese Zugehörigkeit auf Dauer angelegt ist oder war.

(2) Bei Steuerpflichtigen, die die Steuerbegünstigung nach § 10 e Abs. 1 bis 5 oder nach § 15 b des Berlinförderungsgesetzes in Anspruch nehmen, ermäßigt sich die tarifliche Einkommensteuer, vermindert um die sonstigen Steuerermäßigungen mit Ausnahme der §§ 34 g und 35, auf Antrag um je 750 Deutsche Mark für jedes Kind des Steuerpflichtigen oder seines Ehegatten im Sinne des § 32 Abs. 1 bis 5. Voraussetzung ist, daß das Kind zum Haushalt des Steuerpflichtigen gehört oder in dem für die Steuerbegünstigung maßgebenden Zeitraum gehört hat, wenn diese Zugehörigkeit auf Dauer angelegt ist oder war.

(3) Die Steuerermäßigung kann der Steuerpflichtige im Kalenderjahr nur für ein Objekt in Anspruch nehmen.

2 b. Steuerermäßigung bei Mitgliedsbeiträgen und Spenden an politische Parteien und an unabhängige Wählervereinigungen

§ 34 g

Die tarifliche Einkommensteuer, vermindert um die sonstigen Steuerermäßigungen, mit Ausnahme des § 35, ermäßigt sich bei Mitgliedsbeiträgen und Spenden an
1. politische Parteien im Sinne des § 2 des Parteiengesetzes und
2. Vereine ohne Parteicharakter, wenn
   a) der Zweck des Vereins ausschließlich darauf gerichtet ist, durch Teilnahme mit eigenen Wahlvorschlägen an Wahlen auf Bundes-, Landes- oder Kommunalebene bei der politischen Willensbildung mitzuwirken, und
   b) der Verein auf Bundes-, Landes- oder Kommunalebene bei der jeweils letzten Wahl wenigstens ein Mandat errungen oder der zuständigen Wahlbehörde oder dem zuständigen Wahlorgan angezeigt hat, daß er mit eigenen Wahlvorschlägen auf Bundes-, Landes- oder Kommunalebene an der jeweils nächsten Wahl teilnehmen will.
   Nimmt der Verein an der jeweils nächsten Wahl nicht teil, wird die Ermäßigung nur für die bis zum Wahltag an ihn geleisteten Beiträge und Spenden gewährt. Die Ermäßigung für Beiträge und Spenden an den Verein wird erst wieder gewährt, wenn er sich mit

eigenen Wahlvorschlägen an einer Wahl beteiligt hat. Die Ermäßigung wird in diesem Falle nur für Beiträge und Spenden gewährt, die nach Beginn des Jahres, in dem die Wahl stattfindet, geleistet werden.
Die Ermäßigung beträgt 50 vom Hundert der Ausgaben, höchstens jeweils 600 Deutsche Mark für Ausgaben nach den Nummern 1 und 2, im Falle der Zusammenveranlagung von Ehegatten höchstens jeweils 1 200 Deutsche Mark. § 10 b Abs. 3 und 4 gilt entsprechend.

3. Steuerermäßigung bei Belastung mit Erbschaftsteuer

§ 35

Sind bei der Ermittlung des Einkommens Einkünfte berücksichtigt worden, die im Veranlagungszeitraum oder in den vorangegangenen vier Veranlagungszeiträumen als Erwerb von Todes wegen der Erbschaftsteuer unterlegen haben, so wird auf Antrag die um sonstige Steuerermäßigungen gekürzte tarifliche Einkommensteuer, die auf diese Einkünfte anteilig entfällt, um den in Satz 2 bestimmten Hundertsatz ermäßigt. Der Hundertsatz bemißt sich nach dem Verhältnis, in dem die festgesetzte Erbschaftsteuer zu dem Betrag steht, der sich ergibt, wenn dem erbschaftsteuerpflichtigen Erwerb (§ 10 Abs. 1 Erbschaftsteuergesetz) die Freibeträge nach den §§ 16 und 17 und der steuerfreie Betrag nach § 5 des Erbschaftsteuergesetzes hinzugerechnet werden. Die Sätze 1 und 2 gelten nicht, soweit Erbschaftsteuer nach § 10 Abs. 1 Nr. 1 a abgezogen wird.

VI. Steuererhebung

1. Erhebung der Einkommensteuer

§ 36 Entstehung und Tilgung der Einkommensteuer

(1) Die Einkommensteuer entsteht, soweit in diesem Gesetz nichts anderes bestimmt ist, mit Ablauf des Veranlagungszeitraums.

(2) Auf die Einkommensteuer werden angerechnet:
1. die für den Veranlagungszeitraum entrichteten Einkommensteuer-Vorauszahlungen (§ 37);
2. die durch Steuerabzug erhobene Einkommensteuer, soweit sie auf die bei der Veranlagung erfaßten Einkünfte entfällt und nicht die Erstattung beantragt oder durchgeführt worden ist;

Einkommensteuergesetz
§ 36 a

3. die Körperschaftsteuer einer unbeschränkt körperschaftsteuerpflichtigen Körperschaft oder Personenvereinigung in Höhe von $^{9}/_{16}$ der Einnahmen im Sinne des § 20 Abs. 1 Nr. 1 oder 2. Das gleiche gilt bei Einnahmen im Sinne des § 20 Abs. 2 Nr. 2 Buchstabe a, die aus der erstmaligen Veräußerung von Dividendenscheinen oder sonstigen Ansprüchen durch den Anteilseigner erzielt worden sind; in diesen Fällen beträgt die anrechenbare Körperschaftsteuer höchstens $^{9}/_{16}$ des Betrags, der auf die veräußerten Ansprüche ausgeschüttet wird. Die Anrechnung erfolgt unabhängig von der Entrichtung der Körperschaftsteuer. Die Körperschaftsteuer wird nicht angerechnet:
   a) in den Fällen des § 36 a,
   b) wenn die in den §§ 44, 45 oder 46 des Körperschaftsteuergesetzes bezeichnete Bescheinigung nicht vorgelegt worden ist,
   c) wenn die Vergütung nach den §§ 36 b, 36 c oder 36 d beantragt oder durchgeführt worden ist,
   d) wenn bei Einnahmen aus der Veräußerung von Dividendenscheinen oder sonstigen Ansprüchen durch den Anteilseigner die veräußerten Ansprüche erst nach Ablauf des Kalenderjahrs fällig werden, das auf den Veranlagungszeitraum folgt,
   e) wenn die Einnahmen nach einem Abkommen zur Vermeidung der Doppelbesteuerung in dem anderen Vertragsstaat besteuert werden können,
   f) wenn die Einnahmen bei der Veranlagung nicht erfaßt werden.

(3) Die Steuerbeträge nach Absatz 2 Nr. 2 und 3 sind jeweils auf volle Deutsche Mark aufzurunden. Bei den durch Steuerabzug erhobenen Steuern ist jeweils die Summe der Beträge einer einzelnen Abzugsteuer aufzurunden.

(4) Wenn sich nach der Abrechnung ein Überschuß zuungunsten des Steuerpflichtigen ergibt, hat der Steuerpflichtige (Steuerschuldner) diesen Betrag, soweit er den fällig gewordenen, aber nicht entrichteten Einkommensteuer-Vorauszahlungen entspricht, sofort, im übrigen innerhalb eines Monats nach Bekanntgabe des Steuerbescheids zu entrichten (Abschlußzahlung). Wenn sich nach der Abrechnung ein Überschuß zugunsten des Steuerpflichtigen ergibt, wird dieser dem Steuerpflichtigen nach Bekanntgabe des Steuerbescheids ausgezahlt. Bei Ehegatten, die nach den §§ 26, 26 b zusammen zur Einkommensteuer veranlagt worden sind, wirkt die Auszahlung an einen Ehegatten auch für und gegen den anderen Ehegatten.

§ 36 a   Ausschluß der Anrechnung von Körperschaftsteuer in Sonderfällen

(1) Die Anrechnung von Körperschaftsteuer nach § 36 Abs. 2 Nr. 3 ist einem Anteilseigner mit beherrschendem Einfluß auf die ausschüttende Körperschaft oder Personenvereinigung zu versagen oder bei ihm rückgängig zu machen, soweit die anzurechnende Körperschaftsteuer nicht durch die ihr entsprechende gezahlte Körperschaftsteuer gedeckt ist und nach Beginn der Vollstreckung wegen dieser rückständigen Körperschaftsteuer anzunehmen ist, daß die vollständige Einziehung keinen Erfolg haben wird. Das gleiche gilt für einen wesentlich beteiligten Anteilseigner ohne beherrschenden Einfluß.

(2) Absatz 1 ist nur anzuwenden, wenn der beherrschende Einfluß oder die wesentliche Beteiligung zu einem Zeitpunkt innerhalb der letzten drei Jahre vor dem Jahr der Ausschüttung bestanden hat. Ein Anteilseigner gilt als wesentlich beteiligt im Sinne des Absatzes 1, wenn er zu mehr als 25 vom Hundert unmittelbar oder mittelbar beteiligt war.

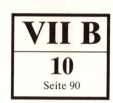

Einkommensteuergesetz
§§ 36 b–36 c

(3) Wird die Anrechnung rückgängig gemacht, so ist der Steuerbescheid zu ändern.

(4) Soweit die Körperschaftsteuer nachträglich gezahlt wird, ist bei dem Anteilseigner die Anrechnung durchzuführen und der Steuerbescheid zu ändern.

§ 36 b Vergütung von Körperschaftsteuer

(1) Einem Anteilseigner, der Einnahmen im Sinne des § 20 Abs. 1 Nr. 1 oder 2 bezieht und im Zeitpunkt ihres Zufließens unbeschränkt einkommensteuerpflichtig ist, wird die anrechenbare Körperschaftsteuer auf Antrag vergütet, wenn anzunehmen ist, daß für ihn eine Veranlagung zur Einkommensteuer nicht in Betracht kommt. § 36 Abs. 2 Nr. 3 Sätze 1, 3 und 4 Buchstaben a und e ist entsprechend anzuwenden. Die für die Höhe der Vergütung erforderlichen Angaben sind durch die Bescheinigung eines inländischen Kreditinstituts im Sinne des § 44 Abs. 1 Satz 3 oder des § 45 des Körperschaftsteuergesetzes nachzuweisen.

(2) Der Anteilseigner hat durch eine Bescheinigung des für ihn zuständigen Wohnsitzfinanzamts nachzuweisen, daß er unbeschränkt einkommensteuerpflichtig ist und daß für ihn eine Veranlagung zur Einkommensteuer voraussichtlich nicht in Betracht kommt. Die Bescheinigung ist unter dem Vorbehalt des Widerrufs auszustellen. Ihre Geltungsdauer darf höchstens drei Jahre betragen; sie muß am Schluß eines Kalenderjahrs enden. Fordert das Finanzamt die Bescheinigung zurück oder erkennt der Anteilseigner, daß die Voraussetzungen für ihre Erteilung weggefallen sind, so hat der Anteilseigner dem Finanzamt die Bescheinigung zurückzugeben.

(3) Für die Vergütung ist das Bundesamt für Finanzen zuständig. Der Antrag ist nach amtlich vorgeschriebenem Muster zu stellen und zu unterschreiben.

(4) Die Antragsfrist endet am 31. Dezember des Jahres, das dem Kalenderjahr folgt, in dem die Einnahmen zugeflossen sind. Die Frist kann nicht verlängert werden.

(5) Die Vergütung ist ausgeschlossen,
1. wenn die Vergütung nach § 36 d beantragt oder durchgeführt worden ist,
2. wenn die vorgeschriebenen Bescheinigungen nicht vorgelegt oder durch einen Hinweis nach § 45 Abs. 2 des Körperschaftsteuergesetzes gekennzeichnet worden sind.

§ 36 c Vergütung von Körperschaftsteuer auf Grund von Sammelanträgen

(1) Wird in den Fällen des § 36 b Abs. 1 der Antrag auf Vergütung von Körperschaftsteuer in Vertretung des Anteilseigners durch ein inländisches Kreditinstitut gestellt, so kann von der Übersendung der in § 36 b Abs. 2 dieses Gesetzes und in § 44 Abs. 1 Satz 3 oder in § 45 des Körperschaftsteuergesetzes bezeichneten Bescheinigungen abgesehen werden, wenn das Kreditinstitut versichert,
1. daß eine Bescheinigung im Sinne des § 44 Abs. 1 Satz 3 oder des § 45 des Körperschaftsteuergesetzes nicht ausgestellt oder als ungültig gekennzeichnet oder nach den Angaben des Anteilseigners abhanden gekommen oder vernichtet ist,
2. daß die Aktie im Zeitpunkt des Zufließens der Einnahmen in einem auf den Namen des Anteilseigners lautenden Wertpapierdepot bei dem Kreditinstitut verzeichnet war,
3. daß ihm die in § 36 b Abs. 2 bezeichnete Bescheinigung vorliegt und
4. daß die Angaben in dem Antrag wahrheitsgemäß nach bestem Wissen und Gewissen gemacht worden sind.

Über Anträge, in denen das Kreditinstitut versichert, daß die Bescheinigung als ungültig gekennzeichnet oder nach den Angaben des Anteilseigners abhanden gekommen oder ver-

Einkommensteuergesetz
§ 36 d

nichtet ist, hat es Aufzeichnungen zu führen. Das Recht der Finanzbehörden zur Ermittlung des Sachverhalts bleibt unberührt.

(2) Absatz 1 gilt entsprechend für Anträge, die
1. eine Kapitalgesellschaft in Vertretung ihrer Arbeitnehmer stellt, soweit es sich um Einnahmen aus Anteilen handelt, die den Arbeitnehmern von der Kapitalgesellschaft überlassen worden sind und von ihr oder einem inländischen Kreditinstitut verwahrt werden;
2. der von einer Kapitalgesellschaft bestellte Treuhänder in Vertretung der Arbeitnehmer dieser Kapitalgesellschaft stellt, soweit es sich um Einnahmen aus Anteilen handelt, die den Arbeitnehmern von der Kapitalgesellschaft überlassen worden sind und von dem Treuhänder oder einem inländischen Kreditinstitut verwahrt werden;
3. eine Erwerbs- oder Wirtschaftsgenossenschaft in Vertretung ihrer Mitglieder stellt, soweit es sich um Einnahmen aus Anteilen an dieser Genossenschaft handelt.

Den Arbeitnehmern im Sinne der Nummern 1 und 2 stehen Arbeitnehmer eines mit der Kapitalgesellschaft verbundenen Unternehmens (§ 15 Aktiengesetz) sowie frühere Arbeitnehmer der Kapitalgesellschaft oder eines mit ihr verbundenen Unternehmens gleich. Den von der Kapitalgesellschaft überlassenen Anteilen stehen Aktien gleich, die den Arbeitnehmern bei einer Kapitalerhöhung auf Grund ihres Bezugsrechts aus den von der Kapitalgesellschaft überlassenen Aktien zugeteilt worden sind oder die den Arbeitnehmern auf Grund einer Kapitalerhöhung aus Gesellschaftsmitteln gehören.

(3) Erkennt der Vertreter des Anteilseigners vor Ablauf der Festsetzungsfrist im Sinne der §§ 169 bis 171 der Abgabenordnung, daß die Vergütung ganz oder teilweise zu Unrecht festgesetzt worden ist, so hat er dies dem Bundesamt für Finanzen anzuzeigen. Das Bundesamt für Finanzen hat die zu Unrecht gezahlte Vergütung von dem Anteilseigner zurückzufordern, für den sie festgesetzt worden ist. Der Vertreter des Anteilseigners haftet für die zurückzuzahlende Vergütung.

(4) § 36 b Abs. 1 bis 4 und 5 Nr. 1 gilt entsprechend. Die Antragsfrist gilt als gewahrt, wenn der Anteilseigner die beantragende Stelle bis zu dem in § 36 b Abs. 4 bezeichneten Zeitpunkt schriftlich mit der Antragstellung beauftragt hat.

(5) Die Vollmacht, den Antrag auf Vergütung von Körperschaftsteuer zu stellen, ermächtigt zum Empfang der Steuervergütung.

§ 36 d Vergütung von Körperschaftsteuer in Sonderfällen

(1) In den Fällen des § 36 c Abs. 2 wird die anrechenbare Körperschaftsteuer an den dort bezeichneten Vertreter unabhängig davon vergütet, ob für den Anteilseigner eine Veranlagung in Betracht kommt und ob eine Bescheinigung im Sinne des § 36 b Abs. 2 vorgelegt wird, wenn der Vertreter sich in einem Sammelantrag bereit erklärt hat, den Vergütungsbetrag für den Anteilseigner entgegenzunehmen. Die Vergütung nach Satz 1 wird nur für Anteilseigner gewährt, deren Bezüge im Sinne des § 20 Abs. 1 Nr. 1 und 2 im Wirtschaftsjahr 100 Deutsche Mark nicht überstiegen haben.

(2) Werden in den Fällen des § 36 c Abs. 2 Nr. 1 oder 2 die Anteile von einem inländischen Kreditinstitut in einem Wertpapierdepot verwahrt, das auf den Namen des Anteilseigners lautet, setzt die Vergütung nach Absatz 1 zusätzlich voraus:
1. Das Kreditinstitut hat die Überlassung der Anteile durch die Kapitalgesellschaft an den Anteilseigner kenntlich gemacht;

2. es handelt sich nicht um Aktien, die den Arbeitnehmern bei einer Kapitalerhöhung auf Grund ihres Bezugsrechts aus den von der Kapitalgesellschaft überlassenen Aktien zugeteilt worden sind oder die den Arbeitnehmern auf Grund einer Kapitalerhöhung aus Gesellschaftsmitteln gehören;
3. der Anteilseigner hat dem Kreditinstitut für das Wertpapierdepot eine Bescheinigung im Sinne des § 36 b Abs. 2 nicht vorgelegt und
4. die Kapitalgesellschaft versichert,
   a) daß die Bezüge aus den von ihr insgesamt überlassenen Anteilen bei keinem der Anteilseigner den Betrag von 100 Deutsche Mark überstiegen haben können und
   b) daß das Kreditinstitut schriftlich erklärt hat, daß die in den Nummern 1 bis 3 bezeichneten Voraussetzungen erfüllt sind.

Ist die in Nummer 4 Buchstabe b bezeichnete Erklärung des Kreditinstituts unrichtig, haftet es für die auf Grund der Erklärung zu Unrecht gewährten Steuervorteile.

(3) Das Finanzamt kann einer unbeschränkt steuerpflichtigen Körperschaft auch in anderen als den in § 36 c Abs. 2 bezeichneten Fällen gestatten, in Vertretung ihrer unbeschränkt steuerpflichtigen Anteilseigner einen Sammelantrag auf Vergütung von Körperschaftsteuer zu stellen,
1. wenn die Zahl der Anteilseigner, für die der Sammelantrag gestellt werden soll, besonders groß ist,
2. wenn die Körperschaft den Gewinn ohne Einschaltung eines Kreditinstituts an die Anteilseigner ausschüttet und
3. wenn im übrigen die Voraussetzungen des Absatzes 1 erfüllt sind.
In diesen Fällen ist nicht erforderlich, daß die Anteile von einer der in § 36 c bezeichneten Stellen verwahrt werden.

(4) Für die Vergütung ist das Finanzamt zuständig, dem die Besteuerung des Einkommens des Vertreters obliegt. Das Finanzamt kann die Vergütung an Auflagen binden, die die steuerliche Erfassung der Kapitalerträge sichern sollen. Im übrigen ist § 36 c sinngemäß anzuwenden.

§ 36 e Vergütung des Körperschaftsteuer-Erhöhungsbetrags an beschränkt Einkommensteuerpflichtige

Für die Vergütung des Körperschaftsteuer-Erhöhungsbetrags an beschränkt Einkommensteuerpflichtige gilt § 52 des Körperschaftsteuergesetzes sinngemäß.

§ 37 Einkommensteuer-Vorauszahlung

(1) Der Steuerpflichtige hat am 10. März, 10. Juni, 10. September und 10. Dezember Vorauszahlungen auf die Einkommensteuer zu entrichten, die er für den laufenden Veranlagungszeitraum voraussichtlich schulden wird. Die Einkommensteuer-Vorauszahlung entsteht jeweils mit Beginn des Kalendervierteljahrs, in dem die Vorauszahlungen zu entrichten sind, oder, wenn die Steuerpflicht erst im Laufe des Kalendervierteljahrs begründet wird, mit Begründung der Steuerpflicht.

(2) Die Oberfinanzdirektionen können für Steuerpflichtige, die überwiegend Einkünfte aus Land- und Forstwirtschaft erzielen, von Absatz 1 Satz 1 abweichende Vorauszahlungszeitpunkte bestimmen. Das gleiche gilt für Steuerpflichtige, die überwiegend Einkünfte oder Einkunftsteile aus nichtselbständiger Arbeit erzielen, die der Lohnsteuer nicht unterliegen.

Einkommensteuergesetz
§ 38

(3) Das Finanzamt setzt die Vorauszahlungen durch Vorauszahlungsbescheid fest. Die Vorauszahlungen bemessen sich grundsätzlich nach der Einkommensteuer, die sich nach Anrechnung der Steuerabzugsbeträge und der Körperschaftsteuer (§ 36 Abs. 2 Nr. 2 und 3) bei der letzten Veranlagung ergeben hat. Das Finanzamt kann bis zum Ablauf des auf den Veranlagungszeitraum folgenden fünfzehnten Kalendermonats die Vorauszahlungen an die Einkommensteuer anpassen, die sich für den Veranlagungszeitraum voraussichtlich ergeben wird; dieser Zeitraum verlängert sich auf einundzwanzig Monate, wenn die Einkünfte aus Land- und Forstwirtschaft bei der erstmaligen Steuerfestsetzung die anderen Einkünfte voraussichtlich überwiegen werden. Bei der Anwendung der Sätze 2 und 3 bleiben Beiträge im Sinne des § 10 Abs. 1 Nr. 3 stets und Aufwendungen im Sinne des § 10 Abs. 1 Nr. 1, 1 a, 4 bis 8, der §§ 10 b, 33 und 33 c sowie die abziehbaren Beträge nach § 33 a, wenn die Aufwendungen und abziehbaren Beträge insgesamt 1 200 Deutsche Mark nicht übersteigen, außer Ansatz. Außer Ansatz bleiben bis zur Anschaffung oder Fertigstellung der zu eigenen Wohnzwecken genutzten Wohnung im eigenen Haus oder der zu eigenen Wohnzwecken genutzten Eigentumswohnung auch die Aufwendungen, die nach § 10 e Abs. 6 wie Sonderausgaben abgezogen werden. Negative Einkünfte aus der Vermietung oder Verpachtung eines Gebäudes im Sinne des § 21 Abs. 1 Nr. 1 werden bei der Festsetzung der Vorauszahlungen nur für Kalenderjahre berücksichtigt, die nach der Anschaffung oder Fertigstellung dieses Gebäudes beginnen. Wird ein Gebäude vor dem Kalenderjahr seiner Fertigstellung angeschafft, tritt an die Stelle der Anschaffung die Fertigstellung. Satz 6 gilt nicht für negative Einkünfte aus der Vermietung oder Verpachtung eines Gebäudes, für das erhöhte Absetzungen nach § 14 a des Berlinförderungsgesetzes in Anspruch genommen werden. Satz 6 gilt für negative Einkünfte aus der Vermietung oder Verpachtung eines anderen Vermögensgegenstandes im Sinne des § 21 Abs. 1 Nr. 1 bis 3 entsprechend mit der Maßgabe, daß an die Stelle der Anschaffung oder Fertigstellung die Aufnahme der Nutzung durch den Steuerpflichtigen tritt.

(4) Bei einer nachträglichen Erhöhung der Vorauszahlungen ist die letzte Vorauszahlung für den Veranlagungszeitraum anzupassen. Der Erhöhungsbetrag ist innerhalb eines Monats nach Bekanntgabe des Vorauszahlungsbescheids zu entrichten.

(5) Vorauszahlungen sind nur festzusetzen, wenn sie mindestens 400 Deutsche Mark im Kalenderjahr und mindestens 100 Deutsche Mark für einen Vorauszahlungszeitpunkt betragen. Festgesetzte Vorauszahlungen sind nur zu erhöhen, wenn sich der Erhöhungsbetrag im Fall des Absatzes 3 Sätze 2 bis 4 für einen Vorauszahlungszeitpunkt auf mindestens 100 Deutsche Mark, im Fall des Absatzes 4 auf mindestens 5 000 Deutsche Mark beläuft.

2. Steuerabzug vom Arbeitslohn
(Lohnsteuer)

§ 38 Erhebung der Lohnsteuer

(1) Bei Einkünften aus nichtselbständiger Arbeit wird die Einkommensteuer durch Abzug vom Arbeitslohn erhoben (Lohnsteuer), soweit der Arbeitslohn von einem Arbeitgeber gezahlt wird, der
1. im Inland einen Wohnsitz, seinen gewöhnlichen Aufenthalt, seine Geschäftsleitung, seinen Sitz, eine Betriebsstätte oder einen ständigen Vertreter im Sinne der §§ 8 bis 13 der Abgabenordnung hat (inländischer Arbeitgeber) oder
2. einem Dritten (Entleiher) Arbeitnehmer gewerbsmäßig zur Arbeitsleistung im Inland überläßt, ohne inländischer Arbeitgeber zu sein (ausländischer Verleiher).

Der Lohnsteuer unterliegt auch der im Rahmen des Dienstverhältnisses üblicherweise von einem Dritten für eine Arbeitsleistung gezahlte Arbeitslohn.

(2) Der Arbeitnehmer ist Schuldner der Lohnsteuer. Die Lohnsteuer entsteht in dem Zeitpunkt, in dem der Arbeitslohn dem Arbeitnehmer zufließt.

(3) Der Arbeitgeber hat die Lohnsteuer für Rechnung des Arbeitnehmers bei jeder Lohnzahlung vom Arbeitslohn einzubehalten. Bei juristischen Personen des öffentlichen Rechts hat die öffentliche Kasse, die den Arbeitslohn zahlt, die Pflichten des Arbeitgebers.

(4) Wenn der vom Arbeitgeber geschuldete Barlohn zur Deckung der Lohnsteuer nicht ausreicht, hat der Arbeitnehmer dem Arbeitgeber den Fehlbetrag zur Verfügung zu stellen oder der Arbeitgeber einen entsprechenden Teil der anderen Bezüge des Arbeitnehmers zurückzubehalten. Soweit der Arbeitnehmer seiner Verpflichtung nicht nachkommt und der Arbeitgeber den Fehlbetrag nicht durch Zurückbehaltung von anderen Bezügen des Arbeitnehmers aufbringen kann, hat der Arbeitgeber dies dem Betriebsstättenfinanzamt (§ 41 a Abs. 1 Nr. 1) anzuzeigen. Das Finanzamt hat die zuwenig erhobene Lohnsteuer vom Arbeitnehmer nachzufordern.

§ 38 a   Höhe der Lohnsteuer

(1) Die Jahreslohnsteuer bemißt sich nach dem Arbeitslohn, den der Arbeitnehmer im Kalenderjahr bezieht (Jahresarbeitslohn). Laufender Arbeitslohn gilt in dem Kalenderjahr als bezogen, in dem der Lohnzahlungszeitraum endet; in den Fällen des § 39 b Abs. 5 Satz 1 tritt der Lohnabrechnungszeitraum an die Stelle des Lohnzahlungszeitraums. Arbeitslohn, der nicht als laufender Arbeitslohn gezahlt wird (sonstige Bezüge), wird in dem Kalenderjahr bezogen, in dem er dem Arbeitnehmer zufließt.

(2) Die Jahreslohnsteuer wird nach dem Jahresarbeitslohn so bemessen, daß sie der Einkommensteuer entspricht, die der Arbeitnehmer schuldet, wenn er ausschließlich Einkünfte aus nichtselbständiger Arbeit erzielt.

(3) Vom laufenden Arbeitslohn wird die Lohnsteuer jeweils mit dem auf den Lohnzahlungszeitraum fallenden Teilbetrag der Jahreslohnsteuer erhoben, die sich bei Umrechnung des laufenden Arbeitslohns auf einen Jahresarbeitslohn ergibt. Von sonstigen Bezügen wird die Lohnsteuer mit dem Betrag erhoben, der zusammen mit der Lohnsteuer für den laufenden Arbeitslohn des Kalenderjahrs und für etwa im Kalenderjahr bereits gezahlte sonstige Bezüge die voraussichtliche Jahreslohnsteuer ergibt.

(4) Bei der Ermittlung der Lohnsteuer werden die Besteuerungsgrundlagen des Einzelfalls durch die Einreihung der Arbeitnehmer in Steuerklassen (§ 38 b), Aufstellung von entsprechenden Lohnsteuertabellen (§ 38 c) und Ausstellung von entsprechenden Lohnsteuerkarten (§ 39) sowie Feststellung von Freibeträgen (§ 39 a) berücksichtigt.

§ 38 b   Lohnsteuerklassen

Für die Durchführung des Lohnsteuerabzugs werden unbeschränkt einkommensteuerpflichtige Arbeitnehmer in Steuerklassen eingereiht. Dabei gilt folgendes:
1. In die Steuerklasse I gehören Arbeitnehmer, die
   a) ledig sind,
   b) verheiratet, verwitwet oder geschieden sind und bei denen die Voraussetzungen für die Steuerklasse III oder IV nicht erfüllt sind;

Einkommensteuergesetz
§ 38 c

2. in die Steuerklasse II gehören die unter Nummer 1 bezeichneten Arbeitnehmer, wenn bei ihnen der Haushaltsfreibetrag (§ 32 Abs. 7) zu berücksichtigen ist;
3. in die Steuerklasse III gehören Arbeitnehmer,
    a) die verheiratet sind, wenn beide Ehegatten unbeschränkt einkommensteuerpflichtig sind und nicht dauernd getrennt leben und
        aa) der Ehegatte des Arbeitnehmers keinen Arbeitslohn bezieht oder
        bb) der Ehegatte des Arbeitnehmers auf Antrag beider Ehegatten in die Steuerklasse V eingereiht wird,
    b) die verwitwet sind, wenn sie und ihr verstorbener Ehegatte im Zeitpunkt seines Todes unbeschränkt einkommensteuerpflichtig waren und in diesem Zeitpunkt nicht dauernd getrennt gelebt haben, für das Kalenderjahr, das dem Kalenderjahr folgt, in dem der Ehegatte verstorben ist,
    c) deren Ehe aufgelöst worden ist, wenn
        aa) im Kalenderjahr der Auflösung der Ehe beide Ehegatten unbeschränkt einkommensteuerpflichtig waren und nicht dauernd getrennt gelebt haben und
        bb) der andere Ehegatte wieder geheiratet hat, von seinem neuen Ehegatten nicht dauernd getrennt lebt und er und sein neuer Ehegatte unbeschränkt einkommensteuerpflichtig sind,
    für das Kalenderjahr, in dem die Ehe aufgelöst worden ist;
4. in die Steuerklasse IV gehören Arbeitnehmer, die verheiratet sind, wenn beide Ehegatten unbeschränkt einkommensteuerpflichtig sind und nicht dauernd getrennt leben und der Ehegatte des Arbeitnehmers ebenfalls Arbeitslohn bezieht;
5. in die Steuerklasse V gehören die unter Nummer 4 bezeichneten Arbeitnehmer, wenn der Ehegatte des Arbeitnehmers auf Antrag beider Ehegatten in die Steuerklasse III eingereiht wird;
6. die Steuerklasse VI gilt bei Arbeitnehmern, die nebeneinander von mehreren Arbeitgebern Arbeitslohn beziehen, für die Einbehaltung der Lohnsteuer vom Arbeitslohn aus dem zweiten und weiteren Dienstverhältnis.

§ 38 c Lohnsteuertabellen

(1) Der Bundesminister der Finanzen hat auf der Grundlage der diesem Gesetz beigefügten Einkommensteuertabellen eine allgemeine Jahreslohnsteuertabelle für Jahresarbeitslöhne bis zu 120 000 Deutsche Mark und für Arbeitnehmer mit nicht mehr als 6 Kinderfreibeträgen aufzustellen und bekanntzumachen. In der allgemeinen Jahreslohnsteuertabelle sind die für die einzelnen Steuerklassen in Betracht kommenden Jahreslohnsteuerbeträge auszuweisen. Die Jahreslohnsteuerbeträge sind für die Steuerklassen I, II und IV aus der Einkommensteuer-Grundtabelle, für die Steuerklasse III aus der Einkommensteuer-Splittingtabelle abzuleiten. Die Jahreslohnsteuerbeträge für die Steuerklassen V und VI sind aus einer für diesen Zweck zusätzlich aufzustellenden Einkommensteuertabelle abzuleiten; in dieser Tabelle ist für die nach § 32 a Abs. 2 abgerundeten Beträge des zu versteuernden Einkommens jeweils die Einkommensteuer auszuweisen, die sich aus dem Unterschiedsbetrag zwischen der Einkommensteuer für das Zweieinhalbfache und der Einkommensteuer für das Eineinhalbfache des abgerundeten zu versteuernden Einkommens nach der Einkommensteuer-Splittingtabelle ergibt; die auszuweisende Einkommensteuer beträgt jedoch mindestens 19 vom Hundert des abgerundeten zu versteuernden Einkommens; für den 60 048 Deutsche Mark übersteigenden Teil des abgerundeten zu versteuernden Einkommens beträgt die auszuweisende Einkommensteuer 53 vom Hundert. Die in den Einkommensteuer-

Einkommensteuergesetz
§ 39

tabellen ausgewiesenen Beträge des zu versteuernden Einkommens sind in einen Jahresarbeitslohn umzurechnen durch Hinzurechnung
1. des Arbeitnehmer-Pauschbetrags (§ 9 a Nr. 1) für die Steuerklassen I bis V,
2. des Sonderausgaben-Pauschbetrags (§ 10 c Abs. 1) von 108 Deutsche Mark für die Steuerklassen I, II und IV und von 216 Deutsche Mark für die Steuerklasse III,
3. der Vorsorgepauschale (§ 10 c Abs. 2 bis 4)
   a) für die Steuerklassen I, II und IV nach Maßgabe des § 10 c Abs. 2,
   b) für die Steuerklasse III nach Maßgabe des § 10 c Abs. 2 und Abs. 4 Nr. 1,
4. des Haushaltsfreibetrags (§ 32 Abs. 7) für die Steuerklasse II,
5. des Kinderfreibetrags (§ 32 Abs. 6)
   a) für die Steuerklassen I, II und III mit dem Einhalb- bis Sechsfachen von 3 024 Deutsche Mark,
   b) für die Steuerklasse IV mit dem Einhalb- bis Sechsfachen von 1 512 Deutsche Mark,
6. eines Rundungsbetrags von 2 Deutsche Mark für die Steuerklasse VI.
Der allgemeinen Jahreslohnsteuertabelle ist eine dieser Vorschrift entsprechende Anleitung zur Ermittlung der Lohnsteuer für die 120 000 Deutsche Mark übersteigenden Jahresarbeitslöhne und für Arbeitnehmer mit mehr als 6 Kinderfreibeträgen anzufügen.

(2) Der Bundesminister der Finanzen hat eine besondere Jahreslohnsteuertabelle für den Steuerabzug vom Arbeitslohn derjenigen Arbeitnehmer aufzustellen und bekanntzumachen, die zu dem Personenkreis des § 10 c Abs. 3 gehören. Für die Aufstellung dieser Jahreslohnsteuertabelle sind die Vorschriften des Absatzes 1 mit Ausnahme der Nummer 3 anzuwenden; die Vorsorgepauschale (§ 10 c Abs. 2 bis 4) ist anzusetzen
1. für die Steuerklassen I, II und IV nach Maßgabe des § 10 c Abs. 3,
2. für die Steuerklasse III nach Maßgabe des § 10 c Abs. 3 und Abs. 4 Nr. 1.

(3) Der Bundesminister der Finanzen hat aus den nach den Absätzen 1 und 2 aufzustellenden Jahreslohnsteuertabellen jeweils eine Monatslohnsteuertabelle für Arbeitslöhne bis zu 10 000 Deutsche Mark, eine Wochenlohnsteuertabelle für Wochenarbeitslöhne bis zu 1 400 Deutsche Mark und eine Tageslohnsteuertabelle für Tagesarbeitslöhne bis zu 200 Deutsche Mark abzuleiten und bekanntzumachen. Dabei sind die Anfangsbeträge der Arbeitslohnstufen und die Lohnsteuerbeträge für die Monatslohnsteuertabellen mit einem Zwölftel, für die Wochenlohnsteuertabellen mit $7/360$ und für die Tageslohnsteuertabellen mit $1/360$ der Jahresbeträge anzusetzen; Bruchteile eines Pfennigs bleiben jeweils außer Ansatz.

§ 39 Lohnsteuerkarte

(1) Die Gemeinden haben den unbeschränkt einkommensteuerpflichtigen Arbeitnehmern für jedes Kalenderjahr unentgeltlich eine Lohnsteuerkarte nach amtlich vorgeschriebenem Muster auszustellen und zu übermitteln. Steht ein Arbeitnehmer nebeneinander bei mehreren Arbeitgebern in einem Dienstverhältnis, so hat die Gemeinde eine entsprechende Anzahl Lohnsteuerkarten unentgeltlich auszustellen und zu übermitteln. Wenn eine Lohnsteuerkarte verlorengegangen, unbrauchbar geworden oder zerstört worden ist, hat die Gemeinde eine Ersatz-Lohnsteuerkarte auszustellen. Hierfür kann die ausstellende Gemeinde von dem Arbeitnehmer eine Gebühr bis 5 Deutsche Mark erheben; das Verwaltungskostengesetz ist anzuwenden.

(2) Für die Ausstellung der Lohnsteuerkarte ist die Gemeinde örtlich zuständig, in deren Bezirk der Arbeitnehmer am 20. September des dem Kalenderjahr, für das die Lohnsteuer-

Einkommensteuergesetz
§ 39

karte gilt, vorangehenden Jahres oder erstmals nach diesem Stichtag seine Hauptwohnung oder in Ermangelung einer Wohnung seinen gewöhnlichen Aufenthalt hatte. Bei verheirateten Arbeitnehmern gilt als Hauptwohnung die Hauptwohnung der Familie oder in Ermangelung einer solchen die Hauptwohnung des älteren Ehegatten, wenn beide Ehegatten unbeschränkt einkommensteuerpflichtig sind und nicht dauernd getrennt leben.

(3) Die Gemeinde hat auf der Lohnsteuerkarte insbesondere einzutragen:
1. den Familienstand,
2. die Steuerklasse (§ 38 b) in Buchstaben,
3. die Zahl der Kinderfreibeträge bei den Steuerklassen I bis IV, und zwar für jedes Kind im Sinne des § 32 Abs. 1 bis 3 mit Ausnahme der Pflegekinder und der Kinder, die beim Arbeitnehmer nur unter den Voraussetzungen des § 32 Abs. 1 Sätze 2 und 3 zu berücksichtigen sind,
   a) den Zähler 0,5, wenn dem Arbeitnehmer der Kinderfreibetrag von 1 512 Deutsche Mark nach § 32 Abs. 6 Satz 1 zusteht, oder
   b) den Zähler 1, wenn dem Arbeitnehmer der Kinderfreibetrag von 3 024 Deutsche Mark zusteht, weil
      aa) die Voraussetzungen des § 32 Abs. 6 Satz 2 vorliegen oder
      bb) der andere Elternteil vor dem Beginn des Kalenderjahrs verstorben ist oder
      cc) der Arbeitnehmer allein das Kind angenommen hat.

(3 a) Soweit bei dem Arbeitnehmer Kinderfreibeträge nach § 32 Abs. 1 bis 6 zu berücksichtigen und nicht nach Absatz 3 von der Gemeinde auf der Lohnsteuerkarte einzutragen sind, ist die auf der Lohnsteuerkarte eingetragene Zahl der Kinderfreibeträge sowie im Falle des § 38 b Nr. 2 die Steuerklasse vom Finanzamt auf Antrag zu ändern. In den Fällen des § 32 Abs. 6 Nr. 1 Alternative 2 und letzter Satz gilt dies nur, wenn nach den tatsächlichen Verhältnissen zu erwarten ist, daß die Voraussetzungen auch im Laufe des Kalenderjahrs bestehen bleiben. Der Antrag kann nur nach amtlich vorgeschriebenem Vordruck gestellt werden.

(3 b) Für die Eintragungen nach den Absätzen 3 und 3 a sind die Verhältnisse zu Beginn des Kalenderjahrs maßgebend, für das die Lohnsteuerkarte gilt. Auf Antrag des Arbeitnehmers kann eine für ihn ungünstigere Steuerklasse oder Zahl der Kinderfreibeträge auf der Lohnsteuerkarte eingetragen werden. In den Fällen der Steuerklassen III und IV sind bei der Eintragung der Zahl der Kinderfreibeträge auch Kinder des Ehegatten zu berücksichtigen. Die Eintragungen sind die gesonderte Feststellung von Besteuerungsgrundlagen im Sinne des § 179 Abs. 1 der Abgabenordnung, die unter dem Vorbehalt der Nachprüfung steht. Den Eintragungen braucht eine Belehrung über den zulässigen Rechtsbehelf nicht beigefügt zu werden.

(4) Der Arbeitnehmer ist verpflichtet, die Eintragung der Steuerklasse, des Familienstands und der Zahl der Kinderfreibeträge auf der Lohnsteuerkarte umgehend ändern zu lassen, wenn die Eintragung auf der Lohnsteuerkarte von den Verhältnissen zu Beginn des Kalenderjahrs zugunsten des Arbeitnehmers abweicht; dies gilt nicht, wenn eine Änderung als Folge einer nach Absatz 3 a Satz 2 durchgeführten Übertragung des Kinderfreibetrags in Betracht kommt. Die Änderung von Eintragungen im Sinne des Absatzes 3 ist bei der Gemeinde, die Änderung von Eintragungen im Sinne des Absatzes 3 a beim Finanzamt zu beantragen. Kommt der Arbeitnehmer seiner Verpflichtung nicht nach, so hat die Gemeinde oder das Finanzamt die Eintragung von Amts wegen zu ändern; der Arbeitnehmer hat die Lohnsteuerkarte der Gemeinde oder dem Finanzamt auf Verlangen vorzulegen. Unter-

Einkommensteuergesetz
§ 39 a

bleibt die Änderung der Eintragung, hat das Finanzamt zuwenig erhobene Lohnsteuer vom Arbeitnehmer nachzufordern, wenn diese 20 Deutsche Mark übersteigt; hierzu hat die Gemeinde dem Finanzamt die Fälle mitzuteilen, in denen eine von ihr vorzunehmende Änderung unterblieben ist.

(5) Treten bei einem Arbeitnehmer im Laufe des Kalenderjahrs, für das die Lohnsteuerkarte gilt, die Voraussetzungen für eine ihm günstigere Steuerklasse oder höhere Zahl der Kinderfreibeträge ein, so kann der Arbeitnehmer bis zum 30. November bei der Gemeinde, in den Fällen des Absatzes 3 a beim Finanzamt die Änderung der Eintragung beantragen. Die Änderung ist mit Wirkung von dem Tage an vorzunehmen, an dem erstmals die Voraussetzungen für die Änderung vorlagen. Ehegatten, die beide in einem Dienstverhältnis stehen, können im Laufe des Kalenderjahrs einmal, spätestens bis zum 30. November, bei der Gemeinde beantragen, die auf ihren Lohnsteuerkarten eingetragenen Steuerklassen in andere nach § 38 b Nr. 3 bis 5 in Betracht kommende Steuerklassen zu ändern. Die Gemeinde hat die Änderung mit Wirkung vom Beginn des auf die Antragstellung folgenden Kalendermonats an vorzunehmen.

(5 a) Ist ein Arbeitnehmer, für den eine Lohnsteuerkarte ausgestellt worden ist, zu Beginn des Kalenderjahrs beschränkt einkommensteuerpflichtig oder im Laufe des Kalenderjahrs beschränkt einkommensteuerpflichtig geworden, hat er dies dem Finanzamt unter Vorlage der Lohnsteuerkarte unverzüglich anzuzeigen. Das Finanzamt hat die Lohnsteuerkarte vom Zeitpunkt des Eintritts der beschränkten Einkommensteuerpflicht an ungültig zu machen. Absatz 3 b Sätze 4 und 5 gilt sinngemäß. Unterbleibt die Anzeige, hat das Finanzamt zuwenig erhobene Lohnsteuer vom Arbeitnehmer nachzufordern, wenn diese 20 DM übersteigt.

(6) Die Gemeinden sind insoweit, als sie Lohnsteuerkarten auszustellen, Eintragungen auf den Lohnsteuerkarten vorzunehmen und zu ändern haben, örtliche Landesfinanzbehörden. Sie sind insoweit verpflichtet, den Anweisungen des örtlich zuständigen Finanzamts nachzukommen. Das Finanzamt kann erforderlichenfalls Verwaltungsakte, für die eine Gemeinde sachlich zuständig ist, selbst erlassen. Der Arbeitnehmer, der Arbeitgeber oder andere Personen dürfen die Eintragung auf der Lohnsteuerkarte nicht ändern oder ergänzen.

§ 39 a Freibetrag beim Lohnsteuerabzug

(1) Auf der Lohnsteuerkarte wird als vom Arbeitslohn abzuziehender Freibetrag die Summe der folgenden Beträge eingetragen:
1. Werbungskosten, die bei den Einkünften aus nichtselbständiger Arbeit anfallen, soweit sie den Arbeitnehmer-Pauschbetrag (§ 9 a Nr. 1) übersteigen,
2. Sonderausgaben im Sinne des § 10 Abs. 1 Nr. 1, 1 a, 4 bis 8 und des § 10 b, soweit sie den Sonderausgaben-Pauschbetrag von 108 Deutsche Mark übersteigen,
3. der Betrag, der nach den §§ 33, 33 a, 33 b Abs. 6 und 33 c wegen außergewöhnlicher Belastungen zu gewähren ist,
4. die Pauschbeträge für Behinderte und Hinterbliebene (§ 33 b Abs. 1 bis 5),
5. die Beträge, die nach § 10 e, § 52 Abs. 21 Sätze 4 und 5 oder nach § 15 b des Berlinförderungsgesetzes abgezogen werden können, sowie der Betrag der negativen Einkünfte aus Vermietung und Verpachtung, der sich bei Inanspruchnahme erhöhter Absetzungen nach § 7 b oder nach § 14 a oder § 15 des Berlinförderungsgesetzes ergeben wird; für jedes Kind, für das der Steuerpflichtige Anspruch auf die Steuerermäßigung nach § 34 f

Einkommensteuergesetz
§ 39 a

hat, ist auf Antrag ein zusätzlicher Betrag von 3 000 Deutsche Mark abzuziehen. Der sich hiernach insgesamt ergebende Freibetrag darf außer in den Fällen des § 14 a Abs. 6 des Berlinförderungsgesetzes erst nach Fertigstellung oder Anschaffung des begünstigten Objekts eingetragen werden. Ein Freibetrag wird nicht eingetragen wegen negativer Einkünfte aus Vermietung und Verpachtung, soweit sie bei der Festsetzung der Vorauszahlungen nach § 37 Abs. 3 Sätze 6, 7 und 9 nicht zu berücksichtigen sind.

(2) Die Gemeinde hat nach Anweisung des Finanzamts die Pauschbeträge für Behinderte und Hinterbliebene bei der Ausstellung der Lohnsteuerkarten von Amts wegen einzutragen. Der Arbeitnehmer kann beim Finanzamt die Eintragung des nach Absatz 1 insgesamt in Betracht kommenden Freibetrags beantragen. Der Antrag kann nur nach amtlich vorgeschriebenem Vordruck bis zum 30. November des Kalenderjahrs gestellt werden, für das die Lohnsteuerkarte gilt. Der Antrag ist hinsichtlich eines Freibetrags aus der Summe der nach Absatz 1 Nr. 1 bis 3 in Betracht kommenden Aufwendungen und Beträge unzulässig, wenn die Aufwendungen im Sinne des § 9, soweit sie den Arbeitnehmer-Pauschbetrag übersteigen, die Aufwendungen im Sinne des § 10 Abs. 1 Nr. 1, 1 a, 4 bis 8, der §§ 10 b, 33 und 33 c sowie die abziehbaren Beträge nach den §§ 33 a und 33 b Abs. 6 insgesamt 1 200 Deutsche Mark nicht übersteigen. Das Finanzamt hat den Freibetrag durch Aufteilung in Monatsfreibeträge, erforderlichenfalls Wochen- und Tagesfreibeträge, jeweils auf die der Antragstellung folgenden Monate des Kalenderjahrs gleichmäßig zu verteilen. Abweichend hiervon darf ein Freibetrag, der im Monat Januar eines Kalenderjahrs beantragt wird, mit Wirkung vom 1. Januar dieses Kalenderjahrs an eingetragen werden.

(3) Für Ehegatten, die beide unbeschränkt einkommensteuerpflichtig sind und nicht dauernd getrennt leben, ist jeweils die Summe der nach Absatz 1 Nr. 2 bis 5 in Betracht kommenden Beträge gemeinsam zu ermitteln; in den Fällen des Absatzes 1 Nr. 2 tritt an die Stelle des Sonderausgaben-Pauschbetrags von 108 Deutsche Mark der Sonderausgaben-Pauschbetrag von 216 Deutsche Mark. Für die Anwendung des Absatzes 2 Satz 4 ist die Summe der für beide Ehegatten in Betracht kommenden Aufwendungen im Sinne des § 9, soweit sie jeweils den Arbeitnehmer-Pauschbetrag übersteigen, und der Aufwendungen im Sinne des § 10 Abs. 1 Nr. 1, 1 a, 4 bis 8, der §§ 10 b, 33 und 33 c sowie der abziehbaren Beträge nach § 33 a maßgebend. Die nach Satz 1 ermittelte Summe ist je zur Hälfte auf die Ehegatten aufzuteilen, wenn für jeden Ehegatten eine Lohnsteuerkarte ausgeschrieben worden ist und die Ehegatten keine andere Aufteilung beantragen. Für einen Arbeitnehmer, dessen Ehe in dem Kalenderjahr, für das die Lohnsteuerkarte gilt, aufgelöst worden ist und dessen bisheriger Ehegatte in demselben Kalenderjahr wieder geheiratet hat, sind die nach Absatz 1 in Betracht kommenden Beträge ausschließlich auf Grund der in seiner Person erfüllten Voraussetzungen zu ermitteln.

(4) Die Eintragung eines Freibetrags auf der Lohnsteuerkarte ist die gesonderte Feststellung einer Besteuerungsgrundlage im Sinne des § 179 Abs. 1 der Abgabenordnung, die unter dem Vorbehalt der Nachprüfung steht. Der Eintragung braucht eine Belehrung über den zulässigen Rechtsbehelf nicht beigefügt zu werden. Ein mit einer Belehrung über den zulässigen Rechtsbehelf versehener schriftlicher Bescheid ist jedoch zu erteilen, wenn dem Antrag des Arbeitnehmers nicht in vollem Umfang entsprochen wird. § 153 Abs. 2 der Abgabenordnung ist nicht anzuwenden.

(5) Ist zuwenig Lohnsteuer erhoben worden, weil auf der Lohnsteuerkarte ein Freibetrag unzutreffend eingetragen worden ist, hat das Finanzamt den Fehlbetrag vom Arbeitnehmer nachzufordern, wenn er 20 Deutsche Mark übersteigt.

Einkommensteuergesetz
§ 39 b

§ 39 b Durchführung des Lohnsteuerabzugs für unbeschränkt einkommensteuerpflichtige Arbeitnehmer

(1) Für die Durchführung des Lohnsteuerabzugs hat der unbeschränkt einkommensteuerpflichtige Arbeitnehmer seinem Arbeitgeber vor Beginn des Kalenderjahrs oder beim Eintritt in das Dienstverhältnis eine Lohnsteuerkarte vorzulegen. Der Arbeitgeber hat die Lohnsteuerkarte während des Dienstverhältnisses aufzubewahren. Er hat sie dem Arbeitnehmer während des Kalenderjahrs zur Vorlage beim Finanzamt oder bei der Gemeinde vorübergehend zu überlassen sowie innerhalb angemessener Frist nach Beendigung des Dienstverhältnisses herauszugeben. Der Arbeitgeber darf die auf der Lohnsteuerkarte eingetragenen Merkmale nur für die Einbehaltung der Lohnsteuer verwerten; er darf sie ohne Zustimmung des Arbeitnehmers nur offenbaren, soweit dies gesetzlich zugelassen ist.

(2) Für die Einbehaltung der Lohnsteuer vom laufenden Arbeitslohn hat der Arbeitgeber die Höhe des laufenden Arbeitslohns und den Lohnzahlungszeitraum festzustellen. Vom Arbeitslohn sind der auf den Lohnzahlungszeitraum entfallende Anteil des Versorgungs-Freibetrags (§ 19 Abs. 2) und der auf den Lohnzahlungszeitraum entfallende Anteil des Altersentlastungsbetrags (§ 24 a) abzuziehen, wenn die Voraussetzungen für den Abzug dieser Beträge jeweils erfüllt sind. Außerdem hat der Arbeitgeber einen etwaigen Freibetrag nach Maßgabe der Eintragungen auf der Lohnsteuerkarte des Arbeitnehmers vom Arbeitslohn abzuziehen. Für den so gekürzten Arbeitslohn ist die Lohnsteuer aus der für den Lohnzahlungszeitraum geltenden allgemeinen Lohnsteuertabelle (§ 38 c Abs. 1) oder aus der besonderen Lohnsteuertabelle (§ 38 c Abs. 2) oder nach der diesen Lohnsteuertabellen angefügten Anleitung zu ermitteln; die besondere Lohnsteuertabelle ist anzuwenden, wenn der Arbeitnehmer in der gesetzlichen Rentenversicherung nicht versicherungspflichtig ist und zu dem in § 10 c Abs. 3 bezeichneten Personenkreis gehört. Dabei ist die auf der Lohnsteuerkarte eingetragene Steuerklasse und Zahl der Kinderfreibeträge maßgebend. Die sich danach ergebende Lohnsteuer ist vom Arbeitslohn einzubehalten. Die Oberfinanzdirektion kann allgemein oder auf Antrag des Arbeitgebers ein Verfahren zulassen, durch das die Lohnsteuer unter den Voraussetzungen des § 42 b Abs. 1 nach dem voraussichtlichen Jahresarbeitslohn ermittelt wird, wenn gewährleistet ist, daß die zutreffende Jahreslohnsteuer (§ 38 a Abs. 2) nicht unterschritten wird.

(3) Für die Einbehaltung der Lohnsteuer von einem sonstigen Bezug hat der Arbeitgeber den voraussichtlichen Jahresarbeitslohn ohne den sonstigen Bezug festzustellen. Von dem voraussichtlichen Jahresarbeitslohn sind der Versorgungs-Freibetrag (§ 19 Abs. 2) und der Altersentlastungsbetrag (§ 24 a), wenn die Voraussetzungen für den Abzug dieser Beträge jeweils erfüllt sind, sowie ein etwaiger Jahresfreibetrag nach Maßgabe der Eintragungen auf der Lohnsteuerkarte abzuziehen. Für den so gekürzten Jahresarbeitslohn (maßgebender Jahresarbeitslohn) ist die Lohnsteuer aus der allgemeinen Jahreslohnsteuertabelle (§ 38 c Abs. 1) oder aus der besonderen Jahreslohnsteuertabelle (§ 38 c Abs. 2) oder nach der diesen Jahreslohnsteuertabellen angefügten Anleitung zu ermitteln; die besondere Lohnsteuertabelle ist anzuwenden, wenn der Arbeitnehmer in der gesetzlichen Rentenversicherung nicht versicherungspflichtig ist und zu dem in § 10 c Abs. 3 bezeichneten Personenkreis gehört. Dabei ist die auf der Lohnsteuerkarte eingetragene Steuerklasse und Zahl der Kinderfreibeträge maßgebend. Außerdem ist die Jahreslohnsteuer für den maßgebenden Jahresarbeitslohn unter Einbeziehung des sonstigen Bezugs zu ermitteln. Dabei ist der sonstige Bezug, soweit es sich nicht um einen sonstigen Bezug im Sinne des Satzes 9 handelt, um den Versorgungs-Freibetrag und den Altersentlastungsbetrag zu kürzen, wenn die

Einkommensteuergesetz
§ 39 c

Voraussetzungen für den Abzug dieser Beträge jeweils erfüllt sind und soweit sie nicht bei der Feststellung des maßgebenden Jahresarbeitslohns berücksichtigt worden sind. Der Unterschiedsbetrag zwischen den ermittelten Jahreslohnsteuerbeträgen ist die Lohnsteuer, die von dem sonstigen Bezug einzubehalten ist. Werden in einem Lohnzahlungszeitraum neben laufendem Arbeitslohn sonstige Bezüge von insgesamt nicht mehr als 300 Deutsche Mark gezahlt, so sind sie dem laufenden Arbeitslohn hinzuzurechnen. Die Lohnsteuer ist bei einem sonstigen Bezug im Sinne des § 34 Abs. 3 in der Weise zu ermäßigen, daß der sonstige Bezug bei der Anwendung des Satzes 5 mit einem Drittel anzusetzen und der Unterschiedsbetrag im Sinne des Satzes 7 zu verdreifachen ist. Von steuerpflichtigen Entschädigungen im Sinne des § 34 Abs. 1 und Abs. 2 Nr. 2, die dreißig Millionen Deutsche Mark nicht übersteigen, ist die nach Satz 7 ermittelte Lohnsteuer zur Hälfte einzubehalten.

(4) Für Lohnzahlungszeiträume, für die Lohnsteuertabellen nicht aufgestellt sind, ergibt sich die Lohnsteuer aus den mit der Zahl der Kalendertage oder Wochen dieser Zeiträume vervielfachten Beträgen der Lohnsteuertagestabelle oder Lohnsteuerwochentabelle.

(5) Wenn der Arbeitgeber für den Lohnzahlungszeitraum lediglich Abschlagszahlungen leistet und eine Lohnabrechnung für einen längeren Zeitraum (Lohnabrechnungszeitraum) vornimmt, kann er den Lohnabrechnungszeitraum als Lohnzahlungszeitraum behandeln und die Lohnsteuer abweichend von § 38 Abs. 3 bei der Lohnabrechnung einbehalten. Satz 1 gilt nicht, wenn der Lohnabrechnungszeitraum fünf Wochen übersteigt oder die Lohnabrechnung nicht innerhalb von drei Wochen nach dessen Ablauf erfolgt. Das Betriebsstättenfinanzamt kann anordnen, daß die Lohnsteuer von den Abschlagszahlungen einzubehalten ist, wenn die Erhebung der Lohnsteuer sonst nicht gesichert erscheint. Wenn wegen einer besonderen Entlohnungsart weder ein Lohnzahlungszeitraum noch ein Lohnabrechnungszeitraum festgestellt werden kann, gilt als Lohnzahlungszeitraum die Summe der tatsächlichen Arbeitstage oder Arbeitswochen.

(6) Ist nach einem Abkommen zur Vermeidung der Doppelbesteuerung der von einem inländischen Arbeitgeber gezahlte Arbeitslohn von der Lohnsteuer freizustellen, so erteilt das Betriebsstättenfinanzamt auf Antrag des Arbeitnehmers oder des Arbeitgebers eine entsprechende Bescheinigung. Der Arbeitgeber hat diese Bescheinigung als Beleg zum Lohnkonto (§ 41 Abs. 1) aufzubewahren.

§ 39 c Durchführung des Lohnsteuerabzugs ohne Lohnsteuerkarte

(1) Solange der unbeschränkt einkommensteuerpflichtige Arbeitnehmer dem Arbeitgeber eine Lohnsteuerkarte schuldhaft nicht vorlegt oder die Rückgabe der ihm ausgehändigten Lohnsteuerkarte schuldhaft verzögert, hat der Arbeitgeber die Lohnsteuer nach der Steuerklasse VI zu ermitteln. Weist der Arbeitnehmer nach, daß er die Nichtvorlage oder verzögerte Rückgabe der Lohnsteuerkarte nicht zu vertreten hat, so hat der Arbeitgeber für die Lohnsteuerberechnung die ihm bekannten Familienverhältnisse des Arbeitnehmers zugrunde zu legen.

(2) Der Arbeitgeber kann die Lohnsteuer von dem Arbeitslohn für den Monat Januar eines Kalenderjahrs abweichend von Absatz 1 auf Grund der Eintragungen auf der Lohnsteuerkarte für das vorhergehende Kalenderjahr ermitteln, wenn der Arbeitnehmer eine Lohnsteuerkarte für das neue Kalenderjahr bis zur Lohnabrechnung nicht vorgelegt hat. Nach Vorlage der Lohnsteuerkarte ist die Lohnsteuerermittlung für den Monat Januar zu überprüfen und erforderlichenfalls zu ändern. Legt der Arbeitnehmer bis zum 31. März

Einkommensteuergesetz
§§ 39 d–40

keine Lohnsteuerkarte vor, ist nachträglich Absatz 1 anzuwenden. Die zuwenig oder zuviel einbehaltene Lohnsteuer ist jeweils bei der nächsten Lohnabrechnung auszugleichen.

(3) Für Arbeitnehmer, die nach § 1 Abs. 2 oder 3 unbeschränkt einkommensteuerpflichtig sind, hat der Arbeitgeber die Lohnsteuer unabhängig von einer Lohnsteuerkarte zu ermitteln. Dabei sind die Steuerklasse und Zahl der Kinderfreibeträge maßgebend, die nach § 39 Abs. 3 bis 5 auf einer Lohnsteuerkarte des Arbeitnehmers einzutragen wären. Auf Antrag des Arbeitnehmers erteilt das Betriebsstättenfinanzamt (§ 41 Abs. 1 Nr. 1) über die maßgebende Steuerklasse, Zahl der Kinderfreibeträge und einen etwa in Betracht kommenden Freibetrag (§ 39 a) eine Bescheinigung, für die die Vorschriften über die Eintragungen auf der Lohnsteuerkarte sinngemäß anzuwenden sind.

§ 39 d Durchführung des Lohnsteuerabzugs für beschränkt einkommensteuerpflichtige Arbeitnehmer

(1) Für die Durchführung des Lohnsteuerabzugs werden beschränkt einkommensteuerpflichtige Arbeitnehmer in die Steuerklasse I eingereiht. § 38 b Nr. 6 ist anzuwenden. Das Betriebsstättenfinanzamt (§ 41 a Abs. 1 Nr. 1) erteilt auf Antrag des Arbeitnehmers über die maßgebende Steuerklasse eine Bescheinigung, für die die Vorschriften über die Eintragungen auf der Lohnsteuerkarte mit der Maßgabe sinngemäß anzuwenden sind, daß der Arbeitnehmer eine Änderung der Bescheinigung bis zum Ablauf des Kalenderjahrs, für das sie gilt, beim Finanzamt beantragen kann.

(2) In die nach Absatz 1 zu erteilende Bescheinigung trägt das Finanzamt auf Antrag des Arbeitnehmers als vom Arbeitslohn abzuziehenden Freibetrag die Summe der folgenden Beträge ein:
1. Werbungskosten, die bei den Einkünften aus nichtselbständiger Arbeit anfallen (§ 9), soweit sie den Arbeitnehmer-Pauschbetrag (§ 9 a Nr. 1) übersteigen,
2. Sonderausgaben im Sinne des § 10 Abs. 1 Nr. 1, 1 a, 4 bis 7 und des § 10 b, soweit sie den Sonderausgaben-Pauschbetrag von 108 Deutsche Mark (§ 10 c) übersteigen,
3. der Betrag, der nach § 33 a Abs. 1 und 2 in Verbindung mit § 50 Abs. 4 wegen außergewöhnlicher Belastungen zu gewähren ist.

Der Antrag kann nur nach amtlich vorgeschriebenem Vordruck bis zum Ablauf des Kalenderjahrs gestellt werden, für das die Bescheinigung gilt. Das Finanzamt hat den Freibetrag durch Aufteilung in Monatsfreibeträge, erforderlichenfalls Wochen- und Tagesfreibeträge, jeweils auf die voraussichtliche Dauer des Dienstverhältnisses im Kalenderjahr gleichmäßig zu verteilen. § 39 a Abs. 4 und 5 ist sinngemäß anzuwenden.

(3) Der Arbeitnehmer hat die nach Absatz 1 erteilte Bescheinigung seinem Arbeitgeber vor Beginn des Kalenderjahrs oder beim Eintritt in das Dienstverhältnis vorzulegen. Der Arbeitgeber hat die Bescheinigung aufzubewahren. § 39 b Abs. 1 Sätze 3 und 4 gilt sinngemäß. Der Arbeitgeber hat im übrigen den Lohnsteuerabzug nach Maßgabe des § 39 b Abs. 2 bis 6, des § 39 c Abs. 1 und 2 und des § 41 c durchzuführen; dabei tritt die nach Absatz 1 erteilte Bescheinigung an die Stelle der Lohnsteuerkarte.

§ 40 Pauschalierung der Lohnsteuer in besonderen Fällen

(1) Das Betriebsstättenfinanzamt (§ 41 a Abs. 1 Nr. 1) kann auf Antrag des Arbeitgebers zulassen, daß die Lohnsteuer mit einem unter Berücksichtigung der Vorschriften des § 38 a zu ermittelnden Pauschsteuersatz erhoben wird, soweit

Einkommensteuergesetz
§ 40 a

1. von dem Arbeitgeber sonstige Bezüge in einer größeren Zahl von Fällen gewährt werden oder
2. in einer größeren Zahl von Fällen Lohnsteuer nachzuerheben ist, weil der Arbeitgeber die Lohnsteuer nicht vorschriftsmäßig einbehalten hat.

Bei der Ermittlung des Pauschsteuersatzes ist zu berücksichtigen, daß die in Absatz 3 vorgeschriebene Übernahme der pauschalen Lohnsteuer durch den Arbeitgeber für den Arbeitnehmer eine in Geldeswert bestehende Einnahme im Sinne des § 8 Abs. 1 darstellt (Nettosteuersatz). Voraussetzung für die Pauschalierung der Lohnsteuer ist, daß die Ermittlung der Lohnsteuer nach den §§ 39 b bis 39 d schwierig ist oder einen unverhältnismäßigen Arbeitsaufwand erfordern würde. Die Pauschalierung ist in den Fällen der Nummer 1 ausgeschlossen, soweit der Arbeitgeber einem Arbeitnehmer sonstige Bezüge von mehr als 2 000 Deutsche Mark im Kalenderjahr gewährt. Der Arbeitgeber hat dem Antrag eine Berechnung beizufügen, aus der sich der durchschnittliche Steuersatz unter Zugrundelegung der durchschnittlichen Jahresarbeitslöhne und der durchschnittlichen Jahreslohnsteuer in jeder Steuerklasse für diejenigen Arbeitnehmer ergibt, denen die Bezüge gewährt werden sollen oder gewährt worden sind.

(2) Abweichend von Absatz 1 kann der Arbeitgeber die Lohnsteuer mit einem Pauschsteuersatz von 25 vom Hundert erheben, soweit er

1. arbeitstäglich eine Mahlzeit im Betrieb unentgeltlich oder verbilligt an die Arbeitnehmer abgibt oder Barzuschüsse an ein anderes Unternehmen leistet, das arbeitstäglich eine Mahlzeit unentgeltlich oder verbilligt an die Arbeitnehmer abgibt,
2. Arbeitslohn aus Anlaß von Betriebsveranstaltungen zahlt,
3. Erholungsbeihilfen gewährt, wenn diese zusammen mit Erholungsbeihilfen, die in demselben Kalenderjahr früher gewährt worden sind, 300 Deutsche Mark für den Arbeitnehmer, 200 Deutsche Mark für dessen Ehegatten und 100 Deutsche Mark für jedes Kind nicht übersteigen und der Arbeitgeber sicherstellt, daß die Beihilfen zu Erholungszwecken verwendet werden.

Der Arbeitgeber kann die Lohnsteuer mit einem Pauschsteuersatz von 15 vom Hundert für Sachbezüge in Form der unentgeltlichen oder verbilligten Beförderung eines Arbeitnehmers zwischen Wohnung und Arbeitsstätte und für Zuschüsse zu den Aufwendungen des Arbeitnehmers für Fahrten zwischen Wohnung und Arbeitsstätte erheben, soweit diese Bezüge den Betrag nicht übersteigen, den der Arbeitnehmer nach § 9 Abs. 1 Nr. 4 und Abs. 2 als Werbungskosten geltend machen könnte, wenn die Bezüge nicht pauschal besteuert würden. Die nach Satz 2 pauschal besteuerten Bezüge mindern die nach § 9 Abs. 1 Nr. 4 und Abs. 2 abziehbaren Werbungskosten; sie bleiben bei der Anwendung des § 40 a Abs. 1 bis 4 außer Ansatz.

(3) Der Arbeitgeber hat die pauschale Lohnsteuer zu übernehmen. Er ist Schuldner der pauschalen Lohnsteuer. Der pauschal besteuerte Arbeitslohn und die pauschale Lohnsteuer bleiben bei einer Veranlagung zur Einkommensteuer und beim Lohnsteuer-Jahresausgleich außer Ansatz. Die pauschale Lohnsteuer ist weder auf die Einkommensteuer noch auf die Jahreslohnsteuer anzurechnen.

§ 40 a   Pauschalierung der Lohnsteuer für Teilzeitbeschäftigte

(1) Der Arbeitgeber kann unter Verzicht auf die Vorlage einer Lohnsteuerkarte bei Arbeitnehmern, die nur kurzfristig beschäftigt werden, die Lohnsteuer mit einem Pausch-

Einkommensteuergesetz
§ 40 b

steuersatz von 25 vom Hundert des Arbeitslohns erheben. Eine kurzfristige Beschäftigung liegt vor, wenn der Arbeitnehmer bei dem Arbeitgeber gelegentlich, nicht regelmäßig wiederkehrend beschäftigt wird, die Dauer der Beschäftigung 18 zusammenhängende Arbeitstage nicht übersteigt und

1. der Arbeitslohn während der Beschäftigungsdauer 120 Deutsche Mark durchschnittlich je Arbeitstag nicht übersteigt oder
2. die Beschäftigung zu einem unvorhersehbaren Zeitpunkt sofort erforderlich wird.

(2) Der Arbeitgeber kann unter Verzicht auf die Vorlage einer Lohnsteuerkarte bei Arbeitnehmern, die nur in geringem Umfang und gegen geringen Arbeitslohn beschäftigt werden, die Lohnsteuer mit einem Pauschsteuersatz von 15 vom Hundert des Arbeitslohns erheben. Eine Beschäftigung in geringem Umfang und gegen geringen Arbeitslohn liegt vor, wenn der Arbeitnehmer bei dem Arbeitgeber laufend beschäftigt wird und bei monatlicher Lohnzahlung die Beschäftigungsdauer 86 Stunden und der Arbeitslohn 520 Deutsche Mark nicht übersteigt; bei kürzeren Lohnzahlungszeiträumen darf die Beschäftigungsdauer 20 Stunden und der Arbeitslohn 120 Deutsche Mark wöchentlich nicht übersteigen.

(3) Abweichend von den Absätzen 1 und 2 kann der Arbeitgeber unter Verzicht auf die Vorlage einer Lohnsteuerkarte bei Aushilfskräften, die in Betrieben der Land- und Forstwirtschaft im Sinne des § 13 Abs. 1 Nr. 1 bis 4 ausschließlich mit typisch land- oder forstwirtschaftlichen Arbeiten beschäftigt werden, die Lohnsteuer mit einem Pauschsteuersatz von 3 vom Hundert des Arbeitslohns erheben. Aushilfskräfte im Sinne dieser Vorschrift sind Personen, die von Fall zu Fall für eine im voraus bestimmte Arbeit von vorübergehender Dauer in ein Dienstverhältnis treten. Aushilfskräfte sind nicht Arbeitnehmer, die zu den land- und forstwirtschaftlichen Fachkräften gehören.

(4) Die Pauschalierungen nach den Absätzen 1 bis 3 sind unzulässig bei Arbeitnehmern, deren Arbeitslohn während der Beschäftigungsdauer 18 Deutsche Mark durchschnittlich je Arbeitsstunde übersteigt.

(5) Auf die Pauschalierungen nach den Absätzen 1 bis 3 ist § 40 Abs. 3 anzuwenden.

§ 40 b Pauschalierung der Lohnsteuer bei bestimmten Zukunftssicherungsleistungen

(1) Der Arbeitgeber kann die Lohnsteuer von den Beiträgen für eine Direktversicherung des Arbeitnehmers und von den Zuwendungen an eine Pensionskasse mit einem Pauschsteuersatz von 15 vom Hundert der Beiträge und Zuwendungen erheben. Die pauschale Erhebung der Lohnsteuer von Beiträgen für eine Direktversicherung ist nur zulässig, wenn die Versicherung nicht auf den Erlebensfall eines früheren als des 60. Lebensjahrs abgeschlossen und eine vorzeitige Kündigung des Versicherungsvertrags durch den Arbeitnehmer ausgeschlossen worden ist.

(2) Absatz 1 gilt nicht, soweit die zu besteuernden Beiträge und Zuwendungen des Arbeitgebers für den Arbeitnehmer 3 000 Deutsche Mark im Kalenderjahr übersteigen oder nicht aus seinem ersten Dienstverhältnis bezogen werden. Sind mehrere Arbeitnehmer gemeinsam in einem Direktversicherungsvertrag oder in einer Pensionskasse versichert, so gilt als Beitrag oder Zuwendung für den einzelnen Arbeitnehmer der Teilbetrag, der sich bei einer Aufteilung der gesamten Beiträge oder der gesamten Zuwendungen durch die Zahl der begünstigten Arbeitnehmer ergibt, wenn dieser Teilbetrag 3 000 Deutsche Mark nicht übersteigt; hierbei sind Arbeitnehmer, für die Beiträge und Zuwendungen von mehr als 4 200 Deutsche Mark im Kalenderjahr geleistet werden, nicht einzubeziehen. Für Beiträge und

Einkommensteuergesetz
§ 40 b

Zuwendungen, die der Arbeitgeber für den Arbeitnehmer aus Anlaß der Beendigung des Dienstverhältnisses erbracht hat, vervielfältigt sich der Betrag von 3 000 Deutsche Mark mit der Anzahl der Kalenderjahre, in denen das Dienstverhältnis des Arbeitnehmers zu dem Arbeitgeber bestanden hat; in diesem Fall ist Satz 2 nicht anzuwenden. Der vervielfältigte Betrag vermindert sich um die nach Absatz 1 pauschal besteuerten Beiträge und Zuwendungen, die der Arbeitgeber in dem Kalenderjahr, in dem das Dienstverhältnis beendet wird, und in den sechs vorangegangenen Kalenderjahren erbracht hat.

(3) Von den Beiträgen für eine Unfallversicherung des Arbeitnehmers kann der Arbeitgeber die Lohnsteuer mit einem Pauschsteuersatz von 15 vom Hundert der Beiträge erheben, wenn mehrere Arbeitnehmer gemeinsam in einem Unfallversicherungsvertrag versichert sind und der Teilbetrag, der sich bei einer Aufteilung der gesamten Beiträge durch die Zahl der begünstigten Arbeitnehmer ergibt, 120 Deutsche Mark im Kalenderjahr nicht übersteigt.

(4) § 40 Abs. 3 ist anzuwenden. Die Anwendung des § 40 Abs. 1 Nr. 1 auf Bezüge im Sinne des Absatzes 1 Satz 1 und des Absatzes 3 ist ausgeschlossen.

(Fortsetzung auf Seite 105)

Einkommensteuergesetz
§§ 41–41 a

§ 41 Aufzeichnungspflichten beim Lohnsteuerabzug

(1) Der Arbeitgeber hat am Ort der Betriebsstätte (Absatz 2) für jeden Arbeitnehmer und jedes Kalenderjahr ein Lohnkonto zu führen. In das Lohnkonto sind die für den Lohnsteuerabzug erforderlichen Merkmale aus der Lohnsteuerkarte oder aus einer entsprechenden Bescheinigung zu übernehmen. Bei jeder Lohnzahlung für das Kalenderjahr, für das das Lohnkonto gilt, sind im Lohnkonto die Art und Höhe des gezahlten Arbeitslohns einschließlich der steuerfreien Bezüge sowie die einbehaltene oder übernommene Lohnsteuer einzutragen; an die Stelle der Lohnzahlung tritt in den Fällen des § 39 b Abs. 5 Satz 1 die Lohnabrechnung. Ist die einbehaltene oder übernommene Lohnsteuer nach der besonderen Lohnsteuertabelle (§ 38 c Abs. 2) ermittelt worden, so ist dies durch Eintragung des Großbuchstabens B zu vermerken. Ferner sind das Kurzarbeitergeld, das Schlechtwettergeld, der Zuschuß zum Mutterschaftsgeld nach dem Mutterschutzgesetz, die Entschädigungen für Verdienstausfall nach dem Bundesseuchengesetz sowie Aufstockungsbeträge nach dem Altersteilzeitgesetz einzutragen. Ist während der Dauer des Dienstverhältnisses in anderen Fällen als in denen des Satzes 5 der Anspruch auf Arbeitslohn für mindestens fünf aufeinander folgende Arbeitstage im wesentlichen weggefallen, so ist dies jeweils durch Eintragung des Großbuchstabens U zu vermerken. Die Bundesregierung wird ermächtigt, durch Rechtsverordnung mit Zustimmung des Bundesrates vorzuschreiben, welche Einzelangaben im Lohnkonto aufzuzeichnen sind. Dabei können für Arbeitnehmer mit geringem Arbeitslohn und für die Fälle der §§ 40 bis 40 b Aufzeichnungserleichterungen sowie für steuerfreie Bezüge Aufzeichnungen außerhalb des Lohnkontos zugelassen werden. Die Lohnkonten sind bis zum Ablauf des sechsten Kalenderjahrs, das auf die zuletzt eingetragene Lohnzahlung folgt, aufzubewahren.

(2) Betriebsstätte ist der Betrieb oder Teil des Betriebs des Arbeitgebers, in dem der für die Durchführung des Lohnsteuerabzugs maßgebende Arbeitslohn ermittelt wird. Wird der maßgebende Arbeitslohn nicht in dem Betrieb oder einem Teil des Betriebs des Arbeitgebers oder nicht im Inland ermittelt, so gilt als Betriebsstätte der Mittelpunkt der geschäftlichen Leitung des Arbeitgebers im Inland; im Fall des § 38 Abs. 1 Nr. 2 gilt als Betriebsstätte der Ort im Inland, an dem die Arbeitsleistung ganz oder vorwiegend stattfindet. Als Betriebsstätte gilt auch der inländische Heimathafen deutscher Handelsschiffe, wenn die Reederei im Inland keine Niederlassung hat.

§ 41 a Anmeldung und Abführung der Lohnsteuer

(1) Der Arbeitgeber hat spätestens am zehnten Tag nach Ablauf eines jeden Lohnsteuer-Anmeldungszeitraums
1. dem Finanzamt, in dessen Bezirk sich die Betriebsstätte (§ 41 Abs. 2) befindet (Betriebsstättenfinanzamt), eine Steuererklärung einzureichen, in der er die Summe der im Lohnsteuer-Anmeldungszeitraum einzubehaltenden und zu übernehmenden Lohnsteuer angibt (Lohnsteuer-Anmeldung),
2. die im Lohnsteuer-Anmeldungszeitraum insgesamt einbehaltene und übernommene Lohnsteuer an das Betriebsstättenfinanzamt abzuführen.

Die Lohnsteuer-Anmeldung ist nach amtlich vorgeschriebenem Vordruck abzugeben und vom Arbeitgeber oder von einer zu seiner Vertretung berechtigten Person zu unterschreiben. Der Arbeitgeber wird von der Verpflichtung zur Abgabe weiterer Lohnsteuer-Anmeldungen befreit, wenn er Arbeitnehmer, für die nach § 41 ein Lohnkonto zu führen ist, nicht mehr beschäftigt und das dem Finanzamt mitteilt.

(2) Lohnsteuer-Anmeldungszeitraum ist grundsätzlich der Kalendermonat. Lohnsteuer-Anmeldungszeitraum ist das Kalendervierteljahr, wenn die abzuführende Lohnsteuer für das vorangegangene Kalenderjahr mehr als 600 Deutsche Mark, aber nicht mehr als 6 000 Deutsche Mark betragen hat; Lohnsteuer-Anmeldungszeitraum ist das Kalenderjahr, wenn die abzuführende Lohnsteuer für das vorangegangene Kalenderjahr nicht mehr als 600 Deutsche Mark betragen hat. Hat die Betriebsstätte nicht während des ganzen vorangegangenen Kalenderjahrs bestanden, so ist die für das vorangegangene Kalenderjahr abzuführende Lohnsteuer für die Feststellung des Lohnsteuer-Anmeldungszeitraums auf einen Jahresbetrag umzurechnen. Wenn die Betriebsstätte im vorangegangenen Kalenderjahr noch nicht bestanden hat, ist die auf einen Jahresbetrag umgerechnete für den ersten vollen Kalendermonat nach der Eröffnung der Betriebsstätte abzuführende Lohnsteuer maßgebend.

(3) Die oberste Finanzbehörde des Landes kann bestimmen, daß die Lohnsteuer nicht dem Betriebsstättenfinanzamt, sondern einer anderen öffentlichen Kasse anzumelden und an diese abzuführen ist; die Kasse erhält insoweit die Stellung einer Landesfinanzbehörde. Das Betriebsstättenfinanzamt oder die zuständige andere öffentliche Kasse können anordnen, daß die Lohnsteuer abweichend von dem nach Absatz 1 maßgebenden Zeitpunkt anzumelden und abzuführen ist, wenn die Abführung der Lohnsteuer nicht gesichert erscheint.

§ 41 b Abschluß des Lohnsteuerabzugs

(1) Bei Beendigung eines Dienstverhältnisses oder am Ende des Kalenderjahrs hat der Arbeitgeber das Lohnkonto des Arbeitnehmers abzuschließen. Der Arbeitgeber hat auf Grund der Eintragungen im Lohnkonto auf der Lohnsteuerkarte des Arbeitnehmers
1. die Dauer des Dienstverhältnisses während des Kalenderjahrs, für das die Lohnsteuerkarte gilt, sowie zusätzlich die Anzahl der nach § 41 Abs. 1 Satz 6 vermerkten Großbuchstaben U,
2. die Art und Höhe des gezahlten Arbeitslohns,
3. die einbehaltene Lohnsteuer sowie zusätzlich den Großbuchstaben B, wenn das Dienstverhältnis vor Ablauf des Kalenderjahrs endet und der Arbeitnehmer für einen abgelaufenen Lohnzahlungszeitraum oder Lohnabrechnungszeitraum des Kalenderjahrs nach der besonderen Lohnsteuertabelle (§ 38 c Abs. 2) zu besteuern war,
4. das Kurzarbeitergeld, das Schlechtwettergeld, den Zuschuß zum Mutterschaftsgeld nach dem Mutterschutzgesetz, die Entschädigungen für Verdienstausfall nach dem Bundesseuchengesetz sowie Aufstockungsbeträge nach dem Altersteilzeitgesetz
zu bescheinigen (Lohnsteuerbescheinigung). Liegt dem Arbeitgeber eine Lohnsteuerkarte des Arbeitnehmers nicht vor, hat er die Lohnsteuerbescheinigung nach einem entsprechenden amtlich vorgeschriebenen Vordruck zu erteilen. Der Arbeitgeber hat dem Arbeitnehmer die Lohnsteuerbescheinigung auszuhändigen, wenn das Dienstverhältnis vor Ablauf des Kalenderjahrs beendet wird, der Arbeitnehmer zur Einkommensteuer veranlagt wird oder beim Finanzamt den Lohnsteuer-Jahresausgleich beantragt. In den übrigen Fällen hat der Arbeitgeber die Lohnsteuerbescheinigung dem Betriebsstättenfinanzamt einzureichen. Kann ein Arbeitgeber, der für die Lohnabrechnung ein maschinelles Verfahren anwendet, die Lohnsteuerbescheinigung nach Satz 2 nicht sofort bei Beendigung des Dienstverhältnisses ausschreiben, so hat er die Lohnsteuerkarte bis zur Ausschreibung der Lohnsteuerbescheinigung zurückzubehalten und dem Arbeitnehmer eine Bescheinigung über alle auf der

Einkommensteuergesetz
§§ 41 c–42

Lohnsteuerkarte des Arbeitnehmers eingetragenen Merkmale auszuhändigen; in dieser Bescheinigung ist außerdem der Zeitpunkt einzutragen, zu dem das Dienstverhältnis beendet worden ist. In diesem Fall ist die Ausschreibung der Lohnsteuerbescheinigung innerhalb von acht Wochen nachzuholen.

(2) Absatz 1 gilt nicht für Arbeitnehmer, soweit sie Arbeitslohn bezogen haben, der nach den §§ 40 bis 40 b pauschal besteuert worden ist.

§ 41 c Änderung des Lohnsteuerabzugs

(1) Der Arbeitgeber ist berechtigt, bei der jeweils nächstfolgenden Lohnzahlung bisher erhobene Lohnsteuer zu erstatten oder noch nicht erhobene Lohnsteuer nachträglich einzubehalten,
1. wenn ihm der Arbeitnehmer eine Lohnsteuerkarte mit Eintragungen vorlegt, die auf einen Zeitpunkt vor Vorlage der Lohnsteuerkarte zurückwirken, oder
2. wenn er erkennt, daß er die Lohnsteuer bisher nicht vorschriftsmäßig einbehalten hat.

(2) Die zu erstattende Lohnsteuer ist dem Betrag zu entnehmen, den der Arbeitgeber für seine Arbeitnehmer insgesamt an Lohnsteuer einbehalten oder übernommen hat. Wenn die zu erstattende Lohnsteuer aus dem Betrag nicht gedeckt werden kann, der insgesamt an Lohnsteuer einzubehalten und zu übernehmen ist, wird der Fehlbetrag dem Arbeitgeber auf Antrag vom Betriebsstättenfinanzamt ersetzt.

(3) Nach Ablauf des Kalenderjahrs oder, wenn das Dienstverhältnis vor Ablauf des Kalenderjahrs endet, nach Beendigung des Dienstverhältnisses, ist die Änderung des Lohnsteuerabzugs nur bis zur Ausschreibung der Lohnsteuerbescheinigung zulässig. Bei Änderung des Lohnsteuerabzugs nach Ablauf des Kalenderjahrs ist die nachträglich einzubehaltende Lohnsteuer nach dem Jahresarbeitslohn auf Grund der Jahreslohnsteuertabelle zu ermitteln. Eine Erstattung von Lohnsteuer ist nach Ablauf des Kalenderjahrs nur im Wege des Lohnsteuer-Jahresausgleichs nach § 42 b zulässig.

(4) Der Arbeitgeber hat die Fälle, in denen er von seiner Berechtigung zur nachträglichen Einbehaltung von Lohnsteuer nach Absatz 1 keinen Gebrauch macht oder die Lohnsteuer nicht nachträglich einbehalten werden kann, weil
1. Eintragungen auf der Lohnsteuerkarte eines Arbeitnehmers, die nach Beginn des Dienstverhältnisses vorgenommen worden sind, auf einen Zeitpunkt vor Beginn des Dienstverhältnisses zurückwirken,
2. der Arbeitnehmer vom Arbeitgeber Arbeitslohn nicht mehr bezieht oder
3. der Arbeitgeber nach Ablauf des Kalenderjahrs bereits die Lohnsteuerbescheinigung ausgeschrieben hat,
dem Betriebsstättenfinanzamt unverzüglich anzuzeigen. Das Finanzamt hat die zuwenig erhobene Lohnsteuer vom Arbeitnehmer nachzufordern, wenn der nachzufordernde Betrag 20 Deutsche Mark übersteigt. § 42 d bleibt unberührt.

§ 42 Lohnsteuer-Jahresausgleich

(1) Den unbeschränkt einkommensteuerpflichtigen Arbeitnehmern, die nicht zur Einkommensteuer veranlagt werden, wird die für das abgelaufene Kalenderjahr (Ausgleichsjahr) einbehaltene Lohnsteuer insoweit erstattet, als sie die auf den Jahresarbeitslohn entfallende Jahreslohnsteuer übersteigt (Lohnsteuer-Jahresausgleich). Hat die unbeschränkte Einkommensteuerpflicht des Arbeitnehmers nicht während des ganzen Kalenderjahrs bestanden,

Einkommensteuergesetz
§ 42 a

so gilt die Dauer der unbeschränkten Einkommensteuerpflicht im Kalenderjahr als Ausgleichsjahr und der während dieses Zeitraums bezogene Arbeitslohn als Jahresarbeitslohn.

(2) Der Lohnsteuer-Jahresausgleich wird nach Ablauf des Ausgleichsjahrs auf Antrag des Arbeitnehmers vom Finanzamt durchgeführt, soweit er nach § 42 b nicht vom Arbeitgeber durchgeführt worden ist. Bei Wegfall der unbeschränkten Einkommensteuerpflicht kann der Lohnsteuer-Jahresausgleich sofort durchgeführt werden. Der Antrag ist bis zum Ablauf des auf das Ausgleichsjahr folgenden zweiten Kalenderjahrs nach amtlich vorgeschriebenem Vordruck zu stellen; die Frist kann nicht verlängert werden. Der Antrag muß vom Arbeitnehmer, bei Arbeitnehmern, die mit einem Ehegatten die Voraussetzungen des § 26 Abs. 1 erfüllen, auch vom Ehegatten eigenhändig unterschrieben sein. Hat eine Person oder Vereinigung bei der Anfertigung des Antrags mitgewirkt, so sind der Name und die Anschrift dieser Person oder Vereinigung in dem Antrag anzugeben.

(3) Dem Antrag auf Lohnsteuer-Jahresausgleich sind beizufügen:
1. die für das Ausgleichsjahr ausgeschriebenen Lohnsteuerkarten des Arbeitnehmers mit vollständigen Lohnsteuerbescheinigungen oder in den Fällen, in denen dem Arbeitgeber eine Lohnsteuerkarte nicht vorgelegen hat, Lohnsteuerbescheinigungen nach entsprechendem amtlich vorgeschriebenem Vordruck (§ 41 b Abs. 1 Satz 3);
2. in den Fällen, in denen der Arbeitnehmer während des Ausgleichsjahrs zeitweise in keinem Dienstverhältnis gestanden hat, etwaige Unterlagen über die Dauer dieser Zeiträume.

(4) Vorbehaltlich der Vorschriften des § 42 a hat das Finanzamt für den Lohnsteuer-Jahresausgleich den Jahresarbeitslohn aus sämtlichen Dienstverhältnissen des Arbeitnehmers festzustellen. Dabei bleiben ermäßigt besteuerte Entschädigungen im Sinne des § 34 Abs. 1 und Abs. 2 Nr. 2 außer Ansatz, wenn der Arbeitnehmer nicht ihre Einbeziehung in den Lohnsteuer-Jahresausgleich beantragt. Vom Jahresarbeitslohn sind der etwa in Betracht kommende Versorgungs-Freibetrag und der etwa in Betracht kommende Altersentlastungsbetrag abzuziehen. Danach ist als Jahreslohnsteuer die Einkommensteuer zu ermitteln, die der Arbeitnehmer schuldet, wenn er ausschließlich die sich aus dem nach Satz 3 geminderten Jahresarbeitslohn ergebenden Einkünfte erzielt hat; dabei sind die §§ 10 e, 34 Abs. 1, §§ 34 c, 34 f, 35 und 52 Abs. 21 Sätze 4 bis 6 sowie § 15 b des Berlinförderungsgesetzes nicht anzuwenden. Den Betrag, um den die sich hiernach ergebende Jahreslohnsteuer die Lohnsteuer unterschreitet, die für das Ausgleichsjahr insgesamt erhoben worden ist, hat das Finanzamt dem Arbeitnehmer zu erstatten. Bei der Ermittlung der insgesamt erhobenen Lohnsteuer ist die Lohnsteuer auszuscheiden, die von den nach Satz 2 außer Ansatz gebliebenen Bezügen einbehalten worden ist. § 36 Abs. 4 Satz 3 gilt sinngemäß.

(5) Das Finanzamt erteilt über den Lohnsteuer-Jahresausgleich dem Antragsteller einen Steuerbescheid.

§ 42 a Gemeinsamer Lohnsteuer-Jahresausgleich für Ehegatten

(1) Bei Arbeitnehmern, die die Voraussetzungen für die Anwendung der Steuerklasse III erfüllen, wird nur ein Lohnsteuer-Jahresausgleich für beide Ehegatten gemeinsam durchgeführt, wenn beide Ehegatten im Ausgleichsjahr Einkünfte aus nichtselbständiger Arbeit erzielt haben. Der Antrag auf gemeinsamen Lohnsteuer-Jahresausgleich ist von den Ehegatten gemeinsam zu stellen, es sei denn, daß einer der Ehegatten dazu aus zwingenden Gründen nicht in der Lage ist. § 42 Abs. 2 Sätze 2 bis 5 ist anzuwenden.

Einkommensteuergesetz
§ 42 b

(2) Für den gemeinsamen Lohnsteuer-Jahresausgleich hat das Finanzamt jeweils den Jahresarbeitslohn der Ehegatten aus ihren sämtlichen Dienstverhältnissen festzustellen. § 42 Abs. 4 Satz 2 ist anzuwenden. Von dem Jahresarbeitslohn des einzelnen Ehegatten sind jeweils der etwa in Betracht kommende Versorgungs-Freibetrag und der etwa in Betracht kommende Altersentlastungsbetrag abzuziehen. Danach ist als Jahreslohnsteuer die Einkommensteuer zu ermitteln, die die Ehegatten schulden, wenn sie ausschließlich die sich aus den nach Satz 3 geminderten Jahresarbeitslöhnen ergebenden Einkünfte erzielt haben; dabei sind die §§ 10 e, 34 Abs. 1, §§ 34 c, 34 f, 35 und 52 Abs. 21 Sätze 4 bis 6 sowie § 15 b des Berlinförderungsgesetzes nicht anzuwenden. Den Betrag, um den die sich hiernach ergebende Jahreslohnsteuer die Lohnsteuer unterschreitet, die für das Ausgleichsjahr von beiden Ehegatten insgesamt erhoben worden ist, hat das Finanzamt zu erstatten. § 42 Abs. 4 Sätze 6 und 7 und Abs. 5 ist entsprechend anzuwenden.

§ 42 b Lohnsteuer-Jahresausgleich durch den Arbeitgeber

(1) Der Arbeitgeber ist berechtigt, für unbeschränkt einkommensteuerpflichtige Arbeitnehmer, die während des Ausgleichsjahrs ständig in einem Dienstverhältnis gestanden haben, einen Lohnsteuer-Jahresausgleich durchzuführen. Er ist zur Durchführung des Lohnsteuer-Jahresausgleichs verpflichtet, wenn er am 31. Dezember des Ausgleichsjahrs mindestens zehn Arbeitnehmer beschäftigt. Voraussetzung für den Lohnsteuer-Jahresausgleich ist, daß dem Arbeitgeber die Lohnsteuerkarte des Arbeitnehmers mit den Lohnsteuerbescheinigungen aus etwaigen vorangegangenen Dienstverhältnissen vorliegt. Der Arbeitgeber darf den Lohnsteuer-Jahresausgleich nicht durchführen, wenn
1. der Arbeitnehmer es beantragt oder
2. der Arbeitnehmer für das Ausgleichsjahr oder für einen Teil des Ausgleichsjahrs nach den Steuerklassen V oder VI zu besteuern war oder
3. der Arbeitnehmer für einen Teil des Ausgleichsjahrs nach den Steuerklassen III oder IV zu besteuern war oder
4. der Arbeitnehmer im Ausgleichsjahr Kurzarbeitergeld, Schlechtwettergeld, Zuschuß zum Mutterschaftsgeld nach dem Mutterschutzgesetz, Entschädigungen für Verdienstausfall nach dem Bundesseuchengesetz oder Aufstockungsbeträge nach dem Altersteilzeitgesetz bezogen hat oder
5. der Arbeitnehmer im Ausgleichsjahr nach der allgemeinen Lohnsteuertabelle (§ 38 c Abs. 1) und nach der besonderen Lohnsteuertabelle (§ 38 c Abs. 2) zu besteuern war oder
6. der Arbeitnehmer im Ausgleichsjahr ausländische Einkünfte aus nichtselbständiger Arbeit bezogen hat, die nach einem Abkommen zur Vermeidung der Doppelbesteuerung oder unter Progressionsvorbehalt nach § 34 c Abs. 5 von der Lohnsteuer freigestellt waren.

(2) Für den Lohnsteuer-Jahresausgleich hat der Arbeitgeber den Jahresarbeitslohn aus dem zu ihm bestehenden Dienstverhältnis und nach den Lohnsteuerbescheinigungen auf der Lohnsteuerkarte aus etwaigen vorangegangenen Dienstverhältnissen festzustellen. Dabei bleiben ermäßigt besteuerte Entschädigungen im Sinne des § 34 Abs. 1 und Abs. 2 Nr. 2 und Bezüge im Sinne des § 34 Abs. 3 Satz 1 außer Ansatz, wenn der Arbeitnehmer nicht jeweils die Einbeziehung in den Lohnsteuer-Jahresausgleich beantragt. Vom Jahresarbeitslohn sind der etwa in Betracht kommende Versorgungs-Freibetrag, der etwa in Betracht kommende Altersentlastungsbetrag und ein etwa auf der Lohnsteuerkarte eingetragener Freibetrag abzuziehen. Für den so geminderten Jahresarbeitslohn ist nach Maßgabe der auf der Lohnsteuerkarte zuletzt eingetragenen Steuerklasse und der Zahl der Kinder-

freibeträge die Jahreslohnsteuer aus der Jahreslohnsteuertabelle zu ermitteln, die für den Arbeitnehmer beim Lohnsteuerabzug maßgebend war. Den Betrag, um den die sich hiernach ergebende Jahreslohnsteuer die Lohnsteuer unterschreitet, die von dem zugrunde gelegten Jahresarbeitslohn insgesamt erhoben worden ist, hat der Arbeitgeber dem Arbeitnehmer zu erstatten. Bei der Ermittlung der insgesamt erhobenen Lohnsteuer ist die Lohnsteuer auszuscheiden, die von den nach Satz 2 außer Ansatz gebliebenen Bezügen einbehalten worden ist.

(3) Der Arbeitgeber darf den Lohnsteuer-Jahresausgleich frühestens bei der Lohnabrechnung für den letzten im Ausgleichsjahr endenden Lohnzahlungszeitraum, spätestens bei der Lohnabrechnung für den letzten Lohnzahlungszeitraum, der im Monat März des dem Ausgleichsjahr folgenden Kalenderjahrs endet, durchführen. Die zu erstattende Lohnsteuer ist dem Betrag zu entnehmen, den der Arbeitgeber für seine Arbeitnehmer für den Lohnzahlungszeitraum insgesamt an Lohnsteuer erhoben hat, und in der Lohnsteuer-Anmeldung gesondert anzugeben. § 41 c Abs. 2 Satz 2 ist anzuwenden.

(4) Der Arbeitgeber hat im Lohnkonto für das Ausgleichsjahr den Inhalt etwaiger Lohnsteuerbescheinigungen aus vorangegangenen Dienstverhältnissen des Arbeitnehmers einzutragen. Im Lohnkonto und auf der Lohnsteuerkarte für das Ausgleichsjahr ist die im Lohnsteuer-Jahresausgleich erstattete Lohnsteuer gesondert einzutragen. Wenn die erstattete Lohnsteuer die vom Arbeitgeber für den Arbeitnehmer insgesamt erhobene Lohnsteuer nicht übersteigt, darf der Arbeitgeber auf der Lohnsteuerkarte an Stelle der Eintragung nach Satz 2 den sich nach Verrechnung der erhobenen Lohnsteuer mit der erstatteten Lohnsteuer ergebenden Betrag als erhobene Lohnsteuer eintragen.

§ 42 c Örtliche Zuständigkeit der Finanzämter im Lohnsteuerverfahren

Für die Eintragung eines Freibetrags auf der Lohnsteuerkarte (§ 39 a) ist das Finanzamt örtlich zuständig, in dessen Bezirk der Arbeitnehmer im Zeitpunkt der Antragstellung seine Wohnung hat, von der aus er seiner Beschäftigung regelmäßig nachgeht. Bei Ehegatten, die beide Arbeitslohn beziehen und einen mehrfachen Wohnsitz haben, ist das Finanzamt des Familienwohnsitzes zuständig; bei Ehegatten, die beide Arbeitslohn beziehen und keinen Familienwohnsitz haben, ist das für den älteren Ehegatten nach Satz 1 maßgebende Finanzamt örtlich zuständig. In den Fällen des § 1 Abs. 2 und 3 ist das Finanzamt örtlich zuständig, in dessen Bezirk sich die öffentliche Kasse befindet, die den Arbeitslohn zahlt.

§ 42 d Haftung des Arbeitgebers und Haftung bei Arbeitnehmerüberlassung

(1) Der Arbeitgeber haftet
1. für die Lohnsteuer, die er einzubehalten und abzuführen hat,
2. für die Lohnsteuer, die er beim Lohnsteuer-Jahresausgleich zu Unrecht erstattet hat,
3. für die Einkommensteuer (Lohnsteuer), die auf Grund fehlerhafter Angaben im Lohnkonto oder in der Lohnsteuerbescheinigung verkürzt wird.

(2) Der Arbeitgeber haftet nicht,
1. soweit Lohnsteuer nach § 39 Abs. 4, § 39 a Abs. 5 und in den vom Arbeitgeber angezeigten Fällen des § 41 c Abs. 4 nachzufordern ist,
2. soweit auf Grund der nach § 10 Abs. 5 erlassenen Rechtsverordnung eine Nachversteuerung durchzuführen ist,
3. soweit aufgrund des § 19 a Abs. 2 Satz 2 eine Nachversteuerung in den vom Arbeitgeber oder Kreditinstitut angezeigten Fällen durchzuführen ist.

Einkommensteuergesetz
§ 42 d

(3) Soweit die Haftung des Arbeitgebers reicht, sind der Arbeitgeber und der Arbeitnehmer Gesamtschuldner. Das Betriebsstättenfinanzamt kann die Steuerschuld oder Haftungsschuld nach pflichtgemäßem Ermessen gegenüber jedem Gesamtschuldner geltend machen. Der Arbeitgeber kann auch dann in Anspruch genommen werden, wenn der Arbeitnehmer zur Einkommensteuer veranlagt wird. Der Arbeitnehmer kann im Rahmen der Gesamtschuldnerschaft nur in Anspruch genommen werden,
1. wenn der Arbeitgeber die Lohnsteuer nicht vorschriftsmäßig vom Arbeitslohn einbehalten hat,
2. wenn der Arbeitnehmer weiß, daß der Arbeitgeber die einbehaltene Lohnsteuer nicht vorschriftsmäßig angemeldet hat. Dies gilt nicht, wenn der Arbeitnehmer den Sachverhalt dem Finanzamt unverzüglich mitgeteilt hat.

(4) Für die Inanspruchnahme des Arbeitgebers bedarf es keines Haftungsbescheids und keines Leistungsgebots, soweit der Arbeitgeber
1. die einzubehaltende Lohnsteuer angemeldet hat oder
2. nach Abschluß einer Lohnsteuer-Außenprüfung seine Zahlungsverpflichtung schriftlich anerkennt.

Satz 1 gilt entsprechend für die Nachforderung zu übernehmender pauschaler Lohnsteuer.

(5) Von der Geltendmachung der Steuernachforderung oder Haftungsforderung ist abzusehen, wenn diese insgesamt 20 Deutsche Mark nicht übersteigt.

(6) Soweit einem Dritten (Entleiher) Arbeitnehmer gewerbsmäßig zur Arbeitsleistung überlassen werden, haftet er mit Ausnahme der Fälle, in denen eine Arbeitnehmerüberlassung nach § 1 Abs. 3 des Arbeitnehmerüberlassungsgesetzes vorliegt, neben dem Arbeitgeber; dies gilt auch, wenn der in § 1 Abs. 2 des Arbeitnehmerüberlassungsgesetzes bestimmte Zeitraum überschritten ist. Der Entleiher haftet nicht, wenn der Überlassung eine Erlaubnis nach § 1 des Arbeitnehmerüberlassungsgesetzes zugrunde liegt und soweit er nachweist, daß er den in §§ 28 a bis 28 c des Vierten Buches Sozialgesetzbuch und § 10 des Arbeitsförderungsgesetzes vorgesehenen Meldepflichten sowie den nach § 51 Abs. 1 Nr. 2 Buchstabe d vorgesehenen Mitwirkungspflichten nachgekommen ist. Der Entleiher haftet ferner nicht, wenn er über das Vorliegen einer Arbeitnehmerüberlassung ohne Verschulden irrte. Die Haftung beschränkt sich auf die Lohnsteuer für die Zeit, für die ihm der Arbeitnehmer überlassen worden ist. Soweit die Haftung des Entleihers reicht, sind der Arbeitgeber, der Entleiher und der Arbeitnehmer Gesamtschuldner. Der Entleiher darf auf Zahlung nur in Anspruch genommen werden, soweit die Vollstreckung in das inländische bewegliche Vermögen des Arbeitgebers fehlgeschlagen ist oder keinen Erfolg verspricht; § 219 Satz 2 der Abgabenordnung ist entsprechend anzuwenden. Ist durch die Umstände der Arbeitnehmerüberlassung die Lohnsteuer schwer zu ermitteln, so ist die Haftungsschuld mit 15 vom Hundert des zwischen Verleiher und Entleiher vereinbarten Entgelts ohne Umsatzsteuer anzunehmen, solange der Entleiher nicht glaubhaft macht, daß die Lohnsteuer, für die er haftet, niedriger ist. Die Absätze 1 bis 5 sind entsprechend anzuwenden. Die Zuständigkeit des Finanzamts richtet sich nach dem Ort der Betriebsstätte des Verleihers.

(7) Soweit der Entleiher Arbeitgeber ist, haftet der Verleiher wie ein Entleiher nach Absatz 6.

(8) Das Finanzamt kann hinsichtlich der Lohnsteuer der Leiharbeitnehmer anordnen, daß der Entleiher einen bestimmten Teil des mit dem Verleiher vereinbarten Entgelts einzubehalten und abzuführen hat, wenn dies zur Sicherung des Steueranspruchs notwendig

ist; Absatz 6 Satz 4 ist anzuwenden. Der Verwaltungsakt kann auch mündlich erlassen werden. Die Höhe des einzubehaltenden und abzuführenden Teils des Entgelts bedarf keiner Begründung, wenn der in Absatz 6 Satz 7 genannte Vomhundertsatz nicht überschritten wird.

§ 42 e Anrufungsauskunft

Das Betriebsstättenfinanzamt hat auf Anfrage eines Beteiligten darüber Auskunft zu geben, ob und inwieweit im einzelnen Fall die Vorschriften über die Lohnsteuer anzuwenden sind.

§ 42 f Lohnsteuer-Außenprüfung

(1) Für die Außenprüfung der Einbehaltung oder Übernahme und Abführung der Lohnsteuer ist das Betriebsstättenfinanzamt zuständig.

(2) Für die Mitwirkungspflicht des Arbeitgebers bei der Außenprüfung gilt § 200 der Abgabenordnung. Darüber hinaus haben die Arbeitnehmer des Arbeitgebers dem mit der Prüfung Beauftragten jede gewünschte Auskunft über Art und Höhe ihrer Einnahmen zu geben und auf Verlangen die etwa in ihrem Besitz befindlichen Lohnsteuerkarten sowie die Belege über bereits entrichtete Lohnsteuer vorzulegen. Dies gilt auch für Personen, bei denen es streitig ist, ob sie Arbeitnehmer des Arbeitgebers sind oder waren.

3. Steuerabzug vom Kapitalertrag (Kapitalertragsteuer)

§ 43 Kapitalerträge mit Steuerabzug

(1) Bei den folgenden inländischen Kapitalerträgen wird die Einkommensteuer durch Abzug vom Kapitalertrag (Kapitalertragsteuer) erhoben:
1. Kapitalerträgen im Sinne des § 20 Abs. 1 Nr. 1 und 2;
2. Zinsen aus Teilschuldverschreibungen, bei denen neben der festen Verzinsung ein Recht auf Umtausch in Gesellschaftsanteile (Wandelanleihen) oder eine Zusatzverzinsung, die sich nach der Höhe der Gewinnausschüttungen des Schuldners richtet (Gewinnobligationen), eingeräumt ist, und Zinsen aus Genußrechten, die nicht in § 20 Abs. 1 Nr. 1 genannt sind. Zu den Gewinnobligationen gehören nicht solche Teilschuldverschreibungen, bei denen der Zinsfuß nur vorübergehend herabgesetzt und gleichzeitig eine von dem jeweiligen Gewinnergebnis des Unternehmens abhängige Zusatzverzinsung bis zur Höhe des ursprünglichen Zinsfußes festgelegt worden ist. Zu den Kapitalerträgen im Sinne des Satzes 1 gehören nicht die Bundesbankgenußrechte im Sinne des § 3 Abs. 1 des Gesetzes über die Liquidation der Deutschen Reichsbank und der Deutschen Golddiskontbank in der im Bundesgesetzblatt Teil III, Gliederungsnummer 7620-6, veröffentlichten bereinigten Fassung, zuletzt geändert durch das Gesetz vom 17. Dezember 1975 (BGBl. I S. 3123);
3. Einnahmen aus der Beteiligung an einem Handelsgewerbe als stiller Gesellschafter und Zinsen aus partiarischen Darlehen (§ 20 Abs. 1 Nr. 4);
4. Kapitalerträgen im Sinne des § 20 Abs. 1 Nr. 6;
5. Zinsen aus in der Bundesrepublik Deutschland oder in Berlin (West) nach dem 31. März 1952 und vor dem 1. Januar 1955 ausgegebenen festverzinslichen Wertpapieren unter folgenden Voraussetzungen:

Einkommensteuergesetz
§§ 43 a–44

b) die Wertpapiere dürfen auf die Dauer von mindestens fünf Jahren nicht kündbar und nicht rückzahlbar sein;
c) nach den Anleihebedingungen darf die Laufzeit der Wertpapiere zu den bei der Ausgabe vorgesehenen Zinsbedingungen für die Dauer von fünf Jahren nicht geändert werden.

Diese Vorschrift bezieht sich nicht auf Zinsen aus Anleihen, die im Saarland ausgegeben worden sind, und nicht auf Zinsen, die nach § 3 a steuerfrei sind. § 3 a Abs. 2 und 3 gilt entsprechend;

6. Einnahmen aus der Vergütung von Körperschaftsteuer nach § 36 e dieses Gesetzes oder nach § 52 des Körperschaftsteuergesetzes. Der Steuerabzug wird nicht vorgenommen, wenn die Kapitalertragsteuer im Fall ihrer Einbehaltung nach § 44 c Abs. 1 in voller Höhe an den Gläubiger zu erstatten wäre;

Dem Steuerabzug unterliegen auch besondere Entgelte oder Vorteile im Sinne des § 20 Abs. 2 Nr. 1, die neben den in den Nummern 1 bis 6 bezeichneten Kapitalerträgen oder an deren Stelle gewährt werden.

(2) Der Steuerabzug ist nicht vorzunehmen, wenn Gläubiger und Schuldner der Kapitalerträge (Schuldner) im Zeitpunkt des Zufließens dieselbe Person sind.

(3) Kapitalerträge sind inländische, wenn der Schuldner Wohnsitz, Geschäftsleitung oder Sitz im Inland hat.

(4) Der Steuerabzug ist auch dann vorzunehmen, wenn die Kapitalerträge beim Gläubiger zu den Einkünften aus Land- und Forstwirtschaft, aus Gewerbebetrieb, aus selbständiger Arbeit oder aus Vermietung und Verpachtung gehören.

§ 43 a Bemessung der Kapitalertragsteuer

(1) Die Kapitalertragsteuer beträgt
1. in den Fällen des § 43 Abs. 1 Nr. 1 bis 4:
   25 vom Hundert des Kapitalertrags, wenn der Gläubiger die Kapitalertragsteuer trägt, $33^1/_3$ vom Hundert des tatsächlich ausgezahlten Betrags, wenn der Schuldner die Kapitalertragsteuer übernimmt;
2. in den Fällen des § 43 Abs. 1 Nr. 5:
   30 vom Hundert des Kapitalertrags, wenn der Gläubiger die Kapitalertragsteuer trägt, 42,85 vom Hundert des tatsächlich ausgezahlten Betrags, wenn der Schuldner die Kapitalertragsteuer übernimmt;
3. in den Fällen des § 43 Abs. 1 Nr. 6:
   25 vom Hundert des Kapitalertrags.

(2) Dem Steuerabzug unterliegen die vollen Kapitalerträge ohne jeden Abzug. § 20 Abs. 2 Nr. 3 Satz 2 ist nicht anzuwenden.

§ 44 Entrichtung der Kapitalertragsteuer in den Fällen des § 43 Abs. 1 Nr. 1 bis 5

(1) Schuldner der Kapitalertragsteuer ist in den Fällen des § 43 Abs. 1 Nr. 1 bis 5 der Gläubiger der Kapitalerträge. Die Kapitalertragsteuer entsteht in dem Zeitpunkt, in dem die Kapitalerträge dem Gläubiger zufließen. In diesem Zeitpunkt hat der Schuldner der Kapitalerträge den Steuerabzug für Rechnung des Gläubigers der Kapitalerträge vorzuneh-

men. Die innerhalb eines Kalendermonats einbehaltene Steuer ist jeweils bis zum 10. des folgenden Monats an das Finanzamt abzuführen, das für die Besteuerung des Schuldners der Kapitalerträge nach dem Einkommen zuständig ist. Dabei ist die Kapitalertragsteuer, die ein Schuldner zu demselben Zeitpunkt insgesamt abzuführen hat, auf den nächsten vollen Deutsche-Mark-Betrag abzurunden.

(2) Gewinnanteile (Dividenden) und andere Kapitalerträge, deren Ausschüttung von einer Körperschaft beschlossen wird, fließen dem Gläubiger der Kapitalerträge an dem Tag zu (Absatz 1), der im Beschluß als Tag der Auszahlung bestimmt worden ist. Ist die Ausschüttung nur festgesetzt, ohne daß über den Zeitpunkt der Auszahlung ein Beschluß gefaßt worden ist, so gilt als Zeitpunkt des Zufließens der Tag nach der Beschlußfassung.

(3) Ist bei Einnahmen aus der Beteiligung an einem Handelsgewerbe als stiller Gesellschafter in dem Beteiligungsvertrag über den Zeitpunkt der Ausschüttung keine Vereinbarung getroffen, so gilt der Kapitalertrag am Tag nach der Aufstellung der Bilanz oder einer sonstigen Feststellung des Gewinnanteils des stillen Gesellschafters, spätestens jedoch sechs Monate nach Ablauf des Wirtschaftsjahrs, für das der Kapitalertrag ausgeschüttet oder gutgeschrieben werden soll, als zugeflossen. Bei Zinsen aus partiarischen Darlehen gilt Satz 1 entsprechend.

(4) Haben Gläubiger und Schuldner der Kapitalerträge vor dem Zufließen ausdrücklich Stundung des Kapitalertrags vereinbart, weil der Schuldner vorübergehend zur Zahlung nicht in der Lage ist, so ist der Steuerabzug erst mit Ablauf der Stundungsfrist vorzunehmen.

(5) Der Schuldner der Kapitalerträge haftet für die Kapitalertragsteuer, die er einzubehalten und abzuführen hat. Der Gläubiger der Kapitalerträge wird nur in Anspruch genommen,
1. wenn der Schuldner die Kapitalerträge nicht vorschriftsmäßig gekürzt hat,
2. wenn der Gläubiger weiß, daß der Schuldner die einbehaltene Kapitalertragsteuer nicht vorschriftsmäßig abgeführt hat, und dies dem Finanzamt nicht unverzüglich mitteilt oder
3. wenn das die Kapitalerträge auszahlende inländische Kreditinstitut die Kapitalerträge zu Unrecht ohne Abzug der Kapitalertragsteuer ausgezahlt hat.
Für die Inanspruchnahme des Schuldners der Kapitalerträge bedarf es keines Haftungsbescheids, soweit der Schuldner die einbehaltene Kapitalertragsteuer richtig angemeldet hat oder soweit er seine Zahlungsverpflichtung gegenüber dem Finanzamt oder dem Prüfungsbeamten des Finanzamts schriftlich anerkennt.

§ 44 a Abstandnahme vom Steuerabzug

(1) Bei Kapitalerträgen im Sinne des § 43 Abs. 1 Nr. 3 und 4 ist der Steuerabzug nicht vorzunehmen, wenn der Gläubiger im Zeitpunkt des Zufließens unbeschränkt einkommensteuerpflichtig ist und anzunehmen ist, daß für ihn eine Veranlagung zur Einkommensteuer nicht in Betracht kommt.

(2) Die Voraussetzungen des Absatzes 1 sind dem Schuldner oder dem die Kapitalerträge auszahlenden inländischen Kreditinstitut durch eine Bescheinigung des für den Gläubiger zuständigen Wohnsitzfinanzamts nachzuweisen. § 36 b Abs. 2 Sätze 2 bis 4 ist entsprechend anzuwenden.

Einkommensteuergesetz
§ 44 b

(3) Der Schuldner oder das die Kapitalerträge auszahlende inländische Kreditinstitut hat in seinen Unterlagen das Finanzamt, das die Bescheinigung erteilt hat, den Tag der Ausstellung der Bescheinigung und die in der Bescheinigung angegebene Steuer- und Listennummer zu vermerken.

(4) Ist der Gläubiger
1. eine von der Körperschaftsteuer befreite inländische Körperschaft, Personenvereinigung oder Vermögensmasse oder
2. eine inländische juristische Person des öffentlichen Rechts,

so ist der Steuerabzug nicht vorzunehmen, wenn es sich bei den Kapitalerträgen um Gewinnanteile handelt, die der Gläubiger von einer von der Körperschaftsteuer befreiten Körperschaft bezieht. Voraussetzung ist, daß der Gläubiger dem Schuldner oder dem die Kapitalerträge auszahlenden inländischen Kreditinstitut durch eine Bescheinigung des für seine Geschäftsleitung oder seinen Sitz zuständigen Finanzamts nachweist, daß er eine Körperschaft, Personenvereinigung oder Vermögensmasse im Sinne der Nummer 1 oder 2 ist. Absatz 3 und § 36 b Abs. 2 Sätze 2 bis 4 gelten entsprechend. Die in Satz 2 bezeichnete Bescheinigung wird nicht erteilt, wenn die Kapitalerträge in den Fällen des Satzes 1 Nr. 1 in einem wirtschaftlichen Geschäftsbetrieb anfallen, für den die Befreiung von der Körperschaftsteuer ausgeschlossen ist, oder wenn sie in den Fällen des Satzes 1 Nr. 2 in einem nicht von der Körperschaftsteuer befreiten Betrieb gewerblicher Art anfallen.

(5) (aufgehoben)

§ 44 b Erstattung der Kapitalertragsteuer

(1) Bei Kapitalerträgen im Sinne des § 43 Abs. 1 Nr. 1 und 2 wird auf Antrag einem Gläubiger, der im Zeitpunkt des Zufließens der Kapitalerträge unbeschränkt einkommensteuerpflichtig ist, die einbehaltene und abgeführte Kapitalertragsteuer erstattet, wenn anzunehmen ist, daß für ihn eine Veranlagung zur Einkommensteuer nicht in Betracht kommt. Das Vorliegen dieser Voraussetzungen ist durch eine Bescheinigung im Sinne des § 44 a Abs. 2 nachzuweisen. Dem Antrag auf Erstattung ist außer der Bescheinigung nach Satz 2 eine Bescheinigung im Sinne des § 45 a Abs. 3 beizufügen. § 36 b Abs. 3 bis 5 und § 36 c gelten sinngemäß.

(2) Ist der Gläubiger von Kapitalerträgen im Sinne des § 43 Abs. 1 Nr. 1 ein unbeschränkt einkommensteuerpflichtiger Anteilseigner und wird nach § 36 d Körperschaftsteuer an den Vertreter des Gläubigers vergütet, so ist unabhängig vom Vorliegen der Voraussetzungen des Absatzes 1 auch die Kapitalertragsteuer an den Vertreter zu erstatten. Im übrigen ist § 36 d sinngemäß anzuwenden.

(3) Ist der Gläubiger von Kapitalerträgen im Sinne des § 43 Abs. 1 Nr. 2 ein unbeschränkt einkommensteuerpflichtiger Arbeitnehmer und beruhen die Kapitalerträge auf Teilschuldverschreibungen, die ihm von seinem gegenwärtigen oder früheren Arbeitgeber überlassen worden sind, so wird die Kapitalertragsteuer unabhängig vom Vorliegen der Voraussetzungen des Absatzes 1 an den Arbeitgeber oder an einen von ihm bestellten Treuhänder erstattet, wenn der Arbeitgeber oder Treuhänder in Vertretung des Gläubigers sich in einem Sammelantrag bereit erklärt hat, den Erstattungsbetrag für den Gläubiger entgegenzunehmen. Die Erstattung wird nur für Gläubiger gewährt, deren Kapitalerträge im Sinne des Satzes 1 allein oder, in den Fällen des Absatzes 2, zusammen mit den dort bezeichneten Kapitalerträgen im Wirtschaftsjahr 100 Deutsche Mark nicht überstiegen haben. § 36 d Abs. 4 gilt sinngemäß.

Einkommensteuergesetz
§ 44 c

(4) Ist Kapitalertragsteuer einbehalten und abgeführt worden, obwohl eine Verpflichtung hierzu nicht bestand, oder hat der Gläubiger im Fall des § 44 a dem Schuldner oder dem die Kapitalerträge auszahlenden inländischen Kreditinstitut die Bescheinigung erst in einem Zeitpunkt vorgelegt, in dem die Kapitalertragsteuer bereits abgeführt war, so ist auf Antrag des Schuldners oder des die Kapitalerträge auszahlenden inländischen Kreditinstituts die Steueranmeldung (§ 45 a Abs. 1) insoweit zu ändern. Erstattungsberechtigt ist der Antragsteller.

(5) (aufgehoben)

§ 44 c Erstattung von Kapitalertragsteuer an bestimmte Körperschaften, Personenvereinigungen und Vermögensmassen

(1) Ist der Gläubiger
1. eine inländische Körperschaft, Personenvereinigung oder Vermögensmasse im Sinne des § 5 Abs. 1 Nr. 9 des Körperschaftsteuergesetzes oder
2. eine inländische Stiftung des öffentlichen Rechts, die ausschließlich und unmittelbar gemeinnützigen oder mildtätigen Zwecken dient, oder
3. eine inländische juristische Person des öffentlichen Rechts, die ausschließlich und unmittelbar kirchlichen Zwecken dient,

so erstattet das Bundesamt für Finanzen auf Antrag des Gläubigers die einbehaltene und abgeführte Kapitalertragsteuer. Voraussetzung ist, daß der Gläubiger dem Bundesamt für Finanzen durch eine Bescheinigung des für seine Geschäftsleitung oder seinen Sitz zuständigen Finanzamts nachweist, daß er eine Körperschaft, Personenvereinigung oder Vermögensmasse im Sinne des Satzes 1 ist. Die Geltungsdauer der Bescheinigung darf höchstens drei Jahre betragen; sie muß am Schluß eines Kalenderjahrs enden. Die Bescheinigung wird nicht erteilt, wenn die Kapitalerträge in den Fällen der Nummer 1 in einem wirtschaftlichen Geschäftsbetrieb anfallen, für den die Befreiung von der Körperschaftsteuer ausgeschlossen ist, oder wenn sie in den Fällen der Nummern 2 und 3 in einem nicht von der Körperschaftsteuer befreiten Betrieb gewerblicher Art anfallen. Dem Antrag ist außer der Bescheinigung nach Satz 2 eine Bescheinigung im Sinne des § 45 a Abs. 2 oder 3 beizufügen.

(2) Ist der Gläubiger
1. eine nach § 5 Abs. 1 Nr. 1 bis 8 oder 10 bis 16 des Körperschaftsteuergesetzes oder nach anderen Gesetzen von der Körperschaftsteuer befreite Körperschaft, Personenvereinigung oder Vermögensmasse oder
2. eine inländische juristische Person des öffentlichen Rechts, die nicht in Absatz 1 bezeichnet ist,

so erstattet das Bundesamt für Finanzen auf Antrag des Gläubigers die Hälfte der auf Kapitalerträge im Sinne des § 43 Abs. 1 Nr. 1 einbehaltenen und abgeführten Kapitalertragsteuer. Voraussetzung ist, daß der Gläubiger durch eine Bescheinigung des für seine Geschäftsleitung oder seinen Sitz zuständigen Finanzamts nachweist, daß er eine Körperschaft im Sinne des Satzes 1 ist. Absatz 1 Sätze 3 bis 5 gilt entsprechend.

(3) § 36 b Abs. 2 Satz 4, Abs. 3 Satz 2, Abs. 4 und § 36 c sind sinngemäß anzuwenden. Das Bundesamt für Finanzen kann im Einzelfall die Frist auf Antrag des Gläubigers verlängern, wenn dieser verhindert ist, die Frist einzuhalten. Der Antrag auf Verlängerung ist vor Ablauf der Frist schriftlich zu stellen und zu begründen.

Einkommensteuergesetz
§§ 45–45 a

§ 45 Ausschluß der Erstattung von Kapitalertragsteuer

(1) In den Fällen des § 20 Abs. 2 Nr. 2 ist die Erstattung von Kapitalertragsteuer an den Erwerber von Dividendenscheinen oder von Zinsscheinen nach § 37 Abs. 2 der Abgabenordnung ausgeschlossen.

(2) § 45 Abs. 2 und 3 des Körperschaftsteuergesetzes gilt sinngemäß.

§ 45 a Anmeldung und Bescheinigung der Kapitalertragsteuer in den Fällen des § 43 Abs. 1 Nr. 1 bis 5

(1) Die Anmeldung der einbehaltenen Kapitalertragsteuer ist dem Finanzamt innerhalb der in § 44 Abs. 1 festgesetzten Frist nach amtlich vorgeschriebenem Vordruck einzureichen. Satz 1 gilt entsprechend, wenn auf Grund des § 43 Abs. 2 oder des § 44 a ein Steuerabzug nicht oder nicht in voller Höhe vorzunehmen ist. Der Grund für die Nichtabführung ist anzugeben. Die Anmeldung ist mit der Versicherung zu versehen, daß die Angaben vollständig und richtig sind. Die Anmeldung ist von dem Schuldner oder einer vertretungsberechtigten Person zu unterschreiben.

(2) Der Schuldner ist vorbehaltlich der Absätze 3 und 4 verpflichtet, dem Gläubiger der Kapitalerträge die folgenden Angaben nach amtlich vorgeschriebenem Muster zu bescheinigen:
1. den Namen und die Anschrift des Gläubigers;
2. die Art und Höhe der Kapitalerträge;
3. den Zahlungstag;
4. den Betrag der nach § 36 Abs. 2 Nr. 2 anrechenbaren Kapitalertragsteuer;
5. das Finanzamt, an das die Steuer abgeführt worden ist.

Bei Kapitalerträgen im Sinne des § 43 Abs. 1 Nr. 2 bis 5 ist außerdem die Zeit anzugeben, für welche die Kapitalerträge gezahlt worden sind. Die Bescheinigung braucht nicht unterschrieben zu werden, wenn sie in einem maschinellen Verfahren ausgedruckt worden ist und den Aussteller erkennen läßt.

(3) Werden die Kapitalerträge für Rechnung des Schuldners durch ein inländisches Kreditinstitut gezahlt, so hat an Stelle des Schuldners das Kreditinstitut die Bescheinigung zu erteilen. Aus der Bescheinigung des Kreditinstituts muß auch der Schuldner hervorgehen, für den die Kapitalerträge gezahlt werden; die Angabe des Finanzamts, an das die Kapitalertragsteuer abgeführt worden ist, kann unterbleiben.

(4) Eine Bescheinigung nach Absatz 2 oder Absatz 3 ist nicht zu erteilen, wenn in Vertretung des Gläubigers ein Antrag auf Erstattung der Kapitalertragsteuer nach § 44 b Abs. 1 bis 3 gestellt worden ist oder gestellt wird.

(5) Eine Bescheinigung, die den Absätzen 2 bis 4 nicht entspricht, hat der Aussteller zurückzufordern und durch eine berichtigte Bescheinigung zu ersetzen. Die berichtigte Bescheinigung ist als solche zu kennzeichnen. Wird die zurückgeforderte Bescheinigung nicht innerhalb eines Monats nach Zusendung der berichtigten Bescheinigung an den Aussteller zurückgegeben, hat der Aussteller das nach seinen Unterlagen für den Empfänger zuständige Finanzamt schriftlich zu benachrichtigen.

(6) Der Aussteller einer Bescheinigung, die den Absätzen 2 bis 4 nicht entspricht, haftet für die auf Grund der Bescheinigung verkürzten Steuern oder zu Unrecht gewährten Steuer-

vorteile. Ist die Bescheinigung nach Absatz 3 durch ein inländisches Kreditinstitut auszustellen, so haftet der Schuldner auch, wenn er zum Zweck der Bescheinigung unrichtige Angaben macht. Der Aussteller haftet nicht
1. in den Fällen des Satzes 2,
2. wenn er die ihm nach Absatz 5 obliegenden Verpflichtungen erfüllt hat.

§ 45 b Besondere Behandlung von Kapitalerträgen im Sinne des § 43 Abs. 1 Nr. 5

Bei Kapitalerträgen im Sinne des § 43 Abs. 1 Nr. 5 ist die Einkommensteuer durch den Steuerabzug vom Kapitalertrag abgegolten, soweit der Steuerpflichtige wegen der Steuerabzugsbeträge nicht in Anspruch genommen werden kann.

§ 45 c Entrichtung der Kapitalertragsteuer in den Fällen des § 43 Abs. 1 Nr. 6

In den Fällen des § 43 Abs. 1 Nr. 6 entsteht die Kapitalertragsteuer in dem Zeitpunkt, in dem die Körperschaftsteuer vergütet wird. In diesem Zeitpunkt hat das Bundesamt für

(Fortsetzung auf Seite 121)

Einkommensteuergesetz
§ 46

Finanzen den Steuerabzug vom Kapitalertrag für Rechnung des Vergütungsberechtigten von der Körperschaftsteuer einzubehalten, die nach § 36 e dieses Gesetzes oder nach § 52 des Körperschaftsteuergesetzes vergütet wird.

4. Veranlagung von Steuerpflichtigen mit steuerabzugspflichtigen Einkünften

§ 46 Veranlagung bei Bezug von Einkünften aus nichtselbständiger Arbeit

(1) Besteht das Einkommen ganz oder teilweise aus Einkünften aus nichtselbständiger Arbeit, von denen ein Steuerabzug vorgenommen worden ist, so wird eine Veranlagung stets durchgeführt, wenn das Einkommen
1. bei Personen, bei denen die Einkommensteuer nach § 32 a Abs. 5 zu ermitteln ist, mehr als 54 000 Deutsche Mark,
2. bei den nicht unter Nummer 1 fallenden Personen mehr als 27 000 Deutsche Mark beträgt.

(2) Bei Einkommen bis zu den in Absatz 1 genannten Beträgen wird eine Veranlagung nur durchgeführt,
1. wenn die Summe der einkommensteuerpflichtigen Einkünfte, die nicht dem Steuerabzug vom Arbeitslohn zu unterwerfen waren, vermindert um die darauf entfallenden Beträge nach § 13 Abs. 3 und § 24 a, oder die Summe der Einkünfte und Leistungen, die dem Progressionsvorbehalt unterliegen, jeweils mehr als 800 Deutsche Mark beträgt;
2. wenn der Steuerpflichtige nebeneinander von mehreren Arbeitgebern Arbeitslohn bezogen hat;
3. wenn für einen Steuerpflichtigen, der zu dem Personenkreis des § 10 c Abs. 3 gehört, die Lohnsteuer im Veranlagungszeitraum oder für einen Teil des Veranlagungszeitraums nach den Steuerklassen I bis IV der allgemeinen Lohnsteuertabelle (§ 38 c Abs. 1) zu erheben war;
3 a. wenn von Ehegatten, die nach den §§ 26, 26 b zusammen zur Einkommensteuer zu veranlagen sind, beide Arbeitslohn bezogen haben und einer für den Veranlagungszeitraum oder einen Teil davon nach der Steuerklasse V oder VI besteuert worden ist;
4. wenn auf der Lohnsteuerkarte des Steuerpflichtigen ein Freibetrag im Sinne des § 39 a Abs. 1 Nr. 5 eingetragen worden ist;
4 a. wenn bei einem Elternpaar
   a) im Fall des § 32 Abs. 6 Nr. 1 Alternative 2 der Kinderfreibetrag von 3 024 Deutsche Mark auf der Lohnsteuerkarte des einen Elternteils bescheinigt worden und der andere Elternteil im Kalenderjahr unbeschränkt einkommensteuerpflichtig geworden ist oder
   b) im Fall des § 32 a Abs. 6 Satz 4 einem Elternteil der übertragene Kinderfreibetrag auf der Lohnsteuerkarte bescheinigt worden ist oder ein Elternteil die Übertragung des Kinderfreibetrags beantragt oder
   c) im Fall des § 32 Abs. 7 Satz 2 auf Grund der Zustimmung der Mutter entweder auf der Lohnsteuerkarte des Vaters die Lohnsteuerklasse II bescheinigt worden ist oder der Vater den Haushaltsfreibetrag beantragt oder
   d) im Fall des § 33 a Abs. 2 Satz 8 ein Elternteil die Übertragung des Anteils am abzuziehenden Ausbildungsfreibetrag beantragt oder
   e) im Fall des § 33 b Abs. 5 Satz 3 beide Elternteile eine Aufteilung des Pauschbetrags für Körperbehinderte oder des Pauschbetrags für Hinterbliebene in einem anderen Verhältnis als je zur Hälfte beantragen.

Einkommensteuergesetz
§ 46

Die Veranlagungspflicht besteht für jeden Elternteil, der Einkünfte aus nichtselbständiger Arbeit bezogen hat;
5. wenn der Arbeitnehmer im Veranlagungszeitraum geheiratet hat, sein Ehegatte unbeschränkt einkommensteuerpflichtig ist und auf seiner Lohnsteuerkarte ein Freibetrag wegen Kinderbetreuungskosten (§ 33 c) eingetragen worden ist;
6. wenn die Ehe des Arbeitnehmers im Veranlagungszeitraum durch Tod, Scheidung oder Aufhebung aufgelöst worden ist und er oder sein Ehegatte der aufgelösten Ehe im Veranlagungszeitraum wieder geheiratet hat;
7. wenn der Arbeitnehmer oder sein Ehegatte getrennte Veranlagung nach den §§ 26, 26 a beantragt oder wenn der Arbeitnehmer und sein Ehegatte die besondere Veranlagung für den Veranlagungszeitraum der Eheschließung nach den §§ 26, 26 c beantragen;
8. wenn die Veranlagung beantragt wird
    a) zur Anwendung der Vorschriften der §§ 10 e, 34 Abs. 1, 34 c, 34 f, 35, 52 Abs. 21 Sätze 4 bis 6 und des § 15 b des Berlinförderungsgesetzes,
    b) zur Berücksichtigung von Verlusten aus einer anderen Einkunftsart als derjenigen aus nichtselbständiger Arbeit, falls die Einkünfte, von denen der Steuerabzug vom Arbeitslohn nicht vorgenommen worden ist, nach Abzug des Freibetrags nach § 13 Abs. 3 zusammen einen Verlustbetrag ergeben,
    c) zur Berücksichtigung von Verlustabzügen (§ 10 d),
    d) zur Anrechnung von Kapitalertragsteuer auf die Steuerschuld,
    e) zur Anrechnung von Körperschaftsteuer auf die Steuerschuld.
Der Antrag auf Veranlagung in den Fällen der Nummern 7 und 8 ist bis zum Ablauf des auf den Veranlagungszeitraum folgenden zweiten Kalenderjahrs durch Abgabe einer Einkommensteuererklärung zu stellen. Im Fall des § 10 d Satz 1 ist der Antrag für den zweiten vorangegangenen Veranlagungszeitraum bis zum Ablauf des diesem folgenden vierten Kalenderjahrs und für den ersten vorangegangenen Veranlagungszeitraum bis zum Ablauf des diesem folgenden dritten Kalenderjahrs zu stellen.

(3) In den Fällen des Absatzes 2 Nr. 1 bis 7 und 8 Buchstaben a, c, d und e ist ein Betrag in Höhe der einkommensteuerpflichtigen Einkünfte, von denen der Steuerabzug vom Arbeitslohn nicht vorgenommen worden ist, vom Einkommen abzuziehen, wenn diese Einkünfte insgesamt nicht mehr als 800 Deutsche Mark betragen. Der Betrag nach Satz 1 vermindert sich um den Altersentlastungsbetrag, soweit dieser 40 vom Hundert des Arbeitslohns mit Ausnahme der Versorgungsbezüge im Sinne des § 19 Abs. 2 übersteigt, und um den nach § 13 Abs. 3 zu berücksichtigenden Betrag.

(4) Kommt nach den Absätzen 1 und 2 eine Veranlagung zur Einkommensteuer nicht in Betracht, so gilt die Einkommensteuer, die auf die Einkünfte aus nichtselbständiger Arbeit entfällt, für den Steuerpflichtigen durch den Lohnsteuerabzug als abgegolten, soweit er nicht für zuwenig erhobene Lohnsteuer in Anspruch genommen werden kann. Die §§ 42 bis 42 b bleiben unberührt.

(5) Durch Rechtsverordnung kann in den Fällen des Absatzes 2 Nr. 1 bis 7, in denen die einkommensteuerpflichtigen Einkünfte, von denen der Steuerabzug vom Arbeitslohn nicht vorgenommen worden ist, den Betrag von 800 Deutsche Mark übersteigen, die Besteuerung so gemildert werden, daß auf die volle Besteuerung dieser Einkünfte stufenweise übergeleitet wird.

(6) (aufgehoben)

Einkommensteuergesetz
§§ 46 a–49

§§ 46 a und 47 (aufgehoben)

VII. (weggefallen)

§ 48 (weggefallen)

VIII. Besteuerung beschränkt Steuerpflichtiger

§ 49 Beschränkt steuerpflichtige Einkünfte

(1) Inländische Einkünfte im Sinne der beschränkten Einkommensteuerpflicht (§ 1 Abs. 4) sind
1. Einkünfte aus einer im Inland betriebenen Land- und Forstwirtschaft (§§ 13, 14);
2. Einkünfte aus Gewerbebetrieb (§§ 15 bis 17),
    a) für den im Inland eine Betriebsstätte unterhalten wird oder ein ständiger Vertreter bestellt ist,
    b) die durch den Betrieb eigener oder gecharterter Seeschiffe oder Luftfahrzeuge aus Beförderungen zwischen inländischen und von inländischen zu ausländischen Häfen erzielt werden, einschließlich der Einkünfte aus anderen mit solchen Beförderungen zusammenhängenden, sich auf das Inland erstreckenden Beförderungsleistungen,
    c) die von einem Unternehmen im Rahmen einer internationalen Betriebsgemeinschaft oder eines Pool-Abkommens, bei denen ein Unternehmen mit Sitz oder Geschäftsleitung im Inland die Beförderung durchführt, aus Beförderungen und Beförderungsleistungen nach Buchstabe b erzielt werden,
    d) die, soweit sie nicht zu den Einkünften im Sinne der Nummern 3 und 4 gehören, durch künstlerische, sportliche, artistische oder ähnliche Darbietungen im Inland oder durch deren Verwertung im Inland erzielt werden, einschließlich der Einkünfte aus anderen mit diesen Leistungen zusammenhängenden Leistungen, unabhängig davon, wem die Einnahmen zufließen, oder
    e) die unter den Voraussetzungen des § 17 aus der Veräußerung eines Anteils an einer Kapitalgesellschaft erzielt werden, die ihren Sitz oder ihre Geschäftsleitung im Inland hat;
3. Einkünfte aus selbständiger Arbeit (§ 18), die im Inland ausgeübt oder verwertet wird oder worden ist;
4. Einkünfte aus nichtselbständiger Arbeit (§ 19), die im Inland ausgeübt oder verwertet wird oder worden ist, und Einkünfte, die aus inländischen öffentlichen Kassen einschließlich der Kassen der Deutschen Bundesbahn und der Deutschen Bundesbank mit Rücksicht auf ein gegenwärtiges oder früheres Dienstverhältnis gewährt werden;
5. Einkünfte aus Kapitalvermögen im Sinne des
    a) § 20 Abs. 1 Nr. 1, 2, 4 und 6, wenn der Schuldner Wohnsitz, Geschäftsleitung oder Sitz im Inland hat; dies gilt auch für Erträge aus Wandelanleihen und Gewinnobligationen;
    b) § 20 Abs. 1 Nr. 3;
    c) § 20 Abs. 1 Nr. 5 und 7, wenn
        aa) das Kapitalvermögen durch inländischen Grundbesitz, durch inländische Rechte, die den Vorschriften des bürgerlichen Rechts über Grundstücke unterliegen,

oder durch Schiffe, die in ein inländisches Schiffsregister eingetragen sind, unmittelbar oder mittelbar gesichert ist. Ausgenommen sind Zinsen aus Anleihen und Forderungen, die in ein öffentliches Schuldbuch eingetragen oder über die Sammelurkunden im Sinne des § 9 a des Depotgesetzes oder Teilschuldverschreibungen ausgegeben sind, oder
bb) das Kapitalvermögen aus Genußrechten besteht, die nicht in § 20 Abs. 1 Nr. 1 genannt sind.
§ 20 Abs. 2 gilt entsprechend;
6. Einkünfte aus Vermietung und Verpachtung (§ 21), wenn das unbewegliche Vermögen, die Sachinbegriffe oder Rechte im Inland belegen oder in ein inländisches öffentliches Buch oder Register eingetragen sind oder in einer inländischen Betriebsstätte oder in einer anderen Einrichtung verwertet werden;
7. sonstige Einkünfte im Sinne des § 22 Nr. 1, soweit sie dem Steuerabzug unterworfen werden;
8. sonstige Einkünfte im Sinne des § 22 Nr. 2, soweit es sich um Spekulationsgeschäfte mit inländischen Grundstücken oder mit inländischen Rechten handelt, die den Vorschriften des bürgerlichen Rechts über Grundstücke unterliegen;
8 a. sonstige Einkünfte im Sinne des § 22 Nr. 4;
9. sonstige Einkünfte im Sinne des § 22 Nr. 3, auch wenn sie bei Anwendung dieser Vorschrift einer anderen Einkunftsart zuzurechnen wären, soweit es sich um Einkünfte aus der Nutzung beweglicher Sachen im Inland oder aus der Überlassung der Nutzung oder des Rechts auf Nutzung von gewerblichen, technischen, wissenschaftlichen und ähnlichen Erfahrungen, Kenntnissen und Fertigkeiten, z. B. Plänen, Mustern und Verfahren, handelt, die im Inland genutzt werden oder worden sind; dies gilt nicht, soweit es sich um steuerpflichtige Einkünfte im Sinne der Nummern 1 bis 8 handelt.

(2) Im Ausland gegebene Besteuerungsmerkmale bleiben außer Betracht, soweit bei ihrer Berücksichtigung inländische Einkünfte im Sinne des Absatzes 1 nicht angenommen werden könnten.

(3) Bei Schiffahrt- und Luftfahrtunternehmen sind die Einkünfte im Sinne des Absatzes 1 Nr. 2 Buchstabe b mit 5 vom Hundert der für diese Beförderungsleistungen vereinbarten Entgelte anzusetzen. Das gilt auch, wenn solche Einkünfte durch eine inländische Betriebsstätte oder einen inländischen ständigen Vertreter erzielt werden (Absatz 1 Nr. 2 Buchstabe a). Das gilt nicht in den Fällen des Absatzes 1 Nr. 2 Buchstabe c.

(4) Abweichend von Absatz 1 Nr. 2 sind Einkünfte steuerfrei, die ein beschränkt Steuerpflichtiger mit Wohnsitz oder gewöhnlichem Aufenthalt in einem ausländischen Staat durch den Betrieb eigener oder gecharterter Schiffe oder Luftfahrzeuge aus einem Unternehmen bezieht, dessen Geschäftsleitung sich in dem ausländischen Staat befindet. Voraussetzung für die Steuerbefreiung ist, daß dieser ausländische Staat Steuerpflichtigen mit Wohnsitz oder gewöhnlichem Aufenthalt im Geltungsbereich dieses Gesetzes eine entsprechende Steuerbefreiung für derartige Einkünfte gewährt und daß der Bundesminister für Verkehr die Steuerbefreiung nach Satz 1 für verkehrspolitisch unbedenklich erklärt hat.

§ 50 Sondervorschriften für beschränkt Steuerpflichtige

(1) Beschränkt Steuerpflichtige dürfen Betriebsausgaben (§ 4 Abs. 4 bis 6) oder Werbungskosten (§ 9) nur insoweit abziehen, als sie mit inländischen Einkünften in wirtschaftlichem Zusammenhang stehen. Die Vorschrift des § 10 Abs. 1 Nr. 5 ist anzuwenden. Die Vorschrift des § 10 d ist nur anzuwenden, wenn Verluste in wirtschaftlichem Zusammenhang mit inländischen Einkünften stehen und sich aus Unterlagen ergeben, die im Inland aufbewahrt werden. Die Vorschriften des § 34 sind nur insoweit anzuwenden, als sie sich

Einkommensteuergesetz
§ 50

auf Gewinne aus der Veräußerung eines land- und forstwirtschaftlichen Betriebs (§ 14), eines Gewerbebetriebs (§ 16), einer wesentlichen Beteiligung (§ 17) oder auf Veräußerungsgewinne im Sinne des § 18 Abs. 3 beziehen. Die übrigen Vorschriften der §§ 10 und 34 und die Vorschriften der §§ 9 a, 10 c, 16 Abs. 4 Satz 3, § 20 Abs. 4, §§ 24 a, 32, 32 a Abs. 6, §§ 33, 33 a, 33 b und 33 c sind nicht anzuwenden.

(2) Bei Einkünften, die dem Steuerabzug unterliegen, und bei Einkünften im Sinne des § 20 Abs. 1 Nr. 5 und 7 ist für beschränkt Steuerpflichtige ein Ausgleich mit Verlusten aus anderen Einkunftsarten nicht zulässig. Einkünfte im Sinne des Satzes 1 dürfen bei einem Verlustabzug (§ 10 d) nicht berücksichtigt werden.

(3) Die Einkommensteuer bemißt sich bei beschränkt Steuerpflichtigen, die veranlagt werden, nach § 32 a Abs. 1; dabei ist ein Sonderfreibetrag von 864 Deutsche Mark vom Einkommen abzuziehen. Die Einkommensteuer beträgt mindestens 25 vom Hundert des Einkommens. Dieser Mindeststeuersatz gilt nicht für natürliche Personen mit Wohnsitz oder gewöhnlichem Aufenthalt in der Deutschen Demokratischen Republik oder Berlin (Ost).

(4) Abweichend von den Absätzen 1 bis 3 sind bei beschränkt einkommensteuerpflichtigen Arbeitnehmern insoweit, als sie Einkünfte aus nichtselbständiger Arbeit im Sinne des § 49 Abs. 1 Nr. 4 beziehen, die Vorschriften der § 9 a Nr. 1, § 10 Abs. 1 Nr. 1, 1 a, 4 bis 7, § 10 c Abs. 1, § 10 c Abs. 2 und 3 ohne Möglichkeit, die tatsächlichen Aufwendungen nachzuweisen, §§ 24 a, § 33 a Abs. 1 für ein Kind des Arbeitnehmers im Sinne des § 32 Abs. 1, 3 bis 5 oder des § 33 a Abs. 2 Satz 2 sowie § 33 a Abs. 2 für ein Kind des Arbeitnehmers, für das er einen Freibetrag nach § 33 a Abs. 1 erhält, anzuwenden; die Jahres- und Monatsbeträge ermäßigen sich zeitanteilig, wenn Einkünfte im Sinne des § 49 Abs. 1 Nr. 4 nicht während eines vollen Kalenderjahrs oder Kalendermonats zugeflossen sind. Absatz 3 Satz 2 ist nicht anzuwenden.

(5) Die Einkommensteuer für Einkünfte, die dem Steuerabzug vom Arbeitslohn oder vom Kapitalertrag oder dem Steuerabzug auf Grund des § 50 a unterliegen, gilt bei beschränkt Steuerpflichtigen durch den Steuerabzug als abgegolten. § 36 Abs. 2 Nr. 3 ist nicht anzuwenden. Die Sätze 1 und 2 gelten nicht, wenn
1. die Einkünfte Betriebseinnahmen eines inländischen Betriebs sind oder
2. nachträglich festgestellt wird, daß die Voraussetzungen der unbeschränkten Einkommensteuerpflicht im Sinne des § 1 Abs. 2 oder 3 nicht vorgelegen haben; § 39 Abs. 5 ist sinngemäß anzuwenden.

(6) § 34 c Abs. 1 bis 3 ist bei Einkünften aus Land- und Forstwirtschaft, Gewerbebetrieb oder selbständiger Arbeit, für die im Inland ein Betrieb unterhalten wird, entsprechend anzuwenden, soweit darin nicht Einkünfte aus einem ausländischen Staat enthalten sind, mit denen der beschränkt Steuerpflichtige dort in einem der unbeschränkten Steuerpflicht ähnlichen Umfang zu einer Steuer vom Einkommen herangezogen wird.

(7) Die obersten Finanzbehörden der Länder können mit Zustimmung des Bundesministers der Finanzen die Einkommensteuer bei beschränkt Steuerpflichtigen ganz oder zum Teil erlassen oder in einem Pauschbetrag festsetzen, wenn es aus volkswirtschaftlichen Gründen zweckmäßig ist oder eine gesonderte Berechnung der Einkünfte besonders schwierig ist.

Einkommensteuergesetz

§ 50 a

§ 50 a Steuerabzug bei beschränkt Steuerpflichtigen

(1) Bei beschränkt steuerpflichtigen Mitgliedern des Aufsichtsrats (Verwaltungsrats) von inländischen Aktiengesellschaften, Kommanditgesellschaften auf Aktien, Berggewerkschaften, Gesellschaften mit beschränkter Haftung und sonstigen Kapitalgesellschaften, Genossenschaften und Personenvereinigungen des privaten und des öffentlichen Rechts, bei denen die Gesellschafter nicht als Unternehmer (Mitunternehmer) anzusehen sind, unterliegen die Vergütungen jeder Art, die ihnen von den genannten Unternehmungen für die Überwachung der Geschäftsführung gewährt werden (Aufsichtsratsvergütungen), dem Steuerabzug (Aufsichtsratsteuer).

(2) Die Aufsichtsratsteuer beträgt 30 vom Hundert der Aufsichtsratsvergütungen.

(3) Dem Steuerabzug unterliegt der volle Betrag der Aufsichtsratsvergütung ohne jeden Abzug. Werden Reisekosten (Tagegelder und Fahrtauslagen) besonders gewährt, so gehören sie zu den Aufsichtsratsvergütungen nur insoweit, als sie die tatsächlichen Auslagen übersteigen.

(4) Die Einkommensteuer wird bei beschränkt Steuerpflichtigen im Wege des Steuerabzugs erhoben
1. bei Einkünften die durch künstlerische, sportliche, artistische oder ähnliche Darbietungen im Inland oder durch deren Verwertung im Inland erzielt werden, einschließlich der Einkünfte aus anderen mit diesen Leistungen zusammenhängenden Leistungen, unabhängig davon, wem die Einnahmen zufließen (§ 49 Abs. 1 Nr. 2 Buchstabe d),
2. bei Einkünften aus der Ausübung oder Verwertung einer Tätigkeit als Künstler, Berufssportler, Schriftsteller, Journalist oder Bildberichterstatter einschließlich solcher Tätigkeiten für den Rundfunk oder Fernsehfunk (§ 49 Abs. 1 Nr. 2 bis 4),
3. bei Einkünften, die aus Vergütungen für die Nutzung beweglicher Sachen oder für die Überlassung der Nutzung oder des Rechts auf Nutzung von Rechten, insbesondere von Urheberrechten und gewerblichen Schutzrechten, von gewerblichen, technischen, wissenschaftlichen und ähnlichen Erfahrungen, Kenntnissen und Fertigkeiten, z. B. Plänen, Mustern und Verfahren, herrühren (§ 49 Abs. 1 Nr. 2, 3, 6 und 9).
Der Steuerabzug beträgt 25 vom Hundert der Einnahmen. Soweit die Tätigkeit im Sinne der Nummern 1 und 2 im Inland ausgeübt wird oder worden ist, beträgt der Steuerabzug 15 vom Hundert der Einnahmen. Dem Steuerabzug unterliegt der volle Betrag der Einnahmen. Abzüge, z. B. für Betriebsausgaben, Werbungskosten, Sonderausgaben und Steuern, sind nicht zulässig.

(5) Die Steuer entsteht in dem Zeitpunkt, in dem die Aufsichtsratsvergütungen (Absatz 1) oder die Vergütungen (Absatz 4) dem Gläubiger der Aufsichtsratsvergütungen oder der Vergütungen zufließen. In diesem Zeitpunkt hat der Schuldner der Aufsichtsratsvergütungen oder der Vergütungen den Steuerabzug für Rechnung des beschränkt steuerpflichtigen Gläubigers (Steuerschuldner) vorzunehmen. Er hat die innerhalb eines Kalendervierteljahrs einbehaltene Steuer jeweils bis zum 10. des dem Kalendervierteljahr folgenden Monats an das für ihn zuständige Finanzamt abzuführen. Der beschränkt Steuerpflichtige ist beim Steuerabzug von Aufsichtsratsvergütungen oder von Vergütungen Steuerschuldner. Der Schuldner der Aufsichtsratsvergütungen oder der Vergütungen haftet aber für die Einbehaltung und Abführung der Steuer. Der Steuerschuldner wird nur in Anspruch genommen,
1. wenn der Schuldner der Aufsichtsratsvergütung oder der Vergütungen diese nicht vorschriftsmäßig gekürzt hat oder

Einkommensteuergesetz
§§ 50 b–50 c

2. wenn der beschränkt steuerpflichtige Gläubiger weiß, daß der Schuldner die einbehaltene Steuer nicht vorschriftsmäßig abgeführt hat, und dies dem Finanzamt nicht unverzüglich mitteilt.

(6) Durch Rechtsverordnung kann bestimmt werden, daß bei Vergütungen für die Nutzung oder das Recht auf Nutzung von Urheberrechten (Absatz 4 Nr. 3), wenn die Vergütungen nicht unmittelbar an den Gläubiger, sondern an einen Beauftragten geleistet werden, an Stelle des Schuldners der Vergütung der Beauftragte die Steuer einzubehalten und abzuführen hat und für die Einbehaltung und Abführung haftet.

(7) Das Finanzamt kann die Einkommensteuer von beschränkt steuerpflichtigen Einkünften, soweit diese nicht bereits dem Steuerabzug unterliegen, im Wege des Steuerabzugs erheben, wenn dies zur Sicherstellung des Steueranspruchs zweckmäßig ist. Das Finanzamt bestimmt hierbei die Höhe des Steuerabzugs.

IX. Sonstige Vorschriften, Ermächtigungs- und Schlußvorschriften

§ 50 b Prüfungsrecht

Die Finanzbehörden sind berechtigt, Verhältnisse, die für die Anrechnung oder Vergütung von Körperschaftsteuer oder für die Anrechnung oder Erstattung von Kapitalertragsteuer sowie für die Nichtvornahme des Steuerabzugs von Bedeutung sind oder der Aufklärung bedürfen, bei den am Verfahren Beteiligten zu prüfen. Die §§ 193 bis 203 der Abgabenordnung gelten sinngemäß.

§ 50 c Wertminderung von Anteilen durch Gewinnausschüttungen

(1) Hat ein zur Anrechnung von Körperschaftsteuer berechtigter Steuerpflichtiger einen Anteil an einer unbeschränkt steuerpflichtigen Kapitalgesellschaft von einem nichtanrechnungsberechtigten Anteilseigner erworben, sind Gewinnminderungen, die
1. durch den Ansatz des niedrigeren Teilwerts oder
2. durch Verluste aus der Veräußerung oder Entnahme des Anteils
im Jahr des Erwerbs oder in einem der folgenden neun Jahre entstehen, bei der Gewinnermittlung nicht zu berücksichtigen, soweit der Ansatz des niedrigeren Teilwerts oder der Verlust nur auf Gewinnausschüttungen zurückgeführt werden kann und die Gewinnminderungen insgesamt den Sperrbetrag im Sinne des Absatzes 4 nicht übersteigen. Als Erwerb im Sinne des Satzes 1 gilt nicht der Erwerb durch Erbanfall oder durch Vermächtnis.

(2) Setzt die Kapitalgesellschaft nach dem Erwerb des Anteils ihr Nennkapital herab, ist Absatz 1 sinngemäß anzuwenden, soweit für Leistungen an den Steuerpflichtigen verwendbares Eigenkapital im Sinne des § 29 Abs. 3 des Körperschaftsteuergesetzes als verwendet gilt.

(3) Wird die Kapitalgesellschaft im Jahr des Erwerbs oder in einem der folgenden neun Jahre aufgelöst und abgewickelt, erhöht sich der hierdurch entstehende Gewinn des Steuerpflichtigen um den Sperrbetrag. Das gleiche gilt, wenn die Abwicklung der Gesellschaft unterbleibt, weil über ihr Vermögen das Konkursverfahren eröffnet worden ist.

(4) Sperrbetrag ist der Unterschiedsbetrag zwischen den Anschaffungskosten und dem Nennbetrag des Anteils. Hat der Erwerber keine Anschaffungskosten, tritt an deren Stelle der für die steuerliche Gewinnermittlung maßgebende Wert. Der Sperrbetrag verringert sich, soweit eine Gewinnminderung nach Absatz 1 nicht anerkannt worden ist. In den

Fällen der Kapitalherabsetzung sowie der Auflösung der Kapitalgesellschaft erhöht sich der Sperrbetrag um den Teil des Nennkapitals, der auf den erworbenen Anteil entfällt und im Zeitpunkt des Erwerbs nach § 29 Abs. 3 des Körperschaftsteuergesetzes zum verwendbaren Eigenkapital der Kapitalgesellschaft gehört.

(5) Wird ein Anteil an einer unbeschränkt steuerpflichtigen Kapitalgesellschaft zu Bruchteilen oder zur gesamten Hand erworben, gelten die Absätze 1 bis 4 sinngemäß, soweit die Gewinnminderungen anteilig auf anrechnungsberechtigte Steuerpflichtige entfallen. Satz 1 gilt sinngemäß für anrechnungsberechtigte stille Gesellschafter, die Mitunternehmer sind.

(6) Wird ein nichtanrechnungsberechtigter Anteilseigner mit einem Anteil an einer Kapitalgesellschaft anrechnungsberechtigt, sind die Absätze 1 bis 5 insoweit sinngemäß anzuwenden. Gehört der Anteil zu einem Betriebsvermögen, tritt an die Stelle der Anschaffungskosten der Wert, mit dem der Anteil nach den Vorschriften über die steuerliche Gewinnermittlung in einer Bilanz zu dem Zeitpunkt anzusetzen wäre, in dem die Anrechnungsberechtigung eintritt.

(7) Bei Rechtsnachfolgern des anrechnungsberechtigten Steuerpflichtigen, die den Anteil innerhalb des in Absatz 1 bezeichneten Zeitraums erworben haben, sind während der Restdauer dieses Zeitraums die Absätze 1 bis 6 sinngemäß anzuwenden. Das gleiche gilt bei jeder weiteren Rechtsnachfolge.

(8) Die Absätze 1 bis 6 sind nicht anzuwenden, wenn die Anschaffungskosten der im Veranlagungszeitraum erworbenen Anteile höchstens 100 000 Deutsche Mark betragen. Hat der Erwerber die Anteile über ein Kreditinstitut erworben, das den Kaufauftrag über die Börse ausgeführt hat, sind die Absätze 1 bis 7 nicht anzuwenden.

§ 50 d Besonderheiten im Fall von Doppelbesteuerungsabkommen

(1) Können Einkünfte, die dem Steuerabzug vom Kapitalertrag oder dem Steuerabzug auf Grund des § 50 a unterliegen, nach einem Abkommen zur Vermeidung der Doppelbesteuerung nicht oder nur nach einem niedrigeren Steuersatz besteuert werden, so sind die Vorschriften über die Einbehaltung, Abführung und Anmeldung der Steuer durch den Schuldner der Kapitalerträge oder Vergütungen im Sinne des § 50 a ungeachtet des Abkommens anzuwenden. Unberührt bleibt der Anspruch des Gläubigers der Kapitalerträge oder Vergütungen auf völlige oder teilweise Erstattung der einbehaltenen und abgeführten Steuer; der Anspruch ist durch Antrag nach amtlich vorgeschriebenem Vordruck geltend zu machen. Für die Erstattung der Kapitalertragsteuer gilt § 45 entsprechend. Der Schuldner kann sich im Haftungsverfahren nicht auf die Rechte des Gläubigers aus dem Abkommen berufen.

(2) Die Berechtigung des Gläubigers der Kapitalerträge oder Vergütungen im Sinne des § 50 a, eine Steuerbefreiung oder Steuerermäßigung nach einem Abkommen in Anspruch zu nehmen, ist durch eine Bestätigung der für ihn zuständigen Steuerbehörde des anderen Vertragsstaats nach amtlich vorgeschriebenem Vordruck nachzuweisen. Der Bundesminister der Finanzen kann im Einvernehmen mit den obersten Finanzbehörden der Länder erleichterte Verfahren oder vereinfachte Nachweise zulassen.

(3) Bei Vergütungen im Sinne des § 50 a Abs. 4 kann der Schuldner den Steuerabzug nach Maßgabe des Abkommens unterlassen oder nach einem niedrigeren Steuersatz vornehmen, wenn das Bundesamt für Finanzen auf Antrag bescheinigt, daß die Voraussetzungen dafür

vorliegen (Freistellungsverfahren). Das gleiche gilt, wenn das Bundesamt für Finanzen den Schuldner auf Antrag hierzu allgemein ermächtigt (Kontrollmeldeverfahren). Die Ermächtigung kann in Fällen geringer steuerlicher Bedeutung erteilt und mit Auflagen verbunden werden. Einer Bestätigung nach Absatz 2 Satz 1 bedarf es im Kontrollmeldeverfahren nicht. Inhalt der Auflage kann die Angabe des Namens, des Wohnortes oder des Ortes des Sitzes oder der Geschäftsleitung des Schuldners und des Gläubigers, der Art der Vergütung, des Bruttobetrags und des Zeitpunkts der Zahlungen sowie des einbehaltenen Steuerbetrags sein. Mit dem Antrag auf Teilnahme am Kontrollmeldeverfahren gilt die Zustimmung des Gläubigers und des Schuldners zur Weiterleitung der Angaben des Schuldners an den Wohnsitz- oder Sitzstaat des Gläubigers als erteilt. Die Bescheinigung oder die Ermächtigung nach den Sätzen 1 und 2 ist als Beleg aufzubewahren. Bestehende Anmeldeverpflichtungen bleiben unberührt.

§ 51 Ermächtigung

(1) Die Bundesregierung wird ermächtigt, mit Zustimmung des Bundesrates
1. zur Durchführung dieses Gesetzes Rechtsverordnungen zu erlassen, soweit dies zur Wahrung der Gleichmäßigkeit bei der Besteuerung, zur Beseitigung von Unbilligkeiten in Härtefällen oder zur Vereinfachung des Besteuerungsverfahrens erforderlich ist, und zwar:
    a) über die Abgrenzung der Steuerpflicht, die Beschränkung der Steuererklärungspflicht auf die Fälle, in denen eine Veranlagung in Betracht kommt, und über die den Einkommensteuererklärungen beizufügenden Unterlagen,
    b) über die Ermittlung der Einkünfte und die Feststellung des Einkommens einschließlich der abzugsfähigen Beträge,
    c) über die Veranlagung, die Anwendung der Tarifvorschriften und die Regelung der Steuerentrichtung einschließlich der Steuerabzüge,
    d) über die Besteuerung der beschränkt Steuerpflichtigen einschließlich eines Steuerabzugs;
2. Vorschriften durch Rechtsverordnung zu erlassen
    a) über die sich aus der Aufhebung oder Änderung von Vorschriften dieses Gesetzes ergebenden Rechtsfolgen, soweit dies zur Wahrung der Gleichmäßigkeit bei der Besteuerung oder zur Beseitigung von Unbilligkeiten in Härtefällen erforderlich ist;
    b) nach denen für jeweils zu bestimmende Wirtschaftsgüter des Umlaufvermögens für Wirtschaftsjahre, die vor dem 1. Januar 1990 enden, eine den steuerlichen Gewinn mindernde Rücklage für Preissteigerungen in Höhe eines Vomhundertsatzes des sich nach § 6 Abs. 1 Nr. 2 Satz 1 ergebenden Werts dieser Wirtschaftsgüter zugelassen werden kann, wenn ihre Börsen- oder Marktpreise (Wiederbeschaffungspreise) am Bilanzstichtag gegenüber den Börsen- oder Marktpreisen (Wiederbeschaffungspreisen) am vorangegangenen Bilanzstichtag wesentlich gestiegen sind. Der Vomhundertsatz ist nach dem Umfang dieser Preissteigerung zu bestimmen; dabei ist ein angemessener Teil der Preissteigerung unberücksichtigt zu lassen. Die Rücklage für Preissteigerungen ist spätestens bis zum Ende des auf die Bildung folgenden sechsten Wirtschaftsjahrs gewinnerhöhend aufzulösen. Bei wesentlichen Preissenkungen, die auf die Preissteigerungen im Sinne des Satzes 1 folgen, kann die volle oder teilweise Auflösung der Rücklage zu einem früheren Zeitpunkt bestimmt werden. Die Bildung der Rücklage setzt nicht voraus, daß in der handelsrechtlichen Jahresbilanz ein entsprechender Passivposten ausgewiesen wird;

Einkommensteuergesetz
§ 51

c) über eine Beschränkung des Abzugs für Ausgaben zur Förderung steuerbegünstigter Zwecke im Sinne des § 10 b auf Zuwendungen an bestimmte Körperschaften, Personenvereinigungen oder Vermögensmassen sowie über die Anerkennung gemeinnütziger Zwecke als besonders förderungswürdig;
d) über Verfahren, die in den Fällen des § 38 Abs. 1 Nr. 2 den Steueranspruch der Bundesrepublik Deutschland sichern oder die sicherstellen, daß bei Befreiungen im Ausland ansässiger Leiharbeitnehmer von der Steuer der Bundesrepublik Deutschland auf Grund von Abkommen zur Vermeidung der Doppelbesteuerung die ordnungsgemäße Besteuerung im Ausland gewährleistet ist. Hierzu kann nach Maßgabe zwischenstaatlicher Regelungen bestimmt werden, daß
    aa) der Entleiher in dem hierzu notwendigen Umfang an derartigen Verfahren mitwirkt,
    bb) er sich im Haftungsverfahren nicht auf die Freistellungsbestimmungen des Abkommens berufen kann, wenn er seine Mitwirkungspflichten verletzt;
e) bis i) (weggefallen);
k) über eine Abschreibungsfreiheit oder Steuerermäßigungen für bestimmte Wirtschaftsgebäude, für Um- und Ausbauten an Wirtschaftsgebäuden, für Hofbefestigungen und Wirtschaftswege, für bestimmte bewegliche Güter des Anlagevermögens einschließlich Betriebsvorrichtungen bei buchführenden und nichtbuchführenden Land- und Forstwirten. Dabei ist für diese Wirtschaftsgebäude sowie für Um- und Ausbauten von einer höchstens 30jährigen Nutzungsdauer auszugehen. Die Abschreibungsfreiheit oder Steuerermäßigung kann auch bei Zuschüssen zur Finanzierung der Anschaffung oder Herstellung von Wirtschaftsgütern im Sinne des Satzes 1 zugelassen werden, wenn mit den Zuschüssen ein Recht auf Mitbenutzung dieser Wirtschaftsgüter erworben wird. Die Abschreibungsfreiheit oder Steuerermäßigung auf Grund der vorstehenden Fassung dieser Ermächtigung kann erstmals für Wirtschaftsjahre zugelassen werden, die im Veranlagungszeitraum 1964 beginnen;
l) (weggefallen);
m) nach denen jeweils zu bestimmende Wirtschaftsgüter des Umlaufvermögens ausländischer Herkunft, deren Preis auf dem Weltmarkt wesentlichen Schwankungen unterliegt und die nach dem Erwerb weder bearbeitet noch verarbeitet worden sind, für Wirtschaftsjahre, die vor dem 1. Januar 1990 enden, statt mit dem sich nach § 6 Abs. 1 Nr. 2 ergebenden Wert mit einem Wert angesetzt werden können, der bis zu 20 vom Hundert unter den Anschaffungskosten oder dem niedrigeren Börsen- oder Marktpreis (Wiederbeschaffungspreis) des Bilanzstichtags liegt. Für das erste Wirtschaftsjahr, das nach dem 31. Dezember 1989 endet, kann ein entsprechender Wertansatz bis zu 15 vom Hundert und für die darauf folgenden Wirtschaftsjahre bis zu 10 vom Hundert unter den Anschaffungskosten oder dem niedrigeren Börsen- oder Marktpreis (Wiederbeschaffungspreis) zugelassen werden. Für Wirtschaftsgüter, für die das Land Berlin vertraglich das mit der Einlagerung verbundene Preisrisiko übernommen hat, ist ein Wertansatz nach Satz 1 oder 2 nicht zulässig;
n) über Sonderabschreibungen
    aa) im Tiefbaubetrieb des Steinkohlen-, Pechkohlen-, Braunkohlen- und Erzbergbaues bei Wirtschaftsgütern des Anlagevermögens unter Tage und bei bestimmten mit dem Grubenbetrieb unter Tage in unmittelbarem Zusammenhang stehenden, der Förderung, Seilfahrt, Wasserhaltung und Wetterführung sowie der

Aufbereitung des Minerals dienenden Wirtschaftsgütern des Anlagevermögens über Tage, soweit die Wirtschaftsgüter
    für die Errichtung von neuen Förderschachtanlagen, auch in Form von Anschlußschachtanlagen,
    für die Errichtung neuer Schächte sowie die Erweiterung des Grubengebäudes und den durch Wasserzuflüsse aus stilliegenden Anlagen bedingten Ausbau der Wasserhaltung bestehender Schachtanlagen,
    für Rationalisierungsmaßnahmen in der Hauptschacht-, Blindschacht-, Strecken- und Abbauförderung, im Streckenvortrieb, in der Gewinnung, Versatzwirtschaft, Seilfahrt, Wetterführung und Wasserhaltung sowie in der Aufbereitung,
    für die Zusammenfassung von mehreren Förderschachtanlagen zu einer einheitlichen Förderschachtanlage
    und
    für den Wiederaufschluß stilliegender Grubenfelder und Feldesteile,
bb) im Tagebaubetrieb des Braunkohlen- und Erzbergbaues
bei bestimmten Wirtschaftsgütern des beweglichen Anlagevermögens (Grubenaufschluß, Entwässerungsanlagen, Großgeräte sowie Einrichtungen des Grubenrettungswesens und der Ersten Hilfe und im Erzbergbau auch Aufbereitungsanlagen), die
    für die Erschließung neuer Tagebaue, auch in Form von Anschlußtagebauen, für Rationalisierungsmaßnahmen bei laufenden Tagebauen, beim Übergang zum Tieftagebau für die Freilegung und Gewinnung der Lagerstätte
    und
    für die Wiederinbetriebnahme stillgelegter Tagebaue
von Steuerpflichtigen, die den Gewinn nach § 5 ermitteln, vor dem 1. Januar 1990 angeschafft oder hergestellt werden. Die Sonderabschreibungen können bereits für Anzahlungen auf Anschaffungskosten und für Teilherstellungskosten zugelassen werden. Hat der Steuerpflichtige vor dem 1. Januar 1990 die Wirtschaftsgüter bestellt oder mit ihrer Herstellung begonnen, so können die Sonderabschreibungen auch für nach dem 31. Dezember 1989 und vor dem 1. Januar 1991 angeschaffte oder hergestellte Wirtschaftsgüter sowie für vor dem 1. Januar 1991 geleistete Anzahlungen auf Anschaffungskosten und entstandene Teilherstellungskosten in Anspruch genommen werden. Voraussetzung für die Inanspruchnahme der Sonderabschreibungen ist, daß die Förderungswürdigkeit der bezeichneten Vorhaben von der obersten Landesbehörde für Wirtschaft im Einvernehmen mit dem Bundesminister für Wirtschaft bescheinigt worden ist. Die Sonderabschreibungen können im Wirtschaftsjahr der Anschaffung oder Herstellung und in den vier folgenden Wirtschaftsjahren in Anspruch genommen werden, und zwar
    bei beweglichen Wirtschaftsgütern
    des Anlagevermögens
                                        bis zu insgesamt 50 vom Hundert,
    bei unbeweglichen Wirtschaftsgütern
    des Anlagevermögens
                                        bis zu insgesamt 30 vom Hundert
der Anschaffungs- oder Herstellungskosten. Bei den begünstigten Vorhaben im Tagebaubetrieb des Braunkohlen- und Erzbergbaues kann außerdem zugelassen werden, daß die vor dem 1. Januar 1991 aufgewendeten Kosten für den

Vorabraum bis zu 50 vom Hundert als sofort abzugsfähige Betriebsausgaben behandelt werden;
o) (weggefallen);
p) über die Bemessung der Absetzungen für Abnutzung oder Substanzverringerung bei nicht zu einem Betriebsvermögen gehörenden Wirtschaftsgütern, die vor dem 21. Juni 1948 angeschafft oder hergestellt oder die unentgeltlich erworben sind. Hierbei kann bestimmt werden, daß die Absetzungen für Abnutzung oder Substanzverringerung nicht nach den Anschaffungs- oder Herstellungskosten, sondern nach Hilfswerten (am 21. Juni 1948 maßgebender Einheitswert, Anschaffungs- oder Herstellungskosten des Rechtsvorgängers abzüglich der von ihm vorgenommenen Absetzungen, fiktive Anschaffungskosten an einem noch zu bestimmenden Stichtag) zu bemessen sind. Zur Vermeidung von Härten kann zugelassen werden, daß an Stelle der Absetzungen für Abnutzung, die nach dem am 21. Juni 1948 maßgebenden Einheitswert zu bemessen sind, der Betrag abgezogen wird, der für das Wirtschaftsgut in dem Veranlagungszeitraum 1947 als Absetzung für Abnutzung geltend gemacht werden konnte. Für das Land Berlin tritt in den Sätzen 1 bis 3 an die Stelle des 21. Juni 1948 jeweils der 1. April 1949;
q) über erhöhte Absetzungen bei Herstellungskosten
  aa) für Maßnahmen, die für den Anschluß eines im Inland belegenen Gebäudes an eine Fernwärmeversorgung einschließlich der Anbindung an das Heizsystem erforderlich sind, wenn die Fernwärmeversorgung überwiegend aus Anlagen der Kraft-Wärme-Kopplung, zur Verbrennung von Müll oder zur Verwertung von Abwärme gespeist wird,
  bb) für den Einbau von Wärmepumpenanlagen, Solaranlagen und Anlagen zur Wärmerückgewinnung in einem im Inland belegenen Gebäude einschließlich der Anbindung an das Heizsystem,
  cc) für die Errichtung von Windkraftanlagen, wenn die mit diesen Anlagen erzeugte Energie überwiegend entweder unmittelbar oder durch Verrechnung mit Elektrizitätsbezügen des Steuerpflichtigen von einem Elektrizitätsversorgungsunternehmen zur Versorgung eines im Inland belegenen Gebäudes des Steuerpflichtigen verwendet wird, einschließlich der Anbindung an das Versorgungssystem des Gebäudes,
  dd) für die Errichtung von Anlagen zur Gewinnung von Gas, das aus pflanzlichen oder tierischen Abfallstoffen durch Gärung unter Sauerstoffabschluß entsteht, wenn dieses Gas zur Beheizung eines im Inland belegenen Gebäudes des Steuerpflichtigen oder zur Warmwasserbereitung in einem solchen Gebäude des Steuerpflichtigen verwendet wird, einschließlich der Anbindung an das Versorgungssystem des Gebäudes,
  ee) für den Einbau einer Warmwasseranlage zur Versorgung von mehr als einer Zapfstelle und einer zentralen Heizungsanlage oder bei einer zentralen Heizungs- und Warmwasseranlage für den Einbau eines Heizkessels, eines Brenners, einer zentralen Steuerungseinrichtung, einer Wärmeabgabeeinrichtung und eine Änderung der Abgasanlage in einem im Inland belegenen Gebäude oder in einer im Inland belegenen Eigentumswohnung, wenn mit dem Einbau nicht vor Ablauf von zehn Jahren seit Fertigstellung dieses Gebäudes begonnen worden ist und der Einbau nach dem 30. Juni 1985 fertiggestellt worden ist; entsprechendes gilt bei Anschaffungskosten für neue Einzelöfen, wenn keine Zentralheizung vorhanden ist.

Voraussetzung für die Gewährung der erhöhten Absetzungen ist, daß die Maßnahmen vor dem 1. Januar 1992 fertiggestellt worden sind; in den Fällen des Satzes 1 Doppelbuchstabe aa müssen die Gebäude vor dem 1. Juli 1983 fertiggestellt worden sein, es sei denn, daß der Anschluß nicht schon im Zusammenhang mit der Errichtung des Gebäudes möglich war. Die erhöhten Absetzungen dürfen jährlich 10 vom Hundert der Aufwendungen nicht übersteigen. Sie dürfen nicht gewährt werden, wenn für dieselbe Maßnahme eine Investitionszulage in Anspruch genommen wird. Sind die Aufwendungen Erhaltungsaufwand und entstehen sie bei einer zu eigenen Wohnzwecken genutzten Wohnung im eigenen Haus, für die der Nutzungswert nicht mehr besteuert wird, und liegen in den Fällen des Satzes 1 Doppelbuchstabe aa die Voraussetzungen des Satzes 2, zweiter Halbsatz, vor, so kann der Abzug dieser Aufwendungen wie Sonderausgaben mit gleichmäßiger Verteilung auf das Kalenderjahr, in dem die Arbeiten abgeschlossen worden sind, und die neun folgenden Kalenderjahre zugelassen werden, wenn die Maßnahme vor dem 1. Januar 1992 abgeschlossen worden ist;

r) nach denen Steuerpflichtige größere Aufwendungen
   aa) für die Erhaltung von nicht zu einem Betriebsvermögen gehörenden Gebäuden, die überwiegend Wohnzwecken dienen,
   bb) zur Erhaltung eines Gebäudes in einem förmlich festgelegten Sanierungsgebiet oder städtebaulichen Entwicklungsbereich, die für Maßnahmen im Sinne des § 177 des Baugesetzbuchs sowie für bestimmte Maßnahmen, die der Erhaltung, Erneuerung und funktionsgerechten Verwendung eines Gebäudes dienen, das wegen seiner geschichtlichen, künstlerischen oder städtebaulichen Bedeutung erhalten bleiben soll, und zu deren Durchführung sich der Eigentümer neben bestimmten Modernisierungsmaßnahmen gegenüber der Gemeinde verpflichtet hat, aufgewendet worden sind,
   cc) zur Erhaltung von Gebäuden, die nach den jeweiligen landesrechtlichen Vorschriften Baudenkmäler sind, soweit die Aufwendungen nach Art und Umfang zur Erhaltung des Gebäudes als Baudenkmal und zu seiner sinnvollen Nutzung erforderlich sind,

auf zwei bis fünf Jahre gleichmäßig verteilen können. In den Fällen der Doppelbuchstaben bb und cc ist Voraussetzung, daß der Erhaltungsaufwand vor dem 1. Januar 1990 entstanden ist. In den Fällen von Doppelbuchstabe cc sind die Denkmaleigenschaft des Gebäudes und die Voraussetzung, daß die Aufwendungen nach Art und Umfang zur Erhaltung des Gebäudes als Baudenkmal und zu seiner sinnvollen Nutzung erforderlich sind, durch eine Bescheinigung der nach Landesrecht zuständigen oder von der Landesregierung bestimmten Stelle nachzuweisen;

s) nach denen bei Anschaffung oder Herstellung von abnutzbaren beweglichen und bei Herstellung von abnutzbaren unbeweglichen Wirtschaftsgütern des Anlagevermögens auf Antrag ein Abzug von der Einkommensteuer für den Veranlagungszeitraum der Anschaffung oder Herstellung bis zur Höhe von 7,5 vom Hundert der Anschaffungs- oder Herstellungskosten dieser Wirtschaftsgüter vorgenommen werden kann, wenn eine Störung des gesamtwirtschaftlichen Gleichgewichts eingetreten ist oder sich abzeichnet, die eine nachhaltige Verringerung der Umsätze oder der Beschäftigung zur Folge hatte oder erwarten läßt, insbesondere bei einem erheblichen Rückgang der Nachfrage nach Investitionsgütern oder Bauleistungen. Bei der Bemessung des von der Einkommensteuer abzugsfähigen Betrags dürfen nur berücksichtigt werden
   aa) die Anschaffungs- oder Herstellungskosten von beweglichen Wirtschaftsgütern, die innerhalb eines jeweils festzusetzenden Zeitraums, der ein Jahr nicht übersteigen darf (Begünstigungszeitraum), angeschafft oder hergestellt werden,

bb) die Anschaffungs- oder Herstellungskosten von beweglichen Wirtschaftsgütern, die innerhalb des Begünstigungszeitraums bestellt und angezahlt werden oder mit deren Herstellung innerhalb des Begünstigungszeitraums begonnen wird, wenn sie innerhalb eines Jahres, bei Schiffen innerhalb zweier Jahre nach Ablauf des Begünstigungszeitraums geliefert oder fertiggestellt werden. Soweit bewegliche Wirtschaftsgüter im Sinne des Satzes 1 mit Ausnahme von Schiffen nach Ablauf eines Jahres, aber vor Ablauf zweier Jahre nach dem Ende des Begünstigungszeitraums geliefert oder fertiggestellt werden, dürfen bei Bemessung des Abzugs von der Einkommensteuer die bis zum Ablauf eines Jahres nach dem Ende des Begünstigungszeitraums aufgewendeten Anzahlungen und Teilherstellungskosten berücksichtigt werden,

cc) die Herstellungskosten von Gebäuden, bei denen innerhalb des Begünstigungszeitraums der Antrag auf Baugenehmigung gestellt wird, wenn sie bis zum Ablauf von zwei Jahren nach dem Ende des Begünstigungszeitraums fertiggestellt werden;

dabei scheiden geringwertige Wirtschaftsgüter im Sinne des § 6 Abs. 2 und Wirtschaftsgüter, die in gebrauchtem Zustand erworben werden, aus. Von der Begünstigung können außerdem Wirtschaftsgüter ausgeschlossen werden, für die Sonderabschreibungen, erhöhte Absetzungen oder die Investitionszulage nach § 19 des Berlinförderungsgesetzes in Anspruch genommen werden. In den Fällen der Doppelbuchstaben bb und cc können bei Bemessung des von der Einkommensteuer abzugsfähigen Betrags bereits die im Begünstigungszeitraum, im Fall des Doppelbuchstabens bb Satz 2 auch die bis zum Ablauf eines Jahres nach dem Ende des Begünstigungszeitraums aufgewendeten Anzahlungen und Teilherstellungskosten berücksichtigt werden; der Abzug von der Einkommensteuer kann insoweit schon für den Veranlagungszeitraum vorgenommen werden, in dem die Anzahlungen oder Teilherstellungskosten aufgewendet worden sind. Übersteigt der von der Einkommensteuer abzugsfähige Betrag die für den Veranlagungszeitraum der Anschaffung oder Herstellung geschuldete Einkommensteuer, so kann der übersteigende Betrag von der Einkommensteuer für den darauffolgenden Veranlagungszeitraum abgezogen werden. Entsprechendes gilt, wenn in den Fällen der Doppelbuchstaben bb und cc der Abzug von der Einkommensteuer bereits für Anzahlungen oder Teilherstellungskosten geltend gemacht wird. Der Abzug von der Einkommensteuer darf jedoch die für den Veranlagungszeitraum der Anschaffung oder Herstellung und den folgenden Veranlagungszeitraum insgesamt zu entrichtende Einkommensteuer nicht übersteigen. In den Fällen des Doppelbuchstabens bb Satz 2 gilt dies mit der Maßgabe, daß an die Stelle des Veranlagungszeitraums der Anschaffung oder Herstellung der Veranlagungszeitraum tritt, in dem zuletzt Anzahlungen oder Teilherstellungskosten aufgewendet worden sind. Werden begünstigte Wirtschaftsgüter von Gesellschaften im Sinne des § 15 Abs. 1 Nr. 2 und 3 angeschafft oder hergestellt, so ist der abzugsfähige Betrag nach dem Verhältnis der Gewinnanteile einschließlich der Vergütungen aufzuteilen. Die Anschaffungs- oder Herstellungskosten der Wirtschaftsgüter, die bei Bemessung des von der Einkommensteuer abzugsfähigen Betrags berücksichtigt worden sind, werden durch den Abzug von der Einkommensteuer nicht gemindert. Rechtsverordnungen auf Grund dieser Ermächtigung bedürfen der Zustimmung des Bundestages. Die Zustimmung gilt als erteilt, wenn der Bundestag nicht binnen vier Wochen nach Eingang der Vorlage der Bundesregierung die Zustimmung verweigert hat;

t) (weggefallen);

Einkommensteuergesetz
§ 51

u) über Sonderabschreibungen bei abnutzbaren Wirtschaftsgütern des Anlagevermögens, die der Forschung oder Entwicklung dienen und nach dem 18. Mai 1983 und vor dem 1. Januar 1990 angeschafft oder hergestellt werden. Voraussetzung für die Inanspruchnahme der Sonderabschreibungen ist, daß die beweglichen Wirtschaftsgüter ausschließlich und die unbeweglichen Wirtschaftsgüter zu mehr als 33 $^{1}/_{3}$ vom Hundert der Forschung oder Entwicklung dienen. Die Sonderabschreibungen können auch für Ausbauten und Erweiterungen an bestehenden Gebäuden, Gebäudeteilen, Eigentumswohnungen oder im Teileigentum stehenden Räumen zugelassen werden, wenn die ausgebauten oder neu hergestellten Gebäudeteile zu mehr als 33 $^{1}/_{3}$ vom Hundert der Forschung oder Entwicklung dienen. Die Wirtschaftsgüter dienen der Forschung oder Entwicklung, wenn sie verwendet werden
 aa) zur Gewinnung von neuen wissenschaftlichen oder technischen Erkenntnissen und Erfahrungen allgemeiner Art (Grundlagenforschung) oder
 bb) zur Neuentwicklung von Erzeugnissen oder Herstellungsverfahren oder
 cc) zur Weiterentwicklung von Erzeugnissen oder Herstellungsverfahren, soweit wesentliche Änderungen dieser Erzeugnisse oder Verfahren entwickelt werden.
Die Sonderabschreibungen können im Wirtschaftsjahr der Anschaffung oder Herstellung und in den vier folgenden Wirtschaftsjahren in Anspruch genommen werden, und zwar
 aa) bei beweglichen Wirtschaftsgütern des Anlagevermögens
  bis zu insgesamt 40 vom Hundert,
 bb) bei unbeweglichen Wirtschaftsgütern des Anlagevermögens,
  die zu mehr als 66 $^{2}/_{3}$ vom Hundert der Forschung oder Entwicklung dienen,
   bis zu insgesamt 15 vom Hundert,
  die nicht zu mehr als 66 $^{2}/_{3}$ vom Hundert, aber zu mehr als 33 $^{1}/_{3}$ vom Hundert der Forschung oder Entwicklung dienen,
   bis zu insgesamt 10 vom Hundert,
 cc) bei Ausbauten und Erweiterungen an bestehenden Gebäuden, Gebäudeteilen, Eigentumswohnungen oder im Teileigentum stehenden Räumen, wenn die ausgebauten oder neu hergestellten Gebäudeteile
  zu mehr als 66 $^{2}/_{3}$ vom Hundert der Forschung oder Entwicklung dienen,
   bis zu insgesamt 15 vom Hundert,
  zu nicht mehr als 66 $^{2}/_{3}$ vom Hundert, aber zu mehr als 33 $^{1}/_{3}$ vom Hundert der Forschung oder Entwicklung dienen,
   bis zu insgesamt 10 vom Hundert
der Anschaffungs- und Herstellungskosten. Sie können bereits für Anzahlungen auf Anschaffungskosten und für Teilherstellungskosten zugelassen werden. Die Sonderabschreibungen sind nur unter der Bedingung zuzulassen, daß die Wirtschaftsgüter und die ausgebauten oder neu hergestellten Gebäudeteile mindestens drei Jahre nach ihrer Anschaffung oder Herstellung in dem erforderlichen Umfang der Forschung oder Entwicklung in einer inländischen Betriebsstätte des Steuerpflichtigen dienen;
v) (weggefallen);
w) über Sonderabschreibungen bei Handelsschiffen, die in einem inländischen Seeschiffsregister eingetragen sind und vor dem 1. Januar 1995 von Steuerpflichtigen, die den Gewinn nach § 5 ermitteln, angeschafft oder hergestellt worden sind. Im Fall der Anschaffung eines Handelsschiffes ist weitere Voraussetzung, daß das Schiff in ungebrauchtem Zustand vom Hersteller erworben worden ist. Die Sonderabschrei-

Einkommensteuergesetz
§ 51

bungen können im Wirtschaftsjahr der Anschaffung oder Herstellung und in den vier folgenden Wirtschaftsjahren bis zu insgesamt 40 vom Hundert der Anschaffungs- oder Herstellungskosten in Anspruch genommen werden. Sie können bereits für Anzahlungen auf Anschaffungskosten und für Teilherstellungskosten zugelassen werden. Die Sonderabschreibungen sind nur unter der Bedingung zuzulassen, daß die Handelsschiffe innerhalb eines Zeitraums von acht Jahren nach ihrer Anschaffung oder Herstellung nicht veräußert werden; für Anteile an einem Handelsschiff gilt dies entsprechend. Die Sätze 1 bis 5 gelten für Schiffe, die der Seefischerei dienen, entsprechend. Für Luftfahrzeuge, die zur gewerbsmäßigen Beförderung von Personen oder Sachen im internationalen Luftverkehr oder zur Verwendung zu sonstigen gewerblichen Zwecken im Ausland bestimmt sind, gelten die Sätze 1 bis 5 mit der Maßgabe entsprechend, daß an die Stelle der Eintragung in ein inländisches Seeschiffsregister die Eintragung in die deutsche Luftfahrzeugrolle, an die Stelle des Höchstsatzes von 40 vom Hundert ein Höchstsatz von 30 vom Hundert und bei der Vorschrift des Satzes 5 an die Stelle des Zeitraums von acht Jahren ein Zeitraum von sechs Jahren treten;

x) über erhöhte Absetzungen bei Herstellungskosten für Modernisierungs- und Instandsetzungsmaßnahmen im Sinne des § 177 des Baugesetzbuchs sowie für bestimmte Maßnahmen, die der Erhaltung, Erneuerung und funktionsgerechten Verwendung eines Gebäudes dienen, das wegen seiner geschichtlichen, künstlerischen oder städtebaulichen Bedeutung erhalten bleiben soll, und zu deren Durchführung sich der Eigentümer neben bestimmten Modernisierungsmaßnahmen gegenüber der Gemeinde verpflichtet hat, die für Gebäude in einem förmlich festgelegten Sanierungsgebiet oder städtebaulichen Entwicklungsbereich aufgewendet worden sind; Voraussetzung ist, daß die Maßnahmen vor dem 1. Januar 1992 abgeschlossen worden sind. Die erhöhten Absetzungen dürfen jährlich 10 vom Hundert der Aufwendungen nicht übersteigen;

y) über erhöhte Absetzungen für Herstellungskosten an Gebäuden, die nach den jeweiligen landesrechtlichen Vorschriften Baudenkmäler sind, soweit die Aufwendungen nach Art und Umfang zur Erhaltung des Gebäudes als Baudenkmal und zu seiner sinnvollen Nutzung erforderlich sind; Voraussetzung ist, daß die Maßnahmen vor dem 1. Januar 1992 abgeschlossen worden sind. Die Denkmaleigenschaft des Gebäudes und die Voraussetzung, daß die Aufwendungen nach Art und Umfang zur Erhaltung des Gebäudes als Baudenkmal und zu seiner sinnvollen Nutzung erforderlich sind, sind durch eine Bescheinigung der nach Landesrecht zuständigen oder von der Landesregierung bestimmten Stelle nachzuweisen. Die erhöhten Absetzungen dürfen jährlich 10 vom Hundert der Aufwendungen nicht übersteigen;

z) nach denen bei Wirtschaftsgütern des Vorratsvermögens für den Wertansatz von Gold, Silber, Platin, Palladium und Rhodium für Wirtschaftsjahre, die vor dem 1. Januar 1990 enden, unterstellt werden kann, daß die zuletzt angeschafften oder hergestellten Wirtschaftsgüter zuerst verbraucht oder veräußert worden sind, soweit dies den handelsrechtlichen Grundsätzen ordnungsmäßiger Buchführung entspricht und die in der Bilanz für das im Kalenderjahr 1978 endende Wirtschaftsjahr ausgewiesenen Wertansätze (Mindestwerte) nicht unterschritten werden. Voraussetzung ist, daß die Wirtschaftsgüter zur Erzeugung, Be- oder Verarbeitung von Gold, Silber, Platin, Palladium und Rhodium im eigenen Betrieb bestimmt oder im eigenen Betrieb erzeugt, bearbeitet oder verarbeitet worden sind. Wird die Verbrauchs- oder Veräußerungsfolge nach Satz 1 für den Wertansatz eines Edelmetalls oder Edelme-

Einkommensteuergesetz
§ 51

tallgehalts unterstellt, dürfen Rücklagen wegen Preissteigerungen bei diesem Edelmetall nicht gebildet oder weitergeführt werden; die Wertansätze eines Edelmetalls oder Edelmetallgehalts dürfen bis zur Höhe der Mindestwerte um aufgelöste Beträge aus Rücklagen wegen Preissteigerungen bei diesem Edelmetall gemindert werden. Voraussetzung für die Unterstellung der Verbrauchs- oder Veräußerungsfolge nach Satz 1 ist ferner, daß der Wertansatz des Edelmetalls oder Edelmetallgehalts nicht auf Grund der nach Buchstabe m erlassenen Rechtsverordnung ermäßigt wird. Die Sätze 1 bis 4 gelten sinngemäß für Kupfer;
3. die in § 3 Nr. 52, § 4 a Abs. 1 Nr. 1, § 7 Abs. 2, § 10 Abs. 6, § 19 a Abs. 9, § 22 Nr. 1 Satz 3 Buchstabe a, § 26 a Abs. 3, § 34 c Abs. 7, § 46 Abs. 5 und § 50 a Abs. 6 vorgesehenen Rechtsverordnungen zu erlassen.

(2) Die Bundesregierung wird ermächtigt, durch Rechtsverordnung Vorschriften zu erlassen, nach denen die Inanspruchnahme von Sonderabschreibungen und erhöhten Absetzungen sowie die Bemessung der Absetzung für Abnutzung in fallenden Jahresbeträgen ganz oder teilweise ausgeschlossen werden können, wenn eine Störung des gesamtwirtschaftlichen Gleichgewichts eingetreten ist oder sich abzeichnet, die erhebliche Preissteigerungen mit sich gebracht hat oder erwarten läßt, insbesondere, wenn die Inlandsnachfrage nach Investitionsgütern oder Bauleistungen das Angebot wesentlich übersteigt. Die Inanspruchnahme von Sonderabschreibungen und erhöhten Absetzungen sowie die Bemessung der Absetzung für Abnutzung in fallenden Jahresbeträgen darf nur ausgeschlossen werden
1. für bewegliche Wirtschaftsgüter, die innerhalb eines jeweils festzusetzenden Zeitraums, der frühestens mit dem Tage beginnt, an dem die Bundesregierung ihren Beschluß über die Verordnung bekanntgibt, und der ein Jahr nicht übersteigen darf, angeschafft oder hergestellt werden. Für bewegliche Wirtschaftsgüter, die vor Beginn dieses Zeitraums bestellt und angezahlt worden sind oder mit deren Herstellung vor Beginn dieses Zeitraums angefangen worden ist, darf jedoch die Inanspruchnahme von Sonderabschreibungen und erhöhten Absetzungen sowie die Bemessung der Absetzung für Abnutzung in fallenden Jahresbeträgen nicht ausgeschlossen werden;
2. für bewegliche Wirtschaftsgüter und für Gebäude, die in dem in Nummer 1 bezeichneten Zeitraum bestellt werden oder mit deren Herstellung in diesem Zeitraum begonnen wird. Als Beginn der Herstellung gilt bei Gebäuden der Zeitpunkt, in dem der Antrag auf Baugenehmigung gestellt wird.
Rechtsverordnungen auf Grund dieser Ermächtigung bedürfen der Zustimmung des Bundestages und des Bundesrates. Die Zustimmung gilt als erteilt, wenn der Bundesrat nicht binnen drei Wochen, der Bundestag nicht binnen vier Wochen nach Eingang der Vorlage der Bundesregierung die Zustimmung verweigert hat.

(3) Die Bundesregierung wird ermächtigt, durch Rechtsverordnung mit Zustimmung des Bundesrates Vorschriften zu erlassen, nach denen die Einkommensteuer einschließlich des Steuerabzugs vom Arbeitslohn, des Steuerabzugs vom Kapitalertrag und des Steuerabzugs bei beschränkt Steuerpflichtigen
1. um höchstens 10 vom Hundert herabgesetzt werden kann. Der Zeitraum, für den die Herabsetzung gilt, darf ein Jahr nicht übersteigen; er soll sich mit dem Kalenderjahr decken. Voraussetzung ist, daß eine Störung des gesamtwirtschaftlichen Gleichgewichts eingetreten ist oder sich abzeichnet, die eine nachhaltige Verringerung der Umsätze oder der Beschäftigung zur Folge hatte oder erwarten läßt, insbesondere bei einem erheblichen Rückgang der Nachfrage nach Investitionsgütern und Bauleistungen oder Verbrauchsgütern;
2. um höchstens 10 vom Hundert erhöht werden kann. Der Zeitraum, für den die Erhö-

hung gilt, darf ein Jahr nicht übersteigen; er soll sich mit dem Kalenderjahr decken. Voraussetzung ist, daß eine Störung des gesamtwirtschaftlichen Gleichgewichts eingetreten ist oder sich abzeichnet, die erhebliche Preissteigerungen mit sich gebracht hat oder erwarten läßt, insbesondere, wenn die Nachfrage nach Investitionsgütern und Bauleistungen oder Verbrauchsgütern das Angebot wesentlich übersteigt.
Rechtsverordnungen auf Grund dieser Ermächtigung bedürfen der Zustimmung des Bundestages.

(4) Der Bundesminister der Finanzen wird ermächtigt,
1. im Einvernehmen mit den obersten Finanzbehörden der Länder die Vordrucke für
   a) (aufgehoben)
   b) die in § 36 b Abs. 2 vorgesehene Bescheinigung,
   c) die Erklärungen zur Einkommensbesteuerung sowie die in § 39 Abs. 3 Satz 5, § 39 a Abs. 2 und § 42 Abs. 2 vorgesehenen Anträge,
   d) die Lohnsteuer-Anmeldung (§ 41 a Abs. 1), die Lohnsteuerbescheinigung (§ 41 b Abs. 1 Satz 3),
   e) die Anmeldung der Kapitalertragsteuer (§ 45 a Abs. 1),
   f) die Anmeldung der Abzugsteuer (§ 50 a),
   g) die Entlastung von der Kapitalertragsteuer und vom Steuerabzug nach § 50 a auf Grund von Abkommen zur Vermeidung der Doppelbesteuerung
   und die Muster des Antrags auf Vergütung von Körperschaftsteuer (§ 36 b Abs. 3), der Lohnsteuerkarte (§ 39) und der in § 45 a Abs. 2 und 3 vorgesehenen Bescheinigungen zu bestimmen;
2. den Wortlaut dieses Gesetzes und der zu diesem Gesetz erlassenen Rechtsverordnungen in der jeweils geltenden Fassung mit neuem Datum, unter neuer Überschrift und in neuer Paragraphenfolge bekanntzumachen und dabei Unstimmigkeiten im Wortlaut zu beseitigen.

§ 51 a Einkommensteuer als Maßstabsteuer

Für Steuern, die nach der veranlagten Einkommensteuer oder nach der Lohnsteuer bemessen werden, gilt als Maßstabsteuer die festgesetzte Einkommensteuer oder die Jahreslohnsteuer nach Abzug
1. von 150 Deutsche Mark für jedes Kind des Steuerpflichtigen, für das ein Kinderfreibetrag von 1 512 Deutsche Mark,
2. von 300 Deutsche Mark für jedes Kind des Steuerpflichtigen, für das ein Kinderfreibetrag von 3 024 Deutsche Mark

vom Einkommen abgezogen wird (§ 32 Abs. 6). Wird die Lohnsteuer nach der Steuerklasse IV erhoben, ist der Abzugsbetrag nach Satz 1 bei jedem Ehegatten zur Hälfte zu berücksichtigen.

§ 52 Anwendungsvorschriften

(1) Diese Fassung des Gesetzes ist, soweit in den folgenden Absätzen nichts anderes bestimmt ist, erstmals für den Veranlagungszeitraum 1990 anzuwenden. Beim Steuerabzug vom Arbeitslohn gilt Satz 1 mit der Maßgabe, daß diese Fassung erstmals auf den laufenden Arbeitslohn anzuwenden ist, der für einen nach dem 31. Dezember 1989 endenden Lohnzahlungszeitraum gezahlt wird, und auf sonstige Bezüge, die nach dem 31. Dezember 1989 zufließen.

Einkommensteuergesetz
§ 52

(1 a) (aufgehoben)

(2) § 1 Abs. 2 Satz 1 ist erstmals für den Veranlagungszeitraum 1975 anzuwenden, auf Antrag auch, soweit Steuerfestsetzungen für die Veranlagungszeiträume 1975 bis 1980 bereits bestandskräftig sind; bei Arbeitnehmern, die nicht zur Einkommensteuer veranlagt werden, wird für die Kalenderjahre 1975 bis 1980 der Lohnsteuer-Jahresausgleich durchgeführt, wenn dieser abweichend von § 42 Abs. 2 Satz 3 bis zum 31. Dezember 1988 beantragt wird.

(2 a) § 2 a Abs. 3 und 4 ist erstmals auf Verluste des Veranlagungszeitraums 1990 anzuwenden.

(2 b) § 3 Nr. 27 ist erstmals für den Veranlagungszeitraum 1989 anzuwenden.

(2 c) § 3 Nr. 28 ist erstmals für den Veranlagungszeitraum 1989 anzuwenden.

(2 d) § 3 Nr. 62 ist erstmals für den Veranlagungszeitraum 1989 anzuwenden.

(2 e) § 3 Nr. 63 ist erstmals für den Veranlagungszeitraum 1989 anzuwenden.

(2 f) § 3 Nr. 68 des Einkommensteuergesetzes 1987 in der Fassung der Bekanntmachung vom 27. Februar 1987 (BGBl. I S. 657) ist vorbehaltlich des Satzes 2 letztmals für das Kalenderjahr 1988 anzuwenden. Die Vorschrift ist für die Kalenderjahre 1989 bis 2000 weiter anzuwenden auf Zinsersparnisse und Zinszuschüsse bei Darlehen, die der Arbeitnehmer vor dem 1. Januar 1989 erhalten hat, soweit die Vorteile nicht über die im Kalenderjahr 1988 gewährten Vorteile hinausgehen.

(3) Soweit die Zuschläge, die nach einem Gesetz oder einem Tarifvertrag für tatsächlich geleistete Sonntags-, Feiertags- oder Nachtarbeit neben dem Grundlohn gezahlt werden, den nach § 3 b steuerfreien Betrag um mehr als um 6 vom Hundert des Grundlohns im Lohnzahlungszeitraum überschreiten, bleibt für die im Kalenderjahr 1990 endenden Lohnzahlungszeiträume der über 6 vom Hundert des Grundlohns hinausgehende Betrag zusätzlich steuerfrei. Die Zahl 6 erhöht sich für jedes nachfolgende Kalenderjahr jeweils um 4.

(4) § 4 Abs. 3 Satz 4 ist nicht anzuwenden, soweit die Anschaffungs- oder Herstellungskosten vor dem 1. Januar 1971 als Betriebsausgaben abgesetzt worden sind.

(5) § 4 Abs. 5 Nr. 1, 2, 5 und 8 a ist erstmals für das Wirtschaftsjahr anzuwenden, das nach dem 31. Dezember 1989 endet.

(5 a) § 4 Abs. 8 ist erstmals auf Erhaltungsaufwand anzuwenden, der nach dem 31. Dezember 1989 entstanden ist.

(5 b) § 5 Abs. 1 Satz 2 ist erstmals für das Wirtschaftsjahr anzuwenden, das nach dem 31. Dezember 1989 endet.

(6) Rückstellungen für die Verpflichtung zu einer Zuwendung anläßlich eines Dienstjubiläums dürfen nur gebildet werden, soweit der Zuwendungsberechtigte seine Anwartschaft nach dem 31. Dezember 1992 erwirbt. Bereits gebildete Rückstellungen sind in den Bilanzen des nach dem 30. Dezember 1988 endenden Wirtschaftsjahrs und der beiden folgenden Wirtschaftsjahre mit mindestens je einem Drittel gewinnerhöhend aufzulösen.

(7) § 6 Abs. 1 Nr. 1 Satz 4 und Nr. 2 a ist erstmals für das Wirtschaftsjahr anzuwenden, das nach dem 31. Dezember 1989 endet. § 6 Abs. 1 Nr. 4 Satz 4 ist erstmals für das Wirtschaftsjahr anzuwenden, das nach dem 31. Dezember 1988 endet. § 6 Abs. 3 des Einkom-

Einkommensteuergesetz
§ 52

mensteuergesetzes 1987 in der Fassung der Bekanntmachung vom 27. Februar 1987 ist letztmals für das Wirtschaftsjahr anzuwenden, das vor dem 1. Januar 1990 endet.

(8) § 6 a Abs. 3 letzter Satz ist erstmals für das erste Wirtschaftsjahr anzuwenden, das nach dem 31. Dezember 1981 endet (Übergangsjahr). Bei Anwendung des § 6 a Abs. 4 Satz 1 ist für die Berechnung des Teilwerts der Pensionsverpflichtung am Schluß des dem Übergangsjahr vorangegangenen Wirtschaftsjahrs ebenfalls ein Rechnungszinsfuß von 6 vom Hundert zugrunde zu legen. Soweit eine am Schluß des dem Übergangsjahr vorangegangenen Wirtschaftsjahrs vorhandene Pensionsrückstellung den mit einem Rechnungszinsfuß von 6 vom Hundert zu berechnenden Teilwert der Pensionsverpflichtung an diesem Stichtag übersteigt, kann in Höhe des übersteigenden Betrags am Schluß des Übergangsjahrs eine den steuerlichen Gewinn mindernde Rücklage gebildet werden. Die sich nach Satz 3 bei einem Betrieb insgesamt ergebende Rücklage ist im Übergangsjahr und in den folgenden elf Wirtschaftsjahren jeweils mit mindestens einem Zwölftel gewinnerhöhend aufzulösen.

(9) § 6 b ist erstmals auf Veräußerungen anzuwenden, die nach dem 31. Dezember 1989 vorgenommen werden. § 6 b Abs. 1 Satz 2 Nr. 5 und Sätze 5 und 6, Abs. 3 Satz 2 sowie Abs. 7 Satz 2 des Einkommensteuergesetzes 1987 ist letztmals auf Erwerbsvorgänge vor dem 1. Januar 1990 anzuwenden. § 6 b ist nicht anzuwenden auf Erwerbsvorgänge nach Satz 2. § 6 b Abs. 3 Satz 6 des Einkommensteuergesetzes 1987 in der Fassung der Bekanntmachung vom 27. Februar 1987 ist letztmals für das Wirtschaftsjahr anzuwenden, das vor dem 1. Januar 1990 endet.

(9 a) § 6 c ist erstmals auf Veräußerungen anzuwenden, die nach dem 31. Dezember 1989 vorgenommen werden.

(10) § 7 Abs. 2 Satz 2 ist erstmals bei beweglichen Wirtschaftsgütern des Anlagevermögens anzuwenden, die nach dem 29. Juli 1981 angeschafft oder hergestellt worden sind. Bei beweglichen Wirtschaftsgütern des Anlagevermögens, die nach dem 31. August 1977 und vor dem 30. Juli 1981 angeschafft oder hergestellt worden sind, ist § 7 Abs. 2 Satz 2 des Einkommensteuergesetzes 1981 in der Fassung der Bekanntmachung vom 6. Dezember 1981 (BGBl. I S. 1249, 1560) weiter anzuwenden. Bei beweglichen Wirtschaftsgütern des Anlagevermögens, die vor dem 1. September 1977 angeschafft oder hergestellt worden sind, sind § 7 Abs. 2 Satz 2 und § 52 Abs. 8 und 9 des Einkommensteuergesetzes 1975 in der Fassung der Bekanntmachung vom 5. September 1974 (BGBl. I S. 2165) weiter anzuwenden.

(11) § 7 Abs. 5 in der durch das Gesetz vom 30. Juni 1989 (BGBl. I S. 1267) geänderten Fassung ist erstmals für den Veranlagungszeitraum 1989 anzuwenden. § 7 Abs. 4 und 5 in der durch Gesetz vom 19. Dezember 1985 (BGBl. I S. 2434) geänderten Fassung ist erstmals für den Veranlagungszeitraum 1985 anzuwenden. § 7 Abs. 5 in den vor Inkrafttreten des in Satz 1 bezeichneten Gesetzes geltenden Fassungen und § 52 Abs. 8 des Einkommensteuergesetzes 1985 in der Fassung der Bekanntmachung vom 12. Juni 1985 (BGBl. I S. 977; 1986 I S. 138) sind weiter anzuwenden.

(12) § 7 a Abs. 6 des Einkommensteuergesetzes 1979 in der Fassung der Bekanntmachung vom 21. Juni 1979 (BGBl. I S. 721) ist letztmals für das Wirtschaftsjahr anzuwenden, das dem Wirtschaftsjahr vorangeht, für das § 15 a erstmals anzuwenden ist.

(12 a) § 7 b Abs. 8 und die §§ 7 c und 7 k sind erstmals für den Veranlagungszeitraum 1989 anzuwenden.

Einkommensteuergesetz
§ 52

(12 b) Die §§ 7 h und 7 i sind erstmals auf Maßnahmen anzuwenden, die nach dem 31. Dezember 1991 abgeschlossen worden sind. Soweit Anschaffungskosten begünstigt werden, sind die Vorschriften auch auf Maßnahmen anzuwenden, die vor dem 1. Januar 1992 abgeschlossen worden sind.

(13) § 9 Abs. 1 Nr. 4 des Einkommensteuergesetzes 1987 ist für den Veranlagungszeitraum 1989 mit der Maßgabe anzuwenden, daß an die Stelle des Betrags von 0,36 Deutsche Mark der Betrag von 0,43 Deutsche Mark und an die Stelle des Betrags von 0,16 Deutsche Mark der Betrag von 0,19 Deutsche Mark tritt.

(13 a) § 10 Abs. 1 Nr. 3 Satz 2 und Abs. 2 Nr. 1 des Einkommensteuergesetzes 1987 ist letztmals für den Veranlagungszeitraum 1987 anzuwenden. § 10 Abs. 6 Nr. 1 gilt entsprechend bei Versicherungen auf den Erlebens- oder Todesfall gegen Einmalbeitrag, wenn dieser nach § 10 Abs. 1 Nr. 2 Buchstabe b des Einkommensteuergesetzes in den Fassungen, die vor dem in Absatz 1 Satz 1 bezeichneten Zeitraum gelten, als Sonderausgabe abgezogen worden ist.

(13 b) § 10 b Abs. 2 ist erstmals für den Veranlagungszeitraum 1989 anzuwenden. Für die Veranlagungszeiträume 1984 bis 1988 ist § 10 b Abs. 2 mit der Maßgabe anzuwenden, daß sich die Höchstbeträge für die abzugsfähigen Mitgliedsbeiträge und Spenden auf 100 000 Deutsche Mark, im Fall der Zusammenveranlagung von Ehegatten auf 200 000 Deutsche Mark erhöhen und sich der Betrag von 40 000 Deutsche Mark, ab dem eine Veröffentlichung im Rechenschaftsbericht Voraussetzung für den Abzug der Spenden ist, auf 20 000 Deutsche Mark vermindert. Für Mitgliedsbeiträge und Spenden an politische Parteien, die vor dem 15. Juli 1986 geleistet worden sind, ist § 10 b in der Fassung der Bekanntmachung vom 24. Januar 1984 (BGBl. I S. 113) anzuwenden, wenn dessen Anwendung zu einer niedrigeren Steuer führt.

(13 c) § 10 d Abs. 1 und 2 ist erstmals auf nicht ausgeglichene Verluste des Veranlagungszeitraum 1985 anzuwenden.

(14) § 10 e Abs. 1 bis 5 ist erstmals bei Wohnungen im eigenen Haus oder bei Eigentumswohnungen oder bei Ausbauten und Erweiterungen anzuwenden, wenn das Haus oder die Eigentumswohnung nach dem 31. Dezember 1986 hergestellt oder angeschafft worden ist oder der Ausbau oder die Erweiterung nach dem 31. Dezember 1986 fertiggestellt worden ist.

(14 a) § 10 f Abs. 1 ist erstmals auf Baumaßnahmen anzuwenden, die nach dem 31. Dezember 1991 abgeschlossen worden sind. Soweit Anschaffungskosten begünstigt werden, ist § 10 f Abs. 1 auch auf Baumaßnahmen anzuwenden, die vor dem 1. Januar 1992 abgeschlossen worden sind.

(14 b) Die §§ 11 a und 11 b sind erstmals auf Erhaltungsaufwand anzuwenden, der nach dem 31. Dezember 1989 entstanden ist.

(14 c) § 12 Nr. 3 ist auch für Veranlagungszeiträume vor 1990 anzuwenden, soweit die Vorschrift den Abzug steuerlicher Nebenleistungen untersagt.

(15) § 13 Abs. 2 Nr. 2 und § 13 a Abs. 3 Nr. 4 und Abs. 7 sind letztmals für den Veranlagungszeitraum 1986 anzuwenden. Sind im Veranlagungszeitraum 1986 bei einem Steuerpflichtigen für die von ihm zu eigenen Wohnzwecken oder zu Wohnzwecken des Altenteilers genutzte Wohnung die Voraussetzungen für die Anwendung des § 13 Abs. 2 Nr. 2 und des

§ 13 a Abs. 3 Nr. 4 und Abs. 7 erfüllt, so sind diese Vorschriften letztmals für den Veranlagungszeitraum 1998 anzuwenden. Wird auf einem zum land- und forstwirtschaftlichen Betriebsvermögen gehörenden Grund und Boden vom Steuerpflichtigen eine Wohnung zu eigenen Wohnzwecken oder eine Altenteilerwohnung errichtet und erst nach dem 31. Dezember 1986 fertiggestellt, so gilt Satz 2 entsprechend, wenn der Antrag auf Baugenehmigung vor dem 1. Januar 1987 gestellt worden ist und die Wohnung im Jahr der Fertigstellung zu eigenen Wohnzwecken des Steuerpflichtigen oder zu Wohnzwecken des Altenteilers genutzt wird. Der Steuerpflichtige kann in den Fällen der Sätze 2 und 3 für einen Veranlagungszeitraum nach dem Veranlagungszeitraum 1986 unwiderruflich beantragen, daß § 13 Abs. 2 Nr. 2 und § 13 a Abs. 3 Nr. 4 und Abs. 7 ab diesem Veranlagungszeitraum nicht mehr angewendet werden. Absatz 21 Sätze 4 und 6 ist entsprechend anzuwenden. Im Fall des Satzes 4 gelten die Wohnung des Steuerpflichtigen und die Altenteilerwohnung sowie der dazugehörende Grund und Boden zu dem Zeitpunkt als entnommen, bis zu dem § 13 Abs. 2 und § 13 a Abs. 3 Nr. 4 und Abs. 7 letztmals angewendet werden, in den anderen Fällen zum Ende des Veranlagungszeitraums 1998. Der Entnahmegewinn bleibt außer Ansatz.
Werden nach dem 31. Dezember 1986
1. die Wohnung und der dazugehörende Grund und Boden entnommen oder veräußert, bevor sie nach Satz 6 als entnommen gelten, oder
2. eine vor dem 1. Januar 1987 einem Dritten entgeltlich zur Nutzung überlassene Wohnung und der dazugehörende Grund und Boden vor dem 1. Januar 1999 für eigene Wohnzwecke oder für Wohnzwecke eines Altenteilers entnommen,

so bleibt der Entnahme- oder Veräußerungsgewinn ebenfalls außer Ansatz; Nummer 2 ist nur anzuwenden, soweit nicht Wohnungen vorhanden sind, die Wohnzwecken des Eigentümers des Betriebs oder Wohnzwecken eines Altenteilers dienen und die unter Satz 6 oder unter Nummer 1 fallen. Die Sätze 1 bis 8 sind auch anzuwenden, wenn die Wohnung im Veranlagungszeitraum 1986 zu einem land- und forstwirtschaftlichen Betriebsvermögen gehört hat und einem Dritten unentgeltlich überlassen worden ist; die Wohnung des Steuerpflichtigen sowie der dazugehörende Grund und Boden gelten zum 31. Dezember 1986 als entnommen, wenn der Nutzungswert beim Nutzenden anzusetzen war. Wird Grund und Boden nach dem 31. Dezember 1986 dadurch entnommen, daß auf diesem Grund und Boden die Wohnung des Steuerpflichtigen oder eine Altenteilerwohnung errichtet wird, bleibt der Entnahmegewinn ebenfalls außer Ansatz; der Steuerpflichtige kann die Regelung nur für eine zu eigenen Wohnzwecken genutzte Wohnung und für eine Altenteilerwohnung in Anspruch nehmen. Hat das Grundstück im Veranlagungszeitraum 1986 zu einem gewerblichen oder einem der selbständigen Arbeit dienenden Betriebsvermögen gehört, so gelten die Sätze 6 bis 10 sinngemäß. Bei einem Gebäude oder Gebäudeteil des Betriebsvermögens, das nach den jeweiligen landesrechtlichen Vorschriften ein Baudenkmal ist, sind die Sätze 2 bis 8 auch über das in den Sätzen 2 und 6 genannte Datum 1998 hinaus anzuwenden.

(15 a) § 13 Abs. 2 Nr. 3 ist erstmals für den Veranlagungszeitraum 1989 anzuwenden.

(16) Für die erstmalige Anwendung des § 13 Abs. 5 und des § 18 Abs. 5 gilt Absatz 19 sinngemäß.

(17) § 14 a ist erstmals für Veräußerungen und Entnahmen anzuwenden, die nach dem 31. Dezember 1985 vorgenommen worden sind. Für Veräußerungen und Entnahmen, die vor dem 1. Januar 1986 vorgenommen worden sind, ist § 14 a in den vor dem 1. Januar 1986 geltenden Fassungen anzuwenden. § 14 a Abs. 2 Satz 3 ist letztmals auf Wohnungen und den dazugehörenden Grund und Boden anzuwenden, die vor dem 1. Januar 1987 entnommen werden.

Einkommensteuergesetz
§ 52

VII B
10
Seite 124 s

(18) § 15 Abs. 3 ist auch für Veranlagungszeiträume vor 1986 anzuwenden. Die Tätigkeit einer Gesellschaft gilt von dem Zeitpunkt an, in dem erstmals die Voraussetzungen des § 15 Abs. 3 erfüllt waren, als Gewerbebetrieb. Soweit Steuerbescheide nicht bestandskräftig sind oder unter dem Vorbehalt der Nachprüfung stehen, werden Gewinne, die durch die Veräußerung oder Entnahme von Wirtschaftsgütern entstehen, in den Fällen des § 15 Abs. 3 Nr. 2 nicht berücksichtigt, wenn das Wirtschaftsgut nach dem 30. Oktober 1984 und vor dem 11. April 1985 veräußert oder entnommen worden ist oder wenn bei einer Veräußerung nach dem 10. April 1985 die Veräußerung auf einem nach dem 30. Oktober 1984 und vor dem 11. April 1985 rechtswirksam abgeschlossenen obligatorischen Vertrag oder gleichstehenden Rechtsakt beruht. Satz 3 gilt nicht, soweit Gewinne auf Kapitalgesellschaften oder auf Personen entfallen, bei denen die Beteiligung zu einem Betriebsvermögen gehört oder soweit ohne Anwendung der Sätze 1 und 2 ein Fall des § 17 oder des § 23 vorläge. Die Sätze 3 und 4 gelten entsprechend für die nach Absatz 19 Satz 4 als Gewinn geltenden Beträge.

(19) § 15 a ist erstmals auf Verluste anzuwenden, die in dem nach dem 31. Dezember 1979 beginnenden Wirtschaftsjahr entstehen. Dies gilt nicht
1. für Verluste, die in einem vor dem 1. Januar 1980 eröffneten Betrieb entstehen; Sonderabschreibungen nach § 82 f der Einkommensteuer- Durchführungsverordnung können nur in dem Umfang berücksichtigt werden, in dem sie nach § 82 f Abs. 5 und Abs. 7 Satz 1 der Einkommensteuer- Durchführungsverordnung in der Fassung der Bekanntmachung vom 5. Dezember 1977 (BGBl. I S. 2443) zur Entstehung oder Erhöhung von Verlusten führen durften. Wird mit der Erweiterung oder Umstellung eines Betriebs nach dem 31. Dezember 1979 begonnen, so ist § 15 a auf Verluste anzuwenden, soweit sie mit der Erweiterung oder Umstellung oder mit dem erweiterten oder umgestellten Teil des Betriebs wirtschaftlich zusammenhängen und in nach dem 31. Dezember 1979 beginnenden Wirtschaftsjahren entstehen,
2. für Verluste, die im Zusammenhang mit der Errichtung und dem Betrieb einer in Berlin (West) belegenen Betriebsstätte des Hotel- oder Gaststättengewerbes, die überwiegend der Beherbergung dient, entstehen,
3. für Verluste, die im Zusammenhang mit der Errichtung und der Verwaltung von Gebäuden entstehen, die mit öffentlichen Mitteln im Sinne des § 6 Abs. 1 oder nach § 88 des Zweiten Wohnungsbaugesetzes, im Saarland mit öffentlichen Mitteln im Sinne des § 4 Abs. 1 oder nach § 51 a des Wohnungsbaugesetzes für das Saarland, gefördert sind,
4. für Verluste, soweit sie
   a) durch Sonderabschreibungen nach § 82 f der Einkommensteuer- Durchführungsverordnung,
   b) durch Absetzungen für Abnutzung in fallenden Jahresbeträgen nach § 7 Abs. 2 von den Herstellungskosten oder von den Anschaffungskosten von in ungebrauchtem Zustand vom Hersteller erworbenen Seeschiffen, die in einem inländischen Seeschiffsregister eingetragen sind,
   entstehen; Buchstabe a gilt nur bei Schiffen, deren Anschaffungs- oder Herstellungskosten zu mindestens 30 vom Hundert durch Mittel finanziert werden, die weder unmittelbar noch mittelbar in wirtschaftlichem Zusammenhang mit der Aufnahme von Krediten durch den Gewerbebetrieb stehen, zu dessen Betriebsvermögen das Schiff gehört.
§ 15 a ist erstmals anzuwenden
1. in den Fällen des Satzes 2 Nr. 1 und 2 auf Verluste, die in nach dem 31. Dezember 1984 beginnenden Wirtschaftsjahren entstehen; in den Fällen der Nummer 1 tritt an die Stelle

Einkommensteuergesetz
§ 52

des 31. Dezember 1984 der 31. Dezember 1989, soweit die Gesellschaft aus dem Betrieb von in einem inländischen Seeschiffsregister eingetragenen Handelsschiffen Verluste erzielt und diese Verluste gesondert ermittelt, und der 31. Dezember 1979, wenn der Betrieb nach dem 10. Oktober 1979 eröffnet worden ist,
2. in den Fällen des Satzes 2 Nr. 3 auf Verluste, die in nach dem 31. Dezember 1994 beginnenden Wirtschaftsjahren entstehen,
3. in den Fällen des Satzes 2 Nr. 4
    a) auf Verluste, die in nach dem 31. Dezember 1989 beginnenden Wirtschaftsjahren entstehen, wenn die Gesellschaft das Schiff vor dem 16. November 1984 bestellt oder mit seiner Herstellung begonnen hat,
    b) auf Verluste, die in nach dem 31. Dezember 1994 beginnenden Wirtschaftsjahren entstehen, wenn die Gesellschaft das Schiff nach dem 15. November 1984 bestellt oder mit seiner Herstellung begonnen hat; soweit Verluste, die in dem Betrieb der Gesellschaft entstehen und nach Satz 2 Nr. 4 oder nach § 15 a Abs. 1 Satz 1 ausgleichsfähig oder abzugsfähig sind, zusammen das Eineinhalbfache der insgesamt geleisteten Einlage übersteigen, ist § 15 a auf Verluste anzuwenden, die in nach dem 15. November 1984 beginnenden Wirtschaftsjahren entstehen.

Scheidet ein Kommanditist oder ein anderer Mitunternehmer, dessen Haftung der eines Kommanditisten vergleichbar ist und dessen Kapitalkonto in der Steuerbilanz der Gesellschaft auf Grund von ausgleichs- oder abzugsfähigen Verlusten negativ geworden ist, aus der Gesellschaft aus oder wird in einem solchen Fall die Gesellschaft aufgelöst, so gilt der Betrag, den der Mitunternehmer nicht ausgleichen muß, als Veräußerungsgewinn im Sinne des § 16. In Höhe der nach Satz 4 als Gewinn zuzurechnenden Beträge sind bei den anderen Mitunternehmern unter Berücksichtigung der für die Zurechnung von Verlusten geltenden Grundsätze Verlustanteile anzusetzen. Bei der Anwendung des § 15 a Abs. 3 sind nur Verluste zu berücksichtigen, auf die § 15 a Abs. 1 anzuwenden ist.

(19 a) § 19 a Abs. 1 Satz 1 ist auch für Veranlagungszeiträume vor 1990 anzuwenden, soweit die Vorschrift die Steuerfreiheit von Geldleistungen ausschließt. § 19 a Abs. 3 Nr. 9 und Abs. 3 a Satz 2 sind erstmals auf Vermögensbeteiligungen anzuwenden, die nach dem 31. Dezember 1988 überlassen werden. § 19 a des Einkommensteuergesetzes 1983 in der Fassung der Bekanntmachung vom 24. Januar 1984 (BGBl. I S. 113) ist für Vermögensbeteiligungen, die nach dem 31. Dezember 1983 und vor dem 1. Januar 1987 nach § 19 a überlassen wurden, weiter anzuwenden. § 19 a Abs. 6 Satz 5 des Einkommensteuergesetzes in der in Satz 3 genannten Fassung ist für Vermögensbeteiligungen weiter anzuwenden, die nach dem 31. Dezember 1986 auf Grund eines vor dem 1. Januar 1987 gefaßten Beschlusses überlassen werden.

(20) § 20 Abs. 1 Nr. 6 ist erstmals für nach dem 31. Dezember 1974 zugeflossene Zinsen aus Versicherungsverträgen anzuwenden, die nach dem 31. Dezember 1973 abgeschlossen worden sind. Dem Schuldner von Kapitalerträgen im Sinne des § 43 a Abs. 1 Nr. 2 Buchstabe a Doppelbuchstabe aa und Buchstabe b Doppelbuchstabe aa in der Fassung des Artikels 1 Nr. 56 des Steuerreformgesetzes 1990 vom 25. Juli 1988 (BGBl. I S. 1093) wird die Kapitalertragsteuer für Rechnung des Gläubigers von dem Finanzamt erstattet, an das sie abgeführt worden ist. Die Kapitalertragsteuerfestsetzungen für die Monate Januar bis Juni 1989 werden insoweit von Amts wegen berichtigt. § 36 Abs. 2 Nr. 2, § 44 b Abs. 1 und 4 sowie § 37 Abs. 2 der Abgabenordnung sind insoweit nicht anzuwenden. Die Rückforde-

Einkommensteuergesetz
§ 52

rung von Kapitalertragsteuer, die dem Gläubiger der Kapitalerträge erstattet worden ist, ist ausgeschlossen. § 20 Abs. 2 ist erstmals auf Kapitalerträge anzuwenden, die nach dem 31. Dezember 1988 zufließen. Auf Kapitalerträge, die nach dem 31. Dezember 1988 und vor dem 1. Juli 1989 zufließen, ist § 20 Abs. 2 in der Fassung des Artikels 4 Nr. 2 des Haushaltsbegleitgesetzes 1989 vom 22. Dezember 1988 (BGBl. I S. 2262) anzuwenden. § 20 Abs. 4 ist erstmals für den Veranlagungszeitraum 1989 anzuwenden.

(21) § 21 Abs. 2 Satz 1 und § 21 a sind letztmals für den Veranlagungszeitraum 1986 anzuwenden. Haben bei einer Wohnung im eigenen Haus bei dem Steuerpflichtigen im Veranlagungszeitraum 1986 die Voraussetzungen für die Ermittlung des Nutzungswerts als Überschuß des Mietwerts über die Werbungskosten oder die Betriebsausgaben vorgelegen, so ist § 21 Abs. 2 Satz 1 für die folgenden Veranlagungszeiträume, in denen diese Voraussetzungen vorliegen, weiter anzuwenden; der Nutzungswert ist insoweit bis einschließlich Veranlagungszeitraum 1998 nach § 2 Abs. 2 zu ermitteln. Der Steuerpflichtige kann für einen Veranlagungszeitraum nach dem Veranlagungszeitraum 1986 unwiderruflich beantragen, daß Satz 2 ab diesem Veranlagungszeitraum nicht mehr angewendet wird. Haben bei einer Wohnung im eigenen Haus bei dem Steuerpflichtigen im Veranlagungszeitraum 1986 die Voraussetzungen für die Inanspruchnahme von erhöhten Absetzungen vorgelegen und findet Satz 2 keine Anwendung, können die den erhöhten Absetzungen entsprechenden Beträge wie Sonderausgaben bis einschließlich des Veranlagungszeitraums abgezogen werden, in dem der Steuerpflichtige die erhöhten Absetzungen letztmals hätte in Anspruch nehmen können. Entsprechendes gilt für Aufwendungen nach § 51 Abs. 1 Nr. 2 Buchstabe q Satz 5 in Verbindung mit § 82 a Abs. 3 der Einkommensteuer-Durchführungsverordnung in der jeweils anzuwendenden Fassung und für den erweiterten Schuldzinsenabzug nach § 21 a Abs. 4. Werden an einer zu eigenen Wohnzwecken genutzten Wohnung im eigenen Haus nach dem 31. Dezember 1986 und vor dem 1. Januar 1992 Herstellungskosten für Maßnahmen im Sinne des § 51 Abs. 1 Nr. 2 Buchstabe q, x oder y aufgewendet, die im Fall der Vermietung nach § 82 a, § 82 g oder § 82 i der Einkommensteuer-Durchführungsverordnung in der jeweils anzuwendenden Fassung zur Vornahme von erhöhten Absetzungen berechtigen würden und die der Steuerpflichtige nicht in die Bemessungsgrundlage des § 10 e einbezogen hat, so können die Herstellungskosten im Jahr der Herstellung und in den folgenden neun Kalenderjahren jeweils bis zu 10 vom Hundert wie Sonderausgaben abgezogen werden; dies gilt entsprechend für Herstellungskosten im Sinne der §§ 7 und 12 Abs. 3 des Schutzbaugesetzes und für Aufwendungen im Sinne des § 51 Abs. 1 Nr. 2 Buchstabe q Satz 5 in Verbindung mit § 82 a Abs. 3 der Einkommensteuer-Durchführungsverordnung in der jeweils anzuwendenden Fassung. Satz 6 ist in den Fällen des Satzes 2 nicht anzuwenden.

(21 a) § 22 Nr. 4 Buchstabe a ist erstmals für den Veranlagungszeitraum 1987 anzuwenden.

(21 b) Soweit § 32 b die Anwendung eines besonderen Steuersatzes wegen des Bezugs von Aufstockungsbeträgen nach dem Altersteilzeitgesetz, die §§ 41 und 41 b die Eintragung und Bescheinigung solcher Aufstockungsbeträge und § 42 b den Ausschluß des Lohnsteuer-Jahresausgleichs wegen des Bezugs dieser Aufstockungsbeträge vorsehen, sind diese Vorschriften erstmals für den Veranlagungszeitraum 1989 anzuwenden. Dabei treten für den Veranlagungszeitraum 1989 an die Stelle des in § 32 b Abs. 2 Nr. 1 genannten Arbeitnehmer-Pauschbetrags die Freibeträge nach § 19 Abs. 3 und 4 des Einkommensteuergesetzes 1987.

Einkommensteuergesetz
§ 52

(22) § 33 a Abs. 1 und § 41 Abs. 1 Nr. 5 sowie Abs. 2 Satz 1 des Einkommensteuergesetzes 1953 in der Fassung der Bekanntmachung vom 15. September 1953 (BGBl. I S. 1355) gelten auch weiterhin mit der Maßgabe, daß
1. die Vorschriften bei einem Steuerpflichtigen jeweils nur für das Kalenderjahr, in dem bei ihm die Voraussetzungen für die Gewährung eines Freibetrags eingetreten sind, und für die beiden folgenden Kalenderjahre anzuwenden sind und
2. der Freibetrag
   a) bei Steuerpflichtigen, bei denen § 32 a Abs. 5 oder 6 anzuwenden ist,
      720 Deutsche Mark,
   b) bei Steuerpflichtigen, die Kinder haben,
      840 Deutsche Mark zuzüglich je 60 Deutsche Mark für das dritte Kind und jedes weitere Kind und
   c) bei anderen Steuerpflichtigen
      540 Deutsche Mark
   beträgt.
Als Kinder des Steuerpflichtigen zählen solche, für die er einen Kinderfreibetrag erhält. Für ein Kalenderjahr, für das der Steuerpflichtige eine Steuerermäßigung nach § 33 für Aufwendungen zur Wiederbeschaffung von Hausrat und Kleidung beantragt, wird ein Freibetrag nicht gewährt. Die Vorschriften sind letztmals bei einem Steuerpflichtigen anzuwenden, der vor dem 1. Januar 1990 seinen Wohnsitz oder gewöhnlichen Aufenthalt im Geltungsbereich dieses Gesetzes begründet hat.

(23) § 33 a Abs. 2 ist mit Ausnahme des Satzes 2 erstmals für den Veranlagungszeitraum 1988 anzuwenden.

(23 a) § 34 Abs. 1 ist erstmals auf außerordentliche Einkünfte anzuwenden, die nach dem 31. Dezember 1989 erzielt werden. Für außerordentliche Einkünfte, die vor dem 1. Januar 1990 erzielt werden, ist § 34 Abs. 1 in der Fassung der Bekanntmachung vom 27. Februar 1987 (BGBl. I S. 657) weiter anzuwenden.

(24) § 34 f in der jeweils geltenden Fassung ist mit der Maßgabe anzuwenden, daß der Abzug der den erhöhten Absetzungen nach § 7 b oder nach § 15 des Berlinförderungsgesetzes entsprechenden Beträge wie Sonderausgaben als die Inanspruchnahme erhöhter Absetzungen nach § 34 f gilt. § 34 f Abs. 2 ist erstmals anzuwenden bei Inanspruchnahme der Steuerbegünstigung nach § 10 e Abs. 1 bis 5 oder nach § 15 b des Berlinförderungsgesetzes für nach dem 31. Dezember 1989 hergestellte oder angeschaffte Objekte. Für vor dem 1. Januar 1990 hergestellte oder angeschaffte Objekte ist § 34 f Abs. 2 des Einkommensteuergesetzes 1987 weiter anzuwenden.

(24 a) § 34 g in der Fassung des Gesetzes zur Änderung des Parteiengesetzes und anderer Gesetze vom 22. Dezember 1988 (BGBl. I S. 2615) ist erstmals für den Veranlagungszeitraum 1984 anzuwenden.

(25) § 36 Abs. 2 Nr. 2 ist erstmals für den Veranlagungszeitraum 1989 anzuwenden. § 36 Abs. 2 Nr. 3 Buchstabe f ist auch für Veranlagungszeiträume vor 1990 anzuwenden.

(26) § 39 a Abs. 1 Nr. 5 Satz 1 ist bei vor dem 1. Januar 1990 hergestellten oder angeschafften Objekten mit der Maßgabe anzuwenden, daß an die Stelle des Betrags von 3 000 Deutsche Mark ein Betrag von 2 400 Deutsche Mark tritt. § 39 a Abs. 1 Nr. 5 Satz 2 ist erstmals für das Kalenderjahr 1988 anzuwenden.

Einkommensteuergesetz
§§ 52 a–53

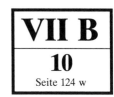

(27) § 41 b Abs. 2, § 42 c Abs. 2 und § 46 Abs. 6 des Einkommensteuergesetzes 1987 sind letztmals für das Kalenderjahr 1987 anzuwenden.

(28) § 43 Abs. 1 Satz 1 Nr. 4 bis 6, Satz 2 und Abs. 3, § 43 a Abs. 1, § 44 Überschrift und Abs. 1 Sätze 1 und 5, § 44 a Abs. 1, § 44 b Abs. 1 Sätze 1, 3 und 4, § 44 c Abs. 2 Satz 1 und Abs. 3, § 45 a Überschrift, Abs. 1 Satz 2, Abs. 2 Sätze 1 und 2, §§ 45 c und 49 Abs. 1 Nr. 5 sind erstmals auf Kapitalerträge anzuwenden, die nach dem 30. Juni 1989 zufließen. Auf Kapitalerträge, die nach dem 31. Dezember 1988 und vor dem 1. Juli 1989 zufließen, sind
a) § 43 Abs. 1 Satz 1 Nr. 4 bis 8 Buchstaben a und b und Satz 2 sowie Abs. 3, §§ 43 a, 44 Überschrift und Abs. 1 Satz 1, §§ 44 a, 44 b Abs. 1 Sätze 1, 3 und 4, §§ 44 c, 45 a Überschrift, Abs. 2 Sätze 2 und 4, §§ 45 c und 49 Abs. 1 Nr. 5 Buchstabe c in der Fassung des Artikels 1 Nr. 55 bis 60, 62, 65 und 68 des Steuerreformgesetzes 1990 vom 25. Juli 1988 (BGBl. I S. 1093) und
b) § 43 Abs. 1 Satz 1 Nr. 8 Buchstabe c, § 44 Abs. 1 Sätze 5 bis 8, § 44 b Abs. 1 Sätze 5 und 6, Abs. 4 Satz 1 und Abs. 5, § 44 c Abs. 2 Satz 1, § 45 a Abs. 1 und Abs. 2 Nr. 4, § 49 Abs. 1 Nr. 5 Buchstabe a sowie § 52 Abs. 28 Sätze 2 und 3 in der Fassung des Artikels 4 Nr. 4 bis 9 und 11 des Haushaltsbegleitgesetzes 1989 vom 22. Dezember 1988 (BGBl. I S. 2262) anzuwenden.

(28 a) § 44 c Abs. 2 ist bei Kapitalerträgen, die im Kalenderjahr 1989 zufließen, auch auf Körperschaften, Personenvereinigungen oder Vermögensmassen anzuwenden, die nach § 5 Abs. 1 Nr. 17 des Körperschaftsteuergesetzes in der Fassung der Bekanntmachung vom 10. Februar 1984 (BGBl. I S. 217), zuletzt geändert durch Artikel 5 des Gesetzes vom 20. Dezember 1988 (BGBl. I S. 2262), von der Körperschaftsteuer befreit sind.

(28 b) § 45 b ist erstmals auf Kapitalerträge anzuwenden, die nach dem 31. Dezember 1988 zufließen.

(29) § 46 a des Einkommensteuergesetzes 1987 ist letztmals für den Veranlagungszeitraum 1988 anzuwenden.

(30) Soweit § 50 Abs. 4 und § 39 d Abs. 2 Nr. 3 die Anwendung des § 33 a Abs. 2 vorsehen, gilt dies mit Ausnahme des § 33 a Abs. 2 Satz 2 erstmals für das Kalenderjahr 1988.

(31) § 50 b ist erstmals für den Veranlagungszeitraum 1989 anzuwenden.

(32) § 50 d Abs. 1 und 2 ist erstmals auf Kapitalerträge und Vergütungen im Sinne des § 50 a anzuwenden, die nach dem 31. Dezember 1988 zufließen. § 50 d Abs. 3 ist auf Kapitalerträge und Vergütungen im Sinne des § 50 a anzuwenden, die nach dem 30. Juni 1989 zufließen. Auf Kapitalerträge und Vergütungen im Sinne des § 50 a, die nach dem 31. Dezember 1988 und vor dem 1. Juli 1989 zufließen, ist § 50 d Abs. 3 in der Fassung des Artikels 1 Nr. 70 des Steuerreformgesetzes 1990 vom 25. Juli 1988 (BGBl. I S. 1093) anzuwenden. Absatz 20 Sätze 2 bis 5 gilt entsprechend.

(33) § 51 Abs. 1 Nr. 2 Buchstabe q Satz 5 ist erstmals für den Veranlagungszeitraum 1987 anzuwenden.

§ 52 a (weggefallen)

Einkommensteuergesetz
§§ 53 a–54

§ 53 Anwendung des § 33 a Abs. 1 für die Veranlagungszeiträume 1988 und 1989

§ 33 a Abs. 1 ist für die Veranlagungszeiträume 1988 und 1989 in folgender Fassung anzuwenden:

›Erwachsen einem Steuerpflichtigen zwangsläufig (§ 33 Abs. 2) Aufwendungen für den Unterhalt und eine etwaige Berufsausbildung einer Person, für die weder der Steuerpflichtige noch eine andere Person Anspruch auf einen Kinderfreibetrag hat, so wird auf Antrag die Einkommensteuer dadurch ermäßigt, daß die Aufwendungen vom Gesamtbetrag der Einkünfte abgezogen werden, und zwar im Kalenderjahr
1. für eine Person, die das 18. Lebensjahr noch nicht vollendet hat oder für die der Steuerpflichtige die Voraussetzungen für einen Ausbildungsfreibetrag nach Absatz 2 erfüllt, bis zu 2 484 Deutsche Mark,
2. für andere Personen bis zu 4 500 Deutsche Mark.

Voraussetzung ist, daß die unterhaltene Person kein oder nur ein geringes Vermögen besitzt. Hat die unterhaltene Person andere Einkünfte oder Bezüge, die zur Bestreitung des Unterhalts bestimmt oder geeignet sind, so vermindern sich die Beträge von 2 484 und 4 500 Deutsche Mark um den Betrag, um den diese Einkünfte und Bezüge den Betrag von 4 500 Deutsche Mark übersteigen. Ist die unterhaltene Person nicht unbeschränkt einkommensteuerpflichtig, so können die Aufwendungen nur abgezogen werden, soweit sie nach den Verhältnissen des Wohnsitzstaats der unterhaltenen Person notwendig und angemessen sind, höchstens jedoch der Betrag, der sich nach den Sätzen 1 bis 3 ergibt; ob der Steuerpflichtige sich den Aufwendungen aus rechtlichen, tatsächlichen oder sittlichen Gründen nicht entziehen kann, ist nach inländischen Maßstäben zu beurteilen. Werden die Aufwendungen für eine unterhaltene Person von mehreren Steuerpflichtigen getragen, so wird bei jedem der Teil des sich hiernach ergebenden Betrags abgezogen, der seinem Anteil am Gesamtbetrag der Leistung entspricht.‹

§ 53 a Schlußvorschrift zu § 33 a Abs. 3 EStG 1981 (Sondervorschrift zum Abzug von Aufwendungen für Dienstleistungen zur Beaufsichtigung oder Betreuung eines Kindes)

(1) § 33 a Abs. 3 Satz 1 Nr. 1 des Einkommensteuergesetzes 1981 in der Fassung der Bekanntmachung vom 6. Dezember 1981 (BGBl. I S. 1249) ist bei Steuerfestsetzungen für die Veranlagungszeiträume 1980 bis 1982 in der folgenden Fassung anzuwenden, wenn am 24. Dezember 1982 die betreffende Steuerfestsetzung noch nicht bestandskräftig ist oder unter dem Vorbehalt der Nachprüfung steht:

Erwachsen einem Steuerpflichtigen Aufwendungen für Dienstleistungen zur Beaufsichtigung oder Betreuung eines Kindes im Sinne des § 32 Abs. 4, wird auf Antrag die Einkommensteuer dadurch ermäßigt, daß die Aufwendungen, höchstens jedoch ein Betrag von 1 200 Deutsche Mark im Kalenderjahr für jedes Kind, das das 18. Lebensjahr noch nicht vollendet hat, vom Gesamtbetrag der Einkünfte abgezogen werden.

(2) Nach dem 3. November 1982 bestandskräftig gewordene Steuerbescheide sind auf Antrag entsprechend Absatz 1 zu ändern, soweit sich die vorstehende Fassung zugunsten des Steuerpflichtigen auswirkt; der Antrag ist beim Finanzamt schriftlich oder durch Erklärung zur Niederschrift zu stellen.

§§ 53 b und 54 (aufgehoben)

Einkommensteuergesetz
§ 55

VII B
10
Seite 124 x[1]

§ 55 Schlußvorschriften (Sondervorschriften für die Gewinnermittlung nach § 4 oder nach Durchschnittssätzen bei vor dem 1. Juli 1970 angeschafftem Grund und Boden)

(1) Bei Steuerpflichtigen, deren Gewinn für das Wirtschaftsjahr, in das der 30. Juni 1970 fällt, nicht nach § 5 zu ermitteln ist, gilt bei Grund und Boden, der mit Ablauf des 30. Juni 1970 zu ihrem Anlagevermögen gehört hat, als Anschaffungs- oder Herstellungskosten (§ 4 Abs. 3 Satz 4 und § 6 Abs. 1 Nr. 2 Satz 1) das Zweifache des nach den Absätzen 2 bis 4 zu ermittelnden Ausgangsbetrags.

(2) Bei der Ermittlung des Ausgangsbetrags des zum land- und forstwirtschaftlichen Vermögen (§ 33 Abs. 1 Satz 1 Bewertungsgesetz in der Fassung der Bekanntmachung vom 10. Dezember 1965 – BGBl. I S. 1861 –, zuletzt geändert durch das Bewertungsänderungsgesetz 1971 vom 27. Juli 1971 – BGBl. I S. 1157) gehörenden Grund und Bodens ist seine Zuordnung zu den Nutzungen und Wirtschaftsgütern (§ 34 Abs. 2 Bewertungsgesetz) am 1. Juli 1970 maßgebend; dabei sind die Hof- und Gebäudeflächen sowie die Hausgärten im Sinne des § 40 Abs. 3 des Bewertungsgesetzes nicht in die einzelne Nutzung einzubeziehen. Es sind anzusetzen:

1. Bei Flächen, die nach dem Bodenschätzungsgesetz in der im Bundesgesetzblatt Teil III, Gliederungsnummer 610-8, veröffentlichten bereinigten Fassung, zuletzt geändert durch Artikel 95 Nr. 4 des Einführungsgesetzes zur Abgabenordnung vom 14. Dezember 1976 (BGBl. I S. 3341), zu schätzen sind, für jedes katastermäßig abgegrenzte Flurstück der Betrag in Deutscher Mark, der sich ergibt, wenn die für das Flurstück am 1. Juli 1970 im amtlichen Verzeichnis nach § 2 Abs. 2 der Grundbuchordnung (Liegenschaftskataster) ausgewiesene Ertragsmeßzahl vervierfacht wird. Abweichend von Satz 1 sind für Flächen der Nutzungsteile

a) Hopfen, Spargel, Gemüsebau und Obstbau
4,00 Deutsche Mark je Quadratmeter,

b) Blumen- und Zierpflanzenbau sowie Baumschulen
5,00 Deutsche Mark je Quadratmeter

anzusetzen, wenn der Steuerpflichtige dem Finanzamt gegenüber bis zum 30. Juni 1972 eine Erklärung über die Größe, Lage und Nutzung der betreffenden Flächen abgibt,

2. für Flächen der forstwirtschaftlichen Nutzung je Quadratmeter 1,00 Deutsche Mark,

3. für Flächen der weinbaulichen Nutzung der Betrag, der sich unter Berücksichtigung der maßgebenden Lagenvergleichszahl (Vergleichszahl der einzelnen Weinbaulage, § 39 Abs. 1 Satz 3 und § 57 Bewertungsgesetz), die für ausbauende Betriebsweise mit Faßweinerzeugung anzusetzen ist, aus der nachstehenden Tabelle ergibt:

Lagenvergleichszahl	Ausgangsbetrag je Quadratmeter in DM
bis 20	2,50
21 bis 30	3,50
31 bis 40	5,00
41 bis 50	7,00
51 bis 60	8,00
61 bis 70	9,00
71 bis 100	10,00
über 100	12,50

Einkommensteuergesetz
§ 56

4. für Flächen der sonstigen land- und forstwirtschaftlichen Nutzung, auf die Nummer 1 keine Anwendung findet, je Quadratmeter 1,00 Deutsche Mark,
5. für Hofflächen, Gebäudeflächen und Hausgärten im Sinne des § 40 Abs. 3 des Bewertungsgesetzes je Quadratmeter 5,00 Deutsche Mark,
6. für Flächen des Geringstlandes je Quadratmeter 0,25 Deutsche Mark,
7. für Flächen des Abbaulandes je Quadratmeter 0,50 Deutsche Mark,
8. für Flächen des Unlandes je Quadratmeter 0,10 Deutsche Mark.

(3) Lag am 1. Juli 1970 kein Liegenschaftskataster vor, in dem Ertragsmeßzahlen ausgewiesen sind, so ist der Ausgangsbetrag in sinngemäßer Anwendung des Absatzes 2 Nr. 1 Satz 1 auf der Grundlage der durchschnittlichen Ertragsmeßzahl der landwirtschaftlichen Nutzung eines Betriebs zu ermitteln, die die Grundlage für die Hauptfeststellung des Einheitswerts auf den 1. Januar 1964 bildet. Absatz 2 Nr. 1 Satz 2 bleibt unberührt.

(4) Bei nicht zum land- und forstwirtschaftlichen Vermögen gehörenden Grund und Boden ist als Ausgangsbetrag anzusetzen:
1. Für unbebaute Grundstücke der auf den 1. Januar 1964 festgestellte Einheitswert. Wird auf den 1. Januar 1964 kein Einheitswert festgestellt oder hat sich der Bestand des Grundstücks nach dem 1. Januar 1964 und vor dem 1. Juli 1970 verändert, so ist der Wert maßgebend, der sich ergeben würde, wenn das Grundstück nach seinem Bestand vom 1. Juli 1970 und nach den Wertverhältnissen vom 1. Januar 1964 zu bewerten wäre;
2. für bebaute Grundstücke der Wert, der sich nach Nummer 1 ergeben würde, wenn das Grundstück unbebaut wäre.

(5) Weist der Steuerpflichtige nach, daß der Teilwert für Grund und Boden im Sinne des Absatzes 1 am 1. Juli 1970 höher ist als das Zweifache des Ausgangsbetrags, so ist auf Antrag des Steuerpflichtigen der Teilwert als Anschaffungs- oder Herstellungskosten anzusetzen. Der Antrag ist bis zum 31. Dezember 1975 bei dem Finanzamt zu stellen, das für die Ermittlung des Gewinns aus dem Betrieb zuständig ist. Der Teilwert ist gesondert festzustellen. Vor dem 1. Januar 1974 braucht diese Feststellung nur zu erfolgen, wenn ein berechtigtes Interesse des Steuerpflichtigen gegeben ist. Die Vorschriften der Abgabenordnung und der Finanzgerichtsordnung über die gesonderte Feststellung von Besteuerungsgrundlagen gelten entsprechend.

(6) Verluste, die bei der Veräußerung oder Entnahme von Grund und Boden im Sinne des Absatzes 1 entstehen, dürfen bei der Ermittlung des Gewinns in Höhe des Betrags nicht berücksichtigt werden, um den der Veräußerungspreis oder der an dessen Stelle tretende Wert nach Abzug der Veräußerungskosten unter dem Zweifachen des Ausgangsbetrags liegt. Entsprechendes gilt bei Anwendung des § 6 Abs. 1 Nr. 2 Satz 2.

(7) Grund und Boden, der nach § 4 Abs. 1 Satz 5 des Einkommensteuergesetzes 1969 nicht anzusetzen war, ist wie eine Einlage zu behandeln; er ist dabei mit dem nach Absatz 1 oder 5 maßgebenden Wert anzusetzen.

§ 56 (weggefallen)

Einkommensteuergesetz
Anlagen-Übersicht

VII B
10
Seite 124 y

Anlagen-Übersicht

		Seite
Anlage 1:	Einkommensteuer-Grundtabelle 1990	124 z
Anlage 2:	Einkommensteuer-Splittingtabelle 1990	126 t
Anlage 1[1]:	Einkommensteuer-Grundtabelle ab 1988	131
Anlage 2[1]:	Einkommensteuer-Splittingtabelle ab 1988	150 a
Anlage 3:	Tabelle für die Errechnung des Deckungskapitals für lebenslänglich laufende Leistungen von Unterstützungskassen	152 g
Anlage 4[2]:	Einkommensteuer-Grundtabelle für 1986 und 1987	152 i
Anlage 5[2]:	Einkommensteuer-Splittingtabelle für 1986 und 1987	154 a

---

1) Die Einkommensteuer-Grundtabelle ab 1988 und die Einkommensteuer-Splittingtabelle ab 1988 wurden durch das Steuerreformgesetz 1990 vom 25. 7. 1988 (BGBl. I S. 1093) durch die Einkommensteuer-Grundtabelle 1990 und die Einkommensteuer-Splittingtabelle 1990 ersetzt. Sie werden für fällige Steuerberechnungen vorläufig noch in der Sammlung belassen.

2) Die Anlagen 4 und 5 (Tabellen für 1986 und 1987) wurden durch das Steuersenkungs-Erweiterungsgesetz 1988 vom 14. 7. 1987 (BGBl. I S. 1629) zum 1. 1. 1988 gestrichen. Sie werden für rückwirkende Steuerberechnungen vorläufig noch in der Sammlung belassen.

Einkommensteuergesetz
Anlage 1
Einkommensteuer-Grundtabelle 1990

Anlage 1
(zu § 32 a Abs. 4)

Einkommensteuer-Grundtabelle 1990

lfd. Nr.	zu versteuerndes Einkommen in DM von		bis	tarifliche Einkommensteuer in DM	lfd. Nr.	zu versteuerndes Einkommen in DM von		bis	tarifliche Einkommensteuer in DM
1	0	–	5669	0	51	8316	–	8369	513
2	5670	–	5723	10	52	8370	–	8423	523
3	5724	–	5777	20	53	8424	–	8477	533
4	5778	–	5831	30	54	8478	–	8531	544
5	5832	–	5885	41	55	8532	–	8585	554
6	5886	–	5939	51	56	8586	–	8639	564
7	5940	–	5993	61	57	8640	–	8693	575
8	5994	–	6047	71	58	8694	–	8747	585
9	6048	–	6101	82	59	8748	–	8801	595
10	6102	–	6155	92	60	8802	–	8855	606
11	6156	–	6209	102	61	8856	–	8909	616
12	6210	–	6263	112	62	8910	–	8963	626
13	6264	–	6317	123	63	8964	–	9017	637
14	6318	–	6371	133	64	9018	–	9071	647
15	6372	–	6425	143	65	9072	–	9125	658
16	6426	–	6479	153	66	9126	–	9179	668
17	6480	–	6533	164	67	9180	–	9233	678
18	6534	–	6587	174	68	9234	–	9287	689
19	6588	–	6641	184	69	9288	–	9341	699
20	6642	–	6695	194	70	9342	–	9395	710
21	6696	–	6749	205	71	9396	–	9449	720
22	6750	–	6803	215	72	9450	–	9503	731
23	6804	–	6857	225	73	9504	–	9557	741
24	6858	–	6911	236	74	9558	–	9611	752
25	6912	–	6965	246	75	9612	–	9665	762
26	6966	–	7019	256	76	9666	–	9719	773
27	7020	–	7073	266	77	9720	–	9773	783
28	7074	–	7127	277	78	9774	–	9827	794
29	7128	–	7181	287	79	9828	–	9881	804
30	7182	–	7235	297	80	9882	–	9935	815
31	7236	–	7289	307	81	9936	–	9989	825
32	7290	–	7343	318	82	9990	–	10043	836
33	7344	–	7397	328	83	10044	–	10097	847
34	7398	–	7451	338	84	10098	–	10151	857
35	7452	–	7505	348	85	10152	–	10205	868
36	7506	–	7559	359	86	10206	–	10259	878
37	7560	–	7613	369	87	10260	–	10313	889
38	7614	–	7667	379	88	10314	–	10367	900
39	7668	–	7721	389	89	10368	–	10421	910
40	7722	–	7775	400	90	10422	–	10475	921
41	7776	–	7829	410	91	10476	–	10529	932
42	7830	–	7883	420	92	10530	–	10583	942
43	7884	–	7937	430	93	10584	–	10637	953
44	7938	–	7991	441	94	10638	–	10691	964
45	7992	–	8045	451	95	10692	–	10745	974
46	8046	–	8099	461	96	10746	–	10799	985
47	8100	–	8153	472	97	10800	–	10853	996
48	8154	–	8207	482	98	10854	–	10907	1006
49	8208	–	8261	492	99	10908	–	10961	1017
50	8262	–	8315	502	100	10962	–	11015	1028

Einkommensteuergesetz

Anlage 1
Einkommensteuer-Grundtabelle 1990

Einkommensteuer-Grundtabelle 1990

lfd. Nr.	zu versteuerndes Einkommen in DM von		bis	tarifliche Einkommensteuer in DM	lfd. Nr.	zu versteuerndes Einkommen in DM von		bis	tarifliche Einkommensteuer in DM
101	11016	–	11069	1038	151	13716	–	13769	1586
102	11070	–	11123	1049	152	13770	–	13823	1598
103	11124	–	11177	1060	153	13824	–	13877	1609
104	11178	–	11231	1071	154	13878	–	13931	1620
105	11232	–	11285	1081	155	13932	–	13985	1631
106	11286	–	11339	1092	156	13986	–	14039	1642
107	11340	–	11393	1103	157	14040	–	14093	1654
108	11394	–	11447	1114	158	14094	–	14147	1665
109	11448	–	11501	1125	159	14148	–	14201	1676
110	11502	–	11555	1135	160	14202	–	14255	1687
111	11556	–	11609	1146	161	14256	–	14309	1699
112	11610	–	11663	1157	162	14310	–	14363	1710
113	11664	–	11717	1168	163	14364	–	14417	1721
114	11718	–	11771	1179	164	14418	–	14471	1733
115	11772	–	11825	1190	165	14472	–	14525	1744
116	11826	–	11879	1201	166	14526	–	14579	1755
117	11880	–	11933	1211	167	14580	–	14633	1767
118	11934	–	11987	1222	168	14634	–	14687	1778
119	11988	–	12041	1233	169	14688	–	14741	1789
120	12042	–	12095	1244	170	14742	–	14795	1801
121	12096	–	12149	1255	171	14796	–	14849	1812
122	12150	–	12203	1266	172	14850	–	14903	1823
123	12204	–	12257	1277	173	14904	–	14957	1835
124	12258	–	12311	1288	174	14958	–	15011	1846
125	12312	–	12365	1299	175	15012	–	15065	1857
126	12366	–	12419	1310	176	15066	–	15119	1869
127	12420	–	12473	1321	177	15120	–	15173	1880
128	12474	–	12527	1332	178	15174	–	15227	1892
129	12528	–	12581	1343	179	15228	–	15281	1903
130	12582	–	12635	1354	180	15282	–	15335	1914
131	12636	–	12689	1365	181	15336	–	15389	1926
132	12690	–	12743	1376	182	15390	–	15443	1937
133	12744	–	12797	1387	183	15444	–	15497	1949
134	12798	–	12851	1398	184	15498	–	15551	1960
135	12852	–	12905	1409	185	15552	–	15605	1972
136	12906	–	12959	1420	186	15606	–	15659	1983
137	12960	–	13013	1431	187	15660	–	15713	1995
138	13014	–	13067	1442	188	15714	–	15767	2006
139	13068	–	13121	1453	189	15768	–	15821	2018
140	13122	–	13175	1464	190	15822	–	15875	2029
141	13176	–	13229	1475	191	15876	–	15929	2041
142	13230	–	13283	1486	192	15930	–	15983	2052
143	13284	–	13337	1497	193	15984	–	16037	2064
144	13338	–	13391	1508	194	16038	–	16091	2075
145	13392	–	13445	1520	195	16092	–	16145	2087
146	13446	–	13499	1531	196	16146	–	16199	2099
147	13500	–	13553	1542	197	16200	–	16253	2110
148	13554	–	13607	1553	198	16254	–	16307	2122
149	13608	–	13661	1564	199	16308	–	16361	2133
150	13662	–	13715	1575	200	16362	–	16415	2145

Einkommensteuergesetz
Anlage 1
Einkommensteuer-Grundtabelle 1990

Einkommensteuer-Grundtabelle 1990

lfd. Nr.	zu versteuerndes Einkommen in DM von	bis	tarifliche Einkommensteuer in DM	lfd. Nr.	zu versteuerndes Einkommen in DM von	bis	tarifliche Einkommensteuer in DM
201	16416	- 16469	2157	251	19116	- 19169	2749
202	16470	- 16523	2168	252	19170	- 19223	2761
203	16524	- 16577	2180	253	19224	- 19277	2773
204	16578	- 16631	2192	254	19278	- 19331	2785
205	16632	- 16685	2203	255	19332	- 19385	2797
206	16686	- 16739	2215	256	19386	- 19439	2809
207	16740	- 16793	2227	257	19440	- 19493	2821
208	16794	- 16847	2238	258	19494	- 19547	2834
209	16848	- 16901	2250	259	19548	- 19601	2846
210	16902	- 16955	2262	260	19602	- 19655	2858
211	16956	- 17009	2273	261	19656	- 19709	2870
212	17010	- 17063	2285	262	19710	- 19763	2882
213	17064	- 17117	2297	263	19764	- 19817	2894
214	17118	- 17171	2308	264	19818	- 19871	2907
215	17172	- 17225	2320	265	19872	- 19925	2919
216	17226	- 17279	2332	266	19926	- 19979	2931
217	17280	- 17333	2344	267	19980	- 20033	2943
218	17334	- 17387	2356	268	20034	- 20087	2955
219	17388	- 17441	2367	269	20088	- 20141	2968
220	17442	- 17495	2379	270	20142	- 20195	2980
221	17496	- 17549	2391	271	20196	- 20249	2992
222	17550	- 17603	2403	272	20250	- 20303	3004
223	17604	- 17657	2415	273	20304	- 20357	3017
224	17658	- 17711	2426	274	20358	- 20411	3029
225	17712	- 17765	2438	275	20412	- 20465	3041
226	17766	- 17819	2450	276	20466	- 20519	3053
227	17820	- 17873	2462	277	20520	- 20573	3066
228	17874	- 17927	2474	278	20574	- 20627	3078
229	17928	- 17981	2486	279	20628	- 20681	3090
230	17982	- 18035	2497	280	20682	- 20735	3103
231	18036	- 18089	2509	281	20736	- 20789	3115
232	18090	- 18143	2521	282	20790	- 20843	3127
233	18144	- 18197	2533	283	20844	- 20897	3140
234	18198	- 18251	2545	284	20898	- 20951	3152
235	18252	- 18305	2557	285	20952	- 21005	3164
236	18306	- 18359	2569	286	21006	- 21059	3177
237	18360	- 18413	2581	287	21060	- 21113	3189
238	18414	- 18467	2593	288	21114	- 21167	3201
239	18468	- 18521	2605	289	21168	- 21221	3214
240	18522	- 18575	2617	290	21222	- 21275	3226
241	18576	- 18629	2629	291	21276	- 21329	3239
242	18630	- 18683	2641	292	21330	- 21383	3251
243	18684	- 18737	2653	293	21384	- 21437	3264
244	18738	- 18791	2665	294	21438	- 21491	3276
245	18792	- 18845	2677	295	21492	- 21545	3288
246	18846	- 18899	2689	296	21546	- 21599	3301
247	18900	- 18953	2701	297	21600	- 21653	3313
248	18954	- 19007	2713	298	21654	- 21707	3326
249	19008	- 19061	2725	299	21708	- 21761	3338
250	19062	- 19115	2737	300	21762	- 21815	3351

Einkommensteuergesetz

Anlage 1
Einkommensteuer-Grundtabelle 1990

Einkommensteuer-Grundtabelle 1990

lfd. Nr.	zu versteuerndes Einkommen in DM von		bis	tarifliche Einkommensteuer in DM	lfd. Nr.	zu versteuerndes Einkommen in DM von		bis	tarifliche Einkommensteuer in DM
301	21816	-	21869	3363	351	24516	-	24569	4000
302	21870	-	21923	3376	352	24570	-	24623	4013
303	21924	-	21977	3388	353	24624	-	24677	4026
304	21978	-	22031	3401	354	24678	-	24731	4039
305	22032	-	22085	3413	355	24732	-	24785	4052
306	22086	-	22139	3426	356	24786	-	24839	4065
307	22140	-	22193	3439	357	24840	-	24893	4078
308	22194	-	22247	3451	358	24894	-	24947	4091
309	22248	-	22301	3464	359	24948	-	25001	4104
310	22302	-	22355	3476	360	25002	-	25055	4117
311	22356	-	22409	3489	361	25056	-	25109	4130
312	22410	-	22463	3502	362	25110	-	25163	4143
313	22464	-	22517	3514	363	25164	-	25217	4156
314	22518	-	22571	3527	364	25218	-	25271	4169
315	22572	-	22625	3539	365	25272	-	25325	4182
316	22626	-	22679	3552	366	25326	-	25379	4195
317	22680	-	22733	3565	367	25380	-	25433	4208
318	22734	-	22787	3577	368	25434	-	25487	4221
319	22788	-	22841	3590	369	25488	-	25541	4235
320	22842	-	22895	3603	370	25542	-	25595	4248
321	22896	-	22949	3615	371	25596	-	25649	4261
322	22950	-	23003	3628	372	25650	-	25703	4274
323	23004	-	23057	3641	373	25704	-	25757	4287
324	23058	-	23111	3653	374	25758	-	25811	4300
325	23112	-	23165	3666	375	25812	-	25865	4313
326	23166	-	23219	3679	376	25866	-	25919	4327
327	23220	-	23273	3692	377	25920	-	25973	4340
328	23274	-	23327	3704	378	25974	-	26027	4353
329	23328	-	23381	3717	379	26028	-	26081	4366
330	23382	-	23435	3730	380	26082	-	26135	4379
331	23436	-	23489	3743	381	26136	-	26189	4393
332	23490	-	23543	3755	382	26190	-	26243	4406
333	23544	-	23597	3768	383	26244	-	26297	4419
334	23598	-	23651	3781	384	26298	-	26351	4432
335	23652	-	23705	3794	385	26352	-	26405	4446
336	23706	-	23759	3807	386	26406	-	26459	4459
337	23760	-	23813	3820	387	26460	-	26513	4472
338	23814	-	23867	3832	388	26514	-	26567	4485
339	23868	-	23921	3845	389	26568	-	26621	4499
340	23922	-	23975	3858	390	26622	-	26675	4512
341	23976	-	24029	3871	391	26676	-	26729	4525
342	24030	-	24083	3884	392	26730	-	26783	4539
343	24084	-	24137	3897	393	26784	-	26837	4552
344	24138	-	24191	3910	394	26838	-	26891	4565
345	24192	-	24245	3922	395	26892	-	26945	4579
346	24246	-	24299	3935	396	26946	-	26999	4592
347	24300	-	24353	3948	397	27000	-	27053	4605
348	24354	-	24407	3961	398	27054	-	27107	4619
349	24408	-	24461	3974	399	27108	-	27161	4632
350	24462	-	24515	3987	400	27162	-	27215	4645

Einkommensteuergesetz

Anlage 1
Einkommensteuer-Grundtabelle 1990

Einkommensteuer-Grundtabelle 1990

lfd. Nr.	zu versteuerndes Einkommen in DM von	bis	tarifliche Einkommensteuer in DM	lfd. Nr.	zu versteuerndes Einkommen in DM von	bis	tarifliche Einkommensteuer in DM
401	27216	- 27269	4659	451	29916	- 29969	5340
402	27270	- 27323	4672	452	29970	- 30023	5354
403	27324	- 27377	4686	453	30024	- 30077	5367
404	27378	- 27431	4699	454	30078	- 30131	5381
405	27432	- 27485	4712	455	30132	- 30185	5395
406	27486	- 27539	4726	456	30186	- 30239	5409
407	27540	- 27593	4739	457	30240	- 30293	5423
408	27594	- 27647	4753	458	30294	- 30347	5437
409	27648	- 27701	4766	459	30348	- 30401	5451
410	27702	- 27755	4780	460	30402	- 30455	5465
411	27756	- 27809	4793	461	30456	- 30509	5479
412	27810	- 27863	4807	462	30510	- 30563	5492
413	27864	- 27917	4820	463	30564	- 30617	5506
414	27918	- 27971	4834	464	30618	- 30671	5520
415	27972	- 28025	4847	465	30672	- 30725	5534
416	28026	- 28079	4861	466	30726	- 30779	5548
417	28080	- 28133	4874	467	30780	- 30833	5562
418	28134	- 28187	4888	468	30834	- 30887	5576
419	28188	- 28241	4901	469	30888	- 30941	5590
420	28242	- 28295	4915	470	30942	- 30995	5604
421	28296	- 28349	4928	471	30996	- 31049	5618
422	28350	- 28403	4942	472	31050	- 31103	5632
423	28404	- 28457	4956	473	31104	- 31157	5646
424	28458	- 28511	4969	474	31158	- 31211	5660
425	28512	- 28565	4983	475	31212	- 31265	5674
426	28566	- 28619	4996	476	31266	- 31319	5688
427	28620	- 28673	5010	477	31320	- 31373	5703
428	28674	- 28727	5024	478	31374	- 31427	5717
429	28728	- 28781	5037	479	31428	- 31481	5731
430	28782	- 28835	5051	480	31482	- 31535	5745
431	28836	- 28889	5065	481	31536	- 31589	5759
432	28890	- 28943	5078	482	31590	- 31643	5773
433	28944	- 28997	5092	483	31644	- 31697	5787
434	28998	- 29051	5106	484	31698	- 31751	5801
435	29052	- 29105	5119	485	31752	- 31805	5815
436	29106	- 29159	5133	486	31806	- 31859	5830
437	29160	- 29213	5147	487	31860	- 31913	5844
438	29214	- 29267	5161	488	31914	- 31967	5858
439	29268	- 29321	5174	489	31968	- 32021	5872
440	29322	- 29375	5188	490	32022	- 32075	5886
441	29376	- 29429	5202	491	32076	- 32129	5900
442	29430	- 29483	5215	492	32130	- 32183	5915
443	29484	- 29537	5229	493	32184	- 32237	5929
444	29538	- 29591	5243	494	32238	- 32291	5943
445	29592	- 29645	5257	495	32292	- 32345	5957
446	29646	- 29699	5271	496	32346	- 32399	5971
447	29700	- 29753	5284	497	32400	- 32453	5986
448	29754	- 29807	5298	498	32454	- 32507	6000
449	29808	- 29861	5312	499	32508	- 32561	6014
450	29862	- 29915	5326	500	32562	- 32615	6028

Einkommensteuergesetz

Anlage 1
Einkommensteuer-Grundtabelle 1990

Einkommensteuer-Grundtabelle 1990

lfd. Nr.	zu versteuerndes Einkommen in DM von		bis	tarifliche Einkommensteuer in DM	lfd. Nr.	zu versteuerndes Einkommen in DM von		bis	tarifliche Einkommensteuer in DM
501	32616	-	32669	6043	551	35316	-	35369	6768
502	32670	-	32723	6057	552	35370	-	35423	6783
503	32724	-	32777	6071	553	35424	-	35477	6797
504	32778	-	32831	6086	554	35478	-	35531	6812
505	32832	-	32885	6100	555	35532	-	35585	6827
506	32886	-	32939	6114	556	35586	-	35639	6842
507	32940	-	32993	6129	557	35640	-	35693	6856
508	32994	-	33047	6143	558	35694	-	35747	6871
509	33048	-	33101	6157	559	35748	-	35801	6886
510	33102	-	33155	6172	560	35802	-	35855	6901
511	33156	-	33209	6186	561	35856	-	35909	6916
512	33210	-	33263	6200	562	35910	-	35963	6930
513	33264	-	33317	6215	563	35964	-	36017	6945
514	33318	-	33371	6229	564	36018	-	36071	6960
515	33372	-	33425	6244	565	36072	-	36125	6975
516	33426	-	33479	6258	566	36126	-	36179	6990
517	33480	-	33533	6272	567	36180	-	36233	7005
518	33534	-	33587	6287	568	36234	-	36287	7020
519	33588	-	33641	6301	569	36288	-	36341	7034
520	33642	-	33695	6316	570	36342	-	36395	7049
521	33696	-	33749	6330	571	36396	-	36449	7064
522	33750	-	33803	6345	572	36450	-	36503	7079
523	33804	-	33857	6359	573	36504	-	36557	7094
524	33858	-	33911	6374	574	36558	-	36611	7109
525	33912	-	33965	6388	575	36612	-	36665	7124
526	33966	-	34019	6403	576	36666	-	36719	7139
527	34020	-	34073	6417	577	36720	-	36773	7154
528	34074	-	34127	6432	578	36774	-	36827	7169
529	34128	-	34181	6446	579	36828	-	36881	7184
530	34182	-	34235	6461	580	36882	-	36935	7199
531	34236	-	34289	6475	581	36936	-	36989	7214
532	34290	-	34343	6490	582	36990	-	37043	7229
533	34344	-	34397	6504	583	37044	-	37097	7244
534	34398	-	34451	6519	584	37098	-	37151	7259
535	34452	-	34505	6533	585	37152	-	37205	7274
536	34506	-	34559	6548	586	37206	-	37259	7289
537	34560	-	34613	6563	587	37260	-	37313	7304
538	34614	-	34667	6577	588	37314	-	37367	7319
539	34668	-	34721	6592	589	37368	-	37421	7334
540	34722	-	34775	6607	590	37422	-	37475	7349
541	34776	-	34829	6621	591	37476	-	37529	7364
542	34830	-	34883	6636	592	37530	-	37583	7379
543	34884	-	34937	6650	593	37584	-	37637	7394
544	34938	-	34991	6665	594	37638	-	37691	7409
545	34992	-	35045	6680	595	37692	-	37745	7424
546	35046	-	35099	6694	596	37746	-	37799	7440
547	35100	-	35153	6709	597	37800	-	37853	7455
548	35154	-	35207	6724	598	37854	-	37907	7470
549	35208	-	35261	6739	599	37908	-	37961	7485
550	35262	-	35315	6753	600	37962	-	38015	7500

Einkommensteuergesetz

Anlage 1
Einkommensteuer-Grundtabelle 1990

Einkommensteuer-Grundtabelle 1990

lfd. Nr.	zu versteuerndes Einkommen in DM von	bis	tarifliche Einkommensteuer in DM	lfd. Nr.	zu versteuerndes Einkommen in DM von	bis	tarifliche Einkommensteuer in DM
601	38016	38069	7515	651	40716	40769	8285
602	38070	38123	7531	652	40770	40823	8300
603	38124	38177	7546	653	40824	40877	8316
604	38178	38231	7561	654	40878	40931	8332
605	38232	38285	7576	655	40932	40985	8347
606	38286	38339	7591	656	40986	41039	8363
607	38340	38393	7607	657	41040	41093	8379
608	38394	38447	7622	658	41094	41147	8394
609	38448	38501	7637	659	41148	41201	8410
610	38502	38555	7652	660	41202	41255	8426
611	38556	38609	7667	661	41256	41309	8441
612	38610	38663	7683	662	41310	41363	8457
613	38664	38717	7698	663	41364	41417	8473
614	38718	38771	7713	664	41418	41471	8489
615	38772	38825	7729	665	41472	41525	8504
616	38826	38879	7744	666	41526	41579	8520
617	38880	38933	7759	667	41580	41633	8536
618	38934	38987	7775	668	41634	41687	8552
619	38988	39041	7790	669	41688	41741	8567
620	39042	39095	7805	670	41742	41795	8583
621	39096	39149	7821	671	41796	41849	8599
622	39150	39203	7836	672	41850	41903	8615
623	39204	39257	7851	673	41904	41957	8630
624	39258	39311	7867	674	41958	42011	8646
625	39312	39365	7882	675	42012	42065	8662
626	39366	39419	7897	676	42066	42119	8678
627	39420	39473	7913	677	42120	42173	8694
628	39474	39527	7928	678	42174	42227	8710
629	39528	39581	7944	679	42228	42281	8725
630	39582	39635	7959	680	42282	42335	8741
631	39636	39689	7974	681	42336	42389	8757
632	39690	39743	7990	682	42390	42443	8773
633	39744	39797	8005	683	42444	42497	8789
634	39798	39851	8021	684	42498	42551	8805
635	39852	39905	8036	685	42552	42605	8821
636	39906	39959	8052	686	42606	42659	8837
637	39960	40013	8067	687	42660	42713	8853
638	40014	40067	8083	688	42714	42767	8869
639	40068	40121	8098	689	42768	42821	8885
640	40122	40175	8114	690	42822	42875	8900
641	40176	40229	8129	691	42876	42929	8916
642	40230	40283	8145	692	42930	42983	8932
643	40284	40337	8160	693	42984	43037	8948
644	40338	40391	8176	694	43038	43091	8964
645	40392	40445	8191	695	43092	43145	8980
646	40446	40499	8207	696	43146	43199	8996
647	40500	40553	8223	697	43200	43253	9012
648	40554	40607	8238	698	43254	43307	9028
649	40608	40661	8254	699	43308	43361	9044
650	40662	40715	8269	700	43362	43415	9061

Einkommensteuergesetz

Anlage 1
Einkommensteuer-Grundtabelle 1990

Einkommensteuer-Grundtabelle 1990

lfd. Nr.	zu versteuerndes Einkommen in DM von		bis	tarifliche Einkommensteuer in DM	lfd. Nr.	zu versteuerndes Einkommen in DM von		bis	tarifliche Einkommensteuer in DM
701	43416	–	43469	9077	751	46116	–	46169	9890
702	43470	–	43523	9093	752	46170	–	46223	9907
703	43524	–	43577	9109	753	46224	–	46277	9923
704	43578	–	43631	9125	754	46278	–	46331	9940
705	43632	–	43685	9141	755	46332	–	46385	9956
706	43686	–	43739	9157	756	46386	–	46439	9973
707	43740	–	43793	9173	757	46440	–	46493	9990
708	43794	–	43847	9189	758	46494	–	46547	10006
709	43848	–	43901	9205	759	46548	–	46601	10023
710	43902	–	43955	9221	760	46602	–	46655	10039
711	43956	–	44009	9238	761	46656	–	46709	10056
712	44010	–	44063	9254	762	46710	–	46763	10072
713	44064	–	44117	9270	763	46764	–	46817	10089
714	44118	–	44171	9286	764	46818	–	46871	10106
715	44172	–	44225	9302	765	46872	–	46925	10122
716	44226	–	44279	9318	766	46926	–	46979	10139
717	44280	–	44333	9335	767	46980	–	47033	10156
718	44334	–	44387	9351	768	47034	–	47087	10172
719	44388	–	44441	9367	769	47088	–	47141	10189
720	44442	–	44495	9383	770	47142	–	47195	10205
721	44496	–	44549	9399	771	47196	–	47249	10222
722	44550	–	44603	9416	772	47250	–	47303	10239
723	44604	–	44657	9432	773	47304	–	47357	10256
724	44658	–	44711	9448	774	47358	–	47411	10272
725	44712	–	44765	9464	775	47412	–	47465	10289
726	44766	–	44819	9481	776	47466	–	47519	10306
727	44820	–	44873	9497	777	47520	–	47573	10322
728	44874	–	44927	9513	778	47574	–	47627	10339
729	44928	–	44981	9530	779	47628	–	47681	10356
730	44982	–	45035	9546	780	47682	–	47735	10373
731	45036	–	45089	9562	781	47736	–	47789	10389
732	45090	–	45143	9579	782	47790	–	47843	10406
733	45144	–	45197	9595	783	47844	–	47897	10423
734	45198	–	45251	9611	784	47898	–	47951	10440
735	45252	–	45305	9628	785	47952	–	48005	10456
736	45306	–	45359	9644	786	48006	–	48059	10473
737	45360	–	45413	9660	787	48060	–	48113	10490
738	45414	–	45467	9677	788	48114	–	48167	10507
739	45468	–	45521	9693	789	48168	–	48221	10524
740	45522	–	45575	9709	790	48222	–	48275	10541
741	45576	–	45629	9726	791	48276	–	48329	10557
742	45630	–	45683	9742	792	48330	–	48383	10574
743	45684	–	45737	9759	793	48384	–	48437	10591
744	45738	–	45791	9775	794	48438	–	48491	10608
745	45792	–	45845	9792	795	48492	–	48545	10625
746	45846	–	45899	9808	796	48546	–	48599	10642
747	45900	–	45953	9824	797	48600	–	48653	10659
748	45954	–	46007	9841	798	48654	–	48707	10676
749	46008	–	46061	9857	799	48708	–	48761	10693
750	46062	–	46115	9874	800	48762	–	48815	10709

Einkommensteuergesetz

Anlage 1
Einkommensteuer-Grundtabelle 1990

Einkommensteuer-Grundtabelle 1990

lfd. Nr.	zu versteuerndes Einkommen in DM von		bis	tarifliche Einkommensteuer in DM	lfd. Nr.	zu versteuerndes Einkommen in DM von		bis	tarifliche Einkommensteuer in DM
801	48816	–	48869	10726	851	51516	–	51569	11585
802	48870	–	48923	10743	852	51570	–	51623	11602
803	48924	–	48977	10760	853	51624	–	51677	11619
804	48978	–	49031	10777	854	51678	–	51731	11637
805	49032	–	49085	10794	855	51732	–	51785	11654
806	49086	–	49139	10811	856	51786	–	51839	11672
807	49140	–	49193	10828	857	51840	–	51893	11689
808	49194	–	49247	10845	858	51894	–	51947	11706
809	49248	–	49301	10862	859	51948	–	52001	11724
810	49302	–	49355	10879	860	52002	–	52055	11741
811	49356	–	49409	10896	861	52056	–	52109	11759
812	49410	–	49463	10913	862	52110	–	52163	11776
813	49464	–	49517	10930	863	52164	–	52217	11794
814	49518	–	49571	10947	864	52218	–	52271	11811
815	49572	–	49625	10964	865	52272	–	52325	11829
816	49626	–	49679	10982	866	52326	–	52379	11846
817	49680	–	49733	10999	867	52380	–	52433	11864
818	49734	–	49787	11016	868	52434	–	52487	11881
819	49788	–	49841	11033	869	52488	–	52541	11899
820	49842	–	49895	11050	870	52542	–	52595	11916
821	49896	–	49949	11067	871	52596	–	52649	11934
822	49950	–	50003	11084	872	52650	–	52703	11952
823	50004	–	50057	11101	873	52704	–	52757	11969
824	50058	–	50111	11118	874	52758	–	52811	11987
825	50112	–	50165	11136	875	52812	–	52865	12004
826	50166	–	50219	11153	876	52866	–	52919	12022
827	50220	–	50273	11170	877	52920	–	52973	12040
828	50274	–	50327	11187	878	52974	–	53027	12057
829	50328	–	50381	11204	879	53028	–	53081	12075
830	50382	–	50435	11221	880	53082	–	53135	12092
831	50436	–	50489	11239	881	53136	–	53189	12110
832	50490	–	50543	11256	882	53190	–	53243	12128
833	50544	–	50597	11273	883	53244	–	53297	12145
834	50598	–	50651	11290	884	53298	–	53351	12163
835	50652	–	50705	11308	885	53352	–	53405	12181
836	50706	–	50759	11325	886	53406	–	53459	12198
837	50760	–	50813	11342	887	53460	–	53513	12216
838	50814	–	50867	11359	888	53514	–	53567	12234
839	50868	–	50921	11377	889	53568	–	53621	12252
840	50922	–	50975	11394	890	53622	–	53675	12269
841	50976	–	51029	11411	891	53676	–	53729	12287
842	51030	–	51083	11428	892	53730	–	53783	12305
843	51084	–	51137	11446	893	53784	–	53837	12322
844	51138	–	51191	11463	894	53838	–	53891	12340
845	51192	–	51245	11480	895	53892	–	53945	12358
846	51246	–	51299	11498	896	53946	–	53999	12376
847	51300	–	51353	11515	897	54000	–	54053	12394
848	51354	–	51407	11532	898	54054	–	54107	12411
849	51408	–	51461	11550	899	54108	–	54161	12429
850	51462	–	51515	11567	900	54162	–	54215	12447

Einkommensteuergesetz
Anlage 1
Einkommensteuer-Grundtabelle 1990

Einkommensteuer-Grundtabelle 1990

lfd. Nr.	zu versteuerndes Einkommen in DM von – bis		tarifliche Einkommensteuer in DM	lfd. Nr.	zu versteuerndes Einkommen in DM von – bis		tarifliche Einkommensteuer in DM
901	54216	54269	12465	951	56916	56969	13367
902	54270	54323	12483	952	56970	57023	13386
903	54324	54377	12500	953	57024	57077	13404
904	54378	54431	12518	954	57078	57131	13422
905	54432	54485	12536	955	57132	57185	13440
906	54486	54539	12554	956	57186	57239	13459
907	54540	54593	12572	957	57240	57293	13477
908	54594	54647	12590	958	57294	57347	13495
909	54648	54701	12608	959	57348	57401	13514
910	54702	54755	12626	960	57402	57455	13532
911	54756	54809	12644	961	57456	57509	13550
912	54810	54863	12661	962	57510	57563	13569
913	54864	54917	12679	963	57564	57617	13587
914	54918	54971	12697	964	57618	57671	13606
915	54972	55025	12715	965	57672	57725	13624
916	55026	55079	12733	966	57726	57779	13642
917	55080	55133	12751	967	57780	57833	13661
918	55134	55187	12769	968	57834	57887	13679
919	55188	55241	12787	969	57888	57941	13698
920	55242	55295	12805	970	57942	57995	13716
921	55296	55349	12823	971	57996	58049	13734
922	55350	55403	12841	972	58050	58103	13753
923	55404	55457	12859	973	58104	58157	13771
924	55458	55511	12877	974	58158	58211	13790
925	55512	55565	12895	975	58212	58265	13808
926	55566	55619	12913	976	58266	58319	13827
927	55620	55673	12931	977	58320	58373	13845
928	55674	55727	12949	978	58374	58427	13864
929	55728	55781	12967	979	58428	58481	13882
930	55782	55835	12986	980	58482	58535	13901
931	55836	55889	13004	981	58536	58589	13919
932	55890	55943	13022	982	58590	58643	13938
933	55944	55997	13040	983	58644	58697	13956
934	55998	56051	13058	984	58698	58751	13975
935	56052	56105	13076	985	58752	58805	13994
936	56106	56159	13094	986	58806	58859	14012
937	56160	56213	13112	987	58860	58913	14031
938	56214	56267	13131	988	58914	58967	14049
939	56268	56321	13149	989	58968	59021	14068
940	56322	56375	13167	990	59022	59075	14087
941	56376	56429	13185	991	59076	59129	14105
942	56430	56483	13203	992	59130	59183	14124
943	56484	56537	13221	993	59184	59237	14142
944	56538	56591	13240	994	59238	59291	14161
945	56592	56645	13258	995	59292	59345	14180
946	56646	56699	13276	996	59346	59399	14198
947	56700	56753	13294	997	59400	59453	14217
948	56754	56807	13312	998	59454	59507	14236
949	56808	56861	13331	999	59508	59561	14254
950	56862	56915	13349	1000	59562	59615	14273

Einkommensteuergesetz
Anlage 1
Einkommensteuer-Grundtabelle 1990

Einkommensteuer-Grundtabelle 1990

lfd. Nr.	zu versteuerndes Einkommen in DM von	bis	tarifliche Einkommensteuer in DM	lfd. Nr.	zu versteuerndes Einkommen in DM von	bis	tarifliche Einkommensteuer in DM
1001	59616	59669	14292	1051	62316	62369	15239
1002	59670	59723	14311	1052	62370	62423	15258
1003	59724	59777	14329	1053	62424	62477	15277
1004	59778	59831	14348	1054	62478	62531	15296
1005	59832	59885	14367	1055	62532	62585	15315
1006	59886	59939	14386	1056	62586	62639	15335
1007	59940	59993	14404	1057	62640	62693	15354
1008	59994	60047	14423	1058	62694	62747	15373
1009	60048	60101	14442	1059	62748	62801	15392
1010	60102	60155	14461	1060	62802	62855	15411
1011	60156	60209	14479	1061	62856	62909	15431
1012	60210	60263	14498	1062	62910	62963	15450
1013	60264	60317	14517	1063	62964	63017	15469
1014	60318	60371	14536	1064	63018	63071	15488
1015	60372	60425	14555	1065	63072	63125	15508
1016	60426	60479	14574	1066	63126	63179	15527
1017	60480	60533	14592	1067	63180	63233	15546
1018	60534	60587	14611	1068	63234	63287	15566
1019	60588	60641	14630	1069	63288	63341	15585
1020	60642	60695	14649	1070	63342	63395	15604
1021	60696	60749	14668	1071	63396	63449	15624
1022	60750	60803	14687	1072	63450	63503	15643
1023	60804	60857	14706	1073	63504	63557	15662
1024	60858	60911	14725	1074	63558	63611	15682
1025	60912	60965	14744	1075	63612	63665	15701
1026	60966	61019	14762	1076	63666	63719	15720
1027	61020	61073	14781	1077	63720	63773	15740
1028	61074	61127	14800	1078	63774	63827	15759
1029	61128	61181	14819	1079	63828	63881	15778
1030	61182	61235	14838	1080	63882	63935	15798
1031	61236	61289	14857	1081	63936	63989	15817
1032	61290	61343	14876	1082	63990	64043	15837
1033	61344	61397	14895	1083	64044	64097	15856
1034	61398	61451	14914	1084	64098	64151	15876
1035	61452	61505	14933	1085	64152	64205	15895
1036	61506	61559	14952	1086	64206	64259	15915
1037	61560	61613	14971	1087	64260	64313	15934
1038	61614	61667	14990	1088	64314	64367	15953
1039	61668	61721	15009	1089	64368	64421	15973
1040	61722	61775	15028	1090	64422	64475	15992
1041	61776	61829	15048	1091	64476	64529	16012
1042	61830	61883	15067	1092	64530	64583	16031
1043	61884	61937	15086	1093	64584	64637	16051
1044	61938	61991	15105	1094	64638	64691	16071
1045	61992	62045	15124	1095	64692	64745	16090
1046	62046	62099	15143	1096	64746	64799	16110
1047	62100	62153	15162	1097	64800	64853	16129
1048	62154	62207	15181	1098	64854	64907	16149
1049	62208	62261	15200	1099	64908	64961	16168
1050	62262	62315	15219	1100	64962	65015	16188

Einkommensteuergesetz

Anlage 1
Einkommensteuer-Grundtabelle 1990

Einkommensteuer-Grundtabelle 1990

lfd. Nr.	zu versteuerndes Einkommen in DM von		bis	tarifliche Einkommensteuer in DM	lfd. Nr.	zu versteuerndes Einkommen in DM von		bis	tarifliche Einkommensteuer in DM
1101	65016	–	65069	16208	1151	67716	–	67769	17199
1102	65070	–	65123	16227	1152	67770	–	67823	17219
1103	65124	–	65177	16247	1153	67824	–	67877	17239
1104	65178	–	65231	16266	1154	67878	–	67931	17259
1105	65232	–	65285	16286	1155	67932	–	67985	17279
1106	65286	–	65339	16306	1156	67986	–	68039	17299
1107	65340	–	65393	16325	1157	68040	–	68093	17319
1108	65394	–	65447	16345	1158	68094	–	68147	17339
1109	65448	–	65501	16365	1159	68148	–	68201	17359
1110	65502	–	65555	16384	1160	68202	–	68255	17379
1111	65556	–	65609	16404	1161	68256	–	68309	17399
1112	65610	–	65663	16424	1162	68310	–	68363	17420
1113	65664	–	65717	16443	1163	68364	–	68417	17440
1114	65718	–	65771	16463	1164	68418	–	68471	17460
1115	65772	–	65825	16483	1165	68472	–	68525	17480
1116	65826	–	65879	16503	1166	68526	–	68579	17500
1117	65880	–	65933	16522	1167	68580	–	68633	17520
1118	65934	–	65987	16542	1168	68634	–	68687	17541
1119	65988	–	66041	16562	1169	68688	–	68741	17561
1120	66042	–	66095	16582	1170	68742	–	68795	17581
1121	66096	–	66149	16601	1171	68796	–	68849	17601
1122	66150	–	66203	16621	1172	68850	–	68903	17621
1123	66204	–	66257	16641	1173	68904	–	68957	17642
1124	66258	–	66311	16661	1174	68958	–	69011	17662
1125	66312	–	66365	16680	1175	69012	–	69065	17682
1126	66366	–	66419	16700	1176	69066	–	69119	17702
1127	66420	–	66473	16720	1177	69120	–	69173	17723
1128	66474	–	66527	16740	1178	69174	–	69227	17743
1129	66528	–	66581	16760	1179	69228	–	69281	17763
1130	66582	–	66635	16780	1180	69282	–	69335	17784
1131	66636	–	66689	16800	1181	69336	–	69389	17804
1132	66690	–	66743	16819	1182	69390	–	69443	17824
1133	66744	–	66797	16839	1183	69444	–	69497	17844
1134	66798	–	66851	16859	1184	69498	–	69551	17865
1135	66852	–	66905	16879	1185	69552	–	69605	17885
1136	66906	–	66959	16899	1186	69606	–	69659	17906
1137	66960	–	67013	16919	1187	69660	–	69713	17926
1138	67014	–	67067	16939	1188	69714	–	69767	17946
1139	67068	–	67121	16959	1189	69768	–	69821	17967
1140	67122	–	67175	16979	1190	69822	–	69875	17987
1141	67176	–	67229	16999	1191	69876	–	69929	18007
1142	67230	–	67283	17019	1192	69930	–	69983	18028
1143	67284	–	67337	17039	1193	69984	–	70037	18048
1144	67338	–	67391	17059	1194	70038	–	70091	18069
1145	67392	–	67445	17078	1195	70092	–	70145	18089
1146	67446	–	67499	17098	1196	70146	–	70199	18109
1147	67500	–	67553	17118	1197	70200	–	70253	18130
1148	67554	–	67607	17139	1198	70254	–	70307	18150
1149	67608	–	67661	17159	1199	70308	–	70361	18171
1150	67662	–	67715	17179	1200	70362	–	70415	18191

Einkommensteuergesetz

Anlage 1
Einkommensteuer-Grundtabelle 1990

Einkommensteuer-Grundtabelle 1990

lfd. Nr.	zu versteuerndes Einkommen in DM von		bis	tarifliche Einkommensteuer in DM	lfd. Nr.	zu versteuerndes Einkommen in DM von		bis	tarifliche Einkommensteuer in DM
1201	70416	–	70469	18212	1251	73116	–	73169	19247
1202	70470	–	70523	18232	1252	73170	–	73223	19268
1203	70524	–	70577	18253	1253	73224	–	73277	19289
1204	70578	–	70631	18273	1254	73278	–	73331	19310
1205	70632	–	70685	18294	1255	73332	–	73385	19331
1206	70686	–	70739	18314	1256	73386	–	73439	19352
1207	70740	–	70793	18335	1257	73440	–	73493	19373
1208	70794	–	70847	18355	1258	73494	–	73547	19394
1209	70848	–	70901	18376	1259	73548	–	73601	19415
1210	70902	–	70955	18397	1260	73602	–	73655	19436
1211	70956	–	71009	18417	1261	73656	–	73709	19457
1212	71010	–	71063	18438	1262	73710	–	73763	19478
1213	71064	–	71117	18458	1263	73764	–	73817	19499
1214	71118	–	71171	18479	1264	73818	–	73871	19520
1215	71172	–	71225	18499	1265	73872	–	73925	19541
1216	71226	–	71279	18520	1266	73926	–	73979	19562
1217	71280	–	71333	18541	1267	73980	–	74033	19583
1218	71334	–	71387	18561	1268	74034	–	74087	19604
1219	71388	–	71441	18582	1269	74088	–	74141	19625
1220	71442	–	71495	18603	1270	74142	–	74195	19646
1221	71496	–	71549	18623	1271	74196	–	74249	19668
1222	71550	–	71603	18644	1272	74250	–	74303	19689
1223	71604	–	71657	18665	1273	74304	–	74357	19710
1224	71658	–	71711	18685	1274	74358	–	74411	19731
1225	71712	–	71765	18706	1275	74412	–	74465	19752
1226	71766	–	71819	18727	1276	74466	–	74519	19773
1227	71820	–	71873	18747	1277	74520	–	74573	19794
1228	71874	–	71927	18768	1278	74574	–	74627	19815
1229	71928	–	71981	18789	1279	74628	–	74681	19837
1230	71982	–	72035	18810	1280	74682	–	74735	19858
1231	72036	–	72089	18830	1281	74736	–	74789	19879
1232	72090	–	72143	18851	1282	74790	–	74843	19900
1233	72144	–	72197	18872	1283	74844	–	74897	19921
1234	72198	–	72251	18893	1284	74898	–	74951	19943
1235	72252	–	72305	18913	1285	74952	–	75005	19964
1236	72306	–	72359	18934	1286	75006	–	75059	19985
1237	72360	–	72413	18955	1287	75060	–	75113	20006
1238	72414	–	72467	18976	1288	75114	–	75167	20028
1239	72468	–	72521	18997	1289	75168	–	75221	20049
1240	72522	–	72575	19017	1290	75222	–	75275	20070
1241	72576	–	72629	19038	1291	75276	–	75329	20091
1242	72630	–	72683	19059	1292	75330	–	75383	20113
1243	72684	–	72737	19080	1293	75384	–	75437	20134
1244	72738	–	72791	19101	1294	75438	–	75491	20155
1245	72792	–	72845	19122	1295	75492	–	75545	20177
1246	72846	–	72899	19143	1296	75546	–	75599	20198
1247	72900	–	72953	19164	1297	75600	–	75653	20219
1248	72954	–	73007	19184	1298	75654	–	75707	20241
1249	73008	–	73061	19205	1299	75708	–	75761	20262
1250	73062	–	73115	19226	1300	75762	–	75815	20283

Einkommensteuergesetz
Anlage 1
Einkommensteuer-Grundtabelle 1990

Einkommensteuer-Grundtabelle 1990

lfd. Nr.	zu versteuerndes Einkommen in DM von		bis	tarifliche Einkommensteuer in DM	lfd. Nr.	zu versteuerndes Einkommen in DM von		bis	tarifliche Einkommensteuer in DM
1301	75816	–	75869	20305	1351	78516	–	78569	21384
1302	75870	–	75923	20326	1352	78570	–	78623	21406
1303	75924	–	75977	20347	1353	78624	–	78677	21428
1304	75978	–	76031	20369	1354	78678	–	78731	21450
1305	76032	–	76085	20390	1355	78732	–	78785	21472
1306	76086	–	76139	20412	1356	78786	–	78839	21494
1307	76140	–	76193	20433	1357	78840	–	78893	21515
1308	76194	–	76247	20455	1358	78894	–	78947	21537
1309	76248	–	76301	20476	1359	78948	–	79001	21559
1310	76302	–	76355	20497	1360	79002	–	79055	21581
1311	76356	–	76409	20519	1361	79056	–	79109	21603
1312	76410	–	76463	20540	1362	79110	–	79163	21625
1313	76464	–	76517	20562	1363	79164	–	79217	21647
1314	76518	–	76571	20583	1364	79218	–	79271	21669
1315	76572	–	76625	20605	1365	79272	–	79325	21691
1316	76626	–	76679	20626	1366	79326	–	79379	21713
1317	76680	–	76733	20648	1367	79380	–	79433	21735
1318	76734	–	76787	20669	1368	79434	–	79487	21756
1319	76788	–	76841	20691	1369	79488	–	79541	21778
1320	76842	–	76895	20712	1370	79542	–	79595	21800
1321	76896	–	76949	20734	1371	79596	–	79649	21822
1322	76950	–	77003	20755	1372	79650	–	79703	21844
1323	77004	–	77057	20777	1373	79704	–	79757	21866
1324	77058	–	77111	20799	1374	79758	–	79811	21888
1325	77112	–	77165	20820	1375	79812	–	79865	21910
1326	77166	–	77219	20842	1376	79866	–	79919	21932
1327	77220	–	77273	20863	1377	79920	–	79973	21955
1328	77274	–	77327	20885	1378	79974	–	80027	21977
1329	77328	–	77381	20907	1379	80028	–	80081	21999
1330	77382	–	77435	20928	1380	80082	–	80135	22021
1331	77436	–	77489	20950	1381	80136	–	80189	22043
1332	77490	–	77543	20971	1382	80190	–	80243	22065
1333	77544	–	77597	20993	1383	80244	–	80297	22087
1334	77598	–	77651	21015	1384	80298	–	80351	22109
1335	77652	–	77705	21036	1385	80352	–	80405	22131
1336	77706	–	77759	21058	1386	80406	–	80459	22153
1337	77760	–	77813	21080	1387	80460	–	80513	22175
1338	77814	–	77867	21102	1388	80514	–	80567	22198
1339	77868	–	77921	21123	1389	80568	–	80621	22220
1340	77922	–	77975	21145	1390	80622	–	80675	22242
1341	77976	–	78029	21167	1391	80676	–	80729	22264
1342	78030	–	78083	21188	1392	80730	–	80783	22286
1343	78084	–	78137	21210	1393	80784	–	80837	22308
1344	78138	–	78191	21232	1394	80838	–	80891	22331
1345	78192	–	78245	21254	1395	80892	–	80945	22353
1346	78246	–	78299	21275	1396	80946	–	80999	22375
1347	78300	–	78353	21297	1397	81000	–	81053	22397
1348	78354	–	78407	21319	1398	81054	–	81107	22419
1349	78408	–	78461	21341	1399	81108	–	81161	22442
1350	78462	–	78515	21363	1400	81162	–	81215	22464

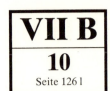

Einkommensteuergesetz

Anlage 1
Einkommensteuer-Grundtabelle 1990

Einkommensteuer-Grundtabelle 1990

lfd. Nr.	zu versteuerndes Einkommen in DM von	bis	tarifliche Einkommensteuer in DM	lfd. Nr.	zu versteuerndes Einkommen in DM von	bis	tarifliche Einkommensteuer in DM
1401	81216	- 81269	22486	1451	83916	- 83969	23610
1402	81270	- 81323	22508	1452	83970	- 84023	23633
1403	81324	- 81377	22531	1453	84024	- 84077	23656
1404	81378	- 81431	22553	1454	84078	- 84131	23678
1405	81432	- 81485	22575	1455	84132	- 84185	23701
1406	81486	- 81539	22598	1456	84186	- 84239	23724
1407	81540	- 81593	22620	1457	84240	- 84293	23747
1408	81594	- 81647	22642	1458	84294	- 84347	23769
1409	81648	- 81701	22665	1459	84348	- 84401	23792
1410	81702	- 81755	22687	1460	84402	- 84455	23815
1411	81756	- 81809	22709	1461	84456	- 84509	23838
1412	81810	- 81863	22732	1462	84510	- 84563	23860
1413	81864	- 81917	22754	1463	84564	- 84617	23883
1414	81918	- 81971	22776	1464	84618	- 84671	23906
1415	81972	- 82025	22799	1465	84672	- 84725	23929
1416	82026	- 82079	22821	1466	84726	- 84779	23952
1417	82080	- 82133	22843	1467	84780	- 84833	23974
1418	82134	- 82187	22866	1468	84834	- 84887	23997
1419	82188	- 82241	22888	1469	84888	- 84941	24020
1420	82242	- 82295	22911	1470	84942	- 84995	24043
1421	82296	- 82349	22933	1471	84996	- 85049	24066
1422	82350	- 82403	22956	1472	85050	- 85103	24089
1423	82404	- 82457	22978	1473	85104	- 85157	24112
1424	82458	- 82511	23000	1474	85158	- 85211	24135
1425	82512	- 82565	23023	1475	85212	- 85265	24158
1426	82566	- 82619	23045	1476	85266	- 85319	24180
1427	82620	- 82673	23068	1477	85320	- 85373	24203
1428	82674	- 82727	23090	1478	85374	- 85427	24226
1429	82728	- 82781	23113	1479	85428	- 85481	24249
1430	82782	- 82835	23135	1480	85482	- 85535	24272
1431	82836	- 82889	23158	1481	85536	- 85589	24295
1432	82890	- 82943	23180	1482	85590	- 85643	24318
1433	82944	- 82997	23203	1483	85644	- 85697	24341
1434	82998	- 83051	23226	1484	85698	- 85751	24364
1435	83052	- 83105	23248	1485	85752	- 85805	24387
1436	83106	- 83159	23271	1486	85806	- 85859	24410
1437	83160	- 83213	23293	1487	85860	- 85913	24433
1438	83214	- 83267	23316	1488	85914	- 85967	24456
1439	83268	- 83321	23338	1489	85968	- 86021	24479
1440	83322	- 83375	23361	1490	86022	- 86075	24502
1441	83376	- 83429	23384	1491	86076	- 86129	24525
1442	83430	- 83483	23406	1492	86130	- 86183	24548
1443	83484	- 83537	23429	1493	86184	- 86237	24571
1444	83538	- 83591	23451	1494	86238	- 86291	24594
1445	83592	- 83645	23474	1495	86292	- 86345	24618
1446	83646	- 83699	23497	1496	86346	- 86399	24641
1447	83700	- 83753	23519	1497	86400	- 86453	24664
1448	83754	- 83807	23542	1498	86454	- 86507	24687
1449	83808	- 83861	23565	1499	86508	- 86561	24710
1450	83862	- 83915	23587	1500	86562	- 86615	24733

Einkommensteuergesetz

Anlage 1
Einkommensteuer-Grundtabelle 1990

Seite 126 m

Einkommensteuer-Grundtabelle 1990

lfd. Nr.	zu versteuerndes Einkommen in DM von		bis	tarifliche Einkommensteuer in DM	lfd. Nr.	zu versteuerndes Einkommen in DM von		bis	tarifliche Einkommensteuer in DM
1501	86616	–	86669	24756	1551	89316	–	89369	25925
1502	86670	–	86723	24779	1552	89370	–	89423	25948
1503	86724	–	86777	24803	1553	89424	–	89477	25972
1504	86778	–	86831	24826	1554	89478	–	89531	25995
1505	86832	–	86885	24849	1555	89532	–	89585	26019
1506	86886	–	86939	24872	1556	89586	–	89639	26043
1507	86940	–	86993	24895	1557	89640	–	89693	26066
1508	86994	–	87047	24919	1558	89694	–	89747	26090
1509	87048	–	87101	24942	1559	89748	–	89801	26114
1510	87102	–	87155	24965	1560	89802	–	89855	26137
1511	87156	–	87209	24988	1561	89856	–	89909	26161
1512	87210	–	87263	25011	1562	89910	–	89963	26185
1513	87264	–	87317	25035	1563	89964	–	90017	26208
1514	87318	–	87371	25058	1564	90018	–	90071	26232
1515	87372	–	87425	25081	1565	90072	–	90125	26256
1516	87426	–	87479	25104	1566	90126	–	90179	26279
1517	87480	–	87533	25128	1567	90180	–	90233	26303
1518	87534	–	87587	25151	1568	90234	–	90287	26327
1519	87588	–	87641	25174	1569	90288	–	90341	26351
1520	87642	–	87695	25198	1570	90342	–	90395	26374
1521	87696	–	87749	25221	1571	90396	–	90449	26398
1522	87750	–	87803	25244	1572	90450	–	90503	26422
1523	87804	–	87857	25268	1573	90504	–	90557	26446
1524	87858	–	87911	25291	1574	90558	–	90611	26469
1525	87912	–	87965	25314	1575	90612	–	90665	26493
1526	87966	–	88019	25338	1576	90666	–	90719	26517
1527	88020	–	88073	25361	1577	90720	–	90773	26541
1528	88074	–	88127	25384	1578	90774	–	90827	26565
1529	88128	–	88181	25408	1579	90828	–	90881	26588
1530	88182	–	88235	25431	1580	90882	–	90935	26612
1531	88236	–	88289	25455	1581	90936	–	90989	26636
1532	88290	–	88343	25478	1582	90990	–	91043	26660
1533	88344	–	88397	25501	1583	91044	–	91097	26684
1534	88398	–	88451	25525	1584	91098	–	91151	26708
1535	88452	–	88505	25548	1585	91152	–	91205	26732
1536	88506	–	88559	25572	1586	91206	–	91259	26756
1537	88560	–	88613	25595	1587	91260	–	91313	26779
1538	88614	–	88667	25619	1588	91314	–	91367	26803
1539	88668	–	88721	25642	1589	91368	–	91421	26827
1540	88722	–	88775	25666	1590	91422	–	91475	26851
1541	88776	–	88829	25689	1591	91476	–	91529	26875
1542	88830	–	88883	25713	1592	91530	–	91583	26899
1543	88884	–	88937	25736	1593	91584	–	91637	26923
1544	88938	–	88991	25760	1594	91638	–	91691	26947
1545	88992	–	89045	25783	1595	91692	–	91745	26971
1546	89046	–	89099	25807	1596	91746	–	91799	26995
1547	89100	–	89153	25830	1597	91800	–	91853	27019
1548	89154	–	89207	25854	1598	91854	–	91907	27043
1549	89208	–	89261	25877	1599	91908	–	91961	27067
1550	89262	–	89315	25901	1600	91962	–	92015	27091

Einkommensteuergesetz
Anlage 1
Einkommensteuer-Grundtabelle 1990

Einkommensteuer-Grundtabelle 1990

lfd. Nr.	zu versteuerndes Einkommen in DM von		bis	tarifliche Einkommensteuer in DM	lfd. Nr.	zu versteuerndes Einkommen in DM von		bis	tarifliche Einkommensteuer in DM
1601	92016	-	92069	27115	1651	94716	-	94769	28328
1602	92070	-	92123	27139	1652	94770	-	94823	28352
1603	92124	-	92177	27163	1653	94824	-	94877	28377
1604	92178	-	92231	27187	1654	94878	-	94931	28401
1605	92232	-	92285	27211	1655	94932	-	94985	28426
1606	92286	-	92339	27235	1656	94986	-	95039	28450
1607	92340	-	92393	27259	1657	95040	-	95093	28475
1608	92394	-	92447	27283	1658	95094	-	95147	28499
1609	92448	-	92501	27308	1659	95148	-	95201	28524
1610	92502	-	92555	27332	1660	95202	-	95255	28548
1611	92556	-	92609	27356	1661	95256	-	95309	28573
1612	92610	-	92663	27380	1662	95310	-	95363	28597
1613	92664	-	92717	27404	1663	95364	-	95417	28622
1614	92718	-	92771	27428	1664	95418	-	95471	28646
1615	92772	-	92825	27452	1665	95472	-	95525	28671
1616	92826	-	92879	27476	1666	95526	-	95579	28696
1617	92880	-	92933	27501	1667	95580	-	95633	28720
1618	92934	-	92987	27525	1668	95634	-	95687	28745
1619	92988	-	93041	27549	1669	95688	-	95741	28770
1620	93042	-	93095	27573	1670	95742	-	95795	28794
1621	93096	-	93149	27597	1671	95796	-	95849	28819
1622	93150	-	93203	27622	1672	95850	-	95903	28843
1623	93204	-	93257	27646	1673	95904	-	95957	28868
1624	93258	-	93311	27670	1674	95958	-	96011	28893
1625	93312	-	93365	27694	1675	96012	-	96065	28917
1626	93366	-	93419	27719	1676	96066	-	96119	28942
1627	93420	-	93473	27743	1677	96120	-	96173	28967
1628	93474	-	93527	27767	1678	96174	-	96227	28992
1629	93528	-	93581	27791	1679	96228	-	96281	29016
1630	93582	-	93635	27816	1680	96282	-	96335	29041
1631	93636	-	93689	27840	1681	96336	-	96389	29066
1632	93690	-	93743	27864	1682	96390	-	96443	29091
1633	93744	-	93797	27888	1683	96444	-	96497	29115
1634	93798	-	93851	27913	1684	96498	-	96551	29140
1635	93852	-	93905	27937	1685	96552	-	96605	29165
1636	93906	-	93959	27961	1686	96606	-	96659	29190
1637	93960	-	94013	27986	1687	96660	-	96713	29214
1638	94014	-	94067	28010	1688	96714	-	96767	29239
1639	94068	-	94121	28035	1689	96768	-	96821	29264
1640	94122	-	94175	28059	1690	96822	-	96875	29289
1641	94176	-	94229	28083	1691	96876	-	96929	29314
1642	94230	-	94283	28108	1692	96930	-	96983	29338
1643	94284	-	94337	28132	1693	96984	-	97037	29363
1644	94338	-	94391	28156	1694	97038	-	97091	29388
1645	94392	-	94445	28181	1695	97092	-	97145	29413
1646	94446	-	94499	28205	1696	97146	-	97199	29438
1647	94500	-	94553	28230	1697	97200	-	97253	29463
1648	94554	-	94607	28254	1698	97254	-	97307	29488
1649	94608	-	94661	28279	1699	97308	-	97361	29513
1650	94662	-	94715	28303	1700	97362	-	97415	29537

Einkommensteuergesetz

Anlage 1
Einkommensteuer-Grundtabelle 1990

Einkommensteuer-Grundtabelle 1990

lfd. Nr.	zu versteuerndes Einkommen in DM von		bis	tarifliche Einkommensteuer in DM	lfd. Nr.	zu versteuerndes Einkommen in DM von		bis	tarifliche Einkommensteuer in DM
1701	97416	–	97469	29562	1751	100116	–	100169	30819
1702	97470	–	97523	29587	1752	100170	–	100223	30845
1703	97524	–	97577	29612	1753	100224	–	100277	30870
1704	97578	–	97631	29637	1754	100278	–	100331	30895
1705	97632	–	97685	29662	1755	100332	–	100385	30921
1706	97686	–	97739	29687	1756	100386	–	100439	30946
1707	97740	–	97793	29712	1757	100440	–	100493	30972
1708	97794	–	97847	29737	1758	100494	–	100547	30997
1709	97848	–	97901	29762	1759	100548	–	100601	31022
1710	97902	–	97955	29787	1760	100602	–	100655	31048
1711	97956	–	98009	29812	1761	100656	–	100709	31073
1712	98010	–	98063	29837	1762	100710	–	100763	31099
1713	98064	–	98117	29862	1763	100764	–	100817	31124
1714	98118	–	98171	29887	1764	100818	–	100871	31150
1715	98172	–	98225	29912	1765	100872	–	100925	31175
1716	98226	–	98279	29937	1766	100926	–	100979	31201
1717	98280	–	98333	29962	1767	100980	–	101033	31226
1718	98334	–	98387	29987	1768	101034	–	101087	31252
1719	98388	–	98441	30012	1769	101088	–	101141	31277
1720	98442	–	98495	30037	1770	101142	–	101195	31303
1721	98496	–	98549	30062	1771	101196	–	101249	31328
1722	98550	–	98603	30088	1772	101250	–	101303	31354
1723	98604	–	98657	30113	1773	101304	–	101357	31379
1724	98658	–	98711	30138	1774	101358	–	101411	31405
1725	98712	–	98765	30163	1775	101412	–	101465	31430
1726	98766	–	98819	30188	1776	101466	–	101519	31456
1727	98820	–	98873	30213	1777	101520	–	101573	31482
1728	98874	–	98927	30238	1778	101574	–	101627	31507
1729	98928	–	98981	30263	1779	101628	–	101681	31533
1730	98982	–	99035	30289	1780	101682	–	101735	31558
1731	99036	–	99089	30314	1781	101736	–	101789	31584
1732	99090	–	99143	30339	1782	101790	–	101843	31610
1733	99144	–	99197	30364	1783	101844	–	101897	31635
1734	99198	–	99251	30389	1784	101898	–	101951	31661
1735	99252	–	99305	30415	1785	101952	–	102005	31687
1736	99306	–	99359	30440	1786	102006	–	102059	31712
1737	99360	–	99413	30465	1787	102060	–	102113	31738
1738	99414	–	99467	30490	1788	102114	–	102167	31764
1739	99468	–	99521	30516	1789	102168	–	102221	31789
1740	99522	–	99575	30541	1790	102222	–	102275	31815
1741	99576	–	99629	30566	1791	102276	–	102329	31841
1742	99630	–	99683	30591	1792	102330	–	102383	31866
1743	99684	–	99737	30617	1793	102384	–	102437	31892
1744	99738	–	99791	30642	1794	102438	–	102491	31918
1745	99792	–	99845	30667	1795	102492	–	102545	31944
1746	99846	–	99899	30693	1796	102546	–	102599	31969
1747	99900	–	99953	30718	1797	102600	–	102653	31995
1748	99954	–	100007	30743	1798	102654	–	102707	32021
1749	100008	–	100061	30769	1799	102708	–	102761	32047
1750	100062	–	100115	30794	1800	102762	–	102815	32072

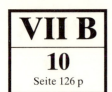

Einkommensteuergesetz
Anlage 1
Einkommensteuer-Grundtabelle 1990

Einkommensteuer-Grundtabelle 1990

lfd. Nr.	zu versteuerndes Einkommen in DM von		bis	tarifliche Einkommensteuer in DM	lfd. Nr.	zu versteuerndes Einkommen in DM von		bis	tarifliche Einkommensteuer in DM
1801	102816	–	102869	32098	1851	105516	–	105569	33399
1802	102870	–	102923	32124	1852	105570	–	105623	33426
1803	102924	–	102977	32150	1853	105624	–	105677	33452
1804	102978	–	103031	32176	1854	105678	–	105731	33478
1805	103032	–	103085	32202	1855	105732	–	105785	33505
1806	103086	–	103139	32227	1856	105786	–	105839	33531
1807	103140	–	103193	32253	1857	105840	–	105893	33557
1808	103194	–	103247	32279	1858	105894	–	105947	33583
1809	103248	–	103301	32305	1859	105948	–	106001	33610
1810	103302	–	103355	32331	1860	106002	–	106055	33636
1811	103356	–	103409	32357	1861	106056	–	106109	33662
1812	103410	–	103463	32383	1862	106110	–	106163	33689
1813	103464	–	103517	32409	1863	106164	–	106217	33715
1814	103518	–	103571	32434	1864	106218	–	106271	33741
1815	103572	–	103625	32460	1865	106272	–	106325	33768
1816	103626	–	103679	32486	1866	106326	–	106379	33794
1817	103680	–	103733	32512	1867	106380	–	106433	33821
1818	103734	–	103787	32538	1868	106434	–	106487	33847
1819	103788	–	103841	32564	1869	106488	–	106541	33873
1820	103842	–	103895	32590	1870	106542	–	106595	33900
1821	103896	–	103949	32616	1871	106596	–	106649	33926
1822	103950	–	104003	32642	1872	106650	–	106703	33953
1823	104004	–	104057	32668	1873	106704	–	106757	33979
1824	104058	–	104111	32694	1874	106758	–	106811	34005
1825	104112	–	104165	32720	1875	106812	–	106865	34032
1826	104166	–	104219	32746	1876	106866	–	106919	34058
1827	104220	–	104273	32772	1877	106920	–	106973	34085
1828	104274	–	104327	32798	1878	106974	–	107027	34111
1829	104328	–	104381	32824	1879	107028	–	107081	34138
1830	104382	–	104435	32850	1880	107082	–	107135	34164
1831	104436	–	104489	32876	1881	107136	–	107189	34191
1832	104490	–	104543	32902	1882	107190	–	107243	34217
1833	104544	–	104597	32928	1883	107244	–	107297	34244
1834	104598	–	104651	32955	1884	107298	–	107351	34270
1835	104652	–	104705	32981	1885	107352	–	107405	34297
1836	104706	–	104759	33007	1886	107406	–	107459	34323
1837	104760	–	104813	33033	1887	107460	–	107513	34350
1838	104814	–	104867	33059	1888	107514	–	107567	34377
1839	104868	–	104921	33085	1889	107568	–	107621	34403
1840	104922	–	104975	33111	1890	107622	–	107675	34430
1841	104976	–	105029	33137	1891	107676	–	107729	34456
1842	105030	–	105083	33164	1892	107730	–	107783	34483
1843	105084	–	105137	33190	1893	107784	–	107837	34510
1844	105138	–	105191	33216	1894	107838	–	107891	34536
1845	105192	–	105245	33242	1895	107892	–	107945	34563
1846	105246	–	105299	33268	1896	107946	–	107999	34589
1847	105300	–	105353	33295	1897	108000	–	108053	34616
1848	105354	–	105407	33321	1898	108054	–	108107	34643
1849	105408	–	105461	33347	1899	108108	–	108161	34669
1850	105462	–	105515	33373	1900	108162	–	108215	34696

Einkommensteuergesetz

Anlage 1
Einkommensteuer-Grundtabelle 1990

Einkommensteuer-Grundtabelle 1990

lfd. Nr.	zu versteuerndes Einkommen in DM von		bis	tarifliche Einkommensteuer in DM	lfd. Nr.	zu versteuerndes Einkommen in DM von		bis	tarifliche Einkommensteuer in DM
1901	108216	-	108269	34723	1951	110916	-	110969	36068
1902	108270	-	108323	34749	1952	110970	-	111023	36095
1903	108324	-	108377	34776	1953	111024	-	111077	36123
1904	108378	-	108431	34803	1954	111078	-	111131	36150
1905	108432	-	108485	34830	1955	111132	-	111185	36177
1906	108486	-	108539	34856	1956	111186	-	111239	36204
1907	108540	-	108593	34883	1957	111240	-	111293	36231
1908	108594	-	108647	34910	1958	111294	-	111347	36258
1909	108648	-	108701	34937	1959	111348	-	111401	36286
1910	108702	-	108755	34963	1960	111402	-	111455	36313
1911	108756	-	108809	34990	1961	111456	-	111509	36340
1912	108810	-	108863	35017	1962	111510	-	111563	36367
1913	108864	-	108917	35044	1963	111564	-	111617	36395
1914	108918	-	108971	35071	1964	111618	-	111671	36422
1915	108972	-	109025	35097	1965	111672	-	111725	36449
1916	109026	-	109079	35124	1966	111726	-	111779	36476
1917	109080	-	109133	35151	1967	111780	-	111833	36504
1918	109134	-	109187	35178	1968	111834	-	111887	36531
1919	109188	-	109241	35205	1969	111888	-	111941	36558
1920	109242	-	109295	35231	1970	111942	-	111995	36585
1921	109296	-	109349	35258	1971	111996	-	112049	36613
1922	109350	-	109403	35285	1972	112050	-	112103	36640
1923	109404	-	109457	35312	1973	112104	-	112157	36667
1924	109458	-	109511	35339	1974	112158	-	112211	36695
1925	109512	-	109565	35366	1975	112212	-	112265	36722
1926	109566	-	109619	35393	1976	112266	-	112319	36749
1927	109620	-	109673	35420	1977	112320	-	112373	36777
1928	109674	-	109727	35447	1978	112374	-	112427	36804
1929	109728	-	109781	35474	1979	112428	-	112481	36831
1930	109782	-	109835	35501	1980	112482	-	112535	36859
1931	109836	-	109889	35527	1981	112536	-	112589	36886
1932	109890	-	109943	35554	1982	112590	-	112643	36914
1933	109944	-	109997	35581	1983	112644	-	112697	36941
1934	109998	-	110051	35608	1984	112698	-	112751	36968
1935	110052	-	110105	35635	1985	112752	-	112805	36996
1936	110106	-	110159	35662	1986	112806	-	112859	37023
1937	110160	-	110213	35689	1987	112860	-	112913	37051
1938	110214	-	110267	35716	1988	112914	-	112967	37078
1939	110268	-	110321	35743	1989	112968	-	113021	37106
1940	110322	-	110375	35770	1990	113022	-	113075	37133
1941	110376	-	110429	35797	1991	113076	-	113129	37161
1942	110430	-	110483	35824	1992	113130	-	113183	37188
1943	110484	-	110537	35852	1993	113184	-	113237	37216
1944	110538	-	110591	35879	1994	113238	-	113291	37243
1945	110592	-	110645	35906	1995	113292	-	113345	37271
1946	110646	-	110699	35933	1996	113346	-	113399	37298
1947	110700	-	110753	35960	1997	113400	-	113453	37326
1948	110754	-	110807	35987	1998	113454	-	113507	37353
1949	110808	-	110861	36014	1999	113508	-	113561	37381
1950	110862	-	110915	36041	2000	113562	-	113615	37408

Einkommensteuergesetz

Anlage 1
Einkommensteuer-Grundtabelle 1990

Einkommensteuer-Grundtabelle 1990

lfd. Nr.	zu versteuerndes Einkommen in DM von - bis	tarifliche Einkommensteuer in DM	lfd. Nr.	zu versteuerndes Einkommen in DM von - bis	tarifliche Einkommensteuer in DM
2001	113616 - 113669	37436	2051	116316 - 116369	38826
2002	113670 - 113723	37464	2052	116370 - 116423	38854
2003	113724 - 113777	37491	2053	116424 - 116477	38882
2004	113778 - 113831	37519	2054	116478 - 116531	38910
2005	113832 - 113885	37546	2055	116532 - 116585	38938
2006	113886 - 113939	37574	2056	116586 - 116639	38966
2007	113940 - 113993	37602	2057	116640 - 116693	38994
2008	113994 - 114047	37629	2058	116694 - 116747	39022
2009	114048 - 114101	37657	2059	116748 - 116801	39050
2010	114102 - 114155	37684	2060	116802 - 116855	39078
2011	114156 - 114209	37712	2061	116856 - 116909	39106
2012	114210 - 114263	37740	2062	116910 - 116963	39135
2013	114264 - 114317	37767	2063	116964 - 117017	39163
2014	114318 - 114371	37795	2064	117018 - 117071	39191
2015	114372 - 114425	37823	2065	117072 - 117125	39219
2016	114426 - 114479	37851	2066	117126 - 117179	39247
2017	114480 - 114533	37878	2067	117180 - 117233	39275
2018	114534 - 114587	37906	2068	117234 - 117287	39303
2019	114588 - 114641	37934	2069	117288 - 117341	39332
2020	114642 - 114695	37961	2070	117342 - 117395	39360
2021	114696 - 114749	37989	2071	117396 - 117449	39388
2022	114750 - 114803	38017	2072	117450 - 117503	39416
2023	114804 - 114857	38045	2073	117504 - 117557	39444
2024	114858 - 114911	38073	2074	117558 - 117611	39473
2025	114912 - 114965	38100	2075	117612 - 117665	39501
2026	114966 - 115019	38128	2076	117666 - 117719	39529
2027	115020 - 115073	38156	2077	117720 - 117773	39557
2028	115074 - 115127	38184	2078	117774 - 117827	39585
2029	115128 - 115181	38212	2079	117828 - 117881	39614
2030	115182 - 115235	38239	2080	117882 - 117935	39642
2031	115236 - 115289	38267	2081	117936 - 117989	39670
2032	115290 - 115343	38295	2082	117990 - 118043	39699
2033	115344 - 115397	38323	2083	118044 - 118097	39727
2034	115398 - 115451	38351	2084	118098 - 118151	39755
2035	115452 - 115505	38379	2085	118152 - 118205	39784
2036	115506 - 115559	38407	2086	118206 - 118259	39812
2037	115560 - 115613	38434	2087	118260 - 118313	39840
2038	115614 - 115667	38462	2088	118314 - 118367	39868
2039	115668 - 115721	38490	2089	118368 - 118421	39897
2040	115722 - 115775	38518	2090	118422 - 118475	39925
2041	115776 - 115829	38546	2091	118476 - 118529	39954
2042	115830 - 115883	38574	2092	118530 - 118583	39982
2043	115884 - 115937	38602	2093	118584 - 118637	40010
2044	115938 - 115991	38630	2094	118638 - 118691	40039
2045	115992 - 116045	38658	2095	118692 - 118745	40067
2046	116046 - 116099	38686	2096	118746 - 118799	40096
2047	116100 - 116153	38714	2097	118800 - 118853	40124
2048	116154 - 116207	38742	2098	118854 - 118907	40152
2049	116208 - 116261	38770	2099	118908 - 118961	40181
2050	116262 - 116315	38798	2100	118962 - 119015	40209

Einkommensteuergesetz
Anlage 1
Einkommensteuer-Grundtabelle 1990

Einkommensteuer-Grundtabelle 1990

lfd. Nr.	zu versteuerndes Einkommen in DM von		bis	tarifliche Einkommensteuer in DM	lfd. Nr.	zu versteuerndes Einkommen in DM von		bis	tarifliche Einkommensteuer in DM
2101	119016	-	119069	40238	2111	119556	-	119609	40523
2102	119070	-	119123	40266	2112	119610	-	119663	40551
2103	119124	-	119177	40295	2113	119664	-	119717	40580
2104	119178	-	119231	40323	2114	119718	-	119771	40608
2105	119232	-	119285	40352	2115	119772	-	119825	40637
2106	119286	-	119339	40380	2116	119826	-	119879	40666
2107	119340	-	119393	40409	2117	119880	-	119933	40694
2108	119394	-	119447	40437	2118	119934	-	119987	40723
2109	119448	-	119501	40466	2119	119988	-	120041	40751
2110	119502	-	119555	40494					

Einkommensteuergesetz

Anlage 2

Einkommensteuer-Splittingtabelle 1990

Anlage 2
(zu § 32a Abs. 5)

Einkommensteuer-Splittingtabelle 1990

lfd. Nr.	zu versteuerndes Einkommen in DM von	bis	tarifliche Einkommensteuer in DM	lfd. Nr.	zu versteuerndes Einkommen in DM von	bis	tarifliche Einkommensteuer in DM
1	0	11339	0	51	16632	16739	1026
2	11340	11447	20	52	16740	16847	1046
3	11448	11555	40	53	16848	16955	1066
4	11556	11663	60	54	16956	17063	1088
5	11664	11771	82	55	17064	17171	1108
6	11772	11879	102	56	17172	17279	1128
7	11880	11987	122	57	17280	17387	1150
8	11988	12095	142	58	17388	17495	1170
9	12096	12203	164	59	17496	17603	1190
10	12204	12311	184	60	17604	17711	1212
11	12312	12419	204	61	17712	17819	1232
12	12420	12527	224	62	17820	17927	1252
13	12528	12635	246	63	17928	18035	1274
14	12636	12743	266	64	18036	18143	1294
15	12744	12851	286	65	18144	18251	1316
16	12852	12959	306	66	18252	18359	1336
17	12960	13067	328	67	18360	18467	1356
18	13068	13175	348	68	18468	18575	1378
19	13176	13283	368	69	18576	18683	1398
20	13284	13391	388	70	18684	18791	1420
21	13392	13499	410	71	18792	18899	1440
22	13500	13607	430	72	18900	19007	1462
23	13608	13715	450	73	19008	19115	1482
24	13716	13823	472	74	19116	19223	1504
25	13824	13931	492	75	19224	19331	1524
26	13932	14039	512	76	19332	19439	1546
27	14040	14147	532	77	19440	19547	1566
28	14148	14255	554	78	19548	19655	1588
29	14256	14363	574	79	19656	19763	1608
30	14364	14471	594	80	19764	19871	1630
31	14472	14579	614	81	19872	19979	1650
32	14580	14687	636	82	19980	20087	1672
33	14688	14795	656	83	20088	20195	1694
34	14796	14903	676	84	20196	20303	1714
35	14904	15011	696	85	20304	20411	1736
36	15012	15119	718	86	20412	20519	1756
37	15120	15227	738	87	20520	20627	1778
38	15228	15335	758	88	20628	20735	1800
39	15336	15443	778	89	20736	20843	1820
40	15444	15551	800	90	20844	20951	1842
41	15552	15659	820	91	20952	21059	1864
42	15660	15767	840	92	21060	21167	1884
43	15768	15875	860	93	21168	21275	1906
44	15876	15983	882	94	21276	21383	1928
45	15984	16091	902	95	21384	21491	1948
46	16092	16199	922	96	21492	21599	1970
47	16200	16307	944	97	21600	21707	1992
48	16308	16415	964	98	21708	21815	2012
49	16416	16523	984	99	21816	21923	2034
50	16524	16631	1004	100	21924	22031	2056

Einkommensteuergesetz

Anlage 2
Einkommensteuer-Splittingtabelle 1990

Einkommensteuer-Splittingtabelle 1990

lfd. Nr.	zu versteuerndes Einkommen in DM von		bis	tarifliche Einkommensteuer in DM	lfd. Nr.	zu versteuerndes Einkommen in DM von		bis	tarifliche Einkommensteuer in DM
101	22032	-	22139	2076	151	27432	-	27539	3172
102	22140	-	22247	2098	152	27540	-	27647	3196
103	22248	-	22355	2120	153	27648	-	27755	3218
104	22356	-	22463	2142	154	27756	-	27863	3240
105	22464	-	22571	2162	155	27864	-	27971	3262
106	22572	-	22679	2184	156	27972	-	28079	3284
107	22680	-	22787	2206	157	28080	-	28187	3308
108	22788	-	22895	2228	158	28188	-	28295	3330
109	22896	-	23003	2250	159	28296	-	28403	3352
110	23004	-	23111	2270	160	28404	-	28511	3374
111	23112	-	23219	2292	161	28512	-	28619	3398
112	23220	-	23327	2314	162	28620	-	28727	3420
113	23328	-	23435	2336	163	28728	-	28835	3442
114	23436	-	23543	2358	164	28836	-	28943	3466
115	23544	-	23651	2380	165	28944	-	29051	3488
116	23652	-	23759	2402	166	29052	-	29159	3510
117	23760	-	23867	2422	167	29160	-	29267	3534
118	23868	-	23975	2444	168	29268	-	29375	3556
119	23976	-	24083	2466	169	29376	-	29483	3578
120	24084	-	24191	2488	170	29484	-	29591	3602
121	24192	-	24299	2510	171	29592	-	29699	3624
122	24300	-	24407	2532	172	29700	-	29807	3646
123	24408	-	24515	2554	173	29808	-	29915	3670
124	24516	-	24623	2576	174	29916	-	30023	3692
125	24624	-	24731	2598	175	30024	-	30131	3714
126	24732	-	24839	2620	176	30132	-	30239	3738
127	24840	-	24947	2642	177	30240	-	30347	3760
128	24948	-	25055	2664	178	30348	-	30455	3784
129	25056	-	25163	2686	179	30456	-	30563	3806
130	25164	-	25271	2708	180	30564	-	30671	3828
131	25272	-	25379	2730	181	30672	-	30779	3852
132	25380	-	25487	2752	182	30780	-	30887	3874
133	25488	-	25595	2774	183	30888	-	30995	3898
134	25596	-	25703	2796	184	30996	-	31103	3920
135	25704	-	25811	2818	185	31104	-	31211	3944
136	25812	-	25919	2840	186	31212	-	31319	3966
137	25920	-	26027	2862	187	31320	-	31427	3990
138	26028	-	26135	2884	188	31428	-	31535	4012
139	26136	-	26243	2906	189	31536	-	31643	4036
140	26244	-	26351	2928	190	31644	-	31751	4058
141	26352	-	26459	2950	191	31752	-	31859	4082
142	26460	-	26567	2972	192	31860	-	31967	4104
143	26568	-	26675	2994	193	31968	-	32075	4128
144	26676	-	26783	3016	194	32076	-	32183	4150
145	26784	-	26891	3040	195	32184	-	32291	4174
146	26892	-	26999	3062	196	32292	-	32399	4198
147	27000	-	27107	3084	197	32400	-	32507	4220
148	27108	-	27215	3106	198	32508	-	32615	4244
149	27216	-	27323	3128	199	32616	-	32723	4266
150	27324	-	27431	3150	200	32724	-	32831	4290

Einkommensteuergesetz

Anlage 2
Einkommensteuer-Splittingtabelle 1990

Einkommensteuer-Splittingtabelle 1990

lfd. Nr.	zu versteuerndes Einkommen in DM von		bis	tarifliche Einkommensteuer in DM	lfd. Nr.	zu versteuerndes Einkommen in DM von		bis	tarifliche Einkommensteuer in DM
201	32832	–	32939	4314	251	38232	–	38339	5498
202	32940	–	33047	4336	252	38340	–	38447	5522
203	33048	–	33155	4360	253	38448	–	38555	5546
204	33156	–	33263	4384	254	38556	–	38663	5570
205	33264	–	33371	4406	255	38664	–	38771	5594
206	33372	–	33479	4430	256	38772	–	38879	5618
207	33480	–	33587	4454	257	38880	–	38987	5642
208	33588	–	33695	4476	258	38988	–	39095	5668
209	33696	–	33803	4500	259	39096	–	39203	5692
210	33804	–	33911	4524	260	39204	–	39311	5716
211	33912	–	34019	4546	261	39312	–	39419	5740
212	34020	–	34127	4570	262	39420	–	39527	5764
213	34128	–	34235	4594	263	39528	–	39635	5788
214	34236	–	34343	4616	264	39636	–	39743	5814
215	34344	–	34451	4640	265	39744	–	39851	5838
216	34452	–	34559	4664	266	39852	–	39959	5862
217	34560	–	34667	4688	267	39960	–	40067	5886
218	34668	–	34775	4712	268	40068	–	40175	5910
219	34776	–	34883	4734	269	40176	–	40283	5936
220	34884	–	34991	4758	270	40284	–	40391	5960
221	34992	–	35099	4782	271	40392	–	40499	5984
222	35100	–	35207	4806	272	40500	–	40607	6008
223	35208	–	35315	4830	273	40608	–	40715	6034
224	35316	–	35423	4852	274	40716	–	40823	6058
225	35424	–	35531	4876	275	40824	–	40931	6082
226	35532	–	35639	4900	276	40932	–	41039	6106
227	35640	–	35747	4924	277	41040	–	41147	6132
228	35748	–	35855	4948	278	41148	–	41255	6156
229	35856	–	35963	4972	279	41256	–	41363	6180
230	35964	–	36071	4994	280	41364	–	41471	6206
231	36072	–	36179	5018	281	41472	–	41579	6230
232	36180	–	36287	5042	282	41580	–	41687	6254
233	36288	–	36395	5066	283	41688	–	41795	6280
234	36396	–	36503	5090	284	41796	–	41903	6304
235	36504	–	36611	5114	285	41904	–	42011	6328
236	36612	–	36719	5138	286	42012	–	42119	6354
237	36720	–	36827	5162	287	42120	–	42227	6378
238	36828	–	36935	5186	288	42228	–	42335	6402
239	36936	–	37043	5210	289	42336	–	42443	6428
240	37044	–	37151	5234	290	42444	–	42551	6452
241	37152	–	37259	5258	291	42552	–	42659	6478
242	37260	–	37367	5282	292	42660	–	42767	6502
243	37368	–	37475	5306	293	42768	–	42875	6528
244	37476	–	37583	5330	294	42876	–	42983	6552
245	37584	–	37691	5354	295	42984	–	43091	6576
246	37692	–	37799	5378	296	43092	–	43199	6602
247	37800	–	37907	5402	297	43200	–	43307	6626
248	37908	–	38015	5426	298	43308	–	43415	6652
249	38016	–	38123	5450	299	43416	–	43523	6676
250	38124	–	38231	5474	300	43524	–	43631	6702

Einkommensteuergesetz

Anlage 2
Einkommensteuer-Splittingtabelle 1990

Einkommensteuer-Splittingtabelle 1990

lfd. Nr.	zu versteuerndes Einkommen in DM von		bis	tarifliche Einkommensteuer in DM	lfd. Nr.	zu versteuerndes Einkommen in DM von		bis	tarifliche Einkommensteuer in DM
301	43632	–	43739	6726	351	49032	–	49139	8000
302	43740	–	43847	6752	352	49140	–	49247	8026
303	43848	–	43955	6776	353	49248	–	49355	8052
304	43956	–	44063	6802	354	49356	–	49463	8078
305	44064	–	44171	6826	355	49464	–	49571	8104
306	44172	–	44279	6852	356	49572	–	49679	8130
307	44280	–	44387	6878	357	49680	–	49787	8156
308	44388	–	44495	6902	358	49788	–	49895	8182
309	44496	–	44603	6928	359	49896	–	50003	8208
310	44604	–	44711	6952	360	50004	–	50111	8234
311	44712	–	44819	6978	361	50112	–	50219	8260
312	44820	–	44927	7004	362	50220	–	50327	8286
313	44928	–	45035	7028	363	50328	–	50435	8312
314	45036	–	45143	7054	364	50436	–	50543	8338
315	45144	–	45251	7078	365	50544	–	50651	8364
316	45252	–	45359	7104	366	50652	–	50759	8390
317	45360	–	45467	7130	367	50760	–	50867	8416
318	45468	–	45575	7154	368	50868	–	50975	8442
319	45576	–	45683	7180	369	50976	–	51083	8470
320	45684	–	45791	7206	370	51084	–	51191	8496
321	45792	–	45899	7230	371	51192	–	51299	8522
322	45900	–	46007	7256	372	51300	–	51407	8548
323	46008	–	46115	7282	373	51408	–	51515	8574
324	46116	–	46223	7306	374	51516	–	51623	8600
325	46224	–	46331	7332	375	51624	–	51731	8626
326	46332	–	46439	7358	376	51732	–	51839	8654
327	46440	–	46547	7384	377	51840	–	51947	8680
328	46548	–	46655	7408	378	51948	–	52055	8706
329	46656	–	46763	7434	379	52056	–	52163	8732
330	46764	–	46871	7460	380	52164	–	52271	8758
331	46872	–	46979	7486	381	52272	–	52379	8786
332	46980	–	47087	7510	382	52380	–	52487	8812
333	47088	–	47195	7536	383	52488	–	52595	8838
334	47196	–	47303	7562	384	52596	–	52703	8864
335	47304	–	47411	7588	385	52704	–	52811	8892
336	47412	–	47519	7614	386	52812	–	52919	8918
337	47520	–	47627	7640	387	52920	–	53027	8944
338	47628	–	47735	7664	388	53028	–	53135	8970
339	47736	–	47843	7690	389	53136	–	53243	8998
340	47844	–	47951	7716	390	53244	–	53351	9024
341	47952	–	48059	7742	391	53352	–	53459	9050
342	48060	–	48167	7768	392	53460	–	53567	9078
343	48168	–	48275	7794	393	53568	–	53675	9104
344	48276	–	48383	7820	394	53676	–	53783	9130
345	48384	–	48491	7844	395	53784	–	53891	9158
346	48492	–	48599	7870	396	53892	–	53999	9184
347	48600	–	48707	7896	397	54000	–	54107	9210
348	48708	–	48815	7922	398	54108	–	54215	9238
349	48816	–	48923	7948	399	54216	–	54323	9264
350	48924	–	49031	7974	400	54324	–	54431	9290

Einkommensteuergesetz
Anlage 2
Einkommensteuer-Splittingtabelle 1990

Einkommensteuer-Splittingtabelle 1990

lfd. Nr.	zu versteuerndes Einkommen in DM von	bis	tarifliche Einkommensteuer in DM	lfd. Nr.	zu versteuerndes Einkommen in DM von	bis	tarifliche Einkommensteuer in DM
401	54432	- 54539	9318	451	59832	- 59939	10680
402	54540	- 54647	9344	452	59940	- 60047	10708
403	54648	- 54755	9372	453	60048	- 60155	10734
404	54756	- 54863	9398	454	60156	- 60263	10762
405	54864	- 54971	9424	455	60264	- 60371	10790
406	54972	- 55079	9452	456	60372	- 60479	10818
407	55080	- 55187	9478	457	60480	- 60587	10846
408	55188	- 55295	9506	458	60588	- 60695	10874
409	55296	- 55403	9532	459	60696	- 60803	10902
410	55404	- 55511	9560	460	60804	- 60911	10930
411	55512	- 55619	9586	461	60912	- 61019	10958
412	55620	- 55727	9614	462	61020	- 61127	10984
413	55728	- 55835	9640	463	61128	- 61235	11012
414	55836	- 55943	9668	464	61236	- 61343	11040
415	55944	- 56051	9694	465	61344	- 61451	11068
416	56052	- 56159	9722	466	61452	- 61559	11096
417	56160	- 56267	9748	467	61560	- 61667	11124
418	56268	- 56375	9776	468	61668	- 61775	11152
419	56376	- 56483	9802	469	61776	- 61883	11180
420	56484	- 56591	9830	470	61884	- 61991	11208
421	56592	- 56699	9856	471	61992	- 62099	11236
422	56700	- 56807	9884	472	62100	- 62207	11264
423	56808	- 56915	9912	473	62208	- 62315	11292
424	56916	- 57023	9938	474	62316	- 62423	11320
425	57024	- 57131	9966	475	62424	- 62531	11348
426	57132	- 57239	9992	476	62532	- 62639	11376
427	57240	- 57347	10020	477	62640	- 62747	11406
428	57348	- 57455	10048	478	62748	- 62855	11434
429	57456	- 57563	10074	479	62856	- 62963	11462
430	57564	- 57671	10102	480	62964	- 63071	11490
431	57672	- 57779	10130	481	63072	- 63179	11518
432	57780	- 57887	10156	482	63180	- 63287	11546
433	57888	- 57995	10184	483	63288	- 63395	11574
434	57996	- 58103	10212	484	63396	- 63503	11602
435	58104	- 58211	10238	485	63504	- 63611	11630
436	58212	- 58319	10266	486	63612	- 63719	11660
437	58320	- 58427	10294	487	63720	- 63827	11688
438	58428	- 58535	10322	488	63828	- 63935	11716
439	58536	- 58643	10348	489	63936	- 64043	11744
440	58644	- 58751	10376	490	64044	- 64151	11772
441	58752	- 58859	10404	491	64152	- 64259	11800
442	58860	- 58967	10430	492	64260	- 64367	11830
443	58968	- 59075	10458	493	64368	- 64475	11858
444	59076	- 59183	10486	494	64476	- 64583	11886
445	59184	- 59291	10514	495	64584	- 64691	11914
446	59292	- 59399	10542	496	64692	- 64799	11942
447	59400	- 59507	10568	497	64800	- 64907	11972
448	59508	- 59615	10596	498	64908	- 65015	12000
449	59616	- 59723	10624	499	65016	- 65123	12028
450	59724	- 59831	10652	500	65124	- 65231	12056

Einkommensteuergesetz

Anlage 2
Einkommensteuer-Splittingtabelle 1990

Einkommensteuer-Splittingtabelle 1990

lfd. Nr.	zu versteuerndes Einkommen in DM von		bis	tarifliche Einkommensteuer in DM	lfd. Nr.	zu versteuerndes Einkommen in DM von		bis	tarifliche Einkommensteuer in DM
501	65232	–	65339	12086	551	70632	–	70739	13536
502	65340	–	65447	12114	552	70740	–	70847	13566
503	65448	–	65555	12142	553	70848	–	70955	13594
504	65556	–	65663	12172	554	70956	–	71063	13624
505	65664	–	65771	12200	555	71064	–	71171	13654
506	65772	–	65879	12228	556	71172	–	71279	13684
507	65880	–	65987	12258	557	71280	–	71387	13712
508	65988	–	66095	12286	558	71388	–	71495	13742
509	66096	–	66203	12314	559	71496	–	71603	13772
510	66204	–	66311	12344	560	71604	–	71711	13802
511	66312	–	66419	12372	561	71712	–	71819	13832
512	66420	–	66527	12400	562	71820	–	71927	13860
513	66528	–	66635	12430	563	71928	–	72035	13890
514	66636	–	66743	12458	564	72036	–	72143	13920
515	66744	–	66851	12488	565	72144	–	72251	13950
516	66852	–	66959	12516	566	72252	–	72359	13980
517	66960	–	67067	12544	567	72360	–	72467	14010
518	67068	–	67175	12574	568	72468	–	72575	14040
519	67176	–	67283	12602	569	72576	–	72683	14068
520	67284	–	67391	12632	570	72684	–	72791	14098
521	67392	–	67499	12660	571	72792	–	72899	14128
522	67500	–	67607	12690	572	72900	–	73007	14158
523	67608	–	67715	12718	573	73008	–	73115	14188
524	67716	–	67823	12748	574	73116	–	73223	14218
525	67824	–	67931	12776	575	73224	–	73331	14248
526	67932	–	68039	12806	576	73332	–	73439	14278
527	68040	–	68147	12834	577	73440	–	73547	14308
528	68148	–	68255	12864	578	73548	–	73655	14338
529	68256	–	68363	12892	579	73656	–	73763	14368
530	68364	–	68471	12922	580	73764	–	73871	14398
531	68472	–	68579	12950	581	73872	–	73979	14428
532	68580	–	68687	12980	582	73980	–	74087	14458
533	68688	–	68795	13008	583	74088	–	74195	14488
534	68796	–	68903	13038	584	74196	–	74303	14518
535	68904	–	69011	13066	585	74304	–	74411	14548
536	69012	–	69119	13096	586	74412	–	74519	14578
537	69120	–	69227	13126	587	74520	–	74627	14608
538	69228	–	69335	13154	588	74628	–	74735	14638
539	69336	–	69443	13184	589	74736	–	74843	14668
540	69444	–	69551	13214	590	74844	–	74951	14698
541	69552	–	69659	13242	591	74952	–	75059	14728
542	69660	–	69767	13272	592	75060	–	75167	14758
543	69768	–	69875	13300	593	75168	–	75275	14788
544	69876	–	69983	13330	594	75276	–	75383	14818
545	69984	–	70091	13360	595	75384	–	75491	14848
546	70092	–	70199	13388	596	75492	–	75599	14880
547	70200	–	70307	13418	597	75600	–	75707	14910
548	70308	–	70415	13448	598	75708	–	75815	14940
549	70416	–	70523	13478	599	75816	–	75923	14970
550	70524	–	70631	13506	600	75924	–	76031	15000

Einkommensteuergesetz

Anlage 2
Einkommensteuer-Splittingtabelle 1990

Einkommensteuer-Splittingtabelle 1990

lfd. Nr.	zu versteuerndes Einkommen in DM von		bis	tarifliche Einkommensteuer in DM	lfd. Nr.	zu versteuerndes Einkommen in DM von		bis	tarifliche Einkommensteuer in DM
601	76032	–	76139	15030	651	81432	–	81539	16570
602	76140	–	76247	15062	652	81540	–	81647	16600
603	76248	–	76355	15092	653	81648	–	81755	16632
604	76356	–	76463	15122	654	81756	–	81863	16664
605	76464	–	76571	15152	655	81864	–	81971	16694
606	76572	–	76679	15182	656	81972	–	82079	16726
607	76680	–	76787	15214	657	82080	–	82187	16758
608	76788	–	76895	15244	658	82188	–	82295	16788
609	76896	–	77003	15274	659	82296	–	82403	16820
610	77004	–	77111	15304	660	82404	–	82511	16852
611	77112	–	77219	15334	661	82512	–	82619	16882
612	77220	–	77327	15366	662	82620	–	82727	16914
613	77328	–	77435	15396	663	82728	–	82835	16946
614	77436	–	77543	15426	664	82836	–	82943	16978
615	77544	–	77651	15458	665	82944	–	83051	17008
616	77652	–	77759	15488	666	83052	–	83159	17040
617	77760	–	77867	15518	667	83160	–	83267	17072
618	77868	–	77975	15550	668	83268	–	83375	17104
619	77976	–	78083	15580	669	83376	–	83483	17134
620	78084	–	78191	15610	670	83484	–	83591	17166
621	78192	–	78299	15642	671	83592	–	83699	17198
622	78300	–	78407	15672	672	83700	–	83807	17230
623	78408	–	78515	15702	673	83808	–	83915	17260
624	78516	–	78623	15734	674	83916	–	84023	17292
625	78624	–	78731	15764	675	84024	–	84131	17324
626	78732	–	78839	15794	676	84132	–	84239	17356
627	78840	–	78947	15826	677	84240	–	84347	17388
628	78948	–	79055	15856	678	84348	–	84455	17420
629	79056	–	79163	15888	679	84456	–	84563	17450
630	79164	–	79271	15918	680	84564	–	84671	17482
631	79272	–	79379	15948	681	84672	–	84779	17514
632	79380	–	79487	15980	682	84780	–	84887	17546
633	79488	–	79595	16010	683	84888	–	84995	17578
634	79596	–	79703	16042	684	84996	–	85103	17610
635	79704	–	79811	16072	685	85104	–	85211	17642
636	79812	–	79919	16104	686	85212	–	85319	17674
637	79920	–	80027	16134	687	85320	–	85427	17706
638	80028	–	80135	16166	688	85428	–	85535	17738
639	80136	–	80243	16196	689	85536	–	85643	17770
640	80244	–	80351	16228	690	85644	–	85751	17800
641	80352	–	80459	16258	691	85752	–	85859	17832
642	80460	–	80567	16290	692	85860	–	85967	17864
643	80568	–	80675	16320	693	85968	–	86075	17896
644	80676	–	80783	16352	694	86076	–	86183	17928
645	80784	–	80891	16382	695	86184	–	86291	17960
646	80892	–	80999	16414	696	86292	–	86399	17992
647	81000	–	81107	16446	697	86400	–	86507	18024
648	81108	–	81215	16476	698	86508	–	86615	18056
649	81216	–	81323	16508	699	86616	–	86723	18088
650	81324	–	81431	16538	700	86724	–	86831	18122

Einkommensteuergesetz

Anlage 2
Einkommensteuer-Splittingtabelle 1990

Einkommensteuer-Splittingtabelle 1990

lfd. Nr.	zu versteuerndes Einkommen in DM von		bis	tarifliche Einkommensteuer in DM	lfd. Nr.	zu versteuerndes Einkommen in DM von		bis	tarifliche Einkommensteuer in DM
701	86832	–	86939	18154	751	92232	–	92339	19780
702	86940	–	87047	18186	752	92340	–	92447	19814
703	87048	–	87155	18218	753	92448	–	92555	19846
704	87156	–	87263	18250	754	92556	–	92663	19880
705	87264	–	87371	18282	755	92664	–	92771	19912
706	87372	–	87479	18314	756	92772	–	92879	19946
707	87480	–	87587	18346	757	92880	–	92987	19980
708	87588	–	87695	18378	758	92988	–	93095	20012
709	87696	–	87803	18410	759	93096	–	93203	20046
710	87804	–	87911	18442	760	93204	–	93311	20078
711	87912	–	88019	18476	761	93312	–	93419	20112
712	88020	–	88127	18508	762	93420	–	93527	20144
713	88128	–	88235	18540	763	93528	–	93635	20178
714	88236	–	88343	18572	764	93636	–	93743	20212
715	88344	–	88451	18604	765	93744	–	93851	20244
716	88452	–	88559	18636	766	93852	–	93959	20278
717	88560	–	88667	18670	767	93960	–	94067	20312
718	88668	–	88775	18702	768	94068	–	94175	20344
719	88776	–	88883	18734	769	94176	–	94283	20378
720	88884	–	88991	18766	770	94284	–	94391	20410
721	88992	–	89099	18798	771	94392	–	94499	20444
722	89100	–	89207	18832	772	94500	–	94607	20478
723	89208	–	89315	18864	773	94608	–	94715	20512
724	89316	–	89423	18896	774	94716	–	94823	20544
725	89424	–	89531	18928	775	94824	–	94931	20578
726	89532	–	89639	18962	776	94932	–	95039	20612
727	89640	–	89747	18994	777	95040	–	95147	20644
728	89748	–	89855	19026	778	95148	–	95255	20678
729	89856	–	89963	19060	779	95256	–	95363	20712
730	89964	–	90071	19092	780	95364	–	95471	20746
731	90072	–	90179	19124	781	95472	–	95579	20778
732	90180	–	90287	19158	782	95580	–	95687	20812
733	90288	–	90395	19190	783	95688	–	95795	20846
734	90396	–	90503	19222	784	95796	–	95903	20880
735	90504	–	90611	19256	785	95904	–	96011	20912
736	90612	–	90719	19288	786	96012	–	96119	20946
737	90720	–	90827	19320	787	96120	–	96227	20980
738	90828	–	90935	19354	788	96228	–	96335	21014
739	90936	–	91043	19386	789	96336	–	96443	21048
740	91044	–	91151	19418	790	96444	–	96551	21082
741	91152	–	91259	19452	791	96552	–	96659	21114
742	91260	–	91367	19484	792	96660	–	96767	21148
743	91368	–	91475	19518	793	96768	–	96875	21182
744	91476	–	91583	19550	794	96876	–	96983	21216
745	91584	–	91691	19584	795	96984	–	97091	21250
746	91692	–	91799	19616	796	97092	–	97199	21284
747	91800	–	91907	19648	797	97200	–	97307	21318
748	91908	–	92015	19682	798	97308	–	97415	21352
749	92016	–	92123	19714	799	97416	–	97523	21386
750	92124	–	92231	19748	800	97524	–	97631	21418

Einkommensteuergesetz

Anlage 2
Einkommensteuer-Splittingtabelle 1990

Einkommensteuer-Splittingtabelle 1990

lfd. Nr.	zu versteuerndes Einkommen in DM von		bis	tarifliche Einkommensteuer in DM	lfd. Nr.	zu versteuerndes Einkommen in DM von		bis	tarifliche Einkommensteuer in DM
801	97632	–	97739	21452	851	103032	–	103139	23170
802	97740	–	97847	21486	852	103140	–	103247	23204
803	97848	–	97955	21520	853	103248	–	103355	23238
804	97956	–	98063	21554	854	103356	–	103463	23274
805	98064	–	98171	21588	855	103464	–	103571	23308
806	98172	–	98279	21622	856	103572	–	103679	23344
807	98280	–	98387	21656	857	103680	–	103787	23378
808	98388	–	98495	21690	858	103788	–	103895	23412
809	98496	–	98603	21724	859	103896	–	104003	23448
810	98604	–	98711	21758	860	104004	–	104111	23482
811	98712	–	98819	21792	861	104112	–	104219	23518
812	98820	–	98927	21826	862	104220	–	104327	23552
813	98928	–	99035	21860	863	104328	–	104435	23588
814	99036	–	99143	21894	864	104436	–	104543	23622
815	99144	–	99251	21928	865	104544	–	104651	23658
816	99252	–	99359	21964	866	104652	–	104759	23692
817	99360	–	99467	21998	867	104760	–	104867	23728
818	99468	–	99575	22032	868	104868	–	104975	23762
819	99576	–	99683	22066	869	104976	–	105083	23798
820	99684	–	99791	22100	870	105084	–	105191	23832
821	99792	–	99899	22134	871	105192	–	105299	23868
822	99900	–	100007	22168	872	105300	–	105407	23904
823	100008	–	100115	22202	873	105408	–	105515	23938
824	100116	–	100223	22236	874	105516	–	105623	23974
825	100224	–	100331	22272	875	105624	–	105731	24008
826	100332	–	100439	22306	876	105732	–	105839	24044
827	100440	–	100547	22340	877	105840	–	105947	24080
828	100548	–	100655	22374	878	105948	–	106055	24114
829	100656	–	100763	22408	879	106056	–	106163	24150
830	100764	–	100871	22442	880	106164	–	106271	24184
831	100872	–	100979	22478	881	106272	–	106379	24220
832	100980	–	101087	22512	882	106380	–	106487	24256
833	101088	–	101195	22546	883	106488	–	106595	24290
834	101196	–	101303	22580	884	106596	–	106703	24326
835	101304	–	101411	22616	885	106704	–	106811	24362
836	101412	–	101519	22650	886	106812	–	106919	24396
837	101520	–	101627	22684	887	106920	–	107027	24432
838	101628	–	101735	22718	888	107028	–	107135	24468
839	101736	–	101843	22754	889	107136	–	107243	24504
840	101844	–	101951	22788	890	107244	–	107351	24538
841	101952	–	102059	22822	891	107352	–	107459	24574
842	102060	–	102167	22856	892	107460	–	107567	24610
843	102168	–	102275	22892	893	107568	–	107675	24644
844	102276	–	102383	22926	894	107676	–	107783	24680
845	102384	–	102491	22960	895	107784	–	107891	24716
846	102492	–	102599	22996	896	107892	–	107999	24752
847	102600	–	102707	23030	897	108000	–	108107	24788
848	102708	–	102815	23064	898	108108	–	108215	24822
849	102816	–	102923	23100	899	108216	–	108323	24858
850	102924	–	103031	23134	900	108324	–	108431	24894

Einkommensteuergesetz

Anlage 2
Einkommensteuer-Splittingtabelle 1990

Einkommensteuer-Splittingtabelle 1990

lfd. Nr.	zu versteuerndes Einkommen in DM von		bis	tarifliche Einkommensteuer in DM	lfd. Nr.	zu versteuerndes Einkommen in DM von		bis	tarifliche Einkommensteuer in DM
901	108432	–	108539	24930	951	113832	–	113939	26734
902	108540	–	108647	24966	952	113940	–	114047	26772
903	108648	–	108755	25000	953	114048	–	114155	26808
904	108756	–	108863	25036	954	114156	–	114263	26844
905	108864	–	108971	25072	955	114264	–	114371	26880
906	108972	–	109079	25108	956	114372	–	114479	26918
907	109080	–	109187	25144	957	114480	–	114587	26954
908	109188	–	109295	25180	958	114588	–	114695	26990
909	109296	–	109403	25216	959	114696	–	114803	27028
910	109404	–	109511	25252	960	114804	–	114911	27064
911	109512	–	109619	25288	961	114912	–	115019	27100
912	109620	–	109727	25322	962	115020	–	115127	27138
913	109728	–	109835	25358	963	115128	–	115235	27174
914	109836	–	109943	25394	964	115236	–	115343	27212
915	109944	–	110051	25430	965	115344	–	115451	27248
916	110052	–	110159	25466	966	115452	–	115559	27284
917	110160	–	110267	25502	967	115560	–	115667	27322
918	110268	–	110375	25538	968	115668	–	115775	27358
919	110376	–	110483	25574	969	115776	–	115883	27396
920	110484	–	110591	25610	970	115884	–	115991	27432
921	110592	–	110699	25646	971	115992	–	116099	27468
922	110700	–	110807	25682	972	116100	–	116207	27506
923	110808	–	110915	25718	973	116208	–	116315	27542
924	110916	–	111023	25754	974	116316	–	116423	27580
925	111024	–	111131	25790	975	116424	–	116531	27616
926	111132	–	111239	25826	976	116532	–	116639	27654
927	111240	–	111347	25862	977	116640	–	116747	27690
928	111348	–	111455	25898	978	116748	–	116855	27728
929	111456	–	111563	25934	979	116856	–	116963	27764
930	111564	–	111671	25972	980	116964	–	117071	27802
931	111672	–	111779	26008	981	117072	–	117179	27838
932	111780	–	111887	26044	982	117180	–	117287	27876
933	111888	–	111995	26080	983	117288	–	117395	27912
934	111996	–	112103	26116	984	117396	–	117503	27950
935	112104	–	112211	26152	985	117504	–	117611	27988
936	112212	–	112319	26188	986	117612	–	117719	28024
937	112320	–	112427	26224	987	117720	–	117827	28062
938	112428	–	112535	26262	988	117828	–	117935	28098
939	112536	–	112643	26298	989	117936	–	118043	28136
940	112644	–	112751	26334	990	118044	–	118151	28174
941	112752	–	112859	26370	991	118152	–	118259	28210
942	112860	–	112967	26406	992	118260	–	118367	28248
943	112968	–	113075	26442	993	118368	–	118475	28284
944	113076	–	113183	26480	994	118476	–	118583	28322
945	113184	–	113291	26516	995	118584	–	118691	28360
946	113292	–	113399	26552	996	118692	–	118799	28396
947	113400	–	113507	26588	997	118800	–	118907	28434
948	113508	–	113615	26624	998	118908	–	119015	28472
949	113616	–	113723	26662	999	119016	–	119123	28508
950	113724	–	113831	26698	1000	119124	–	119231	28546

VII B 10
Seite 128 b

Einkommensteuergesetz

Anlage 2
Einkommensteuer-Splittingtabelle 1990

Einkommensteuer-Splittingtabelle 1990

lfd. Nr.	zu versteuerndes Einkommen in DM von — bis	tarifliche Einkommensteuer in DM	lfd. Nr.	zu versteuerndes Einkommen in DM von — bis	tarifliche Einkommensteuer in DM
1001	119232 – 119339	28584	1051	124632 – 124739	30478
1002	119340 – 119447	28622	1052	124740 – 124847	30516
1003	119448 – 119555	28658	1053	124848 – 124955	30554
1004	119556 – 119663	28696	1054	124956 – 125063	30592
1005	119664 – 119771	28734	1055	125064 – 125171	30630
1006	119772 – 119879	28772	1056	125172 – 125279	30670
1007	119880 – 119987	28808	1057	125280 – 125387	30708
1008	119988 – 120095	28846	1058	125388 – 125495	30746
1009	120096 – 120203	28884	1059	125496 – 125603	30784
1010	120204 – 120311	28922	1060	125604 – 125711	30822
1011	120312 – 120419	28958	1061	125712 – 125819	30862
1012	120420 – 120527	28996	1062	125820 – 125927	30900
1013	120528 – 120635	29034	1063	125928 – 126035	30938
1014	120636 – 120743	29072	1064	126036 – 126143	30976
1015	120744 – 120851	29110	1065	126144 – 126251	31016
1016	120852 – 120959	29148	1066	126252 – 126359	31054
1017	120960 – 121067	29184	1067	126360 – 126467	31092
1018	121068 – 121175	29222	1068	126468 – 126575	31132
1019	121176 – 121283	29260	1069	126576 – 126683	31170
1020	121284 – 121391	29298	1070	126684 – 126791	31208
1021	121392 – 121499	29336	1071	126792 – 126899	31248
1022	121500 – 121607	29374	1072	126900 – 127007	31286
1023	121608 – 121715	29412	1073	127008 – 127115	31324
1024	121716 – 121823	29450	1074	127116 – 127223	31364
1025	121824 – 121931	29488	1075	127224 – 127331	31402
1026	121932 – 122039	29524	1076	127332 – 127439	31440
1027	122040 – 122147	29562	1077	127440 – 127547	31480
1028	122148 – 122255	29600	1078	127548 – 127655	31518
1029	122256 – 122363	29638	1079	127656 – 127763	31556
1030	122364 – 122471	29676	1080	127764 – 127871	31596
1031	122472 – 122579	29714	1081	127872 – 127979	31634
1032	122580 – 122687	29752	1082	127980 – 128087	31674
1033	122688 – 122795	29790	1083	128088 – 128195	31712
1034	122796 – 122903	29828	1084	128196 – 128303	31752
1035	122904 – 123011	29866	1085	128304 – 128411	31790
1036	123012 – 123119	29904	1086	128412 – 128519	31830
1037	123120 – 123227	29942	1087	128520 – 128627	31868
1038	123228 – 123335	29980	1088	128628 – 128735	31906
1039	123336 – 123443	30018	1089	128736 – 128843	31946
1040	123444 – 123551	30056	1090	128844 – 128951	31984
1041	123552 – 123659	30096	1091	128952 – 129059	32024
1042	123660 – 123767	30134	1092	129060 – 129167	32062
1043	123768 – 123875	30172	1093	129168 – 129275	32102
1044	123876 – 123983	30210	1094	129276 – 129383	32142
1045	123984 – 124091	30248	1095	129384 – 129491	32180
1046	124092 – 124199	30286	1096	129492 – 129599	32220
1047	124200 – 124307	30324	1097	129600 – 129707	32258
1048	124308 – 124415	30362	1098	129708 – 129815	32298
1049	124416 – 124523	30400	1099	129816 – 129923	32336
1050	124524 – 124631	30438	1100	129924 – 130031	32376

Einkommensteuergesetz
Anlage 2
Einkommensteuer-Splittingtabelle 1990

Einkommensteuer-Splittingtabelle 1990

lfd. Nr.	zu versteuerndes Einkommen in DM von	bis	tarifliche Einkommensteuer in DM	lfd. Nr.	zu versteuerndes Einkommen in DM von	bis	tarifliche Einkommensteuer in DM
1101	130032	130139	32416	1151	135432	135539	34398
1102	130140	130247	32454	1152	135540	135647	34438
1103	130248	130355	32494	1153	135648	135755	34478
1104	130356	130463	32532	1154	135756	135863	34518
1105	130464	130571	32572	1155	135864	135971	34558
1106	130572	130679	32612	1156	135972	136079	34598
1107	130680	130787	32650	1157	136080	136187	34638
1108	130788	130895	32690	1158	136188	136295	34678
1109	130896	131003	32730	1159	136296	136403	34718
1110	131004	131111	32768	1160	136404	136511	34758
1111	131112	131219	32808	1161	136512	136619	34798
1112	131220	131327	32848	1162	136620	136727	34840
1113	131328	131435	32886	1163	136728	136835	34880
1114	131436	131543	32926	1164	136836	136943	34920
1115	131544	131651	32966	1165	136944	137051	34960
1116	131652	131759	33006	1166	137052	137159	35000
1117	131760	131867	33044	1167	137160	137267	35040
1118	131868	131975	33084	1168	137268	137375	35082
1119	131976	132083	33124	1169	137376	137483	35122
1120	132084	132191	33164	1170	137484	137591	35162
1121	132192	132299	33202	1171	137592	137699	35202
1122	132300	132407	33242	1172	137700	137807	35242
1123	132408	132515	33282	1173	137808	137915	35284
1124	132516	132623	33322	1174	137916	138023	35324
1125	132624	132731	33360	1175	138024	138131	35364
1126	132732	132839	33400	1176	138132	138239	35404
1127	132840	132947	33440	1177	138240	138347	35446
1128	132948	133055	33480	1178	138348	138455	35486
1129	133056	133163	33520	1179	138456	138563	35526
1130	133164	133271	33560	1180	138564	138671	35568
1131	133272	133379	33600	1181	138672	138779	35608
1132	133380	133487	33638	1182	138780	138887	35648
1133	133488	133595	33678	1183	138888	138995	35688
1134	133596	133703	33718	1184	138996	139103	35730
1135	133704	133811	33758	1185	139104	139211	35770
1136	133812	133919	33798	1186	139212	139319	35812
1137	133920	134027	33838	1187	139320	139427	35852
1138	134028	134135	33878	1188	139428	139535	35892
1139	134136	134243	33918	1189	139536	139643	35934
1140	134244	134351	33958	1190	139644	139751	35974
1141	134352	134459	33998	1191	139752	139859	36014
1142	134460	134567	34038	1192	139860	139967	36056
1143	134568	134675	34078	1193	139968	140075	36096
1144	134676	134783	34118	1194	140076	140183	36138
1145	134784	134891	34156	1195	140184	140291	36178
1146	134892	134999	34196	1196	140292	140399	36218
1147	135000	135107	34236	1197	140400	140507	36260
1148	135108	135215	34278	1198	140508	140615	36300
1149	135216	135323	34318	1199	140616	140723	36342
1150	135324	135431	34358	1200	140724	140831	36382

Einkommensteuergesetz

Anlage 2
Einkommensteuer-Splittingtabelle 1990

Einkommensteuer-Splittingtabelle 1990

lfd. Nr.	zu versteuerndes Einkommen in DM von	bis	tarifliche Einkommensteuer in DM	lfd. Nr.	zu versteuerndes Einkommen in DM von	bis	tarifliche Einkommensteuer in DM
1201	140832	140939	36424	1251	146232	146339	38494
1202	140940	141047	36464	1252	146340	146447	38536
1203	141048	141155	36506	1253	146448	146555	38578
1204	141156	141263	36546	1254	146556	146663	38620
1205	141264	141371	36588	1255	146664	146771	38662
1206	141372	141479	36628	1256	146772	146879	38704
1207	141480	141587	36670	1257	146880	146987	38746
1208	141588	141695	36710	1258	146988	147095	38788
1209	141696	141803	36752	1259	147096	147203	38830
1210	141804	141911	36794	1260	147204	147311	38872
1211	141912	142019	36834	1261	147312	147419	38914
1212	142020	142127	36876	1262	147420	147527	38956
1213	142128	142235	36916	1263	147528	147635	38998
1214	142236	142343	36958	1264	147636	147743	39040
1215	142344	142451	36998	1265	147744	147851	39082
1216	142452	142559	37040	1266	147852	147959	39124
1217	142560	142667	37082	1267	147960	148067	39166
1218	142668	142775	37122	1268	148068	148175	39208
1219	142776	142883	37164	1269	148176	148283	39250
1220	142884	142991	37206	1270	148284	148391	39292
1221	142992	143099	37246	1271	148392	148499	39336
1222	143100	143207	37288	1272	148500	148607	39378
1223	143208	143315	37330	1273	148608	148715	39420
1224	143316	143423	37370	1274	148716	148823	39462
1225	143424	143531	37412	1275	148824	148931	39504
1226	143532	143639	37454	1276	148932	149039	39546
1227	143640	143747	37494	1277	149040	149147	39588
1228	143748	143855	37536	1278	149148	149255	39630
1229	143856	143963	37578	1279	149256	149363	39674
1230	143964	144071	37620	1280	149364	149471	39716
1231	144072	144179	37660	1281	149472	149579	39758
1232	144180	144287	37702	1282	149580	149687	39800
1233	144288	144395	37744	1283	149688	149795	39842
1234	144396	144503	37786	1284	149796	149903	39886
1235	144504	144611	37826	1285	149904	150011	39928
1236	144612	144719	37868	1286	150012	150119	39970
1237	144720	144827	37910	1287	150120	150227	40012
1238	144828	144935	37952	1288	150228	150335	40056
1239	144936	145043	37994	1289	150336	150443	40098
1240	145044	145151	38034	1290	150444	150551	40140
1241	145152	145259	38076	1291	150552	150659	40182
1242	145260	145367	38118	1292	150660	150767	40226
1243	145368	145475	38160	1293	150768	150875	40268
1244	145476	145583	38202	1294	150876	150983	40310
1245	145584	145691	38244	1295	150984	151091	40354
1246	145692	145799	38286	1296	151092	151199	40396
1247	145800	145907	38328	1297	151200	151307	40438
1248	145908	146015	38368	1298	151308	151415	40482
1249	146016	146123	38410	1299	151416	151523	40524
1250	146124	146231	38452	1300	151524	151631	40566

Einkommensteuergesetz

Anlage 2
Einkommensteuer-Splittingtabelle 1990

Einkommensteuer-Splittingtabelle 1990

lfd. Nr.	zu versteuerndes Einkommen in DM von		bis	tarifliche Einkommensteuer in DM	lfd. Nr.	zu versteuerndes Einkommen in DM von		bis	tarifliche Einkommensteuer in DM
1301	151632	–	151739	40610	1351	157032	–	157139	42768
1302	151740	–	151847	40652	1352	157140	–	157247	42812
1303	151848	–	151955	40694	1353	157248	–	157355	42856
1304	151956	–	152063	40738	1354	157356	–	157463	42900
1305	152064	–	152171	40780	1355	157464	–	157571	42944
1306	152172	–	152279	40824	1356	157572	–	157679	42988
1307	152280	–	152387	40866	1357	157680	–	157787	43030
1308	152388	–	152495	40910	1358	157788	–	157895	43074
1309	152496	–	152603	40952	1359	157896	–	158003	43118
1310	152604	–	152711	40994	1360	158004	–	158111	43162
1311	152712	–	152819	41038	1361	158112	–	158219	43206
1312	152820	–	152927	41080	1362	158220	–	158327	43250
1313	152928	–	153035	41124	1363	158328	–	158435	43294
1314	153036	–	153143	41166	1364	158436	–	158543	43338
1315	153144	–	153251	41210	1365	158544	–	158651	43382
1316	153252	–	153359	41252	1366	158652	–	158759	43426
1317	153360	–	153467	41296	1367	158760	–	158867	43470
1318	153468	–	153575	41338	1368	158868	–	158975	43512
1319	153576	–	153683	41382	1369	158976	–	159083	43556
1320	153684	–	153791	41424	1370	159084	–	159191	43600
1321	153792	–	153899	41468	1371	159192	–	159299	43644
1322	153900	–	154007	41510	1372	159300	–	159407	43688
1323	154008	–	154115	41554	1373	159408	–	159515	43732
1324	154116	–	154223	41598	1374	159516	–	159623	43776
1325	154224	–	154331	41640	1375	159624	–	159731	43820
1326	154332	–	154439	41684	1376	159732	–	159839	43864
1327	154440	–	154547	41726	1377	159840	–	159947	43910
1328	154548	–	154655	41770	1378	159948	–	160055	43954
1329	154656	–	154763	41814	1379	160056	–	160163	43998
1330	154764	–	154871	41856	1380	160164	–	160271	44042
1331	154872	–	154979	41900	1381	160272	–	160379	44086
1332	154980	–	155087	41942	1382	160380	–	160487	44130
1333	155088	–	155195	41986	1383	160488	–	160595	44174
1334	155196	–	155303	42030	1384	160596	–	160703	44218
1335	155304	–	155411	42072	1385	160704	–	160811	44262
1336	155412	–	155519	42116	1386	160812	–	160919	44306
1337	155520	–	155627	42160	1387	160920	–	161027	44350
1338	155628	–	155735	42204	1388	161028	–	161135	44396
1339	155736	–	155843	42246	1389	161136	–	161243	44440
1340	155844	–	155951	42290	1390	161244	–	161351	44484
1341	155952	–	156059	42334	1391	161352	–	161459	44528
1342	156060	–	156167	42376	1392	161460	–	161567	44572
1343	156168	–	156275	42420	1393	161568	–	161675	44616
1344	156276	–	156383	42464	1394	161676	–	161783	44662
1345	156384	–	156491	42508	1395	161784	–	161891	44706
1346	156492	–	156599	42550	1396	161892	–	161999	44750
1347	156600	–	156707	42594	1397	162000	–	162107	44794
1348	156708	–	156815	42638	1398	162108	–	162215	44838
1349	156816	–	156923	42682	1399	162216	–	162323	44884
1350	156924	–	157031	42726	1400	162324	–	162431	44928

VII B 10
Seite 128 f

Einkommensteuergesetz

Anlage 2
Einkommensteuer-Splittingtabelle 1990

Einkommensteuer-Splittingtabelle 1990

lfd. Nr.	zu versteuerndes Einkommen in DM von		bis	tarifliche Einkommensteuer in DM	lfd. Nr.	zu versteuerndes Einkommen in DM von		bis	tarifliche Einkommensteuer in DM
1401	162432	-	162539	44972	1451	167832	-	167939	47220
1402	162540	-	162647	45016	1452	167940	-	168047	47266
1403	162648	-	162755	45062	1453	168048	-	168155	47312
1404	162756	-	162863	45106	1454	168156	-	168263	47356
1405	162864	-	162971	45150	1455	168264	-	168371	47402
1406	162972	-	163079	45196	1456	168372	-	168479	47448
1407	163080	-	163187	45240	1457	168480	-	168587	47494
1408	163188	-	163295	45284	1458	168588	-	168695	47538
1409	163296	-	163403	45330	1459	168696	-	168803	47584
1410	163404	-	163511	45374	1460	168804	-	168911	47630
1411	163512	-	163619	45418	1461	168912	-	169019	47676
1412	163620	-	163727	45464	1462	169020	-	169127	47720
1413	163728	-	163835	45508	1463	169128	-	169235	47766
1414	163836	-	163943	45552	1464	169236	-	169343	47812
1415	163944	-	164051	45598	1465	169344	-	169451	47858
1416	164052	-	164159	45642	1466	169452	-	169559	47904
1417	164160	-	164267	45686	1467	169560	-	169667	47948
1418	164268	-	164375	45732	1468	169668	-	169775	47994
1419	164376	-	164483	45776	1469	169776	-	169883	48040
1420	164484	-	164591	45822	1470	169884	-	169991	48086
1421	164592	-	164699	45866	1471	169992	-	170099	48132
1422	164700	-	164807	45912	1472	170100	-	170207	48178
1423	164808	-	164915	45956	1473	170208	-	170315	48224
1424	164916	-	165023	46000	1474	170316	-	170423	48270
1425	165024	-	165131	46046	1475	170424	-	170531	48316
1426	165132	-	165239	46090	1476	170532	-	170639	48360
1427	165240	-	165347	46136	1477	170640	-	170747	48406
1428	165348	-	165455	46180	1478	170748	-	170855	48452
1429	165456	-	165563	46226	1479	170856	-	170963	48498
1430	165564	-	165671	46270	1480	170964	-	171071	48544
1431	165672	-	165779	46316	1481	171072	-	171179	48590
1432	165780	-	165887	46360	1482	171180	-	171287	48636
1433	165888	-	165995	46406	1483	171288	-	171395	48682
1434	165996	-	166103	46452	1484	171396	-	171503	48728
1435	166104	-	166211	46496	1485	171504	-	171611	48774
1436	166212	-	166319	46542	1486	171612	-	171719	48820
1437	166320	-	166427	46586	1487	171720	-	171827	48866
1438	166428	-	166535	46632	1488	171828	-	171935	48912
1439	166536	-	166643	46676	1489	171936	-	172043	48958
1440	166644	-	166751	46722	1490	172044	-	172151	49004
1441	166752	-	166859	46768	1491	172152	-	172259	49050
1442	166860	-	166967	46812	1492	172260	-	172367	49096
1443	166968	-	167075	46858	1493	172368	-	172475	49142
1444	167076	-	167183	46902	1494	172476	-	172583	49188
1445	167184	-	167291	46948	1495	172584	-	172691	49236
1446	167292	-	167399	46994	1496	172692	-	172799	49282
1447	167400	-	167507	47038	1497	172800	-	172907	49328
1448	167508	-	167615	47084	1498	172908	-	173015	49374
1449	167616	-	167723	47130	1499	173016	-	173123	49420
1450	167724	-	167831	47174	1500	173124	-	173231	49466

Einkommensteuergesetz

Anlage 2
Einkommensteuer-Splittingtabelle 1990

Einkommensteuer-Splittingtabelle 1990

lfd. Nr.	zu versteuerndes Einkommen in DM von		bis	tarifliche Einkommensteuer in DM	lfd. Nr.	zu versteuerndes Einkommen in DM von		bis	tarifliche Einkommensteuer in DM
1501	173232	-	173339	49512	1551	178632	-	178739	51850
1502	173340	-	173447	49558	1552	178740	-	178847	51896
1503	173448	-	173555	49606	1553	178848	-	178955	51944
1504	173556	-	173663	49652	1554	178956	-	179063	51990
1505	173664	-	173771	49698	1555	179064	-	179171	52038
1506	173772	-	173879	49744	1556	179172	-	179279	52086
1507	173880	-	173987	49790	1557	179280	-	179387	52132
1508	173988	-	174095	49838	1558	179388	-	179495	52180
1509	174096	-	174203	49884	1559	179496	-	179603	52228
1510	174204	-	174311	49930	1560	179604	-	179711	52274
1511	174312	-	174419	49976	1561	179712	-	179819	52322
1512	174420	-	174527	50022	1562	179820	-	179927	52370
1513	174528	-	174635	50070	1563	179928	-	180035	52416
1514	174636	-	174743	50116	1564	180036	-	180143	52464
1515	174744	-	174851	50162	1565	180144	-	180251	52512
1516	174852	-	174959	50208	1566	180252	-	180359	52558
1517	174960	-	175067	50256	1567	180360	-	180467	52606
1518	175068	-	175175	50302	1568	180468	-	180575	52654
1519	175176	-	175283	50348	1569	180576	-	180683	52702
1520	175284	-	175391	50396	1570	180684	-	180791	52748
1521	175392	-	175499	50442	1571	180792	-	180899	52796
1522	175500	-	175607	50488	1572	180900	-	181007	52844
1523	175608	-	175715	50536	1573	181008	-	181115	52892
1524	175716	-	175823	50582	1574	181116	-	181223	52938
1525	175824	-	175931	50628	1575	181224	-	181331	52986
1526	175932	-	176039	50676	1576	181332	-	181439	53034
1527	176040	-	176147	50722	1577	181440	-	181547	53082
1528	176148	-	176255	50768	1578	181548	-	181655	53130
1529	176256	-	176363	50816	1579	181656	-	181763	53176
1530	176364	-	176471	50862	1580	181764	-	181871	53224
1531	176472	-	176579	50910	1581	181872	-	181979	53272
1532	176580	-	176687	50956	1582	181980	-	182087	53320
1533	176688	-	176795	51002	1583	182088	-	182195	53368
1534	176796	-	176903	51050	1584	182196	-	182303	53416
1535	176904	-	177011	51096	1585	182304	-	182411	53464
1536	177012	-	177119	51144	1586	182412	-	182519	53512
1537	177120	-	177227	51190	1587	182520	-	182627	53558
1538	177228	-	177335	51238	1588	182628	-	182735	53606
1539	177336	-	177443	51284	1589	182736	-	182843	53654
1540	177444	-	177551	51332	1590	182844	-	182951	53702
1541	177552	-	177659	51378	1591	182952	-	183059	53750
1542	177660	-	177767	51426	1592	183060	-	183167	53798
1543	177768	-	177875	51472	1593	183168	-	183275	53846
1544	177876	-	177983	51520	1594	183276	-	183383	53894
1545	177984	-	178091	51566	1595	183384	-	183491	53942
1546	178092	-	178199	51614	1596	183492	-	183599	53990
1547	178200	-	178307	51660	1597	183600	-	183707	54038
1548	178308	-	178415	51708	1598	183708	-	183815	54086
1549	178416	-	178523	51754	1599	183816	-	183923	54134
1550	178524	-	178631	51802	1600	183924	-	184031	54182

Einkommensteuergesetz
Anlage 2
Einkommensteuer-Splittingtabelle 1990

Einkommensteuer-Splittingtabelle 1990

lfd. Nr.	zu versteuerndes Einkommen in DM von – bis	tarifliche Einkommensteuer in DM	lfd. Nr.	zu versteuerndes Einkommen in DM von – bis	tarifliche Einkommensteuer in DM
1601	184032 – 184139	54230	1651	189432 – 189539	56656
1602	184140 – 184247	54278	1652	189540 – 189647	56704
1603	184248 – 184355	54326	1653	189648 – 189755	56754
1604	184356 – 184463	54374	1654	189756 – 189863	56802
1605	184464 – 184571	54422	1655	189864 – 189971	56852
1606	184572 – 184679	54470	1656	189972 – 190079	56900
1607	184680 – 184787	54518	1657	190080 – 190187	56950
1608	184788 – 184895	54566	1658	190188 – 190295	56998
1609	184896 – 185003	54616	1659	190296 – 190403	57048
1610	185004 – 185111	54664	1660	190404 – 190511	57096
1611	185112 – 185219	54712	1661	190512 – 190619	57146
1612	185220 – 185327	54760	1662	190620 – 190727	57194
1613	185328 – 185435	54808	1663	190728 – 190835	57244
1614	185436 – 185543	54856	1664	190836 – 190943	57292
1615	185544 – 185651	54904	1665	190944 – 191051	57342
1616	185652 – 185759	54952	1666	191052 – 191159	57392
1617	185760 – 185867	55002	1667	191160 – 191267	57440
1618	185868 – 185975	55050	1668	191268 – 191375	57490
1619	185976 – 186083	55098	1669	191376 – 191483	57540
1620	186084 – 186191	55146	1670	191484 – 191591	57588
1621	186192 – 186299	55194	1671	191592 – 191699	57638
1622	186300 – 186407	55244	1672	191700 – 191807	57686
1623	186408 – 186515	55292	1673	191808 – 191915	57736
1624	186516 – 186623	55340	1674	191916 – 192023	57786
1625	186624 – 186731	55388	1675	192024 – 192131	57834
1626	186732 – 186839	55438	1676	192132 – 192239	57884
1627	186840 – 186947	55486	1677	192240 – 192347	57934
1628	186948 – 187055	55534	1678	192348 – 192455	57984
1629	187056 – 187163	55582	1679	192456 – 192563	58032
1630	187164 – 187271	55632	1680	192564 – 192671	58082
1631	187272 – 187379	55680	1681	192672 – 192779	58132
1632	187380 – 187487	55728	1682	192780 – 192887	58182
1633	187488 – 187595	55776	1683	192888 – 192995	58230
1634	187596 – 187703	55826	1684	192996 – 193103	58280
1635	187704 – 187811	55874	1685	193104 – 193211	58330
1636	187812 – 187919	55922	1686	193212 – 193319	58380
1637	187920 – 188027	55972	1687	193320 – 193427	58428
1638	188028 – 188135	56020	1688	193428 – 193535	58478
1639	188136 – 188243	56070	1689	193536 – 193643	58528
1640	188244 – 188351	56118	1690	193644 – 193751	58578
1641	188352 – 188459	56166	1691	193752 – 193859	58628
1642	188460 – 188567	56216	1692	193860 – 193967	58676
1643	188568 – 188675	56264	1693	193968 – 194075	58726
1644	188676 – 188783	56312	1694	194076 – 194183	58776
1645	188784 – 188891	56362	1695	194184 – 194291	58826
1646	188892 – 188999	56410	1696	194292 – 194399	58876
1647	189000 – 189107	56460	1697	194400 – 194507	58926
1648	189108 – 189215	56508	1698	194508 – 194615	58976
1649	189216 – 189323	56558	1699	194616 – 194723	59026
1650	189324 – 189431	56606	1700	194724 – 194831	59074

Einkommensteuergesetz

Anlage 2
Einkommensteuer-Splittingtabelle 1990

Einkommensteuer-Splittingtabelle 1990

lfd. Nr.	zu versteuerndes Einkommen in DM von		bis	tarifliche Einkommensteuer in DM	lfd. Nr.	zu versteuerndes Einkommen in DM von		bis	tarifliche Einkommensteuer in DM
1701	194832	-	194939	59124	1751	200232	-	200339	61638
1702	194940	-	195047	59174	1752	200340	-	200447	61690
1703	195048	-	195155	59224	1753	200448	-	200555	61740
1704	195156	-	195263	59274	1754	200556	-	200663	61790
1705	195264	-	195371	59324	1755	200664	-	200771	61842
1706	195372	-	195479	59374	1756	200772	-	200879	61892
1707	195480	-	195587	59424	1757	200880	-	200987	61944
1708	195588	-	195695	59474	1758	200988	-	201095	61994
1709	195696	-	195803	59524	1759	201096	-	201203	62044
1710	195804	-	195911	59574	1760	201204	-	201311	62096
1711	195912	-	196019	59624	1761	201312	-	201419	62146
1712	196020	-	196127	59674	1762	201420	-	201527	62198
1713	196128	-	196235	59724	1763	201528	-	201635	62248
1714	196236	-	196343	59774	1764	201636	-	201743	62300
1715	196344	-	196451	59824	1765	201744	-	201851	62350
1716	196452	-	196559	59874	1766	201852	-	201959	62402
1717	196560	-	196667	59924	1767	201960	-	202067	62452
1718	196668	-	196775	59974	1768	202068	-	202175	62504
1719	196776	-	196883	60024	1769	202176	-	202283	62554
1720	196884	-	196991	60074	1770	202284	-	202391	62606
1721	196992	-	197099	60124	1771	202392	-	202499	62656
1722	197100	-	197207	60176	1772	202500	-	202607	62708
1723	197208	-	197315	60226	1773	202608	-	202715	62758
1724	197316	-	197423	60276	1774	202716	-	202823	62810
1725	197424	-	197531	60326	1775	202824	-	202931	62860
1726	197532	-	197639	60376	1776	202932	-	203039	62912
1727	197640	-	197747	60426	1777	203040	-	203147	62964
1728	197748	-	197855	60476	1778	203148	-	203255	63014
1729	197856	-	197963	60526	1779	203256	-	203363	63066
1730	197964	-	198071	60578	1780	203364	-	203471	63116
1731	198072	-	198179	60628	1781	203472	-	203579	63168
1732	198180	-	198287	60678	1782	203580	-	203687	63220
1733	198288	-	198395	60728	1783	203688	-	203795	63270
1734	198396	-	198503	60778	1784	203796	-	203903	63322
1735	198504	-	198611	60830	1785	203904	-	204011	63374
1736	198612	-	198719	60880	1786	204012	-	204119	63424
1737	198720	-	198827	60930	1787	204120	-	204227	63476
1738	198828	-	198935	60980	1788	204228	-	204335	63528
1739	198936	-	199043	61032	1789	204336	-	204443	63578
1740	199044	-	199151	61082	1790	204444	-	204551	63630
1741	199152	-	199259	61132	1791	204552	-	204659	63682
1742	199260	-	199367	61182	1792	204660	-	204767	63732
1743	199368	-	199475	61234	1793	204768	-	204875	63784
1744	199476	-	199583	61284	1794	204876	-	204983	63836
1745	199584	-	199691	61334	1795	204984	-	205091	63888
1746	199692	-	199799	61386	1796	205092	-	205199	63938
1747	199800	-	199907	61436	1797	205200	-	205307	63990
1748	199908	-	200015	61486	1798	205308	-	205415	64042
1749	200016	-	200123	61538	1799	205416	-	205523	64094
1750	200124	-	200231	61588	1800	205524	-	205631	64144

Einkommensteuergesetz

Anlage 2
Einkommensteuer-Splittingtabelle 1990

Einkommensteuer-Splittingtabelle 1990

lfd. Nr.	zu versteuerndes Einkommen in DM von – bis	tarifliche Einkommensteuer in DM	lfd. Nr.	zu versteuerndes Einkommen in DM von – bis	tarifliche Einkommensteuer in DM
1801	205632 – 205739	64196	1851	211032 – 211139	66798
1802	205740 – 205847	64248	1852	211140 – 211247	66852
1803	205848 – 205955	64300	1853	211248 – 211355	66904
1804	205956 – 206063	64352	1854	211356 – 211463	66956
1805	206064 – 206171	64404	1855	211464 – 211571	67010
1806	206172 – 206279	64454	1856	211572 – 211679	67062
1807	206280 – 206387	64506	1857	211680 – 211787	67114
1808	206388 – 206495	64558	1858	211788 – 211895	67166
1809	206496 – 206603	64610	1859	211896 – 212003	67220
1810	206604 – 206711	64662	1860	212004 – 212111	67272
1811	206712 – 206819	64714	1861	212112 – 212219	67324
1812	206820 – 206927	64766	1862	212220 – 212327	67378
1813	206928 – 207035	64818	1863	212328 – 212435	67430
1814	207036 – 207143	64868	1864	212436 – 212543	67482
1815	207144 – 207251	64920	1865	212544 – 212651	67536
1816	207252 – 207359	64972	1866	212652 – 212759	67588
1817	207360 – 207467	65024	1867	212760 – 212867	67642
1818	207468 – 207575	65076	1868	212868 – 212975	67694
1819	207576 – 207683	65128	1869	212976 – 213083	67746
1820	207684 – 207791	65180	1870	213084 – 213191	67800
1821	207792 – 207899	65232	1871	213192 – 213299	67852
1822	207900 – 208007	65284	1872	213300 – 213407	67906
1823	208008 – 208115	65336	1873	213408 – 213515	67958
1824	208116 – 208223	65388	1874	213516 – 213623	68010
1825	208224 – 208331	65440	1875	213624 – 213731	68064
1826	208332 – 208439	65492	1876	213732 – 213839	68116
1827	208440 – 208547	65544	1877	213840 – 213947	68170
1828	208548 – 208655	65596	1878	213948 – 214055	68222
1829	208656 – 208763	65648	1879	214056 – 214163	68276
1830	208764 – 208871	65700	1880	214164 – 214271	68328
1831	208872 – 208979	65752	1881	214272 – 214379	68382
1832	208980 – 209087	65804	1882	214380 – 214487	68434
1833	209088 – 209195	65856	1883	214488 – 214595	68488
1834	209196 – 209303	65910	1884	214596 – 214703	68540
1835	209304 – 209411	65962	1885	214704 – 214811	68594
1836	209412 – 209519	66014	1886	214812 – 214919	68646
1837	209520 – 209627	66066	1887	214920 – 215027	68700
1838	209628 – 209735	66118	1888	215028 – 215135	68754
1839	209736 – 209843	66170	1889	215136 – 215243	68806
1840	209844 – 209951	66222	1890	215244 – 215351	68860
1841	209952 – 210059	66274	1891	215352 – 215459	68912
1842	210060 – 210167	66328	1892	215460 – 215567	68966
1843	210168 – 210275	66380	1893	215568 – 215675	69020
1844	210276 – 210383	66432	1894	215676 – 215783	69072
1845	210384 – 210491	66484	1895	215784 – 215891	69126
1846	210492 – 210599	66536	1896	215892 – 215999	69178
1847	210600 – 210707	66590	1897	216000 – 216107	69232
1848	210708 – 210815	66642	1898	216108 – 216215	69286
1849	210816 – 210923	66694	1899	216216 – 216323	69338
1850	210924 – 211031	66746	1900	216324 – 216431	69392

Einkommensteuergesetz

Anlage 2
Einkommensteuer-Splittingtabelle 1990

Einkommensteuer-Splittingtabelle 1990

lfd. Nr.	zu versteuerndes Einkommen in DM von		bis	tarifliche Einkommensteuer in DM	lfd. Nr.	zu versteuerndes Einkommen in DM von		bis	tarifliche Einkommensteuer in DM
1901	216432	-	216539	69446	1951	221832	-	221939	72136
1902	216540	-	216647	69498	1952	221940	-	222047	72190
1903	216648	-	216755	69552	1953	222048	-	222155	72246
1904	216756	-	216863	69606	1954	222156	-	222263	72300
1905	216864	-	216971	69660	1955	222264	-	222371	72354
1906	216972	-	217079	69712	1956	222372	-	222479	72408
1907	217080	-	217187	69766	1957	222480	-	222587	72462
1908	217188	-	217295	69820	1958	222588	-	222695	72516
1909	217296	-	217403	69874	1959	222696	-	222803	72572
1910	217404	-	217511	69926	1960	222804	-	222911	72626
1911	217512	-	217619	69980	1961	222912	-	223019	72680
1912	217620	-	217727	70034	1962	223020	-	223127	72734
1913	217728	-	217835	70088	1963	223128	-	223235	72790
1914	217836	-	217943	70142	1964	223236	-	223343	72844
1915	217944	-	218051	70194	1965	223344	-	223451	72898
1916	218052	-	218159	70248	1966	223452	-	223559	72952
1917	218160	-	218267	70302	1967	223560	-	223667	73008
1918	218268	-	218375	70356	1968	223668	-	223775	73062
1919	218376	-	218483	70410	1969	223776	-	223883	73116
1920	218484	-	218591	70462	1970	223884	-	223991	73170
1921	218592	-	218699	70516	1971	223992	-	224099	73226
1922	218700	-	218807	70570	1972	224100	-	224207	73280
1923	218808	-	218915	70624	1973	224208	-	224315	73334
1924	218916	-	219023	70678	1974	224316	-	224423	73390
1925	219024	-	219131	70732	1975	224424	-	224531	73444
1926	219132	-	219239	70786	1976	224532	-	224639	73498
1927	219240	-	219347	70840	1977	224640	-	224747	73554
1928	219348	-	219455	70894	1978	224748	-	224855	73608
1929	219456	-	219563	70948	1979	224856	-	224963	73662
1930	219564	-	219671	71002	1980	224964	-	225071	73718
1931	219672	-	219779	71054	1981	225072	-	225179	73772
1932	219780	-	219887	71108	1982	225180	-	225287	73828
1933	219888	-	219995	71162	1983	225288	-	225395	73882
1934	219996	-	220103	71216	1984	225396	-	225503	73936
1935	220104	-	220211	71270	1985	225504	-	225611	73992
1936	220212	-	220319	71324	1986	225612	-	225719	74046
1937	220320	-	220427	71378	1987	225720	-	225827	74102
1938	220428	-	220535	71432	1988	225828	-	225935	74156
1939	220536	-	220643	71486	1989	225936	-	226043	74212
1940	220644	-	220751	71540	1990	226044	-	226151	74266
1941	220752	-	220859	71594	1991	226152	-	226259	74322
1942	220860	-	220967	71648	1992	226260	-	226367	74376
1943	220968	-	221075	71704	1993	226368	-	226475	74432
1944	221076	-	221183	71758	1994	226476	-	226583	74486
1945	221184	-	221291	71812	1995	226584	-	226691	74542
1946	221292	-	221399	71866	1996	226692	-	226799	74596
1947	221400	-	221507	71920	1997	226800	-	226907	74652
1948	221508	-	221615	71974	1998	226908	-	227015	74706
1949	221616	-	221723	72028	1999	227016	-	227123	74762
1950	221724	-	221831	72082	2000	227124	-	227231	74816

Einkommensteuergesetz
Anlage 2
Einkommensteuer-Splittingtabelle 1990

Einkommensteuer-Splittingtabelle 1990

lfd. Nr.	zu versteuerndes Einkommen in DM von – bis	tarifliche Einkommensteuer in DM	lfd. Nr.	zu versteuerndes Einkommen in DM von – bis	tarifliche Einkommensteuer in DM
2001	227232 – 227339	74872	2051	232632 – 232739	77652
2002	227340 – 227447	74928	2052	232740 – 232847	77708
2003	227448 – 227555	74982	2053	232848 – 232955	77764
2004	227556 – 227663	75038	2054	232956 – 233063	77820
2005	227664 – 227771	75092	2055	233064 – 233171	77876
2006	227772 – 227879	75148	2056	233172 – 233279	77932
2007	227880 – 227987	75204	2057	233280 – 233387	77988
2008	227988 – 228095	75258	2058	233388 – 233495	78044
2009	228096 – 228203	75314	2059	233496 – 233603	78100
2010	228204 – 228311	75368	2060	233604 – 233711	78156
2011	228312 – 228419	75424	2061	233712 – 233819	78212
2012	228420 – 228527	75480	2062	233820 – 233927	78270
2013	228528 – 228635	75534	2063	233928 – 234035	78326
2014	228636 – 228743	75590	2064	234036 – 234143	78382
2015	228744 – 228851	75646	2065	234144 – 234251	78438
2016	228852 – 228959	75702	2066	234252 – 234359	78494
2017	228960 – 229067	75756	2067	234360 – 234467	78550
2018	229068 – 229175	75812	2068	234468 – 234575	78606
2019	229176 – 229283	75868	2069	234576 – 234683	78664
2020	229284 – 229391	75922	2070	234684 – 234791	78720
2021	229392 – 229499	75978	2071	234792 – 234899	78776
2022	229500 – 229607	76034	2072	234900 – 235007	78832
2023	229608 – 229715	76090	2073	235008 – 235115	78888
2024	229716 – 229823	76146	2074	235116 – 235223	78946
2025	229824 – 229931	76200	2075	235224 – 235331	79002
2026	229932 – 230039	76256	2076	235332 – 235439	79058
2027	230040 – 230147	76312	2077	235440 – 235547	79114
2028	230148 – 230255	76368	2078	235548 – 235655	79170
2029	230256 – 230363	76424	2079	235656 – 235763	79228
2030	230364 – 230471	76478	2080	235764 – 235871	79284
2031	230472 – 230579	76534	2081	235872 – 235979	79340
2032	230580 – 230687	76590	2082	235980 – 236087	79398
2033	230688 – 230795	76646	2083	236088 – 236195	79454
2034	230796 – 230903	76702	2084	236196 – 236303	79510
2035	230904 – 231011	76758	2085	236304 – 236411	79568
2036	231012 – 231119	76814	2086	236412 – 236519	79624
2037	231120 – 231227	76868	2087	236520 – 236627	79680
2038	231228 – 231335	76924	2088	236628 – 236735	79736
2039	231336 – 231443	76980	2089	236736 – 236843	79794
2040	231444 – 231551	77036	2090	236844 – 236951	79850
2041	231552 – 231659	77092	2091	236952 – 237059	79908
2042	231660 – 231767	77148	2092	237060 – 237167	79964
2043	231768 – 231875	77204	2093	237168 – 237275	80020
2044	231876 – 231983	77260	2094	237276 – 237383	80078
2045	231984 – 232091	77316	2095	237384 – 237491	80134
2046	232092 – 232199	77372	2096	237492 – 237599	80192
2047	232200 – 232307	77428	2097	237600 – 237707	80248
2048	232308 – 232415	77484	2098	237708 – 237815	80304
2049	232416 – 232523	77540	2099	237816 – 237923	80362
2050	232524 – 232631	77596	2100	237924 – 238031	80418

Einkommensteuergesetz

Anlage 2
Einkommensteuer-Splittingtabelle 1990

Einkommensteuer-Splittingtabelle 1990

lfd. Nr.	zu versteuerndes Einkommen in DM von — bis	tarifliche Einkommen-steuer in DM	lfd. Nr.	zu versteuerndes Einkommen in DM von — bis	tarifliche Einkommen-steuer in DM
2101	238032 - 238139	80476	2111	239112 - 239219	81046
2102	238140 - 238247	80532	2112	239220 - 239327	81102
2103	238248 - 238355	80590	2113	239328 - 239435	81160
2104	238356 - 238463	80646	2114	239436 - 239543	81216
2105	238464 - 238571	80704	2115	239544 - 239651	81274
2106	238572 - 238679	80760	2116	239652 - 239759	81332
2107	238680 - 238787	80818	2117	239760 - 239867	81388
2108	238788 - 238895	80874	2118	239868 - 239975	81446
2109	238896 - 239003	80932	2119	239976 - 240083	81502
2110	239004 - 239111	80988			

Einkommensteuergesetz

Anlage 1

Einkommensteuer-Grundtabelle ab 1988

Einkommensteuer-Grundtabelle ab 1988

Anlage 1[1])
(§ 32 a Abs. 4 EStG)

lfd. Nr.	zu versteuerndes Einkommen in DM von – bis	tarifliche Einkommensteuer in DM		lfd. Nr.	zu versteuerndes Einkommen in DM von – bis	tarifliche Einkommensteuer in DM
1	0 – 4805	0	*	61	7992 – 8045	713
2	4806 – 4859	12	*	62	8046 – 8099	725
3	4860 – 4913	24	*	63	8100 – 8153	737
4	4914 – 4967	36	*	64	8154 – 8207	748
5	4968 – 5021	47	*	65	8208 – 8261	760
6	5022 – 5075	59	*	66	8262 – 8315	772
7	5076 – 5129	71	*	67	8316 – 8369	784
8	5130 – 5183	83	*	68	8370 – 8423	796
9	5184 – 5237	95	*	69	8424 – 8477	808
10	5238 – 5291	107	*	70	8478 – 8531	820
11	5292 – 5345	119	*	71	8532 – 8585	832
12	5346 – 5399	131	*	72	8586 – 8639	843
13	5400 – 5453	143	*	73	8640 – 8693	855
14	5454 – 5507	154	*	74	8694 – 8747	867
15	5508 – 5561	166	*	75	8748 – 8801	879
16	5562 – 5615	178	*	76	8802 – 8855	891
17	5616 – 5669	190	*	77	8856 – 8909	903
18	5670 – 5723	202	*	78	8910 – 8963	915
19	5724 – 5777	214	*	79	8964 – 9017	927
20	5778 – 5831	226	*	80	9018 – 9071	938
21	5832 – 5885	238	*	81	9072 – 9125	950
22	5886 – 5939	249	*	82	9126 – 9179	962
23	5940 – 5993	261	*	83	9180 – 9233	974
24	5994 – 6047	273	*	84	9234 – 9287	986
25	6048 – 6101	285	*	85	9288 – 9341	998
26	6102 – 6155	297	*	86	9342 – 9395	1010
27	6156 – 6209	309	*	87	9396 – 9449	1022
28	6210 – 6263	321	*	88	9450 – 9503	1034
29	6264 – 6317	333	*	89	9504 – 9557	1045
30	6318 – 6371	344	*	90	9558 – 9611	1057
31	6372 – 6425	356	*	91	9612 – 9665	1069
32	6426 – 6479	368	*	92	9666 – 9719	1081
33	6480 – 6533	380	*	93	9720 – 9773	1093
34	6534 – 6587	392	*	94	9774 – 9827	1105
35	6588 – 6641	404	*	95	9828 – 9881	1117
36	6642 – 6695	416	*	96	9882 – 9935	1129
37	6696 – 6749	428	*	97	9936 – 9989	1140
38	6750 – 6803	440	*	98	9990 – 10043	1152
39	6804 – 6857	451	*	99	10044 – 10097	1164
40	6858 – 6911	463	*	100	10098 – 10151	1176
41	6912 – 6965	475	*	101	10152 – 10205	1188
42	6966 – 7019	487	*	102	10206 – 10259	1200
43	7020 – 7073	499	*	103	10260 – 10313	1212
44	7074 – 7127	511	*	104	10314 – 10367	1224
45	7128 – 7181	523	*	105	10368 – 10421	1235
46	7182 – 7235	535	*	106	10422 – 10475	1247
47	7236 – 7289	546	*	107	10476 – 10529	1259
48	7290 – 7343	558	*	108	10530 – 10583	1271
49	7344 – 7397	570	*	109	10584 – 10637	1283
50	7398 – 7451	582	*	110	10638 – 10691	1295
51	7452 – 7505	594	*	111	10692 – 10745	1307
52	7506 – 7559	606	*	112	10746 – 10799	1319
53	7560 – 7613	618	*	113	10800 – 10853	1331
54	7614 – 7667	630	*	114	10854 – 10907	1342
55	7668 – 7721	641	*	115	10908 – 10961	1354
56	7722 – 7775	653	*	116	10962 – 11015	1366
57	7776 – 7829	665	*	117	11016 – 11069	1378
58	7830 – 7883	677	*	118	11070 – 11123	1390
59	7884 – 7937	689	*	119	11124 – 11177	1402
60	7938 – 7991	701	*	120	11178 – 11231	1414

[1]) Siehe Fußnote 1 auf S. 124 y.

Einkommensteuergesetz
Anlage 1
Einkommensteuer-Grundtabelle ab 1988

noch Einkommensteuer-Grundtabelle ab 1988

lfd. Nr.	zu versteuerndes Einkommen in DM von	bis	tarifliche Einkommensteuer in DM		lfd. Nr.	zu versteuerndes Einkommen in DM von	bis	tarifliche Einkommensteuer in DM
121	11232	11285	1426	*	181	14472	14525	2138
122	11286	11339	1437	*	182	14526	14579	2150
123	11340	11393	1449	*	183	14580	14633	2162
124	11394	11447	1461	*	184	14634	14687	2174
125	11448	11501	1473	*	185	14688	14741	2186
126	11502	11555	1485	*	186	14742	14795	2198
127	11556	11609	1497	*	187	14796	14849	2210
128	11610	11663	1509	*	188	14850	14903	2222
129	11664	11717	1521	*	189	14904	14957	2233
130	11718	11771	1532	*	190	14958	15011	2245
131	11772	11825	1544	*	191	15012	15065	2257
132	11826	11879	1556	*	192	15066	15119	2269
133	11880	11933	1568	*	193	15120	15173	2281
134	11934	11987	1580	*	194	15174	15227	2293
135	11988	12041	1592	*	195	15228	15281	2305
136	12042	12095	1604	*	196	15282	15335	2317
137	12096	12149	1616	*	197	15336	15389	2328
138	12150	12203	1628	*	198	15390	15443	2340
139	12204	12257	1639	*	199	15444	15497	2352
140	12258	12311	1651	*	200	15498	15551	2364
141	12312	12365	1663	*	201	15552	15605	2376
142	12366	12419	1675	*	202	15606	15659	2388
143	12420	12473	1687	*	203	15660	15713	2400
144	12474	12527	1699	*	204	15714	15767	2412
145	12528	12581	1711	*	205	15768	15821	2423
146	12582	12635	1723	*	206	15822	15875	2435
147	12636	12689	1734	*	207	15876	15929	2447
148	12690	12743	1746	*	208	15930	15983	2459
149	12744	12797	1758	*	209	15984	16037	2471
150	12798	12851	1770	*	210	16038	16091	2483
151	12852	12905	1782	*	211	16092	16145	2495
152	12906	12959	1794	*	212	16146	16199	2507
153	12960	13013	1806	*	213	16200	16253	2519
154	13014	13067	1818	*	214	16254	16307	2530
155	13068	13121	1829	*	215	16308	16361	2542
156	13122	13175	1841	*	216	16362	16415	2554
157	13176	13229	1853	*	217	16416	16469	2566
158	13230	13283	1865	*	218	16470	16523	2578
159	13284	13337	1877	*	219	16524	16577	2590
160	13338	13391	1889	*	220	16578	16631	2602
161	13392	13445	1901	*	221	16632	16685	2614
162	13446	13499	1913	*	222	16686	16739	2625
163	13500	13553	1925	*	223	16740	16793	2637
164	13554	13607	1936	*	224	16794	16847	2649
165	13608	13661	1948	*	225	16848	16901	2661
166	13662	13715	1960	*	226	16902	16955	2673
167	13716	13769	1972	*	227	16956	17009	2685
168	13770	13823	1984	*	228	17010	17063	2697
169	13824	13877	1996	*	229	17064	17117	2709
170	13878	13931	2008	*	230	17118	17171	2720
171	13932	13985	2020	*	231	17172	17225	2732
172	13986	14039	2031	*	232	17226	17279	2744
173	14040	14093	2043	*	233	17280	17333	2756
174	14094	14147	2055	*	234	17334	17387	2768
175	14148	14201	2067	*	235	17388	17441	2780
176	14202	14255	2079	*	236	17442	17495	2792
177	14256	14309	2091	*	237	17496	17549	2804
178	14310	14363	2103	*	238	17550	17603	2816
179	14364	14417	2115	*	239	17604	17657	2827
180	14418	14471	2126	*	240	17658	17711	2839

Einkommensteuergesetz

Anlage 1

Einkommensteuer-Grundtabelle ab 1988

Seite 133

noch Einkommensteuer-Grundtabelle ab 1988

lfd. Nr.	zu versteuerndes Einkommen in DM von	bis	tarifliche Einkommensteuer in DM		lfd. Nr.	zu versteuerndes Einkommen in DM von	bis	tarifliche Einkommensteuer in DM
241	17712	17765	2851	*	301	20952	21005	3598
242	17766	17819	2863	*	302	21006	21059	3611
243	17820	17873	2875	*	303	21060	21113	3624
244	17874	17927	2887	*	304	21114	21167	3637
245	17928	17981	2899	*	305	21168	21221	3651
246	17982	18035	2911	*	306	21222	21275	3664
247	18036	18089	2922	*	307	21276	21329	3677
248	18090	18143	2934	*	308	21330	21383	3690
249	18144	18197	2946	*	309	21384	21437	3703
250	18198	18251	2958	*	310	21438	21491	3717
251	18252	18305	2970	*	311	21492	21545	3730
252	18306	18359	2982	*	312	21546	21599	3743
253	18360	18413	2994	*	313	21600	21653	3757
254	18414	18467	3006	*	314	21654	21707	3770
255	18468	18521	3018	*	315	21708	21761	3784
256	18522	18575	3030	*	316	21762	21815	3797
257	18576	18629	3043	*	317	21816	21869	3810
258	18630	18683	3055	*	318	21870	21923	3824
259	18684	18737	3067	*	319	21924	21977	3837
260	18738	18791	3079	*	320	21978	22031	3851
261	18792	18845	3091	*	321	22032	22085	3864
262	18846	18899	3103	*	322	22086	22139	3878
263	18900	18953	3116	*	323	22140	22193	3891
264	18954	19007	3128	*	324	22194	22247	3905
265	19008	19061	3140	*	325	22248	22301	3919
266	19062	19115	3153	*	326	22302	22355	3932
267	19116	19169	3165	*	327	22356	22409	3946
268	19170	19223	3177	*	328	22410	22463	3960
269	19224	19277	3190	*	329	22464	22517	3973
270	19278	19331	3202	*	330	22518	22571	3987
271	19332	19385	3215	*	331	22572	22625	4001
272	19386	19439	3227	*	332	22626	22679	4015
273	19440	19493	3240	*	333	22680	22733	4028
274	19494	19547	3252	*	334	22734	22787	4042
275	19548	19601	3265	*	335	22788	22841	4056
276	19602	19655	3277	*	336	22842	22895	4070
277	19656	19709	3290	*	337	22896	22949	4084
278	19710	19763	3302	*	338	22950	23003	4098
279	19764	19817	3315	*	339	23004	23057	4111
280	19818	19871	3328	*	340	23058	23111	4125
281	19872	19925	3340	*	341	23112	23165	4139
282	19926	19979	3353	*	342	23166	23219	4153
283	19980	20033	3366	*	343	23220	23273	4167
284	20034	20087	3378	*	344	23274	23327	4181
285	20088	20141	3391	*	345	23328	23381	4195
286	20142	20195	3404	*	346	23382	23435	4209
287	20196	20249	3417	*	347	23436	23489	4224
288	20250	20303	3429	*	348	23490	23543	4238
289	20304	20357	3442	*	349	23544	23597	4252
290	20358	20411	3455	*	350	23598	23651	4266
291	20412	20465	3468	*	351	23652	23705	4280
292	20466	20519	3481	*	352	23706	23759	4294
293	20520	20573	3494	*	353	23760	23813	4308
294	20574	20627	3507	*	354	23814	23867	4323
295	20628	20681	3520	*	355	23868	23921	4337
296	20682	20735	3533	*	356	23922	23975	4351
297	20736	20789	3546	*	357	23976	24029	4365
298	20790	20843	3559	*	358	24030	24083	4380
299	20844	20897	3572	*	359	24084	24137	4394
300	20898	20951	3585	*	360	24138	24191	4408

Einkommensteuergesetz
Anlage 1
Einkommensteuer-Grundtabelle ab 1988

noch Einkommensteuer-Grundtabelle ab 1988

lfd. Nr.	zu versteuerndes Einkommen in DM von		bis	tarifliche Einkommensteuer in DM		lfd. Nr.	zu versteuerndes Einkommen in DM von		bis	tarifliche Einkommensteuer in DM
361	24192	-	24245	4423	*	421	27432	-	27485	5322
362	24246	-	24299	4437	*	422	27486	-	27539	5337
363	24300	-	24353	4452	*	423	27540	-	27593	5353
364	24354	-	24407	4466	*	424	27594	-	27647	5368
365	24408	-	24461	4480	*	425	27648	-	27701	5384
366	24462	-	24515	4495	*	426	27702	-	27755	5400
367	24516	-	24569	4509	*	427	27756	-	27809	5415
368	24570	-	24623	4524	*	428	27810	-	27863	5431
369	24624	-	24677	4538	*	429	27864	-	27917	5447
370	24678	-	24731	4553	*	430	27918	-	27971	5463
371	24732	-	24785	4568	*	431	27972	-	28025	5478
372	24786	-	24839	4582	*	432	28026	-	28079	5494
373	24840	-	24893	4597	*	433	28080	-	28133	5510
374	24894	-	24947	4611	*	434	28134	-	28187	5526
375	24948	-	25001	4626	*	435	28188	-	28241	5542
376	25002	-	25055	4641	*	436	28242	-	28295	5557
377	25056	-	25109	4655	*	437	28296	-	28349	5573
378	25110	-	25163	4670	*	438	28350	-	28403	5589
379	25164	-	25217	4685	*	439	28404	-	28457	5605
380	25218	-	25271	4700	*	440	28458	-	28511	5621
381	25272	-	25325	4714	*	441	28512	-	28565	5637
382	25326	-	25379	4729	*	442	28566	-	28619	5653
383	25380	-	25433	4744	*	443	28620	-	28673	5669
384	25434	-	25487	4759	*	444	28674	-	28727	5685
385	25488	-	25541	4774	*	445	28728	-	28781	5701
386	25542	-	25595	4789	*	446	28782	-	28835	5717
387	25596	-	25649	4803	*	447	28836	-	28889	5733
388	25650	-	25703	4818	*	448	28890	-	28943	5749
389	25704	-	25757	4833	*	449	28944	-	28997	5765
390	25758	-	25811	4848	*	450	28998	-	29051	5781
391	25812	-	25865	4863	*	451	29052	-	29105	5798
392	25866	-	25919	4878	*	452	29106	-	29159	5814
393	25920	-	25973	4893	*	453	29160	-	29213	5830
394	25974	-	26027	4908	*	454	29214	-	29267	5846
395	26028	-	26081	4923	*	455	29268	-	29321	5862
396	26082	-	26135	4938	*	456	29322	-	29375	5878
397	26136	-	26189	4953	*	457	29376	-	29429	5895
398	26190	-	26243	4969	*	458	29430	-	29483	5911
399	26244	-	26297	4984	*	459	29484	-	29537	5927
400	26298	-	26351	4999	*	460	29538	-	29591	5944
401	26352	-	26405	5014	*	461	29592	-	29645	5960
402	26406	-	26459	5029	*	462	29646	-	29699	5976
403	26460	-	26513	5044	*	463	29700	-	29753	5993
404	26514	-	26567	5060	*	464	29754	-	29807	6009
405	26568	-	26621	5075	*	465	29808	-	29861	6025
406	26622	-	26675	5090	*	466	29862	-	29915	6042
407	26676	-	26729	5105	*	467	29916	-	29969	6058
408	26730	-	26783	5121	*	468	29970	-	30023	6075
409	26784	-	26837	5136	*	469	30024	-	30077	6091
410	26838	-	26891	5151	*	470	30078	-	30131	6108
411	26892	-	26945	5167	*	471	30132	-	30185	6124
412	26946	-	26999	5182	*	472	30186	-	30239	6141
413	27000	-	27053	5198	*	473	30240	-	30293	6157
414	27054	-	27107	5213	*	474	30294	-	30347	6174
415	27108	-	27161	5229	*	475	30348	-	30401	6190
416	27162	-	27215	5244	*	476	30402	-	30455	6207
417	27216	-	27269	5259	*	477	30456	-	30509	6224
418	27270	-	27323	5275	*	478	30510	-	30563	6240
419	27324	-	27377	5291	*	479	30564	-	30617	6257
420	27378	-	27431	5306	*	480	30618	-	30671	6274

Einkommensteuergesetz

Anlage 1

Einkommensteuer-Grundtabelle ab 1988

noch Einkommensteuer-Grundtabelle ab 1988

lfd. Nr.	zu versteuerndes Einkommen in DM von		bis	tarifliche Einkommensteuer in DM		lfd. Nr.	zu versteuerndes Einkommen in DM von		bis	tarifliche Einkommensteuer in DM
481	30672	-	30725	6290	*	541	33912	-	33965	7325
482	30726	-	30779	6307	*	542	33966	-	34019	7343
483	30780	-	30833	6324	*	543	34020	-	34073	7360
484	30834	-	30887	6341	*	544	34074	-	34127	7378
485	30888	-	30941	6357	*	545	34128	-	34181	7396
486	30942	-	30995	6374	*	546	34182	-	34235	7414
487	30996	-	31049	6391	*	547	34236	-	34289	7432
488	31050	-	31103	6408	*	548	34290	-	34343	7450
489	31104	-	31157	6425	*	549	34344	-	34397	7467
490	31158	-	31211	6441	*	550	34398	-	34451	7485
491	31212	-	31265	6458	*	551	34452	-	34505	7503
492	31266	-	31319	6475	*	552	34506	-	34559	7521
493	31320	-	31373	6492	*	553	34560	-	34613	7539
494	31374	-	31427	6509	*	554	34614	-	34667	7557
495	31428	-	31481	6526	*	555	34668	-	34721	7575
496	31482	-	31535	6543	*	556	34722	-	34775	7593
497	31536	-	31589	6560	*	557	34776	-	34829	7611
498	31590	-	31643	6577	*	558	34830	-	34883	7629
499	31644	-	31697	6594	*	559	34884	-	34937	7647
500	31698	-	31751	6611	*	560	34938	-	34991	7665
501	31752	-	31805	6628	*	561	34992	-	35045	7684
502	31806	-	31859	6645	*	562	35046	-	35099	7702
503	31860	-	31913	6662	*	563	35100	-	35153	7720
504	31914	-	31967	6679	*	564	35154	-	35207	7738
505	31968	-	32021	6696	*	565	35208	-	35261	7756
506	32022	-	32075	6714	*	566	35262	-	35315	7774
507	32076	-	32129	6731	*	567	35316	-	35369	7792
508	32130	-	32183	6748	*	568	35370	-	35423	7811
509	32184	-	32237	6765	*	569	35424	-	35477	7829
510	32238	-	32291	6782	*	570	35478	-	35531	7847
511	32292	-	32345	6800	*	571	35532	-	35585	7865
512	32346	-	32399	6817	*	572	35586	-	35639	7884
513	32400	-	32453	6834	*	573	35640	-	35693	7902
514	32454	-	32507	6851	*	574	35694	-	35747	7920
515	32508	-	32561	6869	*	575	35748	-	35801	7939
516	32562	-	32615	6886	*	576	35802	-	35855	7957
517	32616	-	32669	6903	*	577	35856	-	35909	7975
518	32670	-	32723	6921	*	578	35910	-	35963	7994
519	32724	-	32777	6938	*	579	35964	-	36017	8012
520	32778	-	32831	6956	*	580	36018	-	36071	8031
521	32832	-	32885	6973	*	581	36072	-	36125	8049
522	32886	-	32939	6990	*	582	36126	-	36179	8067
523	32940	-	32993	7008	*	583	36180	-	36233	8086
524	32994	-	33047	7025	*	584	36234	-	36287	8104
525	33048	-	33101	7043	*	585	36288	-	36341	8123
526	33102	-	33155	7060	*	586	36342	-	36395	8141
527	33156	-	33209	7078	*	587	36396	-	36449	8160
528	33210	-	33263	7095	*	588	36450	-	36503	8178
529	33264	-	33317	7113	*	589	36504	-	36557	8197
530	33318	-	33371	7130	*	590	36558	-	36611	8216
531	33372	-	33425	7148	*	591	36612	-	36665	8234
532	33426	-	33479	7166	*	592	36666	-	36719	8253
533	33480	-	33533	7183	*	593	36720	-	36773	8271
534	33534	-	33587	7201	*	594	36774	-	36827	8290
535	33588	-	33641	7219	*	595	36828	-	36881	8309
536	33642	-	33695	7236	*	596	36882	-	36935	8327
537	33696	-	33749	7254	*	597	36936	-	36989	8346
538	33750	-	33803	7272	*	598	36990	-	37043	8365
539	33804	-	33857	7289	*	599	37044	-	37097	8384
540	33858	-	33911	7307	*	600	37098	-	37151	8402

Einkommensteuergesetz
Anlage 1
Einkommensteuer-Grundtabelle ab 1988

noch Einkommensteuer-Grundtabelle ab 1988

lfd. Nr.	zu versteuerndes Einkommen in DM von	bis	tarifliche Einkommensteuer in DM		lfd. Nr.	zu versteuerndes Einkommen in DM von	bis	tarifliche Einkommensteuer in DM
601	37152	37205	8421	*	661	40392	40445	9575
602	37206	37259	8440	*	662	40446	40499	9595
603	37260	37313	8459	*	663	40500	40553	9614
604	37314	37367	8477	*	664	40554	40607	9634
605	37368	37421	8496	*	665	40608	40661	9654
606	37422	37475	8515	*	666	40662	40715	9674
607	37476	37529	8534	*	667	40716	40769	9693
608	37530	37583	8553	*	668	40770	40823	9713
609	37584	37637	8572	*	669	40824	40877	9733
610	37638	37691	8591	*	670	40878	40931	9753
611	37692	37745	8609	*	671	40932	40985	9773
612	37746	37799	8628	*	672	40986	41039	9793
613	37800	37853	8647	*	673	41040	41093	9812
614	37854	37907	8666	*	674	41094	41147	9832
615	37908	37961	8685	*	675	41148	41201	9852
616	37962	38015	8704	*	676	41202	41255	9872
617	38016	38069	8723	*	677	41256	41309	9892
618	38070	38123	8742	*	678	41310	41363	9912
619	38124	38177	8761	*	679	41364	41417	9932
620	38178	38231	8780	*	680	41418	41471	9952
621	38232	38285	8799	*	681	41472	41525	9972
622	38286	38339	8819	*	682	41526	41579	9992
623	38340	38393	8838	*	683	41580	41633	10012
624	38394	38447	8857	*	684	41634	41687	10032
625	38448	38501	8876	*	685	41688	41741	10052
626	38502	38555	8895	*	686	41742	41795	10072
627	38556	38609	8914	*	687	41796	41849	10092
628	38610	38663	8933	*	688	41850	41903	10112
629	38664	38717	8953	*	689	41904	41957	10132
630	38718	38771	8972	*	690	41958	42011	10152
631	38772	38825	8991	*	691	42012	42065	10173
632	38826	38879	9010	*	692	42066	42119	10193
633	38880	38933	9030	*	693	42120	42173	10213
634	38934	38987	9049	*	694	42174	42227	10233
635	38988	39041	9068	*	695	42228	42281	10253
636	39042	39095	9087	*	696	42282	42335	10273
637	39096	39149	9107	*	697	42336	42389	10294
638	39150	39203	9126	*	698	42390	42443	10314
639	39204	39257	9145	*	699	42444	42497	10334
640	39258	39311	9165	*	700	42498	42551	10354
641	39312	39365	9184	*	701	42552	42605	10375
642	39366	39419	9204	*	702	42606	42659	10395
643	39420	39473	9223	*	703	42660	42713	10415
644	39474	39527	9242	*	704	42714	42767	10436
645	39528	39581	9262	*	705	42768	42821	10456
646	39582	39635	9281	*	706	42822	42875	10476
647	39636	39689	9301	*	707	42876	42929	10497
648	39690	39743	9320	*	708	42930	42983	10517
649	39744	39797	9340	*	709	42984	43037	10537
650	39798	39851	9359	*	710	43038	43091	10558
651	39852	39905	9379	*	711	43092	43145	10578
652	39906	39959	9398	*	712	43146	43199	10599
653	39960	40013	9418	*	713	43200	43253	10619
654	40014	40067	9438	*	714	43254	43307	10639
655	40068	40121	9457	*	715	43308	43361	10660
656	40122	40175	9477	*	716	43362	43415	10680
657	40176	40229	9496	*	717	43416	43469	10701
658	40230	40283	9516	*	718	43470	43523	10721
659	40284	40337	9536	*	719	43524	43577	10742
660	40338	40391	9555	*	720	43578	43631	10763

Einkommensteuergesetz

Anlage 1

Einkommensteuer-Grundtabelle ab 1988

noch Einkommensteuer-Grundtabelle ab 1988

lfd. Nr.	zu versteuerndes Einkommen in DM von	bis	tarifliche Einkommensteuer in DM		lfd. Nr.	zu versteuerndes Einkommen in DM von	bis	tarifliche Einkommensteuer in DM
721	43632	43685	10783	*	781	46872	46925	12041
722	43686	43739	10804	*	782	46926	46979	12063
723	43740	43793	10824	*	783	46980	47033	12084
724	43794	43847	10845	*	784	47034	47087	12106
725	43848	43901	10865	*	785	47088	47141	12127
726	43902	43955	10886	*	786	47142	47195	12148
727	43956	44009	10907	*	787	47196	47249	12170
728	44010	44063	10927	*	788	47250	47303	12191
729	44064	44117	10948	*	789	47304	47357	12213
730	44118	44171	10969	*	790	47358	47411	12234
731	44172	44225	10989	*	791	47412	47465	12256
732	44226	44279	11010	*	792	47466	47519	12277
733	44280	44333	11031	*	793	47520	47573	12299
734	44334	44387	11052	*	794	47574	47627	12320
735	44388	44441	11072	*	795	47628	47681	12342
736	44442	44495	11093	*	796	47682	47735	12363
737	44496	44549	11114	*	797	47736	47789	12385
738	44550	44603	11135	*	798	47790	47843	12407
739	44604	44657	11155	*	799	47844	47897	12428
740	44658	44711	11176	*	800	47898	47951	12450
741	44712	44765	11197	*	801	47952	48005	12471
742	44766	44819	11218	*	802	48006	48059	12493
743	44820	44873	11239	*	803	48060	48113	12515
744	44874	44927	11260	*	804	48114	48167	12536
745	44928	44981	11281	*	805	48168	48221	12558
746	44982	45035	11301	*	806	48222	48275	12580
747	45036	45089	11322	*	807	48276	48329	12601
748	45090	45143	11343	*	808	48330	48383	12623
749	45144	45197	11364	*	809	48384	48437	12645
750	45198	45251	11385	*	810	48438	48491	12666
751	45252	45305	11406	*	811	48492	48545	12688
752	45306	45359	11427	*	812	48546	48599	12710
753	45360	45413	11448	*	813	48600	48653	12732
754	45414	45467	11469	*	814	48654	48707	12754
755	45468	45521	11490	*	815	48708	48761	12775
756	45522	45575	11511	*	816	48762	48815	12797
757	45576	45629	11532	*	817	48816	48869	12819
758	45630	45683	11553	*	818	48870	48923	12841
759	45684	45737	11574	*	819	48924	48977	12863
760	45738	45791	11595	*	820	48978	49031	12884
761	45792	45845	11617	*	821	49032	49085	12906
762	45846	45899	11638	*	822	49086	49139	12928
763	45900	45953	11659	*	823	49140	49193	12950
764	45954	46007	11680	*	824	49194	49247	12972
765	46008	46061	11701	*	825	49248	49301	12994
766	46062	46115	11722	*	826	49302	49355	13016
767	46116	46169	11743	*	827	49356	49409	13038
768	46170	46223	11765	*	828	49410	49463	13060
769	46224	46277	11786	*	829	49464	49517	13082
770	46278	46331	11807	*	830	49518	49571	13104
771	46332	46385	11828	*	831	49572	49625	13126
772	46386	46439	11850	*	832	49626	49679	13148
773	46440	46493	11871	*	833	49680	49733	13170
774	46494	46547	11892	*	834	49734	49787	13192
775	46548	46601	11913	*	835	49788	49841	13214
776	46602	46655	11935	*	836	49842	49895	13236
777	46656	46709	11956	*	837	49896	49949	13258
778	46710	46763	11977	*	838	49950	50003	13280
779	46764	46817	11999	*	839	50004	50057	13302
780	46818	46871	12020	*	840	50058	50111	13324

Einkommensteuergesetz

Anlage 1

Einkommensteuer-Grundtabelle ab 1988

noch Einkommensteuer-Grundtabelle ab 1988

lfd. Nr.	zu versteuerndes Einkommen in DM von	bis	tarifliche Einkommensteuer in DM		lfd. Nr.	zu versteuerndes Einkommen in DM von	bis	tarifliche Einkommensteuer in DM
841	50112	50165	13346	*	901	53352	53405	14694
842	50166	50219	13368	*	902	53406	53459	14717
843	50220	50273	13391	*	903	53460	53513	14740
844	50274	50327	13413	*	904	53514	53567	14763
845	50328	50381	13435	*	905	53568	53621	14786
846	50382	50435	13457	*	906	53622	53675	14808
847	50436	50489	13479	*	907	53676	53729	14831
848	50490	50543	13501	*	908	53730	53783	14854
849	50544	50597	13524	*	909	53784	53837	14877
850	50598	50651	13546	*	910	53838	53891	14900
851	50652	50705	13568	*	911	53892	53945	14923
852	50706	50759	13590	*	912	53946	53999	14946
853	50760	50813	13613	*	913	54000	54053	14969
854	50814	50867	13635	*	914	54054	54107	14992
855	50868	50921	13657	*	915	54108	54161	15015
856	50922	50975	13679	*	916	54162	54215	15038
857	50976	51029	13702	*	917	54216	54269	15061
858	51030	51083	13724	*	918	54270	54323	15084
859	51084	51137	13746	*	919	54324	54377	15107
860	51138	51191	13769	*	920	54378	54431	15130
861	51192	51245	13791	*	921	54432	54485	15153
862	51246	51299	13813	*	922	54486	54539	15176
863	51300	51353	13836	*	923	54540	54593	15199
864	51354	51407	13858	*	924	54594	54647	15222
865	51408	51461	13881	*	925	54648	54701	15245
866	51462	51515	13903	*	926	54702	54755	15268
867	51516	51569	13925	*	927	54756	54809	15291
868	51570	51623	13948	*	928	54810	54863	15314
869	51624	51677	13970	*	929	54864	54917	15337
870	51678	51731	13993	*	930	54918	54971	15360
871	51732	51785	14015	*	931	54972	55025	15383
872	51786	51839	14038	*	932	55026	55079	15406
873	51840	51893	14060	*	933	55080	55133	15430
874	51894	51947	14083	*	934	55134	55187	15453
875	51948	52001	14105	*	935	55188	55241	15476
876	52002	52055	14128	*	936	55242	55295	15499
877	52056	52109	14150	*	937	55296	55349	15522
878	52110	52163	14173	*	938	55350	55403	15545
879	52164	52217	14195	*	939	55404	55457	15569
880	52218	52271	14218	*	940	55458	55511	15592
881	52272	52325	14240	*	941	55512	55565	15615
882	52326	52379	14263	*	942	55566	55619	15638
883	52380	52433	14286	*	943	55620	55673	15662
884	52434	52487	14308	*	944	55674	55727	15685
885	52488	52541	14331	*	945	55728	55781	15708
886	52542	52595	14353	*	946	55782	55835	15731
887	52596	52649	14376	*	947	55836	55889	15755
888	52650	52703	14399	*	948	55890	55943	15778
889	52704	52757	14421	*	949	55944	55997	15801
890	52758	52811	14444	*	950	55998	56051	15825
891	52812	52865	14467	*	951	56052	56105	15848
892	52866	52919	14489	*	952	56106	56159	15871
893	52920	52973	14512	*	953	56160	56213	15895
894	52974	53027	14535	*	954	56214	56267	15918
895	53028	53081	14558	*	955	56268	56321	15941
896	53082	53135	14580	*	956	56322	56375	15965
897	53136	53189	14603	*	957	56376	56429	15988
898	53190	53243	14626	*	958	56430	56483	16012
899	53244	53297	14649	*	959	56484	56537	16035
900	53298	53351	14671	*	960	56538	56591	16058

Einkommensteuergesetz
Anlage 1
Einkommensteuer-Grundtabelle ab 1988

noch Einkommensteuer-Grundtabelle ab 1988

lfd. Nr.	zu versteuerndes Einkommen in DM von	bis	tarifliche Einkommensteuer in DM		lfd. Nr.	zu versteuerndes Einkommen in DM von	bis	tarifliche Einkommensteuer in DM
961	56592	56645	16082	*	1021	59832	59885	17506
962	56646	56699	16105	*	1022	59886	59939	17530
963	56700	56753	16129	*	1023	59940	59993	17554
964	56754	56807	16152	*	1024	59994	60047	17578
965	56808	56861	16176	*	1025	60048	60101	17602
966	56862	56915	16199	*	1026	60102	60155	17626
967	56916	56969	16223	*	1027	60156	60209	17650
968	56970	57023	16246	*	1028	60210	60263	17674
969	57024	57077	16270	*	1029	60264	60317	17698
970	57078	57131	16293	*	1030	60318	60371	17722
971	57132	57185	16317	*	1031	60372	60425	17746
972	57186	57239	16340	*	1032	60426	60479	17770
973	57240	57293	16364	*	1033	60480	60533	17794
974	57294	57347	16387	*	1034	60534	60587	17818
975	57348	57401	16411	*	1035	60588	60641	17843
976	57402	57455	16435	*	1036	60642	60695	17867
977	57456	57509	16458	*	1037	60696	60749	17891
978	57510	57563	16482	*	1038	60750	60803	17915
979	57564	57617	16505	*	1039	60804	60857	17939
980	57618	57671	16529	*	1040	60858	60911	17963
981	57672	57725	16553	*	1041	60912	60965	17988
982	57726	57779	16576	*	1042	60966	61019	18012
983	57780	57833	16600	*	1043	61020	61073	18036
984	57834	57887	16623	*	1044	61074	61127	18060
985	57888	57941	16647	*	1045	61128	61181	18084
986	57942	57995	16671	*	1046	61182	61235	18109
987	57996	58049	16695	*	1047	61236	61289	18133
988	58050	58103	16718	*	1048	61290	61343	18157
989	58104	58157	16742	*	1049	61344	61397	18181
990	58158	58211	16766	*	1050	61398	61451	18206
991	58212	58265	16789	*	1051	61452	61505	18230
992	58266	58319	16813	*	1052	61506	61559	18254
993	58320	58373	16837	*	1053	61560	61613	18279
994	58374	58427	16861	*	1054	61614	61667	18303
995	58428	58481	16884	*	1055	61668	61721	18327
996	58482	58535	16909	*	1056	61722	61775	18352
997	58536	58589	16932	*	1057	61776	61829	18376
998	58590	58643	16956	*	1058	61830	61883	18400
999	58644	58697	16980	*	1059	61884	61937	18425
1000	58698	58751	17003	*	1060	61938	61991	18449
1001	58752	58805	17027	*	1061	61992	62045	18473
1002	58806	58859	17051	*	1062	62046	62099	18498
1003	58860	58913	17075	*	1063	62100	62153	18522
1004	58914	58967	17099	*	1064	62154	62207	18546
1005	58968	59021	17123	*	1065	62208	62261	18571
1006	59022	59075	17146	*	1066	62262	62315	18595
1007	59076	59129	17170	*	1067	62316	62369	18620
1008	59130	59183	17194	*	1068	62370	62423	18644
1009	59184	59237	17218	*	1069	62424	62477	18669
1010	59238	59291	17242	*	1070	62478	62531	18693
1011	59292	59345	17266	*	1071	62532	62585	18717
1012	59346	59399	17290	*	1072	62586	62639	18742
1013	59400	59453	17314	*	1073	62640	62693	18766
1014	59454	59507	17338	*	1074	62694	62747	18791
1015	59508	59561	17362	*	1075	62748	62801	18815
1016	59562	59615	17386	*	1076	62802	62855	18840
1017	59616	59669	17410	*	1077	62856	62909	18864
1018	59670	59723	17434	*	1078	62910	62963	18889
1019	59724	59777	17458	*	1079	62964	63017	18913
1020	59778	59831	17482	*	1080	63018	63071	18938

Einkommensteuergesetz
Anlage 1
Einkommensteuer-Grundtabelle ab 1988

noch Einkommensteuer-Grundtabelle ab 1988

lfd. Nr.	zu versteuerndes Einkommen in DM von		bis	tarifliche Einkommensteuer in DM	lfd. Nr.	zu versteuerndes Einkommen in DM von		bis	tarifliche Einkommensteuer in DM
1081	63072	–	63125	18962	* 1141	66312	–	66365	20449
1082	63126	–	63179	18987	* 1142	66366	–	66419	20474
1083	63180	–	63233	19011	* 1143	66420	–	66473	20499
1084	63234	–	63287	19036	* 1144	66474	–	66527	20524
1085	63288	–	63341	19060	* 1145	66528	–	66581	20549
1086	63342	–	63395	19085	* 1146	66582	–	66635	20574
1087	63396	–	63449	19110	* 1147	66636	–	66689	20599
1088	63450	–	63503	19134	* 1148	66690	–	66743	20624
1089	63504	–	63557	19159	* 1149	66744	–	66797	20649
1090	63558	–	63611	19183	* 1150	66798	–	66851	20674
1091	63612	–	63665	19203	* 1151	66852	–	66905	20699
1092	63666	–	63719	19233	* 1152	66906	–	66959	20724
1093	63720	–	63773	19257	* 1153	66960	–	67013	20749
1094	63774	–	63827	19282	* 1154	67014	–	67067	20774
1095	63828	–	63881	19307	* 1155	67068	–	67121	20799
1096	63882	–	63935	19331	* 1156	67122	–	67175	20825
1097	63936	–	63989	19356	* 1157	67176	–	67229	20850
1098	63990	–	64043	19381	* 1158	67230	–	67283	20875
1099	64044	–	64097	19405	* 1159	67284	–	67337	20900
1100	64098	–	64151	19430	* 1160	67338	–	67391	20925
1101	64152	–	64205	19455	* 1161	67392	–	67445	20950
1102	64206	–	64259	19479	* 1162	67446	–	67499	20975
1103	64260	–	64313	19504	* 1163	67500	–	67553	21001
1104	64314	–	64367	19529	* 1164	67554	–	67607	21026
1105	64368	–	64421	19554	* 1165	67608	–	67661	21051
1106	64422	–	64475	19578	* 1166	67662	–	67715	21076
1107	64476	–	64529	19603	* 1167	67716	–	67769	21101
1108	64530	–	64583	19628	* 1168	67770	–	67823	21126
1109	64584	–	64637	19652	* 1169	67824	–	67877	21152
1110	64638	–	64691	19677	* 1170	67878	–	67931	21177
1111	64692	–	64745	19702	* 1171	67932	–	67985	21202
1112	64746	–	64799	19727	* 1172	67986	–	68039	21227
1113	64800	–	64853	19752	* 1173	68040	–	68093	21252
1114	64854	–	64907	19776	* 1174	68094	–	68147	21278
1115	64908	–	64961	19801	* 1175	68148	–	68201	21303
1116	64962	–	65015	19826	* 1176	68202	–	68255	21328
1117	65016	–	65069	19851	* 1177	68256	–	68309	21354
1118	65070	–	65123	19876	* 1178	68310	–	68363	21379
1119	65124	–	65177	19900	* 1179	68364	–	68417	21404
1120	65178	–	65231	19925	* 1180	68418	–	68471	21429
1121	65232	–	65285	19950	* 1181	68472	–	68525	21455
1122	65286	–	65339	19975	* 1182	68526	–	68579	21480
1123	65340	–	65393	20000	* 1183	68580	–	68633	21505
1124	65394	–	65447	20025	* 1184	68634	–	68687	21531
1125	65448	–	65501	20050	* 1185	68688	–	68741	21556
1126	65502	–	65555	20074	* 1186	68742	–	68795	21581
1127	65556	–	65609	20099	* 1187	68796	–	68849	21606
1128	65610	–	65663	20124	* 1188	68850	–	68903	21632
1129	65664	–	65717	20149	* 1189	68904	–	68957	21657
1130	65718	–	65771	20174	* 1190	68958	–	69011	21683
1131	65772	–	65825	20199	* 1191	69012	–	69065	21708
1132	65826	–	65879	20224	* 1192	69066	–	69119	21733
1133	65880	–	65933	20249	* 1193	69120	–	69173	21759
1134	65934	–	65987	20274	* 1194	69174	–	69227	21784
1135	65988	–	66041	20299	* 1195	69228	–	69281	21809
1136	66042	–	66095	20324	* 1196	69282	–	69335	21835
1137	66096	–	66149	20349	* 1197	69336	–	69389	21860
1138	66150	–	66203	20374	* 1198	69390	–	69443	21885
1139	66204	–	66257	20399	* 1199	69444	–	69497	21911
1140	66258	–	66311	20424	* 1200	69498	–	69551	21936

Einkommensteuergesetz
Anlage 1
Einkommensteuer-Grundtabelle ab 1988

noch Einkommensteuer-Grundtabelle ab 1988

lfd. Nr.	zu versteuerndes Einkommen in DM von		bis	tarifliche Einkommensteuer in DM		lfd. Nr.	zu versteuerndes Einkommen in DM von		bis	tarifliche Einkommensteuer in DM
1201	69552	–	69605	21962	*	1261	72792	–	72845	23498
1202	69606	–	69659	21987	*	1262	72846	–	72899	23524
1203	69660	–	69713	22013	*	1263	72900	–	72953	23550
1204	69714	–	69767	22038	*	1264	72954	–	73007	23576
1205	69768	–	69821	22063	*	1265	73008	–	73061	23602
1206	69822	–	69875	22089	*	1266	73062	–	73115	23627
1207	69876	–	69929	22114	*	1267	73116	–	73169	23653
1208	69930	–	69983	22140	*	1268	73170	–	73223	23679
1209	69984	–	70037	22165	*	1269	73224	–	73277	23705
1210	70038	–	70091	22191	*	1270	73278	–	73331	23731
1211	70092	–	70145	22216	*	1271	73332	–	73385	23757
1212	70146	–	70199	22242	*	1272	73386	–	73439	23782
1213	70200	–	70253	22267	*	1273	73440	–	73493	23808
1214	70254	–	70307	22293	*	1274	73494	–	73547	23834
1215	70308	–	70361	22318	*	1275	73548	–	73601	23860
1216	70362	–	70415	22344	*	1276	73602	–	73655	23886
1217	70416	–	70469	22369	*	1277	73656	–	73709	23912
1218	70470	–	70523	22395	*	1278	73710	–	73763	23938
1219	70524	–	70577	22420	*	1279	73764	–	73817	23964
1220	70578	–	70631	22446	*	1280	73818	–	73871	23989
1221	70632	–	70685	22472	*	1281	73872	–	73925	24015
1222	70686	–	70739	22497	*	1282	73926	–	73979	24041
1223	70740	–	70793	22523	*	1283	73980	–	74033	24067
1224	70794	–	70847	22548	*	1284	74034	–	74087	24093
1225	70848	–	70901	22574	*	1285	74088	–	74141	24119
1226	70902	–	70955	22599	*	1286	74142	–	74195	24145
1227	70956	–	71009	22625	*	1287	74196	–	74249	24171
1228	71010	–	71063	22650	*	1288	74250	–	74303	24197
1229	71064	–	71117	22676	*	1289	74304	–	74357	24223
1230	71118	–	71171	22702	*	1290	74358	–	74411	24249
1231	71172	–	71225	22727	*	1291	74412	–	74465	24275
1232	71226	–	71279	22753	*	1292	74466	–	74519	24301
1233	71280	–	71333	22779	*	1293	74520	–	74573	24327
1234	71334	–	71387	22804	*	1294	74574	–	74627	24353
1235	71388	–	71441	22830	*	1295	74628	–	74681	24378
1236	71442	–	71495	22855	*	1296	74682	–	74735	24404
1237	71496	–	71549	22881	*	1297	74736	–	74789	24430
1238	71550	–	71603	22907	*	1298	74790	–	74843	24456
1239	71604	–	71657	22932	*	1299	74844	–	74897	24483
1240	71658	–	71711	22958	*	1300	74898	–	74951	24509
1241	71712	–	71765	22984	*	1301	74952	–	75005	24534
1242	71766	–	71819	23009	*	1302	75006	–	75059	24560
1243	71820	–	71873	23035	*	1303	75060	–	75113	24586
1244	71874	–	71927	23061	*	1304	75114	–	75167	24613
1245	71928	–	71981	23087	*	1305	75168	–	75221	24639
1246	71982	–	72035	23112	*	1306	75222	–	75275	24665
1247	72036	–	72089	23138	*	1307	75276	–	75329	24691
1248	72090	–	72143	23164	*	1308	75330	–	75383	24717
1249	72144	–	72197	23189	*	1309	75384	–	75437	24743
1250	72198	–	72251	23215	*	1310	75438	–	75491	24769
1251	72252	–	72305	23241	*	1311	75492	–	75545	24795
1252	72306	–	72359	23267	*	1312	75546	–	75599	24821
1253	72360	–	72413	23292	*	1313	75600	–	75653	24847
1254	72414	–	72467	23318	*	1314	75654	–	75707	24873
1255	72468	–	72521	23344	*	1315	75708	–	75761	24899
1256	72522	–	72575	23370	*	1316	75762	–	75815	24925
1257	72576	–	72629	23395	*	1317	75816	–	75869	24951
1258	72630	–	72683	23421	*	1318	75870	–	75923	24977
1259	72684	–	72737	23447	*	1319	75924	–	75977	25004
1260	72738	–	72791	23473	*	1320	75978	–	76031	25030

Einkommensteuergesetz

Anlage 1

Einkommensteuer-Grundtabelle ab 1988

noch Einkommensteuer-Grundtabelle ab 1988

lfd. Nr.	zu versteuerndes Einkommen in DM von		bis	tarifliche Einkommensteuer in DM		lfd. Nr.	zu versteuerndes Einkommen in DM von		bis	tarifliche Einkommensteuer in DM
1321	76032	-	76085	25056	*	1381	79272	-	79325	26631
1322	76086	-	76139	25082	*	1382	79326	-	79379	26657
1323	76140	-	76193	25108	*	1383	79380	-	79433	26684
1324	76194	-	76247	25134	*	1384	79434	-	79487	26710
1325	76248	-	76301	25160	*	1385	79488	-	79541	26736
1326	76302	-	76355	25186	*	1386	79542	-	79595	26763
1327	76356	-	76409	25212	*	1387	79596	-	79649	26789
1328	76410	-	76463	25239	*	1388	79650	-	79703	26816
1329	76464	-	76517	25265	*	1389	79704	-	79757	26842
1330	76518	-	76571	25291	*	1390	79758	-	79811	26869
1331	76572	-	76625	25317	*	1391	79812	-	79865	26895
1332	76626	-	76679	25343	*	1392	79866	-	79919	26921
1333	76630	-	76733	25369	*	1393	79920	-	79973	26948
1334	76734	-	76787	25396	*	1394	79974	-	80027	26974
1335	76788	-	76841	25422	*	1395	80028	-	80081	27000
1336	76842	-	76895	25448	*	1396	80082	-	80135	27026
1337	76896	-	76949	25474	*	1397	80136	-	80189	27053
1338	76950	-	77003	25500	*	1398	80190	-	80243	27079
1339	77004	-	77057	25526	*	1399	80244	-	80297	27106
1340	77058	-	77111	25553	*	1400	80298	-	80351	27132
1341	77112	-	77165	25579	*	1401	80352	-	80405	27159
1342	77166	-	77219	25605	*	1402	80406	-	80459	27185
1343	77220	-	77273	25631	*	1403	80460	-	80513	27212
1344	77274	-	77327	25657	*	1404	80514	-	80567	27238
1345	77328	-	77381	25684	*	1405	80568	-	80621	27265
1346	77382	-	77435	25710	*	1406	80622	-	80675	27291
1347	77436	-	77489	25736	*	1407	80676	-	80729	27318
1348	77490	-	77543	25763	*	1408	80730	-	80783	27344
1349	77544	-	77597	25789	*	1409	80784	-	80837	27371
1350	77598	-	77651	25815	*	1410	80838	-	80891	27397
1351	77652	-	77705	25841	*	1411	80892	-	80945	27424
1352	77706	-	77759	25867	*	1412	80946	-	80999	27450
1353	77760	-	77813	25894	*	1413	81000	-	81053	27477
1354	77814	-	77867	25920	*	1414	81054	-	81107	27504
1355	77868	-	77921	25946	*	1415	81108	-	81161	27530
1356	77922	-	77975	25972	*	1416	81162	-	81215	27557
1357	77976	-	78029	25999	*	1417	81216	-	81269	27583
1358	78030	-	78083	26025	*	1418	81270	-	81323	27610
1359	78084	-	78137	26051	*	1419	81324	-	81377	27636
1360	78138	-	78191	26078	*	1420	81378	-	81431	27663
1361	78192	-	78245	26104	*	1421	81432	-	81485	27689
1362	78246	-	78299	26130	*	1422	81486	-	81539	27716
1363	78300	-	78353	26157	*	1423	81540	-	81593	27743
1364	78354	-	78407	26183	*	1424	81594	-	81647	27769
1365	78408	-	78461	26209	*	1425	81648	-	81701	27796
1366	78462	-	78515	26236	*	1426	81702	-	81755	27822
1367	78516	-	78569	26262	*	1427	81756	-	81809	27849
1368	78570	-	78623	26288	*	1428	81810	-	81863	27875
1369	78624	-	78677	26314	*	1429	81864	-	81917	27902
1370	78678	-	78731	26341	*	1430	81918	-	81971	27929
1371	78732	-	78785	26367	*	1431	81972	-	82025	27955
1372	78786	-	78839	26394	*	1432	82026	-	82079	27982
1373	78840	-	78893	26420	*	1433	82080	-	82133	28009
1374	78894	-	78947	26446	*	1434	82134	-	82187	28035
1375	78948	-	79001	26473	*	1435	82188	-	82241	28062
1376	79002	-	79055	26499	*	1436	82242	-	82295	28088
1377	79056	-	79109	26525	*	1437	82296	-	82349	28115
1378	79110	-	79163	26552	*	1438	82350	-	82403	28142
1379	79164	-	79217	26578	*	1439	82404	-	82457	28168
1380	79218	-	79271	26605	*	1440	82458	-	82511	28195

Einkommensteuergesetz

Anlage 1

Einkommensteuer-Grundtabelle ab 1988

noch Einkommensteuer-Grundtabelle ab 1988

lfd. Nr.	zu versteuerndes Einkommen in DM von		bis	tarifliche Einkommensteuer in DM		lfd. Nr.	zu versteuerndes Einkommen in DM von		bis	tarifliche Einkommensteuer in DM
1441	82512	–	82565	28222	*	1501	85752	–	85805	29828
1442	82566	–	82619	28248	*	1502	85806	–	85859	29855
1443	82620	–	82673	28275	*	1503	85860	–	85913	29882
1444	82674	–	82727	28302	*	1504	85914	–	85967	29909
1445	82728	–	82781	28328	*	1505	85968	–	86021	29936
1446	82782	–	82835	28355	*	1506	86022	–	86075	29963
1447	82836	–	82889	28382	*	1507	86076	–	86129	29990
1448	82890	–	82943	28408	*	1508	86130	–	86183	30016
1449	82944	–	82997	28435	*	1509	86184	–	86237	30043
1450	82998	–	83051	28462	*	1510	86238	–	86291	30070
1451	83052	–	83105	28488	*	1511	86292	–	86345	30097
1452	83106	–	83159	28515	*	1512	86346	–	86399	30124
1453	83160	–	83213	28542	*	1513	86400	–	86453	30151
1454	83214	–	83267	28568	*	1514	86454	–	86507	30178
1455	83268	–	83321	28595	*	1515	86508	–	86561	30205
1456	83322	–	83375	28622	*	1516	86562	–	86615	30232
1457	83376	–	83429	28649	*	1517	86616	–	86669	30259
1458	83430	–	83483	28675	*	1518	86670	–	86723	30286
1459	83484	–	83537	28702	*	1519	86724	–	86777	30313
1460	83538	–	83591	28729	*	1520	86778	–	86831	30340
1461	83592	–	83645	28755	*	1521	86832	–	86885	30367
1462	83646	–	83699	28782	*	1522	86886	–	86939	30394
1463	83700	–	83753	28809	*	1523	86940	–	86993	30421
1464	83754	–	83807	28836	*	1524	86994	–	87047	30448
1465	83808	–	83861	28862	*	1525	87048	–	87101	30475
1466	83862	–	83915	28889	*	1526	87102	–	87155	30502
1467	83916	–	83969	28916	*	1527	87156	–	87209	30529
1468	83970	–	84023	28943	*	1528	87210	–	87263	30556
1469	84024	–	84077	28969	*	1529	87264	–	87317	30583
1470	84078	–	84131	28996	*	1530	87318	–	87371	30610
1471	84132	–	84185	29023	*	1531	87372	–	87425	30637
1472	84186	–	84239	29050	*	1532	87426	–	87479	30664
1473	84240	–	84293	29077	*	1533	87480	–	87533	30691
1474	84294	–	84347	29103	*	1534	87534	–	87587	30718
1475	84348	–	84401	29130	*	1535	87588	–	87641	30745
1476	84402	–	84455	29157	*	1536	87642	–	87695	30772
1477	84456	–	84509	29184	*	1537	87696	–	87749	30799
1478	84510	–	84563	29211	*	1538	87750	–	87803	30826
1479	84564	–	84617	29237	*	1539	87804	–	87857	30853
1480	84618	–	84671	29264	*	1540	87858	–	87911	30880
1481	84672	–	84725	29291	*	1541	87912	–	87965	30907
1482	84726	–	84779	29318	*	1542	87966	–	88019	30934
1483	84780	–	84833	29345	*	1543	88020	–	88073	30961
1484	84834	–	84887	29371	*	1544	88074	–	88127	30988
1485	84888	–	84941	29398	*	1545	88128	–	88181	31016
1486	84942	–	84995	29425	*	1546	88182	–	88235	31043
1487	84996	–	85049	29452	*	1547	88236	–	88289	31070
1488	85050	–	85103	29479	*	1548	88290	–	88343	31097
1489	85104	–	85157	29506	*	1549	88344	–	88397	31124
1490	85158	–	85211	29532	*	1550	88398	–	88451	31151
1491	85212	–	85265	29559	*	1551	88452	–	88505	31178
1492	85266	–	85319	29586	*	1552	88506	–	88559	31205
1493	85320	–	85373	29613	*	1553	88560	–	88613	31232
1494	85374	–	85427	29640	*	1554	88614	–	88667	31259
1495	85428	–	85481	29667	*	1555	88668	–	88721	31286
1496	85482	–	85535	29694	*	1556	88722	–	88775	31314
1497	85536	–	85589	29721	*	1557	88776	–	88829	31341
1498	85590	–	85643	29747	*	1558	88830	–	88883	31368
1499	85644	–	85697	29774	*	1559	88884	–	88937	31395
1500	85698	–	85751	29801	*	1560	88938	–	88991	31422

Einkommensteuergesetz
Anlage 1
Einkommensteuer-Grundtabelle ab 1988

noch Einkommensteuer-Grundtabelle ab 1988

lfd. Nr.	zu versteuerndes Einkommen in DM von	bis	tarifliche Einkommensteuer in DM		lfd. Nr.	zu versteuerndes Einkommen in DM von	bis	tarifliche Einkommensteuer in DM
1561	88992	89045	31449	*	1621	92232	92285	33085
1562	89046	89099	31476	*	1622	92286	92339	33112
1563	89100	89153	31504	*	1623	92340	92393	33140
1564	89154	89207	31531	*	1624	92394	92447	33167
1565	89208	89261	31558	*	1625	92448	92501	33195
1566	89262	89315	31585	*	1626	92502	92555	33222
1567	89316	89369	31612	*	1627	92556	92609	33249
1568	89370	89423	31639	*	1628	92610	92663	33277
1569	89424	89477	31667	*	1629	92664	92717	33304
1570	89478	89531	31694	*	1630	92718	92771	33332
1571	89532	89585	31721	*	1631	92772	92825	33359
1572	89586	89639	31748	*	1632	92826	92879	33387
1573	89640	89693	31775	*	1633	92880	92933	33414
1574	89694	89747	31802	*	1634	92934	92987	33441
1575	89748	89801	31830	*	1635	92988	93041	33469
1576	89802	89855	31857	*	1636	93042	93095	33496
1577	89856	89909	31884	*	1637	93096	93149	33524
1578	89910	89963	31911	*	1638	93150	93203	33551
1579	89964	90017	31938	*	1639	93204	93257	33579
1580	90018	90071	31966	*	1640	93258	93311	33606
1581	90072	90125	31993	*	1641	93312	93365	33634
1582	90126	90179	32020	*	1642	93366	93419	33661
1583	90180	90233	32047	*	1643	93420	93473	33689
1584	90234	90287	32075	*	1644	93474	93527	33716
1585	90288	90341	32102	*	1645	93528	93581	33744
1586	90342	90395	32129	*	1646	93582	93635	33771
1587	90396	90449	32156	*	1647	93636	93689	33799
1588	90450	90503	32184	*	1648	93690	93743	33826
1589	90504	90557	32211	*	1649	93744	93797	33854
1590	90558	90611	32238	*	1650	93798	93851	33881
1591	90612	90665	32265	*	1651	93852	93905	33909
1592	90666	90719	32293	*	1652	93906	93959	33936
1593	90720	90773	32320	*	1653	93960	94013	33964
1594	90774	90827	32347	*	1654	94014	94067	33991
1595	90828	90881	32374	*	1655	94068	94121	34019
1596	90882	90935	32402	*	1656	94122	94175	34046
1597	90936	90989	32429	*	1657	94176	94229	34074
1598	90990	91043	32456	*	1658	94230	94283	34101
1599	91044	91097	32484	*	1659	94284	94337	34129
1600	91098	91151	32511	*	1660	94338	94391	34156
1601	91152	91205	32538	*	1661	94392	94445	34184
1602	91206	91259	32565	*	1662	94446	94499	34211
1603	91260	91313	32593	*	1663	94500	94553	34239
1604	91314	91367	32620	*	1664	94554	94607	34267
1605	91368	91421	32647	*	1665	94608	94661	34294
1606	91422	91475	32675	*	1666	94662	94715	34322
1607	91476	91529	32702	*	1667	94716	94769	34349
1608	91530	91583	32729	*	1668	94770	94823	34377
1609	91584	91637	32757	*	1669	94824	94877	34404
1610	91638	91691	32784	*	1670	94878	94931	34432
1611	91692	91745	32811	*	1671	94932	94985	34460
1612	91746	91799	32839	*	1672	94986	95039	34487
1613	91800	91853	32866	*	1673	95040	95093	34515
1614	91854	91907	32893	*	1674	95094	95147	34542
1615	91908	91961	32921	*	1675	95148	95201	34570
1616	91962	92015	32948	*	1676	95202	95255	34598
1617	92016	92069	32976	*	1677	95256	95309	34625
1618	92070	92123	33003	*	1678	95310	95363	34653
1619	92124	92177	33030	*	1679	95364	95417	34680
1620	92178	92231	33058	*	1680	95418	95471	34708

Einkommensteuergesetz
Anlage 1
Einkommensteuer-Grundtabelle ab 1988

noch Einkommensteuer-Grundtabelle ab 1988

lfd. Nr.	zu versteuerndes Einkommen in DM von		bis	tarifliche Einkommensteuer in DM		lfd. Nr.	zu versteuerndes Einkommen in DM von		bis	tarifliche Einkommensteuer in DM
1681	95472	–	95525	34736	*	1741	98712	–	98765	36401
1682	95526	–	95579	34763	*	1742	98766	–	98819	36429
1683	95580	–	95633	34791	*	1743	98820	–	98873	36457
1684	95634	–	95687	34819	*	1744	98874	–	98927	36485
1685	95688	–	95741	34846	*	1745	98928	–	98981	36512
1686	95742	–	95795	34874	*	1746	98982	–	99035	36540
1687	95796	–	95849	34902	*	1747	99036	–	99089	36568
1688	95850	–	95903	34929	*	1748	99090	–	99143	36596
1689	95904	–	95957	34957	*	1749	99144	–	99197	36624
1690	95958	–	96011	34985	*	1750	99198	–	99251	36652
1691	96012	–	96065	35012	*	1751	99252	–	99305	36680
1692	96066	–	96119	35040	*	1752	99306	–	99359	36708
1693	96120	–	96173	35068	*	1753	99360	–	99413	36736
1694	96174	–	96227	35095	*	1754	99414	–	99467	36764
1695	96228	–	96281	35123	*	1755	99468	–	99521	36792
1696	96282	–	96335	35151	*	1756	99522	–	99575	36820
1697	96336	–	96389	35178	*	1757	99576	–	99629	36847
1698	96390	–	96443	35206	*	1758	99630	–	99683	36875
1699	96444	–	96497	35234	*	1759	99684	–	99737	36903
1700	96498	–	96551	35261	*	1760	99738	–	99791	36931
1701	96552	–	96605	35289	*	1761	99792	–	99845	36959
1702	96606	–	96659	35317	*	1762	99846	–	99899	36987
1703	96660	–	96713	35345	*	1763	99900	–	99953	37015
1704	96714	–	96767	35372	*	1764	99954	–	100007	37043
1705	96768	–	96821	35400	*	1765	100008	–	100061	37071
1706	96822	–	96875	35428	*	1766	100062	–	100115	37099
1707	96876	–	96929	35455	*	1767	100116	–	100169	37127
1708	96930	–	96983	35483	*	1768	100170	–	100223	37155
1709	96984	–	97037	35511	*	1769	100224	–	100277	37183
1710	97038	–	97091	35539	*	1770	100278	–	100331	37211
1711	97092	–	97145	35566	*	1771	100332	–	100385	37239
1712	97146	–	97199	35594	*	1772	100386	–	100439	37267
1713	97200	–	97253	35622	*	1773	100440	–	100493	37295
1714	97254	–	97307	35650	*	1774	100494	–	100547	37323
1715	97308	–	97361	35677	*	1775	100548	–	100601	37351
1716	97362	–	97415	35705	*	1776	100602	–	100655	37379
1717	97416	–	97469	35733	*	1777	100656	–	100709	37407
1718	97470	–	97523	35761	*	1778	100710	–	100763	37435
1719	97524	–	97577	35789	*	1779	100764	–	100817	37463
1720	97578	–	97631	35816	*	1780	100818	–	100871	37491
1721	97632	–	97685	35844	*	1781	100872	–	100925	37519
1722	97686	–	97739	35872	*	1782	100926	–	100979	37547
1723	97740	–	97793	35900	*	1783	100980	–	101033	37575
1724	97794	–	97847	35928	*	1784	101034	–	101087	37603
1725	97848	–	97901	35955	*	1785	101088	–	101141	37631
1726	97902	–	97955	35983	*	1786	101142	–	101195	37659
1727	97956	–	98009	36011	*	1787	101196	–	101249	37688
1728	98010	–	98063	36039	*	1788	101250	–	101303	37716
1729	98064	–	98117	36067	*	1789	101304	–	101357	37744
1730	98118	–	98171	36095	*	1790	101358	–	101411	37772
1731	98172	–	98225	36122	*	1791	101412	–	101465	37800
1732	98226	–	98279	36150	*	1792	101466	–	101519	37828
1733	98280	–	98333	36178	*	1793	101520	–	101573	37856
1734	98334	–	98387	36206	*	1794	101574	–	101627	37884
1735	98388	–	98441	36234	*	1795	101628	–	101681	37912
1736	98442	–	98495	36262	*	1796	101682	–	101735	37940
1737	98496	–	98549	36289	*	1797	101736	–	101789	37968
1738	98550	–	98603	36317	*	1798	101790	–	101843	37996
1739	98604	–	98657	36345	*	1799	101844	–	101897	38025
1740	98658	–	98711	36373	*	1800	101898	–	101951	38053

Einkommensteuergesetz
Anlage 1
Einkommensteuer-Grundtabelle ab 1988

noch Einkommensteuer-Grundtabelle ab 1988

lfd. Nr.	zu versteuerndes Einkommen in DM von	bis	tarifliche Einkommensteuer in DM		lfd. Nr.	zu versteuerndes Einkommen in DM von	bis	tarifliche Einkommensteuer in DM
1801	101952	102005	38081	*	1861	105192	105245	39775
1802	102006	102059	38109	*	1862	105246	105299	39804
1803	102060	102113	38137	*	1863	105300	105353	39832
1804	102114	102167	38165	*	1864	105354	105407	39861
1805	102168	102221	38193	*	1865	105408	105461	39889
1806	102222	102275	38222	*	1866	105462	105515	39917
1807	102276	102329	38250	*	1867	105516	105569	39946
1808	102330	102383	38279	*	1868	105570	105623	39974
1809	102384	102437	38306	*	1869	105624	105677	40003
1810	102438	102491	38334	*	1870	105678	105731	40031
1811	102492	102545	38362	*	1871	105732	105785	40059
1812	102546	102599	38390	*	1872	105786	105839	40088
1813	102600	102653	38419	*	1873	105840	105893	40116
1814	102654	102707	38447	*	1874	105894	105947	40145
1815	102708	102761	38475	*	1875	105948	106001	40173
1816	102762	102815	38503	*	1876	106002	106055	40201
1817	102816	102869	38531	*	1877	106056	106109	40230
1818	102870	102923	38559	*	1878	106110	106163	40258
1819	102924	102977	38598	*	1879	106164	106217	40297
1820	102978	103031	38616	*	1880	106218	106271	40315
1821	103032	103085	38644	*	1881	106272	106325	40344
1822	103086	103139	38672	*	1882	106326	106379	40372
1823	103140	103193	38701	*	1883	106380	106433	40401
1824	103194	103247	38729	*	1884	106434	106487	40429
1825	103248	103301	38757	*	1885	106488	106541	40457
1826	103302	103355	38785	*	1886	106542	106595	40486
1827	103356	103409	38813	*	1887	106596	106649	40514
1828	103410	103463	38842	*	1888	106650	106703	40543
1829	103464	103517	38870	*	1889	106704	106757	40571
1830	103518	103571	38898	*	1890	106758	106811	40600
1831	103572	103625	38926	*	1891	106812	106865	40628
1832	103626	103679	38955	*	1892	106866	106919	40657
1833	103680	103733	38983	*	1893	106920	106973	40685
1834	103734	103787	39011	*	1894	106974	107027	40714
1835	103788	103841	39039	*	1895	107028	107081	40742
1836	103842	103895	39068	*	1896	107082	107135	40771
1837	103896	103949	39096	*	1897	107136	107189	40799
1838	103950	104003	39124	*	1898	107190	107243	40828
1839	104004	104057	39152	*	1899	107244	107297	40856
1840	104058	104111	39181	*	1900	107298	107351	40885
1841	104112	104165	39209	*	1901	107352	107405	40913
1842	104166	104219	39237	*	1902	107406	107459	40942
1843	104220	104273	39266	*	1903	107460	107513	40970
1844	104274	104327	39294	*	1904	107514	107567	40999
1845	104328	104381	39322	*	1905	107568	107621	41028
1846	104382	104435	39350	*	1906	107622	107675	41056
1847	104436	104489	39379	*	1907	107676	107729	41085
1848	104490	104543	39407	*	1908	107730	107783	41113
1849	104544	104597	39435	*	1909	107784	107837	41142
1850	104598	104651	39464	*	1910	107838	107891	41170
1851	104652	104705	39492	*	1911	107892	107945	41199
1852	104706	104759	39520	*	1912	107946	107999	41227
1853	104760	104813	39549	*	1913	108000	108053	41256
1854	104814	104867	39577	*	1914	108054	108107	41285
1855	104868	104921	39605	*	1915	108108	108161	41313
1856	104922	104975	39634	*	1916	108162	108215	41342
1857	104976	105029	39662	*	1917	108216	108269	41370
1858	105030	105083	39690	*	1918	108270	108323	41399
1859	105084	105137	39719	*	1919	108324	108377	41428
1860	105138	105191	39747	*	1920	108378	108431	41456

Einkommensteuergesetz
Anlage 1
Einkommensteuer-Grundtabelle ab 1988

noch Einkommensteuer-Grundtabelle ab 1988

lfd. Nr.	zu versteuerndes Einkommen in DM von	bis	tarifliche Einkommensteuer in DM	lfd. Nr.	zu versteuerndes Einkommen in DM von	bis	tarifliche Einkommensteuer in DM
1921	108432	108485	41485	1981	111672	111725	43209
1922	108486	108539	41513	1982	111726	111779	43238
1923	108540	108593	41542	1983	111780	111833	43267
1924	108594	108647	41571	1984	111834	111887	43295
1925	108648	108701	41599	1985	111888	111941	43324
1926	108702	108755	41628	1986	111942	111995	43353
1927	108756	108809	41657	1987	111996	112049	43382
1928	108810	108863	41685	1988	112050	112103	43411
1929	108864	108917	41714	1989	112104	112157	43440
1930	108918	108971	41742	1990	112158	112211	43469
1931	108972	109025	41771	1991	112212	112265	43498
1932	109026	109079	41800	1992	112266	112319	43527
1933	109080	109133	41828	1993	112320	112373	43555
1934	109134	109187	41857	1994	112374	112427	43584
1935	109188	109241	41886	1995	112428	112481	43613
1936	109242	109295	41914	1996	112482	112535	43642
1937	109296	109349	41943	1997	112536	112589	43671
1938	109350	109403	41972	1998	112590	112643	43700
1939	109404	109457	42000	1999	112644	112697	43729
1940	109458	109511	42029	2000	112698	112751	43758
1941	109512	109565	42058	2001	112752	112805	43787
1942	109566	109619	42087	2002	112806	112859	43816
1943	109620	109673	42115	2003	112860	112913	43845
1944	109674	109727	42144	2004	112914	112967	43874
1945	109728	109781	42173	2005	112968	113021	43903
1946	109782	109835	42201	2006	113022	113075	43932
1947	109836	109889	42230	2007	113076	113129	43960
1948	109890	109943	42259	2008	113130	113183	43989
1949	109944	109997	42288	2009	113184	113237	44018
1950	109998	110051	42316	2010	113238	113291	44047
1951	110052	110105	42345	2011	113292	113345	44076
1952	110106	110159	42374	2012	113346	113399	44105
1953	110160	110213	42402	2013	113400	113453	44134
1954	110214	110267	42431	2014	113454	113507	44163
1955	110268	110321	42460	2015	113508	113561	44192
1956	110322	110375	42489	2016	113562	113615	44221
1957	110376	110429	42517	2017	113616	113669	44250
1958	110430	110483	42546	2018	113670	113723	44279
1959	110484	110537	42575	2019	113724	113777	44308
1960	110538	110591	42604	2020	113778	113831	44337
1961	110592	110645	42633	2021	113832	113885	44366
1962	110646	110699	42661	2022	113886	113939	44395
1963	110700	110753	42690	2023	113940	113993	44424
1964	110754	110807	42719	2024	113994	114047	44453
1965	110808	110861	42748	2025	114048	114101	44482
1966	110862	110915	42776	2026	114102	114155	44512
1967	110916	110969	42805	2027	114156	114209	44541
1968	110970	111023	42834	2028	114210	114263	44570
1969	111024	111077	42863	2029	114264	114317	44599
1970	111078	111131	42892	2030	114318	114371	44628
1971	111132	111185	42920	2031	114372	114425	44657
1972	111186	111239	42949	2032	114426	114479	44686
1973	111240	111293	42978	2033	114480	114533	44715
1974	111294	111347	43007	2034	114534	114587	44744
1975	111348	111401	43036	2035	114588	114641	44773
1976	111402	111455	43065	2036	114642	114695	44802
1977	111456	111509	43093	2037	114696	114749	44831
1978	111510	111563	43122	2038	114750	114803	44860
1979	111564	111617	43151	2039	114804	114857	44889
1980	111618	111671	43180	2040	114858	114911	44918

VII B 10 Seite 148

Einkommensteuergesetz
Anlage 1
Einkommensteuer-Grundtabelle ab 1988

noch Einkommensteuer-Grundtabelle ab 1988

lfd. Nr.	zu versteuerndes Einkommen in DM von – bis	tarifliche Einkommensteuer in DM		lfd. Nr.	zu versteuerndes Einkommen in DM von – bis	tarifliche Einkommensteuer in DM
2041	114912 - 114965	44948	*	2101	118152 - 118205	46701
2042	114966 - 115019	44977	*	2102	118206 - 118259	46730
2043	115020 - 115073	45006	*	2103	118260 - 118313	46760
2044	115074 - 115127	45035	*	2104	118314 - 118367	46789
2045	115128 - 115181	45064	*	2105	118368 - 118421	46818
2046	115182 - 115235	45093	*	2106	118422 - 118475	46848
2047	115236 - 115289	45122	*	2107	118476 - 118529	46877
2048	115290 - 115343	45151	*	2108	118530 - 118583	46907
2049	115344 - 115397	45181	*	2109	118584 - 118637	46936
2050	115398 - 115451	45210	*	2110	118638 - 118691	46965
2051	115452 - 115505	45239	*	2111	118692 - 118745	46995
2052	115506 - 115559	45268	*	2112	118746 - 118799	47024
2053	115560 - 115613	45297	*	2113	118800 - 118853	47053
2054	115614 - 115667	45326	*	2114	118854 - 118907	47083
2055	115668 - 115721	45355	*	2115	118908 - 118961	47112
2056	115722 - 115775	45385	*	2116	118962 - 119015	47142
2057	115776 - 115829	45414	*	2117	119016 - 119069	47171
2058	115830 - 115883	45443	*	2118	119070 - 119123	47200
2059	115884 - 115937	45472	*	2119	119124 - 119177	47230
2060	115938 - 115991	45501	*	2120	119178 - 119231	47259
2061	115992 - 116045	45530	*	2121	119232 - 119285	47289
2062	116046 - 116099	45560	*	2122	119286 - 119339	47318
2063	116100 - 116153	45589	*	2123	119340 - 119393	47348
2064	116154 - 116207	45618	*	2124	119394 - 119447	47377
2065	116208 - 116261	45647	*	2125	119448 - 119501	47406
2066	116262 - 116315	45676	*	2126	119502 - 119555	47436
2067	116316 - 116369	45706	*	2127	119556 - 119609	47465
2068	116370 - 116423	45735	*	2128	119610 - 119663	47495
2069	116424 - 116477	45764	*	2129	119664 - 119717	47524
2070	116478 - 116531	45793	*	2130	119718 - 119771	47554
2071	116532 - 116585	45822	*	2131	119772 - 119825	47583
2072	116586 - 116639	45852	*	2132	119826 - 119879	47613
2073	116640 - 116693	45881	*	2133	119880 - 119933	47642
2074	116694 - 116747	45910	*	2134	119934 - 119987	47672
2075	116748 - 116801	45939	*	2135	119988 - 120041	47701
2076	116802 - 116855	45969	*	2136	120042 - 120095	47731
2077	116856 - 116909	45998	*	2137	120096 - 120149	47760
2078	116910 - 116963	46027	*	2138	120150 - 120203	47790
2079	116964 - 117017	46056	*	2139	120204 - 120257	47819
2080	117018 - 117071	46086	*	2140	120258 - 120311	47849
2081	117072 - 117125	46115	*	2141	120312 - 120365	47878
2082	117126 - 117179	46144	*	2142	120366 - 120419	47908
2083	117180 - 117233	46173	*	2143	120420 - 120473	47937
2084	117234 - 117287	46203	*	2144	120474 - 120527	47967
2085	117288 - 117341	46232	*	2145	120528 - 120581	47996
2086	117342 - 117395	46261	*	2146	120582 - 120635	48026
2087	117396 - 117449	46291	*	2147	120636 - 120689	48055
2088	117450 - 117503	46320	*	2148	120690 - 120743	48085
2089	117504 - 117557	46349	*	2149	120744 - 120797	48114
2090	117558 - 117611	46378	*	2150	120798 - 120851	48144
2091	117612 - 117665	46408	*	2151	120852 - 120905	48173
2092	117666 - 117719	46437	*	2152	120906 - 120959	48203
2093	117720 - 117773	46466	*	2153	120960 - 121013	48233
2094	117774 - 117827	46496	*	2154	121014 - 121067	48262
2095	117828 - 117881	46525	*	2155	121068 - 121121	48292
2096	117882 - 117935	46554	*	2156	121122 - 121175	48321
2097	117936 - 117989	46584	*	2157	121176 - 121229	48351
2098	117990 - 118043	46613	*	2158	121230 - 121283	48380
2099	118044 - 118097	46642	*	2159	121284 - 121337	48410
2100	118098 - 118151	46672	*	2160	121338 - 121391	48440

Einkommensteuergesetz
Anlage 1
Einkommensteuer-Grundtabelle ab 1988

noch Einkommensteuer-Grundtabelle ab 1988

lfd. Nr.	zu versteuerndes Einkommen in DM von - bis	tarifliche Einkommensteuer in DM		lfd. Nr.	zu versteuerndes Einkommen in DM von - bis	tarifliche Einkommensteuer in DM
2161	121392 - 121445	48469	*	2221	124632 - 124685	50252
2162	121446 - 121499	48499	*	2222	124686 - 124739	50282
2163	121500 - 121553	48528	*	2223	124740 - 124793	50312
2164	121554 - 121607	48558	*	2224	124794 - 124847	50341
2165	121608 - 121661	48588	*	2225	124848 - 124901	50371
2166	121662 - 121715	48617	*	2226	124902 - 124955	50401
2167	121716 - 121769	48647	*	2227	124956 - 125009	50431
2168	121770 - 121823	48676	*	2228	125010 - 125063	50461
2169	121824 - 121877	48706	*	2229	125064 - 125117	50491
2170	121878 - 121931	48736	*	2230	125118 - 125171	50521
2171	121932 - 121985	48765	*	2231	125172 - 125225	50551
2172	121986 - 122039	48795	*	2232	125226 - 125279	50580
2173	122040 - 122093	48825	*	2233	125280 - 125333	50610
2174	122094 - 122147	48854	*	2234	125334 - 125387	50640
2175	122148 - 122201	48884	*	2235	125388 - 125441	50670
2176	122202 - 122255	48913	*	2236	125442 - 125495	50700
2177	122256 - 122309	48943	*	2237	125496 - 125549	50730
2178	122310 - 122363	48973	*	2238	125550 - 125603	50760
2179	122364 - 122417	49002	*	2239	125604 - 125657	50790
2180	122418 - 122471	49032	*	2240	125658 - 125711	50820
2181	122472 - 122525	49062	*	2241	125712 - 125765	50849
2182	122526 - 122579	49091	*	2242	125766 - 125819	50879
2183	122580 - 122633	49121	*	2243	125820 - 125873	50909
2184	122634 - 122687	49151	*	2244	125874 - 125927	50939
2185	122688 - 122741	49181	*	2245	125928 - 125981	50969
2186	122742 - 122795	49210	*	2246	125982 - 126035	50999
2187	122796 - 122849	49240	*	2247	126036 - 126089	51029
2188	122850 - 122903	49270	*	2248	126090 - 126143	51059
2189	122904 - 122957	49299	*	2249	126144 - 126197	51089
2190	122958 - 123011	49329	*	2250	126198 - 126251	51119
2191	123012 - 123065	49359	*	2251	126252 - 126305	51149
2192	123066 - 123119	49388	*	2252	126306 - 126359	51179
2193	123120 - 123173	49418	*	2253	126360 - 126413	51209
2194	123174 - 123227	49448	*	2254	126414 - 126467	51239
2195	123228 - 123281	49478	*	2255	126468 - 126521	51269
2196	123282 - 123335	49507	*	2256	126522 - 126575	51299
2197	123336 - 123389	49537	*	2257	126576 - 126629	51329
2198	123390 - 123443	49567	*	2258	126630 - 126683	51359
2199	123444 - 123497	49597	*	2259	126684 - 126737	51389
2200	123498 - 123551	49626	*	2260	126738 - 126791	51419
2201	123552 - 123605	49656	*	2261	126792 - 126845	51449
2202	123606 - 123659	49686	*	2262	126846 - 126899	51479
2203	123660 - 123713	49716	*	2263	126900 - 126953	51509
2204	123714 - 123767	49745	*	2264	126954 - 127007	51539
2205	123768 - 123821	49775	*	2265	127008 - 127061	51569
2206	123822 - 123875	49805	*	2266	127062 - 127115	51599
2207	123876 - 123929	49835	*	2267	127116 - 127169	51629
2208	123930 - 123983	49864	*	2268	127170 - 127223	51659
2209	123984 - 124037	49894	*	2269	127224 - 127277	51689
2210	124038 - 124091	49924	*	2270	127278 - 127331	51719
2211	124092 - 124145	49954	*	2271	127332 - 127385	51749
2212	124146 - 124199	49984	*	2272	127386 - 127439	51779
2213	124200 - 124253	50013	*	2273	127440 - 127493	51809
2214	124254 - 124307	50043	*	2274	127494 - 127547	51839
2215	124308 - 124361	50073	*	2275	127548 - 127601	51869
2216	124362 - 124415	50103	*	2276	127602 - 127655	51899
2217	124416 - 124469	50133	*	2277	127656 - 127709	51929
2218	124470 - 124523	50162	*	2278	127710 - 127763	51959
2219	124524 - 124577	50192	*	2279	127764 - 127817	51989
2220	124578 - 124631	50222	*	2280	127818 - 127871	52019

Einkommensteuergesetz

Anlage 1
Einkommensteuer-Grundtabelle ab 1988

noch Einkommensteuer-Grundtabelle ab 1988

lfd. Nr.	zu versteuerndes Einkommen in DM von — bis	tarifliche Einkommensteuer in DM		lfd. Nr.	zu versteuerndes Einkommen in DM von — bis	tarifliche Einkommensteuer in DM
2281	127872 - 127925	52049	*	2301	128952 - 129005	52652
2282	127926 - 127979	52080	*	2302	129006 - 129059	52692
2283	127980 - 128033	52110	*	2303	129060 - 129113	52712
2284	128034 - 128087	52140	*	2304	129114 - 129167	52742
2285	128088 - 128141	52170	*	2305	129168 - 129221	52773
2286	128142 - 128195	52200	*	2306	129222 - 129275	52803
2287	128196 - 128249	52230	*	2307	129276 - 129329	52833
2288	128250 - 128303	52260	*	2308	129330 - 129383	52863
2289	128304 - 128357	52290	*	2309	129384 - 129437	52893
2290	128358 - 128411	52320	*	2310	129438 - 129491	52924
2291	128412 - 128465	52350	*	2311	129492 - 129545	52954
2292	128466 - 128519	52381	*	2312	129546 - 129599	52984
2293	128520 - 128573	52411	*	2313	129600 - 129653	53014
2294	128574 - 128627	52441	*	2314	129654 - 129707	53044
2295	128628 - 128681	52471	*	2315	129708 - 129761	53075
2296	128682 - 128735	52501	*	2316	129762 - 129815	53105
2297	128736 - 128789	52531	*	2317	129816 - 129869	53135
2298	128790 - 128843	52561	*	2318	129870 - 129923	53165
2299	128844 - 128897	52592	*	2319	129924 - 129977	53196
2300	128898 - 128951	52622	*	2320	129978 - 130031	53226

Einkommensteuergesetz
Anlage 2

Einkommensteuer-Splittingtabelle ab 1988

Einkommensteuer-Splittingtabelle ab 1988

Anlage 2[1])
(§ 32 a Abs. 5 EStG)

lfd. Nr.	zu versteuerndes Einkommen in DM von	bis	tarifliche Einkommensteuer in DM	lfd. Nr.	zu versteuerndes Einkommen in DM von	bis	tarifliche Einkommensteuer in DM
1	0 –	9611	0 *	61	15984 –	16091	1426
2	9612 –	9719	24 *	62	16092 –	16199	1450
3	9720 –	9827	48 *	63	16200 –	16307	1474
4	9828 –	9935	72 *	64	16308 –	16415	1496
5	9936 –	10043	94 *	65	16416 –	16523	1520
6	10044 –	10151	118 *	66	16524 –	16631	1544
7	10152 –	10259	142 *	67	16632 –	16739	1568
8	10260 –	10367	166 *	68	16740 –	16847	1592
9	10368 –	10475	190 *	69	16848 –	16955	1616
10	10476 –	10583	214 *	70	16956 –	17063	1640
11	10584 –	10691	238 *	71	17064 –	17171	1664
12	10692 –	10799	262 *	72	17172 –	17279	1686
13	10800 –	10907	286 *	73	17280 –	17387	1710
14	10908 –	11015	308 *	74	17388 –	17495	1734
15	11016 –	11123	332 *	75	17496 –	17603	1758
16	11124 –	11231	356 *	76	17604 –	17711	1782
17	11232 –	11339	380 *	77	17712 –	17819	1806
18	11340 –	11447	404 *	78	17820 –	17927	1830
19	11448 –	11555	428 *	79	17928 –	18035	1854
20	11556 –	11663	452 *	80	18036 –	18143	1876
21	11664 –	11771	476 *	81	18144 –	18251	1900
22	11772 –	11879	498 *	82	18252 –	18359	1924
23	11880 –	11987	522 *	83	18360 –	18467	1948
24	11988 –	12095	546 *	84	18468 –	18575	1972
25	12096 –	12203	570 *	85	18576 –	18683	1996
26	12204 –	12311	594 *	86	18684 –	18791	2020
27	12312 –	12419	618 *	87	18792 –	18899	2044
28	12420 –	12527	642 *	88	18900 –	19007	2068
29	12528 –	12635	666 *	89	19008 –	19115	2090
30	12636 –	12743	688 *	90	19116 –	19223	2114
31	12744 –	12851	712 *	91	19224 –	19331	2138
32	12852 –	12959	736 *	92	19332 –	19439	2162
33	12960 –	13067	760 *	93	19440 –	19547	2186
34	13068 –	13175	784 *	94	19548 –	19655	2210
35	13176 –	13283	808 *	95	19656 –	19763	2234
36	13284 –	13391	832 *	96	19764 –	19871	2258
37	13392 –	13499	856 *	97	19872 –	19979	2280
38	13500 –	13607	880 *	98	19980 –	20087	2304
39	13608 –	13715	902 *	99	20088 –	20195	2328
40	13716 –	13823	926 *	100	20196 –	20303	2352
41	13824 –	13931	950 *	101	20304 –	20411	2376
42	13932 –	14039	974 *	102	20412 –	20519	2400
43	14040 –	14147	998 *	103	20520 –	20627	2424
44	14148 –	14255	1022 *	104	20628 –	20735	2448
45	14256 –	14363	1046 *	105	20736 –	20843	2470
46	14364 –	14471	1070 *	106	20844 –	20951	2494
47	14472 –	14579	1092 *	107	20952 –	21059	2518
48	14580 –	14687	1116 *	108	21060 –	21167	2542
49	14688 –	14795	1140 *	109	21168 –	21275	2566
50	14796 –	14903	1164 *	110	21276 –	21383	2590
51	14904 –	15011	1188 *	111	21384 –	21491	2614
52	15012 –	15119	1212 *	112	21492 –	21599	2638
53	15120 –	15227	1236 *	113	21600 –	21707	2662
54	15228 –	15335	1260 *	114	21708 –	21815	2684
55	15336 –	15443	1282 *	115	21816 –	21923	2708
56	15444 –	15551	1306 *	116	21924 –	22031	2732
57	15552 –	15659	1330 *	117	22032 –	22139	2756
58	15660 –	15767	1354 *	118	22140 –	22247	2780
59	15768 –	15875	1378 *	119	22248 –	22355	2804
60	15876 –	15983	1402 *	120	22356 –	22463	2828

1) Siehe Fußnote 1 auf S. 124 y.

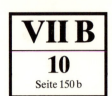

Einkommensteuergesetz
Anlage 2
Einkommensteuer-Splittingtabelle ab 1988

noch Einkommensteuer-Splittingtabelle ab 1988

lfd. Nr.	zu versteuerndes Einkommen in DM von	bis	tarifliche Einkommensteuer in DM		lfd. Nr.	zu versteuerndes Einkommen in DM von	bis	tarifliche Einkommensteuer in DM
121	22464	22571	2852	*	181	28944	29051	4276
122	22572	22679	2874	*	182	29052	29159	4300
123	22680	22787	2898	*	183	29160	29267	4324
124	22788	22895	2922	*	184	29268	29375	4348
125	22896	23003	2946	*	185	29376	29483	4372
126	23004	23111	2970	*	186	29484	29591	4396
127	23112	23219	2994	*	187	29592	29699	4420
128	23220	23327	3018	*	188	29700	29807	4444
129	23328	23435	3042	*	189	29808	29915	4466
130	23436	23543	3064	*	190	29916	30023	4490
131	23544	23651	3088	*	191	30024	30131	4514
132	23652	23759	3112	*	192	30132	30239	4538
133	23760	23867	3136	*	193	30240	30347	4562
134	23868	23975	3160	*	194	30348	30455	4586
135	23976	24083	3184	*	195	30456	30563	4610
136	24084	24191	3208	*	196	30564	30671	4634
137	24192	24299	3232	*	197	30672	30779	4656
138	24300	24407	3256	*	198	30780	30887	4680
139	24408	24515	3278	*	199	30888	30995	4704
140	24516	24623	3302	*	200	30996	31103	4728
141	24624	24731	3326	*	201	31104	31211	4752
142	24732	24839	3350	*	202	31212	31319	4776
143	24840	24947	3374	*	203	31320	31427	4800
144	24948	25055	3398	*	204	31428	31535	4824
145	25056	25163	3422	*	205	31536	31643	4846
146	25164	25271	3446	*	206	31644	31751	4870
147	25272	25379	3468	*	207	31752	31859	4894
148	25380	25487	3492	*	208	31860	31967	4918
149	25488	25595	3516	*	209	31968	32075	4942
150	25596	25703	3540	*	210	32076	32183	4966
151	25704	25811	3564	*	211	32184	32291	4990
152	25812	25919	3588	*	212	32292	32399	5014
153	25920	26027	3612	*	213	32400	32507	5038
154	26028	26135	3636	*	214	32508	32615	5060
155	26136	26243	3658	*	215	32616	32723	5084
156	26244	26351	3682	*	216	32724	32831	5108
157	26352	26459	3706	*	217	32832	32939	5132
158	26460	26567	3730	*	218	32940	33047	5156
159	26568	26675	3754	*	219	33048	33155	5180
160	26676	26783	3778	*	220	33156	33263	5204
161	26784	26891	3802	*	221	33264	33371	5228
162	26892	26999	3826	*	222	33372	33479	5250
163	27000	27107	3850	*	223	33480	33587	5274
164	27108	27215	3872	*	224	33588	33695	5298
165	27216	27323	3896	*	225	33696	33803	5322
166	27324	27431	3920	*	226	33804	33911	5346
167	27432	27539	3944	*	227	33912	34019	5370
168	27540	27647	3968	*	228	34020	34127	5394
169	27648	27755	3992	*	229	34128	34235	5418
170	27756	27863	4016	*	230	34236	34343	5440
171	27864	27971	4040	*	231	34344	34451	5464
172	27972	28079	4062	*	232	34452	34559	5488
173	28080	28187	4086	*	233	34560	34667	5512
174	28188	28295	4110	*	234	34668	34775	5536
175	28296	28403	4134	*	235	34776	34883	5560
176	28404	28511	4158	*	236	34884	34991	5584
177	28512	28619	4182	*	237	34992	35099	5608
178	28620	28727	4206	*	238	35100	35207	5632
179	28728	28835	4230	*	239	35208	35315	5654
180	28836	28943	4252	*	240	35316	35423	5678

Einkommensteuergesetz

Anlage 2

Einkommensteuer-Splittingtabelle ab 1988

VII B
10
Seite 150 c

noch Einkommensteuer-Splittingtabelle ab 1988

lfd. Nr.	zu versteuerndes Einkommen in DM von – bis	tarifliche Einkommensteuer in DM		lfd. Nr.	zu versteuerndes Einkommen in DM von – bis	tarifliche Einkommensteuer in DM
241	35424 – 35531	5702	*	301	41904 – 42011	7196
242	35532 – 35639	5726	*	302	42012 – 42119	7222
243	35640 – 35747	5750	*	303	42120 – 42227	7248
244	35748 – 35855	5774	*	304	42228 – 42335	7274
245	35856 – 35963	5798	*	305	42336 – 42443	7302
246	35964 – 36071	5822	*	306	42444 – 42551	7328
247	36072 – 36179	5844	*	307	42552 – 42659	7354
248	36180 – 36287	5868	*	308	42660 – 42767	7380
249	36288 – 36395	5892	*	309	42768 – 42875	7406
250	36396 – 36503	5916	*	310	42876 – 42983	7434
251	36504 – 36611	5940	*	311	42984 – 43091	7460
252	36612 – 36719	5964	*	312	43092 – 43199	7486
253	36720 – 36827	5988	*	313	43200 – 43307	7514
254	36828 – 36935	6012	*	314	43308 – 43415	7540
255	36936 – 37043	6036	*	315	43416 – 43523	7568
256	37044 – 37151	6060	*	316	43524 – 43631	7594
257	37152 – 37259	6086	*	317	43632 – 43739	7620
258	37260 – 37367	6110	*	318	43740 – 43847	7648
259	37368 – 37475	6134	*	319	43848 – 43955	7674
260	37476 – 37583	6158	*	320	43956 – 44063	7702
261	37584 – 37691	6182	*	321	44064 – 44171	7728
262	37692 – 37799	6206	*	322	44172 – 44279	7756
263	37800 – 37907	6232	*	323	44280 – 44387	7782
264	37908 – 38015	6256	*	324	44388 – 44495	7810
265	38016 – 38123	6280	*	325	44496 – 44603	7838
266	38124 – 38231	6306	*	326	44604 – 44711	7864
267	38232 – 38339	6330	*	327	44712 – 44819	7892
268	38340 – 38447	6354	*	328	44820 – 44927	7920
269	38448 – 38555	6380	*	329	44928 – 45035	7946
270	38556 – 38663	6404	*	330	45036 – 45143	7974
271	38664 – 38771	6430	*	331	45144 – 45251	8002
272	38772 – 38879	6454	*	332	45252 – 45359	8030
273	38880 – 38987	6480	*	333	45360 – 45467	8056
274	38988 – 39095	6504	*	334	45468 – 45575	8084
275	39096 – 39203	6530	*	335	45576 – 45683	8112
276	39204 – 39311	6554	*	336	45684 – 45791	8140
277	39312 – 39419	6580	*	337	45792 – 45899	8168
278	39420 – 39527	6604	*	338	45900 – 46007	8196
279	39528 – 39635	6630	*	339	46008 – 46115	8222
280	39636 – 39743	6656	*	340	46116 – 46223	8250
281	39744 – 39851	6680	*	341	46224 – 46331	8278
282	39852 – 39959	6706	*	342	46332 – 46439	8306
283	39960 – 40067	6732	*	343	46440 – 46547	8334
284	40068 – 40175	6756	*	344	46548 – 46655	8362
285	40176 – 40283	6782	*	345	46656 – 46763	8390
286	40284 – 40391	6808	*	346	46764 – 46871	8418
287	40392 – 40499	6834	*	347	46872 – 46979	8448
288	40500 – 40607	6858	*	348	46980 – 47087	8476
289	40608 – 40715	6884	*	349	47088 – 47195	8504
290	40716 – 40823	6910	*	350	47196 – 47303	8532
291	40824 – 40931	6936	*	351	47304 – 47411	8560
292	40932 – 41039	6962	*	352	47412 – 47519	8588
293	41040 – 41147	6988	*	353	47520 – 47627	8616
294	41148 – 41255	7014	*	354	47628 – 47735	8646
295	41256 – 41363	7040	*	355	47736 – 47843	8674
296	41364 – 41471	7066	*	356	47844 – 47951	8702
297	41472 – 41579	7092	*	357	47952 – 48059	8730
298	41580 – 41687	7118	*	358	48060 – 48167	8760
299	41688 – 41795	7144	*	359	48168 – 48275	8788
300	41796 – 41903	7170	*	360	48276 – 48383	8816

Einkommensteuergesetz
Anlage 2
Einkommensteuer-Splittingtabelle ab 1988

VII B 10 Seite 150 d

noch Einkommensteuer-Splittingtabelle ab 1988

lfd. Nr.	zu versteuerndes Einkommen in DM von	bis	tarifliche Einkommensteuer in DM		lfd. Nr.	zu versteuerndes Einkommen in DM von	bis	tarifliche Einkommensteuer in DM
361	48384	48491	8846	*	421	54864	54971	10644
362	48492	48599	8874	*	422	54972	55079	10674
363	48600	48707	8904	*	423	55080	55187	10706
364	48708	48815	8932	*	424	55188	55295	10736
365	48816	48923	8960	*	425	55296	55403	10768
366	48924	49031	8990	*	426	55404	55511	10800
367	49032	49139	9018	*	427	55512	55619	10830
368	49140	49247	9048	*	428	55620	55727	10862
369	49248	49355	9076	*	429	55728	55835	10894
370	49356	49463	9106	*	430	55836	55943	10926
371	49464	49571	9136	*	431	55944	56051	10956
372	49572	49679	9164	*	432	56052	56159	10988
373	49680	49787	9194	*	433	56160	56267	11020
374	49788	49895	9222	*	434	56268	56375	11052
375	49896	50003	9252	*	435	56376	56483	11084
376	50004	50111	9282	*	436	56484	56591	11114
377	50112	50219	9310	*	437	56592	56699	11146
378	50220	50327	9340	*	438	56700	56807	11178
379	50328	50435	9370	*	439	56808	56915	11210
380	50436	50543	9400	*	440	56916	57023	11242
381	50544	50651	9428	*	441	57024	57131	11274
382	50652	50759	9458	*	442	57132	57239	11306
383	50760	50867	9488	*	443	57240	57347	11338
384	50868	50975	9518	*	444	57348	57455	11370
385	50976	51083	9548	*	445	57456	57563	11402
386	51084	51191	9578	*	446	57564	57671	11434
387	51192	51299	9606	*	447	57672	57779	11466
388	51300	51407	9636	*	448	57780	57887	11498
389	51408	51515	9666	*	449	57888	57995	11530
390	51516	51623	9696	*	450	57996	58103	11562
391	51624	51731	9726	*	451	58104	58211	11596
392	51732	51839	9756	*	452	58212	58319	11628
393	51840	51947	9786	*	453	58320	58427	11660
394	51948	52055	9816	*	454	58428	58535	11692
395	52056	52163	9846	*	455	58536	58643	11724
396	52164	52271	9876	*	456	58644	58751	11756
397	52272	52379	9906	*	457	58752	58859	11790
398	52380	52487	9938	*	458	58860	58967	11822
399	52488	52595	9968	*	459	58968	59075	11854
400	52596	52703	9998	*	460	59076	59183	11888
401	52704	52811	10028	*	461	59184	59291	11920
402	52812	52919	10058	*	462	59292	59399	11952
403	52920	53027	10088	*	463	59400	59507	11986
404	53028	53135	10120	*	464	59508	59615	12018
405	53136	53243	10150	*	465	59616	59723	12050
406	53244	53351	10180	*	466	59724	59831	12084
407	53352	53459	10210	*	467	59832	59939	12116
408	53460	53567	10242	*	468	59940	60047	12150
409	53568	53675	10272	*	469	60048	60155	12182
410	53676	53783	10302	*	470	60156	60263	12216
411	53784	53891	10334	*	471	60264	60371	12248
412	53892	53999	10364	*	472	60372	60479	12282
413	54000	54107	10396	*	473	60480	60587	12314
414	54108	54215	10426	*	474	60588	60695	12348
415	54216	54323	10458	*	475	60696	60803	12380
416	54324	54431	10488	*	476	60804	60911	12414
417	54432	54539	10518	*	477	60912	61019	12448
418	54540	54647	10550	*	478	61020	61127	12480
419	54648	54755	10582	*	479	61128	61235	12514
420	54756	54863	10612	*	480	61236	61343	12548

Einkommensteuergesetz

Anlage 2

Einkommensteuer-Splittingtabelle ab 1988

VII B
10
Seite 150 e

noch Einkommensteuer-Splittingtabelle ab 1988

lfd. Nr.	zu versteuerndes Einkommen in DM von	bis	tarifliche Einkommensteuer in DM		lfd. Nr.	zu versteuerndes Einkommen in DM von	bis	tarifliche Einkommensteuer in DM
481	61344	- 61451	12580	*	541	67824	- 67931	14650
482	61452	- 61559	12614	*	542	67932	- 68039	14686
483	61560	- 61667	12648	*	543	68040	- 68147	14720
484	61668	- 61775	12682	*	544	68148	- 68255	14756
485	61776	- 61883	12714	*	545	68256	- 68363	14792
486	61884	- 61991	12748	*	546	68364	- 68471	14828
487	61992	- 62099	12782	*	547	68472	- 68579	14864
488	62100	- 62207	12816	*	548	68580	- 68687	14900
489	62208	- 62315	12850	*	549	68688	- 68795	14934
490	62316	- 62423	12982	*	550	68796	- 68903	14970
491	62424	- 62531	12916	*	551	68904	- 69011	15006
492	62532	- 62639	12950	*	552	69012	- 69119	15042
493	62640	- 62747	12984	*	553	69120	- 69227	15078
494	62748	- 62855	13018	*	554	69228	- 69335	15114
495	62856	- 62963	13052	*	555	69336	- 69443	15150
496	62964	- 63071	13086	*	556	69444	- 69551	15186
497	63072	- 63179	13120	*	557	69552	- 69659	15222
498	63180	- 63287	13154	*	558	69660	- 69767	15258
499	63288	- 63395	13188	*	559	69768	- 69875	15294
500	63396	- 63503	13222	*	560	69876	- 69983	15330
501	63504	- 63611	13256	*	561	69984	- 70091	15368
502	63612	- 63719	13290	*	562	70092	- 70199	15404
503	63720	- 63827	13324	*	563	70200	- 70307	15440
504	63828	- 63935	13358	*	564	70308	- 70415	15476
505	63936	- 64043	13392	*	565	70416	- 70523	15512
506	64044	- 64151	13428	*	566	70524	- 70631	15548
507	64152	- 64259	13462	*	567	70632	- 70739	15584
508	64260	- 64367	13496	*	568	70740	- 70847	15622
509	64368	- 64475	13530	*	569	70848	- 70955	15658
510	64476	- 64583	13564	*	570	70956	- 71063	15694
511	64584	- 64691	13600	*	571	71064	- 71171	15730
512	64692	- 64799	13634	*	572	71172	- 71279	15768
513	64800	- 64907	13668	*	573	71280	- 71387	15804
514	64908	- 65015	13702	*	574	71388	- 71495	15840
515	65016	- 65123	13738	*	575	71496	- 71603	15878
516	65124	- 65231	13772	*	576	71604	- 71711	15914
517	65232	- 65339	13806	*	577	71712	- 71819	15950
518	65340	- 65447	13842	*	578	71820	- 71927	15988
519	65448	- 65555	13876	*	579	71928	- 72035	16024
520	65556	- 65663	13912	*	580	72036	- 72143	16062
521	65664	- 65771	13946	*	581	72144	- 72251	16098
522	65772	- 65879	13980	*	582	72252	- 72359	16134
523	65880	- 65987	14016	*	583	72360	- 72467	16172
524	65988	- 66095	14050	*	584	72468	- 72575	16208
525	66096	- 66203	14086	*	585	72576	- 72683	16246
526	66204	- 66311	14120	*	586	72684	- 72791	16282
527	66312	- 66419	14156	*	587	72792	- 72899	16320
528	66420	- 66527	14190	*	588	72900	- 73007	16356
529	66528	- 66635	14226	*	589	73008	- 73115	16394
530	66636	- 66743	14260	*	590	73116	- 73223	16432
531	66744	- 66851	14296	*	591	73224	- 73331	16468
532	66852	- 66959	14332	*	592	73332	- 73439	16506
533	66960	- 67067	14366	*	593	73440	- 73547	16542
534	67068	- 67175	14402	*	594	73548	- 73655	16580
535	67176	- 67283	14438	*	595	73656	- 73763	16618
536	67284	- 67391	14472	*	596	73764	- 73871	16654
537	67392	- 67499	14508	*	597	73872	- 73979	16692
538	67500	- 67607	14544	*	598	73980	- 74087	16730
539	67608	- 67715	14578	*	599	74088	- 74195	16768
540	67716	- 67823	14614	*	600	74196	- 74303	16804

Einkommensteuergesetz
Anlage 2
Einkommensteuer-Splittingtabelle ab 1988

noch Einkommensteuer-Splittingtabelle ab 1988

lfd. Nr.	zu versteuerndes Einkommen in DM von	bis	tarifliche Einkommensteuer in DM		lfd. Nr.	zu versteuerndes Einkommen in DM von	bis	tarifliche Einkommensteuer in DM
601	74304	74411	16842	*	661	80784	80891	19150
602	74412	74519	16880	*	662	80892	80999	19190
603	74520	74627	16918	*	663	81000	81107	19228
604	74628	74735	16954	*	664	81108	81215	19268
605	74736	74843	16992	*	665	81216	81323	19308
606	74844	74951	17030	*	666	81324	81431	19348
607	74952	75059	17068	*	667	81432	81539	19386
608	75060	75167	17106	*	668	81540	81647	19426
609	75168	75275	17144	*	669	81648	81755	19466
610	75276	75383	17182	*	670	81756	81863	19506
611	75384	75491	17218	*	671	81864	81971	19546
612	75492	75599	17256	*	672	81972	82079	19586
613	75600	75707	17294	*	673	82080	82187	19624
614	75708	75815	17332	*	674	82188	82295	19664
615	75816	75923	17370	*	675	82296	82403	19704
616	75924	76031	17408	*	676	82404	82511	19744
617	76032	76139	17446	*	677	82512	82619	19784
618	76140	76247	17484	*	678	82620	82727	19824
619	76248	76355	17522	*	679	82728	82835	19864
620	76356	76463	17560	*	680	82836	82943	19904
621	76464	76571	17598	*	681	82944	83051	19944
622	76572	76679	17638	*	682	83052	83159	19984
623	76680	76787	17676	*	683	83160	83267	20024
624	76788	76895	17714	*	684	83268	83375	20064
625	76896	77003	17752	*	685	83376	83483	20104
626	77004	77111	17790	*	686	83484	83591	20144
627	77112	77219	17828	*	687	83592	83699	20184
628	77220	77327	17866	*	688	83700	83807	20224
629	77328	77435	17906	*	689	83808	83915	20264
630	77436	77543	17944	*	690	83916	84023	20304
631	77544	77651	17982	*	691	84024	84131	20346
632	77652	77759	18020	*	692	84132	84239	20386
633	77760	77867	18060	*	693	84240	84347	20426
634	77868	77975	18098	*	694	84348	84455	20466
635	77976	78083	18136	*	695	84456	84563	20506
636	78084	78191	18174	*	696	84564	84671	20546
637	78192	78299	18214	*	697	84672	84779	20588
638	78300	78407	18252	*	698	84780	84887	20628
639	78408	78515	18290	*	699	84888	84995	20668
640	78516	78623	18330	*	700	84996	85103	20708
641	78624	78731	18368	*	701	85104	85211	20750
642	78732	78839	18408	*	702	85212	85319	20790
643	78840	78947	18446	*	703	85320	85427	20830
644	78948	79055	18484	*	704	85428	85535	20872
645	79056	79163	18524	*	705	85536	85643	20912
646	79164	79271	18562	*	706	85644	85751	20952
647	79272	79379	18602	*	707	85752	85859	20994
648	79380	79487	18640	*	708	85860	85967	21034
649	79488	79595	18680	*	709	85968	86075	21074
650	79596	79703	18718	*	710	86076	86183	21116
651	79704	79811	18758	*	711	86184	86291	21156
652	79812	79919	18796	*	712	86292	86399	21198
653	79920	80027	18836	*	713	86400	86507	21238
654	80028	80135	18876	*	714	86508	86615	21278
655	80136	80243	18914	*	715	86616	86723	21320
656	80244	80351	18954	*	716	86724	86831	21360
657	80352	80459	18992	*	717	86832	86939	21402
658	80460	80567	19032	*	718	86940	87047	21442
659	80568	80675	19072	*	719	87048	87155	21484
660	80676	80783	19110	*	720	87156	87263	21526

Einkommensteuergesetz
Anlage 2
Einkommensteuer-Splittingtabelle ab 1988

noch Einkommensteuer-Splittingtabelle ab 1988

lfd. Nr.	zu versteuerndes Einkommen in DM von	bis	tarifliche Einkommensteuer in DM		lfd. Nr.	zu versteuerndes Einkommen in DM von	bis	tarifliche Einkommensteuer in DM
721	87264	87371	21566	*	781	93744	93851	24082
722	87372	87479	21608	*	782	93852	93959	24126
723	87480	87587	21648	*	783	93960	94067	24168
724	87588	87695	21690	*	784	94068	94175	24212
725	87696	87803	21730	*	785	94176	94283	24254
726	87804	87911	21772	*	786	94284	94391	24296
727	87912	88019	21814	*	787	94392	94499	24340
728	88020	88127	21854	*	788	94500	94607	24382
729	88128	88235	21896	*	789	94608	94715	24426
730	88236	88343	21938	*	790	94716	94823	24468
731	88344	88451	21978	*	791	94824	94931	24512
732	88452	88559	22020	*	792	94932	95039	24554
733	88560	88667	22062	*	793	95040	95147	24598
734	88668	88775	22104	*	794	95148	95255	24640
735	88776	88883	22144	*	795	95256	95363	24684
736	88884	88991	22186	*	796	95364	95471	24726
737	88992	89099	22228	*	797	95472	95579	24770
738	89100	89207	22270	*	798	95580	95687	24814
739	89208	89315	22310	*	799	95688	95795	24856
740	89316	89423	22352	*	800	95796	95903	24900
741	89424	89531	22394	*	801	95904	96011	24942
742	89532	89639	22436	*	802	96012	96119	24986
743	89640	89747	22478	*	803	96120	96227	25030
744	89748	89855	22520	*	804	96228	96335	25072
745	89856	89963	22562	*	805	96336	96443	25116
746	89964	90071	22602	*	806	96444	96551	25160
747	90072	90179	22644	*	807	96552	96659	25202
748	90180	90287	22686	*	808	96660	96767	25246
749	90288	90395	22728	*	809	96768	96875	25290
750	90396	90503	22770	*	810	96876	96983	25332
751	90504	90611	22812	*	811	96984	97091	25376
752	90612	90719	22854	*	812	97092	97199	25420
753	90720	90827	22896	*	813	97200	97307	25464
754	90828	90935	22938	*	814	97308	97415	25508
755	90936	91043	22980	*	815	97416	97523	25550
756	91044	91151	23022	*	816	97524	97631	25594
757	91152	91259	23064	*	817	97632	97739	25638
758	91260	91367	23106	*	818	97740	97847	25682
759	91368	91475	23148	*	819	97848	97955	25726
760	91476	91583	23190	*	820	97956	98063	25768
761	91584	91691	23234	*	821	98064	98171	25812
762	91692	91799	23276	*	822	98172	98279	25856
763	91800	91907	23318	*	823	98280	98387	25900
764	91908	92015	23360	*	824	98388	98495	25944
765	92016	92123	23402	*	825	98496	98603	25988
766	92124	92231	23444	*	826	98604	98711	26032
767	92232	92339	23486	*	827	98712	98819	26076
768	92340	92447	23530	*	828	98820	98927	26120
769	92448	92555	23572	*	829	98928	99035	26164
770	92556	92663	23614	*	830	99036	99143	26208
771	92664	92771	23656	*	831	99144	99251	26252
772	92772	92879	23700	*	832	99252	99359	26296
773	92880	92987	23742	*	833	99360	99467	26340
774	92988	93095	23784	*	834	99468	99575	26384
775	93096	93203	23826	*	835	99576	99683	26428
776	93204	93311	23870	*	836	99684	99791	26472
777	93312	93419	23912	*	837	99792	99899	26516
778	93420	93527	23954	*	838	99900	100007	26560
779	93528	93635	23998	*	839	100008	100115	26604
780	93636	93743	24040	*	840	100116	100223	26648

VII B 10 Seite 150 h

Einkommensteuergesetz
Anlage 2
Einkommensteuer-Splittingtabelle ab 1988

noch Einkommensteuer-Splittingtabelle ab 1988

lfd. Nr.	zu versteuerndes Einkommen in DM von - bis	tarifliche Einkommensteuer in DM		lfd. Nr.	zu versteuerndes Einkommen in DM von - bis	tarifliche Einkommensteuer in DM
841	100224 - 100331	26692	*	901	106704 - 106811	29388
842	100332 - 100439	26736	*	902	106812 - 106919	29434
843	100440 - 100547	26782	*	903	106920 - 107027	29480
844	100548 - 100655	26826	*	904	107028 - 107135	29526
845	100656 - 100763	26870	*	905	107136 - 107243	29572
846	100764 - 100871	26914	*	906	107244 - 107351	29616
847	100872 - 100979	26958	*	907	107352 - 107459	29662
848	100980 - 101087	27002	*	908	107460 - 107567	29708
849	101088 - 101195	27048	*	909	107568 - 107675	29754
850	101196 - 101303	27092	*	910	107676 - 107783	29800
851	101304 - 101411	27136	*	911	107784 - 107891	29846
852	101412 - 101519	27180	*	912	107892 - 107999	29892
853	101520 - 101627	27226	*	913	108000 - 108107	29938
854	101628 - 101735	27270	*	914	108108 - 108215	29984
855	101736 - 101843	27314	*	915	108216 - 108323	30030
856	101844 - 101951	27358	*	916	108324 - 108431	30076
857	101952 - 102059	27404	*	917	108432 - 108539	30122
858	102060 - 102167	27448	*	918	108540 - 108647	30168
859	102168 - 102275	27492	*	919	108648 - 108755	30214
860	102276 - 102383	27538	*	920	108756 - 108863	30260
861	102384 - 102491	27582	*	921	108864 - 108971	30306
862	102492 - 102599	27626	*	922	108972 - 109079	30352
863	102600 - 102707	27672	*	923	109080 - 109187	30398
864	102708 - 102815	27716	*	924	109188 - 109295	30444
865	102816 - 102923	27762	*	925	109296 - 109403	30490
866	102924 - 103031	27806	*	926	109404 - 109511	30536
867	103032 - 103139	27850	*	927	109512 - 109619	30582
868	103140 - 103247	27896	*	928	109620 - 109727	30628
869	103248 - 103355	27940	*	929	109728 - 109835	30674
870	103356 - 103463	27986	*	930	109836 - 109943	30720
871	103464 - 103571	28030	*	931	109944 - 110051	30766
872	103572 - 103679	28076	*	932	110052 - 110159	30812
873	103680 - 103787	28120	*	933	110160 - 110267	30860
874	103788 - 103895	28166	*	934	110268 - 110375	30906
875	103896 - 104003	28210	*	935	110376 - 110483	30952
876	104004 - 104111	28256	*	936	110484 - 110591	30998
877	104112 - 104219	28300	*	937	110592 - 110699	31044
878	104220 - 104327	28346	*	938	110700 - 110807	31090
879	104328 - 104435	28390	*	939	110808 - 110915	31138
880	104436 - 104543	28436	*	940	110916 - 111023	31184
881	104544 - 104651	28480	*	941	111024 - 111131	31230
882	104652 - 104759	28526	*	942	111132 - 111239	31276
883	104760 - 104867	28572	*	943	111240 - 111347	31324
884	104868 - 104975	28616	*	944	111348 - 111455	31370
885	104976 - 105083	28662	*	945	111456 - 111563	31416
886	105084 - 105191	28706	*	946	111564 - 111671	31462
887	105192 - 105299	28752	*	947	111672 - 111779	31510
888	105300 - 105407	28798	*	948	111780 - 111887	31556
889	105408 - 105515	28842	*	949	111888 - 111995	31602
890	105516 - 105623	28888	*	950	111996 - 112103	31650
891	105624 - 105731	28934	*	951	112104 - 112211	31696
892	105732 - 105839	28978	*	952	112212 - 112319	31742
893	105840 - 105947	29024	*	953	112320 - 112427	31790
894	105948 - 106055	29070	*	954	112428 - 112535	31836
895	106056 - 106163	29116	*	955	112536 - 112643	31882
896	106164 - 106271	29160	*	956	112644 - 112751	31930
897	106272 - 106379	29206	*	957	112752 - 112859	31976
898	106380 - 106487	29252	*	958	112860 - 112967	32024
899	106488 - 106595	29298	*	959	112968 - 113075	32070
900	106596 - 106703	29342	*	960	113076 - 113183	32116

Einkommensteuergesetz

Anlage 2

Einkommensteuer-Splittingtabelle ab 1988

noch Einkommensteuer-Splittingtabelle ab 1988

lfd. Nr.	zu versteuerndes Einkommen in DM von	bis	tarifliche Einkommensteuer in DM		lfd. Nr.	zu versteuerndes Einkommen in DM von	bis	tarifliche Einkommensteuer in DM
961	113184	113291	32164	*	1021	119664	119771	35012
962	113292	113399	32210	*	1022	119772	119879	35060
963	113400	113507	32258	*	1023	119880	119987	35108
964	113508	113615	32304	*	1024	119988	120095	35156
965	113616	113723	32352	*	1025	120096	120203	35204
966	113724	113831	32398	*	1026	120204	120311	35252
967	113832	113939	32446	*	1027	120312	120419	35300
968	113940	114047	32492	*	1028	120420	120527	35348
969	114048	114155	32540	*	1029	120528	120635	35396
970	114156	114263	32586	*	1030	120636	120743	35444
971	114264	114371	32634	*	1031	120744	120851	35492
972	114372	114479	32680	*	1032	120852	120959	35540
973	114480	114587	32728	*	1033	120960	121067	35588
974	114588	114695	32774	*	1034	121068	121175	35636
975	114696	114803	32822	*	1035	121176	121283	35686
976	114804	114911	32870	*	1036	121284	121391	35734
977	114912	115019	32916	*	1037	121392	121499	35782
978	115020	115127	32964	*	1038	121500	121607	35830
979	115128	115235	33010	*	1039	121608	121715	35878
980	115236	115343	33058	*	1040	121716	121823	35926
981	115344	115451	33106	*	1041	121824	121931	35976
982	115452	115559	33152	*	1042	121932	122039	36024
983	115560	115667	33200	*	1043	122040	122147	36072
984	115668	115775	33246	*	1044	122148	122255	36120
985	115776	115883	33294	*	1045	122256	122363	36168
986	115884	115991	33342	*	1046	122364	122471	36218
987	115992	116099	33390	*	1047	122472	122579	36266
988	116100	116207	33436	*	1048	122580	122687	36314
989	116208	116315	33484	*	1049	122688	122795	36362
990	116316	116423	33532	*	1050	122796	122903	36412
991	116424	116531	33578	*	1051	122904	123011	36460
992	116532	116639	33626	*	1052	123012	123119	36508
993	116640	116747	33674	*	1053	123120	123227	36558
994	116748	116855	33722	*	1054	123228	123335	36606
995	116856	116963	33768	*	1055	123336	123443	36654
996	116964	117071	33816	*	1056	123444	123551	36704
997	117072	117179	33864	*	1057	123552	123659	36752
998	117180	117287	33912	*	1058	123660	123767	36800
999	117288	117395	33960	*	1059	123768	123875	36850
1000	117396	117503	34006	*	1060	123876	123983	36898
1001	117504	117611	34054	*	1061	123984	124091	36946
1002	117612	117719	34102	*	1062	124092	124199	36996
1003	117720	117827	34150	*	1063	124200	124307	37044
1004	117828	117935	34198	*	1064	124308	124415	37092
1005	117936	118043	34246	*	1065	124416	124523	37142
1006	118044	118151	34292	*	1066	124524	124631	37190
1007	118152	118259	34340	*	1067	124632	124739	37240
1008	118260	118367	34388	*	1068	124740	124847	37288
1009	118368	118475	34436	*	1069	124848	124955	37338
1010	118476	118583	34484	*	1070	124956	125063	37386
1011	118584	118691	34532	*	1071	125064	125171	37434
1012	118692	118799	34580	*	1072	125172	125279	37484
1013	118800	118907	34628	*	1073	125280	125387	37532
1014	118908	119015	34676	*	1074	125388	125495	37582
1015	119016	119123	34724	*	1075	125496	125603	37630
1016	119124	119231	34772	*	1076	125604	125711	37680
1017	119232	119339	34820	*	1077	125712	125819	37728
1018	119340	119447	34868	*	1078	125820	125927	37778
1019	119448	119555	34916	*	1079	125928	126035	37826
1020	119556	119663	34964	*	1080	126036	126143	37876

Einkommensteuergesetz
Anlage 2
Einkommensteuer-Splittingtabelle ab 1988

noch Einkommensteuer-Splittingtabelle ab 1988

lfd. Nr.	zu versteuerndes Einkommen in DM von	bis	tarifliche Einkommensteuer in DM		lfd. Nr.	zu versteuerndes Einkommen in DM von	bis	tarifliche Einkommensteuer in DM
1081	126144	126251	37924	*	1141	132624	132731	40898
1082	126252	126359	37974	*	1142	132732	132839	40948
1083	126360	126467	38022	*	1143	132840	132947	40998
1084	126468	126575	38072	*	1144	132948	133055	41048
1085	126576	126683	38120	*	1145	133056	133163	41098
1086	126684	126791	38170	*	1146	133164	133271	41148
1087	126792	126899	38220	*	1147	133272	133379	41198
1088	126900	127007	38268	*	1148	133380	133487	41248
1089	127008	127115	38318	*	1149	133488	133595	41298
1090	127116	127223	38366	*	1150	133596	133703	41348
1091	127224	127331	38416	*	1151	133704	133811	41398
1092	127332	127439	38466	*	1152	133812	133919	41448
1093	127440	127547	38514	*	1153	133920	134027	41498
1094	127548	127655	38564	*	1154	134028	134135	41548
1095	127656	127763	38614	*	1155	134136	134243	41598
1096	127764	127871	38662	*	1156	134244	134351	41650
1097	127872	127979	38712	*	1157	134352	134459	41700
1098	127980	128087	38762	*	1158	134460	134567	41750
1099	128088	128195	38810	*	1159	134568	134675	41800
1100	128196	128303	38860	*	1160	134676	134783	41850
1101	128304	128411	38910	*	1161	134784	134891	41900
1102	128412	128519	38958	*	1162	134892	134999	41950
1103	128520	128627	39008	*	1163	135000	135107	42002
1104	128628	128735	39058	*	1164	135108	135215	42052
1105	128736	128843	39108	*	1165	135216	135323	42102
1106	128844	128951	39156	*	1166	135324	135431	42152
1107	128952	129059	39206	*	1167	135432	135539	42202
1108	129060	129167	39256	*	1168	135540	135647	42252
1109	129168	129275	39304	*	1169	135648	135755	42304
1110	129276	129383	39354	*	1170	135756	135863	42354
1111	129384	129491	39404	*	1171	135864	135971	42404
1112	129492	129599	39454	*	1172	135972	136079	42454
1113	129600	129707	39504	*	1173	136080	136187	42504
1114	129708	129815	39552	*	1174	136188	136295	42556
1115	129816	129923	39602	*	1175	136296	136403	42606
1116	129924	130031	39652	*	1176	136404	136511	42656
1117	130032	130139	39702	*	1177	136512	136619	42708
1118	130140	130247	39752	*	1178	136620	136727	42758
1119	130248	130355	39800	*	1179	136728	136835	42808
1120	130356	130463	39850	*	1180	136836	136943	42858
1121	130464	130571	39900	*	1181	136944	137051	42910
1122	130572	130679	39950	*	1182	137052	137159	42960
1123	130680	130787	40000	*	1183	137160	137267	43010
1124	130788	130895	40050	*	1184	137268	137375	43062
1125	130896	131003	40100	*	1185	137376	137483	43112
1126	131004	131111	40148	*	1186	137484	137591	43162
1127	131112	131219	40198	*	1187	137592	137699	43212
1128	131220	131327	40248	*	1188	137700	137807	43264
1129	131328	131435	40298	*	1189	137808	137915	43314
1130	131436	131543	40348	*	1190	137916	138023	43366
1131	131544	131651	40398	*	1191	138024	138131	43416
1132	131652	131759	40448	*	1192	138132	138239	43466
1133	131760	131867	40498	*	1193	138240	138347	43518
1134	131868	131975	40548	*	1194	138348	138455	43568
1135	131976	132083	40598	*	1195	138456	138563	43618
1136	132084	132191	40648	*	1196	138564	138671	43670
1137	132192	132299	40698	*	1197	138672	138779	43720
1138	132300	132407	40748	*	1198	138780	138887	43770
1139	132408	132515	40798	*	1199	138888	138995	43822
1140	132516	132623	40848	*	1200	138996	139103	43872

Einkommensteuergesetz

Anlage 2

Einkommensteuer-Splittingtabelle ab 1988

noch Einkommensteuer-Splittingtabelle ab 1988

lfd. Nr.	zu versteuerndes Einkommen in DM von		bis	tarifliche Einkommensteuer in DM		lfd. Nr.	zu versteuerndes Einkommen in DM von		bis	tarifliche Einkommensteuer in DM
1201	139104	-	139211	43924	*	1261	145584	-	145691	46996
1202	139212	-	139319	43974	*	1262	145692	-	145799	47048
1203	139320	-	139427	44026	*	1263	145800	-	145907	47100
1204	139428	-	139535	44076	*	1264	145908	-	146015	47152
1205	139536	-	139643	44126	*	1265	146016	-	146123	47204
1206	139644	-	139751	44178	*	1266	146124	-	146231	47254
1207	139752	-	139859	44228	*	1267	146232	-	146339	47306
1208	139860	-	139967	44280	*	1268	146340	-	146447	47358
1209	139968	-	140075	44330	*	1269	146448	-	146555	47410
1210	140076	-	140183	44382	*	1270	146556	-	146663	47462
1211	140184	-	140291	44432	*	1271	146664	-	146771	47514
1212	140292	-	140399	44484	*	1272	146772	-	146879	47564
1213	140400	-	140507	44534	*	1273	146880	-	146987	47616
1214	140508	-	140615	44586	*	1274	146988	-	147095	47668
1215	140616	-	140723	44636	*	1275	147096	-	147203	47720
1216	140724	-	140831	44688	*	1276	147204	-	147311	47772
1217	140832	-	140939	44738	*	1277	147312	-	147419	47824
1218	140940	-	141047	44790	*	1278	147420	-	147527	47876
1219	141048	-	141155	44840	*	1279	147528	-	147635	47928
1220	141156	-	141263	44892	*	1280	147636	-	147743	47978
1221	141264	-	141371	44944	*	1281	147744	-	147851	48030
1222	141372	-	141479	44994	*	1282	147852	-	147959	48082
1223	141480	-	141587	45046	*	1283	147960	-	148067	48134
1224	141588	-	141695	45096	*	1284	148068	-	148175	48186
1225	141696	-	141803	45148	*	1285	148176	-	148283	48238
1226	141804	-	141911	45198	*	1286	148284	-	148391	48290
1227	141912	-	142019	45250	*	1287	148392	-	148499	48342
1228	142020	-	142127	45300	*	1288	148500	-	148607	48394
1229	142128	-	142235	45352	*	1289	148608	-	148715	48446
1230	142236	-	142343	45404	*	1290	148716	-	148823	48498
1231	142344	-	142451	45454	*	1291	148824	-	148931	48550
1232	142452	-	142559	45506	*	1292	148932	-	149039	48602
1233	142560	-	142667	45558	*	1293	149040	-	149147	48654
1234	142668	-	142775	45608	*	1294	149148	-	149255	48706
1235	142776	-	142883	45660	*	1295	149256	-	149363	48756
1236	142884	-	142991	45710	*	1296	149364	-	149471	48808
1237	142992	-	143099	45762	*	1297	149472	-	149579	48860
1238	143100	-	143207	45814	*	1298	149580	-	149687	48912
1239	143208	-	143315	45864	*	1299	149688	-	149795	48966
1240	143316	-	143423	45916	*	1300	149796	-	149903	49018
1241	143424	-	143531	45968	*	1301	149904	-	150011	49068
1242	143532	-	143639	46018	*	1302	150012	-	150119	49120
1243	143640	-	143747	46070	*	1303	150120	-	150227	49172
1244	143748	-	143855	46122	*	1304	150228	-	150335	49226
1245	143856	-	143963	46174	*	1305	150336	-	150443	49278
1246	143964	-	144071	46224	*	1306	150444	-	150551	49330
1247	144072	-	144179	46276	*	1307	150552	-	150659	49382
1248	144180	-	144287	46328	*	1308	150660	-	150767	49434
1249	144288	-	144395	46378	*	1309	150768	-	150875	49486
1250	144396	-	144503	46430	*	1310	150876	-	150983	49538
1251	144504	-	144611	46482	*	1311	150984	-	151091	49590
1252	144612	-	144719	46534	*	1312	151092	-	151199	49642
1253	144720	-	144827	46584	*	1313	151200	-	151307	49694
1254	144828	-	144935	46636	*	1314	151308	-	151415	49746
1255	144936	-	145043	46688	*	1315	151416	-	151523	49798
1256	145044	-	145151	46740	*	1316	151524	-	151631	49850
1257	145152	-	145259	46790	*	1317	151632	-	151739	49902
1258	145260	-	145367	46842	*	1318	151740	-	151847	49954
1259	145368	-	145475	46894	*	1319	151848	-	151955	50008
1260	145476	-	145583	46946	*	1320	151956	-	152063	50060

Einkommensteuergesetz

Anlage 2

Einkommensteuer-Splittingtabelle ab 1988

noch Einkommensteuer-Splittingtabelle ab 1988

lfd. Nr.	zu versteuerndes Einkommen in DM von - bis	tarifliche Einkommensteuer in DM		lfd. Nr.	zu versteuerndes Einkommen in DM von - bis	tarifliche Einkommensteuer in DM
1321	152064 - 152171	50112	*	1381	158544 - 158651	53262
1322	152172 - 152279	50164	*	1382	158652 - 158759	53314
1323	152280 - 152387	50216	*	1383	158760 - 158867	53368
1324	152388 - 152495	50268	*	1384	158868 - 158975	53420
1325	152496 - 152603	50320	*	1385	158976 - 159083	53472
1326	152604 - 152711	50372	*	1386	159084 - 159191	53526
1327	152712 - 152819	50424	*	1387	159192 - 159299	53578
1328	152820 - 152927	50478	*	1388	159300 - 159407	53632
1329	152928 - 153035	50530	*	1389	159408 - 159515	53684
1330	153036 - 153143	50582	*	1390	159516 - 159623	53738
1331	153144 - 153251	50634	*	1391	159624 - 159731	53790
1332	153252 - 153359	50686	*	1392	159732 - 159839	53842
1333	153360 - 153467	50738	*	1393	159840 - 159947	53896
1334	153468 - 153575	50792	*	1394	159948 - 160055	53948
1335	153576 - 153683	50844	*	1395	160056 - 160163	54000
1336	153684 - 153791	50896	*	1396	160164 - 160271	54052
1337	153792 - 153899	50948	*	1397	160272 - 160379	54106
1338	153900 - 154007	51000	*	1398	160380 - 160487	54158
1339	154008 - 154115	51052	*	1399	160488 - 160595	54212
1340	154116 - 154223	51106	*	1400	160596 - 160703	54264
1341	154224 - 154331	51158	*	1401	160704 - 160811	54318
1342	154332 - 154439	51210	*	1402	160812 - 160919	54370
1343	154440 - 154547	51262	*	1403	160920 - 161027	54424
1344	154548 - 154655	51314	*	1404	161028 - 161135	54476
1345	154656 - 154763	51368	*	1405	161136 - 161243	54530
1346	154764 - 154871	51420	*	1406	161244 - 161351	54582
1347	154872 - 154979	51472	*	1407	161352 - 161459	54636
1348	154980 - 155087	51526	*	1408	161460 - 161567	54688
1349	155088 - 155195	51578	*	1409	161568 - 161675	54742
1350	155196 - 155303	51630	*	1410	161676 - 161783	54794
1351	155304 - 155411	51682	*	1411	161784 - 161891	54848
1352	155412 - 155519	51734	*	1412	161892 - 161999	54900
1353	155520 - 155627	51788	*	1413	162000 - 162107	54954
1354	155628 - 155735	51840	*	1414	162108 - 162215	55008
1355	155736 - 155843	51892	*	1415	162216 - 162323	55060
1356	155844 - 155951	51944	*	1416	162324 - 162431	55114
1357	155952 - 156059	51998	*	1417	162432 - 162539	55166
1358	156060 - 156167	52050	*	1418	162540 - 162647	55220
1359	156168 - 156275	52102	*	1419	162648 - 162755	55272
1360	156276 - 156383	52156	*	1420	162756 - 162863	55326
1361	156384 - 156491	52208	*	1421	162864 - 162971	55378
1362	156492 - 156599	52260	*	1422	162972 - 163079	55432
1363	156600 - 156707	52314	*	1423	163080 - 163187	55486
1364	156708 - 156815	52366	*	1424	163188 - 163295	55538
1365	156816 - 156923	52418	*	1425	163296 - 163403	55592
1366	156924 - 157031	52472	*	1426	163404 - 163511	55644
1367	157032 - 157139	52524	*	1427	163512 - 163619	55698
1368	157140 - 157247	52576	*	1428	163620 - 163727	55750
1369	157248 - 157355	52628	*	1429	163728 - 163835	55804
1370	157356 - 157463	52682	*	1430	163836 - 163943	55858
1371	157464 - 157571	52734	*	1431	163944 - 164051	55910
1372	157572 - 157679	52788	*	1432	164052 - 164159	55964
1373	157680 - 157787	52840	*	1433	164160 - 164267	56018
1374	157788 - 157895	52892	*	1434	164268 - 164375	56070
1375	157896 - 158003	52946	*	1435	164376 - 164483	56124
1376	158004 - 158111	52998	*	1436	164484 - 164591	56176
1377	158112 - 158219	53050	*	1437	164592 - 164699	56230
1378	158220 - 158327	53104	*	1438	164700 - 164807	56284
1379	158328 - 158435	53156	*	1439	164808 - 164915	56336
1380	158436 - 158543	53210	*	1440	164916 - 165023	56390

Einkommensteuergesetz

Anlage 2
Einkommensteuer-Splittingtabelle ab 1988

VII B
10
Seite 151

noch Einkommensteuer-Splittingtabelle ab 1988

lfd. Nr.	zu versteuerndes Einkommen in DM von – bis	tarifliche Einkommensteuer in DM	lfd. Nr.	zu versteuerndes Einkommen in DM von – bis	tarifliche Einkommensteuer in DM
1441	165024 – 165131	56444	1501	171504 – 171611	59656
1442	165132 – 165239	56496	1502	171612 – 171719	59710
1443	165240 – 165347	56550	1503	171720 – 171827	59764
1444	165348 – 165455	56604	1504	171828 – 171935	59818
1445	165456 – 165563	56656	1505	171936 – 172043	59872
1446	165564 – 165671	56710	1506	172044 – 172151	59926
1447	165672 – 165779	56764	1507	172152 – 172259	59980
1448	165780 – 165887	56816	1508	172260 – 172367	60032
1449	165888 – 165995	56870	1509	172368 – 172475	60086
1450	165996 – 166103	56924	1510	172476 – 172583	60140
1451	166104 – 166211	56976	1511	172584 – 172691	60194
1452	166212 – 166319	57030	1512	172692 – 172799	60248
1453	166320 – 166427	57084	1513	172800 – 172907	60302
1454	166428 – 166535	57136	1514	172908 – 173015	60356
1455	166536 – 166643	57190	1515	173016 – 173123	60410
1456	166644 – 166751	57244	1516	173124 – 173231	60464
1457	166752 – 166859	57298	1517	173232 – 173339	60518
1458	166860 – 166967	57350	1518	173340 – 173447	60572
1459	166968 – 167075	57404	1519	173448 – 173555	60626
1460	167076 – 167183	57458	1520	173556 – 173663	60680
1461	167184 – 167291	57510	1521	173664 – 173771	60734
1462	167292 – 167399	57564	1522	173772 – 173879	60788
1463	167400 – 167507	57618	1523	173880 – 173987	60842
1464	167508 – 167615	57672	1524	173988 – 174095	60896
1465	167616 – 167723	57724	1525	174096 – 174203	60950
1466	167724 – 167831	57778	1526	174204 – 174311	61004
1467	167832 – 167939	57832	1527	174312 – 174419	61058
1468	167940 – 168047	57886	1528	174420 – 174527	61112
1469	168048 – 168155	57938	1529	174528 – 174635	61166
1470	168156 – 168263	57992	1530	174636 – 174743	61220
1471	168264 – 168371	58046	1531	174744 – 174851	61274
1472	168372 – 168479	58100	1532	174852 – 174959	61328
1473	168480 – 168587	58154	1533	174960 – 175067	61382
1474	168588 – 168695	58206	1534	175068 – 175175	61436
1475	168696 – 168803	58260	1535	175176 – 175283	61490
1476	168804 – 168911	58314	1536	175284 – 175391	61544
1477	168912 – 169019	58368	1537	175392 – 175499	61598
1478	169020 – 169127	58422	1538	175500 – 175607	61652
1479	169128 – 169235	58474	1539	175608 – 175715	61706
1480	169236 – 169343	58528	1540	175716 – 175823	61760
1481	169344 – 169451	58582	1541	175824 – 175931	61814
1482	169452 – 169559	58636	1542	175932 – 176039	61868
1483	169560 – 169667	58690	1543	176040 – 176147	61922
1484	169668 – 169775	58742	1544	176148 – 176255	61976
1485	169776 – 169883	58796	1545	176256 – 176363	62032
1486	169884 – 169991	58850	1546	176364 – 176471	62086
1487	169992 – 170099	58904	1547	176472 – 176579	62140
1488	170100 – 170207	58958	1548	176580 – 176687	62194
1489	170208 – 170315	59012	1549	176688 – 176795	62248
1490	170316 – 170423	59064	1550	176796 – 176903	62302
1491	170424 – 170531	59118	1551	176904 – 177011	62356
1492	170532 – 170639	59172	1552	177012 – 177119	62410
1493	170640 – 170747	59226	1553	177120 – 177227	62464
1494	170748 – 170855	59280	1554	177228 – 177335	62518
1495	170856 – 170963	59334	1555	177336 – 177443	62572
1496	170964 – 171071	59388	1556	177444 – 177551	62628
1497	171072 – 171179	59442	1557	177552 – 177659	62682
1498	171180 – 171287	59494	1558	177660 – 177767	62736
1499	171288 – 171395	59548	1559	177768 – 177875	62790
1500	171396 – 171503	59602	1560	177876 – 177983	62844

Einkommensteuergesetz

Anlage 2
Einkommensteuer-Splittingtabelle ab 1988

noch Einkommensteuer-Splittingtabelle ab 1988

lfd. Nr.	zu versteuerndes Einkommen in DM von – bis	tarifliche Einkommensteuer in DM		lfd. Nr.	zu versteuerndes Einkommen in DM von – bis	tarifliche Einkommensteuer in DM
1561	177984 - 178091	62898	*	1621	184464 - 184571	66170
1562	178092 - 178199	62952	*	1622	184572 - 184679	66224
1563	178200 - 178307	63008	*	1623	184680 - 184787	66280
1564	178308 - 178415	63062	*	1624	184788 - 184895	66334
1565	178416 - 178523	63116	*	1625	184896 - 185003	66390
1566	178524 - 178631	63170	*	1626	185004 - 185111	66444
1567	178632 - 178739	63224	*	1627	185112 - 185219	66498
1568	178740 - 178847	63278	*	1628	185220 - 185327	66554
1569	178848 - 178955	63334	*	1629	185328 - 185435	66608
1570	178956 - 179063	63388	*	1630	185436 - 185543	66664
1571	179064 - 179171	63442	*	1631	185544 - 185651	66718
1572	179172 - 179279	63496	*	1632	185652 - 185759	66774
1573	179280 - 179387	63550	*	1633	185760 - 185867	66828
1574	179388 - 179495	63604	*	1634	185868 - 185975	66882
1575	179496 - 179603	63660	*	1635	185976 - 186083	66938
1576	179604 - 179711	63714	*	1636	186084 - 186191	66992
1577	179712 - 179819	63768	*	1637	186192 - 186299	67048
1578	179820 - 179927	63822	*	1638	186300 - 186407	67102
1579	179928 - 180035	63876	*	1639	186408 - 186515	67158
1580	180036 - 180143	63932	*	1640	186516 - 186623	67212
1581	180144 - 180251	63986	*	1641	186624 - 186731	67268
1582	180252 - 180359	64040	*	1642	186732 - 186839	67322
1583	180360 - 180467	64094	*	1643	186840 - 186947	67378
1584	180468 - 180575	64150	*	1644	186948 - 187055	67432
1585	180576 - 180683	64204	*	1645	187056 - 187163	67488
1586	180684 - 180791	64258	*	1646	187164 - 187271	67542
1587	180792 - 180899	64312	*	1647	187272 - 187379	67598
1588	180900 - 181007	64368	*	1648	187380 - 187487	67652
1589	181008 - 181115	64422	*	1649	187488 - 187595	67709
1590	181116 - 181223	64476	*	1650	187596 - 187703	67762
1591	181224 - 181331	64530	*	1651	187704 - 187811	67818
1592	181332 - 181439	64586	*	1652	187812 - 187919	67872
1593	181440 - 181547	64640	*	1653	187920 - 188027	67928
1594	181548 - 181655	64694	*	1654	188028 - 188135	67982
1595	181656 - 181763	64748	*	1655	188136 - 188243	68038
1596	181764 - 181871	64804	*	1656	188244 - 188351	68092
1597	181872 - 181979	64858	*	1657	188352 - 188459	68148
1598	181980 - 182087	64912	*	1658	188460 - 188567	68202
1599	182088 - 182195	64968	*	1659	188568 - 188675	68258
1600	182196 - 182303	65022	*	1660	188676 - 188783	68312
1601	182304 - 182411	65076	*	1661	188784 - 188891	68368
1602	182412 - 182519	65130	*	1662	188892 - 188999	68422
1603	182520 - 182627	65186	*	1663	189000 - 189107	68478
1604	182628 - 182735	65240	*	1664	189108 - 189215	68534
1605	182736 - 182843	65294	*	1665	189216 - 189323	68588
1606	182844 - 182951	65350	*	1666	189324 - 189431	68644
1607	182952 - 183059	65404	*	1667	189432 - 189539	68698
1608	183060 - 183167	65458	*	1668	189540 - 189647	68754
1609	183168 - 183275	65514	*	1669	189648 - 189755	68808
1610	183276 - 183383	65568	*	1670	189756 - 189863	68864
1611	183384 - 183491	65622	*	1671	189864 - 189971	68920
1612	183492 - 183599	65678	*	1672	189972 - 190079	68974
1613	183600 - 183707	65732	*	1673	190080 - 190187	69030
1614	183708 - 183815	65786	*	1674	190188 - 190295	69084
1615	183816 - 183923	65842	*	1675	190296 - 190403	69140
1616	183924 - 184031	65896	*	1676	190404 - 190511	69196
1617	184032 - 184139	65952	*	1677	190512 - 190619	69250
1618	184140 - 184247	66006	*	1678	190620 - 190727	69306
1619	184248 - 184355	66060	*	1679	190728 - 190835	69360
1620	184356 - 184463	66116	*	1680	190836 - 190943	69416

Einkommensteuergesetz

Anlage 2
Einkommensteuer-Splittingtabelle ab 1988

noch Einkommensteuer-Splittingtabelle ab 1988

lfd. Nr.	zu versteuerndes Einkommen in DM von - bis	tarifliche Einkommensteuer in DM		lfd. Nr.	zu versteuerndes Einkommen in DM von - bis	tarifliche Einkommensteuer in DM
1681	190944 - 191051	69472	*	1741	197424 - 197531	72802
1682	191052 - 191159	69526	*	1742	197532 - 197639	72858
1683	191160 - 191267	69582	*	1743	197640 - 197747	72914
1684	191268 - 191375	69638	*	1744	197748 - 197855	72970
1685	191376 - 191483	69692	*	1745	197856 - 197963	73024
1686	191484 - 191591	69748	*	1746	197964 - 198071	73080
1687	191592 - 191699	69804	*	1747	198072 - 198179	73136
1688	191700 - 191807	69858	*	1748	198180 - 198287	73192
1689	191808 - 191915	69914	*	1749	198288 - 198395	73248
1690	191916 - 192023	69970	*	1750	198396 - 198503	73304
1691	192024 - 192131	70024	*	1751	198504 - 198611	73360
1692	192132 - 192239	70080	*	1752	198612 - 198719	73416
1693	192240 - 192347	70136	*	1753	198720 - 198827	73472
1694	192348 - 192455	70190	*	1754	198828 - 198935	73528
1695	192456 - 192563	70246	*	1755	198936 - 199043	73584
1696	192564 - 192671	70302	*	1756	199044 - 199151	73640
1697	192672 - 192779	70356	*	1757	199152 - 199259	73694
1698	192780 - 192887	70412	*	1758	199260 - 199367	73750
1699	192888 - 192995	70468	*	1759	199368 - 199475	73806
1700	192996 - 193103	70522	*	1760	199476 - 199583	73862
1701	193104 - 193211	70578	*	1761	199584 - 199691	73918
1702	193212 - 193319	70634	*	1762	199692 - 199799	73974
1703	193320 - 193427	70690	*	1763	199800 - 199907	74030
1704	193428 - 193535	70744	*	1764	199908 - 200015	74086
1705	193536 - 193643	70800	*	1765	200016 - 200123	74142
1706	193644 - 193751	70856	*	1766	200124 - 200231	74198
1707	193752 - 193859	70910	*	1767	200232 - 200339	74254
1708	193860 - 193967	70966	*	1768	200340 - 200447	74310
1709	193968 - 194075	71022	*	1769	200448 - 200555	74366
1710	194076 - 194183	71078	*	1770	200556 - 200663	74422
1711	194184 - 194291	71132	*	1771	200664 - 200771	74478
1712	194292 - 194399	71188	*	1772	200772 - 200879	74534
1713	194400 - 194507	71244	*	1773	200880 - 200987	74590
1714	194508 - 194615	71300	*	1774	200988 - 201095	74646
1715	194616 - 194723	71354	*	1775	201096 - 201203	74702
1716	194724 - 194831	71410	*	1776	201204 - 201311	74758
1717	194832 - 194939	71466	*	1777	201312 - 201419	74814
1718	194940 - 195047	71522	*	1778	201420 - 201527	74870
1719	195048 - 195155	71578	*	1779	201528 - 201635	74926
1720	195156 - 195263	71632	*	1780	201636 - 201743	74982
1721	195264 - 195371	71688	*	1781	201744 - 201851	75038
1722	195372 - 195479	71744	*	1782	201852 - 201959	75094
1723	195480 - 195587	71800	*	1783	201960 - 202067	75150
1724	195588 - 195695	71856	*	1784	202068 - 202175	75206
1725	195696 - 195803	71910	*	1785	202176 - 202283	75262
1726	195804 - 195911	71966	*	1786	202284 - 202391	75318
1727	195912 - 196019	72022	*	1787	202392 - 202499	75376
1728	196020 - 196127	72078	*	1788	202500 - 202607	75432
1729	196128 - 196235	72134	*	1789	202608 - 202715	75488
1730	196236 - 196343	72190	*	1790	202716 - 202823	75544
1731	196344 - 196451	72244	*	1791	202824 - 202931	75600
1732	196452 - 196559	72300	*	1792	202932 - 203039	75656
1733	196560 - 196667	72356	*	1793	203040 - 203147	75712
1734	196668 - 196775	72412	*	1794	203148 - 203255	75768
1735	196776 - 196883	72468	*	1795	203256 - 203363	75824
1736	196884 - 196991	72524	*	1796	203364 - 203471	75880
1737	196992 - 197099	72578	*	1797	203472 - 203579	75936
1738	197100 - 197207	72634	*	1798	203580 - 203687	75992
1739	197208 - 197315	72690	*	1799	203688 - 203795	76050
1740	197316 - 197423	72746	*	1800	203796 - 203903	76106

VII B 10

Seite 152 b

Einkommensteuergesetz

Anlage 2
Einkommensteuer-Splittingtabelle ab 1988

noch Einkommensteuer-Splittingtabelle ab 1988

lfd. Nr.	zu versteuerndes Einkommen in DM von - bis	tarifliche Einkommensteuer in DM		lfd. Nr.	zu versteuerndes Einkommen in DM von - bis	tarifliche Einkommensteuer in DM
1801	203904 - 204011	76162	*	1861	210384 - 210491	79550
1802	204012 - 204119	76218	*	1862	210492 - 210599	79608
1803	204120 - 204227	76274	*	1863	210600 - 210707	79664
1804	204228 - 204335	76330	*	1864	210708 - 210815	79722
1805	204336 - 204443	76386	*	1865	210816 - 210923	79778
1806	204444 - 204551	76444	*	1866	210924 - 211031	79834
1807	204552 - 204659	76500	*	1867	211032 - 211139	79892
1808	204660 - 204767	76556	*	1868	211140 - 211247	79948
1809	204768 - 204875	76612	*	1869	211248 - 211355	80006
1810	204876 - 204983	76668	*	1870	211356 - 211463	80062
1811	204984 - 205091	76724	*	1871	211464 - 211571	80118
1812	205092 - 205199	76780	*	1872	211572 - 211679	80176
1813	205200 - 205307	76838	*	1873	211680 - 211787	80232
1814	205308 - 205415	76894	*	1874	211788 - 211895	80290
1815	205416 - 205523	76950	*	1875	211896 - 212003	80346
1816	205524 - 205631	77006	*	1876	212004 - 212111	80402
1817	205632 - 205739	77062	*	1877	212112 - 212219	80460
1818	205740 - 205847	77118	*	1878	212220 - 212327	80516
1819	205848 - 205955	77176	*	1879	212328 - 212435	80574
1820	205956 - 206063	77232	*	1880	212436 - 212543	80630
1821	206064 - 206171	77288	*	1881	212544 - 212651	80688
1822	206172 - 206279	77344	*	1882	212652 - 212759	80744
1823	206280 - 206387	77402	*	1883	212760 - 212867	80802
1824	206388 - 206495	77458	*	1884	212868 - 212975	80858
1825	206496 - 206603	77514	*	1885	212976 - 213083	80914
1826	206604 - 206711	77570	*	1886	213084 - 213191	80972
1827	206712 - 206819	77626	*	1887	213192 - 213299	81028
1828	206820 - 206927	77684	*	1888	213300 - 213407	81086
1829	206928 - 207035	77740	*	1889	213408 - 213515	81142
1830	207036 - 207143	77796	*	1890	213516 - 213623	81200
1831	207144 - 207251	77852	*	1891	213624 - 213731	81256
1832	207252 - 207359	77910	*	1892	213732 - 213839	81314
1833	207360 - 207467	77966	*	1893	213840 - 213947	81370
1834	207468 - 207575	78022	*	1894	213948 - 214055	81428
1835	207576 - 207683	78078	*	1895	214056 - 214163	81484
1836	207684 - 207791	78136	*	1896	214164 - 214271	81542
1837	207792 - 207899	78192	*	1897	214272 - 214379	81598
1838	207900 - 208007	78248	*	1898	214380 - 214487	81656
1839	208008 - 208115	78304	*	1899	214488 - 214595	81712
1840	208116 - 208223	78362	*	1900	214596 - 214703	81770
1841	208224 - 208331	78418	*	1901	214704 - 214811	81826
1842	208332 - 208439	78474	*	1902	214812 - 214919	81884
1843	208440 - 208547	78532	*	1903	214920 - 215027	81940
1844	208548 - 208655	78588	*	1904	215028 - 215135	81998
1845	208656 - 208763	78644	*	1905	215136 - 215243	82056
1846	208764 - 208871	78700	*	1906	215244 - 215351	82112
1847	208872 - 208979	78758	*	1907	215352 - 215459	82170
1848	208980 - 209087	78814	*	1908	215460 - 215567	82226
1849	209088 - 209195	78870	*	1909	215568 - 215675	82284
1850	209196 - 209303	78928	*	1910	215676 - 215783	82340
1851	209304 - 209411	78984	*	1911	215784 - 215891	82398
1852	209412 - 209519	79040	*	1912	215892 - 215999	82454
1853	209520 - 209627	79098	*	1913	216000 - 216107	82512
1854	209628 - 209735	79154	*	1914	216108 - 216215	82570
1855	209736 - 209843	79210	*	1915	216216 - 216323	82626
1856	209844 - 209951	79268	*	1916	216324 - 216431	82684
1857	209952 - 210059	79324	*	1917	216432 - 216539	82740
1858	210060 - 210167	79380	*	1918	216540 - 216647	82798
1859	210168 - 210275	79438	*	1919	216648 - 216755	82856
1860	210276 - 210383	79494	*	1920	216756 - 216863	82912

Einkommensteuergesetz
Anlage 2
Einkommensteuer-Splittingtabelle ab 1988

noch Einkommensteuer-Splittingtabelle ab 1988

lfd. Nr.	zu versteuerndes Einkommen in DM von	bis	tarifliche Einkommensteuer in DM		lfd. Nr.	zu versteuerndes Einkommen in DM von	bis	tarifliche Einkommensteuer in DM
1921	216864	216971	82970	*	1981	223344	223451	86418
1922	216972	217079	83026	*	1982	223452	223559	86476
1923	217080	217187	83084	*	1983	223560	223667	86534
1924	217188	217295	83142	*	1984	223668	223775	86590
1925	217296	217403	83198	*	1985	223776	223883	86648
1926	217404	217511	83256	*	1986	223884	223991	86706
1927	217512	217619	83314	*	1987	223992	224099	86764
1928	217620	217727	83370	*	1988	224100	224207	86822
1929	217728	217835	83428	*	1989	224208	224315	86880
1930	217836	217943	83484	*	1990	224316	224423	86938
1931	217944	218051	83542	*	1991	224424	224531	86996
1932	218052	218159	83600	*	1992	224532	224639	87054
1933	218160	218267	83656	*	1993	224640	224747	87110
1934	218268	218375	83714	*	1994	224748	224855	87168
1935	218376	218483	83772	*	1995	224856	224963	87226
1936	218484	218591	83828	*	1996	224964	225071	87284
1937	218592	218699	83886	*	1997	225072	225179	87342
1938	218700	218807	83944	*	1998	225180	225287	87400
1939	218808	218915	84000	*	1999	225288	225395	87458
1940	218916	219023	84058	*	2000	225396	225503	87516
1941	219024	219131	84116	*	2001	225504	225611	87574
1942	219132	219239	84174	*	2002	225612	225719	87632
1943	219240	219347	84230	*	2003	225720	225827	87690
1944	219348	219455	84288	*	2004	225828	225935	87748
1945	219456	219563	84346	*	2005	225936	226043	87806
1946	219564	219671	84402	*	2006	226044	226151	87864
1947	219672	219779	84460	*	2007	226152	226259	87920
1948	219780	219887	84518	*	2008	226260	226367	87978
1949	219888	219995	84576	*	2009	226368	226475	88036
1950	219996	220103	84632	*	2010	226476	226583	88094
1951	220104	220211	84690	*	2011	226584	226691	88152
1952	220212	220319	84748	*	2012	226692	226799	88210
1953	220320	220427	84804	*	2013	226800	226907	88268
1954	220428	220535	84862	*	2014	226908	227015	88326
1955	220536	220643	84920	*	2015	227016	227123	88384
1956	220644	220751	84978	*	2016	227124	227231	88442
1957	220752	220859	85034	*	2017	227232	227339	88500
1958	220860	220967	85092	*	2018	227340	227447	88558
1959	220968	221075	85150	*	2019	227448	227555	88616
1960	221076	221183	85208	*	2020	227556	227663	88674
1961	221184	221291	85266	*	2021	227664	227771	88732
1962	221292	221399	85322	*	2022	227772	227879	88790
1963	221400	221507	85380	*	2023	227880	227987	88848
1964	221508	221615	85438	*	2024	227988	228095	88906
1965	221616	221723	85496	*	2025	228096	228203	88964
1966	221724	221831	85552	*	2026	228204	228311	89024
1967	221832	221939	85610	*	2027	228312	228419	89082
1968	221940	222047	85668	*	2028	228420	228527	89140
1969	222048	222155	85726	*	2029	228528	228635	89198
1970	222156	222263	85784	*	2030	228636	228743	89256
1971	222264	222371	85840	*	2031	228744	228851	89314
1972	222372	222479	85898	*	2032	228852	228959	89372
1973	222480	222587	85956	*	2033	228960	229067	89430
1974	222588	222695	86014	*	2034	229068	229175	89488
1975	222696	222803	86072	*	2035	229176	229283	89546
1976	222804	222911	86130	*	2036	229284	229391	89604
1977	222912	223019	86186	*	2037	229392	229499	89662
1978	223020	223127	86244	*	2038	229500	229607	89720
1979	223128	223235	86302	*	2039	229608	229715	89778
1980	223236	223343	86360	*	2040	229716	229823	89836

Einkommensteuergesetz

Anlage 2
Einkommensteuer-Splittingtabelle ab 1988

noch Einkommensteuer-Splittingtabelle ab 1988

lfd. Nr.	zu versteuerndes Einkommen in DM von - bis	tarifliche Einkommensteuer in DM		lfd. Nr.	zu versteuerndes Einkommen in DM von - bis	tarifliche Einkommensteuer in DM
2041	229824 - 229931	89896	*	2101	236304 - 236411	93402
2042	229932 - 230039	89954	*	2102	236412 - 236519	93460
2043	230040 - 230147	90012	*	2103	236520 - 236627	93520
2044	230148 - 230255	90070	*	2104	236628 - 236735	93578
2045	230256 - 230363	90128	*	2105	236736 - 236843	93636
2046	230364 - 230471	90186	*	2106	236844 - 236951	93696
2047	230472 - 230579	90244	*	2107	236952 - 237059	93754
2048	230580 - 230687	90302	*	2108	237060 - 237167	93814
2049	230688 - 230795	90362	*	2109	237168 - 237275	93872
2050	230796 - 230903	90420	*	2110	237276 - 237383	93930
2051	230904 - 231011	90478	*	2111	237384 - 237491	93990
2052	231012 - 231119	90536	*	2112	237492 - 237599	94048
2053	231120 - 231227	90594	*	2113	237600 - 237707	94106
2054	231228 - 231335	90652	*	2114	237708 - 237815	94166
2055	231336 - 231443	90710	*	2115	237816 - 237923	94224
2056	231444 - 231551	90770	*	2116	237924 - 238031	94284
2057	231552 - 231659	90828	*	2117	238032 - 238139	94342
2058	231660 - 231767	90886	*	2118	238140 - 238247	94400
2059	231768 - 231875	90944	*	2119	238248 - 238355	94460
2060	231876 - 231983	91002	*	2120	238356 - 238463	94518
2061	231984 - 232091	91060	*	2121	238464 - 238571	94578
2062	232092 - 232199	91120	*	2122	238572 - 238679	94636
2063	232200 - 232307	91178	*	2123	238680 - 238787	94696
2064	232308 - 232415	91236	*	2124	238788 - 238895	94754
2065	232416 - 232523	91294	*	2125	238896 - 239003	94812
2066	232524 - 232631	91352	*	2126	239004 - 239111	94872
2067	232632 - 232739	91412	*	2127	239112 - 239219	94930
2068	232740 - 232847	91470	*	2128	239220 - 239327	94990
2069	232848 - 232955	91528	*	2129	239328 - 239435	95048
2070	232956 - 233063	91596	*	2130	239436 - 239543	95108
2071	233064 - 233171	91644	*	2131	239544 - 239651	95166
2072	233172 - 233279	91704	*	2132	239652 - 239759	95226
2073	233280 - 233387	91762	*	2133	239760 - 239867	95284
2074	233388 - 233495	91820	*	2134	239868 - 239975	95344
2075	233496 - 233603	91878	*	2135	239976 - 240083	95402
2076	233604 - 233711	91938	*	2136	240084 - 240191	95462
2077	233712 - 233819	91996	*	2137	240192 - 240299	95520
2078	233820 - 233927	92054	*	2138	240300 - 240407	95580
2079	233928 - 234035	92112	*	2139	240408 - 240515	95638
2080	234036 - 234143	92172	*	2140	240516 - 240623	95698
2081	234144 - 234251	92230	*	2141	240624 - 240731	95756
2082	234252 - 234359	92288	*	2142	240732 - 240839	95816
2083	234360 - 234467	92346	*	2143	240840 - 240947	95874
2084	234468 - 234575	92406	*	2144	240948 - 241055	95934
2085	234576 - 234683	92464	*	2145	241056 - 241163	95992
2086	234684 - 234791	92522	*	2146	241164 - 241271	96052
2087	234792 - 234899	92582	*	2147	241272 - 241379	96110
2088	234900 - 235007	92640	*	2148	241380 - 241487	96170
2089	235008 - 235115	92698	*	2149	241488 - 241595	96228
2090	235116 - 235223	92756	*	2150	241596 - 241703	96288
2091	235224 - 235331	92816	*	2151	241704 - 241811	96346
2092	235332 - 235439	92874	*	2152	241812 - 241919	96406
2093	235440 - 235547	92932	*	2153	241920 - 242027	96466
2094	235548 - 235655	92992	*	2154	242028 - 242135	96524
2095	235656 - 235763	93050	*	2155	242136 - 242243	96584
2096	235764 - 235871	93108	*	2156	242244 - 242351	96642
2097	235872 - 235979	93168	*	2157	242352 - 242459	96702
2098	235980 - 236087	93226	*	2158	242460 - 242567	96760
2099	236088 - 236195	93284	*	2159	242568 - 242675	96820
2100	236196 - 236303	93344	*	2160	242676 - 242783	96880

Einkommensteuergesetz
Anlage 2
Einkommensteuer-Splittingtabelle ab 1988

noch Einkommensteuer-Splittingtabelle ab 1988

lfd. Nr.	zu versteuerndes Einkommen in DM von - bis	tarifliche Einkommensteuer in DM		lfd. Nr.	zu versteuerndes Einkommen in DM von - bis	tarifliche Einkommensteuer in DM
2161	242784 - 242891	96938	*	2221	249264 - 249371	100504
2162	242892 - 242999	96998	*	2222	249372 - 249479	100564
2163	243000 - 243107	97056	*	2223	249480 - 249587	100624
2164	243108 - 243215	97116	*	2224	249588 - 249695	100682
2165	243216 - 243323	97176	*	2225	249696 - 249803	100742
2166	243324 - 243431	97234	*	2226	249804 - 249911	100802
2167	243432 - 243539	97294	*	2227	249912 - 250019	100862
2168	243540 - 243647	97352	*	2228	250020 - 250127	100922
2169	243648 - 243755	97412	*	2229	250128 - 250235	100982
2170	243756 - 243863	97472	*	2230	250236 - 250343	101042
2171	243864 - 243971	97530	*	2231	250344 - 250451	101102
2172	243972 - 244079	97590	*	2232	250452 - 250559	101160
2173	244080 - 244187	97650	*	2233	250560 - 250667	101220
2174	244188 - 244295	97708	*	2234	250668 - 250775	101280
2175	244296 - 244403	97768	*	2235	250776 - 250883	101340
2176	244404 - 244511	97826	*	2236	250884 - 250991	101400
2177	244512 - 244619	97886	*	2237	250992 - 251099	101460
2178	244620 - 244727	97946	*	2238	251100 - 251207	101520
2179	244728 - 244835	98004	*	2239	251208 - 251315	101580
2180	244836 - 244943	98064	*	2240	251316 - 251423	101640
2181	244944 - 245051	98124	*	2241	251424 - 251531	101698
2182	245052 - 245159	98182	*	2242	251532 - 251639	101758
2183	245160 - 245267	98242	*	2243	251640 - 251747	101818
2184	245268 - 245375	98302	*	2244	251748 - 251855	101878
2185	245376 - 245483	98362	*	2245	251856 - 251963	101938
2186	245484 - 245591	98420	*	2246	251964 - 252071	101998
2187	245592 - 245699	98480	*	2247	252072 - 252179	102058
2188	245700 - 245807	98540	*	2248	252180 - 252287	102118
2189	245808 - 245915	98598	*	2249	252288 - 252395	102178
2190	245916 - 246023	98658	*	2250	252396 - 252503	102238
2191	246024 - 246131	98718	*	2251	252504 - 252611	102298
2192	246132 - 246239	98776	*	2252	252612 - 252719	102358
2193	246240 - 246347	98836	*	2253	252720 - 252827	102418
2194	246348 - 246455	98896	*	2254	252828 - 252935	102478
2195	246456 - 246563	98956	*	2255	252936 - 253043	102538
2196	246564 - 246671	99014	*	2256	253044 - 253151	102598
2197	246672 - 246779	99074	*	2257	253152 - 253259	102658
2198	246780 - 246887	99134	*	2258	253260 - 253367	102718
2199	246888 - 246995	99194	*	2259	253368 - 253475	102778
2200	246996 - 247103	99252	*	2260	253476 - 253583	102838
2201	247104 - 247211	99312	*	2261	253584 - 253691	102898
2202	247212 - 247319	99372	*	2262	253692 - 253799	102958
2203	247320 - 247427	99432	*	2263	253800 - 253907	103018
2204	247428 - 247535	99490	*	2264	253908 - 254015	103078
2205	247536 - 247643	99550	*	2265	254016 - 254123	103138
2206	247644 - 247751	99610	*	2266	254124 - 254231	103198
2207	247752 - 247859	99670	*	2267	254232 - 254339	103258
2208	247860 - 247967	99728	*	2268	254340 - 254447	103318
2209	247968 - 248075	99788	*	2269	254448 - 254555	103378
2210	248076 - 248183	99848	*	2270	254556 - 254663	103438
2211	248184 - 248291	99908	*	2271	254664 - 254771	103498
2212	248292 - 248399	99968	*	2272	254772 - 254879	103558
2213	248400 - 248507	100026	*	2273	254880 - 254987	103618
2214	248508 - 248615	100086	*	2274	254988 - 255095	103678
2215	248616 - 248723	100146	*	2275	255096 - 255203	103738
2216	248724 - 248831	100206	*	2276	255204 - 255311	103798
2217	248832 - 248939	100266	*	2277	255312 - 255419	103858
2218	248940 - 249047	100324	*	2278	255420 - 255527	103918
2219	249048 - 249155	100384	*	2279	255528 - 255635	103978
2220	249156 - 249263	100444	*	2280	255636 - 255743	104038

Einkommensteuergesetz

Anlage 2
Einkommensteuer-Splittingtabelle ab 1988

noch Einkommensteuer-Splittingtabelle ab 1988

lfd. Nr.	zu versteuerndes Einkommen in DM von – bis	tarifliche Einkommensteuer in DM		lfd. Nr.	zu versteuerndes Einkommen in DM von – bis	tarifliche Einkommensteuer in DM
2281	255744 - 255851	104098	*	2301	257904 - 258011	105304
2282	255852 - 255959	104160	*	2302	258012 - 258119	105364
2283	255960 - 256067	104220	*	2303	258120 - 258227	105424
2284	256068 - 256175	104280	*	2304	258228 - 258335	105484
2285	256176 - 256283	104340	*	2305	258336 - 258443	105546
2286	256284 - 256391	104400	*	2306	258444 - 258551	105606
2287	256392 - 256499	104460	*	2307	258552 - 258659	105666
2288	256500 - 256607	104520	*	2308	258660 - 258767	105726
2289	256608 - 256715	104580	*	2309	258768 - 258875	105786
2290	256716 - 256823	104640	*	2310	258876 - 258983	105848
2291	256824 - 256931	104700	*	2311	258984 - 259091	105908
2292	256932 - 257039	104762	*	2312	259092 - 259199	105968
2293	257040 - 257147	104822	*	2313	259200 - 259307	106028
2294	257148 - 257255	104882	*	2314	259308 - 259415	106088
2295	257256 - 257363	104942	*	2315	259416 - 259523	106150
2296	257364 - 257471	105002	*	2316	259524 - 259631	106210
2297	257472 - 257579	105062	*	2317	259632 - 259739	106270
2298	257580 - 257687	105122	*	2318	259740 - 259847	106330
2299	257688 - 257795	105184	*	2319	259848 - 259955	106392
2300	257796 - 257903	105244	*	2320	259956 - 260063	106452

Einkommensteuergesetz

Anlage 3

Tabelle für die Errechnung des Deckungskapitals
für lebenslänglich laufende Leistungen
von Unterstützungskassen

Anlage 3
(zu § 4 d Abs. 1)

Tabelle für die Errechnung des Deckungskapitals für lebenslänglich laufende Leistungen von Unterstützungskassen

Erreichtes Alter des Leistungsempfängers (Jahre)	Die Jahresbeträge der laufenden Leistungen sind zu vervielfachen bei Leistungen	
	an männliche Leistungsempfänger mit	an weibliche Leistungsempfänger mit
1	2	3
bis 26	11	17
27 bis 29	12	17
30	13	17
31 bis 35	13	16
36 bis 39	14	16
40 bis 46	14	15
47 und 48	14	14
49 bis 52	13	14
53 bis 56	13	13
57 und 58	13	12
59 und 60	12	12
61 bis 63	12	11
64	11	11
65 bis 67	11	10
68 bis 71	10	9
72 bis 74	9	8
75 bis 77	8	7
78	8	6
79 bis 81	7	6
82 bis 84	6	5
85 bis 87	5	4
88	4	4
89 und 90	4	3
91 bis 93	3	3
94	3	2
95 und älter	2	2

Einkommensteuergesetz

Anlage 4
Einkommensteuer-Grundtabelle für 1986 und 1987

VII B
10
Seite 152 i

Anlage 4[1])
(§ 52 Abs. 23 b EStG)

Einkommensteuer-Grundtabelle für 1986 und 1987

laufende Nummer	zu versteuerndes Einkommen in DM von	bis	tarifliche Einkommensteuer in DM	laufende Nummer	zu versteuerndes Einkommen in DM von	bis	tarifliche Einkommensteuer in DM
1	0	4589	0	61	7776	7829	712
2	4590	4643	11	62	7830	7883	724
3	4644	4697	23	63	7884	7937	736
4	4698	4751	35	64	7938	7991	748
5	4752	4805	47	65	7992	8045	760
6	4806	4859	59	66	8046	8099	772
7	4860	4913	71	67	8100	8153	784
8	4914	4967	83	68	8154	8207	795
9	4968	5021	94	69	8208	8261	807
10	5022	5075	106	70	8262	8315	819
11	5076	5129	118	71	8316	8369	831
12	5130	5183	130	72	8370	8423	843
13	5184	5237	142	73	8424	8477	855
14	5238	5291	154	74	8478	8531	867
15	5292	5345	166	75	8532	8585	879
16	5346	5399	178	76	8586	8639	890
17	5400	5453	190	77	8640	8693	902
18	5454	5507	201	78	8694	8747	914
19	5508	5561	213	79	8748	8801	926
20	5562	5615	225	80	8802	8855	938
21	5616	5669	237	81	8856	8909	950
22	5670	5723	249	82	8910	8963	962
23	5724	5777	261	83	8964	9017	974
24	5778	5831	273	84	9018	9071	985
25	5832	5885	285	85	9072	9125	997
26	5886	5939	296	86	9126	9179	1009
27	5940	5993	308	87	9180	9233	1021
28	5994	6047	320	88	9234	9287	1033
29	6048	6101	332	89	9288	9341	1045
30	6102	6155	344	90	9342	9395	1057
31	6156	6209	356	91	9396	9449	1069
32	6210	6263	368	92	9450	9503	1081
33	6264	6317	380	93	9504	9557	1092
34	6318	6371	391	94	9558	9611	1104
35	6372	6425	403	95	9612	9665	1116
36	6426	6479	415	96	9666	9719	1128
37	6480	6533	427	97	9720	9773	1140
38	6534	6587	439	98	9774	9827	1152
39	6588	6641	451	99	9828	9881	1164
40	6642	6695	463	100	9882	9935	1176
41	6696	6749	475	101	9936	9989	1187
42	6750	6803	487	102	9990	10043	1199
43	6804	6857	498	103	10044	10097	1211
44	6858	6911	510	104	10098	10151	1223
45	6912	6965	522	105	10152	10205	1235
46	6966	7019	534	106	10206	10259	1247
47	7020	7073	546	107	10260	10313	1259
48	7074	7127	558	108	10314	10367	1271
49	7128	7181	570	109	10368	10421	1282
50	7182	7235	582	110	10422	10475	1294
51	7236	7289	593	111	10476	10529	1306
52	7290	7343	605	112	10530	10583	1318
53	7344	7397	617	113	10584	10637	1330
54	7398	7451	629	114	10638	10691	1342
55	7452	7505	641	115	10692	10745	1354
56	7506	7559	653	116	10746	10799	1366
57	7560	7613	665	117	10800	10853	1378
58	7614	7667	677	118	10854	10907	1389
59	7668	7721	688	119	10908	10961	1401
60	7722	7775	700	120	10962	11015	1413

1) Siehe Fußnote 2 auf S. 124 y.

Einkommensteuergesetz

Anlage 4
Einkommensteuer-Grundtabelle für 1986 und 1987

noch Anlage 4 (zu § 52 Abs. 23 b) — Einkommensteuer-Grundtabelle für 1986 und 1987

laufende Nummer	zu versteuerndes Einkommen in DM von		bis	tarifliche Einkommensteuer in DM	laufende Nummer	zu versteuerndes Einkommen in DM von		bis	tarifliche Einkommensteuer in DM
121	11016	—	11069	1425	181	14256	—	14309	2138
122	11070	—	11123	1437	182	14310	—	14363	2150
123	11124	—	11177	1449	183	14364	—	14417	2162
124	11178	—	11231	1461	184	14418	—	14471	2173
125	11232	—	11285	1473	185	14472	—	14525	2185
126	11286	—	11339	1484	186	14526	—	14579	2197
127	11340	—	11393	1496	187	14580	—	14633	2209
128	11394	—	11447	1508	188	14634	—	14687	2221
129	11448	—	11501	1520	189	14688	—	14741	2233
130	11502	—	11555	1532	190	14742	—	14795	2245
131	11556	—	11609	1544	191	14796	—	14849	2257
132	11610	—	11663	1556	192	14850	—	14903	2269
133	11664	—	11717	1568	193	14904	—	14957	2280
134	11718	—	11771	1579	194	14958	—	15011	2292
135	11772	—	11825	1591	195	15012	—	15065	2304
136	11826	—	11879	1603	196	15066	—	15119	2316
137	11880	—	11933	1615	197	15120	—	15173	2328
138	11934	—	11987	1627	198	15174	—	15227	2340
139	11988	—	12041	1639	199	15228	—	15281	2352
140	12042	—	12095	1651	200	15282	—	15335	2364
141	12096	—	12149	1663	201	15336	—	15389	2375
142	12150	—	12203	1675	202	15390	—	15443	2387
143	12204	—	12257	1686	203	15444	—	15497	2399
144	12258	—	12311	1698	204	15498	—	15551	2411
145	12312	—	12365	1710	205	15552	—	15605	2423
146	12366	—	12419	1722	206	15606	—	15659	2435
147	12420	—	12473	1734	207	15660	—	15713	2447
148	12474	—	12527	1746	208	15714	—	15767	2459
149	12528	—	12581	1758	209	15768	—	15821	2470
150	12582	—	12635	1770	210	15822	—	15875	2482
151	12636	—	12689	1781	211	15876	—	15929	2494
152	12690	—	12743	1793	212	15930	—	15983	2506
153	12744	—	12797	1805	213	15984	—	16037	2518
154	12798	—	12851	1817	214	16038	—	16091	2530
155	12852	—	12905	1829	215	16092	—	16145	2542
156	12906	—	12959	1841	216	16146	—	16199	2554
157	12960	—	13013	1853	217	16200	—	16253	2566
158	13014	—	13067	1865	218	16254	—	16307	2577
159	13068	—	13121	1876	219	16308	—	16361	2589
160	13122	—	13175	1888	220	16362	—	16415	2601
161	13176	—	13229	1900	221	16416	—	16469	2613
162	13230	—	13283	1912	222	16470	—	16523	2625
163	13284	—	13337	1924	223	16524	—	16577	2637
164	13338	—	13391	1936	224	16578	—	16631	2649
165	13392	—	13445	1948	225	16632	—	16685	2661
166	13446	—	13499	1960	226	16686	—	16739	2672
167	13500	—	13553	1972	227	16740	—	16793	2684
168	13554	—	13607	1983	228	16794	—	16847	2696
169	13608	—	13661	1995	229	16848	—	16901	2708
170	13662	—	13715	2007	230	16902	—	16955	2720
171	13716	—	13769	2019	231	16956	—	17009	2732
172	13770	—	13823	2031	232	17010	—	17063	2744
173	13824	—	13877	2043	233	17064	—	17117	2756
174	13878	—	13931	2055	234	17118	—	17171	2767
175	13932	—	13985	2067	235	17172	—	17225	2779
176	13986	—	14039	2078	236	17226	—	17279	2791
177	14040	—	14093	2090	237	17280	—	17333	2803
178	14094	—	14147	2102	238	17334	—	17387	2815
179	14148	—	14201	2114	239	17388	—	17441	2827
180	14202	—	14255	2126	240	17442	—	17495	2839

Einkommensteuergesetz

Anlage 4
Einkommensteuer-Grundtabelle für 1986 und 1987

noch Anlage 4 (zu § 52 Abs. 23 b) — Einkommensteuer-Grundtabelle für 1986 und 1987

laufende Nummer	zu versteuerndes Einkommen in DM von		bis	tarifliche Einkommensteuer in DM	laufende Nummer	zu versteuerndes Einkommen in DM von		bis	tarifliche Einkommensteuer in DM
241	17496	—	17549	2851	301	20736	—	20789	3607
242	17550	—	17603	2863	302	20790	—	20843	3621
243	17604	—	17657	2874	303	20844	—	20897	3634
244	17658	—	17711	2886	304	20898	—	20951	3648
245	17712	—	17765	2898	305	20952	—	21005	3662
246	17766	—	17819	2910	306	21006	—	21059	3676
247	17820	—	17873	2922	307	21060	—	21113	3689
248	17874	—	17927	2934	308	21114	—	21167	3703
249	17928	—	17981	2946	309	21168	—	21221	3717
250	17982	—	18035	2958	310	21222	—	21275	3731
251	18036	—	18089	2969	311	21276	—	21329	3745
252	18090	—	18143	2981	312	21330	—	21383	3759
253	18144	—	18197	2993	313	21384	—	21437	3773
254	18198	—	18251	3005	314	21438	—	21491	3787
255	18252	—	18305	3017	315	21492	—	21545	3801
256	18306	—	18359	3029	316	21546	—	21599	3815
257	18360	—	18413	3041	317	21600	—	21653	3829
258	18414	—	18467	3054	318	21654	—	21707	3843
259	18468	—	18521	3066	319	21708	—	21761	3857
260	18522	—	18575	3078	320	21762	—	21815	3871
261	18576	—	18629	3090	321	21816	—	21869	3885
262	18630	—	18683	3102	322	21870	—	21923	3900
263	18684	—	18737	3115	323	21924	—	21977	3914
264	18738	—	18791	3127	324	21978	—	22031	3928
265	18792	—	18845	3139	325	22032	—	22085	3942
266	18846	—	18899	3152	326	22086	—	22139	3957
267	18900	—	18953	3164	327	22140	—	22193	3971
268	18954	—	19007	3177	328	22194	—	22247	3986
269	19008	—	19061	3189	329	22248	—	22301	4000
270	19062	—	19115	3202	330	22302	—	22355	4015
271	19116	—	19169	3214	331	22356	—	22409	4029
272	19170	—	19223	3227	332	22410	—	22463	4044
273	19224	—	19277	3240	333	22464	—	22517	4058
274	19278	—	19331	3252	334	22518	—	22571	4073
275	19332	—	19385	3265	335	22572	—	22625	4087
276	19386	—	19439	3278	336	22626	—	22679	4102
277	19440	—	19493	3291	337	22680	—	22733	4117
278	19494	—	19547	3303	338	22734	—	22787	4132
279	19548	—	19601	3316	339	22788	—	22841	4146
280	19602	—	19655	3329	340	22842	—	22895	4161
281	19656	—	19709	3342	341	22896	—	22949	4176
282	19710	—	19763	3355	342	22950	—	23003	4191
283	19764	—	19817	3368	343	23004	—	23057	4206
284	19818	—	19871	3381	344	23058	—	23111	4221
285	19872	—	19925	3394	345	23112	—	23165	4236
286	19926	—	19979	3407	346	23166	—	23219	4251
287	19980	—	20033	3420	347	23220	—	23273	4266
288	20034	—	20087	3433	348	23274	—	23327	4281
289	20088	—	20141	3447	349	23328	—	23381	4296
290	20142	—	20195	3460	350	23382	—	23435	4311
291	20196	—	20249	3473	351	23436	—	23489	4326
292	20250	—	20303	3486	352	23490	—	23543	4341
293	20304	—	20357	3500	353	23544	—	23597	4356
294	20358	—	20411	3513	354	23598	—	23651	4371
295	20412	—	20465	3526	355	23652	—	23705	4387
296	20466	—	20519	3540	356	23706	—	23759	4402
297	20520	—	20573	3553	357	23760	—	23813	4417
298	20574	—	20627	3567	358	23814	—	23867	4433
299	20628	—	20681	3580	359	23868	—	23921	4448
300	20682	—	20735	3594	360	23922	—	23975	4463

Einkommensteuergesetz

Anlage 4
Einkommensteuer-Grundtabelle für 1986 und 1987

noch Anlage 4 (zu § 52 Abs. 23 b) — Einkommensteuer-Grundtabelle für 1986 und 1987

laufende Nummer	zu versteuerndes Einkommen in DM von		bis	tarifliche Einkommensteuer in DM	laufende Nummer	zu versteuerndes Einkommen in DM von		bis	tarifliche Einkommensteuer in DM
361	23976	—	24029	4479	421	27216	—	27269	5456
362	24030	—	24083	4494	422	27270	—	27323	5473
363	24084	—	24137	4510	423	27324	—	27377	5491
364	24138	—	24191	4525	424	27378	—	27431	5508
365	24192	—	24245	4541	425	27432	—	27485	5525
366	24246	—	24299	4556	426	27486	—	27539	5542
367	24300	—	24353	4572	427	27540	—	27593	5559
368	24354	—	24407	4588	428	27594	—	27647	5577
369	24408	—	24461	4603	429	27648	—	27701	5594
370	24462	—	24515	4619	430	27702	—	27755	5611
371	24516	—	24569	4635	431	27756	—	27809	5629
372	24570	—	24623	4650	432	27810	—	27863	5646
373	24624	—	24677	4666	433	27864	—	27917	5664
374	24678	—	24731	4682	434	27918	—	27971	5681
375	24732	—	24785	4698	435	27972	—	28025	5699
376	24786	—	24839	4714	436	28026	—	28079	5716
377	24840	—	24893	4730	437	28080	—	28133	5734
378	24894	—	24947	4745	438	28134	—	28187	5751
379	24948	—	25001	4761	439	28188	—	28241	5769
380	25002	—	25055	4777	440	28242	—	28295	5786
381	25056	—	25109	4793	441	28296	—	28349	5804
382	25110	—	25163	4809	442	28350	—	28403	5822
383	25164	—	25217	4825	443	28404	—	28457	5839
384	25218	—	25271	4842	444	28458	—	28511	5857
385	25272	—	25325	4858	445	28512	—	28565	5875
386	25326	—	25379	4874	446	28566	—	28619	5892
387	25380	—	25433	4890	447	28620	—	28673	5910
388	25434	—	25487	4906	448	28674	—	28727	5928
389	25488	—	25541	4922	449	28728	—	28781	5946
390	25542	—	25595	4939	450	28782	—	28835	5964
391	25596	—	25649	4955	451	28836	—	28889	5982
392	25650	—	25703	4971	452	28890	—	28943	5999
393	25704	—	25757	4988	453	28944	—	28997	6017
394	25758	—	25811	5004	454	28998	—	29051	6035
395	25812	—	25865	5020	455	29052	—	29105	6053
396	25866	—	25919	5037	456	29106	—	29159	6071
397	25920	—	25973	5053	457	29160	—	29213	6089
398	25974	—	26027	5070	458	29214	—	29267	6107
399	26028	—	26081	5086	459	29268	—	29321	6126
400	26082	—	26135	5103	460	29322	—	29375	6144
401	26136	—	26189	5119	461	29376	—	29429	6162
402	26190	—	26243	5136	462	29430	—	29483	6180
403	26244	—	26297	5153	463	29484	—	29537	6198
404	26298	—	26351	5169	464	29538	—	29591	6216
405	26352	—	26405	5186	465	29592	—	29645	6235
406	26406	—	26459	5203	466	29646	—	29699	6253
407	26460	—	26513	5219	467	29700	—	29753	6271
408	26514	—	26567	5236	468	29754	—	29807	6289
409	26568	—	26621	5253	469	29808	—	29861	6308
410	26622	—	26675	5270	470	29862	—	29915	6326
411	26676	—	26729	5286	471	29916	—	29969	6344
412	26730	—	26783	5303	472	29970	—	30023	6363
413	26784	—	26837	5320	473	30024	—	30077	6381
414	26838	—	26891	5337	474	30078	—	30131	6400
415	26892	—	26945	5354	475	30132	—	30185	6418
416	26946	—	26999	5371	476	30186	—	30239	6437
417	27000	—	27053	5388	477	30240	—	30293	6455
418	27054	—	27107	5405	478	30294	—	30347	6474
419	27108	—	27161	5422	479	30348	—	30401	6492
420	27162	—	27215	5439	480	30402	—	30455	6511

Einkommensteuergesetz

Anlage 4
Einkommensteuer-Grundtabelle für 1986 und 1987

VII B

10

Seite 152 m

noch Anlage 4 (zu § 52 Abs. 23 b) — Einkommensteuer-Grundtabelle für 1986 und 1987

laufende Nummer	zu versteuerndes Einkommen in DM von		bis	tarifliche Einkommensteuer in DM	laufende Nummer	zu versteuerndes Einkommen in DM von		bis	tarifliche Einkommensteuer in DM
481	30456	—	30509	6530	541	33696	—	33749	7689
482	30510	—	30563	6548	542	33750	—	33803	7709
483	30564	—	30617	6567	543	33804	—	33857	7729
484	30618	—	30671	6586	544	33858	—	33911	7749
485	30672	—	30725	6604	545	33912	—	33965	7769
486	30726	—	30779	6623	546	33966	—	34019	7789
487	30780	—	30833	6642	547	34020	—	34073	7809
488	30834	—	30887	6661	548	34074	—	34127	7829
489	30888	—	30941	6679	549	34128	—	34181	7850
490	30942	—	30995	6698	550	34182	—	34235	7870
491	30996	—	31049	6717	551	34236	—	34289	7890
492	31050	—	31103	6736	552	34290	—	34343	7910
493	31104	—	31157	6755	553	34344	—	34397	7930
494	31158	—	31211	6774	554	34398	—	34451	7951
495	31212	—	31265	6793	555	34452	—	34505	7971
496	31266	—	31319	6812	556	34506	—	34559	7991
497	31320	—	31373	6831	557	34560	—	34613	8011
498	31374	—	31427	6850	558	34614	—	34667	8032
499	31428	—	31481	6869	559	34668	—	34721	8052
500	31482	—	31535	6888	560	34722	—	34775	8073
501	31536	—	31589	6907	561	34776	—	34829	8093
502	31590	—	31643	6926	562	34830	—	34883	8113
503	31644	—	31697	6945	563	34884	—	34937	8134
504	31698	—	31751	6964	564	34938	—	34991	8154
505	31752	—	31805	6983	565	34992	—	35045	8175
506	31806	—	31859	7003	566	35046	—	35099	8195
507	31860	—	31913	7022	567	35100	—	35153	8216
508	31914	—	31967	7041	568	35154	—	35207	8236
509	31968	—	32021	7060	569	35208	—	35261	8257
510	32022	—	32075	7080	570	35262	—	35315	8277
511	32076	—	32129	7099	571	35316	—	35369	8298
512	32130	—	32183	7118	572	35370	—	35423	8319
513	32184	—	32237	7138	573	35424	—	35477	8339
514	32238	—	32291	7157	574	35478	—	35531	8360
515	32292	—	32345	7177	575	35532	—	35585	8381
516	32346	—	32399	7196	576	35586	—	35639	8401
517	32400	—	32453	7215	577	35640	—	35693	8422
518	32454	—	32507	7235	578	35694	—	35747	8443
519	32508	—	32561	7254	579	35748	—	35801	8464
520	32562	—	32615	7274	580	35802	—	35855	8484
521	32616	—	32669	7293	581	35856	—	35909	8505
522	32670	—	32723	7313	582	35910	—	35963	8526
523	32724	—	32777	7333	583	35964	—	36017	8547
524	32778	—	32831	7352	584	36018	—	36071	8568
525	32832	—	32885	7372	585	36072	—	36125	8589
526	32886	—	32939	7391	586	36126	—	36179	8610
527	32940	—	32993	7411	587	36180	—	36233	8631
528	32994	—	33047	7431	588	36234	—	36287	8651
529	33048	—	33101	7451	589	36288	—	36341	8672
530	33102	—	33155	7470	590	36342	—	36395	8693
531	33156	—	33209	7490	591	36396	—	36449	8714
532	33210	—	33263	7510	592	36450	—	36503	8735
533	33264	—	33317	7530	593	36504	—	36557	8756
534	33318	—	33371	7550	594	36558	—	36611	8778
535	33372	—	33425	7569	595	36612	—	36665	8799
536	33426	—	33479	7589	596	36666	—	36719	8820
537	33480	—	33533	7609	597	36720	—	36773	8841
538	33534	—	33587	7629	598	36774	—	36827	8862
539	33588	—	33641	7649	599	36828	—	36881	8883
540	33642	—	33695	7669	600	36882	—	36935	8904

VII B 10
Seite 152 n

Einkommensteuergesetz

Anlage 4
Einkommensteuer-Grundtabelle für 1986 und 1987

noch Anlage 4 (zu § 52 Abs. 23 b) — Einkommensteuer-Grundtabelle für 1986 und 1987

laufende Nummer	zu versteuerndes Einkommen in DM von		bis	tarifliche Einkommensteuer in DM	laufende Nummer	zu versteuerndes Einkommen in DM von		bis	tarifliche Einkommensteuer in DM
601	36936	—	36989	8925	661	40176	—	40229	10231
602	36990	—	37043	8947	662	40230	—	40283	10253
603	37044	—	37097	8968	663	40284	—	40337	10275
604	37098	—	37151	8989	664	40338	—	40391	10298
605	37152	—	37205	9010	665	40392	—	40445	10320
606	37206	—	37259	9032	666	40446	—	40499	10342
607	37260	—	37313	9053	667	40500	—	40553	10365
608	37314	—	37367	9074	668	40554	—	40607	10387
609	37368	—	37421	9096	669	40608	—	40661	10410
610	37422	—	37475	9117	670	40662	—	40715	10432
611	37476	—	37529	9138	671	40716	—	40769	10454
612	37530	—	37583	9160	672	40770	—	40823	10477
613	37584	—	37637	9181	673	40824	—	40877	10499
614	37638	—	37691	9203	674	40878	—	40931	10522
615	37692	—	37745	9224	675	40932	—	40985	10544
616	37746	—	37799	9246	676	40986	—	41039	10567
617	37800	—	37853	9267	677	41040	—	41093	10589
618	37854	—	37907	9289	678	41094	—	41147	10612
619	37908	—	37961	9310	679	41148	—	41201	10634
620	37962	—	38015	9332	680	41202	—	41255	10657
621	38016	—	38069	9353	681	41256	—	41309	10680
622	38070	—	38123	9375	682	41310	—	41363	10702
623	38124	—	38177	9397	683	41364	—	41417	10725
624	38178	—	38231	9418	684	41418	—	41471	10748
625	38232	—	38285	9440	685	41472	—	41525	10770
626	38286	—	38339	9461	686	41526	—	41579	10793
627	38340	—	38393	9483	687	41580	—	41633	10816
628	38394	—	38447	9505	688	41634	—	41687	10838
629	38448	—	38501	9527	689	41688	—	41741	10861
630	38502	—	38555	9548	690	41742	—	41795	10884
631	38556	—	38609	9570	691	41796	—	41849	10907
632	38610	—	38663	9592	692	41850	—	41903	10929
633	38664	—	38717	9614	693	41904	—	41957	10952
634	38718	—	38771	9635	694	41958	—	42011	10975
635	38772	—	38825	9657	695	42012	—	42065	10998
636	38826	—	38879	9679	696	42066	—	42119	11021
637	38880	—	38933	9701	697	42120	—	42173	11044
638	38934	—	38987	9723	698	42174	—	42227	11066
639	38988	—	39041	9745	699	42228	—	42281	11089
640	39042	—	39095	9767	700	42282	—	42335	11112
641	39096	—	39149	9789	701	42336	—	42389	11135
642	39150	—	39203	9810	702	42390	—	42443	11158
643	39204	—	39257	9832	703	42444	—	42497	11181
644	39258	—	39311	9854	704	42498	—	42551	11204
645	39312	—	39365	9876	705	42552	—	42605	11227
646	39366	—	39419	9898	706	42606	—	42659	11250
647	39420	—	39473	9920	707	42660	—	42713	11273
648	39474	—	39527	9942	708	42714	—	42767	11296
649	39528	—	39581	9965	709	42768	—	42821	11319
650	39582	—	39635	9987	710	42822	—	42875	11342
651	39636	—	39689	10009	711	42876	—	42929	11365
652	39690	—	39743	10031	712	42930	—	42983	11388
653	39744	—	39797	10053	713	42984	—	43037	11411
654	39798	—	39851	10075	714	43038	—	43091	11434
655	39852	—	39905	10097	715	43092	—	43145	11458
656	39906	—	39959	10120	716	43146	—	43199	11481
657	39960	—	40013	10142	717	43200	—	43253	11504
658	40014	—	40067	10164	718	43254	—	43307	11527
659	40068	—	40121	10186	719	43308	—	43361	11550
660	40122	—	40175	10208	720	43362	—	43415	11574

Einkommensteuergesetz

Anlage 4
Einkommensteuer-Grundtabelle für 1986 und 1987

noch Anlage 4 (zu § 52 Abs. 23 b) — Einkommensteuer-Grundtabelle für 1986 und 1987

laufende Nummer	zu versteuerndes Einkommen in DM von		bis	tarifliche Einkommensteuer in DM	laufende Nummer	zu versteuerndes Einkommen in DM von		bis	tarifliche Einkommensteuer in DM
721	43416	—	43469	11597	781	46656	—	46709	13016
722	43470	—	43523	11620	782	46710	—	46763	13040
723	43524	—	43577	11643	783	46764	—	46817	13064
724	43578	—	43631	11667	784	46818	—	46871	13088
725	43632	—	43685	11690	785	46872	—	46925	13113
726	43686	—	43739	11713	786	46926	—	46979	13137
727	43740	—	43793	11736	787	46980	—	47033	13161
728	43794	—	43847	11760	788	47034	—	47087	13185
729	43848	—	43901	11783	789	47088	—	47141	13209
730	43902	—	43955	11806	790	47142	—	47195	13233
731	43956	—	44009	11830	791	47196	—	47249	13257
732	44010	—	44063	11853	792	47250	—	47303	13282
733	44064	—	44117	11877	793	47304	—	47357	13306
734	44118	—	44171	11900	794	47358	—	47411	13330
735	44172	—	44225	11923	795	47412	—	47465	13354
736	44226	—	44279	11947	796	47466	—	47519	13379
737	44280	—	44333	11970	797	47520	—	47573	13403
738	44334	—	44387	11994	798	47574	—	47627	13427
739	44388	—	44441	12017	799	47628	—	47681	13451
740	44442	—	44495	12041	800	47682	—	47735	13476
741	44496	—	44549	12064	801	47736	—	47789	13500
742	44550	—	44603	12088	802	47790	—	47843	13524
743	44604	—	44657	12111	803	47844	—	47897	13549
744	44658	—	44711	12135	804	47898	—	47951	13573
745	44712	—	44765	12159	805	47952	—	48005	13597
746	44766	—	44819	12182	806	48006	—	48059	13622
747	44820	—	44873	12206	807	48060	—	48113	13646
748	44874	—	44927	12229	808	48114	—	48167	13671
749	44928	—	44981	12253	809	48168	—	48221	13695
750	44982	—	45035	12277	810	48222	—	48275	13719
751	45036	—	45089	12300	811	48276	—	48329	13744
752	45090	—	45143	12324	812	48330	—	48383	13768
753	45144	—	45197	12348	813	48384	—	48437	13793
754	45198	—	45251	12371	814	48438	—	48491	13817
755	45252	—	45305	12395	815	48492	—	48545	13842
756	45306	—	45359	12419	816	48546	—	48599	13866
757	45360	—	45413	12442	817	48600	—	48653	13891
758	45414	—	45467	12466	818	48654	—	48707	13915
759	45468	—	45521	12490	819	48708	—	48761	13940
760	45522	—	45575	12514	820	48762	—	48815	13964
761	45576	—	45629	12538	821	48816	—	48869	13989
762	45630	—	45683	12561	822	48870	—	48923	14013
763	45684	—	45737	12585	823	48924	—	48977	14038
764	45738	—	45791	12609	824	48978	—	49031	14063
765	45792	—	45845	12633	825	49032	—	49085	14087
766	45846	—	45899	12657	826	49086	—	49139	14112
767	45900	—	45953	12681	827	49140	—	49193	14136
768	45954	—	46007	12704	828	49194	—	49247	14161
769	46008	—	46061	12728	829	49248	—	49301	14186
770	46062	—	46115	12752	830	49302	—	49355	14210
771	46116	—	46169	12776	831	49356	—	49409	14235
772	46170	—	46223	12800	832	49410	—	49463	14260
773	46224	—	46277	12824	833	49464	—	49517	14284
774	46278	—	46331	12848	834	49518	—	49571	14309
775	46332	—	46385	12872	835	49572	—	49625	14334
776	46386	—	46439	12896	836	49626	—	49679	14358
777	46440	—	46493	12920	837	49680	—	49733	14383
778	46494	—	46547	12944	838	49734	—	49787	14408
779	46548	—	46601	12968	839	49788	—	49841	14433
780	46602	—	46655	12992	840	49842	—	49895	14457

Einkommensteuergesetz

Anlage 4
Einkommensteuer-Grundtabelle für 1986 und 1987

noch Anlage 4 (zu § 52 Abs. 23 b) — Einkommensteuer-Grundtabelle für 1986 und 1987

laufende Nummer	zu versteuerndes Einkommen in DM von		bis	tarifliche Einkommensteuer in DM	laufende Nummer	zu versteuerndes Einkommen in DM von		bis	tarifliche Einkommensteuer in DM
841	49896	—	49949	14482	901	53136	—	53189	15989
842	49950	—	50003	14507	902	53190	—	53243	16014
843	50004	—	50057	14532	903	53244	—	53297	16040
844	50058	—	50111	14557	904	53298	—	53351	16065
845	50112	—	50165	14582	905	53352	—	53405	16090
846	50166	—	50219	14606	906	53406	—	53459	16116
847	50220	—	50273	14631	907	53460	—	53513	16141
848	50274	—	50327	14656	908	53514	—	53567	16167
849	50328	—	50381	14681	909	53568	—	53621	16192
850	50382	—	50435	14706	910	53622	—	53675	16218
851	50436	—	50489	14731	911	53676	—	53729	16243
852	50490	—	50543	14756	912	53730	—	53783	16269
853	50544	—	50597	14781	913	53784	—	53837	16294
854	50598	—	50651	14805	914	53838	—	53891	16320
855	50652	—	50705	14830	915	53892	—	53945	16345
856	50706	—	50759	14855	916	53946	—	53999	16371
857	50760	—	50813	14880	917	54000	—	54053	16397
858	50814	—	50867	14905	918	54054	—	54107	16422
859	50868	—	50921	14930	919	54108	—	54161	16448
860	50922	—	50975	14955	920	54162	—	54215	16473
861	50976	—	51029	14980	921	54216	—	54269	16499
862	51030	—	51083	15005	922	54270	—	54323	16524
863	51084	—	51137	15030	923	54324	—	54377	16550
864	51138	—	51191	15055	924	54378	—	54431	16576
865	51192	—	51245	15080	925	54432	—	54485	16601
866	51246	—	51299	15105	926	54486	—	54539	16627
867	51300	—	51353	15130	927	54540	—	54593	16653
868	51354	—	51407	15156	928	54594	—	54647	16678
869	51408	—	51461	15181	929	54648	—	54701	16704
870	51462	—	51515	15206	930	54702	—	54755	16730
871	51516	—	51569	15231	931	54756	—	54809	16755
872	51570	—	51623	15256	932	54810	—	54863	16781
873	51624	—	51677	15281	933	54864	—	54917	16807
874	51678	—	51731	15306	934	54918	—	54971	16832
875	51732	—	51785	15331	935	54972	—	55025	16858
876	51786	—	51839	15357	936	55026	—	55079	16884
877	51840	—	51893	15382	937	55080	—	55133	16910
878	51894	—	51947	15407	938	55134	—	55187	16935
879	51948	—	52001	15432	939	55188	—	55241	16961
880	52002	—	52055	15457	940	55242	—	55295	16987
881	52056	—	52109	15482	941	55296	—	55349	17013
882	52110	—	52163	15508	942	55350	—	55403	17038
883	52164	—	52217	15533	943	55404	—	55457	17064
884	52218	—	52271	15558	944	55458	—	55511	17090
885	52272	—	52325	15583	945	55512	—	55565	17116
886	52326	—	52379	15609	946	55566	—	55619	17142
887	52380	—	52433	15634	947	55620	—	55673	17167
888	52434	—	52487	15659	948	55674	—	55727	17193
889	52488	—	52541	15684	949	55728	—	55781	17219
890	52542	—	52595	15710	950	55782	—	55835	17245
891	52596	—	52649	15735	951	55836	—	55889	17271
892	52650	—	52703	15760	952	55890	—	55943	17297
893	52704	—	52757	15786	953	55944	—	55997	17323
894	52758	—	52811	15811	954	55998	—	56051	17348
895	52812	—	52865	15836	955	56052	—	56105	17374
896	52866	—	52919	15862	956	56106	—	56159	17400
897	52920	—	52973	15887	957	56160	—	56213	17426
898	52974	—	53027	15913	958	56214	—	56267	17452
899	53028	—	53081	15938	959	56268	—	56321	17478
900	53082	—	53135	15963	960	56322	—	56375	17504

Einkommensteuergesetz

Anlage 4
Einkommensteuer-Grundtabelle für 1986 und 1987

noch Anlage 4 (zu § 52 Abs. 23 b) — Einkommensteuer-Grundtabelle für 1986 und 1987

laufende Nummer	zu versteuerndes Einkommen in DM von		bis	tarifliche Einkommensteuer in DM	laufende Nummer	zu versteuerndes Einkommen in DM von		bis	tarifliche Einkommensteuer in DM
961	56376	—	56429	17530	1021	59616	—	59669	19101
962	56430	—	56483	17556	1022	59670	—	59723	19127
963	56484	—	56537	17582	1023	59724	—	59777	19153
964	56538	—	56591	17608	1024	59778	—	59831	19180
965	56592	—	56645	17634	1025	59832	—	59885	19206
966	56646	—	56699	17660	1026	59886	—	59939	19233
967	56700	—	56753	17686	1027	59940	—	59993	19259
968	56754	—	56807	17712	1028	59994	—	60047	19286
969	56808	—	56861	17738	1029	60048	—	60101	19312
970	56862	—	56915	17764	1030	60102	—	60155	19338
971	56916	—	56969	17790	1031	60156	—	60209	19365
972	56970	—	57023	17816	1032	60210	—	60263	19391
973	57024	—	57077	17842	1033	60264	—	60317	19418
974	57078	—	57131	17868	1034	60318	—	60371	19444
975	57132	—	57185	17894	1035	60372	—	60425	19471
976	57186	—	57239	17920	1036	60426	—	60479	19497
977	57240	—	57293	17946	1037	60480	—	60533	19524
978	57294	—	57347	17972	1038	60534	—	60587	19550
979	57348	—	57401	17998	1039	60588	—	60641	19577
980	57402	—	57455	18024	1040	60642	—	60695	19603
981	57456	—	57509	18050	1041	60696	—	60749	19630
982	57510	—	57563	18077	1042	60750	—	60803	19656
983	57564	—	57617	18103	1043	60804	—	60857	19683
984	57618	—	57671	18129	1044	60858	—	60911	19710
985	57672	—	57725	18155	1045	60912	—	60965	19736
986	57726	—	57779	18181	1046	60966	—	61019	19763
987	57780	—	57833	18207	1047	61020	—	61073	19789
988	57834	—	57887	18233	1048	61074	—	61127	19816
989	57888	—	57941	18260	1049	61128	—	61181	19842
990	57942	—	57995	18286	1050	61182	—	61235	19869
991	57996	—	58049	18312	1051	61236	—	61289	19896
992	58050	—	58103	18338	1052	61290	—	61343	19922
993	58104	—	58157	18364	1053	61344	—	61397	19949
994	58158	—	58211	18390	1054	61398	—	61451	19975
995	58212	—	58265	18417	1055	61452	—	61505	20002
996	58266	—	58319	18443	1056	61506	—	61559	20029
997	58320	—	58373	18469	1057	61560	—	61613	20055
998	58374	—	58427	18495	1058	61614	—	61667	20082
999	58428	—	58481	18522	1059	61668	—	61721	20109
1000	58482	—	58535	18548	1060	61722	—	61775	20135
1001	58536	—	58589	18574	1061	61776	—	61829	20162
1002	58590	—	58643	18600	1062	61830	—	61883	20189
1003	58644	—	58697	18627	1063	61884	—	61937	20215
1004	58698	—	58751	18653	1064	61938	—	61991	20242
1005	58752	—	58805	18679	1065	61992	—	62045	20269
1006	58806	—	58859	18705	1066	62046	—	62099	20295
1007	58860	—	58913	18732	1067	62100	—	62153	20322
1008	58914	—	58967	18758	1068	62154	—	62207	20349
1009	58968	—	59021	18784	1069	62208	—	62261	20375
1010	59022	—	59075	18811	1070	62262	—	62315	20402
1011	59076	—	59129	18837	1071	62316	—	62369	20429
1012	59130	—	59183	18863	1072	62370	—	62423	20456
1013	59184	—	59237	18890	1073	62424	—	62477	20482
1014	59238	—	59291	18916	1074	62478	—	62531	20509
1015	59292	—	59345	18942	1075	62532	—	62585	20536
1016	59346	—	59399	18969	1076	62586	—	62639	20563
1017	59400	—	59453	18995	1077	62640	—	62693	20589
1018	59454	—	59507	19021	1078	62694	—	62747	20616
1019	59508	—	59561	19048	1079	62748	—	62801	20643
1020	59562	—	59615	19074	1080	62802	—	62855	20670

Einkommensteuergesetz

Anlage 4
Einkommensteuer-Grundtabelle für 1986 und 1987

noch Anlage 4 (zu § 52 Abs. 23 b) — Einkommensteuer-Grundtabelle für 1986 und 1987

laufende Nummer	zu versteuerndes Einkommen in DM von — bis			tarifliche Einkommensteuer in DM	laufende Nummer	zu versteuerndes Einkommen in DM von — bis			tarifliche Einkommensteuer in DM
1081	62856	—	62909	20696	1141	66096	—	66149	22313
1082	62910	—	62963	20723	1142	66150	—	66203	22340
1083	62964	—	63017	20750	1143	66204	—	66257	22367
1084	63018	—	63071	20777	1144	66258	—	66311	22394
1085	63072	—	63125	20804	1145	66312	—	66365	22421
1086	63126	—	63179	20830	1146	66366	—	66419	22449
1087	63180	—	63233	20857	1147	66420	—	66473	22476
1088	63234	—	63287	20884	1148	66474	—	66527	22503
1089	63288	—	63341	20911	1149	66528	—	66581	22530
1090	63342	—	63395	20938	1150	66582	—	66635	22557
1091	63396	—	63449	20964	1151	66636	—	66689	22584
1092	63450	—	63503	20991	1152	66690	—	66743	22611
1093	63504	—	63557	21018	1153	66744	—	66797	22639
1094	63558	—	63611	21045	1154	66798	—	66851	22666
1095	63612	—	63665	21072	1155	66852	—	66905	22693
1096	63666	—	63719	21099	1156	66906	—	66959	22720
1097	63720	—	63773	21126	1157	66960	—	67013	22747
1098	63774	—	63827	21152	1158	67014	—	67067	22774
1099	63828	—	63881	21179	1159	67068	—	67121	22802
1100	63882	—	63935	21206	1160	67122	—	67175	22829
1101	63936	—	63989	21233	1161	67176	—	67229	22856
1102	63990	—	64043	21260	1162	67230	—	67283	22883
1103	64044	—	64097	21287	1163	67284	—	67337	22910
1104	64098	—	64151	21314	1164	67338	—	67391	22938
1105	64152	—	64205	21341	1165	67392	—	67445	22965
1106	64206	—	64259	21368	1166	67446	—	67499	22992
1107	64260	—	64313	21395	1167	67500	—	67553	23019
1108	64314	—	64367	21421	1168	67554	—	67607	23046
1109	64368	—	64421	21448	1169	67608	—	67661	23074
1110	64422	—	64475	21475	1170	67662	—	67715	23101
1111	64476	—	64529	21502	1171	67716	—	67769	23128
1112	64530	—	64583	21529	1172	67770	—	67823	23155
1113	64584	—	64637	21556	1173	67824	—	67877	23183
1114	64638	—	64691	21583	1174	67878	—	67931	23210
1115	64692	—	64745	21610	1175	67932	—	67985	23237
1116	64746	—	64799	21637	1176	67986	—	68039	23264
1117	64800	—	64853	21664	1177	68040	—	68093	23292
1118	64854	—	64907	21691	1178	68094	—	68147	23319
1119	64908	—	64961	21718	1179	68148	—	68201	23346
1120	64962	—	65015	21745	1180	68202	—	68255	23373
1121	65016	—	65069	21772	1181	68256	—	68309	23401
1122	65070	—	65123	21799	1182	68310	—	68363	23428
1123	65124	—	65177	21826	1183	68364	—	68417	23455
1124	65178	—	65231	21853	1184	68418	—	68471	23483
1125	65232	—	65285	21880	1185	68472	—	68525	23510
1126	65286	—	65339	21907	1186	68526	—	68579	23537
1127	65340	—	65393	21934	1187	68580	—	68633	23564
1128	65394	—	65447	21961	1188	68634	—	68687	23592
1129	65448	—	65501	21988	1189	68688	—	68741	23619
1130	65502	—	65555	22015	1190	68742	—	68795	23646
1131	65556	—	65609	22042	1191	68796	—	68849	23674
1132	65610	—	65663	22069	1192	68850	—	68903	23701
1133	65664	—	65717	22096	1193	68904	—	68957	23728
1134	65718	—	65771	22123	1194	68958	—	69011	23756
1135	65772	—	65825	22151	1195	69012	—	69065	23783
1136	65826	—	65879	22178	1196	69066	—	69119	23810
1137	65880	—	65933	22205	1197	69120	—	69173	23838
1138	65934	—	65987	22232	1198	69174	—	69227	23865
1139	65988	—	66041	22259	1199	69228	—	69281	23892
1140	66042	—	66095	22286	1200	69282	—	69335	23920

Einkommensteuergesetz

Anlage 4
Einkommensteuer-Grundtabelle für 1986 und 1987

noch Anlage 4 (zu § 52 Abs. 23 b) — Einkommensteuer-Grundtabelle für 1986 und 1987

laufende Nummer	zu versteuerndes Einkommen in DM von		bis	tarifliche Einkommensteuer in DM	laufende Nummer	zu versteuerndes Einkommen in DM von		bis	tarifliche Einkommensteuer in DM
1201	69336	—	69389	23947	1261	72576	—	72629	25596
1202	69390	—	69443	23975	1262	72630	—	72683	25624
1203	69444	—	69497	24002	1263	72684	—	72737	25651
1204	69498	—	69551	24029	1264	72738	—	72791	25679
1205	69552	—	69605	24057	1265	72792	—	72845	25706
1206	69606	—	69659	24084	1266	72846	—	72899	25734
1207	69660	—	69713	24111	1267	72900	—	72953	25762
1208	69714	—	69767	24139	1268	72954	—	73007	25789
1209	69768	—	69821	24166	1269	73008	—	73061	25817
1210	69822	—	69875	24194	1270	73062	—	73115	25845
1211	69876	—	69929	24221	1271	73116	—	73169	25872
1212	69930	—	69983	24249	1272	73170	—	73223	25900
1213	69984	—	70037	24276	1273	73224	—	73277	25927
1214	70038	—	70091	24303	1274	73278	—	73331	25955
1215	70092	—	70145	24331	1275	73332	—	73385	25983
1216	70146	—	70199	24358	1276	73386	—	73439	26010
1217	70200	—	70253	24386	1277	73440	—	73493	26038
1218	70254	—	70307	24413	1278	73494	—	73547	26065
1219	70308	—	70361	24440	1279	73548	—	73601	26093
1220	70362	—	70415	24468	1280	73602	—	73655	26121
1221	70416	—	70469	24495	1281	73656	—	73709	26148
1222	70470	—	70523	24523	1282	73710	—	73763	26176
1223	70524	—	70577	24550	1283	73764	—	73817	26204
1224	70578	—	70631	24578	1284	73818	—	73871	26231
1225	70632	—	70685	24605	1285	73872	—	73925	26259
1226	70686	—	70739	24633	1286	73926	—	73979	26287
1227	70740	—	70793	24660	1287	73980	—	74033	26314
1228	70794	—	70847	24687	1288	74034	—	74087	26342
1229	70848	—	70901	24715	1289	74088	—	74141	26370
1230	70902	—	70955	24742	1290	74142	—	74195	26397
1231	70956	—	71009	24770	1291	74196	—	74249	26425
1232	71010	—	71063	24797	1292	74250	—	74303	26453
1233	71064	—	71117	24825	1293	74304	—	74357	26480
1234	71118	—	71171	24852	1294	74358	—	74411	26508
1235	71172	—	71225	24880	1295	74412	—	74465	26536
1236	71226	—	71279	24907	1296	74466	—	74519	26564
1237	71280	—	71333	24935	1297	74520	—	74573	26591
1238	71334	—	71387	24962	1298	74574	—	74627	26619
1239	71388	—	71441	24990	1299	74628	—	74681	26647
1240	71442	—	71495	25017	1300	74682	—	74735	26674
1241	71496	—	71549	25045	1301	74736	—	74789	26702
1242	71550	—	71603	25072	1302	74790	—	74843	26730
1243	71604	—	71657	25100	1303	74844	—	74897	26758
1244	71658	—	71711	25128	1304	74898	—	74951	26785
1245	71712	—	71765	25155	1305	74952	—	75005	26813
1246	71766	—	71819	25183	1306	75006	—	75059	26841
1247	71820	—	71873	25210	1307	75060	—	75113	26868
1248	71874	—	71927	25238	1308	75114	—	75167	26896
1249	71928	—	71981	25265	1309	75168	—	75221	26924
1250	71982	—	72035	25293	1310	75222	—	75275	26952
1251	72036	—	72089	25320	1311	75276	—	75329	26979
1252	72090	—	72143	25348	1312	75330	—	75383	27007
1253	72144	—	72197	25375	1313	75384	—	75437	27035
1254	72198	—	72251	25403	1314	75438	—	75491	27063
1255	72252	—	72305	25430	1315	75492	—	75545	27090
1256	72306	—	72359	25458	1316	75546	—	75599	27118
1257	72360	—	72413	25486	1317	75600	—	75653	27146
1258	72414	—	72467	25513	1318	75654	—	75707	27174
1259	72468	—	72521	25541	1319	75708	—	75761	27201
1260	72522	—	72575	25568	1320	75762	—	75815	27229

Einkommensteuergesetz

Anlage 4
Einkommensteuer-Grundtabelle für 1986 und 1987

noch Anlage 4 (zu § 52 Abs. 23 b) — Einkommensteuer-Grundtabelle für 1986 und 1987

laufende Nummer	zu versteuerndes Einkommen in DM von		bis	tarifliche Einkommensteuer in DM	laufende Nummer	zu versteuerndes Einkommen in DM von		bis	tarifliche Einkommensteuer in DM
1321	75816	—	75869	27257	1381	79056	—	79109	28928
1322	75870	—	75923	27285	1382	79110	—	79163	28957
1323	75924	—	75977	27313	1383	79164	—	79217	28984
1324	75978	—	76031	27340	1384	79218	—	79271	29012
1325	76032	—	76085	27368	1385	79272	—	79325	29040
1326	76086	—	76139	27396	1386	79326	—	79379	29068
1327	76140	—	76193	27424	1387	79380	—	79433	29096
1328	76194	—	76247	27452	1388	79434	—	79487	29124
1329	76248	—	76301	27479	1389	79488	—	79541	29152
1330	76302	—	76355	27507	1390	79542	—	79595	29180
1331	76356	—	76409	27535	1391	79596	—	79649	29208
1332	76410	—	76463	27563	1392	79650	—	79703	29236
1333	76464	—	76517	27591	1393	79704	—	79757	29264
1334	76518	—	76571	27618	1394	79758	—	79811	29292
1335	76572	—	76625	27646	1395	79812	—	79865	29320
1336	76626	—	76679	27674	1396	79866	—	79919	29348
1337	76680	—	76733	27702	1397	79920	—	79973	29376
1338	76734	—	76787	27730	1398	79974	—	80027	29404
1339	76788	—	76841	27757	1399	80028	—	80081	29431
1340	76842	—	76895	27785	1400	80082	—	80135	29459
1341	76896	—	76949	27813	1401	80136	—	80189	29487
1342	76950	—	77003	27841	1402	80190	—	80243	29515
1343	77004	—	77057	27869	1403	80244	—	80297	29543
1344	77058	—	77111	27897	1404	80298	—	80351	29571
1345	77112	—	77165	27924	1405	80352	—	80405	29599
1346	77166	—	77219	27952	1406	80406	—	80459	29627
1347	77220	—	77273	27980	1407	80460	—	80513	29655
1348	77274	—	77327	28008	1408	80514	—	80567	29683
1349	77328	—	77381	28036	1409	80568	—	80621	29711
1350	77382	—	77435	28064	1410	80622	—	80675	29739
1351	77436	—	77489	28092	1411	80676	—	80729	29767
1352	77490	—	77543	28119	1412	80730	—	80783	29795
1353	77544	—	77597	28147	1413	80784	—	80837	29823
1354	77598	—	77651	28175	1414	80838	—	80891	29851
1355	77652	—	77705	28203	1415	80892	—	80945	29879
1356	77706	—	77759	28231	1416	80946	—	80999	29907
1357	77760	—	77813	28259	1417	81000	—	81053	29935
1358	77814	—	77867	28287	1418	81054	—	81107	29963
1359	77868	—	77921	28315	1419	81108	—	81161	29991
1360	77922	—	77975	28342	1420	81162	—	81215	30019
1361	77976	—	78029	28370	1421	81216	—	81269	30047
1362	78030	—	78083	28398	1422	81270	—	81323	30075
1363	78084	—	78137	28426	1423	81324	—	81377	30103
1364	78138	—	78191	28454	1424	81378	—	81431	30131
1365	78192	—	78245	28482	1425	81432	—	81485	30159
1366	78246	—	78299	28510	1426	81486	—	81539	30187
1367	78300	—	78353	28538	1427	81540	—	81593	30215
1368	78354	—	78407	28566	1428	81594	—	81647	30243
1369	78408	—	78461	28593	1429	81648	—	81701	30271
1370	78462	—	78515	28621	1430	81702	—	81755	30299
1371	78516	—	78569	28649	1431	81756	—	81809	30327
1372	78570	—	78623	28677	1432	81810	—	81863	30355
1373	78624	—	78677	28705	1433	81864	—	81917	30384
1374	78678	—	78731	28733	1434	81918	—	81971	30412
1375	78732	—	78785	28761	1435	81972	—	82025	30440
1376	78786	—	78839	28789	1436	82026	—	82079	30468
1377	78840	—	78893	28817	1437	82080	—	82133	30496
1378	78894	—	78947	28845	1438	82134	—	82187	30524
1379	78948	—	79001	28873	1439	82188	—	82241	30552
1380	79002	—	79055	28901	1440	82242	—	82295	30580

Einkommensteuergesetz

Anlage 4
Einkommensteuer-Grundtabelle für 1986 und 1987

noch Anlage 4 (zu § 52 Abs. 23 b) — Einkommensteuer-Grundtabelle für 1986 und 1987

laufende Nummer	zu versteuerndes Einkommen in DM von		bis	tarifliche Einkommensteuer in DM	laufende Nummer	zu versteuerndes Einkommen in DM von		bis	tarifliche Einkommensteuer in DM
1441	82296	—	82349	30608	1501	85536	—	85589	32297
1442	82350	—	82403	30636	1502	85590	—	85643	32325
1443	82404	—	82457	30664	1503	85644	—	85697	32353
1444	82458	—	82511	30692	1504	85698	—	85751	32382
1445	82512	—	82565	30720	1505	85752	—	85805	32410
1446	82566	—	82619	30748	1506	85806	—	85859	32438
1447	82620	—	82673	30777	1507	85860	—	85913	32466
1448	82674	—	82727	30805	1508	85914	—	85967	32495
1449	82728	—	82781	30833	1509	85968	—	86021	32523
1450	82782	—	82835	30861	1510	86022	—	86075	32551
1451	82836	—	82889	30889	1511	86076	—	86129	32579
1452	82890	—	82943	30917	1512	86130	—	86183	32608
1453	82944	—	82997	30945	1513	86184	—	86237	32636
1454	82998	—	83051	30973	1514	86238	—	86291	32664
1455	83052	—	83105	31001	1515	86292	—	86345	32692
1456	83106	—	83159	31029	1516	86346	—	86399	32721
1457	83160	—	83213	31058	1517	86400	—	86453	32749
1458	83214	—	83267	31086	1518	86454	—	86507	32777
1459	83268	—	83321	31114	1519	86508	—	86561	32805
1460	83322	—	83375	31142	1520	86562	—	86615	32834
1461	83376	—	83429	31170	1521	86616	—	86669	32862
1462	83430	—	83483	31198	1522	86670	—	86723	32890
1463	83484	—	83537	31226	1523	86724	—	86777	32919
1464	83538	—	83591	31254	1524	86778	—	86831	32947
1465	83592	—	83645	31283	1525	86832	—	86885	32975
1466	83646	—	83699	31311	1526	86886	—	86939	33003
1467	83700	—	83753	31339	1527	86940	—	86993	33032
1468	83754	—	83807	31367	1528	86994	—	87047	33060
1469	83808	—	83861	31395	1529	87048	—	87101	33088
1470	83862	—	83915	31423	1530	87102	—	87155	33117
1471	83916	—	83969	31451	1531	87156	—	87209	33145
1472	83970	—	84023	31480	1532	87210	—	87263	33173
1473	84024	—	84077	31508	1533	87264	—	87317	33201
1474	84078	—	84131	31536	1534	87318	—	87371	33230
1475	84132	—	84185	31564	1535	87372	—	87425	33258
1476	84186	—	84239	31592	1536	87426	—	87479	33286
1477	84240	—	84293	31620	1537	87480	—	87533	33315
1478	84294	—	84347	31649	1538	87534	—	87587	33343
1479	84348	—	84401	31677	1539	87588	—	87641	33371
1480	84402	—	84455	31705	1540	87642	—	87695	33400
1481	84456	—	84509	31733	1541	87696	—	87749	33428
1482	84510	—	84563	31761	1542	87750	—	87803	33456
1483	84564	—	84617	31789	1543	87804	—	87857	33485
1484	84618	—	84671	31818	1544	87858	—	87911	33513
1485	84672	—	84725	31846	1545	87912	—	87965	33541
1486	84726	—	84779	31874	1546	87966	—	88019	33570
1487	84780	—	84833	31902	1547	88020	—	88073	33598
1488	84834	—	84887	31930	1548	88074	—	88127	33626
1489	84888	—	84941	31959	1549	88128	—	88181	33655
1490	84942	—	84995	31987	1550	88182	—	88235	33683
1491	84996	—	85049	32015	1551	88236	—	88289	33711
1492	85050	—	85103	32043	1552	88290	—	88343	33740
1493	85104	—	85157	32071	1553	88344	—	88397	33768
1494	85158	—	85211	32100	1554	88398	—	88451	33796
1495	85212	—	85265	32128	1555	88452	—	88505	33825
1496	85266	—	85319	32156	1556	88506	—	88559	33853
1497	85320	—	85373	32184	1557	88560	—	88613	33881
1498	85374	—	85427	32212	1558	88614	—	88667	33910
1499	85428	—	85481	32241	1559	88668	—	88721	33938
1500	85482	—	85535	32269	1560	88722	—	88775	33966

Einkommensteuergesetz

Anlage 4

Einkommensteuer-Grundtabelle für 1986 und 1987

noch Anlage 4 (zu § 52 Abs. 23 b) — Einkommensteuer-Grundtabelle für 1986 und 1987

laufende Nummer	zu versteuerndes Einkommen in DM von		bis	tarifliche Einkommensteuer in DM	laufende Nummer	zu versteuerndes Einkommen in DM von		bis	tarifliche Einkommensteuer in DM
1561	88776	—	88829	33995	1621	92016	—	92069	35701
1562	88830	—	88883	34023	1622	92070	—	92123	35730
1563	88884	—	88937	34052	1623	92124	—	92177	35758
1564	88938	—	88991	34080	1624	92178	—	92231	35787
1565	88992	—	89045	34108	1625	92232	—	92285	35816
1566	89046	—	89099	34137	1626	92286	—	92339	35844
1567	89100	—	89153	34165	1627	92340	—	92393	35873
1568	89154	—	89207	34193	1628	92394	—	92447	35901
1569	89208	—	89261	34222	1629	92448	—	92501	35930
1570	89262	—	89315	34250	1630	92502	—	92555	35958
1571	89316	—	89369	34279	1631	92556	—	92609	35987
1572	89370	—	89423	34307	1632	92610	—	92663	36015
1573	89424	—	89477	34335	1633	92664	—	92717	36044
1574	89478	—	89531	34364	1634	92718	—	92771	36072
1575	89532	—	89585	34392	1635	92772	—	92825	36101
1576	89586	—	89639	34421	1636	92826	—	92879	36129
1577	89640	—	89693	34449	1637	92880	—	92933	36158
1578	89694	—	89747	34477	1638	92934	—	92987	36187
1579	89748	—	89801	34506	1639	92988	—	93041	36215
1580	89802	—	89855	34534	1640	93042	—	93095	36244
1581	89856	—	89909	34563	1641	93096	—	93149	36272
1582	89910	—	89963	34591	1642	93150	—	93203	36301
1583	89964	—	90017	34620	1643	93204	—	93257	36329
1584	90018	—	90071	34648	1644	93258	—	93311	36358
1585	90072	—	90125	34676	1645	93312	—	93365	36387
1586	90126	—	90179	34705	1646	93366	—	93419	36415
1587	90180	—	90233	34733	1647	93420	—	93473	36444
1588	90234	—	90287	34762	1648	93474	—	93527	36472
1589	90288	—	90341	34790	1649	93528	—	93581	36501
1590	90342	—	90395	34819	1650	93582	—	93635	36529
1591	90396	—	90449	34847	1651	93636	—	93689	36558
1592	90450	—	90503	34875	1652	93690	—	93743	36587
1593	90504	—	90557	34904	1653	93744	—	93797	36615
1594	90558	—	90611	34932	1654	93798	—	93851	36644
1595	90612	—	90665	34961	1655	93852	—	93905	36672
1596	90666	—	90719	34989	1656	93906	—	93959	36701
1597	90720	—	90773	35018	1657	93960	—	94013	36730
1598	90774	—	90827	35046	1658	94014	—	94067	36758
1599	90828	—	90881	35075	1659	94068	—	94121	36787
1600	90882	—	90935	35103	1660	94122	—	94175	36815
1601	90936	—	90989	35132	1661	94176	—	94229	36844
1602	90990	—	91043	35160	1662	94230	—	94283	36873
1603	91044	—	91097	35189	1663	94284	—	94337	36901
1604	91098	—	91151	35217	1664	94338	—	94391	36930
1605	91152	—	91205	35245	1665	94392	—	94445	36959
1606	91206	—	91259	35274	1666	94446	—	94499	36987
1607	91260	—	91313	35302	1667	94500	—	94553	37016
1608	91314	—	91367	35331	1668	94554	—	94607	37044
1609	91368	—	91421	35359	1669	94608	—	94661	37073
1610	91422	—	91475	35388	1670	94662	—	94715	37102
1611	91476	—	91529	35416	1671	94716	—	94769	37130
1612	91530	—	91583	35445	1672	94770	—	94823	37159
1613	91584	—	91637	35473	1673	94824	—	94877	37188
1614	91638	—	91691	35502	1674	94878	—	94931	37216
1615	91692	—	91745	35530	1675	94932	—	94985	37245
1616	91746	—	91799	35559	1676	94986	—	95039	37274
1617	91800	—	91853	35587	1677	95040	—	95093	37302
1618	91854	—	91907	35616	1678	95094	—	95147	37331
1619	91908	—	91961	35644	1679	95148	—	95201	37360
1620	91962	—	92015	35673	1680	95202	—	95255	37388

Einkommensteuergesetz
Anlage 4
Einkommensteuer-Grundtabelle für 1986 und 1987

VII B
10
Seite 152 w

noch Anlage 4 (zu § 52 Abs. 23 b) — Einkommensteuer-Grundtabelle für 1986 und 1987

laufende Nummer	zu versteuerndes Einkommen in DM von	bis	tarifliche Einkommensteuer in DM	laufende Nummer	zu versteuerndes Einkommen in DM von	bis	tarifliche Einkommensteuer in DM
1681	95256	95309	37417	1741	98496	98549	39141
1682	95310	95363	37446	1742	98550	98603	39170
1683	95364	95417	37474	1743	98604	98657	39199
1684	95418	95471	37503	1744	98658	98711	39228
1685	95472	95525	37532	1745	98712	98765	39256
1686	95526	95579	37560	1746	98766	98819	39285
1687	95580	95633	37589	1747	98820	98873	39314
1688	95634	95687	37618	1748	98874	98927	39343
1689	95688	95741	37646	1749	98928	98981	39372
1690	95742	95795	37675	1750	98982	99035	39401
1691	95796	95849	37704	1751	99036	99089	39429
1692	95850	95903	37732	1752	99090	99143	39458
1693	95904	95957	37761	1753	99144	99197	39487
1694	95958	96011	37790	1754	99198	99251	39516
1695	96012	96065	37818	1755	99252	99305	39545
1696	96066	96119	37847	1756	99306	99359	39574
1697	96120	96173	37876	1757	99360	99413	39602
1698	96174	96227	37905	1758	99414	99467	39631
1699	96228	96281	37933	1759	99468	99521	39660
1700	96282	96335	37962	1760	99522	99575	39689
1701	96336	96389	37991	1761	99576	99629	39718
1702	96390	96443	38019	1762	99630	99683	39747
1703	96444	96497	38048	1763	99684	99737	39776
1704	96498	96551	38077	1764	99738	99791	39804
1705	96552	96605	38106	1765	99792	99845	39833
1706	96606	96659	38134	1766	99846	99899	39862
1707	96660	96713	38163	1767	99900	99953	39891
1708	96714	96767	38192	1768	99954	100007	39920
1709	96768	96821	38220	1769	100008	100061	39949
1710	96822	96875	38249	1770	100062	100115	39978
1711	96876	96929	38278	1771	100116	100169	40007
1712	96930	96983	38307	1772	100170	100223	40035
1713	96984	97037	38335	1773	100224	100277	40064
1714	97038	97091	38364	1774	100278	100331	40093
1715	97092	97145	38393	1775	100332	100385	40122
1716	97146	97199	38422	1776	100386	100439	40151
1717	97200	97253	38450	1777	100440	100493	40180
1718	97254	97307	38479	1778	100494	100547	40209
1719	97308	97361	38508	1779	100548	100601	40238
1720	97362	97415	38537	1780	100602	100655	40267
1721	97416	97469	38565	1781	100656	100709	40296
1722	97470	97523	38594	1782	100710	100763	40324
1723	97524	97577	38623	1783	100764	100817	40353
1724	97578	97631	38652	1784	100818	100871	40382
1725	97632	97685	38680	1785	100872	100925	40411
1726	97686	97739	38709	1786	100926	100979	40440
1727	97740	97793	38738	1787	100980	101033	40469
1728	97794	97847	38767	1788	101034	101087	40498
1729	97848	97901	38796	1789	101088	101141	40527
1730	97902	97955	38824	1790	101142	101195	40556
1731	97956	98009	38853	1791	101196	101249	40585
1732	98010	98063	38882	1792	101250	101303	40614
1733	98064	98117	38911	1793	101304	101357	40643
1734	98118	98171	38939	1794	101358	101411	40672
1735	98172	98225	38968	1795	101412	101465	40700
1736	98226	98279	38997	1796	101466	101519	40729
1737	98280	98333	39026	1797	101520	101573	40758
1738	98334	98387	39055	1798	101574	101627	40787
1739	98388	98441	39083	1799	101628	101681	40816
1740	98442	98495	39112	1800	101682	101735	40845

Einkommensteuergesetz

Anlage 4
Einkommensteuer-Grundtabelle für 1986 und 1987

noch Anlage 4 (zu § 52 Abs. 23 b) — Einkommensteuer-Grundtabelle für 1986 und 1987

laufende Nummer	zu versteuerndes Einkommen in DM von		bis	tarifliche Einkommensteuer in DM	laufende Nummer	zu versteuerndes Einkommen in DM von		bis	tarifliche Einkommensteuer in DM
1801	101736	—	101789	40874	1861	104976	—	105029	42616
1802	101790	—	101843	40903	1862	105030	—	105083	42645
1803	101844	—	101897	40932	1863	105084	—	105137	42674
1804	101898	—	101951	40961	1864	105138	—	105191	42703
1805	101952	—	102005	40990	1865	105192	—	105245	42733
1806	102006	—	102059	41019	1866	105246	—	105299	42762
1807	102060	—	102113	41048	1867	105300	—	105353	42791
1808	102114	—	102167	41077	1868	105354	—	105407	42820
1809	102168	—	102221	41106	1869	105408	—	105461	42849
1810	102222	—	102275	41135	1870	105462	—	105515	42878
1811	102276	—	102329	41164	1871	105516	—	105569	42907
1812	102330	—	102383	41193	1872	105570	—	105623	42936
1813	102384	—	102437	41222	1873	105624	—	105677	42965
1814	102438	—	102491	41251	1874	105678	—	105731	42995
1815	102492	—	102545	41280	1875	105732	—	105785	43024
1816	102546	—	102599	41309	1876	105786	—	105839	43053
1817	102600	—	102653	41338	1877	105840	—	105893	43082
1818	102654	—	102707	41367	1878	105894	—	105947	43111
1819	102708	—	102761	41396	1879	105948	—	106001	43140
1820	102762	—	102815	41425	1880	106002	—	106055	43169
1821	102816	—	102869	41454	1881	106056	—	106109	43199
1822	102870	—	102923	41483	1882	106110	—	106163	43228
1823	102924	—	102977	41512	1883	106164	—	106217	43257
1824	102978	—	103031	41541	1884	106218	—	106271	43286
1825	103032	—	103085	41570	1885	106272	—	106325	43315
1826	103086	—	103139	41599	1886	106326	—	106379	43344
1827	103140	—	103193	41628	1887	106380	—	106433	43374
1828	103194	—	103247	41657	1888	106434	—	106487	43403
1829	103248	—	103301	41686	1889	106488	—	106541	43432
1830	103302	—	103355	41715	1890	106542	—	106595	43461
1831	103356	—	103409	41744	1891	106596	—	106649	43490
1832	103410	—	103463	41773	1892	106650	—	106703	43519
1833	103464	—	103517	41802	1893	106704	—	106757	43549
1834	103518	—	103571	41831	1894	106758	—	106811	43578
1835	103572	—	103625	41860	1895	106812	—	106865	43607
1836	103626	—	103679	41889	1896	106866	—	106919	43636
1837	103680	—	103733	41918	1897	106920	—	106973	43665
1838	103734	—	103787	41947	1898	106974	—	107027	43695
1839	103788	—	103841	41976	1899	107028	—	107081	43724
1840	103842	—	103895	42005	1900	107082	—	107135	43753
1841	103896	—	103949	42034	1901	107136	—	107189	43782
1842	103950	—	104003	42064	1902	107190	—	107243	43811
1843	104004	—	104057	42093	1903	107244	—	107297	43841
1844	104058	—	104111	42122	1904	107298	—	107351	43870
1845	104112	—	104165	42151	1905	107352	—	107405	43899
1846	104166	—	104219	42180	1906	107406	—	107459	43928
1847	104220	—	104273	42209	1907	107460	—	107513	43957
1848	104274	—	104327	42238	1908	107514	—	107567	43987
1849	104328	—	104381	42267	1909	107568	—	107621	44016
1850	104382	—	104435	42296	1910	107622	—	107675	44045
1851	104436	—	104489	42325	1911	107676	—	107729	44074
1852	104490	—	104543	42354	1912	107730	—	107783	44104
1853	104544	—	104597	42383	1913	107784	—	107837	44133
1854	104598	—	104651	42412	1914	107838	—	107891	44162
1855	104652	—	104705	42441	1915	107892	—	107945	44191
1856	104706	—	104759	42471	1916	107946	—	107999	44221
1857	104760	—	104813	42500	1917	108000	—	108053	44250
1858	104814	—	104867	42529	1918	108054	—	108107	44279
1859	104868	—	104921	42558	1919	108108	—	108161	44308
1860	104922	—	104975	42587	1920	108162	—	108215	44338

Einkommensteuergesetz

Anlage 4
Einkommensteuer-Grundtabelle für 1986 und 1987

noch Anlage 4 (zu § 52 Abs. 23 b) — Einkommensteuer-Grundtabelle für 1986 und 1987

laufende Nummer	zu versteuerndes Einkommen in DM von	bis	tarifliche Einkommensteuer in DM	laufende Nummer	zu versteuerndes Einkommen in DM von	bis	tarifliche Einkommensteuer in DM
1921	108216	108269	44367	1981	111456	111509	46126
1922	108270	108323	44396	1982	111510	111563	46156
1923	108324	108377	44425	1983	111564	111617	46185
1924	108378	108431	44455	1984	111618	111671	46214
1925	108432	108485	44484	1985	111672	111725	46244
1926	108486	108539	44513	1986	111726	111779	46273
1927	108540	108593	44542	1987	111780	111833	46303
1928	108594	108647	44572	1988	111834	111887	46332
1929	108648	108701	44601	1989	111888	111941	46362
1930	108702	108755	44630	1990	111942	111995	46391
1931	108756	108809	44659	1991	111996	112049	46420
1932	108810	108863	44689	1992	112050	112103	46450
1933	108864	108917	44718	1993	112104	112157	46479
1934	108918	108971	44747	1994	112158	112211	46509
1935	108972	109025	44777	1995	112212	112265	46538
1936	109026	109079	44806	1996	112266	112319	46568
1937	109080	109133	44835	1997	112320	112373	46597
1938	109134	109187	44864	1998	112374	112427	46626
1939	109188	109241	44894	1999	112428	112481	46656
1940	109242	109295	44923	2000	112482	112535	46685
1941	109296	109349	44952	2001	112536	112589	46715
1942	109350	109403	44982	2002	112590	112643	46744
1943	109404	109457	45011	2003	112644	112697	46774
1944	109458	109511	45040	2004	112698	112751	46803
1945	109512	109565	45070	2005	112752	112805	46833
1946	109566	109619	45099	2006	112806	112859	46862
1947	109620	109673	45128	2007	112860	112913	46891
1948	109674	109727	45157	2008	112914	112967	46921
1949	109728	109781	45187	2009	112968	113021	46950
1950	109782	109835	45216	2010	113022	113075	46980
1951	109836	109889	45245	2011	113076	113129	47009
1952	109890	109943	45275	2012	113130	113183	47039
1953	109944	109997	45304	2013	113184	113237	47068
1954	109998	110051	45333	2014	113238	113291	47098
1955	110052	110105	45363	2015	113292	113345	47127
1956	110106	110159	45392	2016	113346	113399	47157
1957	110160	110213	45421	2017	113400	113453	47186
1958	110214	110267	45451	2018	113454	113507	47216
1959	110268	110321	45480	2019	113508	113561	47245
1960	110322	110375	45509	2020	113562	113615	47275
1961	110376	110429	45539	2021	113616	113669	47304
1962	110430	110483	45568	2022	113670	113723	47334
1963	110484	110537	45598	2023	113724	113777	47363
1964	110538	110591	45627	2024	113778	113831	47393
1965	110592	110645	45656	2025	113832	113885	47422
1966	110646	110699	45686	2026	113886	113939	47452
1967	110700	110753	45715	2027	113940	113993	47481
1968	110754	110807	45744	2028	113994	114047	47511
1969	110808	110861	45774	2029	114048	114101	47540
1970	110862	110915	45803	2030	114102	114155	47570
1971	110916	110969	45832	2031	114156	114209	47599
1972	110970	111023	45862	2032	114210	114263	47629
1973	111024	111077	45891	2033	114264	114317	47658
1974	111078	111131	45921	2034	114318	114371	47688
1975	111132	111185	45950	2035	114372	114425	47717
1976	111186	111239	45979	2036	114426	114479	47747
1977	111240	111293	46009	2037	114480	114533	47776
1978	111294	111347	46038	2038	114534	114587	47806
1979	111348	111401	46067	2039	114588	114641	47836
1980	111402	111455	46097	2040	114642	114695	47865

Einkommensteuergesetz

Anlage 4
Einkommensteuer-Grundtabelle für 1986 und 1987

noch Anlage 4 (zu § 52 Abs. 23 b) — Einkommensteuer-Grundtabelle für 1986 und 1987

laufende Nummer	zu versteuerndes Einkommen in DM von		bis	tarifliche Einkommensteuer in DM	laufende Nummer	zu versteuerndes Einkommen in DM von		bis	tarifliche Einkommensteuer in DM
2041	114696	—	114749	47895	2101	117936	—	117989	49672
2042	114750	—	114803	47924	2102	117990	—	118043	49701
2043	114804	—	114857	47954	2103	118044	—	118097	49731
2044	114858	—	114911	47983	2104	118098	—	118151	49761
2045	114912	—	114965	48013	2105	118152	—	118205	49791
2046	114966	—	115019	48042	2106	118206	—	118259	49820
2047	115020	—	115073	48072	2107	118260	—	118313	49850
2048	115074	—	115127	48102	2108	118314	—	118367	49880
2049	115128	—	115181	48131	2109	118368	—	118421	49909
2050	115182	—	115235	48161	2110	118422	—	118475	49939
2051	115236	—	115289	48190	2111	118476	—	118529	49969
2052	115290	—	115343	48220	2112	118530	—	118583	49999
2053	115344	—	115397	48249	2113	118584	—	118637	50028
2054	115398	—	115451	48279	2114	118638	—	118691	50058
2055	115452	—	115505	48309	2115	118692	—	118745	50088
2056	115506	—	115559	48338	2116	118746	—	118799	50117
2057	115560	—	115613	48368	2117	118800	—	118853	50147
2058	115614	—	115667	48397	2118	118854	—	118907	50177
2059	115668	—	115721	48427	2119	118908	—	118961	50207
2060	115722	—	115775	48456	2120	118962	—	119015	50236
2061	115776	—	115829	48486	2121	119016	—	119069	50266
2062	115830	—	115883	48516	2122	119070	—	119123	50296
2063	115884	—	115937	48545	2123	119124	—	119177	50326
2064	115938	—	115991	48575	2124	119178	—	119231	50355
2065	115992	—	116045	48604	2125	119232	—	119285	50385
2066	116046	—	116099	48634	2126	119286	—	119339	50415
2067	116100	—	116153	48664	2127	119340	—	119393	50445
2068	116154	—	116207	48693	2128	119394	—	119447	50474
2069	116208	—	116261	48723	2129	119448	—	119501	50504
2070	116262	—	116315	48752	2130	119502	—	119555	50534
2071	116316	—	116369	48782	2131	119556	—	119609	50564
2072	116370	—	116423	48812	2132	119610	—	119663	50593
2073	116424	—	116477	48841	2133	119664	—	119717	50623
2074	116478	—	116531	48871	2134	119718	—	119771	50653
2075	116532	—	116585	48901	2135	119772	—	119825	50683
2076	116586	—	116639	48930	2136	119826	—	119879	50713
2077	116640	—	116693	48960	2137	119880	—	119933	50742
2078	116694	—	116747	48989	2138	119934	—	119987	50772
2079	116748	—	116801	49019	2139	119988	—	120041	50802
2080	116802	—	116855	49049	2140	120042	—	120095	50832
2081	116856	—	116909	49078	2141	120096	—	120149	50861
2082	116910	—	116963	49108	2142	120150	—	120203	50891
2083	116964	—	117017	49138	2143	120204	—	120257	50921
2084	117018	—	117071	49167	2144	120258	—	120311	50951
2085	117072	—	117125	49197	2145	120312	—	120365	50981
2086	117126	—	117179	49227	2146	120366	—	120419	51010
2087	117180	—	117233	49256	2147	120420	—	120473	51040
2088	117234	—	117287	49286	2148	120474	—	120527	51070
2089	117288	—	117341	49316	2149	120528	—	120581	51100
2090	117342	—	117395	49345	2150	120582	—	120635	51130
2091	117396	—	117449	49375	2151	120636	—	120689	51159
2092	117450	—	117503	49405	2152	120690	—	120743	51189
2093	117504	—	117557	49434	2153	120744	—	120797	51219
2094	117558	—	117611	49464	2154	120798	—	120851	51249
2095	117612	—	117665	49494	2155	120852	—	120905	51279
2096	117666	—	117719	49523	2156	120906	—	120959	51309
2097	117720	—	117773	49553	2157	120960	—	121013	51338
2098	117774	—	117827	49583	2158	121014	—	121067	51368
2099	117828	—	117881	49612	2159	121068	—	121121	51398
2100	117882	—	117935	49642	2160	121122	—	121175	51428

Einkommensteuergesetz

Anlage 4
Einkommensteuer-Grundtabelle für 1986 und 1987

noch Anlage 4 (zu § 52 Abs. 23 b) — Einkommensteuer-Grundtabelle für 1986 und 1987

laufende Nummer	zu versteuerndes Einkommen in DM von		bis	tarifliche Einkommensteuer in DM	laufende Nummer	zu versteuerndes Einkommen in DM von		bis	tarifliche Einkommensteuer in DM
2161	121176	—	121229	51458	2221	124416	—	124469	53253
2162	121230	—	121283	51488	2222	124470	—	124523	53283
2163	121284	—	121337	51517	2223	124524	—	124577	53313
2164	121338	—	121391	51547	2224	124578	—	124631	53343
2165	121392	—	121445	51577	2225	124632	—	124685	53373
2166	121446	—	121499	51607	2226	124686	—	124739	53403
2167	121500	—	121553	51637	2227	124740	—	124793	53433
2168	121554	—	121607	51667	2228	124794	—	124847	53463
2169	121608	—	121661	51697	2229	124848	—	124901	53493
2170	121662	—	121715	51726	2230	124902	—	124955	53523
2171	121716	—	121769	51756	2231	124956	—	125009	53553
2172	121770	—	121823	51786	2232	125010	—	125063	53583
2173	121824	—	121877	51816	2233	125064	—	125117	53613
2174	121878	—	121931	51846	2234	125118	—	125171	53643
2175	121932	—	121985	51876	2235	125172	—	125225	53673
2176	121986	—	122039	51906	2236	125226	—	125279	53703
2177	122040	—	122093	51936	2237	125280	—	125333	53733
2178	122094	—	122147	51965	2238	125334	—	125387	53763
2179	122148	—	122201	51995	2239	125388	—	125441	53793
2180	122202	—	122255	52025	2240	125442	—	125495	53823
2181	122256	—	122309	52055	2241	125496	—	125549	53853
2182	122310	—	122363	52085	2242	125550	—	125603	53883
2183	122364	—	122417	52115	2243	125604	—	125657	53913
2184	122418	—	122471	52145	2244	125658	—	125711	53943
2185	122472	—	122525	52175	2245	125712	—	125765	53973
2186	122526	—	122579	52205	2246	125766	—	125819	54003
2187	122580	—	122633	52234	2247	125820	—	125873	54033
2188	122634	—	122687	52264	2248	125874	—	125927	54063
2189	122688	—	122741	52294	2249	125928	—	125981	54093
2190	122742	—	122795	52324	2250	125982	—	126035	54123
2191	122796	—	122849	52354	2251	126036	—	126089	54153
2192	122850	—	122903	52384	2252	126090	—	126143	54183
2193	122904	—	122957	52414	2253	126144	—	126197	54213
2194	122958	—	123011	52444	2254	126198	—	126251	54243
2195	123012	—	123065	52474	2255	126252	—	126305	54274
2196	123066	—	123119	52504	2256	126306	—	126359	54304
2197	123120	—	123173	52534	2257	126360	—	126413	54334
2198	123174	—	123227	52564	2258	126414	—	126467	54364
2199	123228	—	123281	52593	2259	126468	—	126521	54394
2200	123282	—	123335	52623	2260	126522	—	126575	54424
2201	123336	—	123389	52653	2261	126576	—	126629	54454
2202	123390	—	123443	52683	2262	126630	—	126683	54484
2203	123444	—	123497	52713	2263	126684	—	126737	54514
2204	123498	—	123551	52743	2264	126738	—	126791	54544
2205	123552	—	123605	52773	2265	126792	—	126845	54574
2206	123606	—	123659	52803	2266	126846	—	126899	54604
2207	123660	—	123713	52833	2267	126900	—	126953	54635
2208	123714	—	123767	52863	2268	126954	—	127007	54665
2209	123768	—	123821	52893	2269	127008	—	127061	54695
2210	123822	—	123875	52923	2270	127062	—	127115	54725
2211	123876	—	123929	52953	2271	127116	—	127169	54755
2212	123930	—	123983	52983	2272	127170	—	127223	54785
2213	123984	—	124037	53013	2273	127224	—	127277	54815
2214	124038	—	124091	53043	2274	127278	—	127331	54845
2215	124092	—	124145	53073	2275	127332	—	127385	54875
2216	124146	—	124199	53103	2276	127386	—	127439	54906
2217	124200	—	124253	53133	2277	127440	—	127493	54936
2218	124254	—	124307	53163	2278	127494	—	127547	54966
2219	124308	—	124361	53193	2279	127548	—	127601	54996
2220	124362	—	124415	53223	2280	127602	—	127655	55026

Einkommensteuergesetz

Anlage 4
Einkommensteuer-Grundtabelle für 1986 und 1987

noch Anlage 4 (zu § 52 Abs. 23 b) — Einkommensteuer-Grundtabelle für 1986 und 1987

laufende Nummer	zu versteuerndes Einkommen in DM von		bis	tarifliche Einkommensteuer in DM
2281	127656	—	127709	55056
2282	127710	—	127763	55086
2283	127764	—	127817	55116
2284	127818	—	127871	55147
2285	127872	—	127925	55177
2286	127926	—	127979	55207
2287	127980	—	128033	55237
2288	128034	—	128087	55267
2289	128088	—	128141	55297
2290	128142	—	128195	55327
2291	128196	—	128249	55358
2292	128250	—	128303	55388
2293	128304	—	128357	55418
2294	128358	—	128411	55448
2295	128412	—	128465	55478
2296	128466	—	128519	55508
2297	128520	—	128573	55539
2298	128574	—	128627	55569
2299	128628	—	128681	55599
2300	128682	—	128735	55629
2301	128736	—	128789	55659
2302	128790	—	128843	55690
2303	128844	—	128897	55720
2304	128898	—	128951	55750
2305	128952	—	129005	55780
2306	129006	—	129059	55810
2307	129060	—	129113	55840
2308	129114	—	129167	55871
2309	129168	—	129221	55901
2310	129222	—	129275	55931
2311	129276	—	129329	55961
2312	129330	—	129383	55991
2313	129384	—	129437	56022
2314	129438	—	129491	56052
2315	129492	—	129545	56082
2316	129546	—	129599	56112
2317	129600	—	129653	56143
2318	129654	—	129707	56173
2319	129708	—	129761	56203
2320	129762	—	129815	56233
2321	129816	—	129869	56263
2322	129870	—	129923	56294
2323	129924	—	129977	56324
2324	129978	—	130031	56354

Einkommensteuergesetz

Anlage 5
Einkommensteuer-Splittingtabelle für 1986 und 1987

Anlage 5[1)]
(§ 52 Abs. 23 b EStG)

Einkommensteuer-Splittingtabelle für 1986 und 1987

laufende Nummer	zu versteuerndes Einkommen in DM von	bis	tarifliche Einkommensteuer in DM	laufende Nummer	zu versteuerndes Einkommen in DM von	bis	tarifliche Einkommensteuer in DM
1	0	9179	0	61	15552	15659	1424
2	9180	9287	22	62	15660	15767	1448
3	9288	9395	46	63	15768	15875	1472
4	9396	9503	70	64	15876	15983	1496
5	9504	9611	94	65	15984	16091	1520
6	9612	9719	118	66	16092	16199	1544
7	9720	9827	142	67	16200	16307	1568
8	9828	9935	166	68	16308	16415	1590
9	9936	10043	188	69	16416	16523	1614
10	10044	10151	212	70	16524	16631	1638
11	10152	10259	236	71	16632	16739	1662
12	10260	10367	260	72	16740	16847	1686
13	10368	10475	284	73	16848	16955	1710
14	10476	10583	308	74	16956	17063	1734
15	10584	10691	332	75	17064	17171	1758
16	10692	10799	356	76	17172	17279	1780
17	10800	10907	380	77	17280	17387	1804
18	10908	11015	402	78	17388	17495	1828
19	11016	11123	426	79	17496	17603	1852
20	11124	11231	450	80	17604	17711	1876
21	11232	11339	474	81	17712	17819	1900
22	11340	11447	498	82	17820	17927	1924
23	11448	11555	522	83	17928	18035	1948
24	11556	11663	546	84	18036	18143	1970
25	11664	11771	570	85	18144	18251	1994
26	11772	11879	592	86	18252	18359	2018
27	11880	11987	616	87	18360	18467	2042
28	11988	12095	640	88	18468	18575	2066
29	12096	12203	664	89	18576	18683	2090
30	12204	12311	688	90	18684	18791	2114
31	12312	12419	712	91	18792	18899	2138
32	12420	12527	736	92	18900	19007	2162
33	12528	12635	760	93	19008	19115	2184
34	12636	12743	782	94	19116	19223	2208
35	12744	12851	806	95	19224	19331	2232
36	12852	12959	830	96	19332	19439	2256
37	12960	13067	854	97	19440	19547	2280
38	13068	13175	878	98	19548	19655	2304
39	13176	13283	902	99	19656	19763	2328
40	13284	13391	926	100	19764	19871	2352
41	13392	13499	950	101	19872	19979	2374
42	13500	13607	974	102	19980	20087	2398
43	13608	13715	996	103	20088	20195	2422
44	13716	13823	1020	104	20196	20303	2446
45	13824	13931	1044	105	20304	20411	2470
46	13932	14039	1068	106	20412	20519	2494
47	14040	14147	1092	107	20520	20627	2518
48	14148	14255	1116	108	20628	20735	2542
49	14256	14363	1140	109	20736	20843	2564
50	14364	14471	1164	110	20844	20951	2588
51	14472	14579	1186	111	20952	21059	2612
52	14580	14687	1210	112	21060	21167	2636
53	14688	14795	1234	113	21168	21275	2660
54	14796	14903	1258	114	21276	21383	2684
55	14904	15011	1282	115	21384	21491	2708
56	15012	15119	1306	116	21492	21599	2732
57	15120	15227	1330	117	21600	21707	2756
58	15228	15335	1354	118	21708	21815	2778
59	15336	15443	1376	119	21816	21923	2802
60	15444	15551	1400	120	21924	22031	2826

[1)] Siehe Fußnote 2 auf S. 124 v.

Einkommensteuergesetz

Anlage 5
Einkommensteuer-Splittingtabelle für 1986 und 1987

noch Anlage 5 (zu § 52 Abs. 23 b) — Einkommensteuer-Splittingtabelle für 1986 und 1987

laufende Nummer	zu versteuerndes Einkommen in DM von		bis	tarifliche Einkommensteuer in DM	laufende Nummer	zu versteuerndes Einkommen in DM von		bis	tarifliche Einkommensteuer in DM
121	22032	—	22139	2850	181	28512	—	28619	4276
122	22140	—	22247	2874	182	28620	—	28727	4300
123	22248	—	22355	2898	183	28728	—	28835	4324
124	22356	—	22463	2922	184	28836	—	28943	4346
125	22464	—	22571	2946	185	28944	—	29051	4370
126	22572	—	22679	2968	186	29052	—	29159	4394
127	22680	—	22787	2992	187	29160	—	29267	4418
128	22788	—	22895	3016	188	29268	—	29375	4442
129	22896	—	23003	3040	189	29376	—	29483	4466
130	23004	—	23111	3064	190	29484	—	29591	4490
131	23112	—	23219	3088	191	29592	—	29699	4514
132	23220	—	23327	3112	192	29700	—	29807	4538
133	23328	—	23435	3136	193	29808	—	29915	4560
134	23436	—	23543	3158	194	29916	—	30023	4584
135	23544	—	23651	3182	195	30024	—	30131	4608
136	23652	—	23759	3206	196	30132	—	30239	4632
137	23760	—	23867	3230	197	30240	—	30347	4656
138	23868	—	23975	3254	198	30348	—	30455	4680
139	23976	—	24083	3278	199	30456	—	30563	4704
140	24084	—	24191	3302	200	30564	—	30671	4728
141	24192	—	24299	3326	201	30672	—	30779	4750
142	24300	—	24407	3350	202	30780	—	30887	4774
143	24408	—	24515	3372	203	30888	—	30995	4798
144	24516	—	24623	3396	204	30996	—	31103	4822
145	24624	—	24731	3420	205	31104	—	31211	4846
146	24732	—	24839	3444	206	31212	—	31319	4870
147	24840	—	24947	3468	207	31320	—	31427	4894
148	24948	—	25055	3492	208	31428	—	31535	4918
149	25056	—	25163	3516	209	31536	—	31643	4940
150	25164	—	25271	3540	210	31644	—	31751	4964
151	25272	—	25379	3562	211	31752	—	31859	4988
152	25380	—	25487	3586	212	31860	—	31967	5012
153	25488	—	25595	3610	213	31968	—	32075	5036
154	25596	—	25703	3634	214	32076	—	32183	5060
155	25704	—	25811	3658	215	32184	—	32291	5084
156	25812	—	25919	3682	216	32292	—	32399	5108
157	25920	—	26027	3706	217	32400	—	32507	5132
158	26028	—	26135	3730	218	32508	—	32615	5154
159	26136	—	26243	3752	219	32616	—	32723	5178
160	26244	—	26351	3776	220	32724	—	32831	5202
161	26352	—	26459	3800	221	32832	—	32939	5226
162	26460	—	26567	3824	222	32940	—	33047	5250
163	26568	—	26675	3848	223	33048	—	33155	5274
164	26676	—	26783	3872	224	33156	—	33263	5298
165	26784	—	26891	3896	225	33264	—	33371	5322
166	26892	—	26999	3920	226	33372	—	33479	5344
167	27000	—	27107	3944	227	33480	—	33587	5368
168	27108	—	27215	3966	228	33588	—	33695	5392
169	27216	—	27323	3990	229	33696	—	33803	5416
170	27324	—	27431	4014	230	33804	—	33911	5440
171	27432	—	27539	4038	231	33912	—	34019	5464
172	27540	—	27647	4062	232	34020	—	34127	5488
173	27648	—	27755	4086	233	34128	—	34235	5512
174	27756	—	27863	4110	234	34236	—	34343	5534
175	27864	—	27971	4134	235	34344	—	34451	5558
176	27972	—	28079	4156	236	34452	—	34559	5582
177	28080	—	28187	4180	237	34560	—	34667	5606
178	28188	—	28295	4204	238	34668	—	34775	5630
179	28296	—	28403	4228	239	34776	—	34883	5654
180	28404	—	28511	4252	240	34884	—	34991	5678

Einkommensteuergesetz
Anlage 5
Einkommensteuer-Splittingtabelle für 1986 und 1987

VII B 10
Seite 154 c

noch Anlage 5 (zu § 52 Abs. 23 b) — Einkommensteuer-Splittingtabelle für 1986 und 1987

laufende Nummer	zu versteuerndes Einkommen in DM von		bis	tarifliche Einkommensteuer in DM	laufende Nummer	zu versteuerndes Einkommen in DM von		bis	tarifliche Einkommensteuer in DM
241	34992	—	35099	5702	301	41472	—	41579	7214
242	35100	—	35207	5726	302	41580	—	41687	7242
243	35208	—	35315	5748	303	41688	—	41795	7268
244	35316	—	35423	5772	304	41796	—	41903	7296
245	35424	—	35531	5796	305	41904	—	42011	7324
246	35532	—	35639	5820	306	42012	—	42119	7352
247	35640	—	35747	5844	307	42120	—	42227	7378
248	35748	—	35855	5868	308	42228	—	42335	7406
249	35856	—	35963	5892	309	42336	—	42443	7434
250	35964	—	36071	5916	310	42444	—	42551	7462
251	36072	—	36179	5938	311	42552	—	42659	7490
252	36180	—	36287	5962	312	42660	—	42767	7518
253	36288	—	36395	5986	313	42768	—	42875	7546
254	36396	—	36503	6010	314	42876	—	42983	7574
255	36504	—	36611	6034	315	42984	—	43091	7602
256	36612	—	36719	6058	316	43092	—	43199	7630
257	36720	—	36827	6082	317	43200	—	43307	7658
258	36828	—	36935	6108	318	43308	—	43415	7686
259	36936	—	37043	6132	319	43416	—	43523	7714
260	37044	—	37151	6156	320	43524	—	43631	7742
261	37152	—	37259	6180	321	43632	—	43739	7770
262	37260	—	37367	6204	322	43740	—	43847	7800
263	37368	—	37475	6230	323	43848	—	43955	7828
264	37476	—	37583	6254	324	43956	—	44063	7856
265	37584	—	37691	6278	325	44064	—	44171	7884
266	37692	—	37799	6304	326	44172	—	44279	7914
267	37800	—	37907	6328	327	44280	—	44387	7942
268	37908	—	38015	6354	328	44388	—	44495	7972
269	38016	—	38123	6378	329	44496	—	44603	8000
270	38124	—	38231	6404	330	44604	—	44711	8030
271	38232	—	38339	6428	331	44712	—	44819	8058
272	38340	—	38447	6454	332	44820	—	44927	8088
273	38448	—	38555	6480	333	44928	—	45035	8116
274	38556	—	38663	6504	334	45036	—	45143	8146
275	38664	—	38771	6530	335	45144	—	45251	8174
276	38772	—	38879	6556	336	45252	—	45359	8204
277	38880	—	38987	6582	337	45360	—	45467	8234
278	38988	—	39095	6606	338	45468	—	45575	8264
279	39096	—	39203	6632	339	45576	—	45683	8292
280	39204	—	39311	6658	340	45684	—	45791	8322
281	39312	—	39419	6684	341	45792	—	45899	8352
282	39420	—	39527	6710	342	45900	—	46007	8382
283	39528	—	39635	6736	343	46008	—	46115	8412
284	39636	—	39743	6762	344	46116	—	46223	8442
285	39744	—	39851	6788	345	46224	—	46331	8472
286	39852	—	39959	6814	346	46332	—	46439	8502
287	39960	—	40067	6840	347	46440	—	46547	8532
288	40068	—	40175	6866	348	46548	—	46655	8562
289	40176	—	40283	6894	349	46656	—	46763	8592
290	40284	—	40391	6920	350	46764	—	46871	8622
291	40392	—	40499	6946	351	46872	—	46979	8652
292	40500	—	40607	6972	352	46980	—	47087	8682
293	40608	—	40715	7000	353	47088	—	47195	8712
294	40716	—	40823	7026	354	47196	—	47303	8742
295	40824	—	40931	7052	355	47304	—	47411	8774
296	40932	—	41039	7080	356	47412	—	47519	8804
297	41040	—	41147	7106	357	47520	—	47627	8834
298	41148	—	41255	7134	358	47628	—	47735	8866
299	41256	—	41363	7160	359	47736	—	47843	8896
300	41364	—	41471	7188	360	47844	—	47951	8926

VII B 10
Seite 154 d

Einkommensteuergesetz

Anlage 5
Einkommensteuer-Splittingtabelle für 1986 und 1987

noch Anlage 5 (zu § 52 Abs. 23 b) — Einkommensteuer-Splittingtabelle für 1986 und 1987

laufende Nummer	zu versteuerndes Einkommen in DM von		bis	tarifliche Einkommensteuer in DM	laufende Nummer	zu versteuerndes Einkommen in DM von		bis	tarifliche Einkommensteuer in DM
361	47952	—	48059	8958	421	54432	—	54539	10912
362	48060	—	48167	8988	422	54540	—	54647	10946
363	48168	—	48275	9020	423	54648	—	54755	10982
364	48276	—	48383	9050	424	54756	—	54863	11016
365	48384	—	48491	9082	425	54864	—	54971	11050
366	48492	—	48599	9112	426	54972	—	55079	11084
367	48600	—	48707	9144	427	55080	—	55187	11118
368	48708	—	48815	9176	428	55188	—	55295	11154
369	48816	—	48923	9206	429	55296	—	55403	11188
370	48924	—	49031	9238	430	55404	—	55511	11222
371	49032	—	49139	9270	431	55512	—	55619	11258
372	49140	—	49247	9300	432	55620	—	55727	11292
373	49248	—	49355	9332	433	55728	—	55835	11328
374	49356	—	49463	9364	434	55836	—	55943	11362
375	49464	—	49571	9396	435	55944	—	56051	11398
376	49572	—	49679	9428	436	56052	—	56159	11432
377	49680	—	49787	9460	437	56160	—	56267	11468
378	49788	—	49895	9490	438	56268	—	56375	11502
379	49896	—	50003	9522	439	56376	—	56483	11538
380	50004	—	50111	9554	440	56484	—	56591	11572
381	50112	—	50219	9586	441	56592	—	56699	11608
382	50220	—	50327	9618	442	56700	—	56807	11644
383	50328	—	50435	9650	443	56808	—	56915	11678
384	50436	—	50543	9684	444	56916	—	57023	11714
385	50544	—	50651	9716	445	57024	—	57131	11750
386	50652	—	50759	9748	446	57132	—	57239	11784
387	50760	—	50867	9780	447	57240	—	57347	11820
388	50868	—	50975	9812	448	57348	—	57455	11856
389	50976	—	51083	9844	449	57456	—	57563	11892
390	51084	—	51191	9878	450	57564	—	57671	11928
391	51192	—	51299	9910	451	57672	—	57779	11964
392	51300	—	51407	9942	452	57780	—	57887	11998
393	51408	—	51515	9976	453	57888	—	57995	12034
394	51516	—	51623	10008	454	57996	—	58103	12070
395	51624	—	51731	10040	455	58104	—	58211	12106
396	51732	—	51839	10074	456	58212	—	58319	12142
397	51840	—	51947	10106	457	58320	—	58427	12178
398	51948	—	52055	10140	458	58428	—	58535	12214
399	52056	—	52163	10172	459	58536	—	58643	12252
400	52164	—	52271	10206	460	58644	—	58751	12288
401	52272	—	52379	10238	461	58752	—	58859	12324
402	52380	—	52487	10272	462	58860	—	58967	12360
403	52488	—	52595	10306	463	58968	—	59075	12396
404	52596	—	52703	10338	464	59076	—	59183	12432
405	52704	—	52811	10372	465	59184	—	59291	12470
406	52812	—	52919	10406	466	59292	—	59399	12506
407	52920	—	53027	10438	467	59400	—	59507	12542
408	53028	—	53135	10472	468	59508	—	59615	12578
409	53136	—	53243	10506	469	59616	—	59723	12616
410	53244	—	53351	10540	470	59724	—	59831	12652
411	53352	—	53459	10572	471	59832	—	59939	12688
412	53460	—	53567	10606	472	59940	—	60047	12726
413	53568	—	53675	10640	473	60048	—	60155	12762
414	53676	—	53783	10674	474	60156	—	60263	12800
415	53784	—	53891	10708	475	60264	—	60371	12836
416	53892	—	53999	10742	476	60372	—	60479	12874
417	54000	—	54107	10776	477	60480	—	60587	12910
418	54108	—	54215	10810	478	60588	—	60695	12948
419	54216	—	54323	10844	479	60696	—	60803	12984
420	54324	—	54431	10878	480	60804	—	60911	13022

Einkommensteuergesetz

Anlage 5
Einkommensteuer-Splittingtabelle für 1986 und 1987

VII B
10
Seite 154 e

noch Anlage 5 (zu § 52 Abs. 23 b) — Einkommensteuer-Splittingtabelle für 1986 und 1987

laufende Nummer	zu versteuerndes Einkommen in DM von		bis	tarifliche Einkommensteuer in DM	laufende Nummer	zu versteuerndes Einkommen in DM von		bis	tarifliche Einkommensteuer in DM
481	60912	—	61019	13060	541	67392	—	67499	15378
482	61020	—	61127	13096	542	67500	—	67607	15418
483	61128	—	61235	13134	543	67608	—	67715	15458
484	61236	—	61343	13172	544	67716	—	67823	15498
485	61344	—	61451	13208	545	67824	—	67931	15538
486	61452	—	61559	13246	546	67932	—	68039	15578
487	61560	—	61667	13284	547	68040	—	68147	15618
488	61668	—	61775	13322	548	68148	—	68255	15658
489	61776	—	61883	13358	549	68256	—	68363	15700
490	61884	—	61991	13396	550	68364	—	68471	15740
491	61992	—	62099	13434	551	68472	—	68579	15780
492	62100	—	62207	13472	552	68580	—	68687	15820
493	62208	—	62315	13510	553	68688	—	68795	15860
494	62316	—	62423	13548	554	68796	—	68903	15902
495	62424	—	62531	13586	555	68904	—	69011	15942
496	62532	—	62639	13624	556	69012	—	69119	15982
497	62640	—	62747	13662	557	69120	—	69227	16022
498	62748	—	62855	13700	558	69228	—	69335	16064
499	62856	—	62963	13738	559	69336	—	69443	16104
500	62964	—	63071	13776	560	69444	—	69551	16146
501	63072	—	63179	13814	561	69552	—	69659	16186
502	63180	—	63287	13852	562	69660	—	69767	16226
503	63288	—	63395	13890	563	69768	—	69875	16268
504	63396	—	63503	13928	564	69876	—	69983	16308
505	63504	—	63611	13966	565	69984	—	70091	16350
506	63612	—	63719	14006	566	70092	—	70199	16390
507	63720	—	63827	14044	567	70200	—	70307	16432
508	63828	—	63935	14082	568	70308	—	70415	16472
509	63936	—	64043	14120	569	70416	—	70523	16514
510	64044	—	64151	14160	570	70524	—	70631	16554
511	64152	—	64259	14198	571	70632	—	70739	16596
512	64260	—	64367	14236	572	70740	—	70847	16638
513	64368	—	64475	14276	573	70848	—	70955	16678
514	64476	—	64583	14314	574	70956	—	71063	16720
515	64584	—	64691	14354	575	71064	—	71171	16762
516	64692	—	64799	14392	576	71172	—	71279	16802
517	64800	—	64907	14430	577	71280	—	71387	16844
518	64908	—	65015	14470	578	71388	—	71495	16886
519	65016	—	65123	14508	579	71496	—	71603	16928
520	65124	—	65231	14548	580	71604	—	71711	16968
521	65232	—	65339	14586	581	71712	—	71819	17010
522	65340	—	65447	14626	582	71820	—	71927	17052
523	65448	—	65555	14666	583	71928	—	72035	17094
524	65556	—	65663	14704	584	72036	—	72143	17136
525	65664	—	65771	14744	585	72144	—	72251	17178
526	65772	—	65879	14782	586	72252	—	72359	17220
527	65880	—	65987	14822	587	72360	—	72467	17262
528	65988	—	66095	14862	588	72468	—	72575	17302
529	66096	—	66203	14902	589	72576	—	72683	17344
530	66204	—	66311	14940	590	72684	—	72791	17386
531	66312	—	66419	14980	591	72792	—	72899	17428
532	66420	—	66527	15020	592	72900	—	73007	17470
533	66528	—	66635	15060	593	73008	—	73115	17512
534	66636	—	66743	15100	594	73116	—	73223	17556
535	66744	—	66851	15138	595	73224	—	73331	17598
536	66852	—	66959	15178	596	73332	—	73439	17640
537	66960	—	67067	15218	597	73440	—	73547	17682
538	67068	—	67175	15258	598	73548	—	73655	17724
539	67176	—	67283	15298	599	73656	—	73763	17766
540	67284	—	67391	15338	600	73764	—	73871	17808

VII B 10 Seite 154 f

Einkommensteuergesetz

Anlage 5

Einkommensteuer-Splittingtabelle für 1986 und 1987

noch Anlage 5 (zu § 52 Abs. 23 b) — Einkommensteuer-Splittingtabelle für 1986 und 1987

laufende Nummer	zu versteuerndes Einkommen in DM von		bis	tarifliche Einkommensteuer in DM	laufende Nummer	zu versteuerndes Einkommen in DM von		bis	tarifliche Einkommensteuer in DM
601	73872	—	73979	17850	661	80352	—	80459	20462
602	73980	—	74087	17894	662	80460	—	80567	20506
603	74088	—	74195	17936	663	80568	—	80675	20550
604	74196	—	74303	17978	664	80676	—	80783	20596
605	74304	—	74411	18020	665	80784	—	80891	20640
606	74412	—	74519	18064	666	80892	—	80999	20684
607	74520	—	74627	18106	667	81000	—	81107	20730
608	74628	—	74735	18148	668	81108	—	81215	20774
609	74736	—	74843	18192	669	81216	—	81323	20820
610	74844	—	74951	18234	670	81324	—	81431	20864
611	74952	—	75059	18276	671	81432	—	81539	20908
612	75060	—	75167	18320	672	81540	—	81647	20954
613	75168	—	75275	18362	673	81648	—	81755	20998
614	75276	—	75383	18406	674	81756	—	81863	21044
615	75384	—	75491	18448	675	81864	—	81971	21088
616	75492	—	75599	18492	676	81972	—	82079	21134
617	75600	—	75707	18534	677	82080	—	82187	21178
618	75708	—	75815	18578	678	82188	—	82295	21224
619	75816	—	75923	18620	679	82296	—	82403	21268
620	75924	—	76031	18664	680	82404	—	82511	21314
621	76032	—	76139	18706	681	82512	—	82619	21360
622	76140	—	76247	18750	682	82620	—	82727	21404
623	76248	—	76355	18794	683	82728	—	82835	21450
624	76356	—	76463	18836	684	82836	—	82943	21496
625	76464	—	76571	18880	685	82944	—	83051	21540
626	76572	—	76679	18922	686	83052	—	83159	21586
627	76680	—	76787	18966	687	83160	—	83267	21632
628	76788	—	76895	19010	688	83268	—	83375	21676
629	76896	—	77003	19054	689	83376	—	83483	21722
630	77004	—	77111	19096	690	83484	—	83591	21768
631	77112	—	77219	19140	691	83592	—	83699	21814
632	77220	—	77327	19184	692	83700	—	83807	21858
633	77328	—	77435	19228	693	83808	—	83915	21904
634	77436	—	77543	19270	694	83916	—	84023	21950
635	77544	—	77651	19314	695	84024	—	84131	21996
636	77652	—	77759	19358	696	84132	—	84239	22042
637	77760	—	77867	19402	697	84240	—	84347	22088
638	77868	—	77975	19446	698	84348	—	84455	22132
639	77976	—	78083	19490	699	84456	—	84563	22178
640	78084	—	78191	19534	700	84564	—	84671	22224
641	78192	—	78299	19578	701	84672	—	84779	22270
642	78300	—	78407	19620	702	84780	—	84887	22316
643	78408	—	78515	19664	703	84888	—	84995	22362
644	78516	—	78623	19708	704	84996	—	85103	22408
645	78624	—	78731	19752	705	85104	—	85211	22454
646	78732	—	78839	19796	706	85212	—	85319	22500
647	78840	—	78947	19840	707	85320	—	85427	22546
648	78948	—	79055	19884	708	85428	—	85535	22592
649	79056	—	79163	19930	709	85536	—	85643	22638
650	79164	—	79271	19974	710	85644	—	85751	22684
651	79272	—	79379	20018	711	85752	—	85859	22730
652	79380	—	79487	20062	712	85860	—	85967	22776
653	79488	—	79595	20106	713	85968	—	86075	22822
654	79596	—	79703	20150	714	86076	—	86183	22868
655	79704	—	79811	20194	715	86184	—	86291	22916
656	79812	—	79919	20240	716	86292	—	86399	22962
657	79920	—	80027	20284	717	86400	—	86507	23008
658	80028	—	80135	20328	718	86508	—	86615	23054
659	80136	—	80243	20372	719	86616	—	86723	23100
660	80244	—	80351	20416	720	86724	—	86831	23148

Einkommensteuergesetz

Anlage 5
Einkommensteuer-Splittingtabelle für 1986 und 1987

noch Anlage 5 (zu § 52 Abs. 23 b) — Einkommensteuer-Splittingtabelle für 1986 und 1987

laufende Nummer	zu versteuerndes Einkommen in DM von		bis	tarifliche Einkommensteuer in DM	laufende Nummer	zu versteuerndes Einkommen in DM von		bis	tarifliche Einkommensteuer in DM
721	86832	—	86939	23194	781	93312	—	93419	26032
722	86940	—	87047	23240	782	93420	—	93527	26080
723	87048	—	87155	23286	783	93528	—	93635	26128
724	87156	—	87263	23334	784	93636	—	93743	26176
725	87264	—	87371	23380	785	93744	—	93851	26226
726	87372	—	87479	23426	786	93852	—	93959	26274
727	87480	—	87587	23472	787	93960	—	94067	26322
728	87588	—	87695	23520	788	94068	—	94175	26370
729	87696	—	87803	23566	789	94176	—	94283	26418
730	87804	—	87911	23612	790	94284	—	94391	26466
731	87912	—	88019	23660	791	94392	—	94499	26514
732	88020	—	88127	23706	792	94500	—	94607	26564
733	88128	—	88235	23754	793	94608	—	94715	26612
734	88236	—	88343	23800	794	94716	—	94823	26660
735	88344	—	88451	23846	795	94824	—	94931	26708
736	88452	—	88559	23894	796	94932	—	95039	26758
737	88560	—	88667	23940	797	95040	—	95147	26806
738	88668	—	88775	23988	798	95148	—	95255	26854
739	88776	—	88883	24034	799	95256	—	95363	26902
740	88884	—	88991	24082	800	95364	—	95471	26952
741	88992	—	89099	24128	801	95472	—	95579	27000
742	89100	—	89207	24176	802	95580	—	95687	27048
743	89208	—	89315	24222	803	95688	—	95795	27098
744	89316	—	89423	24270	804	95796	—	95903	27146
745	89424	—	89531	24318	805	95904	—	96011	27194
746	89532	—	89639	24364	806	96012	—	96119	27244
747	89640	—	89747	24412	807	96120	—	96227	27292
748	89748	—	89855	24458	808	96228	—	96335	27342
749	89856	—	89963	24506	809	96336	—	96443	27390
750	89964	—	90071	24554	810	96444	—	96551	27438
751	90072	—	90179	24600	811	96552	—	96659	27488
752	90180	—	90287	24648	812	96660	—	96767	27536
753	90288	—	90395	24696	813	96768	—	96875	27586
754	90396	—	90503	24742	814	96876	—	96983	27634
755	90504	—	90611	24790	815	96984	—	97091	27684
756	90612	—	90719	24838	816	97092	—	97199	27732
757	90720	—	90827	24884	817	97200	—	97307	27782
758	90828	—	90935	24932	818	97308	—	97415	27830
759	90936	—	91043	24980	819	97416	—	97523	27880
760	91044	—	91151	25028	820	97524	—	97631	27928
761	91152	—	91259	25076	821	97632	—	97739	27978
762	91260	—	91367	25122	822	97740	—	97847	28026
763	91368	—	91475	25170	823	97848	—	97955	28076
764	91476	—	91583	25218	824	97956	—	98063	28126
765	91584	—	91691	25266	825	98064	—	98171	28174
766	91692	—	91799	25314	826	98172	—	98279	28224
767	91800	—	91907	25362	827	98280	—	98387	28272
768	91908	—	92015	25408	828	98388	—	98495	28322
769	92016	—	92123	25456	829	98496	—	98603	28372
770	92124	—	92231	25504	830	98604	—	98711	28420
771	92232	—	92339	25552	831	98712	—	98819	28470
772	92340	—	92447	25600	832	98820	—	98927	28520
773	92448	—	92555	25648	833	98928	—	99035	28568
774	92556	—	92663	25696	834	99036	—	99143	28618
775	92664	—	92771	25744	835	99144	—	99251	28668
776	92772	—	92879	25792	836	99252	—	99359	28716
777	92880	—	92987	25840	837	99360	—	99467	28766
778	92988	—	93095	25888	838	99468	—	99575	28816
779	93096	—	93203	25936	839	99576	—	99683	28866
780	93204	—	93311	25984	840	99684	—	99791	28914

Einkommensteuergesetz

Anlage 5
Einkommensteuer-Splittingtabelle für 1986 und 1987

noch Anlage 5 (zu § 52 Abs. 23 b) — Einkommensteuer-Splittingtabelle für 1986 und 1987

laufende Nummer	zu versteuerndes Einkommen in DM von		bis	tarifliche Einkommensteuer in DM	laufende Nummer	zu versteuerndes Einkommen in DM von		bis	tarifliche Einkommensteuer in DM
841	99792	—	99899	28964	901	106272	—	106379	31978
842	99900	—	100007	29014	902	106380	—	106487	32028
843	100008	—	100115	29064	903	106488	—	106595	32080
844	100116	—	100223	29114	904	106596	—	106703	32130
845	100224	—	100331	29164	905	106704	—	106811	32180
846	100332	—	100439	29212	906	106812	—	106919	32232
847	100440	—	100547	29262	907	106920	—	107027	32282
848	100548	—	100655	29312	908	107028	—	107135	32334
849	100656	—	100763	29362	909	107136	—	107243	32384
850	100764	—	100871	29412	910	107244	—	107351	32436
851	100872	—	100979	29462	911	107352	—	107459	32486
852	100980	—	101087	29512	912	107460	—	107567	32538
853	101088	—	101195	29562	913	107568	—	107675	32588
854	101196	—	101303	29610	914	107676	—	107783	32640
855	101304	—	101411	29660	915	107784	—	107891	32690
856	101412	—	101519	29710	916	107892	—	107999	32742
857	101520	—	101627	29760	917	108000	—	108107	32794
858	101628	—	101735	29810	918	108108	—	108215	32844
859	101736	—	101843	29860	919	108216	—	108323	32896
860	101844	—	101951	29910	920	108324	—	108431	32946
861	101952	—	102059	29960	921	108432	—	108539	32998
862	102060	—	102167	30010	922	108540	—	108647	33048
863	102168	—	102275	30060	923	108648	—	108755	33100
864	102276	—	102383	30110	924	108756	—	108863	33152
865	102384	—	102491	30160	925	108864	—	108971	33202
866	102492	—	102599	30210	926	108972	—	109079	33254
867	102600	—	102707	30260	927	109080	—	109187	33306
868	102708	—	102815	30312	928	109188	—	109295	33356
869	102816	—	102923	30362	929	109296	—	109403	33408
870	102924	—	103031	30412	930	109404	—	109511	33460
871	103032	—	103139	30462	931	109512	—	109619	33510
872	103140	—	103247	30512	932	109620	—	109727	33562
873	103248	—	103355	30562	933	109728	—	109835	33614
874	103356	—	103463	30612	934	109836	—	109943	33664
875	103464	—	103571	30662	935	109944	—	110051	33716
876	103572	—	103679	30714	936	110052	—	110159	33768
877	103680	—	103787	30764	937	110160	—	110267	33820
878	103788	—	103895	30814	938	110268	—	110375	33870
879	103896	—	104003	30864	939	110376	—	110483	33922
880	104004	—	104111	30914	940	110484	—	110591	33974
881	104112	—	104219	30964	941	110592	—	110699	34026
882	104220	—	104327	31016	942	110700	—	110807	34076
883	104328	—	104435	31066	943	110808	—	110915	34128
884	104436	—	104543	31116	944	110916	—	111023	34180
885	104544	—	104651	31166	945	111024	—	111131	34232
886	104652	—	104759	31218	946	111132	—	111239	34284
887	104760	—	104867	31268	947	111240	—	111347	34334
888	104868	—	104975	31318	948	111348	—	111455	34386
889	104976	—	105083	31368	949	111456	—	111563	34438
890	105084	—	105191	31420	950	111564	—	111671	34490
891	105192	—	105299	31470	951	111672	—	111779	34542
892	105300	—	105407	31520	952	111780	—	111887	34594
893	105408	—	105515	31572	953	111888	—	111995	34646
894	105516	—	105623	31622	954	111996	—	112103	34696
895	105624	—	105731	31672	955	112104	—	112211	34748
896	105732	—	105839	31724	956	112212	—	112319	34800
897	105840	—	105947	31774	957	112320	—	112427	34852
898	105948	—	106055	31826	958	112428	—	112535	34904
899	106056	—	106163	31876	959	112536	—	112643	34956
900	106164	—	106271	31926	960	112644	—	112751	35008

Einkommensteuergesetz

Anlage 5
Einkommensteuer-Splittingtabelle für 1986 und 1987

noch Anlage 5 (zu § 52 Abs. 23 b) — Einkommensteuer-Splittingtabelle für 1986 und 1987

laufende Nummer	zu versteuerndes Einkommen in DM von		bis	tarifliche Einkommensteuer in DM	laufende Nummer	zu versteuerndes Einkommen in DM von		bis	tarifliche Einkommensteuer in DM
961	112752	—	112859	35060	1021	119232	—	119339	38202
962	112860	—	112967	35112	1022	119340	—	119447	38254
963	112968	—	113075	35164	1023	119448	—	119555	38306
964	113076	—	113183	35216	1024	119556	—	119663	38360
965	113184	—	113291	35268	1025	119664	—	119771	38412
966	113292	—	113399	35320	1026	119772	—	119879	38466
967	113400	—	113507	35372	1027	119880	—	119987	38518
968	113508	—	113615	35424	1028	119988	—	120095	38572
969	113616	—	113723	35476	1029	120096	—	120203	38624
970	113724	—	113831	35528	1030	120204	—	120311	38676
971	113832	—	113939	35580	1031	120312	—	120419	38730
972	113940	—	114047	35632	1032	120420	—	120527	38782
973	114048	—	114155	35684	1033	120528	—	120635	38836
974	114156	—	114263	35736	1034	120636	—	120743	38888
975	114264	—	114371	35788	1035	120744	—	120851	38942
976	114372	—	114479	35840	1036	120852	—	120959	38994
977	114480	—	114587	35892	1037	120960	—	121067	39048
978	114588	—	114695	35944	1038	121068	—	121175	39100
979	114696	—	114803	35996	1039	121176	—	121283	39154
980	114804	—	114911	36048	1040	121284	—	121391	39206
981	114912	—	115019	36100	1041	121392	—	121499	39260
982	115020	—	115127	36154	1042	121500	—	121607	39312
983	115128	—	115235	36206	1043	121608	—	121715	39366
984	115236	—	115343	36258	1044	121716	—	121823	39420
985	115344	—	115451	36310	1045	121824	—	121931	39472
986	115452	—	115559	36362	1046	121932	—	122039	39526
987	115560	—	115667	36414	1047	122040	—	122147	39578
988	115668	—	115775	36466	1048	122148	—	122255	39632
989	115776	—	115883	36520	1049	122256	—	122363	39684
990	115884	—	115991	36572	1050	122364	—	122471	39738
991	115992	—	116099	36624	1051	122472	—	122579	39792
992	116100	—	116207	36676	1052	122580	—	122687	39844
993	116208	—	116315	36728	1053	122688	—	122795	39898
994	116316	—	116423	36780	1054	122796	—	122903	39950
995	116424	—	116531	36834	1055	122904	—	123011	40004
996	116532	—	116639	36886	1056	123012	—	123119	40058
997	116640	—	116747	36938	1057	123120	—	123227	40110
998	116748	—	116855	36990	1058	123228	—	123335	40164
999	116856	—	116963	37044	1059	123336	—	123443	40218
1000	116964	—	117071	37096	1060	123444	—	123551	40270
1001	117072	—	117179	37148	1061	123552	—	123659	40324
1002	117180	—	117287	37200	1062	123660	—	123767	40378
1003	117288	—	117395	37254	1063	123768	—	123875	40430
1004	117396	—	117503	37306	1064	123876	—	123983	40484
1005	117504	—	117611	37358	1065	123984	—	124091	40538
1006	117612	—	117719	37410	1066	124092	—	124199	40590
1007	117720	—	117827	37464	1067	124200	—	124307	40644
1008	117828	—	117935	37516	1068	124308	—	124415	40698
1009	117936	—	118043	37568	1069	124416	—	124523	40750
1010	118044	—	118151	37622	1070	124524	—	124631	40804
1011	118152	—	118259	37674	1071	124632	—	124739	40858
1012	118260	—	118367	37726	1072	124740	—	124847	40912
1013	118368	—	118475	37780	1073	124848	—	124955	40964
1014	118476	—	118583	37832	1074	124956	—	125063	41018
1015	118584	—	118691	37884	1075	125064	—	125171	41072
1016	118692	—	118799	37938	1076	125172	—	125279	41126
1017	118800	—	118907	37990	1077	125280	—	125387	41178
1018	118908	—	119015	38042	1078	125388	—	125495	41232
1019	119016	—	119123	38096	1079	125496	—	125603	41286
1020	119124	—	119231	38148	1080	125604	—	125711	41340

Einkommensteuergesetz

Anlage 5
Einkommensteuer-Splittingtabelle für 1986 und 1987

noch Anlage 5 (zu § 52 Abs. 23 b) — Einkommensteuer-Splittingtabelle für 1986 und 1987

laufende Nummer	zu versteuerndes Einkommen in DM von	bis	tarifliche Einkommensteuer in DM	laufende Nummer	zu versteuerndes Einkommen in DM von	bis	tarifliche Einkommensteuer in DM
1081	125712	125819	41392	1141	132192	132299	44626
1082	125820	125927	41446	1142	132300	132407	44680
1083	125928	126035	41500	1143	132408	132515	44734
1084	126036	126143	41554	1144	132516	132623	44788
1085	126144	126251	41608	1145	132624	132731	44842
1086	126252	126359	41660	1146	132732	132839	44898
1087	126360	126467	41714	1147	132840	132947	44952
1088	126468	126575	41768	1148	132948	133055	45006
1089	126576	126683	41822	1149	133056	133163	45060
1090	126684	126791	41876	1150	133164	133271	45114
1091	126792	126899	41928	1151	133272	133379	45168
1092	126900	127007	41982	1152	133380	133487	45222
1093	127008	127115	42036	1153	133488	133595	45278
1094	127116	127223	42090	1154	133596	133703	45332
1095	127224	127331	42144	1155	133704	133811	45386
1096	127332	127439	42198	1156	133812	133919	45440
1097	127440	127547	42252	1157	133920	134027	45494
1098	127548	127655	42304	1158	134028	134135	45548
1099	127656	127763	42358	1159	134136	134243	45604
1100	127764	127871	42412	1160	134244	134351	45658
1101	127872	127979	42466	1161	134352	134459	45712
1102	127980	128087	42520	1162	134460	134567	45766
1103	128088	128195	42574	1163	134568	134675	45820
1104	128196	128303	42628	1164	134676	134783	45876
1105	128304	128411	42682	1165	134784	134891	45930
1106	128412	128519	42736	1166	134892	134999	45984
1107	128520	128627	42790	1167	135000	135107	46038
1108	128628	128735	42842	1168	135108	135215	46092
1109	128736	128843	42896	1169	135216	135323	46148
1110	128844	128951	42950	1170	135324	135431	46202
1111	128952	129059	43004	1171	135432	135539	46256
1112	129060	129167	43058	1172	135540	135647	46310
1113	129168	129275	43112	1173	135648	135755	46366
1114	129276	129383	43166	1174	135756	135863	46420
1115	129384	129491	43220	1175	135864	135971	46474
1116	129492	129599	43274	1176	135972	136079	46528
1117	129600	129707	43328	1177	136080	136187	46584
1118	129708	129815	43382	1178	136188	136295	46638
1119	129816	129923	43436	1179	136296	136403	46692
1120	129924	130031	43490	1180	136404	136511	46746
1121	130032	130139	43544	1181	136512	136619	46802
1122	130140	130247	43598	1182	136620	136727	46856
1123	130248	130355	43652	1183	136728	136835	46910
1124	130356	130463	43706	1184	136836	136943	46966
1125	130464	130571	43760	1185	136944	137051	47020
1126	130572	130679	43814	1186	137052	137159	47074
1127	130680	130787	43868	1187	137160	137267	47128
1128	130788	130895	43922	1188	137268	137375	47184
1129	130896	131003	43976	1189	137376	137483	47238
1130	131004	131111	44030	1190	137484	137591	47292
1131	131112	131219	44084	1191	137592	137699	47348
1132	131220	131327	44138	1192	137700	137807	47402
1133	131328	131435	44192	1193	137808	137915	47456
1134	131436	131543	44246	1194	137916	138023	47512
1135	131544	131651	44302	1195	138024	138131	47566
1136	131652	131759	44356	1196	138132	138239	47620
1137	131760	131867	44410	1197	138240	138347	47676
1138	131868	131975	44464	1198	138348	138455	47730
1139	131976	132083	44518	1199	138456	138563	47784
1140	132084	132191	44572	1200	138564	138671	47840

Einkommensteuergesetz

Anlage 5
Einkommensteuer-Splittingtabelle für 1986 und 1987

noch Anlage 5 (zu § 52 Abs. 23 b) — Einkommensteuer-Splittingtabelle für 1986 und 1987

laufende Nummer	zu versteuerndes Einkommen in DM von		bis	tarifliche Einkommensteuer in DM	laufende Nummer	zu versteuerndes Einkommen in DM von		bis	tarifliche Einkommensteuer in DM
1201	138672	—	138779	47894	1261	145152	—	145259	51192
1202	138780	—	138887	47950	1262	145260	—	145367	51248
1203	138888	—	138995	48004	1263	145368	—	145475	51302
1204	138996	—	139103	48058	1264	145476	—	145583	51358
1205	139104	—	139211	48114	1265	145584	—	145691	51412
1206	139212	—	139319	48168	1266	145692	—	145799	51468
1207	139320	—	139427	48222	1267	145800	—	145907	51524
1208	139428	—	139535	48278	1268	145908	—	146015	51578
1209	139536	—	139643	48332	1269	146016	—	146123	51634
1210	139644	—	139751	48388	1270	146124	—	146231	51690
1211	139752	—	139859	48442	1271	146232	—	146339	51744
1212	139860	—	139967	48498	1272	146340	—	146447	51800
1213	139968	—	140075	48552	1273	146448	—	146555	51854
1214	140076	—	140183	48606	1274	146556	—	146663	51910
1215	140184	—	140291	48662	1275	146664	—	146771	51966
1216	140292	—	140399	48716	1276	146772	—	146879	52020
1217	140400	—	140507	48772	1277	146880	—	146987	52076
1218	140508	—	140615	48826	1278	146988	—	147095	52130
1219	140616	—	140723	48880	1279	147096	—	147203	52186
1220	140724	—	140831	48936	1280	147204	—	147311	52242
1221	140832	—	140939	48990	1281	147312	—	147419	52296
1222	140940	—	141047	49046	1282	147420	—	147527	52352
1223	141048	—	141155	49100	1283	147528	—	147635	52408
1224	141156	—	141263	49156	1284	147636	—	147743	52462
1225	141264	—	141371	49210	1285	147744	—	147851	52518
1226	141372	—	141479	49266	1286	147852	—	147959	52574
1227	141480	—	141587	49320	1287	147960	—	148067	52628
1228	141588	—	141695	49374	1288	148068	—	148175	52684
1229	141696	—	141803	49430	1289	148176	—	148283	52740
1230	141804	—	141911	49484	1290	148284	—	148391	52794
1231	141912	—	142019	49540	1291	148392	—	148499	52850
1232	142020	—	142127	49594	1292	148500	—	148607	52906
1233	142128	—	142235	49650	1293	148608	—	148715	52960
1234	142236	—	142343	49704	1294	148716	—	148823	53016
1235	142344	—	142451	49760	1295	148824	—	148931	53072
1236	142452	—	142559	49814	1296	148932	—	149039	53128
1237	142560	—	142667	49870	1297	149040	—	149147	53182
1238	142668	—	142775	49924	1298	149148	—	149255	53238
1239	142776	—	142883	49980	1299	149256	—	149363	53294
1240	142884	—	142991	50034	1300	149364	—	149471	53348
1241	142992	—	143099	50090	1301	149472	—	149579	53404
1242	143100	—	143207	50144	1302	149580	—	149687	53460
1243	143208	—	143315	50200	1303	149688	—	149795	53516
1244	143316	—	143423	50256	1304	149796	—	149903	53570
1245	143424	—	143531	50310	1305	149904	—	150011	53626
1246	143532	—	143639	50366	1306	150012	—	150119	53682
1247	143640	—	143747	50420	1307	150120	—	150227	53736
1248	143748	—	143855	50476	1308	150228	—	150335	53792
1249	143856	—	143963	50530	1309	150336	—	150443	53848
1250	143964	—	144071	50586	1310	150444	—	150551	53904
1251	144072	—	144179	50640	1311	150552	—	150659	53958
1252	144180	—	144287	50696	1312	150660	—	150767	54014
1253	144288	—	144395	50750	1313	150768	—	150875	54070
1254	144396	—	144503	50806	1314	150876	—	150983	54126
1255	144504	—	144611	50860	1315	150984	—	151091	54180
1256	144612	—	144719	50916	1316	151092	—	151199	54236
1257	144720	—	144827	50972	1317	151200	—	151307	54292
1258	144828	—	144935	51026	1318	151308	—	151415	54348
1259	144936	—	145043	51082	1319	151416	—	151523	54402
1260	145044	—	145151	51136	1320	151524	—	151631	54458

Einkommensteuergesetz

Anlage 5
Einkommensteuer-Splittingtabelle für 1986 und 1987

noch Anlage 5 (zu § 52 Abs. 23 b) — Einkommensteuer-Splittingtabelle für 1986 und 1987

laufende Nummer	zu versteuerndes Einkommen in DM von		bis	tarifliche Einkommensteuer in DM	laufende Nummer	zu versteuerndes Einkommen in DM von		bis	tarifliche Einkommensteuer in DM
1321	151632	—	151739	54514	1381	158112	—	158219	57856
1322	151740	—	151847	54570	1382	158220	—	158327	57914
1323	151848	—	151955	54626	1383	158328	—	158435	57968
1324	151956	—	152063	54680	1384	158436	—	158543	58024
1325	152064	—	152171	54736	1385	158544	—	158651	58080
1326	152172	—	152279	54792	1386	158652	—	158759	58136
1327	152280	—	152387	54848	1387	158760	—	158867	58192
1328	152388	—	152495	54904	1388	158868	—	158975	58248
1329	152496	—	152603	54958	1389	158976	—	159083	58304
1330	152604	—	152711	55014	1390	159084	—	159191	58360
1331	152712	—	152819	55070	1391	159192	—	159299	58416
1332	152820	—	152927	55126	1392	159300	—	159407	58472
1333	152928	—	153035	55182	1393	159408	—	159515	58528
1334	153036	—	153143	55236	1394	159516	—	159623	58584
1335	153144	—	153251	55292	1395	159624	—	159731	58640
1336	153252	—	153359	55348	1396	159732	—	159839	58696
1337	153360	—	153467	55404	1397	159840	—	159947	58752
1338	153468	—	153575	55460	1398	159948	—	160055	58808
1339	153576	—	153683	55514	1399	160056	—	160163	58862
1340	153684	—	153791	55570	1400	160164	—	160271	58918
1341	153792	—	153899	55626	1401	160272	—	160379	58974
1342	153900	—	154007	55682	1402	160380	—	160487	59030
1343	154008	—	154115	55738	1403	160488	—	160595	59086
1344	154116	—	154223	55794	1404	160596	—	160703	59142
1345	154224	—	154331	55848	1405	160704	—	160811	59198
1346	154332	—	154439	55904	1406	160812	—	160919	59254
1347	154440	—	154547	55960	1407	160920	—	161027	59310
1348	154548	—	154655	56016	1408	161028	—	161135	59366
1349	154656	—	154763	56072	1409	161136	—	161243	59422
1350	154764	—	154871	56128	1410	161244	—	161351	59478
1351	154872	—	154979	56184	1411	161352	—	161459	59534
1352	154980	—	155087	56238	1412	161460	—	161567	59590
1353	155088	—	155195	56294	1413	161568	—	161675	59646
1354	155196	—	155303	56350	1414	161676	—	161783	59702
1355	155304	—	155411	56406	1415	161784	—	161891	59758
1356	155412	—	155519	56462	1416	161892	—	161999	59814
1357	155520	—	155627	56518	1417	162000	—	162107	59870
1358	155628	—	155735	56574	1418	162108	—	162215	59926
1359	155736	—	155843	56630	1419	162216	—	162323	59982
1360	155844	—	155951	56684	1420	162324	—	162431	60038
1361	155952	—	156059	56740	1421	162432	—	162539	60094
1362	156060	—	156167	56796	1422	162540	—	162647	60150
1363	156168	—	156275	56852	1423	162648	—	162755	60206
1364	156276	—	156383	56908	1424	162756	—	162863	60262
1365	156384	—	156491	56964	1425	162864	—	162971	60318
1366	156492	—	156599	57020	1426	162972	—	163079	60374
1367	156600	—	156707	57076	1427	163080	—	163187	60430
1368	156708	—	156815	57132	1428	163188	—	163295	60486
1369	156816	—	156923	57186	1429	163296	—	163403	60542
1370	156924	—	157031	57242	1430	163404	—	163511	60598
1371	157032	—	157139	57298	1431	163512	—	163619	60654
1372	157140	—	157247	57354	1432	163620	—	163727	60710
1373	157248	—	157355	57410	1433	163728	—	163835	60768
1374	157356	—	157463	57466	1434	163836	—	163943	60824
1375	157464	—	157571	57522	1435	163944	—	164051	60880
1376	157572	—	157679	57578	1436	164052	—	164159	60936
1377	157680	—	157787	57634	1437	164160	—	164267	60992
1378	157788	—	157895	57690	1438	164268	—	164375	61048
1379	157896	—	158003	57746	1439	164376	—	164483	61104
1380	158004	—	158111	57802	1440	164484	—	164591	61160

Einkommensteuergesetz
Anlage 5
Einkommensteuer-Splittingtabelle für 1986 und 1987

VII B 10 Seite 154 m

noch Anlage 5 (zu § 52 Abs. 23 b) — Einkommensteuer-Splittingtabelle für 1986 und 1987

laufende Nummer	zu versteuerndes Einkommen in DM von		bis	tarifliche Einkommensteuer in DM	laufende Nummer	zu versteuerndes Einkommen in DM von		bis	tarifliche Einkommensteuer in DM
1441	164592	—	164699	61216	1501	171072	—	171179	64594
1442	164700	—	164807	61272	1502	171180	—	171287	64650
1443	164808	—	164915	61328	1503	171288	—	171395	64706
1444	164916	—	165023	61384	1504	171396	—	171503	64764
1445	165024	—	165131	61440	1505	171504	—	171611	64820
1446	165132	—	165239	61496	1506	171612	—	171719	64876
1447	165240	—	165347	61554	1507	171720	—	171827	64932
1448	165348	—	165455	61610	1508	171828	—	171935	64990
1449	165456	—	165563	61666	1509	171936	—	172043	65046
1450	165564	—	165671	61722	1510	172044	—	172151	65102
1451	165672	—	165779	61778	1511	172152	—	172259	65158
1452	165780	—	165887	61834	1512	172260	—	172367	65216
1453	165888	—	165995	61890	1513	172368	—	172475	65272
1454	165996	—	166103	61946	1514	172476	—	172583	65328
1455	166104	—	166211	62002	1515	172584	—	172691	65384
1456	166212	—	166319	62058	1516	172692	—	172799	65442
1457	166320	—	166427	62116	1517	172800	—	172907	65498
1458	166428	—	166535	62172	1518	172908	—	173015	65554
1459	166536	—	166643	62228	1519	173016	—	173123	65610
1460	166644	—	166751	62284	1520	173124	—	173231	65668
1461	166752	—	166859	62340	1521	173232	—	173339	65724
1462	166860	—	166967	62396	1522	173340	—	173447	65780
1463	166968	—	167075	62452	1523	173448	—	173555	65838
1464	167076	—	167183	62508	1524	173556	—	173663	65894
1465	167184	—	167291	62566	1525	173664	—	173771	65950
1466	167292	—	167399	62622	1526	173772	—	173879	66006
1467	167400	—	167507	62678	1527	173880	—	173987	66064
1468	167508	—	167615	62734	1528	173988	—	174095	66120
1469	167616	—	167723	62790	1529	174096	—	174203	66176
1470	167724	—	167831	62846	1530	174204	—	174311	66234
1471	167832	—	167939	62902	1531	174312	—	174419	66290
1472	167940	—	168047	62960	1532	174420	—	174527	66346
1473	168048	—	168155	63016	1533	174528	—	174635	66402
1474	168156	—	168263	63072	1534	174636	—	174743	66460
1475	168264	—	168371	63128	1535	174744	—	174851	66516
1476	168372	—	168479	63184	1536	174852	—	174959	66572
1477	168480	—	168587	63240	1537	174960	—	175067	66630
1478	168588	—	168695	63298	1538	175068	—	175175	66686
1479	168696	—	168803	63354	1539	175176	—	175283	66742
1480	168804	—	168911	63410	1540	175284	—	175391	66800
1481	168912	—	169019	63466	1541	175392	—	175499	66856
1482	169020	—	169127	63522	1542	175500	—	175607	66912
1483	169128	—	169235	63578	1543	175608	—	175715	66970
1484	169236	—	169343	63636	1544	175716	—	175823	67026
1485	169344	—	169451	63692	1545	175824	—	175931	67082
1486	169452	—	169559	63748	1546	175932	—	176039	67140
1487	169560	—	169667	63804	1547	176040	—	176147	67196
1488	169668	—	169775	63860	1548	176148	—	176255	67252
1489	169776	—	169883	63918	1549	176256	—	176363	67310
1490	169884	—	169991	63974	1550	176364	—	176471	67366
1491	169992	—	170099	64030	1551	176472	—	176579	67422
1492	170100	—	170207	64086	1552	176580	—	176687	67480
1493	170208	—	170315	64142	1553	176688	—	176795	67536
1494	170316	—	170423	64200	1554	176796	—	176903	67592
1495	170424	—	170531	64256	1555	176904	—	177011	67650
1496	170532	—	170639	64312	1556	177012	—	177119	67706
1497	170640	—	170747	64368	1557	177120	—	177227	67762
1498	170748	—	170855	64424	1558	177228	—	177335	67820
1499	170856	—	170963	64482	1559	177336	—	177443	67876
1500	170964	—	171071	64538	1560	177444	—	177551	67932

VII B 10
Seite 154 n

Einkommensteuergesetz

Anlage 5
Einkommensteuer-Splittingtabelle für 1986 und 1987

noch Anlage 5 (zu § 52 Abs. 23 b) — Einkommensteuer-Splittingtabelle für 1986 und 1987

laufende Nummer	zu versteuerndes Einkommen in DM von		bis	tarifliche Einkommensteuer in DM	laufende Nummer	zu versteuerndes Einkommen in DM von		bis	tarifliche Einkommensteuer in DM
1561	177552	—	177659	67990	1621	184032	—	184139	71402
1562	177660	—	177767	68046	1622	184140	—	184247	71460
1563	177768	—	177875	68104	1623	184248	—	184355	71516
1564	177876	—	177983	68160	1624	184356	—	184463	71574
1565	177984	—	178091	68216	1625	184464	—	184571	71632
1566	178092	—	178199	68274	1626	184572	—	184679	71688
1567	178200	—	178307	68330	1627	184680	—	184787	71746
1568	178308	—	178415	68386	1628	184788	—	184895	71802
1569	178416	—	178523	68444	1629	184896	—	185003	71860
1570	178524	—	178631	68500	1630	185004	—	185111	71916
1571	178632	—	178739	68558	1631	185112	—	185219	71974
1572	178740	—	178847	68614	1632	185220	—	185327	72030
1573	178848	—	178955	68670	1633	185328	—	185435	72088
1574	178956	—	179063	68728	1634	185436	—	185543	72144
1575	179064	—	179171	68784	1635	185544	—	185651	72202
1576	179172	—	179279	68842	1636	185652	—	185759	72258
1577	179280	—	179387	68898	1637	185760	—	185867	72316
1578	179388	—	179495	68954	1638	185868	—	185975	72374
1579	179496	—	179603	69012	1639	185976	—	186083	72430
1580	179604	—	179711	69068	1640	186084	—	186191	72488
1581	179712	—	179819	69126	1641	186192	—	186299	72544
1582	179820	—	179927	69182	1642	186300	—	186407	72602
1583	179928	—	180035	69240	1643	186408	—	186515	72658
1584	180036	—	180143	69296	1644	186516	—	186623	72716
1585	180144	—	180251	69352	1645	186624	—	186731	72774
1586	180252	—	180359	69410	1646	186732	—	186839	72830
1587	180360	—	180467	69466	1647	186840	—	186947	72888
1588	180468	—	180575	69524	1648	186948	—	187055	72944
1589	180576	—	180683	69580	1649	187056	—	187163	73002
1590	180684	—	180791	69638	1650	187164	—	187271	73058
1591	180792	—	180899	69694	1651	187272	—	187379	73116
1592	180900	—	181007	69750	1652	187380	—	187487	73174
1593	181008	—	181115	69808	1653	187488	—	187595	73230
1594	181116	—	181223	69864	1654	187596	—	187703	73288
1595	181224	—	181331	69922	1655	187704	—	187811	73344
1596	181332	—	181439	69978	1656	187812	—	187919	73402
1597	181440	—	181547	70036	1657	187920	—	188027	73460
1598	181548	—	181655	70092	1658	188028	—	188135	73516
1599	181656	—	181763	70150	1659	188136	—	188243	73574
1600	181764	—	181871	70206	1660	188244	—	188351	73630
1601	181872	—	181979	70264	1661	188352	—	188459	73688
1602	181980	—	182087	70320	1662	188460	—	188567	73746
1603	182088	—	182195	70378	1663	188568	—	188675	73802
1604	182196	—	182303	70434	1664	188676	—	188783	73860
1605	182304	—	182411	70490	1665	188784	—	188891	73918
1606	182412	—	182519	70548	1666	188892	—	188999	73974
1607	182520	—	182627	70604	1667	189000	—	189107	74032
1608	182628	—	182735	70662	1668	189108	—	189215	74088
1609	182736	—	182843	70718	1669	189216	—	189323	74146
1610	182844	—	182951	70776	1670	189324	—	189431	74204
1611	182952	—	183059	70832	1671	189432	—	189539	74260
1612	183060	—	183167	70890	1672	189540	—	189647	74318
1613	183168	—	183275	70946	1673	189648	—	189755	74376
1614	183276	—	183383	71004	1674	189756	—	189863	74432
1615	183384	—	183491	71060	1675	189864	—	189971	74490
1616	183492	—	183599	71118	1676	189972	—	190079	74548
1617	183600	—	183707	71174	1677	190080	—	190187	74604
1618	183708	—	183815	71232	1678	190188	—	190295	74662
1619	183816	—	183923	71288	1679	190296	—	190403	74720
1620	183924	—	184031	71346	1680	190404	—	190511	74776

Einkommensteuergesetz

Anlage 5
Einkommensteuer-Splittingtabelle für 1986 und 1987

VII B
10
Seite 154 o

noch Anlage 5 (zu § 52 Abs. 23 b) — Einkommensteuer-Splittingtabelle für 1986 und 1987

laufende Nummer	zu versteuerndes Einkommen in DM von		bis	tarifliche Einkommensteuer in DM	laufende Nummer	zu versteuerndes Einkommen in DM von		bis	tarifliche Einkommensteuer in DM
1681	190512	—	190619	74834	1741	196992	—	197099	78282
1682	190620	—	190727	74892	1742	197100	—	197207	78340
1683	190728	—	190835	74948	1743	197208	—	197315	78398
1684	190836	—	190943	75006	1744	197316	—	197423	78456
1685	190944	—	191051	75064	1745	197424	—	197531	78512
1686	191052	—	191159	75120	1746	197532	—	197639	78570
1687	191160	—	191267	75178	1747	197640	—	197747	78628
1688	191268	—	191375	75236	1748	197748	—	197855	78686
1689	191376	—	191483	75292	1749	197856	—	197963	78744
1690	191484	—	191591	75350	1750	197964	—	198071	78802
1691	191592	—	191699	75408	1751	198072	—	198179	78858
1692	191700	—	191807	75464	1752	198180	—	198287	78916
1693	191808	—	191915	75522	1753	198288	—	198395	78974
1694	191916	—	192023	75580	1754	198396	—	198503	79032
1695	192024	—	192131	75636	1755	198504	—	198611	79090
1696	192132	—	192239	75694	1756	198612	—	198719	79148
1697	192240	—	192347	75752	1757	198720	—	198827	79204
1698	192348	—	192455	75810	1758	198828	—	198935	79262
1699	192456	—	192563	75866	1759	198936	—	199043	79320
1700	192564	—	192671	75924	1760	199044	—	199151	79378
1701	192672	—	192779	75982	1761	199152	—	199259	79436
1702	192780	—	192887	76038	1762	199260	—	199367	79494
1703	192888	—	192995	76096	1763	199368	—	199475	79552
1704	192996	—	193103	76154	1764	199476	—	199583	79608
1705	193104	—	193211	76212	1765	199584	—	199691	79666
1706	193212	—	193319	76268	1766	199692	—	199799	79724
1707	193320	—	193427	76326	1767	199800	—	199907	79782
1708	193428	—	193535	76384	1768	199908	—	200015	79840
1709	193536	—	193643	76440	1769	200016	—	200123	79898
1710	193644	—	193751	76498	1770	200124	—	200231	79956
1711	193752	—	193859	76556	1771	200232	—	200339	80014
1712	193860	—	193967	76614	1772	200340	—	200447	80070
1713	193968	—	194075	76670	1773	200448	—	200555	80128
1714	194076	—	194183	76728	1774	200556	—	200663	80186
1715	194184	—	194291	76786	1775	200664	—	200771	80244
1716	194292	—	194399	76844	1776	200772	—	200879	80302
1717	194400	—	194507	76900	1777	200880	—	200987	80360
1718	194508	—	194615	76958	1778	200988	—	201095	80418
1719	194616	—	194723	77016	1779	201096	—	201203	80476
1720	194724	—	194831	77074	1780	201204	—	201311	80534
1721	194832	—	194939	77130	1781	201312	—	201419	80592
1722	194940	—	195047	77188	1782	201420	—	201527	80648
1723	195048	—	195155	77246	1783	201528	—	201635	80706
1724	195156	—	195263	77304	1784	201636	—	201743	80764
1725	195264	—	195371	77360	1785	201744	—	201851	80822
1726	195372	—	195479	77418	1786	201852	—	201959	80880
1727	195480	—	195587	77476	1787	201960	—	202067	80938
1728	195588	—	195695	77534	1788	202068	—	202175	80996
1729	195696	—	195803	77592	1789	202176	—	202283	81054
1730	195804	—	195911	77648	1790	202284	—	202391	81112
1731	195912	—	196019	77706	1791	202392	—	202499	81170
1732	196020	—	196127	77764	1792	202500	—	202607	81228
1733	196128	—	196235	77822	1793	202608	—	202715	81286
1734	196236	—	196343	77878	1794	202716	—	202823	81344
1735	196344	—	196451	77936	1795	202824	—	202931	81400
1736	196452	—	196559	77994	1796	202932	—	203039	81458
1737	196560	—	196667	78052	1797	203040	—	203147	81516
1738	196668	—	196775	78110	1798	203148	—	203255	81574
1739	196776	—	196883	78166	1799	203256	—	203363	81632
1740	196884	—	196991	78224	1800	203364	—	203471	81690

Einkommensteuergesetz

Anlage 5
Einkommensteuer-Splittingtabelle für 1986 und 1987

noch Anlage 5 (zu § 52 Abs. 23 b) — Einkommensteuer-Splittingtabelle für 1986 und 1987

laufende Nummer	zu versteuerndes Einkommen in DM von		bis	tarifliche Einkommensteuer in DM	laufende Nummer	zu versteuerndes Einkommen in DM von		bis	tarifliche Einkommensteuer in DM
1801	203472	—	203579	81748	1861	209952	—	210059	85232
1802	203580	—	203687	81806	1862	210060	—	210167	85290
1803	203688	—	203795	81864	1863	210168	—	210275	85348
1804	203796	—	203903	81922	1864	210276	—	210383	85406
1805	203904	—	204011	81980	1865	210384	—	210491	85466
1806	204012	—	204119	82038	1866	210492	—	210599	85524
1807	204120	—	204227	82096	1867	210600	—	210707	85582
1808	204228	—	204335	82154	1868	210708	—	210815	85640
1809	204336	—	204443	82212	1869	210816	—	210923	85698
1810	204444	—	204551	82270	1870	210924	—	211031	85756
1811	204552	—	204659	82328	1871	211032	—	211139	85814
1812	204660	—	204767	82386	1872	211140	—	211247	85872
1813	204768	—	204875	82444	1873	211248	—	211355	85930
1814	204876	—	204983	82502	1874	211356	—	211463	85990
1815	204984	—	205091	82560	1875	211464	—	211571	86048
1816	205092	—	205199	82618	1876	211572	—	211679	86106
1817	205200	—	205307	82676	1877	211680	—	211787	86164
1818	205308	—	205415	82734	1878	211788	—	211895	86222
1819	205416	—	205523	82792	1879	211896	—	212003	86280
1820	205524	—	205631	82850	1880	212004	—	212111	86338
1821	205632	—	205739	82908	1881	212112	—	212219	86398
1822	205740	—	205847	82966	1882	212220	—	212327	86456
1823	205848	—	205955	83024	1883	212328	—	212435	86514
1824	205956	—	206063	83082	1884	212436	—	212543	86572
1825	206064	—	206171	83140	1885	212544	—	212651	86630
1826	206172	—	206279	83198	1886	212652	—	212759	86688
1827	206280	—	206387	83256	1887	212760	—	212867	86748
1828	206388	—	206495	83314	1888	212868	—	212975	86806
1829	206496	—	206603	83372	1889	212976	—	213083	86864
1830	206604	—	206711	83430	1890	213084	—	213191	86922
1831	206712	—	206819	83488	1891	213192	—	213299	86980
1832	206820	—	206927	83546	1892	213300	—	213407	87038
1833	206928	—	207035	83604	1893	213408	—	213515	87098
1834	207036	—	207143	83662	1894	213516	—	213623	87156
1835	207144	—	207251	83720	1895	213624	—	213731	87214
1836	207252	—	207359	83778	1896	213732	—	213839	87272
1837	207360	—	207467	83836	1897	213840	—	213947	87330
1838	207468	—	207575	83894	1898	213948	—	214055	87390
1839	207576	—	207683	83952	1899	214056	—	214163	87448
1840	207684	—	207791	84010	1900	214164	—	214271	87506
1841	207792	—	207899	84068	1901	214272	—	214379	87564
1842	207900	—	208007	84128	1902	214380	—	214487	87622
1843	208008	—	208115	84186	1903	214488	—	214595	87682
1844	208116	—	208223	84244	1904	214596	—	214703	87740
1845	208224	—	208331	84302	1905	214704	—	214811	87798
1846	208332	—	208439	84360	1906	214812	—	214919	87856
1847	208440	—	208547	84418	1907	214920	—	215027	87914
1848	208548	—	208655	84476	1908	215028	—	215135	87974
1849	208656	—	208763	84534	1909	215136	—	215243	88032
1850	208764	—	208871	84592	1910	215244	—	215351	88090
1851	208872	—	208979	84650	1911	215352	—	215459	88148
1852	208980	—	209087	84708	1912	215460	—	215567	88208
1853	209088	—	209195	84766	1913	215568	—	215675	88266
1854	209196	—	209303	84824	1914	215676	—	215783	88324
1855	209304	—	209411	84882	1915	215784	—	215891	88382
1856	209412	—	209519	84942	1916	215892	—	215999	88442
1857	209520	—	209627	85000	1917	216000	—	216107	88500
1858	209628	—	209735	85058	1918	216108	—	216215	88558
1859	209736	—	209843	85116	1919	216216	—	216323	88616
1860	209844	—	209951	85174	1920	216324	—	216431	88676

Einkommensteuergesetz
Anlage 5
Einkommensteuer-Splittingtabelle für 1986 und 1987

noch Anlage 5 (zu § 52 Abs. 23 b) — Einkommensteuer-Splittingtabelle für 1986 und 1987

laufende Nummer	zu versteuerndes Einkommen in DM von		bis	tarifliche Einkommensteuer in DM	laufende Nummer	zu versteuerndes Einkommen in DM von		bis	tarifliche Einkommensteuer in DM
1921	216432	—	216539	88734	1981	222912	—	223019	92252
1922	216540	—	216647	88792	1982	223020	—	223127	92312
1923	216648	—	216755	88850	1983	223128	—	223235	92370
1924	216756	—	216863	88910	1984	223236	—	223343	92428
1925	216864	—	216971	88968	1985	223344	—	223451	92488
1926	216972	—	217079	89026	1986	223452	—	223559	92546
1927	217080	—	217187	89084	1987	223560	—	223667	92606
1928	217188	—	217295	89144	1988	223668	—	223775	92664
1929	217296	—	217403	89202	1989	223776	—	223883	92724
1930	217404	—	217511	89260	1990	223884	—	223991	92782
1931	217512	—	217619	89318	1991	223992	—	224099	92840
1932	217620	—	217727	89378	1992	224100	—	224207	92900
1933	217728	—	217835	89436	1993	224208	—	224315	92958
1934	217836	—	217943	89494	1994	224316	—	224423	93018
1935	217944	—	218051	89554	1995	224424	—	224531	93076
1936	218052	—	218159	89612	1996	224532	—	224639	93136
1937	218160	—	218267	89670	1997	224640	—	224747	93194
1938	218268	—	218375	89728	1998	224748	—	224855	93252
1939	218376	—	218483	89788	1999	224856	—	224963	93312
1940	218484	—	218591	89846	2000	224964	—	225071	93370
1941	218592	—	218699	89904	2001	225072	—	225179	93430
1942	218700	—	218807	89964	2002	225180	—	225287	93488
1943	218808	—	218915	90022	2003	225288	—	225395	93548
1944	218916	—	219023	90080	2004	225396	—	225503	93606
1945	219024	—	219131	90140	2005	225504	—	225611	93666
1946	219132	—	219239	90198	2006	225612	—	225719	93724
1947	219240	—	219347	90256	2007	225720	—	225827	93782
1948	219348	—	219455	90314	2008	225828	—	225935	93842
1949	219456	—	219563	90374	2009	225936	—	226043	93900
1950	219564	—	219671	90432	2010	226044	—	226151	93960
1951	219672	—	219779	90490	2011	226152	—	226259	94018
1952	219780	—	219887	90550	2012	226260	—	226367	94078
1953	219888	—	219995	90608	2013	226368	—	226475	94136
1954	219996	—	220103	90666	2014	226476	—	226583	94196
1955	220104	—	220211	90726	2015	226584	—	226691	94254
1956	220212	—	220319	90784	2016	226692	—	226799	94314
1957	220320	—	220427	90842	2017	226800	—	226907	94372
1958	220428	—	220535	90902	2018	226908	—	227015	94432
1959	220536	—	220643	90960	2019	227016	—	227123	94490
1960	220644	—	220751	91018	2020	227124	—	227231	94550
1961	220752	—	220859	91078	2021	227232	—	227339	94608
1962	220860	—	220967	91136	2022	227340	—	227447	94668
1963	220968	—	221075	91196	2023	227448	—	227555	94726
1964	221076	—	221183	91254	2024	227556	—	227663	94786
1965	221184	—	221291	91312	2025	227664	—	227771	94844
1966	221292	—	221399	91372	2026	227772	—	227879	94904
1967	221400	—	221507	91430	2027	227880	—	227987	94962
1968	221508	—	221615	91488	2028	227988	—	228095	95022
1969	221616	—	221723	91548	2029	228096	—	228203	95080
1970	221724	—	221831	91606	2030	228204	—	228311	95140
1971	221832	—	221939	91664	2031	228312	—	228419	95198
1972	221940	—	222047	91724	2032	228420	—	228527	95258
1973	222048	—	222155	91782	2033	228528	—	228635	95316
1974	222156	—	222263	91842	2034	228636	—	228743	95376
1975	222264	—	222371	91900	2035	228744	—	228851	95434
1976	222372	—	222479	91958	2036	228852	—	228959	95494
1977	222480	—	222587	92018	2037	228960	—	229067	95552
1978	222588	—	222695	92076	2038	229068	—	229175	95612
1979	222696	—	222803	92134	2039	229176	—	229283	95672
1980	222804	—	222911	92194	2040	229284	—	229391	95730

Einkommensteuergesetz

Anlage 5
Einkommensteuer-Splittingtabelle für 1986 und 1987

noch Anlage 5 (zu § 52 Abs. 23 b) — Einkommensteuer-Splittingtabelle für 1986 und 1987

laufende Nummer	zu versteuerndes Einkommen in DM von		bis	tarifliche Einkommensteuer in DM	laufende Nummer	zu versteuerndes Einkommen in DM von		bis	tarifliche Einkommensteuer in DM
2041	229392	—	229499	95790	2101	235872	—	235979	99344
2042	229500	—	229607	95848	2102	235980	—	236087	99402
2043	229608	—	229715	95908	2103	236088	—	236195	99462
2044	229716	—	229823	95966	2104	236196	—	236303	99522
2045	229824	—	229931	96026	2105	236304	—	236411	99582
2046	229932	—	230039	96084	2106	236412	—	236519	99640
2047	230040	—	230147	96144	2107	236520	—	236627	99700
2048	230148	—	230255	96204	2108	236628	—	236735	99760
2049	230256	—	230363	96262	2109	236736	—	236843	99818
2050	230364	—	230471	96322	2110	236844	—	236951	99878
2051	230472	—	230579	96380	2111	236952	—	237059	99938
2052	230580	—	230687	96440	2112	237060	—	237167	99998
2053	230688	—	230795	96498	2113	237168	—	237275	100056
2054	230796	—	230903	96558	2114	237276	—	237383	100116
2055	230904	—	231011	96618	2115	237384	—	237491	100176
2056	231012	—	231119	96676	2116	237492	—	237599	100234
2057	231120	—	231227	96736	2117	237600	—	237707	100294
2058	231228	—	231335	96794	2118	237708	—	237815	100354
2059	231336	—	231443	96854	2119	237816	—	237923	100414
2060	231444	—	231551	96912	2120	237924	—	238031	100472
2061	231552	—	231659	96972	2121	238032	—	238139	100532
2062	231660	—	231767	97032	2122	238140	—	238247	100592
2063	231768	—	231875	97090	2123	238248	—	238355	100652
2064	231876	—	231983	97150	2124	238356	—	238463	100710
2065	231984	—	232091	97208	2125	238464	—	238571	100770
2066	232092	—	232199	97268	2126	238572	—	238679	100830
2067	232200	—	232307	97328	2127	238680	—	238787	100890
2068	232308	—	232415	97386	2128	238788	—	238895	100948
2069	232416	—	232523	97446	2129	238896	—	239003	101008
2070	232524	—	232631	97504	2130	239004	—	239111	101068
2071	232632	—	232739	97564	2131	239112	—	239219	101128
2072	232740	—	232847	97624	2132	239220	—	239327	101186
2073	232848	—	232955	97682	2133	239328	—	239435	101246
2074	232956	—	233063	97742	2134	239436	—	239543	101306
2075	233064	—	233171	97802	2135	239544	—	239651	101366
2076	233172	—	233279	97860	2136	239652	—	239759	101426
2077	233280	—	233387	97920	2137	239760	—	239867	101484
2078	233388	—	233495	97978	2138	239868	—	239975	101544
2079	233496	—	233603	98038	2139	239976	—	240083	101604
2080	233604	—	233711	98098	2140	240084	—	240191	101664
2081	233712	—	233819	98156	2141	240192	—	240299	101722
2082	233820	—	233927	98216	2142	240300	—	240407	101782
2083	233928	—	234035	98276	2143	240408	—	240515	101842
2084	234036	—	234143	98334	2144	240516	—	240623	101902
2085	234144	—	234251	98394	2145	240624	—	240731	101962
2086	234252	—	234359	98454	2146	240732	—	240839	102020
2087	234360	—	234467	98512	2147	240840	—	240947	102080
2088	234468	—	234575	98572	2148	240948	—	241055	102140
2089	234576	—	234683	98632	2149	241056	—	241163	102200
2090	234684	—	234791	98690	2150	241164	—	241271	102260
2091	234792	—	234899	98750	2151	241272	—	241379	102318
2092	234900	—	235007	98810	2152	241380	—	241487	102378
2093	235008	—	235115	98868	2153	241488	—	241595	102438
2094	235116	—	235223	98928	2154	241596	—	241703	102498
2095	235224	—	235331	98988	2155	241704	—	241811	102558
2096	235332	—	235439	99046	2156	241812	—	241919	102618
2097	235440	—	235547	99106	2157	241920	—	242027	102676
2098	235548	—	235655	99166	2158	242028	—	242135	102736
2099	235656	—	235763	99224	2159	242136	—	242243	102796
2100	235764	—	235871	99284	2160	242244	—	242351	102856

Einkommensteuergesetz

Anlage 5
Einkommensteuer-Splittingtabelle für 1986 und 1987

VII B 10 Seite 155

noch Anlage 5 (zu § 52 Abs. 23 b) — Einkommensteuer-Splittingtabelle für 1986 und 1987

laufende Nummer	zu versteuerndes Einkommen in DM von		bis	tarifliche Einkommensteuer in DM	laufende Nummer	zu versteuerndes Einkommen in DM von		bis	tarifliche Einkommensteuer in DM
2161	242352	—	242459	102916	2221	248832	—	248939	106506
2162	242460	—	242567	102976	2222	248940	—	249047	106566
2163	242568	—	242675	103034	2223	249048	—	249155	106626
2164	242676	—	242783	103094	2224	249156	—	249263	106686
2165	242784	—	242891	103154	2225	249264	—	249371	106746
2166	242892	—	242999	103214	2226	249372	—	249479	106806
2167	243000	—	243107	103274	2227	249480	—	249587	106866
2168	243108	—	243215	103334	2228	249588	—	249695	106926
2169	243216	—	243323	103394	2229	249696	—	249803	106986
2170	243324	—	243431	103452	2230	249804	—	249911	107046
2171	243432	—	243539	103512	2231	249912	—	250019	107106
2172	243540	—	243647	103572	2232	250020	—	250127	107166
2173	243648	—	243755	103632	2233	250128	—	250235	107226
2174	243756	—	243863	103692	2234	250236	—	250343	107286
2175	243864	—	243971	103752	2235	250344	—	250451	107346
2176	243972	—	244079	103812	2236	250452	—	250559	107406
2177	244080	—	244187	103872	2237	250560	—	250667	107466
2178	244188	—	244295	103930	2238	250668	—	250775	107526
2179	244296	—	244403	103990	2239	250776	—	250883	107586
2180	244404	—	244511	104050	2240	250884	—	250991	107646
2181	244512	—	244619	104110	2241	250992	—	251099	107706
2182	244620	—	244727	104170	2242	251100	—	251207	107766
2183	244728	—	244835	104230	2243	251208	—	251315	107826
2184	244836	—	244943	104290	2244	251316	—	251423	107886
2185	244944	—	245051	104350	2245	251424	—	251531	107946
2186	245052	—	245159	104410	2246	251532	—	251639	108006
2187	245160	—	245267	104468	2247	251640	—	251747	108066
2188	245268	—	245375	104528	2248	251748	—	251855	108126
2189	245376	—	245483	104588	2249	251856	—	251963	108186
2190	245484	—	245591	104648	2250	251964	—	252071	108246
2191	245592	—	245699	104708	2251	252072	—	252179	108306
2192	245700	—	245807	104768	2252	252180	—	252287	108366
2193	245808	—	245915	104828	2253	252288	—	252395	108426
2194	245916	—	246023	104888	2254	252396	—	252503	108486
2195	246024	—	246131	104948	2255	252504	—	252611	108548
2196	246132	—	246239	105008	2256	252612	—	252719	108608
2197	246240	—	246347	105068	2257	252720	—	252827	108668
2198	246348	—	246455	105128	2258	252828	—	252935	108728
2199	246456	—	246563	105186	2259	252936	—	253043	108788
2200	246564	—	246671	105246	2260	253044	—	253151	108848
2201	246672	—	246779	105306	2261	253152	—	253259	108908
2202	246780	—	246887	105366	2262	253260	—	253367	108968
2203	246888	—	246995	105426	2263	253368	—	253475	109028
2204	246996	—	247103	105486	2264	253476	—	253583	109088
2205	247104	—	247211	105546	2265	253584	—	253691	109148
2206	247212	—	247319	105606	2266	253692	—	253799	109208
2207	247320	—	247427	105666	2267	253800	—	253907	109270
2208	247428	—	247535	105726	2268	253908	—	254015	109330
2209	247536	—	247643	105786	2269	254016	—	254123	109390
2210	247644	—	247751	105846	2270	254124	—	254231	109450
2211	247752	—	247859	105906	2271	254232	—	254339	109510
2212	247860	—	247967	105966	2272	254340	—	254447	109570
2213	247968	—	248075	106026	2273	254448	—	254555	109630
2214	248076	—	248183	106086	2274	254556	—	254663	109690
2215	248184	—	248291	106146	2275	254664	—	254771	109750
2216	248292	—	248399	106206	2276	254772	—	254879	109812
2217	248400	—	248507	106266	2277	254880	—	254987	109872
2218	248508	—	248615	106326	2278	254988	—	255095	109932
2219	248616	—	248723	106386	2279	255096	—	255203	109992
2220	248724	—	248831	106446	2280	255204	—	255311	110052

Einkommensteuergesetz

Anlage 5
Einkommensteuer-Splittingtabelle für 1986 und 1987

noch Anlage 5 (zu § 52 Abs. 23 b) — Einkommensteuer-Splittingtabelle für 1986 und 1987

laufende Nummer	zu versteuerndes Einkommen in DM von		bis	tarifliche Einkommensteuer in DM
2281	255312	—	255419	110112
2282	255420	—	255527	110172
2283	255528	—	255635	110232
2284	255636	—	255743	110294
2285	255744	—	255851	110354
2286	255852	—	255959	110414
2287	255960	—	256067	110474
2288	256068	—	256175	110534
2289	256176	—	256283	110594
2290	256284	—	256391	110654
2291	256392	—	256499	110716
2292	256500	—	256607	110776
2293	256608	—	256715	110836
2294	256716	—	256823	110896
2295	256824	—	256931	110956
2296	256932	—	257039	111016
2297	257040	—	257147	111078
2298	257148	—	257255	111138
2299	257256	—	257363	111198
2300	257364	—	257471	111258
2301	257472	—	257579	111318
2302	257580	—	257687	111380
2303	257688	—	257795	111440
2304	257796	—	257903	111500
2305	257904	—	258011	111560
2306	258012	—	258119	111620
2307	258120	—	258227	111680
2308	258228	—	258335	111742
2309	258336	—	258443	111802
2310	258444	—	258551	111862
2311	258552	—	258659	111922
2312	258660	—	258767	111982
2313	258768	—	258875	112044
2314	258876	—	258983	112104
2315	258984	—	259091	112164
2316	259092	—	259199	112224
2317	259200	—	259307	112286
2318	259308	—	259415	112346
2319	259416	—	259523	112406
2320	259524	—	259631	112466
2321	259632	—	259739	112526
2322	259740	—	259847	112588
2323	259848	—	259955	112648
2324	259956	—	260063	112708

Einkommensteuer-Durchführungsverordnung
Änderungsregister

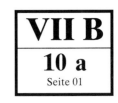

Einkommensteuer-Durchführungsverordnung 1986 (EStDV 1986)

Vom 21. Dezember 1955 (BGBl. I S. 756)
in der Fassung der Bekanntmachung vom 24. Juli 1986 (BGBl. I S. 1239)[1]
(BGBl. III 611-1-1)

Änderungen seit Neufassung

Paragraph	Art der Änderung	Geändert durch	Datum	Fundstelle BGBl.
56, 82 a, 82 g, 82 h, 84, Anlage 3	geändert	Änderungsverordnung	19.12.1988	I S.2301
58, 59	aufgehoben			
48, 84	geändert	Vereinsförderungsgesetz	18.12.1989	I S.2212

---

[1] **Bekanntmachung**
der Neufassung der Einkommensteuer-Durchführungsverordnung

Vom 24. Juli 1986

Auf Grund des § 51 Abs. 4 Nr. 3 des Einkommensteuergesetzes in der Fassung der Bekanntmachung vom 15. April 1986 (BGBl. I S. 441) wird nachstehend der Wortlaut der Einkommensteuer-Durchführungsverordnung in der ab 1. Januar 1986 geltenden Fassung bekanntgemacht. Die Neufassung berücksichtigt:
1. die Fassung der Bekanntmachung vom 23. Juni 1982 (BGBl. I S. 700),
2. den am 11. März 1984 in Kraft getretenen Artikel 1 der Verordnung vom 7. März 1984 (BGBl. I S. 385),
3. den am 1. Januar 1985 in Kraft getretenen Artikel 4 des Gesetzes vom 14. Dezember 1984 (BGBl. I S. 1493),
4. den am 25. Dezember 1985 in Kraft getretenen Artikel 8 des Gesetzes vom 19. Dezember 1985 (BGBl. I S. 2436) und
5. den am 8. August 1986 in Kraft tretenden Artikel 1 der Zweiten Verordnung zur Änderung der Einkommensteuer-Durchführungsverordnung vom 24. Juli 1986 (BGBl. I S. 1236).
Die Rechtsvorschriften wurden auf Grund der §§ 4, 4 a, 10, 26 a, 50 a und 51 des Einkommensteuergesetzes erlassen.

Der Bundesminister der Finanzen

Einkommensteuer-Durchführungsverordnung
Inhaltsübersicht

Inhaltsübersicht

(weggefallen)	§§ 1 bis 3
Zu § 3 des Gesetzes	
Steuerfreie Einnahmen	§ 4
(weggefallen)	§ 5
Zu den §§ 4 bis 7 des Gesetzes	
Eröffnung, Erwerb, Aufgabe und Veräußerung eines Betriebs	§ 6
Unentgeltliche Übertragung eines Betriebs, eines Teilbetriebs, eines Mitunternehmeranteils oder einzelner Wirtschaftsgüter, die zu einem Betriebsvermögen gehören	§ 7
Höchstbeträge für Verpflegungsmehraufwendungen bei Geschäftsreisen und bei sonstiger berufsbedingter Abwesenheit von der Betriebsstätte oder Stätte der Berufsausübung in den Fällen des Einzelnachweises	§ 8
Höchstbeträge für Verpflegungsmehraufwendungen bei doppelter Haushaltsführung in den Fällen des Einzelnachweises	§ 8 a
Wirtschaftsjahr	§ 8 b
Wirtschaftsjahr bei Land- und Forstwirten	§ 8 c
(weggefallen)	§ 9
Anschaffung, Herstellung	§ 9 a
Absetzung für Abnutzung im Fall des § 4 Abs. 3 des Gesetzes	§ 10
Bemessung der Absetzungen für Abnutzung oder Substanzverringerung bei nicht zu einem Betriebsvermögen gehörenden Wirtschaftsgütern, die der Steuerpflichtige vor dem 21. Juni 1948 angeschafft oder hergestellt hat	§ 10 a
(weggefallen)	§§ 11 bis 11 b
Absetzung für Abnutzung bei Gebäuden	§ 11 c
Absetzung für Abnutzung oder Substanzverringerung bei nicht zu einem Betriebsvermögen gehörenden Wirtschaftsgütern, die der Steuerpflichtige unentgeltlich erworben hat	§ 11 d
(weggefallen)	§ 12
Zu den §§ 7 e und 10 a des Gesetzes	
Begünstigter Personenkreis im Sinne der §§ 7 e und 10 a des Gesetzes	§ 13
(weggefallen)	§ 14
Zu § 7 b des Gesetzes	
Erhöhte Absetzungen für Einfamilienhäuser, Zweifamilienhäuser und Eigentumswohnungen	§ 15
(weggefallen)	§§ 16 bis 21
Zu § 7 e des Gesetzes	
Bewertungsfreiheit für Fabrikgebäude, Lagerhäuser und landwirtschaftliche Betriebsgebäude	§ 22
(weggefallen)	§ 23
Zu § 9 des Gesetzes	
Höchstbeträge für Verpflegungsmehraufwendungen	§ 24
(weggefallen)	§§ 25 bis 28
Zu § 10 des Gesetzes	
Anzeigepflichten bei Versicherungsverträgen und Bausparverträgen	§ 29
Nachversteuerung bei Versicherungsverträgen	§ 30
Nachversteuerung bei Bausparverträgen	§ 31
Übertragung von Bausparverträgen auf eine andere Bausparkasse	§ 32
(weggefallen)	§§ 33 bis 44
Zu § 10 a des Gesetzes	
Steuerbegünstigung des nicht entnommenen Gewinns im Fall des § 10 a Abs. 1 des Gesetzes	§ 45
Nachversteuerung der Mehrentnahmen	§ 46
Steuerbegünstigung des nicht entnommenen Gewinns im Fall des § 10 a Abs. 3 des Gesetzes	§ 47
Zu § 10 b des Gesetzes	
Förderung mildtätiger, kirchlicher, religiöser, wissenschaftlicher und der als besonders förderungswürdig anerkannten gemeinnützigen Zwecke	§ 48

Einkommensteuer-Durchführungsverordnung
Inhaltsübersicht

(weggefallen)	§ 49
Überleitungsvorschrift zum Spendenabzug	§ 50
Zu § 13 des Gesetzes	
Ermittlung der Einkünfte bei forstwirtschaftlichen Betrieben	§ 51
Zu § 13 a des Gesetzes	
Erhöhte Absetzungen nach § 7 b des Gesetzes bei Land- und Forstwirten, deren Gewinn nach Durchschnittssätzen ermittelt wird	§ 52
Zu § 17 des Gesetzes	
Anschaffungskosten bestimmter Anteile an Kapitalgesellschaften	§ 53
(weggefallen)	§ 54
Zu § 22 des Gesetzes	
Ermittlung des Ertrags aus Leibrenten in besonderen Fällen	§ 55
Zu § 25 des Gesetzes	
Steuererklärungspflicht	§ 56
(aufgehoben)	§§ 57 bis 59
Unterlagen zur Steuererklärung	§ 60
Zu den §§ 26 a bis 26 c des Gesetzes	
Antrag auf anderweitige Verteilung der Sonderausgaben und der außergewöhnlichen Belastungen im Fall des § 26 a des Gesetzes	§ 61
(weggefallen)	§§ 62 bis 62 b
Anwendung der §§ 7 e und 10 a des Gesetzes bei der Veranlagung von Ehegatten	§ 62 c
Anwendung des § 10 d des Gesetzes bei der Veranlagung von Ehegatten	§ 62 d
(weggefallen)	§§ 63 und 64
Zu § 33 b des Gesetzes	
Nachweis der Voraussetzungen für die Inanspruchnahme der Pauschbeträge des §§ 33 b des Gesetzes	§ 65
(weggefallen)	§ 66 und 67
Zu § 34 b des Gesetzes	
Betriebsgutachten, Betriebswerk, Nutzungssatz	§ 68
Zu § 34 c des Gesetzes	
Einkünfte aus mehreren ausländischen Staaten	§ 68 a
Nachweis über die Höhe der ausländischen Einkünfte und Steuern	§ 68 b
Nachträgliche Festsetzung oder Änderung ausländischer Steuern	§ 68 c
(weggefallen)	§ 69
Zu § 46 des Gesetzes	
Ausgleich von Härten in bestimmten Fällen	§ 70
(weggefallen)	§§ 71 und 72
Zu § 50 des Gesetzes	
Sondervorschrift für beschränkt Steuerpflichtige	§ 73
Zu § 50 a des Gesetzes	
Begriffsbestimmungen	§ 73 a
(weggefallen)	§ 73 b
Zeitpunkt des Zufließens im Sinne des § 50 Abs. 5 Satz 1 des Gesetzes	§ 73 c
Aufzeichnungen, Steueraufsicht	§ 73 d
Einbehaltung, Abführung und Anmeldung der Aufsichtsratsteuer und der Steuer von Vergütungen im Sinne des § 50 a Abs. 4 des Gesetzes (§ 50 a Abs. 5 des Gesetzes)	§ 73 e
Steuerabzug in den Fällen des § 50 a Abs. 6 des Gesetzes	§ 73 f
Haftungsbescheid	§ 73 g
Besonderheiten im Fall von Doppelbesteuerungsabkommen	§ 73 h
Zu § 51 des Gesetzes	
Rücklage für Preissteigerung	§ 74
Wertansatz bestimmter metallhaltiger Wirtschaftsgüter des Vorratsvermögens	§ 74 a
(weggefallen)	§ 75
Begünstigung der Anschaffung oder Herstellung bestimmter Wirtschaftsgüter und der Vornahme bestimmter Baumaßnahmen durch Land- und Forstwirte, deren Gewinn nicht nach Durchschnittssätzen zu ermitteln ist	§ 76

Einkommensteuer-Durchführungsverordnung
Inhaltsübersicht

(weggefallen)	§ 77
Begünstigung der Anschaffung oder Herstellung bestimmter Wirtschaftsgüter und der Vornahme bestimmter Baumaßnahmen durch Land- und Forstwirte, deren Gewinn nach Durchschnittssätzen zu ermitteln ist	§ 78
(weggefallen)	§ 79
Bewertungsabschlag für bestimmte Wirtschaftsgüter des Umlaufvermögens ausländischer Herkunft, deren Preis auf dem Weltmarkt wesentlichen Schwankungen unterliegt	§ 80
Bewertungsfreiheit für bestimmte Wirtschaftsgüter des Anlagevermögens im Kohlen- und Erzbergbau	§ 81
(weggefallen)	§ 82
Erhöhte Absetzungen von Herstellungskosten und Sonderbehandlung von Erhaltungsaufwand für bestimmte Anlagen und Einrichtungen bei Gebäuden	§ 82 a
Behandlung größeren Erhaltungsaufwands bei Wohngebäuden	§ 82 b
(weggefallen)	§ 82 c
Bewertungsfreiheit für abnutzbare Wirtschaftsgüter des Anlagevermögens, die der Forschung oder Entwicklung dienen	§ 82 d
(weggefallen)	§ 82 e
Bewertungsfreiheit für Handelsschiffe, für Schiffe, die der Seefischerei dienen, und für Luftfahrzeuge	§ 82 f
Erhöhte Absetzungen von Herstellungskosten für bestimmte Baumaßnahmen	§ 82 g
Sonderbehandlung von Erhaltungsaufwand für bestimmte Baumaßnahmen	§ 82 h
Erhöhte Absetzungen von Herstellungskosten bei Baudenkmälern	§ 82 i
Sonderbehandlung von Erhaltungsaufwand bei Baudenkmälern	§ 82 k
(weggefallen)	§ 83

Schlußvorschriften

Anwendungsvorschriften	§ 84
Berlin-Klausel	§ 85

Anlage 1
Verzeichnis der Wirtschaftsgüter des beweglichen Anlagevermögens im Sinne des § 76 Abs. 1 Nr. 1 und des § 78 Abs. 1 Nr. 1

Anlage 2
Verzeichnis der unbeweglichen Wirtschaftsgüter und Um- und Ausbauten an unbeweglichen Wirtschaftsgütern im Sinne des § 76 Abs. 1 Nr. 2 und des § 78 Abs. 1 Nr. 2

Anlage 3
Verzeichnis der Wirtschaftsgüter im Sinne des § 80 Abs. 1

Anlage 4
(weggefallen)

Anlage 5
Verzeichnis der Wirtschaftsgüter des Anlagevermögens über Tage im Sinne des § 81 Abs. 3 Nr. 1

Anlage 6
Verzeichnis der Wirtschaftsgüter des beweglichen Anlagevermögens im Sinne des § 81 Abs. 3 Nr. 2

Einkommensteuer-Durchführungsverordnung

§§ 1–8

§§ 1 bis 3 (weggefallen)

Zu § 3 des Gesetzes

§ 4 Steuerfreie Einnahmen

Die Vorschriften der Lohnsteuer-Durchführungsverordnung über die Steuerpflicht oder die Steuerfreiheit von Einnahmen aus nichtselbständiger Arbeit sind bei der Veranlagung anzuwenden.

§ 5 (weggefallen)

Zu den §§ 4 bis 7 des Gesetzes

§ 6 Eröffnung, Erwerb, Aufgabe und Veräußerung eines Betriebs

(1) Wird ein Betrieb eröffnet oder erworben, so tritt bei der Ermittlung des Gewinns an die Stelle des Betriebsvermögens am Schluß des vorangegangenen Wirtschaftsjahrs das Betriebsvermögen im Zeitpunkt der Eröffnung oder des Erwerbs des Betriebs.

(2) Wird ein Betrieb aufgegeben oder veräußert, so tritt bei der Ermittlung des Gewinns an die Stelle des Betriebsvermögens am Schluß des Wirtschaftsjahrs das Betriebsvermögen im Zeitpunkt der Aufgabe oder der Veräußerung des Betriebs.

§ 7 Unentgeltliche Übertragung eines Betriebs, eines Teilbetriebs, eines Mitunternehmeranteils oder einzelner Wirtschaftsgüter, die zu einem Betriebsvermögen gehören

(1) Wird ein Betrieb, ein Teilbetrieb oder der Anteil eines Mitunternehmers an einem Betrieb unentgeltlich übertragen, so sind bei der Ermittlung des Gewinns des bisherigen Betriebsinhabers (Mitunternehmers) die Wirtschaftsgüter mit den Werten anzusetzen, die sich nach den Vorschriften über die Gewinnermittlung ergeben. Der Rechtsnachfolger ist an diese Werte gebunden.

(2) Werden aus betrieblichem Anlaß einzelne Wirtschaftsgüter aus einem Betriebsvermögen unentgeltlich in das Betriebsvermögen eines anderen Steuerpflichtigen übertragen, so gilt für den Erwerber der Betrag als Anschaffungskosten, den er für das einzelne Wirtschaftsgut im Zeitpunkt des Erwerbs hätte aufwenden müssen.

(3) Im Fall des § 4 Abs. 3 des Gesetzes sind bei der Bemessung der Absetzungen für Abnutzung oder Substanzverringerung durch den Rechtsnachfolger (Absatz 1) oder Erwerber (Absatz 2) die sich bei Anwendung der Absätze 1 und 2 ergebenden Werte als Anschaffungskosten zugrunde zu legen.

§ 8 Höchstbeträge für Verpflegungsmehraufwendungen bei Geschäftsreisen und bei sonstiger berufsbedingter Abwesenheit von der Betriebsstätte oder Stätte der Berufsausübung in den Fällen des Einzelnachweises

(1) Mehraufwendungen für Verpflegung bei Geschäftsreisen dürfen als Betriebsausgaben nur bis zu den folgenden Höchstbeträgen berücksichtigt werden:

Einkommensteuer-Durchführungsverordnung

§ 8

1. bei Inlandsreisen bis zu 64 Deutsche Mark,
2. bei Auslandsreisen in ein Land
   der Ländergruppe I bis zu 70 Deutsche Mark,
   der Ländergruppe II bis zu 92 Deutsche Mark,
   der Ländergruppe III bis zu 113 Deutsche Mark,
   der Ländergruppe IV bis zu 134 Deutsche Mark.

Werden nach den Vorschriften der Auslandsreisekostenverordnung des Bundes für einzelne Länder Zuschläge oder Abschläge zu den pauschalen Tagegeldbeträgen festgesetzt, so erhöhen oder verringern sich insoweit die vorstehenden Beträge um 140 vom Hundert des Zuschlags oder des Abschlags.

(2) Die Höchstbeträge des Absatzes 1 gelten für einen vollen Reisetag bei einer ununterbrochenen Abwesenheit von mehr als 12 Stunden. Die Höchstbeträge ermäßigen sich für jeden Reisetag, an dem die Abwesenheit
nicht mehr als 12 Stunden,
aber mehr als 10 Stunden gedauert hat, auf $^8/_{10}$,
nicht mehr als 10 Stunden,
aber mehr als 7 Stunden gedauert hat, auf $^5/_{10}$,
nicht mehr als 7 Stunden gedauert hat, auf $^3/_{10}$.

Als Reisetag ist jeweils der einzelne Kalendertag anzusehen. Bei mehreren Geschäftsreisen an einem Kalendertag ist jede Reise für sich zu berechnen, es wird jedoch insgesamt höchstens der volle Höchstbetrag berücksichtigt.

(3) Bei Auslandsreisen, die keinen vollen Kalendertag beanspruchen, gilt der für das Land des Geschäftsorts, bei mehreren Geschäftsorten der für das Land des letzten Geschäftsortes maßgebende Höchstbetrag.

(4) Bei einer mehrtägigen Auslandsreise dürfen die Mehraufwendungen für Verpflegung für den Tag des Antritts und den Tag der Rückkehr höchstens bis zur Höhe folgender Teilbeträge des in Betracht kommenden Höchstbetrags berücksichtigt werden:

1. für den Tag des Antritts der Auslandsreise, wenn sie angetreten wird
   vor 12 Uhr $^{10}/_{10}$,
   ab 12 Uhr, aber vor 14 Uhr $^8/_{10}$,
   ab 14 Uhr, aber vor 17 Uhr $^5/_{10}$,
   ab 17 Uhr $^3/_{10}$;
2. für den Tag der Rückkehr, wenn die Auslandsreise beendet wird
   nach 12 Uhr $^{10}/_{10}$,
   nach 10 Uhr, aber bis 12 Uhr $^8/_{10}$,
   nach 7 Uhr, aber bis 10 Uhr $^5/_{10}$,
   bis 7 Uhr $^3/_{10}$.

(5) Die bei einer Auslandsreise für den Tag des Grenzübergangs in Betracht kommenden Höchstbeträge und die Ländergruppeneinteilung richten sich nach den entsprechenden Vorschriften der Auslandsreisekostenverordnung des Bundes.

(6) Mehraufwendungen für Verpflegung, die einem Steuerpflichtigen dadurch entstehen, daß er beruflich von seiner Betriebsstätte oder Stätte der Berufsausübung entfernt tätig ist, ohne daß eine Geschäftsreise vorliegt (Geschäftsgang), dürfen als Betriebsausgaben nur bis zum Höchstbetrag von 19 Deutsche Mark berücksichtigt werden.

Einkommensteuer-Durchführungsverordnung

§§ 8 a–8 c

(7) Mehraufwendungen für Verpflegung sind die tatsächlichen Aufwendungen für Verpflegung nach Abzug einer Haushaltsersparnis von $^1/_5$ dieser Aufwendungen, höchstens 6 Deutsche Mark täglich.

§ 8 a Höchstbeträge für Verpflegungsmehraufwendungen bei doppelter Haushaltsführung in den Fällen des Einzelnachweises

Mehraufwendungen für Verpflegung aus Anlaß einer doppelten Haushaltsführung dürfen als Betriebsausgaben nur bis zu den folgenden Höchstbeträgen berücksichtigt werden:
1. bei einer Betriebsstätte oder Stätte der Berufsausübung im Inland für die ersten zwei Wochen seit Beginn der Tätigkeit am Ort der Betriebsstätte oder Stätte der Berufsausübung bis zu 64 Deutsche Mark und für die Folgezeit bis zu 22 Deutsche Mark täglich,
2. bei einer Betriebsstätte oder Stätte der Berufsausübung im Ausland für die ersten zwei Wochen seit Beginn der Tätigkeit am Ort der Betriebsstätte oder Stätte der Berufsausübung bis zu den in § 8 Abs. 1 Nr. 2 bezeichneten Beträgen und für die Folgezeit bis zu 40 vom Hundert dieser Beträge täglich.

§ 8 Abs. 7 ist anzuwenden.

§ 8 b Wirtschaftsjahr

Das Wirtschaftsjahr umfaßt einen Zeitraum von zwölf Monaten. Es darf einen Zeitraum von weniger als zwölf Monaten umfassen, wenn
1. ein Betrieb eröffnet, erworben, aufgegeben oder veräußert wird oder
2. ein Steuerpflichtiger von regelmäßigen Abschlüssen auf einen bestimmten Tag zu regelmäßigen Abschlüssen auf einen anderen bestimmten Tag übergeht. Bei Umstellung eines Wirtschaftsjahrs, das mit dem Kalenderjahr übereinstimmt, auf ein vom Kalenderjahr abweichendes Wirtschaftsjahr und bei Umstellung eines vom Kalenderjahr abweichenden Wirtschaftsjahrs auf ein anderes vom Kalenderjahr abweichendes Wirtschaftsjahr gilt dies nur, wenn die Umstellung im Einvernehmen mit dem Finanzamt vorgenommen wird.

§ 8 c Wirtschaftsjahr bei Land- und Forstwirten

(1) Wirtschaftsjahr im Sinne des § 4 a Abs. 1 Nr. 1 des Gesetzes ist bei Betrieben mit
1. einem Futterbauanteil vom 80 vom Hundert und mehr der Fläche der landwirtschaftlichen Nutzung der Zeitraum vom 1. Mai bis 30. April,
2. reiner Forstwirtschaft der Zeitraum vom 1. Oktober bis 30. September.

Ein Betrieb der in Satz 1 bezeichneten Art liegt auch vor, wenn daneben in geringem Umfang noch eine andere land- und forstwirtschaftliche Nutzung vorhanden ist. Soweit die Oberfinanzdirektionen vor dem 1. Januar 1955 ein anderes als die in § 4 a Abs. 1 Nr. 1 des Gesetzes oder in Satz 1 bezeichneten Wirtschaftsjahre festgesetzt haben, wird dieser andere Zeitraum als Wirtschaftsjahr bestimmt; dies gilt nicht für den Weinbau.

(2) Gartenbaubetriebe, Baumschulbetriebe und reine Forstbetriebe können auch das Kalenderjahr als Wirtschaftsjahr bestimmen.

(3) Buchführende Land- und Forstwirte im Sinne des § 4 a Abs. 1 Nr. 3 Satz 2 des Gesetzes sind Land- und Forstwirte, die auf Grund einer gesetzlichen Verpflichtung oder ohne eine solche Verpflichtung Bücher führen und regelmäßig Abschlüsse machen.

Einkommensteuer-Durchführungsverordnung
§§ 9–10 a

§ 9 (weggefallen)

§ 9 a Anschaffung, Herstellung

Jahr der Anschaffung ist das Jahr der Lieferung, Jahr der Herstellung ist das Jahr der Fertigstellung.

§ 10 Absetzung für Abnutzung im Fall des § 4 Abs. 3 des Gesetzes

(1) Bei Wirtschaftsgütern, die bereits am 21. Juni 1948 zum Betriebsvermögen gehört haben, sind im Fall des § 4 Abs. 3 des Gesetzes für die Bemessung der Absetzung für Abnutzung als Anschaffungs- oder Herstellungskosten zugrunde zu legen
1. bei Gebäuden höchstens die Werte, die sich bei sinngemäßer Anwendung des § 16 Abs. 1 des D-Markbilanzgesetzes*) in der im Bundesgesetzblatt Teil III, Gliederungsnummer 4140-1, veröffentlichten bereinigten Fassung und
2. bei beweglichen Wirtschaftsgütern des Anlagevermögens höchstens die Werte, die sich bei sinngemäßer Anwendung des § 18 des D-Markbilanzgesetzes

ergeben würden. Für das Land Berlin tritt an die Stelle des 21. Juni 1948 der 1. April 1949.

(2) Für Wirtschaftsgüter, die zum Betriebsvermögen eines Betriebs oder einer Betriebsstätte im Saarland gehören, gilt Absatz 1 mit der Maßgabe, daß an die Stelle des 21. Juni 1948 der 6. Juli 1959 sowie an die Stelle des § 16 Abs. 1 und des § 18 des D-Markbilanzgesetzes der § 8 Abs. 1 und die §§ 11 und 12 des D-Markbilanzgesetzes für das Saarland in der im Bundesgesetzblatt Teil III, Gliederungsnummer 4140-2, veröffentlichten bereinigten Fassung treten.

§ 10 a Bemessung der Absetzungen für Abnutzung oder Substanzverringerung bei nicht zu einem Betriebsvermögen gehörenden Wirtschaftsgütern, die der Steuerpflichtige vor dem 21. Juni 1948 angeschafft oder hergestellt hat

(1) Bei nicht zu einem Betriebsvermögen gehörenden Wirtschaftsgütern, die der Steuerpflichtige vor dem 21. Juni 1948 angeschafft oder hergestellt hat, sind für die Bemessung der Absetzungen für Abnutzung oder Substanzverringerung als Anschaffungs- oder Herstellungskosten zugrunde zu legen
1. bei einem Gebäude
   der am 21. Juni 1948 maßgebende Einheitswert des Grundstücks, soweit er auf das Gebäude entfällt, zuzüglich der nach dem 20. Juni 1948 aufgewendeten Herstellungskosten. In Reichsmark festgesetzte Einheitswerte sind im Verhältnis von einer Reichsmark gleich einer Deutschen Mark umzurechnen;
2. bei einem sonstigen Wirtschaftsgut
   der Betrag, den der Steuerpflichtige für die Anschaffung am 31. August 1948 hätte aufwenden müssen.

---

*) An die Stelle des Gesetzes über die Eröffnungsbilanz in Deutscher Mark und die Kapitalneufestsetzung (D-Markbilanzgesetz) vom 21. August 1949 (Gesetzblatt der Verwaltung des Vereinigten Wirtschaftsgebietes S. 279) tritt im Land Rheinland-Pfalz das Landesgesetz über die Eröffnungsbilanz in Deutscher Mark und die Kapitalneufestsetzung (D-Markbilanzgesetz) vom 6. September 1949 (Gesetz- und Verordnungsblatt der Landesregierung Rheinland-Pfalz Teil I S. 421) und in Berlin das Gesetz über die Eröffnungsbilanz in Deutscher Mark und die Kapitalneufestsetzung (D-Markbilanzgesetz) vom 12. August 1950 (Verordnungsblatt für Groß-Berlin Teil I S. 329).

Einkommensteuer-Durchführungsverordnung
§§ 11–11 d

(2) Im Land Berlin ist Absatz 1 mit der Maßgabe anzuwenden, daß an die Stelle des 21. Juni 1948 der 1. April 1949, an die Stelle des 20. Juni 1948 der 31. März 1949 und an die Stelle des 31. August 1948 der 31. August 1949 treten.

(3) Im Saarland ist Absatz 1 mit der Maßgabe anzuwenden, daß an die Stelle des am 21. Juni 1948 maßgebenden Einheitswerts der letzte in Reichsmark festgesetzte Einheitswert, an die Stelle des 20. Juni 1948 der 19. November 1947 und an die Stelle des 31. August 1948 der 20. November 1947 treten. Soweit nach Satz 1 für die Bemessung der Absetzungen für Abnutzung oder Substanzverringerung von Frankenwerten auszugehen ist, sind diese nach dem amtlichen Umrechnungskurs am 6. Juli 1959 in Deutsche Mark umzurechnen.

§§ 11 bis 11 b (weggefallen)

§ 11 c   Absetzung für Abnutzung bei Gebäuden

(1) Nutzungsdauer eines Gebäudes im Sinne des § 7 Abs. 4 Satz 2 des Gesetzes ist der Zeitraum, in dem ein Gebäude voraussichtlich seiner Zweckbestimmung entsprechend genutzt werden kann. Der Zeitraum der Nutzungsdauer beginnt
1. bei Gebäuden, die der Steuerpflichtige vor dem 21. Juni 1948 angeschafft oder hergestellt hat,
   mit dem 21. Juni 1948;
2. bei Gebäuden, die der Steuerpflichtige nach dem 20. Juni 1948 hergestellt hat,
   mit dem Zeitpunkt der Fertigstellung;
3. bei Gebäuden, die der Steuerpflichtige nach dem 20. Juni 1948 angeschafft hat,
   mit dem Zeitpunkt der Anschaffung.

Für im Land Berlin belegene Gebäude treten an die Stelle des 20. Juni 1948 jeweils der 31. März 1949 und an die Stelle des 21. Juni 1948 jeweils der 1. April 1949. Für im Saarland belegene Gebäude treten an die Stelle des 20. Juni 1948 jeweils der 19. November 1947 und an die Stelle des 21. Juni 1948 jeweils der 20. November 1947; soweit im Saarland belegene Gebäude zu einem Betriebsvermögen gehören, treten an die Stelle des 20. Juni 1948 jeweils der 5. Juli 1959 und an die Stelle des 21. Juni 1948 jeweils der 6. Juli 1959.

(2) Hat der Steuerpflichtige nach § 7 Abs. 4 Satz 3 des Gesetzes bei einem Gebäude eine Absetzung für außergewöhnliche technische oder wirtschaftliche Abnutzung vorgenommen, so bemessen sich die Absetzungen für Abnutzung von dem folgenden Wirtschaftsjahr oder Kalenderjahr an nach den Anschaffungs- oder Herstellungskosten des Gebäudes abzüglich des Betrags der Absetzung für außergewöhnliche technische oder wirtschaftliche Abnutzung. Entsprechendes gilt, wenn der Steuerpflichtige ein zu einem Betriebsvermögen gehörendes Gebäude nach § 6 Abs. 1 Nr. 1 Satz 2 des Gesetzes mit dem niedrigeren Teilwert angesetzt hat.

§ 11 d   Absetzung für Abnutzung oder Substanzverringerung bei nicht zu einem Betriebsvermögen gehörenden Wirtschaftsgütern, die der Steuerpflichtige unentgeltlich erworben hat

(1) Bei den nicht zu einem Betriebsvermögen gehörenden Wirtschaftsgütern, die der Steuerpflichtige unentgeltlich erworben hat, bemessen sich die Absetzungen für Abnutzung nach den Anschaffungs- oder Herstellungskosten des Rechtsvorgängers oder dem Wert, der beim Rechtsvorgänger an deren Stelle getreten ist oder treten würde, wenn dieser noch

Einkommensteuer-Durchführungsverordnung
§§ 12–14

Eigentümer wäre, zuzüglich der vom Rechtsnachfolger aufgewendeten Herstellungskosten und nach dem Hundertsatz, der für den Rechtsvorgänger maßgebend sein würde, wenn er noch Eigentümer des Wirtschaftsguts wäre. Absetzungen für Abnutzung durch den Rechtsnachfolger sind nur zulässig, soweit die vom Rechtsvorgänger und vom Rechtsnachfolger zusammen vorgenommenen Absetzungen für Abnutzung, erhöhten Absetzungen und Abschreibungen bei dem Wirtschaftsgut noch nicht zur vollen Absetzung geführt haben. Die Sätze 1 und 2 gelten für die Absetzung für Substanzverringerung und für erhöhte Absetzungen entsprechend.

(2) Bei Bodenschätzen, die der Steuerpflichtige auf einem ihm gehörenden Grundstück entdeckt hat, sind Absetzungen für Substanzverringerung nicht zulässig.

§ 12 (weggefallen)

Zu den §§ 7 e und 10 a des Gesetzes

§ 13 Begünstigter Personenkreis im Sinne der §§ 7 e und 10 a des Gesetzes

(1) Auf Grund des Bundesvertriebenengesetzes können Rechte und Vergünstigungen in Anspruch nehmen
1. Vertriebene (§ 1 Bundesvertriebenengesetz),
2. Heimatvertriebene (§ 2 Bundesvertriebenengesetz),
3. Sowjetzonenflüchtlinge (§ 3 Bundesvertriebenengesetz),
4. den Sowjetzonenflüchtlingen gleichgestellte Personen (§ 4 Bundesvertriebenengesetz),
wenn sie die in den §§ 9 bis 13 des Bundesvertriebenengesetzes bezeichneten Voraussetzungen erfüllen. Den in den Nummern 1 bis 4 bezeichneten Personen stehen diejenigen Personengruppen gleich, die durch eine auf Grund des § 14 des Bundesvertriebenengesetzes erlassene Rechtsverordnung zur Inanspruchnahme von Rechten und Vergünstigungen nach dem Bundesvertriebenengesetz berechtigt werden. Der Nachweis für die Zugehörigkeit zu einer der bezeichneten Personengruppen ist durch Vorlage eines Ausweises im Sinne des § 15 des Bundesvertriebenengesetzes zu erbringen.

(2) Erlischt die Befugnis zur Inanspruchnahme von Rechten und Vergünstigungen (§§ 13 und 19 Bundesvertriebenengesetz), so können
1. § 7 e des Gesetzes für solche Fabrikgebäude, Lagerhäuser und landwirtschaftliche Betriebsgebäude, die bis zum Tag des Erlöschens der Befugnis hergestellt worden sind, und
2. § 10 a des Gesetzes für den gesamten nicht entnommenen Gewinn des Veranlagungszeitraums, in dem die Befugnis erloschen ist,
in Anspruch genommen werden. Werden im Fall der Nummer 1 die Fabrikgebäude, Lagerhäuser und landwirtschaftlichen Betriebsgebäude erst nach dem Tag des Erlöschens der Befugnis hergestellt, so kann § 7 e des Gesetzes auf die bis zu diesem Zeitpunkt aufgewendeten Teilherstellungskosten angewandt werden. Der Tag der Herstellung ist der Tag der Fertigstellung.

§ 14 (weggefallen)

Einkommensteuer-Durchführungsverordnung
§§ 15–22

Zu § 7 b des Gesetzes

§ 15 Erhöhte Absetzungen für Einfamilienhäuser, Zweifamilienhäuser und Eigentumswohnungen

(1) Bauherr im Sinne des § 7 b des Gesetzes ist, wer auf eigene Rechnung und Gefahr ein Gebäude baut oder bauen läßt.

(2) Zu den Anschaffungskosten im Sinne des § 7 b Abs. 1 des Gesetzes gehören nicht die Aufwendungen für den Grund und Boden.

(3) Ausbauten und Erweiterungen sind Baumaßnahmen im Sinne des § 17 Abs. 1 und 2, Kaufeigenheime sind Wohngebäude im Sinne des § 9 Abs. 2, Trägerkleinsiedlungen sind Kleinsiedlungen im Sinne des § 10 Abs. 3 und Kaufeigentumswohnungen sind Eigentumswohnungen im Sinne des § 12 Abs. 2 des Zweiten Wohnungsbaugesetzes (Wohnungsbau- und Familienheimgesetz).

(4) Bei Bemessung der erhöhten Absetzungen für Kaufeigenheime, Trägerkleinsiedlungen und Kaufeigentumswohnungen nach § 7 b Abs. 7 des Gesetzes bleiben Herstellungskosten, die bei einem Einfamilienhaus oder einer Eigentumswohnung die Grenze von 200 000 Deutsche Mark, bei einem Zweifamilienhaus die Grenze von 250 000 Deutsche Mark übersteigen, außer Ansatz.

(5) In den Fällen des § 7 b des Gesetzes in den vor Inkrafttreten des Gesetzes vom 22. Dezember 1981 (BGBl. I S. 1523) geltenden Fassungen und des § 54 des Gesetzes in der Fassung der Bekanntmachung vom 24. Januar 1984 (BGBl. I S. 113) ist § 15 der Einkommensteuer-Durchführungsverordnung 1979 (BGBl. I S. 1801), geändert durch die Verordnung vom 11. Juni 1981 (BGBl. I S. 526), weiter anzuwenden.

§§ 16 bis 21 (weggefallen)

Zu § 7 e des Gesetzes

§ 22 Bewertungsfreiheit für Fabrikgebäude, Lagerhäuser und landwirtschaftliche Betriebsgebäude

(1) Die durch § 7 e Abs. 1 des Gesetzes gewährte Bewertungsfreiheit wird nicht dadurch ausgeschlossen, daß sich
1. in dem hergestellten Fabrikgebäude (§ 7 e Abs. 1 Buchstaben a bis c des Gesetzes) die mit der Fabrikation zusammenhängenden üblichen Kontor- und Lagerräume oder
2. in dem hergestellten Lagerhaus (§ 7 e Abs. 1 Buchstabe d des Gesetzes) die mit der Lagerung zusammenhängenden üblichen Kontorräume befinden,
wenn auf diese Räume nicht mehr als 20 vom Hundert der Herstellungskosten entfallen.

(2) Die Bewertungsfreiheit nach § 7 e des Gesetzes ist auch dann zu gewähren, wenn ein nach dem 31. Dezember 1951 hergestelltes Gebäude gleichzeitig mehreren der in § 7 e Abs. 1 des Gesetzes bezeichneten Zwecken dient.

(3) Dient ein in Berlin (West) errichtetes Gebäude zum Teil Fabrikationszwecken oder Lagerzwecken der in § 7 e Abs. 1 des Gesetzes bezeichneten Art und zum Teil Wohnzwecken, so ist, wenn der Fabrikationszwecken oder Lagerzwecken dienende Gebäudeteil überwiegt, bei Vorliegen der übrigen Voraussetzungen die Bewertungsfreiheit des § 7 e des

Einkommensteuer-Durchführungsverordnung
§§ 23–29

Gesetzes zu gewähren; überwiegt der Wohnzwecken dienende Teil, so sind die erhöhten Absetzungen des § 7 b des Gesetzes auch dann zuzubilligen, wenn der Fabrikationszwecken oder Lagerzwecken dienende Teil 33 $^1/_3$ vom Hundert übersteigt.

(4) Zum Absatz an Wiederverkäufer im Sinne des § 7 e Abs. 1 Buchstabe d des Gesetzes bestimmt sind solche Waren, die zum Absatz an einen anderen Unternehmer zur Weiterveräußerung – sei es in derselben Beschaffenheit, sei es nach vorheriger Bearbeitung oder Verarbeitung – bestimmt sind.

(5) Zu den landwirtschaftlichen Betriebsgebäuden gehört auch die Wohnung des Steuerpflichtigen, wenn sie die bei Betrieben gleicher Art übliche Größe nicht überschreitet.

(6) § 9 a gilt entsprechend.

§ 23 (weggefallen)

Zu § 9 des Gesetzes

§ 24 Höchstbeträge für Verpflegungsmehraufwendungen

Mehraufwendungen für Verpflegung werden im Rahmen von Höchstbeträgen als Werbungskosten anerkannt. Die Vorschriften der §§ 8 und 8 a sind sinngemäß anzuwenden.

§§ 25 bis 28 (weggefallen)

Zu § 10 des Gesetzes

§ 29 Anzeigepflichten bei Versicherungsverträgen und Bausparverträgen

(1) Das Versicherungsunternehmen hat dem für seine Veranlagung zuständigen Finanzamt (§ 20 Abgabenordnung) unverzüglich die Fälle anzuzeigen, in denen bei vor dem 1. Januar 1975 abgeschlossenen Versicherungsverträgen gegen Einmalbeitrag, soweit dieser nach dem 31. Dezember 1966 geleistet worden ist (§ 52 Abs. 15 des Gesetzes), sowie bei nach dem 31. Dezember 1974 abgeschlossenen Rentenversicherungsverträgen ohne Kapitalwahlrecht gegen Einmalbeitrag (§ 10 Abs. 6 Nr. 1 des Gesetzes) vor Ablauf von zwölf Jahren seit dem Vertragsabschluß
1. die Versicherungssumme ganz oder zum Teil ausgezahlt wird, ohne daß der Schadensfall eingetreten ist oder in der Rentenversicherung die vertragsmäßige Rentenleistung erbracht wird,
2. der Einmalbeitrag ganz oder zum Teil zurückgezahlt wird oder
3. Ansprüche aus dem Versicherungsvertrag ganz oder zum Teil abgetreten oder beliehen werden.

(2) Die Bausparkasse hat dem für ihre Veranlagung zuständigen Finanzamt (§ 20 Abgabenordnung) unverzüglich die Fälle anzuzeigen, in denen bei Bausparverträgen (§ 10 Abs. 6 Nr. 2 des Gesetzes) vor Ablauf von zehn Jahren seit dem Vertragsabschluß
1. die Bausparsumme ganz oder zum Teil ausgezahlt wird,
2. geleistete Beiträge ganz oder zum Teil zurückgezahlt werden oder
3. Ansprüche aus dem Vertrag ganz oder zum Teil abgetreten oder beliehen werden. Ist im Fall der Abtretung von Ansprüchen aus dem Bausparvertrag die Nachversteuerung

auf Grund einer Erklärung des Erwerbers (§ 31 Abs. 2 Nr. 2 letzter Satz) ausgesetzt worden, so hat die Bausparkasse dem Finanzamt eine weitere Anzeige zu erstatten, falls der Erwerber über den Bausparvertrag entgegen der abgegebenen Erklärung verfügt. Das gilt nicht in den Fällen des § 10 Abs. 6 Nr. 2 Buchstaben a und c bis e des Gesetzes.

(3) Der Steuerpflichtige hat dem für seine Veranlagung zuständigen Finanzamt (§ 19 Abgabenordnung) die Abtretung und die Beleihung (Absätze 1 und 2) unverzüglich anzuzeigen.

(4) Ansprüche aus einem Versicherungsvertrag oder einem Bausparvertrag sind beliehen, wenn sie sicherungshalber abgetreten oder verpfändet werden und die zu sichernde Schuld entstanden ist.

(5) Als völlige Erwerbsunfähigkeit (§ 10 Abs. 6 Nr. 2 Buchstabe c des Gesetzes) gilt eine Minderung der Erwerbsfähigkeit um mehr als 90 vom Hundert. Die völlige Erwerbsunfähigkeit ist durch einen Ausweis nach § 3 Abs. 5 des Schwerbehindertengesetzes nachzuweisen.

§ 30 Nachversteuerung bei Versicherungsverträgen

Wird bei vor dem 1. Januar 1975 abgeschlossenen Versicherungsverträgen gegen Einmalbeitrag, soweit dieser nach dem 31. Dezember 1966 geleistet worden ist (§ 52 Abs. 15 des Gesetzes), oder bei nach dem 31. Dezember 1974 abgeschlossenen Rentenversicherungsverträgen ohne Kapitalwahlrecht gegen Einmalbeitrag (§ 10 Abs. 6 Nr. 1 des Gesetzes) vor Ablauf von zwölf Jahren seit dem Vertragsabschluß
1. die Versicherungssumme ausgezahlt, ohne daß der Schadensfall eingetreten ist oder in der Rentenversicherung die vertragsmäßige Rentenleistung erbracht wird,
2. der Einmalbeitrag zurückgezahlt
   oder werden
3. Ansprüche aus dem Versicherungsvertrag abgetreten oder beliehen,
so ist eine Nachversteuerung für den Veranlagungszeitraum durchzuführen, in dem einer dieser Tatbestände verwirklicht ist. Zu diesem Zweck ist die Steuer zu berechnen, die festzusetzen gewesen wäre, wenn der Steuerpflichtige den Einmalbeitrag nicht geleistet hätte. Der Unterschiedsbetrag zwischen dieser und der festgesetzten Steuer ist als Nachsteuer zu erheben. Bei einer teilweisen Auszahlung, Rückzahlung, Abtretung oder Beleihung (Nummern 1 bis 3) ist der Einmalbeitrag insoweit als nicht geleistet anzusehen, als einer dieser Tatbestände verwirklicht ist.

§ 31 Nachversteuerung bei Bausparverträgen

(1) Wird bei Bausparverträgen (§ 10 Abs. 6 Nr. 2 des Gesetzes) vor Ablauf von zehn Jahren seit dem Vertragsabschluß
1. die Bausparsumme ganz oder zum Teil ausgezahlt
   oder werden
2. geleistete Beiträge ganz oder zum Teil zurückgezahlt
   oder
3. Ansprüche aus dem Vertrag ganz oder zum Teil abgetreten oder beliehen,
so ist eine Nachversteuerung durchzuführen. § 30 ist entsprechend anzuwenden. Bei einer Teilrückzahlung von Beiträgen kann der Bausparer bestimmen, welche Beiträge als zurückgezahlt gelten sollen. Das Entsprechende gilt, wenn die Bausparsumme zum Teil ausgezahlt wird oder Ansprüche aus dem Vertrag zum Teil abgetreten oder beliehen werden.

Einkommensteuer-Durchführungsverordnung
§§ 32–45

(2) Eine Nachversteuerung ist nicht durchzuführen,
1. wenn es sich um Fälle des § 10 Abs. 6 Nr. 2 Buchstaben a und c bis e des Gesetzes handelt,
2. soweit im Fall der Abtretung der Ansprüche aus dem Bausparvertrag der Erwerber die Bausparsumme oder die auf Grund einer Beleihung empfangenen Beträge unverzüglich und unmittelbar zum Wohnungsbau für den Abtretenden oder dessen Angehörige (§ 15 Abgabenordnung) verwendet. Ist im Zeitpunkt der Abtretung eine solche Verwendung beabsichtigt, so ist die Nachversteuerung auszusetzen, wenn der Abtretende eine Erklärung des Erwerbers über die Verwendungsabsicht beibringt.

§ 32 Übertragung von Bausparverträgen auf eine andere Bausparkasse

Werden Bausparverträge auf eine andere Bausparkasse übertragen und verpflichtet sich diese gegenüber dem Bausparer und der Bausparkasse, mit der der Vertrag abgeschlossen worden ist, in die Rechte und Pflichten aus dem Vertrag einzutreten, so gilt die Übertragung nicht als Rückzahlung. Das Bausparguthaben muß von der übertragenden Bausparkasse unmittelbar an die übernehmende Bausparkasse überwiesen werden.

§§ 33 bis 44 (weggefallen)

Zu § 10 a des Gesetzes

§ 45 Steuerbegünstigung des nicht entnommenen Gewinns im Fall des § 10 a Abs. 1 des Gesetzes

(1) Für die Inanspruchnahme der Steuerbegünstigung des § 10 a Abs. 1 des Gesetzes ist
1. in den Fällen des § 4 a Abs. 2 Nr. 1 des Gesetzes der im Veranlagungszeitraum nicht entnommene Gewinn,
2. in den Fällen des § 4 a Abs. 2 Nr. 2 des Gesetzes der nicht entnommene Gewinn des im Veranlagungszeitraum endenden Wirtschaftsjahrs

maßgebend.

(2) Ist ein Steuerpflichtiger Inhaber oder Mitinhaber mehrerer land- und forstwirtschaftlicher Betriebe oder mehrerer Gewerbebetriebe oder Inhaber (Mitinhaber) von land- und forstwirtschaftlichen Betrieben und Gewerbebetrieben, so kann die Steuerbegünstigung des § 10 a Abs. 1 des Gesetzes nur auf die Summe der nicht entnommenen Gewinne aus allen land- und forstwirtschaftlichen Betrieben und Gewerbebetrieben angewendet werden. Voraussetzung für die Anwendung des § 10 a Abs. 1 des Gesetzes ist in diesem Fall, daß alle Gewinne nach § 4 Abs. 1 oder § 5 des Gesetzes ermittelt werden. Gewinne aus Land- und Forstwirtschaft, die neben Gewinnen aus Gewerbebetrieb erzielt werden, bleiben auf Antrag bei der Anwendung des § 10 a Abs. 1 des Gesetzes außer Betracht, wenn sie nicht nach § 4 Abs. 1 des Gesetzes zu ermitteln sind und 3 000 Deutsche Mark nicht übersteigen.

(3) Der nach § 10 a Abs. 1 des Gesetzes als Sonderausgabe abgezogene Betrag ist bei der Veranlagung für den Veranlagungszeitraum, für den die Steuerbegünstigung in Anspruch genommen wird, zum Zweck der späteren Nachversteuerung im Steuerbescheid besonders festzustellen. Wird die Steuerbegünstigung des § 10 a Abs. 1 des Gesetzes für einen späteren Veranlagungszeitraum erneut in Anspruch genommen, so ist bei der Veranlagung die Summe der bis dahin nach § 10 a Abs. 1 des Gesetzes als Sonderausgaben abgezogenen und noch nicht nachversteuerten Beträge im Steuerbescheid besonders festzustellen.

§ 46 Nachversteuerung der Mehrentnahmen

(1) Bei der Nachversteuerung ist der nach § 45 Abs. 3 besonders festgestellte Betrag um den nachversteuerten Betrag zu kürzen. Ein verbleibender Betrag ist für eine spätere Nachversteuerung im Steuerbescheid besonders festzustellen.

(2) Eine Nachversteuerung von Mehrentnahmen kommt innerhalb des in § 10 a Abs. 2 Satz 1 des Gesetzes bezeichneten Zeitraums so lange und insoweit in Betracht, als ein nach § 45 Abs. 3 und nach Absatz 1 besonders festgestellter Betrag vorhanden ist.

(3) Für die Feststellung der Mehrentnahmen sind in den Fällen des § 4 a Abs. 2 Nr. 1 des Gesetzes die Entnahmen im Veranlagungszeitraum und in den Fällen des § 4 a Abs. 2 Nr. 2 des Gesetzes die Entnahmen im Wirtschaftsjahr, das im Veranlagungszeitraum endet, maßgebend.

(4) Im Fall des § 45 Abs. 2 sind für die Feststellung der Mehrentnahmen die Summe der Gewinne und die Summe der Entnahmen aus allen land- und forstwirtschaftlichen Betrieben und Gewerbebetrieben zu berücksichtigen. Gewinne und Entnahmen aus den land- und forstwirtschaftlichen Betrieben, deren Gewinne bei der Anwendung des § 10 a Abs. 1 des Gesetzes nach § 45 Abs. 2 letzter Satz außer Betracht geblieben sind, bleiben auch für die Feststellung der Mehrentnahmen außer Ansatz.

(5) Als Entnahmen gelten auch die Veräußerung des Betriebs im ganzen, die Veräußerung von Anteilen an einem Betrieb sowie die Aufgabe des Betriebs.

§ 47 Steuerbegünstigung des nicht entnommenen Gewinns im Fall des § 10 a Abs. 3 des Gesetzes

(1) Nehmen Steuerpflichtige die Steuerbegünstigung des nicht entnommenen Gewinns für den Gewinn aus selbständiger Arbeit in Anspruch, so ist der auf Grund dieser Begünstigung als Sonderausgabe abgezogene Betrag im Steuerbescheid getrennt von dem nach § 45 Abs. 3 festzustellenden Betrag besonders festzustellen. Im übrigen gelten die Vorschriften des § 45 Abs. 2 und 3 entsprechend.

(2) Auch hinsichtlich der Nachversteuerung sind die Fälle des Absatzes 1 besonders zu behandeln. Die Feststellung, ob die Entnahmen aus dem Betrieb den bei der Veranlagung zu berücksichtigenden Gewinn aus selbständiger Arbeit übersteigen, ist unabhängig von den Entnahmen aus land- und forstwirtschaftlichen Betrieben oder Gewerbebetrieben zu treffen. Die Vorschriften des § 46 Abs. 1, 2, 4 und 5 sind entsprechend anzuwenden.

Zu § 10 b des Gesetzes

§ 48 Förderung mildtätiger, kirchlicher, religiöser, wissenschaftlicher und der als besonders förderungswürdig anerkannten gemeinnützigen Zwecke

(1) Für die Begriffe gemeinnützige, mildtätige, kirchliche, religiöse und wissenschaftliche Zwecke im Sinne des § 10 b des Gesetzes gelten die §§ 51 bis 68 der Abgabenordnung.

(2) Gemeinnützige Zwecke der in Absatz 1 bezeichneten Art müssen außerdem durch allgemeine Verwaltungsvorschrift der Bundesregierung, die der Zustimmung des Bundesrates bedarf, allgemein als besonders förderungswürdig anerkannt worden sein.

Einkommensteuer-Durchführungsverordnung

§§ 49–52

(3) Zuwendungen für die in den Absätzen 1 und 2 bezeichneten Zwecke sind nur dann abzugsfähig, wenn
1. der Empfänger der Zuwendungen eine juristische Person des öffentlichen Rechts oder eine öffentliche Dienststelle (z. B. Universität, Forschungsinstitut) ist und bestätigt, daß der zugewendete Betrag zu einem der in Absatz 1 oder Absatz 2 bezeichneten Zwecke verwendet wird, oder
2. der Empfänger der Zuwendungen eine in § 5 Abs. 1 Nr. 9 des Körperschaftsteuergesetzes bezeichnete Körperschaft, Personenvereinigung oder Vermögensmasse ist und bestätigt, daß sie den zugewendeten Betrag nur für ihre satzungsmäßigen Zwecke verwendet. In Fällen der Durchlaufspende für Zwecke, die im Ausland verwirklicht werden, ist das Bundesministerium, in dessen Aufgabenbereich der jeweilige Zweck fällt, zur Spendenannahme verpflichtet.

(4) Die Bundesregierung kann mit Zustimmung des Bundesrates durch allgemeine Verwaltungsvorschrift Ausgaben im Sinne des § 10 b des Gesetzes als steuerbegünstigt auch anerkennen, wenn die Voraussetzungen des Absatzes 2 oder des Absatzes 3 nicht gegeben sind.

§ 49 (weggefallen)

§ 50 Überleitungsvorschrift zum Spendenabzug

(1) Soweit gemeinnützige Zwecke vor dem 1. Juli 1951*) als besonders förderungswürdig anerkannt worden sind, bleiben die Anerkennungen aufrechterhalten.

(2) Soweit Zweck und Form von Zuwendungen vor dem 1. Juli 1951*) als steuerbegünstigt anerkannt worden sind, bleiben die Anerkennungen aufrechterhalten.

Zu § 13 des Gesetzes

§ 51 Ermittlung der Einkünfte bei forstwirtschaftlichen Betrieben

(1) Bei forstwirtschaftlichen Betrieben, die nicht zur Buchführung verpflichtet sind und den Gewinn nicht nach § 4 Abs. 1 des Gesetzes ermitteln, kann zur Abgeltung der Betriebsausgaben auf Antrag ein Pauschsatz von 65 vom Hundert der Einnahmen aus der Holznutzung abgezogen werden.

(2) Der Pauschsatz zur Abgeltung der Betriebsausgaben beträgt 40 vom Hundert, soweit das Holz auf dem Stamm verkauft wird.

(3) Durch die Anwendung der Pauschsätze der Absätze 1 und 2 sind die Betriebsausgaben im Wirtschaftsjahr der Holznutzung einschließlich der Wiederaufforstungskosten unabhängig von dem Wirtschaftsjahr ihrer Entstehung abgegolten.

(4) Diese Regelung gilt nicht für die Ermittlung des Gewinns aus Waldverkäufen.

Zu § 13 a des Gesetzes

§ 52 Erhöhte Absetzungen nach § 7 b des Gesetzes bei Land- und Forstwirten, deren Gewinn nach Durchschnittssätzen ermittelt wird

Die erhöhten Absetzungen nach § 7 b des Gesetzes sind auch bei der Berechnung des Gewinns nach § 13 a des Gesetzes zulässig. Das gilt auch für erhöhte Absetzungen nach

---

*) Im Land Berlin: 22. August 1951.

Einkommensteuer-Durchführungsverordnung
§§ 53–55

§ 7 b des Gesetzes in den vor Inkrafttreten des Gesetzes vom 22. Dezember 1981 (BGBl. I S. 1523) geltenden Fassungen.

Zu § 17 des Gesetzes

§ 53 Anschaffungskosten bestimmter Anteile an Kapitalgesellschaften

Bei Anteilen an einer Kapitalgesellschaft, die vor dem 21. Juni 1948 erworben worden sind, sind als Anschaffungskosten im Sinne des § 17 Abs. 2 des Gesetzes die endgültigen Höchstwerte zugrunde zu legen, mit denen die Anteile in eine steuerliche Eröffnungsbilanz in Deutscher Mark auf den 21. Juni 1948 hätten eingestellt werden können; bei Anteilen, die am 21. Juni 1948 als Auslandsvermögen beschlagnahmt waren, ist bei Veräußerung vor der Rückgabe der Veräußerungserlös und bei Veräußerung nach der Rückgabe der Wert im Zeitpunkt der Rückgabe als Anschaffungskosten maßgebend. Im Land Berlin tritt an die Stelle des 21. Juni 1948 jeweils der 1. April 1949; im Saarland tritt an die Stelle des 21. Juni 1948 für die in § 43 Abs. 1 Ziff. 1 des Gesetzes über die Einführung des deutschen Rechts auf dem Gebiete der Steuern, Zölle und Finanzmonopole im Saarland vom 30. Juni 1959 (BGBl. I S. 339) bezeichneten Personen jeweils der 6. Juli 1959.

§ 54 (weggefallen)

Zu § 22 des Gesetzes

§ 55 Ermittlung des Ertrags aus Leibrenten in besonderen Fällen

(1) Der Ertrag des Rentenrechts ist in den folgenden Fällen auf Grund der in § 22 Nr. 1 Satz 3 Buchstabe a des Gesetzes aufgeführten Tabelle zu ermitteln:
1. bei Leibrenten, die vor dem 1. Januar 1955 zu laufen begonnen haben. Dabei ist das vor dem 1. Januar 1955 vollendete Lebensjahr des Rentenberechtigten maßgebend;
2. bei Leibrenten, deren Dauer von der Lebenszeit einer anderen Person als des Rentenberechtigten abhängt. Dabei ist das bei Beginn der Rente, im Fall der Nummer 1 das vor dem 1. Januar 1955 vollendete Lebensjahr dieser Person maßgebend;
3. bei Leibrenten, deren Dauer von der Lebenszeit mehrerer Personen abhängt. Dabei ist das bei Beginn der Rente, im Fall der Nummer 1 das vor dem 1. Januar 1955 vollendete Lebensjahr der ältesten Person maßgebend, wenn das Rentenrecht mit dem Tod des zuerst Sterbenden erlischt, und das Lebensjahr der jüngsten Person, wenn das Rentenrecht mit dem Tod des zuletzt Sterbenden erlischt.

(2) Der Ertrag aus Leibrenten, die auf eine bestimmte Zeit beschränkt sind (abgekürzte Leibrenten), ist nach der Lebenserwartung unter Berücksichtigung der zeitlichen Begrenzung zu ermitteln. Der Ertragsanteil ist aus der nachstehenden Tabelle zu entnehmen. Absatz 1 ist entsprechend anzuwenden.

Einkommensteuer-Durchführungsverordnung
§ 55

Beschränkung der Laufzeit der Rente auf ... Jahre ab Beginn des Rentenbezugs (ab 1. Januar 1955, falls die Rente vor diesem Zeitpunkt zu laufen begonnen hat)	Der Ertragsanteil beträgt, vorbehaltlich der Spalte 3, ... v. H.	Der Ertragsanteil ist der Tabelle in § 22 Nr. 1 Satz 3 Buchstabe a des Gesetzes zu entnehmen, wenn der Rentenberechtigte zu Beginn des Rentenbezugs (vor dem 1. Januar 1955, falls die Rente vor diesem Zeitpunkt zu laufen begonnen hat) das ... te Lebensjahr vollendet hatte
1	2	3
1	0	entfällt
2	2	97
3	5	90
4	7	86
5	9	83
6	10	81
7	12	79
8	14	76
9	16	74
10	17	73
11	19	71
12	21	69
13	22	68
14	24	66
15	25	65
16	26	64
17	28	62
18	29	61
19	30	60
20	31	60
21	33	58
22	34	57
23	35	56
24	36	55
25	37	54
26	38	53
27	39	52
28	40	51
29	41	51
30	42	50
31	43	49
32	44	48
33	45	47
34	46	46
35	47	45
36	48	43
37–38	49	42
39	50	41

Einkommensteuer-Durchführungsverordnung

§ 56

Beschränkung der Laufzeit der Rente auf ... Jahre ab Beginn des Rentenbezugs (ab 1. Januar 1955, falls die Rente vor diesem Zeitpunkt zu laufen begonnen hat)	Der Ertragsanteil beträgt, vorbehaltlich der Spalte 3, ... v. H.	Der Ertragsanteil ist der Tabelle in § 22 Nr. 1 Satz 3 Buchstabe a des Gesetzes zu entnehmen, wenn der Rentenberechtigte zu Beginn des Rentenbezugs (vor dem 1. Januar 1955, falls die Rente vor diesem Zeitpunkt zu laufen begonnen hat) das ... te Lebensjahr vollendet hatte
1	2	3
40	51	40
41–42	52	39
43	53	38
44	54	36
45–46	55	35
47–48	56	34
49	57	33
50–51	58	31
52–53	59	30
54–55	60	28
56–57	61	27
58–59	62	25
60–62	63	23
63–64	64	21
65–67	65	19
68–70	66	17
71–74	67	15
75–77	68	13
78–82	69	11
83–87	70	9
88–93	71	6
mehr als 93	Der Ertragsanteil ist immer der Tabelle in § 22 Nr. 1 Satz 3 Buchstabe a des Gesetzes zu entnehmen.	

Zu § 25 des Gesetzes

§ 56 Steuererklärungspflicht

(1) Unbeschränkt Steuerpflichtige haben eine jährliche Einkommensteuererklärung für das abgelaufene Kalenderjahr (Veranlagungszeitraum) in den folgenden Fällen abzugeben:
1. Ehegatten, bei denen im Veranlagungszeitraum die Voraussetzungen des § 26 Abs. 1 des Gesetzes vorgelegen haben und von denen keiner die getrennte Veranlagung nach § 26 a des Gesetzes oder die besondere Veranlagung nach § 26 c des Gesetzes wählt,
   a) wenn keiner der Ehegatten Einkünfte aus nichtselbständiger Arbeit, von denen ein Steuerabzug vorgenommen worden ist, bezogen und der Gesamtbetrag der Einkünfte mehr als 10 751 Deutsche Mark betragen hat,

Einkommensteuer-Durchführungsverordnung
§§ 57–60

aa) die Summe der Einkünfte beider Ehegatten 10 320 Deutsche Mark oder mehr betragen hat oder

bb) die getrennte Veranlagung nach § 26 a des Gesetzes oder die besondere Veranlagung nach § 26 c des Gesetzes gewählt wird,

b) wenn mindestens einer der Ehegatten Einkünfte aus nichtselbständiger Arbeit, von denen ein Steuerabzug vorgenommen worden ist, bezogen hat und

aa) der Gesamtbetrag der Einkünfte mehr als 49 140 Deutsche Mark betragen hat oder

bb) eine Veranlagung nach § 46 Abs. 2 Nr. 1 bis 6 des Gesetzes in Betracht kommt;

2. Personen, bei denen im Veranlagungszeitraum die Voraussetzungen des § 26 Abs. 1 des Gesetzes nicht vorgelegen haben,

a) wenn der Gesamtbetrag der Einkünfte mehr als 5 375 Deutsche Mark betragen hat und darin keine Einkünfte aus nichtselbständiger Arbeit, von denen ein Steuerabzug vorgenommen worden ist, enthalten sind,

b) wenn in dem Gesamtbetrag der Einkünfte aus nichtselbständiger Arbeit, von denen ein Steuerabzug vorgenommen worden ist, enthalten sind und

aa) der Gesamtbetrag der Einkünfte mehr als 24 570 Deutsche Mark betragen hat oder

bb) eine Veranlagung nach § 46 Abs. 2 Nr. 1 bis 6 des Gesetzes in Betracht kommt.

Eine Steuererklärung ist außerdem abzugeben, wenn eine Veranlagung nach § 46 Abs. 2 Nr. 8 des Gesetzes beantragt wird.

(2) Beschränkt Steuerpflichtige haben eine jährliche Steuererklärung über ihre im abgelaufenen Kalenderjahr (Veranlagungszeitraum) bezogenen inländischen Einkünfte im Sinne des § 49 des Gesetzes abzugeben, soweit für diese die Einkommensteuer nicht durch den Steuerabzug als abgegolten gilt (§ 50 Abs. 5 des Gesetzes). Steuerpflichtige, die die Voraussetzungen des § 2 Abs. 1 des Außensteuergesetzes erfüllen, haben eine jährliche Steuererklärung über ihre sämtlichen im abgelaufenen Kalenderjahr (Veranlagungszeitraum) bezogenen Einkünfte abzugeben.

§§ 57 bis 59 (aufgehoben)

§ 60 Unterlagen zur Steuererklärung

(1) Wird der Gewinn nach § 4 Abs. 1 oder § 5 des Gesetzes ermittelt, so ist der Steuererklärung eine Abschrift der Bilanz, die auf dem Zahlenwerk der Buchführung beruht, im Fall der Eröffnung des Betriebs auch eine Abschrift der Eröffnungsbilanz, beizufügen. Werden Bücher geführt, die den Grundsätzen der doppelten Buchführung entsprechen, ist eine Gewinn- und Verlustrechnung und außerdem auf Verlangen des Finanzamts eine Hauptabschlußübersicht beizufügen.

(2) Enthält die Bilanz Ansätze oder Beträge, die den steuerlichen Vorschriften nicht entsprechen, so sind diese Ansätze oder Beträge durch Zusätze oder Anmerkungen den steuerlichen Vorschriften anzupassen. Der Steuerpflichtige kann auch eine den steuerlichen Vorschriften entsprechende Bilanz (Steuerbilanz) beifügen.

(3) Liegt ein Anhang, ein Lagebericht oder ein Prüfungsbericht vor, so ist eine Abschrift der Steuererklärung beizufügen.

Einkommensteuer-Durchführungsverordnung

§§ 61–62 c

Zu den §§ 26 a bis 26 c des Gesetzes

§ 61 Antrag auf anderweitige Verteilung der Sonderausgaben und der außergewöhnlichen Belastungen im Fall des § 26 a des Gesetzes

Der Antrag auf anderweitige Verteilung der Sonderausgaben und der als außergewöhnliche Belastungen vom Gesamtbetrag der Einkünfte abzuziehenden Beträge (§ 26 a Abs. 2 des Gesetzes) kann nur von beiden Ehegatten gemeinsam gestellt werden. Kann der Antrag nicht gemeinsam gestellt werden, weil einer der Ehegatten dazu aus zwingenden Gründen nicht in der Lage ist, so kann das Finanzamt den Antrag des anderen Ehegatten als genügend ansehen.

§§ 62 bis 62 b (weggefallen)

§ 62 c Anwendung der §§ 7 e und 10 a des Gesetzes bei der Veranlagung von Ehegatten

(1) Im Fall der getrennten Veranlagung oder der besonderen Veranlagung von Ehegatten (§§ 26 a, 26 c des Gesetzes) ist Voraussetzung für die Anwendung der §§ 7 e und 10 a des Gesetzes, daß derjenige Ehegatte, der diese Steuerbegünstigungen in Anspruch nimmt, zu dem durch diese Vorschriften begünstigten Personenkreis gehört. Die Steuerbegünstigung des nicht entnommenen Gewinns kann in diesem Fall jeder der Ehegatten, der die in § 10 a des Gesetzes bezeichneten Voraussetzungen erfüllt, bis zum Höchstbetrag von 20 000 Deutsche Mark geltend machen. Übersteigen bei dem nach § 26 a des Gesetzes getrennt oder nach § 26 c des Gesetzes besonders veranlagten Ehegatten oder seinem Gesamtrechtsnachfolger die Entnahmen die Summe der bei der Veranlagung zu berücksichtigenden Gewinne, so ist bei ihm nach § 10 a Abs. 2 des Gesetzes eine Nachversteuerung durchzuführen. Die Nachversteuerung kommt innerhalb des in § 10 a Abs. 2 Satz 1 des Gesetzes bezeichneten Zeitraums so lange und insoweit in Betracht, als ein nach § 45 Abs. 3 und § 46 Abs. 1 besonders festgestellter Betrag vorhanden ist. Im Fall der getrennten Veranlagung ist hierbei auch der besonders festgestellte Betrag für Veranlagungszeiträume, in denen die Ehegatten zusammen veranlagt worden sind, zu berücksichtigen, soweit er auf nicht entnommene Gewinne aus einem dem getrennt veranlagten Ehegatten gehörenden Betrieb entfällt.

(2) Im Fall der Zusammenveranlagung von Ehegatten (§ 26 b des Gesetzes) genügt es für die Anwendung der §§ 7 e und 10 a des Gesetzes, wenn einer der beiden Ehegatten zu dem durch die bezeichneten Vorschriften begünstigten Personenkreis gehört. Die Steuerbegünstigung des nicht entnommenen Gewinns kann in diesem Fall jeder Ehegatte, der die Vor-

Einkommensteuer-Durchführungsverordnung
§§ 62 d–65

aussetzungen des § 45 Abs. 2 erfüllt, bis zum Höchstbetrag von 20 000 Deutsche Mark in Anspruch nehmen. Die Nachversteuerung von Mehrentnahmen nach § 10 a Abs. 2 des Gesetzes ist in diesem Fall auch insoweit durchzuführen, als bei einem Ehegatten ein nach § 45 Abs. 3 und § 46 Abs. 1 besonders festgestellter Betrag für Veranlagungszeiträume, in denen die Ehegatten nach § 26 a des Gesetzes getrennt oder nach § 26 c des Gesetzes besonders veranlagt worden sind, vorhanden ist.

§ 62 d   Anwendung des § 10 d des Gesetzes bei der Veranlagung von Ehegatten

(1) Im Fall der getrennten Veranlagung von Ehegatten (§ 26 a des Gesetzes) kann der Steuerpflichtige den Verlustabzug nach § 10 d des Gesetzes auch für Verluste derjenigen Veranlagungszeiträume geltend machen, in denen die Ehegatten nach § 26 b des Gesetzes zusammen oder nach § 26 c des Gesetzes besonders veranlagt worden sind. Der Verlustabzug kann in diesem Fall nur für Verluste geltend gemacht werden, die der getrennt veranlagte Ehegatte erlitten hat.

(2) Im Fall der Zusammenveranlagung von Ehegatten (§ 26 b des Gesetzes) kann der Steuerpflichtige den Verlustabzug nach § 10 d des Gesetzes auch für Verluste derjenigen Veranlagungszeiträume geltend machen, in denen die Ehegatten nach § 26 a des Gesetzes getrennt oder nach § 26 c des Gesetzes besonders veranlagt worden sind. Liegen bei beiden Ehegatten nicht ausgeglichene Verluste vor, so ist der Verlustabzug bei jedem Ehegatten bis zur Höchstgrenze im Sinne des § 10 d Satz 1 des Gesetzes vorzunehmen.

§§ 63 und 64   (weggefallen)

Zu § 33 b des Gesetzes

§ 65   Nachweis der Voraussetzungen für die Inanspruchnahme der Pauschbeträge des § 33 b des Gesetzes

(1) Die Voraussetzungen für die Inanspruchnahme eines Pauschbetrags für Körperbehinderte nach § 33 b Abs. 2 und 3 des Gesetzes sind nachzuweisen:
1. für Körperbehinderte, die in ihrer Erwerbsfähigkeit um mindestens 50 vom Hundert gemindert sind, durch einen Ausweis nach § 3 Abs. 5 des Schwerbehindertengesetzes in der Fassung der Bekanntmachung vom 8. Oktober 1979 (BGBl. I S. 1649),
2. für Körperbehinderte, deren Minderung der Erwerbsfähigkeit weniger als 50 vom Hundert, aber mindestens 25 vom Hundert beträgt,
    a) durch eine Bescheinigung der für die Durchführung des Bundesversorgungsgesetzes zuständigen Behörden auf Grund eines Feststellungsbescheids nach § 3 Abs. 1 des Schwerbehindertengesetzes oder,
    b) wenn ihnen wegen ihrer Behinderung nach den gesetzlichen Vorschriften Renten oder andere laufende Bezüge zustehen, durch den Rentenbescheid oder den entsprechenden Bescheid.

Die Bescheinigung nach Nummer 2 Buchstabe a muß eine Äußerung darüber enthalten, ob die Körperbehinderung zu einer äußerlich erkennbaren dauernden Einbuße der körperlichen Beweglichkeit geführt hat oder auf einer typischen Berufskrankheit beruht.

(2) Als Nachweis über das Vorliegen einer Behinderung und den Grad der auf ihr beruhenden Minderung der Erwerbsfähigkeit genügen auch die vor dem 20. Juni 1976 ausgestellten amtlichen Ausweise für Schwerkriegsbeschädigte, Schwerbeschädigte oder Schwer-

Einkommensteuer-Durchführungsverordnung

§§ 66–68 a

behinderte sowie die nach § 3 Abs. 1 oder 4 des Schwerbehindertengesetzes in der vor dem 20. Juni 1976 geltenden Fassung erteilten Bescheinigungen, und zwar bis zum Ablauf ihres derzeitigen Geltungszeitraums. Erscheint aus besonderen Gründen die Feststellung erforderlich, daß die Minderung der Erwerbsfähigkeit nicht überwiegend auf Alterserscheinungen beruht, so ist darüber zusätzlich eine Bescheinigung der für die Durchführung des Bundesversorgungsgesetzes zuständigen Behörden beizubringen.

(3) Ist der Körperbehinderte verstorben und kann ein Nachweis nach den Absätzen 1 und 2 nicht erbracht werden, so genügt zum Nachweis eine gutachtliche Stellungnahme von seiten der für die Durchführung des Bundesversorgungsgesetzes zuständigen Behörden. Diese Stellungnahme hat das Finanzamt einzuholen.

(4) Der Nachweis der Voraussetzungen für die Gewährung des Pauschbetrags für Hinterbliebene im Sinne des §§ 33 b Abs. 4 des Gesetzes ist durch amtliche Unterlagen zu erbringen.

§§ 66 und 67 (weggefallen)

Zu § 34 b des Gesetzes

§ 68 Betriebsgutachten, Betriebswerk, Nutzungssatz

(1) Das amtlich anerkannte Betriebsgutachten oder das Betriebswerk, das der erstmaligen Festsetzung des Nutzungssatzes zugrunde zu legen ist, muß vorbehaltlich des Absatzes 2 spätestens auf den Anfang des drittletzten Wirtschaftsjahrs aufgestellt worden sein, das dem Wirtschaftsjahr vorangegangen ist, in dem die nach § 34 b des Gesetzes zu begünstigenden Holznutzungen angefallen sind. Der Zeitraum von zehn Wirtschaftsjahren, für den der Nutzungssatz maßgebend ist, beginnt mit dem Wirtschaftsjahr, auf dessen Anfang das Betriebsgutachten oder Betriebswerk aufgestellt worden ist.

(2) Bei aussetzenden forstwirtschaftlichen Betrieben genügt es, wenn das Betriebsgutachten oder Betriebswerk auf den Anfang des Wirtschaftsjahrs aufgestellt wird, in dem die nach § 34 b des Gesetzes zu begünstigenden Holznutzungen angefallen sind. Der Zeitraum von zehn Jahren, für den der Nutzungssatz maßgebend ist, beginnt mit dem Wirtschaftsjahr, auf dessen Anfang das Betriebsgutachten oder Betriebswerk aufgestellt worden ist.

(3) Ein Betriebsgutachten im Sinne des § 34 b Abs. 4 Nr. 1 des Gesetzes ist amtlich anerkannt, wenn die Anerkennung von einer Behörde oder einer Körperschaft des öffentlichen Rechts des Landes, in dem der forstwirtschaftliche Betrieb belegen ist, ausgesprochen wird. Die Länder bestimmen, welche Behörden oder Körperschaften des öffentlichen Rechts diese Anerkennung auszusprechen haben.

Zu § 34 c des Gesetzes

§ 68 a Einkünfte aus mehreren ausländischen Staaten

Die für die Einkünfte aus einem ausländischen Staat festgesetzte und gezahlte und keinem Ermäßigungsanspruch mehr unterliegende ausländische Steuer ist nur bis zur Höhe der deutschen Steuer anzurechnen, die auf die Einkünfte aus diesem ausländischen Staat entfällt. Stammen die Einkünfte aus mehreren ausländischen Staaten, so sind die Höchstbeträ-

Einkommensteuer-Durchführungsverordnung
§§ 68 b–72

ge der anrechenbaren ausländischen Steuern für jeden einzelnen ausländischen Staat gesondert zu berechnen.

§ 68 b Nachweis über die Höhe der ausländischen Einkünfte und Steuern

Der Steuerpflichtige hat den Nachweis über die Höhe der ausländischen Einkünfte und über die Festsetzung und Zahlung der ausländischen Steuern durch Vorlage entsprechender Urkunden (z. B. Steuerbescheid, Quittung über die Zahlung) zu führen. Sind diese Urkunden in einer fremden Sprache abgefaßt, so kann eine beglaubigte Übersetzung in die deutsche Sprache verlangt werden.

§ 68 c Nachträgliche Festsetzung oder Änderung ausländischer Steuern

(1) Der für einen Veranlagungszeitraum erteilte Steuerbescheid ist zu ändern (Berichtigungsveranlagung), wenn eine ausländische Steuer, die auf die in diesem Veranlagungszeitraum bezogenen Einkünfte entfällt, nach Erteilung dieses Steuerbescheids erstmalig festgesetzt, nachträglich erhöht oder erstattet wird und sich dadurch eine höhere oder niedrigere Veranlagung rechtfertigt.

(2) Wird eine ausländische Steuer, die nach § 34 c des Gesetzes für einen Veranlagungszeitraum auf die Einkommensteuer anzurechnen oder bei Ermittlung des Gesamtbetrags der Einkünfte abzuziehen ist, nach Abgabe der Steuererklärung für diesen Veranlagungszeitraum erstattet, so hat der Steuerpflichtige dies dem zuständigen Finanzamt unverzüglich mitzuteilen.

(3) Rechtsbehelfe gegen Steuerbescheide, die nach Absatz 1 geändert worden sind, können nur darauf gestützt werden, daß die ausländische Steuer nicht oder nicht zutreffend angerechnet oder abgezogen worden sei.

§ 69 (weggefallen)

Zu § 46 des Gesetzes

§ 70 Ausgleich von Härten in bestimmten Fällen

Betragen in den Fällen des § 46 Abs. 2 Nr. 1 bis 7 des Gesetzes die Einkünfte, von denen der Steuerabzug vom Arbeitslohn nicht vorgenommen worden ist, insgesamt mehr als 800 Deutsche Mark, aber nicht mehr als 1 600 Deutsche Mark, so ist vom Einkommen der Betrag abzuziehen, um den die bezeichneten Einkünfte insgesamt niedriger als 1 600 Deutsche Mark sind. Der Betrag nach Satz 1 vermindert sich um den Altersentlastungsbetrag (§ 24 a des Gesetzes), soweit dieser 40 vom Hundert des Arbeitslohns mit Ausnahme der Versorgungsbezüge im Sinne des § 19 Abs. 2 des Gesetzes übersteigt, höchstens jedoch um 40 vom Hundert.

§§ 71 und 72 (weggefallen)

Einkommensteuer-Durchführungsverordnung

§§ 73–73 d

Zu § 50 des Gesetzes

§ 73 Sondervorschrift für beschränkt Steuerpflichtige

Beschränkt Steuerpflichtige, die zu dem in § 10 a Abs. 1 Nr. 2 des Gesetzes bezeichneten Personenkreis gehören und ihre frühere Erwerbsgrundlage verloren haben, können § 10 a des Gesetzes anwenden, wenn ein wirtschaftlicher Zusammenhang zwischen den in dieser Vorschrift bezeichneten Sonderausgaben und inländischen Einkünften besteht, der Gewinn auf Grund im Inland geführter Bücher nach § 4 Abs. 1 oder nach § 5 des Gesetzes ermittelt wird und die Bücher im Inland aufbewahrt werden.

Zu § 50 a des Gesetzes

§ 73 a Begriffsbestimmungen

(1) Inländisch im Sinne des § 50 a Abs. 1 des Gesetzes sind solche Unternehmen, die ihre Geschäftsleitung oder ihren Sitz im Geltungsbereich des Gesetzes haben.

(2) Urheberrechte im Sinne des § 50 a Abs. 4 Nr. 3 des Gesetzes sind Rechte, die nach Maßgabe des Urheberrechtsgesetzes vom 9. September 1965 (BGBl. I S. 1273) geschützt sind.

(3) Gewerbliche Schutzrechte im Sinne des § 50 a Abs. 4 Nr. 3 des Gesetzes sind Rechte, die nach Maßgabe des Geschmacksmustergesetzes in der im Bundesgesetzblatt Teil III, Gliederungsnummer 442-1, veröffentlichten bereinigten Fassung, des Patentgesetzes in der Fassung der Bekanntmachung vom 2. Januar 1968 (BGBl. I S. 1, 2), des Gebrauchsmustergesetzes in der Fassung der Bekanntmachung vom 2. Januar 1968 (BGBl. I S. 1, 24) und des Warenzeichengesetzes in der Fassung der Bekanntmachung vom 2. Januar 1968 (BGBl. I S. 1, 29) geschützt sind.

§ 73 b (weggefallen)

§ 73 c Zeitpunkt des Zufließens im Sinne des § 50 a Abs. 5 Satz 1 des Gesetzes

Die Aufsichtsratsvergütungen oder die Vergütungen im Sinne des § 50 a Abs. 4 des Gesetzes fließen dem Gläubiger zu
1. im Fall der Zahlung, Verrechnung oder Gutschrift:
   bei Zahlung, Verrechnung oder Gutschrift;
2. im Fall der Hinausschiebung der Zahlung wegen vorübergehender Zahlungsunfähigkeit des Schuldners:
   bei Zahlung, Verrechnung oder Gutschrift;
3. im Fall der Gewährung von Vorschüssen:
   bei Zahlung, Verrechnung oder Gutschrift der Vorschüsse.

§ 73 d Aufzeichnungen, Steueraufsicht

(1) Der Schuldner der Aufsichtsratsvergütungen oder der Vergütungen im Sinne des § 50 a Abs. 4 des Gesetzes (Schuldner) hat besondere Aufzeichnungen zu führen. Aus den Aufzeichnungen müssen ersichtlich sein
1. Name und Wohnung des beschränkt steuerpflichtigen Gläubigers (Steuerschuldners),
2. Höhe der Aufsichtsratsvergütungen oder der Vergütungen in Deutscher Mark,

3. Tag, an dem die Aufsichtsratsvergütungen oder die Vergütungen dem Steuerschuldner zugeflossen sind,
4. Höhe und Zeitpunkt der Abführung der einbehaltenen Steuer.

(2) Bei der Veranlagung des Schuldners zur Einkommensteuer (Körperschaftsteuer) und bei Außenprüfungen, die bei dem Schuldner vorgenommen werden, ist auch zu prüfen, ob die Steuern ordnungsmäßig einbehalten und abgeführt worden sind.

§ 73 e Einbehaltung, Abführung und Anmeldung der Aufsichtsratsteuer und der Steuer von Vergütungen im Sinne des § 50 a Abs. 4 des Gesetzes (§ 50 a Abs. 5 des Gesetzes)

Der Schuldner hat die innerhalb eines Kalendervierteljahrs einbehaltene Aufsichtsratsteuer oder die Steuer von Vergütungen im Sinne des § 50 a Abs. 4 des Gesetzes unter der Bezeichnung »Steuerabzug von Aufsichtsratsvergütungen« oder »Steuerabzug von Vergütungen im Sinne des § 50 a Abs. 4 des Einkommensteuergesetzes« jeweils bis zum 10. des dem Kalendervierteljahr folgenden Monats an das für seine Besteuerung nach dem Einkommen zuständige Finanzamt (Finanzkasse) abzuführen; ist der Schuldner keine Körperschaft und stimmen Betriebs- und Wohnsitzfinanzamt nicht überein, so ist die einbehaltene Steuer an das Betriebsfinanzamt abzuführen. Bis zum gleichen Zeitpunkt hat der Schuldner dem nach Satz 1 zuständigen Finanzamt eine Steueranmeldung über den Gläubiger und die Höhe der Aufsichtsratsvergütungen oder der Vergütungen im Sinne des § 50 a Abs. 4 des Gesetzes und die Höhe des Steuerabzugs zu übersenden. Satz 2 gilt entsprechend, wenn ein Steuerabzug auf Grund eines Abkommens zur Vermeidung der Doppelbesteuerung nicht oder nicht in voller Höhe vorzunehmen ist. Die Steueranmeldung muß vom Schuldner oder von einem zu seiner Vertretung Berechtigten unterschrieben sein. Ist es zweifelhaft, ob der Gläubiger beschränkt oder unbeschränkt steuerpflichtig ist, so darf der Schuldner die Einbehaltung der Steuer nur dann unterlassen, wenn der Gläubiger durch eine Bescheinigung des nach den abgabenrechtlichen Vorschriften für die Besteuerung seines Einkommens zuständigen Finanzamts nachweist, daß er unbeschränkt steuerpflichtig ist.

§ 73 f Steuerabzug in den Fällen des § 50 a Abs. 6 des Gesetzes

Der Schuldner der Vergütungen für die Nutzung oder das Recht auf Nutzung von Urheberrechten im Sinne des § 50 a Abs. 4 Nr. 3 des Gesetzes braucht den Steuerabzug nicht vorzunehmen, wenn er diese Vergütungen auf Grund eines Übereinkommens nicht an den beschränkt steuerpflichtigen Gläubiger (Steuerschuldner), sondern an die Gesellschaft für musikalische Aufführungs- und mechanische Vervielfältigungsrechte (Gema) oder an einen anderen Rechtsträger abführt und die obersten Finanzbehörden der Länder mit Zustimmung des Bundesministers der Finanzen einwilligen, daß dieser andere Rechtsträger an die Stelle des Schuldners tritt. In diesem Fall hat die Gema oder der andere Rechtsträger den Steuerabzug vorzunehmen; § 50 a Abs. 5 des Gesetzes sowie die §§ 73 d und 73 e gelten entsprechend.

§ 73 g Haftungsbescheid

(1) Ist die Steuer nicht ordnungsmäßig einbehalten oder abgeführt, so hat das Finanzamt die Steuer von dem Schuldner, in den Fällen des § 73 f von dem dort bezeichneten Rechtsträger, durch Haftungsbescheid oder von dem Steuerschuldner durch Steuerbescheid anzufordern.

Einkommensteuer-Durchführungsverordnung
§§ 73 h–74

(2) Der Zustellung des Haftungsbescheids an den Schuldner bedarf es nicht, wenn der Schuldner die einbehaltene Steuer dem Finanzamt ordnungsmäßig angemeldet hat (§ 73 e) oder wenn er vor dem Finanzamt oder einem Prüfungsbeamten des Finanzamts seine Verpflichtung zur Zahlung der Steuer schriftlich anerkannt hat.

§ 73 h Besonderheiten im Fall von Doppelbesteuerungsabkommen

Ergibt sich aus einem Abkommen zur Vermeidung der Doppelbesteuerung, daß unter bestimmten Voraussetzungen Aufsichtsratsvergütungen oder Vergütungen im Sinne des § 50 a Abs. 4 des Gesetzes nicht oder nur nach einem vom Gesetz abweichenden niedrigeren Steuersatz besteuert werden können, so darf der Schuldner den Steuerabzug nur unterlassen oder nach dem niedrigeren Steuersatz vornehmen, wenn das Bundesamt für Finanzen entweder bescheinigt hat, daß die Voraussetzungen für die Nichterhebung der Abzugsteuer oder die Erhebung der Abzugsteuer nach dem niedrigeren Steuersatz vorliegen, oder den Schuldner unter bestimmten Auflagen allgemein ermächtigt hat, den Steuerabzug zu unterlassen oder nach dem niedrigeren Steuersatz vorzunehmen; die Anmeldeverpflichtung des Schuldners nach § 73 e bleibt unberührt. Die Bescheinigung des Bundesamts für Finanzen ist als Beleg zu den Aufzeichnungen im Sinne des § 73 d aufzubewahren.

Zu § 51 des Gesetzes

§ 74 Rücklage für Preissteigerung

(1) Steuerpflichtige, die den Gewinn nach § 5 des Gesetzes ermitteln, können für die Roh-, Hilfs- und Betriebsstoffe, halbfertigen Erzeugnisse, fertigen Erzeugnisse und Waren, die vertretbare Wirtschaftsgüter sind und deren Börsen- oder Marktpreis (Wiederbeschaffungspreis) am Schluß des Wirtschaftsjahrs gegenüber dem Börsen- oder Marktpreis (Wiederbeschaffungspreis) am Schluß des vorangegangenen Wirtschaftsjahrs um mehr als 10 vom Hundert gestiegen ist, im Wirtschaftsjahr der Preissteigerung eine den steuerlichen Gewinn mindernde Rücklage für Preissteigerung nach Maßgabe der Absätze 2 bis 4 bilden.

(2) Zur Errechnung der Rücklage für Preissteigerung ist der Vomhundertsatz zu ermitteln, um den der Börsen- oder Marktpreis (Wiederbeschaffungspreis) der Wirtschaftsgüter im Sinne des Absatzes 1 am Schluß des vorangegangenen Wirtschaftsjahrs zuzüglich 10 vom Hundert dieses Preises niedriger ist als der Börsen- oder Marktpreis (Wiederbeschaffungspreis) dieser Wirtschaftsgüter am Schluß des Wirtschaftsjahrs.

(3) Die Rücklage darf den steuerlichen Gewinn nur bis zur Höhe des Betrags mindern, der sich bei Anwendung des nach Absatz 2 berechneten Vomhundertsatzes auf die am Schluß des Wirtschaftsjahrs in der Steuerbilanz ausgewiesenen und nach § 6 Abs. 1 Nr. 2 Satz 1 des Gesetzes mit den Anschaffungs- oder Herstellungskosten bewerteten Wirtschaftsgüter im Sinne des Absatzes 1 ergibt. Ist ein Wirtschaftsgut im Sinne des Absatzes 1 am Schluß des Wirtschaftsjahrs in der Steuerbilanz niedriger als mit den Anschaffungs- oder Herstellungskosten bewertet worden, so darf die Rücklage den steuerlichen Gewinn bis zur Höhe des Betrags mindern, der sich bei Anwendung des nach Absatz 2 berechneten Vomhundertsatzes auf den in der Steuerbilanz ausgewiesenen niedrigeren Wert ergibt. Liegt dieser Wert unter dem Börsen- oder Marktpreis (Wiederbeschaffungspreis) am Schluß des Wirtschaftsjahrs, so kann eine Rücklage nicht gebildet werden.

Einkommensteuer-Durchführungsverordnung

§§ 74 a–76

(4) Für Wirtschaftsgüter, die sich am Schluß des Wirtschaftsjahrs im Zustand der Be- oder Verarbeitung befinden und für die ein Börsen- oder Marktpreis (Wiederbeschaffungspreis) nicht vorhanden ist, sind die Absätze 1 bis 3 mit der Maßgabe anzuwenden, daß die Preissteigerung nach dem Börsen- oder Marktpreis (Wiederbeschaffungspreis) des nächsten Wirtschaftsguts zu berechnen ist, in das das im Zustand der Be- oder Verarbeitung befindliche Wirtschaftsgut eingeht und für das ein Börsen- oder Marktpreis (Wiederbeschaffungspreis) vorliegt.

(5) Die Rücklage für Preissteigerung ist spätestens bis zum Ende des auf die Bildung folgenden sechsten Wirtschaftsjahrs gewinnerhöhend aufzulösen. Bei Eintritt wesentlicher Preissenkungen, die auf die Preissteigerungen im Sinne des Absatzes 1 folgen, kann eine Auflösung zu einem früheren Zeitpunkt bestimmt werden.

(6) Voraussetzung für die Anwendung des Absatzes 1 ist, daß die Bildung und Auflösung der Rücklage in der Buchführung verfolgt werden können.

§ 74 a Wertansatz bestimmter metallhaltiger Wirtschaftsgüter des Vorratsvermögens

(1) Steuerpflichtige, die den Gewinn nach § 5 des Gesetzes ermitteln, können bei Wirtschaftsgütern des Vorratsvermögens für den Wertansatz von Gold, Silber, Platin, Palladium und Rhodium unterstellen, daß die zuletzt angeschafften oder hergestellten Wirtschaftsgüter zuerst verbraucht oder veräußert worden sind, soweit dies den handelsrechtlichen Grundsätzen ordnungsmäßiger Buchführung entspricht.

(2) Voraussetzung für die Anwendung des Absatzes 1 ist, daß
1. die Wirtschaftsgüter zur Erzeugung, Be- oder Verarbeitung von Gold, Silber, Platin, Palladium oder Rhodium im eigenen Betrieb bestimmt sind oder im eigenen Betrieb erzeugt, bearbeitet oder verarbeitet worden sind,
2. die Verbrauchs- oder Veräußerungsfolge nach Absatz 1 auch für den Wertansatz in der handelsrechtlichen Jahresbilanz unterstellt wird,
3. keine Rücklagen für bei Gold, Silber, Platin, Palladium oder Rhodium eingetretene Preissteigerungen gebildet werden,
4. vom Wertansatz für Gold, Silber, Platin, Palladium oder Rhodium kein Bewertungsabschlag nach § 80 vorgenommen wird.

(3) Die Absätze 1 und 2 gelten sinngemäß für Kupfer.

§ 75 (weggefallen)

§ 76 Begünstigung der Anschaffung oder Herstellung bestimmter Wirtschaftsgüter und der Vornahme bestimmter Baumaßnahmen durch Land- und Forstwirte, deren Gewinn nicht nach Durchschnittssätzen zu ermitteln ist

(1) Land- und Forstwirte, deren Gewinn nicht nach § 13 a des Gesetzes zu ermitteln ist, können von den Aufwendungen für die in den Anlagen 1 und 2 zu dieser Verordnung bezeichneten beweglichen und unbeweglichen Wirtschaftsgüter und Um- und Ausbauten an unbeweglichen Wirtschaftsgütern im Wirtschaftsjahr der Anschaffung oder Herstellung und in den beiden folgenden Wirtschaftsjahren Sonderabschreibungen vornehmen, und zwar
1. bei beweglichen Wirtschaftsgütern
   bis zur Höhe von insgesamt 50 vom Hundert,

2. bei unbeweglichen Wirtschaftsgütern und bei Um- und Ausbauten an unbeweglichen Wirtschaftsgütern
   bis zur Höhe von insgesamt 30 vom Hundert
der Anschaffungs- oder Herstellungskosten. § 9 a gilt entsprechend.

(2) Die in Absatz 1 bezeichneten Land- und Forstwirte können bei Hingabe eines Zuschusses zur Finanzierung der Anschaffung oder Herstellung der in den Anlagen 1 und 2 zu dieser Verordnung bezeichneten beweglichen und unbeweglichen Wirtschaftsgüter oder bei Hingabe eines Zuschusses zur Finanzierung von Um- und Ausbauten an unbeweglichen Wirtschaftsgütern im Wirtschaftsjahr der Hingabe und in den beiden folgenden Wirtschaftsjahren neben den Absetzungen für Abnutzung nach § 7 Abs. 1 des Gesetzes Abschreibungen bis zur Höhe von insgesamt 50 vom Hundert der Zuschüsse vornehmen.

(3) Voraussetzung für die Anwendung des Absatzes 2 ist, daß
1. der Land- und Forstwirt den Zuschuß zum Zweck der Mitbenutzung der in den Anlagen 1 und 2 zu dieser Verordnung bezeichneten Wirtschaftsgüter gibt und
2. der Empfänger den Zuschuß unverzüglich und unmittelbar zur Finanzierung der Anschaffung oder Herstellung dieser Wirtschaftsgüter oder zur Finanzierung der Um- und Ausbauten verwendet und diese Verwendung dem Steuerpflichtigen bestätigt.

(4) Die Abschreibungen nach Absatz 1 können für die Wirtschaftsgüter und für die Um- und Ausbauten an unbeweglichen Wirtschaftsgütern vorgenommen werden, die bis zum Ende des Wirtschaftsjahrs 1991/92 angeschafft oder hergestellt werden. Die Abschreibungen nach Absatz 2 können bei Zuschüssen in Anspruch genommen werden, die bis zum Ende des Wirtschaftsjahrs 1991/92 gegeben werden. Für unbewegliche Wirtschaftsgüter und für Um- und Ausbauten an unbeweglichen Wirtschaftsgütern, für die Abschreibungen nach Absatz 1 vorgenommen werden, ist von einer höchstens 30jährigen Nutzungsdauer auszugehen.

§ 77 (weggefallen)

§ 78 Begünstigung der Anschaffung oder Herstellung bestimmter Wirtschaftsgüter und der Vornahme bestimmter Baumaßnahmen durch Land- und Forstwirte, deren Gewinn nach Durchschnittssätzen zu ermitteln ist

(1) Land- und Forstwirte, deren Gewinn nach § 13 a des Gesetzes zu ermitteln ist, können bei Anschaffung oder Herstellung der in den Anlagen 1 und 2 zu dieser Verordnung bezeichneten beweglichen und unbeweglichen Wirtschaftsgüter und Um- und Ausbauten an unbeweglichen Wirtschaftsgütern im Wirtschaftsjahr der Anschaffung oder Herstellung
1. bei beweglichen Wirtschaftsgütern
   25 vom Hundert,
2. bei unbeweglichen Wirtschaftsgütern und bei Um- und Ausbauten an unbeweglichen Wirtschaftsgütern
   15 vom Hundert
der Anschaffungs- oder Herstellungskosten vom Gewinn abziehen. § 9 a gilt entsprechend.

(2) Die in Absatz 1 bezeichneten Land- und Forstwirte können bei Hingabe eines Zuschusses zur Finanzierung der Anschaffung oder Herstellung der in den Anlagen 1 und 2 zu dieser Verordnung bezeichneten beweglichen und unbeweglichen Wirtschaftsgüter oder bei Hingabe eines Zuschusses zur Finanzierung von Um- und Ausbauten an unbeweglichen

Einkommensteuer-Durchführungsverordnung
§§ 79–80

Wirtschaftsgütern insgesamt bis zu 25 vom Hundert der Zuschüsse im Wirtschaftsjahr der Hingabe vom Gewinn abziehen. § 76 Abs. 3 ist anzuwenden.

(3) Die nach den Absätzen 1 und 2 abzugsfähigen Beträge dürfen insgesamt 4 000 Deutsche Mark nicht übersteigen und nicht zu einem Verlust aus Land- und Forstwirtschaft führen.

(4) Der Abzug nach Absatz 1 kann für Wirtschaftsgüter in Anspruch genommen werden, die bis zum Ende des Wirtschaftsjahrs 1991/92 angeschafft oder hergestellt werden. Der Abzug nach Absatz 2 kann für Zuschüsse in Anspruch genommen werden, die bis zum Ende des Wirtschaftsjahrs 1991/92 gegeben werden.

(5) § 7 a Abs. 6 des Gesetzes gilt entsprechend.

§ 79 (weggefallen)

§ 80 Bewertungsabschlag für bestimmte Wirtschaftsgüter des Umlaufvermögens ausländischer Herkunft, deren Preis auf dem Weltmarkt wesentlichen Schwankungen unterliegt

(1) Steuerpflichtige, die den Gewinn nach § 5 des Gesetzes ermitteln, können die in der Anlage 3 zu dieser Verordnung bezeichneten Wirtschaftsgüter des Umlaufvermögens statt mit dem sich nach § 6 Abs. 1 Nr. 2 des Gesetzes ergebenden Wert mit einem Wert ansetzen, der bis zu 20 vom Hundert unter den Anschaffungskosten oder dem niedrigeren Börsen- oder Marktpreis (Wiederbeschaffungspreis) des Bilanzstichtags liegt.

(2) Voraussetzung für die Anwendung des Absatzes 1 ist, daß
1. das Wirtschaftsgut im Ausland erzeugt oder hergestellt worden ist,
2. das Wirtschaftsgut nach der Anschaffung nicht bearbeitet oder verarbeitet worden ist,
3. das Land Berlin für das Wirtschaftsgut nicht vertraglich das mit der Einlagerung verbundene Preisrisiko übernommen hat,
4. das Wirtschaftsgut sich am Bilanzstichtag im Inland befunden hat oder nachweislich zur Einfuhr in das Inland bestimmt gewesen ist. Dieser Nachweis gilt als erbracht, wenn sich das Wirtschaftsgut spätestens neun Monate nach dem Bilanzstichtag im Inland befindet und
5. der Tag der Anschaffung und die Anschaffungskosten aus der Buchführung ersichtlich sind.

Ob eine Bearbeitung oder Verarbeitung im Sinne der Nummer 2 vorliegt, bestimmt sich nach § 12 der Durchführungsbestimmungen zum Umsatzsteuergesetz in der Fassung der Bekanntmachung vom 1. September 1951 (BGBl. I S. 796), zuletzt geändert durch das Steueränderungsgesetz 1966 vom 23. Dezember 1966 (BGBl. I S. 702). Die nach § 4 Ziff. 4 des Umsatzsteuergesetzes in der Fassung der Bekanntmachung vom 1. September 1951 (BGBl. I S. 791), zuletzt geändert durch das Steueränderungsgesetz 1966 und das Siebzehnte Gesetz zur Änderung des Umsatzsteuergesetzes vom 23. Dezember 1966 (BGBl. I S. 709), in Verbindung mit der Anlage 2 zu diesem Gesetz oder nach § 22 der bezeichneten Durchführungsbestimmungen zum Umsatzsteuergesetz besonders zugelassenen Bearbeitungen und Verarbeitungen schließen die Anwendung des Absatzes 1 nicht aus, es sei denn, daß durch die Bearbeitung oder Verarbeitung ein Wirtschaftsgut entsteht, das nicht in der Anlage 3 aufgeführt ist.

Einkommensteuer-Durchführungsverordnung
§ 81

§ 81 Bewertungsfreiheit für bestimmte Wirtschaftsgüter des Anlagevermögens im Kohlen- und Erzbergbau

(1) Steuerpflichtige, die den Gewinn nach § 5 des Gesetzes ermitteln, können bei abnutzbaren Wirtschaftsgütern des Anlagevermögens, bei denen die in den Absätzen 2 und 3 bezeichneten Voraussetzungen vorliegen, im Wirtschaftsjahr der Anschaffung oder Herstellung und in den vier folgenden Wirtschaftsjahren Sonderabschreibungen vornehmen, und zwar
1. bei beweglichen Wirtschaftsgütern des Anlagevermögens
   bis zur Höhe von insgesamt 50 vom Hundert,
2. bei unbeweglichen Wirtschaftsgütern des Anlagevermögens
   bis zur Höhe von insgesamt 30 vom Hundert

der Anschaffungs- oder Herstellungskosten. § 9 a gilt entsprechend.

(2) Voraussetzung für die Anwendung des Absatzes 1 ist,
1. daß die Wirtschaftsgüter
   a) im Tiefbaubetrieb des Steinkohlen-, Pechkohlen-, Braunkohlen- und Erzbergbaues
      aa) für die Errichtung von neuen Förderschachtanlagen, auch in der Form von Anschlußschachtanlagen,
      bb) für die Errichtung neuer Schächte sowie die Erweiterung des Grubengebäudes und den durch Wasserzuflüsse aus stilliegenden Anlagen bedingten Ausbau der Wasserhaltung bestehender Schachtanlagen,
      cc) für Rationalisierungsmaßnahmen in der Hauptschacht-, Blindschacht-, Strecken- und Abbauförderung, im Streckenvortrieb, in der Gewinnung, Versatzwirtschaft, Seilfahrt, Wetterführung und Wasserhaltung sowie in der Aufbereitung,
      dd) für die Zusammenfassung von mehreren Förderschachtanlagen zu einer einheitlichen Förderschachtanlage oder
      ee) für den Wiederaufschluß stilliegender Grubenfelder und Feldesteile,
   b) im Tagebaubetrieb des Braunkohlen- und Erzbergbaues
      aa) für die Erschließung neuer Tagebaue, auch in Form von Anschlußtagebauen,
      bb) für Rationalisierungsmaßnahmen bei laufenden Tagebauen,
      cc) beim Übergang zum Tieftagebau für die Freilegung und Gewinnung der Lagerstätte oder
      dd) für die Wiederinbetriebnahme stillgelegter Tagebaue
   angeschafft oder hergestellt werden und
2. daß die Förderungswürdigkeit dieser Vorhaben von der obersten Landesbehörde oder der von ihr bestimmten Stelle im Einvernehmen mit dem Bundesminister für Wirtschaft bescheinigt worden ist.

(3) Die Abschreibungen nach Absatz 1 können nur in Anspruch genommen werden
1. in den Fällen des Absatzes 2 Nr. 1 Buchstabe a bei Wirtschaftsgütern des Anlagevermögens unter Tage und bei den in der Anlage 5 zu dieser Verordnung bezeichneten Wirtschaftsgütern des Anlagevermögens über Tage,
2. in den Fällen des Absatzes 2 Nr. 1 Buchstabe b bei den in der Anlage 6 zu dieser Verordnung bezeichneten Wirtschaftsgütern des beweglichen Anlagevermögens.

(4) Die Abschreibungen nach Absatz 1 können bereits für Anzahlungen auf Anschaffungskosten und für Teilherstellungskosten in Anspruch genommen werden.

Einkommensteuer-Durchführungsverordnung
§§ 82–82 a

(5) Bei den in Absatz 2 Nr. 1 Buchstabe b bezeichneten Vorhaben können die nach dem 31. Dezember 1973 aufgewendeten Kosten für den Vorabraum bis zu 50 vom Hundert als sofort abzugsfähige Betriebsausgaben behandelt werden.

§ 82 (weggefallen)

§ 82 a Erhöhte Absetzungen von Herstellungskosten und Sonderbehandlung von Erhaltungsaufwand für bestimmte Anlagen und Einrichtungen bei Gebäuden

(1) Der Steuerpflichtige kann von den Herstellungskosten
1. für Maßnahmen, die für den Anschluß eines im Inland belegenen Gebäudes an eine Fernwärmeversorgung einschließlich der Anbindung an das Heizsystem erforderlich sind, wenn die Fernwärmeversorgung überwiegend aus Anlagen der Kraft-Wärme-Kopplung, zur Verbrennung von Müll oder zur Verwertung von Abwärme gespeist wird,
2. für den Einbau von Wärmepumpenanlagen, Solaranlagen und Anlagen zur Wärmerückgewinnung in einem im Inland belegenen Gebäude einschließlich der Anbindung an das Heizsystem,
3. für die Errichtung von Windkraftanlagen, wenn die mit diesen Anlagen erzeugte Energie überwiegend entweder unmittelbar oder durch Verrechnung mit Elektrizitätsbezügen des Steuerpflichtigen von einem Elektrizitätsversorgungsunternehmen zur Versorgung eines im Inland belegenen Gebäudes des Steuerpflichtigen verwendet wird, einschließlich der Anbindung an das Versorgungssystem des Gebäudes,
4. für die Errichtung von Anlagen zur Gewinnung von Gas, das aus pflanzlichen oder tierischen Abfallstoffen durch Gärung unter Sauerstoffabschluß entsteht, wenn dieses Gas zur Beheizung eines im Inland belegenen Gebäudes des Steuerpflichtigen oder zur Warmwasserbereitung in einem solchen Gebäude des Steuerpflichtigen verwendet wird, einschließlich der Anbindung an das Versorgungssystem des Gebäudes,
5. für den Einbau einer Warmwasseranlage zur Versorgung von mehr als einer Zapfstelle und einer zentralen Heizungsanlage oder bei einer zentralen Heizungs- und Warmwasseranlage für den Einbau eines Heizkessels, eines Brenners, einer zentralen Steuerungseinrichtung, einer Wärmeabgabeeinrichtung und eine Änderung der Abgasanlage in einem im Inland belegenen Gebäude oder in einer im Inland belegenen Eigentumswohnung, wenn mit der Maßnahme nicht vor Ablauf von zehn Jahren seit Fertigstellung dieses Gebäudes begonnen worden ist,

an Stelle der nach § 7 Abs. 4 oder 5 oder § 7 b des Gesetzes zu bemessenden Absetzungen für Abnutzung im Jahr der Herstellung und in den folgenden neun Jahren jeweils bis zu 10 vom Hundert absetzen. Nach Ablauf dieser zehn Jahre ist ein etwa noch vorhandener Restwert den Anschaffungs- oder Herstellungskosten des Gebäudes oder dem an deren Stelle tretenden Wert hinzuzurechnen; die weiteren Absetzungen für Abnutzung sind einheitlich für das gesamte Gebäude nach dem sich hiernach ergebenden Betrag und dem für das Gebäude maßgebenden Hundertsatz zu bemessen. Voraussetzung für die Inanspruchnahme der erhöhten Absetzungen ist, daß das Gebäude in den Fällen der Nummer 1 vor dem 1. Juli 1983 fertiggestellt worden ist; die Voraussetzung entfällt, wenn der Anschluß nicht schon im Zusammenhang mit der Errichtung des Gebäudes möglich war.

(2) Die erhöhten Absetzungen können nicht vorgenommen werden, wenn für dieselbe Maßnahme eine Investitionszulage gewährt wird.

(3) Sind die Aufwendungen für eine Maßnahme im Sinne des Absatzes 1 Erhaltungsaufwand und entstehen sie bei einer zu eigenen Wohnzwecken genutzten Wohnung im eigenen

Einkommensteuer-Durchführungsverordnung

§§ 82 b–82 d

Haus, deren Nutzungswert nicht mehr besteuert wird, und liegen in den Fällen des Absatzes 1 Nr. 1 die Voraussetzungen des Absatzes 1 Satz 3 vor, können die Aufwendungen wie Sonderausgaben abgezogen werden; sie sind auf das Jahr, in dem die Arbeiten abgeschlossen worden sind, und die neun folgenden Jahre gleichmäßig zu verteilen. Entsprechendes gilt bei Aufwendungen zur Anschaffung neuer Einzelöfen für eine Wohnung, wenn keine zentrale Heizungsanlage vorhanden ist und die Wohnung seit mindestens zehn Jahren fertiggestellt ist. § 82 b Abs. 2 und 3 gilt entsprechend.

(4) Die Absätze 1 und 2 sind auf Herstellungskosten für Einbauten von Anlagen und Einrichtungen im Sinne des Absatzes 1 Nr. 1 bis 5 anzuwenden, die nach dem 30. Juni 1985 und vor dem 1. Januar 1992 fertiggestellt werden. Absatz 3 Satz 1 ist auf Erhaltungsaufwand für Arbeiten anzuwenden, die nach dem 30. Juni 1985 und vor dem 1. Januar 1992 abgeschlossen werden. Absatz 3 Satz 2 ist auf Aufwendungen für neue Einzelöfen anzuwenden, die nach dem 30. Juni 1985 und vor dem 1. Januar 1992 angeschafft werden.

§ 82 b Behandlung größeren Erhaltungsaufwands bei Wohngebäuden

(1) Der Steuerpflichtige kann größere Aufwendungen für die Erhaltung von Gebäuden, die im Zeitpunkt der Leistung des Erhaltungsaufwands nicht zu einem Betriebsvermögen gehören und überwiegend Wohnzwecken dienen, abweichend von § 11 Abs. 2 des Gesetzes auf zwei bis fünf Jahre gleichmäßig verteilen. Ein Gebäude dient überwiegend Wohnzwecken, wenn die Grundfläche der Wohnzwecken dienenden Räume des Gebäudes mehr als die Hälfte der gesamten Nutzfläche beträgt. Für die Zurechnung der Garagen zu den Wohnzwecken dienenden Räume gilt § 7 b Abs. 4 des Gesetzes entsprechend.

(2) Wird ein Gebäude während des Verteilungszeitraums veräußert oder in ein Betriebsvermögen eingebracht, so ist der noch nicht berücksichtigte Teil des Erhaltungsaufwands im Jahr der Veräußerung oder der Überführung in das Betriebsvermögen als Werbungskosten abzusetzen.

(3) Steht das Gebäude im Eigentum mehrerer Personen, so ist der in Absatz 1 bezeichnete Erhaltungsaufwand von allen Eigentümern auf den gleichen Zeitraum zu verteilen.

§ 82 c (weggefallen)

§ 82 d Bewertungsfreiheit für abnutzbare Wirtschaftsgüter des Anlagevermögens, die der Forschung oder Entwicklung dienen

(1) Bei abnutzbaren Wirtschaftsgütern des Anlagevermögens können unter den Voraussetzungen des Absatzes 3 im Wirtschaftsjahr der Anschaffung oder Herstellung und in den vier folgenden Wirtschaftsjahren folgende Sonderabschreibungen vorgenommen werden:
1. bei beweglichen Wirtschaftsgütern des Anlagevermögens bis zu insgesamt 40 vom Hundert,
2. bei unbeweglichen Wirtschaftsgütern des Anlagevermögens sowie bei Ausbauten und Erweiterungen an bestehenden Gebäuden, Gebäudeteilen, Eigentumswohnungen oder im Teileigentum stehenden Räumen des Anlagevermögens
   a) in den Fällen des Absatzes 3 Nr. 2 Buchstabe a bis zu insgesamt 15 vom Hundert,
   b) in den Fällen des Absatzes 3 Nr. 2 Buchstabe b bis zu insgesamt 10 vom Hundert
der Anschaffungs- oder Herstellungskosten. § 9 a gilt entsprechend.

Einkommensteuer-Durchführungsverordnung
§§ 82 e–82 f

(2) Die Abschreibungen nach Absatz 1 können bereits für Anzahlungen auf Anschaffungskosten und für Teilherstellungskosten in Anspruch genommen werden.

(3) Die Abschreibungen nach Absatz 1 können nur in Anspruch genommen werden, wenn
1. die beweglichen Wirtschaftsgüter ausschließlich,
2. die unbeweglichen Wirtschaftsgüter sowie die ausgebauten oder neu hergestellten Gebäudeteile
   a) zu mehr als 66 $^1/_3$ vom Hundert oder
   b) zu nicht mehr als 66 $^1/_3$ vom Hundert, aber zu mehr als 33 $^1/_3$ vom Hundert

seit ihrer Anschaffung oder Herstellung mindestens drei Jahre in einer inländischen Betriebsstätte des Steuerpflichtigen der Forschung oder Entwicklung dienen.

(4) Die Wirtschaftsgüter sowie die ausgebauten oder neu hergestellten Gebäudeteile dienen der Forschung oder Entwicklung, wenn sie verwendet werden
1. zur Gewinnung von neuen wissenschaftlichen oder technischen Erkenntnissen und Erfahrungen allgemeiner Art (Grundlagenforschung) oder
2. zur Neuentwicklung von Erzeugnissen oder Herstellungsverfahren oder
3. zur Weiterentwicklung von Erzeugnissen oder Herstellungsverfahren, soweit wesentliche Änderungen dieser Erzeugnisse oder Verfahren entwickelt werden.

(5) Die Abschreibungen nach Absatz 1 können für Wirtschaftsgüter sowie für ausgebaute und neu hergestellte Gebäudeteile in Anspruch genommen werden, die in der Zeit vom 19. Mai 1983 bis zum 31. Dezember 1989 angeschafft oder hergestellt werden.

§ 82 e (weggefallen)

§ 82 f Bewertungsfreiheit für Handelsschiffe, für Schiffe, die der Seefischerei dienen, und für Luftfahrzeuge

(1) Steuerpflichtige, die den Gewinn nach § 5 des Gesetzes ermitteln, können bei Handelsschiffen, die in einem inländischen Seeschiffsregister eingetragen sind, im Wirtschaftsjahr der Anschaffung oder Herstellung und in den vier folgenden Wirtschaftsjahren Sonderabschreibungen bis zu insgesamt 40 vom Hundert der Anschaffungs- oder Herstellungskosten vornehmen. § 9 a gilt entsprechend.

(2) Im Fall der Anschaffung eines Handelsschiffs ist Absatz 1 nur anzuwenden, wenn das Handelsschiff in ungebrauchtem Zustand vom Hersteller erworben worden ist.

(3) Die Inanspruchnahme der Abschreibungen nach Absatz 1 ist nur unter der Bedingung zulässig, daß die Handelsschiffe innerhalb eines Zeitraums von acht Jahren nach ihrer Anschaffung oder Herstellung nicht veräußert werden. Für Anteile an Handelsschiffen gilt dies entsprechend.

(4) Die Abschreibungen nach Absatz 1 können bereits für Anzahlungen auf Anschaffungskosten und für Teilherstellungskosten in Anspruch genommen werden.

(5) Die Abschreibungen nach Absatz 1 können für Handelsschiffe in Anspruch genommen werden, die vor dem 1. Januar 1995 angeschafft oder hergestellt werden.

(6) Die Absätze 1 bis 5 gelten für Schiffe, die der Seefischerei dienen, entsprechend. Für Luftfahrzeuge, die zur gewerbsmäßigen Beförderung von Personen oder Sachen im internationalen Luftverkehr oder zur Verwendung zu sonstigen gewerblichen Zwecken im Ausland bestimmt sind, gelten die Absätze 1 bis 5 mit der Maßgabe entsprechend, daß an die Stelle

Einkommensteuer-Durchführungsverordnung

§§ 82 g–82 i

der Eintragung in ein inländisches Seeschiffsregister die Eintragung in die deutsche Luftfahrzeugrolle, an die Stelle des Höchstsatzes von 40 vom Hundert ein Höchstsatz von 30 vom Hundert und bei der Vorschrift des Absatzes 3 an die Stelle des Zeitraums von acht Jahren ein Zeitraum von sechs Jahren treten.

§ 82 g Erhöhte Absetzungen von Herstellungskosten für bestimmte Baumaßnahmen

(1) Der Steuerpflichtige kann von den durch Zuschüsse aus Sanierungs- oder Entwicklungsförderungsmitteln nicht gedeckten Herstellungskosten für Modernisierungs- und Instandsetzungsmaßnahmen im Sinne des § 177 des Baugesetzbuchs sowie für Maßnahmen, die der Erhaltung, Erneuerung und funktionsgerechten Verwendung eines Gebäudes dienen, das wegen seiner geschichtlichen, künstlerischen oder städtebaulichen Bedeutung erhalten bleiben soll, und zu deren Durchführung sich der Eigentümer neben bestimmten Modernisierungsmaßnahmen gegenüber der Gemeinde verpflichtet hat, die für Gebäude in einem förmlich festgelegten Sanierungsgebiet oder städtebaulichen Entwicklungsbereich aufgewendet worden sind, an Stelle der nach § 7 Abs. 4 oder 5 oder § 7 b des Gesetzes zu bemessenden Absetzungen für Abnutzung im Jahr der Herstellung und in den neun folgenden Jahren jeweils bis zu 10 vom Hundert absetzen. § 82 a Abs. 1 Satz 2 gilt entsprechend. Satz 1 ist anzuwenden, wenn der Steuerpflichtige eine Bescheinigung der zuständigen Gemeindebehörde vorlegt, daß er Baumaßnahmen im Sinne des Satzes 1 durchgeführt hat; sind ihm Zuschüsse aus Sanierungs- oder Entwicklungsförderungsmitteln gewährt worden, so hat die Bescheinigung auch deren Höhe zu enthalten.

(2) Absatz 1 ist auf Herstellungskosten für Baumaßnahmen anzuwenden, die nach dem 31. Juli 1971 und vor dem 1. Januar 1992 durchgeführt werden.

§ 82 h Sonderbehandlung von Erhaltungsaufwand für bestimmte Baumaßnahmen

(1) Der Steuerpflichtige kann größere Aufwendungen zur Erhaltung eines Gebäudes in einem förmlich festgelegten Sanierungsgebiet oder städtebaulichen Entwicklungsbereich, die für Maßnahmen im Sinne des § 177 des Baugesetzbuchs sowie für Maßnahmen, die der Erhaltung, Erneuerung und funktionsgerechten Verwendung eines Gebäudes dienen, das wegen seiner geschichtlichen, künstlerischen oder städtebaulichen Bedeutung erhalten bleiben soll, und zu deren Durchführung sich der Eigentümer neben bestimmten Modernisierungsmaßnahmen gegenüber der Gemeinde verpflichtet hat, aufgewendet worden sind, auf zwei bis fünf Jahre gleichmäßig verteilen.

(2) Wird ein Gebäude während des Verteilungszeitraums veräußert, so ist der noch nicht berücksichtigte Teil des Erhaltungsaufwands im Jahr der Veräußerung als Betriebsausgabe oder Werbungskosten abzusetzen. Das gleiche gilt, wenn ein nicht zu einem Betriebsvermögen gehörendes Gebäude in ein Betriebsvermögen eingebracht oder wenn ein Gebäude aus dem Betriebsvermögen entnommen wird.

(3) § 82 b Abs. 3 gilt entsprechend.

§ 82 i Erhöhte Absetzungen von Herstellungskosten bei Baudenkmälern

(1) Bei einem Gebäude, das nach den jeweiligen landesrechtlichen Vorschriften ein Baudenkmal ist, kann der Steuerpflichtige von den Herstellungskosten für Baumaßnahmen, die nach Art und Umfang zur Erhaltung des Gebäudes als Baudenkmal und zu seiner sinnvollen Nutzung erforderlich sind und die nach Abstimmung mit der in Absatz 2 be-

Einkommensteuer-Durchführungsverordnung
§§ 82 k–84

zeichneten Stelle durchgeführt worden sind, an Stelle der nach § 7 Abs. 4 des Gesetzes zu bemessenden Absetzungen für Abnutzung im Jahr der Herstellung und in den neun folgenden Jahren jeweils bis zu 10 vom Hundert absetzen. Eine sinnvolle Nutzung ist nur anzunehmen, wenn das Gebäude in der Weise genutzt wird, daß die Erhaltung der schützenswerten Substanz des Gebäudes auf die Dauer gewährleistet ist. Bei einem Gebäudeteil, der nach den jeweiligen landesrechtlichen Vorschriften ein Baudenkmal ist, sind die Sätze 1 und 2 entsprechend anzuwenden. Bei einem Gebäude, das für sich allein nicht die Voraussetzungen für ein Baudenkmal erfüllt, aber Teil einer Gebäudegruppe oder Gesamtanlage ist, die nach den jeweiligen landesrechtlichen Vorschriften als Einheit geschützt ist, können die erhöhten Absetzungen von den Herstellungskosten der Gebäudeteile und Maßnahmen vorgenommen werden, die nach Art und Umfang zur Erhaltung des schützenswerten Erscheinungsbildes der Gruppe oder Anlage erforderlich sind. § 82 a Abs. 1 Satz 2 gilt entsprechend.

(2) Die erhöhten Absetzungen können nur in Anspruch genommen werden, wenn der Steuerpflichtige die Voraussetzungen des Absatzes 1 für das Gebäude oder den Gebäudeteil und für die Erforderlichkeit der Herstellungskosten durch eine Bescheinigung der nach Landesrecht zuständigen oder von der Landesregierung bestimmten Stelle nachweist.

§ 82 k Sonderbehandlung von Erhaltungsaufwand bei Baudenkmälern

(1) Größere Aufwendungen zur Erhaltung eines Gebäudes, das nach den jeweiligen landesrechtlichen Vorschriften ein Baudenkmal ist, kann der Steuerpflichtige auf zwei bis fünf Jahre gleichmäßig verteilen, soweit die Aufwendungen nach Art und Umfang zur Erhaltung des Gebäudes als Baudenkmal und zu seiner sinnvollen Nutzung erforderlich und nach Abstimmung mit der in § 82 i Abs. 2 bezeichneten Stelle vorgenommen worden sind; § 82 i Abs. 1 Satz 2 gilt entsprechend. Bei einem Gebäudeteil, der nach den jeweiligen landesrechtlichen Vorschriften ein Baudenkmal ist, ist Satz 1 entsprechend anzuwenden. Größere Aufwendungen zur Erhaltung eines Gebäudes, das für sich allein nicht die Voraussetzungen für ein Baudenkmal erfüllt, aber Teil einer Gebäudegruppe oder Gesamtanlage ist, die nach den jeweiligen landesrechtlichen Vorschriften als Einheit geschützt ist, kann der Steuerpflichtige auf zwei bis fünf Jahre gleichmäßig verteilen, soweit die Aufwendungen nach Art und Umfang zur Erhaltung des schützenswerten Erscheinungsbildes der Gruppe oder Anlage erforderlich sind.

(2) § 82 i Abs. 2, § 82 h Abs. 2 und § 82 b Abs. 3 gelten entsprechend.

§ 83 (weggefallen)

Schlußvorschriften

§ 84 Anwendungsvorschriften

(1) Die vorstehende Fassung dieser Verordnung ist, soweit in den folgenden Absätzen nichts anderes bestimmt ist, erstmals für den Veranlagungszeitraum 1990 anzuwenden.

(2) § 8 c Abs. 1 ist erstmals für Wirtschaftsjahre anzuwenden, die nach dem 30. April 1984 beginnen. Für Wirtschaftsjahre, die vor dem 1. Mai 1984 begonnen haben, ist § 8 c Abs. 1 und 2 der Einkommensteuer-Durchführungsverordnung 1981 in der Fassung der Bekanntmachung vom 23. Juni 1982 (BGBl. I S. 700) weiter anzuwenden.

Einkommensteuer-Durchführungsverordnung

§ 85

(3) § 74 a ist erstmals für Wirtschaftsjahre anzuwenden, die nach dem 31. Dezember 1984 enden. Soweit Rücklagen wegen Preissteigerungen bei Gold, Silber, Platin, Palladium, Rhodium oder Kupfer in früheren Wirtschaftsjahren noch nicht aufzulösen waren, sind sie spätestens im Wirtschaftsjahr der erstmaligen Anwendung des § 74 a gewinnerhöhend aufzulösen. Die Wertansätze nach § 74 a dürfen im Wirtschaftsjahr der erstmaligen Anwendung um einen Betrag bis zur Höhe der in diesem Wirtschaftsjahr aufgelösten Rücklagen wegen Preissteigerungen bei Gold, Silber, Platin, Palladium, Rhodium oder Kupfer gemindert werden. Die in der Bilanz für das im Kalenderjahr 1978 endende Wirtschaftsjahr ausgewiesenen Wertansätze für Gold, Silber, Platin, Palladium, Rhodium oder Kupfer dürfen nicht unterschritten werden.

(4) Auf Aufwendungen für Anlagen und Einrichtungen, die vor dem 1. Juli 1985 fertiggestellt worden sind, ist § 82 a in den vor diesem Zeitpunkt geltenden Fassungen weiter anzuwenden. § 82 a Abs. 3 ist erstmals für den Veranlagungszeitraum 1987 anzuwenden.

(5) § 82 f Abs. 5 und Abs. 7 Satz 1 der Einkommensteuer-Durchführungsverordnung 1979 in der Fassung der Bekanntmachung vom 24. September 1980 (BGBl. I S. 1801) ist letztmals für das Wirtschaftsjahr anzuwenden, das dem Wirtschaftsjahr vorangeht, für das § 15 a des Gesetzes erstmals anzuwenden ist.

(6) § 82 g ist erstmals auf Maßnahmen anzuwenden, die nach dem 30. Juni 1987 abgeschlossen werden. Auf Aufwendungen für Maßnahmen, die vor dem 1. Juli 1987 abgeschlossen worden sind, ist § 82 g in der vor diesem Zeitpunkt geltenden Fassung weiter anzuwenden.

(7) § 82 h ist erstmals auf Maßnahmen anzuwenden, die nach dem 30. Juni 1987 abgeschlossen werden. Für Maßnahmen, die vor dem 1. Juli 1987 abgeschlossen worden sind, ist § 82 h in der vor diesem Zeitpunkt geltenden Fassung weiter anzuwenden.

§ 85 Berlin-Klausel

Die vorstehende Fassung dieser Verordnung gilt nach § 14 des Dritten Überleitungsgesetzes in Verbindung mit Artikel 5 des Vermögensbeteiligungsgesetzes vom 22. Dezember 1983 (BGBl. I S. 1592) auch im Land Berlin.

Einkommensteuer-Durchführungsverordnung
Anlage 1

VII B
10 a
Seite 37

Anlage 1
(zu den §§ 76 und 78)

**Verzeichnis
der Wirtschaftsgüter des beweglichen Anlagevermögens
im Sinne des § 76 Abs. 1 Nr. 1 und des § 78 Abs. 1 Nr. 1**

1. Ackerschlepper (auch Geräteträger) und Einachsschlepper, Einbau- und Anhängemaschinen und Anhängegeräte sowie Gabelstapler
2. Mit Aufbaumotoren versehene Maschinen und Geräte zur Bodenbearbeitung und Pflanzenpflege
3. Schlepper und Motorseilwinden und die zugehörigen Arbeitsmaschinen und -geräte für Obst-, Garten- und Weinbau und Forstwirtschaft, Motorseilwinden auch für Landwirtschaft, Holzrückemaschinen und -geräte
4. Mähdrescher (einschließlich Zusatzgeräte), Zusatzgeräte zu Dreschmaschinen für den Erntehofdrusch, Feldhäcksler, Sammelpressen, Vielfachgeräte zur Heuwerbung und Parzellendrescher
5. Maschinen, Geräte und Vorrichtungen zur Bekämpfung von Schädlingen und Frostschäden
6. Pflanz- und Legemaschinen, Parzellendrillmaschinen
7. Vorrats- und Sammelerntemaschinen
8. Maschinen zur Verteilung von Stall- und Handelsdünger
9. Gummibereifte Wagen und Triebachsanhänger
10. Maschinen zur Sortierung und Aufbereitung, Verpackungsmaschinen und Schrotmühlen
11. Maschinen und Geräte zur Erdaufbereitung einschließlich Dämpfer und Erdtopfpressen
12. Keltern, Pressen und Filtriergeräte
13. Maschinen und Vorrichtungen zur Flaschenabfüllung im Obst- und Weinbau
14. Gär- und Lagertanks, Holzfässer, Gärbottiche und Herbstbütten
15. Transportable Motorsägen mit Vergasermotor, Entrindungs- und Entastungsmaschinen
16. Kulturzäune in der Forstwirtschaft
17. Fördereinrichtungen (mechanische und pneumatische) einschließlich der erforderlichen baulichen Anlagen
18. Siloanlagen für Futter; Kühlanlagen zum Einfrieren von Fischfutter in der Forellenteichwirtschaft
19. Belüftungs- und Trocknungseinrichtungen für land- und forstwirtschaftliche Erzeugnisse
20. Melkmaschinen, Weidemelk- und Melkstandanlagen, Milchabsauganlagen und Milchsammeltanks
21. Kühl- und Gefrieranlagen zur Erhaltung von land- und forstwirtschaftlichen Erzeugnissen
22. Be- und Entwässerungsanlagen, Grabenzieh- und Räummaschinen, bewegliche Pumpen, Maschinen und Geräte für den Wegebau und die Wegeinstandhaltung
23. Maschinelle Einrichtungen zu Gülle- und Jaucheanlagen
24. Entrappungsmaschinen
25. a) Gewächshäuser, Frühbeetanlagen und Dungbereitungsanlagen
    b) Heizungs-, Belichtungs-, Schattierungs-, Beregnungs-, Belüftungs- und Hängeeinrichtungen sowie Arbeits- und Kulturtische in Gewächshäusern oder Frühbeetanlagen
26. Getreidesilos im Zusammenhang mit der Haltung von Mähdreschern } wenn sie Betriebsvorrichtungen sind *)
27. Gärfutterbehälter
28. Dungstätten, Jauchegruben, Gülleanlagen und Mistsilos
29. Schattenhallen, Überwinterungsräume und Vorkeimräume
29a. Anlagen zur Lagerung von Kartoffeln, Gemüse, Obst, Baumschulerzeugnissen und gärtnerischen Erzeugnissen
29b. Transportable Waldarbeiter- und Geräteschutzhütten und Unterkunftswagen
30. Wasserversorgungsanlagen (Pumpen, Rohrleitungen und ähnliche Anlagen)
31. Elektrische Anlagen und Geräte, die ihrer Art nach ausschließlich land- und forstwirtschaftlichen Zwecken dienen können
32. Brutmaschinen, Aufzucht- und Legebatterien für die Geflügelhaltung
33. Tränk- und Fütterungseinrichtungen in Ställen und auf Weiden
34. Futtermischanlagen

*) Vgl. auch Anlage 2 Abschnitt C Buchstaben a bis c und Abschnitt D Nr. 1 Buchstaben a und b.

Einkommensteuer-Durchführungsverordnung
Anlage 2

Anlage 2
(zu den §§ 76 und 78)

Verzeichnis
der unbeweglichen Wirtschaftsgüter und Um- und Ausbauten
an unbeweglichen Wirtschaftsgütern
im Sinne des § 76 Abs. 1 Nr. 2 und des § 78 Abs. 1 Nr. 2

A. Baumaßnahmen im Rahmen der Tierseuchenbekämpfung

1. Trennung der Reagenten von den Nichtreagenten bei der Tuberkulose- und Brucellosebekämpfung
   a) Einbau von Trennwänden in Rindviehställen
   b) Umbau von Einraumställen zu Mehrraumställen
   c) Einbau von Jungviehlaufställen in vorhandene Gebäude (z. B. in Scheunen)
2. Verbesserung der Stallgebäude
   a) Einbau größerer Fenster
   b) Einbau von üblichen Lüftungsvorrichtungen
   c) Verbesserung des Wärmeschutzes der Wände, Decken und Fußböden

B. Baumaßnahmen im Rahmen der Technisierung und Rationalisierung der Innenwirtschaft

1. Um- und Ausbau von Wirtschaftsgebäuden zu Lagerzwecken
2. Neubau, Anbau und Einbau von Melkständen und Milchkammeranlagen
3. Einbau von Trocknungs-, Kühl- und Gefrieranlagen
4. Neubau, Umbau und Einbau von Maschinen- und Gerätehallen, Schleppergaragen und Treibstofflagern
5. Errichtung oder Umbau von Wirtschaftsküchen
6. Neubau von Ställen und Baumaßnahmen zur Modernisierung von Ställen

C. Baumaßnahmen zur Verminderung der Lagerungsverluste landwirtschaftlicher Erzeugnisse

Errichtung von
a) Getreidesilos oder Schüttböden im Zusammenhang mit der Haltung von Mähdreschern ⎫
b) Gärfutterbehältern ⎬ wenn sie nicht Betriebsvorrichtungen sind *)
c) Dungstätten, Jauchegruben, Gülleanlagen und Mistsilos ⎭
d) Düngerschuppen
e) Baulichkeiten zur Lagerung von Gemüse, Obst, Kartoffeln, Baumschulerzeugnissen und gärtnerischen Erzeugnissen einschließlich Sortier- und Verpackungsräumen

D. Sonstige Baumaßnahmen

1. Errichtung von
   a) Schattenhallen, Überwinterungsräumen und Vorkeimräumen ⎫
   b) Gewächshäusern einschließlich Heizungs- und Belichtungseinrichtungen ⎬ wenn sie nicht Betriebsvorrichtungen sind *)
   c) Waldarbeiter- und Geräteschutzhütten ⎭
2. Ausbau von Räumen zur Aufnahme einer sterilen Abfüllanlage im Obst- und Weinbau
3. Neubau, Umbau und Ausbau von Kelterschuppen und Kelterhäusern sowie von Räumen zur Vorklärung, Vergärung, Abfüllung, Aufbereitung, Sortierung, Verpackung und Lagerung im Obst- und Weinbau
4. Neubau, Umbau und Ausbau von Bruthäusern, Sortierhallen und Futterküchen in der Teichwirtschaft
5. Hofbefestigungen und Wirtschaftswege (Privatwege und öffentliche Wege)

---

*) Vgl. auch Anlage 1 Nr. 25 bis 29 a.

Einkommensteuer-Durchführungsverordnung
Anlage 3

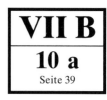

Anlage 3
(zu § 80 Abs. 1)

**Verzeichnis
der Wirtschaftsgüter im Sinne des § 80 Abs. 1**

1. Haare, Borsten, Därme, Bettfedern und Daunen
2. Hülsenfrüchte, Rohreis und geschälter Reis im Sinne der Unterpositionen 1006 1091, 1006 1099 und 1006 20 des Zolltarifs, Buchweizen, Hirse, Hartweizen im Sinne der Unterposition 1001 10 des Zolltarifs
3. Früchte oder Teile von Früchten der im Zolltarif Kapitel 8 bezeichneten Art, deren Wassergehalt durch einen natürlichen oder künstlichen Trocknungsprozeß zur Gewährleistung der Haltbarkeit herabgesetzt ist, Erdnüsse, Johannisbrot, Gewürze, konservierte Südfrüchte und Säfte aus Südfrüchten, Aprikosenkerne, Pfirsichkerne
4. Rohkaffee, Rohkakao, Tee, Mate
5. Tierische und rohe pflanzliche Öle und Fette sowie Ölsaaten und Ölfrüchte, Ölkuchen, Ölkuchenmehle und Extraktionsschrote; Fettsäuren, Rohglyzerin
6. Rohdrogen, ätherische Öle
7. Wachse, Paraffine
8. Rohtabak
9. Asbest
10. Pflanzliche Gerbstoffe
11. Harze, Gummen, Terpentinöle und sonstige Lackrohstoffe; Kasein
12. Kautschuk, Balata und Guttapercha
13. Häute und Felle (auch für Pelzwerk)
14. Roh- und Schnittholz, Furniere, Naturkork, Zellstoff, Linters (nicht spinnbar)
15. Kraftliner
16. Wolle (auch gewaschene Wolle und Kammzüge), andere Tierhaare, Baumwolle und Abfälle dieser Wirtschaftsgüter
17. Flachs, Ramie, Hanf, Jute, Sisal, Kokosgarne, Manila, Hartfasern und sonstige pflanzliche Spinnstoffe (einschließlich Kokosfasern), Werg und verspinnbare Abfälle dieser Wirtschaftsgüter
18. Pflanzliche Bürstenrohstoffe und Flechtrohstoffe (auch Stuhlrohr)
19. Seidengarne, Seidenkammzüge
20. Hadern und Lumpen
21. Unedle NE-Metalle, roh und deren Vormaterial einschließlich Alkali- und Erdalkalimetalle, Metalle der seltenen Erden, Quecksilber, metallhaltige Vorstoffe und Erze zur Herstellung von Ferrolegierungen, feuerfesten Erzeugnissen und chemischen Verbindungen, Silicium, Selen und seine Vorstoffe; Silber, Platin, Iridium, Osmium, Palladium, Rhodium und deren Vorstoffe; die Vorstoffe von Gold, Fertiggold aus der eigenen Herstellung sowie Gold zur Be- oder Verarbeitung im eigenen Betrieb
22. Eisen- und Stahlschrott (einschließlich Schiffe zum Zerschlagen), Eisenerz
23. Bergkristalle sowie Edelsteine und Schmucksteine, roh oder einfach gesägt, gespalten oder angeschliffen, Pulver von Edelsteinen und Schmucksteinen, synthetisches Diamantpulver, Perlen
24. Feldfuttersaaten, Gemüse- und Blumensaaten einschließlich Saatgut von Gemüsehülsenfrüchten
25. Fleischextrakte
26. Fischmehl, Fleischmehl, Blutmehl, Tapioka-(Cassava-, Manioka-)mehl
27. Sintermagnesit

Einkommensteuer-Durchführungsverordnung

Anlagen 4–6

Anlage 4
(weggefallen)

Anlage 5
(zu § 81 Abs. 3 Nr. 1)

**Verzeichnis
der Wirtschaftsgüter des Anlagevermögens über Tage
im Sinne des § 81 Abs. 3 Nr. 1**

Die Bewertungsfreiheit des § 81 kann im Tiefbaubetrieb des Steinkohlen-, Pechkohlen-, Braunkohlen- und Erzbergbaues für die Wirtschaftsgüter des Anlagevermögens über Tage in Anspruch genommen werden, die zu den folgenden, mit dem Grubenbetrieb unter Tage in unmittelbarem Zusammenhang stehenden, der Förderung, Seilfahrt, Wasserhaltung und Wetterführung sowie der Aufbereitung des Minerals dienenden Anlagen und Einrichtungen gehören:

1. Förderanlagen und -einrichtungen einschließlich Schachthalle, Hängebank, Wagenumlauf und Verladeeinrichtungen sowie Anlagen der Berge- und Grubenholzwirtschaft
2. Anlagen und Einrichtungen der Wetterwirtschaft und Wasserhaltung
3. Waschkauen sowie Einrichtungen der Grubenlampenwirtschaft, des Grubenrettungswesens und der Ersten Hilfe
4. Sieberei, Wäsche und sonstige Aufbereitungsanlagen; im Erzbergbau alle der Aufbereitung dienenden Anlagen sowie die Anlagen zum Rösten von Eisenerzen, wenn die Anlagen nicht zu einem Hüttenbetrieb gehören

Anlage 6
(zu § 81 Abs. 3 Nr. 2)

**Verzeichnis
der Wirtschaftsgüter des beweglichen Anlagevermögens
im Sinne des § 81 Abs. 3 Nr. 2**

Die Bewertungsfreiheit des § 81 kann im Tagebaubetrieb des Braunkohlen- und Erzbergbaues für die folgenden Wirtschaftsgüter des beweglichen Anlagevermögens in Anspruch genommen werden:

1. Grubenaufschluß
2. Entwässerungsanlagen
3. Großgeräte, die der Lösung, Bewegung und Verkippung der Abraummassen sowie der Förderung und Bewegung des Minerals dienen, soweit sie wegen ihrer besonderen, die Ablagerungs- und Größenverhältnisse des Tagebaubetriebs berücksichtigenden Konstruktion nur für diesen Tagebaubetrieb oder anschließend für andere begünstigte Tagebaubetriebe verwendet werden; hierzu gehören auch Spezialabraum- und -kohlenwagen einschließlich der dafür erforderlichen Lokomotiven sowie Transportbandanlagen mit den Auf- und Übergaben und den dazugehörigen Bunkereinrichtungen mit Ausnahme der Rohkohlenbunker in Kraftwerken, Brikettfabriken oder Versandanlagen, wenn die Wirtschaftsgüter die Voraussetzungen des ersten Halbsatzes erfüllen
4. Einrichtungen des Grubenrettungswesens und der Ersten Hilfe
5. Wirtschaftsgüter, die zu den Aufbereitungsanlagen im Erzbergbau gehören, wenn die Aufbereitungsanlagen nicht zu einem Hüttenbetrieb gehören

Lohnsteuer-Durchführungsverordnung

VII B
10 b
Seite 01

Lohnsteuer-Durchführungsverordnung
(LStDV 1990)

Vom 16. Juni 1949 (WiGBl. S. 157)
in der Fassung der Bekanntmachung vom 10. Oktober 1989 (BGBl. I S. 1848)[1])
(BGBl. III 611-2)

---

1) **Bekanntmachung**
   der Neufassung der Lohnsteuer-Durchführungsverordnung

   Vom 10. Oktober 1989

   Auf Grund des § 51 Abs. 4 des Einkommensteuergesetzes in der Fassung der Bekanntmachung vom 27. Februar 1987 (BGBl. I S. 657), der durch Artikel 1 Nr. 71 des Steuerreformgesetzes 1990 vom 25. Juli 1988 (BGBl. I S. 1093) geändert worden ist, wird nachstehend der Wortlaut der Lohnsteuer-Durchführungsverordnung in der ab 20. Oktober 1989 geltenden Fassung bekanntgemacht. Die Neufassung berücksichtigt:
   1. die Fassung der Bekanntmachung der Verordnung vom 23. Oktober 1984 (BGBl. I S. 1313),
   2. die mit Wirkung vom 1. Januar 1986 in Kraft getretene Verordnung vom 2. April 1986 (BGBl. I S. 379),
   3. die mit Wirkung vom 1. Januar 1987 in Kraft getretene Verordnung vom 23. Oktober 1987 (BGBl. I S. 2325),
   4. den am 20. Oktober 1989 in Kraft tretenden Artikel 1 der Verordnung vom 10. Oktober 1989 (BGBl. I S. 1845).

   Die Rechtsvorschriften wurden erlassen auf Grund
   zu 2. des § 3 Nr. 52 in Verbindung mit § 51 Abs. 1 Nr. 3 und des § 41 Abs. 1 des Einkommensteuergesetzes in der Fassung der Bekanntmachung vom 12. Juni 1985 (BGBl. I S. 977),
   zu 3. des § 3 Nr. 52, § 19a Abs. 9 in Verbindung mit § 51 Abs. 1 Nr. 3 und des § 41 Abs. 1 des Einkommensteuergesetzes in der Fassung der Bekanntmachung vom 27. Februar 1987 (BGBl. I S. 657),
   zu 4. des § 3 Nr. 52 und des § 19 a Abs. 9 in Verbindung mit § 51 Abs. 1 Nr. 3 des Einkommensteuergesetzes in der Fassung der Bekanntmachung vom 27. Februar 1987 (BGBl. I S. 657) sowie des § 41 Abs. 1 des Einkommensteuergesetzes, der zuletzt durch Artikel 6 Nr. 3 des Gesetzes vom 20. Dezember 1988 (BGBl. I S. 2343) geändert worden ist.

   Der Bundesminister der Finanzen

Lohnsteuer-Durchführungsverordnung
§§ 1–2

§ 1 Arbeitnehmer, Arbeitgeber

(1) Arbeitnehmer sind Personen, die in öffentlichem oder privatem Dienst angestellt oder beschäftigt sind oder waren und die aus diesem Dienstverhältnis oder einem früheren Dienstverhältnis Arbeitslohn beziehen. Arbeitnehmer sind auch die Rechtsnachfolger dieser Personen, sowie sie Arbeitslohn aus dem früheren Dienstverhältnis ihres Rechtsvorgängers beziehen.

(2) Ein Dienstverhältnis (Absatz 1) liegt vor, wenn der Angestellte (Beschäftigte) dem Arbeitgeber (öffentliche Körperschaft, Unternehmer, Haushaltsvorstand) seine Arbeitskraft schuldet. Dies ist der Fall, wenn die tätige Person in der Betätigung ihres geschäftlichen Willens unter der Leitung des Arbeitgebers steht oder im geschäftlichen Organismus des Arbeitgebers dessen Weisungen zu folgen verpflichtet ist.

(3) Arbeitnehmer ist nicht, wer Lieferungen und sonstige Leistungen innerhalb der von ihm selbständig ausgeübten gewerblichen oder beruflichen Tätigkeit im Inland gegen Entgelt ausführt, soweit es sich um die Entgelte für diese Lieferungen und sonstigen Leistungen handelt.

§ 2 Arbeitslohn

(1) Arbeitslohn sind alle Einnahmen, die dem Arbeitnehmer aus dem Dienstverhältnis zufließen. Es ist unerheblich, unter welcher Bezeichnung oder in welcher Form die Einnahmen gewährt werden.

(2) Zum Arbeitslohn gehören auch
1. Einnahmen im Hinblick auf ein künftiges Dienstverhältnis;
2. Einnahmen aus einem früheren Dienstverhältnis, unabhängig davon, ob sie dem zunächst Bezugsberechtigten oder seinem Rechtsnachfolger zufließen. Bezüge, die ganz oder teilweise auf früheren Beitragsleistungen des Bezugsberechtigten oder seines Rechtsvorgängers beruhen, gehören nicht zum Arbeitslohn, es sei denn, daß die Beitragsleistungen Werbungskosten gewesen sind;
3. Ausgaben, die ein Arbeitgeber leistet, um einen Arbeitnehmer oder diesem nahestehende Personen für den Fall der Krankheit, den Unfalls, der Invalidität, des Alters oder des Todes abzusichern (Zukunftssicherung), auch wenn auf die Leistungen aus der Zukunftssicherung kein Rechtsanspruch besteht. Voraussetzung ist, daß der Arbeitnehmer der Zukunftssicherung ausdrücklich oder stillschweigend zustimmt. Ist bei einer Zukunftssicherung für mehrere Arbeitnehmer oder diesen nahestehende Personen in Form einer Gruppenversicherung oder Pauschalversicherung der für den einzelnen Arbeitnehmer geleistete Teil der Ausgaben nicht in anderer Weise zu ermitteln, so sind die Ausgaben nach der Zahl der gesicherten Arbeitnehmer auf diese aufzuteilen. Nicht zum Arbeitslohn gehören Ausgaben, die nur dazu dienen, dem Arbeitgeber die Mittel zur Leistung einer dem Arbeitnehmer zugesagten Versorgung zu verschaffen;
4. Entschädigungen, die dem Arbeitnehmer oder seinem Rechtsnachfolger als Ersatz für entgangenen oder entgehenden Arbeitslohn oder für die Aufgabe oder Nichtausübung einer Tätigkeit gewährt werden;

5. besondere Zuwendungen, die auf Grund des Dienstverhältnisses oder eines früheren Dienstverhältnisses gewährt werden, zum Beispiel Zuschüsse im Krankheitsfall;
6. besondere Entlohnungen für Dienste, die über die regelmäßige Arbeitszeit hinaus geleistet werden, wie Entlohnung für Überstunden, Überschichten, Sonntagsarbeit;
7. Lohnzuschläge, die wegen der Besonderheit der Arbeit gewährt werden;
8. Entschädigungen für Nebenämter und Nebenbeschäftigungen im Rahmen eines Dienstverhältnisses.

§ 3 Jubiläumszuwendungen

(1) Steuerfrei sind Jubiläumszuwendungen des Arbeitgebers an Arbeitnehmer, die bei ihm in einem gegenwärtigen Dienstverhältnis stehen, im zeitlichen Zusammenhang mit einem Arbeitnehmerjubiläum, soweit sie die folgenden Beträge nicht übersteigen:
1. bei einem 10jährigen
   Arbeitnehmerjubiläum   600 Deutsche Mark,
2. bei einem 25jährigen
   Arbeitnehmerjubiläum   1 200 Deutsche Mark,
3. bei einem 40-, 50-
   oder 60jährigen
   Arbeitnehmerjubiläum   2 400 Deutsche Mark,

auch wenn die Jubiläumszuwendung innerhalb eines Zeitraums von 5 Jahren vor dem jeweiligen Jubiläum gegeben wird.
Voraussetzung für die Steuerfreiheit ist, daß der Arbeitgeber bei der Berechnung der maßgebenden Dienstzeiten für alle Arbeitnehmer und bei allen Jubiläen eines Arbeitnehmers nach einheitlichen Grundsätzen verfährt.

(2) Steuerfrei sind Jubiläumszuwendungen des Arbeitgebers an seine Arbeitnehmer im zeitlichen Zusammenhang mit seinem Geschäftsjubiläum, soweit sie bei dem einzelnen Arbeitnehmer 1 200 Deutsche Mark nicht übersteigen und gegeben werden, weil das Geschäft 25 Jahre oder ein Mehrfaches von 25 Jahren besteht. Voraussetzung für die Steuerfreiheit ist, daß der Arbeitgeber bei der Berechnung der maßgebenden Zeiträume bei allen Geschäftsjubiläen nach einheitlichen Grundsätzen verfährt.

§ 4 Lohnkonto

(1) Der Arbeitgeber hat im Lohnkonto des Arbeitnehmers folgendes aufzuzeichnen:
1. den Vornamen, den Familiennamen, den Geburtstag, den Wohnort, die Wohnung, die Steuerklasse und die auf der Lohnsteuerkarte oder in einer entsprechenden Bescheinigung eingetragene Zahl der Kinderfreibeträge und Zahl der durch die Berlinzulage begünstigten Kinder, das Religionsbekenntnis, die Gemeinde, die die Lohnsteuerkarte ausgestellt hat, das Finanzamt, in dessen Bezirk die Lohnsteuerkarte oder die entsprechende Bescheinigung ausgestellt worden ist und in den Fällen des § 41 Abs. 1 Satz 4 des Einkommensteuergesetzes den Großbuchstaben B. Ändern sich im Laufe des Jahres die Steuerklasse oder die auf der Lohnsteuerkarte oder in einer entsprechenden Bescheinigung eingetragene Zahl der Kinderfreibeträge und der Zahl der durch die Berlinzulage begünstigten Kinder, so ist auch der Zeitpunkt anzugeben, von dem an die Änderung gilt;

2. den steuerfreien Jahresbetrag und den Monatsbetrag, Wochenbetrag oder Tagesbetrag, der auf der Lohnsteuerkarte oder in einer entsprechenden Bescheinigung eingetragen ist, und den Zeitraum, für den die Eintragung gilt;
3. bei einem Arbeitnehmer, der dem Arbeitgeber eine Bescheinigung nach § 39 b Abs. 6 des Einkommensteuergesetzes (Freistellungsbescheinigung) vorgelegt hat, einen Hinweis darauf, daß eine Bescheinigung vorliegt, den Zeitraum, für den die Lohnsteuerbefreiung gilt, das Finanzamt, das die Bescheinigung ausgestellt hat, und den Tag der Ausstellung.

(2) Bei jeder Lohnabrechnung ist im Lohnkonto folgendes aufzuzeichnen:
1. der Tag der Lohnzahlung und der Lohnzahlungszeitraum;
2. in den Fällen des § 41 Abs. 1 Satz 6 des Einkommensteuergesetzes jeweils der Großbuchstabe U;
3. der Arbeitslohn, getrennt nach Barlohn und Sachbezügen, und die davon einbehaltene Lohnsteuer. Dabei sind die Sachbezüge einzeln zu bezeichnen und – unter Angabe des Abgabetags oder bei laufenden Sachbezügen des Abgabezeitraums, des Abgabeorts und des Entgelts – mit dem nach § 8 Abs. 2 oder 3 des Einkommensteuergesetzes maßgebenden und um das Entgelt geminderten Wert zu erfassen. Sachbezüge im Sinne des § 8 Abs. 3 des Einkommensteuergesetzes und Versorgungsbezüge sind jeweils als solche kenntlich zu machen und ohne Kürzung um Freibeträge nach § 8 Abs. 3 oder § 19 Abs. 2 des Einkommensteuergesetzes einzutragen. Trägt der Arbeitgeber im Falle der Nettolohnzahlung die auf den Arbeitslohn entfallende Steuer selbst, ist in jedem Fall der Bruttoarbeitslohn einzutragen, die nach den Nummern 4 bis 8 gesondert aufzuzeichnenden Beträge sind nicht mitzuzählen;
4. steuerfreie Bezüge mit Ausnahme der Trinkgelder, wenn anzunehmen ist, daß die Trinkgelder 2 400 Deutsche Mark im Kalenderjahr nicht übersteigen. Das Betriebsstättenfinanzamt kann zulassen, daß auch andere nach § 3 des Einkommensteuergesetzes steuerfreie Bezüge nicht angegeben werden, wenn es sich um Fälle von geringer Bedeutung handelt oder wenn die Möglichkeit zur Nachprüfung in anderer Weise sichergestellt ist;
5. Bezüge, die nach einem Abkommen zur Vermeidung der Doppelbesteuerung oder unter Progressionsvorbehalt nach § 34 c Abs. 5 des Einkommensteuergesetzes von der Lohnsteuer freigestellt sind;
6. Bezüge im Sinne des § 34 Abs. 3 des Einkommensteuergesetzes und die davon nach § 39 b Abs. 3 Satz 9 des Einkommensteuergesetzes einbehaltene Lohnsteuer;
7. Entschädigungen im Sinne des § 34 Abs. 1 und Abs. 2 Nr. 2 des Einkommensteuergesetzes und die davon nach § 39 b Abs. 3 Satz 10 des Einkommensteuergesetzes einbehaltene Lohnsteuer;
8. Bezüge, die nach den §§ 40 bis 40 b des Einkommensteuergesetzes pauschal besteuert worden sind, und die darauf entfallende Lohnsteuer. Lassen sich in den Fällen des § 40 Abs. 1 Nr. 2 und Abs. 2 des Einkommensteuergesetzes die auf den einzelnen Arbeitnehmer entfallenden Beträge nicht ohne weiteres ermitteln, so sind sie in einem Sammelkonto anzuschreiben. Das Sammelkonto muß die folgenden Angaben enthalten: Tag der Zahlung, Zahl der bedachten Arbeitnehmer, Summe der insgesamt gezahlten Bezüge, Höhe der Lohnsteuer sowie Hinweise auf die als Belege zum Sammelkonto aufzubewahrenden Unterlagen, insbesondere Zahlungsnachweise,

Lohnsteuer-Durchführungsverordnung
§ 5

Bestätigung des Finanzamts über die Zulassung der Lohnsteuerpauschalierung. In den Fällen des § 40 a des Einkommensteuergesetzes genügt es, wenn der Arbeitgeber Aufzeichnungen führt, aus denen sich für die einzelnen Arbeitnehmer Name und Anschrift, Dauer der Beschäftigung, Tag der Zahlung, Höhe des Arbeitslohns und in den Fällen des § 40 a Abs. 3 des Einkommensteuergesetzes auch die Art der Beschäftigung ergeben.

(3) Die Oberfinanzdirektion kann bei Arbeitgebern, die für die Lohnabrechnung ein maschinelles Verfahren anwenden, Ausnahmen von den Vorschriften der Absätze 1 und 2 zulassen, wenn die Möglichkeit zur Nachprüfung in anderer Weise sichergestellt ist. Das Betriebsstättenfinanzamt soll zulassen, daß Sachbezüge im Sinne des § 8 Abs. 3 des Einkommensteuergesetzes für solche Arbeitnehmer nicht aufzuzeichnen sind, für die durch betriebliche Regelungen und entsprechende Überwachungsmaßnahmen gewährleistet ist, daß der Freibetrag von 2 400 Deutsche Mark nicht überschritten wird.

(4) Ein Lohnkonto braucht nicht geführt zu werden, wenn der Arbeitslohn des Arbeitnehmers während des ganzen Kalenderjahrs 780 Deutsche Mark monatlich (182 Deutsche Mark wöchentlich, 26 Deutsche Mark täglich) nicht übersteigt, es sei denn, daß trotzdem Lohnsteuer oder Kirchensteuer einzubehalten ist.

§ 5 Festlegung von Vermögensbeteiligungen

(1) Werden Vermögensbeteiligungen im Sinne des § 19 a Abs. 3 Nr. 1 bis 6, Abs. 3 a Satz 1 des Einkommensteuergesetzes dem Arbeitnehmer im Rahmen eines gegenwärtigen Dienstverhältnisses unentgeltlich oder verbilligt überlassen, so sind die Wertpapiere unverzüglich auf den Namen des Arbeitnehmers dadurch festzulegen, daß sie für die Dauer der Sperrfrist in Verwahrung gegeben werden.

(2) Die Wertpapiere können in Verwahrung gegeben werden
1. bei dem Arbeitgeber oder
2. bei einem inländischen Kreditinstitut in Sonderverwahrung oder Sammelverwahrung.

(3) Die Verwahrung ist wie folgt kenntlich zu machen:
1. Werden die Wertpapiere von dem Arbeitgeber verwahrt, so sind die Verwahrung und die Sperrfrist aufzuzeichnen (§ 6 Abs. 1 und 2).
2. Werden die Wertpapiere von einem Kreditinstitut verwahrt, so ist auf dem Streifband des Depots und in den Depotbüchern ein Sperrvermerk für die Dauer der Sperrfrist anzubringen. Bei Drittverwahrung oder Sammelverwahrung genügt ein Sperrvermerk im Kundenkonto beim erstverwahrenden Kreditinstitut.

(4) Bei einer Verwahrung durch ein Kreditinstitut hat der Arbeitnehmer innerhalb von drei Monaten nach dem Erwerb der Wertpapiere dem Arbeitgeber eine Bescheinigung des Kreditinstituts darüber vorzulegen, daß die überlassenen Wertpapiere unter Beachtung von Absatz 3 Nr. 2 in Verwahrung genommen worden sind.

(5) Ein Wechsel des Verwahrens innerhalb der Sperrfrist ist zulässig. Absatz 4 gilt entsprechend.

§ 6 Aufzeichnungs- und Anzeigepflichten bei Überlassung von Vermögensbeteiligungen

(1) Der Arbeitgeber hat die Voraussetzungen zu schaffen, die zur Durchführung des Verfahrens bei der Nachversteuerung des steuerfrei gebliebenen Vorteils erforderlich sind; hierzu hat der Arbeitgeber die steuerbegünstigte Überlassung von Vermögensbeteiligungen im Lohnkonto des Arbeitnehmers oder in einem Sammellohnkonto (§ 4) oder in sonstigen Aufzeichnungen zu vermerken und dabei die Höhe des steuerfrei belassenen geldwerten Vorteils sowie Beginn und Ende der Sperrfrist aufzuzeichnen. Werden Vermögensbeteiligungen im Sinne des § 19 a Abs. 3 Nr. 1 bis 3, Abs. 3 a Satz 1 des Einkommensteuergesetzes überlassen, so sind auch der Tag der Beschlußfassung über die Überlassung und der Tag der Überlassung aufzuzeichnen.

(2) Bei Überlassung von Vermögensbeteiligungen im Sinne des § 19 a Abs. 3 Nr. 1 bis 6, Abs. 3 a Satz 1 des Einkommensteuergesetzes hat der Arbeitgeber, wenn er die Wertpapiere verwahrt, ein Verzeichnis über die bei ihm verwahrten Wertpapiere zu führen.

(3) Dem Wohnsitzfinanzamt des Arbeitnehmers ist es innerhalb eines Monats anzuzeigen,
1. vom Arbeitgeber, wenn der Arbeitnehmer die Bescheinigung nach § 5 Abs. 4 nicht fristgemäß vorgelegt hat, wenn der Arbeitnehmer die vom Arbeitgeber verwahrten Wertpapiere innerhalb der Sperrfrist veräußert oder aus der Verwahrung genommen hat oder wenn der Arbeitnehmer über Vermögensbeteiligungen im Sinne des § 19 a Abs. 3 Nr. 7 bis 11, Abs. 3 a Sätze 2 und 3 des Einkommensteuergesetzes, die am Unternehmen des Arbeitgebers bestehen, vor Ablauf der Sperrfrist durch Veräußerung, Rückzahlung, Abtretung oder Beleihung verfügt hat;
2. vom Kreditinstitut, das die Wertpapiere verwahrt, wenn der Arbeitnehmer die Wertpapiere innerhalb der Sperrfrist veräußert oder aus der Verwahrung genommen hat;
3. vom Arbeitnehmer, wenn er über Vermögensbeteiligungen im Sinne des § 19 a Abs. 3 Nr. 7 bis 9, Abs. 3 a Satz 2 des Einkommensteuergesetzes, die an anderen Unternehmen als dem des Arbeitgebers bestehen, vor Ablauf der Sperrfrist verfügt hat.

(4) Die Anzeigepflicht nach Absatz 3 Nr. 1 und 2 entfällt bei Entnahme von Wertpapieren aus der Verwahrung, wenn dem Arbeitgeber oder dem Kreditinstitut durch eine Bescheinigung nachgewiesen wird, daß die Wertpapiere nach § 5 Abs. 2 Nr. 2 und Abs. 3 Nr. 2 erneut in Verwahrung gegeben worden sind. Die Anzeigepflicht nach Absatz 3 Nr. 2 entfällt außerdem in den Fällen einer unschädlichen Verfügung nach § 19 a Abs. 2 Nr. 1 bis 6 des Einkommensteuergesetzes und in den Fällen, in denen die Sperrfrist nicht eingehalten wird, weil der Arbeitnehmer das Umtausch- oder Abfindungsangebot eines Wertpapier-Emittenten angenommen hat oder weil Wertpapiere dem Aussteller nach Auslosung oder Kündigung durch den Aussteller zur Einlösung vorgelegt worden sind.

§ 7 Nachversteuerung bei schädlicher Verfügung über Vermögensbeteiligungen

(1) Das Wohnsitzfinanzamt des Arbeitnehmers hat im Falle einer schädlichen Verfügung über Vermögensbeteiligungen (§ 19 a Abs. 2 Sätze 2, 4 und 5 des Einkommensteuergesetzes) vom Arbeitnehmer eine pauschale Lohnsteuer durch Steuerbescheid zu erheben. Die pauschal zu erhebende Lohnsteuer beträgt 20 vom Hundert des steuerfrei gebliebenen

Lohnsteuer-Durchführungsverordnung

§§ 8–9

Vorteils. Die Nachversteuerung unterbleibt, wenn der nachzufordernde Betrag 20 Deutsche Mark nicht übersteigt.

(2) Einer Verfügung über Vermögensbeteiligungen im Sinne des § 19 a Abs. 3 Nr. 1 bis 6, Abs. 3 a Satz 1 des Einkommensteuergesetzes steht es gleich, wenn der Arbeitnehmer die Wertpapiere nicht innerhalb von drei Monaten nach Erwerb in Verwahrung gegeben hat (§ 5 Abs. 2) oder die Wertpapiere aus der Verwahrung genommen hat, ohne sie innerhalb von drei Monaten erneut in Verwahrung gegeben zu haben.

(3) Der Arbeitgeber oder das Kreditinstitut haften für die nachzufordernde Lohnsteuer nur, wenn eine nach § 6 Abs. 3 bestehende Anzeigepflicht verletzt worden ist.

(4) Beim Lohnsteuer-Jahresausgleich und bei der Veranlagung zur Einkommensteuer gehört der steuerfrei gebliebene Vorteil oder der nach Absatz 1 nachversteuerte Vorteil zum Arbeitslohn des Kalenderjahres, in das die schädliche Verfügung fällt. Eine festgesetzte Pauschsteuer ist anzurechnen.

§ 8 Anwendungszeitraum

Die Vorschriften dieser Verordnung sind erstmals anzuwenden auf den laufenden Arbeitslohn, der für einen nach dem 31. Dezember 1989 endenden Lohnzahlungszeitraum gezahlt wird und auf sonstige Bezüge, die nach dem 31. Dezember 1989 zufließen.

§ 9 Berlin-Klausel

Diese Verordnung gilt nach § 14 des Dritten Überleitungsgesetzes in Verbindung mit Artikel 5 des Vermögensbeteiligungsgesetzes vom 22. Dezember 1983 (BGBl. I S. 1592) auch im Land Berlin.

Bewertungsgesetz

Änderungsregister

Bewertungsgesetz (BewG)

Vom 16. Oktober 1934 (RGBl. I S. 1035)
in der Fassung der Bekanntmachung vom 30. Mai 1985 (BGBl. I S. 845)[1]
(BGBl. III 610-7)

Änderungen seit Neufassung

Paragraph	Art der Änderung	Geändert durch	Datum	Fundstelle BGBl.
21, 29, 97, 101, 106, 107, 109, 110, 124	geändert	Steuerbereinigungsgesetz 1986	19.12.1985	I S.2436
108	aufgehoben			
102, 124	geändert	Gesetz über das Baugesetzbuch	8.12.1986	I S.2191
11	geändert	Börsenzulassungs-Gesetz	16.12.1986	I S.2478
121	geändert	Halbleiterschutzgesetz	22.10.1987	I S.2294

[1] **Bekanntmachung der Neufassung des Bewertungsgesetzes**

Vom 30. Mai 1985

Auf Grund des § 123 Abs. 2 des Bewertungsgesetzes in der Fassung der Bekanntmachung vom 26. September 1974 (BGBl. I S. 2369) wird nachstehend der Wortlaut des Bewertungsgesetzes in der seit 1. Januar 1985 geltenden Fassung bekanntgemacht. Die Neufassung berücksichtigt:
1. die Fassung der Bekanntmachung vom 26. September 1974 (BGBl. I S. 2369),
2. den am 1. April 1975 in Kraft getretenen Artikel 15 des Gesetzes vom 10. März 1975 (BGBl. I S. 685),
3. den am 1. Januar 1977 in Kraft getretenen Artikel 8 des Gesetzes vom 6. September 1976 (BGBl. I S. 2641),
4. den am 1. Januar 1977 in Kraft getretenen Artikel 6 des Gesetzes vom 14. Dezember 1976 (BGBl. I S. 3341),
5. den am 3. Dezember 1978 in Kraft getretenen Artikel 7 des Gesetzes vom 30. November 1978 (BGBl. I S. 1849),
6. den am 22. August 1980 in Kraft getretenen Artikel 2 des Gesetzes vom 16. August 1980 (BGBl. I S. 1381),
7. den am 29. August 1980 in Kraft getretenen Artikel 5 des Gesetzes vom 18. August 1980 (BGBl. I S. 1537),
8. den am 29. August 1980 in Kraft getretenen Artikel 3 des Gesetzes vom 20. August 1980 (BGBl. I S. 1545),
9. den am 1. Juli 1981 in Kraft getretenen Artikel 12 des Gesetzes vom 26. Juni 1981 (BGBl. I S. 537),
10. den am 30. Dezember 1981 in Kraft getretenen Artikel 38 des Gesetzes vom 22. Dezember 1981 (BGBl. I S. 1523),
11. den am 24. Dezember 1982 in Kraft getretenen Artikel 3 des Gesetzes vom 20. Dezember 1982 (BGBl. I S. 1857; 1983 I S. 311),
12. den am 29. Dezember 1983 in Kraft getretenen Artikel 1 des Gesetzes vom 22. Dezember 1983 (BGBl. I S. 1583),
13. den mit Wirkung vom 1. Januar 1984 in Kraft getretenen Artikel 26 des Gesetzes vom 14. Dezember 1984 (BGBl. I S. 1493).

Der Bundesminister der Finanzen

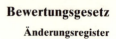

Bewertungsgesetz
Änderungsregister

Paragraph	Art der Änderung	Geändert durch	Datum	Fundstelle BGBl.
97, 102, 103 a, 104, 110, 111, 117, 124	geändert	Steuerreform- gesetz 1990	25. 7.1988	I S.1093
104 a	aufgehoben			
41	geändert	Gesetz zur Förderung der bäuerlichen Landwirtschaft	12. 7.1989	I S.1435
11, 103 a, 109, 124	geändert	Wohnungsbau- förderungsgesetz	22.12.1989	I S.2408

Bewertungsgesetz
Inhaltsübersicht

Inhaltsübersicht

Erster Teil
Allgemeine Bewertungsvorschriften

- § 1 Geltungsbereich
- § 2 Wirtschaftliche Einheit
- § 3 Wertermittlung bei mehreren Beteiligten
- § 3 a Realgemeinden
- § 4 Aufschiebend bedingter Erwerb
- § 5 Auflösend bedingter Erwerb
- § 6 Aufschiebend bedingte Lasten
- § 7 Auflösend bedingte Lasten
- § 8 Befristung auf einen unbestimmten Zeitpunkt
- § 9 Bewertungsgrundsatz, gemeiner Wert
- § 10 Begriff des Teilwerts
- § 11 Wertpapiere und Anteile
- § 12 Kapitalforderungen und Schulden
- § 13 Kapitalwert von wiederkehrenden Nutzungen und Leistungen
- § 14 Lebenslängliche Nutzungen und Leistungen
- § 15 Jahreswert von Nutzungen und Leistungen
- § 16 Begrenzung des Jahreswerts von Nutzungen

Zweiter Teil
Besondere Bewertungsvorschriften

- § 17 Geltungsbereich
- § 18 Vermögensarten

Erster Abschnitt
Einheitsbewertung

A. Allgemeines

- § 19 Feststellung von Einheitswerten
- § 20 Ermittlung des Einheitswerts
- § 21 Hauptfeststellung
- § 22 Fortschreibungen
- § 23 Nachfeststellung
- § 24 Aufhebung des Einheitswerts
- § 24 a Änderung von Feststellungsbescheiden
- § 25 (entfällt)
- § 26 Umfang der wirtschaftlichen Einheit bei Vermögenszusammenrechnung
- § 27 Wertverhältnisse bei Fortschreibungen und Nachfeststellungen
- § 28 Erklärungspflicht
- § 29 Auskünfte, Erhebungen und Mitteilungen
- § 30 Abrundung
- § 31 Bewertung von ausländischem Sachvermögen
- § 32 Bewertung von inländischem Sachvermögen

B. Land- und forstwirtschaftliches Vermögen

I. Allgemeines

- § 33 Begriff des land- und forstwirtschaftlichen Vermögens
- § 34 Betrieb der Land- und Forstwirtschaft
- § 35 Bewertungsstichtag
- § 36 Bewertungsgrundsätze
- § 37 Ermittlung des Ertragswerts
- § 38 Vergleichszahl, Ertragsbedingungen
- § 39 Bewertungsstützpunkte
- § 40 Ermittlung des Vergleichswerts
- § 41 Abschläge und Zuschläge
- § 42 Nebenbetriebe
- § 43 Abbauland
- § 44 Geringstland
- § 45 Unland
- § 46 Wirtschaftswert
- § 47 Wohnungswert
- § 48 Zusammensetzung des Einheitswerts
- § 48 a Einheitswert bestimmter intensiv genutzter Flächen
- § 49 Verteilung des Einheitswerts

II. Besondere Vorschriften

a) Landwirtschaftliche Nutzung

- § 50 Ertragsbedingungen
- § 51 Tierbestände
- § 51 a Gemeinschaftliche Tierhaltung
- § 52 Sonderkulturen

b) Forstwirtschaftliche Nutzung

- § 53 Umlaufende Betriebsmittel
- § 54 Bewertungsstichtag
- § 55 Ermittlung des Vergleichswerts

c) Weinbauliche Nutzung

- § 56 Umlaufende Betriebsmittel
- § 57 Bewertungsstützpunkte
- § 58 Innere Verkehrslage

Bewertungsgesetz
Inhaltsübersicht

d) Gärtnerische Nutzung

- § 59 Bewertungsstichtag
- § 60 Ertragsbedingungen
- § 61 Anwendung des vergleichenden Verfahrens

e) Sonstige land- und forstwirtschaftliche Nutzung

- § 62 Arten und Bewertung der sonstigen land- und forstwirtschaftlichen Nutzung

III. Bewertungsbeirat, Gutachterausschuß

- § 63 Bewertungsbeirat
- § 64 Mitglieder
- § 65 Aufgaben
- § 66 Geschäftsführung
- § 67 Gutachterausschuß

C. Grundvermögen

I. Allgemeines

- § 68 Begriff des Grundvermögens
- § 69 Abgrenzung des Grundvermögens vom land- und forstwirtschaftlichen Vermögen
- § 70 Grundstück
- § 71 Gebäude und Gebäudeteile für den Bevölkerungsschutz

II. Unbebaute Grundstücke

- § 72 Begriff
- § 73 Baureife Grundstücke

III. Bebaute Grundstücke

a) Begriff und Bewertung

- § 74 Begriff
- § 75 Grundstücksarten
- § 76 Bewertung
- § 77 Mindestwert

b) Verfahren

1. Ertragswertverfahren

- § 78 Grundstückswert
- § 79 Jahresrohmiete
- § 80 Vervielfältiger
- § 81 Außergewöhnliche Grundsteuerbelastung
- § 82 Ermäßigung und Erhöhung

2. Sachwertverfahren

- § 83 Grundstückswert
- § 84 Bodenwert
- § 85 Gebäudewert
- § 86 Wertminderung wegen Alters
- § 87 Wertminderung wegen baulicher Mängel und Schäden
- § 88 Ermäßigung und Erhöhung
- § 89 Wert der Außenanlagen
- § 90 Angleichung an den gemeinen Wert

IV. Sondervorschriften

- § 91 Grundstücke im Zustand der Bebauung
- § 92 Erbbaurecht
- § 93 Wohnungseigentum und Teileigentum
- § 94 Gebäude auf fremdem Grund und Boden

D. Betriebsvermögen

- § 95 Begriff des Betriebsvermögens
- § 96 Freie Berufe
- § 97 Betriebsvermögen von Körperschaften, Personenvereinigungen und Vermögensmassen
- § 98 Arbeitsgemeinschaften
- § 98 a Bewertungsgrundsätze
- § 99 Betriebsgrundstücke
- § 100 Mineralgewinnungsrechte
- § 101 Nicht zum Betriebsvermögen gehörige Wirtschaftsgüter
- § 102 Vergünstigung für Schachtelgesellschaften
- § 103 Betriebsschulden
- § 103 a Rückstellungen für Preisnachlässe, für Wechselhaftung und für Jubiläumszuwendungen
- § 104 Pensionsverpflichtungen
- § 104 a (aufgehoben)
- § 105 Steuerschulden
- § 106 Bewertungsstichtag
- § 107 Ausgleich von Vermögensänderungen nach dem Abschlußzeitpunkt
- § 108 (aufgehoben)
- § 109 Bewertung

Zweiter Abschnitt
Sonstiges Vermögen, Gesamtvermögen und Inlandsvermögen

A. Sonstiges Vermögen

- § 110 Begriff und Umfang des sonstigen Vermögens
- § 111 Nicht zum sonstigen Vermögen gehörige Wirtschaftsgüter
- § 112 Stichtag für die Bewertung von Wertpapieren und Anteilen
- § 113 Veröffentlichung der am Stichtag maßgebenden Kurse und Rücknahmepreise
- § 113 a Verfahren zur Feststellung der Anteilswerte

Bewertungsgesetz
§§ 1–2

B. Gesamtvermögen

§ 114	Ermittlung des Gesamtvermögens
§ 115	Gegenstände, deren Erhaltung im öffentlichen Interesse liegt
§ 116	Krankenhäuser
§ 117	Verkehrsunternehmen
§ 117 a	Ansatz des inländischen Betriebsvermögens
§ 118	Schulden und sonstige Abzüge
§ 119	Zusammenrechnung
§ 120	Zurechnung bei fortgesetzter Gütergemeinschaft
§ 121	**C. Inlandsvermögen**

Dritter Teil
Übergangs- und Schlußbestimmungen

§ 121 a	Sondervorschriften für die Anwendung der Einheitswerte 1964
§ 122	Besondere Vorschriften für Berlin (West)
§ 123	Ermächtigungen
§ 124	Anwendung des Gesetzes

Anlagen

Anlage 1	Umrechnungsschlüssel für Tierbestände in Vieheinheiten (VE) nach dem Futterbedarf
Anlage 2	Gruppen der Zweige des Tierbestands nach der Flächenabhängigkeit
Anlage 3	Vervielfältiger für Mietwohngrundstücke
Anlage 4	Vervielfältiger für gemischtgenutzte Grundstücke mit einem gewerblichen Anteil an der Jahresrohmiete bis zu 50 v. H.
Anlage 5	Vervielfältiger für gemischtgenutzte Grundstücke mit einem gewerblichen Anteil an der Jahresrohmiete von mehr als 50 v. H.
Anlage 6	Vervielfältiger für Geschäftsgrundstücke
Anlage 7	Vervielfältiger für Einfamilienhäuser
Anlage 8	Vervielfältiger für Zweifamilienhäuser
Anlage 9	Kapitalwert einer lebenslänglichen Nutzung oder Leistung im Jahreswert von einer Deutschen Mark
Anlage 10	Vervielfältiger für die Anwartschaft eines Arbeitnehmers auf Altersrente und Witwen- oder Witwerrente
Anlage 11	Vervielfältiger für die Anwartschaft eines vor Eintritt des Versorgungsfalls aus dem Dienstverhältnis ausgeschiedenen Arbeitnehmers auf Altersrente und Witwen- oder Witwerrente
Anlage 12	Vervielfältiger für die neben den laufenden Leistungen bestehende Anwartschaft des Pensionsberechtigten auf eine lebenslängliche Hinterbliebenenrente
Anlage 13	Vervielfältiger für die lebenslänglich laufenden Leistungen aus Pensionsverpflichtungen

Erster Teil
Allgemeine Bewertungsvorschriften

§ 1 Geltungsbereich

(1) Die allgemeinen Bewertungsvorschriften (§§ 2 bis 16) gelten für alle öffentlich-rechtlichen Abgaben, die durch Bundesrecht geregelt sind, soweit sie durch Bundesfinanzbehörden oder durch Landesfinanzbehörden verwaltet werden.

(2) Die allgemeinen Bewertungsvorschriften gelten nicht, soweit im Zweiten Teil dieses Gesetzes oder in anderen Steuergesetzen besondere Bewertungsvorschriften enthalten sind.

§ 2 Wirtschaftliche Einheit

(1) Jede wirtschaftliche Einheit ist für sich zu bewerten. Ihr Wert ist im ganzen festzustellen. Was als wirtschaftliche Einheit zu gelten hat, ist nach den Anschauungen des Verkehrs

zu entscheiden. Die örtliche Gewohnheit, die tatsächliche Übung, die Zweckbestimmung und die wirtschaftliche Zusammengehörigkeit der einzelnen Wirtschaftsgüter sind zu berücksichtigen.

(2) Mehrere Wirtschaftsgüter kommen als wirtschaftliche Einheit nur insoweit in Betracht, als sie demselben Eigentümer gehören.

(3) Die Vorschriften der Absätze 1 und 2 gelten nicht, soweit eine Bewertung der einzelnen Wirtschaftsgüter vorgeschrieben ist.

§ 3 Wertermittlung bei mehreren Beteiligten

Steht ein Wirtschaftsgut mehreren Personen zu, so ist sein Wert im ganzen zu ermitteln. Der Wert ist auf die Beteiligten nach dem Verhältnis ihrer Anteile zu verteilen, soweit nicht nach dem maßgebenden Steuergesetz die Gemeinschaft selbständig steuerpflichtig ist.

§ 3 a Realgemeinden

Wirtschaftsgüter, die einer Hauberg-, Wald-, Forst- oder Laubgenossenschaft oder einer ähnlichen Realgemeinde mit eigener Rechtspersönlichkeit gehören, sind so zu behandeln, als ob sie den an der Realgemeinde beteiligten Personen zur gesamten Hand gehörten.

§ 4 Aufschiebend bedingter Erwerb

Wirtschaftsgüter, deren Erwerb vom Eintritt einer aufschiebenden Bedingung abhängt, werden erst berücksichtigt, wenn die Bedingung eingetreten ist.

§ 5 Auflösend bedingter Erwerb

(1) Wirtschaftsgüter, die unter einer auflösenden Bedingung erworben sind, werden wie unbedingt erworbene behandelt. Die Vorschriften über die Berechnung des Kapitalwerts der Nutzungen von unbestimmter Dauer (§ 13 Abs. 2 und 3, § 14, § 15 Abs. 3) bleiben unberührt.

(2) Tritt die Bedingung ein, so ist die Festsetzung der nicht laufend veranlagten Steuern auf Antrag nach dem tatsächlichen Wert des Erwerbs zu berichtigen. Der Antrag ist bis zum Ablauf des Jahres zu stellen, das auf den Eintritt der Bedingung folgt.

§ 6 Aufschiebend bedingte Lasten

(1) Lasten, deren Entstehung vom Eintritt einer aufschiebenden Bedingung abhängt, werden nicht berücksichtigt.

(2) Für den Fall des Eintritts der Bedingung gilt § 5 Abs. 2 entsprechend.

§ 7 Auflösend bedingte Lasten

(1) Lasten, deren Fortdauer auflösend bedingt ist, werden, soweit nicht ihr Kapitalwert nach § 13 Abs. 2 und 3, § 14, § 15 Abs. 3 zu berechnen ist, wie unbedingte abgezogen.

(2) Tritt die Bedingung ein, so ist die Festsetzung der nicht laufend veranlagten Steuern entsprechend zu berichtigen.

Bewertungsgesetz
§§ 8–11

§ 8 Befristung auf einen unbestimmten Zeitpunkt

Die §§ 4 bis 7 gelten auch, wenn der Erwerb des Wirtschaftsguts oder die Entstehung oder der Wegfall der Last von einem Ereignis abhängt, bei dem nur der Zeitpunkt ungewiß ist.

§ 9 Bewertungsgrundsatz, gemeiner Wert

(1) Bei Bewertungen ist, soweit nichts anderes vorgeschrieben ist, der gemeine Wert zugrunde zu legen.

(2) Der gemeine Wert wird durch den Preis bestimmt, der im gewöhnlichen Geschäftsverkehr nach der Beschaffenheit des Wirtschaftsgutes bei einer Veräußerung zu erzielen wäre. Dabei sind alle Umstände, die den Preis beeinflussen, zu berücksichtigen. Ungewöhnliche oder persönliche Verhältnisse sind nicht zu berücksichtigen.

(3) Als persönliche Verhältnisse sind auch Verfügungsbeschränkungen anzusehen, die in der Person des Steuerpflichtigen oder eines Rechtsvorgängers begründet sind. Das gilt insbesondere für Verfügungsbeschränkungen, die auf letztwilligen Anordnungen beruhen.

§ 10 Begriff des Teilwerts

Wirtschaftsgüter, die einem Unternehmen dienen, sind in der Regel mit dem Teilwert anzusetzen. Teilwert ist der Betrag, den ein Erwerber des ganzen Unternehmens im Rahmen des Gesamtkaufpreises für das einzelne Wirtschaftsgut ansetzen würde. Dabei ist davon auszugehen, daß der Erwerber das Unternehmen fortführt.

§ 11 Wertpapiere und Anteile

(1) Wertpapiere und Schuldbuchforderungen, die am Stichtag an einer deutschen Börse zum amtlichen Handel zugelassen sind, werden mit dem niedrigsten am Stichtag für sie im amtlichen Handel notierten Kurs angesetzt. Liegt am Stichtag eine Notierung nicht vor, so ist der letzte innerhalb von 30 Tagen vor dem Stichtag im amtlichen Handel notierte Kurs maßgebend. Entsprechend sind die Wertpapiere zu bewerten, die zum geregelten Markt zugelassen oder in den geregelten Freiverkehr einbezogen sind.

(2) Anteile an Kapitalgesellschaften (Aktiengesellschaften, Kommanditgesellschaften auf Aktien, Gesellschaften mit beschränkter Haftung, Kolonialgesellschaften, bergrechtlichen Gewerkschaften), die nicht unter Absatz 1 fallen, sind mit dem gemeinen Wert anzusetzen. Läßt sich der gemeine Wert nicht aus Verkäufen ableiten, die weniger als ein Jahr zurückliegen, so ist er unter Berücksichtigung des Vermögens und der Ertragsaussichten der Kapitalgesellschaft zu schätzen. Bei der Ermittlung des Vermögens sind Wirtschaftsgüter des Vorratsvermögens, die nach § 6 Abs. 1 Nr. 2 a des Einkommensteuergesetzes bewertet worden sind, mit den Werten anzusetzen, die sich nach den Grundsätzen über die steuerliche Gewinnermittlung ergeben.

(3) Ist der gemeine Wert einer Anzahl von Anteilen an einer Kapitalgesellschaft, die einer Person gehören, infolge besonderer Umstände (z. B. weil die Höhe der Beteiligung die Beherrschung der Kapitalgesellschaft ermöglicht) höher als der Wert, der sich auf Grund der Kurswerte (Absatz 1) oder der gemeinen Werte (Absatz 2) für die einzelnen Anteile insgesamt ergibt, so ist der gemeine Wert der Beteiligung maßgebend.

(4) Wertpapiere, die Rechte der Einleger (Anteilinhaber) gegen eine Kapitalanlagegesellschaft oder einen sonstigen Fonds verbriefen (Anteilscheine), sind mit dem Rücknahmepreis anzusetzen.

§ 12 Kapitalforderungen und Schulden

(1) Kapitalforderungen, die nicht in § 11 bezeichnet sind, und Schulden sind mit dem Nennwert anzusetzen, wenn nicht besondere Umstände einen höheren oder geringeren Wert begründen.

(2) Forderungen, die uneinbringlich sind, bleiben außer Ansatz.

(3) Der Wert unverzinslicher Forderungen oder Schulden, deren Laufzeit mehr als ein Jahr beträgt und die zu einem bestimmten Zeitpunkt fällig sind, ist der Betrag, der vom Nennwert nach Abzug von Zwischenzinsen unter Berücksichtigung von Zinseszinsen verbleibt. Dabei ist von einem Zinssatz von 5,5 vom Hundert auszugehen.

(4) Noch nicht fällige Ansprüche aus Lebens-, Kapital- oder Rentenversicherungen werden mit zwei Dritteln der in Deutscher Mark oder in einer ausländischen Währung eingezahlten Prämien oder Kapitalbeiträge bewertet. Weist der Steuerpflichtige den Rückkaufswert nach, so ist dieser maßgebend. Rückkaufswert ist der Betrag, den das Versicherungsunternehmen dem Versicherungsnehmer im Falle der vorzeitigen Aufhebung des Vertragsverhältnisses zu erstatten hat. Die Berechnung des Werts, insbesondere die Berücksichtigung von ausgeschütteten und gutgeschriebenen Gewinnanteilen kann durch Rechtsverordnung geregelt werden.

§ 13 Kapitalwert von wiederkehrenden Nutzungen und Leistungen

(1) Der Gesamtwert von Nutzungen oder Leistungen, die auf bestimmte Zeit beschränkt sind, ist die Summe der einzelnen Jahreswerte abzüglich der Zwischenzinsen unter Berücksichtigung von Zinseszinsen. Dabei ist von einem Zinssatz von 5,5 vom Hundert auszugehen. Der Gesamtwert darf das Achtzehnfache des Jahreswerts nicht übersteigen. Ist die Dauer des Rechts außerdem durch das Leben einer oder mehrerer Personen bedingt, so darf der nach § 14 zu berechnende Kapitalwert nicht überschritten werden.

(2) Immerwährende Nutzungen oder Leistungen sind mit dem Achtzehnfachen des Jahreswerts, Nutzungen oder Leistungen von unbestimmter Dauer vorbehaltlich des § 14 mit dem Neunfachen des Jahreswerts zu bewerten.

(3) Ist der gemeine Wert der gesamten Nutzungen oder Leistungen nachweislich geringer oder höher, so ist der nachgewiesene gemeine Wert zugrunde zu legen.

§ 14 Lebenslängliche Nutzungen und Leistungen

(1) Lebenslängliche Nutzungen und Leistungen sind mit dem aus Anlage 9 zu entnehmenden Vielfachen des Jahreswertes anzusetzen.

(2) Hat eine nach Absatz 1 bewertete Nutzung oder Leistung bei einem Alter
  1. bis zu 30 Jahren
     nicht mehr als 10 Jahre,
  2. von mehr als 30 Jahren bis zu 50 Jahren
     nicht mehr als 9 Jahre,
  3. von mehr als 50 Jahren bis zu 60 Jahren
     nicht mehr als 8 Jahre,
  4. von mehr als 60 Jahren bis zu 65 Jahren
     nicht mehr als 7 Jahre,

5. von mehr als 65 Jahren bis zu 70 Jahren
   nicht mehr als 6 Jahre,
6. von mehr als 70 Jahren bis zu 75 Jahren
   nicht mehr als 5 Jahre,
7. von mehr als 75 Jahren bis zu 80 Jahren
   nicht mehr als 4 Jahre,
8. von mehr als 80 Jahren bis zu 85 Jahren
   nicht mehr als 3 Jahre,
9. von mehr als 85 Jahren bis zu 90 Jahren
   nicht mehr als 2 Jahre,
10. von mehr als 90 Jahren
    nicht mehr als 1 Jahr

bestanden und beruht der Wegfall auf dem Tod des Berechtigten oder Verpflichteten, so ist die Festsetzung der nicht laufend veranlagten Steuern auf Antrag nach der wirklichen Dauer der Nutzung oder Leistung zu berichtigen. § 5 Abs. 2 Satz 2 gilt entsprechend. Ist eine Last weggefallen, so bedarf die Berichtigung keines Antrags.

(3) Hängt die Dauer der Nutzung oder Leistung von der Lebenszeit mehrerer Personen ab und erlischt das Recht mit dem Tod des zuletzt Sterbenden, so ist das Lebensalter und das Geschlecht derjenigen Person maßgebend, für die sich der höchste Vervielfältiger ergibt; erlischt das Recht mit dem Tod des zuerst Sterbenden, so ist das Lebensalter und Geschlecht derjenigen Person maßgebend, für die sich der niedrigste Vervielfältiger ergibt.

(4) Ist der gemeine Wert der gesamten Nutzungen oder Leistungen nachweislich geringer oder höher als der Wert, der sich nach Absatz 1 ergibt, so ist der nachgewiesene gemeine Wert zugrunde zu legen. Der Ansatz eines geringeren oder höheren Werts kann jedoch nicht darauf gestützt werden, daß mit einer kürzeren oder längeren Lebensdauer, mit einem anderen Zinssatz oder mit einer anderen Zahlungsweise zu rechnen ist, als sie der Tabelle der Anlage 9 zugrunde liegt.

§ 15 Jahreswert von Nutzungen und Leistungen

(1) Der einjährige Betrag der Nutzung einer Geldsumme ist, wenn kein anderer Wert feststeht, zu 5,5 vom Hundert anzunehmen.

(2) Nutzungen oder Leistungen, die nicht in Geld bestehen (Wohnung, Kost, Waren und sonstige Sachbezüge), sind mit den üblichen Mittelpreisen des Verbrauchsorts anzusetzen.

(3) Bei Nutzungen oder Leistungen, die in ihrem Betrag ungewiß sind oder schwanken, ist als Jahreswert der Betrag zugrunde zu legen, der in Zukunft im Durchschnitt der Jahre voraussichtlich erzielt werden wird.

§ 16 Begrenzung des Jahreswerts von Nutzungen

Bei der Ermittlung des Kapitalwerts der Nutzungen eines Wirtschaftsguts kann der Jahreswert dieser Nutzungen nicht mehr als den achtzehnten Teil des Werts betragen, der sich nach den Vorschriften des Bewertungsgesetzes für das genutzte Wirtschaftsgut ergibt.

Zweiter Teil
Besondere Bewertungsvorschriften

§ 17 Geltungsbereich

(1) Die besonderen Bewertungsvorschriften (§§ 18 bis 121) gelten für die Vermögensteuer.

(2) Der Erste Abschnitt der besonderen Bewertungsvorschriften (§§ 19 bis 109) und § 122 gelten nach näherer Regelung durch die in Betracht kommenden Gesetze auch für die Grundsteuer, die Gewerbesteuer, die Grunderwerbsteuer und die Erbschaftsteuer.

(3) Soweit sich nicht aus den §§ 19 bis 121 etwas anderes ergibt, finden neben diesen auch die Vorschriften des Ersten Teils dieses Gesetzes (§§ 1 bis 16) Anwendung. § 16 findet auf die Grunderwerbsteuer keine Anwendung.

§ 18 Vermögensarten

Das Vermögen, das nach den Vorschriften des Zweiten Teils dieses Gesetzes zu bewerten ist, umfaßt die folgenden Vermögensarten:
1. Land- und forstwirtschaftliches Vermögen (§§ 33 bis 67, § 31),
2. Grundvermögen (§§ 68 bis 94, § 31),
3. Betriebsvermögen (§§ 95 bis 109, § 31),
4. Sonstiges Vermögen (§§ 110 bis 113).

Erster Abschnitt
Einheitsbewertung

A. Allgemeines

§ 19 Feststellung von Einheitswerten

(1) Einheitswerte werden festgestellt (§ 180 Abs. 1 Nr. 1 der Abgabenordnung)
1. für inländischen Grundbesitz, und zwar
   für Betriebe der Land- und Forstwirtschaft (§§ 33, 48 a und 51 a),
   für Grundstücke (§§ 68, 70),
   für Betriebsgrundstücke (§ 99),
2. für inländische gewerbliche Betriebe (§ 95),
3. für inländische Mineralgewinnungsrechte (§ 100).

(2) Erstreckt sich eine der in Absatz 1 genannten wirtschaftlichen Einheiten auch auf das Ausland und gehört auch der ausländische Teil zum Gesamtvermögen, so ist ein zweiter Einheitswert festzustellen, der auch diesen Teil umfaßt. Unterliegt eine wirtschaftliche Einheit den einzelnen einheitswertabhängigen Steuern in verschiedenem Ausmaß, so ist für den jeweils steuerpflichtigen Teil je ein Einheitswert gesondert festzustellen.

(3) In dem Feststellungsbescheid (§ 179 der Abgabenordnung) sind auch Feststellungen zu treffen
1. über die Art der wirtschaftlichen Einheit,
   a) bei Grundstücken auch über die Grundstücksart (§§ 72, 74 und 75),

Bewertungsgesetz
§§ 20–22

b) bei Betriebsgrundstücken und Mineralgewinnungsrechten, die zu einem gewerblichen Betrieb gehören (wirtschaftliche Untereinheiten), auch über den gewerblichen Betrieb;
2. über die Zurechnung der wirtschaftlichen Einheit und bei mehreren Beteiligten über die Höhe ihrer Anteile.

(4) Feststellungen nach den Absätzen 1 bis 3 erfolgen nur, wenn und soweit sie für die Besteuerung von Bedeutung sind.

§ 20 Ermittlung des Einheitswerts

Die Einheitswerte werden nach den Vorschriften dieses Abschnitts ermittelt. Bei der Ermittlung der Einheitswerte ist § 163 der Abgabenordnung nicht anzuwenden.

§ 21 Hauptfeststellung

(1) Die Einheitswerte werden allgemein festgestellt (Hauptfeststellung):
1. in Zeitabständen von je sechs Jahren
   für den Grundbesitz (§ 19 Abs. 1 Nr. 1) und für die Mineralgewinnungsrechte (§ 100);
2. in Zeitabständen von je drei Jahren
   für die wirtschaftlichen Einheiten des Betriebsvermögens.

Durch Rechtsverordnung kann der Zeitabstand zwischen einer Hauptfeststellung und der darauffolgenden Hauptfeststellung (Hauptfeststellungszeitraum) bei einer wesentlichen Änderung der für die Bewertung maßgebenden Verhältnisse für den Grundbesitz und für die Mineralgewinnungsrechte um höchstens drei Jahre, für die wirtschaftlichen Einheiten des Betriebsvermögens um ein Jahr verkürzt werden. Die Bestimmung kann sich auf einzelne Vermögensarten oder beim Grundbesitz auf Gruppen von Fällen, in denen sich die für die Bewertung maßgebenden Verhältnisse in derselben Weise geändert haben, beschränken.

(2) Der Hauptfeststellung werden die Verhältnisse zu Beginn des Kalenderjahrs (Hauptfeststellungszeitpunkt) zugrunde gelegt. Die Vorschriften in § 35 Abs. 2, §§ 54, 59, 106 und 112 über die Zugrundelegung eines anderen Zeitpunkts bleiben unberührt.

(3) Ist die Feststellungsfrist (§ 181 der Abgabenordnung) bereits abgelaufen, so kann die Hauptfeststellung unter Zugrundelegung der Verhältnisse des Hauptfeststellungszeitpunkts mit Wirkung für einen späteren Feststellungszeitpunkt vorgenommen werden, für den diese Frist noch nicht abgelaufen ist. § 181 Abs. 5 der Abgabenordnung bleibt unberührt.

§ 22 Fortschreibungen

(1) Der Einheitswert wird neu festgestellt (Wertfortschreibung)
1. beim Grundbesitz, wenn der nach § 30 abgerundete Wert, der sich für den Beginn eines Kalenderjahres ergibt, vom Einheitswert des letzten Feststellungszeitpunkts nach oben um mehr als den zehnten Teil, mindestens aber um 5 000 Deutsche Mark, oder um mehr als 100 000 Deutsche Mark, nach unten um mehr als den zehnten Teil, mindestens aber um 500 Deutsche Mark, oder um mehr als 5 000 Deutsche Mark abweicht,
2. bei einem gewerblichen Betrieb oder einem Mineralgewinnungsrecht, wenn der nach § 30 abgerundete Wert, der sich für den Beginn eines Kalenderjahrs ergibt, entweder um mehr als ein Fünftel, mindestens aber um 5 000 Deutsche Mark, oder um mehr als 100 000 Deutsche Mark von dem Einheitswert des letzten Feststellungszeitpunkts abweicht.

(2) Über die Art oder Zurechnung des Gegenstandes (§ 19 Abs. 3 Nr. 1 und 2) wird eine neue Feststellung getroffen (Artfortschreibung oder Zurechnungsfortschreibung), wenn sie von der zuletzt getroffenen Feststellung abweicht und es für die Besteuerung von Bedeutung ist.

(3) Eine Fortschreibung nach Absatz 1 oder Absatz 2 findet auch zur Beseitigung eines Fehlers der letzten Feststellung statt. § 176 der Abgabenordnung ist hierbei entsprechend anzuwenden. Dies gilt jedoch nur für die Feststellungszeitpunkte, die vor der Verkündung der maßgeblichen Entscheidung eines obersten Gerichts des Bundes liegen.

(4) Eine Fortschreibung ist vorzunehmen, wenn dem Finanzamt bekannt wird, daß die Voraussetzungen für sie vorliegen. Der Fortschreibung werden vorbehaltlich des § 27 die Verhältnisse im Fortschreibungszeitpunkt zugrunde gelegt. Fortschreibungszeitpunkt ist
1. bei einer Änderung der tatsächlichen Verhältnisse der Beginn des Kalenderjahres, das auf die Änderung folgt. § 21 Abs. 3 ist entsprechend anzuwenden;
2. in den Fällen des Absatzes 3 der Beginn des Kalenderjahrs, in dem der Fehler dem Finanzamt bekannt wird, bei einer Erhöhung des Einheitswerts jedoch frühestens der Beginn des Kalenderjahrs, in dem der Feststellungsbescheid erteilt wird.
Die Vorschriften in § 35 Abs. 2, §§ 54, 59, 106 und 112 über die Zugrundelegung eines anderen Zeitpunkts bleiben unberührt.

§ 23 Nachfeststellung

(1) Für wirtschaftliche Einheiten (Untereinheiten), für die ein Einheitswert festzustellen ist, wird der Einheitswert nachträglich festgestellt (Nachfeststellung), wenn nach dem Hauptfeststellungszeitpunkt (§ 21 Abs. 2)
1. die wirtschaftliche Einheit (Untereinheit) neu entsteht;
2. eine bereits bestehende wirtschaftliche Einheit (Untereinheit) erstmals zu einer Steuer herangezogen werden soll;
3. für eine bereits bestehende wirtschaftliche Einheit (Untereinheit) erstmals für die Zwecke der Vermögensbesteuerung ein besonderer Einheitswert festzustellen ist (§ 91 Abs. 2).

(2) Der Nachfeststellung werden vorbehaltlich des § 27 die Verhältnisse im Nachfeststellungszeitpunkt zugrunde gelegt. Nachfeststellungszeitpunkt ist in den Fällen des Absatzes 1 Nr. 1 der Beginn des Kalenderjahrs, das auf die Entstehung der wirtschaftlichen Einheit (Untereinheit) folgt, und in den Fällen des Absatzes 1 Nr. 2 und 3 der Beginn des Kalenderjahrs, in dem der Einheitswert erstmals der Besteuerung zugrunde gelegt wird. § 21 Abs. 3 ist entsprechend anzuwenden. Die Vorschriften in § 35 Abs. 2, §§ 54, 59, 106 und 112 über die Zugrundelegung eines anderen Zeitpunkts bleiben unberührt.

§ 24 Aufhebung des Einheitswerts

(1) Der Einheitswert wird aufgehoben, wenn dem Finanzamt bekannt wird, daß
1. die wirtschaftliche Einheit (Untereinheit) wegfällt;
2. der Einheitswert der wirtschaftlichen Einheit (Untereinheit) infolge von Befreiungsgründen der Besteuerung nicht mehr zugrunde gelegt wird;
3. ein nach § 91 Abs. 2 ermittelter besonderer Einheitswert bei der Vermögensbesteuerung nicht mehr zugrunde gelegt wird.

Bewertungsgesetz
§§ 24 a–28

(2) Aufhebungszeitpunkt ist in den Fällen des Absatzes 1 Nr. 1 der Beginn des Kalenderjahrs, das auf den Wegfall der wirtschaftlichen Einheit (Untereinheit) folgt, und in den Fällen des Absatzes 1 Nr. 2 und 3 der Beginn des Kalenderjahrs, in dem der Einheitswert erstmals der Besteuerung nicht mehr zugrunde gelegt wird. § 21 Abs. 3 ist entsprechend anzuwenden.

§ 24 a Änderung von Feststellungsbescheiden

Bescheide über Fortschreibungen oder Nachfeststellungen von Einheitswerten des Grundbesitzes können schon vor dem maßgebenden Feststellungszeitpunkt erteilt werden. Sie sind zu ändern oder aufzuheben, wenn sich bis zu diesem Zeitpunkt Änderungen ergeben, die zu einer abweichenden Feststellung führen.

§ 25 (entfällt)

§ 26 Umfang der wirtschaftlichen Einheit bei Vermögenszusammenrechnung

Die Zurechnung mehrerer Wirtschaftsgüter zu einer wirtschaftlichen Einheit (§ 2) wird nicht dadurch ausgeschlossen, daß die Wirtschaftsgüter
1. zum Teil dem einen, zum Teil dem anderen Ehegatten gehören, wenn das Vermögen der Ehegatten zusammenzurechnen ist (§ 119 Abs. 1);
2. zum Teil zum Gesamtgut einer fortgesetzten Gütergemeinschaft, zum Teil dem überlebenden Ehegatten gehören, wenn das Gesamtgut dem Vermögen des überlebenden Ehegatten zuzurechnen ist (§ 120).

§ 27 Wertverhältnisse bei Fortschreibungen und Nachfeststellungen

Bei Fortschreibungen und bei Nachfeststellungen der Einheitswerte für Grundbesitz und für Mineralgewinnungsrechte sind die Wertverhältnisse im Hauptfeststellungszeitpunkt zugrunde zu legen.

§ 28 Erklärungspflicht

(1) Erklärungen zur Feststellung des Einheitswerts sind auf jeden Hauptfeststellungszeitpunkt abzugeben. Für Erklärungen zur Feststellung des Einheitswerts des Betriebsvermögens gilt dies, wenn
1. das Gewerbekapital im Sinne des § 12 des Gewerbesteuergesetzes den Freibetrag nach § 13 Abs. 1 des Gewerbesteuergesetzes übersteigt oder
2. der Betriebsinhaber eine Vermögensteuererklärung abzugeben hat.

(2) Die Erklärungen sind innerhalb der Frist abzugeben, die der Bundesminister der Finanzen im Einvernehmen mit den obersten Finanzbehörden der Länder bestimmt. Die Frist ist im Bundesanzeiger bekanntzumachen. Fordert die Finanzbehörde zur Abgabe einer Erklärung auf einen Hauptfeststellungszeitpunkt oder auf einen anderen Feststellungszeitpunkt besonders auf (§ 149 Abs. 1 Satz 2 der Abgabenordnung), hat sie eine besondere Frist zu bestimmen, die mindestens einen Monat betragen soll.

(3) Erklärungspflichtig ist derjenige, dem Grundbesitz, Betriebsvermögen oder ein Mineralgewinnungsrecht zuzurechnen ist. Er hat die Steuererklärung eigenhändig zu unterschreiben.

§ 29 Auskünfte, Erhebungen und Mitteilungen

(1) Die Eigentümer von Grundbesitz und die Inhaber von Mineralgewinnungsrechten haben der Finanzbehörde auf Anforderung alle Angaben zu machen, die es für die Sammlung der Kauf-, Miet- und Pachtpreise braucht. Bei dieser Erklärung ist zu versichern, daß die Angaben nach bestem Wissen und Gewissen gemacht sind.

(2) Die Finanzbehörden können zur Vorbereitung einer Hauptfeststellung und zur Durchführung von Feststellungen der Einheitswerte des Grundbesitzes oder von Mineralgewinnungsrechten örtliche Erhebungen über die Bewertungsgrundlagen anstellen. Das Grundrecht der Unverletzlichkeit der Wohnung (Artikel 13 des Grundgesetzes) wird insoweit eingeschränkt.

(3) Die nach Bundes- oder Landesrecht zuständigen Behörden haben den Finanzbehörden die ihnen im Rahmen ihrer Aufgabenerfüllung bekanntgewordenen rechtlichen und tatsächlichen Umstände mitzuteilen, die für die Feststellung von Einheitswerten des Grundbesitzes und der Mineralgewinnungsrechte oder für die Grundsteuer von Bedeutung sein können. Den Behörden stehen die Stellen gleich, die für die Sicherung der Zweckbestimmung solcher Wohnungen zuständig sind, die mit Mitteln im Sinne der §§ 6, 87 a und 88 des Zweiten Wohnungsbaugesetzes in der Fassung der Bekanntmachung vom 11. Juli 1985 (BGBl. I S. 1284, 1661) oder der §§ 4 oder 38 des Wohnungsbaugesetzes für das Saarland in der Fassung der Bekanntmachung vom 5. Oktober 1982 (Amtsblatt des Saarlandes S. 933), geändert durch Artikel 3 des Gesetzes vom 11. Juli 1985 (BGBl. I S. 1277), gefördert worden sind. Die mitteilungspflichtige Behörde hat die Betroffenen vom Inhalt der Mitteilung zu unterrichten.

§ 30 Abrundung

Die Einheitswerte werden nach unten abgerundet.
1. beim Grundbesitz auf volle hundert Deutsche Mark,
2. bei gewerblichen Betrieben und Mineralgewinnungsrechten auf volle tausend Deutsche Mark.

§ 31 Bewertung von ausländischem Sachvermögen

(1) Für die Bewertung des ausländischen land- oder forstwirtschaftlichen Vermögens, Grundvermögens und Betriebsvermögens gelten die Vorschriften des Ersten Teils dieses Gesetzes, insbesondere § 9 (gemeiner Wert). Nach diesen Vorschriften sind auch die ausländischen Teile einer wirtschaftlichen Einheit zu bewerten, die sich sowohl auf das Inland als auch auf das Ausland erstreckt.

(2) Bei der Bewertung von ausländischem Grundbesitz sind Bestandteile und Zubehör zu berücksichtigen. Zahlungsmittel, Geldforderungen, Wertpapiere und Geldschulden sind nicht einzubeziehen.

§ 32 Bewertung von inländischem Sachvermögen

Für die Bewertung des inländischen land- und forstwirtschaftlichen Vermögens, Grundvermögens und Betriebsvermögens gelten die Vorschriften der §§ 33 bis 109. Nach diesen Vorschriften sind auch die inländischen Teile einer wirtschaftlichen Einheit zu bewerten, die sich sowohl auf das Inland als auch auf das Ausland erstreckt.

Bewertungsgesetz

§ 33

VII B

12

Seite 12 a

B. Land- und fortwirtschaftliches Vermögen

I. Allgemeines

§ 33 Begriff des land- und forstwirtschaftlichen Vermögens

(1) Zum land- und forstwirtschaftlichen Vermögen gehören alle Wirtschaftsgüter, die einem Betrieb der Land- und Forstwirtschaft dauernd zu dienen bestimmt sind. Betrieb der Land- und Forstwirtschaft ist die wirtschaftliche Einheit des land- und forstwirtschaftlichen Vermögens.

(Fortsetzung auf Seite 13)

Bewertungsgesetz

§ 34

(2) Zu den Wirtschaftsgütern, die einem Betrieb der Land- und Forstwirtschaft dauernd zu dienen bestimmt sind, gehören insbesondere der Grund und Boden, die Wohn- und Wirtschaftsgebäude, die stehenden Betriebsmittel und ein normaler Bestand an umlaufenden Betriebsmitteln; als normaler Bestand gilt ein solcher, der zur gesicherten Fortführung des Betriebes erforderlich ist.

(3) Zum land- und forstwirtschaftlichen Vermögen gehören nicht
1. Zahlungsmittel, Geldforderungen, Geschäftsguthaben und Wertpapiere,
2. Geldschulden,
3. über den normalen Bestand hinausgehende Bestände (Überbestände) an umlaufenden Betriebsmitteln,
4. Tierbestände oder Zweige des Tierbestands und die hiermit zusammenhängenden Wirtschaftsgüter (z. B. Gebäude und abgrenzbare Gebäudeteile mit den dazugehörenden Flächen, Betriebsmittel), wenn die Tiere weder nach § 51 oder § 51 a zur landwirtschaftlichen Nutzung noch nach § 62 zur sonstigen land- oder forstwirtschaftlichen Nutzung gehören. Die Zugehörigkeit der landwirtschaftlich genutzten Flächen zum land- und forstwirtschaftlichen Vermögen wird hierdurch nicht berührt.

§ 34 Betrieb der Land- und Forstwirtschaft

(1) Ein Betrieb der Land- und Forstwirtschaft umfaßt
1. den Wirtschaftsteil,
2. den Wohnteil.

(2) Der Wirtschaftsteil eines Betriebs der Land- und Forstwirtschaft umfaßt
1. die land- und forstwirtschaftlichen Nutzungen:
   a) die landwirtschaftliche Nutzung,
   b) die forstwirtschaftliche Nutzung,
   c) die weinbauliche Nutzung,
   d) die gärtnerische Nutzung,
   e) die sonstige land- und forstwirtschaftliche Nutzung;
2. die folgenden nicht zu einer Nutzung nach Nummer 1 gehörenden Wirtschaftsgüter:
   a) Abbauland (§ 43),
   b) Geringstland (§ 44),
   c) Unland (§ 45);
3. die Nebenbetriebe (§ 42).

(3) Der Wohnteil eines Betriebs der Land- und Forstwirtschaft umfaßt die Gebäude und Gebäudeteile, soweit sie dem Inhaber des Betriebs, den zu seinem Haushalt gehörenden Familienangehörigen und den Altenteilern zu Wohnzwecken dienen.

(4) In den Betrieb sind auch dem Eigentümer des Grund und Bodens nicht gehörende Gebäude, die auf dem Grund und Boden des Betriebs stehen, und dem Eigentümer des Grund und Bodens nicht gehörende Betriebsmittel, die der Bewirtschaftung des Betriebs dienen, einzubeziehen.

(5) Ein Anteil des Eigentümers eines Betriebs der Land- und Forstwirtschaft an einem Wirtschaftsgut ist in den Betrieb einzubeziehen, wenn es mit dem Betrieb zusammen genutzt wird.

(6) In einem Betrieb der Land- oder Forstwirtschaft, der von einer Gesellschaft oder Gemeinschaft des bürgerlichen Rechts betrieben wird, sind auch die Wirtschaftsgüter einzu-

Bewertungsgesetz
§§ 35–38

beziehen, die einem oder mehreren Beteiligten gehören und dem Betrieb zu dienen bestimmt sind.

(6 a) Einen Betrieb der Land- und Forstwirtschaft bildet auch die gemeinschaftliche Tierhaltung (§ 51 a) einschließlich der hiermit zusammmenhängenden Wirtschaftsgüter.

(7) Einen Betrieb der Land- und Forstwirtschaft bilden auch Stückländereien. Stückländereien sind einzelne land- und forstwirtschaftlich genutzte Flächen, bei denen die Wirtschaftsgebäude oder die Betriebsmittel oder beide Arten von Wirtschaftsgütern nicht dem Eigentümer des Grund und Bodens gehören.

§ 35 Bewertungsstichtag

(1) Für die Größe des Betriebs sowie für den Umfang und den Zustand der Gebäude und der stehenden Betriebsmittel sind die Verhältnisse im Feststellungszeitpunkt maßgebend.

(2) Für die umlaufenden Betriebsmittel ist der Stand am Ende des Wirtschaftsjahres maßgebend, das dem Feststellungszeitpunkt vorangegangen ist.

§ 36 Bewertungsgrundsätze

(1) Bei der Bewertung ist unbeschadet der Regelung, die in § 47 für den Wohnungswert getroffen ist, der Ertragswert zugrunde zu legen.

(2) Bei der Ermittlung des Ertragswerts ist von der Ertragsfähigkeit auszugehen. Ertragsfähigkeit ist der bei ordnungsmäßiger und schuldenfreier Bewirtschaftung mit entlohnten fremden Arbeitskräften gemeinhin und nachhaltig erzielbare Reinertrag. Ertragswert ist das Achtzehnfache dieses Reinertrags.

(3) Bei der Beurteilung der Ertragsfähigkeit sind die Ertragsbedingungen zu berücksichtigen, soweit sie nicht unwesentlich sind.

§ 37 Ermittlung des Ertragswerts

(1) Der Ertragswert der Nutzungen wird durch ein vergleichendes Verfahren (§§ 38 bis 41) ermittelt. Das vergleichende Verfahren kann auch auf Nutzungsteile angewendet werden.

(2) Kann ein vergleichendes Verfahren nicht durchgeführt werden, so ist der Ertragswert nach der Ertragsfähigkeit der Nutzung unmittelbar zu ermitteln (Einzelertragswertverfahren).

§ 38 Vergleichszahl, Ertragsbedingungen

(1) Die Unterschiede der Ertragsfähigkeit der gleichen Nutzung in den verschiedenen Betrieben werden durch Vergleich der Ertragsbedingungen beurteilt und vorbehaltlich der §§ 55 und 62 durch Zahlung ausgedrückt, die dem Verhältnis der Reinerträge entsprechen (Vergleichszahlen).

(2) Bei dem Vergleich der Ertragsbedingungen sind zugrunde zu legen
1. die tatsächlichen Verhältnisse für:
   a) die natürlichen Ertragsbedingungen, insbesondere Bodenbeschaffenheit, Geländegestaltung, klimatische Verhältnisse,

Bewertungsgesetz
§§ 39–40

b) die folgenden wirtschaftlichen Ertragsbedingungen:
   aa) innere Verkehrslage (Lage für die Bewirtschaftung der Betriebsfläche),
   bb) äußere Verkehrslage (insbesondere Lage für die Anfuhr der Betriebsmittel und die Abfuhr der Erzeugnisse),
   cc) Betriebsgröße;
2. die in der Gegend als regelmäßig anzusehenden Verhältnisse für die in Nummer 1 Buchstabe b nicht bezeichneten wirtschaftlichen Ertragsbedingungen, insbesondere Preise und Löhne, Betriebsorganisation, Betriebsmittel.

(3) Bei Stückländereien sind die wirtschaftlichen Ertragsbedingungen nach Absatz 2 Nr. 1 Buchstabe b mit den regelmäßigen Verhältnissen der Gegend anzusetzen.

§ 39 Bewertungsstützpunkte

(1) Zur Sicherung der Gleichmäßigkeit der Bewertung werden in einzelnen Betrieben mit gegendüblichen Ertragsbedingungen die Vergleichszahlen von Nutzungen und Nutzungsteilen vorweg ermittelt (Hauptbewertungsstützpunkte). Die Vergleichszahlen der Hauptbewertungsstützpunkte werden vom Bewertungsbeirat (§§ 63 bis 66) vorgeschlagen und durch Rechtsverordnung festgesetzt. Die Vergleichszahlen der Nutzungen und Nutzungsteile in den übrigen Betrieben werden durch Vergleich mit den Vergleichszahlen der Hauptbewertungsstützpunkte ermittelt. § 55 bleibt unberührt.

(2) Die Hauptbewertungsstützpunkte können durch Landes-Bewertungsstützpunkte und Orts-Bewertungsstützpunkte als Bewertungsbeispiele ergänzt werden. Die Vergleichszahlen der Landes-Bewertungsstützpunkte werden vom Gutachterausschuß (§ 67), die Vergleichszahlen der Orts-Bewertungsstützpunkte von den Landesfinanzbehörden ermittelt. Die Vergleichszahlen der Landes-Bewertungsstützpunkte und Orts-Bewertungsstützpunkte können bekanntgegeben werden.

(3) Zugepachtete Flächen, die zusammen mit einem Bewertungsstützpunkt bewirtschaftet werden, können bei der Ermittlung der Vergleichszahlen mit berücksichtigt werden. Bei der Feststellung des Einheitswerts eines Betriebs, der als Bewertungsstützpunkt dient, sind zugepachtete Flächen nicht zu berücksichtigen (§ 2 Abs. 2).

§ 40 Ermittlung des Vergleichswerts

(1) Zum Hauptfeststellungszeitpunkt wird für die landwirtschaftliche, die weinbauliche und die gärtnerische Nutzung oder für deren Teile der 100 Vergleichszahlen entsprechende Ertragswert vorbehaltlich Absatz 2 durch besonderes Gesetz festgestellt. Aus diesem Ertragswert wird der Ertragswert für die einzelne Nutzung oder den Nutzungsteil in den Betrieben mit Hilfe der Vergleichszahlen abgeleitet (Vergleichswert). Der auf einen Hektar bezogene Vergleichswert ist der Hektarwert.

(2) Für die Hauptfeststellung auf den Beginn des Kalenderjahres 1964 betragen die 100 Vergleichszahlen entsprechenden Ertragswerte bei
der landwirtschaftlichen Nutzung
    ohne Hopfen und Spargel   37,26 DM
    Hopfen   254,00 DM
    Spargel   76,50 DM
der weinbaulichen Nutzung   200.00 DM
den gärtnerischen Nutzungsteilen
    Gemüse-, Blumen- und Zierpflanzenbau   108,00 DM
    Obstbau   72,00 DM
    Baumschulen   221,40 DM.

Bewertungsgesetz
§§ 41–43

(3) Die Hoffläche und die Gebäudefläche des Betriebs sind in die einzelne Nutzung einzubeziehen, soweit sie ihr dienen. Hausgärten bis zur Größe von 10 Ar sind zur Hof- und Gebäudefläche zu rechnen. Wirtschaftswege, Hecken, Gräben, Grenzraine und dergleichen sind in die Nutzung einzubeziehen, zu der sie gehören; dies gilt auch für Wasserflächen, soweit sie nicht Unland sind oder zur sonstigen land- und forstwirtschaftlichen Nutzung (§ 62) gehören.

(4) Das Finanzamt hat bei Vorliegen eines rechtlichen Interesses dem Steuerpflichtigen Bewertungsgrundlagen und Bewertungsergebnisse der Nutzung oder des Nutzungsteils von Bewertungsstützpunkten, die bei der Ermittlung der Vergleichswerte seines Betriebs herangezogen worden sind, anzugeben.

(5) Zur Berücksichtigung der rückläufigen Reinerträge sind die nach den Absätzen 1 und 2 ermittelten Vergleichswerte für Hopfen um 80 vom Hundert, für Spargel um 50 vom Hundert und für Obstbau um 60 vom Hundert zu vermindern; es ist jedoch jeweils mindestens ein Hektarwert von 1 200 Deutsche Mark anzusetzen.

§ 41 Abschläge und Zuschläge

(1) Ein Abschlag oder Zuschlag am Vergleichswert ist zu machen,
1. soweit die tatsächlichen Verhältnisse bei einer Nutzung oder einem Nutzungsteil von den bei der Bewertung unterstellten regelmäßigen Verhältnissen der Gegend (§ 38 Abs. 2 Nr. 2) um mehr als 20 vom Hundert abweichen und
2. wenn die Abweichung eine Änderung des Vergleichswerts der Nutzung oder des Nutzungsteils um mehr als den fünften Teil, mindestens aber um 1 000 Deutsche Mark, oder um mehr als 10 000 Deutsche Mark bewirkt.

(2) Der Abschlag oder der Zuschlag ist nach der durch die Abweichung bedingten Minderung oder Steigerung der Ertragsfähigkeit zu bemessen.

(2 a) Der Zuschlag wegen Abweichung des tatsächlichen Tierbestands von den unterstellten regelmäßigen Verhältnissen der Gegend ist bei Fortschreibungen (§ 22) oder Nachfeststellungen (§ 23) für Feststellungszeitpunkte ab dem 1. Januar 1989 um 50 vom Hundert zu vermindern. Ist der Zuschlag in einem am 1. Januar 1988 maßgebenden Einheitswert enthalten, steht die Verminderung einer Änderung der tatsächlichen Verhältnisse gleich, die im Kalenderjahr 1988 eingetreten ist. § 27 ist insoweit nicht anzuwenden.

(3) Bei Stückländereien sind weder Abschläge für fehlende Betriebsmittel beim Eigentümer des Grund und Bodens noch Zuschläge für Überbestand an diesen Wirtschaftsgütern bei deren Eigentümern zu machen.

§ 42 Nebenbetriebe

(1) Nebenbetriebe sind Betriebe, die dem Hauptbetrieb zu dienen bestimmt sind und nicht einen selbständigen gewerblichen Betrieb darstellen.

(2) Die Nebenbetriebe sind gesondert mit dem Einzelertragswert zu bewerten.

§ 43 Abbauland

(1) Zum Abbauland gehören die Betriebsflächen, die durch Abbau der Bodensubstanz überwiegend für den Betrieb nutzbar gemacht werden (Sand-, Kies-, Lehmgruben, Steinbrüche, Torfstiche und dergleichen).

(2) Das Abbauland ist gesondert mit dem Einzelertragswert zu bewerten.

Bewertungsgesetz

§§ 44–48 a

§ 44 Geringstland

(1) Zum Geringstland gehören die Betriebsflächen geringster Ertragsfähigkeit, für die nach dem Bodenschätzungsgesetz in der im Bundesgesetzblatt Teil III, Gliederungsnummer 610−8, veröffentlichen bereinigten Fassung, zuletzt geändert durch Artikel 95 Nr. 4 des Gesetzes vom 14. Dezember 1976 (BGBl. I S. 3341), keine Wertzahlen festzustellen sind.

(2) Geringstland ist mit einem Hektarwert von 50 Deutschen Mark zu bewerten.

§ 45 Unland

(1) Zum Unland gehören die Betriebsflächen, die auch bei geordneter Wirtschaftsweise keinen Ertrag abwerfen können.

(2) Unland wird nicht bewertet.

§ 46 Wirtschaftswert

Aus den Vergleichswerten (§ 40 Abs. 1) und den Abschlägen und Zuschlägen (§ 41), aus den Einzelertragswerten sowie aus den Werten der nach den §§ 42 bis 44 gesondert zu bewertenden Wirtschaftsgüter wird der Wert für den Wirtschaftsteil (Wirtschaftswert) gebildet. Für seine Ermittlung gelten außer den Bestimmungen in den §§ 35 bis 45 auch die besonderen Vorschriften in den §§ 50 bis 62.

§ 47 Wohnungswert

Der Wert für den Wohnteil (Wohnungswert) wird nach den Vorschriften ermittelt, die beim Grundvermögen für die Bewertung der Mietwohngrundstücke im Ertragswertverfahren (§§ 71, 78 bis 82 und 91) gelten. Bei der Schätzung der üblichen Miete (§ 79 Abs. 2) sind die Besonderheiten, die sich aus der Lage der Gebäude oder Gebäudeteile im Betrieb ergeben, zu berücksichtigen. Der ermittelte Betrag ist um 15 vom Hundert zu vermindern.

§ 48 Zusammensetzung des Einheitswerts

Der Wirtschaftswert und der Wohnungswert bilden zusammen den Einheitswert des Betriebs.

§ 48 a Einheitswert bestimmter intensiv genutzter Flächen

Werden Betriebsflächen durch einen anderen Nutzungsberechtigten als den Eigentümer bewirtschaftet, so ist
1. bei der Sonderkultur Spargel (§ 52),
2. bei den gärtnerischen Nutzungsteilen Gemüse, Blumen- und Zierpflanzenbau sowie Baumschulen (§ 61),
3. bei der Saatzucht (§ 62 Abs. 1 Nr. 6)

der Unterschiedsbetrag zwischen dem für landwirtschaftliche Nutzung maßgebenden Vergleichswert und dem höheren Vergleichswert, der durch die unter den Nummern 1 bis 3 bezeichneten Nutzungen bedingt ist, bei der Feststellung des Einheitswerts des Eigentümers nicht zu berücksichtigen und für den Nutzungsberechtigten als selbständiger Einheitswert festzustellen. Ist ein Einheitswert für land- und forstwirtschaftliches Vermögen des Nutzungsberechtigten festzustellen, so ist der Unterschiedsbetrag in diesen Einheitswert einzubeziehen.

Bewertungsgesetz

§§ 49–51

§ 49 Verteilung des Einheitswerts

(1) In den Fällen des § 34 Abs. 4 ist der Einheitswert nur für die Zwecke anderer Steuern als der Grundsteuer nach § 19 Abs. 3 Nr. 2 zu verteilen. Bei der Verteilung wird für einen anderen Beteiligten als den Eigentümer des Grund und Bodens ein Anteil nicht festgestellt, wenn er weniger als 1 000 Deutsche Mark beträgt. Die Verteilung unterbleibt, wenn die Anteile der anderen Beteiligten zusammen weniger als 1 000 Deutsche Mark betragen. In den Fällen des § 34 Abs. 6 gelten die Sätze 1 bis 3 entsprechend.

(2) Soweit der Einheitswert des Eigentümers des Grund und Bodens unter Berücksichtigung von § 48 a festgestellt ist, findet in den Fällen des § 34 Abs. 4 eine Verteilung nicht statt.

II. Besondere Vorschriften

a) Landwirtschaftliche Nutzung

§ 50 Ertragsbedingungen

(1) Bei der Beurteilung der natürlichen Ertragsbedingungen (§ 38 Abs. 2 Nr. 1 Buchstabe a) ist von den Ergebnissen der Bodenschätzung nach dem Bodenschätzungsgesetz auszugehen. Dies gilt auch für das Bodenartenverhältnis.

(2) Ist durch die natürlichen Verhältnisse ein anderes als das in der betreffenden Gegend regelmäßige Kulturartenverhältnis bedingt, so ist abweichend von § 38 Abs. 2 Nr. 2 das tatsächliche Kulturartenverhältnis maßgebend.

§ 51 Tierbestände

(1) Tierbestände gehören in vollem Umfang zur landwirtschaftlichen Nutzung, wenn im Wirtschaftsjahr
für die ersten 20 Hektar
nicht mehr als 10 Vieheinheiten,
für die nächsten 10 Hektar
nicht mehr als 7 Vieheinheiten,
für die nächsten 10 Hektar
nicht mehr als 3 Vieheinheiten
und für die weitere Fläche
nicht mehr als 1,5 Vieheinheiten
je Hektar der vom Inhaber des Betriebs regelmäßig landwirtschaftlich genutzten Flächen erzeugt oder gehalten werden. Die Tierbestände sind nach dem Futterbedarf in Vieheinheiten umzurechnen.

(2) Übersteigt die Anzahl der Vieheinheiten nachhaltig die in Absatz 1 bezeichnete Grenze, so gehören nur die Zweige des Tierbestands zur landwirtschaftlichen Nutzung, deren Vieheinheiten zusammen diese Grenze nicht überschreiten. Zunächst sind mehr flächenabhängige Zweige des Tierbestands und danach weniger flächenabhängige Zweige des Tierbestands zur landwirtschaftlichen Nutzung zu rechnen. Innerhalb jeder dieser Gruppe sind zuerst Zweige des Tierbestands mit der geringeren Anzahl von Vieheinheiten und dann

Bewertungsgesetz

§ 51 a

Zweige mit der größeren Anzahl von Vieheinheiten zur landwirtschaftlichen Nutzung zu rechnen. Der Tierbestand des einzelnen Zweiges wird nicht aufgeteilt.

(3) Als Zweig des Tierbestands gilt bei jeder Tierart für sich
1. das Zugvieh,
2. das Zuchtvieh,
3. das Mastvieh,
4. das übrige Nutzvieh.

Das Zuchtvieh einer Tierart gilt nur dann als besonderer Zweig des Tierbestands, wenn die erzeugten Jungtiere überwiegend zum Verkauf bestimmt sind. Ist das nicht der Fall, so ist das Zuchtvieh dem Zweig des Tierbestands zuzurechnen, dem es überwiegend dient.

(4) Der Umrechnungsschlüssel für Tierbestände in Vieheinheiten sowie die Gruppen der mehr oder weniger flächenabhängigen Zweige des Tierbestands sind aus den Anlagen 1 und 2 zu entnehmen. Für die Zeit von einem nach dem 1. Januar 1964 liegenden Hauptfeststellungszeitpunkt an können der Umrechnungsschlüssel für Tierbestände in Vieheinheiten sowie die Gruppen der mehr oder weniger flächenabhängigen Zweige des Tierbestands durch Rechtsverordnung Änderungen der wirtschaftlichen Gegebenheiten, auf denen sie beruhen, angepaßt werden.

(5) Die Absätze 1 bis 4 gelten nicht für Pelztiere. Pelztiere gehören nur dann zur landwirtschaftlichen Nutzung, wenn die erforderlichen Futtermittel überwiegend von den vom Inhaber des Betriebs landwirtschaftlich genutzten Flächen gewonnen sind.

§ 51 a Gemeinschaftliche Tierhaltung

(1) Zur landwirtschaftlichen Nutzung gehört auch die Tierzucht und Tierhaltung von Erwerbs- und Wirtschaftsgenossenschaften (§ 97 Abs. 1 Nr. 2), von Gesellschaften, bei denen die Gesellschafter als Unternehmer (Mitunternehmer) anzusehen sind (§ 97 Abs. 1 Nr. 5), oder von Vereinen (§ 97 Abs. 2), wenn
1. alle Gesellschafter oder Mitglieder
   a) Inhaber eines Betriebs der Land- und Forstwirtschaft mit selbstbewirtschafteten regelmäßig landwirtschaftlich genutzten Flächen sind,
   b) nach dem Gesamtbild der Verhältnisse hauptberuflich Land- und Forstwirte sind,
   c) landwirtschaftliche Unternehmer im Sinne des § 1 Abs. 3 des Gesetzes über eine Altershilfe für Landwirte sind und dies durch eine Bescheinigung der zuständigen Alterskasse nachgewiesen wird und
   d) die sich nach § 51 Abs. 1 für sie ergebende Möglichkeit zur landwirtschaftlichen Tiererzeugung oder Tierhaltung in Vieheinheiten ganz oder teilweise auf die Genossenschaft, die Gesellschaft oder den Verein übertragen haben;
2. die Anzahl der von der Genossenschaft, der Gesellschaft oder dem Verein im Wirtschaftsjahr erzeugten oder gehaltenen Vieheinheiten keine der nachfolgenden Grenzen nachhaltig überschreitet:
   a) die Summe der sich nach Nummer 1 Buchstabe d ergebenden Vieheinheiten und
   b) die Summe der Vieheinheiten, die sich nach § 51 Abs. 1 auf der Grundlage der Summe der von den Gesellschaftern oder Mitgliedern regelmäßig landwirtschaftlich genutzten Flächen ergibt;
3. die Betriebe der Gesellschafter oder Mitglieder nicht mehr als 40 km von der Produktionsstätte der Genossenschaft, der Gesellschaft oder des Vereins entfernt liegen.

Bewertungsgesetz
§§ 52–55

Die Voraussetzungen der Nummer 1 Buchstabe d und der Nummer 2 sind durch besondere, laufend zu führende Verzeichnisse nachzuweisen.

(2) Der Anwendung des Absatzes 1 steht es nicht entgegen, wenn die dort bezeichneten Genossenschaften, Gesellschaften oder Vereine die Tiererzeugung oder Tierhaltung ohne regelmäßig landwirtschaftlich genutzte Flächen betreiben.

(3) Von den in Absatz 1 bezeichneten Genossenschaften, Gesellschaften oder Vereinen regelmäßig landwirtschaftlich genutzte Flächen sind bei der Ermittlung der nach Absatz 1 Nr. 2 maßgebenden Grenzen wie Flächen von Gesellschaftern oder Mitgliedern zu behandeln, die ihre Möglichkeit zur landwirtschaftlichen Tiererzeugung oder Tierhaltung im Sinne des Absatzes 1 Nr. 1 Buchstabe d auf die Genossenschaft, die Gesellschaft oder den Verein übertragen haben.

(4) Bei dem einzelnen Gesellschafter oder Mitglied der in Absatz 1 bezeichneten Genossenschaften, Gesellschaften oder Vereine ist § 51 Abs. 1 mit der Maßgabe anzuwenden, daß die in seinem Betrieb erzeugten oder gehaltenen Vieheinheiten mit den Vieheinheiten zusammenzurechnen sind, die im Rahmen der nach Absatz 1 Nr. 1 Buchstabe d übertragenen Möglichkeiten erzeugt oder gehalten werden.

(5) Die Vorschriften des § 51 Abs. 2 bis 4 sind entsprechend anzuwenden.

§ 52 Sonderkulturen

Hopfen, Spargel und andere Sonderkulturen sind als landwirtschaftliche Nutzungsteile (§ 37 Abs. 1) zu bewerten.

b) Forstwirtschaftliche Nutzung

§ 53 Umlaufende Betriebsmittel

Eingeschlagenes Holz gehört zum normalen Bestand an umlaufenden Betriebsmitteln, soweit es den jährlichen Nutzungssatz nicht übersteigt; bei Betrieben, die nicht jährlich einschlagen (aussetzende Betriebe), tritt an die Stelle des jährlichen Nutzungssatzes ein den Betriebsverhältnissen entsprechender mehrjähriger Nutzungssatz.

§ 54 Bewertungsstichtag

Abweichend von § 35 Abs. 1 sind für den Umfang und den Zustand des Bestandes an nicht eingeschlagenem Holz die Verhältnisse am Ende des Wirtschaftsjahres zugrunde zu legen, das dem Feststellungszeitpunkt vorangegangen ist.

§ 55 Ermittlung des Vergleichswerts

(1) Das vergleichende Verfahren ist auf Hochwald als Nutzungsteil (§ 37 Abs. 1) anzuwenden.

(2) Die Ertragsfähigkeit des Hochwaldes wird vorweg für Nachhaltsbetriebe mit regelmäßigem Alters- oder Vorratsklassenverhältnis ermittelt und durch Normalwerte ausgedrückt.

(3) Normalwert ist der für eine Holzart unter Berücksichtigung des Holzertrags auf einen Hektar bezogene Ertragswert eines Nachhaltsbetriebs mit regelmäßigem Alters- oder Vorratsklassenverhältnis. Die Normalwerte werden für Bewertungsgebiete vom Bewertungsbei-

Bewertungsgesetz
§§ 56–58

rat vorgeschlagen und durch Rechtsverordnung festgesetzt. Der Normalwert beträgt für die Hauptfeststellung auf den Beginn des Kalenderjahres 1964 höchstens 3 200 Deutsche Mark (Fichte, Ertragsklasse I A, Bestockungsgrad 1,0).

(4) Die Anteile der einzelnen Alters- oder Vorratsklassen an den Normalwerten werden durch Hundertsätze ausgedrückt. Für jede Alters- oder Vorratsklasse ergibt sich der Hundertsatz aus dem Verhältnis ihres Abtriebswerts zum Abtriebswert des Nachhaltsbetriebs mit regelmäßigem Alters- oder Vorratsklassenverhältnis. Die Hundertsätze werden einheitlich für alle Bewertungsgebiete durch Rechtsverordnung festgesetzt. Sie betragen für die Hauptfeststellung auf den Beginn des Kalenderjahres 1964 höchstens 260 vom Hundert der Normalwerte.

(5) Ausgehend von den nach Absatz 3 festgesetzten Normalwerten wird für die forstwirtschaftliche Nutzung des einzelnen Betriebs der Ertragswert (Vergleichswert) abgeleitet. Dabei werden die Hundertsätze auf die Alters- oder Vorratsklassen angewendet.

(6) Der Wert der einzelnen Alters- oder Vorratsklasse beträgt mindestens 50 Deutsche Mark je Hektar.

(7) Mittelwald und Niederwald sind mit 50 Deutsche Mark je Hektar anzusetzen.

(8) Zur Förderung der Gleichmäßigkeit der Bewertung wird, ausgehend von den Normalwerten des Bewertungsgebiets nach Absatz 3, durch den Bewertungsbeirat (§§ 63 bis 66) für den forstwirtschaftlichen Nutzungsteil Hochwald in einzelnen Betrieben mit gegendüblichen Ertragsbedingungen (Hauptbewertungsstützpunkte) der Vergleichswert vorgeschlagen und durch Rechtsverordnung festgesetzt.

(9) Zur Berücksichtigung der rückläufigen Reinerträge sind die nach Absatz 5 ermittelten Ertragswerte (Vergleichswerte) um 40 vom Hundert zu vermindern; die Absätze 6 und 7 bleiben unberührt.

c) Weinbauliche Nutzung

§ 56 Umlaufende Betriebsmittel

Bei ausbauenden Betrieben zählen die Vorräte an Weinen aus der letzten und der vorletzten Ernte vor dem Bewertungsstichtag zum normalen Bestand an umlaufenden Betriebsmitteln. Für die Weinvorräte aus der vorletzten Ernte vor dem Bewertungsstichtag gilt dies jedoch nur, soweit sie nicht auf Flaschen gefüllt sind. Abschläge für Unterbestand an Vorräten dieser Art sind nicht zu machen.

§ 57 Bewertungsstützpunkte

Als Bewertungsstützpunkte dienen Weinbaulagen oder Teile von Weinbaulagen.

§ 58 Innere Verkehrslage

Bei der Berücksichtigung der inneren Verkehrslage sind abweichend von § 38 Abs. 2 Nr. 1 nicht die tatsächlichen Verhältnisse, sondern die in der Weinbaulage regelmäßigen Verhältnisse zugrunde zu legen; § 41 ist entsprechend anzuwenden.

Bewertungsgesetz
§§ 59–63

d) Gärtnerische Nutzung

§ 59 Bewertungsstichtag

(1) Die durch Anbau von Baumschulgewächsen genutzte Betriebsfläche wird abweichend von § 35 Abs. 1 nach den Verhältnissen an dem 15. September bestimmt, der dem Feststellungszeitpunkt vorangegangen ist.

(2) Die durch Anbau von Gemüse, Blumen und Zierpflanzen genutzte Betriebsfläche wird abweichend von § 35 Abs. 1 nach den Verhältnissen an dem 30. Juni bestimmt, der dem Feststellungszeitpunkt vorangegangen ist.

§ 60 Ertragsbedingungen

(1) Bei der Beurteilung der natürlichen Ertragsbedingungen (§ 38 Abs. 2 Nr. 1 Buchstabe a) ist von den Ergebnissen der Bodenschätzung nach dem Bodenschätzungsgesetz auszugehen.

(2) Hinsichtlich der ertragsteigernden Anlagen, insbesondere der überdachten Anbauflächen, sind – abweichend von § 38 Abs. 2 Nr. 2 – die tatsächlichen Verhältnisse des Betriebs zugrunde zu legen.

§ 61 Anwendung des vergleichenden Verfahrens

Das vergleichende Verfahren ist auf Gemüse-, Blumen- und Zierpflanzenbau, auf Obstbau und auf Baumschulen als Nutzungsteile (§ 37 Abs. 1 Satz 2) anzuwenden.

e) Sonstige land- und forstwirtschaftliche Nutzung

§ 62 Arten und Bewertung der sonstigen land- und forstwirtschaftlichen Nutzung

(1) Zur sonstigen land- und forstwirtschaftlichen Nutzung gehören insbesondere
1. die Binnenfischerei,
2. die Teichwirtschaft,
3. die Fischzucht für Binnenfischerei und Teichwirtschaft,
4. die Imkerei,
5. die Wanderschäferei,
6. die Saatzucht.

(2) Für die Arten der sonstigen land- und forstwirtschaftlichen Nutzung werden im vergleichenden Verfahren abweichend von § 38 Abs. 1 keine Vergleichszahlen, sondern unmittelbare Vergleichswerte ermittelt.

III. Bewertungsbeirat, Gutachterausschuß

§ 63 Bewertungsbeirat

(1) Beim Bundesministerium der Finanzen wird ein Bewertungsbeirat gebildet.
(2) Der Bewertungsbeirat gliedert sich in eine landwirtschaftliche Abteilung, eine forstwirtschaftliche Abteilung, eine Weinbauabteilung und eine Gartenbauabteilung. Die Gartenbauabteilung besteht aus Unterabteilungen für Blumen- und Gemüsebau, für Obstbau und für Baumschulen.

Bewertungsgesetz

§§ 64–66

(3) Der Bewertungsbeirat übernimmt auch die Befugnisse des Reichsschätzungsbeirats nach dem Bodenschätzungsgesetz.

§ 64 **Mitglieder**

(1) Dem Bewertungsbeirat gehören an
1. in jeder Abteilung und Unterabteilung:
    a) der Bundesminister der Finanzen oder ein von ihm beauftragter Beamter des Bundesministeriums der Finanzen als Vorsitzender,
    b) ein vom Bundesminister für Ernährung, Landwirtschaft und Forsten beauftragter Beamter des Bundesministeriums für Ernährung, Landwirtschaft und Forsten;
2. in der landwirtschaftlichen Abteilung sieben Mitglieder;
3. in der forstwirtschaftlichen Abteilung und in der Weinbauabteilung je sieben Mitglieder;
4. in der Gartenbauabteilung drei Mitglieder mit allgemeiner Sachkunde, zu denen für jede Unterabteilung zwei weitere Mitglieder mit besonderer Fachkenntnis hinzutreten.

(2) Nach Bedarf können weitere Mitglieder berufen werden.

(3) Die Mitglieder nach Absatz 1 Nr. 2 bis 4 und nach Absatz 2 werden auf Vorschlag des Bundesrates durch den Bundesminister der Finanzen im Einvernehmen mit dem Bundesminister für Ernährung, Landwirtschaft und Forsten berufen. Die Berufung kann mit Zustimmung des Bundesrates zurückgenommen werden. Scheidet eines der nach Absatz 1 Nr. 2 bis 4 berufenen Mitglieder aus, so ist ein neues Mitglied zu berufen. Die Mitglieder müssen sachkundig sein.

(4) Die nach Absatz 3 berufenen Mitglieder haben bei den Verhandlungen des Bewertungsbeirats ohne Rücksicht auf Sonderinteressen nach bestem Wissen und Gewissen zu verfahren. Sie dürfen den Inhalt der Verhandlungen des Bewertungsbeirats sowie die Verhältnisse der Steuerpflichtigen, die ihnen im Zusammenhang mit ihrer Tätigkeit auf Grund dieses Gesetzes bekanntgeworden sind, nicht unbefugt offenbaren und Geheimnisse, insbesondere Betriebs- oder Geschäftsgeheimnisse, nicht unbefugt verwerten. Sie werden bei Beginn ihrer Tätigkeit von dem Vorsitzenden des Bewertungsbeirats durch Handschlag verpflichtet, diese Obliegenheiten gewissenhaft zu erfüllen. Über diese Verpflichtung ist eine Niederschrift aufzunehmen, die von dem Verpflichteten mit unterzeichnet wird. Auf Zuwiderhandlungen sind die Vorschriften über das Steuergeheimnis und die Strafbarkeit seiner Verletzung entsprechend anzuwenden.

§ 65 **Aufgaben**

Der Bewertungsbeirat hat die Aufgabe, Vorschläge zu machen
1. für die durch besonderes Gesetz festzusetzenden Ertragswerte (§ 40 Abs. 1),
2. für die durch Rechtsverordnung festzusetzenden Vergleichszahlen (§ 39 Abs. 1) und Vergleichswerte (§ 55 Abs. 8) der Hauptbewertungsstützpunkte,
3. für die durch Rechtsverordnung festzusetzenden Normalwerte und Ertragswerte der forstwirtschaftlichen Nutzung für Bewertungsgebiete (§ 55 Abs. 3).

§ 66 **Geschäftsführung**

(1) Der Vorsitzende führt die Geschäfte des Bewertungsbeirats und leitet die Verhandlungen. Der Bundesminister der Finanzen kann eine Geschäftsordnung für den Bewertungsbeirat erlassen.

(2) Die einzelnen Abteilungen und Unterabteilungen des Bewertungsbeirats sind beschlußfähig, wenn mindestens zwei Drittel der Mitglieder anwesend sind. Bei Abstimmung entscheidet die Stimmenmehrheit, bei Stimmengleichheit die Stimme des Vorsitzenden.

(3) Der Bewertungsbeirat hat seinen Sitz am Sitz des Bundesministeriums der Finanzen. Er hat bei Durchführung seiner Aufgaben die Ermittlungsbefugnisse, die den Finanzämtern nach der Abgabenordnung zustehen.

(4) Die Verhandlungen des Bewertungsbeirats sind nicht öffentlich. Der Bewertungsbeirat kann nach seinem Ermessen Sachverständige hören; § 64 Abs. 4 gilt entsprechend.

§ 67 Gutachterausschuß

(1) Zur Förderung der Gleichmäßigkeit der Bewertung des land- und forstwirtschaftlichen Vermögens in den Ländern, insbesondere durch Bewertung von Landes-Bewertungsstützpunkten, wird bei jeder Oberfinanzdirektion ein Gutachterausschuß gebildet. Bei jedem Gutachterausschuß ist eine landwirtschaftliche Abteilung zu bilden. Weitere Abteilungen können nach Bedarf entsprechend der Gliederung des Bewertungsbeirats (§ 63) gebildet werden.

(2) Die landwirtschaftliche Abteilung des Gutachterausschusses übernimmt auch die Befugnisse des Landesschätzungsbeirats nach dem Bodenschätzungsgesetz.

(3) Dem Gutachterausschuß oder jeder seiner Abteilungen gehören an
1. der Oberfinanzpräsident oder ein von ihm beauftragter Angehöriger seiner Behörde als Vorsitzender,
2. ein von der für die Land- und Forstwirtschaft zuständigen obersten Landesbehörde beauftragter Beamter,
3. fünf sachkundige Mitglieder, die durch die für die Finanzverwaltung zuständige oberste Landesbehörde im Einvernehmen mit der für die Land- und Forstwirtschaft zuständigen obersten Landesbehörde berufen werden. Die Berufung kann zurückgenommen werden.
§ 64 Abs. 2 und 4 gilt entsprechend. Die Landesregierungen werden ermächtigt, durch Rechtsverordnung die zuständigen Behörden abweichend von Satz 1 zu bestimmen. Sie können diese Ermächtigung auf oberste Landesbehörden übertragen.

(4) Der Vorsitzende führt die Geschäfte des Gutachterausschusses und leitet die Verhandlungen. Die Verhandlungen sind nicht öffentlich. Für die Beschlußfähigkeit und die Abstimmung gilt § 66 Abs. 2 entsprechend.

C. Grundvermögen

I. Allgemeines

§ 68 Begriff des Grundvermögens

(1) Zum Grundvermögen gehören
1. der Grund und Boden, die Gebäude, die sonstigen Bestandteile und das Zubehör,
2. das Erbbaurecht,
3. das Wohnungseigentum, Teileigentum, Wohnungserbbaurecht und Teilerbbaurecht nach dem Wohnungseigentumsgesetz,

Bewertungsgesetz

§§ 69–70

soweit es sich nicht um land- und forstwirtschaftliches Vermögen (§ 33) oder um Betriebsgrundstücke (§ 99) handelt.

(2) In das Grundvermögen sind nicht einzubeziehen
1. die Mineralgewinnungsrechte (§ 100),
2. die Maschinen und sonstigen Vorrichtungen aller Art, die zu einer Betriebsanlage gehören (Betriebsvorrichtungen), auch wenn sie wesentliche Bestandteile sind.

Einzubeziehen sind jedoch die Verstärkungen von Decken und die nicht ausschließlich zu einer Betriebsanlage gehörenden Stützen und sonstigen Bauteile wie Mauervorlagen und Verstrebungen.

§ 69 Abgrenzung des Grundvermögens vom land- und forstwirtschaftlichen Vermögen

(1) Land- und forstwirtschaftlich genutzte Flächen sind dem Grundvermögen zuzurechnen, wenn nach ihrer Lage, den im Feststellungszeitpunkt bestehenden Verwertungsmöglichkeiten oder den sonstigen Umständen anzunehmen ist, daß sie in absehbarer Zeit anderen als land- und forstwirtschaftlichen Zwecken, insbesondere als Bauland, Industrieland oder Land für Verkehrszwecke, dienen werden.

(2) Bildet ein Betrieb der Land- und Forstwirtschaft die Existenzgrundlage des Betriebsinhabers, so sind dem Betriebsinhaber gehörende Flächen, die von einer Stelle aus ordnungsgemäß nachhaltig bewirtschaftet werden, dem Grundvermögen nur dann zuzurechnen, wenn mit großer Wahrscheinlichkeit anzunehmen ist, daß sie spätestens nach zwei Jahren anderen als land- und forstwirtschaftlichen Zwecken dienen werden.

(3) Flächen sind stets dem Grundvermögen zuzurechnen, wenn sie in einem Bebauungsplan als Bauland festgesetzt sind, ihre sofortige Bebauung möglich ist und die Bebauung innerhalb des Plangebiets in benachbarten Bereichen begonnen hat oder schon durchgeführt ist. Satz 1 gilt nicht für die Hofstelle und für andere Flächen in unmittelbarem räumlichen Zusammenhang mit der Hofstelle bis zu einer Größe von insgesamt einem Hektar.

(4) Absatz 2 findet in den Fällen des § 55 Abs. 5 Satz 1 des Einkommensteuergesetzes keine Anwendung.

§ 70 Grundstück

(1) Jede wirtschaftliche Einheit des Grundvermögens bildet ein Grundstück im Sinne dieses Gesetzes.

(2) Ein Anteil des Eigentümers eines Grundstücks an anderem Grundvermögen (z. B. an gemeinschaftlichen Hofflächen oder Garagen) ist in das Grundstück einzubeziehen, wenn alle Anteile an dem gemeinschaftlichen Grundvermögen Eigentümern von Grundstücken gehören, die ihren Anteil jeweils zusammen mit ihrem Grundstück nutzen. Das gilt nicht, wenn das gemeinschaftliche Grundvermögen nach den Anschauungen des Verkehrs als selbständige wirtschaftliche Einheit anzusehen ist (§ 2 Abs. 1 Satz 3 und 4).

(3) Als Grundstück im Sinne dieses Gesetzes gilt auch ein Gebäude, das auf fremdem Grund und Boden errichtet oder in sonstigen Fällen einem anderen als dem Eigentümer des Grund und Bodens zuzurechnen ist, selbst wenn es wesentlicher Bestandteil des Grund und Bodens geworden ist.

Bewertungsgesetz
§§ 71–75

§ 71 Gebäude und Gebäudeteile für den Bevölkerungsschutz

Gebäude, Teile von Gebäuden und Anlagen, die zum Schutz der Bevölkerung sowie lebens- und verteidigungswichtiger Sachgüter vor der Wirkung von Angriffswaffen geschaffen worden sind, bleiben bei der Ermittlung des Einheitswerts außer Betracht, wenn sie im Frieden nicht oder nur gelegentlich oder geringfügig für andere Zwecke benutzt werden.

II. Unbebaute Grundstücke

§ 72 Begriff

(1) Unbebaute Grundstücke sind Grundstücke, auf denen sich keine benutzbaren Gebäude befinden. Die Benutzbarkeit beginnt im Zeitpunkt der Bezugsfertigkeit. Gebäude sind als bezugsfertig anzusehen, wenn den zukünftigen Bewohnern oder sonstigen Benutzern zugemutet werden kann, sie zu benutzen; die Abnahme durch die Bauaufsichtsbehörde ist nicht entscheidend.

(2) Befinden sich auf einem Grundstück Gebäude, deren Zweckbestimmung und Wert gegenüber der Zweckbestimmung und dem Wert des Grund und Bodens von untergeordneter Bedeutung sind, so gilt das Grundstück als unbebaut.

(3) Als unbebautes Grundstück gilt auch ein Grundstück, auf dem infolge der Zerstörung oder des Verfalls der Gebäude auf die Dauer benutzbarer Raum nicht mehr vorhanden ist.

§ 73 Baureife Grundstücke

(1) Innerhalb der unbebauten Grundstücke bilden die baureifen Grundstücke eine besondere Grundstücksart.

(2) Baureife Grundstücke sind unbebaute Grundstücke, wenn sie in einem Bebauungsplan als Bauland festgesetzt sind, ihre sofortige Bebauung möglich ist und die Bebauung innerhalb des Plangebiets in benachbarten Bereichen begonnen hat oder schon durchgeführt ist. Zu den baureifen Grundstücken gehören nicht Grundstücke, die für den Gemeinbedarf vorgesehen sind.

III. Bebaute Grundstücke

a) Begriff und Bewertung

§ 74 Begriff

Bebaute Grundstücke sind Grundstücke, auf denen sich benutzbare Gebäude befinden, mit Ausnahme der in § 72 Abs. 2 und 3 bezeichneten Grundstücke. Wird ein Gebäude in Bauabschnitten errichtet, so ist der fertiggestellte und bezugsfertige Teil als benutzbares Gebäude anzusehen.

§ 75 Grundstücksarten

(1) Bei der Bewertung bebauter Grundstücke sind die folgenden Grundstücksarten zu unterscheiden:

Bewertungsgesetz
§ 76

1. Mietwohngrundstücke,
2. Geschäftsgrundstücke,
3. gemischtgenutzte Grundstücke,
4. Einfamilienhäuser,
5. Zweifamilienhäuser,
6. sonstige bebaute Grundstücke.

(2) Mietwohngrundstücke sind Grundstücke, die zu mehr als achtzig vom Hundert, berechnet nach der Jahresrohmiete (§ 79), Wohnzwecken dienen mit Ausnahme der Einfamilienhäuser und Zweifamilienhäuser (Absätze 5 und 6).

(3) Geschäftsgrundstücke sind Grundstücke, die zu mehr als achtzig vom Hundert, berechnet nach der Jahresrohmiete (§ 79), eigenen oder fremden gewerblichen oder öffentlichen Zwecken dienen.

(4) Gemischtgenutzte Grundstücke sind Grundstücke, die teils Wohnzwecken, teils eigenen oder fremden gewerblichen oder öffentlichen Zwecken dienen oder nicht Mietwohngrundstücke, Geschäftsgrundstücke, Einfamilienhäuser oder Zweifamilienhäuser sind.

(5) Einfamilienhäuser sind Wohngrundstücke, die nur eine Wohnung enthalten. Wohnungen des Hauspersonals (Pförtner, Heizer, Gärtner, Kraftwagenführer, Wächter usw.) sind nicht mitzurechnen. Eine zweite Wohnung steht, abgesehen von Satz 2, dem Begriff »Einfamilienhaus« entgegen, auch wenn sie von untergeordneter Bedeutung ist. Ein Grundstück gilt auch dann als Einfamilienhaus, wenn es zu gewerblichen oder öffentlichen Zwecken mitbenutzt wird und dadurch die Eigenart als Einfamilienhaus nicht wesentlich beeinträchtigt wird.

(6) Zweifamilienhäuser sind Wohngrundstücke, die nur zwei Wohnungen enthalten. Die Sätze 2 bis 4 von Absatz 5 sind entsprechend anzuwenden.

(7) Sonstige bebaute Grundstücke sind solche Grundstücke, die nicht unter die Absätze 2 bis 6 fallen.

§ 76 Bewertung

(1) Der Wert des Grundstücks ist vorbehaltlich des Absatzes 3 im Wege des Ertragswertverfahrens (§§ 78 bis 82) zu ermitteln für
1. Mietwohngrundstücke,
2. Geschäftsgrundstücke,
3. gemischtgenutzte Grundstücke,
4. Einfamilienhäuser,
5. Zweifamilienhäuser.

(2) Für die sonstigen bebauten Grundstücke ist der Wert im Wege des Sachwertverfahrens (§§ 83 bis 90) zu ermitteln.

(3) Das Sachwertverfahren ist abweichend von Absatz 1 anzuwenden
1. bei Einfamilienhäusern und Zweifamilienhäusern, die sich durch besondere Gestaltung oder Ausstattung wesentlich von den nach Absatz 1 zu bewertenden Einfamilienhäusern und Zweifamilienhäusern unterscheiden;
2. bei solchen Gruppen von Geschäftsgrundstücken und in solchen Einzelfällen bebauter Grundstücke der in § 75 Abs. 1 Nr. 1 bis 3 bezeichneten Grundstücksarten, für die

weder eine Jahresrohmiete ermittelt noch die übliche Miete nach § 79 Abs. 2 geschätzt werden kann;
3. bei Grundstücken mit Behelfsbauten und bei Grundstücken mit Gebäuden in einer Bauart oder Bauausführung, für die ein Vervielfältiger (§ 80) in den Anlagen 3 bis 8 nicht bestimmt ist.

§ 77[1]) Mindestwert

Der für ein bebautes Grundstück anzusetzende Wert darf nicht geringer sein als der Wert, mit dem der Grund und Boden allein als unbebautes Grundstück zu bewerten wäre. Müssen Gebäude oder Gebäudeteile wegen ihres baulichen Zustands abgebrochen werden, so sind die Abbruchkosten zu berücksichtigen.

b) Verfahren

1. Ertragswertverfahren

§ 78 Grundstückswert

Der Grundstückswert umfaßt den Bodenwert, den Gebäudewert und den Wert der Außenanlagen. Er ergibt sich durch Anwendung eines Vervielfältigers (§ 80) auf die Jahresrohmiete (§ 79) unter Berücksichtigung der §§ 81 und 82.

§ 79 Jahresrohmiete

(1) Jahresrohmiete ist das Gesamtentgelt, das die Mieter (Pächter) für die Benutzung des Grundstücks auf Grund vertraglicher Vereinbarungen nach dem Stand im Feststellungszeitpunkt für ein Jahr zu entrichten haben. Umlagen und alle sonstigen Leistungen des Mieters sind einzubeziehen. Zur Jahresrohmiete gehören auch Betriebskosten (z. B. Gebühren der Gemeinde), die durch die Gemeinde von den Mietern unmittelbar erhoben werden. Nicht einzubeziehen sind Untermietzuschläge, Kosten des Betriebs der zentralen Heizungs-, Warmwasserversorgungs- und Brennstoffversorgungsanlage sowie des Fahrstuhls, ferner alle Vergütungen für außergewöhnliche Nebenleistungen des Vermieters, die nicht die Raumnutzung betreffen (z. B. Bereitstellung von Wasserkraft, Dampfkraft, Preßluft, Kraftstrom und dergleichen), sowie Nebenleistungen des Vermieters, die nur einzelnen Mietern zugute kommen.

(2) Statt des Betrages nach Absatz 1 gilt die übliche Miete als Jahresrohmiete für solche Grundstücke oder Grundstücksteile,
1. die eigengenutzt, ungenutzt, zu vorübergehendem Gebrauch oder unentgeltlich überlassen sind,
2. die der Eigentümer dem Mieter zu einer um mehr als zwanzig vom Hundert von der üblichen Miete abweichenden tatsächlichen Miete überlassen hat.

---

[1] Nach Artikel 7 des Steueränderungsgesetzes 1969 vom 18. August 1969 (BGBl. I S. 1211) ist § 77 im Hauptfeststellungszeitraum 1964 in folgender Fassung anzuwenden:
»Der für ein bebautes Grundstück anzusetzende Wert darf nicht geringer sein als 50 vom Hundert des Werts, mit dem der Grund und Boden allein als unbebautes Grundstück zu bewerten wäre.«

Bewertungsgesetz

§ 80

Die übliche Miete ist in Anlehnung an die Jahresrohmiete zu schätzen, die für Räume gleicher oder ähnlicher Art, Lage und Ausstattung regelmäßig gezahlt wird.

(3) Bei Grundstücken, die
1. nach dem Ersten Wohnungsbaugesetz in der im Bundesgesetzblatt Teil III, Gliederungsnummer 2330−1, veröffentlichten bereinigten Fassung, zuletzt geändert durch Artikel II des Gesetzes vom 17. Juli 1968 (BGBl. I S. 821),
2. nach dem Gesetz des Landes Bayern über die Grundsteuerfreiheit und Gebührenfreiheit für den sozialen Wohnungsbau vom 28. November 1949 (Bereinigte Sammlung des Bayerischen Landesrechts vom 23. September 1957, Band III S. 435),
3. nach dem Zweiten Wohnungsbaugesetz vom 30. Juli 1980 (BGBl. I S. 1085), zuletzt geändert durch Artikel 2 des Gesetzes vom 21. Juli 1982 (BGBl. I S. 969),
4. im Sarland nach
    a) der Zweiten Verordnung über Steuer- und Gebührenerleichterungen für den Wohnungsbau vom 12. November 1954 (Amtsblatt des Saarlandes S. 1367),
    b) der Dritten Verordnung über Steuer- und Gebührenerleichterungen für den Wohnungsbau vom 6. März 1958 (Amtsblatt des Saarlandes S. 607),
    c) dem Wohnungsbaugesetz für das Saarland in der Fassung der Bekanntmachung vom 5. Oktober 1982 (Amtsblatt des Saarlandes S. 933)

grundsteuerbegünstigt sind, ist die auf das Grundstück oder den steuerbegünstigten Grundstücksteil entfallende Jahresrohmiete um zwölf vom Hundert zu erhöhen.

(4) Werden bei Arbeiterwohnstätten Beihilfen nach § 35 des Grundsteuergesetzes gewährt, so ist die Jahresrohmiete des Grundstücks oder des Grundstückteils, für den die Beihilfe gewährt wird, um vierzehn vom Hundert zu erhöhen.

(5) Bei Fortschreibungen und Nachfeststellungen gelten für die Höhe der Miete die Wertverhältnisse im Hauptfeststellungszeitpunkt.

§ 80 Vervielfältiger

(1) Die Zahl, mit der die Jahresrohmiete zu vervielfachen ist (Vervielfältiger), ist aus den Anlagen 3 bis 8 zu entnehmen. Der Vervielfältiger bestimmt sich nach der Grundstücksart, der Bauart und Bauausführung, dem Baujahr des Gebäudes sowie nach der Einwohnerzahl der Belegenheitsgemeinde im Hauptfeststellungszeitpunkt. Erstreckt sich ein Grundstück über mehrere Gemeinden, so ist Belegenheitsgemeinde die Gemeinde, in der der wertvollste Teil des Grundstücks belegen ist. Bei Umgemeindungen nach dem Hauptfeststellungszeitpunkt sind weiterhin die Einwohnerzahlen zugrunde zu legen, die für die betroffenen Gemeinden oder Gemeindeteile im Hauptfeststellungszeitpunkt maßgebend waren.

(2) Die Landesregierungen werden ermächtigt, durch Rechtsverordnung zu bestimmen, daß Gemeinden oder Gemeindeteile in eine andere Gemeindegrößenklasse eingegliedert werden, als es ihrer Einwohnerzahl entspricht, wenn die Vervielfältiger wegen der besonderen wirtschaftlichen Verhältnisse in diesen Gemeinden oder Gemeindeteilen abweichend festgesetzt werden müssen (z. B. in Kurorten und Randgemeinden).

(3) Ist die Lebensdauer eines Gebäudes gegenüber der nach seiner Bauart und Bauausführung in Betracht kommenden Lebensdauer infolge baulicher Maßnahmen wesentlich verlängert oder infolge nicht behebbarer Baumängel und Bauschäden wesentlich verkürzt, so ist der Vervielfältiger nicht nach dem tatsächlichen Baujahr des Gebäudes, sondern nach dem um die entsprechende Zeit späteren oder früheren Baujahr zu ermitteln.

(4) Befinden sich auf einem Grundstück Gebäude oder Gebäudeteile, die eine verschiedene Bauart oder Bauausführung aufweisen oder die in verschiedenen Jahren bezugsfertig geworden sind, so sind für die einzelnen Gebäude oder Gebäudeteile die nach der Bauart und Bauausführung sowie nach dem Baujahr maßgebenden Vervielfältiger anzuwenden. Können die Werte der einzelnen Gebäude oder Gebäudeteile nur schwer ermittelt werden, so kann für das ganze Grundstück ein Vervielfältiger nach einem durchschnittlichen Baujahr angewendet werden.

§ 81 Außergewöhnliche Grundsteuerbelastung

Weicht im Hauptfeststellungszeitpunkt die Grundsteuerbelastung in einer Gemeinde erheblich von der in den Vervielfältigern berücksichtigten Grundsteuerbelastung ab, so sind die Grundstückswerte in diesen Gemeinden mit Ausnahme der in § 79 Abs. 3 und 4 bezeichneten Grundstücke oder Grundstücksteile bis zu 10 vom Hundert zu ermäßigen oder zu erhöhen. Die Hundertsätze werden durch Rechtsverordnung bestimmt.

§ 82 Ermäßigung und Erhöhung

(1) Liegen wertmindernde Umstände vor, die weder in der Höhe der Jahresrohmiete noch in der Höhe des Vervielfältigers berücksichtigt sind, so ist der sich nach den §§ 78 bis 81 ergebende Grundstückswert zu ermäßigen. Als solche Umstände kommen z. B. in Betracht
1. ungewöhnlich starke Beeinträchtigung durch Lärm, Rauch oder Gerüche,
2. behebbare Baumängel und Bauschäden und
3. die Notwendigkeit baldigen Abbruchs.

(2) Liegen werterhöhende Umstände vor, die in der Höhe der Jahresrohmiete nicht berücksichtigt sind, so ist der sich nach den §§ 78 bis 81 ergebende Grundstückswert zu erhöhen. Als solche Umstände kommen nur in Betracht
1. die Größe der nicht bebauten Fläche, wenn sich auf dem Grundstück keine Hochhäuser befinden; ein Zuschlag unterbleibt, wenn die gesamte Fläche bei Einfamilienhäusern oder Zweifamilienhäusern nicht mehr als 1 500 qm, bei den übrigen Grundstücksarten nicht mehr als das Fünffache der bebauten Fläche beträgt,
2. die nachhaltige Ausnutzung des Grundstücks für Reklamezwecke gegen Entgelt.

(3) Die Ermäßigung nach Absatz 1 Nr. 1 und 2 oder die Erhöhung nach Absatz 2 darf insgesamt dreißig vom Hundert des Grundstückswerts (§§ 78 bis 81) nicht übersteigen. Treffen die Voraussetzungen für die Ermäßigung nach Absatz 1 Nr. 1 und 2 und für die Erhöhung nach Absatz 2 zusammen, so ist der Höchstsatz nur auf das Ergebnis des Ausgleichs anzuwenden.

2. Sachwertverfahren

§ 83 Grundstückswert

Bei der Ermittlung des Grundstückswertes ist vom Bodenwert (§ 84), vom Gebäudewert (§§ 85 bis 88) und vom Wert der Außenanlagen (§ 89) auszugehen (Ausgangswert). Der Ausgangswert ist an den gemeinen Wert anzugleichen (§ 90).

Bewertungsgesetz

§§ 84–88

§ 84 Bodenwert

Der Grund und Boden ist mit dem Wert anzusetzen, der sich ergeben würde, wenn das Grundstück unbebaut wäre.

§ 85 Gebäudewert

Bei der Ermittlung des Gebäudewertes ist zunächst ein Wert auf der Grundlage von durchschnittlichen Herstellungskosten nach den Baupreisverhältnissen des Jahres 1958 zu errechnen. Dieser Wert ist nach den Baupreisverhältnissen im Hauptfeststellungszeitpunkt umzurechnen (Gebäudenormalherstellungswert). Der Gebäudenormalherstellungswert ist wegen des Alters des Gebäudes im Hauptfeststellungszeitpunkt (§ 86) und wegen etwa vorhandener baulicher Mängel und Schäden (§ 87) zu mindern (Gebäudesachwert). Der Gebäudesachwert kann in besonderen Fällen ermäßigt oder erhöht werden (§ 88).

§ 86 Wertminderung wegen Alters

(1) Die Wertminderung wegen Alters bestimmt sich nach dem Alter des Gebäudes im Hauptfeststellungszeitpunkt und der gewöhnlichen Lebensdauer von Gebäuden gleicher Art und Nutzung. Sie ist in einem Hundertsatz des Gebäudenormalherstellungswertes auszudrücken. Dabei ist von einer gleichbleibenden jährlichen Wertminderung auszugehen.

(2) Als Alter des Gebäudes gilt die Zeit zwischen dem Beginn des Jahres, in dem das Gebäude bezugsfertig geworden ist, und dem Hauptfeststellungszeitpunkt.

(3) Als Wertminderung darf insgesamt kein höherer Betrag abgesetzt werden, als sich bei einem Alter von siebzig vom Hundert der Lebensdauer ergibt. Dieser Betrag kann nur überschritten werden, wenn eine außergewöhnliche Wertminderung vorliegt.

(4) Ist die restliche Lebensdauer eines Gebäudes infolge baulicher Maßnahmen verlängert, so ist der nach dem tatsächlichen Alter errechnete Hundertsatz entsprechend zu mindern.

§ 87 Wertminderung wegen baulicher Mängel und Schäden

Für bauliche Mängel und Schäden, die weder bei der Ermittlung des Gebäudenormalherstellungswertes noch bei der Wertminderung wegen Alters berücksichtigt worden sind, ist ein Abschlag zu machen. Die Höhe des Abschlags richtet sich nach Bedeutung und Ausmaß der Mängel und Schäden.

§ 88 Ermäßigung und Erhöhung

(1) Der Gebäudesachwert kann ermäßigt oder erhöht werden, wenn Umstände tatsächlicher Art vorliegen, die bei seiner Ermittlung nicht berücksichtigt worden sind.

(2) Eine Ermäßigung kann insbesondere in Betracht kommen, wenn Gebäude wegen der Lage des Grundstücks, wegen unorganischen Aufbaus oder wirtschaftlicher Überalterung in ihrem Wert gemindert sind.

(3) Ein besonderer Zuschlag ist zu machen, wenn ein Grundstück nachhaltig gegen Entgelt für Reklamezwecke genutzt wird.

§ 89 Wert der Außenanlagen

Der Wert der Außenanlagen (z. B. Umzäunungen, Wege- oder Platzbefestigungen) ist aus durchschnittlichen Herstellungskosten nach den Baupreisverhältnissen des Jahres 1958 zu errechnen und nach den Baupreisverhältnissen im Hauptfeststellungszeitpunkt umzurechnen. Dieser Wert ist wegen des Alters der Außenanlagen im Hauptfeststellungszeitpunkt und wegen etwaiger baulicher Mängel und Schäden zu mindern; die Vorschriften der §§ 86 bis 88 gelten sinngemäß.

§ 90 Angleichung an den gemeinen Wert

(1) Der Ausgangswert (§ 83) ist durch Anwendung einer Wertzahl an den gemeinen Wert anzugleichen.

(2) Die Wertzahlen werden durch Rechtsverordnung unter Berücksichtigung der wertbeeinflussenden Umstände, insbesondere der Zweckbestimmung und Verwendbarkeit der Grundstücke innerhalb bestimmter Wirtschaftszweige und der Gemeindegrößen, im Rahmen von 85 bis 50 vom Hundert des Ausgangswertes festgesetzt. Dabei können für einzelne Grundstücksarten oder Grundstücksgruppen oder Untergruppen in bestimmten Gebieten, Gemeinden oder Gemeindeteilen besondere Wertzahlen festgesetzt werden, wenn es die örtlichen Verhältnisse auf dem Grundstücksmarkt erfordern.

IV. Sondervorschriften

§ 91 Grundstücke im Zustand der Bebauung

(1) Bei Grundstücken, die sich am Feststellungszeitpunkt im Zustand der Bebauung befinden, bleiben die nicht bezugsfertigen Gebäude oder Gebäudeteile (z. B. Anbauten oder Zubauten) bei der Ermittlung des Wertes außer Betracht.

(2) Ist ein Grundstück im Zustand der Bebauung bei der Ermittlung des Gesamtwertes eines gewerblichen Betriebes, bei der Bewertung des Gesamtvermögens oder bei der Bewertung des Inlandsvermögens anzusetzen, so ist für diese Zwecke ein besonderer Einheitswert festzustellen. Dabei ist zu dem Wert nach Absatz 1 für die nicht bezugsfertigen Gebäude oder Gebäudeteile ein Betrag hinzuzurechnen, der nach dem Grad ihrer Fertigstellung dem Gebäudewertanteil entspricht, mit dem sie im späteren Einheitswert enthalten sein werden. Der besondere Einheitswert darf den Einheitswert für das Grundstück nach Fertigstellung der Gebäude nicht übersteigen.

§ 92 Erbbaurecht

(1) Ist ein Grundstück mit einem Erbbaurecht belastet, so ist sowohl für die wirtschaftliche Einheit des Erbbaurechts als auch für die wirtschaftliche Einheit des belasteten Grundstücks jeweils ein Einheitswert festzustellen. Bei der Ermittlung der Einheitswerte ist von einem Gesamtwert auszugehen, der für den Grund und Boden einschließlich der Gebäude und Außenanlagen festzustellen wäre, wenn die Belastung nicht bestünde. Wird der Gesamtwert nach den Vorschriften über die Bewertung der bebauten Grundstücke ermittelt, so gilt jede wirtschaftliche Einheit als bebautes Grundstück der Grundstücksart, von der bei der Ermittlung des Gesamtwerts ausgegangen wird.

Bewertungsgesetz

§ 92

(2) Beträgt die Dauer des Erbbaurechts in dem für die Bewertung maßgebenden Zeitpunkt noch 50 Jahre oder mehr, so entfällt der Gesamtwert (Absatz 1) allein auf die wirtschaftliche Einheit des Erbbaurechts.

(3) Beträgt die Dauer des Erbbaurechts in dem für die Bewertung maßgebenden Zeitpunkt weniger als 50 Jahre, so ist der Gesamtwert (Absatz 1) entsprechend der restlichen Dauer des Erbbaurechts zu verteilen. Dabei entfallen auf
1. die wirtschaftliche Einheit des Erbbaurechts:
   der Gebäudewert und ein Anteil am Bodenwert;
   dieser beträgt bei einer Dauer des Erbbaurechts

unter 50 bis zu 40 Jahren	95 vom Hundert,
unter 40 bis zu 35 Jahren	90 vom Hundert,
unter 35 bis zu 30 Jahren	85 vom Hundert,
unter 30 bis zu 25 Jahren	80 vom Hundert,
unter 25 bis zu 20 Jahren	70 vom Hundert,
unter 20 bis zu 15 Jahren	60 vom Hundert,
unter 15 bis zu 10 Jahren	45 vom Hundert,
unter 10 bis zu 5 Jahren	25 vom Hundert,
unter 5 Jahren	0 vom Hundert;

2. die wirtschaftliche Einheit des belasteten Grundstücks:
   der Anteil am Bodenwert, der nach Abzug des in Nummer 1 genannten Anteils verbleibt.

Abweichend von den Nummern 1 und 2 ist in die wirtschaftliche Einheit des belasteten Grundstücks ein Anteil am Gebäudewert einzubeziehen, wenn besondere Vereinbarungen es rechtfertigen. Das gilt insbesondere, wenn bei Erlöschen des Erbbaurechts durch Zeitablauf der Eigentümer des belasteten Grundstücks keine dem Gebäudewert entsprechende Entschädigung zu leisten hat. Geht das Eigentum an dem Gebäude bei Erlöschen des Erbbaurechts durch Zeitablauf entschädigungslos auf den Eigentümer des belasteten Grundstücks über, so ist der Gebäudewert entsprechend der in den Nummern 1 und 2 vorgesehenen Verteilung des Bodenwertes zu verteilen. Beträgt die Entschädigung für das Gebäude beim Übergang nur einen Teil des Gebäudewertes, so ist der dem Eigentümer des belasteten Grundstücks entschädigungslos zufallende Anteil entsprechend zu verteilen. Eine in der Höhe des Erbbauzinses zum Ausdruck kommende Entschädigung für den Gebäudewert bleibt außer Betracht. Der Wert der Außenanlagen wird wie der Gebäudewert behandelt.

(4) Hat sich der Erbbauberechtigte durch Vertrag mit dem Eigentümer des belasteten Grundstücks zum Abbruch des Gebäudes bei Beendigung des Erbbaurechts verpflichtet, so ist dieser Umstand durch einen entsprechenden Abschlag zu berücksichtigen; der Abschlag unterbleibt, wenn vorauszusehen ist, daß das Gebäude trotz der Verpflichtung nicht abgebrochen werden wird.

(5) Das Recht auf den Erbbauzins ist nicht als Bestandteil des Grundstücks zu berücksichtigen, sondern bei der Ermittlung des sonstigen Vermögens oder des Betriebsvermögens des Eigentümers des belasteten Grundstücks anzusetzen. Dementsprechend ist die Verpflichtung zur Zahlung des Erbbauzinses nicht bei der Bewertung des Erbbaurechts zu berücksichtigen, sondern bei der Ermittlung des Gesamtvermögens (Inlandsvermögens) oder des Betriebsvermögens des Erbbauberechtigten abzuziehen.

(6) Bei Wohnungserbbaurechten oder Teilerbbaurechten ist der Gesamtwert (Absatz 1) in gleicher Weise zu ermitteln, wie wenn es sich um Wohnungseigentum oder um Teileigentum handeln würde. Die Verteilung des Gesamtwertes erfolgt entsprechend Absatz 3.

(7) Wertfortschreibungen für die wirtschaftlichen Einheiten des Erbbaurechts und des belasteten Grundstücks sind abweichend von § 22 Abs. 1 Nr. 1 nur vorzunehmen, wenn der Gesamtwert, der sich für den Beginn eines Kalenderjahres ergibt, vom Gesamtwert des letzten Feststellungszeitpunkts um das in § 22 Abs. 1 Nr. 1 bezeichnete Ausmaß abweicht. § 30 Nr. 1 ist entsprechend anzuwenden. Bei einer Änderung der Verteilung des Gesamtwerts nach Absatz 3 sind die Einheitswerte für die wirtschaftlichen Einheiten des Erbbaurechts und des belasteten Grundstücks ohne Beachtung von Wertfortschreibungsgrenzen fortzuschreiben.

§ 93   Wohnungseigentum und Teileigentum

(1) Jedes Wohnungseigentum und Teileigentum bildet eine wirtschaftliche Einheit. Für die Bestimmung der Grundstücksart (§ 75) ist die Nutzung des auf das Wohnungseigentum und Teileigentum entfallenden Gebäudeteils maßgebend. Die Vorschriften der §§ 76 bis 91 finden Anwendung, soweit sich nicht aus den Absätzen 2 und 3 etwas anderes ergibt.

(2) Das zu mehr als achtzig vom Hundert Wohnzwecken dienende Wohnungseigentum ist im Wege des Ertragswertverfahrens nach den Vorschriften zu bewerten, die für Mietwohngrundstücke maßgebend sind. Wohnungseigentum, das zu nicht mehr als achtzig vom Hundert, aber zu nicht weniger als zwanzig vom Hundert Wohnzwecken dient, ist im Wege des Ertragswertverfahrens nach den Vorschriften zu bewerten, die für gemischtgenutzte Grundstücke maßgebend sind.

(3) Entsprechen die im Grundbuch eingetragenen Miteigentumsanteile an dem gemeinschaftlichen Eigentum nicht dem Verhältnis der Jahresrohmiete zueinander, so kann dies bei der Feststellung des Wertes entsprechend berücksichtigt werden. Sind einzelne Räume, die im gemeinschaftlichen Eigentum stehen, vermietet, so ist ihr Wert nach den im Grundbuch eingetragenen Anteilen zu verteilen und bei den einzelnen wirtschaftlichen Einheiten zu erfassen.

§ 94   Gebäude auf fremdem Grund und Boden

(1) Bei Gebäuden auf fremdem Grund und Boden ist der Bodenwert dem Eigentümer des Grund und Bodens und der Gebäudewert dem wirtschaftlichen Eigentümer des Gebäudes zuzurechnen. Außenanlagen (z. B. Umzäunungen, Wegebefestigungen), auf die sich das wirtschaftliche Eigentum am Gebäude erstreckt, sind unbeschadet der Vorschriften in § 68 Abs. 2 in die wirtschaftliche Einheit des Gebäudes einzubeziehen. Für die Grundstücksart des Gebäudes ist § 75 maßgebend; der Grund und Boden, auf dem das Gebäude errichtet ist, gilt als bebautes Grundstück derselben Grundstücksart.

(2) Für den Grund und Boden ist der Wert nach den für unbebaute Grundstücke geltenden Grundsätzen zu ermitteln; beeinträchtigt die Nutzungsbehinderung, welche sich aus dem Vorhandensein des Gebäudes ergibt, den Wert, so ist dies zu berücksichtigen.

(3) Die Bewertung der Gebäude erfolgt nach § 76. Wird das Gebäude nach dem Ertragswertverfahren bewertet, so ist von dem sich nach den §§ 78 bis 80 ergebenden Wert der auf den Grund und Boden entfallende Anteil abzuziehen. Ist vereinbart, daß das Gebäude nach Ablauf der Miet- oder Pachtzeit abzubrechen ist, so ist dieser Umstand durch einen

entsprechenden Abschlag zu berücksichtigen; der Abschlag unterbleibt, wenn vorauszusehen ist, daß das Gebäude trotz der Verpflichtung nicht abgebrochen werden wird.

D. Betriebsvermögen

§ 95 Begriff des Betriebsvermögens

(1) Zum Betriebsvermögen gehören alle Teile einer wirtschaftlichen Einheit, die dem Betrieb eines Gewerbes als Hauptzweck dient, soweit die Wirtschaftsgüter dem Betriebsinhaber gehören (gewerblicher Betrieb).

(2) Als Gewerbe im Sinn des Gesetzes gilt auch die gewerbliche Bodenbewirtschaftung, z. B. der Bergbau und die Gewinnung von Torf, Steinen und Erden.

(3) Als Gewerbe gilt unbeschadet des § 97 nicht die Land- und Forstwirtschaft, wenn sie den Hauptzweck des Unternehmens bildet.

§ 96 Freie Berufe

(1) Dem Betrieb eines Gewerbes im Sinne dieses Gesetzes steht die Ausübung eines freien Berufes im Sinne des § 18 Abs. 1 Nr. 1 des Einkommensteuergesetzes gleich. Das gilt nicht für eine selbständig ausgeübte künstlerische oder wissenschaftliche Tätigkeit, die sich auf schöpferische oder forschende Tätigkeit, Lehr-, Vortrags- und Prüfungstätigkeit oder auf schriftstellerische Tätigkeit beschränkt. § 97 bleibt unberührt.

(2) Dem Betrieb eines Gewerbes steht die Tätigkeit als Einnehmer einer staatlichen Lotterie gleich, soweit die Tätigkeit nicht schon im Rahmen eines Gewerbebetriebes ausgeübt wird.

§ 97 Betriebsvermögen von Körperschaften, Personenvereinigungen und Vermögensmassen

(1) Einen gewerblichen Betrieb bilden insbesondere alle Wirtschaftsgüter, die den folgenden Körperschaften, Personenvereinigungen und Vermögensmassen gehören, wenn diese ihre Geschäftsleitung oder ihren Sitz im Inland haben:
1. Kapitalgesellschaften (Aktiengesellschaften, Kommanditgesellschaften auf Aktien, Gesellschaften mit beschränkter Haftung, Kolonialgesellschaften, bergrechtliche Gewerkschaften);
2. Erwerbs- und Wirtschaftsgenossenschaften;
3. Versicherungsvereinen auf Gegenseitigkeit;
4. Kreditanstalten des öffentlichen Rechts;
5. a) offenen Handelsgesellschaften, Kommanditgesellschaften und ähnlichen Gesellschaften, bei denen die Gesellschafter als Unternehmer (Mitunternehmer) anzusehen sind,
   b) Personengesellschaften, die keine Tätigkeit im Sinne des § 15 Abs. 1 Nr. 1 des Einkommensteuergesetzes ausüben und bei denen ausschließlich eine oder mehrere Kapitalgesellschaften persönlich haftende Gesellschafter sind und nur diese oder Personen, die nicht Gesellschafter sind, zur Geschäftsführung befugt sind (gewerblich geprägte Personengesellschaft). Ist eine gewerblich geprägte Personengesellschaft als persönlich haftender Gesellschafter an einer anderen Personengesellschaft beteiligt,

so steht für die Beurteilung, ob die Tätigkeit dieser Personengesellschaft als Gewerbebetrieb gilt, die gewerblich geprägte Personengesellschaft einer Kapitalgesellschaft gleich.

Zu dem gewerblichen Betrieb einer Gesellschaft im Sinne der Buchstaben a und b gehören auch die Wirtschaftsgüter, die im Eigentum eines, mehrerer oder aller beteiligten Gesellschafter stehen und dem Betrieb der Gesellschaft oder der Mitunternehmerstellung der Gesellschafter in der Gesellschaft dienen; diese Zurechnung geht Zurechnungen nach den Buchstaben a und b, den Nummern 1 bis 4 und § 95 vor. Das gilt auch für Forderungen und Schulden zwischen der Gesellschaft und einem Gesellschafter, soweit es sich nicht um Forderungen und Schulden aus dem regelmäßigen Geschäftsverkehr zwischen der Gesellschaft und einem Gesellschafter oder aus der kurzfristigen Überlassung von Geldbeträgen an die Gesellschaft oder einen Gesellschafter handelt. § 34 Abs. 6 a und § 51 a bleiben unberührt.

(2) Einen gewerblichen Betrieb bilden auch die Wirtschaftsgüter, die den sonstigen juristischen Personen des privaten Rechts, den nichtrechtsfähigen Vereinen, Anstalten, Stiftungen und anderen Zweckvermögen gehören, soweit sie einem wirtschaftlichen Geschäftsbetrieb (ausgenommen Land- und Forstwirtschaft) dienen.

(3) Bei allen Körperschaften, Personenvereinigungen und Vermögensmassen, die weder ihre Geschäftsleitung noch ihren Sitz im Inland haben, bilden nur die Wirtschaftsgüter einen gewerblichen Betrieb, die zum inländischen Betriebsvermögen gehören (§ 121 Abs. 2 Nr. 3),

§ 98 Arbeitsgemeinschaften

Die Vorschrift des § 97 Abs. 1 Nr. 5 gilt nicht für Arbeitsgemeinschaften, deren alleiniger Zweck sich auf die Erfüllung eines einzigen Werkvertrags oder Werklieferungsvertrags beschränkt, es sei denn, daß bei Abschluß des Vertrags anzunehmen ist, daß er nicht innerhalb von drei Jahren erfüllt wird. Die Wirtschaftsgüter, die den Arbeitsgemeinschaften gehören, werden anteilig den Betrieben der Beteiligten zugerechnet.

§ 98 a Bewertungsgrundsätze

Der Einheitswert des Betriebsvermögens wird in der Weise ermittelt, daß die Summe der Werte, die für die zu dem gewerblichen Betrieb gehörenden Wirtschaftsgüter (Rohbetriebsvermögen) ermittelt sind, um die Summe der Schulden des Betriebs (§ 103) und der sonstigen nach diesem Gesetz zulässigen Abzüge gekürzt wird. Dabei ist auch der bei der steuerlichen Gewinnermittlung nach § 5 Abs. 4 Satz 2 des Einkommensteuergesetzes angesetzte Aufwand für Zölle und Steuern zu berücksichtigen.

§ 99 Betriebsgrundstücke

(1) Betriebsgrundstück im Sinne dieses Gesetzes ist der zu einem gewerblichen Betrieb gehörige Grundbesitz, soweit er, losgelöst von seiner Zugehörigkeit zu dem gewerblichen Betrieb,
1. zum Grundvermögen gehören würde oder
2. einen Betrieb der Land- und Forstwirtschaft bilden würde.

(2) Dient das Grundstück, das losgelöst von dem gewerblichen Betrieb, zum Grundvermögen gehören würde, zu mehr als der Hälfte seines Werts dem gewerblichen Betrieb, so

Bewertungsgesetz

§ 100

gilt das ganze Grundstück als Teil des gewerblichen Betriebs und als Betriebsgrundstück. Dient das Grundstück nur zur Hälfte seines Werts oder zu einem geringeren Teil dem gewerblichen Betrieb, so gehört das ganze Grundstück zum Grundvermögen. Ein Grundstück, an dem neben dem Betriebsinhaber noch andere Personen beteiligt sind, gilt auch hinsichtlich des Anteils des Betriebsinhabers nicht als Betriebsgrundstück. Abweichend von den Sätzen 1 bis 3 gehört der Grundbesitz der in § 97 Abs. 1 bezeichneten inländischen Körperschaften, Personenvereinigungen und Vermögensmassen stets zu den Betriebsgrundstücken.

(3) Betriebsgrundstücke im Sinne des Absatzes 1 Nr. 1 sind wie Grundvermögen, Betriebsgrundstücke im Sinne des Absatzes 1 Nr. 2 wie land- und forstwirtschaftliches Vermögen zu bewerten.

§ 100 Mineralgewinnungsrechte

(1) Bei Bodenschätzen, die nur auf Grund staatlicher Verleihung oder auf Grund eines übertragenen ausschließlichen Rechts des Staates aufgesucht und gewonnen werden kön-

(Fortsetzung auf Seite 37)

Bewertungsgesetz
§§ 101–102

nen, ist das verliehene oder das auf Grund der staatlichen Erlaubnis zur Ausübung überlassene Mineralgewinnungsrecht als selbständiges Wirtschaftsgut mit dem gemeinen Wert zu bewerten.

(2) Bei Bodenschätzen, die ohne besondere staatliche Verleihung bereits auf Grund des Eigentums am Grundstück aufgesucht und gewonnen werden können, ist die aus dem Eigentum fließende Berechtigung zur Gewinnung der Bodenschätze wie ein Mineralgewinnungsrecht mit dem gemeinen Wert zu bewerten, sobald mit der Aufschließung der Lagerstätte begonnen oder die Berechtigung in sonstiger Weise als selbständiges Wirtschaftsgut zum Zwecke einer nachhaltigen gewerblichen Nutzung in den Verkehr gebracht worden ist.

§ 101 Nicht zum Betriebsvermögen gehörige Wirtschaftsgüter

Zum Betriebsvermögen gehören nicht:
1. die Wirtschaftsgüter, die nach den Vorschriften des Vermögensteuergesetzes oder anderer Gesetze von der Vermögensteuer befreit sind;
2. die Erfindungen, Urheberrechte sowie Originale urheberrechtlich geschützter Werke, die nach § 110 Abs. 1 Nr. 5 nicht zum sonstigen Vermögen gehören. Diensterfindungen gehören nur in dem Umfang zum Betriebsvermögen des Arbeitgebers, in dem sie von diesem in Lizenz vergeben oder in sonstiger Weise einem Dritten gegen Entgelt zur Ausnutzung überlassen werden;
3. Ansprüche der in § 111 Nr. 5 bezeichneten Art;
4. der Geschäfts- oder Firmenwert, soweit er nicht entgeltlich erworben ist.

§ 102 Vergünstigung für Schachtelgesellschaften

(1) Ist eine inländische Kapitalgesellschaft, eine inländische Kreditanstalt des öffentlichen Rechts, ein inländischer Gewerbebetrieb im Sinne des Gewerbesteuergesetzes von juristischen Personen des öffentlichen Rechts, eine inländische Erwerbs- und Wirtschaftsgenossenschaft eine unter Staatsaufsicht stehende Sparkasse oder ein inländischer Versicherungsverein auf Gegenseitigkeit an dem Grund- oder Stammkapital einer anderen inländischen Kapitalgesellschaft, einer anderen inländischen Kreditanstalt des öffentlichen Rechts oder an den Geschäftsguthaben einer anderen inländischen Erwerbs- und Wirtschaftsgenossenschaft mindestens zu einem Zehntel unmittelbar beteiligt, so gehört die Beteiligung insoweit nicht zum gewerblichen Betrieb, als sie ununterbrochen seit mindestens 12 Monaten vor dem maßgebenden Abschlußzeitpunkt (§ 106) besteht. Ist ein Grund- oder Stammkapital nicht vorhanden, so ist die Beteiligung an dem Vermögen, bei Erwerbs- und Wirtschaftsgenossenschaften die Beteiligung an der Summe der Geschäftsguthaben, maßgebend. Die Sätze 1 und 2 finden auf Beteiligungen an Gesellschaften im Sinne des § 3 Abs. 1 Nr. 18 des Vermögenssteuergesetzes keine Anwendung.

(2) Ist eine inländische Kapitalgesellschaft, eine inländische Kreditanstalt des öffentlichen Rechts, ein inländischer Gewerbebetrieb im Sinne des Gewerbesteuergesetzes von juristischen Personen des öffentlichen Rechts, eine inländische Erwerbs- und Wirtschaftsgenossenschaft eine unter Staatsaufsicht stehende Sparkasse oder ein inländischer Versicherungsverein auf Gegenseitigkeit an dem Nennkapital einer Kapitalgesellschaft mit Geschäftsleitung und Sitz außerhalb des Geltungsbereichs dieses Gesetzes (Tochtergesellschaft), die in dem Wirtschaftsjahr, das mit dem maßgebenden Abschlußzeitpunkt (§ 106) der Muttergesellschaft endet oder ihm vorangeht, ihre Bruttoerträge ausschließlich oder fast ausschließlich aus unter § 8 Abs. 1 Nr. 1 bis 6 des Außensteuergesetzes vom 8. September 1972 (BGBl. I S. 1713), zuletzt geändert durch Artikel 6 des Gesetzes vom 14. Dezember 1984 (BGBl. I S. 1493), fallenden Tätigkeiten oder aus unter § 8 Abs. 2 des Au-

ßensteuergesetzes fallenden Beteiligungen bezieht, mindestens zu einem Zehntel unmittelbar beteiligt, so gehört die Beteiligung auf Antrag insoweit nicht zum gewerblichen Betrieb, als sie ununterbrochen seit mindestens 12 Monaten vor dem maßgebenden Abschlußzeitpunkt (§ 106) besteht. Das gleiche gilt auf Antrag der Muttergesellschaft für den Teil des Wertes ihrer Beteiligung an der Tochtergesellschaft, der dem Verhältnis des Wertes der Beteiligung an einer Enkelgesellschaft im Sinne des § 26 Abs. 5 des Körperschaftsteuergesetzes zum gesamten Wert des Betriebsvermögens der Tochtergesellschaft entspricht, wenn die Enkelgesellschaft in dem Wirtschaftsjahr, das mit dem maßgebenden Abschlußzeitpunkt (§ 106) der Muttergesellschaft endet oder ihm vorangeht, ihre Bruttoerträge ausschließlich oder fast ausschließlich aus unter § 8 Abs. 1 Nr. 1 bis 6 des Außensteuergesetzes fallenden Tätigkeiten oder aus unter § 8 Abs. 2 Nr. 1 des Außensteuergesetzes fallenden Beteiligungen bezieht; die Vorschriften des Bewertungsgesetzes sind für die Bewertung der Wirtschaftsgüter der Tochtergesellschaft entsprechend anzuwenden. Die vorstehenden Vorschriften sind nur anzuwenden, wenn der Steuerpflichtige nachweist, daß alle Voraussetzungen erfüllt sind.

(3) Gehören Beteiligungen an einer ausländischen Gesellschaft nach einem Abkommen zur Vermeidung der Doppelbesteuerung unter der Voraussetzung einer Mindestbeteiligung nicht zum gewerblichen Betrieb, so gilt dies ungeachtet der im Abkommen vereinbarten Mindestbeteiligung, wenn die Beteiligung mindestens ein Zehntel beträgt.

§ 103 Betriebsschulden

(1) Schulden werden nur insoweit abgezogen, als sie mit der Gesamtheit oder einzelnen Teilen des gewerblichen Betriebs in wirtschaftlichem Zusammenhang stehen.

(2) Von dem Rohvermögen sind bei Versicherungsunternehmen versicherungstechnische Rücklagen abzuziehen, soweit sie für die Leistungen aus den laufenden Versicherungsverträgen erforderlich sind.

§ 103 a Rückstellungen für Preisnachlässe, für Wechselhaftung und für Jubiläumszuwendungen

Rückstellungen für Preisnachlässe und für Wechselhaftung sind abzugsfähig. Rückstellungen für die Verpflichtung zu einer Zuwendung anläßlich eines Dienstjubiläums sind nur abzugsfähig, wenn das Dienstverhältnis mindestens 10 Jahre bestanden hat, das Dienstjubiläum das Bestehen eines Dienstverhältnisses von mindestens 15 Jahren voraussetzt und die Zusage schriftlich erteilt ist; § 52 Abs. 6 Satz 1 des Einkommensteuergesetzes ist entsprechend anzuwenden.

§ 104 Pensionsverpflichtungen

(1) Eine Pensionsverpflichtung darf nur abgezogen werden, wenn
1. der Pensionsberechtigte einen Rechtsanspruch auf einmalige oder laufende Pensionsleistungen hat,
2. die Pensionszusage keinen Vorbehalt enthält, daß die Pensionsanwartschaft oder die Pensionsleistung gemindert oder entzogen werden kann, oder ein solcher Vorbehalt sich nur auf Tatbestände erstreckt, bei deren Vorliegen nach allgemeinen Rechtsgrundsätzen unter Beachtung billigen Ermessens eine Minderung oder ein Entzug der Pensionsanwartschaften oder der Pensionsleistung zulässig ist, und
3. die Pensionszusage schriftlich erteilt ist.

(2) Eine Pensionsverpflichtung darf erstmals abgezogen werden
1. vor Eintritt des Versorgungsfalls an dem Bewertungsstichtag, der dem Wirtschaftsjahr

Bewertungsgesetz
§ 104

folgt, in dem die Pensionszusage erteilt worden ist, frühestens jedoch nach Ablauf des Wirtschafsjahrs, bis zu dessen Mitte der Pensionsberechtigte das 30. Lebensjahr vollendet hat,

2. nach Eintritt des Versorgungsfalls an dem Bewertungsstichtag, der dem Wirtschaftsjahr folgt, in dem der Versorgungsfall eingetreten ist.

(3) Pensionsverpflichtungen von Steuerpflichtigen, die ihren Gewinn nach § 4 Abs. 1 oder § 5 des Einkommensteuergesetzes ermitteln, sind höchstens mit dem Teilwert nach § 6 a Abs. 3 des Einkommensteuergesetzes unter Zugrundelegung eines Rechnungszinsfußes von 6 vom Hundert anzusetzen. Das gleiche gilt für andere Pensionsverpflichtungen, bei denen der Teilwert der Pensionsverpflichtung als Bemessungsgrundlage für die Beitragszahlung an den Träger der Insolvenzsicherung zu ermitteln ist (§ 10 Abs. 3 Nr. 1 des Gesetzes zur Verbesserung der betrieblichen Altersversorgung vom 19. Dezember 1974, BGBl. I S. 3610), zuletzt geändert durch Artikel 8 des Gesetzes vom 13. April 1984 (BGBl. I S. 601). § 13 a des Berlinförderungsgesetzes in der Fassung der Bekanntmachung vom 10. Dezember 1986 (BGBl. I S. 2415), der durch Artikel 7 Nr. 4 des Steuerreformgesetzes 1990 vom 25. Juli 1988 (BGBl. I S. 1093) geändert worden ist, ist entsprechend anzuwenden.

(4) Pensionsverpflichtungen, die nicht unter Absatz 3 fallen, sind anzusetzen,
1. wenn der Versorgungsfall noch nicht eingetreten ist (Pensionsanwartschaften), höchstens mit dem Betrag, der nach den folgenden Absätzen zu ermitteln ist,
2. wenn der Versorgungsfall eingetreten ist, mit dem aus Anlage 13 zu entnehmenden Vielfachen der Jahresrente.

(5) Die Anwartschaft auf eine lebenslängliche Altersrente ist mit dem aus Anlage 10, Spalten 2 a und 3 a, zu entnehmenden Vielfachen des Teiles dieser Jahresrente anzusetzen, der dem Verhältnis der bereits zurückliegenden Dienstzeit zur Gesamtdienstzeit entspricht. Dabei ist von der Jahresrente auszugehen, die von dem Pensionsberechtigten bis zur Vollendung seines 63. Lebensjahres nach Maßgabe der Pensionszusage erworben werden kann. § 6 a Abs. 3 Nr. 1 Satz 4 des Einkommensteuergesetzes gilt entsprechend. Als zurückliegende Dienstzeit gilt der Zeitraum vom Beginn des Dienstverhältnisses bis zum Bewertungsstichtag, als Gesamtdienstzeit der Zeitraum vom Beginn des Dienstverhältnisses bis zur Vollendung des 63. Lebensjahres. Als Beginn des Dienstverhältnisses kann frühestens das Kalenderjahr zugrunde gelegt werden, zu dessen Mitte der Pensionsberechtigte das 30. Lebensjahr vollendet hat. Die maßgebende Dienstzeit ist jeweils auf volle Jahre auf- oder abzurunden.

(6) Ist für den Beginn der Pensionszahlung die Vollendung eines anderen als des 63. Lebensjahres vorgesehen, so ist für jedes Jahr der Abweichung nach unten ein Zuschlag von 7 vom Hundert und für jedes Jahr der Abweichung nach oben ein Abschlag von 5 vom Hundert bis zum vollendeten 65. Lebensjahr und von 3 vom Hundert für jedes weitere Lebensjahr vorzunehmen.

(7) Die Anwartschaft auf Altersrente ist bei einem Pensionsberechtigten, der vor Eintritt des Versorgungsfalls ausgeschieden ist, mit dem aus Anlage 11, Spalten 2 a und 3 a, zu entnehmenden Vielfachen der Jahresrente anzusetzen. Absatz 5 Satz 2 und Absatz 6 gelten entsprechend.

(8) Die Anwartschaft auf lebenslängliche Invalidenrente ist wie die Anwartschaft auf Altersrente zu behandeln. Neben einer Anwartschaft auf Altersrente kann eine Anwartschaft auf Invalidenrente nicht berücksichtigt werden.

(9) Die Anwartschaft auf lebenslängliche Hinterbliebenenrente ist
1. bei noch tätigen Pensionsberechtigten mit dem aus Anlage 10, Spalte 2 b oder 3 b, zu entnehmenden Vielfachen des Teiles der Jahresrente anzusetzen, der dem Verhältnis der bereits zurückliegenden Dienstzeit zur Gesamtzeit entspricht,
2. bei vor Eintritt des Versorgungsfalls aus dem Dienstverhältnis ausgeschiedenen Pensionsberechtigten mit dem aus Anlage 11, Spalte 2 b oder 3 b, zu entnehmenden Vielfachen der Jahresrente anzusetzen.
Die Absätze 5 und 6 gelten entsprechend.

(10) Eine neben den laufenden Leistungen bestehende Anwartschaft des Pensionsberechtigten auf eine lebenslängliche Hinterbliebenenrente ist mit dem aus Anlage 12 zu entnehmenden Vielfachen der den Hinterbliebenen des Pensionsberechtigten zustehenden Jahresrente anzusetzen.

(11) Ist als Pensionsleistung eine einmalige Kapitalleistung zugesagt worden, so sind bei der Ermittlung des abzugsfähigen Betrags 10 vom Hundert der Kapitalleistung als Jahresrente anzusetzen. Die Absätze 5 bis 10 gelten entsprechend.

(12) Soweit Pensionsverpflichtungen in den Anwendungsbereich des § 13 a des Berlinförderungsgesetzes fallen, sind die Vervielfältiger
1. der Anlagen 10 und 11 um 15 vom Hundert,
2. der Anlagen 12 und 13 um 7,5 vom Hundert
zu erhöhen.

(13) Die Absätze 3 bis 12 gelten entsprechend, wenn der Pensionsberechtigte zu dem Pensionsverpflichteten in einem anderen Rechtsverhältnis als einem Dienstverhältnis steht.

(14) Verpflichtungen aus laufenden Pensionen, die aufgrund einer rechtsähnlichen tatsächlichen Verpflichtung geleistet werden und bei denen nicht sämtliche Voraussetzungen der Absätze 1 und 2 vorliegen, sind abzugsfähig, soweit die Leistungen bereits vor dem 1. Januar 1981 begonnen haben.

§ 104 a   (aufgehoben)

§ 105   Steuerschulden

(1) Schulden aus laufend veranlagten Steuern sind nur abzuziehen, wenn die Steuern entweder
1. spätestens im Feststellungszeitpunkt (§ 21 Abs. 2, § 22 Abs. 4, § 23 Abs. 2) fällig geworden sind
   oder

Bewertungsgesetz
§§ 106–107

2. für einen Zeitraum erhoben werden, der spätestens im Feststellungszeitpunkt geendet hat. Endet der Erhebungszeitraum erst nach dem Feststellungszeitpunkt, so sind die Steuerschulden insoweit abzuziehen, als sie auf die Zeit vor dem Feststellungszeitpunkt entfallen.

(2) Für Betriebe mit abweichendem Wirtschaftsjahr ist statt des Feststellungszeitpunkts der Abschlußzeitpunkt (§ 106 Abs. 3) maßgebend.

§ 106 Bewertungsstichtag

(1) Für den Bestand und die Bewertung sind die Verhältnisse im Feststellungszeitpunkt (§ 21 Abs. 2, § 22 Abs. 4, § 23 Abs. 2) maßgebend. Für die Bewertung von Wertpapieren, Anteilen und Genußscheinen an Kapitalgesellschaften gilt der Stichtag, der sich nach § 112 ergibt.

(2) Für Betriebe, die regelmäßig jährliche Abschlüsse auf den Schluß des Kalenderjahrs machen, ist dieser Abschlußtag zugrunde zu legen.

(3) Für Betriebe, die regelmäßig jährliche Abschlüsse auf einen anderen Tag machen, kann auf Antrag zugelassen werden, daß der Schluß des Wirtschaftsjahrs zugrunde gelegt wird, das dem Feststellungszeitpunkt vorangeht. An den Antrag bleibt der Betrieb auch für künftige Feststellungen der Einheitswerte insofern gebunden, als stets der Schluß des letzten regelmäßigen Wirtschaftsjahrs zugrunde zu legen ist.

(4) Der auf den Abschlußzeitpunkt (Absätze 2 und 3) ermittelte Einheitswert gilt als Einheitswert vom Feststellungszeitpunkt.

(5) Die Absätze 2 und 3 sind nicht anzuwenden:
1. auf Betriebsgrundstücke (§ 99) und Mineralgewinnungsrechte (§ 100). Für ihren Bestand und ihre Bewertung bleiben die Verhältnisse im Feststellungszeitpunkt maßgebend. § 35 Abs. 2 bleibt unberührt;
2. auf die Bewertung von Wertpapieren, Anteilen und Genußscheinen an Kapitalgesellschaften. Für die Bewertung bleiben die Verhältnisse des Stichtags maßgebend, der sich nach § 112 ergibt. Für den Bestand ist der Abschlußzeitpunkt (Absätze 2 und 3) maßgebend;
3. auf die Beteiligung an Personengesellschaften. Für die Zurechnung und die Bewertung verbleibt es in diesen Fällen bei den Feststellungen, die bei der gesonderten Feststellung des Einheitswerts der Personengesellschaft getroffen werden.

§ 107 Ausgleich von Vermögensänderungen nach dem Abschlußzeitpunkt

Zum Ausgleich von Verschiebungen, die in der Zeit zwischen dem Abschlußzeitpunkt (§ 106 Abs. 3) und dem Feststellungszeitpunkt (§ 21 Abs. 2, § 22 Abs. 4, § 23 Abs. 2) eingetreten sind, gelten die folgenden Vorschriften:
1. Für Betriebsgrundstücke und Mineralgewinnungsrechte:
   a) Ist ein Betriebsgrundstück oder ein Mineralgewinnungsrecht aus dem gewerblichen Betrieb ausgeschieden und der Gegenwert dem Betrieb zugeführt worden, so wird der Gegenwert dem Betriebsvermögen zugerechnet.
   b) Ist Grundbesitz als Betriebsgrundstück oder ein Mineralgewinnungsrecht dem gewerblichen Betrieb zugeführt und der Gegenwert dem gewerblichen Betrieb entnommen worden, so wird der Gegenwert vom Betriebsvermögen abgezogen. Entspre-

chend werden Aufwendungen abgezogen, die aus Mitteln des gewerblichen Betriebs auf Betriebsgrundstücke oder Mineralgewinnungsrechte gemacht worden sind.
2. Für andere Wirtschaftsgüter als Betriebsgrundstücke oder Mineralgewinnungsrechte:
   a) Ist ein derartiges Wirtschaftsgut aus einem gewerblichen Betrieb ausgeschieden und dem übrigen Vermögen des Betriebsinhabers zugeführt worden, so wird das Wirtschaftsgut so behandelt, als wenn es im Feststellungszeitpunkt noch zum gewerblichen Betrieb gehörte.
   b) Ist ein derartiges Wirtschaftsgut aus dem übrigen Vermögen des Betriebsinhabers ausgeschieden und dem gewerblichen Betrieb zugeführt worden, so wird das Wirtschaftsgut so behandelt, als wenn es im Feststellungszeitpunkt noch zum übrigen Vermögen gehörte.
   c) Die Vorschriften zu a und b gelten jedoch nicht, wenn mit dem ausgeschiedenen Wirtschaftsgut Grundbesitz oder Mineralgewinnungsrechte erworben worden sind oder Aufwendungen auf Grundbesitz oder Mineralgewinnungsrechte gemacht worden sind. In diesen Fällen ist das Wirtschaftsgut von dem Vermögen, aus dem es ausgeschieden worden ist, abzuziehen.
   d) Ist eine Beteiligung an einer Personengesellschaft aus dem gewerblichen Betrieb ausgeschieden, so wird der für sie erhaltene Gegenwert dem Betriebsvermögen zugerechnet. Ist eine Beteiligung an einer Personengesellschaft mit Mitteln des Betriebs erworben worden, ist der dafür gegebene Gegenwert vom Betriebsvermögen abzuziehen.
   e) Bestehen Anteile an Kapitalgesellschaften und Wertpapiere im Feststellungszeitpunkt nicht mehr, wird der für sie erhaltene Gegenwert dem Betriebsvermögen zugerechnet.

§ 108 (aufgehoben)

§ 109 Bewertung

(1) Die zu einem gewerblichen Betrieb gehörenden Wirtschaftsgüter sind vorbehaltlich der Absätze 2 bis 4 in der Regel mit dem Teilwert (§ 10) anzusetzen.

(2) Wirtschaftsgüter, für die ein Einheitswert festzustellen ist, sind mit dem Einheitswert anzusetzen. § 115 ist bei Betriebsgrundstücken und sonstigen Wirtschaftsgütern, soweit diese nicht zur Veräußerung bestimmt sind, entsprechend anzuwenden.

(3) Wertpapiere und Anteile an Kapitalgesellschaften sind mit dem nach den §§ 11, 112 und 113 ermittelten Wert anzusetzen.

(4) Kapitalforderungen, der für Zölle und Steuern angesetzte Aufwand (§ 98 a Satz 2), der Geschäfts- oder Firmenwert, Rückstellungen für Preisnachlässe, für Wechselhaftung und für Jubiläumszuwendungen sowie Wirtschaftsgüter des Vorratsvermögens, die nach § 6 Abs. 1 Nr. 2 a des Einkommensteuergesetzes bewertet worden sind, sind mit den Werten anzusetzen, die sich nach den Grundsätzen über die steuerliche Gewinnermittlung ergeben.

Bewertungsgesetz
§ 110

Zweiter Abschnitt

Sonstiges Vermögen, Gesamtvermögen und Inlandsvermögen

A. Sonstiges Vermögen

§ 110 Begriff und Umfang des sonstigen Vermögens

(1) Als sonstiges Vermögen (§ 18 Nr. 4) kommen, soweit die einzelnen Wirtschaftsgüter nicht zum land- und forstwirtschaftlichen Vermögen, zum Grundvermögen oder zum Betriebsvermögen gehören, alle Wirtschaftsgüter in Betracht, insbesondere:
1. verzinsliche und unverzinsliche Kapitalforderungen jeder Art, soweit sie nicht unter Nummer 2 fallen;
2. Spareinlagen, Bankguthaben, Postscheckguthaben und sonstige laufende Guthaben, inländische und ausländische Zahlungsmittel. Lauten die Beträge auf Deutsche Mark, so gehören sie bei natürlichen Personen nur insoweit zum sonstigen Vermögen, als sie insgesamt 1 000 Deutsche Mark übersteigen;
3. Aktien oder Anteilsscheine, Kuxe, Geschäftsanteile, andere Gesellschaftseinlagen und Geschäftsguthaben bei Genossenschaften. Anteile an Gesellschaften im Sinne es § 97 Abs. 1 Nr. 5 sind nicht sonstiges Vermögen, sondern Betriebsvermögen des Gesellschafters;
4. der Kapitalwert von Nießbrauchsrechten und von Rechten auf Renten und andere wiederkehrende Nutzungen und Leistungen;
5. Erfindungen und Urheberrechte. Beim unbeschränkt steuerpflichtigen Erfinder und Urheber gehören jedoch nicht zum sonstigen Vermögen
    a) eigene Erfindungen,
    b) Ansprüche auf Vergütungen für eigene Diensterfindungen und
    c) eigene Urheberrechte sowie Originale urheberrechtlich geschützter Werke.
    Die genannten Wirtschaftsgüter gehören auch dann nicht zum sonstigen Vermögen, wenn sie im Falle des Todes des Erfinders oder Urhebers auf seinen unbeschränkt steuerpflichtigen Ehegatten oder seine unbeschränkt steuerpflichtigen Kinder übergegangen sind;
6. noch nicht fällige Ansprüche aus Lebens- und Kapitalversicherungen oder Rentenversicherungen, aus denen der Berechtigte noch nicht in den Rentenbezug eingetreten ist. Nicht zum sonstigen Vermögen gehören jedoch:
    a) Rentenversicherungen, die mit Rücksicht auf ein Arbeits- oder Dienstverhältnis abgeschlossen worden sind,
    b) Rentenversicherungen, bei denen die Ansprüche erst fällig werden, wenn der Berechtigte das 60. Lebensjahr vollendet hat oder behindert im Sinne des Schwerbehindertengesetzes vom 26. August 1986 (BGBl. I S. 1421, 1550), geändert durch Artikel 9 des Gesetzes vom 14. Dezember 1987 (BGBl. I S. 2602), mit einem Grad der Behinderung von mehr als 90 ist und
    c) alle übrigen Lebens-, Kapital- und Rentenversicherungen, soweit ihr Wert (§ 12 Abs. 4) insgesamt 10 000 Deutsche Mark nicht übersteigt.
    Versicherungen bei solchen Versicherungsunternehmen, die weder ihre Geschäftsleitung noch ihren Sitz im Inland haben, gehören nur dann nicht zum sonstigen Vermögen, wenn den Versicherungsunternehmen die Erlaubnis zum Geschäftsbetrieb im Inland erteilt ist;

7. der Überbestand an umlaufenden Betriebsmitteln eines Betriebs der Land- und Forstwirtschaft (§ 33 Abs. 3 Nr. 3);
8. Wirtschaftsgüter, die einem Betrieb der Land- und Forstwirtschaft oder einem gewerblichen Betrieb üblicherweise zu dienen bestimmt sind, tatsächlich an dem für die Veranlagung zur Vermögensteuer maßgebenden Zeitpunkt aber einem derartigen Betrieb des Eigentümers nicht dienen. Die Wirtschaftsgüter gehören nicht zum sonstigen Vermögen, wenn ihr Wert insgesamt 10 000 Deutsche Mark nicht übersteigt;
9. Wirtschaftsgüter in möblierten Wohnungen, die Nichtgewerbetreibenden gehören und ständig zusammen mit den Wohnräumen vermietet werden, soweit sie nicht als Bestandteil oder Zubehör bei der Grundstücksbewertung berücksichtigt werden und wenn ihr Wert insgesamt 10 000 Deutsche Mark übersteigt;
10. Edelmetalle, Edelsteine, Perlen, Münzen und Medaillen jeglicher Art, wenn ihr Wert insgesamt 1 000 Deutsche Mark übersteigt;
11. Schmuckgegenstände, Gegenstände aus edlem Metall, mit Ausnahme der in Nummer 10 genannten Münzen und Medaillen, sowie Luxusgegenstände, auch wenn sie zur Ausstattung der Wohnung des Steuerpflichtigen gehören, wenn ihr Wert insgesamt 10 000 Deutsche Mark übersteigt;
12. Kunstgegenstände und Sammlungen, wenn ihr Wert insgesamt 20 000 Deutsche Mark übersteigt, mit Ausnahme von Sammlungen der in Nummer 10 genannten Gegenstände. Nicht zum sonstigen Vermögen gehören Kunstgegenstände ohne Rücksicht auf den Wert, wenn sie von Künstlern geschaffen sind, die im Zeitpunkt der Anschaffung noch leben. § 115 bleibt unberührt.

(2) Bei der Ermittlung des Werts des sonstigen Vermögens bleibt der Wert der Wirtschaftsgüter, der sich nach Absatz 1 Nr. 1 bis 3 ergibt, bis zum Betrag von insgesamt 10 000 Deutsche Mark außer Betracht.

(3) Werden mehrere Steuerpflichtige zusammen veranlagt (§ 14 des Vermögensteuergesetzes), so werden die Freibeträge und Freigrenzen nach den Absätzen 1 und 2 mit der Zahl vervielfacht, die der Anzahl der zusammen veranlagten Steuerpflichtigen entspricht.

§ 111 Nicht zum sonstigen Vermögen gehörige Wirtschaftsgüter

Zum sonstigen Vermögen gehören nicht:
1. Ansprüche an Witwen-, Waisen- und Pensionskassen sowie Ansprüche auf Renten und ähnliche Bezüge. die auf ein früheres Arbeits- oder Dienstverhältnis zurückzuführen sind;
2. Ansprüche aus der Sozialversicherung, der Arbeitslosenversicherung und einer sonstigen Kranken- oder Unfallversicherung;
3. fällige Ansprüche auf Renten aus Rentenversicherungen, wenn der Berechtigte das 60. Lebensjahr vollendet hat oder voraussichtlich für mindestens drei Jahre behindert im Sinne des Schwerbehindertengesetzes vom 26. August 1986 (BGBl. I S. 1421, 1550), geändert durch Artikel 9 des Gesetzes vom 14. Dezember 1987 (BGBl. I S. 2602), mit einem Grad der Behinderung von mehr als 90 ist. Soll nach dem Versicherungsvertrag für den Fall des Todes des Berechtigten die Rente an dritte Personen gezahlt werden, so gehören die Ansprüche nur dann nicht zum sonstigen Vermögen, wenn keine weiteren Personen anspruchsberechtigt sind als der Ehegatte des Berechtigten und seine Kinder, solange die Kinder noch nicht das 18. oder, falls sie sich in der Berufsausbildung befinden, noch nicht das 27. Lebensjahr vollendet haben. In

Bewertungsgesetz
§ 111

diesem Fall gehören nach dem Tode des Berechtigten die Ansprüche auch bei dem Ehegatten und den Kindern nicht zum sonstigen Vermögen. Wird eine durch Tod des Berechtigten fällige Kapitalversicherungssumme als Einmalbeitrag zu einer sofort beginnenden Rentenversicherung für den Ehegatten und die in Satz 2 bezeichneten Kinder verwendet, so gehören auch die Ansprüche aus dieser Rentenversicherung bei dem Ehegatten und den Kindern nicht zum sonstigen Vermögen;

4. Ansprüche auf gesetzliche Versorgungsbezüge ohne Rücksicht darauf, ob diese laufend oder in Form von Kapitalabfindungen gewährt werden;
5. Ansprüche nach folgenden Gesetzen in der jeweils geltenden Fassung:
   a) Lastenausgleichsgesetz in der Fassung der Bekanntmachung vom 1. Oktober 1969 (BGBl. I S. 1909), zuletzt geändert durch Artikel 1 des Gesetzes vom 17. April 1985 (BGBl. I S. 629), Währungsausgleichsgesetz in der Fassung der Bekanntmachung vom 1. Dezember 1965 (BGBl. I S. 2059), zuletzt geändert durch Gesetz vom 18. März 1975 (BGBl. I S. 705),
   Altsparergesetz in der im Bundesgesetzblatt Teil III, Gliederungsnummer 621-4, veröffentlichten bereinigten Fassung, zuletzt geändert durch Artikel 287 Nr. 36 des Gesetzes vom 2. März 1974 (BGBl. I S. 469),
   Flüchtlingshilfegesetz in der Fassung der Bekanntmachung vom 15. Mai 1971 (BGBl. I S. 681), geändert durch § 9 des Gesetzes vom 24. August 1982 (BGBl. I S. 1521),
   Reparationsschädengesetz vom 12. Februar 1969 (BGBl. I S. 105), zuletzt geändert durch Artikel 37 des Gesetzes vom 14. Dezember 1976 (BGBl. I S. 3341),
   b) Allgemeines Kriegsfolgengesetz in der im Bundesgesetzblatt Teil III, Gliederungsnummer 653-1, veröffentlichten bereinigten Fassung, zuletzt geändert durch Artikel 28 des Gesetzes vom 18. Dezember 1975 (BGBl. I S. 3091),
   Gesetz zur Regelung der Verbindlichkeiten nationalsozialistischer Einrichtungen und der Rechtsverhältnisse an deren Vermögen vom 17. März 1965 (BGBl. I S. 79), zuletzt geändert durch Artikel 67 des Gesetzes vom 25. Juni 1969 (BGBl. I S. 645),
   c) Kriegsgefangenenentschädigungsgesetz in der Fassung der Bekanntmachung vom 2. September 1971 (BGBl. I S. 1545), zuletzt geändert durch Artikel 2 des Gesetzes vom 17. März 1980 (BGBl. I S. 322),
   Häftlingshilfegesetz in der Fassung der Bekanntmachung vom 29. September 1969 (BGBl. I S. 1793), zuletzt geändert durch Artikel II § 19 des Gesetzes vom 18. August 1980 (BGBl. I S. 1469);
6. Ansprüche auf Leistungen, die auf Grund gesetzlicher Vorschriften zur Wiedergutmachung nationalsozialistischen Unrechts für Schäden an Leben, Körper, Gesundheit und Freiheitsentzug zustehen, ohne Rücksicht darauf, ob die Leistungen laufend oder in Form einer einmaligen Zahlung gewährt werden;
7. Ansprüche auf Renten,
   a) die auf gesetzlicher Unterhaltspflicht beruhen, wenn Unterhaltsverpflichteter und Unterhaltsberechtigter nach § 14 des Vermögensteuergesetzes zusammen veranlagt werden, in anderen Fällen, soweit der Kapitalwert 20 000 Deutsche Mark übersteigt. Der Kapitalwert ist vorbehaltlich des § 14 nach § 13 Abs. 1 zu ermitteln; dabei ist von der nach den Verhältnissen am Stichtag voraussichtlichen Dauer der Unterhaltsleistungen auszugehen;
   b) die dem Steuerpflichtigen als Entschädigung für den durch Körperverletzung oder Krankheit herbeigeführten gänzlichen oder teilweisen Verlust der Erwerbsfähigkeit

zustehen. Das gleiche gilt für Ansprüche auf Renten, die den Angehörigen einer in dieser Weise geschädigten Person auf Grund der Schädigung zustehen;

8. Ansprüche auf eine Kapitalabfindung, die dem Berechtigten an Stelle einer in Nummer 7 bezeichneten Rente zusteht;

9. Ansprüche auf Renten und andere wiederkehrende Nutzungen oder Leistungen, soweit der Jahreswert der Nutzungen oder Leistungen insgesamt 4 800 Deutsche Mark nicht übersteigt, wenn der Berechtigte über 60 Jahre alt oder voraussichtlich für mindestens drei Jahre behindert im Sinne des Schwerbehindertengesetzes vom 26. August 1986 (BGBl. I S. 1421, 1550), geändert durch Artikel 9 des Gesetzes vom 14. Dezember 1987 (BGBl. I S. 2602), mit einem Grad der Behinderung von mehr als 90 ist;

10. Hausrat und andere bewegliche körperliche Gegenstände, soweit sie nicht im § 110 besonders als zum sonstigen Vermögen gehörig bezeichnet sind.

§ 112 Stichtag für die Bewertung von Wertpapieren und Anteilen

Stichtag für die Bewertung von Wertpapieren und Anteilen an Kapitalgesellschaften ist jeweils der 31. Dezember des Jahres, das dem für die Hauptveranlagung, Neuveranlagung und Nachveranlagung zur Vermögensteuer maßgebenden Zeitpunkt vorangeht.

§ 113 Veröffentlichung der am Stichtag maßgebenden Kurse und Rücknahmepreise

Der Bundesminister der Finanzen stellt die nach § 11 Abs. 1 maßgebenden Kurse und die nach § 11 Abs. 4 maßgebenden Rücknahmepreise vom Stichtag (§ 112) in einer Liste zusammen und veröffentlicht diese im Bundessteuerblatt.

§ 113 a Verfahren zur Feststellung der Anteilswerte

Der Wert der in § 11 Abs. 2 bezeichneten Anteile an inländischen Kapitalgesellschaften wird gesondert festgestellt. Die Zuständigkeit, die Einleitung des Verfahrens, die Beteiligung der Gesellschaft und der Gesellschafter am Verfahren sowie die Zulässigkeit von Rechtsbehelfen werden durch Rechtsverordnung geregelt.

B. Gesamtvermögen

§ 114 Ermittlung des Gesamtvermögens

(1) Bei unbeschränkt Steuerpflichtigen im Sinne des Vermögensteuergesetzes wird der Wert des gesamten Vermögens (Gesamtvermögen) ermittelt.

(2) Zum Gesamtvermögen gehören nicht die Wirtschaftsgüter, die nach den Vorschriften des Vermögensteuergesetzes oder anderer Gesetze von der Vermögensteuer befreit sind.

(3) Bei der Bewertung des Gesamtvermögens sind die Wirtschaftsgüter, für die ein Einheitswert festzustellen ist, mit den festgestellten Einheitswerten anzusetzen.

§ 115 Gegenstände, deren Erhaltung im öffentlichen Interesse liegt

(1) Grundbesitz oder Teile von Grundbesitz und solche bewegliche Gegenstände, die zum sonstigen Vermögen gehören, sind mit 40 vom Hundert des Werts anzusetzen, wenn ihre Erhaltung wegen ihrer Bedeutung für Kunst, Geschichte oder Wissenschaft im öffentlichen Interesse liegt.

Bewertungsgesetz

§§ 116–117

(2) Grundbesitz oder Teile von Grundbesitz, Kunstgegenstände, Kunstsammlungen, wissenschaftliche Sammlungen, Bibliotheken und Archive werden nicht angesetzt, wenn folgende Voraussetzungen erfüllt sind:
1. die Erhaltung der Gegenstände muß wegen ihrer Bedeutung für Kunst, Geschichte oder Wissenschaft im öffentlichen Interesse liegen;
2. die Gegenstände müssen in einem den Verhältnissen entsprechenden Umfang den Zwecken der Forschung oder der Volksbildung nutzbar gemacht werden;
3. der Steuerpflichtige muß bereit sein, die Gegenstände den geltenden Bestimmungen der Denkmalspflege zu unterstellen;
4. die Gegenstände müssen sich, wenn sie älter als 30 Jahre sind, seit mindestens 20 Jahren im Besitz der Familie befinden oder in das Verzeichnis national wertvollen Kulturgutes oder national wertvoller Archive nach dem Gesetz zum Schutz deutschen Kulturgutes gegen Abwanderung in der im Bundesgesetzblatt Teil III, Gliederungsnummer 224-2, veröffentlichten bereinigten Fassung, zuletzt geändert durch Artikel 86 des Gesetzes vom 2. März 1974 (BGBl. I S. 469), eingetragen sein.

(3) Grundbesitz oder Teile von Grundbesitz werden nicht angesetzt, wenn sie für Zwecke der Volkswohlfahrt der Allgemeinheit zur Benutzung zugänglich gemacht sind und ihre Erhaltung im öffentlichen Interesse liegt.

(4) Die Absätze 1 bis 3 gelten nur dann, wenn die jährlichen Kosten in der Regel die erzielten Einnahmen übersteigen.

§ 116 Krankenhäuser

Bei der Ermittlung des Gesamtvermögens oder des Inlandsvermögens bleibt der Einheitswert oder der Teil des Einheitswerts außer Ansatz, der für das Betriebsvermögen eines vom Eigentümer betriebenen Krankenhauses festgestellt worden ist, wenn das Krankenhaus in dem Kalenderjahr, das dem Veranlagungszeitpunkt vorangeht, die Voraussetzungen des § 67 Abs. 1 oder 2 der Abgabenordnung erfüllt hat.

§ 117 Verkehrsunternehmen

Bei der Ermittlung des Gesamtvermögens wird außer Ansatz gelassen
1. Betriebsvermögen von Verkehrsbetrieben, Hafenbetrieben und Flugplatzbetrieben des Bundes, eines Landes, einer Gemeinde, eines Gemeindeverbandes oder eines Zweckverbandes. Das gleiche gilt für Unternehmen dieser Art, deren Anteile ausschließlich diesen Körperschaften gehören und deren Erträge ihnen ausschließlich zufließen;
2. Betriebsvermögen der nicht unter Nr. 1 fallenden Verkehrsbetriebe, Hafenbetriebe und Flugplatzbetriebe, soweit dieses dazu bestimmt ist, unter der Auflage der Betriebspflicht, der Beförderungspflicht (Kontrahierungspflicht) und des Tarifzwangs dem öffentlichen Verkehr unmittelbar zu dienen. Dient das begünstigte Betriebsvermögen gleichzeitig auch anderen Zwecken, so ist es dem Umfang der jeweiligen Nutzung entsprechend aufzuteilen.

Bewertungsgesetz
§§ 117 a–118

§ 117 a Ansatz des inländischen Betriebsvermögens

(1) Ist das Betriebsvermögen, für das ein Einheitswert für Zwecke der Vermögensteuer festgestellt ist, insgesamt positiv, so bleibt es bei der Ermittlung des Gesamtvermögens bis zu einem Betrag von 125 000 Deutsche Mark außer Ansatz. Der übersteigende Teil ist mit 75 vom Hundert anzusetzen.

(2) Betriebsvermögen, das auf Handelsschiffe entfällt, bei denen in dem vor dem Veranlagungszeitpunkt endenden Wirtschaftsjahr die Voraussetzungen des § 34 c Abs. 4 Sätze 2 und 3 des Einkommensteuergesetzes vorlagen, ist abweichend von Absatz 1 Satz 2 mit der Hälfte anzusetzen, wenn sein Wert insgesamt positiv ist. Der Freibetrag nach Absatz 1 Satz 1 ist zu berücksichtigen, soweit er nicht bei anderem inländischen Betriebsvermögen berücksichtigt worden ist. Zur Ermittlung des nach den Sätzen 1 und 2 begünstigten Vermögens sind vom Wert der Handelsschiffe die damit in wirtschaftlichem Zusammenhang stehenden Schulden und Lasten abzuziehen.

(3) Werden mehrere Steuerpflichtige zusammen veranlagt (§ 14 des Vermögensteuergesetzes), gelten die Absätze 1 und 2 für jeden Beteiligten, soweit ihm Betriebsvermögen zugerechnet wird.

§ 118 Schulden und sonstige Abzüge

(1) Zur Ermittlung des Werts des Gesamtvermögens sind von dem Rohvermögen abzuziehen
1. Schulden und Lasten, soweit sie nicht mit einem gewerblichen Betrieb in wirtschaftlichem Zusammenhang stehen. Bei der Bewertung von Schulden aus laufend veranlagten Steuern ist § 105 entsprechend anzuwenden. Lasten aus laufenden Pensionszahlungen, die mit einem Betrieb der Land- und Forstwirtschaft in wirtschaftlichem Zusammenhang stehen, können nur abgezogen werden, wenn sie nicht bereits im Einheitswert des Betriebs der Land- und Forstwirtschaft berücksichtigt worden sind;
2. Pensionsverpflichtungen gegenüber Personen, bei denen der Versorgungsfall noch nicht eingetreten ist, soweit sie nicht mit einem gewerblichen Betrieb in wirtschaftlichem Zusammenhang stehen. Steht eine Pensionsverpflichtung mit einem Betrieb der Land- und Forstwirtschaft in wirtschaftlichem Zusammenhang, kommt ein Abzug nur in Betracht, wenn sie nicht bereits im Einheitswert berücksichtigt worden ist. Bei der Bewertung der Pensionsverpflichtungen ist § 104 entsprechend anzuwenden;
3. bei Inhabern von Betrieben der Land- und Forstwirtschaft zur Abgeltung des Überschusses der laufenden Betriebseinnahmen über die laufenden Betriebsausgaben, der nach dem Ende des vorangegangenen Wirtschaftsjahrs (§ 35 Abs. 2) entstanden ist, ein Achtzehntel des Wirtschaftswerts des Betriebs der Land- und Forstwirtschaft; bei buchführenden Inhabern von Betrieben der Land- und Forstwirtschaft kann statt dessen auf Antrag der nachgewiesene Überschuß der laufenden Betriebseinnahmen über die laufenden Betriebsausgaben abgezogen werden, soweit er am Veranlagungszeitpunkt noch vorhanden ist oder zur Tilgung von Schulden verwendet worden ist, die am Ende des vorangegangenen Wirtschaftsjahrs bestanden haben und mit dem Wirtschaftsteil des Betriebs in wirtschaftlichem Zusammenhang stehen.

(2) Nicht abzugsfähig sind Schulden und Lasten, soweit sie in wirtschaftlichem Zusammenhang mit Wirtschaftsgütern stehen, die nicht zum Vermögen im Sinne dieses Gesetzes gehören. Schulden und Lasten, die mit den nach § 115 steuerfreien Wirtschaftsgütern in wirtschaftlichem Zusammenhang stehen, sind dagegen in vollem Umfang abzuziehen.

Bewertungsgesetz
§§ 119–121

(3) Schulden und Lasten, die auf gesetzlicher Unterhaltspflicht beruhen, sind mit ihrem Kapitalwert, höchstens mit 20 000 Deutsche Mark für die einzelne Unterhaltsverpflichtung abzugsfähig, wenn Unterhaltsverpflichteter und Unterhaltsberechtigter nicht nach § 14 des Vermögensteuergesetzes zusammen veranlagt werden. Dies gilt bei Ehegatten, die nach § 14 des Vermögensteuergesetzes zusammen veranlagt werden mit der Maßgabe, daß bei gemeinsamer Unterhaltsverpflichtung als Kapitalwert jeweils höchstens 40 000 Deutsche Mark abzugsfähig sind. Der Kapitalwert ist vorbehaltlich des § 14 nach § 13 Abs. 1 zu ermitteln; dabei ist von der nach den Verhältnissen am Stichtag voraussichtlichen Dauer der Unterhaltsleistungen auszugehen.

§ 119 Zusammenrechnung

(1) Das Vermögen von Ehegatten wird für die Ermittlung des Gesamtvermögens zusammengerechnet, wenn sie nach § 14 Abs. 1 Nr. 1 des Vermögensteuergesetzes zusammen zur Vermögensteuer zu veranlagen sind.

(2) Das Vermögen von Eltern wird mit dem Vermögen derjenigen Kinder zusammengerechnet, mit denen sie nach § 14 Abs. 1 Nr. 2 oder Abs. 2 des Vermögensteuergesetzes zusammen zur Vermögensteuer zu veranlagen sind.

§ 120 Zurechnung bei fortgesetzter Gütergemeinschaft

Bei fortgesetzter Gütergemeinschaft wird das ganze Gesamtgut dem Vermögen des überlebenden Ehegatten zugerechnet, wenn dieser nach § 1 des Vermögensteuergesetzes unbeschränkt steuerpflichtig ist.

C. Inlandsvermögen

§ 121

(1) Bei beschränkt Steuerpflichtigen im Sinne des Vermögensteuergesetzes wird nur der Wert des Inlandsvermögens ermittelt.

(2) Zum Inlandsvermögen eines beschränkt Steuerpflichtigen gehören:
1. das inländische land- und forstwirtschaftliche Vermögen;
2. das inländische Grundvermögen;
3. das inländische Betriebsvermögen. Als solches gilt das Vermögen, das einem im Inland betriebenen Gewerbe dient, wenn hierfür im Inland eine Betriebsstätte unterhalten wird oder ein ständiger Vertreter bestellt ist;
4. Anteile an einer Kapitalgesellschaft, wenn die Gesellschaft Sitz oder Geschäftsleitung im Inland hat und der Gesellschafter entweder allein oder zusammen mit anderen ihm nahestehenden Personen im Sinne des § 1 Abs. 2 des Außensteuergesetzes vom 8. September 1972 (BGBl. I S. 1713), zuletzt geändert durch Artikel 6 des Gesetzes vom 14. Dezember 1984 (BGBl. I S. 1493), am Grund- oder Stammkapital der Gesellschaft mindestens zu einem Zehntel unmittelbar oder mittelbar beteiligt ist;
5. nicht unter Nummer 3 fallende Erfindungen, Gebrauchsmuster und Topographien, die in ein inländisches Buch oder Register eingetragen sind;
6. Wirtschaftsgüter, die nicht unter die Nummern 1, 2 und 5 fallen und einem inländischen gewerblichen Betrieb überlassen, insbesondere an diesen vermietet oder verpachtet sind;

Bewertungsgesetz
§§ 121 a–122

7. Hypotheken, Grundschulden, Rentenschulden und andere Forderungen oder Rechte, wenn sie durch inländischen Grundbesitz, durch inländische grundstücksgleiche Rechte oder durch Schiffe, die in ein inländisches Schiffsregister eingetragen sind, unmittelbar oder mittelbar gesichert sind. Ausgenommen sind Anleihen und Forderungen, über die Teilschuldverschreibungen ausgegeben sind;
8. Forderungen aus der Beteiligung an einem Handelsgewerbe als stiller Gesellschafter und aus partiarischen Darlehen, wenn der Schuldner Wohnsitz oder gewöhnlichen Aufenthalt, Sitz oder Geschäftsleitung im Inland hat;
9. Nutzungsrechte an einem der in den Nummern 1 bis 8 genannten Vermögensgegenstände.

(3) Die Vorschriften in § 114 Abs. 2 und 3, §§ 115 bis 117 und § 117 a Abs. 1 und 2 sind entsprechend anzuwenden. Dies gilt auch von den Vorschriften in § 118, jedoch mit der Einschränkung, daß nur die Schulden und Lasten abzuziehen sind, die in wirtschaftlichem Zusammenhang mit dem Inlandsvermögen stehen.

Dritter Teil
Übergangs- und Schlußbestimmungen

§ 121 a   Sondervorschrift für die Anwendung der Einheitswerte 1964

Während der Geltungsdauer der auf den Wertverhältnissen am 1. Januar 1964 beruhenden Einheitswerte des Grundbesitzes sind Grundstücke (§ 70) und Betriebsgrundstücke im Sinne des § 99 Abs. 1 Nr. 1 für die Feststellung der Einheitswerte des Betriebsvermögens, für die Vermögensteuer. die Erbschaftsteuer, die Gewerbesteuer, die Ermittlung des Nutzungswerts der selbstgenutzten Wohnung nach § 21 a des Einkommensteuergesetzes in der Fassung der Bekanntmachung vom 24. Januar 1984 (BGBl. I S. 113), zuletzt geändert durch Artikel 3 des Gesetzes vom 14. Dezember 1984 (BGBl. I S. 1493), und die Grunderwerbsteuer mit 140 vom Hundert des Einheitswerts anzusetzen ist. Das gilt entsprechend für die nach § 12 Abs. 3 und 4 des Erbschaftsteuer- und Schenkungsteuergesetzes maßgebenden Werte und für Stichtagswerte bei der Grunderwerbsteuer.

§ 122   Besondere Vorschriften für Berlin (West)

(1) § 50 Abs. 1, § 60 Abs. 1 und § 67 gelten nicht für den Grundbesitz in Berlin (West). Bei der Beurteilung der natürlichen Ertragsbedingungen und des Bodenartenverhältnisses ist in sinngemäßer Anwendung der Grundsätze des Bodenschätzungsgesetzes und der dazu ergangenen Durchführungsbestimmungen in der im Bundesgesetzblatt Teil III, Gliederungsnummer 610-8-1, veröffentlichten bereinigten Fassung zu verfahren.

(2) Der Senat von Berlin (West) wird ermächtigt, durch Rechtsverordnung zu bestimmen, daß Milchviehhaltung, Rindermast, Schweinemast und Legehennenhaltung, die in Berlin (West) betrieben werden, abweichend von § 33 Abs. 3 Nr. 4 zum land- und forstwirtschaftlichen Vermögen gehören, wenn diese Tierhaltungen der Versorgung der Bevölkerung in Berlin (West) dienen. Dabei ist eine Begrenzung des Umfangs der Tierhaltungen mit dem Ziel vorzunehmen, daß umweltschädigende Massentierhaltungen nicht entstehen. Die Vorschriften des Bundes-Immissionsschutzgesetzes vom 15. März 1974 (BGBl. I S. 721), zuletzt geändert durch Artikel 2 des Gesetzes vom 4. März 1982 (BGBl. I S. 281), und der dazu erlassenen Durchführungsverordnungen sind zu berücksichtigen.

(3) Durch Rechtsverordnung können im Hinblick auf die besonderen Verhältnisse am Grundstücksmarkt für den Grundbesitz in Berlin (West)
1. die Vervielfältiger und die Wertzahlen abweichend von den §§ 80 und 90 festgesetzt und
2. Zu- und Abschläge bei der Ermittlung der Grundstückswerte in Berlin (West) oder in örtlich begrenzten Teilen von Berlin (West), erforderlichenfalls nur für einzelne Grundstücksarten oder anderweitig bestimmte Gruppen von Grundstücken und Betriebsgrundstücken,
vorgeschrieben werden.

(4) Im Hinblick auf die besonderen Verhältnisse der Land- und Forstwirtschaft in Berlin (West) sind die Wirtschaftswerte der Betriebe der Land- und Forstwirtschaft (§ 46) um 20 vom Hundert zu ermäßigen.

§ 123 Ermächtigungen

(1) Die Bundesregierung wird ermächtigt, mit Zustimmung des Bundesrates die in § 12 Abs. 4, § 21 Abs. 1, § 39 Abs. 1, § 51 Abs. 4, § 55 Abs. 3, 4 und 8, den §§ 81, 90 Abs. 2, § 113 a und § 122 Abs. 3 vorgesehenen Rechtsverordnungen zu erlassen.

(2) Der Bundesminister der Finanzen wird ermächtigt, den Wortlaut dieses Gesetzes und der zu diesem Gesetz erlassenen Durchführungsverordnungen in der jeweils geltenden Fassung mit neuem Datum, neuer Überschrift und neuer Paragraphenfolge bekanntzumachen und dabei Unstimmigkeiten des Wortlauts zu beseitigen.

§ 124 Anwendung des Gesetzes

Die vorstehende Fassung dieses Gesetzes ist erstmals zum 1. Januar 1990 anzuwenden. § 97 Abs. 1 Nr. 5 Buchstabe b und § 110 Abs. 1 Nr. 3 Satz 2 sind auch für Feststellungszeitpunkte vor dem 1. Januar 1986 anzuwenden, soweit die Feststellungsbescheide noch nicht bestandskräftig sind oder unter dem Vorbehalt der Nachprüfung stehen. § 97 Abs. 1 Nr. 5 Sätze 2 und 3 und § 103 a in der Fassung des Artikels 10 Nr. 3 des Steuerreformgesetzes vom 25. Juli 1988 (BGBl. I S. 1093) sind erstmals zum 1. Januar 1989 anzuwenden. § 11 Abs. 2 Satz 3 ist erstmals für die Bewertung von Anteilen an Kapitalgesellschaften auf den 31. Dezember 1990 anzuwenden. § 104 Abs. 12 und § 109 Abs. 4, soweit dieser die Bewertung von Wirtschaftsgütern des Vorratsvermögens regelt, sind erstmals zum 1. Januar 1991 anzuwenden. § 103 a Satz 2 und § 109 Abs. 4, soweit dieser die Bewertung von Rückstellungen für Jubiläumszuwendungen regelt, sind erstmals zum 1. Januar 1994 anzuwenden.

Bewertungsgesetz
Anlagen 1–2

Anlage 1

Umrechnungsschlüssel für Tierbestände in Vieheinheiten (VE) nach dem Futterbedarf

Tierart	1 Tier – ... VE
Pferde	
Pferde unter 3 Jahren	0,70
Pferde 3 Jahre alt und älter	1,10
Rindvieh	
Kälber und Jungvieh unter 1 Jahr	0,30
Jungvieh 1 bis 2 Jahre alt	0,70
Zuchtbullen	1,20
Zugochsen	1,20
Kühe, Färsen, Masttiere	1,00
Schafe	
Schafe unter 1 Jahr	0,05
Schafe 1 Jahr und älter	0,10
Ziegen	0,08
Schweine	
Ferkel	0,02
Läufer	0,06
Zuchtschweine	0,33
Mastschweine	0,16
Geflügel	
Legehennen (einschließlich einer normalen Aufzucht zur Ergänzung des Bestandes)	0,02
Zuchtenten	0,04
Zuchtputen	0,04
Zuchtgänse	0,04
Jungmasthühner	0,0017
Junghennen	0,0017
Mastenten	0,0033
Mastputen	0,0067
Mastgänse	0,0067

Anlage 2

Gruppen der Zweige des Tierbestands nach der Flächenabhängigkeit

1. Mehr flächenabhängige Zweige des Tierbestands
Pferdehaltung,
Pferdezucht,
Schafzucht,
Schafhaltung,
Rindviehzucht,
Milchviehhaltung,
Rindviehmast.

2. Weniger flächenabhängige Zweige des Tierbestands
Schweinezucht,
Schweinemast,
Hühnerzucht,
Entenzucht,
Gänsezucht,
Putenzucht,
Legehennenhaltung,
Junghühnermast,
Entenmast,
Gänsemast,
Putenmast.

Bewertungsgesetz
Anlage 3

VII B 12 Seite 42 k

Anlage 3

Mietwohngrundstücke
Vervielfältiger

A. bei Massivbauten mit Mauerwerk aus Ziegelsteinen, Natursteinen, Kalksandsteinen, Schwemmsteinen oder ähnlichen Steinen sowie bei Stahl- und Stahlbetonskelettbauten außer bei solchen Bauten, die unter B fallen

	Gemeindegrößenklassen							
	bis 2000	über 2000 bis 5000	über 5000 bis 10000	über 10000 bis 50000	über 50000 bis 100000	über 100000 bis 200000	über 200000 bis 500000	über 500000 Einwohner
Altbauten								
vor 1895	7,2	6,9	5,8	5,8	5,7	5,5	5,4	5,3
1895 bis 1899	7,4	7,1	6,0	5,9	5,8	5,7	5,5	5,4
1900 bis 1904	7,8	7,5	6,2	6,2	6,0	5,9	5,7	5,6
1905 bis 1915	8,3	7,9	6,6	6,5	6,3	6,2	6,0	5,8
1916 bis 31. 3. 1924	8,7	8,4	6,9	6,7	6,5	6,4	6,2	6,1
Neubauten								
1. 4. 1924 bis 31. 12. 1934	9,8	9,5	8,3	8,2	8,0	7,8	7,7	7,5
1. 1. 1935 bis 20. 6. 1948	10,2	9,8	8,6	8,4	8,2	8,0	7,9	7,7
Nachkriegsbauten								
nach dem 20. 6. 1948	9,8	9,7	9,5	9,2	9,0	9,0	9,0	9,1

B. bei Holzfachwerkbauten mit Ziegelsteinausmauerung, Gebäuden aus großformatigen Bimsbetonplatten oder ähnlichen Platten sowie bei anderen eingeschossigen massiven Gebäuden in leichter Bauausführung

Altbauten								
vor 1908	6,6	6,3	5,3	5,4	5,3	5,2	5,1	5,0
1908 bis 1915	6,9	6,6	5,6	5,6	5,5	5,4	5,3	5,1
1916 bis 31. 3. 1924	7,7	7,4	6,1	6,1	6,0	5,8	5,7	5,5
Neubauten								
1. 4. 1924 bis 31. 12. 1934	9,0	8,7	7,7	7,6	7,5	7,3	7,2	7,0
1. 1. 1935 bis 20. 6. 1948	9,6	9,3	8,2	8,0	7,8	7,7	7,5	7,4
Nachkriegsbauten								
nach dem 20. 6. 1948	9,5	9,4	9,2	8,9	8,7	8,7	8,7	8,8

C. bei Holzfachwerkbauten mit Lehmausfachung und besonders haltbaren Holzbauten mit massiven Fundamenten

Altbauten								
vor dem 1. 4. 1924	5,7	5,5	4,7	4,9	4,8	4,7	4,6	4,5
Neubauten								
1. 4. 1924 bis 31. 12. 1934	7,3	7,0	6,4	6,4	6,3	6,2	6,1	6,0
1. 1. 1935 bis 20. 6. 1948	8,5	8,2	7,3	7,2	7,1	7,0	6,8	6,7
Nachkriegsbauten								
nach dem 20. 6. 1948	8,9	8,7	8,6	8,3	8,1	8,1	8,1	8,3

Bewertungsgesetz

Anlage 4

Anlage 4

**Gemischtgenutzte Grundstücke
mit einem gewerblichen Anteil an der Jahresrohmiete bis zu 50 v. H.
Vervielfältiger**

A. bei Massivbauten mit Mauerwerk aus Ziegelsteinen, Natursteinen, Kalksandsteinen, Schwemmsteinen oder ähnlichen Steinen sowie bei Stahl- und Stahlbetonskelettbauten außer bei solchen Bauten, die unter B fallen

	Gemeindegrößenklassen							
	bis 2000	über 2000 bis 5000	über 5000 bis 10000	über 10000 bis 50000	über 50000 bis 100000	über 100000 bis 200000	über 200000 bis 500000	über 500000 Einwohner
Altbauten								
vor 1895	7,6	7,3	6,4	6,4	6,1	6,0	5,9	6,1
1895 bis 1899	7,8	7,6	6,6	6,5	6,3	6,2	6,0	6,3
1900 bis 1904	8,2	7,9	6,9	6,8	6,5	6,4	6,3	6,4
1905 bis 1915	8,7	8,4	7,2	7,1	6,8	6,7	6,5	6,7
1916 bis 31. 3. 1924	9,1	8,8	7,6	7,4	7,1	6,9	6,8	6,9
Neubauten								
1. 4. 1924 bis 31. 12. 1934	10,2	9,6	8,4	8,1	8,0	7,8	7,7	7,8
1. 1. 1935 bis 20. 6. 1948	10,5	9,8	8,6	8,3	8,2	8,0	7,9	7,9
Nachkriegsbauten								
nach dem 20. 6. 1948	9,9	9,6	9,2	9,1	9,0	9,0	9,0	9,0

B. bei Holzfachwerkbauten mit Ziegelsteinausmauerung, Gebäuden aus großformatigen Bimsbetonplatten oder ähnlichen Platten sowie bei anderen eingeschossigen massiven Gebäuden in leichter Bauausführung

Altbauten								
vor 1908	7,0	6,7	5,9	6,0	5,7	5,6	5,5	5,8
1908 bis 1915	7,3	7,0	6,2	6,2	5,9	5,8	5,7	6,0
1916 bis 31. 3. 1924	8,1	7,8	6,8	6,7	6,4	6,3	6,2	6,4
Neubauten								
1. 4. 1924 bis 31. 12. 1934	9,3	8,8	7,7	7,6	7,5	7,3	7,2	7,3
1. 1. 1935 bis 20. 6. 1948	9,9	9,3	8,2	8,0	7,8	7,7	7,5	7,6
Nachkriegsbauten								
nach dem 20. 6. 1948	9,6	9,3	9,0	8,9	8,7	8,7	8,7	8,8

C. bei Holzfachwerkbauten mit Lehmausfachung und besonders haltbaren Holzbauten mit massiven Fundamenten

Altbauten								
vor dem 1. 4. 1924	6,1	5,9	5,2	5,4	5,2	5,1	5,0	5,4
Neubauten								
1. 4. 1924 bis 31. 12. 1934	7,7	7,2	6,4	6,5	6,4	6,3	6,1	6,4
1. 1. 1935 bis 20. 6. 1948	8,8	8,3	7,3	7,3	7,1	7,0	6,9	7,1
Nachkriegsbauten								
nach dem 20. 6. 1948	9,0	8,7	8,4	8,4	8,2	8,2	8,2	8,4

Bewertungsgesetz

Anlage 5

Anlage 5

Gemischtgenutzte Grundstücke
mit einem gewerblichen Anteil an der Jahresrohmiete von mehr als 50 v. H.

Vervielfältiger

A. bei Massivbauten mit Mauerwerk aus Ziegelsteinen, Natursteinen, Kalksandsteinen, Schwemmsteinen oder ähnlichen Steinen sowie bei Stahl- und Stahlbetonskelettbauten außer bei solchen Bauten, die unter B fallen

	Gemeindegrößenklassen							
	bis 2000	über 2000 bis 5000	über 5000 bis 10000	über 10000 bis 50000	über 50000 bis 100000	über 100000 bis 200000	über 200000 bis 500000	über 500000 Einwohner
Altbauten								
vor 1895	7,6	7,2	6,4	6,6	6,4	6,4	6,4	6,4
1895 bis 1899	7,8	7,4	6,6	6,8	6,5	6,5	6,5	6,5
1900 bis 1904	8,2	7,8	6,8	7,0	6,7	6,7	6,7	6,7
1905 bis 1915	8,6	8,2	7,1	7,2	7,0	7,0	7,0	7,0
1916 bis 31. 3. 1924	9,0	8,6	7,4	7,5	7,2	7,2	7,2	7,2
Neubauten								
1. 4. 1924 bis 31. 12. 1934	9,7	9,1	8,0	8,1	7,9	7,9	7,9	7,9
1. 1. 1935 bis 20. 6. 1948	10,0	9,4	8,2	8,3	8,1	8,1	8,1	8,1
Nachkriegsbauten								
nach dem 20. 6. 1948	9,6	9,3	8,9	8,9	8,7	8,8	8,8	8,8

B. bei Holzfachwerkbauten mit Ziegelsteinausmauerung, Gebäuden aus großformatigen Bimsbetonplatten oder ähnlichen Platten sowie bei anderen eingeschossigen massiven Gebäuden in leichter Bauausführung

Altbauten								
vor 1908	7,0	6,7	6,0	6,3	6,1	6,1	6,1	6,1
1908 bis 1915	7,3	7,0	6,2	6,5	6,2	6,2	6,2	6,2
1916 bis 31. 3. 1924	8,1	7,7	6,7	6,9	6,7	6,7	6,7	6,7
Neubauten								
1. 4. 1924 bis 31. 12. 1934	9,0	8,4	7,5	7,6	7,5	7,5	7,5	7,5
1. 1. 1935 bis 20. 6. 1948	9,5	8,9	7,8	7,9	7,8	7,8	7,8	7,8
Nachkriegsbauten								
nach dem 20. 6. 1948	9,3	9,0	8,6	8,7	8,5	8,6	8,6	8,6

C. bei Holzfachwerkbauten mit Lehmausfachung und besonders haltbaren Holzbauten mit massiven Fundamenten

Altbauten								
vor dem 1. 4. 1924	6,2	5,9	5,5	5,8	5,6	5,6	5,6	5,6
Neubauten								
1. 4. 1924 bis 31. 12. 1934	7,4	7,0	6,4	6,7	6,5	6,5	6,5	6,5
1. 1. 1935 bis 20. 6. 1948	8,5	8,0	7,2	7,3	7,2	7,2	7,2	7,2
Nachkriegsbauten								
nach dem 20. 6. 1948	8,8	8,5	8,1	8,2	8,1	8,2	8,2	8,2

Bewertungsgesetz
Anlage 6

Anlage 6

Geschäftsgrundstücke
Vervielfältiger

A. bei Massivbauten mit Mauerwerk aus Ziegelsteinen, Natursteinen, Kalksandsteinen, Schwemmsteinen oder ähnlichen Steinen sowie bei Stahl- und Stahlbetonskelettbauten außer bei solchen Bauten, die unter B fallen

	Gemeindegrößenklassen							
	bis 2 000	über 2 000 bis 5 000	über 5 000 bis 10 000	über 10 000 bis 50 000	über 50 000 bis 100 000	über 100 000 bis 200 000	über 200 000 bis 500 000	über 500 000 Einwohner
Altbauten								
vor 1895	7,8	7,5	6,7	6,9	6,8	6,8	6,8	6,8
1895 bis 1899	8,0	7,7	6,9	7,0	7,0	7,0	7,0	7,0
1900 bis 1904	8,3	7,9	7,1	7,2	7,1	7,1	7,1	7,1
1905 bis 1915	8,7	8,3	7,4	7,5	7,4	7,4	7,4	7,4
1916 bis 31. 3. 1924	9,0	8,6	7,7	7,8	7,6	7,6	7,6	7,6
Neubauten								
1. 4. 1924 bis 31. 12. 1934	9,4	9,0	8,0	8,0	8,0	8,0	8,0	8,0
1. 1. 1935 bis 20. 6. 1948	9,6	9,2	8,1	8,2	8,1	8,1	8,1	8,1
Nachkriegsbauten								
nach dem 20. 6. 1948	9,4	9,2	9,0	9,0	8,9	8,9	8,9	8,9

B. bei Holzfachwerkbauten mit Ziegelsteinausmauerung, Gebäuden aus großformatigen Bimsbetonplatten oder ähnlichen Platten sowie bei anderen eingeschossigen massiven Gebäuden in leichter Bauausführung

Altbauten								
vor 1908	7,3	7,0	6,3	6,5	6,5	6,5	6,5	6,5
1908 bis 1915	7,6	7,2	6,5	6,7	6,7	6,7	6,7	6,7
1916 bis 31. 3. 1924	8,2	7,8	7,0	7,2	7,1	7,1	7,1	7,1
Neubauten								
1. 4. 1924 bis 31. 12. 1934	8,8	8,4	7,5	7,6	7,6	7,6	7,6	7,6
1. 1. 1935 bis 20. 6. 1948	9,2	8,8	7,8	7,9	7,8	7,8	7,8	7,8
Nachkriegsbauten								
nach dem 20. 6. 1948	9,1	9,0	8,7	8,8	8,7	8,7	8,7	8,7

C. bei Holzfachwerkbauten mit Lehmausfachung und besonders haltbaren Holzbauten mit massiven Fundamenten

Altbauten								
vor dem 1. 4. 1924	6,6	6,3	5,7	6,0	6,1	6,1	6,1	6,1
Neubauten								
1. 4. 1924 bis 31. 12. 1934	7,5	7,2	6,5	6,7	6,8	6,8	6,8	6,8
1. 1. 1935 bis 20. 6. 1948	8,4	8,0	7,2	7,3	7,3	7,3	7,3	7,3
Nachkriegsbauten								
nach dem 20. 6. 1948	8,7	8,6	8,3	8,4	8,3	8,3	8,4	8,4

Bewertungsgesetz
Anlage 7

Anlage 7

Einfamilienhäuser
Vervielfältiger

A. bei Massivbauten mit Mauerwerk aus Ziegelsteinen, Natursteinen, Kalksandsteinen, Schwemmsteinen oder ähnlichen Steinen sowie bei Stahl- und Stahlbetonskelettbauten außer bei solchen Bauten, die unter B fallen

	Gemeindegrößenklassen							
	bis 2000	über 2000 bis 5000	über 5000 bis 10000	über 10000 bis 50000	über 50000 bis 100000	über 100000 bis 200000	über 200000 bis 500000	über 500000 Einwohner
Altbauten								
vor 1895	9,5	9,0	7,7	7,4	7,8	7,8	7,8	7,8
1895 bis 1899	9,8	9,3	7,9	7,6	8,0	8,0	8,0	8,0
1900 bis 1904	10,3	9,8	8,3	7,9	8,2	8,2	8,2	8,2
1905 bis 1915	11,0	10,4	8,7	8,4	8,6	8,6	8,6	8,6
1916 bis 31. 3. 1924	11,6	11,0	9,1	8,8	8,9	8,9	8,9	8,9
Neubauten								
1. 4. 1924 bis 31. 12. 1934	13,1	12,4	10,6	10,2	10,2	10,2	10,2	10,2
1. 1. 1935 bis 20. 6. 1948	13,5	12,9	10,9	10,5	10,4	10,4	10,4	10,4
Nachkriegsbauten								
nach dem 20. 6. 1948	13,0	12,4	12,0	11,8	11,8	11,8	11,8	11,9

B. bei Holzfachwerkbauten mit Ziegelsteinausmauerung, Gebäuden aus großformatigen Bimsbetonplatten oder ähnlichen Platten sowie bei anderen eingeschossigen massiven Gebäuden in leichter Bauausführung

Altbauten								
vor 1908	8,7	8,3	7,1	6,8	7,3	7,3	7,3	7,3
1908 bis 1915	9,1	8,7	7,4	7,1	7,6	7,6	7,6	7,6
1916 bis 31. 3. 1924	10,2	9,6	8,1	7,8	8,1	8,1	8,1	8,1
Neubauten								
1. 4. 1924 bis 31. 12. 1934	11,9	11,3	9,7	9,4	9,4	9,4	9,4	9,4
1. 1. 1935 bis 20. 6. 1948	12,7	12,1	10,3	9,9	9,9	9,9	9,9	9,9
Nachkriegsbauten								
nach dem 20. 6. 1948	12,5	11,9	11,5	11,4	11,4	11,4	11,4	11,5

C. bei Holzfachwerkbauten mit Lehmausfachung und besonders haltbaren Holzbauten mit massiven Fundamenten

Altbauten								
vor dem 1. 4. 1924	7,7	7,3	6,3	6,1	6,7	6,7	6,7	6,7
Neubauten								
1. 4. 1924 bis 31. 12. 1934	9,6	9,1	8,0	7,7	8,0	8,0	8,0	8,0
1. 1. 1935 bis 20. 6. 1948	11,1	10,6	9,2	8,9	9,0	9,0	9,0	9,0
Nachkriegsbauten								
nach dem 20. 6. 1948	11,5	10,9	10,6	10,6	10,6	10,6	10,6	10,8

Bewertungsgesetz
Anlage 8

Anlage 8

Zweifamilienhäuser
Vervielfältiger

A. bei Massivbauten mit Mauerwerk aus Ziegelsteinen, Natursteinen, Kalksandsteinen, Schwemmsteinen oder ähnlichen Steinen sowie bei Stahl- und Stahlbetonskelettbauten außer bei solchen Bauten, die unter B fallen

	Gemeindegrößenklassen						
	bis 2000	über 2000 bis 5000	über 5000 bis 10000	über 10000 bis 50000	über 50000 bis 100000	über 100000 bis 200000	über 200000 bis 500000	über 500000 Einwohner
Altbauten								
vor 1895	8,6	8,1	6,9	6,7	7,0	6,8	6,8	6,8
1895 bis 1899	8,8	8,4	7,1	6,9	7,1	7,0	7,0	7,0
1900 bis 1904	9,3	8,8	7,4	7,1	7,4	7,2	7,2	7,2
1905 bis 1915	9,8	9,3	7,8	7,5	7,7	7,5	7,5	7,5
1916 bis 31. 3. 1924	10,3	9,7	8,2	7,8	8,0	7,8	7,8	7,8
Neubauten								
1. 4. 1924 bis 31. 12. 1934	11,6	11,0	9,5	9,1	9,0	9,0	9,0	9,0
1. 1. 1935 bis 20. 6. 1948	11,9	11,3	9,7	9,3	9,2	9,2	9,2	9,2
Nachkriegsbauten								
nach dem 20. 6. 1948	11,4	11,0	10,6	10,5	10,5	10,5	10,5	10,5

B. bei Holzfachwerkbauten mit Ziegelsteinausmauerung, Gebäuden aus großformatigen Bimsbetonplatten oder ähnlichen Platten sowie bei anderen eingeschossigen massiven Gebäuden in leichter Bauausführung

Altbauten								
vor 1908	7,9	7,5	6,4	6,2	6,6	6,5	6,5	6,5
1908 bis 1915	8,3	7,8	6,7	6,4	6,8	6,7	6,7	6,7
1916 bis 31. 3. 1924	9,1	8,6	7,3	7,0	7,3	7,1	7,1	7,1
Neubauten								
1. 4. 1924 bis 31. 12. 1934	10,6	10,1	8,7	8,4	8,5	8,5	8,5	8,5
1. 1. 1935 bis 20. 6. 1948	11,2	10,7	9,2	8,9	8,8	8,8	8,8	8,8
Nachkriegsbauten								
nach dem 20. 6. 1948	11,0	10,6	10,2	10,1	10,1	10,1	10,1	10,2

C. bei Holzfachwerkbauten mit Lehmausfachung und besonders haltbaren Holzbauten mit massiven Fundamenten

Altbauten								
vor dem 1. 4. 1924	7,0	6,7	5,8	5,6	6,1	6,0	6,0	6,0
Neubauten								
1. 4. 1924 bis 31. 12. 1934	8,7	8,3	7,3	7,0	7,3	7,3	7,3	7,3
1. 1. 1935 bis 20. 6. 1948	10,0	9,5	8,3	8,0	8,1	8,1	8,1	8,1
Nachkriegsbauten								
nach dem 20. 6. 1948	10,2	9,8	9,5	9,5	9,5	9,5	9,5	9,7

Bewertungsgesetz

Anlage 9

Anlage 9
(zu § 14)

Kapitalwert
einer lebenslänglichen Nutzung oder Leistung im Jahreswert von einer Deutschen Mark

Der Kapitalwert ist nach der „Allgemeinen Sterbetafel für die Bundesrepublik Deutschland 1960/62" unter Berücksichtigung von Zwischenzinsen und Zinseszinsen mit 5,5 vom Hundert errechnet worden. Der Kapitalwert der Tabelle ist der Mittelwert zwischen dem Kapitalwert für jährlich vorschüssige und jährlich nachschüssige Zahlungsweise.

Vollendetes Lebensalter in Jahren	Männer	Frauen	Vollendetes Lebensalter in Jahren	Männer	Frauen
0	17,269	17,611	40	14,548	15,377
1	17,839	18,068	41	14,365	15,227
2	17,835	18,071	42	14,174	15,071
3	17,814	18,058	43	13,975	14,908
4	17,785	18,038	44	13,769	14,739
5	17,751	18,015	45	13,555	14,563
6	17,715	17,989	46	13,334	14,381
7	17,675	17,959	47	13,106	14,193
8	17,631	17,927	48	12,872	13,997
9	17,583	17,892	49	12,632	13,794
10	17,532	17,854	50	12,384	13,583
11	17,476	17,814	51	12,132	13,364
12	17,418	17,771	52	11,873	13,138
13	17,357	17,726	53	11,611	12,903
14	17,293	17,679	54	11,344	12,659
15	17,227	17,630	55	11,075	12,407
16	17,160	17,580	56	10,803	12,147
17	17,093	17,528	57	10,530	11,879
18	17,027	17,473	58	10,255	11,602
19	16,961	17,417	59	9,980	11,318
20	16,896	17,359	60	9,705	11,026
21	16,830	17,297	61	9,430	10,727
22	16,760	17,232	62	9,156	10,421
23	16,687	17,163	63	8,881	10,108
24	16,608	17,090	64	8,607	9,790
25	16,524	17,015	65	8,332	9,467
26	16,434	16,935	66	8,057	9,140
27	16,338	16,853	67	7,780	8,809
28	16,236	16,767	68	7,502	8,475
29	16,130	16,677	69	7,223	8,140
30	16,017	16,583	70	6,942	7,802
31	15,898	16,484	71	6,660	7,465
32	15,774	16,381	72	6,379	7,130
33	15,643	16,273	73	6,100	6,799
34	15,506	16,160	74	5,824	6,473
35	15,362	16,043	75	5,553	6,153
36	15,213	15,920	76	5,288	5,842
37	15,056	15,793	77	5,028	5,540
38	14,894	15,660	78	4,773	5,248
39	14,724	15,521	79	4,525	4,966

Bewertungsgesetz

Anlage 9

Vollendetes Lebensalter in Jahren	Männer	Frauen	Vollendetes Lebensalter in Jahren	Männer	Frauen
80	4,284	4,695	90	2,394	2,658
81	4,052	4,436	91	2,272	2,528
82	3,830	4,189	92	2,162	2,411
83	3,617	3,954	93	2,065	2,308
84	3,415	3,733	94	1,978	2,217
85	3,221	3,523	95	1,901	2,136
86	3,035	3,325	96	1,835	2,067
87	2,857	3,139	97	1,780	2,006
88	2,689	2,963	98	1,722	1,955
89	2,534	2,802	99	1,682	1,908
			100 und darüber	1,634	1,874

Bewertungsgesetz
Anlagen 10–11

VII B

12

Seite 42 s

Anlage 10
(zu § 104)

Vervielfältiger
für die Anwartschaft
eines Arbeitnehmers auf Altersrente
und Witwen- oder Witwerrente

Anlage 11
(zu § 104)

Vervielfältiger
für die Anwartschaft eines
vor Eintritt des Versorgungsfalls
aus dem Dienstverhältnis
ausgeschiedenen Arbeitnehmers
auf Altersrente und Witwen- oder Witwerrente

Lebensalter in Jahren, dem der nach Spalte 2 a oder 3 a Berechtigte am nächsten ist	Anwartschaft von				Lebensalter in Jahren, dem der nach Spalte 2 a oder 3 a Berechtigte am nächsten ist	Anwartschaft von			
	Männern		Frauen			Männern		Frauen	
	auf Altersrente	auf Witwenrente	auf Altersrente	auf Witwerrente		auf Altersrente	auf Witwenrente	auf Altersrente	auf Witwerrente
(1)	(2 a)	(2 b)	(3 a)	(3 b)	(1)	(2 a)	(2 b)	(3 a)	(3 b)
bis 31	3,5	1,3	4,1	0,3	bis 31	1,7	0,7	2,0	0,2
32	3,6	1,4	4,2	0,3	32	1,8	0,8	2,1	0,2
33	3,7	1,4	4,4	0,3	33	1,9	0,8	2,2	0,2
34	3,8	1,4	4,5	0,3	34	2,0	0,8	2,3	0,2
35	3,9	1,5	4,6	0,3	35	2,1	0,9	2,4	0,2
36	4,0	1,5	4,8	0,3	36	2,2	0,9	2,6	0,3
37	4,2	1,6	4,9	0,3	37	2,3	1,0	2,7	0,3
38	4,3	1,6	5,0	0,4	38	2,4	1,0	2,8	0,3
39	4,4	1,7	5,2	0,4	39	2,6	1,1	3,0	0,3
40	4,6	1,7	5,4	0,4	40	2,7	1,1	3,2	0,3
41	4,7	1,7	5,5	0,4	41	2,8	1,2	3,3	0,3
42	4,8	1,8	5,7	0,4	42	3,0	1,2	3,5	0,3
43	5,0	1,8	5,9	0,4	43	3,2	1,3	3,7	0,3
44	5,2	1,9	6,1	0,4	44	3,3	1,3	3,9	0,3
45	5,3	1,9	6,3	0,4	45	3,5	1,4	4,1	0,3
46	5,5	1,9	6,5	0,4	46	3,7	1,4	4,3	0,3
47	5,7	2,0	6,7	0,4	47	3,9	1,5	4,6	0,3
48	5,9	2,0	6,9	0,4	48	4,1	1,5	4,8	0,3
49	6,1	2,1	7,1	0,4	49	4,3	1,6	5,1	0,3
50	6,3	2,1	7,3	0,4	50	4,6	1,6	5,3	0,3
51	6,5	2,1	7,6	0,4	51	4,8	1,7	5,6	0,4
52	6,7	2,2	7,8	0,4	52	5,0	1,8	5,9	0,4
53	6,9	2,2	8,1	0,4	53	5,3	1,8	6,2	0,4
54	7,1	2,3	8,4	0,4	54	5,6	1,9	6,6	0,4
55	7,4	2,3	8,6	0,4	55	6,0	2,0	7,0	0,4
56	7,6	2,3	8,9	0,4	56	6,4	2,1	7,5	0,4
57	7,9	2,4	9,2	0,4	57	6,8	2,1	7,9	0,4
58	8,1	2,4	9,5	0,4	58	7,2	2,2	8,4	0,4
59	8,4	2,4	9,8	0,4	59	7,6	2,3	8,9	0,4
60	8,7	2,5	10,0	0,4	60	8,1	2,4	9,4	0,4
61	9,0	2,6	10,3	0,5	61	8,6	2,5	9,8	0,5
62	9,4	2,6	10,7	0,5	62	9,1	2,6	10,4	0,5
63 und darüber	9,8	2,7	11,1	0,5	63 und darüber	9,8	2,7	11,1	0,5

Bewertungsgesetz
Anlage 12

VII B 12 Seite 42 t

Anlage 12
(zu § 104)

Vervielfältiger
für die neben den laufenden Leistungen bestehende Anwartschaft
des Pensionsberechtigten auf eine lebenslängliche Hinterbliebenenrente

Lebensalter in Jahren, dem der Empfänger der laufenden Leistungen am nächsten ist	Männer	Frauen	Lebensalter in Jahren, dem der Empfänger der laufenden Leistungen am nächsten ist	Männer	Frauen
bis 20	1,8	0,2	bis 60	2,7	0,5
21	1,9	0,2	61	2,7	0,5
22	2,0	0,2	62	2,7	0,5
23	2,1	0,2	63	2,7	0,5
24	2,3	0,2	64	2,7	0,4
25	2,4	0,2	65	2,7	0,4
26	2,5	0,2	66	2,7	0,4
27	2,6	0,2	67	2,8	0,4
28	2,7	0,2	68	2,8	0,4
29	2,8	0,2	69	2,7	0,4
30	2,9	0,2	70	2,7	0,4
31	2,9	0,2	71	2,7	0,4
32	3,0	0,3	72	2,7	0,4
33	3,1	0,3	73	2,6	0,3
34	3,1	0,3	74	2,6	0,3
35	3,2	0,3	75	2,5	0,3
36	3,3	0,3	76	2,4	0,3
37	3,3	0,3	77	2,3	0,3
38	3,3	0,3	78	2,3	0,2
39	3,4	0,3	79	2,2	0,2
40	3,4	0,3	80	2,1	0,2
41	3,4	0,3	81	2,0	0,2
42	3,4	0,4	82	1,9	0,1
43	3,4	0,4	83	1,8	0,1
44	3,4	0,4	84	1,7	0,1
45	3,4	0,4	85	1,6	0,1
46	3,4	0,4	86	1,5	0,1
47	3,4	0,4	87	1,4	0,1
48	3,3	0,4	88	1,3	0,1
49	3,3	0,4	89	1,2	0,1
50	3,2	0,4	90	1,1	0
51	3,2	0,4	91	0,9	0
52	3,1	0,4	92	0,8	0
53	3,1	0,4	93	0,7	0
54	3,0	0,4	94	0,6	0
55	3,0	0,4	95	0,5	0
56	2,9	0,4	96	0,4	0
57	2,9	0,4	97	0,3	0
58	2,8	0,5	98	0,2	0
59	2,8	0,5	99	0,1	0
			100 und darüber	0	0

Bewertungsgesetz

Anlage 13

Anlage 13
(zu § 104)

**Vervielfältiger
für die lebenslänglich laufenden Leistungen aus Pensionsverpflichtungen**

Lebensalter in Jahren, dem der Empfänger der laufenden Leistungen am nächsten ist	Männer	Frauen	Lebensalter in Jahren, dem der Empfänger der laufenden Leistungen am nächsten ist	Männer	Frauen
bis 20	12,4	16,5	bis 60	10,4	11,9
21	12,3	16,4	61	10,2	11,7
22	12,2	16,4	62	10,0	11,4
23	12,2	16,4	63	9,8	11,1
24	12,1	16,3	64	9,6	10,9
25	12,0	16,3	65	9,3	10,6
26	12,0	16,2	66	9,0	10,3
27	11,9	16,2	67	8,8	10,0
28	11,9	16,1	68	8,5	9,7
29	11,8	16,1	69	8,2	9,4
30	11,7	16,0	70	7,9	9,0
31	11,7	15,9	71	7,7	8,7
32	11,6	15,9	72	7,4	8,4
33	11,6	15,8	73	7,1	8,1
34	11,5	15,7	74	6,9	7,8
35	11,4	15,7	75	6,6	7,4
36	11,4	15,6	76	6,3	7,1
37	11,3	15,5	77	6,1	6,8
38	11,3	15,4	78	5,8	6,5
39	11,2	15,3	79	5,6	6,2
40	11,2	15,2	80	5,3	5,9
41	11,2	15,1	81	5,1	5,6
42	11,1	15,0	82	4,9	5,3
43	11,1	14,9	83	4,6	5,1
44	11,1	14,7	84	4,4	4,8
45	11,1	14,6	85	4,2	4,6
46	11,1	14,5	86	4,0	4,3
47	11,0	14,4	87	3,8	4,1
48	11,0	14,2	88	3,7	3,9
49	11,0	14,1	89	3,5	3,6
50	11,0	13,9	90	3,3	3,4
51	11,0	13,7	91	3,2	3,2
52	10,9	13,6	92	3,0	3,1
53	10,9	13,4	93	2,9	2,9
54	10,9	13,2	94	2,7	2,7
55	10,8	13,0	95	2,6	2,5
56	10,8	12,8	96	2,4	2,4
57	10,7	12,6	97	2,3	2,3
58	10,6	12,4	98	2,2	2,1
59	10,5	12,1	99	2,1	2,0

Bewertungsgesetz
Anlage 13

Lebensalter in Jahren, dem der Empfänger der laufenden Leistungen am nächsten ist	Männer	Frauen	Lebensalter in Jahren, dem der Empfänger der laufenden Leistungen am nächsten ist	Männer	Frauen
bis 100	2,0	1,9	bis 105	1,5	1,4
101	1,9	1,8	106	1,4	1,3
102	1,8	1,6	107	1,3	1,2
103	1,7	1,5	108	1,2	1,1
104	1,6	1,5	109	1,0	0,9
			110 und darüber	0,5	0,5

Vermögensteuergesetz

Änderungsregister

VII B

17

Seite 01

Vermögensteuergesetz (VStG)

Vom 17. April 1974 (BGBl. I S. 949)
in der Fassung der Bekanntmachung vom 14. März 1985 (BGBl. I S. 558)[1]
(BGBl. III 611-6-3-2)

Änderungen seit Neufassung

Paragraph	Art der Änderung	Geändert durch	Datum	Fundstelle BGBl.
3	geändert	Gesetz zur Änderung des Gesetzes über die Lastenausgleichsbank	20. 2.1986	I S.297
3, 25	geändert	Gesetz über das Baugesetzbuch	8.12.1986	I S.2191

---

[1] **Bekanntmachung der Neufassung des Vermögensteuergesetzes**

Vom 14. März 1985

Auf Grund des Artikels 30 Abs. 1 des Steuerbereinigungsgesetzes 1985 vom 14. Dezember 1984 (BGBl. I S. 1493) wird nachstehend der Wortlaut des Vermögensteuergesetzes in der seit 1. Januar 1985 geltenden Fassung bekanntgemacht. Die Neufassung berücksichtigt:
1. das mit Wirkung vom 1. Januar 1974 in Kraft getretenen Gesetz vom 17. April 1974 (BGBl. I S. 949),
2. den am 11. August 1974 in Kraft getretenen Artikel 6 des Gesetzes vom 5. August 1974 (BGBl. I S. 1769),
3. den am 22. Dezember 1974 in Kraft getretenen § 22 des Gesetzes vom 19. Dezember 1974 (BGBl. I S. 3610),
4. den am 1. Januar 1976 in Kraft getretenen Artikel 43 des Gesetzes vom 18. Dezember 1975 (BGBl. I S. 3091),
5. den am 1. Januar 1977 in Kraft getretenen Artikel 9 des Gesetzes vom 6. September 1976 (BGBl. I S. 2641),
6. den am 1. Januar 1977 in Kraft getretenen Artikel 14 des Gesetzes vom 14. Dezember 1976 (BGBl. I S. 3341),
7. den am 21. August 1977 in Kraft getretenen Artikel 6 des Gesetzes vom 16. August 1977 (BGBl. I S. 1586),
8. den am 1. August 1978 in Kraft getretenen § 39 Abs. 3 des Gesetzes vom 25. Juli 1978 (BGBl. I S. 1073),
9. den am 29. August 1980 in Kraft getretenen Artikel 6 des Gesetzes vom 18. August 1980 (BGBl. I S. 1537),
10. den am 1. Januar 1981 in Kraft getretenen Artikel 4 des Gesetzes vom 22. August 1980 (BGBl. I S. 1558),
11. den am 1. April 1983 in Kraft getretenen Artikel 2 Abs. 16 des Gesetzes vom 29. März 1983 (BGBl. I S. 377),
12. den am 1. Januar 1984 in Kraft getretenen Artikel 6 des Gesetzes vom 22. Dezember 1983 (BGBl. I S. 1577),
13. den am 29. Dezember 1983 in Kraft getretenen Artikel 2 des Gesetzes vom 22. Dezember 1983 (BGBl. I S. 1583),
14. den am 1. Januar 1985 in Kraft getretenen Artikel 27 des eingangs genannten Gesetzes.

Der Bundesminister der Finanzen

Vermögensteuergesetz

Änderungsregister

Paragraph	Art der Änderung	Geändert durch	Datum	Fundstelle BGBl.
3, 25	geändert	Gesetz über Unternehmensbeteiligungsgesellschaften	17.12.1986	I S.2488
3, 6, 25	geändert	Steuerreformgesetz 1990	25. 7.1988	I S.1093
3, 25	geändert	Vereinsförderungsgesetz	18.12.1989	I S.2212
3, 24	geändert	Wohnungsbauförderungsgesetz	22.12.1989	I S.2408

Vermögensteuergesetz
§§ 1–2

Erläuterungen auf Seite 15

I. Steuerpflicht, Bemessungsgrundlage

§ 1 Unbeschränkte Steuerpflicht

(1) Unbeschränkt vermögensteuerpflichtig sind
1. natürliche Personen, die im Inland einen Wohnsitz oder ihren gewöhnlichen Aufenthalt haben;
2. die folgenden Körperschaften, Personenvereinigungen und Vermögensmassen, die im Inland ihre Geschäftsleitung oder ihren Sitz haben:
   a) Kapitalgesellschaften (Aktiengesellschaften, Kommanditgesellschaften auf Aktien, Gesellschaften mit beschränkter Haftung, bergrechtliche Gewerkschaften);
   b) Erwerbs- und Wirtschaftsgenossenschaften;
   c) Versicherungsvereine auf Gegenseitigkeit;
   d) sonstige juristische Personen des privaten Rechts;
   e) nichtrechtsfähige Vereine, Stiftungen und andere Zweckvermögen des privaten Rechts;
   f) Kreditanstalten des öffentlichen Rechts;
   g) Gewerbebetriebe im Sinne des Gewerbesteuergesetzes von juristischen Personen des öffentlichen Rechts, soweit sie nicht bereits unter den Buchstaben f fallen. Als Gewerbebetrieb gelten auch die Verpachtung eines Gewerbebetriebs sowie Anteile an einer offenen Handelsgesellschaft, einer Kommanditgesellschaft oder einer ähnlichen Gesellschaft, bei der die Gesellschafter als Unternehmer (Mitunternehmer) anzusehen sind.

(2) Unbeschränkt vermögensteuerpflichtig sind auch deutsche Staatsangehörige, die
1. im Inland weder einen Wohnsitz noch ihren gewöhnlichen Aufenthalt haben und
2. zu einer inländischen juristischen Person des öffentlichen Rechts in einem Dienstverhältnis stehen und dafür Arbeitslohn aus einer inländischen öffentlichen Kasse beziehen,

sowie zu ihrem Haushalt gehörende Angehörige, die die deutsche Staatsangehörigkeit besitzen. Dies gilt nur für natürliche Personen, die in dem Staat, in dem sie ihren Wohnsitz oder ihren gewöhnlichen Aufenthalt haben, lediglich in einem der beschränkten Steuerpflicht ähnlichen Umfang zu Personensteuern herangezogen werden.

(3) Die unbeschränkte Vermögensteuerpflicht erstreckt sich auf das Gesamtvermögen. Sie erstreckt sich nicht auf Vermögensgegenstände, die auf das Währungsgebiet der Mark der Deutschen Demokratischen Republik entfallen; das gleiche gilt für Nutzungsrechte an solchen Gegenständen.

(4) Zum Inland im Sinne dieses Gesetzes gehört auch der der Bundesrepublik Deutschland zustehende Anteil am Festlandsockel, soweit dort Naturschätze des Meeresgrundes und des Meeresuntergrundes erforscht oder ausgebeutet werden.

§ 2 Beschränkte Steuerpflicht

(1) Beschränkt steuerpflichtig sind
1. natürliche Personen, die im Inland weder einen Wohnsitz noch ihren gewöhnlichen Aufenthalt haben;

2. Körperschaften, Personenvereinigungen und Vermögensmassen, die im Inland weder ihre Geschäftsleitung noch ihren Sitz haben.

(2) Die beschränkte Steuerpflicht erstreckt sich nur auf Vermögen der in § 121 des Bewertungsgesetzes genannten Art, das auf das Inland entfällt.

(3) Abweichend von Absatz 2 erstreckt sich die beschränkte Steuerpflicht eines Steuerpflichtigen mit Wohnsitz oder gewöhnlichem Aufenthalt, Sitz oder Ort der Geschäftsleitung in einem ausländischen Staat nicht auf das inländische Betriebsvermögen, das dem Betrieb von eigenen oder gecharterten Seeschiffen oder Luftfahrzeugen eines Unternehmens dient, dessen Geschäftsleitung sich in dem ausländischen Staat befindet. Voraussetzung für die Steuerbefreiung ist, daß dieser ausländische Staat Steuerpflichtigen mit Wohnsitz oder gewöhnlichem Aufenthalt, Sitz oder Ort der Geschäftsleitung im Inland eine entsprechende Steuerbefreiung für derartiges Vermögen gewährt und daß der Bundesminister für Verkehr die Steuerbefreiung für verkehrspolitisch unbedenklich erklärt hat.

§ 3 Befreiungen

(1) Von der Vermögensteuer sind befreit
1. die Deutsche Bundespost, die Deutsche Bundesbahn, die Monopolverwaltungen des Bundes, die staatlichen Lotterieunternehmen und der Erdölbevorratungsverband nach § 2 Abs. 1 des Erdölbevorratungsgesetzes vom 25. Juli 1978 (BGBl. I S. 1073);
2. die Deutsche Bundesbank, die Kreditanstalt für Wiederaufbau, die Deutsche Ausgleichsbank, die Landwirtschaftliche Rentenbank, die Bayerische Landesanstalt für Aufbaufinanzierung, die Hessische Landesentwicklungs- und Treuhandgesellschaft mit beschränkter Haftung, die Wirtschaftsaufbaukasse Schleswig-Holstein Aktiengesellschaft, die Niedersächsische Gesellschaft für öffentliche Finanzierungen mit beschränkter Haftung, die Finanzierungs-Aktiengesellschaft Rheinland-Pfalz, die Hanseatische Gesellschaft für öffentliche Finanzierungen mit beschränkter Haftung Bremen, die Landeskreditbank Baden-Württemberg-Förderungsanstalt, die Bayerische Landesbodenkreditanstalt, die Wohnungsbau-Kreditanstalt Berlin, die Hamburgische Wohnungsbaukreditanstalt, die Niedersächsische Landestreuhandstelle für den Wohnungs- und Städtebau, die Wohnungsbauförderungsanstalt des Landes Nordrhein-Westfalen, die Wohnungsbaukreditanstalt des Landes Schleswig-Holstein, die Niedersächsische Landestreuhandstelle für Wirtschaftsförderung Norddeutsche Landesbank, die Landestreuhandstelle für Agrarförderung Norddeutsche Landesbank, die Saarländische Investitionskreditbank Aktiengesellschaft und die Liquiditäts-Konsortialbank Gesellschaft mit beschränkter Haftung;
3. Unternehmen, die durch Staatsverträge verpflichtet sind, die Erträge ihres Vermögens zur Aufbringung der Mittel für die Errichtung von Bundeswasserstraßen zu verwenden, sowie Unternehmen, deren Erträge ganz oder teilweise einem solchen Unternehmen zufließen, solange und soweit das Vermögen der Unternehmer ausschließlich diesem Zweck dient; § 101 des Bewertungsgesetzes findet keine Anwendung;
4. Einrichtungen, die unmittelbar dem Unterrichts-, Erziehungs- und Bildungswesen, der körperlichen Ertüchtigung, der Kranken-, Gesundheits-, Wohlfahrts- und Jugendpflege dienen, ohne Rücksicht auf die Rechtsform, in der sie bestehen, wenn sie gehören
   a) dem Bund, einem Land, einer Gemeinde, einem Gemeindeverband, einem Zweckverband oder Sozialversicherungsträgern,

Vermögensteuergesetz
§ 3

b) den Religionsgesellschaften, die Körperschaften des öffentlichen Rechts sind, sowie ihren Einrichtungen;
5. rechtsfähige Pensions-, Sterbe-, Kranken- und Unterstützungskassen im Sinne des § 5 Abs. 1 Nr. 3 des Körperschaftsteuergesetzes, soweit sie die für eine Befreiung von der Körperschaftsteuer erforderlichen Voraussetzungen erfüllen. In den Fällen des § 6 Abs. 1, 3 und 5 des Körperschaftsteuergesetzes besteht Steuerpflicht jeweils für das Kalenderjahr, das einem Kalenderjahr folgt, für das die Kasse körperschaftsteuerpflichtig ist. In diesen Fällen werden bei der Ermittlung des Betriebsvermögens oder des Gesamtvermögens noch nicht erbrachte Leistungen der Kasse nicht abgezogen. Von dem Gesamtvermögen ist der Teil abzusetzen, der dem Verhältnis entspricht, in dem der übersteigende Betrag im Sinne des § 6 Abs. 1 oder 5 des Körperschaftsteuergesetzes zu dem Vermögen im Sinne des § 5 Abs. 1 Nr. 3 Buchstabe d oder e des Körperschaftsteuergesetzes steht;
6. kleinere Versicherungsvereine auf Gegenseitigkeit im Sinne des § 53 des Versicherungsaufsichtsgesetzes, wenn sie die für eine Befreiung von der Körperschaftsteuer erforderlichen Voraussetzungen erfüllen;
6 a. der Pensions-Sicherungs-Verein Versicherungsverein auf Gegenseitigkeit, wenn er die für eine Befreiung von der Körperschaftsteuer erforderlichen Voraussetzungen erfüllt;
7. Erwerbs- und Wirtschaftsgenossenschaften sowie Vereine im Sinne des § 5 Abs. 1 Nr. 14 des Körperschaftsteuergesetzes, soweit sie die für eine Befreiung von der Körperschaftsteuer erforderlichen Voraussetzungen erfüllen;
8. Berufsverbände ohne öffentlich-rechtlichen Charakter, deren Zweck nicht auf einen wirtschaftlichen Geschäftsbetrieb gerichtet ist. Wird ein wirtschaftlicher Geschäftsbetrieb unterhalten, ist die Steuerfreiheit insoweit ausgeschlossen;
9. Körperschaften oder Personenvereinigungen, deren Hauptzweck die Verwaltung des Vermögens für einen nichtrechtsfähigen Berufsverband der in Nummer 8 bezeichneten Art ist, sofern ihre Erträge im wesentlichen aus dieser Vermögensverwaltung herrühren und ausschließlich dem Berufsverband zufließen;
10. politische Parteien im Sinne des § 2 des Parteiengesetzes und ihre Gebietsverbände. Wird ein wirtschaftlicher Geschäftsbetrieb unterhalten, so ist die Steuerbefreiung insoweit ausgeschlossen;
11. öffentlich-rechtliche Versicherungs- und Versorgungseinrichtungen von Berufsgruppen, deren Angehörige auf Grund einer durch Gesetz angeordneten oder auf Gesetz beruhenden Verpflichtung Mitglieder dieser Einrichtungen sind, wenn die Satzung der Einrichtung die Zahlung keiner höheren jährlichen Beiträge zuläßt als das Zwölffache der Beiträge, die nach den §§ 1387 und 1388 der Reichsversicherungsordnung höchstens entrichtet werden können. Ermöglicht die Satzung der Einrichtung nur Pflichtmitgliedschaften sowie freiwillige Mitgliedschaften, die unmittelbar an eine Pflichtmitgliedschaft anschließen, so steht dies der Steuerbefreiung nicht entgegen, wenn die Satzung die Zahlung keiner höheren jährlichen Beiträge zuläßt als das Fünfzehnfache der Beiträge, die nach den §§ 1387 und 1388 der Reichsversicherungsordnung höchstens entrichtet werden können;
12. Körperschaften, Personenvereinigungen und Vermögensmassen, die nach der Satzung, dem Stiftungsgeschäft oder der sonstigen Verfassung und nach der tatsächlichen Geschäftsführung ausschließlich und unmittelbar gemeinnützigen, mildtätigen oder kirchlichen Zwecken dienen. Wird ein wirtschaftlicher Geschäftsbetrieb unterhalten, ist die Steuerfreiheit insoweit ausgeschlossen. Satz 2 gilt nicht für die selbstbewirtschaftete forstwirtschaftliche Nutzung eines Betriebs der Land- und Forstwirtschaft

(§ 34 des Bewertungsgesetzes) und für Nebenbetriebe im Sinne des § 42 des Bewertungsgesetzes, die dieser Nutzung dienen;

13. **Erwerbs- und Wirtschaftsgenossenschaften sowie Vereine im Sinne des § 5 Abs. 1 Nr. 10 des Körperschaftsteuergesetzes, soweit sie von der Körperschaftsteuer befreit sind. In den Fällen des Verzichts nach § 54 Abs. 5 Satz 1 des Körperschaftsteuergesetzes besteht die Steuerpflicht jeweils für das Kalenderjahr, für das auf die Steuerbefreiung verzichtet wird. In den Fällen des Widerrufs nach § 54 Abs. 5 Satz 3 des Körperschaftsteuergesetzes tritt die Steuerbefreiung für das Kalenderjahr ein, für das er gelten soll;**
14. (aufgehoben)
15. die von den zuständigen Landesbehörden begründeten oder anerkannten gemeinnützigen Siedlungsunternehmen im Sinne des Reichssiedlungsgesetzes in der im Bundesgesetzblatt Teil III, Gliederungsnummer 2331-1, veröffentlichten bereinigten Fassung, zuletzt geändert durch Artikel 2 Nr. 24 des Gesetzes vom 8. Dezember 1986 (BGBl. I S. 2191), und im Sinne der Bodenreformgesetze der Länder, soweit die Unternehmen im ländlichen Raum Siedlungs-, Agrarstrukturverbesserungs- und Landentwicklungsmaßnahmen mit Ausnahme des Wohnungsbaus durchführen. Die Steuerbefreiung ist ausgeschlossen, wenn die Einnahmen des Unternehmens aus den in Satz 1 nicht bezeichneten Tätigkeiten die Einnahmen aus den in Satz 1 bezeichneten Tätigkeiten übersteigen.
16. (aufgehoben)
17. Körperschaften, Personenvereinigungen und Vermögensmassen, die als Sicherungseinrichtung eines Verbandes der Kreditinstitute nach ihrer Satzung oder sonstigen Verfassung ausschließlich den Zweck haben, bei Gefahr für die Erfüllung der Verpflichtungen eines Kreditinstituts Hilfe zu leisten. Voraussetzung ist, daß das Vermögen und etwa erzielte Überschüsse nur zur Erreichung des satzungsmäßigen Zwecks verwendet werden. Die Sätze 1 und 2 gelten entsprechend für Einrichtungen zur Sicherung von Spareinlagen bei Unternehmen, die am 31. Dezember 1989 als gemeinnützige Wohnungsunternehmen anerkannt waren;
18. (aufgehoben)
19. Unternehmensbeteiligungsgesellschaften, die nach dem Gesetz über Unternehmensbeteiligungsgesellschaften vom 17. Dezember 1986 (BGBl. I S. 2488) in dem Kalenderjahr, das dem Veranlagungszeitpunkt vorangeht, anerkannt sind. Der Widerruf der Anerkennung und der Verzicht auf die Anerkennung haben Wirkung für die

(Fortsetzung auf Seite 5)

Vermögensteuergesetz
§§ 4–6

Vergangenheit, wenn nicht Aktien der Unternehmensbeteiligungsgesellschaft öffentlich angeboten worden sind. Bescheide über die Anerkennung, die Rücknahme oder den Widerruf der Anerkennung und über die Feststellung, ob Aktien der Unternehmensbeteiligungsgesellschaft öffentlich angeboten worden sind, sind Grundlagenbescheide im Sinne der Abgabenordnung.

(2) Die Befreiungen nach Absatz 1 sind auf beschränkt Steuerpflichtige (§ 2) nicht anzuwenden.

§ 4 Bemessungsgrundlage

(1) Der Vermögensteuer unterliegt
1. bei unbeschränkt Steuerpflichtigen das Gesamtvermögen (§§ 114 bis 120 des Bewertungsgesetzes);
2. bei beschränkt Steuerpflichtigen das Inlandsvermögen (§ 121 des Bewertungsgesetzes).

(2) Der Wert des Gesamtvermögens oder des Inlandsvermögens wird auf volle tausend Deutsche Mark nach unten abgerundet.

§ 5 Stichtag für die Festsetzung der Vermögensteuer; Entstehung der Steuer

(1) Die Vermögensteuer wird nach den Verhältnissen zu Beginn des Kalenderjahrs (Veranlagungszeitpunkt, §§ 15 bis 17) festgesetzt.

(2) Die Steuer entsteht mit Beginn des Kalenderjahrs, für das die Steuer festzusetzen ist.

II. Steuerberechnung

§ 6 Freibeträge für natürliche Personen

(1) Bei der Veranlagung einer unbeschränkt steuerpflichtigen natürlichen Person bleiben 70 000 Deutsche Mark und im Falle der Zusammenveranlagung von Ehegatten 140 000 Deutsche Mark vermögensteuerfrei.

(2) Für jedes Kind, das mit einem Steuerpflichtigen oder mit Ehegatten zusammen veranlagt wird, sind weitere 70 000 Deutsche Mark vermögensteuerfrei. Kinder im Sinne des Gesetzes sind eheliche Kinder, für ehelich erklärte Kinder, nichteheliche Kinder, Stiefkinder, Adoptivkinder und Pflegekinder.

(3) Weitere 10 000 Deutsche Mark sind steuerfrei, wenn
1. der Steuerpflichtige das 60. Lebensjahr vollendet hat oder voraussichtlich für mindestens drei Jahre behindert im Sinne des Schwerbehindertengesetzes vom 26. August 1986 (BGBl. I S. 1421, 1550), geändert durch Artikel 9 des Gesetzes vom 14. Dezember 1987 (BGBl. I S. 2602), mit einem Grad der Behinderung von mehr als 90 ist und
2. das Gesamtvermögen (§ 4) nicht mehr als 150 000 Deutsche Mark beträgt.
Werden Ehegatten zusammen veranlagt (§ 14 Abs. 1), so wird der Freibetrag gewährt, wenn bei einem der Ehegatten die Voraussetzungen der Nummer 1 gegeben sind und das Gesamtvermögen nicht mehr als 300 000 Deutsche Mark beträgt. Der Freibetrag erhöht sich auf 20 000 Deutsche Mark, wenn beiden Ehegatten die Voraussetzungen der Nummer 1 gegeben sind und das Gesamtvermögen nicht mehr als 300 000 Deutsche Mark beträgt. Übersteigt das Gesamtvermögen 150 000 Deutsche Mark, im Fall der Zusammenver-

anlagung 300 000 Deutsche Mark, so mindert sich der Freibetrag um den übersteigenden Betrag.

(4) Der Freibetrag nach Absatz 3 erhöht sich auf 50 000 Deutsche Mark, wenn
1. der Steuerpflichtige das 65. Lebensjahr vollendet hat oder voraussichtlich für mindestens drei Jahre behindert im Sinne des Schwerbehindertengesetzes vom 26. August 1986 (BGBl. I S. 1421, 1550), geändert durch Artikel 9 des Gesetzes vom 14. Dezember 1987 (BGBl. I S. 2602), mit einem Grad der Behinderung von mehr als 90 ist,
2. das Gesamtvermögen (§ 4) nicht mehr als 150 000 Deutsche Mark beträgt und
3. die steuerfreien Ansprüche des Steuerpflichtigen nach § 111 Nr. 1 bis 4 und 9 des Bewertungsgesetzes insgesamt jährlich 4 800 Deutsche Mark nicht übersteigen.

Werden Ehegatten zusammenveranlagt (§ 14 Abs. 1), so wird der Freibetrag gewährt, wenn bei einem der Ehegatten die Voraussetzungen der Nummer 1 gegeben sind, das Gesamtvermögen nicht mehr als 300 000 Deutsche Mark beträgt und die Ansprüche dieses Ehegatten nach § 111 Nr. 1 bis 4 und 9 des Bewertungsgesetzes insgesamt jährlich 4 800 Deutsche Mark nicht übersteigen. Der Freibetrag erhöht sich auf 100 000 Deutsche Mark, wenn bei beiden Ehegatten die Voraussetzungen der Nummer 1 gegeben sind, das Gesamtvermögen nicht mehr als 300 000 Deutsche Mark beträgt und die Ansprüche nach § 111 Nr. 1 bis 4 und 9 des Bewertungsgesetzes insgesamt jährlich 9 600 Deutsche Mark nicht übersteigen. Absatz 3 Satz 4 ist entsprechend anzuwenden.

§ 7 Freibetrag für Erwerbs- und Wirtschaftsgenossenschaften sowie Vereine, die Land- und Forstwirtschaft betreiben

(1) Bei der Veranlagung der inländischen Erwerbs- und Wirtschaftsgenossenschaften sowie der inländischen Vereine, deren Tätigkeit sich auf den Betrieb der Land- und Forstwirtschaft beschränkt, bleiben 100 000 Deutsche Mark in den der Gründung folgenden zehn Kalenderjahren vermögensteuerfrei. Voraussetzung ist, daß
1. die Mitglieder der Genossenschaft oder dem Verein Flächen zur Nutzung oder für die Bewirtschaftung der Flächen erforderliche Gebäude überlassen und
2. a) bei Genossenschaften das Verhältnis der Summe der Werte der Geschäftsanteile des einzelnen Mitglieds zu der Summe der Werte aller Geschäftsanteile,
   b) bei Vereinen das Verhältnis des Werts des Anteils an dem Vereinsvermögen, der im Fall der Auflösung des Vereins an das einzelne Mitglied fallen würde, zu dem Wert des Vereinsvermögens nicht wesentlich von dem Verhältnis abweicht, in dem der Wert der von dem einzelnen Mitglied zur Nutzung überlassenen Flächen und Gebäude zu dem Wert der insgesamt zur Nutzung überlassenen Flächen und Gebäude steht.

(2) Absatz 1 Satz 1 gilt auch für inländische Erwerbs- und Wirtschaftsgenossenschaften sowie für inländische Vereine, die eine gemeinschaftliche Tierhaltung im Sinne des § 51 a des Bewertungsgesetzes betreiben.

§ 8 Besteuerungsgrenze bei Körperschaften und bei beschränkt Steuerpflichtigen

(1) Von den unbeschränkt steuerpflichtigen Körperschaften, Personenvereinigungen und Vermögensmassen im Sinne des § 1 Abs. 1 Nr. 2 wird die Vermögensteuer nur erhoben, wenn das Gesamtvermögen (§ 4) mindestens 20 000 Deutsche Mark beträgt.

(2) Von den beschränkt Steuerpflichtigen wird die Vermögensteuer nur erhoben, wenn das Inlandsvermögen (§ 4) mindestens 20 000 Deutsche Mark beträgt.

Vermögensteuergesetz
§§ 9–11

§ 9 Steuerpflichtiges Vermögen

Steuerpflichtiges Vermögen ist
1. bei unbeschränkt Steuerpflichtigen
    a) bei natürlichen Personen der Vermögensbetrag, der nach Abzug der Freibeträge (§ 6) vom Gesamtvermögen (§ 4) verbleibt,
    b) bei Körperschaften, Personenvereinigungen und Vermögensmassen (§ 1 Abs. 1 Nr. 2) mit mindestens 20 000 Deutsche Mark Gesamtvermögen das Gesamtvermögen (§ 4);
2. bei beschränkt Steuerpflichtigen mit mindestens 20 000 Deutsche Mark Inlandsvermögen das Inlandsvermögen (§ 4).

§ 10 Steuersatz

Die Vermögensteuer beträgt jährlich
1. natürliche Personen 0,5 vom Hundert des steuerpflichtigen Vermögens und
2. für die in § 1 Abs. 1 Nr. 2 und § 2 Abs. 1 Nr. 2 bezeichneten Körperschaften, Personenvereinigungen und Vermögensmassen 0,6 vom Hundert des steuerpflichtigen Vermögens.

§ 11 Anrechnung ausländischer Steuern

(1) Bei unbeschränkt Steuerpflichtigen, die in einem ausländischen Staat mit ihrem in diesem Staat belegenen Vermögen (Auslandsvermögen) zu einer der inländischen Vermögensteuer entsprechenden Steuer (ausländische Steuer) herangezogen werden, ist, sofern nicht die Vorschriften eines Abkommens zur Vermeidung der Doppelbesteuerung anzuwenden sind, die festgesetzte und gezahlte und keinem Ermäßigungsanspruch unterliegende ausländische Steuer auf den Teil der Vermögensteuer anzurechnen, der auf dieses Auslandsvermögen entfällt. Dieser Teil ist in der Weise zu ermitteln, daß die sich bei der Veranlagung des Gesamtvermögens (einschließlich des Auslandsvermögens) ergebende Vermögensteuer im Verhältnis des Auslandsvermögens zum Gesamtvermögen aufgeteilt wird. Ist das Auslandsvermögen in verschiedenen ausländischen Staaten belegen, so ist dieser Teil für jeden einzelnen ausländischen Staat gesondert zu berechnen. Die ausländische Steuer ist insoweit anzurechnen, als sie auf das Kalenderjahr entfällt, das mit dem jeweiligen Veranlagungszeitpunkt beginnt.

(2) Als Auslandsvermögen im Sinne des Absatzes 1 gelten alle Wirtschaftsgüter der in § 121 Abs. 2 des Bewertungsgesetzes genannten Art, die auf einen ausländischen Staat entfallen, unter Berücksichtigung der nach § 121 Abs. 3 des Bewertungsgesetzes abzugsfähigen Schulden und Lasten.

(3) Eine Neuveranlagung (§ 16) ist durchzuführen, wenn sich der anrechenbare Betrag dadurch ändert, daß ausländische Steuern erstmals erhoben, geändert oder nicht mehr erhoben werden. Vorbehaltlich des § 16 werden bei der Neuveranlagung nur die Änderungen berücksichtigt, die sich bei dem anrechenbaren Betrag ergeben. Der Steuerbescheid ist mit rückwirkender Kraft zu ändern, wenn sich nach Erteilung des Steuerbescheides der anrechenbare Betrag dadurch ändert, daß ausländische Steuern nachträglich erhoben oder zurückgezahlt werden.

(4) Der Steuerpflichtige hat den Nachweis über die Höhe des Auslandsvermögens und über die Festsetzung und Zahlung der ausländischen Steuern durch Vorlage entsprechender

Urkunden zu führen. Sind diese Urkunden in einer fremden Sprache abgefaßt, so kann eine beglaubigte Übersetzung in die deutsche Sprache verlangt werden.

(5) Sind nach einem Abkommen zur Vermeidung der Doppelbesteuerung in einem ausländischen Staat erhobene Steuern auf die Vermögensteuer anzurechnen, so sind die Absätze 1 bis 4 entsprechend anzuwenden.

(6) Die Absätze 1 bis 4 sind bei Vermögen, das in einem ausländischen Staat belegen ist und das zum inländischen land- und forstwirtschaftlichen Vermögen oder zum inländischen Betriebsvermögen eines beschränkt Steuerpflichtigen gehört, entsprechend anzuwenden, soweit darin nicht Vermögen enthalten ist, mit dem der beschränkt Steuerpflichtige dort in einem der unbeschränkten Steuerpflicht ähnlichen Umfang zu einer Steuer vom Vermögen herangezogen wird.

§ 12 Steuerermäßigung bei Auslandsvermögen

(1) Anstelle einer Anrechnung ausländischer Steuern nach § 11 Abs. 1 bis 4 ist auf Antrag des Steuerpflichtigen die auf ausländisches Betriebsvermögen entfallende Vermögensteuer (§ 11 Abs. 1 Satz 2 und 3) auf die Hälfte zu ermäßigen. Satz 1 gilt für
1. das Betriebsvermögen, das einer in einem ausländischen Staat belegenen Betriebsstätte dient, wenn in dem Wirtschaftsjahr, das dem Bewertungsstichtag (§ 106 des Bewertungsgesetzes) vorangeht, die Bruttoerträge dieser Betriebsstätte ausschließlich oder fast ausschließlich aus unter § 8 Abs. 1 Nr. 1 bis 6 des Außensteuergesetzes fallenden Tätigkeiten erzielt werden, und
2. die zum Betriebsvermögen eines inländischen Gewerbebetriebs gehörende Beteiligung an einer Personengesellschaft (§ 97 Abs. 1 Nr. 5 des Bewertungsgesetzes) oder Arbeitsgemeinschaft (§ 98 des Bewertungsgesetzes), soweit die Beteiligung auf Betriebsvermögen entfällt, das einer in einem ausländischen Staat belegenen Betriebsstätte im Sinne der Nummer 1 dient.

Der Ermäßigungsantrag muß das gesamte Vermögen im Sinne des Satzes 2 Nr. 1 und 2 umfassen; er kann auf das in einem ausländischen Staat oder mehreren ausländischen Staaten belegene Vermögen begrenzt werden.

(2) Wenn das in einem ausländischen Staat belegene Betriebsvermögen dem Betrieb von Handelsschiffen im internationalen Verkehr dient, setzt die Steuerermäßigung nach Absatz 1 voraus, daß der Bundesminister für Verkehr sie für verkehrspolitisch unbedenklich erklärt hat. Der Ermäßigungsantrag muß das gesamte in ausländischen Staaten belegene Betriebsvermögen umfassen. Schiffe, die in ein inländisches Schiffsregister eingetragen sind, gehören nicht zu dem in einem ausländischen Staat belegenen Betriebsvermögen. Die Vorschriften dieses Absatzes sind auch anzuwenden, wenn mit dem Staat, in dem das Betriebsvermögen belegen ist, ein Abkommen zur Vermeidung der Doppelbesteuerung besteht.

(3) Die obersten Finanzbehörden der Länder können im Einvernehmen mit dem Bundesminister der Finanzen die auf Auslandsvermögen entfallende deutsche Vermögensteuer ganz oder zum Teil erlassen oder in einem Pauschbetrag festsetzen, wenn es aus volkswirtschaftlichen Gründen zweckmäßig oder die Anwendung von § 11 Abs. 1 besonders schwierig ist.

(4) Eine Neuveranlagung (§ 16) ist durchzuführen, wenn die Steuerermäßigung sich ändert oder wegfällt wenn der Steuerpflichtige eine Steuermäßigung nach Absatz 1 erstmals

beantragt oder wenn er anstelle einer Steuerermäßigung nach Absatz 1 die Anrechnung ausländischer Steuern beantragt. § 11 Abs. 3 gilt entsprechend.

§ 13 Pauschbesteuerung bei Zuzug aus dem Ausland und bei beschränkter Steuerpflicht

(1) Die für die Finanzverwaltung zuständigen obersten Landesbehörden können die Steuer bei Personen, die durch Zuzug aus dem Ausland unbeschränkt steuerpflichtig werden, bis zur Dauer von zehn Jahren seit Begründung der unbeschränkten Steuerpflicht in einem Pauschbetrag festsetzen. Die Steuer darf nicht höher sein als die Steuer, die sich bei Anwendung der §§ 8 und 9 für das Gesamtvermögen ergeben würde.

(2) Die obersten Finanzbehörden der Länder können im Einvernehmen mit dem Bundesminister der Finanzen die Vermögensteuer bei beschränkt Steuerpflichtigen ganz oder zum Teil erlassen oder in einem Pauschbetrag festsetzen, wenn es aus volkswirtschaftlichen Gründen zweckmäßig oder die Ermittlung der Vermögensteuer besonders schwierig ist.

III. Veranlagung

§ 14 Zusammenveranlagung

(1) Bei unbeschränkter Steuerpflicht aller Beteiligten werden zusammen veranlagt
1. Ehegatten, wenn sie nicht dauernd getrennt leben,
2. Ehegatten und Kinder (§ 6 Abs. 2 Satz 2) oder Einzelpersonen und Kinder, wenn diese eine Haushaltsgemeinschaft bilden und die Kinder das 18. Lebensjahr noch nicht vollendet haben.

(2) Auf gemeinsamen Antrag werden bei unbeschränkter Steuerpflicht aller Beteiligten ferner Ehegatten oder Einzelpersonen zusammen veranlagt
1. mit unverheirateten oder von ihren Ehegatten dauernd getrennt lebenden Kindern, die das 18., aber noch nicht das 27. Lebensjahr vollendet haben, wenn die Antragsteller eine Haushaltsgemeinschaft bilden und die Kinder sich noch in der Berufsausbildung befinden oder ein freiwilliges soziales Jahr im Sinne des Gesetzes zur Förderung eines freiwilligen sozialen Jahres ableisten. Die Zusammenveranlagung wird nicht dadurch ausgeschlossen, daß die Berufsausbildung durch die Einberufung zum gesetzlichen Grundwehrdienst oder Zivildienst unterbrochen ist. Haben die Kinder das 27. Lebensjahr vollendet, so ist die Zusammenveranlagung nur zulässig, wenn der Abschluß der Berufsausbildung durch Umstände verzögert worden ist, die keiner der Antragsteller zu vertreten hat. Als ein solcher Umstand ist stets die Ableistung des gesetzlichen Grundwehrdienstes oder Zivildienstes anzusehen;
2. mit Kindern, wenn diese wegen körperlicher oder geistiger Gebrechen dauernd außerstande sind, sich selbst zu unterhalten.

§ 15 Hauptveranlagung

(1) Die Vermögensteuer wird für drei Kalenderjahre allgemein festgesetzt (Hauptveranlagung). Der Zeitraum, für den die Hauptveranlagung gilt, ist der Hauptveranlagungszeitraum; der Beginn dieses Zeitraums ist der Hauptveranlagungszeitpunkt.

(2) Die Bundesregierung wird ermächtigt, durch Rechtsverordnung mit Zustimmung des Bundesrates aus Gründen der Verwaltungsvereinfachung den Hauptveranlagungszeitraum um ein Jahr zu verkürzen oder zu verlängern.

Vermögensteuergesetz
§§ 16–17

(3) Ist die Festsetzungsfrist (§ 169 der Abgabenordnung) bereits abgelaufen, so kann die Hauptveranlagung unter Zugrundelegung der Verhältnisse des Hauptveranlagungszeitpunkts mit Wirkung für einen späteren Veranlagungszeitpunkt vorgenommen werden, für den diese Frist noch nicht abgelaufen ist.

§ 16 Neuveranlagung

(1) Die Vermögensteuer wird neu veranlagt, wenn dem Finanzamt bekannt wird,
1. daß der nach § 4 Abs. 2 abgerundete Wert des Gesamtvermögens oder des Inlandsvermögens, der sich für den Beginn eines Kalenderjahres ergibt, entweder um mehr als ein Fünftel oder um mehr als 150 000 Deutsche Mark von dem nach § 4 Abs. 2 abgerundeten Wert des letzten Veranlagungszeitpunkts abweicht. Weicht der Wert nach oben ab, so muß die Wertabweichung mindestens 50 000 Deutsche Mark betragen; weicht der Wert nach unten ab, so muß die Wertabweichung mindestens 10 000 Deutsche Mark betragen;
2. daß sich die Verhältnisse für die Gewährung von Freibeträgen oder für die Zusammenveranlagung ändern; eine neue Ermittlung des Gesamtvermögens wird nur vorgenommen, wenn die Wertgrenzen der Nummer 1 überschritten sind.

(2) Durch eine Neuveranlagung nach Absatz 1 können auch Fehler der letzten Veranlagung beseitigt werden. § 176 der Abgabenordnung ist hierbei entsprechend anzuwenden. Dies gilt jedoch nur für Veranlagungszeitpunkte, die vor der Verkündung der maßgeblichen Entscheidung eines obersten Gerichts des Bundes liegen.

(3) Neuveranlagt wird
1. in den Fällen des Absatzes 1 Nr. 1 mit Wirkung vom Beginn des Kalenderjahres an, für den sich die Wertabweichung ergibt;
2. in den Fällen des Absatzes 1 Nr. 2 mit Wirkung vom Beginn des Kalenderjahres an, der der Änderung der Verhältnisse für die Gewährung von Freibeträgen oder für die Zusammenveranlagung folgt;
3. in den Fällen des Absatzes 2 mit Wirkung vom Beginn des Kalenderjahres an, in dem der Fehler dem Finanzamt bekannt wird, bei einer Erhöhung der Vermögensteuer jedoch frühestens der Beginn des Kalenderjahres, in dem der Steuerbescheid erteilt wird.
Der Beginn des maßgebenden Kalenderjahrs ist der Neuveranlagungszeitpunkt. § 15 Abs. 3 ist entsprechend anzuwenden.

§ 17 Nachveranlagung

(1) Die Vermögensteuer wird nachträglich festgesetzt (Nachveranlagung), wenn nach dem Hauptveranlagungszeitpunkt
1. die persönliche Steuerpflicht neu begründet wird oder
2. ein persönlicher Befreiungsgrund wegfällt oder
3. ein beschränkt Steuerpflichtiger unbeschränkt steuerpflichtig oder ein unbeschränkt Steuerpflichtiger beschränkt steuerpflichtig wird.

(2) Nachveranlagt wird mit Wirkung vom Beginn des Kalenderjahrs an, der dem maßgebenden Ereignis folgt. Der Beginn dieses Kalenderjahrs ist der Nachveranlagungszeitpunkt. § 15 Abs. 3 ist entsprechend anzuwenden.

§ 18 Aufhebung der Veranlagung

(1) Wird dem Finanzamt bekannt, daß
1. die Steuerpflicht erloschen oder ein persönlicher Befreiungsgrund eingetreten ist oder
2. die Veranlagung fehlerhaft ist,

so ist die Veranlagung aufzuheben.

(2) Die Veranlagung wird aufgehoben,
1. in den Fällen des Absatzes 1 Nr. 1 mit Wirkung vom Beginn des Kalenderjahrs an, der auf den Eintritt des maßgebenden Ereignisses folgt;
2. in den Fällen des Absatzes 1 Nr. 2 mit Wirkung vom Beginn des Kalenderjahrs an, in dem der Fehler dem Finanzamt bekannt wird.

Der Beginn des maßgebenden Kalenderjahrs ist der Aufhebungszeitpunkt. § 15 Abs. 3 ist entsprechend anzuwenden.

§ 19 Pflicht zur Abgabe von Vermögensteuererklärungen

(1) Vermögensteuererklärungen sind auf jeden Hauptveranlagungszeitpunkt abzugeben. Für andere Veranlagungszeitpunkte hat eine Erklärung abzugeben, wer von der Finanzbehörde dazu aufgefordert wird (§ 149 der Abgabenordnung). Die Vermögensteuererklärung ist vom Vermögensteuerpflichtigen eigenhändig zu unterschreiben.

(2) Von den unbeschränkt Vermögensteuerpflichtigen haben eine Vermögensteuererklärung über ihr Gesamtvermögen abzugeben
1. natürliche Personen,
    a) die allein veranlagt werden, wenn ihr Gesamtvermögen 70 000 Deutsche Mark übersteigt,
    b) die mit anderen Personen zusammen veranlagt werden (§ 14), wenn das Gesamtvermögen der zusammen veranlagten Personen den Betrag übersteigt, der sich ergibt, wenn für jede der zusammen veranlagten Personen 70 000 Deutsche Mark angesetzt werden;
2. die in § 1 Abs. 1 Nr. 2 bezeichneten Körperschaften, Personenvereinigungen und Vermögensmassen, wenn ihr Gesamtvermögen mindestens 20 000 Deutsche Mark beträgt.

(3) Beschränkt Vermögensteuerpflichtige haben eine Vermögensteuererklärung über ihr Inlandsvermögen abzugeben, wenn dieses mindestens 20 000 Deutsche Mark beträgt.

(4) Die Erklärungen sind innerhalb der Frist abzugeben, die der Bundesminister der Finanzen im Einvernehmen mit den obersten Finanzbehörden der Länder bestimmt. Die Frist ist im Bundesanzeiger bekanntzumachen. Fordert die Finanzbehörde zur Abgabe einer Erklärung zur Hauptveranlagung oder zu einer anderen Veranlagung besonders auf (§ 149 Abs. 1 Satz 2 der Abgabenordnung), hat sie eine besondere Frist zu bestimmen, die mindestens einen Monat betragen soll.

IV. Steuerentrichtung

§ 20 Entrichtung der Jahressteuer

(1) Die Steuer wird zu je einem Viertel der Jahressteuer am 10. Februar, 10. Mai, 10. August und 10. November fällig. Eine Jahressteuer bis zu 500 Deutsche Mark ist in einem Betrag am 10. November zu entrichten.

Vermögensteuergesetz
§§ 21–25

(2) Von der Festsetzung der Vermögensteuer ist abzusehen, wenn die Jahressteuer den Betrag von 50 Deutsche Mark nicht übersteigt.

§ 21 Vorauszahlungen

(1) Der Steuerpflichtige hat, solange die Jahressteuer noch nicht bekanntgegeben worden ist, Vorauszahlungen auf die Jahressteuer zu entrichten.

(2) Die Vorauszahlungen betragen ein Viertel der zuletzt festgesetzten Jahressteuer. Sie sind am 10. Februar, 10. Mai, 10. August und 10. November zu entrichten. Beträgt die Jahressteuer nicht mehr als 500 Deutsche Mark, so sind die Vorauszahlungen in einem Betrag am 10. November zu entrichten.

(3) Das Finanzamt kann die Vorauszahlungen der Steuer anpassen, die sich für das Kalenderjahr voraussichtlich ergeben wird.

§ 22 Abrechnung über die Vorauszahlungen

(1) Ist die Summe der Vorauszahlungen, die bis zur Bekanntgabe des Steuerbescheids zu entrichten waren (§ 21), geringer als die Steuer, die sich nach dem bekanntgegebenen Steuerbescheid für die vorangegangenen Fälligkeitstage ergibt (§ 20), so ist der Unterschiedsbetrag innerhalb eines Monats nach Bekanntgabe des Steuerbescheids zu entrichten (Nachzahlung). Die Verpflichtung, rückständige Vorauszahlungen schon früher zu entrichten, bleibt unberührt.

(2) Ist die Summe der Vorauszahlungen, die bis zur Bekanntgabe des Steuerbescheids entrichtet worden sind, höher als die Steuer, die sich nach dem bekanntgegebenen Steuerbescheid für die vorangegangenen Fälligkeitstage ergibt, so wird der Unterschiedsbetrag nach Bekanntgabe des Steuerbescheids durch Aufrechnung oder Zurückzahlung ausgeglichen.

(3) Die Absätze 1 und 2 gelten entsprechend, wenn der Steuerbescheid aufgehoben oder geändert wird.

§ 23 Nachentrichtung der Steuer

Hatte der Steuerpflichtige bis zur Bekanntgabe der Jahressteuer keine Vorauszahlungen nach § 21 zu entrichten, so hat er die Steuer, die sich nach dem bekanntgegebenen Steuerbescheid für die vorangegangenen Fälligkeitstage ergibt (§ 20), innerhalb eines Monats nach Bekanntgabe des Steuerbescheids zu entrichten.

V. Schlußvorschriften

§ 24 Neufassung

Der Bundesminister der Finanzen wird ermächtigt, den Wortlaut dieses Gesetzes in der jeweils geltenden Fassung mit neuem Datum, unter neuer Überschrift und in neuer Paragraphenfolge bekanntzumachen und dabei offenbare Unrichtigkeiten und Unstimmigkeiten im Wortlaut zu beseitigen.

Vermögensteuergesetz
§ 26

§ 25 Anwendung des Gesetzes

(1) Die vorstehende Fassung des Gesetzes ist, soweit in den folgenden Absätzen nichts anderes bestimmt ist, erstmals auf die Vermögensteuer des Kalenderjahrs 1990 anzuwenden.

(2) Die Steuerbefreiung nach § 3 Abs. 1 Nr. 2 ist für die Landeskreditbank Baden-Württemberg letztmals auf die Vermögensteuer des Kalenderjahrs 1988 und für die Landeskreditbank Baden-Württemberg-Förderungsanstalt erstmals auf die Vermögensteuer des Kalenderjahrs 1989 anzuwenden.

(2 a) § 3 Abs. 1 Nr. 12 Satz 3 ist auch auf die Vermögensteuer der Kalenderjahre vor 1990 anzuwenden, soweit Bescheide noch nicht bestandskräftig sind oder unter dem Vorbehalt der Nachprüfung stehen.

(3) § 3 Abs. 1 Nr. 13 bis 16 des Vermögensteuergesetzes in der Fassung der Bekanntmachung vom 14. März 1985 (BGBl. I S. 558), zuletzt geändert durch § 28 des Gesetzes vom 17. Dezember 1986 (BGBl. I S. 2488), ist letztmals auf die Vermögensteuer des Kalenderjahrs 1990 anzuwenden, wenn die Körperschaft einen Antrag nach § 54 Abs. 3 Satz 1 des Körperschaftsteuergesetzes stellt und im Veranlagungszeitraum 1990 ausschließlich Geschäfte betreibt, die nach den bis zum 31. Dezember 1989 geltenden gesetzlichen Vorschriften zulässig waren. In diesem Fall ist § 3 Abs. 1 Nr. 13 und 15 dieses Gesetzes in der vorstehenden Fassung erstmals für die Vermögensteuer des Kalenderjahrs 1991 anzuwenden.

§ 26 Berlin-Klausel

Dieses Gesetz gilt nach Maßgabe des § 12 Abs. 1 des Dritten Überleitungsgesetzes auch im Land Berlin. Rechtsverordnungen, die auf Grund dieses Gesetzes erlassen werden, gelten im Land Berlin nach § 14 des Dritten Überleitungsgesetzes.

Erbschaftsteuer- und Schenkungsteuergesetz

Änderungsregister

VII B 18

Erbschaftsteuer- und Schenkungsteuergesetz (ErbStG)

Vom 17. April 1974 (BGBl. I S. 933)[1)]
(BGBl. III 611-8-2-2)

Änderungen

Paragraph	Art der Änderung	Geändert durch	Datum	Fundstelle
12, 25, 28, 32, 35	geändert	Einführungsgesetz zur Abgabenordnung	14. 12. 1976	BGBl. I S. 3341
10, 15, 25, 37	geändert	Gesetz zur Änderung und Vereinfachung des Einkommensteuergesetzes und anderer Gesetze	18. 8. 1980	BGBl. I S. 1537
2, 37	geändert	Steuerentlastungsgesetz 1984	22. 12. 1983	BGBl. I S. 1583
13, 37	geändert	Steuerbereinigungsgesetz 1986	19. 12. 1985	BGBl. I S. 2436

---

1) Als Artikel 1 des Gesetzes zur Reform des Erbschaftsteuer- und Schenkungsteuerrechts vom 17. 4. 1974 (BGBl. I S. 933) vom Bundestag mit Zustimmung des Bundesrates beschlossen.

Erbschaftsteuer- und Schenkungsteuergesetz
Steuerpflicht

§§ 1–2

I. Steuerpflicht

§ 1 Steuerpflichtige Vorgänge

(1) Der Erbschaftsteuer (Schenkungsteuer) unterliegen
1. der Erwerb von Todes wegen,
2. die Schenkungen unter Lebenden,
3. die Zweckzuwendungen,
4.[1]) das Vermögen einer Stiftung, sofern sie wesentlich im Interesse einer Familie oder bestimmter Familien errichtet ist, und eines Vereins, dessen Zweck wesentlich im Interesse einer Familie oder bestimmter Familien auf die Bindung von Vermögen gerichtet ist, in Zeitabständen von je 30 Jahren seit dem in § 9 Abs. 1 Nr. 4 bestimmten Zeitpunkt.

(2) Soweit nichts anderes bestimmt ist, gelten die Vorschriften dieses Gesetzes über die Erwerbe von Todes wegen auch für Schenkungen und Zweckzuwendungen, die Vorschriften über Schenkungen auch für Zweckzuwendungen unter Lebenden.

§ 2 Persönliche Steuerpflicht

(1) Die Steuerpflicht tritt ein
1. in den Fällen des § 1 Abs. 1 Nr. 1 bis 3, wenn der Erblasser zur Zeit seines Todes, der Schenker zur Zeit der Ausführung der Schenkung oder der Erwerber zur Zeit der Entstehung der Steuer (§ 9) ein Inländer ist, vorbehaltlich des Absatzes 3, für den gesamten Vermögensanfall. Als Inländer gelten
   a) natürliche Personen, die im Inland einen Wohnsitz oder ihren gewöhnlichen Aufenthalt haben;
   b) deutsche Staatsangehörige, die sich nicht länger als fünf Jahre dauernd im Ausland aufgehalten haben, ohne im Inland einen Wohnsitz zu haben;
   c) unabhängig von der Fünfjahresfrist nach Buchstabe b deutsche Staatsangehörige, die
      aa) im Inland weder einen Wohnsitz noch ihren gewöhnlichen Aufenthalt haben und
      bb) zu einer inländischen juristischen Person des öffentlichen Rechts in einem Dienstverhältnis stehen und dafür Arbeitslohn aus einer inländischen öffentlichen Kasse beziehen,
   sowie zu ihrem Haushalt gehörende Angehörige, die die deutsche Staatsangehörigkeit besitzen. Dies gilt nur für Personen, deren Nachlaß oder Erwerb in dem Staat, in dem sie ihren Wohnsitz oder ihren gewöhnlichen

---

[1]) Hierzu die Sonderregelung des Artikels 7 des Gesetzes zur Reform des Erbschaftsteuer- und Schenkungsteuerrechts vom 17. 4. 1974 (BGBl. I S. 933):
»Sonderregelung bei Auflösung von bestehenden Familienstiftungen und Vereinen
Bei Auflösung einer Stiftung oder eines Vereins im Sinne des § 1 Abs. 1 Nr. 4 des Erbschaftsteuer- und Schenkungsteuergesetzes vor dem 1. Januar 1984 wird der Besteuerung der zuletzt Berechtigten der Vomhundertsatz der Steuerklasse I zugrunde gelegt. Auf Antrag ist die Besteuerung nach § 10 Abs. 2 des Erbschaftsteuergesetzes in der Fassung der Bekanntmachung vom 1. April 1959 (BGBl. I S. 187) durchzuführen.«

Erbschaftsteuer- und Schenkungsteuergesetz
Steuerpflicht
§ 3

Aufenthalt haben, lediglich in einem der Steuerpflicht nach Nummer 3 ähnlichen Umfang zu einer Nachlaß- oder Erbanfallsteuer herangezogen wird;
d) Körperschaften, Personenvereinigungen und Vermögensmassen, die ihre Geschäftsleitung oder ihren Sitz im Inland haben;
2. in den Fällen des § 1 Abs. 1 Nr. 4, wenn die Stiftung oder der Verein die Geschäftsleitung oder den Sitz im Inland hat;
3. in allen anderen Fällen für den Vermögensanfall, der in Inlandsvermögen im Sinne des § 121 Abs. 2 des Bewertungsgesetzes besteht. Bei Inlandsvermögen im Sinne des § 121 Abs. 2 Nr. 4 des Bewertungsgesetzes ist es ausreichend, wenn der Erblasser zur Zeit seines Todes oder der Schenker zur Zeit der Ausführung der Schenkung entsprechend der Vorschrift am Grund- oder Stammkapital der inländischen Kapitalgesellschaft beteiligt ist. Wird nur ein Teil einer solchen Beteiligung durch Schenkung zugewendet, so gelten die weiteren Erwerbe aus der Beteiligung, soweit die Voraussetzungen des § 14 erfüllt sind, auch dann als Erwerb von Inlandsvermögen, wenn im Zeitpunkt ihres Erwerbs die Beteiligung des Erblassers oder Schenkers weniger als ein Zehntel des Grund- oder Stammkapitals der Gesellschaft beträgt.

(2) Zum Inland im Sinne dieses Gesetzes gehört auch der der Bundesrepublik Deutschland zustehende Anteil am Festlandsockel, soweit dort Naturschätze des Meeresgrundes und des Meeresuntergrundes erforscht oder ausgebeutet werden.

(3) Die Steuerpflicht nach Absatz 1 Nr. 1 und 2 erstreckt sich nicht auf Vermögensgegenstände, die auf das Währungsgebiet der Mark der Deutschen Demokratischen Republik entfallen; das gleiche gilt für Nutzungsrechte an solchen Gegenständen.

§ 3 Erwerb von Todes wegen

(1) Als Erwerb von Todes wegen gilt

1. der Erwerb durch Erbanfall (§ 1922 des Bürgerlichen Gesetzbuchs), auf Grund Erbersatzanspruchs (§§ 1934 a ff. des Bürgerlichen Gesetzbuchs), durch Vermächtnis (§§ 2147 ff. des Bürgerlichen Gesetzbuchs) oder auf Grund eines geltend gemachten Pflichtteilsanspruchs (§§ 2303 ff. des Bürgerlichen Gesetzbuchs);
2. der Erwerb durch Schenkung auf den Todesfall (§ 2301 des Bürgerlichen Gesetzbuchs). Als Schenkung auf den Todesfall gilt auch der auf einem Gesellschaftsvertrag beruhende Übergang des Anteils oder des Teils eines Anteils eines Gesellschafters bei dessen Tod auf die anderen Gesellschafter oder die Gesellschaft, soweit der Wert, der sich für seinen Anteil zur Zeit seines Todes nach § 12 ergibt, Abfindungsansprüche Dritter übersteigt;
3. die sonstigen Erwerbe, auf die die für Vermächtnisse geltenden Vorschriften des bürgerlichen Rechts Anwendung finden;
4. jeder Vermögensvorteil, der auf Grund eines vom Erblasser geschlossenen Vertrages bei dessen Tode von einem Dritten unmittelbar erworben wird.

(2) Als vom Erblasser zugewendet gilt auch

1. der Übergang von Vermögen auf eine vom Erblasser angeordnete Stiftung;
2. was jemand infolge Vollziehung einer vom Erblasser angeordneten Auflage oder infolge Erfüllung einer vom Erblasser gesetzten Bedingung erwirbt, es sei denn, daß eine einheitliche Zweckzuwendung vorliegt;

Erbschaftsteuer- und Schenkungsteuergesetz

Steuerpflicht
§§ 4—6

3. was jemand dadurch erlangt, daß bei Genehmigung einer Zuwendung des Erblassers Leistungen an andere Personen angeordnet oder zur Erlangung der Genehmigung freiwillig übernommen werden;
4. was als Abfindung für einen Verzicht auf den entstandenen Pflichtteilsanspruch oder für die Ausschlagung einer Erbschaft, eines Erbersatzanspruchs oder eines Vermächtnisses gewährt wird;
5. was als Abfindung für ein aufschiebend bedingtes, betagtes oder befristetes Vermächtnis, für das die Ausschlagungsfrist abgelaufen ist, vor dem Zeitpunkt des Eintritts der Bedingung oder des Ereignisses gewährt wird;
6. was als Entgelt für die Übertragung der Anwartschaft eines Nacherben gewährt wird.

§ 4 Fortgesetzte Gütergemeinschaft

(1) Wird die eheliche Gütergemeinschaft beim Tode eines Ehegatten fortgesetzt (§§ 1483 ff. des Bürgerlichen Gesetzbuchs, Artikel 200 des Einführungsgesetzes zum Bürgerlichen Gesetzbuch), so wird dessen Anteil am Gesamtgut so behandelt, wie wenn er ausschließlich den anteilsberechtigten Abkömmlingen angefallen wäre.

(2) Beim Tode eines anteilsberechtigten Abkömmlings gehört dessen Anteil am Gesamtgut zu seinem Nachlaß. Als Erwerber des Anteils gelten diejenigen, denen der Anteil nach § 1490 Satz 2 und 3 des Bürgerlichen Gesetzbuchs zufällt.

§ 5 Zugewinngemeinschaft

(1) Wird der Güterstand der Zugewinngemeinschaft (§ 1363 des Bürgerlichen Gesetzbuchs) durch den Tod eines Ehegatten beendet und der Zugewinn nicht nach § 1371 Abs. 2 des Bürgerlichen Gesetzbuchs ausgeglichen, so gilt beim überlebenden Ehegatten der Betrag, den er im Falle des § 1371 Abs. 2 des Bürgerlichen Gesetzbuchs als Ausgleichsforderung geltend machen könnte, nicht als Erwerb im Sinne des § 3. Soweit der Nachlaß des Erblassers bei der Ermittlung des als Ausgleichsforderung steuerfreien Betrages mit einem höheren Wert als dem nach den steuerlichen Bewertungsgrundsätzen maßgebenden Wert angesetzt worden ist, gilt höchstens der dem Steuerwert des Nachlasses entsprechende Betrag nicht als Erwerb im Sinne des § 3.

(2) Wird der Güterstand der Zugewinngemeinschaft in anderer Weise als durch den Tod eines Ehegatten beendet oder wird der Zugewinn nach § 1371 Abs. 2 des Bürgerlichen Gesetzbuchs ausgeglichen, so gehört die Ausgleichsforderung (§ 1378 des Bürgerlichen Gesetzbuchs) nicht zum Erwerb im Sinne der §§ 3 und 7.

§ 6 Vor- und Nacherbschaft

(1) Der Vorerbe gilt als Erbe.

(2) Bei Eintritt der Nacherbfolge haben diejenigen, auf die das Vermögen übergeht, den Erwerb als vom Vorerben stammend zu versteuern. Auf Antrag ist der Versteuerung das Verhältnis des Nacherben zum Erblasser zugrunde zu legen. Geht in diesem Fall auch eigenes Vermögen des Vorerben auf den Nacherben über, so sind beide Vermögensanfälle hinsichtlich der Steuerklasse getrennt zu behandeln. Für das eigene Vermögen des Vorerben kann ein Freibetrag jedoch nur gewährt werden, soweit der Freibetrag für das der Nacherbfolge unterliegende Vermögen nicht verbraucht ist. Die Steuer ist für jeden Erwerb jeweils nach dem Steuersatz zu erheben, der für den gesamten Erwerb gelten würde.

Erbschaftsteuer- und Schenkungsteuergesetz

Steuerpflicht
§ 7

(3) Tritt die Nacherbfolge nicht durch den Tod des Vorerben ein, so gilt die Vorerbfolge als auflösend bedingter, die Nacherbfolge als aufschiebend bedingter Anfall. In diesem Fall ist dem Nacherben die vom Vorerben entrichtete Steuer abzüglich desjenigen Steuerbetrags anzurechnen, welcher der tatsächlichen Bereicherung des Vorerben entspricht.

(4) Nachvermächtnisse und beim Tode des Beschwerten fällige Vermächtnisse stehen den Nacherbschaften gleich.

§ 7 Schenkungen unter Lebenden

(1) Als Schenkungen unter Lebenden gelten

1. jede freigebige Zuwendung unter Lebenden, soweit der Bedachte durch sie auf Kosten des Zuwendenden bereichert wird;
2. was infolge Vollziehung einer von dem Schenker angeordneten Auflage oder infolge Erfüllung einer einem Rechtsgeschäft unter Lebenden beigefügten Bedingung ohne entsprechende Gegenleistung erlangt wird, es sei denn, daß eine einheitliche Zweckzuwendung vorliegt;
3. was jemand dadurch erlangt, daß bei Genehmigung einer Schenkung Leistungen an andere Personen angeordnet oder zur Erlangung der Genehmigung freiwillig übernommen werden;
4.[1]) die Bereicherung, die ein Ehegatte bei Vereinbarung der Gütergemeinschaft (§ 1415 des Bürgerlichen Gesetzbuchs) erfährt;
5. was als Abfindung für einen Erbverzicht (§§ 2346 und 2352 des Bürgerlichen Gesetzbuchs) gewährt wird;
6. was durch vorzeitigen Erbausgleich (§ 1934 d des Bürgerlichen Gesetzbuchs) erworben wird;
7. was ein Vorerbe dem Nacherben mit Rücksicht auf die angeordnete Nacherbschaft vor ihrem Eintritt herausgibt;
8. der Übergang von Vermögen auf Grund eines Stiftungsgeschäfts unter Lebenden;
9. was bei Aufhebung einer Stiftung oder bei Auflösung eines Vereins, dessen Zweck auf die Bindung von Vermögen gerichtet ist, erworben wird;
10. was als Abfindung für aufschiebend bedingt, betagt oder befristet erworbene Ansprüche, soweit es sich nicht um einen Fall des § 3 Abs. 2 Nr. 5 handelt, vor dem Zeitpunkt des Eintritts der Bedingung oder des Ereignisses gewährt wird.

(2) Im Falle des Absatzes 1 Nr. 7 ist der Versteuerung auf Antrag das Verhältnis des Nacherben zum Erblasser zugrunde zu legen. § 6 Abs. 2 Satz 3 bis 5 gilt entsprechend.

(3) Gegenleistungen, die nicht in Geld veranschlagt werden können, werden bei der Feststellung, ob eine Bereicherung vorliegt, nicht berücksichtigt.

---

1) Beachte die Sonderregelung des Artikels 5 des Gesetzes zur Reform des Erbschaftsteuer- und Schenkungsteuerrechts vom 17. 4. 1974 (BGBl. I S. 933):

„Sonderregelung bei der Vereinbarung der Gütergemeinschaft
§ 7 Abs. 1 Nr. 4 des Erbschaftsteuer- und Schenkungsteuergesetzes ist bei Ehegatten, die auf Grund einseitiger Erklärung nach Artikel 8 I Nr. 3 Abs. 2 des Gesetzes über die Gleichberechtigung von Mann und Frau auf dem Gebiete des bürgerlichen Rechts vom 18. Juni 1957 (Bundesgesetzbl. I S. 609) im Güterstand der Gütertrennung leben, bis zum 31. Dezember 1974 nicht anzuwenden."

Erbschaftsteuer- und Schenkungsteuergesetz
Steuerpflicht
§§ 8—9

(4) Die Steuerpflicht einer Schenkung wird nicht dadurch ausgeschlossen, daß sie zur Belohnung oder unter einer Auflage gemacht oder in die Form eines lästigen Vertrags gekleidet wird.

(5) Ist Gegenstand der Schenkung eine Beteiligung an einer Personengesellschaft, in deren Gesellschaftsvertrag bestimmt ist, daß der neue Gesellschafter bei Auflösung der Gesellschaft oder im Fall eines vorherigen Ausscheidens nur den Buchwert seines Kapitalanteils erhält, so werden diese Bestimmungen bei der Feststellung der Bereicherung nicht berücksichtigt. Soweit die Bereicherung den Buchwert des Kapitalanteils übersteigt, gilt sie als auflösend bedingt erworben.

(6) Wird eine Beteiligung an einer Personengesellschaft mit einer Gewinnbeteiligung ausgestattet, die insbesondere der Kapitaleinlage, der Arbeits- oder der sonstigen Leistung des Gesellschafters für die Gesellschaft nicht entspricht oder die einem fremden Dritten üblicherweise nicht eingeräumt würde, so gilt das Übermaß an Gewinnbeteiligung als selbständige Schenkung, die mit dem Kapitalwert anzusetzen ist.

(7) Als Schenkung gilt auch der auf einem Gesellschaftsvertrag beruhende Übergang des Anteils oder des Teils eines Anteils eines Gesellschafters bei dessen Ausscheiden auf die anderen Gesellschafter oder die Gesellschaft, soweit der Wert, der sich für seinen Anteil zur Zeit seines Ausscheidens nach § 12 ergibt, den Abfindungsanspruch übersteigt.

§ 8 Zweckzuwendungen

Zweckzuwendungen sind Zuwendungen von Todes wegen oder freigebige Zuwendungen unter Lebenden, die mit der Auflage verbunden sind, zugunsten eines bestimmten Zwecks verwendet zu werden, oder die von der Verwendung zugunsten eines bestimmten Zwecks abhängig sind, soweit hierdurch die Bereicherung des Erwerbers gemindert wird.

§ 9 Entstehung der Steuer

(1) Die Steuer entsteht

1. bei Erwerben von Todes wegen mit dem Tode des Erblassers, jedoch

   a) für den Erwerb des unter einer aufschiebenden Bedingung, unter einer Betagung oder Befristung Bedachten sowie für zu einem Erwerb gehörende aufschiebend bedingte, betagte oder befristete Ansprüche mit dem Zeitpunkt des Eintritts der Bedingung oder des Ereignisses,

   b) für den Erwerb eines geltend gemachten Pflichtteilsanspruchs oder Erbersatzanspruchs mit dem Zeitpunkt der Geltendmachung,

   c) im Falle des § 3 Abs. 2 Nr. 1 mit dem Zeitpunkt der Genehmigung der Stiftung,

   d) in den Fällen des § 3 Abs. 2 Nr. 2 mit dem Zeitpunkt der Vollziehung der Auflage oder der Erfüllung der Bedingung,

   e) in den Fällen des § 3 Abs. 2 Nr. 3 mit dem Zeitpunkt der Genehmigung,

   f) in den Fällen des § 3 Abs. 2 Nr. 4 mit dem Zeitpunkt des Verzichts oder der Ausschlagung,

   g) im Falle des § 3 Abs. 2 Nr. 5 mit dem Zeitpunkt der Vereinbarung über die Abfindung,

Erbschaftsteuer- und Schenkungsteuergesetz
Wertermittlung
§ 10

- h) für den Erwerb des Nacherben mit dem Zeitpunkt des Eintritts der Nacherbfolge,
- i) im Falle des § 3 Abs. 2 Nr. 6 mit dem Zeitpunkt der Übertragung der Anwartschaft;
2. bei Schenkungen unter Lebenden mit dem Zeitpunkt der Ausführung der Zuwendung;
3. bei Zweckzuwendungen mit dem Zeitpunkt des Eintritts der Verpflichtung des Beschwerten;
4. in den Fällen des § 1 Abs. 1 Nr. 4 in Zeitabständen von je 30 Jahren seit dem Zeitpunkt des ersten Übergangs von Vermögen auf die Stiftung oder auf den Verein. Fällt bei Stiftungen oder Vereinen der Zeitpunkt des ersten Übergangs von Vermögen auf den 1. Januar 1954 oder auf einen früheren Zeitpunkt, so entsteht die Steuer erstmals am 1. Januar 1984. Bei Stiftungen und Vereinen, bei denen die Steuer erstmals am 1. Januar 1984 entsteht, richtet sich der Zeitraum von 30 Jahren nach diesem Zeitpunkt.

(2) In den Fällen der Aussetzung der Versteuerung nach § 25 Abs. 1 Buchstabe a gilt die Steuer für den Erwerb des belasteten Vermögens als mit dem Zeitpunkt des Erlöschens der Belastung entstanden.

II. Wertermittlung

§ 10 Steuerpflichtiger Erwerb

(1) Als steuerpflichtiger Erwerb gilt die Bereicherung des Erwerbers, soweit sie nicht steuerfrei ist (§§ 5, 13, 16, 17 und 18). In den Fällen des § 3 gilt als Bereicherung der Betrag, der sich ergibt, wenn von dem nach § 12 zu ermittelnden Wert des gesamten Vermögensanfalls, soweit er der Besteuerung nach diesem Gesetz unterliegt, die nach den Absätzen 3 bis 9 abzugsfähigen Nachlaßverbindlichkeiten mit ihrem nach § 12 zu ermittelnden Wert abgezogen werden. Bei der Zweckzuwendung tritt an die Stelle des Vermögensanfalls die Verpflichtung des Beschwerten. Der steuerpflichtige Erwerb wird auf volle 100 Deutsche Mark nach unten abgerundet. In den Fällen des § 1 Abs. 1 Nr. 4 tritt an die Stelle des Vermögensanfalls das Vermögen der Stiftung oder des Vereins.

(2) Hat der Erblasser die Entrichtung der von dem Erwerber geschuldeten Steuer einem anderen auferlegt oder hat der Schenker die Entrichtung der vom Beschenkten geschuldeten Steuer selbst übernommen oder einem anderen auferlegt, so gilt als Erwerb der Betrag, der sich bei einer Zusammenrechnung des Erwerbs nach Absatz 1 mit der aus ihm errechneten Steuer ergibt.

(3) Die infolge des Anfalls durch Vereinigung von Recht und Verbindlichkeit oder von Recht und Belastung erloschenen Rechtsverhältnisse gelten als nicht erloschen.

(4) Die Anwartschaft eines Nacherben gehört nicht zu seinem Nachlaß.

(5) Von dem Erwerb sind, soweit sich nicht aus den Absätzen 6 bis 9 etwas anderes ergibt, als Nachlaßverbindlichkeiten abzugsfähig

1. die vom Erblasser herrührenden Schulden, soweit sie nicht mit einem zum Erwerb gehörenden gewerblichen Betrieb (Anteil an einem Betrieb) in wirtschaftlichem Zusammenhang stehen und bereits nach § 12 Abs. 5 und 6 berücksichtigt worden sind;
2. Verbindlichkeiten aus Vermächtnissen, Auflagen und geltend gemachten Pflichtteilen und Erbersatzansprüchen;

Erbschaftsteuer- und Schenkungsteuergesetz

Wertermittlung
§§ 11–12

3. die Kosten der Bestattung des Erblassers, die Kosten für ein angemessenes Grabdenkmal, die Kosten für die übliche Grabpflege mit ihrem Kapitalwert für eine unbestimmte Dauer sowie die Kosten, die dem Erwerber unmittelbar im Zusammenhang mit der Abwicklung, Regelung oder Verteilung des Nachlasses oder mit der Erlangung des Erwerbs entstehen. Für diese Kosten wird insgesamt ein Betrag von 10 000 Deutsche Mark ohne Nachweis abgezogen. Kosten für die Verwaltung des Nachlasses sind nicht abzugsfähig.

(6) Nicht abzugsfähig sind Schulden und Lasten, soweit sie in wirtschaftlichem Zusammenhang mit Vermögensgegenständen stehen, die nicht der Besteuerung nach diesem Gesetz unterliegen. Beschränkt sich die Besteuerung auf einzelne Vermögensgegenstände (§ 2 Abs. 1 Nr. 3, § 19 Abs. 2), so sind nur die damit in wirtschaftlichem Zusammenhang stehenden Schulden und Lasten abzugsfähig. Schulden und Lasten, die mit teilweise befreiten Vermögensgegenständen in wirtschaftlichem Zusammenhang stehen, sind nur mit dem Betrag abzugsfähig, der dem steuerpflichtigen Teil entspricht.

(7) In den Fällen des § 1 Abs. 1 Nr. 4 sind Leistungen an die nach der Stiftungsurkunde oder nach der Vereinssatzung Berechtigten nicht abzugsfähig.

(8) Die von dem Erwerber zu entrichtende eigene Erbschaftsteuer ist nicht abzugsfähig.

(9) Auflagen, die dem Beschwerten selbst zugute kommen, sind nicht abzugsfähig.

§ 11 Bewertungsstichtag

Für die Wertermittlung ist, soweit in diesem Gesetz nichts anderes bestimmt ist, der Zeitpunkt der Entstehung der Steuer maßgebend.

§ 12 Bewertung[1)][2)]

(1) Die Bewertung richtet sich, soweit nicht in den Absätzen 2 bis 6 etwas anderes bestimmt ist, nach den Vorschriften des Ersten Teils des Bewertungsgesetzes (Allgemeine Bewertungsvorschriften).

(2) Grundbesitz (§ 20 des Bewertungsgesetzes) und Mineralgewinnungsrechte (§ 100 des Bewertungsgesetzes) sind mit dem Einheitswert anzusetzen, der nach dem Zweiten Teil des Bewertungsgesetzes (Besondere Bewertungsvorschriften) auf den Zeitpunkt festgestellt ist, der der Entstehung der Steuer vorangegangen ist oder mit ihr zusammenfällt.

(3) Gehört zum Erwerb nur ein Teil einer der in Absatz 2 bezeichneten wirtschaftlichen Einheiten, so ist der darauf entfallende Teilbetrag des Einheits-

---

1) Für die Einheitswerte des Grundbesitzes ist Artikel 2 des Gesetzes zur Reform des Erbschaftsteuer- und Schenkungsteuerrechts vom 17. 4. 1974 (BGBl. I S. 933) zu beachten:
„Sondervorschrift für die Anwendung der Einheitswerte 1964
Während der Geltungsdauer der auf den Wertverhältnissen am 1. Januar 1964 beruhenden Einheitswerte des Grundbesitzes sind Grundstücke (§ 70 des Bewertungsgesetzes) und Betriebsgrundstücke im Sinne des § 99 Abs. 1 Nr. 1 des Bewertungsgesetzes für die Erbschaft- und Schenkungsteuer mit 140 vom Hundert des Einheitswerts anzusetzen. Das gilt entsprechend für die nach § 12 Abs. 3 und 4 des Erbschaftsteuer- und Schenkungsteuergesetzes maßgebenden Werte."
2) § 12 gilt gemäß Artikel 10 § 3 des Gesetzes zur Reform des Erbschaftsteuer- und Schenkungsteuerrechts vom 17. 4. 1974 (BGBl. I S. 933) für die Kalenderjahre, in denen Grundstücke (§ 70 des Bewertungsgesetzes) und Betriebsgrundstücke i. S. des § 99 Abs. 1 Nr. 1 des Bewertungsgesetzes für die Erbschaftsteuer und Schenkungsteuer mit 140 vH der auf den Wertverhältnissen am 1. 1. 1964 beruhenden Einheitswerte anzusetzen sind.

Erbschaftsteuer- und Schenkungsteuergesetz
Wertermittlung
§ 13

wertes maßgebend. Der Teilbetrag ist nach den Grundsätzen des Zweiten Teils des Bewertungsgesetzes und der dazu ergangenen Vorschriften zu ermitteln und erforderlichenfalls gesondert festzustellen (§§ 179 bis 183 der Abgabenordnung).

(4) Wenn für eine wirtschaftliche Einheit der in Absatz 2 bezeichneten Art oder einen Teil davon ein Einheitswert nicht festgestellt ist oder bis zur Entstehung der Steuer die Voraussetzungen für eine Wertfortschreibung erfüllt sind, ist der Wert im Zeitpunkt der Entstehung der Steuer maßgebend. Dieser ist für Zwecke der Erbschaftsteuer nach den Grundsätzen des Zweiten Teils des Bewertungsgesetzes und der dazu ergangenen Vorschriften zu ermitteln und gesondert festzustellen (§§ 179 bis 183 der Abgabenordnung). Das gilt auch für Grundstücke im Zustand der Bebauung; § 91 Abs. 2 des Bewertungsgesetzes gilt entsprechend.

(5) Für den Bestand und die Bewertung von Betriebsvermögen mit Ausnahme der Bewertung der Betriebsgrundstücke und der Mineralgewinnungsrechte (Absatz 2) sind die Verhältnisse zur Zeit der Entstehung der Steuer maßgebend. Die Vorschriften der §§ 95 bis 100, 103 bis 105, 108 und 109 Abs. 1 und 4 des Bewertungsgesetzes sind entsprechend anzuwenden. Zum Betriebsvermögen gehörende Wertpapiere, Anteile und Genußscheine von Kapitalgesellschaften sind mit dem nach § 11 oder § 12 des Bewertungsgesetzes ermittelten Wert anzusetzen.

(6) Ausländischer Grundbesitz und ausländisches Betriebsvermögen werden nach § 31 des Bewertungsgesetzes bewertet.

§ 13 Steuerbefreiungen

(1) Steuerfrei bleiben

1. a) Hausrat einschließlich Wäsche und Kleidungsstücke sowie Kunstgegenstände und Sammlungen beim Erwerb durch Personen der Steuerklasse I oder II,
   soweit der Wert insgesamt 40 000 Deutsche Mark nicht übersteigt,
   der übrigen Steuerklassen,
   soweit der Wert insgesamt 10 000 Deutsche Mark nicht übersteigt,
   b) andere bewegliche körperliche Gegenstände, die nicht nach Nummer 2 befreit sind, beim Erwerb durch Personen
   der Steuerklasse I oder II,
   soweit der Wert insgesamt 5 000 Deutsche Mark nicht übersteigt,
   der übrigen Steuerklassen,
   soweit der Wert insgesamt 2 000 Deutsche Mark nicht übersteigt,
   Die Befreiung gilt nicht für Gegenstände, die zum land- und forstwirtschaftlichen Vermögen, zum Grundvermögen oder zum Betriebsvermögen gehören, für Zahlungsmittel, Wertpapiere, Münzen, Edelmetalle, Edelsteine und Perlen;

2. Grundbesitz oder Teile von Grundbesitz, Kunstgegenstände, Kunstsammlungen, wissenschaftliche Sammlungen, Bibliotheken und Archive
   a) mit sechzig vom Hundert ihres Wertes, wenn die Erhaltung dieser Gegenstände wegen ihrer Bedeutung für Kunst, Geschichte oder Wissenschaft im öffentlichen Interesse liegt, die jährlichen Kosten in der Regel die erzielten Einnahmen übersteigen und die Gegenstände in einem den Verhältnissen entsprechenden Umfang den Zwecken der Forschung oder der Volksbildung nutzbar gemacht sind oder werden,

Erbschaftsteuer- und Schenkungsteuergesetz
Wertermittlung
§ 13

b) in vollem Umfang, wenn die Voraussetzungen des Buchstaben a erfüllt sind und ferner
   aa) der Steuerpflichtige bereit ist, die Gegenstände den geltenden Bestimmungen der Denkmalspflege zu unterstellen,
   bb) die Gegenstände sich seit mindestens zwanzig Jahren im Besitz der Familie befinden oder in dem Verzeichnis national wertvollen Kulturgutes oder national wertvoller Archive nach dem Gesetz zum Schutz deutschen Kulturgutes gegen Abwanderung vom 6. August 1955 (Bundesgesetzbl. I S. 501) eingetragen sind.

   Die Steuerbefreiung fällt mit Wirkung für die Vergangenheit weg, wenn die Gegenstände innerhalb von zehn Jahren nach dem Erwerb veräußert werden oder die Voraussetzungen für die Steuerbefreiung innerhalb dieses Zeitraumes entfallen;

3. Grundbesitz oder Teile von Grundbesitz, der für Zwecke der Volkswohlfahrt der Allgemeinheit ohne gesetzliche Verpflichtung zur Benutzung zugänglich gemacht ist und dessen Erhaltung im öffentlichen Interesse liegt, wenn die jährlichen Kosten in der Regel die erzielten Einnahmen übersteigen. Die Steuerbefreiung fällt mit Wirkung für die Vergangenheit weg, wenn der Grundbesitz oder Teile des Grundbesitzes innerhalb von zehn Jahren nach dem Erwerb veräußert werden oder die Voraussetzungen für die Steuerbefreiung innerhalb dieses Zeitraumes entfallen;

4. ein Erwerb nach § 1969 des Bürgerlichen Gesetzbuchs;

5. die Befreiung von einer Schuld gegenüber dem Erblasser, sofern die Schuld durch Gewährung von Mitteln zum Zweck des angemessenen Unterhalts oder zur Ausbildung des Bedachten begründet worden ist oder der Erblasser die Befreiung mit Rücksicht auf die Notlage des Schuldners angeordnet hat und diese auch durch die Zuwendung nicht beseitigt wird. Die Steuerbefreiung entfällt, soweit die Steuer aus der Hälfte einer neben der erlassenen Schuld dem Bedachten anfallenden Zuwendung gedeckt werden kann;

6. ein Erwerb, der Eltern, Adoptiveltern, Stiefeltern oder Großeltern des Erblassers anfällt, sofern der Erwerb zusammen mit dem übrigen Vermögen des Erwerbers 40 000 Deutsche Mark nicht übersteigt und der Erwerber infolge körperlicher oder geistiger Gebrechen und unter Berücksichtigung seiner bisherigen Lebensstellung als erwerbsunfähig anzusehen ist oder durch die Führung eines gemeinsamen Hausstands mit erwerbsunfähigen oder in der Ausbildung befindlichen Abkömmlingen an der Ausübung einer Erwerbstätigkeit gehindert ist. Übersteigt der Wert des Erwerbs zusammen mit dem übrigen Vermögen des Erwerbers den Betrag von 40 000 Deutsche Mark, so wird die Steuer nur insoweit erhoben, als sie aus der Hälfte des die Wertgrenze übersteigenden Betrags gedeckt werden kann;

7. Ansprüche nach folgenden Gesetzen in der jeweils geltenden Fassung:
   a) Lastenausgleichsgesetz in der Fassung der Bekanntmachung vom 1. Oktober 1969 (Bundesgesetzbl. I S. 1909), zuletzt geändert durch das Siebenundzwanzigste Gesetz zur Änderung des Lastenausgleichsgesetzes vom 13. Februar 1974 (Bundesgesetzbl. I S. 177), Währungsausgleichsgesetz in der Fassung der Bekanntmachung vom 1. Dezember 1965 (Bundesgesetzbl. I S. 2059), zuletzt geändert durch § 3 des Zwanzigsten Gesetzes zur Änderung des Lastenausgleichsgesetzes vom 15. Juli 1968 (Bundesgesetzbl. I S. 806), Altsparergesetz in der Fassung der Bekanntmachung vom 1. April 1959 (Bundesgesetzbl. I S. 169), zuletzt geändert durch § 3

Erbschaftsteuer- und Schenkungsteuergesetz

Wertermittlung
§ 13

des Siebzehnten Gesetzes zur Änderung des Lastenausgleichsgesetzes vom 4. August 1964 (Bundesgesetzbl. I S. 585), Flüchtlingshilfegesetz in der Fassung der Bekanntmachung vom 15. Mai 1971 (Bundesgesetzbl. I S. 681), Reparationsschädengesetz vom 12. Februar 1969 (Bundesgesetzbl. I S. 105), zuletzt geändert durch § 2 des Dreiundzwanzigsten Gesetzes zur Änderung des Lastenausgleichsgesetzes vom 23. Dezember 1970 (Bundesgesetzbl. I S. 1870),

b) Allgemeines Kriegsfolgengesetz vom 5. November 1957 (Bundesgesetzbl. I S. 1747), zuletzt geändert durch das Reparationsschädengesetz vom 12. Februar 1969 (Bundesgesetzbl. I S. 105), Gesetz zur Regelung der Verbindlichkeiten nationalsozialistischer Einrichtungen und der Rechtsverhältnisse an deren Vermögen vom 17. März 1965 (Bundesgesetzbl. I S. 79),

c) Kriegsgefangenenentschädigungsgesetz in der Fassung der Bekanntmachung vom 2. September 1971 (Bundesgesetzbl. I S. 1545), Häftlingshilfegesetz in der Fassung der Bekanntmachung vom 25. Juli 1960 (Bundesgesetzbl. I S. 578);

8. Ansprüche auf Entschädigungsleistungen nach dem Bundesgesetz zur Entschädigung für Opfer der nationalsozialistischen Verfolgung in der Fassung vom 29. Juni 1956 (Bundesgesetzbl. I S. 559) in der jeweils geltenden Fassung;

9. ein steuerpflichtiger Erwerb bis zu 2 000 Deutsche Mark, der Personen anfällt, die dem Erblasser unentgeltlich oder gegen unzureichendes Entgelt Pflege oder Unterhalt gewährt haben, soweit das Zugewendete als angemessenes Entgelt anzusehen ist;

10. Vermögensgegenstände, die Eltern oder Voreltern ihren Abkömmlingen durch Schenkung oder Übergabevertrag zugewandt hatten und die an diese Personen von Todes wegen zurückfallen;

11. der Verzicht auf die Geltendmachung des Pflichtteilsanspruchs oder des Erbersatzanspruchs;

12. Zuwendungen unter Lebenden zum Zwecke des angemessenen Unterhalts oder zur Ausbildung des Bedachten;

13. Zuwendungen an Pensions- und Unterstützungskassen, die nach § 3 des Vermögensteuergesetzes steuerfrei sind. Die Befreiung fällt mit Wirkung für die Vergangenheit weg, wenn die Voraussetzungen des § 3 des Vermögensteuergesetzes innerhalb von zehn Jahren nach der Zuwendung entfallen;

14. die üblichen Gelegenheitsgeschenke;

15. Anfälle an den Bund, ein Land oder eine inländische Gemeinde (Gemeindeverband) sowie solche Anfälle, die ausschließlich Zwecken des Bundes, eines Landes oder einer inländischen Gemeinde (Gemeindeverband) dienen;

16. Zuwendungen

a) an inländische Religionsgesellschaften des öffentlichen Rechts oder an inländische jüdische Kultusgemeinden,

b) an inländische Körperschaften, Personenvereinigungen und Vermögensmassen, die nach der Satzung, dem Stiftungsgeschäft oder der sonstigen Verfassung und nach ihrer tatsächlichen Geschäftsführung ausschließlich und unmittelbar kirchlichen, gemeinnützigen oder mildtätigen Zwecken dienen. Die Befreiung fällt mit Wirkung für die Vergangenheit weg, wenn die Voraussetzungen für die Anerkennung der Körper-

Erbschaftsteuer- und Schenkungsteuergesetz

Berechnung der Steuer
§ 14

schaft, Personenvereinigung oder Vermögensmasse als kirchliche, gemeinnützige oder mildtätige Institution innerhalb von zehn Jahren nach der Zuwendung entfallen und das Vermögen nicht begünstigten Zwecken zugeführt wird;

17. Zuwendungen, die ausschließlich kirchlichen, gemeinnützigen oder mildtätigen Zwecken gewidmet sind, sofern die Verwendung zu dem bestimmten Zweck gesichert ist;

18. Zuwendungen an politische Parteien im Sinne des § 2 des Parteiengesetzes.

(2) Angemessen im Sinne des Absatzes 1 Nr. 5 und 12 ist eine Zuwendung, die den Vermögensverhältnissen und der Lebensstellung des Bedachten entspricht. Eine dieses Maß übersteigende Zuwendung ist in vollem Umfang steuerpflichtig.

(3) Jede Befreiungsvorschrift ist für sich anzuwenden.[1]) In den Fällen des Absatzes 1 Nr. 2 und 3 kann der Erwerber der Finanzbehörde bis zur Unanfechtbarkeit der Steuerfestsetzung erklären, daß er auf die Steuerbefreiung verzichtet.

III. Berechnung der Steuer

§ 14 Berücksichtigung früherer Erwerbe

(1) Mehrere innerhalb von zehn Jahren von derselben Person anfallende Vermögensvorteile werden in der Weise zusammengerechnet, daß dem letzten Erwerb die früheren Erwerbe nach ihrem früheren Wert zugerechnet werden und von der Steuer für den Gesamtbetrag die Steuer abgezogen wird, welche für die früheren Erwerbe zur Zeit des letzten zu erheben gewesen wäre. Erwerbe,

---

1) Gemäß Artikel 6 — Übergangsregelung für vor dem 3. 10. 1973 abgeschlossene Erbschaftsteuer- und Lastenausgleichsversicherungen — ist § 19 des Erbschaftsteuergesetzes in der Fassung vom 1. 4. 1959 (BGBl. I S. 187) auf vor dem 3. 10. 1973 abgeschlossene Lebensversicherungsverträge bis zum 31. 12. 1993 weiterhin mit folgender Maßgabe anzuwenden:
Tritt der Tod des Versicherungsnehmers (§ 19 Abs. 1) oder des überlebenden Ehegatten (§ 19 Abs. 2) nach dem 31. 12. 1973 ein, so mindert sich die Versicherungssumme, soweit sie bei der Feststellung des steuerpflichtigen Erwerbs unberücksichtigt zu lassen ist, für jedes dem Kalenderjahr 1973 bis zum Eintritt des Versicherungsfalles folgende Kalenderjahr um jeweils 5 vH.
§ 19 des Erbschaftsteuergesetzes in der Fassung vom 1. 4. 1959 hat folgenden Wortlaut:
„(1) Wenn in einem Lebensversicherungsvertrag bestimmt ist, daß die Versicherungssumme zur Bezahlung der Erbschaftsteuer und zur Ablösung von Lastenausgleichsabgaben oder zu einem der beiden Zwecke zu verwenden und nach dem Tode des Versicherungsnehmers an das Finanzamt abzuführen ist, so ist die Versicherungssumme bei Feststellung des steuerpflichtigen Erwerbes von Todes wegen der Angehörigen der Steuerklasse I oder II insoweit unberücksichtigt zu lassen, als sie zur Tilgung ihrer Erbschaftsteuerschuld oder zur Ablösung der auf sie entfallenden Lastenausgleichsabgaben des Versicherungsnehmers dient.
(2) Die Vergünstigung tritt nur ein, wenn die Versicherungssumme binnen zwei Monaten nach dem Tode des Versicherungsnehmers an das Finanzamt abgeführt wird. Wird die Versicherungssumme schon vor dem Tode des Versicherungsnehmers fällig, so tritt die Vergünstigung auch insoweit ein, als die Versicherungssumme zur Bezahlung der Erbschaftsteuer und zur Ablösung von Lastenausgleichsabgaben bei dem Versicherungsunternehmen bis zum Tode des Versicherungsnehmers stehenbleibt und innerhalb der in Satz 1 genannten Frist an das Finanzamt abgeführt wird. Soweit eine Erbschaftsteuerversicherung abgeschlossen ist und beim Tode des Versicherungsnehmers sein gesamter Nachlaß dem überlebenden Ehegatten nach § 16 Abs. 1, 2 und 5 steuerfrei zufällt, ist die Vergünstigungsvorschrift des Absatzes 1 im Erbfall des überlebenden Ehegatten anzuwenden, wenn die Versicherungssumme bis zum Tode des überlebenden Ehegatten beim Versicherungsunternehmen stehenbleibt und binnen zwei Monaten nach seinem Tode an das Finanzamt abgeführt wird.
(3) Die Vergünstigung wird nicht dadurch ausgeschlossen, daß der Versicherungsnehmer in dem Lebensversicherungsvertrag oder in einer Verfügung von Todes wegen eine Person benennt, an die das Finanzamt den nach Bezahlung der Erbschaftsteuer und nach Ablösung der Lastenausgleichsabgaben etwa verbleibenden Betrag der Versicherungssumme abführen soll.
(4) Reicht die Versicherungssumme zur Bezahlung der Erbschaftsteuer und zur Ablösung der Lastenausgleichsabgaben nicht aus und hat der Versicherungsnehmer weder im Ver-

Erbschaftsteuer- und Schenkungsteuergesetz

Berechnung der Steuer

§ 15

für die sich nach den steuerlichen Bewertungsgrundsätzen kein positiver Wert ergeben hat, bleiben unberücksichtigt.

(2) Die durch jeden weiteren Erwerb veranlaßte Steuer darf nicht mehr betragen als 70 vom Hundert dieses Erwerbs.

§ 15 Steuerklassen

(1) Nach dem persönlichen Verhältnis des Erwerbers zum Erblasser oder Schenker werden die folgenden vier Steuerklassen unterschieden:

Steuerklasse I
1. Der Ehegatte,
2. die Kinder und Stiefkinder,
3. die Kinder verstorbener Kinder und Stiefkinder.

Steuerklasse II
1. De Abkömmlinge der in Steuerklasse I Nr. 2 genannten Kinder, soweit sie nicht zur Steuerklasse I Nr. 3 gehören,
2. die Eltern und Voreltern bei Erwerben von Todes wegen.

Steuerklasse III
1. Die Eltern und Voreltern, soweit sie nicht zur Steuerklasse II gehören,
2. die Geschwister,
3. die Abkömmlinge ersten Grades von Geschwistern,
4. die Stiefeltern,
5. die Schwiegerkinder,
6. die Schwiegereltern,
7. der geschiedene Ehegatte.

Steuerklasse IV

Alle übrigen Erwerber und die Zweckzuwendungen.

---

sicherungsvertrag noch in einer Verfügung von Todes wegen eine Bestimmung darüber getroffen, in welcher Weise die Steuer- und Abgabenschulden der einzelnen Erwerber aus der Versicherungssumme gedeckt werden sollen, so ist die Versicherungssumme zunächst zur Deckung der Erbschaftsteuer zu verwenden. Dabei ist sie auf die Erwerber der Steuerklassen I und II im Verhältnis derjenigen Steuerbeträge zu verteilen, die sich ohne Berücksichtigung der Versicherungssumme ergeben. Ein alsdann verbleibender Betrag ist nach denselben Grundsätzen auf die Erwerber der Steuerklassen III bis V zu verteilen. Der nach Deckung der Erbschaftsteuer verbleibende Betrag ist zur Ablösung der Lastenausgleichsabgaben zu verwenden und zunächst auf die Erwerber der Steuerklassen I und II und sodann auf die übrigen Erwerber im Verhältnis ihrer Erwerbe zu verteilen. Kommen mehrere Lastenausgleichsabgaben oder mehrere Ablösungsarten in Betracht, so bestimmt das Finanzamt nach Anhörung der Erben die Verwendung der Beträge.

(5) Übersteigt die Versicherungssumme die aus ihr zu tilgenden Steuerbeträge und Ablösungsbeträge, so findet die Steuervergünstigung des Absatzes 1 auf den Unterschiedsbetrag keine Anwendung. Der Unterschiedsbetrag ist dem Erwerb des nach Absatz 3 Berechtigten oder, wenn ein solcher nicht benannt ist, dem Erwerb der Erben hinzuzurechnen.

(6) Bei Angehörigen der Steuerklassen III bis V gilt als steuerpflichtiger Erwerb der Betrag, der sich bei einer Zusammenrechnung des erbschaftsteuerlichen Erwerbes mit der aus ihm berechneten und aus der Versicherungssumme getilgten Steuer und dem entrichteten Ablösungsbetrag ergibt.

(7) Bei Versäumung der Fristen des Absatzes 2 kann Nachsicht gemäß §§ 86 und 87 der Reichsabgabenordnung gewährt werden, wenn weder die Steuerpflichtigen noch das Versicherungsunternehmen ein Verschulden an der Fristversäumnis trifft."

Erbschaftsteuer- und Schenkungsteuergesetz
Berechnung der Steuer
§§ 16–17

(1 a) Die Steuerklassen I, II und III Nr. 1 bis 3 gelten auch dann, wenn die Verwandtschaft durch Annahme als Kind bürgerlich-rechtlich erloschen ist.

(2) In den Fällen des § 3 Abs. 2 Nr. 1 und des § 7 Abs. 1 Nr. 8 ist der Besteuerung das Verwandtschaftsverhältnis des nach der Stiftungsurkunde entferntest Berechtigten zu dem Erblasser oder Schenker zugrunde zu legen, sofern die Stiftung wesentlich im Interesse einer Familie oder bestimmten Familien im Inland errichtet ist. In den Fällen des § 7 Abs. 1 Nr. 9 gilt als Schenker der Stifter oder derjenige, der das Vermögen auf den Verein übertragen hat; der Besteuerung ist mindestens der Vomhundertsatz der Steuerklasse II zugrunde zu legen. In den Fällen des § 1 Abs. 1 Nr. 4 wird der doppelte Freibetrag nach § 16 Abs. 1 Nr. 2 gewährt; die Steuer ist nach dem Vomhundertsatz der Steuerklasse I zu berechnen, der für die Hälfte des steuerpflichtigen Vermögens gelten würde.

(3) Im Falle des § 2269 des Bürgerlichen Gesetzbuchs und soweit der überlebende Ehegatte an die Verfügung gebunden ist, sind die mit dem verstorbenen Ehegatten näher verwandten Erben und Vermächtnisnehmer als seine Erben anzusehen, soweit sein Vermögen beim Tode des überlebenden Ehegatten noch vorhanden ist. § 6 Abs. 2 Satz 3 bis 5 gilt entsprechend.

§ 16 Freibeträge[1]

(1) Steuerfrei bleibt in den Fällen des § 2 Abs. 1 Nr. 1 der Erwerb

1. des Ehegatten in Höhe von 250 000 Deutsche Mark;
2. der übrigen Personen der Steuerklasse I in Höhe von 90 000 Deutsche Mark;
3. der Personen der Steuerklasse II in Höhe von 50 000 Deutsche Mark;
4. der Personen der Steuerklasse III in Höhe von 10 000 Deutsche Mark;
5. der Personen der Steuerklasse IV in Höhe von 3 000 Deutsche Mark.

(2) An die Stelle des Freibetrags nach Absatz 1 tritt in den Fällen des § 2 Abs. 1 Nr. 3 ein Freibetrag von 2 000 Deutsche Mark.

§ 17 Besonderer Versorgungsfreibetrag[1]

(1) Neben dem Freibetrag nach § 16 Abs. 1 Nr. 1 wird dem überlebenden Ehegatten ein besonderer Versorgungsfreibetrag von 250 000 Deutsche Mark gewährt. Der Freibetrag wird bei Ehegatten, denen aus Anlaß des Todes des Erblassers nicht der Erbschaftsteuer unterliegende Versorgungsbezüge zustehen, um den nach § 14 des Bewertungsgesetzes zu ermittelnden Kapitalwert dieser Versorgungsbezüge gekürzt.

---

[1] §§ 16 und 17 gelten gemäß Artikel 10 § 3 des Gesetzes zur Reform des Erbschaftsteuer- und Schenkungsteuerrechts vom 17. 4. 1974 (BGBl. I S. 933) für die Kalenderjahre, in denen Grundstücke (§ 70 des Bewertungsgesetzes) und Betriebsgrundstücke i. S. des § 99 Abs. 1 Nr. 1 des Bewertungsgesetzes für die Erbschaftsteuer und Schenkungsteuer mit 140 vH der auf den Wertverhältnissen am 1. 1. 1964 beruhenden Einheitswerte anzusetzen sind.

Erbschaftsteuer- und Schenkungsteuergesetz

Berechnung der Steuer
§§ 18–19

(2) Neben dem Freibetrag nach § 16 Abs. 1 Nr. 2 wird Kindern im Sinne der Steuerklasse I Nr. 2 (§ 15 Abs. 1) für Erwerbe von Todes wegen ein besonderer Versorgungsfreibetrag in folgender Höhe gewährt:

1. bei einem Alter bis zu 5 Jahren in Höhe von
50 000 Deutsche Mark;
2. bei einem Alter von mehr als 5 bis zu 10 Jahren in Höhe von
40 000 Deutsche Mark;
3. bei einem Alter von mehr als 10 bis zu 15 Jahren in Höhe von
30 000 Deutsche Mark;
4. bei einem Alter von mehr als 15 bis zu 20 Jahren in Höhe von
20 000 Deutsche Mark;
5. bei einem Alter von mehr als 20 Jahren bis zur Vollendung des 27. Lebensjahres in Höhe von
10 000 Deutsche Mark.

Übersteigt der steuerpflichtige Erwerb (§ 10) unter Berücksichtigung früherer Erwerbe (§ 14) 150 000 Deutsche Mark, so vermindert sich der Freibetrag nach den Nummern 1 bis 5 um den 150 000 Deutsche Mark übersteigenden Betrag. Stehen dem Kind aus Anlaß des Todes des Erblassers nicht der Erbschaftsteuer unterliegende Versorgungsbezüge zu, so wird der Freibetrag um den nach § 13 Abs. 1 des Bewertungsgesetzes zu ermittelnden Kapitalwert dieser Versorgungsbezüge gekürzt. Bei der Berechnung des Kapitalwerts ist von der nach den Verhältnissen am Stichtag (§ 11) voraussichtlichen Dauer der Bezüge auszugehen.

§ 18 Mitgliederbeiträge

Beiträge an Personenvereinigungen, die nicht lediglich die Förderung ihrer Mitglieder zum Zweck haben, sind steuerfrei, soweit die von einem Mitglied im Kalenderjahr der Vereinigung geleisteten Beiträge 500 Deutsche Mark nicht übersteigen. § 13 Abs. 1 Nr. 16 und 18 bleibt unberührt.

§ 19 Steuersätze[1])

(1) Die Erbschaftsteuer wird nach folgenden Vomhundertsätzen erhoben:

Wert des Steuer-pflichtigen Erwerbs (§ 10) bis einschließlich Deutsche Mark	Vomhundertsatz in der Steuerklasse			
	I	II	III	IV
50 000	3	6	11	20
75 000	3,5	7	12,5	22
100 000	4	8	14	24
125 000	4,5	9	15,5	26
150 000	5	10	17	28
200 000	5,5	11	18,5	30

---

[1]) § 19 gilt gemäß Artikel 10 § 3 des Gesetzes zur Reform des Erbschaftsteuer- und Schenkungsteuerrechts vom 17. 4. 1974 (BGBl. I S. 933) für die Kalenderjahre, in denen Grundstücke (§ 70 des Bewertungsgesetzes) und Betriebsgrundstücke i. S. des § 99 Abs. 1 Nr. 1 des Bewertungsgesetzes für die Erbschaftsteuer und Schenkungsteuer mit 140 vH der auf den Wertverhältnissen am 1. 1. 1964 beruhenden Einheitswerte anzusetzen sind.

Erbschaftsteuer- und Schenkungsteuergesetz
Steuerfestsetzung und Erhebung
§ 20

Wert des Steuer- pflichtigen Erwerbs (§ 10) bis einschließlich Deutsche Mark	Vomhundertsatz in der Steuerklasse			
	I	II	III	IV
250 000	6	12	20	32
300 000	6,5	13	21,5	34
400 000	7	14	23	36
500 000	7,5	15	24,5	38
600 000	8	16	26	40
700 000	8,5	17	27,5	42
800 000	9	18	29	44
900 000	9,5	19	30,5	46
1 000 000	10	20	32	48
2 000 000	11	22	34	50
3 000 000	12	24	36	52
4 000 000	13	26	38	54
6 000 000	14	28	40	56
8 000 000	16	30	43	58
10 000 000	18	33	46	60
25 000 000	21	36	50	62
50 000 000	25	40	55	64
100 000 000	30	45	60	67
über 100 000 000	35	50	65	70

(2) Ist im Falle des § 2 Abs. 1 Nr. 1 ein Teil des Vermögens der inländischen Besteuerung auf Grund eines Abkommens zur Vermeidung der Doppelbesteuerung entzogen, so ist die Steuer nach dem Steuersatz zu erheben, der für den ganzen Erwerb gelten würde.

(3) Der Unterschied zwischen der Steuer, die sich bei Anwendung des Absatzes 1 ergibt, und der Steuer, die sich berechnen würde, wenn der Erwerb die letztvorhergehende Wertgrenze nicht überstiegen hätte, wird nur insoweit erhoben, als er

a) bei einem Steuersatz bis zu 30 vom Hundert aus der Hälfte,

b) bei einem Steuersatz über 30 bis zu 50 vom Hundert aus drei Vierteln,

c) bei einem Steuersatz über 50 vom Hundert aus neun Zehnteln

des die Wertgrenze übersteigenden Betrages gedeckt werden kann.

IV. Steuerfestsetzung und Erhebung

§ 20 Steuerschuldner

(1) Steuerschuldner ist der Erwerber, bei einer Schenkung auch der Schenker, bei einer Zweckzuwendung der mit der Ausführung der Zuwendung Beschwerte und in den Fällen des § 1 Abs. 1 Nr. 4 die Stiftung oder der Verein.

(2) Im Falle des § 4 sind die Abkömmlinge im Verhältnis der auf sie entfallenden Anteile, der überlebende Ehegatte für den gesamten Steuerbetrag Steuerschuldner.

(3) Der Nachlaß haftet bis zur Auseinandersetzung (§ 2042 des Bürgerlichen Gesetzbuchs) für die Steuer der am Erbfall Beteiligten.

(4) Der Vorerbe hat die durch die Vorerbschaft veranlaßte Steuer aus den Mitteln der Vorerbschaft zu entrichten.

(5) Hat der Steuerschuldner den Erwerb oder Teile desselben vor Entrichtung der Erbschaftsteuer einem anderen unentgeltlich zugewendet, so haftet der andere in Höhe des Wertes der Zuwendung persönlich für die Steuer.

(6) Versicherungsunternehmen, die vor Entrichtung oder Sicherstellung der Steuer die von ihnen zu zahlende Versicherungssumme oder Leibrente in ein Gebiet außerhalb des Geltungsbereichs dieses Gesetzes zahlen oder außerhalb des Geltungsbereichs dieses Gesetzes wohnhaften Berechtigten zur Verfügung stellen, haften in Höhe des ausgezahlten Betrages für die Steuer. Das gleiche gilt für Personen, in deren Gewahrsam sich Vermögen des Erblassers befindet, soweit sie das Vermögen vorsätzlich oder fahrlässig vor Entrichtung oder Sicherstellung der Steuer in ein Gebiet außerhalb des Geltungsbereichs dieses Gesetzes bringen oder außerhalb des Geltungsbereichs dieses Gesetzes wohnhaften Berechtigten zur Verfügung stellen.

(7) Die Haftung nach Absatz 6 ist nicht geltend zu machen, wenn der in einem Steuerfall in ein Gebiet außerhalb des Geltungsbereichs dieses Gesetzes gezahlte oder außerhalb des Geltungsbereichs dieses Gesetzes wohnhaften Berechtigten zur Verfügung gestellte Betrag 1 000 Deutsche Mark nicht übersteigt.

§ 21 Anrechnung ausländischer Erbschaftsteuer

(1) Bei Erwerbern, die in einem ausländischen Staat mit ihrem Auslandsvermögen zu einer der deutschen Erbschaftsteuer entsprechenden Steuer — ausländische Steuer — herangezogen werden, ist in den Fällen des § 2 Abs. 1 Nr. 1, sofern nicht die Vorschriften eines Abkommens zur Vermeidung der Doppelbesteuerung anzuwenden sind, auf Antrag die festgesetzte, auf den Erwerber entfallende, gezahlte und keinem Ermäßigungsanspruch unterliegende ausländische Steuer insoweit auf die deutsche Erbschaftsteuer anzurechnen, als das Auslandsvermögen auch der deutschen Erbschaftsteuer unterliegt. Besteht der Erwerb nur zum Teil aus Auslandsvermögen, so ist der darauf entfallende Teilbetrag der deutschen Erbschaftsteuer in der Weise zu ermitteln, daß die für das steuerpflichtige Gesamtvermögen einschließlich des steuerpflichtigen Auslandsvermögens sich ergebende Erbschaftsteuer im Verhältnis des steuerpflichtigen Auslandsvermögens zum steuerpflichtigen Gesamtvermögen aufgeteilt wird. Ist das Auslandsvermögen in verschiedenen ausländischen Staaten zu belegen, so ist dieser Teil für jeden einzelnen ausländischen Staat gesondert zu berechnen. Die ausländische Steuer ist nur anrechenbar, wenn die deutsche Erbschaftsteuer für das Auslandsvermögen innerhalb von fünf Jahren seit dem Zeitpunkt der Entstehung der ausländischen Erbschaftsteuer entstanden ist.

(2) Als Auslandsvermögen im Sinne des Absatzes 1 gelten,

1. wenn der Erblasser zur Zeit seines Todes Inländer war: alle Vermögensgegenstände der in § 121 des Bewertungsgesetzes genannten Art, die auf einen ausländischen Staat entfallen, sowie alle Nutzungsrechte an diesen Vermögensgegenständen;
2. wenn der Erblasser zur Zeit seines Todes kein Inländer war: alle Vermögensgegenstände mit Ausnahme des Inlandsvermögens im Sinne des § 121 des Bewertungsgesetzes sowie alle Nutzungsrechte an diesen Vermögensgegenständen.

Erbschaftsteuer- und Schenkungsteuergesetz

Steuerfestsetzung und Erhebung
§§ 22–25

(3) Der Erwerber hat den Nachweis über die Höhe des Auslandsvermögens und über die Festsetzung und Zahlung der ausländischen Steuer durch Vorlage entsprechender Urkunden zu führen. Sind diese Urkunden in einer fremden Sprache abgefaßt, so kann eine beglaubigte Übersetzung in die deutsche Sprache verlangt werden.

(4) Ist nach einem Abkommen zur Vermeidung der Doppelbesteuerung die in einem ausländischen Staat erhobene Steuer auf die Erbschaftsteuer anzurechnen, so sind die Absätze 1 bis 3 entsprechend anzuwenden.

§ 22 Kleinbetragsgrenze

Von der Festsetzung der Erbschaftsteuer ist abzusehen, wenn die Steuer, die für den einzelnen Steuerfall festzusetzen ist, den Betrag von 50 Deutsche Mark nicht übersteigt.

§ 23 Besteuerung von Renten, Nutzungen und Leistungen

(1) Steuern, die von dem Kapitalwert von Renten oder anderen wiederkehrenden Nutzungen oder Leistungen zu entrichten sind, können nach Wahl des Erwerbers statt vom Kapitalwert jährlich im voraus von dem Jahreswert entrichtet werden. Die Steuer wird in diesem Fall nach dem Steuersatz erhoben, der sich nach § 19 für den gesamten Erwerb einschließlich des Kapitalwerts der Renten oder anderen wiederkehrenden Nutzungen oder Leistungen ergibt.

(2) Der Erwerber hat das Recht, die Jahressteuer zum jeweils nächsten Fälligkeitstermin mit ihrem Kapitalwert abzulösen. Für die Ermittlung des Kapitalwerts im Ablösungszeitpunkt sind die Vorschriften der §§ 13 und 14 des Bewertungsgesetzes anzuwenden. Der Antrag auf Ablösung der Jahressteuer ist spätestens bis zum Beginn des Monats zu stellen, der dem Monat vorausgeht, in dem die nächste Jahressteuer fällig wird.

§ 24 Verrentung der Steuerschuld in den Fällen des § 1 Abs. 1 Nr. 4

In den Fällen des § 1 Abs. 1 Nr. 4 kann der Steuerpflichtige verlangen, daß die Steuer in 30 gleichen jährlichen Teilbeträgen (Jahresbeträgen) zu entrichten ist. Die Summe der Jahresbeträge umfaßt die Tilgung und die Verzinsung der Steuer; dabei ist von einem Zinssatz von 5,5 vom Hundert auszugehen.

§ 25 Besteuerung bei Nutzungs- und Rentenlast

(1) Der Erwerb von Vermögen, dessen Nutzungen dem Schenker oder dem Ehegatten des Erblassers (Schenkers) zustehen oder das mit einer Rentenverpflichtung oder mit der Verpflichtung zu sonstigen wiederkehrenden Leistungen zugunsten dieser Personen belastet ist, wird ohne Berücksichtigung dieser Belastungen besteuert. Die Steuer, die auf den Kapitalwert dieser Belastungen entfällt, ist jedoch bis zu deren Erlöschen zinslos zu stunden. Die gestundete Steuer kann auf Antrag des Erwerbers jederzeit mit ihrem Barwert nach § 12 Abs. 3 des Bewertungsgesetzes abgelöst werden.

(2) Veräußert der Erwerber das belastete Vermögen vor dem Erlöschen der Belastung ganz oder teilweise, so endet insoweit die Stundung mit dem Zeitpunkt der Veräußerung.

Erbschaftsteuer- und Schenkungsteuergesetz

Steuerfestsetzung und Erhebung
§§ 26–27

§ 26 Ermäßigung der Steuer bei Aufhebung einer Familienstiftung oder Auflösung eines Vereins

In den Fällen des § 7 Abs. 1 Nr. 9 ist auf die nach § 15 Abs. 2 Satz 2 zu ermittelnde Steuer die nach § 15 Abs. 2 Satz 3 festgesetzte Steuer anteilsmäßig anzurechnen

a) mit 50 vom Hundert, wenn seit der Entstehung der anrechenbaren Steuer nicht mehr als zwei Jahre,

b) mit 25 vom Hundert, wenn seit der Entstehung der anrechenbaren Steuer mehr als zwei Jahre, aber nicht mehr als vier Jahre vergangen sind.

§ 27 Mehrfacher Erwerb desselben Vermögens

(1) Fällt Personen der Steuerklasse I oder II von Todes wegen Vermögen an, das in den letzten zehn Jahren vor dem Erwerb bereits von Personen dieser Steuerklassen erworben worden ist und für das nach diesem Gesetz eine Steuer zu erheben war, so ermäßigt sich der auf dieses Vermögen entfallende Steuerbetrag vorbehaltlich des Absatzes 3 wie folgt:

um vom Hundert	wenn zwischen den beiden Zeitpunkten der Entstehung der Steuer liegen
50	nicht mehr als 1 Jahr
45	mehr als 1 Jahr, aber nicht mehr als 2 Jahre
40	mehr als 2 Jahre, aber nicht mehr als 3 Jahre
35	mehr als 3 Jahre, aber nicht mehr als 4 Jahre
30	mehr als 4 Jahre, aber nicht mehr als 5 Jahre
25	mehr als 5 Jahre, aber nicht mehr als 6 Jahre
20	mehr als 6 Jahre, aber nicht mehr als 8 Jahre
10	mehr als 8 Jahre, aber nicht mehr als 10 Jahre

(Fortsetzung auf Seite 19)

Erbschaftsteuer- und Schenkungsteuergesetz
Steuerfestsetzung und Erhebung
§§ 28—30

(2) Zur Ermittlung des Steuerbetrags, der auf das begünstigte Vermögen entfällt, ist die Steuer für den Gesamterwerb in dem Verhältnis aufzuteilen, in dem der Wert des begünstigten Vermögens zu dem Wert des steuerpflichtigen Gesamterwerbs ohne Abzug des dem Erwerber zustehenden Freibetrags steht. Dabei ist der Wert des begünstigten Vermögens um den früher gewährten Freibetrag oder, wenn dem Erwerber ein höherer Freibetrag zusteht, um diesen höheren Freibetrag zu kürzen. Ist im letzteren Fall der Gesamterwerb höher als der Wert des begünstigten Vermögens, so ist das begünstigte Vermögen um den Teil des höheren Freibetrags zu kürzen, der dem Verhältnis des begünstigten Vermögens zum Gesamterwerb entspricht.

(3) Die Ermäßigung nach Absatz 1 darf den Betrag nicht überschreiten, der sich bei Anwendung der in Absatz 1 genannten Hundertsätze auf die Steuer ergibt, die der Vorerwerber für den Erwerb desselben Vermögens entrichtet hat.

§ 28 Stundung

(1) Gehört zum Erwerb Betriebsvermögen oder land- und forstwirtschaftliches Vermögen, so ist dem Erwerber die darauf entfallende Erbschaftsteuer auf Antrag bis zu sieben Jahren insoweit zu stunden, als dies zur Erhaltung des Betriebs notwendig ist; §§ 234, 238 der Abgabenordnung sind anzuwenden. § 222 der Abgabenordnung bleibt unberührt.

(2) Absatz 1 findet in den Fällen des § 1 Abs. 1 Nr. 4 entsprechende Anwendung.

§ 29 Erlöschen der Steuer in besonderen Fällen

(1) Die Steuer erlischt mit Wirkung für die Vergangenheit,

1. soweit ein Geschenk wegen eines Rückforderungsrechts herausgegeben werden mußte;
2. soweit die Herausgabe gemäß § 528 Abs. 1 Satz 2 des Bürgerlichen Gesetzbuchs abgewendet worden ist;
3. soweit in den Fällen des § 5 Abs. 2 unentgeltliche Zuwendungen auf die Ausgleichsforderung angerechnet worden sind (§ 1380 Abs. 1 des Bürgerlichen Gesetzbuchs).

(2) Der Erwerber ist für den Zeitraum, für den ihm die Nutzungen des zugewendeten Vermögens zugestanden haben, wie ein Nießbraucher zu behandeln.

§ 30 Anzeige des Erwerbs

(1) Jeder der Erbschaftsteuer unterliegende Erwerb (§ 1) ist vom Erwerber, bei einer Zweckzuwendung vom Beschwerten binnen einer Frist von drei Monaten nach erlangter Kenntnis von dem Anfall oder von dem Eintritt der Verpflichtung dem für die Verwaltung der Erbschaftsteuer zuständigen Finanzamt anzuzeigen.

(2) Erfolgt der steuerpflichtige Erwerb durch ein Rechtsgeschäft unter Lebenden, so ist zur Anzeige auch derjenige verpflichtet, aus dessen Vermögen der Erwerb stammt.

(3) Einer Anzeige bedarf es nicht, wenn der Erwerb auf einer von einem deutschen Gericht, einem deutschen Notar oder einem deutschen Konsul eröffneten Verfügung von Todes wegen beruht und sich aus der Verfügung das Verhältnis des Erwerbers zum Erblasser unzweifelhaft ergibt. Das gleiche gilt,

Erbschaftsteuer- und Schenkungsteuergesetz
Steuerfestsetzung und Erhebung
§§ 31—32

wenn eine Schenkung unter Lebenden oder eine Zweckzuwendung gerichtlich oder notariell beurkundet ist.

(4) Die Anzeige soll folgende Angaben enthalten:

1. Vorname und Familienname, Beruf, Wohnung des Erblassers oder Schenkers und des Erwerbers,
2. Todestag und Sterbeort des Erblassers oder Zeitpunkt der Ausführung der Schenkung,
3. Gegenstand und Wert des Erwerbs,
4. Rechtsgrund des Erwerbs wie gesetzliche Erbfolge, Vermächtnis, Ausstattung,
5. persönliches Verhältnis des Erwerbers zum Erblasser oder zum Schenker wie Verwandtschaft, Schwägerschaft, Dienstverhältnis,
6. frühere Zuwendungen des Erblassers oder Schenkers an den Erwerber nach Art, Wert und Zeitpunkt der einzelnen Zuwendung.

§ 31 Steuererklärung

(1) Das Finanzamt kann von jedem an einem Erbfall, an einer Schenkung oder an einer Zweckzuwendung Beteiligten ohne Rücksicht darauf, ob er selbst steuerpflichtig ist, die Abgabe einer Erklärung innerhalb einer von ihm zu bestimmenden Frist verlangen. Die Frist muß mindestens einen Monat betragen.

(2) Die Erklärung hat ein Verzeichnis der zum Nachlaß gehörenden Gegenstände und die sonstigen für die Feststellung des Gegenstandes und des Wertes des Erwerbs erforderlichen Angaben zu enthalten.

(3) In den Fällen der fortgesetzten Gütergemeinschaft kann das Finanzamt die Steuererklärung allein von dem überlebenden Ehegatten verlangen.

(4) Sind mehrere Erben vorhanden, so sind sie berechtigt, die Steuererklärung gemeinsam abzugeben. In diesem Fall ist die Steuererklärung von allen Beteiligten zu unterschreiben. Sind an dem Erbfall außer den Erben noch weitere Personen beteiligt, so können diese im Einverständnis mit den Erben in die gemeinsame Steuererklärung einbezogen werden.

(5) Ist ein Testamentsvollstrecker oder Nachlaßverwalter vorhanden, so ist die Steuererklärung von diesem abzugeben. Das Finanzamt kann verlangen, daß die Steuererklärung auch von einem oder mehreren Erben mitunterschrieben wird.

(6) Ist ein Nachlaßpfleger bestellt, so ist dieser zur Abgabe der Steuererklärung verpflichtet.

(7) Das Finanzamt kann verlangen, daß eine Steuererklärung auf einem Vordruck nach amtlich bestimmtem Muster abzugeben ist, in der der Steuerschuldner die Steuer selbst zu berechnen hat. Der Steuerschuldner hat die selbstberechnete Steuer innerhalb eines Monats nach Abgabe der Steuererklärung zu entrichten.

§ 32 Bekanntgabe des Steuerbescheides an Vertreter

(1) In den Fällen des § 31 Abs. 5 ist der Steuerbescheid abweichend von § 122 Abs. 1 Satz 1 der Abgabenordnung dem Testamentsvollstrecker oder Nachlaßverwalter bekanntzugeben. Diese Personen haben für die Bezahlung der Erb-

Erbschaftsteuer- und Schenkungsteuergesetz
Steuerfestsetzung und Erhebung
§§ 33—34

schaftsteuer zu sorgen. Auf Verlangen des Finanzamts ist aus dem Nachlaß Sicherheit zu leisten.

(2) In den Fällen des § 31 Abs. 6 ist der Steuerbescheid dem Nachlaßpfleger bekanntzugeben. Absatz 1 Satz 2 und 3 ist entsprechend anzuwenden.

§ 33 Anzeigepflicht der Vermögensverwahrer, Vermögensverwalter und Versicherungsunternehmen

(1) Wer sich geschäftsmäßig mit der Verwahrung oder Verwaltung fremden Vermögens befaßt, hat diejenigen in seinem Gewahrsam befindlichen Vermögensgegenstände und diejenigen gegen ihn gerichteten Forderungen, die beim Tod eines Erblassers zu dessen Vermögen gehörten oder über die dem Erblasser zur Zeit seines Todes die Verfügungsmacht zustand, dem für die Verwaltung der Erbschaftsteuer zuständigen Finanzamt anzuzeigen. Die Anzeige ist zu erstatten:

1. in der Regel:
   innerhalb eines Monats, seitdem der Todesfall dem Verwahrer oder Verwalter bekanntgeworden ist;
2. wenn der Erblasser zur Zeit seines Todes Angehöriger eines ausländischen Staats war und nach einer Vereinbarung mit diesem Staat der Nachlaß einem konsularischen Vertreter auszuhändigen ist:
   spätestens bei der Aushändigung des Nachlasses.

(2) Wer auf den Namen lautende Aktien oder Schuldverschreibungen ausgegeben hat, hat dem Finanzamt von dem Antrag, solche Wertpapiere eines Verstorbenen auf den Namen anderer umzuschreiben, vor der Umschreibung Anzeige zu erstatten.

(3) Versicherungsunternehmen haben, bevor sie Versicherungssummen oder Leibrenten einem anderen als dem Versicherungsnehmer auszahlen oder zur Verfügung stellen, hiervon dem Finanzamt Anzeige zu erstatten.

(4) Zuwiderhandlungen gegen diese Pflichten werden als Steuerordnungswidrigkeit mit Geldbuße geahndet.

§ 34 Anzeigepflicht der Gerichte, Behörden, Beamten und Notare

(1) Die Gerichte, Behörden, Beamten und Notare haben dem für die Verwaltung der Erbschaftsteuer zuständigen Finanzamt Anzeige zu erstatten über diejenigen Beurkundungen, Zeugnisse und Anordnungen, die für die Festsetzung einer Erbschaftsteuer von Bedeutung sein können.

(2) Insbesondere haben anzuzeigen:

1. die Standesämter:
   die Sterbefälle;
2. die Gerichte und die Notare:
   die Erteilung von Erbscheinen, Testamentsvollstreckerzeugnissen und Zeugnissen über die Fortsetzung der Gütergemeinschaft, die Beschlüsse über Todeserklärungen sowie die Anordnung von Nachlaßpflegschaften und Nachlaßverwaltungen;
3. die Gerichte, die Notare und die deutschen Konsuln:
   die eröffneten Verfügungen von Todes wegen, die abgewickelten Erbauseinandersetzungen, die beurkundeten Vereinbarungen der Gütergemeinschaft und die beurkundeten Schenkungen und Zweckzuwendungen.

Erbschaftsteuer- und Schenkungsteuergesetz
Steuerfestsetzung und Erhebung — Ermächtigungs- und Schlußvorschriften
§§ 35—36

§ 35 Örtliche Zuständigkeit

(1) Örtlich zuständig für die Steuerfestsetzung ist in den Fällen, in denen der Erblasser zur Zeit seines Todes oder der Schenker zur Zeit der Ausführung der Zuwendung ein Inländer war, das Finanzamt, das sich bei sinngemäßer Anwendung der §§ 19 Abs. 1 und 20 der Abgabenordnung ergibt. Im Fall der Steuerpflicht nach § 2 Abs. 1 Nr. 1 Buchstabe b richtet sich die Zuständigkeit nach dem letzten inländischen Wohnsitz oder gewöhnlichen Aufenthalt des Erblassers oder Schenkers.

(2) Die örtliche Zuständigkeit bestimmt sich nach den Verhältnissen des Erwerbers, bei Zweckzuwendungen nach den Verhältnissen des Beschwerten, zur Zeit des Erwerbs, wenn

1. bei einer Schenkung unter Lebenden der Erwerber, bei einer Zweckzuwendung unter Lebenden der Beschwerte, eine Körperschaft, Personenvereinigung oder Vermögensmasse ist, oder
2. der Erblasser zur Zeit seines Todes oder der Schenker zur Zeit der Ausführung der Zuwendung kein Inländer war. Sind an einem Erbfall mehrere inländische Erwerber mit Wohnsitz oder gewöhnlichem Aufenthalt in verschiedenen Finanzamtsbezirken beteiligt, so ist das Finanzamt örtlich zuständig, das zuerst mit der Sache befaßt wird.

(3) Bei Schenkungen und Zweckzuwendungen unter Lebenden von einer Erbengemeinschaft ist das Finanzamt zuständig, das für die Bearbeitung des Erbfalls zuständig ist oder sein würde.

(4) In den Fällen des § 2 Abs. 1 Nr. 3 ist das Finanzamt örtlich zuständig, das sich bei sinngemäßer Anwendung des § 19 Abs. 2 der Abgabenordnung ergibt.

V. Ermächtigungs- und Schlußvorschriften

§ 36 Ermächtigungen

(1) Die Bundesregierung wird ermächtigt, mit Zustimmung des Bundesrates

1. zur Durchführung dieses Gesetzes Rechtsverordnungen zu erlassen, soweit dies zur Wahrung der Gleichmäßigkeit bei der Besteuerung, zur Beseitigung von Unbilligkeiten in Härtefällen oder zur Vereinfachung des Besteuerungsverfahrens erforderlich ist, und zwar über

    a) die Abgrenzung der Steuerpflicht,

    b) die Feststellung und die Bewertung des Erwerbs von Todes wegen, der Schenkungen unter Lebenden und der Zweckzuwendungen, auch soweit es sich um den Inhalt von Schließfächern handelt,

    c) die Steuerfestsetzung, die Anwendung der Tarifvorschriften und die Steuerentrichtung,

    d) die Anzeige- und Erklärungspflicht der Steuerpflichtigen,

    e) die Anzeige-, Mitteilungs- und Übersendungspflichten der Gerichte, Behörden, Beamten und Notare, der Versicherungsunternehmen, der Vereine und Berufsverbände, die mit einem Versicherungsunternehmen die Zahlung einer Versicherungssumme für den Fall des Todes ihrer Mitglieder vereinbart haben, der geschäftsmäßigen Verwahrer und Verwalter fremden Vermögens, auch soweit es sich um in ihrem Gewahrsam befindliche Vermögensgegenstände des Erblassers handelt, sowie derjenigen, die auf

Erbschaftsteuer- und Schenkungsteuergesetz
Ermächtigungs- und Schlußvorschriften
§§ 37–39

den Namen lautende Aktien oder Schuldverschreibungen ausgegeben haben;

2. Vorschriften durch Rechtsverordnung zu erlassen über die sich aus der Aufhebung oder Änderung von Vorschriften dieses Gesetzes ergebenden Rechtsfolgen, soweit dies zur Wahrung der Gleichmäßigkeit der Besteuerung oder zur Beseitigung von Unbilligkeiten in Härtefällen erforderlich ist.

(2) Der Bundesminister der Finanzen wird ermächtigt, den Wortlaut dieses Gesetzes und der zu diesem Gesetz erlassenen Durchführungsverordnung in der jeweils geltenden Fassung mit neuem Datum, unter neuer Überschrift und in neuer Paragraphenfolge bekanntzumachen und dabei Unstimmigkeiten des Wortlauts zu beseitigen.

§ 37 Anwendung des Gesetzes

(1) Dieses Gesetz findet mit Ausnahme des § 25 auf Erwerbe Anwendung, für welche die Steuer nach dem 31. Dezember 1979 entstanden ist oder entsteht. § 25 findet auf Erwerbe Anwendung, für welche die Steuer nach dem 30. August 1980 entstanden ist oder entsteht. In Erbfällen, die vor diesem Zeitpunkt eingetreten sind, und für Schenkungen, die vor diesem Zeitpunkt ausgeführt worden sind, ist weiterhin § 25 in der bisher geltenden Fassung anzuwenden, auch wenn die Steuer infolge Aussetzung der Versteuerung nach § 25 Abs. 1 Buchstabe a erst nach dem 30. August 1980 entstanden ist oder entsteht.

(2) § 2 Abs. 1 Nr. 3 findet auf Erwerbe Anwendung, für welche die Steuer nach dem 31. Dezember 1983 entstanden ist oder entsteht.

(3) § 13 Abs. 3 Satz 2 findet erstmals auf Erwerbe Anwendung, für welche die Steuer nach dem 31. Dezember 1985 entstanden ist oder entsteht.

§ 38 Berlin-Klausel

Dieses Gesetz gilt nach Maßgabe des § 12 Abs. 1 des Dritten Überleitungsgesetzes vom 4. Januar 1952 (BGBl. I S. 1) auch im Land Berlin. Rechtsverordnungen, die auf Grund dieses Gesetzes erlassen werden, gelten im Land Berlin nach § 14 des Dritten Überleitungsgesetzes.

§ 39 Inkrafttreten

Dieses Gesetz tritt am 1. Januar 1974 in Kraft.

Körperschaftsteuergesetz

Änderungsregister

Körperschaftsteuergesetz 1984 (KStG 1984)

Vom 31. August 1976 (BGBl. I S. 2597)
in der Fassung der Bekanntmachung vom 10. Februar 1984 (BGBl. I S. 217)[1]
(BGBl. III 611-4-4)

Änderungen seit Neufassung

Paragraph	Art der Änderung	Geändert durch	Datum	Fundstelle BGBl.
10, 54	geändert	Gesetz zur Änderung des Einkommensteuergesetzes und des Körperschaftsteuergesetzes	25. 7.1984	I S.1006
5, 8, 31, 33, 49–51, 54	geändert	Steuerbereinigungsgesetz 1985	14.12.1984	I S.1493
7, 44, 54	geändert	Steuerbereinigungsgesetz 1986	19.12.1985	I S.2436
5	geändert	Gesetz zur Änderung des Gesetzes über die Lastenausgleichsbank	20. 2.1986	I S.297
5, 54	geändert	Gesetz über das Baugesetzbuch	8.12.1986	I S.2191
5, 7, 8, 10, 23, 26, 30–33, 50, 54	geändert	Steuerreformgesetz 1990	25. 7.1988	I S.1093
9, 54	geändert	Gesetz zur steuerlichen Begünstigung von Zuwendungen an unabhängige Wählervereinigungen	25. 7.1988	I S.1185

---

[1] **Bekanntmachung
der Neufassung des Körperschaftsteuergesetzes**
Vom 10. Februar 1984
Auf Grund des § 53 Abs. 2 Nr. 2 des Körperschaftsteuergesetzes in der Fassung der Bekanntmachung vom 10. Dezember 1981 (BGBl. I S. 1357) wird nachstehend der Wortlaut des Körperschaftsteuergesetzes in der ab 1. Januar 1984 anzuwendenden Fassung bekanntgemacht. Die Neufassung berücksichtigt:
1. die Fassung der Bekanntmachung des Gesetzes vom 10. Dezember 1981 (BGBl. I S. 1357),
2. den am 1. April 1983 in Kraft getretenen Artikel 2 Abs. 14 des Gesetzes vom 29. März 1983 (BGBl. I S. 377),
3. den am 1. Januar 1984 in Kraft getretenen Artikel 5 des Gesetzes vom 22. Dezember 1983 (BGBl. I S. 1577)
und
4. den am 29. Dezember 1983 in Kraft getretenen Artikel 6 des Steuerentlastungsgesetzes 1984 vom 22. Dezember 1983 (BGBl. I S. 1583).

Der § 55 (Berlin-Klausel) ist aus dem Artikel 1 des Körperschaftsteuerreformgesetzes vom 31. August 1976 (BGBl. I S. 2597) entnommen.
Der Bundesminister der Finanzen

Körperschaftsteuergesetz

Änderungsregister

Paragraph	Art der Änderung	Geändert durch	Datum	Fundstelle BGBl.
54	geändert	Haushaltsbegleitgesetz 1989	20.12.1988	I S.2262
9, 54	geändert	Fünftes Gesetz zur Änderung des Parteiengesetzes und anderer Gesetze	22.12.1988	I S.2615
5, 9, 24, 54	geändert	Vereinsförderungsgesetz	18.12.1989	I S.2212
5, 50, 54	geändert	Wohnungsbauförderungsgesetz	22.12.1989	I S.2408

Körperschaftsteuergesetz
Inhaltsübersicht

Inhaltsübersicht

	§
Erster Teil **Steuerpflicht**	
Unbeschränkte Steuerpflicht	1
Beschränkte Steuerpflicht	2
Abgrenzung der Steuerpflicht bei nichtrechtsfähigen Personenvereinigungen und Vermögensmassen sowie bei Realgemeinden	3
Betriebe gewerblicher Art von juristischen Personen des öffentlichen Rechts	4
Befreiungen	5
Einschränkung der Befreiung von Pensions-, Sterbe-, Kranken- und Unterstützungskassen	6

Zweiter Teil
Einkommen

Erstes Kapitel
Allgemeine Vorschriften

	§
Grundlagen der Besteuerung	7
Ermittlung des Einkommens	8
Abziehbare Aufwendungen	9
Nichtabziehbare Aufwendungen	10
Auflösung und Abwicklung (Liquidation)	11
Verlegung der Geschäftsleitung ins Ausland	12
Beginn und Erlöschen einer Steuerbefreiung	14

Zweites Kapitel
Sondervorschriften für die Organschaft

	§
Aktiengesellschaft oder Kommanditgesellschaft auf Aktien als Organgesellschaft	14
Besondere Vorschriften zur Ermittlung des Einkommens der Organgesellschaft	15
Ausgleichszahlungen	16
Andere Kapitalgesellschaften als Organgesellschaft	17
Ausländische Organträger	18
Steuerabzug bei dem Organträger	19

Drittes Kapitel
Sondervorschriften für Versicherungsunternehmen

	§
Versicherungstechnische Rückstellungen	20
Beitragsrückerstattungen	21

Viertes Kapitel
Sondervorschriften für Genossenschaften

	§
Genossenschaftliche Rückvergütung	22

Dritter Teil
Tarif; Besteuerung bei ausländischen Einkunftsteilen

	§
Steuersatz	23
Freibetrag für bestimmte Körperschaften	24
Freibetrag für Erwerbs- und Wirtschaftsgenossenschaften sowie Vereine, die Land- und Forstwirtschaft betreiben	25
Besteuerung ausländischer Einkunftsteile	26

Vierter Teil
Anrechnungsverfahren

Erstes Kapitel
Körperschaftsteuerbelastung des ausgeschütteten Gewinns unbeschränkt steuerpflichtiger Körperschaften und Personenvereinigungen

	§
Minderung oder Erhöhung der Körperschaftsteuer	27
Für die Ausschüttung verwendetes Eigenkapital	28
Verwendbares Eigenkapital	29
Gliederung des verwendbaren Eigenkapitals	30
Zuordnung der bei der Einkommensermittlung nichtabziehbaren Ausgaben	31
Einordnung bestimmter ermäßigt belasteter Eigenkapitalteile	32
Verluste	33
Gliederung bei Erlaß	34
Fehlendes verwendbares Eigenkapital	35
Gliederung des Eigenkapitals bei dem Organträger	36
Gliederung des Eigenkapitals der Organgesellschaften	37
Tarifbelastung bei Vermögensübernahme	38
(weggefallen)	39
Ausnahmen von der Körperschaftsteuererhöhung	40
Sonstige Leistungen	41

Körperschaftsteuergesetz
§§ 1–2

	§
Körperschaftsteuerminderung und Körperschaftsteuererhöhung bei Vermögensübertragung auf eine steuerbefreite Übernehmerin	42
Körperschaftsteuerminderung und Körperschaftsteuererhöhung bei sonstigen Körperschaften	43

Zweites Kapitel
Bescheinigungen; gesonderte Feststellung

	§
Bescheinigung der ausschüttenden Körperschaft	44
Bescheinigung eines Kreditinstituts	45
Bescheinigung eines Notars	46
Gesonderte Feststellung von Besteuerungsgrundlagen	47

Fünfter Teil
Entstehung, Veranlagung, Erhebung und Vergütung der Steuer

	§
Entstehung der Körperschaftsteuer	48
Steuererklärungspflicht, Veranlagung und Erhebung von Körperschaftsteuer	49
Sondervorschriften für den Steuerabzug vom Kapitalertrag	50
Ausschluß der Anrechnung und Vergütung von Körperschaftsteuer	51
Vergütung des Erhöhungsbetrages	52

Sechster Teil
Ermächtigungs- und Schlußvorschriften

	§
Ermächtigungen	53
Schlußvorschriften	54
Berlin-Klausel	55

Erster Teil
Steuerpflicht

§ 1 Unbeschränkte Steuerpflicht

(1) Unbeschränkt körperschaftsteuerpflichtig sind die folgenden Körperschaften, Personenvereinigungen und Vermögensmassen, die ihre Geschäftsleitung oder ihren Sitz im Inland haben:
1. Kapitalgesellschaften (Aktiengesellschaften, Kommanditgesellschaften auf Aktien, Gesellschaften mit beschränkter Haftung, Kolonialgesellschaften, bergrechtliche Gewerkschaften);
2. Erwerbs- und Wirtschaftsgenossenschaften;
3. Versicherungsvereine auf Gegenseitigkeit;
4. sonstige juristische Personen des privaten Rechts;
5. nichtrechtsfähige Vereine, Anstalten, Stiftungen und andere Zweckvermögen des privaten Rechts;
6. Betriebe gewerblicher Art von juristischen Personen des öffentlichen Rechts.

(2) Die unbeschränkte Körperschaftsteuerpflicht erstreckt sich auf sämtliche Einkünfte.

(3) Zum Inland im Sinne dieses Gesetzes gehört auch der der Bundesrepublik Deutschland zustehende Anteil am Festlandsockel, soweit dort Naturschätze des Meeresgrundes und des Meeresuntergrundes erforscht oder ausgebeutet werden.

§ 2 Beschränkte Steuerpflicht

Beschränkt körperschaftsteuerpflichtig sind
1. Körperschaften, Personenvereinigungen und Vermögensmassen, die weder ihre Geschäftsleitung noch ihren Sitz im Inland haben,
   mit ihren inländischen Einkünften;

Körperschaftsteuergesetz
§§ 3–5

2. sonstige Körperschaften, Personenvereinigungen und Vermögensmassen, die nicht unbeschränkt steuerpflichtig sind, mit den inländischen Einkünften, von denen ein Steuerabzug vorzunehmen ist.

§ 3 Abgrenzung der Steuerpflicht bei nichtrechtsfähigen Personenvereinigungen und Vermögensmassen sowie bei Realgemeinden

(1) Nichtrechtsfähige Personenvereinigungen, Anstalten, Stiftungen und andere Zweckvermögen sind körperschaftsteuerpflichtig, wenn ihr Einkommen weder nach diesem Gesetz noch nach dem Einkommensteuergesetz unmittelbar bei einem anderen Steuerpflichtigen zu versteuern ist.

(2) Hauberg-, Wald-, Forst und Laubgenossenschaften und ähnliche Realgemeinden, die zu den in § 1 bezeichneten Steuerpflichtigen gehören, sind nur insoweit körperschaftsteuerpflichtig, als sie einen Gewerbebetrieb unterhalten oder verpachten, der über den Rahmen eines Nebenbetriebs hinausgeht. Im übrigen sind ihre Einkünfte unmittelbar bei den Beteiligten zu versteuern.

§ 4 Betriebe gewerblicher Art von juristischen Personen des öffentlichen Rechts

(1) Betriebe gewerblicher Art von juristischen Personen des öffentlichen Rechts im Sinne des § 1 Abs. 1 Nr. 6 sind vorbehaltlich des Absatzes 5 alle Einrichtungen, die einer nachhaltigen wirtschaftlichen Tätigkeit zur Erzielung von Einnahmen außerhalb der Land- und Forstwirtschaft dienen und die sich innerhalb der Geamtbetätigung der juristischen Person wirtschaftlich herausheben. Die Absicht, Gewinn zu erzielen, und die Beteiligung am allgemeinen wirtschaftlichen Verkehr sind nicht erforderlich.

(2) Ein Betrieb gewerblicher Art ist auch unbeschränkt steuerpflichtig, wenn er selbst eine juristische Person des öffentlichen Rechts ist.

(3) Zu den Betrieben gewerblicher Art gehören auch Betriebe, die der Versorgung der Bevölkerung mit Wasser, Gas, Elektrizität oder Wärme, dem öffentlichen Verkehr oder dem Hafenbetrieb dienen.

(4) Als Betrieb gewerblicher Art gilt die Verpachtung eines solchen Betriebs.

(5) Zu den Betrieben gewerblicher Art gehören nicht Betriebe, die überwiegend der Ausübung der öffentlichen Gewalt dienen (Hoheitsbetriebe). Für die Annahme eines Hoheitsbetriebs reichen Zwangs- oder Monopolrechte nicht aus.

§ 5 Befreiungen

(1) Von der Körperschaftsteuer sind befreit
1. die Deutsche Bundespost, die Deutsche Bundesbahn, die Monopolverwaltungen des Bundes, die staatlichen Lotterieunternehmen und der Erdölbevorratungsverband nach § 2 Abs. 1 des Erdölbevorratungsgesetzes vom 25. Juli 1978 (BGBl. I S. 1073);
2. die Deutsche Bundesbank, die Kreditanstalt für Wiederaufbau, die Deutsche Ausgleichsbank, die Landwirtschaftliche Rentenbank, die Bayerische Landesanstalt für Aufbaufinanzierung, die Hessische Landesentwicklungs- und Treuhandgesellschaft mit beschränkter Haftung, die Wirtschaftsaufbaukasse Schleswig-Holstein Aktiengesellschaft, die Niedersächsische Gesellschaft für öffentliche Finanzierung mit beschränkter Haftung, die Finanzierungs-Aktiengesellschaft Rheinland-Pfalz, die Hanseatische Ge-

sellschaft für öffentliche Finanzierung mit beschränkter Haftung, die Finanzierungs-Aktiengesellschaft Rheinland-Pfalz, die Hanseatische Gesellschaft für öffentliche Finanzierungen mit beschränkter Haftung Bremen, die Landeskreditbank Baden-Württemberg-Förderungsanstalt, die Bayerische Landesbodenkreditanstalt, die Wohnungsbau-Kreditanstalt Berlin, die Hamburgische Wohnungsbaukreditanstalt, die Niedersächsische Landestreuhandstelle für den Wohnungs- und Städtebau, die Wohnungsbauförderungsanstalt des Landes Nordrhein-Westfalen, die Wohnungsbaukreditanstalt des Landes Schleswig-Holstein, die Niedersächsische Landestreuhandstelle für Wirtschaftsförderung Norddeutsche Landesbank, die Landestreuhandstelle für Agrarförderung Norddeutsche Landesbank, die Saarländische Investitionskreditbank Aktiengesellschaft und die Liquiditäts- Konsortialbank Gesellschaft mit beschränkter Haftung;
3. rechtsfähige Pensions-, Sterbe- und Krankenkassen, die den Personen, denen die Leistungen der Kasse zugute kommen oder zugute kommen sollen (Leistungsempfängern), einen Rechtsanspruch gewähren, und rechtsfähige Unterstützungskassen, die den Leistungsempfängern keinen Rechtsanspruch gewähren,
   a) wenn sich die Kasse beschränkt
      aa) auf Zugehörige oder frühere Zugehörige einzelner oder mehrerer wirtschaftlicher Geschäftsbetriebe oder
      bb) auf Zugehörige oder frühere Zugehörige der Spitzenverbände der freien Wohlfahrtspflege (Arbeiterwohlfahrt-Bundesverband e.V., Deutscher Caritasverband e.V., Deutscher Paritätischer Wohlfahrtsverband e.V., Deutsches Rotes Kreuz, Diakonisches Werk – Innere Mission und Hilfswerk der Evangelischen Kirche in Deutschland sowie Zentralwohlfahrtsstelle der Juden in Deutschland e.V.) einschließlich ihrer Untergliederungen, Einrichtungen und Anstalten und sonstiger gemeinnütziger Wohlfahrtsverbände oder
      cc) auf Arbeitnehmer sonstiger Körperschaften, Personenvereinigungen und Vermögensmassen im Sinne der §§ 1 und 2; den Arbeitnehmern stehen Personen, die sich in einem arbeitnehmerähnlichen Verhältnis befinden, gleich; zu den Zugehörigen oder Arbeitnehmern rechnen jeweils auch deren Angehörige;
   b) wenn sichergestellt ist, daß der Betrieb der Kasse nach dem Geschäftsplan und nach Art und Höhe der Leistungen eine soziale Einrichtung darstellt. Diese Voraussetzung ist bei Unterstützungskassen, die Leistungen von Fall zu Fall gewähren, nur gegeben, wenn sich diese Leistungen mit Ausnahme des Sterbegeldes auf Fälle der Not oder Arbeitslosigkeit beschränken;
   c) wenn vorbehaltlich des § 6 die ausschließliche und unmittelbare Verwendung des Vermögens und der Einkünfte der Kasse nach der Satzung und der tatsächlichen Geschäftsführung für die Zwecke der Kasse dauernd gesichert ist;
   d) wenn bei Pensions-, Sterbe- und Krankenkassen am Schluß des Wirtschaftsjahrs, zu dem der Wert der Deckungsrückstellung versicherungsmathematisch zu berechnen ist, das nach den handelsrechtlichen Grundsätzen ordnungsmäßiger Buchführung unter Berücksichtigung des von der Versicherungsaufsichtsbehörde genehmigten Geschäftsplan auszuweisende Vermögen nicht höher ist als bei einem Versicherungsverein auf Gegenseitigkeit die Verlustrücklage und bei einer Kasse anderer Rechtsform der dieser Rücklage entsprechende Teil des Vermögens. Bei der Ermittlung des Vermögens ist eine Rückstellung für Beitragsrückerstattung nur insoweit abziehbar, als den Leistungsempfängern ein Anspruch auf die Überschußbeteiligung zusteht. Übersteigt das Vermögen der Kasse den bezeichneten Betrag, so ist die Kasse nach Maßgabe des § 6 Abs. 1 bis 4 steuerpflichtig; und
   e) wenn bei Unterstützungskassen am Schluß des Wirtschaftsjahrs das Vermögen ohne Berücksichtigung künftiger Kassenleistungen nicht höher ist als das um 25 v.H.

Körperschaftsteuergesetz
§ 5

erhöhte zulässige Kassenvermögen im Sinne des § 4 d des Einkommensteuergesetzes. Bei der Ermittlung des Vermögens der Kasse ist der Grundbesitz mit dem Wert anzusetzen, mit dem er bei einer Veranlagung zur Vermögensteuer auf den Veranlagungszeitpunkt anzusetzen wäre, der auf den Schluß des Wirtschaftsjahrs folgt; das übrige Vermögen ist mit dem gemeinen Wert am Schluß des Wirtschaftsjahrs anzusetzen. Übersteigt das Vermögen der Kasse den bezeichneten Betrag, so ist die Kasse nach Maßgabe des § 6 Abs. 5 steuerpflichtig;

4. kleinere Versicherungsvereine auf Gegenseitigkeit im Sinne des § 53 des Versicherungsaufsichtsgesetzes, wenn
   a) ihre Beitragseinnahmen im Durchschnitt der letzten drei Wirtschaftsjahre einschließlich des im Veranlagungszeitraum endenden Wirtschaftsjahrs die durch Rechtsverordnung festzusetzenden Jahresbeträge nicht überstiegen haben oder
   b) sich ihr Geschäftsbetrieb auf die Sterbegeldversicherung beschränkt und die Versicherungsvereine nach dem Geschäftsplan sowie nach Art und Höhe der Leistungen soziale Einrichtungen darstellen;
5. Berufsverbände ohne öffentlich-rechtlichen Charakter, deren Zweck nicht auf einen wirtschaftlichen Geschäftsbetrieb gerichtet ist. Wird ein wirtschaftlicher Geschäftsbetrieb unterhalten, ist die Steuerbefreiung insoweit ausgeschlossen;
6. Körperschaften oder Personenvereinigungen, deren Hauptzweck die Verwaltung des Vermögens für einen nichtrechtsfähigen Berufsverband der in Nummer 5 bezeichneten Art ist, sofern ihre Erträge im wesentlichen aus dieser Vermögensverwaltung herrühren und ausschließlich dem Berufsverband zufließen;
7. politische Parteien im Sinne des § 2 des Parteiengesetzes und ihre Gebietsverbände. Wird ein wirtschaftlicher Geschäftsbetrieb unterhalten, so ist die Steuerbefreiung insoweit ausgeschlossen;
8. öffentlich-rechtliche Versicherungs- und Versorgungseinrichtungen von Berufsgruppen, deren Angehörige auf Grund einer durch Gesetz angeordneten oder auf Gesetz beruhenden Verpflichtung Mitglieder dieser Einrichtung sind, wenn die Satzung der Einrichtung die Zahlung keiner höheren jährlichen Beiträge zuläßt als das Zwölffache der Beiträge, die nach den §§ 1387 und 1388 der Reichsversicherungsordnung höchstens entrichtet werden können. Ermöglicht die Satzung der Einrichtung nur Pflichtmitgliedschaften sowie freiwillige Mitgliedschaften, die unmittelbar an eine Pflichtmitgliedschaft anschließen, so steht dies der Steuerbefreiung nicht entgegen, wenn die Satzung die Zahlung keiner höheren jährlichen Beiträge zuläßt als das Fünfzehnfache der Beiträge, die nach den §§ 1387 und 1388 der Reichsversicherungsordnung höchstens entrichtet werden können;
9. Körperschaften, Personenvereinigungen und Vermögensmassen, die nach der Satzung, dem Stiftungsgeschäft oder der sonstigen Verfassung und nach der tatsächlichen Geschäftsführung ausschließlich und unmittelbar gemeinnützigen, mildtätigen oder kirchlichen Zwecken dienen (§§ 51 bis 68 der Abgabenordnung). Wird ein wirtschaftlicher Geschäftsbetrieb unterhalten, ist die Steuerbefreiung insoweit ausgeschlossen. Satz 2 gilt nicht für selbstbewirtschaftete Forstbetriebe;
10. Erwerbs- und Wirtschaftsgenossenschaften sowie Vereine, soweit sie
    a) Wohnungen herstellen oder erwerben und sie den Mitgliedern auf Grund eines Mietvertrags oder auf Grund eines genossenschaftlichen Nutzungsvertrags zum Gebrauch überlassen; den Wohnungen stehen Räume in Wohnheimen im Sinne des § 15 des Zweiten Wohnungsbaugesetzes gleich;
    b) im Zusammenhang mit einer Tätigkeit im Sinne des Buchstabens a Gemeinschaftsanlagen oder Folgeeinrichtungen herstellen oder erwerben und sie betreiben,

wenn sie überwiegend für Mitglieder bestimmt sind und der Betrieb durch die Genossenschaft oder den Verein notwendig ist.

Die Steuerbefreiung ist ausgeschlossen, wenn die Einnahmen des Unternehmens aus den in Satz 1 nicht bezeichneten Tätigkeiten 10 vom Hundert der gesamten Einnahmen übersteigen;

11. (aufgehoben)
12. die von den zuständigen Landesbehörden begründeten oder anerkannten gemeinnützigen Siedlungsunternehmen im Sinne des Reichssiedlungsgesetzes in der im Bundesgesetzblatt Teil III, Gliederungsnummer 2331-1, veröffentlichten bereinigten Fassung, zuletzt geändert durch Artikel 2 Nr. 24 des Gesetzes vom 8. Dezember 1986 (BGBl. I S. 2191), und im Sinne der Bodenreformgesetze der Länder, soweit die Unternehmen im ländlichen Raum Siedlungs-, Agrarstrukturverbesserungs- und Landentwicklungsmaßnahmen mit Ausnahme des Wohnungsbaus durchführen. Die Steuerbefreiung ist ausgeschlossen, wenn die Einnahmen des Unternehmens aus den in Satz 1 nicht bezeichneten Tätigkeiten die Einnahmen aus den in Satz 1 bezeichneten Tätigkeiten übersteigen;
13. (aufgehoben)
14. Erwerbs- und Wirtschaftsgenossenschaften sowie Vereine, soweit sich ihr Geschäftsbetrieb beschränkt
    a) auf die gemeinschaftliche Benutzung land- und forstwirtschaftlicher Betriebseinrichtungen oder Betriebsgegenstände,
    b) auf Leistungen im Rahmen von Dienst- oder Werkverträgen für die Produktion land- und forstwirtschaftlicher Erzeugnisse für die Betriebe der Mitglieder, wenn die Leistungen im Bereich der Land- und Forstwirtschaft liegen; dazu gehören auch Leistungen zur Erstellung und Unterhaltung von Betriebsvorrichtungen, Wirtschaftswegen und Bodenverbesserungen,
    c) auf die Bearbeitung oder die Verwertung der von den Mitgliedern selbst gewonnenen land- und forstwirtschaftlichen Erzeugnisse, wenn die Bearbeitung oder die Verwertung im Bereich der Land- und Forstwirtschaft liegt, oder
    d) auf die Beratung für die Produktion oder Verwertung land- und forstwirtschaftlicher Erzeugnisse der Betriebe der Mitglieder.

    Die Steuerbefreiung ist ausgeschlossen, wenn die Einnahmen des Unternehmens aus den in Satz 1 nicht bezeichneten Tätigkeiten 10 vom Hundert der gesamten Einnahmen übersteigen. Bei Genossenschaften und Vereinen, deren Geschäftsbetrieb sich überwiegend auf die Durchführung von Milchqualitäts- und Milchleistungsprüfungen oder auf die Tierbesamung beschränkt, bleiben die auf diese Tätigkeiten gerichteten Zweckgeschäfte mit Nichtmitgliedern bei der Berechnung der 10-Vomhundertgrenze außer Ansatz;
15. der Pensions-Sicherungs-Verein Versicherungsverein auf Gegenseitigkeit,
    a) wenn er mit Erlaubnis der Versicherungsaufsichtsbehörde ausschließlich die Aufgaben des Trägers der Insolvenzsicherung wahrnimmt, die sich aus dem Gesetz zur Verbesserung der betrieblichen Altersversorgung vom 19. Dezember 1974 (BGBl. I S. 3610) ergeben, und

Körperschaftsteuergesetz
§ 6

b) wenn seine Leistungen nach dem Kreis der Empfänger sowie nach Art und Höhe den in den §§ 7 bis 9, 17 und 30 des Gesetzes zur Verbesserung der betrieblichen Altersversorgung bezeichneten Rahmen nicht überschreiten;

16. Körperschaften, Personenvereinigungen und Vermögensmassen, die als Sicherungseinrichtung eines Verbandes der Kreditinstitute nach ihrer Satzung oder sonstigen Verfassung ausschließlich den Zweck haben, bei Gefahr für die Erfüllung der Verpflichtungen eines Kreditinstituts Hilfe zu leisten. Voraussetzung ist, daß das Vermögen und etwa erzielte Überschüsse nur zur Erreichung des satzungsmäßigen Zwecks verwendet werden. Die Sätze 1 und 2 gelten entsprechend für Einrichtungen zur Sicherung von Spareinlagen bei Unternehmen, die am 31. Dezember 1989 als gemeinnützige Wohnungsunternehmen anerkannt waren.
17. (aufgehoben)

(2) Die Befreiungen nach Absatz 1 gelten nicht
1. für inländische Einkünfte, die dem Steuerabzug unterliegen;
2. soweit nach den Vorschriften des Vierten Teils die Ausschüttungsbelastung im Sinne des § 27 herzustellen ist;
3. für beschränkt Steuerpflichtige im Sinne des § 2 Nr. 1.

§ 6 Einschränkung der Befreiung von Pensions-, Sterbe-, Kranken- und Unterstützungskassen

(1) Übersteigt am Schluß des Wirtschaftsjahrs, zu dem der Wert der Deckungsrückstellung versicherungsmathematisch zu berechnen ist, das Vermögen einer Pensions-, Sterbe- oder Krankenkasse im Sinne des § 5 Abs. 1 Nr. 3 den in Buchstabe d dieser Vorschrift bezeichneten Betrag, so ist die Kasse steuerpflichtig, soweit ihr Einkommen anteilig auf das übersteigende Vermögen entfällt.

(2) Die Steuerpflicht entfällt mit Wirkung für die Vergangenheit, soweit das übersteigende Vermögen innerhalb von achtzehn Monaten nach dem Schluß des Wirtschaftsjahrs, für das es festgestellt worden ist, mit Zustimmung der Versicherungsaufsichtsbehörde zur Leistungserhöhung, zur Auszahlung an das Trägerunternehmen, zur Verrechnung mit Zuwendungen des Trägerunternehmens, zur gleichmäßigen Herabsetzung künftiger Zuwendungen des Trägerunternehmens oder zur Verminderung der Beiträge der Leistungsempfänger verwendet wird.

(3) Wird das übersteigende Vermögen nicht in der in Absatz 2 bezeichneten Weise verwendet, so erstreckt sich die Steuerpflicht auch auf die folgenden Kalenderjahre, für die der Wert der Deckungsrückstellung nicht versicherungsmathematisch zu berechnen ist.

(4) Bei der Ermittlung des Einkommens der Kasse sind Beitragsrückerstattungen oder sonstige Vermögensübertragungen an das Trägerunternehmen außer in den Fällen des Absatzes 2 nicht abziehbar. Das gleiche gilt für Zuführungen zu einer Rückstellung für Beitragsrückerstattung, soweit den Leistungsempfängern ein Anspruch auf die Überschußbeteiligung nicht zusteht.

(5) Übersteigt am Schluß des Wirtschaftsjahrs das Vermögen einer Unterstützungskasse im Sinne des § 5 Abs. 1 Nr. 3 den in Buchstabe e dieser Vorschrift bezeichneten Betrag, so ist die Kasse steuerpflichtig, soweit ihr Einkommen anteilig auf das übersteigende Vermögen entfällt. Bei der Ermittlung des Einkommens sind Vermögensübertragungen an das Trägerunternehmen nicht abziehbar.

(6) Auf den Teil des Vermögens einer Pensions-, Sterbe-, Kranken- oder Unterstützungskasse, der am Schluß des Wirtschaftsjahrs den in § 5 Abs. 1 Nr. 3 Buchstabe d oder e bezeichneten Betrag übersteigt, ist Buchstabe c dieser Vorschrift nicht anzuwenden. Bei Unterstützungskassen gilt dies auch, soweit das Vermögen vor dem Schluß des Wirtschaftsjahrs den in § 5 Abs. 1 Nr. 3 Buchstabe e bezeichneten Betrag übersteigt.

Zweiter Teil
Einkommen

Erstes Kapitel
Allgemeine Vorschriften

§ 7 Grundlagen der Besteuerung

(1) Die Körperschaftsteuer bemißt sich nach dem zu versteuernden Einkommen, im Falle des § 23 Abs. 7 nach den Entgelten (§ 10 Abs. 1 des Umsatzsteuergesetzes) aus Werbesendungen.

(2) Zu versteuerndes Einkommen ist das Einkommen im Sinne des § 8 Abs. 1, vermindert um die Freibeträge der §§ 24 und 25.

(3) Die Körperschaftsteuer ist eine Jahressteuer. Die Grundlagen für ihre Festsetzung sind jeweils für ein Kalenderjahr zu ermitteln. Besteht die unbeschränkte oder beschränkte Steuerpflicht nicht während eines ganzen Kalenderjahrs, so tritt an die Stelle des Kalenderjahrs der Zeitraum der jeweiligen Steuerpflicht.

(4) Bei Steuerpflichtigen, die verpflichtet sind, Bücher nach den Vorschriften des Handelsgesetzbuchs zu führen, ist der Gewinn nach dem Wirtschaftsjahr zu ermitteln, für das sie regelmäßig Abschlüsse machen. Weicht bei diesen Steuerpflichtigen das Wirtschaftsjahr, für das sie regelmäßig Abschlüsse machen, vom Kalenderjahr ab, so gilt der Gewinn aus Gewerbebetrieb als in dem Kalenderjahr bezogen, in dem das Wirtschaftsjahr endet. Die Umstellung des Wirtschaftsjahrs auf einen vom Kalenderjahr abweichenden Zeitraum ist steuerlich nur wirksam, wenn sie im Einvernehmen mit dem Finanzamt vorgenommen wird.

(5) (aufgehoben)

§ 8 Ermittlung des Einkommens

(1) Was als Einkommen gilt und wie das Einkommen zu ermitteln ist, bestimmt sich nach den Vorschriften des Einkommensteuergesetzes und dieses Gesetzes.

(2) Bei Steuerpflichtigen, die nach den Vorschriften des Handelsgesetzbuchs zur Führung von Büchern verpflichtet sind, sind alle Einkünfte als Einkünfte aus Gewerbebetrieb zu behandeln.

(3) Für die Ermittlung des Einkommens ist es ohne Bedeutung, ob das Einkommen verteilt wird. Auch verdeckte Gewinnausschüttungen jeder Art auf Genußrechte, mit denen das Recht auf Beteiligung am Gewinn und am Liquidationserlös der Kapitalgesellschaft verbunden ist, mindern das Einkommen nicht.

(4) Voraussetzung für den Verlustabzug nach § 10 d des Einkommensteuergesetzes ist bei einer Körperschaft, daß sie nicht nur rechtlich, sondern auch wirtschaftlich mit der Körper-

Körperschaftsteuergesetz
§ 9

schaft identisch ist, die den Verlust erlitten hat. Wirtschaftliche Identität liegt insbesondere dann nicht vor, wenn mehr als drei Viertel der Anteile an einer Kapitalgesellschaft übertragen werden und die Gesellschaft danach ihren Geschäftsbetrieb mit überwiegend neuem Betriebsvermögen wieder aufnimmt. Entsprechendes gilt für den Ausgleich des Verlustes vom Beginn des Wirtschaftsjahrs bis zum Zeitpunkt der Anteilsübertragung.

(5) Der Verlustrücktrag nach § 10 d Abs. 1 des Einkommensteuergesetzes ist bei Kapitalgesellschaften und bei sonstigen Körperschaften im Sinne des § 43 nur vorzunehmen, soweit im Abzugsjahr das Einkommen den ausgeschütteten Gewinn übersteigt, der sich vor Abzug der Körperschaftsteuer ergibt und für den die Ausschüttungsbelastung nach § 27 herzustellen ist.

(6) Gewinne aus Anteilen an einem nicht steuerbefreiten Betrieb gewerblicher Art einer juristischen Person des öffentlichen Rechts bleiben bei der Ermittlung des Einkommens außer Ansatz. Eine mittelbare Beteiligung steht der unmittelbaren Beteiligung gleich.

(7) Bei Personenvereinigungen bleiben für die Ermittlung des Einkommens Beiträge, die auf Grund der Satzung von den Mitgliedern lediglich in ihrer Eigenschaft als Mitglieder erhoben werden, außer Ansatz.

(8) Besteht das Einkommen nur aus Einkünften, von denen lediglich ein Steuerabzug vorzunehmen ist, so ist ein Abzug von Betriebsausgaben oder Werbungskosten nicht zulässig.

§ 9 Abziehbare Aufwendungen

Abziehbare Aufwendungen sind auch:
1. (weggefallen)
2. bei Kommanditgesellschaften auf Aktien
der Teil des Gewinns, der an persönlich haftende Gesellschafter auf ihre nicht auf das Grundkapital gemachten Einlagen oder als Vergütung (Tantieme) für die Geschäftsführung verteilt wird;
3. vorbehaltlich des § 8 Abs. 3
    a) Ausgaben zur Förderung mildtätiger, kirchlicher, religiöser und wissenschaftlicher Zwecke und der als besonders förderungswürdig anerkannten gemeinnützigen Zwecke bis zur Höhe von insgesamt 5 vom Hundert des Einkommens oder 2 vom Tausend der Summe der gesamten Umsätze und der im Kalenderjahr aufgewendeten Löhne und Gehälter. Für wissenschaftlich, mildtätige und als besonders förderungswürdig anerkannte kulturelle Zwecke erhöht sich der Vomhundertsatz von 5 um weitere 5 vom Hundert;
    b) Spenden an politische Parteien im Sinne des § 2 des Parteiengesetzes bis zur Höhe von 60 000 Deutsche Mark. Spenden an eine Partei oder einen oder mehrere ihrer Gebietsverbände, deren Gesamtwert in einem Kalenderjahr 40 000 Deutsche Mark übersteigt, können nur abgezogen werden, wenn sie nach § 25 Abs. 2 des Parteiengesetzes im Rechenschaftsbericht verzeichnet worden sind;
    c) Beiträge und Spenden an Vereine ohne Parteicharakter bis zur Höhe von insgesamt 1 200 Deutsche Mark im Kalenderjahr, wenn
        aa) der Zweck des Vereins ausschließlich darauf gerichtet ist, durch Teilnahme mit eigenen Wahlvorschlägen an Wahlen auf Bundes-, Landes- oder Kommunalebene bei der politischen Willensbildung mitzuwirken, und
        bb) der Verein auf Bundes-, Landes- oder Kommunalebene bei der jeweils letzten Wahl wenigstens ein Mandat errungen oder der zuständigen Wahlbehörde oder

dem zuständigen Wahlorgan angezeigt hat, daß er mit eigenen Wahlvorschlägen auf Bundes-, Landes- oder Kommunalebene an der jeweils nächsten Wahl teilnehmen will.
Nimmt der Verein an der jeweils nächsten Wahl nicht teil, sind nur die bis zum Wahltag an ihn geleisteten Beiträge und Spenden abziehbar. Beiträge und Spenden an den Verein sind erst wieder abziehbar, wenn er sich mit eigenen Wahlvorschlägen an einer späteren Wahl beteiligt hat. Der Abzug ist dabei auf die Beiträge und Spenden beschränkt, die nach Beginn des Jahres, in dem die Wahl stattfindet, geleistet werden. Aufwendungen zugunsten einer zum Empfang steuerlich abzugsfähiger Zuwendungen berechtigten Körperschaft sind nur abzugsfähig, wenn ein Anspruch auf die Erstattung der Aufwendungen durch Vertrag oder Satzung eingeräumt und auf die Erstattung verzichtet worden ist. Der Anspruch darf nicht unter der Bedingung des Verzichts eingeräumt worden sein. Der Steuerpflichtige darf auf die Richtigkeit der Bestätigung über Spenden und Mitgliedsbeiträge vertrauen, es sei denn, daß er die Bestätigung durch unlautere Mittel oder falsche Angaben erwirkt hat oder daß ihm die Unrichtigkeit der Bestätigung bekannt oder infolge grober Fahrlässigkeit nicht bekannt war. Wer vorsätzlich oder grob fahrlässig eine unrichtige Bestätigung ausstellt oder wer veranlaßt, daß Zuwendungen nicht zu den in der Bestätigung angegebenen steuerbegünstigten Zwecken verwendet werden, haftet für die entgangene Steuer. Diese ist mit 40 vom Hundert des zugewendeten Betrags anzusetzen. Als Einkommen im Sinne dieser Vorschrift gilt das Einkommen vor Abzug der in den Buchstaben a bis c und in § 10 d des Einkommensteuergesetzes bezeichneten Ausgaben. Als Ausgabe im Sinne dieser Vorschrift gilt auch die Zuwendung von Wirtschaftsgütern mit Ausnahme von Nutzungen und Leistungen. Der Wert der Ausgabe ist nach § 6 Abs. 1 Nr. 4 Satz 1 und 2 des Einkommensteuergesetzes zu ermitteln.

§ 10 Nichtabziehbare Aufwendungen

Nichtabziehbar sind auch:
1. die Aufwendungen für die Erfüllung von Zwecken des Steuerpflichtigen, die durch Stiftungsgeschäft, Satzung oder sonstige Verfassung vorgeschrieben sind. § 9 Nr. 3 bleibt unberührt;
2. die Steuern vom Einkommen und sonstige Personensteuern sowie die Umsatzsteuer für den Eigenverbrauch; das gilt auch für die auf diese Steuern entfallenden Nebenleistungen mit Ausnahme der Zinsen auf Steuerforderungen nach den §§ 233 a, 234 und 237 der Abgabenordnung;
3. in einem Strafverfahren festgesetzte Geldstrafen, sonstige Rechtsfolgen vermögensrechtlicher Art, bei denen der Strafcharakter überwiegt, und Leistungen zur Erfüllung von Auflagen oder Weisungen, soweit die Auflagen oder Weisungen nicht lediglich der Wiedergutmachung des durch die Tat verursachten Schadens dienen;
4. die Hälfte der Vergütungen jeder Art, die an Mitglieder des Aufsichtsrats, Verwaltungsrats, Grubenvorstands oder andere mit der Überwachung der Geschäftsführung beauftragte Personen gewährt werden.

§ 11 Auflösung und Abwicklung (Liquidation)

(1) Wird eine unbeschränkt steuerpflichtige Kapitalgesellschaft, eine unbeschränkt steuerpflichtige Erwerbs- oder Wirtschaftsgenossenschaft oder ein unbeschränkt steuerpflichtiger Versicherungsverein auf Gegenseitigkeit nach der Auflösung abgewickelt, so ist der im

Körperschaftsteuergesetz
§§ 12–13

Zeitraum der Abwicklung erzielte Gewinn der Besteuerung zugrunde zu legen. Der Besteuerungszeitraum soll drei Jahre nicht übersteigen.

(2) Zur Ermittlung des Gewinns im Sinne des Absatzes 1 ist das Abwicklungs-Endvermögen dem Abwicklungs-Anfangsvermögen gegenüberzustellen.

(3) Abwicklungs-Endvermögen ist das zur Verteilung kommende Vermögen, vermindert um die steuerfreien Vermögensmehrungen, die dem Steuerpflichtigen in dem Abwicklungszeitraum zugeflossen sind.

(4) Abwicklungs-Anfangsvermögen ist das Betriebsvermögen, das am Schluß des der Auflösung vorangegangenen Wirtschaftsjahrs der Veranlagung zur Körperschaftsteuer zugrunde gelegt worden ist. Ist für den vorangegangenen Veranlagungszeitraum eine Veranlagung nicht durchgeführt worden, so ist das Betriebsvermögen anzusetzen, das im Falle einer Veranlagung nach den steuerrechtlichen Vorschriften über die Gewinnermittlung auszuweisen gewesen wäre. Das Abwicklungs-Anfangsvermögen ist um den Gewinn eines vorangegangenen Wirtschaftsjahrs zu kürzen, der im Abwicklungszeitraum ausgeschüttet worden ist.

(5) War am Schluß des vorangegangenen Veranlagungszeitraums Betriebsvermögen nicht vorhanden, so gilt als Abwicklungs-Anfangsvermögen die Summe der später geleisteten Einlagen.

(6) Auf die Gewinnermittlung sind im übrigen die sonst geltenden Vorschriften anzuwenden.

(7) Unterbleibt eine Abwicklung, weil über das Vermögen der Kapitalgesellschaft, der Erwerbs- oder Wirtschaftsgenossenschaft oder des Versicherungsvereins auf Gegenseitigkeit das Konkursverfahren eröffnet worden ist, sind die Absätze 1 bis 6 sinngemäß anzuwenden.

§ 12 Verlegung der Geschäftsleitung ins Ausland

(1) Verlegt eine unbeschränkt steuerpflichtige Körperschaft oder Vermögensmasse ihre Geschäftsleitung und ihren Sitz oder eines von beiden ins Ausland und scheidet sie dadurch aus der unbeschränkten Steuerpflicht aus, so ist § 11 entsprechend anzuwenden. An die Stelle des zur Verteilung kommenden Vermögens tritt der gemeine Wert des vorhandenen Vermögens. Verlegt eine unbeschränkt steuerpflichtige Personenvereinigung ihre Geschäftsleitung ins Ausland, so gelten die Sätze 1 und 2 entsprechend.

(2) Absatz 1 gilt entsprechend, wenn die inländische Betriebsstätte einer beschränkt steuerpflichtigen Körperschaft, Personenvereinigung oder Vermögensmasse aufgelöst oder ins Ausland verlegt oder ihr Vermögen als Ganzes an einen anderen übertragen wird.

§ 13 Beginn und Erlöschen einer Steuerbefreiung

(1) Wird eine steuerpflichtige Körperschaft, Personenvereinigung oder Vermögensmasse von der Körperschaftsteuer befreit, so hat sie auf den Zeitpunkt, in dem die Steuerpflicht endet, eine Schlußbilanz aufzustellen.

(2) Wird eine von der Körperschaftsteuer befreite Körperschaft, Personenvereinigung oder Vermögensmasse steuerpflichtig und ermittelt sie ihren Gewinn durch Betriebsvermögensvergleich, so hat sie auf den Zeitpunkt, in dem die Steuerpflicht beginnt, eine Anfangsbilanz aufzustellen.

(3) In der Schlußbilanz im Sinne des Absatzes 1 und in der Anfangsbilanz im Sinne des Absatzes 2 sind die Wirtschaftsgüter vorbehaltlich des Absatzes 4 mit den Teilwerten anzusetzen.

(4) Beginnt die Steuerbefreiung auf Grund des § 5 Abs. 1 Nr. 9 und dient die Körperschaft, Personenvereinigung oder Vermögensmasse ausschließlich und unmittelbar der Förderung wissenschaftlicher Zwecke oder der Förderung der Erziehung, Volks- und Berufsausbildung, so sind die Wirtschaftsgüter in der Schlußbilanz mit den Buchwerten anzusetzen. Erlischt die Steuerbefreiung, so ist in der Anfangsbilanz für die in Satz 1 bezeichneten Wirtschaftsgüter der Wert anzusetzen, der sich bei ununterbrochener Steuerpflicht nach den Vorschriften über die steuerliche Gewinnermittlung ergeben würde.

(5) Beginnt oder erlischt die Steuerbefreiung nur teilweise, so gelten die Absätze 1 bis 4 für den entsprechenden Teil des Betriebsvermögens.

(6) Gehören Anteile an einer Kapitalgesellschaft nicht zu dem Betriebsvermögen der Körperschaft, Personenvereinigung oder Vermögensmasse, die von der Körperschaftsteuer befreit wird, so ist § 17 des Einkommensteuergesetzes auch ohne Veräußerung anzuwenden, wenn die übrigen Voraussetzungen dieser Vorschrift in dem Zeitpunkt erfüllt sind, in dem die Steuerpflicht endet. Als Veräußerungspreis gilt der gemeine Wert der Anteile. Im Falle des Beginns der Steuerpflicht gilt der gemeine Wert als Anschaffungskosten der Anteile. Die Sätze 1 und 2 gelten nicht in den Fällen des Absatzes 4 Satz 1.

Zweites Kapitel
Sondervorschriften für die Organschaft

§ 14 Aktiengesellschaft oder Kommanditgesellschaft auf Aktien als Organgesellschaft

Verpflichtet sich eine Aktiengesellschaft oder Kommanditgesellschaft auf Aktien mit Geschäftsleitung und Sitz im Inland (Organgesellschaft) durch einen Gewinnabführungsvertrag im Sinne des § 291 Abs. 1 des Aktiengesetzes, ihren ganzen Gewinn an ein anderes inländisches gewerbliches Unternehmen abzuführen, so ist das Einkommen der Organgesellschaft, soweit sich aus § 16 nichts anderes ergibt, dem Träger des Unternehmens (Organträger) zuzurechnen, wenn die folgenden Voraussetzungen erfüllt sind:

1. Der Organträger muß an der Organgesellschaft vom Beginn ihres Wirtschaftsjahrs an ununterbrochen und unmittelbar in einem solchen Maße beteiligt sein, daß ihm die Mehrheit der Stimmrechte aus den Anteilen an der Organgesellschaft zusteht (finanzielle Eingliederung). Eine mittelbare Beteiligung genügt, wenn jede der Beteiligungen, auf denen die mittelbare Beteiligung beruht, die Mehrheit der Stimmrechte gewährt.
2. Die Organgesellschaft muß von dem in Nummer 1 bezeichneten Zeitpunkt an ununterbrochen nach dem Gesamtbild der tatsächlichen Verhältnisse wirtschaftlich und organisatorisch in das Unternehmen des Organträgers eingegliedert sein. Die organisatorische Eingliederung ist stets gegeben, wenn die Organgesellschaft durch einen Beherrschungsvertrag im Sinne des § 291 Abs. 1 des Aktiengesetzes die Leitung ihres Unternehmens dem Unternehmen des Organträgers unterstellt oder wenn die Organgesellschaft eine nach den Vorschriften der §§ 319 bis 327 des Aktiengesetzes eingegliederte Gesellschaft ist.
3. Der Organträger muß eine unbeschränkt steuerpflichtige natürliche Person oder eine nicht steuerbefreite Körperschaft, Personenvereinigung oder Vermögensmasse im Sinne

Körperschaftsteuergesetz
§§ 15–17

des § 1 mit Geschäftsleitung und Sitz im Inland oder eine Personengesellschaft im Sinne des § 15 Abs. 1 Nr. 2 des Einkommensteuergesetzes mit Geschäftsleitung und Sitz im Inland sein. An der Personengesellschaft dürfen nur Gesellschafter beteiligt sein, die mit dem auf sie entfallenden Teil des zuzurechnenden Einkommens im Geltungsbereich dieses Gesetzes der Einkommensteuer oder der Körperschaftsteuer unterliegen. Sind ein oder mehrere Gesellschafter der Personengesellschaft beschränkt einkommensteuerpflichtig, so müssen die Voraussetzungen der Nummern 1 und 2 im Verhältnis zur Personengesellschaft selbst erfüllt sein. Das gleiche gilt, wenn an der Personengesellschaft eine oder mehrere Körperschaften, Personenvereinigungen oder Vermögensmassen beteiligt sind, die ihren Sitz oder ihre Geschäftsleitung nicht im Inland haben.
4. Der Gewinnabführungsvertrag muß auf mindestens fünf Jahre abgeschlossen und während dieser Zeit durchgeführt werden und spätestens am Ende des Wirtschaftsjahrs der Organgesellschaft wirksam werden, für das Satz 1 erstmals angewendet werden soll. Eine vorzeitige Beendigung des Vertrags durch Kündigung ist unschädlich, wenn ein wichtiger Grund die Kündigung rechtfertigt.
5. Die Organgesellschaft darf Beträge aus dem Jahresüberschuß nur insoweit in freie Rücklagen einstellen, als dies bei vernünftiger kaufmännischer Beurteilung wirtschaftlich begründet ist.

§ 15 Besondere Vorschriften zur Ermittlung des Einkommens der Organgesellschaft

Bei der Ermittlung des Einkommens der Organgesellschaft gilt abweichend von den allgemeinen Vorschriften folgendes:
1. Ein Verlustabzug im Sinne des § 10 d des Einkommensteuergesetzes ist nicht zulässig.
2. Die Vorschriften eines Abkommens zur Vermeidung der Doppelbesteuerung, nach denen die Gewinnanteile aus der Beteiligung an einer ausländischen Gesellschaft außer Ansatz bleiben, sind nur anzuwenden, wenn der Organträger zu den durch diese Vorschriften begünstigten Steuerpflichtigen gehört. Ist der Organträger eine Personengesellschaft, so sind die Vorschriften insoweit anzuwenden, als das zuzurechnende Einkommen auf einen Gesellschafter entfällt, der zu den begünstigten Steuerpflichtigen gehört.

§ 16 Ausgleichszahlungen

Die Organgesellschaft hat ihr Einkommen in Höhe der geleisteten Ausgleichszahlungen und der darauf entfallenden Ausschüttungsbelastung im Sinne des § 27 selbst zu versteuern. Ist die Verpflichtung zum Ausgleich vom Organträger erfüllt worden, so hat die Organgesellschaft die Summe der geleisteten Ausgleichszahlungen zuzüglich der darauf entfallenden Ausschüttungsbelastung anstelle des Organträgers zu versteuern.

§ 17 Andere Kapitalgesellschaften als Organgesellschaft

Die Vorschriften der §§ 14 bis 16 gelten entsprechend, wenn eine andere als eine der in § 14 Satz 1 bezeichneten Kapitalgesellschaften mit Geschäftsleitung und Sitz im Inland sich verpflichtet, ihren ganzen Gewinn an ein anderes Unternehmen im Sinne des § 14 abzuführen. Weitere Voraussetzungen sind, daß
1. der Vertrag in schriftlicher Form abgeschlossen wird,
2. die Gesellschafter dem Vertrag mit einer Mehrheit von drei Vierteln der abgegebenen Stimmen zustimmen,
3. eine Verlustübernahme entsprechend den Vorschriften des § 302 des Aktiengesetzes vereinbart wird und

4. die Abführung von Erträgen aus der Auflösung von freien vorvertraglichen Rücklagen ausgeschlossen wird.

§ 18 Ausländische Organträger

Verpflichtet sich eine Organgesellschaft, ihren ganzen Gewinn an ein ausländisches gewerbliches Unternehmen, das im Inland eine im Handelsregister eingetragene Zweigniederlassung unterhält, abzuführen, so ist das Einkommen der Organgesellschaft den beschränkt steuerpflichtigen Einkünften aus der inländischen Zweigniederlassung zuzurechnen, wenn
1. der Gewinnabführungsvertrag unter der Firma der Zweigniederlassung abgeschlossen ist,
2. die für die finanzielle Eingliederung erforderliche Beteiligung zum Betriebsvermögen der Zweigniederlassung gehört und
3. die wirtschaftliche und organisatorische Eingliederung im Verhältnis zur Zweigniederlassung selbst gegeben ist.

Im übrigen gelten die Vorschriften der §§ 14 bis 17 sinngemäß.

§ 19 Steuerabzug bei dem Organträger

(1) Sind bei der Organgesellschaft die Voraussetzungen für die Anwendung besonderer Tarifvorschriften erfüllt, die einen Abzug von der Körperschaftsteuer vorsehen, und unterliegt der Organträger der Körperschaftsteuer, so sind diese Tarifvorschriften beim Organträger so anzuwenden, als wären die Voraussetzungen für ihre Anwendung bei ihm selbst erfüllt.

(2) Unterliegt der Organträger der Einkommensteuer, so gilt Absatz 1 entsprechend, soweit für die Einkommensteuer gleichartige Tarifvorschriften wie für die Körperschaftsteuer bestehen.

(3) Ist der Organträger eine Personengesellschaft, so gelten die Absätze 1 und 2 für die Gesellschafter der Personengesellschaft entsprechend. Bei jedem Gesellschafter ist der Teilbetrag abzuziehen, der dem auf den Gesellschafter entfallenden Bruchteil des dem Organträger zuzurechnenden Einkommens der Organgesellschaft entspricht.

(4) Ist der Organträger ein ausländisches Unternehmen im Sinne des § 18, so gelten die Absätze 1 bis 3 entsprechend, soweit die besonderen Tarifvorschriften bei beschränkt Steuerpflichtigen anwendbar sind.

(5) Sind in dem Einkommen der Organgesellschaft Betriebseinnahmen enthalten, die einem Steuerabzug unterlegen haben, so ist die einbehaltene Steuer auf die Körperschaftsteuer oder die Einkommensteuer des Organträgers oder, wenn der Organträger eine Personengesellschaft ist, anteilig auf die Körperschaftsteuer oder die Einkommensteuer der Gesellschafter anzurechnen.

Drittes Kapitel
Sondervorschriften für Versicherungsunternehmen

§ 20 Versicherungstechnische Rückstellungen

(1) Versicherungstechnische Rückstellungen sind, soweit sie nicht bereits nach den Vorschriften des Einkommensteuergesetzes anzusetzen sind, in der Steuerbilanz zu bilden,

soweit sie für die Leistungen aus den am Bilanzstichtag laufenden Versicherungsverträgen erforderlich sind. Der in der Handelsbilanz ausgewiesene Wertansatz einer versicherungstechnischen Rückstellung darf in der Steuerbilanz nicht überschritten werden.

(2) Für die Bildung der Rückstellungen zum Ausgleich des schwankenden Jahresbedarfs sind insbesondere folgende Voraussetzungen erforderlich:
1. Es muß nach den Erfahrungen in dem betreffenden Versicherungszweig mit erheblichen Schwankungen des Jahresbedarfs zu rechnen sein.
2. Die Schwankungen des Jahresbedarfs dürfen nicht durch die Prämien ausgeglichen werden. Sie müssen aus den am Bilanzstichtag bestehenden Versicherungsverträgen herrühren und dürfen nicht durch Rückversicherungen gedeckt sein.

§ 21 Beitragsrückerstattungen

(1) Beitragsrückerstattungen, die für das selbstabgeschlossene Geschäft auf Grund des Jahresergebnisses oder des versicherungstechnischen Überschusses gewährt werden, sind abziehbar
1. in der Lebens- und Krankenversicherung bis zu dem nach handelsrechtlichen Vorschriften ermittelten Jahresergebnis für das selbstabgeschlossene Geschäft, erhöht um die für Beitragsrückerstattungen aufgewendeten Beträge, die das Jahresergebnis gemindert haben, und gekürzt um den Betrag, der sich aus der Auflösung einer Rückstellung nach Absatz 2 Satz 2 ergibt, sowie um den Nettoertrag des nach den steuerlichen Vorschriften über die Gewinnermittlung anzusetzenden Betriebsvermögens am Beginn des Wirtschaftsjahrs. Als Nettoertrag gilt der Ertrag aus langfristiger Kapitalanlage, der anteilig auf das Betriebsvermögen entfällt, nach Abzug der entsprechenden abziehbaren und nichtabziehbaren Betriebsausgaben;
2. in der Schaden- und Unfallversicherung bis zur Höhe des Überschusses, der sich aus der Beitragseinnahme nach Abzug aller anteiligen abziehbaren und nichtabziehbaren Betriebsausgaben einschließlich der Versicherungsleistungen, Rückstellungen und Rechnungsabgrenzungsposten ergibt. Der Berechnung des Überschusses sind die auf das Wirtschaftsjahr entfallenden Beitragseinnahmen und Betriebsausgaben des einzelnen Versicherungszweiges aus dem selbstabgeschlossenen Geschäft für eigene Rechnung zugrunde zu legen.

(2) Zuführungen zu einer Rückstellung für Beitragsrückerstattung sind insoweit abziehbar, als die ausschließliche Verwendung der Rückstellung für diesen Zweck durch die Satzung oder durch geschäftsplanmäßige Erklärung gesichert ist. Die Rückstellung ist vorbehaltlich des Satzes 3 aufzulösen, soweit sie höher ist als die Summe der in den folgenden Nummern 1 bis 4 bezeichneten Beträge:
1. die Zuführungen innerhalb des am Bilanzstichtag endenden Wirtschaftsjahrs und der zwei vorangegangenen Wirtschaftsjahre,
2. der Betrag, dessen Ausschüttung als Beitragsrückerstattung vom Versicherungsunternehmen vor dem Bilanzstichtag verbindlich festgelegt worden ist,
3. in der Krankenversicherung der Betrag, dessen Verwendung zur Ermäßigung von Beitragserhöhungen im folgenden Geschäftsjahr vom Versicherungsunternehmen vor dem Bilanzstichtag verbindlich festgelegt worden ist,
4. in der Lebensversicherung der Betrag, der für die Finanzierung der auf die abgelaufenen Versicherungsjahre entfallenden Schlußgewinnanteile erforderlich ist.

Körperschaftsteuergesetz
§§ 22–23

Eine Auflösung braucht nicht zu erfolgen, soweit an die Versicherten Kleinbeträge auszuzahlen wären und die Auszahlung dieser Beträge mit einem unverhältnismäßig hohen Verwaltungsaufwand verbunden wäre. § 20 Abs. 1 Satz 2 ist entsprechend anzuwenden.

Viertes Kapitel
Sondervorschriften für Genossenschaften

§ 22 Genossenschaftliche Rückvergütung

(1) Rückvergütungen der Erwerbs- und Wirtschaftsgenossenschaften an ihre Mitglieder sind nur insoweit als Betriebsausgaben abziehbar, als die dafür verwendeten Beträge im Mitgliedergeschäft erwirtschaftet worden sind. Zur Feststellung dieser Beträge ist der Überschuß
1. bei Absatz- und Produktionsgenossenschaften im Verhältnis des Wareneinkaufs bei Mitgliedern zum gesamten Wareneinkauf,
2. bei den übrigen Erwerbs- und Wirtschaftsgenossenschaften im Verhältnis des Mitgliederumsatzes zum Gesamtumsatz

aufzuteilen. Der hiernach sich ergebende Gewinn aus dem Mitgliedergeschäft bildet die obere Grenze für den Abzug. Überschuß im Sinne des Satzes 2 ist das um den Gewinn aus Nebengeschäften geminderte Einkommen vor Abzug der genossenschaftlichen Rückvergütungen und des Verlustabzugs.

(2) Voraussetzung für den Abzug nach Absatz 1 ist, daß die genossenschaftliche Rückvergütung unter Bemessung nach der Höhe des Umsatzes zwischen den Mitgliedern und der Genossenschaft bezahlt ist und daß sie
1. auf einem durch die Satzung der Genossenschaft eingeräumten Anspruch des Mitglieds beruht oder
2. durch Beschluß der Verwaltungsorgane der Genossenschaft festgelegt und der Beschluß den Mitgliedern bekanntgegeben worden ist oder
3. in der Generalversammlung beschlossen worden ist, die den Gewinn verteilt.

Nachzahlungen der Genossenschaft für Lieferungen oder Leistungen und Rückzahlungen von Unkostenbeiträgen sind wie genossenschaftliche Rückvergütungen zu behandeln.

Dritter Teil
Tarif; Besteuerung bei ausländischen Einkunftsteilen

§ 23 Steuersatz

(1) Die Körperschaftsteuer beträgt 50 vom Hundert des zu versteuernden Einkommens.

(2) Die Körperschaftsteuer ermäßigt sich auf 46 vom Hundert bei Körperschaften, Personenvereinigungen und Vermögensmassen im Sinne des § 1 Abs. 1 Nr. 3 bis 6. Satz 1 gilt nicht
a) für Körperschaften und Personenvereinigungen, deren Leistungen bei den Empfängern zu den Einnahmen im Sinne des § 20 Abs. 1 Nr. 1 oder 2 des Einkommensteuergesetzes gehören,
b) für Stiftungen im Sinne des § 1 Abs. 1 Nr. 4 und 5; fallen die Einkünfte in einem wirtschaftlichen Geschäftsbetrieb einer von der Körperschaftsteuer befreiten Stiftung

Körperschaftsteuergesetz
§§ 24–25

oder in einer unter Staatsaufsicht stehenden und in der Rechtsform der Stiftung geführten Sparkasse an, ist Satz 1 anzuwenden.

(3) Absatz 2 Satz 1 gilt entsprechend für beschränkt Steuerpflichtige im Sinne des § 2 Nr. 1.

(4) Wird die Einkommensteuer auf Grund der Ermächtigung des § 51 Abs. 3 des Einkommensteuergesetzes herabgesetzt oder erhöht, so ermäßigt oder erhöht sich die Körperschaftsteuer entsprechend.

(5) Die Körperschaftsteuer mindert oder erhöht sich nach den Vorschriften des Vierten Teils.

(6) Die Körperschaftsteuer beträgt beim Zweiten Deutschen Fernsehen, Anstalt des öffentlichen Rechts, für das Geschäft der Veranstaltung von Werbesendungen 7,4 vom Hundert der Entgelte (§ 10 Abs. 1 des Umsatzsteuergesetzes) aus Werbesendungen. Absatz 4 gilt entsprechend.

§ 24 Freibetrag für bestimmte Körperschaften

Vom Einkommen der unbeschränkt steuerpflichtigen Körperschaften, Personenvereinigungen und Vermögensmassen ist ein Freibetrag von 7 500 Deutsche Mark, höchstens jedoch in Höhe des Einkommens, abzuziehen. Satz 1 gilt nicht
1. für Körperschaften und Personenvereinigungen, deren Leistungen bei den Empfängern zu den Einnahmen im Sinne des § 20 Abs. 1 Nr. 1 oder 2 des Einkommensteuergesetzes gehören,
2. für Vereine im Sinne des § 25.

§ 25 Freibetrag für Erwerbs- und Wirtschaftsgenossenschaften sowie Vereine, die Land- und Forstwirtschaft betreiben

(1) Vom Einkommen der unbeschränkt steuerpflichtigen Erwerbs- und Wirtschaftsgenossenschaften sowie der unbeschränkt steuerpflichtigen Vereine, deren Tätigkeit sich auf den Betrieb der Land- und Forstwirtschaft beschränkt, ist ein Freibetrag in Höhe von 30 000 Deutsche Mark, höchstens jedoch in Höhe des Einkommens, im Veranlagungszeitraum der Gründung und in den folgenden neun Veranlagungszeiträumen abzuziehen. Voraussetzung ist, daß
1. die Mitglieder der Genossenschaft oder dem Verein Flächen zur Nutzung oder für die Bewirtschaftung der Flächen erforderliche Gebäude überlassen und
2. a) bei Genossenschaften das Verhältnis der Summe der Werte der Geschäftsanteile des einzelnen Mitglieds zu der Summe der Werte aller Geschäftsanteile,
   b) bei Vereinen das Verhältnis des Werts des Anteils an dem Vereinsvermögen, der im Fall der Auflösung des Vereins an das einzelne Mitglied fallen würde, zu dem Wert des Vereinsvermögens

nicht wesentlich von dem Verhältnis abweicht, in dem der Wert der von dem einzelnen Mitglied zur Nutzung überlassenen Flächen und Gebäude zu dem Wert der insgesamt zur Nutzung überlassenen Flächen und Gebäude steht.

(2) Absatz 1 Satz 1 gilt auch für unbeschränkt steuerpflichtige Erwerbs- und Wirtschaftsgenossenschaften sowie für unbeschränkt steuerpflichtige Vereine, die eine gemeinschaftliche Tierhaltung im Sinne des § 51 a des Bewertungsgesetzes betreiben.

§ 26 Besteuerung ausländischer Einkunftsteile

(1) Bei unbeschränkt Steuerpflichtigen, die mit ausländischen Einkünften in dem Staat, aus dem die Einkünfte stammen, zu einer der deutschen Körperschaftsteuer entsprechenden Steuer herangezogen werden, ist die festgesetzte und gezahlte und keinem Ermäßigungsanspruch mehr unterliegende ausländische Steuer auf die deutsche Körperschaftsteuer anzurechnen, die auf die Einkünfte aus diesem Staat entfällt.

(2) Ist eine unbeschränkt steuerpflichtige Körperschaft, Personenvereinigung oder Vermögensmasse (Muttergesellschaft) nachweislich ununterbrochen seit mindestens zwölf Monaten vor dem Ende des Veranlagungszeitraums oder des davon abweichenden Gewinnermittlungszeitraums mindestens zu einem Zehntel unmittelbar am Nennkapital einer Kapitalgesellschaft mit Geschäftsleitung und Sitz außerhalb des Geltungsbereichs dieses Gesetzes (Tochtergesellschaft) beteiligt, die in dem nach Satz 2 maßgebenden Wirtschaftsjahr ihre Bruttoerträge ausschließlich oder fast ausschließlich aus unter § 8 Abs. 1 Nr. 1 bis 6 des Außensteuergesetzes fallenden Tätigkeit oder aus unter § 8 Abs. 2 des Außensteuergesetzes fallenden Beteiligungen bezieht, so ist auf Antrag der Muttergesellschaft auf deren Körperschaftsteuer von Gewinnanteilen, die die Tochtergesellschaft an sie ausschüttet, auch eine vom Gewinn erhobene Steuer der Tochtergesellschaft anzurechnen. Anrechenbar ist die der inländischen Körperschaftsteuer entsprechende Steuer, die die Tochtergesellschaft für das Wirtschaftsjahr, für das sie die Ausschüttung vorgenommen hat, entrichtet hat, soweit die Steuer dem Verhältnis der auf die Muttergesellschaft entfallenden Gewinnanteile zum ausschüttbaren Gewinn der Tochtergesellschaft, höchstens jedoch dem Anteil der Muttergesellschaft am Nennkapital der Tochtergesellschaft, entspricht. Verdeckte Gewinnausschüttungen zählen nur zu den Gewinnanteilen, soweit sie die Bemessungsgrundlage bei der Besteuerung der Tochtergesellschaft nicht gemindert haben. Ausschüttbarer Gewinn ist der nach handelsrechtlichen Vorschriften ermittelte Gewinn des Wirtschaftsjahrs, für das die Tochtergesellschaft die Ausschüttung vorgenommen hat, vor Bildung oder Auflösung von offenen Rücklagen, erhöht um verdeckte Gewinnausschüttungen, soweit diese den Gewinn gemindert haben. Der anrechenbare Betrag ist bei der Ermittlung der Einkünfte der Muttergesellschaft den auf ihre Beteiligung entfallenden Gewinnanteilen hinzuzurechnen. Die nach diesem Absatz anrechenbare Steuer ist erst nach der nach Absatz 1 anrechenbaren Steuer anzurechnen. Im übrigen ist Absatz 1 entsprechend anzuwenden.

(3) Hat eine Tochtergesellschaft, die alle Voraussetzungen des Absatzes 2 erfüllt, Geschäftsleitung und Sitz in einem Entwicklungsland im Sinne des Entwicklungsländer-Steuergesetzes, so ist für Gewinnanteile, die in einem Zeitpunkt ausgeschüttet werden, zu dem die Leistung von Entwicklungshilfe durch Kapitalanlagen in Entwicklungsländern zur Inanspruchnahme von Vergünstigungen nach dem Entwicklungsländer-Steuergesetz berechtigt, bei der Anwendung des Absatzes 2 davon auszugehen, daß der anrechenbare Betrag dem Steuerbetrag entspricht, der nach den Vorschriften dieses Gesetzes auf die bezogenen Gewinnanteile entfällt.

(4) Die Anwendung der Absätze 2 und 3 setzt voraus, daß die Muttergesellschaft alle Nachweise erbringt, insbesondere

Körperschaftsteuergesetz
§ 26

1. durch Vorlage sachdienlicher Unterlagen nachweist, daß die Tochtergesellschaft ihre Bruttoerträge ausschließlich oder fast ausschließlich aus unter § 8 Abs. 1 Nr. 1 bis 6 des Außensteuergesetzes fallenden Tätigkeiten oder aus unter § 8 Abs. 2 des Außensteuergesetzes fallenden Beteiligungen bezieht,
2. den ausschüttbaren Gewinn der Tochtergesellschaft durch Vorlage von Bilanzen und Erfolgsrechnungen nachweist; auf Verlangen sind diese Unterlagen mit dem im Staat der Geschäftsleitung oder des Sitzes vorgeschriebenen oder üblichen Prüfungsvermerk einer behördlich anerkannten Wirtschaftsprüfungsstelle oder einer vergleichbaren Stelle vorzulegen; und
3. die Festsetzung und Zahlung der anzurechnenden Steuern durch geeignete Unterlagen nachweist.

(5) Bezieht eine Muttergesellschaft, die über eine Tochtergesellschaft (Absatz 2) mindestens zu einem Zehntel an einer Kapitalgesellschaft mit Geschäftsleitung und Sitz außerhalb des Geltungsbereichs dieses Gesetzes (Enkelgesellschaft) mittelbar beteiligt ist, in einem Wirtschaftsjahr Gewinnanteile von der Tochtergesellschaft und schüttet die Enkelgesellschaft zu einem Zeitpunkt, der in dieses Wirtschaftsjahr fällt, Gewinnanteile an die Tochtergesellschaft aus, so wird auf Antrag der Muttergesellschaft der Teil der von ihr bezogenen Gewinnanteile, der der nach ihrer mittelbaren Beteiligung auf sie entfallenden Gewinnausschüttung der Enkelgesellschaft entspricht, steuerlich so behandelt, als hätte sie in dieser Höhe Gewinnanteile unmittelbar von der Enkelgesellschaft bezogen. Hat die Tochtergesellschaft in dem betreffenden Wirtschaftsjahr neben den Gewinnanteilen einer Enkelgesellschaft noch andere Erträge bezogen, so findet Satz 1 nur Anwendung für den Teil der Ausschüttung der Tochtergesellschaft, der dem Verhältnis dieser Gewinnanteile zu der Summe dieser Gewinnanteile und der übrigen Erträge entspricht, höchstens aber in Höhe des Betrags dieser Gewinnanteile. Die Anwendung der vorstehenden Vorschriften setzt voraus, daß
1. die Enkelgesellschaft in dem Wirtschaftsjahr, für das sie die Ausschüttung vorgenommen hat, ihre Bruttoerträge ausschließlich oder fast ausschließlich aus unter § 8 Abs. 1 Nr. 1 bis 6 des Außensteuergesetzes fallenden Tätigkeiten oder aus unter § 8 Abs. 2 Nr. 1 des Außensteuergesetzes fallenden Beteiligungen bezieht und
2. die Tochtergesellschaft unter den Voraussetzungen des Absatzes 2 am Nennkapital der Enkelgesellschaft beteiligt ist und
3. die Muttergesellschaft für die mittelbar gehaltenen Anteile alle steuerlichen Pflichten erfüllt, die ihr gemäß Absatz 4 bei der Anwendung der Absätze 2 und 3 für unmittelbar gehaltene Anteile obliegen.

(6) Vorbehaltlich der Sätze 2 bis 4 sind die Vorschriften des § 34 c Abs. 1 Satz 2 und 3, Abs. 2 bis 7 und des § 50 Abs. 6 des Einkommensteuergesetzes entsprechend anzuwenden. § 34 c Abs. 2 und 3 des Einkommensteuergesetzes ist nicht bei Einkünften anzuwenden, für die ein Antrag nach Absatz 2 oder 5 gestellt wird. Bei der Anwendung des § 34 c Abs. 1 Satz 2 des Einkommensteuergesetzes ist der Berechnung der auf die ausländischen Einkünfte entfallenden inländischen Körperschaftsteuer die Körperschaftsteuer zugrunde zu legen, die sich vor Anwendung der Vorschriften des Vierten Teils für das zu versteuernde Einkommen ergibt. In den Fällen des § 34 c Abs. 4 des Einkommensteuergesetzes beträgt die Körperschaftsteuer für die dort bezeichneten ausländischen Einkünfte 25 vom Hundert des zu versteuernden Einkommens.

Körperschaftsteuergesetz
§§ 27–28

(7) Sind Gewinnanteile, die von einer ausländischen Gesellschaft ausgeschüttet werden, nach einem Abkommen zur Vermeidung der Doppelbesteuerung unter der Voraussetzung einer Mindestbeteiligung von der Körperschaftsteuer befreit, so gilt die Befreiung ungeachtet der im Abkommen vereinbarten Mindestbeteiligung, wenn die Beteiligung mindestens ein Zehntel beträgt.

(8) Sind Gewinnanteile, die von einer ausländischen Gesellschaft ausgeschüttet werden, nach einem Abkommen zur Vermeidung der Doppelbesteuerung oder nach Absatz 7 von der Körperschaftsteuer befreit oder nach den Absätzen 2 oder 3 begünstigt, so sind Gewinnminderungen, die
1. durch Ansatz des niedrigeren Teilwerts des Anteils an der ausländischen Gesellschaft oder
2. durch Veräußerung des Anteils oder bei Auflösung oder Herabsetzung des Kapitals der ausländischen Gesellschaft

entstehen, bei der Gewinnermittlung nicht zu berücksichtigen, soweit der Ansatz des niedrigeren Teilwerts oder die sonstige Gewinnminderung auf die Gewinnausschüttungen zurückzuführen ist.

Vierter Teil
Anrechnungsverfahren

Erstes Kapitel
Körperschaftsteuerbelastung des ausgeschütteten Gewinns unbeschränkt steuerpflichtiger Körperschaften und Personenvereinigungen

§ 27 Minderung oder Erhöhung der Körperschaftsteuer

(1) Schüttet eine unbeschränkt steuerpflichtige Kapitalgesellschaft Gewinn aus, so mindert oder erhöht sich ihre Körperschaftsteuer um den Unterschiedsbetrag zwischen der bei ihr eingetretenen Belastung des Eigenkapitals (Tarifbelastung), das nach § 28 als für die Ausschüttung verwendet gilt, und der Belastung, die sich hierfür bei Anwendung eines Steuersatzes von 36 vom Hundert des Gewinns vor Abzug der Körperschaftsteuer ergibt (Ausschüttungsbelastung).

(2) Zur Tarifbelastung im Sinne des Absatzes 1 gehört nur die Belastung mit inländischer Körperschaftsteuer, soweit sie nach dem 31. Dezember 1976 entstanden ist.

(3) Beruht die Ausschüttung auf einem den gesellschaftsrechtlichen Vorschriften entsprechenden Gewinnverteilungsbeschluß für ein abgelaufenes Wirtschaftsjahr, tritt die Minderung oder Erhöhung für den Veranlagungszeitraum ein, in dem das Wirtschaftsjahr endet, für das die Ausschüttung erfolgt. Bei anderen Ausschüttungen ändert sich die Körperschaftsteuer für den Veranlagungszeitraum, in dem das Wirtschaftsjahr endet, in dem die Ausschüttung erfolgt.

§ 28 Für die Ausschüttung verwendetes Eigenkapital

(1) Das Eigenkapital und seine Tarifbelastung sind nach den Vorschriften der §§ 29 bis 38 zu ermitteln.

Körperschaftsteuergesetz
§§ 29–30

(2) Gewinnausschüttungen, die auf einem den gesellschaftsrechtlichen Vorschriften entsprechenden Gewinnverteilungsbeschluß für ein abgelaufenes Wirtschaftsjahr beruhen, sind mit dem verwendbaren Eigenkapital zum Schluß des letzten vor dem Gewinnverteilungsbeschluß abgelaufenen Wirtschaftsjahrs zu verrechnen. Andere Ausschüttungen sind mit dem verwendbaren Eigenkapital zu verrechnen, das sich zum Schluß des Wirtschaftsjahrs ergibt, in dem die Ausschüttung erfolgt.

(3) Mit Körperschaftsteuer belastete Teilbeträge des Eigenkapitals gelten in der Reihenfolge als für eine Ausschüttung verwendet, in der die Belastung abnimmt. Für den nichtbelasteten Teilbetrag ist die in § 30 Abs. 2 bezeichnete Reihenfolge seiner Unterteilung maßgebend. In welcher Höhe ein Teilbetrag als verwendet gilt, ist aus seiner Tarifbelastung abzuleiten.

(4) Als für die Ausschüttung verwendet gilt auch der Betrag, um den sich die Körperschaftsteuer mindert. Erhöht sie sich, so gilt ein Teilbetrag des Eigenkapitals höchstens als verwendet, soweit er den nach § 31 Abs. 1 Nr. 1 von ihm abzuziehenden Erhöhungsbetrag übersteigt.

(5) Ist Körperschaftsteuer nach § 52 dieses Gesetzes oder nach § 36 e des Einkommensteuergesetzes vergütet worden, so bleibt die der Vergütung zugrunde gelegte Verwendung der nicht mit Körperschaftsteuer belasteten Teilbeträge im Sinne des § 30 Abs. 2 Nr. 1 bis 3 unverändert.

§ 29 Verwendbares Eigenkapital

(1) Eigenkapital im Sinne dieses Kapitels ist das in der Steuerbilanz ausgewiesene Betriebsvermögen, das sich ohne Änderung der Körperschaftsteuer nach § 27 und ohne Verringerung um die im Wirtschaftsjahr erfolgten Ausschüttungen ergeben würde, die nicht auf einem den gesellschaftsrechtlichen Vorschriften entsprechenden Gewinnverteilungsbeschluß für ein abgelaufenes Wirtschaftsjahr beruhen.

(2) Das Eigenkapital ist zum Schluß jedes Wirtschaftsjahrs in das für Ausschüttungen verwendbare (verwendbares Eigenkapital) und in das übrige Eigenkapital aufzuteilen. Das verwendbare Eigenkapital ist der Teil des Eigenkapitals, der das Nennkapital übersteigt.

(3) Enthält das Nennkapital Beträge, die ihm durch Umwandlung von Rücklagen zugeführt worden sind und waren die Rücklagen aus dem Gewinn eines nach dem 31. Dezember 1976 abgelaufenen Wirtschaftsjahrs gebildet worden, so gehört auch dieser Teil des Nennkapitals zu dem verwendbaren Eigenkapital.

§ 30 Gliederung des verwendbaren Eigenkapitals

(1) Das verwendbare Eigenkapital ist zum Schluß jedes Wirtschaftsjahrs entsprechend seiner Tarifbelastung zu gliedern. Die einzelnen Teilbeträge sind jeweils aus der Gliederung für das vorangegangene Wirtschaftsjahr abzuleiten. In der Gliederung sind vorbehaltlich des § 32 die Teilbeträge getrennt auszuweisen, die entstanden sind aus
1. Einkommensteilen, die nach dem 31. Dezember 1989 der Körperschaftsteuer ungemildert unterliegen,
2. Einkommensteilen, die nach dem 31. Dezember 1976 einer Körperschaftsteuer von 36 vom Hundert unterliegen,

3. Vermögensmehrungen, die der Körperschaftsteuer nicht unterliegen oder die das Eigenkapital der Kapitalgesellschaft in vor dem 1. Januar 1977 abgelaufenen Wirtschaftsjahren erhöht haben.

(2) Der in Absatz 1 Nr. 3 bezeichnete Teilbetrag ist zu unterteilen in
1. Eigenkapitale, die in nach dem 31. Dezember 1976 abgelaufenen Wirtschaftsjahren aus ausländischen Einkünften entstanden sind,
2. sonstige Vermögensmehrungen, die der Körperschaftsteuer nicht unterliegen und nicht unter Nummer 3 oder 4 einzuordnen sind,
3. verwendbares Eigenkapital, das bis zum Ende des letzten vor dem 1. Januar 1977 abgelaufenen Wirtschaftsjahrs entstanden ist,
4. Einlagen der Anteilseigner, die das Eigenkapital in nach dem 31. Dezember 1976 abgelaufenen Wirtschaftsjahren erhöht haben.

§ 31 Zuordnung der bei der Einkommensermittlung nichtabziehbaren Ausgaben

(1) Zur Berechnung der in § 30 bezeichneten Teilbeträge des verwendbaren Eigenkapitals sind die bei der Ermittlung des Einkommens nichtabziehbaren Ausgaben für nach dem 31. Dezember 1976 abgelaufene Wirtschaftsjahre wie folgt abzuziehen:
1. die Körperschaftsteuererhöhung von dem Teilbetrag, auf den sie entfällt,
2. die tarifliche Körperschaftsteuer von dem Einkommensteil, der ihr unterliegt,
3. ausländische Steuer von den ihr unterliegenden ausländischen Einkünften,
4. sonstige nichtabziehbare Ausgaben von den Einkommensteilen, die nach dem 31. Dezember 1989 ungemildert der Körperschaftsteuer unterliegen.

(2) Soweit die in Absatz 1 Nr. 4 bezeichneten Einkommensteile für den Abzug nach dieser Vorschrift nicht ausreichen, treten die Einkommensteile an ihre Stelle, die nach dem 31. Dezember 1976 einer Körperschaftsteuer von 36 vom Hundert unterliegen. Übersteigen die sonstigen nichtabziehbaren Ausgaben auch diese Einkommensteile, so ist der Unterschiedsbetrag den in den folgenden Veranlagungszeiträumen entstehenden Einkommensteilen in der in Satz 1 bezeichneten Reihenfolge zuzuordnen.

(3) Bei der Ermittlung des Einkommens nichtabziehbare Ausgaben für vor dem 1. Januar 1977 abgelaufene Wirtschaftsjahre, die das Betriebsvermögen in einem später abgelaufenen Wirtschaftsjahr gemindert haben, sind von dem Teilbetrag im Sinne des § 30 Abs. 2 Nr. 3 abzuziehen.

§ 32 Einordnung bestimmter ermäßigt belasteter Eigenkapitalteile

(1) Ermäßigt belastete Eigenkapitalteile sind nach Maßgabe des Absatzes 2 aufzuteilen.

(2) Aufzuteilen sind
1. ein Eigenkapitalteil, dessen Tarifbelastung niedriger ist als die Ausschüttungsbelastung, in einen in Höhe der Ausschüttungsbelastung belasteten Teilbetrag und in einen nicht mit Körperschaftsteuer belasteten Teilbetrag,
2. ein Eigenkapitalteil, dessen Tarifbelastung höher ist als die Ausschüttungsbelastung, in einen in Höhe der Ausschüttungsbelastung belasteten Teilbetrag und in einen ungemildert mit Körperschaftsteuer belasteten Teilbetrag.

(3) Die belasteten Teilbeträge sind aus der Tarifbelastung der aufzuteilenden Eigenkapitalteile abzuleiten.

Körperschaftsteuergesetz
§§ 33–36

(4) Die Teilbeträge gelten wie folgt als entstanden:
1. der in Höhe der Ausschüttungsbelastung belastete Teilbetrag als aus Einkommensteilen, die nach dem 31. Dezember 1976 einer Körperschaftsteuer von 36 vom Hundert unterliegen,
2. der ungemildert mit Körperschaftsteuer belastete Teilbetrag als aus Einkommensteilen, die nach dem 31. Dezember 1989 ungemildert der Körperschaftsteuer unterliegen,
3. der nicht mit Körperschaftsteuer belastete Teilbetrag als aus Vermögensmehrungen, die der Körperschaftsteuer nicht unterliegen.

§ 33 Verluste

(1) Verluste, die sich nach den steuerlichen Vorschriften über die Gewinnermittlung ergeben haben, sind bei der Ermittlung des nichtbelasteten Teilbetrags im Sinne des § 30 Abs. 2 Nr. 2 abzuziehen.

(2) Der Abzug nach Absatz 1 ist durch eine Hinzurechnung auszugleichen, soweit die Verluste in früheren oder späteren Veranlagungszeiträumen bei der Ermittlung des Einkommens abgezogen werden. Soweit abgezogene Verluste in einem vor dem 1. Januar 1977 abgelaufenen Wirtschaftsjahr entstanden sind, ist die Hinzurechnung bei dem Teilbetrag im Sinne des § 30 Abs. 2 Nr. 3 vorzunehmen.

(3) Ist in den Fällen des Verlustrücktrags nach § 10 d Abs. 1 des Einkommensteuergesetzes für das Abzugsjahr die Ausschüttungsbelastung herzustellen, so gelten die Teilbeträge des Eigenkapitals in der Höhe als für die Ausschüttung verwendet, in der sie ohne den Rücktrag als verwendet gegolten hätten.

§ 34 Gliederung bei Erlaß

Wird Körperschaftsteuer nach § 227 der Abgabenordnung erlassen, so ist der Betrag, dessen Belastung mit Körperschaftsteuer sich mit dem Erlaßbetrag deckt, von dem belasteten Teil des Eigenkapitals abzuziehen und dem nichtbelasteten Teilbetrag im Sinne des § 30 Abs. 2 Nr. 2 zusammen mit der erlassenen Körperschaftsteuer hinzuzurechnen. Das gleiche gilt, wenn die Körperschaftsteuer nach § 163 der Abgabenordnung niedriger festgesetzt wird.

§ 35 Fehlendes verwendbares Eigenkapital

(1) Reicht für eine Gewinnausschüttung das verwendbare Eigenkapital nicht aus, so erhöht sich die Körperschaftsteuer um 9/16 des Unterschiedsbetrags. § 27 Abs. 3 gilt entsprechend.

(2) Der in Absatz 1 bezeichnete Unterschiedsbetrag und der darauf entfallene Betrag der Körperschaftsteuererhöhung sind in den folgenden Wirtschaftsjahren bei der Ermittlung des Teilbetrags im Sinne des § 30 Abs. 2 Nr. 2 jeweils von den neu entstandenen Vermögensmehrungen abzuziehen.

§ 36 Gliederung des Eigenkapitals bei dem Organträger

Ist die Kapitalgesellschaft Organträger im Sinne des § 14, so sind ihr die Vermögensmehrungen, die bei der Organgesellschaft vor Berücksichtigung der Gewinnabführung entstehen, zur Ermittlung der Teilbeträge ihres verwendbaren Eigenkapitals wie eigene Vermögensmehrungen zuzurechnen. Von der Zurechnung sind auszunehmen:

1. Beträge, die die Organgesellschaft nach § 16 zu versteuern hat,
2. Einlagen, die die Anteilseigner der Organgesellschaft geleistet haben,
3. Vermögen, das durch Gesamtrechtsnachfolge auf die Organgesellschaft übergegangen ist.

§ 37 Gliederung des Eigenkapitals der Organgesellschaften

(1) Ist die Kapitalgesellschaft Organgesellschaft im Sinne des § 14 oder des § 17, so bleiben bei der Ermittlung ihres verwendbaren Eigenkapitals die Vermögensmehrungen, die dem Organträger in den Fällen des § 36 zuzurechnen sind, vorbehaltlich des Absatzes 2 stets außer Ansatz.

(2) Übersteigen die in Absatz 1 bezeichneten Vermögensmehrungen den abgeführten Gewinn, so ist der Unterschiedsbetrag bei der Organgesellschaft in den Teilbetrag im Sinne des § 30 Abs. 2 Nr. 4 einzuordnen. Unterschreiten die Vermögensmehrungen den abgeführten Gewinn, so gilt § 28 Abs. 3 mit der Maßgabe, daß der in Satz 1 bezeichnete Teilbetrag vor den übrigen Teilbeträgen als verwendet gilt.

§ 38 Tarifbelastung bei Vermögensübernahme

(1) Geht das Vermögen einer Kapitalgesellschaft durch Gesamtrechtsnachfolge auf eine unbeschränkt steuerpflichtige Kapitalgesellschaft oder auf eine sonstige unbeschränkt steuerpflichtige Körperschaft im Sinne des § 43 über, so sind die nach den §§ 30 bis 37 ermittelten Eigenkapitalteile der übertragenden Kapitalgesellschaft den entsprechenden Teilbeträgen der übernehmenden Körperschaft hinzuzurechnen. Übersteigt die Summe der zusammengerechneten Teilbeträge infolge des Wegfalls von Anteilen an der übertragenden Kapitalgesellschaft oder aus anderen Gründen das verwendbare Eigenkapital, das sich aus einer Steuerbilanz auf den unmittelbar nach dem Vermögensübergang folgenden Zeitpunkt bei der übernehmenden Körperschaft ergeben würde, so sind in Höhe des Unterschiedsbetrags die nicht mit Körperschaftsteuer belasteten Teilbeträge zu mindern. Reichen die nicht mit Körperschaftsteuer belasteten Teilbeträge nicht aus, so sind die neu entstehenden nicht der Körperschaftsteuer unterliegenden Vermögensmehrungen um den Restbetrag zu mindern.

(2) Für die Minderung nach Absatz 1 gilt die umgekehrte Reihenfolge, in der die Teilbeträge nach § 28 Abs. 3 als für eine Ausschüttung verwendet gelten.

(3) Ist die Summe der zusammengerechneten Teilbeträge niedriger als das verwendbare Eigenkapital im Sinne des Absatzes 1, so ist der Teilbetrag im Sinne des § 30 Abs. 2 Nr. 4 um den Unterschiedsbetrag zu erhöhen.

(4) Abweichend von Absatz 1 ist das übergegangene verwendbare Eigenkapital der übertragenden Kapitalgesellschaft dem Teilbetrag im Sinne des § 30 Abs. 2 Nr. 2 hinzuzurechnen, wenn die übernehmende Körperschaft von der Körperschaftsteuer befreit ist.

§ 39 (weggefallen)

§ 40 Ausnahmen von der Körperschaftsteuererhöhung

Die Körperschaftsteuer wird nach § 27 nicht erhöht, soweit
1. für die Ausschüttung der Teilbetrag im Sinne des § 30 Abs. 2 Nr. 4 als verwendet gilt,
2. eine von der Körperschaftsteuer befreite Kapitalgesellschaft Gewinnausschüttungen an einen unbeschränkt steuerpflichtigen, von der Körperschaftsteuer befreiten Anteileig-

Körperschaftsteuergesetz
§§ 41–43

ner oder an eine juristische Person des öffentlichen Rechts vornimmt. Der Anteilseigner ist verpflichtet, der ausschüttenden Kapitalgesellschaft seine Befreiung durch eine Bescheinigung des Finanzamts nachzuweisen, es sei denn, er ist eine juristische Person des öfffentlichen Rechts.

Nummer 2 gilt nicht, soweit die Gewinnausschüttung auf Anteile entfällt, die in einem wirtschaftlichen Geschäftsbetrieb gehalten werden, für den die Befreiung von der Körperschaftsteuer ausgeschlossen ist, oder in einem nicht von der Körperschaftsteuer befreiten Betrieb gewerblicher Art.

§ 41 Sonstige Leistungen

(1) Die §§ 27 bis 40 gelten entsprechend, wenn eine Kapitalgesellschaft sonstige Leistungen bewirkt, die bei den Empfängern Einnahmen im Sinne des § 20 Abs. 1 Nr. 1 oder 2 des Einkommensteuergesetzes sind.

(2) Besteht die Leistung in der Rückzahlung von Nennkapital, so gilt der Teil des Nennkapitals als zuerst für die Rückzahlung verwendet, der zum verwendbaren Eigenkapital gehört.

(3) Wird Nennkapital durch Umwandlung von Rücklagen erhöht, so gelten die Eigenkapitalteile im Sinne des § 30 Abs. 2 Nr. 3 und 4 in dieser Reihenfolge als vor den übrigen Eigenkapitalteilen umgewandelt.

(4) Wird das Vermögen einer Kapitalgesellschaft nach deren Auflösung an die Anteilseigner verteilt und ergibt sich ein negativer Teilbetrag im Sinne des § 30 Abs. 1 Nr. 3, so gilt das Nennkapital als um diesen Betrag gemindert. Soweit das Nennkapital nicht ausreicht, gelten die mit Körperschaftsteuer belasteten Teilbeträgen in der Reihenfolge als gemindert, in der ihre Belastung zunimmt.

§ 42 Körperschaftsteuerminderung und Körperschaftsteuererhöhung bei Vermögensübertragung auf eine steuerbefreite Übernehmerin

(1) Geht das Vermögen einer Kapitalgesellschaft durch Gesamtrechtsnachfolge auf eine unbeschränkt steuerpflichtige, von der Körperschaftsteuer befreite Kapitalgesellschaft, Personenvereinigung oder Vermögensmasse oder auf eine juristische Person des öffentlichen Rechts über, so mindert oder erhöht sich die Körperschaftsteuer um den Betrag, der sich nach § 27 ergeben würde, wenn das verwendbare Eigenkapital als im Zeitpunkt des Vermögensübergangs für eine Ausschüttung verwendet gelten würde.

(2) Die Körperschaftsteuer erhöht sich nicht
1. in den Fällen des § 40 und
2. soweit das verwendbare Eigenkapital aus Vermögensmehrungen entstanden ist, die es in vor dem 1. Januar 1977 abgelaufenen Wirtschaftsjahren erhöht haben.

§ 43 Körperschaftsteuerminderung und Körperschaftsteuererhöhung bei sonstigen Körperschaften

Für unbeschränkt steuerpflichtige Körperschaften, deren Leistungen bei den Empfängern zu den Einnahmen im Sinne des § 20 Abs. 1 Nr. 1 oder 2 des Einkommensteuergesetzes gehören und die nicht Kapitalgesellschaften sind, gelten die §§ 27 bis 42 sinngemäß.

Körperschaftsteuergesetz

§ 44

Zweites Kapitel
Bescheinigungen; gesonderte Feststellung

§ 44 Bescheinigung der ausschüttenden Körperschaft

(1) Erbringt eine unbeschränkt steuerpflichtige Körperschaft für eigene Rechnung Leistungen, die bei den Anteilseignern Einnahmen im Sinne des § 20 Abs. 1 Nr. 1 oder 2 des Einkommensteuergesetzes sind, so ist sie vorbehaltlich des Absatzes 3 verpflichtet, ihren Anteilseignern auf Verlangen die folgenden Angaben nach amtlich vorgeschriebenem Muster zu bescheinigen:
1. den Namen und die Anschrift des Anteilseigners;
2. die Höhe der Leistungen;
3. den Zahlungstag;
4. den Betrag der nach § 36 Abs. 2 Nr. 3 Satz 1 des Einkommensteuergesetzes anrechenbaren Körperschaftsteuer;
5. den Betrag der zu vergütenden Körperschaftsteuer im Sinne des § 52; es genügt, wenn sich die Angabe auf eine einzelne Aktie, einen einzelnen Geschäftsanteil oder ein einzelnes Genußrecht bezieht;
6. die Höhe des für die Leistungen als verwendet geltenden Eigenkapitals im Sinne des § 30 Abs. 2 Nr. 4, soweit es auf den Anteilseigner entfällt.

Die Bescheinigung braucht nicht unterschrieben zu werden, wenn sie in einem maschinellen Verfahren ausgedruckt worden ist und den Aussteller erkennen läßt. Ist die Körperschaft ein inländisches Kreditinstitut, so gilt § 45 Abs. 2 und 3 entsprechend.

(2) Der Betrag der zu vergütenden Körperschaftsteuer im Sinne des § 52 darf erst bescheinigt werden, wenn die Höhe der ausländischen Einkünfte und der auf die inländische Körperschaftsteuer anzurechnenden ausländischen Steuer durch Urkunden nachgewiesen werden kann.

(3) Die Bescheinigung nach Absatz 1 darf nicht erteilt werden,
1. wenn eine Bescheinigung nach § 45 durch ein inländisches Kreditinstitut auszustellen ist,
2. wenn in Vertretung des Anteilseigners ein Antrag auf Vergütung von Körperschaftsteuer nach § 36 c oder § 36 d des Einkommensteuergesetzes gestellt worden ist oder gestellt wird,
3. wenn ein nach § 46 als veräußert gekennzeichneter Dividendenschein zur Einlösung vorgelegt wird.

(4) Eine Ersatzbescheinigung darf nur ausgestellt werden, wenn die Urschrift nach den Angaben des Anteilseigners abhanden gekommen oder vernichtet ist. Die Ersatzbescheinigung muß als solche gekennzeichnet sein. Über die Ausstellung von Ersatzbescheinigungen hat der Aussteller Aufzeichnungen zu führen.

(5) Eine Bescheinigung, die den Absätzen 1 bis 4 nicht entspricht, hat der Aussteller zurückzufordern und durch eine berichtigte Bescheinigung zu ersetzen. Die berichtigte Bescheinigung ist als solche zu kennzeichnen. Wird die zurückgeforderte Bescheinigung nicht innerhalb eines Monats nach Zusendung der berichtigten Bescheinigung an den Aussteller zurückgegeben, hat der Aussteller das nach seinen Unterlagen für den Empfänger zuständige Finanzamt schriftlich zu benachrichtigen. Die Sätze 1 bis 3 gelten nicht, wenn die Bescheinigung den Absätzen 1 bis 4 nur wegen des Betrags der nach § 52 zu vergütenden Körperschaftsteuer (Absatz 1 Nr. 5) oder wegen der Leistungen, für die Eigenkapital im Sinne des § 30 Abs. 2 Nr. 4 als verwendet gilt (Absatz 1 Nr. 1 und 6), nicht entspricht.

Körperschaftsteuergesetz
§§ 45–46

Ist die Bescheinigung auch wegen anderer Angaben unrichtig, so sind nur die anderen Angaben zu berichtigen.

(6) Der Aussteller einer Bescheinigung, die den Absätzen 1 bis 4 nicht entspricht, haftet für die auf Grund der Bescheinigung verkürzten Steuern oder zu Unrecht gewährten Steuervorteile. Ist die Bescheinigung nach § 45 durch ein inländisches Kreditinstitut auszustellen, so haftet die Körperschaft auch, wenn sie zum Zweck der Bescheinigung unrichtige Angaben macht oder wenn sie den Betrag der nach § 52 zu vergütenden Körperschaftsteuer mitteilt, ohne daß die in Absatz 2 bezeichneten Voraussetzungen vorliegen. Der Aussteller haftet nicht, wenn er die ihm nach Absatz 5 obliegenden Verpflichtungen erfüllt hat.

§ 45 Bescheinigung eines Kreditinstituts

(1) Ist die in § 44 Abs. 1 bezeichnete Leistung einer unbeschränkt steuerpflichtigen Körperschaft von der Vorlage eines Dividendenscheins abhängig und wird sie für Rechnung der Körperschaft durch ein inländisches Kreditinstitut erbracht, so hat das Kreditinstitut dem Anteilseigner eine Bescheinigung mit den in § 44 Abs. 1 Nr. 1 bis 5 bezeichneten Angaben nach amtlich vorgeschriebenem Muster zu erteilen. Die Leistung ist auch insoweit als Einnahme des Anteilseigners im Sinne des § 20 Abs. 1 Nr. 1 oder 2 des Einkommensteuergesetzes auszuweisen, als für die Leistung Eigenkapital im Sinne des § 30 Abs. 2 Nr. 4 als verwendet gilt. Aus der Bescheinigung muß hervorgehen, für welche Körperschaft die Leistung erbracht wird.

(2) Ist die Aktie im Zeitpunkt des Zufließens der Einnahmen nicht in einem auf den Namen des Empfängers der Bescheinigung lautenden Wertpapierdepot bei dem Kreditinstitut verzeichnet, so hat das Kreditinstitut die Bescheinigung durch einen entsprechenden Hinweis zu kennzeichnen.

(3) Über die nach Absatz 2 zu kennzeichnenden Bescheinigungen hat das Kreditinstitut Aufzeichnungen zu führen. Die Aufzeichnungen müssen einen Hinweis auf den Buchungsbeleg über die Auszahlung an den Empfänger der Bescheinigung enthalten.

(4) § 44 Abs. 1 Satz 2, Abs. 2, 3 Nr. 2 und 3 sowie Abs. 4 bis 6 ist sinngemäß anzuwenden. In den Fällen des § 44 Abs. 6 Satz 2 haftet das Kreditinstitut nicht.

§ 46 Bescheinigung eines Notars

(1) Die erstmalige Veräußerung eines Dividendenscheins kann von dem Anteilseigner nur durch die Bescheinigung eines inländischen Notars nachgewiesen werden, in der die folgenden Angaben enthalten sind:
1. der Name und die Anschrift des Veräußerers des Dividendenscheins;
2. die Bezeichnung des Wertpapiers und des Emittenten sowie die Nummer des Dividendenscheins;
3. der Tag der Veräußerung;
4. der Veräußerungspreis;
5. die Bestätigung, daß der Dividendenschein in Gegenwart des Notars von dem Bogen, der die Dividendenscheine und den Erneuerungsschein zusammenfaßt, getrennt und als veräußert gekennzeichnet worden ist.

Bei den in den Nummern 3 und 4 bezeichneten Angaben ist von den Erklärungen des Veräußerers auszugehen. § 44 Abs. 4 ist sinngemäß anzuwenden.

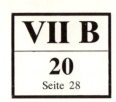

(2) Für die erstmalige Veräußerung von sonstigen Ansprüchen im Sinne des § 20 Abs. 2 Nr. 2 Buchstabe a des Einkommensteuergesetzes durch den Anteilseigner gilt Absatz 1 Satz 1 Nr. 1, 3, 4 und Satz 2 sinngemäß. Zusätzlich ist in der Bescheinigung anzugeben, daß der Veräußerer erklärt hat,
1. gegen welche Körperschaft sich die veräußerten Ansprüche richten,
2. daß er Anteilseigner der Körperschaft ist,
3. daß er die veräußerten Ansprüche nicht getrennt von dem Stammrecht erworben hat und
4. in welchem Jahr die veräußerten Ansprüche von der Körperschaft voraussichtlich erfüllt werden.

(3) Eine unrichtige Bescheinigung hat der Notar zurückzufordern. Wird die Bescheinigung nicht innerhalb eines Monats nach der Rückforderung zurückgegeben, hat der Notar das nach seinen Unterlagen für den Veräußerer zuständige Finanzamt schriftlich zu benachrichtigen.

§ 47 Gesonderte Feststellung von Besteuerungsgrundlagen

(1) Gesondert festgestellt werden
1. die nach § 30 ermittelten Teilbeträge des verwendbaren Eigenkapitals,
2. der für Ausschüttungen verwendbare Teil des Nennkapitals im Sinne des § 29 Abs. 3.

(2) Der Feststellungsbescheid ist zu ändern, wenn der Körperschaftsteuerbescheid geändert wird und die Änderung die Höhe des Einkommens oder der Tarifbelastung berührt. Der Körperschaftsteuerbescheid gilt insoweit als Grundlagenbescheid.

Fünfter Teil
Entstehung, Veranlagung, Erhebung und Vergütung der Steuer

§ 48 Entstehung der Körperschaftsteuer

Die Körperschaftsteuer entsteht
a) für Steuerabzugsbeträge in dem Zeitpunkt, in dem die steuerpflichtigen Einkünfte zufließen;
b) für Vorauszahlungen mit Beginn des Kalendervierteljahrs, in dem die Vorauszahlungen zu entrichten sind, oder, wenn die Steuerpflicht erst im Laufe des Kalenderjahrs begründet wird, mit Begründung der Steuerpflicht;
c) für die veranlagte Steuer mit Ablauf des Veranlagungszeitraums, soweit nicht die Steuer nach Buchstabe a oder b schon früher entstanden ist.

§ 49 Steuererklärungspflicht, Veranlagung und Erhebung von Körperschaftsteuer

(1) Auf die Durchführung der Besteuerung einschließlich der Anrechnung, Entrichtung und Vergütung der Körperschaftsteuer sind die für die Einkommensteuer geltenden Vorschriften sinngemäß anzuwenden, soweit dieses Gesetz nichts anderes bestimmt.

(2) Unbeschränkt steuerpflichtige Körperschaften und Personenvereinigungen, deren Leistungen bei den Empfängern zu den Einnahmen im Sinne des § 20 Abs. 1 Nr. 1 oder 2 des Einkommensteuergesetzes gehören, haben auf den Schluß jedes Wirtschaftsjahrs Erklärungen zur gesonderten Feststellung von Besteuerungsgrundlagen nach § 47 abzugeben. Die

Körperschaftsteuergesetz
§§ 50–52

Erklärungen sind von den in § 34 der Abgabenordnung bezeichneten Personen eigenhändig zu unterschreiben.

(3) Bei einem vom Kalenderjahr abweichenden Wirtschaftsjahr gilt § 37 Abs. 1 des Einkommensteuergesetzes mit der Maßgabe, daß die Vorauszahlungen auf die Körperschaftsteuer bereits während des Wirtschaftsjahrs zu entrichten sind, das im Veranlagungszeitraum endet.

§ 50 Sondervorschriften für den Steuerabzug vom Kapitalertrag

(1) Die Körperschaftsteuer für Einkünfte, die dem Steuerabzug unterliegen, ist durch den Steuerabzug abgegolten,
1. wenn die Einkünfte nach § 5 Abs. 2 Nr. 1 von der Steuerbefreiung ausgenommen sind,
2. wenn der Bezieher der Einkünfte beschränkt steuerpflichtig ist und die Einkünfte nicht in einem inländischen gewerblichen oder land- oder forstwirtschaftlichen Betrieb angefallen sind oder
3. wenn es sich um Kapitalerträge im Sinne des § 43 Abs. 1 Nr. 5 des Einkommensteuergesetzes handelt.

(2) Die Körperschaftsteuer ist nicht abgegolten,
1. soweit der Steuerpflichtige wegen der Steuerabzugsbeträge in Anspruch genommen werden kann oder
2. soweit die Ausschüttungsbelastung im Sinne des § 27 herzustellen ist.

§ 51 Ausschluß der Anrechnung und Vergütung von Körperschaftsteuer

Sind bei einem Anteilseigner die Einnahmen im Sinne des § 20 Abs. 1 Nr. 1 bis 3 oder Abs. 2 Nr. 2 Buchstabe a des Einkommensteuergesetzes nicht steuerpflichtig oder werden sie nach § 50 Abs. 1 Nr. 1 oder 2 bei der Veranlagung nicht erfaßt, so sind die Anrechnung und Vergütung der nach § 36 Abs. 2 Nr. 3 des Einkommensteuergesetzes anrechenbaren Körperschaftsteuer ausgeschlossen.

§ 52 Vergütung des Erhöhungsbetrags

(1) Die nach § 51 nicht anzurechnende Körperschaftsteuer wird an unbeschränkt steuerpflichtige, von der Körperschaftsteuer befreite Anteilseigner, an juristische Personen des öffentlichen Rechts und an Anteilseigner, die nach § 2 Nr. 1 beschränkt körperschaftsteuerpflichtig sind, auf Antrag vergütet, soweit sie sich nach § 27 erhöht, weil Eigenkapital im Sinne des § 30 Abs. 2 Nr. 1 oder 3 als für die Ausschüttung oder für die sonstige Leistung verwendet gilt.

(2) Die Vergütung setzt voraus, daß der Antragsteller
1. die Höhe seiner Einnahmen und die ihm nach Absatz 1 zu vergütende Körperschaftsteuer durch eine Bescheinigung im Sinne des § 44 oder des § 45,
2. seine Befreiung von der Körperschaftsteuer durch eine Bescheinigung des Finanzamts,
3. den ausländischen Ort seines Sitzes und seiner Geschäftsleitung durch eine Bescheinigung der ausländischen Steuerbehörde
nachweist.

(3) Für die Vergütung ist das Bundesamt für Finanzen zuständig.

(4) Die Körperschaftsteuer wird nicht vergütet, soweit die Ausschüttung oder die sonstige Leistung auf Anteile entfällt, die in einem wirtschaftlichen Geschäftsbetrieb des steuerbefreiten Anteilseigners, für den die Steuerbefreiung insoweit ausgeschlossen ist, oder in einem steuerpflichtigen Betrieb gewerblicher Art der juristischen Person des öffentlichen Rechts oder in einer inländischen Betriebsstätte des beschränkt steuerpflichtigen Anteilseigners gehalten werden.

Sechster Teil
Ermächtigungs- und Schlußvorschriften

§ 53 Ermächtigungen

(1) Die Bundesregierung wird ermächtigt, zur Durchführung dieses Gesetzes mit Zustimmung des Bundesrates durch Rechtsverordnung
1. zur Wahrung der Gleichmäßigkeit bei der Besteuerung, zur Beseitigung von Unbilligkeiten in Härtefällen und zur Vereinfachung des Besteuerungsverfahrens den Umfang der Steuerbefreiungen nach § 5 Abs. 1 Nr. 3 und 4 näher zu bestimmen. Dabei können
   a) zur Durchführung des § 5 Abs. 1 Nr. 3 Vorschriften erlassen werden, nach denen die Steuerbefreiung nur eintritt,
      aa) wenn die Leistungsempfänger nicht überwiegend aus dem Unternehmen oder seinen Angehörigen, bei Gesellschaften aus den Gesellschaftern und ihren Angehörigen bestehen,
      bb) wenn bei Kassen mit Rechtsanspruch der Leistungsempfänger die Rechtsansprüche und bei Kassen ohne Rechtsanspruch der Leistungsempfänger die laufenden Kassenleistungen und das Sterbegeld bestimmte Beträge nicht übersteigen, die dem Wesen der Kasse als soziale Einrichtung entsprechen,
      cc) wenn bei Auflösung der Kasse ihr Vermögen satzungsmäßig nur für soziale Zwecke verwendet werden darf,
      dd) wenn rechtsfähige Pensions-, Sterbe- und Krankenkassen der Versicherungsaufsicht unterliegen,
      ee) wenn bei rechtsfähigen Unterstützungskassen die Leistungsempfänger zu laufenden Beiträgen oder Zuschüssen nicht verpflichtet sind und die Leistungsempfänger oder die Arbeitnehmervertretungen des Betriebs oder der Dienststelle an der Verwaltung der Beträge, die der Kasse zufließen, beratend mitwirken können;
   b) zur Durchführung des § 5 Abs. 1 Nr. 4 Vorschriften erlassen werden
      aa) über die Höhe der für die Inanspruchnahme der Steuerbefreiung zulässigen Beitragseinnahmen,
      bb) nach denen bei Versicherungsvereinen auf Gegenseitigkeit, deren Geschäftsbetrieb sich auf die Sterbegeldversicherung beschränkt, die Steuerbefreiung unabhängig von der Höhe der Beitragseinnahmen auch eintritt, wenn die Höhe des Sterbegeldes insgesamt die Leistung der nach § 5 Abs. 1 Nr. 3 steuerbefreiten Sterbekassen nicht übersteigt und wenn der Verein auch im übrigen eine soziale Einrichtung darstellt;
2. Vorschriften zu erlassen
   a) über die Kleinbeträge, um die eine Rückstellung für Beitragsrückerstattung nach § 21 Abs. 2 nicht aufgelöst zu werden braucht, wenn die Auszahlung dieser Beträge

an die Versicherten mit einem unverhältnismäßig hohen Verwaltungsaufwand verbunden wäre;
b) über die Herabsetzung oder Erhöhung der Körperschaftsteuer nach § 23 Abs. 5;
c) nach denen bei Anschaffung oder Herstellung von abnutzbaren beweglichen und bei Herstellung von abnutzbaren unbeweglichen Wirtschaftsgütern des Anlagevermögens auf Antrag ein Abzug von der Körperschaftsteuer für den Veranlagungszeitraum der Anschaffung oder Herstellung bis zur Höhe von 7,5 v.H. der Anschaffungs- oder Herstellungskosten dieser Wirtschaftsgüter vorgenommen werden kann. § 51 Abs. 1 Nr. 2 Buchstabe s des Einkommensteuergesetzes gilt entsprechend;
d) nach denen Versicherungsvereine auf Gegenseitigkeit von geringerer wirtschaftlicher Bedeutung, die eine Schwankungsrückstellung nach § 20 Abs. 2 nicht gebildet haben, zum Ausgleich des schwankenden Jahresbedarfs zu Lasten des steuerlichen Gewinns Beträge der nach § 37 des Versicherungsaufsichtsgesetzes zu bildenden Verlustrücklage zuführen können.

(2) Der Bundesminister der Finanzen wird ermächtigt,
1. im Einvernehmen mit den obersten Finanzbehörden der Länder Muster der in den §§ 44 und 45 vorgeschriebenen Bescheinigungen sowie die Vordrucke für die Erklärung für die in § 47 vorgeschriebene gesonderte Feststellung zu bestimmen;
2. den Wortlaut dieses Gesetzes und der zu diesem Gesetz erlassenen Durchführungsverordnungen in der jeweils geltenden Fassung mit neuem Datum, unter neuer Überschrift und in neuer Paragraphenfolge bekanntzumachen und dabei Unstimmigkeiten des Wortlauts zu beseitigen.

§ 54 Schlußvorschriften

(1) Die vorstehende Fassung dieses Gesetzes ist, soweit in den folgenden Absätzen nichts anderes bestimmt ist, erstmals für den am 1. Januar 1990 beginnenden Veranlagungszeitraum anzuwenden.

(2) Die Steuerbefreiung nach § 5 Abs. 1 Nr. 2 ist für die Landeskreditbank Baden-Württemberg letztmals für den Veranlagungszeitraum 1988 und für die Landeskreditbank Baden-Württemberg-Förderungsanstalt erstmals für den Veranlagungszeitraum 1989 anzuwenden.

(3) § 5 Abs. 1 Nr. 9 Satz 3 ist auch für vor dem 1. Januar 1990 beginnende Veranlagungszeiträume anzuwenden, soweit Bescheide noch nicht bestandskräftig sind oder unter dem Vorbehalt der Nachprüfung stehen.

(4) § 5 Abs. 1 Nr. 10 bis 13 des Körperschaftsteuergesetzes 1984 in der Fassung der Bekanntmachung vom 10. Februar 1984 (BGBl. I S. 217) ist auf Antrag der Körperschaft letztmals für den Veranlagungszeitraum 1990 anzuwenden, wenn die Körperschaft in diesem Veranlagungszeitraum ausschließlich Geschäfte betreibt, die nach den bis zum 31. Dezember 1989 geltenden gesetzlichen Vorschriften zulässig waren. In diesem Fall ist § 5 Abs. 1 Nr. 10 und 12 dieses Gesetzes in der vorstehenden Fassung erstmals für den Veranlagungszeitraum 1991 anzuwenden.

(5) Erwerbs- und Wirtschaftsgenossenschaften sowie Vereine können bis zum 31. Dezember 1991, in den Fällen des Absatzes 4 bis zum 31. Dezember 1992, durch schriftliche Erklärung auf die Steuerbefreiung nach § 5 Abs. 1 Nr. 10 dieses Gesetzes in der vorstehenden

Fassung verzichten. Die Körperschaft ist mindestens für fünf aufeinanderfolgende Kalenderjahre an die Erklärung gebunden. Die Erklärung kann nur mit Wirkung von Beginn eines Kalenderjahrs an widerrufen werden. Der Widerruf ist spätestens bis zur Unanfechtbarkeit der Steuerfestsetzung des Kalenderjahrs zu erklären, für das er gelten soll.

(6) § 8 Abs. 4 ist auch für vor dem 1. Januar 1990 beginnende Veranlagungszeiträume anzuwenden, wenn die Rechtsgeschäfte, die zu dem Verlust der wirtschaftlichen Identität geführt haben, nach dem 23. Juni 1988 abgeschlossen worden sind.

(7) § 9 Nr. 3 in der Fassung des Gesetzes zur Änderung des Parteiengesetzes und anderer Gesetze vom 22. Dezember 1988 (BGBl. I S. 2615) ist erstmals für den Veranlagungszeitraum 1989, Buchstabe c dieser Vorschrift erstmals für den Veranlagungszeitraum 1984 anzuwenden. Für die Veranlagungszeiträume 1984 bis 1988 ist § 9 Nr. 3 in der Fassung des Gesetzes zur Änderung des Parteiengesetzes und anderer Gesetze mit der Maßgabe anzuwenden, daß sich der Höchstbetrag für Spenden an politische Parteien auf 100 000 Deutsche Mark erhöht und sich der Betrag von 40 000 Deutsche Mark, ab dem eine Veröffentlichung im Rechenschaftsbericht Voraussetzung für den Abzug der Spenden ist, auf 20 000 Deutsche Mark vermindert. Für Spenden an politische Parteien, die vor dem 15. Juli 1986 geleistet worden sind, ist § 9 Nr. 3 in der Fassung der Bekanntmachung vom 10. Februar 1984 (BGBl. I S. 217) anzuwenden, wenn dessen Anwendung zu einer niedrigeren Steuer führt.

(8) § 10 Nr. 2 ist auch für vor dem 1. Januar 1990 beginnende Veranlagungszeiträume anzuwenden, soweit die Vorschrift den Abzug steuerlicher Nebenleistungen untersagt.

(9) § 23 Abs. 4 des Körperschaftsteuergesetzes 1984 ist letztmals für den Veranlagungszeitraum 1987 anzuwenden.

(10) § 26 Abs. 8 ist erstmals anzuwenden, soweit die Gewinnminderungen auf Gewinnausschüttungen nach dem 23. Juni 1988 zurückzuführen sind.

(11) In der Gliederung des verwendbaren Eigenkapitals ist zusätzlich ein positiver Teilbetrag auszuweisen, der aus Einkommensteilen entstanden ist, die nach dem 31. Dezember 1976, aber vor dem 1. Januar 1990 der Körperschaftsteuer ungemildert unterlegen haben. Bei der Gliederung des verwendbaren Eigenkapitals zum Schluß des letzten Wirtschaftsjahrs, das vor dem 1. Januar 1995 abgelaufen ist, ist er dem Teilbetrag im Sinne des § 30 Abs. 1 Nr. 1 in Höhe von 56/44 seines Bestands hinzuzurechnen. In Höhe von 12/44 dieses Bestands ist der Teilbetrag im Sinne des § 30 Abs. 2 Nr. 2 zu verringern. Ist der Teilbetrag im Sinne des Satzes 1 negativ, verringert er bei der Gliederung des verwendbaren Eigenkapitals zum Schluß des letzten Wirtschaftsjahrs, das vor dem 1. Januar 1991 abgelaufen ist, den neu entstehenden Teilbetrag im Sinne des § 30 Abs. 1 Nr. 1.

(12) § 50 Abs. 1 Nr. 3 ist erstmals auf Kapitalerträge anzuwenden, die nach dem 30. Juni 1989 zufließen. Auf Kapitalerträge, die nach dem 31. Dezember 1988 und vor dem 1. Juli 1989 zugeflossen sind, ist § 50 Abs. 1 Nr. 3 in der Fassung des Artikels 2 Nr. 11 des Steuerreformgesetzes 1990 vom 25. Juli 1988 (BGBl. I S. 1093) anzuwenden.

§ 55 Berlin-Klausel

Dieses Gesetz gilt nach Maßgabe des § 12 Abs. 1 des Dritten Überleitungsgesetzes auch im Land Berlin. Rechtsverordnungen, die auf Grund dieses Gesetzes erlassen werden, gelten im Land Berlin nach § 14 des Dritten Überleitungsgesetzes.

Körperschaftsteuer-Durchführungsverordnung 1984

Körperschaftsteuer-Durchführungsverordnung 1984 (KStDV 1984)

Vom 14. Juni 1977 (BGBl. I S. 848)
in der Fassung der Bekanntmachung vom 31. Juli 1984 (BGBl. I S. 1055)[1])
(BGBl. III 611-4-6)

---

1) **Bekanntmachung
der Neufassung der Körperschaftsteuer-Durchführungsverordnung**

Vom 31. Juli 1984

Auf Grund des § 53 Abs. 2 Nr. 2 des Körperschaftsteuergesetzes in der Fassung der Bekanntmachung vom 10. Februar 1984 (BGBl. I S. 217) wird nachstehend der Wortlaut der Körperschaftsteuer-Durchführungsverordnung in der ab 1. Januar 1984 anzuwendenden Fassung bekanntgemacht. Die Neufassung berücksichtigt:
1. die am 24. Juni 1977 in Kraft getretene Körperschaftsteuer-Durchführungsverordnung vom 14. Juni 1977 (BGBl. I S. 848) und
2. die am 8. August 1984 in Kraft tretende Erste Verordnung zur Änderung der Körperschaftsteuer-Durchführungsverordnung vom 30. Juli 1984 (BGBl. I S. 1053).

Die Rechtsvorschriften wurden erlassen auf Grund
zu 1. des § 53 Abs. 1 des Körperschaftsteuergesetzes vom 31. August 1976 (BGBl. I S. 2597, 2599),
zu 2. des § 53 Abs. 1 des Körperschaftsteuergesetzes in der Fassung der Bekanntmachung vom 10. Februar 1984 (BGBl. I S. 217).

Der Bundesminister der Finanzen

Körperschaftsteuer-Durchführungsverordnung 1984
§§ 1–3

Zu § 5 Abs. 1 Nr. 3 des Gesetzes

§ 1 Allgemeines

Rechtsfähige Pensions-, Sterbe-, Kranken- und Unterstützungskassen sind nur dann eine soziale Einrichtung im Sinne des § 5 Abs. 1 Nr. 3 Buchstabe b des Gesetzes, wenn sie die folgenden Voraussetzungen erfüllen:
1. Die Leistungsempfänger dürfen sich in der Mehrzahl nicht aus dem Unternehmer oder dessen Angehörigen und bei Gesellschaften in der Mehrzahl nicht aus den Gesellschaftern oder deren Angehörigen zusammensetzen.
2. Bei Auflösung der Kasse darf ihr Vermögen vorbehaltlich der Regelung in § 6 des Gesetzes satzungsmäßig nur den Leistungsempfängern oder deren Angehörigen zugute kommen oder für ausschließlich gemeinnützige oder mildtätige Zwecke verwendet werden.
3. Außerdem müssen bei Kassen mit Rechtsanspruch der Leistungsempfänger die Voraussetzungen des § 2, bei Kassen ohne Rechtsanspruch der Leistungsempfänger die Voraussetzungen des § 3 erfüllt sein.

§ 2 Kassen mit Rechtsanspruch der Leistungsempfänger

(1) Bei rechtsfähigen Pensions- oder Sterbekassen, die den Leistungsempfängern einen Rechtsanspruch gewähren, dürfen die jeweils erreichten Rechtsansprüche der Leistungsempfänger vorbehaltlich des Absatzes 2 die folgenden Beträge nicht übersteigen:

als Pension	36 000	Deutsche Mark jährlich,
als Witwenrente	24 000	Deutsche Mark jährlich,
als Waisengeld	7 200	Deutsche Mark jährlich für jede Halbwaise,
	14 400	Deutsche Mark jährlich für jede Vollwaise,
als Sterbegeld	10 000	Deutsche Mark als Gesamtleistung.

(2) Die jeweils erreichten Rechtsansprüche, mit Ausnahme des Anspruchs auf Sterbegeld, dürfen in nicht mehr als 12 vom Hundert aller Fälle auf höhere als die in Absatz 1 bezeichneten Beträge gerichtet sein. Dies gilt in nicht mehr als 4 vom Hundert aller Fälle uneingeschränkt. Im übrigen dürfen die jeweils erreichten Rechtsansprüche die folgenden Beträge nicht übersteigen:

als Pension	54 000	Deutsche Mark jährlich,
als Witwengeld	36 000	Deutsche Mark jährlich,
als Waisengeld	10 800	Deutsche Mark jährlich für jede Halbwaise,
	21 600	Deutsche Mark jährlich für jede Vollwaise.

§ 3 Kassen ohne Rechtsanspruch der Leistungsempfänger

Rechtsfähige Unterstützungskassen, die den Leistungsempfängern keinen Rechtsanspruch gewähren, müssen die folgenden Voraussetzungen erfüllen:
1. Die Leistungsempfänger dürfen zu laufenden Beiträgen oder zu sonstigen Zuschüssen nicht verpflichtet sein.
2. Den Leistungsempfängern oder den Arbeitnehmervertretungen des Betriebs oder der Dienststelle muß satzungsgemäß und tatsächlich das Recht zustehen, an der Verwaltung sämtlicher Beträge, die der Kasse zufließen, beratend mitzuwirken.
3. Die laufenden Leistungen und das Sterbegeld dürfen die in § 2 bezeichneten Beträge nicht übersteigen.

Körperschaftsteuer-Durchführungsverordnung 1984

§§ 4–7

Zu § 5 Abs. 1 Nr. 4 des Gesetzes

§ 4 Kleinere Versicherungsvereine

Kleinere Versicherungsvereine auf Gegenseitigkeit im Sinne des § 53 des Versicherungsaufsichtsgesetzes sind von der Körperschaftsteuer befreit, wenn
1. ihre Beitragseinnahmen im Durchschnitt der letzten drei Wirtschaftsjahre einschließlich des im Veranlagungszeitraum endenden Wirtschaftsjahrs die folgenden Jahresbeträge nicht überstiegen haben:
   a) 1 300 000 Deutsche Mark bei Versicherungsvereinen, die die Lebensversicherung oder die Krankenversicherung betreiben,
   b) 500 000 Deutsche Mark bei allen übrigen Versicherungsvereinen,
   oder
2. sich ihr Geschäftsbetrieb auf die Sterbegeldversicherung beschränkt und sie im übrigen die Voraussetzungen des § 1 erfüllen.

Schlußvorschriften

§ 5 Anwendungszeitraum

Die vorstehende Fassung dieser Verordnung ist erstmals für den Veranlagungszeitraum 1984 anzuwenden.

§ 6 Berlin-Klausel

Diese Verordnung gilt nach § 14 des Dritten Überleitungsgesetzes in Verbindung mit § 55 des Körperschaftsteuergesetzes auch im Land Berlin.

§ 7 (Inkrafttreten)

Umsatzsteuergesetz
Änderungsregister

VII B
30
Seite 01

Umsatzsteuergesetz
(UStG 1980)

Vom 26. November 1979 (BGBl. I S. 1953)[1])
(BGBl. III 611-10-14)

Änderungen

Paragraph	Art der Änderung	Geändert durch	Datum	Fundstelle BGBl.
14, 15	geändert	Gesetz zur Änderung und Vereinfachung des Einkommensteuergesetzes und anderer Gesetze	18. 8.1980	I S.1537
28	geändert	Änderungsverordnung	11.12.1981	I S.1383
2, 9, 12, 24, 26, 27, 29	geändert	2. Haushaltsstrukturgesetz	22.12.1981	I S.1523
12, 24, 27, Anlage	geändert	Haushaltsbegleitgesetz 1983	20.12.1982	I S.1857
28	geändert	Steuerentlastungsgesetz 1984	22.12.1983	I S.1583
28	geändert	Erstes Änderungsgesetz	29. 6.1984	I S.796
1, 3 a, 4, 6, 9, 11, 12, 18, 21, 24, 27, Anlage	geändert	Steuerbereinigungsgesetz 1985	14.12.1984	I S.1493
1, 2, 4, 6, 11, 15, 27, 28	geändert	Steuerbereinigungsgesetz 1986	19.12.1985	I S.2436
4, 27	geändert	Gesetz über Unternehmensbeteiligungsgesellschaften	17.12.1986	I S.2488
4, 8, Anlage	geändert	Verordnung zur Änderung des Umsatzsteuergesetzes und der Umsatzsteuer-Durchführungsverordnung	7. 3.1988	I S.204
1, 16, 19, 20, 21	geändert	Steuerreformgesetz 1990	25. 7.1988	I S.1093
28	geändert	Haushaltsbegleitgesetz 1989	20.12.1988	I S.2262

---

[1]) Als Erstes Kapitel des Gesetzes zur Neufassung des Umsatzsteuergesetzes und zur Änderung anderer Gesetze vom 26. 11. 1979 (BGBl. I S. 1953) vom Bundestag mit Zustimmung des Bundesrates beschlossen. In Kraft ab 1. 1. 1980. Die Ermächtigungsgundlagen traten gemäß Drittem Kapitel Artikel 16 am 30. 11. 1979 in Kraft. Zu § 2 Abs. 3 Nr. 2 hat die Regierung des Landes Baden-Württemberg die nach Artikel 138 GG erforderliche Zustimmung erteilt.

Umsatzsteuergesetz

Änderungsregister

Paragraph	Art der Änderung	Geändert durch	Datum	Fundstelle BGBl.
12	geändert	Vereinsförderungs-	18.12.1989	I S.2212
23 a	eingefügt	gesetz		
1, 10, 14, 15, 19, 22, 24, 27	geändert	Wohnungsbau-förderungsgesetz	22.12.1989	I S.2408

Umsatzsteuergesetz
§ 1

Erster Abschnitt
Steuergegenstand und Geltungsbereich

§ 1 Steuerbare Umsätze

(1) Der Umsatzsteuer unterliegen die folgenden Umsätze:
1. die Lieferungen und sonstigen Leistungen, die ein Unternehmer im Erhebungsgebiet gegen Entgelt im Rahmen seines Unternehmens ausführt. Die Steuerbarkeit entfällt nicht, wenn
   a) der Umsatz auf Grund gesetzlicher oder behördlicher Anordnung ausgeführt wird oder nach gesetzlicher Vorschrift als ausgeführt gilt oder
   b) ein Unternehmer Lieferungen oder sonstige Leistungen an seine Arbeitnehmer oder deren Angehörige auf Grund des Dienstverhältnisses ausführt, für die die Empfänger der Lieferung oder sonstigen Leistung (Leistungsempfänger) kein besonders berechnetes Entgelt aufwenden. Das gilt nicht für Aufmerksamkeiten;
2. der Eigenverbrauch im Erhebungsgebiet. Eigenverbrauch liegt vor, wenn ein Unternehmer
   a) Gegenstände aus seinem Unternehmen für Zwecke entnimmt, die außerhalb des Unternehmens liegen,
   b) im Rahmen seines Unternehmens sonstige Leistungen der in § 3 Abs. 9 bezeichneten Art für Zwecke ausführt, die außerhalb des Unternehmens liegen,
   c) im Rahmen seines Unternehmens Aufwendungen tätigt, die unter das Abzugsverbot des § 4 Abs. 5 Satz 1 Nr. 1 bis 7 oder Abs. 7 oder § 12 Nr. 1 des Einkommensteuergesetz fallen. Das gilt nicht für Geldgeschenke und die Bewirtungsaufwendungen, soweit § 4 Abs. 5 Satz 1 Nr. 2 des Einkommensteuergesetz den Abzug von 20 vom Hundert der angemessenen und nachgewiesenen Aufwendungen ausschließt;
3. die Lieferungen und sonstigen Leistungen, die Körperschaften und Personenvereinigungen im Sinne des § 1 Abs. 1 Nr. 1 bis 5 des Körperschaftsteuergesetzes nichtrechtsfähige Personenvereinigungen sowie Gemeinschaften im Erhebungsgebiet im Rahmen ihres Unternehmens an ihre Anteilseigner, Gesellschafter, Mitglieder, Teilhaber oder diesen nahestehende Personen ausführen, für die die Leistungsempfänger kein Entgelt aufwenden;
4. die Einfuhr von Gegenständen in das Zollgebiet (Einfuhrumsatzsteuer).

(2) Unter Erhebungsgebiet im Sinne dieses Gesetzes ist der Geltungsbereich des Gesetzes mit Ausnahme der Zollausschlüsse und der Zollfreigebiete zu verstehen. Außengebiet im Sinne dieses Gesetzes ist das Gebiet, das weder zum Erhebungsgebiet noch zum Gebiet der Deutschen Demokratischen Republik und von Berlin (Ost) gehört. Wird ein Umsatz im Erhebungsgebiet ausgeführt, so kommt es für die Besteuerung nicht darauf an, ob der Unternehmer deutscher Staatsangehöriger ist, seinen Wohnsitz oder Sitz im Erhebungsgebiet hat, im Erhebungsgebiet eine Betriebstätte unterhält, die Rechnung erteilt oder die Zahlung empfängt.

Umsatzsteuergesetz

§ 2

(3) Folgende Umsätze, die in den Freihäfen und in den Gewässern und Watten zwischen der Hoheitsgrenze und der Zollgrenze an der Küste, jedoch nicht im erweiterten Küstenmeer im Sinne der Anlage IV zur Seeschiffahrtstraßen-Ordnung, angefügt durch die Verordnung vom 9. Januar 1985 (BGBl. I S. 38), bewirkt werden, sind wie Umsätze im Erhebungsgebiet zu behandeln:
1. die Lieferungen von Gegenständen, die zum Gebrauch oder Verbrauch in den bezeichneten Zollfreigebieten oder zur Ausrüstung oder Versorgung eines Beförderungsmittels bestimmt sind, wenn die Lieferungen nicht für das Unternehmen des Abnehmers ausgeführt werden;
2. die sonstigen Leistungen, die nicht für das Unternehmen des Auftraggebers ausgeführt werden;
3. der Eigenverbrauch;
4. die Lieferungen von Gegenständen, die sich im Zeitpunkt der Lieferung
   a) in einem zollamtlich bewilligten Freihafen-Veredelungsverkehr (§ 53 des Zollgesetzes) oder in einer zollamtlich besonders zugelassenen Freihafenlagerung (§ 61 Abs. 2 des Zollgesetzes) oder
   b) einfuhrumsatzsteuerrechtlich im freien Verkehr befinden;
5. die sonstigen Leistungen, die im Rahmen eines Veredelungsverkehrs oder einer Lagerung im Sinne der Nummer 4 Buchstabe a ausgeführt werden.
Lieferungen und sonstige Leistungen in den bezeichneten Zollfreigebieten an juristische Personen des öffentlichen Rechts sind als Umsätze im Sinne der Nummern 1 und 2 anzusehen, soweit der Unternehmer nicht anhand von Aufzeichnungen und Belegen das Gegenteil glaubhaft macht.

§ 2 Unternehmer, Unternehmen

(1) Unternehmer ist, wer eine gewerbliche oder berufliche Tätigkeit selbständig ausübt. Das Unternehmen umfaßt die gesamte gewerbliche oder berufliche Tätigkeit des Unternehmers. Gewerblich oder beruflich ist jede nachhaltige Tätigkeit zur Erzielung von Einnahmen, auch wenn die Absicht Gewinn zu erzielen, fehlt oder eine Personenvereinigung nur gegenüber ihren Mitgliedern tätig wird.

(2) Die gewerbliche oder berufliche Tätigkeit wird nicht selbständig ausgeübt,
1. soweit natürliche Personen, einzeln oder zusammengeschlossen, einem Unternehmen so eingegliedert sind, daß sie den Weisungen des Unternehmers zu folgen verpflichtet sind,
2. wenn eine juristische Person nach dem Gesamtbild der tatsächlichen Verhältnisse finanziell, wirtschaftlich und organisatorisch in das Unternehmen des Organträgers eingegliedert ist (Organschaft). Die Wirkungen der Organschaft sind auf Innenleistungen zwischen den im Erhebungsgebiet gelegenen Unternehmensteilen beschränkt. Diese Unternehmensteile sind als ein Unternehmen zu behandeln. Hat der Organträger seine Geschäftsleitung außerhalb des Erhebungsgebietes, gilt der wirtschaftlich bedeutendste Unternehmensteil im Erhebungsgebiet als der Unternehmer.

(3) Die juristischen Personen des öffentlichen Rechts sind nur im Rahmen ihrer Betriebe gewerblicher Art (§ 1 Abs. 1 Nr. 6, § 4 des Körperschaftsteuergesetzes) und ihrer land- oder forstwirtschaftlichen Betriebe gewerblich oder beruflich tätig. Auch wenn die

Umsatzsteuergesetz
§ 2

Voraussetzungen des Satzes 1 nicht gegeben sind, gelten als gewerbliche oder berufliche Tätigkeit im Sinne dieses Gesetzes
1. die Beförderung von Personen mit Kraftomnibussen sowie die Überlassung und Unterhaltung von Fernsprech-Nebenstellenanlagen durch die Deutsche Bundespost;
2. die Tätigkeit der Notare im Landesdienst und der Ratschreiber im Land Baden-Württemberg, soweit Leistungen ausgeführt werden, für die nach der Bundesnotarordnung die Notare zuständig sind;
3. die Abgabe von Brillen und Brillenteilen einschließlich der Reparaturarbeiten durch Selbstabgabestellen der gesetzlichen Träger der Sozialversicherung;

(Fortsetzung auf Seite 3)

Umsatzsteuergesetz

Steuergegenstand und Geltungsbereich
§ 3

4. die Leistungen der Vermessungs- und Katasterbehörden bei der Wahrnehmung von Aufgaben der Landesvermessung und des Liegenschaftskatasters mit Ausnahme der Amtshilfe.

§ 3 Lieferung, sonstige Leistung

(1) Lieferungen eines Unternehmers sind Leistungen, durch die er oder in seinem Auftrag ein Dritter den Abnehmer oder in dessen Auftrag einen Dritten befähigt, im eigenen Namen über einen Gegenstand zu verfügen (Verschaffung der Verfügungsmacht).

(2) Schließen mehrere Unternehmer über denselben Gegenstand Umsatzgeschäfte ab und erfüllen sie diese Geschäfte dadurch, daß der erste Unternehmer dem letzten Abnehmer in der Reihe unmittelbar die Verfügungsmacht über den Gegenstand verschafft, so gilt die Lieferung an den letzten Abnehmer gleichzeitig als Lieferung eines jeden Unternehmers in der Reihe (Reihengeschäft).

(3) Beim Kommissionsgeschäft (§ 383 des Handelsgesetzbuchs) liegt zwischen dem Kommittenten und dem Kommissionär eine Lieferung vor. Bei der Verkaufskommission gilt der Kommissionär, bei der Einkaufskommission der Kommittent als Abnehmer.

(4) Hat der Unternehmer die Bearbeitung oder Verarbeitung eines Gegenstandes übernommen und verwendet er hierbei Stoffe, die er selbst beschafft, so ist die Leistung als Lieferung anzusehen (Werklieferung), wenn es sich bei den Stoffen nicht nur um Zutaten oder sonstige Nebensachen handelt. Das gilt auch dann, wenn die Gegenstände mit dem Grund und Boden fest verbunden werden.

(5) Hat ein Abnehmer dem Lieferer die Nebenerzeugnisse oder Abfälle, die bei der Bearbeitung oder Verarbeitung des ihm übergebenen Gegenstandes entstehen, zurückzugeben, so beschränkt sich die Lieferung auf den Gehalt des Gegenstandes an den Bestandteilen, die dem Abnehmer verbleiben. Das gilt auch dann, wenn der Abnehmer an Stelle der bei der Bearbeitung oder Verarbeitung entstehenden Nebenerzeugnisse oder Abfälle Gegenstände gleicher Art zurückgibt, wie sie in seinem Unternehmen regelmäßig anfallen.

(6) Eine Lieferung wird dort ausgeführt, wo sich der Gegenstand zur Zeit der Verschaffung der Verfügungsmacht befindet.

(7) Befördert der Unternehmer den Gegenstand der Lieferung an den Abnehmer oder in dessen Auftrag an einen Dritten, so gilt die Lieferung mit dem Beginn der Beförderung als ausgeführt. Befördern ist jede Fortbewegung eines Gegenstandes. Versendet der Unternehmer den Gegenstand der Lieferung an den Abnehmer oder in dessen Auftrag an einen Dritten, so gilt die Lieferung mit der Übergabe des Gegenstandes an den Beauftragten als ausgeführt. Versenden liegt vor, wenn jemand die Beförderung eines Gegenstandes durch einen selbständigen Beauftragten ausführen oder besorgen läßt.

(8) Gelangt der Gegenstand der Lieferung bei der Beförderung oder Versendung an den Abnehmer oder in dessen Auftrag an einen Dritten vom Außengebiet in das Erhebungsgebiet oder vom Erhebungsgebiet in einen Mitgliedstaat der Europäischen Wirtschaftsgemeinschaft, so ist diese Lieferung als im Einfuhrland ausgeführt zu behandeln, wenn der Lieferer, sein Beauftragter oder in den Fällen des Reihengeschäfts ein vorangegangener Lieferer oder dessen Beauftragter Schuldner der bei der Einfuhr zu entrichtenden Umsatzsteuer ist.

(9) Sonstige Leistungen sind Leistungen, die keine Lieferungen sind. Sie können auch in einem Unterlassen oder im Dulden einer Handlung oder eines Zustandes bestehen.

(10) Überläßt ein Unternehmer einem Auftraggeber, der ihm einen Stoff zur Herstellung eines Gegenstandes übergeben hat, an Stelle des herzustellenden Gegenstandes einen gleichartigen Gegenstand, wie er ihn in seinem Unternehmen aus solchem Stoff herzustellen pflegt, so gilt die Leistung des Unternehmers als Werkleistung, wenn das Entgelt für die Leistung nach Art eines Werklohns unabhängig vom Unterschied zwischen dem Marktpreis des empfangenen Stoffes und dem des überlassenen Gegenstandes berechnet wird.

(11) Besorgt ein Unternehmer für Rechnung eines anderen im eigenen Namen eine sonstige Leistung, so sind die für die besorgte Leistung geltenden Vorschriften auf die Besorgungsleistung entsprechend anzuwenden.

(12) Ein Tausch liegt vor, wenn das Entgelt für eine Lieferung in einer Lieferung besteht. Ein tauschähnlicher Umsatz liegt vor, wenn das Entgelt für eine sonstige Leistung in einer Lieferung oder sonstigen Leistung besteht.

§ 3 a Ort der sonstigen Leistung

(1) Eine sonstige Leistung wird an dem Ort ausgeführt, von dem aus der Unternehmer sein Unternehmen betreibt. Wird die sonstige Leistung von einer Betriebstätte ausgeführt, so gilt die Betriebstätte als der Ort der sonstigen Leistung.

(2) Abweichend von Absatz 1 gilt:
1. Eine sonstige Leistung im Zusammenhang mit einem Grundstück wird dort ausgeführt, wo das Grundstück liegt. Als sonstige Leistungen im Zusammenhang mit einem Grundstück sind insbesondere anzusehen:
   a) sonstige Leistungen der in § 4 Nr. 12 bezeichneten Art,
   b) sonstige Leistungen im Zusammenhang mit der Veräußerung oder dem Erwerb von Grundstücken,
   c) sonstige Leistungen, die der Erschließung von Grundstücken oder der Vorbereitung oder der Ausführung von Bauleistungen dienen.
2. Eine Beförderungsleistung wird dort ausgeführt, wo die Beförderung bewirkt wird. Erstreckt sich eine Beförderung nicht nur auf das Erhebungsgebiet, so fällt nur der Teil der Leistung unter dieses Gesetz, der auf das Erhebungsgebiet entfällt. Die Bundesregierung kann mit Zustimmung des Bundesrates durch Rechtsverordnung zur Vereinfachung des Besteuerungsverfahrens bestimmen, daß bei Beförderungen, die sich sowohl auf das Erhebungsgebiet als auch auf das Außengebiet erstrecken (grenzüberschreitende Beförderungen),
   a) kurze Beförderungsstrecken im Erhebungsgebiet als außengebietliche und kurze außengebietliche Beförderungsstrecken als Beförderungsstrecken im Erhebungsgebiet angesehen werden,
   b) Beförderungen über kurze Beförderungsstrecken in den in § 1 Abs. 3 bezeichneten Zollfreigebieten nicht wie Umsätze im Erhebungsgebiet behandelt werden.
3. Die folgenden sonstigen Leistungen werden dort ausgeführt, wo der Unternehmer jeweils ausschließlich oder zum wesentlichen Teil tätig wird:

Umsatzsteuergesetz

Steuergegenstand und Geltungsbereich
§ 3 a

a) künstlerische, wissenschaftliche, unterrichtende, sportliche, unterhaltende oder ähnliche Leistungen einschließlich der Leistungen der jeweiligen Veranstalter,
b) Umschlag, Lagerung oder andere sonstige Leistungen, die damit oder mit den unter Nummer 2 bezeichneten Beförderungsleistungen üblicherweise verbunden sind,
c) Werkleistungen an beweglichen körperlichen Gegenständen und die Begutachtung dieser Gegenstände.
4. (gestrichen)

(3) Ist der Empfänger einer der in Absatz 4 bezeichneten sonstigen Leistungen ein Unternehmer, so wird die sonstige Leistung abweichend von Absatz 1 dort ausgeführt, wo der Empfänger sein Unternehmen betreibt. Wird die sonstige Leistung an die Betriebstätte eines Unternehmers ausgeführt, so ist statt dessen der Ort der Betriebstätte maßgebend. Ist der Empfänger einer der in Absatz 4 bezeichneten sonstigen Leistungen kein Unternehmer und hat er seinen Wohnsitz oder Sitz außerhalb des Gebiets der Europäischen Wirtschaftsgemeinschaft, wird die sonstige Leistung an seinem Wohnsitz oder Sitz ausgeführt. Absatz 2 bleibt unberührt.

(4) Sonstige Leistungen im Sinne des Absatzes 3 sind:
1. die Einräumung, Übertragung und Wahrnehmung von Patenten, Urheberrechten, Warenzeichenrechten und ähnlichen Rechten;
2. die sonstigen Leistungen, die der Werbung oder der Öffentlichkeitsarbeit dienen, einschließlich der Leistungen der Werbungsmittler und der Werbeagenturen;
3. die sonstigen Leistungen aus der Tätigkeit als Rechtsanwalt, Patentanwalt, Steuerberater, Wirtschaftsprüfer, Sachverständiger, Ingenieur und Aufsichtsratsmitglied sowie die rechtliche, wirtschaftliche und technische Beratung durch andere Unternehmer;
4. die Datenverarbeitung;
5. die Überlassung von Informationen einschließlich gewerblicher Verfahren und Erfahrungen;
6. a) die sonstigen Leistungen der in § 4 Nr. 8 Buchstaben a bis g und Nr. 10 bezeichneten Art,
   b) die sonstigen Leistungen im Geschäft mit Gold, Silber und Platin. Das gilt nicht für Münzen und Medaillen aus diesen Edelmetallen;
7. die Gestellung von Personal;
8. der Verzicht auf Ausübung eines der in Nummer 1 bezeichneten Rechte;
9. der Verzicht ganz oder teilweise eine gewerbliche oder berufliche Tätigkeit auszuüben;
10. die Vermittlung der in diesem Absatz bezeichneten Leistungen;
11. die Vermietung beweglicher körperlicher Gegenstände, ausgenommen Beförderungsmittel.

(5) Der Bundesminister der Finanzen kann mit Zustimmung des Bundesrates durch Rechtsverordnung, um eine Doppelbesteuerung oder Nichtbesteuerung zu vermeiden oder um Wettbewerbsverzerrungen zu verhindern, den Ort der Leistung abweichend von den Absätzen 1 und 3 danach bestimmen, wo die sonstige Leistung genutzt oder ausgewertet wird. Der Ort der sonstigen Leistung kann
1. statt im Erhebungsgebiet als außerhalb des Gebiets der Europäischen Wirtschaftsgemeinschaft gelegen und
2. statt außerhalb des Gebiets der Europäischen Wirtschaftsgemeinschaft als im Erhebungsgebiet gelegen
behandelt werden.

Umsatzsteuergesetz
Steuerbefreiungen und Steuervergütungen
§ 4

Zweiter Abschnitt
Steuerbefreiungen und Steuervergütungen

§ 4 Steuerbefreiungen bei Lieferungen, sonstigen Leistungen und Eigenverbrauch

Von den unter § 1 Abs. 1 Nr. 1 bis 3 fallenden Umsätzen sind steuerfrei:
1. die Ausfuhrlieferungen (§ 6) und die Lohnveredelungen an Gegenständen der Ausfuhr (§ 7). Der Bundesminister der Finanzen kann mit Zustimmung des Bundesrates durch Rechtsverordnung zur Durchführung und nach Maßgabe von Rechtsakten des Rates der Europäischen Gemeinschaften die Steuerbefreiungen ausschließen oder von anderen oder zusätzlichen Voraussetzungen abhängig machen;
2. die Umsätze für die Seeschiffahrt und für die Luftfahrt (§ 8);
3. a) die grenzüberschreitenden Beförderungen von Gegenständen und die Beförderungen im internationalen Eisenbahnfrachtverkehr. Nicht befreit sind die Beförderungen der in § 1 Abs. 3 Nr. 4 Buchstabe a bezeichneten Gegenstände aus einem Freihafen in das Erhebungsgebiet;
   b) andere sonstige Leistungen als die in Buchstabe a bezeichneten Beförderungen, wenn sich die Leistungen
      aa) auf Gegenstände der Einfuhr beziehen und die Kosten für diese Leistungen in der Bemessungsgrundlage für die Einfuhr (§ 11) enthalten sind oder
      bb) unmittelbar auf Gegenstände der Ausfuhr oder der Durchfuhr beziehen oder
      cc) unmittelbar auf eingeführte Gegenstände beziehen, für die zollamtlich eine vorübergehende Verwendung im Zollgebiet bewilligt worden ist und der Leistungsempfänger ein außengebietlicher Auftraggeber (§ 7 Abs. 2) ist. Dies gilt nicht für sonstige Leistungen, die sich auf Beförderungsmittel, Paletten und Container beziehen.
   Die Vorschrift gilt nicht für die in den Nummern 8, 10 und 11 bezeichneten Umsätze und für die Bearbeitung oder Verarbeitung eines Gegenstandes einschließlich der Werkleistung im Sinne des § 3 Abs. 10. Die Voraussetzungen der Steuerbefreiung müssen vom Unternehmer nachgewiesen sein. Der Bundesminister der Finanzen kann mit Zustimmung des Bundesrates durch Rechtsverordnung bestimmen, wie der Unternehmer den Nachweis zu führen hat;
4. die Lieferungen von Gold an Zentralbanken;
5. die Vermittlung
   a) der unter die Nummern 1 bis 4 fallenden Umsätze,
   b) der grenzüberschreitenden Beförderungen von Personen mit Luftfahrzeugen oder Seeschiffen,
   c) der Umsätze, die ausschließlich im Außengebiet bewirkt werden,
   d) der Lieferungen, die nach § 3 Abs. 8 als im Erhebungsgebiet ausgeführt zu behandeln sind.
   Nicht befreit ist die Vermittlung von Umsätzen durch Reisebüros für Reisende. Die Voraussetzungen der Steuerbefreiung müssen vom Unternehmer nachgewiesen sein. Der Bundesminister der Finanzen kann mit Zustimmung des Bundesrates durch Rechtsverordnung bestimmen, wie der Unternehmer den Nachweis zu führen hat;
6. a) die Lieferungen und sonstigen Leistungen der Deutschen Bundesbahn auf Gemeinschaftsbahnhöfen, Betriebswechselbahnhöfen, Grenzbetriebsstrecken und Durchgangsstrecken an Eisenbahnverwaltungen mit Sitz im Außengebiet;

Umsatzsteuergesetz
Steuerbefreiungen und Steuervergütungen
§ 4

b) die Lieferungen und sonstigen Leistungen an andere Vertragsparteien des Nordatlantikvertrages, wenn die Umsätze für den Gebrauch oder Verbrauch durch die Streitkräfte dieser Vertragsparteien bestimmt sind und die Streitkräfte der gemeinsamen Verteidigungsanstrengung dienen. Dies gilt nicht für die Umsätze, die unter die in § 26 Abs. 5 bezeichneten Steuerbefreiungen fallen. Die Voraussetzungen der in Satz 1 bezeichneten Steuerbefreiung müssen vom Unternehmer nachgewiesen sein. Der Bundesminister der Finanzen kann mit Zustimmung des Bundesrates durch Rechtsverordnung bestimmen, wie der Unternehmer den Nachweis zu führen hat;

c) die Lieferungen von eingeführten Gegenständen an außengebietliche Abnehmer (§ 6 Abs. 2), soweit für die Gegenstände zollamtlich eine vorübergehende Verwendung im Zollgebiet bewilligt worden ist und diese Bewilligung auch nach der Lieferung gilt. Nicht befreit sind die Lieferungen von Beförderungsmitteln, Paletten und Containern;

7. (gestrichen)

8. a) die Gewährung, die Vermittlung und die Verwaltung von Krediten sowie die Verwaltung von Kreditsicherheiten;

b) die Umsätze und die Vermittlung der Umsätze von gesetzlichen Zahlungsmitteln.

(Fortsetzung auf Seite 7)

Umsatzsteuergesetz

Steuerbefreiungen und Steuervergütungen
§ 4

Das gilt nicht, wenn die Zahlungsmittel wegen ihres Metallgehaltes oder ihres Sammlerwertes umgesetzt werden;
  c) die Umsätze von Geldforderungen, die Optionsgeschäfte mit Geldforderungen und die Vermittlung dieser Umsätze;
  d) die Umsätze im Einlagengeschäft, im Kontokorrentverkehr, im Zahlungs- und Überweisungsverkehr und das Inkasso von Handelspapieren;
  e) die Umsätze von Wertpapieren und die Optionsgeschäfte mit Wertpapieren, die Vermittlung dieser Umsätze, die Verwahrung und Verwaltung von Wertpapieren (Depotgeschäft) sowie die sonstigen Leistungen im Emissionsgeschäft;
  f) die Umsätze und die Vermittlung der Umsätze von Anteilen an Gesellschaften und anderen Vereinigungen;
  g) die Übernahme von Verbindlichkeiten, von Bürgschaften und ähnlichen Sicherheiten sowie die Vermittlung dieser Umsätze;
  h) die Verwaltung von Sondervermögen nach dem Gesetz über Kapitalanlagegesellschaften;
  i) die Umsätze der im Erhebungsgebiet gültigen amtlichen Wertzeichen zum aufgedruckten Wert;
  j) die Beteiligung als stiller Gesellschafter an dem Unternehmen oder an dem Gesellschaftsanteil eines anderen;
 9. a) die Umsätze, die unter das Grunderwerbsteuergesetz fallen,
    b) die Umsätze, die unter das Rennwett- und Lotteriegesetz fallen, sowie die Umsätze der zugelassenen öffentlichen Spielbanken, die durch den Betrieb der Spielbank bedingt sind. Nicht befreit sind die unter das Rennwett- und Lotteriegesetz fallenden Umsätze, die von der Rennwett- und Lotteriesteuer befreit sind oder von denen diese Steuer allgemein nicht erhoben wird;
10. a) die Leistungen auf Grund eines Versicherungsverhältnisses im Sinne des Versicherungsteuergesetzes. Das gilt auch, wenn die Zahlung des Versicherungsentgelts nicht der Versicherungsteuer unterliegt;
    b) die Leistungen, die darin bestehen, daß anderen Personen Versicherungsschutz verschafft wird;
11. die Umsätze aus der Tätigkeit als Bausparkassenvertreter, Versicherungsvertreter und Versicherungsmakler;
12. a) die Vermietung und die Verpachtung von Grundstücken, von Berechtigungen, für die die Vorschriften des bürgerlichen Rechts über Grundstücke gelten, und von staatlichen Hoheitsrechten, die Nutzungen von Grund und Boden betreffen,
    b) die Überlassung von Grundstücken und Grundstücksteilen zur Nutzung auf Grund eines auf Übertragung des Eigentums gerichteten Vertrages oder Vorvertrages,
    c) die Bestellung, die Übertragung und die Überlassung der Ausübung von dinglichen Nutzungsrechten an Grundstücken.
  Nicht befreit sind die Vermietung von Wohn- und Schlafräumen, die ein Unternehmer zur kurzfristigen Beherbergung von Fremden bereithält, die kurzfristige Vermietung von Plätzen für das Abstellen von Fahrzeugen, die kurzfristige Vermietung auf Campingplätzen und die Vermietung und die Verpachtung von Maschinen und sonstigen Vorrichtungen aller Art, die zu einer Betriebsanlage gehören (Betriebsvorrichtungen), auch wenn sie wesentliche Bestandteile eines Grundstücks sind;
13. die Leistungen, die die Gemeinschaften der Wohnungseigentümer im Sinne des Wohnungseigentumsgesetzes in der im Bundesgesetzblatt Teil III, Gliederungsnummer 403-1, veröffentlichten bereinigten Fassung, in der jeweils geltenden Fassung an die Wohnungseigentümer und Teileigentümer erbringen, soweit die Leistungen in der Überlassung des gemeinschaftlichen Eigentums zum Gebrauch, seiner Instandhaltung,

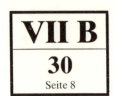

Umsatzsteuergesetz
Steuerbefreiungen und Steuervergütungen
§ 4

Instandsetzung und sonstigen Verwaltung sowie der Lieferung von Wärme und ähnlichen Gegenständen bestehen;

14. die Umsätze aus der Tätigkeit als Arzt, Zahnarzt, Heilpraktiker, Krankengymnast, Hebamme oder aus einer ähnlichen heilberuflichen Tätigkeit im Sinne des § 18 Abs. 1 Nr. 1 des Einkommensteuergesetzes und aus der Tätigkeit als klinischer Chemiker. Steuerfrei sind auch die sonstigen Leistungen von Gemeinschaften, deren Mitglieder Angehörige der in Satz 1 bezeichneten Berufe sind, gegenüber ihren Mitgliedern, soweit diese Leistungen unmittelbar zur Ausführung der nach Satz 1 steuerfreien Umsätze verwendet werden. Die Umsätze eines Arztes aus dem Betrieb eines Krankenhauses sind mit Ausnahme der ärztlichen Leistungen nur steuerfrei, wenn die in Nummer 16 Buchstabe b bezeichneten Voraussetzungen erfüllt sind.
Die Sätze 1 und 2 gelten nicht
   a) für die Umsätze aus der Tätigkeit als Tierarzt und für die Umsätze von Gemeinschaften, deren Mitglieder Tierärzte sind,
   b) für die Lieferung oder Wiederherstellung von Zahnprothesen (aus Unterpositionen 9021.21 und 9021.29 des Zolltarifs) und kieferorthopädischen Apparaten (aus Unterposition 9021.19 des Zolltarifs), soweit sie der Unternehmer in seinem Unternehmen hergestellt oder wiederhergestellt hat;
15. die Umsätze der gesetzlichen Träger der Sozialversicherung, der örtlichen und überörtlichen Träger der Sozialhilfe sowie der Verwaltungsbehörden und sonstigen Stellen der Kriegsopferversorgung einschließlich der Träger der Kriegsopferfürsorge
   a) untereinander,
   b) an die Versicherten, die Empfänger von Sozialhilfe oder die Versorgungsberechtigten. Das gilt nicht für die Abgabe von Brillen und Brillenteilen einschließlich der Reparaturarbeiten durch Selbstabgabestellen der gesetzlichen Träger der Sozialversicherung;
16. die mit dem Betrieb der Krankenhäuser, Diagnosekliniken und anderen Einrichtungen ärztlicher Heilbehandlung, Diagnostik oder Befunderhebung sowie der Altenheime, Altenwohnheime und Pflegeheime eng verbundenen Umsätze, wenn
   a) diese Einrichtungen von juristischen Personen des öffentlichen Rechts betrieben werden oder
   b) bei Krankenhäusern im vorangegangenen Kalenderjahr die in § 67 Abs. 1 oder 2 der Abgabenordnung bezeichneten Voraussetzungen erfüllt worden sind oder
   c) bei Diagnosekliniken und anderen Einrichtungen ärztlicher Heilbehandlung, Diagnostik oder Befunderhebung die Leistungen unter ärztlicher Aufsicht erbracht werden und im vorangegangenen Kalenderjahr mindestens 40 vom Hundert der Leistungen den in Nummer 15 Buchstabe b genannten Personen zugute gekommen sind oder
   d) bei Altenheimen, Altenwohnheimen und Pflegeheimen im vorangegangenen Kalenderjahr mindestens zwei Drittel der Leistungen den in § 68 Abs. 1 des Bundessozialhilfegesetzes oder den in § 53 Nr. 2 der Abgabenordnung genannten Personen zugute gekommen sind;
17. a) die Lieferungen von menschlichen Organen, menschlichem Blut und Frauenmilch,
    b) die Beförderungen von kranken und verletzten Personen mit Fahrzeugen, die hierfür besonders eingerichtet sind;
18. die Leistungen der amtlich anerkannten Verbände der freien Wohlfahrtspflege und der der freien Wohlfahrtspflege dienenden Körperschaften, Personenvereinigungen und Vermögensmassen, die einem Wohlfahrtsverband als Mitglied angeschlossen sind, wenn

Umsatzsteuergesetz

Steuerbefreiung und Steuervergütung

§ 4

a) diese Unternehmer ausschließlich und unmittelbar gemeinnützigen, mildtätigen oder kirchlichen Zwecken dienen,
b) die Leistungen unmittelbar dem nach der Satzung, Stiftung oder sonstigen Verfassung begünstigten Personenkreis zugute kommen und
c) die Entgelte für die in Betracht kommenden Leistungen hinter den durchschnittlich für gleichartige Leistungen von Erwerbsunternehmen verlangten Entgelten zurückbleiben.

Steuerfrei sind auch die Beherbergung, Beköstigung und die üblichen Naturalleistungen, die diese Unternehmer den Personen, die bei den Leistungen nach Satz 1 tätig sind, als Vergütung für die geleisteten Dienste gewähren;

19. a) die Umsätze der Blinden, die nicht mehr als zwei Arbeitnehmer beschäftigen. Nicht als Arbeitnehmer gelten der Ehegatte, die minderjährigen Abkömmlinge, die Eltern des Blinden und die Lehrlinge. Die Blindheit ist nach den für die Besteuerung des Einkommens maßgebenden Vorschriften nachzuweisen. Die Steuerfreiheit gilt nicht für die Lieferungen von Mineralölen und Branntweinen, wenn der Blinde für diese Erzeugnisse Mineralölsteuer oder Branntweinabgaben zu entrichten hat;
b) die folgenden Umsätze der nicht unter Buchstabe a fallenden Inhaber von anerkannten Blindenwerkstätten und der anerkannten Zusammenschlüsse von Blindenwerkstätten im Sinne des § 5 Abs. 1 des Blindenwarenvertriebsgesetzes vom 9. April 1965 (BGBl. I S. 311):
aa) die Lieferungen und der Eigenverbrauch von Blindenwaren und Zusatzwaren im Sinne des Blindenwarenvertriebsgesetzes,
bb) die sonstigen Leistungen, soweit bei ihrer Ausführung ausschließlich Blinde mitgewirkt haben;

20. a) die Umsätze folgender Einrichtungen des Bundes, der Länder, der Gemeinden oder der Gemeindeverbände: Theater, Orchester, Kammermusikensembles, Chöre, Museen, botanische Gärten, zoologische Gärten, Tierparks, Archive, Büchereien sowie Denkmäler der Bau- und Gartenbaukunst. Das gleiche gilt für die Umsätze gleichartiger Einrichtungen anderer Unternehmer, wenn die zuständige Landesbehörde bescheinigt, daß sie die gleichen kulturellen Aufgaben wie die in Satz 1 bezeichneten Einrichtungen erfüllen. Museen im Sinne dieser Vorschrift sind wissenschaftliche Sammlungen und Kunstsammlungen;
b) die Veranstaltung von Theatervorführungen und Konzerten durch andere Unternehmer, wenn die Darbietungen von den unter Buchstabe a bezeichneten Theatern, Orchestern, Kammermusikensembles oder Chören erbracht werden;

21. die unmittelbar dem Schul- und Bildungszweck dienenden Leistungen privater Schulen und anderer allgemeinbildender oder berufsbildender Einrichtungen,
a) wenn sie als Ersatzschulen gemäß Artikel 7 Abs. 4 des Grundgesetzes staatlich genehmigt oder nach Landesrecht erlaubt sind oder
b) wenn die zuständige Landesbehörde bescheinigt, daß sie auf einen Beruf oder eine vor einer juristischen Person des öffentlichen Rechts abzulegende Prüfung ordnungsgemäß vorbereiten;

22. a) die Vorträge, Kurse und anderen Veranstaltungen wissenschaftlicher oder belehrender Art, die von juristischen Personen des öffentlichen Rechts, von Verwaltungs- und Wirtschaftsakademien, von Volkshochschulen oder von Einrichtungen, die gemeinnützigen Zwecken oder dem Zweck eines Berufsverbandes dienen,

durchgeführt werden, wenn die Einnahmen überwiegend zur Deckung der Unkosten verwendet werden,

b) andere kulturelle und sportliche Veranstaltungen, die von den in Buchstabe a genannten Unternehmern durchgeführt werden, soweit das Entgelt in Teilnehmergebühren besteht;

23. die Gewährung von Beherbergung, Beköstigung und der üblichen Naturalleistungen durch Personen und Einrichtungen, wenn sie überwiegend Jugendliche für Erziehungs-, Ausbildungs- oder Fortbildungszwecke oder für Zwecke der Säuglingspflege bei sich aufnehmen, soweit die Leistungen an die Jugendlichen oder an die bei ihrer Erziehung, Ausbildung, Fortbildung oder Pflege tätigen Personen ausgeführt werden. Jugendliche im Sinne dieser Vorschrift sind alle Personen vor Vollendung des 27. Lebensjahres. Steuerfrei sind auch die Beherbergung, Beköstigung und die üblichen Naturalleistungen, die diese Unternehmer den Personen, die bei den Leistungen nach Satz 1 tätig sind, als Vergütung für die geleisteten Dienste gewähren;

24. die Leistungen des Deutschen Jugendherbergswerkes, Hauptverband für Jugendwandern und Jugendherbergen e. V., einschließlich der diesem Verband angeschlossenen Untergliederungen, Einrichtungen und Jugendherbergen, soweit die Leistungen den Satzungszwecken unmittelbar dienen oder Personen, die bei diesen Leistungen tätig sind, Beherbergung, Beköstigung und die üblichen Naturalleistungen als Vergütung für die geleisteten Dienste gewährt werden. Das gleiche gilt für die Leistungen anderer Vereinigungen, die gleiche Aufgaben unter denselben Voraussetzungen erfüllen;

25. die folgenden Leistungen der förderungswürdigen Träger und Einrichtungen der freien Jugendhilfe und der Organe der öffentlichen Jugendhilfe:

a) die Durchführung von Lehrgängen, Freizeiten, Zeltlagern, Fahrten und Treffen sowie von Veranstaltungen, die dem Sport oder der Erholung dienen, soweit diese Leistungen Jugendlichen oder Mitarbeitern in der Jugendhilfe unmittelbar zugute kommen,

b) in Verbindung mit den unter Buchstabe a bezeichneten Leistungen die Beherbergung, Beköstigung und die üblichen Naturalleistungen, die den Jugendlichen und Mitarbeitern in der Jugendhilfe sowie den bei diesen Leistungen tätigen Personen als Vergütung für die geleisteten Dienste gewährt werden,

c) die Durchführung von kulturellen und sportlichen Veranstaltungen im Rahmen der Jugendhilfe, wenn die Darbietungen von den Jugendlichen selbst erbracht oder die Einnahmen überwiegend zur Deckung der Unkosten verwendet werden.

Förderungswürdig im Sinne dieser Vorschrift sind Träger und Einrichtungen der freien Jugendhilfe, die von der obersten Landesjugendbehörde oder einer von dieser beauftragten Stelle öffentlich anerkannt sind. Jugendliche im Sinne dieser Vorschrift sind alle Personen vor Vollendung des 27. Lebensjahres. Die Vorschriften in den Sätzen 1 bis 3 sind entsprechend anzuwenden auf die Leistungen von Vereinigungen, wenn es sich um eine Betätigung von ihnen angeschlossenen Jugendgruppen handelt und für diese die in Satz 2 bezeichnete öffentliche Anerkennung nachgewiesen wird;

26. die ehrenamtliche Tätigkeit,

a) wenn sie für juristische Personen des öffentlichen Rechts ausgeübt wird oder

b) wenn das Entgelt für diese Tätigkeit nur in Auslagenersatz und einer angemessenen Entschädigung für Zeitversäumnis besteht;

27. die Gestellung von Mitgliedern geistlicher Genossenschaften und Angehörigen von Mutterhäusern für gemeinnützige, mildtätige, kirchliche oder schulische Zwecke;

Umsatzsteuergesetz

Steuerbefreiungen und Steuervergütungen
§§ 4 a–5

28. a) die Lieferungen von Gegenständen und der Eigenverbrauch im Sinne des § 1 Abs. 1 Nr. 2 Buchstabe a, wenn der Unternehmer die gelieferten oder entnommenen Gegenstände ausschließlich für eine nach den Nummern 7 bis 27 oder nach Buchstabe b steuerfreie Tätigkeit verwendet hat oder die Aufwendungen für die Anschaffung oder Herstellung der Gegenstände als Eigenverbrauch im Sinne des § 1 Abs. 1 Nr. 2 Buchstabe c versteuert hat,
b) die Verwendung von Gegenständen für Zwecke, die außerhalb des Unternehmens liegen (§ 1 Abs. 1 Nr. 2 Buchstabe b), wenn die Gegenstände im Unternehmen ausschließlich für eine nach den Nummern 7 bis 27 steuerfreie Tätigkeit verwendet werden oder wenn der Unternehmer die Aufwendungen für die Anschaffung oder Herstellung der Gegenstände als Eigenverbrauch im Sinne des § 1 Abs. 1 Nr. 2 Buchstabe c versteuert hat.

§ 4 a Steuervergütung

(1) Körperschaften, die ausschließlich und unmittelbar gemeinnützige, mildtätige oder kirchliche Zwecke verfolgen (§§ 51 bis 68 der Abgabenordnung), und juristischen Personen des öffentlichen Rechts wird auf Antrag eine Steuervergütung zum Ausgleich der Steuer gewährt, die auf der an sie bewirkten Lieferung eines Gegenstandes oder dessen Einfuhr lastet, wenn die folgenden Voraussetzungen erfüllt sind:
1. Die Lieferung des Gegenstandes oder dessen Einfuhr muß steuerpflichtig gewesen sein.
2. Die auf die Lieferung des Gegenstandes entfallende Steuer muß in einer Rechnung im Sinne des § 14 Abs. 1 gesondert ausgewiesen und mit dem Kaufpreis bezahlt worden sein.
3. Die für die Einfuhr des Gegenstandes geschuldete Steuer muß entrichtet worden sein.
4. Der Gegenstand muß in das Außengebiet gelangt sein.
5. ader Gegenstand muß im Außengebiet zu humanitären, karitativen oder erzieherischen Zwecken verwendet werden.
6. Der Erwerb oder die Einfuhr des Gegenstandes und seine Ausfuhr dürfen von einer Körperschaft, die steuerbegünstigte Zwecke verfolgt, nicht im Rahmen eines wirtschaftlichen Geschäftsbetriebes und von einer juristischen Person des öffentlichen Rechts nicht im Rahmen eines Betriebes gewerblicher Art (§ 1 Abs. 1 Nr. 6, § 4 des Körperschaftsteuergesetzes) oder eines land- und forstwirtschaftlichen Betriebes vorgenommen worden sein.
7. Die vorstehenden Voraussetzungen müssen nachgewiesen sein.

Der Antrag ist nach amtlich vorgeschriebenem Vordruck zu stellen, in dem der Antragsteller die zu gewährende Vergütung selbst zu berechnen hat.

(2) Der Bundesminister der Finanzen kann mit Zustimmung des Bundesrates durch Rechtsverordnung näher bestimmen,
1. wie die Voraussetzungen für den Vergütungsanspruch nach Absatz 1 Satz 1 nachzuweisen sind und
2. in welcher Frist die Vergütung zu beantragen ist.

§ 5 Steuerbefreiungen bei der Einfuhr

(1) Steuerfrei ist die Einfuhr
1. der in § 4 Nr. 8 Buchstabe e und Nr. 17 Buchstabe a sowie der in § 8 Abs. 1 Nr. 1 und 2 bezeichneten Gegenstände,

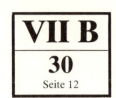

Umsatzsteuergesetz
Steuerbefreiungen und Steuervergütungen
§ 6

2. der in § 4 Nr. 4 und Nr. 8 Buchstabe b und i sowie der in § 8 Abs. 2 Nr. 1 und 2 bezeichneten Gegenstände unter den in diesen Vorschriften bezeichneten Voraussetzungen.

(2) Der Bundesminister der Finanzen kann durch Rechtsverordnung, die nicht der Zustimmung des Bundesrates bedarf,
1. unter den sinngemäß anzuwendenden Voraussetzungen der §§ 24, 25 Abs. 1 und 3 und des § 40 des Zollgesetzes Steuerfreiheit oder Steuerermäßigung anordnen, soweit dadurch keine unangemessenen Steuervorteile entstehen;
2. für Gegenstände, die weder zum Handel noch zur gewerblichen Verwendung bestimmt und insgesamt nicht mehr wert sind, als in Rechtsakten des Rates oder der Kommission der Europäischen Gemeinschaften über die Verzollung zum Pauschalsatz festgelegt ist, Steuerfreiheit oder Steuerermäßigung anordnen, soweit dadurch schutzwürdige Interessen der Wirtschaft im Erhebungsgebiet nicht verletzt werden.

§ 6 Ausfuhrlieferung

(1) Eine Ausfuhrlieferung (§ 4 Nr. 1) liegt vor, wenn bei einer Lieferung
1. der Unternehmer den Gegenstand der Lieferung in das Außengebiet, ausgenommen die in § 1 Abs. 3 bezeichneten Zollfreigebiete, befördert oder versendet hat oder
2. der Abnehmer den Gegenstand der Lieferung in das Außengebiet befördert oder versendet hat und ein außengebietlicher Abnehmer ist oder
3. der Unternehmer den Gegenstand der Lieferung in die in § 1 Abs. 3 bezeichneten Zollfreigebiete befördert oder versendet hat und der Abnehmer
   a) ein außengebietlicher Abnehmer ist oder
   b) ein Unternehmer ist, der im Erhebungsgebiet oder in den bezeichneten Zollfreigebieten ansässig ist und den Gegenstand für Zwecke seines Unternehmens erworben hat.

Der Gegenstand der Lieferung kann durch Beauftragte vor der Ausfuhr bearbeitet oder verarbeitet worden sein.

(2) Außengebietlicher Abnehmer im Sinne des Absatzes 1 Nr. 2 und 3 ist
1. ein Abnehmer, der seinen Wohnort oder Sitz im Außengebiet, ausgenommen die in § 1 Abs. 3 bezeichneten Zollfreigebiete, hat oder
2. eine Zweigniederlassung eines im Erhebungsgebiet oder in den in § 1 Abs. 3 bezeichneten Zollfreigebieten ansässigen Unternehmers, die ihren Sitz im Außengebiet, ausgenommen die bezeichneten Zollfreigebiete, hat, wenn sie das Umsatzgeschäft im eigenen Namen abgeschlossen hat.

Eine Zweigniederlassung im Erhebungsgebiet oder in den in § 1 Abs. 3 bezeichneten Zollfreigebieten ist kein außengebietlicher Abnehmer.

(3) Ist in den Fällen des Absatzes 1 Nr. 2 und 3 der Gegenstand der Lieferung zur Ausrüstung oder Versorgung eines Beförderungsmittels bestimmt, so liegt eine Ausfuhrlieferung nur vor, wenn
1. der Abnehmer ein außengebietlicher Unternehmer ist und
2. das Beförderungsmittel den Zwecken des Unternehmens des Abnehmers dient.

Satz 1 gilt nicht, wenn der außengebietliche Abnehmer oder sein Beauftragter den Gegenstand der Lieferung im persönlichen Reisegepäck ausgeführt hat.

Umsatzsteuergesetz

Steuerbefreiung und Steuervergütungen
§§ 7–8

(4) Die Voraussetzungen der Absätze 1 und 3 sowie die Bearbeitung oder Verarbeitung im Sinne des Absatzes 1 Satz 2 müssen vom Unternehmer nachgewiesen sein. Der Bundesminister der Finanzen kann mit Zustimmung des Bundesrates durch Rechtsverordnung bestimmen, wie der Unternehmer die Nachweise zu führen hat.

§ 7 Lohnveredelung an Gegenständen der Ausfuhr

(1) Eine Lohnveredelung an einem Gegenstand der Ausfuhr (§ 4 Nr. 1) liegt vor, wenn bei einer Bearbeitung oder Verarbeitung eines Gegenstandes der Auftraggeber den Gegenstand zum Zweck der Bearbeitung oder Verarbeitung eingeführt oder zu diesem Zweck im Erhebungsgebiet erworben hat und
1. der Unternehmer den bearbeiteten oder verarbeiteten Gegenstand in das Außengebiet, ausgenommen die in § 1 Abs. 3 bezeichneten Zollfreigebiete, befördert oder versendet hat oder
2. der Auftraggeber den bearbeiteten oder verarbeiteten Gegenstand in das Außengebiet befördert oder versendet hat und ein außengebietlicher Auftraggeber ist oder
3. der Unternehmer den bearbeiteten oder verarbeiteten Gegenstand in die in § 1 Abs. 3 bezeichneten Zollfreigebiete befördert oder versendet hat und der Auftraggeber
   a) ein außengebietlicher Auftraggeber ist oder
   b) ein Unternehmer ist, der im Erhebungsgebiet oder in den bezeichneten Zollfreigebieten ansässig ist und den bearbeiteten oder verarbeiteten Gegenstand für Zwecke seines Unternehmens verwendet.

Der bearbeitete oder verarbeitete Gegenstand kann durch weitere Beauftragte vor der Ausfuhr bearbeitet oder verarbeitet worden sein.

(2) Außengebietlicher Auftraggeber im Sinne des Absatzes 1 Nr. 2 und 3 ist ein Auftraggeber, der die für den außengebietlichen Abnehmer geforderten Voraussetzungen (§ 6 Abs. 2) erfüllt.

(3) Bei Werkleistungen im Sinne des § 3 Abs. 10 gilt Absatz 1 entsprechend.

(4) Die Voraussetzungen des Absatzes 1 sowie die Bearbeitung oder Verarbeitung im Sinne des Absatzes 1 Satz 2 müssen vom Unternehmer nachgewiesen sein. Der Bundesminister der Finanzen kann mit Zustimmung des Bundesrates durch Rechtsverordnung bestimmen, wie der Unternehmer die Nachweise zu führen hat.

§ 8 Umsätze für die Seeschiffahrt und für die Luftfahrt

(1) Umsätze für die Seeschiffahrt (§ 4 Nr. 2) sind:
1. die Lieferungen, Umbauten, Instandsetzungen, Wartungen, Vercharterungen und Vermietungen von Wasserfahrzeugen für die Seeschiffahrt, die dem Erwerb durch die Seeschiffahrt oder der Rettung Schiffbrüchiger zu dienen bestimmt sind (aus Positionen 89.01 und 89.02, aus Unterposition 8903 9210, aus Position 89.04 und aus Unterposition 8906 0091 des Zolltarifs);
2. die Lieferungen, Instandsetzungen, Wartungen und Vermietungen von Gegenständen, die zur Ausrüstung der in Nummer 1 bezeichneten Wasserfahrzeuge bestimmt sind;
3. die Lieferungen von Gegenständen, die zur Versorgung der in Nummer 1 bezeichneten Wasserfahrzeuge bestimmt sind. Nicht befreit sind die Lieferungen von Bordproviant zur Versorgung von Wasserfahrzeugen der Küstenfischerei;
4. die Lieferungen von Gegenständen, die zur Versorgung von Kriegsschiffen (Unterposition 8906 0010 des Zolltarifs) auf Fahrten bestimmt sind, bei denen ein Hafen oder ein

Umsatzsteuergesetz
Steuerbefreiung und Steuervergütungen – Bemessungsgrundlagen
§§ 9–10

Ankerplatz im Außengebiet und außerhalb des Küstengebiets im Sinne des Zollrechts angelaufen werden soll;
5. andere als die in den Nummern 1 und 2 bezeichneten sonstigen Leistungen, die für den unmittelbaren Bedarf der in Nummer 1 bezeichneten Wasserfahrzeuge, einschließlich ihrer Ausrüstungsgegenstände und ihrer Ladungen, bestimmt sind.

(2) Umsätze für die Luftfahrt (§ 4 Nr. 2) sind:
1. die Lieferungen, Umbauten, Instandsetzungen, Wartungen, Vercharterungen und Vermietungen von Luftfahrzeugen, die zur Verwendung durch Unternehmer bestimmt sind, die im entgeltlichen Luftverkehr überwiegend grenzüberschreitende Beförderungen oder Beförderungen auf ausschließlich im Außengebiet gelegenen Strecken durchführen;
2. die Lieferungen, Instandsetzungen, Wartungen und Vermietungen von Gegenständen, die zur Ausrüstung der in Nummer 1 bezeichneten Luftfahrzeuge bestimmt sind;
3. die Lieferungen von Gegenständen, die zur Versorgung der in Nummer 1 bezeichneten Luftfahrzeuge bestimmt sind;
4. andere als die in den Nummern 1 und 2 bezeichneten sonstigen Leistungen, die für den unmittelbaren Bedarf der in Nummer 1 bezeichneten Luftfahrzeuge, einschließlich ihrer Ausrüstungsgegenstände und ihrer Ladungen, bestimmt sind.

(3) Die in den Absätzen 1 und 2 bezeichneten Voraussetzungen müssen vom Unternehmer nachgewiesen sein. Der Bundesminister der Finanzen kann mit Zustimmung des Bundesrates durch Rechtsverordnung bestimmen, wie der Unternehmer den Nachweis zu führen hat.

§ 9 Verzicht auf Steuerbefreiungen

(1) Der Unternehmer kann einen Umsatz, der nach § 4 Nr. 8 Buchstabe a bis g, Nr. 9 Buchstabe a, Nr. 12, 13 oder 19 steuerfrei ist, als steuerpflichtig behandeln, wenn der Umsatz an einen anderen Unternehmer für dessen Unternehmen ausgeführt wird.

(2) Der Verzicht auf Steuerbefreiung nach Absatz 1 ist bei der Bestellung und Übertragung von Erbbaurechten (§ 4 Nr. 9 Buchstabe a), bei der Vermietung oder Verpachtung von Grundstücken (§ 4 Nr. 12 Buchstabe a) und bei den in § 4 Nr. 12 Buchstabe b und c bezeichneten Umsätzen nur zulässig, soweit der Unternehmer nachweist, daß das Grundstück weder Wohnzwecken noch anderen nichtunternehmerischen Zwecken dient oder zu dienen bestimmt ist.

Dritter Abschnitt
Bemessungsgrundlagen

§ 10 Bemessungsgrundlage für Lieferungen, sonstige Leistungen und Eigenverbrauch

(1) Der Umsatz wird bei Lieferungen und sonstigen Leistungen (§ 1 Abs. 1 Nr. 1 Satz 1) nach dem Entgelt bemessen. Entgelt ist alles, was der Leistungsempfänger aufwendet, um die Leistung zu erhalten, jedoch abzüglich der Umsatzsteuer. Zum Entgelt gehört auch, was ein anderer als der Leistungsempfänger dem Unternehmer für die Leistung gewährt. Die Beträge, die der Unternehmer im Namen und für Rechnung eines anderen vereinnahmt und verausgabt (durchlaufende Posten), gehören nicht zum Entgelt.

Umsatzsteuergesetz

§ 10

(2) Werden Rechte übertragen, die mit dem Besitz eines Pfandscheines verbunden sind, so gilt als vereinbartes Entgelt der Preis des Pfandscheines zuzüglich der Pfandsumme. Beim Tausch (§ 3 Abs. 12 Satz 1), bei tauschähnlichen Umsätzen (§ 3 Abs. 12 Satz 2) und bei Hingabe an Zahlungs Statt gilt der Wert jedes Umsatzes als Entgelt für den anderen Umsatz. Die Umsatzsteuer gehört nicht zum Entgelt.

(3) Wird ein Unternehmen oder ein in der Gliederung eines Unternehmens gesondert geführter Betrieb im ganzen übereignet (Geschäftsveräußerung), so ist Bemessungsgrundlage das Entgelt für die auf den Erwerber übertragenen Gegenstände (Besitzposten). Die Befreiungsvorschriften bleiben unberührt. Die übernommenen Schulden können nicht abgezogen werden.

(4) Der Umsatz wird bemessen
1. in den Fällen des Eigenverbrauchs im Sinne des § 1 Abs. 1 Nr. 2 Satz 2 Buchstabe a sowie bei Lieferungen im Sinne des § 1 Abs. 1 Nr. 1 Satz 2 Buchstabe b und Nr. 3 nach dem Einkaufspreis zuzüglich der Nebenkosten für den Gegenstand oder für einen gleichartigen Gegenstand oder mangels eines Einkaufspreises nach den Selbstkosten, jeweils zum Zeitpunkt des Umsatzes.
2. in den Fällen des Eigenverbrauchs im Sinne des § 1 Abs. 1 Nr. 2 Buchstabe b sowie bei entsprechenden sonstigen Leistungen im Sinne des § 1 Abs 1 Nr. 1 Buchstabe b und Nr. 3 nach den bei der Ausführung dieser Umsätze entstandenen Kosten;
3. in den Fällen des Eigenverbrauchs im Sinne des § 1 Abs. 1 Nr. 2 Buchstabe c nach den Aufwendungen.

Die Umsatzsteuer gehört nicht zur Bemessungsgrundlage.

(5) Absatz 4 gilt entsprechend für
1. Lieferungen und sonstige Leistungen, die Körperschaften und Personenvereinigungen im Sinne des § 1 Abs. 1 Nr. 1 bis 5 des Körperschaftsteuergesetzes nichtrechtsfähige Personenvereinigungen sowie Gemeinschaften im Rahmen ihres Unternehmens an ihre Anteilseigner, Gesellschafter, Mitglieder, Teilhaber oder diesen nahestehende Personen sowie Einzelunternehmer an ihnen nahestehende Personen ausführen,
2. Lieferungen und sonstige Leistungen, die ein Unternehmer an seine Arbeitnehmer oder deren Angehörige auf Grund des Dienstverhältnisses ausführt,

wenn die Bemessungsgrundlage nach Absatz 4 das Entgelt nach Absatz 1 übersteigt.

(6) Bei Beförderungen von Personen im Gelegenheitsverkehr mit Kraftomnibussen, die nicht im Erhebungsgebiet zugelassen sind, tritt an die Stelle des vereinbarten Entgelts ein Durchschnittsbeförderungsentgelt. Das Durchschnittsbeförderungsentgelt ist nach der Zahl der beförderten Personen und der Zahl der Kilometer der Beförderungsstrecke im Erhebungsgebiet (Personenkilometer) zu berechnen. Der Bundesminister der Finanzen kann mit Zustimmung des Bundesrates durch Rechtsverordnung das Durchschnittsbeförderungsentgelt je Personenkilometer festsetzen. Das Durchschnittsbeförderungsentgelt muß zu einer Steuer führen, die nicht wesentlich von dem Betrag abweicht, der sich nach diesem Gesetz ohne Anwendung des Durchschnittsbeförderungsentgelts ergeben würde.

§ 11 Bemessungsgrundlage für die Einfuhr

(1) Der Umsatz wird bei der Einfuhr (§ 1 Abs. 1 Nr. 4) nach dem Wert des eingeführten Gegenstandes nach den jeweiligen Vorschriften über den Zollwert bemessen; ausgenommen sind die Vorschriften über den Zollwert von Datenträgern, die zur Verwendung in Datenverarbeitungsanlagen bestimmt sind und Daten oder Programmbefehle enthalten. Unterliegen einfuhrumsatzsteuerpflichtige Gegenstände nicht dem Wertzoll, so wird der Umsatz bei der Einfuhr nach dem Entgelt (§ 10 Abs. 1) dieser Gegenstände bemessen; liegt ein Entgelt nicht vor, so gilt Satz 1.

(2) Ist ein Gegenstand ausgeführt, im Außengebiet für Rechnung des Ausführers veredelt und von diesem oder für ihn wieder eingeführt worden, so wird abweichend von Absatz 1 der Umsatz bei der Einfuhr nach dem für die Veredelung zu zahlenden Entgelt oder, falls ein solches Entgelt nicht gezahlt wird, nach der durch die Veredelung eingetretenen Wertsteigerung bemessen. Das gilt auch, wenn die Veredelung in einer Ausbesserung besteht und anstelle eines ausgebesserten Gegenstandes ein Gegenstand eingeführt wird, der ihm nach Menge und Beschaffenheit nachweislich entspricht. Ist der eingeführte Gegenstand vor der Einfuhr geliefert worden und hat diese Lieferung nicht der Umsatzsteuer unterlegen, so gilt Absatz 1.

(3) Dem Betrag nach Absatz 1 oder 2 sind hinzuzurechnen, soweit sie darin nicht enthalten sind:
1. die außerhalb des Zollgebiets für den eingeführten Gegenstand geschuldeten Beträge an Eingangsabgaben, Steuern und sonstigen Abgaben;
2. die auf Grund der Einfuhr im Zeitpunkt des Entstehens der Einfuhrumsatzsteuer auf den Gegenstand entfallenden Beträge an Zoll einschließlich der Abschöpfung und an Verbrauchsteuern außer der Einfuhrumsatzsteuer, soweit die Steuern unbedingt entstanden sind;
3. die auf den Gegenstand entfallenden Kosten für die Vermittlung der Lieferung und für die Beförderung bis zum ersten Bestimmungsort im Erhebungsgebiet;
4. auf Antrag die auf den Gegenstand entfallenden
   a) Kosten für die Vermittlung der Lieferung und für die Beförderung bis zu einem im Zeitpunkt des Entstehens der Einfuhrumsatzsteuer feststehenden weiteren Bestimmungsort im Erhebungsgebiet und
   b) Kosten für andere sonstige Leistungen bis zu dem in Nummer 3 oder Buchstabe a bezeichneten Bestimmungsort.

(4) Zur Bemessungsgrundlage gehören nicht Preisermäßigungen und Vergütungen, die sich auf den eingeführten Gegenstand beziehen und die im Zeitpunkt des Entstehens der Einfuhrumsatzsteuer feststehen.

(5) Für die Umrechnung von Werten in fremder Währung gelten die entsprechenden Vorschriften über den Zollwert der Waren, die in Rechtsakten des Rates oder der Kommission der Europäischen Gemeinschaften festgelegt sind.

Umsatzsteuergesetz
§ 12

Vierter Abschnitt
Steuer und Vorsteuer

§ 12 Steuersätze

(1) Die Steuer beträgt für jeden steuerpflichtigen Umsatz vierzehn vom Hundert der Bemessungsgrundlage (§§ 10, 11 und 25 Abs. 3).

(2) Die Steuer ermäßigt sich auf sieben vom Hundert für die folgenden Umsätze:
1. die Lieferungen, den Eigenverbrauch und die Einfuhr der in der Anlage bezeichneten Gegenstände. Das gilt nicht für die Lieferungen von Speisen und Getränken zum Verzehr an Ort und Stelle. Speisen und Getränke werden zum Verzehr an Ort und Stelle geliefert, wenn sie nach den Umständen der Lieferung dazu bestimmt sind, an einem Ort verzehrt zu werden, der mit dem Ort der Lieferung in einem räumlichen Zusammenhang steht, und besondere Vorrichtungen für den Verzehr an Ort und Stelle bereitgehalten werden;
2. die Vermietung der in der Anlage bezeichneten Gegenstände;
3. die Aufzucht und das Halten von Vieh, die Anzucht von Pflanzen und die Teilnahme an Leistungsprüfungen für Tiere;
4. a) die Leistungen, die unmittelbar der Vatertierhaltung, der Förderung der Tierzucht, der künstlichen Tierbesamung oder der Leistungs- und Qualitätsprüfung in der Tierzucht und in der Milchwirtschaft dienen,
   b) die Gestellung von land- und forstwirtschaftlichen Arbeitskräften durch juristische Personen des privaten oder des öffentlichen Rechts für land- und forstwirtschaftliche Betriebe (§ 24 Abs. 2) mit höchstens drei Vollarbeitskräften zur Überbrückung des Ausfalls des Betriebsinhabers oder dessen voll mitarbeitenden Familienangehörigen wegen Krankheit, Unfalls oder Todes;
5. (gestrichen)
6. die Leistungen und den Eigenverbrauch aus der Tätigkeit als Zahntechniker sowie die in § 4 Nr. 14 Satz 4 Buchstabe b bezeichneten Leistungen der Zahnärzte;
7. a) die Leistungen der Theater, Orchester, Kammermusikensembles, Chöre und Museen sowie die Veranstaltung von Theatervorführungen und Konzerten durch andere Unternehmer,
   b) die Überlassung von Filmen zur Auswertung und Vorführung sowie die Filmvorführungen,
   c) die Einräumung, Übertragung und Wahrnehmung von Rechten, die sich aus dem Urheberrechtsgesetz ergeben,
   d) die Zirkusvorführungen, die Leistungen aus der Tätigkeit als Schausteller sowie die unmittelbar mit dem Betrieb der zoologischen Gärten verbundenen Umsätze;
8. a) die Leistungen der Körperschaften, die ausschließlich und unmittelbar gemeinnützige, mildtätige oder kirchliche Zwecke verfolgen (§§ 51 bis 68 der Abgabenordnung). Das gilt nicht für Leistungen, die im Rahmen eines wirtschaftlichen Geschäftsbetriebes ausgeführt werden,
   b) die Leistungen der nichtrechtsfähigen Personenvereinigungen und Gemeinschaften der in Buchstabe a Satz 1 bezeichneten Körperschaften, wenn diese Leistungen, falls die Körperschaften sie anteilig selbst ausführten, insgesamt nach

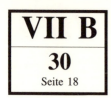

Umsatzsteuergesetz

§ 13

Buchstabe a ermäßigt besteuert würden;
9. die unmittelbar mit dem Betrieb der Schwimmbäder verbundenen Umsätze sowie die Verabreichung von Heilbädern. Das gleiche gilt für die Bereitstellung von Kureinrichtungen, soweit als Entgelt eine Kurtaxe zu entrichten ist;
10.[1] die Beförderungen von Personen im Schienenbahnverkehr mit Ausnahme der Bergbahnen, im Verkehr mit Oberleitungsomnibussen im genehmigten Linienverkehr mit Kraftfahrzeugen, im Kraftdroschkenverkehr und im genehmigten Linienverkehr mit Schiffen sowie die Beförderungen im Fährverkehr
    a) innerhalb einer Gemeinde oder
    b) wenn die Beförderungsstrecke nicht mehr als fünfzig Kilometer beträgt;
11. die Gestellung von Betriebshelfern und Haushaltshilfen an die gesetzlichen Träger der Sozialversicherung.

§ 13 Entstehung der Steuer und Steuerschuldner

(1) Die Steuer entsteht
1. für Lieferungen und sonstige Leistungen
    a) bei der Berechnung der Steuer nach vereinbarten Entgelten (§ 16 Abs. 1 Satz 1) mit Ablauf des Voranmeldungszeitraums, in dem die Leistungen ausgeführt worden sind. Das gilt auch für Teilleistungen. Sie liegen vor, wenn für bestimmte Teile einer wirtschaftlich teilbaren Leistung das Entgelt gesondert vereinbart wird. Wird das Entgelt oder ein Teil des Entgelts vereinnahmt, bevor die Leistung oder die Teilleistung ausgeführt worden ist, so entsteht insoweit die Steuer mit Ablauf des Voranmeldungszeitraums, in dem das Entgelt oder das Teilentgelt vereinnahmt worden ist. Das gilt nicht, wenn das jeweils vereinnahmte Entgelt oder Teilentgelt weniger als **10 000 Deutsche Mark** beträgt und der Unternehmer keine Rechnung mit gesondertem Ausweis der Steuer (§ 14 Abs. 1) erteilt hat;
    b) bei der Berechnung der Steuer nach vereinnahmten Entgelten (§ 20) mit Ablauf des Voranmeldungszeitraums, in dem die Entgelte vereinnahmt worden sind. Für Leistungen im Sinne des § 1 Abs. 1 Nr. 1 Buchstabe b und Nr. 3 entsteht die Steuer mit Ablauf des Voranmeldungszeitraums, in dem diese Leistungen ausgeführt worden sind;
    c) in den Fällen der Einzelbesteuerung nach § 16 Abs. 5 in dem Zeitpunkt, in dem der Kraftomnibus in das Erhebungsgebiet gelangt;
2. für den Eigenverbrauch mit Ablauf des Voranmeldungszeitraums, in dem der Unternehmer Gegenstände für die in § 1 Abs. 1 Nr. 2 Buchstabe a bezeichneten Zwecke entnommen, sonstige Leistungen für die in § 1 Abs. 1 Nr. 2 Buchstabe b bezeichneten Zwecke ausgeführt oder Aufwendungen der in § 1 Abs. 1 Nr. 2 Buchstabe c bezeichneten Art gemacht hat;
3. im Fall des § 14 Abs. 2 in dem Zeitpunkt, in dem die Steuer für die Lieferung oder sonstige Leistung nach Nummer 1 Buchstabe a oder Buchstabe b Satz 1 entsteht;
4. im Fall des § 14 Abs. 3 im Zeitpunkt der Ausgabe der Rechnung;

---

1) Siehe aber § 28 Abs. 4.

Umsatzsteuergesetz
§ 14

5. im Fall des § 17 Abs. 1 Satz 2 mit Ablauf des Voranmeldungszeitraums, in dem die Änderung der Bemessungsgrundlage eingetreten ist.

(2) Steuerschuldner ist in den Fällen des § 1 Abs. 1 Nr. 1 bis 3 und des § 14 Abs. 2 der Unternehmer, in den Fällen des § 14 Abs. 3 der Aussteller der Rechnung.

(3) Für die Einfuhrumsatzsteuer gilt § 21 Abs. 2.

§ 14 Ausstellung von Rechnungen

(1) Führt der Unternehmer steuerpflichtige Lieferungen oder sonstige Leistungen nach § 1 Abs. 1 Nr. 1 und 3 aus, so ist er berechtigt und, soweit er die Umsätze an einen anderen Unternehmer für dessen Unternehmen ausführt, auf Verlangen des anderen verpflichtet, Rechnungen auszustellen, in denen die Steuer gesondert ausgewiesen ist. Diese Rechnungen müssen die folgenden Angaben enthalten:
1. den Namen und die Anschrift des leistenden Unternehmers,
2. den Namen und die Anschrift des Leistungsempfängers,
3. die Menge und die handelsübliche Bezeichnung des Gegenstands der Lieferung oder die Art und den Umfang der sonstigen Leistung,
4. den Zeitpunkt der Lieferung oder der sonstigen Leistung,
5. das Entgelt für die Lieferung oder sonstige Leistung (§ 10) und
6. den auf das Entgelt (Nummer 5) entfallenden Steuerbetrag.

In den Fällen des § 1 Abs. 1 Nr. 3 und des § 10 Abs. 5 sind die Nummern 5 und 6 mit der Maßgabe anzuwenden, daß die Bemessungsgrundlage für die Leistung (§ 10 Abs. 4) und der darauf entfallende Steuerbetrag anzugeben sind. Unternehmer, die § 24 Abs. 1 bis 3 anwenden, sind jedoch auch in diesen Fällen nur zur Angabe des Entgelts und des darauf entfallenden Steuerbetrags berechtigt. Vereinnahmt der Unternehmer das Entgelt oder einen Teil des Entgelts für eine noch nicht ausgeführte steuerpflichtige Lieferung oder sonstige Leistung, so gelten die Sätze 1 und 2 sinngemäß. Der Unternehmer ist nicht verpflichtet, eine Rechnung im Sinne des Satzes 2 auszustellen, wenn das vor Ausführung der Lieferung oder sonstigen Leistung jeweils vereinnahmte Entgelt oder Teilentgelt weniger als 10 000 Deutsche Mark beträgt. Wird eine Endrechnung erteilt, so sind in ihr die vor Ausführung der Lieferung oder sonstigen Leistung vereinnahmten Teilentgelte und die auf sie entfallenden Steuerbeträge abzusetzen, wenn über die Teilentgelte Rechnungen im Sinne des Satzes 2 ausgestellt worden sind.

(2) Hat der Unternehmer in einer Rechnung für eine Lieferung oder sonstige Leistung einen höheren Steuerbetrag, als er nach diesem Gesetz für den Umsatz schuldet, gesondert ausgewiesen, so schuldet er auch den Mehrbetrag. Berichtigt er den Steuerbetrag gegenüber dem Leistungsempfänger, so ist § 17 Abs. 1 entsprechend anzuwenden.

(3) Wer in einer Rechnung einen Steuerbetrag gesondert ausweist, obwohl er zum gesonderten Ausweis der Steuer nicht berechtigt ist, schuldet den ausgewiesenen Betrag. Das gleiche gilt, wenn jemand in einer anderen Urkunde, mit der er wie ein leistender Unternehmer abrechnet, einen Steuerbetrag gesondert ausweist, obwohl er nicht Unternehmer ist oder eine Lieferung oder sonstige Leistung nicht ausführt.

(4) Rechnung ist jede Urkunde, mit der ein Unternehmer oder in seinem Auftrag ein Dritter über eine Lieferung oder sonstige Leistung gegenüber dem Leistungsempfänger abrechnet, gleichgültig, wie diese Urkunde im Geschäftsverkehr bezeichnet wird.

(5) Als Rechnung gilt auch eine Gutschrift, mit der ein Unternehmer über eine steuerpflichtige Lieferung oder sonstige Leistung abrechnet, die an ihn ausgeführt wird. Eine Gutschrift ist anzuerkennen, wenn folgende Voraussetzungen vorliegen:
1. Der leistende Unternehmer (Empfänger der Gutschrift) muß zum gesonderten Ausweis der Steuer in einer Rechnung nach Absatz 1 berechtigt sein.
2. Zwischen dem Aussteller und dem Empfänger der Gutschrift muß Einverständnis darüber bestehen, daß mit einer Gutschrift über die Lieferung oder sonstige Leistung abgerechnet wird.
3. Die Gutschrift muß die in Absatz 1 Satz 2 vorgeschriebenen Angaben enthalten.
4. Die Gutschrift muß dem leistenden Unternehmen zugeleitet worden sein.

Die Sätze 1 und 2 sind auf Gutschriften sinngemäß anzuwenden, die der Unternehmer über das für eine noch nicht ausgeführte steuerpflichtige Lieferung oder sonstige Leistung entrichtete Entgelt oder Teilentgelt ausstellt. Die Gutschrift verliert die Wirkung einer Rechnung, soweit der Empfänger dem in ihr enthaltenen Steuerausweis widerspricht.

(6) Der Bundesminister der Finanzen kann mit Zustimmung des Bundesrates zur Vereinfachung des Besteuerungsverfahrens durch Rechtsverordnung bestimmen, in welchen Fällen und unter welchen Voraussetzungen
1. als Rechnungen auch andere Urkunden anerkannt werden können,
2. auf einzelne Angaben bei der Ausstellung von Rechnungen (Absatz 1) verzichtet werden kann oder
3. eine Verpflichtung des Unternehmers zur Ausstellung von Rechnungen mit gesondertem Steuerausweis (Absatz 1) entfällt.

§ 15 Vorsteuerabzug

(1) Der Unternehmer kann die folgenden Vorsteuerbeträge abziehen:
1. die in Rechnungen im Sinne des § 14 gesondert ausgewiesene Steuer für Lieferungen oder sonstige Leistungen, die von anderen Unternehmern für sein Unternehmen ausgeführt worden sind. Soweit der gesondert ausgewiesene Steuerbetrag auf eine Zahlung vor Ausführung dieser Umsätze entfällt, ist er bereits abziehbar, wenn die Rechnung vorliegt und die Zahlung geleistet worden ist;
2. die entrichtete Einfuhrumsatzsteuer für Gegenstände, die für sein Unternehmen in das Erhebungsgebiet eingeführt worden sind oder die er zur Ausführung der in § 1 Abs. 3 bezeichneten Umsätze verwendet.

(2) Vom Vorsteuerabzug ausgeschlossen ist die Steuer für die Lieferungen und die Einfuhr von Gegenständen sowie für die sonstigen Leistungen, die der Unternehmer zur Ausführung folgender Umsätze verwendet:
1. steuerfreie Umsätze,
2. Umsätze außerhalb des Erhebungsgebiets, die steuerfrei wären, wenn sie im Erhebungsgebiet ausgeführt würden,

Umsatzsteuergesetz

§ 15

3. unentgeltliche Lieferungen und sonstige Leistungen, die steuerfrei wären, wenn sie gegen Entgelt ausgeführt würden.
Gegenstände oder sonstige Leistungen, die der Unternehmer zur Ausführung einer Einfuhr verwendet, sind den Umsätzen zuzurechnen, für die der eingeführte Gegenstand verwendet wird.

(3) Der Ausschluß vom Vorsteuerabzug nach Absatz 2 tritt nicht ein, wenn die Umsätze
1. in den Fällen des Absatzes 2 Nr. 1
   a) nach § 4 Nr. 1 bis 6, § 25 Abs. 2 oder nach den in § 26 Abs. 5 bezeichneten Vorschriften steuerfrei sind oder
   b) nach § 4 Nr. 8 Buchstabe a bis g oder Nr. 10 Buchstabe a steuerfrei sind und sich unmittelbar auf Gegenstände beziehen, die in ein Gebiet außerhalb der Europäischen Wirtschaftsgemeinschaft ausgeführt werden;
2. in den Fällen des Absatzes 2 Nr. 2 und 3
   a) nach § 4 Nr. 1 bis 6, § 25 Abs. 2 oder nach den in § 26 Abs. 5 bezeichneten Vorschriften steuerfrei wären oder
   b) nach § 4 Nr. 8 Buchstabe a bis g oder Nr. 10 Buchstabe a steuerfrei wären und der Leistungsempfänger in einem Gebiet außerhalb der Europäischen Wirtschaftsgemeinschaft ansässig ist.
3. (gestrichen)

(4) Verwendet der Unternehmer einen für sein Unternehmen gelieferten oder eingeführten Gegenstand oder eine von ihm in Anspruch genommene sonstige Leistung nur zum Teil zur Ausführung von Umsätzen, die den Vorsteuerabzug ausschließen, so ist der Teil der jeweiligen Vorsteuerbeträge nicht abziehbar, der den zum Ausschluß vom Vorsteuerabzug führenden Umsätzen wirtschaftlich zuzurechnen ist. Der Unternehmer kann die nicht abziehbaren Teilbeträge im Wege einer sachgerechten Schätzung ermitteln.

(5) Der Bundesminister der Finanzen kann mit Zustimmung des Bundesrates durch Rechtsverordnung nähere Bestimmungen darüber treffen,
1. in welchen Fällen und unter welchen Voraussetzungen zur Vereinfachung des Besteuerungsverfahrens für den Vorsteuerabzug auf eine Rechnung im Sinne des § 14 oder auf einzelne Angaben in der Rechnung verzichtet werden kann,
2. unter welchen Voraussetzungen, für welchen Besteuerungszeitraum und in welchem Umfang zur Vereinfachung oder zur Vermeidung von Härten in den Fällen, in denen
   a) ein anderer als der Leistungsempfänger ein Entgelt gewährt (§ 10 Abs. 1 Satz 3) oder
   b) ein anderer als der Unternehmer, für dessen Unternehmen der Gegenstand eingeführt worden ist (Absatz 1 Nr. 2), die Einfuhrumsatzsteuer entrichtet oder durch seinen Beauftragten entrichten läßt,
   der andere den Vorsteuerabzug in Anspruch nehmen kann,
3. wann in Fällen von geringer steuerlicher Bedeutung zur Vereinfachung oder zur Vermeidung von Härten bei der Aufteilung der Vorsteuerbeträge (Absatz 4) Umsätze, die den Vorsteuerabzug ausschließen, unberücksichtigt bleiben können oder von der Zurechnung von Vorsteuerbeträgen zu diesen Umsätzen abgesehen werden kann und
4. unter welchen Voraussetzungen, auf welcher Grundlage und in welcher Höhe der Unternehmer den Vorsteuerabzug aus Gründen gleicher Wettbewerbsverhältnisse

Umsatzsteuergesetz
§ 15 a

abweichend von Absatz 1 Nr. 1 aus Kosten in Anspruch nehmen kann, die er aus Anlaß einer Geschäfts- oder Dienstreise oder für einen dienstlich veranlaßten Umzug seiner Arbeitnehmer aufgewendet hat.

§ 15 a   Berichtigung des Vorsteuerabzugs

(1) Ändern sich bei einem Wirtschaftsgut die Verhältnisse, die im Kalenderjahr der erstmaligen Verwendung für den Vorsteuerabzug maßgebend waren, innerhalb von fünf Jahren seit dem Beginn der Verwendung, so ist für jedes Kalenderjahr der Änderung ein Ausgleich durch eine Berichtigung des Abzugs der auf die Anschaffungs- oder Herstellungskosten entfallenden Vorsteuerbeträge vorzunehmen. Bei Grundstücken einschließlich ihrer wesentlichen Bestandteile, bei Berechtigungen, für die die Vorschriften des bürgerlichen Rechts über Grundstücke gelten, und bei Gebäuden auf fremdem Boden tritt an die Stelle des Zeitraums von fünf Jahren ein solcher von zehn Jahren.

(2) Bei der Berichtigung nach Absatz 1 ist für jedes Kalenderjahr der Änderung in den Fällen des Satzes 1 von einem Fünftel und in den Fällen des Satzes 2 von einem Zehntel der auf das Wirtschaftsgut entfallenden Vorsteuerbeträge auszugehen. Eine kürzere Verwendungsdauer ist entsprechend zu berücksichtigen. Die Verwendungsdauer wird nicht dadurch verkürzt, daß das Wirtschaftsgut in ein anderes einbezogen wird.

(3) Die Absätze 1 und 2 sind auf Vorsteuerbeträge, die auf nachträgliche Anschaffungs- oder Herstellungskosten entfallen, sinngemäß anzuwenden.

(4) Eine Änderung der Verhältnisse liegt auch vor, wenn das noch verwendungsfähige Wirtschaftsgut vor Ablauf des nach den Absätzen 1 bis 3 maßgeblichen Berichtigungszeitraums veräußert oder zum Eigenverbrauch entnommen wird und dieser Umsatz für den Vorsteuerabzug anders zu beurteilen ist als die Verwendung im ersten Kalenderjahr.

(5) Absatz 4 gilt auch dann, wenn die Veräußerung oder Entnahme im Kalenderjahr der erstmaligen Verwendung stattfindet.

(6) Die Berichtigung nach den Absätzen 4 und 5 ist so vorzunehmen, als wäre das Wirtschaftsgut in der Zeit von der Veräußerung oder Entnahme bis zum Ablauf des maßgeblichen Berichtigungszeitraums unter entsprechend geänderten Verhältnissen weiterhin für das Unternehmen verwendet worden.

(7) Der Bundesminister der Finanzen kann mit Zustimmung des Bundesrates durch Rechtsverordnung nähere Bestimmungen darüber treffen,
1. wie der Ausgleich nach den Absätzen 1 bis 6 durchzuführen ist und in welchen Fällen er zur Vereinfachung des Besteuerungsverfahrens zur Vermeidung von Härten oder nicht gerechtfertigten Steuervorteilen zu unterbleiben hat;
2. in welchen Fällen zur Vermeidung von Härten oder nicht gerechtfertigten Steuervorteilen eine Berichtigung des Vorsteuerabzugs in entsprechender Anwendung der absätze 1 bis 6 bei einem Wechsel der Besteuerungsform durchzuführen ist;
3. daß zur Vermeidung von Härten oder eines nicht gerechtfertigten Steuervorteils bei einer unentgeltlichen Veräußerung oder Überlassung eines Wirtschaftsgutes

Umsatzsteuergesetz

§ 16

a) eine Berichtigung des Vorsteuerabzugs in entsprechender Anwendung der Absätze 1 bis 6 auch dann durchzuführen ist, wenn eine Änderung der Verhältnisse nicht vorliegt,
b) der Teil des Vorsteuerbetrages, der bei einer gleichmäßigen Verteilung auf den in Absatz 6 bezeichneten Restzeitraum entfällt, vom Unternehmer geschuldet wird,
c) der Unternehmer den nach den Absätzen 1 bis 6 oder Buchstabe b geschuldeten Betrag dem Leistungsempfänger wie eine Steuer in Rechnung stellen und dieser den Betrag als Vorsteuer abziehen kann.

Fünfter Abschnitt
Besteuerung

§ 16 Steuerberechnung, Besteuerungszeitraum und Einzelbesteuerung

(1) Die Steuer ist, soweit nicht § 20 gilt, nach vereinbarten Entgelten zu berechnen. Besteuerungszeitraum ist das Kalenderjahr. Bei der Berechnung der Steuer ist von der Summe der Umsätze nach § 1 Abs. 1 Nr. 1 bis 3 auszugehen, soweit für sie die Steuer in dem Besteuerungszeitraum entstanden ist. Der Steuer sind die nach § 14 Abs. 2 und 3 und nach § 17 Abs. 1 Satz 2 geschuldeten Steuerbeträge hinzuzurechnen.

(2) Von der nach Absatz 1 berechneten Steuer sind die in den Besteuerungszeitraum fallenden, nach § 15 abziehbaren Vorsteuerbeträge abzusetzen. § 15 a ist zu berücksichtigen. Die Einfuhrumsatzsteuer ist von der Steuer für den Besteuerungszeitraum abzusetzen, in dem sie entrichtet worden ist. Die bis zum 15. Tage nach Ablauf des Besteuerungszeitraums zu entrichtende Einfuhrumsatzsteuer kann bereits von der Steuer für diesen Besteuerungszeitraum abgesetzt werden, wenn sie in ihm entstanden ist.

(3) Hat der Unternehmer seine gewerbliche oder berufliche Tätigkeit nur in einem Teil des Kalenderjahres ausgeübt, so tritt dieser Teil an die Stelle des Kalenderjahres.

(4) Abweichend von den Absätzen 1 bis 3 kann das Finanzamt einen kürzeren Besteuerungszeitraum bestimmen, wenn der Eingang der Steuer gefährdet erscheint oder der Unternehmer damit einverstanden ist.

(5) Bei Beförderungen von Personen im Gelegenheitsverkehr mit Kraftomnibussen, die nicht im Erhebungsgebiet zugelassen sind, wird die Steuer, abweichend von Absatz 1, für jeden einzelnen steuerpflichtigen Umsatz durch die zuständige Zolldienststelle berechnet (Einzelbesteuerung). Zuständige Zolldienststelle ist die Eingangszollstelle, Ausgangszollstelle, Grenzkontrollstelle oder Kontrollstelle, bei der der Kraftomnibus in das Erhebungsgebiet gelangt oder das Erhebungsgebiet verläßt. Die zuständige Zolldienststelle handelt bei der Einzelbesteuerung für das Finanzamt, in dessen Bezirk sie liegt (zuständiges Finanzamt). Absatz 2 und § 19 Abs. 1 sind bei der Einzelbesteuerung nicht anzuwenden.

(6) Werte in fremder Währung sind zur Berechnung der Steuer und der abziehbaren Vorsteuerbeträge auf Deutsche Mark nach den amtlichen Briefkursen umzurechnen, die der Bundesminister der Finanzen als Durchschnittskurse für den Monat öffentlich bekanntgibt, in dem die Leistung ausgeführt oder das Entgelt oder ein Teil des Entgelts

Umsatzsteuergesetz

§ 17

vor Ausführung der Leistung (§ 13 Abs. 1 Nr. 1 Buchstabe a Satz 4) vereinnahmt wird. Ist dem leistenden Unternehmer die Berechnung der Steuer nach vereinnahmten Entgelten gestattet (§ 20), so sind die Entgelte nach den Durchschnittskursen des Monats umzurechnen, in dem sie vereinnahmt werden. Das Finanzamt kann die Umrechnung nach dem Tageskurs, der durch Bankmitteilung oder Kurszettel nachzuweisen ist, gestatten.

(7) Für die Einfuhrumsatzsteuer gelten § 11 Abs. 5 und § 21 Abs 2.

§ 17 Änderung der Bemessungsgrundlage

(1) Hat sich die Bemessungsgrundlage für einen steuerpflichtigen Umsatz im Sinne des § 1 Abs. 1 Nr. 1 bis 3 geändert, so haben

(Fortsetzung auf Seite 23)

Umsatzsteuergesetz

Besteuerung
§ 18

1. der Unternehmer, der diesen Umsatz ausgeführt hat, den dafür geschuldeten Steuerbetrag und
2. der Unternehmer, an den dieser Umsatz ausgeführt worden ist, den dafür in Anspruch genommenen Vorsteuerabzug

entsprechend zu berichtigen. Die Berichtigung des Vorsteuerabzugs kann unterbleiben, soweit ein dritter Unternehmer den auf die Minderung des Entgelts entfallenden Steuerbetrag an das Finanzamt entrichtet; in diesem Fall ist der dritte Unternehmer Schuldner der Steuer. Die Berichtigungen nach Satz 1 sind für den Besteuerungszeitraum vorzunehmen, in dem die Änderung der Bemessungsgrundlage eingetreten ist.

(2) Absatz 1 gilt sinngemäß, wenn
1. das vereinbarte Entgelt für eine steuerpflichtige Lieferung oder sonstige Leistung uneinbringlich geworden ist. Wird das Entgelt nachträglich vereinnahmt, sind Steuerbetrag und Vorsteuerabzug erneut zu berichtigen;
2. für eine vereinbarte Lieferung oder sonstige Leistung ein Entgelt entrichtet, die Lieferung oder sonstige Leistung jedoch nicht ausgeführt worden ist;
3. eine steuerpflichtige Lieferung oder sonstige Leistung rückgängig gemacht worden ist.

(3) Ist Einfuhrumsatzsteuer, die als Vorsteuer abgezogen worden ist, herabgesetzt, erlassen oder erstattet worden, so hat der Unternehmer den Vorsteuerabzug entsprechend zu berichtigen. Absatz 1 Satz 3 gilt sinngemäß.

(4) Werden die Entgelte für unterschiedlich besteuerte Lieferungen oder sonstige Leistungen eines bestimmten Zeitabschnitts gemeinsam geändert (z. B. Jahresboni, Jahresrückvergütungen), so hat der Unternehmer dem Leistungsempfänger einen Beleg zu erteilen, aus dem zu ersehen ist, wie sich die Änderung der Entgelte auf die unterschiedlich besteuerten Umsätze verteilt.

§ 18 Besteuerungsverfahren

(1) Der Unternehmer hat bis zum 10. Tag nach Ablauf jedes Kalendermonats (Voranmeldungszeitraum) eine Voranmeldung nach amtlich vorgeschriebenem Vordruck abzugeben, in der er die Steuer für den Voranmeldungszeitraum (Vorauszahlung) selbst zu berechnen hat. § 16 Abs. 1 und 2 und § 17 sind entsprechend anzuwenden. § 150 Abs. 6 der Abgabenordnung bleibt unberührt. Gibt der Unternehmer die Voranmeldung nicht ab oder hat er die Vorauszahlung nicht richtig berechnet, so kann das Finanzamt die Vorauszahlung festsetzen. Die Vorauszahlung ist am 10. Tag nach Ablauf des Voranmeldungszeitraums fällig.

(2) Beträgt die Steuer für das vorangegangene Kalenderjahr nicht mehr als 6 000 Deutsche Mark, so ist das Kalendervierteljahr Voranmeldungszeitraum. Das Finanzamt kann auf Antrag gestatten oder zur Sicherung des Steueranspruchs anordnen, daß an Stelle des Kalendervierteljahrs der Kalendermonat Voranmeldungszeitraum ist. Beträgt die Steuer für das vorangegangene Kalenderjahr nicht mehr als 600 Deutsche Mark, so kann das Finanzamt den Unternehmer von der Verpflichtung zur Abgabe der Voranmeldungen und Entrichtung der Vorauszahlungen befreien. Hat der Unternehmer seine gewerbliche oder berufliche Tätigkeit nur in einem Teil des vorangegangenen Kalenderjahres ausgeübt, so ist die tatsächliche Steuer in eine Jahressteuer umzurechnen.

(3) Der Unternehmer hat für das Kalenderjahr oder für den kürzeren Besteuerungszeitraum eine Steuererklärung nach amtlich vorgeschriebenem Vordruck abzugeben, in der er die zu entrichtende Steuer oder den Überschuß, der sich zu seinen Gunsten ergibt, nach § 16 Abs. 1 bis 4 und § 17 selbst zu berechnen hat (Steueranmeldung). In den Fällen des

§ 16 Abs. 3 und 4 ist die Steueranmeldung binnen einem Monat nach Ablauf des kürzeren Besteuerungszeitraums abzugeben. Die Steueranmeldung muß vom Unternehmer eigenhändig unterschrieben sein.

(4) Berechnet der Unternehmer die zu entrichtende Steuer oder den Überschuß in der Steueranmeldung für das Kalenderjahr abweichend von der Summe der Vorauszahlungen, so ist der Unterschiedsbetrag zugunsten des Finanzamts einen Monat nach dem Eingang der Steueranmeldung fällig. Setzt das Finanzamt die zu entrichtende Steuer oder den Überschuß abweichend von der Steueranmeldung für das Kalenderjahr fest, so ist der Unterschiedsbetrag zugunsten des Finanzamts einen Monat nach der Bekanntgabe des Steuerbescheids fällig. Die Fälligkeit rückständiger Vorauszahlungen (Absatz 1) bleibt von den Sätzen 1 und 2 unberührt.

(5) In den Fällen der Einzelbesteuerung (§ 16 Abs. 5) ist abweichend von den Absätzen 1 bis 4 wie folgt zu verfahren:
1. Der Beförderer hat für jede einzelne Fahrt eine Steuererklärung nach amtlich vorgeschriebenem Vordruck in zwei Stücken bei der zuständigen Zolldienststelle abzugeben.
2. Die zuständige Zolldienststelle setzt für das zuständige Finanzamt die Steuer auf beiden Stücken der Steuererklärung fest und gibt ein Stück dem Beförderer zurück, der die Steuer gleichzeitig zu entrichten hat. Der Beförderer hat dieses Stück mit der Steuerquittung während der Fahrt mit sich zu führen.
3. Der Beförderer hat bei der zuständigen Zolldienststelle, bei der er das Erhebungsgebiet verläßt, eine weitere Steuererklärung in zwei Stücken abzugeben, wenn sich die Zahl der Personenkilometer (§ 10 Abs. 6 Satz 2), von der bei der Steuerfestsetzung nach Nummer 2 ausgegangen worden ist, geändert hat. Die Zolldienststelle setzt die Steuer neu fest. Gleichzeitig ist ein Unterschiedsbetrag zugunsten des Finanzamts zu entrichten oder ein Unterschiedsbetrag zugunsten des Beförderers zu erstatten. Die Sätze 2 und 3 sind nicht anzuwenden, wenn der Unterschiedsbetrag weniger als fünf Deutsche Mark beträgt. Die Zolldienststelle kann in diesen Fällen auf eine schriftliche Steuererklärung verzichten.

(6) Zur Vermeidung von Härten kann der Bundesminister der Finanzen mit Zustimmung des Bundesrates durch Rechtsverordnung die Fristen für die Voranmeldungen und Vorauszahlungen um einen Monat verlängern und das Verfahren näher bestimmen. Dabei kann angeordnet werden, daß der Unternehmer eine Sondervorauszahlung auf die Steuer für das Kalenderjahr zu entrichten hat.

(7) Zur Vereinfachung des Besteuerungsverfahrens kann der Bundesminister der Finanzen mit Zustimmung des Bundesrates durch Rechtsverordnung bestimmen, daß und unter welchen Voraussetzungen auf die Erhebung der Steuer für folgende Umsätze verzichtet werden kann:
1. Lieferungen von Gold, Silber und Platin sowie sonstige Leistungen im Geschäft mit diesen Edelmetallen zwischen Unternehmern, die an einer Wertpapierbörse im Erhebungsgebiet mit dem Recht zur Teilnahme am Handel zugelassen sind. Das gilt nicht für Münzen und Medaillen aus diesen Edelmetallen;
2. Lieferungen, die der Einfuhr folgen, wenn ein anderer als der Unternehmer, für dessen Unternehmen der Gegenstand eingeführt ist, die entrichtete Einfuhrumsatzsteuer als Vorsteuer abziehen kann (§ 15 Abs. 8 Nr. 2 Buchstabe b).

(8) Zur Sicherung des Steueranspruchs kann der Bundesminister der Finanzen mit Zustimmung des Bundesrates durch Rechtsverordnung bestimmen, daß die Steuer für die

Umsatzsteuergesetz

§ 19

Umsätze eines nicht im Erhebungsgebiet ansässigen Unternehmers im Abzugsverfahren durch den Leistungsempfänger zu entrichten ist. Dabei können insbesondere geregelt werden:
1. die Art und Weise der Berechnung der einzubehaltenden und abzuführenden Steuer und der Ausschluß der §§ 19 und 24 im Abzugsverfahren;
2. die Aufzeichnungspflichten des Leistungsempfängers und seine Verpflichtung zur Ausstellung einer Bescheinigung über die einbehaltene oder abgeführte Steuer;
3. die Haftung des Leistungsempfängers für die einzubehaltende und abzuführende Steuer sowie die Zahlungspflicht des Leistungsempfängers oder eines Dritten bei der Ausstellung einer unrichtigen Bescheinigung;
4. der Verzicht auf die Besteuerung des Unternehmers nach den Absätzen 1 bis 4;
5. die Pflicht des Unternehmers, die Steuer für die dem Abzugsverfahren unterliegenden Umsätze nach vereinnahmten Entgelten zu berechnen;
6. die Anrechnung der einbehaltenen oder abgeführten Steuer bei der Besteuerung des Unternehmers nach den Absätzen 1 bis 4;
7. die Zuständigkeit der Finanzbehörden.

(9) Zur Vereinfachung des Besteuerungsverfahrens kann der Bundesminister der Finanzen mit Zustimmung des Bundesrates durch Rechtsverordnung die Vergütung der Vorsteuerbeträge (§ 15) an nicht im Erhebungsgebiet ansässige Unternehmer, abweichend von § 16 und von den Absätzen 1 bis 4, in einem besonderen Verfahren regeln. Dabei kann angeordnet werden, daß der Unternehmer die Vergütung selbst zu berechnen hat.

§ 19 Besteuerung der Kleinunternehmer

(1) Die für Umsätze im Sinne des § 1 Abs. 1 Nr. 1 bis 3 geschuldete Umsatzsteuer wird nicht erhoben, wenn der im Satz 2 bezeichnete Umsatz zuzüglich der darauf entfallenden Steuer im vorangegangenen Kalenderjahr 25 000 Deutsche Mark nicht überstiegen hat und im laufenden Kalenderjahr 100 000 Deutsche Mark voraussichtlich nicht übersteigen wird. Umsatz im Sinne des Satzes 1 ist der nach vereinnahmten Entgelten bemessene Gesamtumsatz, gekürzt um die darin enthaltenen Umsätze von Wirtschaftsgütern des Anlagevermögens. Satz 1 gilt nicht für die nach § 14 Abs. 3 geschuldete Steuer. In den Fällen des Satzes 1 finden die Vorschriften über den Verzicht auf Steuerbefreiungen (§ 9), über den gesonderten Ausweis der Steuer in einer Rechnung (§ 14 Abs. 1) und über den Vorsteuerabzug (§ 15) keine Anwendung. § 15 a ist nur anzuwenden, wenn sich die für den Vorsteuerbezug maßgebenden Verhältnisse bei einem Wirtschaftsgut ändern, das von dem Unternehmer bereits vor dem Beginn des Zeitraums erstmalig verwendet worden ist, in dem die Steuer nach Satz 1 nicht erhoben wird.

(2) Der Unternehmer kann dem Finanzamt bis zur Unanfechtbarkeit der Steuerfestsetzung (§ 18 Abs. 3 und 4) erklären, daß er auf die Anwendung des Absatzes 1 verzichtet. Nach Eintritt der Unanfechtbarkeit der Steuerfestsetzung bindet die Erklärung den Unternehmer mindestens für fünf Kalenderjahre. Sie kann nur mit Wirkung von Beginn eines Kalenderjahres an widerrufen werden. Der Widerruf ist spätestens bis zur Unanfechtbarkeit der Steuerfestsetzung des Kalenderjahres, für das er gelten soll, zu erklären.

(3) Gesamtumsatz ist die Summe der steuerbaren Umsätze im Sinne des § 1 Abs 1 Nr. 1 bis 3 abzüglich folgender Umsätze:
1. der Umsätze, die nach § 4 Nr. 8 Buchstabe i, Nr. 9 Buchstabe b und Nr. 11 bis 28 steuerfrei sind;
2. der Umsätze, die nach § 4 Nr. 8 Buchstabe a bis h, Nr. 9 Buchstabe a und Nr. 10 steuerfrei sind, wenn sie Hilfsumsätze sind.

Soweit der Unternehmer die Steuer nach vereinnahmten Entgelten berechnet (§ 13 Abs. 1 Nr. 1 Buchstabe a Satz 4 und 5 oder § 20), ist auch der Gesamtumsatz nach diesen Entgelten zu berechnen. Hat der Unternehmer seine gewerbliche oder berufliche Tätigkeit nur in einem Teil des Kalenderjahres ausgeübt, so ist der tatsächliche Gesamtumsatz in einen Jahresgesamtumsatz umzurechnen. Angefangene Kalendermonate sind bei der Umrechnung als volle Kalendermonate zu behandeln, es sei denn, daß die Umrechnung nach Tagen zu diesem niedrigeren Jahresgesamtumsatz führt.

§ 20 Berechnung der Steuer nach vereinnahmten Entgelten

(1) Das Finanzamt kann auf Antrag gestatten, daß ein Unternehmer,
1. dessen Gesamtumsatz (§ 19 Abs. 3) im vorangegangenen Kalenderjahr nicht mehr als 250 000 Deutsche Mark betragen hat, oder
2. der von der Verpflichtung, Bücher zu führen und auf Grund jährlicher Bestandsaufnahmen regelmäßig Abschlüsse zu machen, nach § 148 der Abgabenordnung befreit ist, oder
3. soweit er Umsätze aus einer Tätigkeit als Angehöriger eines freien Berufs im Sinne des § 18 Abs. 1 Nr. 1 des Einkommensteuergesetzes ausführt,
die Steuer nicht nach den vereinbarten Entgelten (§ 16 Abs. 1 Satz 1), sondern nach den vereinnahmten Entgelten berechnet. Erstreckt sich die Befreiung nach Nummer 2 nur auf einzelne Betriebe des Unternehmers und liegt die Voraussetzung nach Nummer 1 nicht vor, so ist die Erlaubnis zur Berechnung der Steuer nach den vereinnahmten Entgelten auf diese Betriebe zu beschränken. Wechselt der Unternehmer die Art der Steuerberechnung, so dürfen Umsätze nicht doppelt gefaßt werden oder unversteuert bleiben.

(2) Absatz 1 gilt nicht für Geschäftsveräußerungen.

§ 21 Besondere Vorschriften für die Einfuhrumsatzsteuer

(1) Die Einfuhrumsatzsteuer ist eine Verbrauchsteuer im Sinne der Abgabenordnung.

(2) Für die Einfuhrumsatzsteuer gelten die Vorschriften für Zölle sinngemäß; ausgenommen sind § 5 Abs. 5 Nr. 1 und 3, §§ 24, 25 und 40 des Zollgesetzes sowie die Vorschriften über den aktiven Veredelungsverkehr nach dem Verfahren der Zollrückvergütung und über den passiven Veredelungsverkehr. Für die Einfuhr abschöpfungspflichtiger Gegenstände gelten die Vorschriften des Abschöpfungserhebungsgesetzes sinngemäß.

(3) Abweichend von § 37 Abs. 2 des Zollgesetzes kann die Zahlung der Einfuhrumsatzsteuer ohne Sicherheitsleistung aufgeschoben werden, wenn die zu entrichtende Steuer nach § 15 Abs. 1 Nr. 2 in voller Höhe als Vorsteuer abgezogen werden kann.

Umsatzsteuergesetz

§ 22

(4) Entsteht für den eingeführten Gegenstand nach dem Zeitpunkt des Entstehens der Einfuhrumsatzsteuer eine Zollschuld oder eine Verbrauchsteuer oder wird für den eingeführten Gegenstand nach diesem Zeitpunkt eine Verbrauchsteuer unbedingt, so entsteht gleichzeitig eine weitere Einfuhrumsatzsteuer. Das gilt auch, wenn der Gegenstand nach dem in Satz 1 bezeichneten Zeitpunkt bearbeitet oder verarbeitet worden ist. Bemessungsgrundlage ist die entstandene Zollschuld oder die entstandene oder unbedingt gewordene Verbrauchsteuer. Steuerschuldner ist, wer den Zoll oder die Verbrauchsteuer zu entrichten hat. Die Sätze 1 bis 4 gelten nicht, wenn derjenige, der den Zoll oder die Verbrauchsteuer zu entrichten hat, hinsichtlich des eingeführten Gegenstandes nach § 15 Abs. 1 Nr. 2 zum Vorsteuerabzug berechtigt ist oder dazu berechtigt wäre, wenn der Gegenstand für sein Unternehmen eingeführt worden wäre.

(5) Die Absätze 2 bis 4 gelten entsprechend für Gegenstände, die nicht Waren im Sinne des § 1 Abs. 2 Satz 1 des Zollgesetzes sind und für die keine Zollvorschriften bestehen.

§ 22 Aufzeichnungspflichten

(1) Der Unternehmer ist verpflichtet zur Feststellung der Steuer und der Grundlagen ihrer Berechnug Aufzeichnungen zu machen. Diese Verpflichtung gilt in den Fällen des § 14 Abs. 3 auch für Personen, die nicht Unternehmer sind. Ist ein land- und forstwwirtschaftlicher Betrieb nach § 24 Abs. 3 als gesondert geführter Betrieb zu behandeln, so hat der Unternehmer Aufzeichnungspflichten für diesen Betrieb gesondert zu erfüllen.

(2) Aus den Aufzeichnungen müssen zu ersehen sein:
1. die vereinbarten Entgelte für die vom Unternehmer ausgeführten Lieferungen und sonstigen Leistungen. Dabei ist ersichtlich zu machen, wie sich die Entgelte auf die steuerpflichtigen Umsätze, getrennt nach Steuersätzen, und auf die steuerfreien Umsätze verteilen. Dies gilt entsprechend für die Bemessungsgrundlagen nach § 10 Abs. 4 Nr. 1 und 2, wenn Lieferungen und sonstige Leistungen im Sinne des § 1 Abs. 1 Nr. 1 Satz 2 Buchstabe b und Nr. 3 sowie des § 10 Abs. 5 ausgeführt werden. Aus den Aufzeichnungen muß außerdem hervorgehen, welche Umsätze der Unternehmer nach § 9 als steuerpflichtig behandelt. Bei der Berechnung der Steuer nach vereinnahmten Entgelten (§ 20) treten an die Stelle der vereinbarten Entgelte die vereinnahmten Entgelte. Im Falle des § 17 Abs. 1 Satz 2 hat der Unternehmer, der die auf die Minderung des Entgelts entfallende Steuer an das Finanzamt entrichtet, den Betrag der Entgeltsminderung gesondert aufzuzeichnen;
2. die vereinnahmten Entgelte und Teilentgelte für noch nicht ausgeführte Lieferungen und sonstige Leistungen. Dabei ist ersichtlich zu machen, wie sich die Entgelte und Teilentgelte verteilen
   a) auf steuerpflichtige Umsätze, getrennt nach Steuersätzen, für die die Steuer nach § 13 Abs. 1 Nr. 1 Buchstabe a Satz 4 und 5 entsteht, und
   b) auf steuerfreie Umsätze oder Umsätze, für die nach § 13 Abs. 1 Nr. 1 Buchstabe a Satz 5 die Steuer nicht entsteht.
   Nummer 1 Satz 4 gilt entsprechend;
3. die Bemessungsgrundlagen für den Eigenverbrauch, Nummer 1 Satz 2 gilt entsprechend;

4. die wegen unberechtigten Steuerausweises nach § 14 Abs. 2 und 3 geschuldeten Steuerbeträge;
5. die Entgelte für steuerpflichtige Lieferungen und sonstige Leistungen, die an den Unternehmer für sein Unternehmen ausgeführt worden sind, und die vor Ausführung dieser Umsätze gezahlten Entgelte und Teilentgelte, soweit für diese Umsätze nach § 13 Abs. 1 Nr. 1 Buchstabe a Satz 4 und 5 die Steuer entsteht, sowie die auf die Entgelte und Teilentgelte entfallenden Steuerbeträge. Sind steuerpflichtige Lieferungen und sonstige Leistungen im Sinne des § 1 Abs. 1 Nr. 1 Satz 2 Buchstabe b und Nr. 3 sowie des § 10 Abs. 5 ausgeführt worden, so sind die Bemessungsgrundlagen nach § 10 Abs. 4 Nr. 1 und 2 und die darauf entfallenden Steuerbeträge aufzuzeichnen;
6. die Bemessungsgrundlagen für die Einfuhr von Gegenständen (§ 11), die für das Unternehmen des Unternehmers eingeführt worden sind, sowie die dafür entrichtete oder in den Fällen des § 16 Abs. 2 Satz 4 zu entrichtende Einfuhrumsatzsteuer.

(3) Die Aufzeichnungspflichten nach Absatz 2 Nr. 5 und 6 entfallen, wenn der Vorsteuerabzug ausgeschlossen ist (§ 15 Abs. 2 und 3). Ist der Unternehmer nur teilweise zum Vorsteuerabzug berechtigt, so müssen aus den Aufzeichnungen die Vorsteuerbeträge eindeutig und leicht nachprüfbar zu ersehen sein, die den zum Vorsteuerabzug berechtigenden Umsätzen ganz oder teilweise zuzurechnen sind. Außerdem hat der Unternehmer in diesen Fällen die Bemessungsgrundlagen für die Umsätze, die nach § 15 Abs. 2 und 3 den Vorsteuerabzug ausschließen, getrennt von den Bemessungsgrundlagen der übrigen Umsätze, ausgenommen die Einfuhren, aufzuzeichnen. Die Verpflichtung zur Trennung der Bemessungsgrundlagen nach Absatz 2 Nr. 1 Satz 2, Nr. 2 Satz 2, Nr. 3 Satz 2 und Nr. 4 Satz 2 bleibt unberührt.

(4) In den Fällen des § 15 a hat der Unternehmer die Berechnungsgrundlagen für den Ausgleich aufzuzeichnen, der von ihm in den in Betracht kommenden Kalenderjahren vorzunehmen ist.

(5) Ein Unternehmer, der ohne Begründung einer gewerblichen Niederlassung oder außerhalb einer solchen von Haus zu Haus oder auf öffentlichen Straßen oder an anderen öffentlichen Orten Umsätze ausführt oder Gegenstände erwirbt, hat ein Steuerheft nach amtlich vorgeschriebenem Vordruck zu führen.

(6) Der Bundesminister der Finanzen kann mit Zustimmung des Bundesrates durch Rechtsverordnung
1. nähere Bestimmungen darüber treffen, wie die Aufzeichnungspflichten zu erfüllen sind und in welchen Fällen Erleichterungen bei der Erfüllung dieser Pflichten gewährt werden können, sowie
2. Unternehmer im Sinne des Absatzes 5 von der Führung des Steuerheftes befreien, sofern sich die Grundlagen der Besteuerung aus anderen Unterlagen ergeben, und diese Befreiung an Auflagen knüpfen.

Umsatzsteuergesetz
§§ 23–23 a

Sechster Abschnitt
Besondere Besteuerungsformen

§ 23 Allgemeine Durchschnittssätze

(1) Der Bundesminister der Finanzen kann mit Zustimmung des Bundesrates zur Vereinfachung des Besteuerungsverfahrens für Gruppen von Unternehmern, bei denen hinsichtlich der Besteuerungsgrundlagen annähernd gleiche Verhältnisse vorliegen und die nicht verpflichtet sind, Bücher zu führen und auf Grund jährlicher Bestandsaufnahmen regelmäßig Abschlüsse zu machen, durch Rechtsverordnung Durchschnittssätze festsetzen für
1. die nach § 15 abziehbaren Vorsteuerbeträge oder die Grundlagen ihrer Berechnung oder
2. die zu entrichtende Steuer oder die Grundlagen ihrer Berechnung.

(2) Die Durchschnittssätze müssen zu einer Steuer führen, die nicht wesentlich von dem Betrage abweicht, der sich nach diesem Gesetz ohne Anwendung der Durchschnittssätze ergeben würde.

(3) Der Unternehmer, bei dem die Voraussetzungen für eine Besteuerung nach Durchschnittssätzen im Sinne des Absatzes 1 gegeben sind, kann beim Finanzamt bis zur Unanfechtbarkeit der Steuerfestsetzung (§ 18 Abs. 3 und 4) beantragen, nach den festgesetzten Durchschnittssätzen besteuert zu werden. Der Antrag kann nur mit Wirkung vom Beginn eines Kalenderjahres an widerrufen werden. Der Widerruf ist spätestens bis zur Unanfechtbarkeit der Steuerfestsetzung des Kalenderjahres, für das er gelten soll, zu erklären. Eine erneute Besteuerung nach Durchschnittssätzen ist frühestens nach Ablauf von fünf Kalenderjahren zulässig.

§ 23 a Durchschnittssatz für Körperschaften, Personenvereinigungen und Vermögensmassen im Sinne des § 5 Abs. 1 Nr. 9 des Körperschaftsteuergesetzes

(1) Zur Berechnung der abziehbaren Vorsteuerbeträge (§ 15) wird für Körperschaften, Personenvereinigungen und Vermögensmassen im Sinne des § 5 Abs. 1 Nr. 9 des Körperschaftsteuergesetzes, die nicht verpflichtet sind, Bücher zu führen und auf Grund jährlicher Bestandsaufnahmen regelmäßig Abschlüsse zu machen, ein Durchschnittssatz von 7 vom Hundert des steuerpflichtigen Umsatzes, mit Ausnahme der Einfuhr, festgesetzt. Ein weiterer Vorsteuerabzug ist ausgeschlossen.

(2) Der Unternehmer, dessen steuerpflichtiger Umsatz, mit Ausnahme der Einfuhr, im vorangegangenen Kalenderjahr 60 000 DM überstiegen hat, kann den Durchschnittssatz nicht in Anspruch nehmen.

(3) Der Unternehmer, bei dem die Voraussetzungen für die Anwendungen des Durchschnittsatzes gegeben sind, kann dem Finanzamt spätestens bis zum zehnten Tage nach Ablauf des ersten Voranmeldungszeitraums eines Kalenderjahres erklären, daß er den Durchschnittsatz in Anspruch nehmen will. Die Erklärung bindet den Unternehmer mindestens für fünf Kalenderjahre. Sie kann nur mit Wirkung vom Beginn eines Kalenderjahres an widerrufen werden. Der Widerruf ist spätestens bis zum zehnten Tage

Umsatzsteuergesetz

§ 24

nach Ablauf des ersten Voranmeldungszeitraums dieses Kalenderjahres zu erklären. Eine erneute Anwendung des Durchschnittsatzes ist frühestens nach Ablauf von fünf Kalenderjahren zulässig.

§ 24 Durchschnittsätze für land- und forstwirtschaftliche Betriebe

(1)[1] Für die im Rahmen eines land- und forstwirtschaftlichen Betriebes ausgeführten Umsätze wird die Steuer wie folgt festgesetzt:
1. für die Lieferungen und den Eigenverbrauch von forstwirtschaftlichen Erzeugnissen, ausgenommen Sägewerkserzeugnisse, auf fünf vom Hundert,
2. für die Lieferungen und den Eigenverbrauch der in der Anlage nicht aufgeführten Sägewerkserzeugnisse und Getränke sowie von alkoholischen Flüssigkeiten, ausgenommen die Ausfuhrlieferungen und die im Außengebiet bewirkten Umsätze, auf vierzehn vom Hundert,
3. für die übrigen Umsätze im Sinne des § 1 Abs. 1 Nr. 1 bis 3 auf acht vom Hundert
der Bemessungsgrundlage. Die Befreiungen nach § 4 mit Ausnahme der Nummern 1 bis 6 bleiben unberührt; § 9 findet keine Anwendung. Die Vorsteuerbeträge werden, soweit sie den in Satz 1 Nr. 1 bezeichneten Umsätzen zuzurechnen sind, auf fünf vom Hundert, in den übrigen Fällen des Satzes 1 auf acht vom Hundert der Bemessungsgrundlage für diese Umsätze festgesetzt. Ein weiterer Vorsteuerabzug entfällt. § 14 ist mit der Maßgabe anzuwenden, daß der für den Umsatz maßgebliche Durchschnittsatz in der Rechnung zusätzlich anzugeben ist. Abweichend von § 15 Abs. 1 steht dem Leistungsempfänger der Abzug des ihm gesondert in Rechnung gestellten Steuerbetrages nur bis zur Höhe der für den maßgeblichen Umsatz geltenden Steuer zu.

(2) Als land- und forstwirtschaftlicher Betrieb gelten
1. die Landwirtschaft, die Forstwirtschaft, der Wein-, Garten-, Obst- und Gemüsebau, die Baumschulen, alle Betriebe, die Pflanzen und Pflanzenteile mit Hilfe der Naturkräfte gewinnen, die Binnenfischerei, die Teichwirtschaft, die Fischzucht für die Binnenfischerei und Teichwirtschaft, die Imkerei, die Wanderschäferei sowie die Saatzucht,
2. Tierzucht- und Tierhaltungsbetriebe, soweit ihre Tierbestände nach den §§ 51 und 51 a des Bewertungsgesetzes zur landwirtschaftlichen Nutzung oder auf Grund der vom Senat von Berlin nach § 122 Abs. 2 des Bewertungsgesetzes erlassenen Rechtsverordnung zum land- und forstwirtschaftlichen Vermögen gehören.
Zum land- und forstwirtschaftlichen Betrieb gehören auch die Nebenbetriebe, die dem land- und forstwirtschaftlichen Betrieb zu dienen bestimmt sind. Ein Gewerbebetrieb kraft Rechtsform gilt auch dann nicht als land- und forstwirtschaftlicher Betrieb, wenn im übrigen die Merkmale eines land- und forstwirtschaftlichen Betriebes vorliegen.

(3) Führt der Unternehmer neben den in Absatz 1 bezeichneten Umsätzen auch andere Umsätze aus, so ist der land- und forstwirtschaftliche Betrieb als ein in der Gliederung des Unternehmens gesondert geführter Betrieb zu behandeln.

---

[1] Siehe aber § 28 Abs. 3, 5 und 6.

Umsatzsteuergesetz

§ 25

(4)[1]) Der Unternehmer kann spätestens bis zum 10. Tage eines Kalenderjahres gegenüber dem Finanzamt erklären, daß seine Umsätze vom Beginn des vorangegangenen Kalenderjahres an nicht nach den Absätzen 1 bis 3, sondern nach den allgemeinen Vorschriften dieses Gesetzes besteuert werden sollen. Die Erklärung bindet den Unternehmer mindestens für fünf Kalenderjahre. Sie kann mit Wirkung vom Beginn eines Kalenderjahres an widerrufen werden. Der Widerruf ist spätestens bis zum 10. Tage nach Beginn dieses Kalenderjahres zu erklären. Die Frist nach Satz 4 kann verlängert werden. Ist die Frist bereits abgelaufen, so kann sie rückwirkend verlängert werden, wenn es unbillig wäre, die durch den Fristablauf eingetretenen Rechtsfolgen bestehen zu lassen.

§ 25 Besteuerung von Reiseleistungen

(1) Die nachfolgenden Vorschriften gelten für Reiseleistungen eines Unternehmers, die nicht für das Unternehmen des Leistungsempfängers bestimmt sind, soweit der Unternehmer dabei gegenüber dem Leistungsempfänger im eigenen Namen auftritt und Reisevorleistungen in Anspruch nimmt. Die Leistung des Unternehmers ist als sonstige Leistung anzusehen. Erbringt der Unternehmer an einen Leistungsempfänger im Rahmen einer Reise mehrere Leistungen dieser Art, so gelten sie als eine einheitliche sonstige Leistung. Der Ort der sonstigen Leistung bestimmt sich nach § 3a Abs 1. Reisevorleistungen sind Lieferungen und sonstige Leistungen Dritter, die den Reisenden unmittelbar zugute kommen.

(2) Die sonstige Leistung ist steuerfrei, wenn die Reisevorleistungen
1. außerhalb des Gebiets der Europäischen Gemeinschaften bewirkt werden,
2. grenzüberschreitende Beförderungen mit Luftfahrzeugen oder Seeschiffen sind oder
3. Beförderungen mit Luftfahrzeugen oder Seeschiffen sind, die sich ausschließlich auf das Außengebiet erstrecken.

Sind die Reisevorleistungen nur zum Teil Reisevorleistungen im Sinne des Satzes 1, so ist nur der Teil der sonstigen Leistung steuerfrei, dem die in Satz 1 bezeichneten Reisevorleistungen zuzurechnen sind. Die Voraussetzung der Steuerbefreiung muß vom Unternehmer nachgewiesen sein. Der Bundesminister der Finanzen kann mit Zustimmung des Bundesrates durch Rechtsverordnung bestimmen, wie der Unternehmer den Nachweis zu führen hat.

---

1) § 24 Abs. 4 mit Wirkung vom 1. 1. 1984 neugefaßt durch Artikel 17 Nr. 10 des Steuerbereinigungsgesetzes 1985 vom 14. 12. 1984 (BGBl. I S. 1493).

Umsatzsteuergesetz
Durchführung, Übergangs- und Schlußvorschriften
§ 26

(3) Die sonstige Leistung bemißt sich nach dem Unterschied zwischen dem Betrag, den der Leistungsempfänger aufwendet, um die Leistung zu erhalten, und dem Betrag, den der Unternehmer für die Reisevorleistungen aufwendet. Die Umsatzsteuer gehört nicht zur Bemessungsgrundlage. Der Unternehmer kann die Bemessungsgrundlage statt für jede einzelne Leistung entweder für Gruppen von Leistungen oder für die gesamten innerhalb des Besteuerungszeitraums erbrachten Leistungen ermitteln.

(4) Abweichend von § 15 Abs. 1 ist der Unternehmer nicht berechtigt, die ihm für die Reisevorleistungen gesondert in Rechnung gestellten Steuerbeträge als Vorsteuer abzuziehen. Im übrigen bleibt § 15 unberührt.

(5) Für die sonstigen Leistungen gilt § 22 mit der Maßgabe, daß aus den Aufzeichnungen des Unternehmers zu ersehen sein müssen:
1. der Betrag, den der Leistungsempfänger für die Leistung aufwendet,
2. die Beträge, die der Unternehmer für die Reisevorleistungen aufwendet,
3. die Bemessungsgrundlage nach Absatz 3 und
4. wie sich die in den Nummern 1 und 2 bezeichneten Beträge und die Bemessungsgrundlage nach Absatz 3 auf steuerpflichtige und steuerfreie Leistungen verteilen.

Siebenter Abschnitt
Durchführung, Übergangs- und Schlußvorschriften

§ 26 Durchführung

(1) Die Bundesregierung kann mit Zustimmung des Bundesrates durch Rechtsverordnung zur Wahrung der Gleichmäßigkeit bei der Besteuerung, zur Beseitigung von Unbilligkeiten in Härtefällen oder zur Vereinfachung des Besteuerungsverfahrens den Umfang der in diesem Gesetz enthaltenen Steuerbefreiungen, Steuerermäßigungen und des Vorsteuerabzugs näher bestimmen sowie die zeitlichen Bindungen nach § 19 Abs. 2, § 23 Abs. 3 und § 24 Abs. 4 verkürzen. Bei der näheren Bestimmung des Umfangs der Steuerermäßigung nach § 12 Abs. 2 Nr. 1 kann von der zolltariflichen Abgrenzung abgewichen werden.

(2) Der Bundesminister der Finanzen kann mit Zustimmung des Bundesrates durch Rechtsverordnung den Wortlaut derjenigen Vorschriften des Gesetzes und der auf Grund dieses Gesetzes erlassenen Rechtsverordnungen, in denen auf den Zolltarif hingewiesen wird, dem Wortlaut des Zolltarifs in der jeweils geltenden Fassung anpassen.

(3) Der Bundesminister der Finanzen kann unbeschadet der Vorschriften der §§ 163 und 227 der Abgabenordnung anordnen, daß die Steuer für folgende Umsätze niedriger festgesetzt oder ganz oder zum Teil erlassen wird, soweit der Unternehmer keine Rechnungen mit gesondertem Ausweis der Steuer (§ 14 Abs. 1) erteilt hat:
1. für grenzüberschreitende Beförderungen im Luftverkehr. Bei Beförderungen durch außengebietliche Unternehmer kann die Anordnung davon abhängig gemacht werden, daß in dem Land, in dem der außengebietliche Unternehmer seinen Sitz hat, für grenzüberschreitende Beförderungen im Luftverkehr, die von Unternehmern mit Sitz in der Bundesrepublik Deutschland durchgeführt werden, eine Umsatzsteuer oder ähnliche Steuer nicht erhoben wird;
2. für Beförderungen im Luftverkehr mit Berlin (West), solange und soweit sich aus der gegenwärtigen Stellung Berlins (West) im Hinblick auf den Luftverkehr Besonderheiten ergeben.

(4) Die Bundesregierung kann durch allgemeine Verwaltungsvorschriften mit Zustimmung des Bundesrates unbeschadet der Vorschriften der §§ 163 und 227 der Abgabenordnung die Interessen des innerdeutschen Waren- und Dienstleistungsverkehrs zwischen den Währungsgebieten der Deutschen Mark und der Mark der Deutschen Demokratischen Republik durch vollen oder teilweisen Steuererlaß berücksichtigen und dabei den Vorsteuerabzug des Leistungsempfängers ausschließen.

(5) Der Bundesminister der Finanzen kann mit Zustimmung des Bundesrates durch Rechtsverordnung näher bestimmen, wie der Nachweis bei folgenden Steuerbefreiungen zu führen ist:
1. Artikel III Nr. 1 des Abkommens zwischen der Bundesrepublik Deutschland und den Vereinigten Staaten von Amerika über die von der Bundesrepublik zu gewährenden Abgabenvergünstigungen für die von den Vereinigten Staaten im Interesse der gemeinsamen Verteidigung geleisteten Ausgaben (BGBl. 1955 II S. 823);
2. Artikel 67 Abs. 3 des Zusatzabkommens zu dem Abkommen zwischen den Parteien des Nordatlantikvertrages über die Rechtsstellung ihrer Truppen hinsichtlich der in der Bundesrepublik Deutschlend stationierten ausländischen Truppen (BGBl. 1961 II S. 1183, 1218);
3. Artikel 14 Abs. 2 Buchstabe b und d des Abkommens zwischen der Bundesrepublik Deutschland und dem Obersten Hauptquartier der Alliierten Mächte, Europa, über die besonderen Bedingungen für die Einrichtung und den Betrieb internationaler militärischer Hauptquartiere in der Bundesrepublik Deutschland (BGBl. 1969 II S. 1997, 2009).

(6) Der Bundesminister der Finanzen kann dieses Gesetz und die auf Grund dieses Gesetzes erlassenen Rechtsverordnungen in der jeweils geltenden Fassung mit neuem Datum und unter neuer Überschrift im Bundesgesetzblatt bekanntmachen.

§ 27 Allgemeine Übergangsvorschriften

(1) Auf Umsätze und sonstige Sachverhalte aus der Zeit vor dem 1. Januar 1980 ist das im Zeitpunkt des maßgebenden Ereignisses für sie geltende Umsatzsteuerrecht weiterhin anzuwenden. § 29 Abs. 3 und 4 des Umsatzsteuergesetzes in der Fassung der Bekanntmachung vom 16. November 1973 (BGBl. I S. 1681), zuletzt geändert durch Artikel 3 des Gesetzes vom 30. November 1978 (BGBl. I S. 1849), gilt auch, wenn die Leistung nach dem 31. Dezember 1979 ausgeführt wird.

(2) § 13 Abs. 1 Nr. 1 Buchstabe a Satz 4 ist nicht anzuwenden, wenn die Zahlung des Entgelts oder des Teilentgelts auf einem Vertrag beruht, der vor dem Inkrafttreten dieses Gesetzes abgeschlossen worden ist. Dies gilt nicht, wenn der Unternehmer eine Rechnung mit gesondertem Ausweis der Steuer (§ 14 Abs. 1) erteilt hat.

(3) Der Unternehmer, der die bis zum 31. Dezember 1979 ausgeführten Umsätze nach § 19 Abs. 1 bis 3 in der bis zu diesem Zeitpunkt geltenden Fassung versteuert, hat die am Ende des Kalenderjahres 1979 für diese Umsätze noch nicht vereinnahmten Entgelte den im Dezember 1979 vereinnahmten Entgelten hinzuzurechnen und gleichzeitig mit ihnen der Besteuerung zu unterwerfen. Das Finanzamt hat auf Antrag, unbeschadet der Vorschrift des § 222 der Abgabenordnung, die Entrichtung der auf die noch nicht vereinnahmten Entgelte entfallenden Steuer entsprechend dem voraussichtlichen Zahlungsein-

Umsatzsteuergesetz
§ 28

gang zu stunden. Die in Satz 1 bezeichneten Umsätze gehören nicht zum Gesamtumsatz des Kalenderjahres 1979.

(4) Änderungen dieses Gesetzes sind, soweit nichts anderes bestimmt ist, auf Umsätze im Sinne des § 1 Abs. 1 Nr. 1 bis 3 anzuwenden, die ab dem Inkrafttreten der maßgeblichen Änderungsvorschrift ausgeführt werden. Das gilt für Lieferungen und sonstige Leistungen auch insoweit, als die Steuer dafür nach § 13 Abs. 1 Nr. 1 Buchstabe a Satz 4 oder Buchstabe b Satz 1 vor dem Inkrafttreten der Änderungsvorschrift entstanden ist. Die Berechnung dieser Steuer ist für den Voranmeldungszeitraum zu berichtigen, in dem die Lieferung oder sonstige Leistung ausgeführt wird.

(5) § 9 Abs. 2 ist nicht anzuwenden, wenn das auf dem Grundstück errichtete Gebäude
1. Wohnzwecken dient oder zu dienen bestimmt ist und vor dem 1. April 1985 fertiggestellt worden ist,
2. anderen nichtunternehmerischen Zwecken dient oder zu dienen bestimmt ist und vor dem 1. Januar 1986 fertiggestellt worden ist,
und wenn mit der Errichtung des Gebäudes vor dem 1. Juni 1984 begonnen worden ist.

(6) Die Vorschrift des § 2 Abs. 2 Nr. 2 kann auf Antrag des Unternehmers auf Umsätze angewendet werden, die nach dem 31. Dezember 1979 ausgeführt worden sind, soweit die Steuerfestsetzungen für die betreffenden Besteuerungszeiträume nicht bestandskräftig sind.

(7) Vom 1. Januar 1986 bis zum 31. Dezember 1988 sind
1. das Gebiet der Portugiesischen Republik bei Anwendung des § 3 Abs. 8, § 3a Abs. 3 und 5, § 15 Abs. 3 und § 25 Abs. 2 Nr. 1 sowie des § 1 der Umsatzsteuer-Durchführungsverordnung,
2. das Gebiet des Königreichs Spanien bei Anwendung des § 25 Abs. 2 Nr. 1
nicht als Gebiet der Europäischen Wirtschaftsgemeinschaft zu behandeln.

(8) Die Vorschrift des § 4 Nr. 8 Buchstabe j kann auf Antrag des Unternehmers auf Umsätze angewendet werden, die nach dem 31. Dezember 1982 ausgeführt worden sind, soweit die Steuerfestsetzungen für die betreffenden Besteuerungszeiträume nicht bestandskräftig sind.

(9) § 14 Abs. 1 Satz 3 und 4 ist auch auf Rechnungen für Umsätze anzuwenden, die vor dem 1. Januar 1990 ausgeführt werden, soweit beim leistenden Unternehmer die Steuerfestsetzungen für die betreffenden Besteuerungszeiträume nicht bestandskräftig sind.

§ 28 Zukünftige Fassungen einzelner Gesetzesvorschriften

(1) und (2) (gestrichen)

(3) Die Vorschrift des § 24 Abs. 1 gilt ab 1. Januar 1981 in folgender Fassung:
»(1) Für die im Rahmen eines land- und forstwirtschaftlichen Betriebes ausgeführten Umsätze wird die Steuer wie folg festgesetzt:
1. für die Lieferungen und den Eigenverbrauch von forstwirtschaftlichen Erzeugnissen, ausgenommen Sägewerkserzeugnisse, auf fünf vom Hundert,

2. für die Lieferungen und den Eigenverbrauch der in der Anlage nicht aufgeführten Sägewerkserzeugnisse und Getränke sowie von alkoholischen Flüssigkeiten, ausgenommen die Ausfuhrlieferungen und die im Außengebiet bewirkten Umsätze, auf dreizehn von Hundert,
3. für die übrigen Umsätze im Sinne des § 1 Abs. 1 Nr. 1 bis 3 auf sieben vom Hundert der Bemessungsgrundlage. Die Befreiungen nach § 4 mit Ausnahme der Nummern 1 bis 6 bleiben unberührt; § 9 findet keine Anwendung. Die Vorsteuerbeträge werden, soweit sie den in Satz 1 Nr. 1 bezeichneten Umsätzen zuzurechnen sind, auf fünf von Hundert, in den übrigen Fällen des Satzes 1 auf sieben vom Hundert der Bemessungsgrundlage für diese Umsätze festgesetzt. Ein weiterer Vorsteuerabzug entfällt. § 14 ist mit der Maßgabe anzuwenden, daß der für den Umsatz maßgebliche Durchschnittssatz in der Rechnung zusätzlich anzugeben ist. Abweichend von § 15 Abs. 1 steht dem Leistungsempfänger der Abzug des ihm gesondert in Rechnung gestellten Steuerbetrages nur bis zur Höhe der für den maßgeblichen Umsatz geltenden Steuer zu«.

(4) Die Vorschrift des § 12 Abs. 2 Nr. 10 gilt vom 1. Januar 1984 bis zum 31. Dezember 1992 in folgender Fassung:
»10. a) die Beförderungen von Personen mit Schiffen,
  b) die Beförderungen von Personen im Schienenbahnverkehr mit Ausnahme der Bergbahnen, im Verkehr mit Oberleitungsomnibussen, im genehmigten Linienverkehr mit Kraftfahrzeugen, im Kraftdroschkenverkehr und die Beförderungen im Fährverkehr
     aa) innerhalb einer Gemeinde oder
     bb) wenn die Beförderungsstrecke nicht mehr als fünfzig Kilometer beträgt.«

(5) Die Vorschrift des § 24 Abs. 1 gilt vom 1. Juli 1984 bis zum 31. Dezember 1991 in folgender Fassung:

»(1) Für die im Rahmen eines land- und forstwirtschaftlichen Betriebes ausgeführten Umsätze wird die Steuer wie folgt festgesetzt:
1. für die Lieferungen und den Eigenverbrauch von forstwirtschaftlichen Erzeugnissen, ausgenommen Sägewerkserzeugnisse, auf fünf vom Hundert,
2. für die Lieferungen und den Eigenverbrauch der in der Anlage aufgeführten Sägewerkserzeugnisse, für die sonstigen Leistungen einschließlich des entsprechenden Eigenverbrauchs sowie für die Lieferungen und den Eigenverbrauch von Gegenständen, wenn diese Umsätze Hilfsumsätze sind, auf acht vom Hundert,
3. für die Lieferungen und den Eigenverbrauch der in der Anlage nicht aufgeführten Sägewerkserzeugnisse und Getränke sowie von alkoholischen Flüssigkeiten, ausgenommen die Ausfuhrlieferungen und die im Außengebiet bewirkten Umsätze, auf vierzehn vom Hundert,
4. für die Ausfuhrlieferungen und die im Außengebiet bewirkten Lieferungen
   a) der in der Anlage nicht aufgeführten Sägewerkserzeugnisse auf acht vom Hundert,
   b) von Getränken und alkoholischen Flüssigkeiten in der Zeit vom 1. Juli 1984 bis 31. Dezember 1988 auf dreizehn vom Hundert,
      in der Zeit vom 1. Januar 1989 bis 31. Dezember 1991 auf elf vom Hundert,

Umsatzsteuergesetz
§ 28

5. für die übrigen Umsätze im Sinne des § 1 Nr. 1 bis 3
in der Zeit vom 1. Juli 1984 bis 31. Dezember 1988 auf dreizehn vom Hundert,
in der Zeit vom 1. Januar 1989 bis 31. Dezember 1991 auf elf vom Hundert
der Bemessungsgrundlage. Die Befreiungen nach § 4 mit Ausnahme der Nummern 1 bis 6 bleiben unberührt; § 9 findet keine Anwendung. Die Vorsteuerbeträge werden, soweit sie den in Satz 1 Nr. 1 bezeichneten Umsätzen zuzurechnen sind, auf fünf vom Hundert, in den übrigen Fällen des Satzes 1 auf acht vom Hundert der Bemessungsgrundlage für diese Umsätze festgesetzt. Ein weiterer Vorsteuerabzug entfällt. § 14 ist mit der Maßgabe anzuwenden, daß der für den Umsatz maßgebliche Durchschnittssatz in der Rechnung zusätzlich anzugeben ist. Abweichend von § 15 Abs. 1 steht dem Leistungsempfänger der Abzug des ihm gesondert in Rechnung gestellten Steuerbetrages nur bis zur Höhe der für den maßgeblichen Umsatz geltenden Steuer zu.«

(6) Für die Zeit vom 1. Juli 1984 bis 31. Dezember 1991 gilt folgender § 24 a:

»§ 24 a Kürzungsansprüche für land- und forstwirtschaftliche Umsätze

(1) Der Unternehmer, der § 19 Abs. 1 nicht anwendet, ist berechtigt, die für die Lieferungen und den Eigenverbrauch
1. der in der Anlage nicht aufgeführten Getränke,
2. von alkoholischen Flüssigkeiten und
3. von Gegenständen, für die nach § 24 Abs. 1 in der für die Zeit vom 1. Juli 1984 bis 31. Dezember 1991 geltenden Fassung ein Durchschnittssatz
in der Zeit vom 1. Juli 1984 bis 31. Dezember 1988 von dreizehn vom Hundert,
in der Zeit vom 1. Januar 1989 bis 31. Dezember 1991 von elf vom Hundert
gilt,
geschuldete Steuer zu kürzen. Der Kürzungssatz beträgt
in der Zeit vom 1. Juli 1984 bis 31. Dezember 1988 fünf vom Hundert,
in der Zeit vom 1. Januar 1989 bis 31. Dezember 1991 drei vom Hundert
der Bemessungsgrundlage (§ 10).

(2) Die in Absatz 1 bezeichneten Umsätze müssen im Rahmen eines land- und forstwirtschaftlichen Betriebes im Sinne des § 24 Abs. 2 ausgeführt worden sein. Abweichend hiervon gilt als land- und forstwirtschaftlicher Betrieb auch ein Gewerbebetrieb kraft Rechtsform, wenn im übrigen die Merkmale eines land- und forstwirtschaftlichen Betriebes vorliegen. Für Umsätze aus Tierzucht- und Tierhaltungsbetrieben, deren Tierbestände nach den §§ 51 und 51 a des Bewertungsgesetzes zur landwirtschaftlichen Nutzung gehören, wird die Kürzung jedoch nur gewährt, wenn im vorangegangenen Wirtschaftsjahr nicht mehr als insgesamt 330 Vieheinheiten erzeugt oder gehalten wurden. Übersteigt die Anzahl der Vieheinheiten diese Grenze, so ist § 51 Abs. 2 des Bewertungsgesetzes entsprechend anzuwenden. Die Sätze 3 und 4 sind erstmals anzuwenden auf Umsätze, die nach dem 30. Juni 1985 ausgeführt werden.

(3) Die Kürzungsbeträge nach Absatz 1 sind mit der für einen Voranmeldungszeitraum oder Besteuerungszeitraum geschuldeten Steuer zu verrechnen.

(4) Hat sich die Bemessungsgrundlage geändert, so ist der Kürzungsbetrag entsprechend § 17 zu berichtigen.

(5) Der Unternehmer ist verpflichtet, zur Feststellung der Kürzungsbeträge und der Grundlagen ihrer Berechnung die in Absatz 1 bezeichneten Umsätze gesondert von den übrigen Umsätzen aufzuzeichnen. Die Aufzeichnungspflichten nach § 22 bleiben unberührt. Wendet der Unternehmer § 24 an, so gilt Satz 1 nur für die in Absatz 1 Nr. 1 und 2 bezeichneten Umsätze.«

§ 29 Umstellung langfristiger Verträge

(1) Beruht die Leistung auf einem Vertrag, der nicht später als vier Kalendermonate vor dem Inkrafttreten dieses Gesetzes abgeschlossen worden ist, so kann, falls nach diesem Gesetz ein anderer Steuersatz anzuwenden ist, der Umsatz steuerpflichtig, steuerfrei oder nicht steuerbar wird, der eine Vertragsteil von dem anderen einen angemessenen Ausgleich der umsatzsteuerlichen Mehr- oder Minderbelastung verlangen. Satz 1 gilt nicht, soweit die Parteien etwas anderes vereinbart haben. Ist die Höhe der Mehr- oder Minderbelastung streitig, so ist § 287 Abs. 1 der Zivilprozeßordnung entsprechend anzuwenden.

(2) Absatz 1 gilt sinngemäß bei einer Änderung dieses Gesetzes.

§ 30 Berlin-Klausel

Dieses Gesetz gilt nach Maßgabe des § 12 Abs. 1 des Dritten Überleitungsgesetzes auch im Land Berlin. Rechtsverordnungen, die auf Grund dieses Gesetzes erlassen werden, gelten im Land Berlin nach § 14 des Dritten Überleitungsgesetzes.

Umsatzsteuergesetz
Anlage

Anlage
(zu § 12 Abs. 2 Nr. 1 und 2)

Liste der dem ermäßigten Steuersatz unterliegenden Gegenstände

Lfd. Nr.	Warenbezeichnung	Zolltarif (Kapitel, Position, Unterposition)
1	Lebende Tiere, und zwar	
	a) Pferde einschließlich reinrassiger Zuchttiere, ausgenommen Wildpferde,	aus Position 01.01
	b) Maultiere und Maulesel,	aus Position 01.01
	c) Hausrinder einschließlich reinrassiger Zuchttiere,	aus Position 01.02
	d) Hausschweine einschließlich reinrassiger Zuchttiere,	aus Position 01.03
	e) Hausschafe einschließlich reinrassiger Zuchttiere,	aus Position 01.04
	f) Hausziegen einschließlich reinrassiger Zuchttiere,	aus Position 01.04
	g) Hausgeflügel (Hühner, Enten, Gänse, Truthühner und Perlhühner),	Position 01.05
	h) Hauskaninchen,	aus Position 01.06
	i) Haustauben,	aus Position 01.06
	j) Bienen,	aus Position 01.06
	k) ausgebildete Blindenführhunde	aus Position 01.06
2	Fleisch und genießbare Schlachtnebenerzeugnisse	Kapitel 2
3	Fische und Krebstiere, Weichtiere und andere wirbellose Wassertiere, ausgenommen Zierfische, Langusten, Hummer, Austern und Schnecken	aus Kapitel 3
4	Milch und Milcherzeugnisse; Vogeleier und Eigelb, ausgenommen ungenießbare Eier ohne Schale und ungenießbares Eigelb; natürlicher Honig	aus Kapitel 4
5	Andere Waren tierischen Ursprungs, und zwar	
	a) Mägen von Hausrindern und Hausgeflügel,	aus Position 05.04
	b) rohe Bettfedern und Daunen,	aus Position 05.05
	c) rohe Knochen	aus Position 05.06
6	Bulben, Zwiebeln, Knollen, Wurzelknollen und Wurzelstöcke, ruhend, im Wachstum oder in Blüte; Zichorienpflanzen und -wurzeln	Position 06.01
7	Andere lebende Pflanzen einschließlich ihrer Wurzeln, Stecklinge und Pfropfreiser; Pilzmyzel	Position 06.02
8	Blumen und Blüten sowie deren Knospen, geschnitten, zu Binde- oder Zierzwecken, frisch	aus Position 06.03
9	Blattwerk, Blätter, Zweige und andere Pflanzenteile, ohne Blüten und Blütenknospen, sowie Gräser, Moose und Flechten, zu Binde- oder Zierzwecken, frisch	aus Position 06.04
10	Gemüse, Pflanzen, Wurzeln und Knollen, die zu Ernährungszwecken verwendet werden, und zwar	
	a) Kartoffeln, frisch oder gekühlt,	Position 07.01
	b) Tomaten, frisch oder gekühlt,	Position 07.02
	c) Speisezwiebeln, Schalotten, Knoblauch, Porree und andere Gemüse der Allium-Arten, frisch oder gekühlt,	Position 07.03
	d) Kohl, Blumenkohl, Kohlrabi, Wirsingkohl und ähnliche genießbare Kohlarten der Gattung Brassica, frisch oder gekühlt,	Position 07.04
	e) Salate (Lactuca sativa) und Chicorée (Cichorium-Arten), frisch oder gekühlt,	Position 07.05

Umsatzsteuergesetz

Anlage

Lfd. Nr.	Warenbezeichnung	Zolltarif (Kapitel, Position, Unterposition)
	f) Karotten und Speisemöhren, Speiserüben, Rote Rüben, Schwarzwurzeln, Knollensellerie, Rettiche und ähnliche genießbare Wurzeln, frisch oder gekühlt,	Position 07.06
	g) Gurken und Cornichons, frisch oder gekühlt,	Position 07.07
	h) Hülsenfrüchte, auch ausgelöst, frisch oder gekühlt,	Position 07.08
	i) anderes Gemüse, frisch oder gekühlt,	Position 07.09
	j) Gemüse, auch in Wasser oder Dampf gekocht, gefroren,	Position 07.10
	k) Gemüse, vorläufig haltbar gemacht (z. B. durch Schwefeldioxid oder in Wasser, dem Salz, Schwefeldioxid oder andere vorläufig konservierend wirkende Stoffe zugesetzt sind), zum unmittelbaren Genuß nicht geeignet,	Position 07.11
	l) Gemüse, getrocknet, auch in Stücke oder Scheiben geschnitten, als Pulver oder sonst zerkleinert, jedoch nicht weiter zubereitet,	Position 07.12
	m) trockene, ausgelöste Hülsenfrüchte, auch geschält oder zerkleinert,	Position 07.13
	n) Topinambur	aus Position 07.14
11	Genießbare Früchte	Positionen 08.01 bis 08.13
12	Kaffee, Tee, Mate und Gewürze	Kapitel 9
13	Getreide	Kapitel 10
14	Müllereierzeugnisse, und zwar	
	a) Mehl von Getreide,	Positionen 11.01 und 11.02
	b) Grobgrieß, Feingrieß und Pellets von Getreide,	Position 11.03
	c) Getreidekörner, anders bearbeitet; Getreidekeime, ganz, gequetscht, als Flocken oder gemahlen	Position 11.04
15	Mehl, Grieß und Flocken von Kartoffeln	Position 11.05
16	Mehl und Grieß von trockenen Hülsenfrüchten sowie Mehl, Grieß und Pulver von Früchten	aus Position 11.06
17	Stärke	aus Position 11.08
18	Ölsaaten und ölhaltige Früchte sowie Mehl hiervon	Positionen 12.01 bis 12.08
19	Samen, Früchte und Sporen, zur Aussaat	Position 12.09
20	Hopfen (Blütenzapfen), frisch oder getrocknet, auch gemahlen, sonst zerkleinert oder in Form von Pellets; Hopfenmehl (Lupulin)	Position 12.10
21	Rosmarin, Beifuß und Basilikum in Aufmachungen für den Küchengebrauch sowie Dost, Minzen, Salbei, Kamillenblüten und Haustee	aus Position 12.11
22	Johannisbrot und Zuckerrüben, frisch oder getrocknet, auch gemahlen; Steine und Kerne von Früchten sowie andere pflanzliche Waren (einschließlich nichtgerösteter Zichorienwurzeln der Varietät Cichorium intybus sativum) der hauptsächlich zur menschlichen Ernährung verwendeten Art, anderweit weder genannt noch inbegriffen; ausgenommen Algen, Tange und Zuckerrohr	aus Position 12.12
23	Stroh und Spreu von Getreide sowie Futter	Positionen 12.13 und 12.14
24	Pektinstoffe, Pektinate und Pektate	Unterposition 1302.20
25	Korbweiden, ungeschält, weder gespalten noch sonst bearbeitet; Schilf und Binsen, roh, weder gespalten noch sonst bearbeitet	aus Position 14.01
26	Genießbare tierische und pflanzliche Fette und Öle, auch verarbeitet, und zwar	
	a) Schweineschmalz, anderes Schweinefett und Geflügelfett,	aus Position 15.01
	b) Fett von Rindern, Schafen oder Ziegen, ausgeschmolzen oder mit Lösungsmitteln ausgezogen,	aus Position 15.02
	c) Oleomargarin,	aus Position 15.03

Umsatzsteuergesetz
Anlage

VII B
30
Seite 36 a

Lfd. Nr.	Warenbezeichnung	Zolltarif (Kapitel, Position, Unterposition)
	d) fette pflanzliche Öle und pflanzliche Fette sowie deren Fraktionen, auch raffiniert,	aus Positionen 15.07 bis 15.15
	e) tierische und pflanzliche Fette und Öle sowie deren Fraktionen, ganz oder teilweise hydriert, umgeestert, wiederverestert oder elaidiniert, auch raffiniert, jedoch nicht weiterverarbeitet, ausgenommen hydriertes Rizinusöl (sog. Opalwachs),	aus Position 15.16
	f) Margarine; genießbare Mischungen und Zubereitungen von tierischen oder pflanzlichen Fetten und Ölen sowie von Fraktionen verschiedener Fette und Öle, ausgenommen Form- und Trennöle	aus Position 15.17
27	Bienenwachs, roh	aus Position 15.21
28	Zubereitungen von Fleisch, Fischen oder von Krebstieren, Weichtieren und anderen wirbellosen Wassertieren, ausgenommen Kaviar sowie zubereitete oder haltbar gemachte Langusten, Hummer, Austern und Schnecken	aus Kapitel 16
29	Zucker und Zuckerwaren	Kapitel 17
30	Kakaopulver ohne Zusatz von Zucker oder anderen Süßmitteln sowie Schokolade und andere kakaohaltige Lebensmittelzubereitungen	Positionen 18.05 und 18.06
31	Zubereitungen aus Getreide, Mehl, Stärke oder Milch; Backwaren	Kapitel 19
32	Zubereitungen von Gemüse, Früchten und anderen Pflanzenteilen, ausgenommen Frucht- und Gemüsesäfte	Positionen 20.01 bis 20.08
33	Verschiedene Lebensmittelzubereitungen	Kapitel 21
34	Wasser, ausgenommen – Trinkwasser, einschließlich Quellwasser und Tafelwasser, das in zur Abgabe an den Verbraucher bestimmten Fertigpackungen in den Verkehr gebracht wird, – Heilwasser und – Wasserdampf	aus Unterposition 2201 9000
35	Milchmischgetränke mit einem Anteil an Milch oder Milcherzeugnissen (z. B. Molke) von mindestens fünfundsiebzig vom Hundert des Fertigerzeugnisses	aus Position 22.02
36	Speiseessig	Position 22.09
37	Rückstände und Abfälle der Lebensmittelindustrie; zubereitetes Futter	Kapitel 23
38	Tabakpflanzen und Tabakblätter, grün oder luftgetrocknet, nicht weiterbearbeitet; Abfälle hiervon	aus Position 24.01
39	Speisesalz, nicht in wäßriger Lösung	aus Position 25.01
40	a) Handelsübliches Ammoniumcarbonat und andere Ammoniumcarbonate,	Unterposition 2836.10
	b) Natriumhydrogencarbonat (Natriumbicarbonat)	Unterposition 2836.30
41	D-Glucitol (Sorbit), auch mit Zusatz von Saccharin oder dessen Salzen	Unterpositionen 2905.44 und 3823.60
42	Essigsäure	Unterposition 2915.21
43	Natriumsalz und Kaliumsalz des Saccharins	aus Unterposition 2925 1100
44	Fütterungsarzneimittel, die den Vorschriften des § 56 Abs. 4 des Arzneimittelgesetzes entsprechen	aus Positionen 30.03 und 30.04
45	Tierische oder pflanzliche Düngemittel mit Ausnahme von Guano, auch untereinander gemischt, jedoch n i c h t chemisch behandelt; durch Mischen von tierischen oder pflanzlichen Erzeugnissen gewonnene Düngemittel	aus Position 31.01

Umsatzsteuergesetz
Anlage

Lfd. Nr.	Warenbezeichnung	Zolltarif (Kapitel, Position, Unterposition)
46	Mischungen von Riechstoffen und Mischungen (einschließlich alkoholischer Lösungen) auf der Grundlage eines oder mehrerer dieser Stoffe, in Aufmachungen für den Küchengebrauch	aus Unterposition 3302 1000
47	Gelatine	aus Position 35.03
48	Holz, und zwar	
	a) Brennholz in Form von Rundlingen, Scheiten, Zweigen, Reisigbündeln oder ähnlichen Formen,	Unterposition 4401.10
	b) Sägespäne, Holzabfälle und Holzausschuß, auch zu Pellets, Briketts, Scheiten oder ähnlichen Formen zusammengepreßt,	Unterposition 4401.30
	c) Rohholz, auch entrindet, vom Splint befreit oder zwei- oder vierseitig grob zugerichtet,	Position 44.03
	d) Holzpfähle, gespalten; Pfähle und Pflöcke aus Holz, gespitzt, nicht in der Längsrichtung gesägt	aus Unterpositionen 4404.10 und 4404.20
49	Bücher, Zeitungen und andere Erzeugnisse des graphischen Gewerbes – mit Ausnahme der Erzeugnisse, die auf Grund des Gesetzes über die Verbreitung jugendgefährdender Schriften in eine Liste aufgenommen sind, sowie der Drucke, die für die Werbezwecke eines Unternehmens herausgegeben werden oder die überwiegend Werbezwecken (einschließlich Reisewerbung) dienen –, und zwar	
	a) Bücher, Broschüren und ähnliche Drucke, auch in losen Bogen oder Blättern (ausgenommen kartonierte, gebundene oder als Sammelbände zusammengefaßte periodische Druckschriften, die überwiegend Werbung enthalten),	aus Positionen 49.01, 97.05 und 97.06
	b) Zeitungen und andere periodische Druckschriften, auch mit Bildern oder Werbung enthaltend (ausgenommen Anzeigenblätter, Annoncen-Zeitungen und dergleichen, die überwiegend Werbung enthalten),	aus Position 49.02
	c) Bilderalben, Bilderbücher und Zeichen- oder Malbücher, für Kinder,	aus Position 49.03
	d) Noten, handgeschrieben oder gedruckt, auch mit Bildern, auch gebunden,	aus Position 49.04
	e) kartographische Erzeugnisse aller Art einschließlich Wandkarten, topographische Pläne und Globen, gedruckt,	aus Position 49.05
	f) Briefmarken und dergleichen (z. B. Ersttagsbriefe, Ganzsachen, vorphilatelistische Briefe und freigestempelte Briefumschläge) als Sammlungsstücke	aus Positionen 49.07 und 97.04
50	Wolle, roh, nicht bearbeitet	aus Unterpositionen 5101.11 und 5101.19
51	Rollstühle und andere Fahrzeuge für Kranke und Körperbehinderte, auch mit Motor oder anderer Vorrichtung zur mechanischen Fortbewegung	Position 87.13
52	Körperersatzstücke, orthopädische Apparate und andere orthopädische Vorrichtungen sowie Vorrichtungen zum Beheben von Funktionsschäden oder Gebrechen, für Menschen, und zwar	
	a) künstliche Gelenke, ausgenommen Teile und Zubehör,	aus Unterposition 9021.11
	b) orthopädische Apparate und andere orthopädische Vorrichtungen einschließlich Krücken sowie medizinisch-chirurgischer Gürtel und Bandagen, ausgenommen Teile und Zubehör,	aus Unterposition 9021.19
	c) Prothesen, ausgenommen Teile und Zubehör,	aus Unterpositionen 9021.21, 9021.29 und 9021.30

Umsatzsteuergesetz
Anlage

Lfd. Nr.	Warenbezeichnung	Zolltarif (Kapitel, Position, Unterposition)
	d) Schwerhörigengeräte, Herzschrittmacher und andere Vorrichtungen zum Beheben von Funktionsschäden oder Gebrechen, zum Tragen in der Hand oder am Körper oder zum Einpflanzen in den Organismus, ausgenommen Teile und Zubehör	Unterpositionen 9021.40 und 9021.50, aus Unterposition 9021.90
53	Kunstgegenstände, und zwar	
	a) Gemälde und Zeichnungen, vollständig mit der Hand geschaffen, sowie Collagen und ähnliche dekorative Bildwerke,	Position 97.01
	b) Originalstiche, -schnitte und -steindrucke,	Position 97.02
	c) Originalerzeugnisse der Bildhauerkunst, aus Stoffen aller Art	Position 97.03
54	Sammlungsstücke,	
	a) zoologische, botanische, mineralogische oder anatomische, und Sammlungen dieser Art,	aus Position 97.05
	b) von geschichtlichem, archäologischem, paläontologischem oder völkerkundlichem Wert,	aus Position 97.05
	c) von münzkundlichem Wert, und zwar	
	aa) kursungültige Banknoten einschließlich Briefmarkengeld und Papiernotgeld,	aus Position 97.05
	bb) Münzen aus unedlen Metallen,	aus Position 97.05
	cc) Münzen und Medaillen aus Edelmetallen, wenn die Bemessungsgrundlage für die Lieferung, den Eigenverbrauch oder die Einfuhr dieser Gegenstände mehr als 250 vom Hundert des unter Zugrundelegung des Feingewichts berechneten Metallwerts ohne Umsatzsteuer beträgt	aus Positionen 71.18, 97.05 und 97.06

Umsatzsteuer-Durchführungsverordnung
Änderungsregister

Umsatzsteuer-Durchführungsverordnung (UStDV 1980)

Vom 21. Dezember 1979 (BGBl. I S. 2359)
(BGBl. III 611-10-14-1)

Änderungen

Paragraph	Art der Änderung	Geändert durch	Datum	Fundstelle BGBl.
14, 15	geändert	Erste Änderungsverordnung	17.12.1982	I S.1918
25, 36–38, 42, 50, 53, 57, 59, 61, 62, Anlage	geändert	Zweite Änderungsverordnung	9. 6.1983	I S.680
14, 15	geändert	Dritte Änderungsverordnung	29. 6.1984	I S.803
74	geändert	Vierte Änderungsverordnung	12.10.1984	I S.1265
29	aufgehoben	Steuerbereinigungsgesetz 1985	14.12.1984	I S.1493
7, 14, 15, 19, 26	geändert	Fünfte Änderungsverordnung	19.12.1985	I S.2461
9, 51 26–28	geändert aufgehoben	Verordnung zur Änderung des Umsatzsteuergesetzes und der Umatzsteuer-Durchführungsverordnung	7. 3.1988	I S.204
66 a	eingefügt	Vereinsförderungsgesetz	18.12.1989	I S.2212
14, 15, 43, 53, 57, 61–63, 65, 67	geändert	Sechste Änderungsverordnung	22.12.1989	I S.2561

Umsatzsteuer-Durchführungsverordnung
§§ 1–4

Auf Grund des § 3 a Abs. 2 Nr. 2 und des § 26 Abs. 1 des Umsatzsteuergesetzes vom 26. November 1979 (BGBl. I S. 1953) wird von der Bundesregierung und auf Grund des § 3 a Abs. 5, des § 4 Nr. 1, 3 und 5, des § 4 a Abs. 2, des § 6 Abs. 4, des § 7 Abs. 4, des § 8 Abs. 3, des § 10 Abs. 6, des § 14 Abs. 4, des § 15 Abs. 8, des § 15 a Abs. 7, des § 18 Abs. 6 bis 9, des § 22 Abs. 6, des § 23 Abs. 1, des § 25 Abs. 2 und des § 26 Abs. 5 dieses Gesetzes vom Bundesminister der Finanzen mit Zustimmung des Bundesrates verordnet:

Zu § 3 a des Gesetzes

§ 1 Sonderfälle des Ortes der sonstigen Leistung

Erbringt ein Unternehmer, der sein Unternehmen von einem außerhalb des Gebiets der Europäischen Wirtschaftsgemeinschaft liegenden Ort aus betreibt,
1. eine sonstige Leistung, die in § 3 a Abs. 4 des Gesetzes bezeichnet ist, an eine im Erhebungsgebiet ansässige juristische Person des öffentlichen Rechts, soweit sie nicht Unternehmer ist, oder
2. eine sonstige Leistung, die nicht in § 3 a Abs. 2 oder 4 des Gesetzes bezeichnet ist, an einen im Erhebungsgebiet ansässigen Unternehmer, eine im Erhebungsgebiet belegene Betriebstätte eines Unternehmers oder eine im Erhebungsgebiet ansässige juristische Person des öffentlichen Rechts,

so ist diese Leistung abweichend von § 3 a Abs. 1 des Gesetzes als im Erhebungsgebiet ausgeführt zu behandeln, wenn sie dort genutzt oder ausgewertet wird. Wird die Leistung von einer Betriebstätte eines Unternehmers ausgeführt, gilt Satz 1 entsprechend, wenn die Betriebstätte außerhalb des Gebiets der Europäischen Wirtschaftsgemeinschaft liegt.

§ 2 Verbindungsstrecken im Erhebungsgebiet

Bei grenzüberschreitenden Beförderungen ist die Verbindungsstrecke zwischen zwei Orten im Außengebiet, die über das Erhebungsgebiet führt, als außengebietliche Beförderungsstrecke anzusehen, wenn diese Verbindungsstrecke den nächsten oder verkehrstechnisch günstigsten Weg darstellt und der Streckenanteil im Erhebungsgebiet nicht länger als 30 Kilometer ist. Dies gilt nicht für Personenbeförderungen im Linienverkehr mit Kraftfahrzeugen. § 7 bleibt unberührt.

§ 3 Verbindungsstrecken im Außengebiet

Bei grenzüberschreitenden Beförderungen ist die Verbindungsstrecke zwischen zwei Orten im Erhebungsgebiet, die über das Außengebiet führt, als Beförderungsstrecke im Erhebungsgebiet anzusehen, wenn der außengebietliche Streckenanteil nicht länger als 10 Kilometer ist. Dies gilt nicht für Personenbeförderungen im Linienverkehr mit Kraftfahrzeugen. § 7 bleibt unberührt.

§ 4 Anschlußstrecken im Schienenbahnverkehr

Bei grenzüberschreitenden Personenbeförderungen mit Schienenbahnen sind anzusehen:
1. als Beförderungsstrecken im Erhebungsgebiet die Anschlußstrecken im Außengebiet,

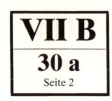

Umsatzsteuer-Durchführungsverordnung

§§ 5–7

die von Eisenbahnverwaltungen mit Sitz im Erhebungsgebiet betrieben werden, sowie Schienenbahnstrecken in den in § 1 Abs. 3 des Gesetzes bezeichneten Zollfreigebieten,
2. als außengebietliche Beförderungsstrecken die Anschlußstrecken im Erhebungsgebiet, die von Eisenbahnverwaltungen mit Sitz im Außengebiet betrieben werden.

§ 5 Kurze Straßenstrecken im Erhebungsgebiet

Bei grenzüberschreitenden Personenbeförderungen im Gelegenheitsverkehr mit Kraftfahrzeugen sind Streckenanteile im Erhebungsgebiet, die in einer Fahrtrichtung nicht länger als 10 Kilometer sind, als außengebietliche Beförderungsstrecken anzusehen. § 6 bleibt unberührt.

§ 6 Straßenstrecken in Zollfreigebieten

Bei grenzüberschreitenden Personenbeförderungen mit Kraftfahrzeugen von und zu den in § 1 Abs. 3 des Gesetzes bezeichneten Zollfreigebieten sowie zwischen diesen Zollfreigebieten sind die Streckenanteile in diesen Zollfreigebieten als Beförderungsstrecken im Erhebungsgebiet anzusehen.

§ 7 Kurze Strecken im grenzüberschreitenden Verkehr mit Wasserfahrzeugen

(1) Bei grenzüberschreitenden Beförderungen im Passagier- und Fährverkehr mit Wasserfahrzeugen, die sich ausschließlich auf das Erhebungsgebiet und die in § 1 Abs. 3 des Gesetzes bezeichneten Zollfreigebiete erstrecken, sind die Streckenanteile in diesen Zollfreigebieten als Beförderungsstrecken im Erhebungsgebiet anzusehen.

(2) Bei grenzüberschreitenden Beförderungen im Passagier- und Fährverkehr mit Wasserfahrzeugen, die in Häfen im Erhebungsgebiet beginnen und enden, sind
1. außengebietliche Streckenanteile als Beförderungsstrecken im Erhebungsgebiet anzusehen, wenn die Streckenanteile im Außengebiet nicht länger als 10 Kilometer sind, und
2. Streckenanteile im Erhebungsgebiet als außengebietliche Beförderungsstrecken anzusehen, wenn
 a) die Streckenanteile im Außengebiet länger als 10 Kilometer und
 b) die Streckenanteile im Erhebungsgebiet nicht länger als 20 Kilometer
 sind.
Streckenanteile in den in § 1 Abs. 3 des Gesetzes bezeichneten Zollfreigebieten sind in diesen Fällen als Beförderungsstrecken im Erhebungsgebiet anzusehen.

(3) Bei grenzüberschreitenden Beförderungen im Passagier- und Fährverkehr mit Wasserfahrzeugen für die Seeschiffahrt, die zwischen Seehäfen im Außengebiet oder zwischen einem Seehafen im Erhebungsgebiet und einem Seehafen im Außengebiet durchgeführt werden, sind Streckenanteile im Erhebungsgebiet als außengebietliche Beförderungsstrecken anzusehen und Beförderungen in den in § 1 Abs. 3 des Gesetzes bezeichneten Zollfreigebieten nicht wie Umsätze im Erhebungsgebiet zu behandeln.

(4) Häfen im Erhebungsgebiet im Sinne dieser Vorschrift sind auch Freihäfen (§ 2 Abs. 3 Nr. 3 des Zollgesetzes).

(5) Bei grenzüberschreitenden Beförderungen im Fährverkehr über den Rhein und über die Donau sind die Streckenanteile im Erhebungsgebiet als außengebietliche Beförderungsstrecken anzusehen.

Umsatzsteuer-Durchführungsverordnung
§§ 8–10

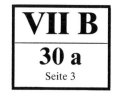

Zu § 4 Nr. 1 und den §§ 6 und 7 des Gesetzes

Ausfuhrnachweis und buchmäßiger Nachweis bei Ausfuhrlieferungen und Lohnveredelungen an Gegenständen der Ausfuhr

§ 8 Grundsätze für den Ausfuhrnachweis bei Ausfuhrlieferungen

(1) Bei Ausfuhrlieferungen (§ 6 des Gesetzes) muß der Unternehmer im Geltungsbereich dieser Verordnung durch Belege nachweisen, daß er oder der Abnehmer den Gegenstand der Lieferung in das Außengebiet befördert oder versendet hat (Ausfuhrnachweis). Die Voraussetzung muß sich aus den Belegen eindeutig und leicht nachprüfbar ergeben.

(2) Ist der Gegenstand der Lieferung durch Beauftragte vor der Ausfuhr bearbeitet oder verarbeitet worden (§ 6 Abs. 1 Satz 2 des Gesetzes), so muß sich auch dies aus den Belegen nach Absatz 1 eindeutig und leicht nachprüfbar ergeben.

§ 9 Ausfuhrnachweis bei Ausfuhrlieferungen in Beförderungsfällen

In den Fällen, in denen der Unternehmer oder der Abnehmer den Gegenstand der Lieferung in das Außengebiet befördert hat (Beförderungsfälle), soll der Unternehmer den Ausfuhrnachweis regelmäßig durch einen Beleg führen, der folgendes enthält:
1. den Namen und die Anschrift des Unternehmers,
2. die handelsübliche Bezeichnung und die Menge des ausgeführten Gegenstandes,
3. den Ort und den Tag der Ausfuhr,
4. eine Ausfuhrbestätigung der Grenzzollstelle. An die Stelle dieser Bestätigung tritt bei einer Ausfuhr im gemeinschaftlichen Versandverfahren nach der Verordnung (EWG) Nr. 222/77 des Rates vom 13. Dezember 1976 über das gemeinschaftliche Versandverfahren (ABl. EG 1977 Nr. L 38 S. 1) oder bei einer Ausfuhr im gemeinsamen Versandverfahren nach dem durch Beschluß 87/415/EWG des Rates vom 15. Juni 1987 (ABl. EG 1987 Nr. L 226 S. 1) genehmigten Übereinkommen über ein gemeinsames Versandverfahren, wenn diese Verfahren nicht bei einer Grenzzollstelle beginnen,
   a) eine Ausfuhrbestätigung der Abgangszollstelle, die nach Eingang des Rückscheins erteilt wird, oder
   b) eine Abfertigungsbestätigung der Abgangszollstelle in Verbindung mit einer Eingangsbescheinigung der Bestimmungszollstelle im Außengebiet.

§ 10 Ausfuhrnachweis bei Ausfuhrlieferungen in Versendungsfällen

(1) In den Fällen, in denen der Unternehmer oder der Abnehmer den Gegenstand der Lieferung in das Außengebiet versendet hat (Versendungsfälle), soll der Unternehmer den Ausfuhrnachweis regelmäßig wie folgt führen:
1. durch einen Versendungsbeleg, insbesondere durch Frachtbrief, Konnossement, Posteinlieferungsschein oder deren Doppelstücke, oder
2. durch einen sonstigen handelsüblichen Beleg, insbesondere durch eine Bescheinigung des beauftragten Spediteurs oder durch eine Versandbestätigung des Lieferers. Der sonstige Beleg soll enthalten:
   a) den Namen und die Anschrift des Ausstellers sowie den Tag der Ausstellung,
   b) den Namen und die Anschrift des Unternehmers sowie des Auftraggebers, wenn dieser nicht der Unternehmer ist,
   c) die handelsübliche Bezeichnung und die Menge des ausgeführten Gegenstandes,
   d) den Ort und den Tag der Ausfuhr oder den Ort und den Tag der Versendung in das Außengebiet,

e) den Empfänger und den Bestimmungsort im Außengebiet,
f) eine Versicherung des Ausstellers, daß die Angaben in dem Beleg auf Grund von Geschäftsunterlagen gemacht wurden, die im Geltungsbereich dieser Verordnung nachprüfbar sind,
g) die Unterschrift des Ausstellers.

(2) Ist es dem Unternehmer in den Versendungsfällen nicht möglich oder nicht zumutbar, den Ausfuhrnachweis nach Absatz 1 zu führen, so kann er die Ausfuhr wie bei den Beförderungsfällen (§ 9) nachweisen.

§ 11 Ausfuhrnachweis bei Ausfuhrlieferungen in Bearbeitungs- und Verarbeitungsfällen

(1) In den Fällen, in denen der Gegenstand der Lieferung durch einen Beauftragten vor der Ausfuhr bearbeitet oder verarbeitet worden ist (Bearbeitungs- und Verarbeitungsfälle), soll der Unternehmer den Ausfuhrnachweis regelmäßig durch einen Beleg nach § 9 oder § 10 führen, der zusätzlich folgende Angaben enthält:
1. den Namen und die Anschrift des Beauftragten,
2. die handelsübliche Bezeichnung und die Menge des an den Beauftragten übergebenen oder versendeten Gegenstandes,
3. den Ort und den Tag der Entgegennahme des Gegenstandes durch den Beauftragten,
4. die Bezeichnung des Auftrages und der vom Beauftragten vorgenommenen Bearbeitung oder Verarbeitung.

(2) Ist der Gegenstand der Lieferung durch mehrere Beauftragte bearbeitet oder verarbeitet worden, so haben sich die in Absatz 1 bezeichneten Angaben auf die Bearbeitungen oder Verarbeitungen eines jeden Beauftragten zu erstrecken.

§ 12 Ausfuhrnachweis bei Lohnveredelungen an Gegenständen der Ausfuhr

Bei Lohnveredelungen an Gegenständen der Ausfuhr (§ 7 des Gesetzes) sind die Vorschriften über die Führung des Ausfuhrnachweises bei Ausfuhrlieferungen (§§ 8 bis 11) entsprechend anzuwenden.

§ 13 Buchmäßiger Nachweis bei Ausfuhrlieferungen und Lohnveredelungen an Gegenständen der Ausfuhr

(1) Bei Ausfuhrlieferungen und Lohnveredelungen an Gegenständen der Ausfuhr (§§ 6 und 7 des Gesetzes) muß der Unternehmer im Geltungsbereich dieser Verordnung die Voraussetzungen der Steuerbefreiung buchmäßig nachweisen. Die Voraussetzungen müssen eindeutig und leicht nachprüfbar aus der Buchführung zu ersehen sein.

(2) Der Unternehmer soll regelmäßig folgendes aufzeichnen:
1. die handelsübliche Bezeichnung und die Menge des Gegenstandes der Lieferung oder die Art und den Umfang der Lohnveredelung,
2. den Namen und die Anschrift des Abnehmers oder Auftraggebers,
3. den Tag der Lieferung oder der Lohnveredelung,
4. das vereinbarte Entgelt oder bei der Besteuerung nach vereinnahmten Entgelten das vereinnahmte Entgelt und den Tag der Vereinnahmung,
5. die Art und den Umfang einer Bearbeitung oder Verarbeitung vor der Ausfuhr (§ 6 Abs. 1 Satz 2, § 7 Abs. 1 Satz 2 des Gesetzes),
6. die Ausfuhr.

Umsatzsteuer-Durchführungsverordnung

§ 14

(3) In den Fällen des § 6 Abs. 1 Nr. 1 des Gesetzes, in denen der Abnehmer kein außengebietlicher Abnehmer ist, soll der Unternehmer zusätzlich zu den Angaben nach Absatz 2 aufzeichnen:
1. die Beförderung oder Versendung durch ihn selbst,
2. den Bestimmungsort.

(4) In den Fällen des § 6 Abs. 1 Nr. 3 Buchstabe b des Gesetzes soll der Unternehmer zusätzlich zu den Angaben nach Absatz 2 aufzeichnen:
1. die Beförderung oder Versendung durch ihn selbst,
2. den Bestimmungsort,
3. den Gewerbezweig oder Beruf des Abnehmers,
4. den Erwerbszweck des Abnehmers.

(5) In den Fällen des § 6 Abs. 3 des Gesetzes soll der Unternehmer zusätzlich zu den Angaben nach Absatz 2 aufzeichnen:
1. den Gewerbezweig oder Beruf des Abnehmers,
2. den Verwendungszweck des Beförderungsmittels.

(6) In den Fällen des § 7 Abs. 1 Nr. 1 des Gesetzes, in denen der Auftraggeber kein außengebietlicher Auftraggeber ist, ist Absatz 3 und in den Fällen des § 7 Abs. 1 Nr. 3 Buchstabe b des Gesetzes Absatz 4 entsprechend anzuwenden.

Sonderregelungen für den Reiseverkehr

§ 14 Ausschluß der Steuerbefreiung für Ausfuhrlieferungen im nichtkommerziellen innergemeinschaftlichen Reiseverkehr

(1) Die Steuerbefreiung für Ausfuhrlieferungen ist ausgeschlossen, wenn
1. der Gegenstand der Lieferung im nichtkommerziellen innergemeinschaftlichen Reiseverkehr ausgeführt wird und
2. das Entgelt für die Lieferung zuzüglich der auf sie entfallenden Umsatzsteuer 810 Deutsche Mark nicht übersteigt.

(2) Eine Ausfuhr im nichtkommerziellen innergemeinschaftlichen Reiseverkehr liegt vor, wenn
1. der Abnehmer ein außengebietlicher Abnehmer ist, der seinen Wohnort in einem Gebiet hat, das zur Europäischen Wirtschaftsgemeinschaft gehört (Artikel 227 Abs. 1, 4 und 5 des Vertrages zur Gründung der Europäischen Wirtschaftsgemeinschaft),
2. der Abnehmer den Gegenstand der Lieferung für private Zwecke erworben hat und
3. der Abnehmer oder sein Beauftragter den Gegenstand der Lieferung im persönlichen Reisegepäck in das Gebiet eines anderen Mitgliedstaates der Europäischen Wirtschaftsgemeinschaft eingeführt hat.

(3) Absatz 1 ist nicht anzuwenden, wenn für die auf die Lieferung folgende Einfuhr des Gegenstandes in das Gebiet eines anderen Mitgliedstaates der Europäischen Wirtschaftsgemeinschaft Einfuhrumsatzsteuer erhoben worden ist und der Unternehmer die Besteuerung der Einfuhr buchmäßig nachgewiesen hat.

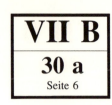

Umsatzsteuer-Durchführungsverordnung

§§ 15–17

§ 15 Besteuerung der Einfuhr durch den Einfuhrstaat bei Ausfuhrlieferungen im nichtkommerziellen innergemeinschaftlichen Reiseverkehr

(1) In den Fällen einer Ausfuhr im nichtkommerziellen innergemeinschaftlichen Reiseverkehr (§ 14 Abs. 2), in denen das Entgelt für die Lieferung zuzüglich der auf sie entfallenden Umsatzsteuer 810 Deutsche Mark übersteigt, ist die Steuerbefreiung für Ausfuhrlieferungen davon abhängig, daß für die Einfuhr des Gegenstandes der Lieferung in das Gebiet eines anderen Mitgliedstaates der Europäischen Wirtschaftsgemeinschaft (Einfuhrstaat) Einfuhrumsatzsteuer erhoben worden ist oder erhoben wird.

(2) Der Unternehmer muß im Geltungsbereich dieser Verordnung die Besteuerung der Einfuhr durch den Einfuhrstaat durch einen Beleg nachweisen. Der Beleg muß enthalten:
1. den Namen und die Anschrift des Unternehmers,
2. die handelsübliche Bezeichnung und Menge des Gegenstandes,
3. den Namen und die Anschrift des außengebietlichen Abnehmers,
4. einen Sichtvermerk der Zollbehörde oder einer sonstigen zuständigen Behörde des Einfuhrstaates. Aus dem Sichtvermerk muß sich ergeben, daß die Einfuhrumsatzsteuer erhoben worden ist oder erhoben wird.

(3) Der Nachweis der Besteuerung der Einfuhr durch den Einfuhrstaat tritt an die Stelle des Ausfuhrnachweises. Die §§ 8 bis 11 sind nicht anzuwenden.

§ 16 Zusätzliche Nachweise bei Ausfuhrlieferungen im kommerziellen innergemeinschaftlichen Reiseverkehr

(1) In den Fällen einer Ausfuhr im kommerziellen innergemeinschaftlichen Reiseverkehr ist die Steuerbefreiung für Ausfuhrlieferungen davon abhängig, daß der Unternehmer die Unternehmereigenschaft des Abnehmers und dessen Erwerbszweck buchmäßig nachgewiesen hat. § 6 Abs. 1 des Gesetzes bleibt unberührt.

(2) Eine Ausfuhr im kommerziellen innergemeinschaftlichen Reiseverkehr liegt vor, wenn der Abnehmer ein Unternehmer ist, der den Gegenstand der Lieferung für Zwecke seines Unternehmens erworben hat, und im übrigen die Voraussetzungen des § 14 Abs. 2 Nr. 1 und 3 erfüllt sind.

§ 17 Abnehmernachweis bei Ausfuhrlieferungen im außergemeinschaftlichen Reiseverkehr

(1) In den Fällen einer Ausfuhr im außergemeinschaftlichen Reiseverkehr soll der Beleg nach § 9 zusätzlich folgende Angaben enthalten:
1. den Namen und die Anschrift des außengebietlichen Abnehmers,
2. eine Bestätigung der Grenzzollstelle, daß die nach Nummer 1 gemachten Angaben mit den Eintragungen in dem vorgelegten Paß oder sonstigen Grenzübertrittspapier desjenigen übereinstimmen, der den Gegenstand in das Außengebiet verbringt.

(2) Eine Ausfuhr im außergemeinschaftlichen Reiseverkehr liegt vor, wenn
1. der Abnehmer ein außengebietlicher Abnehmer ist, der seinen Wohnort in einem Gebiet außerhalb der Europäischen Wirtschaftsgemeinschaft hat und
2. der Abnehmer oder sein Beauftragter den Gegenstand der Lieferung im persönlichen Reisegepäck ausgeführt hat.

Umsatzsteuer-Durchführungsverordnung
§§ 18–20

Zu § 4 Nr. 2 und § 8 des Gesetzes

§ 18 Buchmäßiger Nachweis bei Umsätzen für die Seeschiffahrt und für die Luftfahrt

Bei Umsätzen für die Seeschiffahrt und für die Luftfahrt (§ 8 des Gesetzes) ist § 13 Abs. 1 und 2 Nr. 1 bis 4 entsprechend anzuwenden. Zusätzlich soll der Unternehmer aufzeichnen, für welchen Zweck der Gegenstand der Lieferung oder die sonstige Leistung bestimmt ist.

Zu § 4 Nr. 3 des Gesetzes

§ 19 Grenzüberschreitende Beförderungen von Gegenständen

(1) Als Beförderungen im Sinne des § 4 Nr. 3 Buchstabe a des Gesetzes gelten nicht:
1. die grenzüberschreitende Beförderung von Gegenständen, bei der der Absende- und Bestimmungsort im Erhebungsgebiet liegen und das Außengebiet nur im Wege der Durchfuhr berührt wird,
2. die grenzüberschreitende Beförderung von Gegenständen oder die Beförderung im internationalen Eisenbahnfrachtverkehr vom Außengebiet in das Erhebungsgebiet auf Grund einer nachträglichen Verfügung zu einem anderen als dem ursprünglich im Frachtbrief angegebenen Bestimmungsort, soweit die Kosten für diese Beförderung nicht in der Bemessungsgrundlage für die Einfuhr (§ 11 des Gesetzes) enthalten sind.

(2) Als Besorgung einer grenzüberschreitenden Beförderung (§ 4 Nr. 3 Buchstabe a und § 3 Abs. 11 des Gesetzes) ist auch die Leistung eines Empfangsspediteurs anzusehen, soweit er von dem Empfänger des Gegenstandes oder von einem Dritten Beträge vereinnahmt und an einen anderen als Entgelt für eine in § 4 Nr. 3 Buchstabe a des Gesetzes bezeichnete Leistung wieder verausgabt.

(3) Befördern mehrere Unternehmer einen Gegenstand im Eisenbahnwechselverkehr mit durchgehendem Frachtbrief und führt hierbei einer der Unternehmer eine grenzüberschreitende Beförderung im Sinne des § 4 Nr. 3 Buchstabe a des Gesetzes aus, so sind auch die Beförderungsleistungen der übrigen Unternehmer als Beförderungen im Sinne der bezeichneten Vorschrift anzusehen.

§ 20 Belegmäßiger Nachweis bei steuerfreien Leistungen, die sich auf Gegenstände der Einfuhr, Ausfuhr oder Durchfuhr beziehen

(1) Bei einer Leistung, die sich auf einen Gegenstand der Einfuhr bezieht (§ 4 Nr. 3 Buchstabe b Doppelbuchstabe aa des Gesetzes), muß der Unternehmer durch Belege nachweisen, daß die Kosten für diese Leistung in der Bemessungsgrundlage für die Einfuhr enthalten sind.

(2) Bei einer Leistung, die sich unmittelbar auf einen Gegenstand der Ausfuhr oder der Durchfuhr bezieht (§ 4 Nr. 3 Buchstabe b Doppelbuchstabe bb des Gesetzes), muß der Unternehmer durch Belege die Ausfuhr oder Wiederausfuhr des Gegenstandes nachweisen. Die Voraussetzung muß sich aus den Belegen eindeutig und leicht nachprüfbar ergeben. Die Vorschriften über den Ausfuhrnachweis in den §§ 9 bis 11 sind entsprechend anzuwenden.

(3) Der Unternehmer muß die Nachweise im Geltungsbereich dieser Verordnung führen.

Umsatzsteuer-Durchführungsverordnung
§§ 21–24

§ 21 Buchmäßiger Nachweis bei steuerfreien Leistungen, die sich auf Gegenstände der Einfuhr, Ausfuhr oder Durchfuhr beziehen

Bei einer Leistung, die sich auf einen Gegenstand der Einfuhr, der Ausfuhr oder der Durchfuhr bezieht (§ 4 Nr. 3 Buchstabe b des Gesetzes), ist § 13 Abs. 1 und 2 Nr. 1 bis 4 entsprechend anzuwenden. Zusätzlich soll der Unternehmer aufzeichnen:
1. bei einer Leistung, die sich auf einen Gegenstand der Einfuhr bezieht, daß die Kosten für die Leistung in der Bemessungsgrundlage für die Einfuhr enthalten sind,
2. bei einer Leistung, die sich auf einen Gegenstand der Ausfuhr oder der Durchfuhr bezieht, daß der Gegenstand ausgeführt oder wiederausgeführt worden ist.

Zu § 4 Nr. 5 des Gesetzes

§ 22 Buchmäßiger Nachweis bei steuerfreien Vermittlungen

(1) Bei Vermittlungen im Sinne des § 4 Nr. 5 des Gesetzes ist § 13 Abs. 1 entsprechend anzuwenden.

(2) Der Unternehmer soll regelmäßig folgendes aufzeichnen:
1. die Vermittlung und den vermittelten Umsatz,
2. den Tag der Vermittlung,
3. den Namen und die Anschrift des Unternehmers, der den vermittelten Umsatz ausgeführt hat,
4. das für die Vermittlung vereinbarte Entgelt oder bei der Besteuerung nach vereinnahmten Entgelten das für die Vermittlung vereinnahmte Entgelt und den Tag der Vereinnahmung.

Zu § 4 Nr. 18 des Gesetzes

§ 23 Amtlich anerkannte Verbände der freien Wohlfahrtspflege

Die nachstehenden Vereinigungen gelten als amtlich anerkannte Verbände der freien Wohlfahrtspflege:
1. Diakonisches Werk der Evangelischen Kirche in Deutschland e. V.,
2. Deutscher Caritasverband e. V.,
3. Deutscher Paritätischer Wohlfahrtsverband e. V.,
4. Deutsches Rotes Kreuz,
5. Arbeiterwohlfahrt – Bundesverband e. V.,
6. Zentralwohlfahrtsstelle der Juden in Deutschland e. V.,
7. Deutscher Blindenverband e. V.,
8. Bund der Kriegsblinden Deutschlands e. V.,
9. Verband Deutscher Wohltätigkeitsstiftungen e. V.,
10. Bundesarbeitsgemeinschaft »Hilfe für Behinderte« e. V.

Zu § 4 a des Gesetzes

§ 24 Antragsfrist für die Steuervergütung und Nachweis der Voraussetzungen

(1) Die Steuervergütung ist bei dem zuständigen Finanzamt bis zum Ablauf des Kalenderjahres zu beantragen, das auf das Kalenderjahr folgt, in dem der Gegenstand in das

Umsatzsteuer-Durchführungsverordnung
§§ 25–31

Außengebiet gelangt. Ein Antrag kann mehrere Ansprüche auf die Steuervergütung umfassen.

(2) Der Nachweis, daß der Gegenstand in das Außengebiet gelangt ist, muß in der gleichen Weise wie bei Ausfuhrlieferungen geführt werden (§§ 8 bis 11).

(3) Die Voraussetzungen für die Steuervergütung sind im Geltungsbereich dieser Verordnung buchmäßig nachzuweisen. Regelmäßig sollen aufgezeichnet werden:
1. die handelsübliche Bezeichnung und die Menge des ausgeführten Gegenstandes,
2. der Name und die Anschrift des Lieferers,
3. der Name und die Anschrift des Empfängers,
4. der Verwendungszweck im Außengebiet,
5. der Tag der Ausfuhr des Gegenstandes,
6. die mit dem Kaufpreis für die Lieferung des Gegenstandes bezahlte Steuer oder die für die Einfuhr des Gegenstandes entrichtete Steuer.

Zu § 10 Abs. 6 des Gesetzes

§ 25 Durchschnittsbeförderungsentgelt

Das Durchschnittsbeförderungsentgelt wird auf 5 Pfennig je Personenkilometer festgesetzt.

§§ 26 bis 29 (aufgehoben)

Zu § 12 Abs. 2 Nr. 7 Buchstabe d des Gesetzes

§ 30 Schausteller

Als Leistungen aus der Tätigkeit als Schausteller gelten Schaustellungen, Musikaufführungen, unterhaltende Vorstellungen oder sonstige Lustbarkeiten auf Jahrmärkten, Volksfesten, Schützenfesten oder ähnlichen Veranstaltungen.

Zu § 14 des Gesetzes

§ 31 Angaben in der Rechnung

(1) Die nach § 14 Abs. 1 Satz 2 des Gesetzes erforderlichen Angaben können in anderen Unterlagen enthalten sein, sofern eine leichte Nachprüfbarkeit der Angaben gewährleistet ist. Auf der Rechnung muß angegeben sein, welche anderen Unterlagen ergänzende Angaben enthalten. Diese Angaben müssen eindeutig sein.

(2) Den Anforderungen des § 14 Abs. 1 Satz 2 Nr. 1 des Gesetzes ist genügt, wenn sich auf Grund der in die Rechnung aufgenommenen Bezeichnung der Name und die Anschrift des leistenden Unternehmers eindeutig feststellen lassen. Das gleiche gilt für die in § 14 Abs. 1 Satz 2 Nr. 2 des Gesetzes vorgeschriebene Angabe des Namens und der Anschrift des Leistungsempfängers.

(3) Für die in § 14 Abs. 1 Satz 2 Nr. 1 bis 3 des Gesetzes vorgeschriebenen Angaben können Abkürzungen, Buchstaben, Zahlen oder Symbole verwendet werden, wenn ihre Bedeutung in der Rechnung oder in anderen Unterlagen eindeutig festgelegt ist. Die er-

Umsatzsteuer-Durchführungsverordnung
§§ 32–33

forderlichen anderen Unterlagen müssen sowohl beim Aussteller als auch beim Empfänger der Rechnung vorhanden sein.

(4) Als Zeitpunkt der Lieferung oder sonstigen Leistung (§ 14 Abs. 1 Satz 2 Nr. 4 des Gesetzes) kann der Kalendermonat angegeben werden, in dem die Leistung ausgeführt wird.

§ 32 Rechnungen über Umsätze, die verschiedenen Steuersätzen unterliegen

In einer Rechnung über Lieferungen oder sonstige Leistungen, die verschiedenen Steuersätzen unterliegen, sind die Entgelte und Steuerbeträge nach Steuersätzen zu trennen. Wird der Steuerbetrag durch Maschinen automatisch ermittelt und durch diese in der Rechnung angegeben, so ist der Ausweis des Steuerbetrages in einer Summe zulässig, wenn für die einzelnen Posten der Rechnung der Steuersatz angegeben wird.

§ 33 Rechnungen über Kleinbeträge

Rechnungen, deren Gesamtbetrag 200 Deutsche Mark nicht übersteigt, müssen mindestens folgende Angaben enthalten:
1. den Namen und die Anschrift des leistenden Unternehmers,
2. die Menge und die handelsübliche Bezeichnung des Gegenstandes der Lieferung oder die Art und den Umfang der sonstigen Leistung,
3. das Entgelt und den Steuerbetrag für die Lieferung oder sonstige Leistung in einer Summe,
4. den Steuersatz.

Die §§ 31 und 32 sind entsprechend anzuwenden.

(Fortsetzung auf Seite 11)

Umsatzsteuer-Durchführungsverordnung

§§ 34–36

§ 34 Fahrausweise als Rechnungen

(1) Fahrausweise, die für die Beförderung von Personen – ausgenommen im Schiffsverkehr – ausgegeben werden, gelten als Rechnungen im Sinne des § 14 Abs. 1 des Gesetzes, wenn sie mindestens folgende Angaben enthalten:
1. den Namen und die Anschrift des Unternehmers, der die Beförderung ausführt. § 31 Abs. 2 ist entsprechend anzuwenden;
2. das Entgelt und den Steuerbetrag in einer Summe;
3. den Steuersatz, wenn die Beförderungsleistung nicht dem ermäßigten Steuersatz nach § 12 Abs. 2 Nr. 10 des Gesetzes unterliegt.

Auf Fahrausweisen der Deutschen Bundesbahn und der nichtbundeseigenen Eisenbahnen kann an Stelle des Steuersatzes die Tarifentfernung angegeben werden.

(2) Fahrausweise für eine grenzüberschreitende Beförderung im Personenverkehr und im internationalen Eisenbahn-Personenverkehr gelten nur dann als Rechnung im Sinne des § 14 Abs. 1 des Gesetzes, wenn eine Bescheinigung des Beförderungsunternehmers oder seines Beauftragten darüber vorliegt, welcher Anteil des Beförderungspreises auf die Strecke im Erhebungsgebiet entfällt. In der Bescheinigung ist der Steuersatz anzugeben, der auf den auf das Erhebungsgebiet entfallenden Teil der Beförderungsleistung anzuwenden ist.

(3) Die Absätze 1 und 2 gelten für Belege im Reisegepäckverkehr entsprechend.

Zu § 15 des Gesetzes

§ 35 Vorsteuerabzug bei Rechnungen über Kleinbeträge und bei Fahrausweisen

(1) Bei Rechnungen im Sinne des § 33 kann der Unternehmer den Vorsteuerabzug in Anspruch nehmen, wenn er den Rechnungsbetrag in Entgelt und Steuerbetrag aufteilt.

(2) Absatz 1 ist für Rechnungen im Sinne des § 34 entsprechend anzuwenden. Bei der Aufteilung in Entgelt und Steuerbetrag ist der Steuersatz nach § 12 Abs. 1 des Gesetzes anzuwenden, wenn in der Rechnung
1. dieser Steuersatz oder
2. eine Tarifentfernung von mehr als fünfzig Kilometern
angegeben ist. Bei den übrigen Rechnungen ist der Steuersatz nach § 12 Abs. 2 des Gesetzes anzuwenden. Bei Fahrausweisen im Luftverkehr kann der Vorsteuerabzug nur in Anspruch genommen werden, wenn der Steuersatz nach § 12 Abs. 1 des Gesetzes im Fahrausweis angegeben ist.

§ 36 Vorsteuerabzug bei Reisekosten nach Pauschbeträgen

(1) Nimmt ein Unternehmer aus Anlaß einer Geschäftsreise (§ 38) im Erhebungsgebiet für seine Mehraufwendungen für Verpflegung einen Pauschbetrag in Anspruch oder erstattet er seinem Arbeitnehmer aus Anlaß einer Dienstreise (§ 38) im Erhebungsgebiet die Aufwendungen für Übernachtung oder die Mehraufwendungen für Verpflegung nach Pauschbeträgen, so kann er 11,4 vom Hundert dieser Beträge als Vorsteuer abziehen. Die als Vorsteuer abziehbaren Beträge dürfen jedoch 11,4 vom Hundert der Pauschbeträge nicht übersteigen, die für die Zwecke der Einkommensteuer oder Lohnsteuer anzusetzen sind.

(2) Erstattet ein Unternehmer seinem Arbeitnehmer aus Anlaß einer Dienstreise im Erhebungsgebiet die Aufwendungen für die Benutzung eines eigenen Kraftfahrzeugs, so kann er für jeden gefahrenen Kilometer ohne besonderen Nachweis 7,6 vom Hundert der erstatteten Aufwendungen als Vorsteuer abziehen. Der als Vorsteuer abziehbare Betrag darf jedoch 7,6 vom Hundert der Pauschbeträge nicht übersteigen, die für die Zwecke der Lohnsteuer anzusetzen sind. Bei der Benutzung eines eigenen Fahrrads gelten die Sätze 1 und 2 mit der Maßgabe, daß die abziehbare Vorsteuer mit 12,3 vom Hundert der Aufwendungen berechnet werden kann.

(3) Verwendet ein Unternehmer für eine Geschäftsreise im Erhebungsgebiet ein nicht zu einem Unternehmen gehörendes Kraftfahrzeug und nimmt er für die ihm dadurch entstehenden Aufwendungen einen Pauschbetrag in Anspruch, so kann er für jeden gefahrenen Kilometer ohne besonderen Nachweis 5,3 vom Hundert dieses Betrages als Vorsteuer abziehen. Der als Vorsteuer abziehbare Betrag darf jedoch 5,3 vom Hundert des Pauschbetrages nicht übersteigen, der für die Zwecke der Einkommensteuer anzusetzen ist.

(4) Die Absätze 1 bis 3 gelten für die auf das Erhebungsgebiet entfallenden Aufwendungen für eine Geschäftsreise oder Dienstreise in oder durch ein Gebiet außerhalb des Erhebungsgebiets entsprechend. Bei der Ermittlung der abziehbaren Vorsteuerbeträge ist von den Pauschbeträgen auszugehen, die für die Zwecke der Einkommensteuer oder Lohnsteuer für Reisen im Erhebungsgebiet anzusetzen sind.

(5) Die nach den Absätzen 1 bis 4 errechneten Vorsteuerbeträge können unter folgenden Voraussetzungen abgezogen werden:
1. Über die Reise ist ein Beleg auszustellen, der Zeit, Ziel und Zweck der Reise, die Person, die die Reise ausgeführt hat, und den Betrag angibt, aus dem die Vorsteuer errechnet wird. In den Fällen der Absätze 2 und 3 ist außerdem die Anzahl der gefahrenen Kilometer anzugeben.
2. Der Beleg muß so aufbewahrt werden, daß er leicht auffindbar ist.

§ 37 Gesamtpauschalierung des Vorsteuerabzugs bei Reisekosten

(1) An Stelle eines gesonderten Vorsteuerabzugs bei den einzelnen Reisekosten kann der Unternehmer einen Pauschbetrag von 9,2 vom Hundert der ihm aus Anlaß einer im Erhebungsgebiet ausgeführten Geschäftsreise oder Dienstreise seines Arbeitnehmers insgesamt entstandenen Reisekosten als Vorsteuer abziehen. Das gleiche gilt für die auf das Erhebungsgebiet entfallenden Kosten einer Geschäftsreise oder Dienstreise in oder durch ein Gebiet außerhalb des Erhebungsgebiets.

(2) Bei der Ermittlung des abziehbaren Vorsteuerbetrages ist von den Beträgen auszugehen, die für die Zwecke der Einkommensteuer oder Lohnsteuer für Reisen im Erhebungsgebiet anzusetzen sind. Kosten für Beförderungsleistungen, die von der Steuer befreit sind oder für die die Steuer nicht erhoben wird, sind bei der Ermittlung des abziehbaren Vorsteuerbetrages auszuscheiden.

(3) Die Anwendung der Absätze 1 und 2 muß sich auf alle in einem Kalenderjahr durchgeführten Geschäftsreisen und Dienstreisen erstrecken.

(4) § 36 Abs. 5 ist mit der Maßgabe anzuwenden, daß aus dem Beleg auch zu ersehen sein muß, wie sich der Gesamtbetrag der anläßlich einer Geschäftsreise oder Dienstreise entstandenen Reisekosten im einzelnen zusammensetzt.

Umsatzsteuer-Durchführungsverordnung
§§ 38–40

§ 38 Geschäftsreisen, Dienstreisen

Bei Anwendung der Vorschriften der §§ 36 und 37 ist der Begriff der Geschäftsreise nach den für die Einkommensteuer und der Begriff der Dienstreise nach den für die Lohnsteuer geltenden Merkmale abzugrenzen. Entsprechend ist als Geschäftsreise auch ein Geschäftsgang und als Dienstreise auch ein Dienstgang des Arbeitnehmers und ein Vorstellungsbesuch eines Stellenbewerbers anzusehen.

§ 39 Vorsteuerabzug bei Umzugskosten

(1) Erstattet ein Unternehmer seinem Arbeitnehmer Beträge für einen dienstlich veranlaßten Umzug, so kann er die darauf entfallende Steuer unter den folgenden Voraussetzungen als Vorsteuer abziehen:
1. Es muß sich um Mehraufwendungen im Sinne des § 3 Nr. 16 des Einkommensteuergesetzes handeln.
2. Die den Mehraufwendungen zugrundeliegenden Leistungen müssen steuerpflichtig sein.
3. Die Steuer muß dem Unternehmer oder seinem Arbeitnehmer gesondert in Rechnung gestellt worden sein.

(2) Erstattet der Unternehmer seinem Arbeitnehmer nur einen Teil der in Absatz 1 Nr. 1 bezeichneten Mehraufwendungen, so beschränkt sich der Vorsteuerabzug auf den Teil der Steuer, der auf den erstatteten Betrag entfällt.

(3) Soweit die erstatteten Mehraufwendungen auf Beträge entfallen, die ihrer Art nach Reisekosten sind, kann der Unternehmer dafür den abziehbaren Vorsteuerbetrag nach § 36 oder § 37 ermitteln.

(4) Die Voraussetzungen des Vorsteuerabzugs hat der Unternehmer aufzuzeichnen und, soweit er nicht Absatz 3 anwendet, durch Rechnungen nachzuweisen.

§ 40 Vorsteuerabzug bei unfreien Versendungen

(1) Läßt ein Absender einen Gegenstand durch einen Frachtführer oder Verfrachter unfrei zu einem Dritten befördern oder eine solche Beförderung durch einen Spediteur unfrei besorgen, so ist für den Vorsteuerabzug der Empfänger der Frachtsendung als Auftraggeber dieser Leistungen anzusehen. Der Absender darf die Steuer für diese Leistungen nicht als Vorsteuer abziehen. Der Empfänger der Frachtsendung kann diese Steuer unter folgenden Voraussetzungen abziehen:
1. Er muß im übrigen hinsichtlich der Beförderung oder ihrer Besorgung zum Abzug der Steuer berechtigt sein (§ 15 Abs. 1 Nr. 1 des Gesetzes).
2. Er muß die Entrichtung des Entgelts zuzüglich der Steuer für die Beförderung oder für ihre Besorgung übernommen haben.
3. Die in Nummer 2 bezeichnete Voraussetzung muß aus der Rechnung über die Beförderung oder ihre Besorgung zu ersehen sein. Die Rechnung ist vom Empfänger der Frachtsendung aufzubewahren.

(2) Die Vorschriften des § 22 des Gesetzes sowie des § 35 Abs. 1 und § 63 dieser Verordnung gelten für den Empfänger der Frachtsendung entsprechend.

Umsatzsteuer-Durchführungsverordnung
§§ 41–43

§ 41 Vorsteuerabzug bei Einfuhren durch nicht im Erhebungsgebiet ansässige Unternehmer

(1) Hat ein nicht im Erhebungsgebiet ansässiger Unternehmer (§ 51 Abs. 3 Satz 1) einen Gegenstand in das Erhebungsgebiet befördert oder versendet und hier unverändert geliefert, so gilt dieser Gegenstand unter folgenden Voraussetzungen als für seinen Abnehmer eingeführt:
1. Die Einfuhrumsatzsteuer muß vom Abnehmer oder dessen Beauftragten entrichtet worden sein.
2. In der Rechnung über die Lieferung darf die Steuer nicht gesondert ausgewiesen sein.

(2) Bei Reihengeschäften (§ 3 Abs. 2 des Gesetzes) ist Absatz 1 mit der Maßgabe anzuwenden, daß der Gegenstand für den Abnehmer als eingeführt gilt, bei dem die Voraussetzungen des Absatzes 1 Nr. 1 und 2 vorliegen. Der Gegenstand kann auch von einem in der Reihe vorhergehenden Lieferer in das Erhebungsgebiet befördert oder versendet worden sein.

§ 42 Vorsteuerabzug bei Ordergeschäften

(1) Ein Gegenstand, der im Anschluß an die Einfuhr durch Übergabe eines Traditionspapieres (Konnossement, Ladeschein, Lagerschein) unverändert geliefert wird, gilt unter den in § 41 Abs. 1 Nr. 1 und 2 bezeichneten Voraussetzungen als für den Abnehmer dieser Lieferung eingeführt.

(2) Werden im Anschluß an die Einfuhr mehrere Lieferungen des Gegenstandes durch Übergabe des Traditionspapieres bewirkt, so gilt der Gegenstand als für den Abnehmer einer dieser Lieferungen eingeführt, bei dem die Voraussetzungen des § 41 Abs. 1 Nr. 1 und 2 vorliegen.

(3) Die Absätze 1 und 2 sind entsprechend anzuwenden, wenn ein Gegenstand im Anschluß an die Einfuhr durch Abtretung des Herausgabeanspruchs mittels eines Konnossementsteilscheins oder eines Kaiteilscheins geliefert wird.

§ 43 Erleichterungen bei der Aufteilung der Vorsteuern

Die den folgenden steuerfreien Umsätzen zuzurechnenden Vorsteuerbeträge sind nur dann vom Vorsteuerabzug ausgeschlossen, wenn sie diesen Umsätzen ausschließlich zuzurechnen sind:
1. Umsätze von Geldforderungen, denen zum Vorsteuerabzug berechtigende Umsätze des Unternehmers zugrunde liegen;
2. Umsätze von Wechseln, die der Unternehmer von einem Leistungsempfänger erhalten hat, weil er den Leistenden als Bürge oder Garantiegeber befriedigt. Das gilt nicht, wenn die Vorsteuern, die dem Umsatz dieses Leistenden zuzurechnen sind, vom Vorsteuerabzug ausgeschlossen sind;
3. Lieferungen von gesetzlichen Zahlungsmitteln und im Erhebungsgebiet gültigen amtlichen Wertzeichen sowie Einlagen bei Kreditinstituten, wenn diese Umsätze als Hilfsumsätze anzusehen sind.

Umsatzsteuer-Durchführungsverordnung

§§ 44–46

Zu § 15 a des Gesetzes

§ 44 Vereinfachungen bei der Berichtigung des Vorsteuerabzugs

(1) Eine Berichtigung des Vorsteuerabzugs nach § 15 a des Gesetzes entfällt, wenn die auf die Anschaffungs- oder Herstellungskosten eines Wirtschaftsguts entfallende Vorsteuer 500 Deutsche Mark nicht übersteigt.

(2) Haben sich bei einem Wirtschaftsgut in einem Kalenderjahr die für den Vorsteuerabzug maßgebenden Verhältnisse gegenüber den Verhältnissen im Kalenderjahr der erstmaligen Verwendung um weniger als zehn Prozentpunkte geändert, so entfällt bei diesem Wirtschaftsgut für dieses Kalenderjahr die Berichtigung des Vorsteuerabzugs. Das gilt nicht, wenn der Betrag, um den der Vorsteuerabzug für dieses Kalenderjahr zu berichtigen ist, 500 Deutsche Mark übersteigt.

(3) Beträgt die auf die Anschaffungs- oder Herstellungskosten eines Wirtschaftsguts entfallende Vorsteuer nicht mehr als 2 000 Deutsche Mark, so ist die Berichtigung des Vorsteuerabzugs für alle in Betracht kommenden Kalenderjahre einheitlich bei der Berechnung der Steuer für das Kalenderjahr vorzunehmen, in dem der maßgebliche Berichtigungszeitraum endet.

(4) Wird das Wirtschaftsgut während des maßgeblichen Berichtigungszeitraums veräußert oder zum Eigenverbrauch entnommen, so ist die Berichtigung des Vorsteuerabzugs für das Kalenderjahr der Veräußerung oder Entnahme zum Eigenverbrauch und die folgenden Kalenderjahre des Berichtigungszeitraums bereits bei der Berechnung der Steuer für den Voranmeldungszeitraum (§ 18 Abs. 1 und 2 des Gesetzes) durchzuführen, in dem die Veräußerung oder Entnahme zum Eigenverbrauch stattgefunden hat.

(5) Die Absätze 1 bis 4 sind bei einer Berichtigung der auf nachträgliche Anschaffungs- oder Herstellungskosten entfallenden Vorsteuerbeträge entsprechend anzuwenden.

§ 45 Maßgebliches Ende des Berichtigungszeitraums

Endet der Zeitraum, für den eine Berichtigung des Vorsteuerabzugs nach § 15 a des Gesetzes durchzuführen ist, vor dem 16. eines Kalendermonats, so bleibt dieser Kalendermonat für die Berichtigung unberücksichtigt. Endet er nach dem 15. eines Kalendermonats, so ist dieser Kalendermonat voll zu berücksichtigen.

Zu den §§ 16 und 18 des Gesetzes

Dauerfristverlängerung

§ 46 Fristverlängerung

Das Finanzamt hat dem Unternehmer auf Antrag die Fristen für die Abgabe der Voranmeldungen und für die Entrichtung der Vorauszahlungen (§ 18 Abs. 1 und 2 des Gesetzes) um einen Monat zu verlängern. Das Finanzamt hat den Antrag abzulehnen oder eine bereits gewährte Fristverlängerung zu widerrufen, wenn der Steueranspruch gefährdet erscheint.

Umsatzsteuer-Durchführungsverordnung

§§ 47–49

§ 47 Sondervorauszahlung

(1) Die Fristverlängerung ist bei einem Unternehmer, der die Voranmeldungen monatlich abzugeben hat, unter der Auflage zu gewähren, daß dieser eine Sondervorauszahluag auf die Steuer eines jeden Kalenderjahres entrichtet. Die Sondervorauszahlung beträgt ein Elftel der Summe der Vorauszahlungen für das vorangegangene Kalenderjahr.

(2) Hat der Unternehmer seine gewerbliche oder berufliche Tätigkeit nur in einem Teil des vorangegangenen Kalenderjahres ausgeübt, so ist die Summe der Vorauszahlungen dieses Zeitraumes in eine Jahressumme umzurechnen. Angefangene Kalendermonate sind hierbei als volle Kalendermonate zu behandeln.

(3) Hat der Unternehmer seine gewerbliche oder berufliche Tätigkeit im laufenden Kalenderjahr begonnen, so ist die Sondervorauszahlung auf der Grundlage der zu erwartenden Vorauszahlungen dieses Kalenderjahres zu berechnen.

§ 48 Verfahren

(1) Der Unternehmer hat die Fristverlängerung für die Abgabe der Voranmeldungen bis zu dem Zeitpunkt zu beantragen, an dem die Voranmeldung, für die die Fristverlängerung erstmals gelten soll, nach § 18 Abs. 1 und 2 des Gesetzes abzugeben ist. Der Antrag ist nach amtlich vorgeschriebenem Vordruck zu stellen. In dem Antrag hat der Unternehmer, der die Voranmeldungen monatlich abzugeben hat, die Sondervorauszahlung (§ 47) selbst zu berechnen und anzumelden. Gleichzeitig hat er die angemeldete Sondervorauszahlung zu entrichten.

(2) Während der Geltungsdauer der Fristverlängerung hat der Unternehmer, der die Voranmeldungen monatlich abzugeben hat, die Sondervorauszahlung für das jeweilige Kalenderjahr bis zum gesetzlichen Zeitpunkt der Abgabe der ersten Voranmeldung zu berechnen, anzumelden und zu entrichten. Absatz 1 Satz 2 gilt entsprechend.

(3) Das Finanzamt kann die Sondervorauszahlung festsetzen, wenn sie vom Unternehmer nicht oder nicht richtig berechnet wurde oder wenn die Anmeldung zu einem offensichtlich unzutreffenden Ergebnis führt.

(4) Die festgesetzte Sondervorauszahlung ist bei der Festsetzung der Vorauszahlung für den letzten Voranmeldungszeitraum des Besteuerungszeitraums anzurechnen.

Verzicht auf die Steuererhebung

§ 49 Verzicht auf die Steuererhebung im Börsenhandel mit Edelmetallen

Auf die Erhebung der Steuer für die Lieferungen von Gold, Silber und Platin sowie für die sonstigen Leistungen im Geschäft mit diesen Edelmetallen wird verzichtet, wenn
1. die Umsätze zwischen Unternehmern ausgeführt werden, die an einer Wertpapierbörse im Erhebungsgebiet mit dem Recht zur Teilnahme am Handel zugelassen sind,
2. die bezeichneten Edelmetalle zum Handel an einer Wertpapierbörse im Erhebungsgebiet zugelassen sind und
3. keine Rechnungen mit gesondertem Ausweis der Steuer erteilt werden.

Umsatzsteuer-Durchführungsverordnung
§§ 50–52

§ 50 Verzicht auf die Steuererhebung bei Einfuhren

In den Fällen, in denen der Gegenstand einer Lieferung nach den §§ 41 und 42 als für den Abnehmer eingeführt gilt, wird auf die Erhebung der für diese Lieferung geschuldeten Steuer verzichtet. In den Fällen des § 41 Abs. 2 und des § 42 Abs. 2 und 3 gilt Satz 1 für die vorangegangenen Lieferungen entsprechend.

Besteuerung im Abzugsverfahren

§ 51 Einbehaltung und Abführung der Umsatzsteuer

(1) Führt ein nicht im Erhebungsgebiet ansässiger Unternehmer eine steuerpflichtige Werklieferung oder eine steuerpflichtige sonstige Leistung aus, so hat der Leistungsempfänger die Steuer von der Gegenleistung einzubehalten und an das für ihn zuständige Finanzamt abzuführen. Wird die Gegenleistung in Teilen erbracht, so hat der Leistungsempfänger die Steuer in entsprechenden Teilen einzubehalten und abzuführen.

(2) Der Leistungsempfänger ist nur dann zur Einbehaltung und Abführung der Steuer verpflichtet, wenn er ein Unternehmer oder eine juristische Person des öffentlichen Rechts ist. Für eine juristische Person des öffentlichen Rechts ist das Finanzamt zuständig, in dessen Bezirk sie ihren Sitz hat.

(3) Ein nicht im Erhebungsgebiet ansässiger Unternehmer ist ein Unternehmer, der weder im Erhebungsgebiet noch in einem Zollfreigebiet einen Wohnsitz, seinen Sitz, seine Geschäftsleitung oder eine Zweigniederlassung hat. Maßgebend ist der Zeitpunkt, in dem die Gegenleistung erbracht wird. Ist es zweifelhaft, ob der Unternehmer diese Voraussetzungen erfüllt, so darf der Leistungsempfänger die Einbehaltung und Abführung der Steuer nur unterlassen, wenn ihm der Unternehmer durch eine Bescheinigung des nach den abgabenrechtlichen Vorschriften für die Besteuerung seiner Umsätze zuständigen Finanzamtes nachweist, daß er kein Unternehmer im Sinne des Satzes 1 ist.

(4) Gegenleistung im Sinne des Absatzes 1 ist das Entgelt zuzüglich der Umsatzsteuer.

§ 52 Ausnahmen

(1) Die §§ 51 und 53 bis 58 sind nicht anzuwenden,
1. wenn die Leistung des nicht im Erhebungsgebiet ansässigen Unternehmers in einer Personenbeförderung besteht oder
2. wenn die Gegenleistung des Leistungsempfängers ausschließlich in einer Lieferung oder sonstigen Leistung besteht.

(2) Der Leistungsempfänger ist nicht verpflichtet, die Steuer für die Leistung des nicht im Erhebungsgebiet ansässigen Unternehmers einzubehalten und abzuführen, wenn
1. der Unternehmer keine Rechnung mit gesondertem Ausweis der Steuer erteilt hat und
2. der Leistungsempfänger im Falle des gesonderten Ausweises der Steuer den Vorsteuerabzug nach § 15 des Gesetzes hinsichtlich dieser Steuer voll in Anspruch nehmen könnte.

Umsatzsteuer-Durchführungsverordnung

§ 53

(3) Für die Voraussetzung in Absatz 2 Nr. 2 ist es nicht erforderlich, daß der nicht im Erhebungsgebiet ansässige Unternehmer zum gesonderten Ausweis der Steuer in einer Rechnung berechtigt ist.

(4) Hat der Leistungsempfänger die Steuer nach Absatz 2 nicht einbehalten und abgeführt, so ist er verpflichtet, dies dem nicht im Erhebungsgebiet ansässigen Unternehmer auf Verlangen zu bescheinigen.

(5) Für die Berichtigung des Vorsteuerabzugs des Leistungsempfängers nach § 15 a des Gesetzes ist in den Fällen des Absatzes 2 davon auszugehen,
1. daß die zwischen dem nicht im Erhebungsgebiet ansässigen Unternehmer und dem Leistungsempfänger vereinbarte Gegenleistung Entgelt ist,
2. daß der nicht im Erhebungsgebiet ansässige Unternehmer eine Rechnung mit gesondertem Ausweis der Steuer erteilt hat,
3. daß der Leistungsempfänger die Steuer als Vorsteuer abgezogen hat.

§ 53 Berechnung der Steuer

(1) Der Leistungsempfänger hat die einzubehaltende und abzuführende Steuer nach dem Entgelt und nach den Steuersätzen des § 12 des Gesetzes zu berechnen. Die §§ 19 und 24 des Gesetzes sind hierbei nicht anzuwenden. Zur Vereinfachung des Abzugsverfahrens kann das Finanzamt den Leistungsempfänger von der Verpflichtung befreien, die Steuer einzubehalten und abzuführen, soweit zu erwarten ist, daß der nicht im Erhebungsgebiet ansässige Unternehmer auf Grund der Nichterhebungsgrenze von 25 000 Deutsche Mark (§ 19 Abs. 1 Satz 1 des Gesetzes) keine Umsatzsteuer zu entrichten hat.

(2) Stellt der nicht im Erhebungsgebiet ansässige Unternehmer eine Rechnung aus, in der die Steuer gesondert ausgewiesen ist, so hat der Leistungsempfänger die ausgewiesene Steuer einzubehalten und abzuführen. Mindestens hat er die Steuer einzubehalten und abzuführen, die sich nach Absatz 1 ergibt.

(3) Nach Absatz 2 ist entsprechend in den Fällen zu verfahren, in denen der nicht im Erhebungsgebiet ansässige Unternehmer nach Zahlung des Entgelts oder der Gegenleistung (§ 51 Abs. 4) eine Rechnung mit gesondertem Steuerausweis ausstellt.

(4) Die Absätze 2 und 3 sind auch in den Fällen anzuwenden, in denen der Leistungsempfänger eine Gutschrift mit gesondertem Steuerausweis ausstellt und der nicht im Erhebungsgebiet ansässige Unternehmer dem ausgewiesenen Steuerbetrag nicht widerspricht. Das gilt auch dann, wenn der nicht im Erhebungsgebiet ansässige Unternehmer nicht zum gesonderten Ausweis der Steuer in einer Rechnung berechtigt ist.

(5) Besteht die Gegenleistung teilweise in einer Lieferung oder sonstigen Leistung, so hat der Leistungsempfänger die Steuer nur bis zur Höhe des Teils der Gegenleistung einzubehalten und abzuführen, der nicht in einer Lieferung oder sonstigen Leistung besteht.

(6) Der Leistungsempfänger hat Werte in fremder Währung auf Deutsche Mark umzurechnen und hierbei die Kurse anzuwenden, die für den Zeitpunkt der Zahlung des Entgelts gelten. Im übrigen ist nach § 16 Abs. 6 des Gesetzes zu verfahren.

Umsatzsteuer-Durchführungsverordnung
§§ 54–56

§ 54 Anmeldung und Fälligkeit der Steuer

(1) Der Leistungsempfänger hat die abzuführende Steuer binnen zehn Tagen nach Ablauf des Voranmeldungszeitraums (§ 18 Abs. 1 und 2 des Gesetzes), in dem das Entgelt ganz oder teilweise gezahlt worden ist, nach amtlich vorgeschriebenem Vordruck bei dem für ihn zuständigen Finanzamt anzumelden. Gleichzeitig hat der Leistungsempfänger die angemeldete Steuer an dieses Finanzamt abzuführen. § 46 gilt entsprechend.

(2) Leistungsempfänger, die nicht zur Abgabe von Voranmeldungen verpflichtet sind, haben die abzuführende Steuer binnen zehn Tagen nach Ablauf des Kalendervierteljahres, in dem das Entgelt ganz oder teilweise gezahlt worden ist, anzumelden. Im übrigen ist nach Absatz 1 zu verfahren.

(3) Erteilt der nicht im Erhebungsgebiet ansässige Unternehmer in den Fällen des § 52 Abs. 2 nach der Zahlung des Entgelts oder der Gegenleistung eine Rechnung mit gesondertem Ausweis der Steuer, so hat der Leistungsempfänger die Steuer binnen zehn Tagen nach Ablauf des Voranmeldungszeitraums, in dem die Rechnung erteilt worden ist, anzumelden und abzuführen. Bei dem Leistungsempfänger, der nicht zur Abgabe von Voranmeldungen verpflichtet ist, tritt an die Stelle des Voranmeldungszeitraums das Kalendervierteljahr. § 46 gilt entsprechend.

§ 55 Haftung

Der Leistungsempfänger haftet für die nach § 54 anzumeldende und abzuführende Steuer.

§ 56 Aufzeichnungspflichten

(1) Der Leistungsempfänger ist verpflichtet, zur Feststellung der anzumeldenden und abzuführenden Steuer und der Grundlagen ihrer Berechnung Aufzeichnungen zu machen. Die Aufzeichnungen müssen eindeutig und leicht nachprüfbar sein.

(2) Insbesondere sind aufzuzeichnen:
1. der Name und die Anschrift des nicht im Erhebungsgebiet ansässigen Unternehmers,
2. die Art und der Umfang der Leistung,
3. der Tag oder der Kalendermonat der Leistung,
4. das Entgelt (der Wert der Gegenleistung abzüglich der Steuer),
5. der Tag oder der Kalendermonat der Zahlung des Entgelts,
6. der Betrag der anzumeldenden und abzuführenden Steuer,
7. das Datum der Rechnung, wenn diese nach der Zahlung des Entgelts oder der Gegenleistung erteilt wird.

(3) Das Finanzamt kann auf Antrag Erleichterungen für die in Absatz 2 vorgeschriebenen Aufzeichnungen gewähren, soweit dadurch die eindeutige und leichte Nachprüfbarkeit nicht beeinträchtigt wird.

(4) In den Fällen, in denen der Leistungsempfänger nach § 52 Abs. 2 keine Steuer einbehält und abführt, gelten die Absätze 1 bis 3 entsprechend. Der Leistungsempfänger hat eine Abschrift der nach § 52 Abs. 4 ausgestellten Bescheinigung aufzubewahren und in seinen Aufzeichnungen auf sie hinzuweisen.

Umsatzsteuer-Durchführungsverordnung

§§ 57–59

§ 57 Besteuerung der Umsätze des nicht im Erhebungsgebiet ansässigen Unternehmers nach § 16 und § 18 Abs. 1 bis 4 des Gesetzes

(1) Der nicht im Erhebungsgebiet ansässige Unternehmer ist ohne besondere Aufforderung durch das für ihn zuständige Finanzamt nicht verpflichtet, Steueranmeldungen nach § 18 Abs. 1 bis 4 des Gesetzes abzugeben, wenn er nur Umsätze ausgeführt hat, für die der Leistungsempfänger die Steuer nach § 51 einzubehalten hat oder nach § 52 Abs. 2 nicht einzubehalten braucht.

(2) Die Besteuerung der in § 51 bezeichneten Umsätze ist nach § 16 und § 18 Abs. 1 bis 4 des Gesetzes durchzuführen,
1. wenn das Abzugsverfahren entgegen den für dieses Verfahren geltenden Vorschriften nicht durchgeführt worden ist oder zu einer unzutreffenden Steuer geführt hat oder
2. wenn der nicht im Erhebungsgebiet ansässige Unternehmer auch steuerpflichtige Umsätze ausgeführt hat, die dem Abzugsverfahren nicht unterliegen.
Die Verpflichtungen des Leistungsempfängers nach den §§ 51 bis 56 bleiben bis zur Durchführung der Besteuerung nach § 16 und § 18 Abs. 1 bis 4 des Gesetzes unberührt.

(3) Bei der Berechnung der Steuer sind nicht zu berücksichtigen:
1. die Umsätze, bei denen die Ausnahmeregelung des § 52 Abs. 2 nachweislich angewendet worden ist,
2. die Vorsteuerbeträge, die in dem besonderen Verfahren nach den §§ 59 bis 61 vergütet worden sind.
Die abziehbaren Vorsteuerbeträge sind durch Vorlage der Rechnungen und Einfuhrbelege im Original nachzuweisen.

§ 58 Besteuerung nach vereinnahmten Entgelten, Anrechnung

(1) Im Falle der Besteuerung des nicht im Erhebungsgebiet ansässigen Unternehmers nach § 18 Abs. 1 bis 4 des Gesetzes ist die Steuer für die Werklieferungen und sonstigen Leistungen, die dem Abzugsverfahren unterliegen, nach den für diese Umsätze vereinnahmten Entgelten zu berechnen.

(2) Die vom Leistungsempfänger einbehaltene und nach § 54 angemeldete Steuer wird auf die vom nicht im Erhebungsgebiet ansässigen Unternehmer zu entrichtende Steuer angerechnet. Das Finanzamt kann die Anrechnung ablehnen, soweit der Leistungsempfänger die angemeldete Steuer nicht abgeführt hat und Anlaß zu der Annahme besteht, daß ein Mißbrauch vorliegt.

Vergütung der Vorsteuerbeträge in einem besonderen Verfahren

§ 59 Vergütungsberechtigte Unternehmer

(1) Die Vergütung der abziehbaren Vorsteuerbeträge (§ 15 des Gesetzes) an nicht im Erhebungsgebiet ansässige Unternehmer (§ 51 Abs. 3 Satz 1) ist abweichend von § 16 und § 18 Abs. 1 bis 4 des Gesetzes nach den §§ 60 und 61 durchzuführen, wenn der Unternehmer im Vergütungszeitraum
1. im Erhebungsgebiet keine Umsätze im Sinne des § 1 Abs. 1 Nr. 1 bis 3 des Gesetzes oder nur steuerfreie Umsätze im Sinne des § 4 Nr. 3 des Gesetzes ausgeführt hat oder

Umsatzsteuer-Durchführungsverordnung

§§ 60–62

2. nur Umsätze ausgeführt hat, die dem Abzugsverfahren (§§ 51 bis 56) oder der Einzelbesteuerung (§ 16 Abs. 5 und § 18 Abs. 5 des Gesetzes) unterlegen haben.

(2) Absatz 1 gilt nicht für die Vorsteuerbeträge, die
1. anderen als den in Absatz 1 bezeichneten Umsätzen im Erhebungsgebiet zuzurechnen sind,
2. den unter das Abzugsverfahren fallenden Umsätzen zuzurechnen sind, wenn diese Umsätze nach § 16 und § 18 Abs. 1 bis 4 des Gesetzes zu besteuern sind (§ 57 Abs. 2).

§ 60 Vergütungszeitraum

Vergütungszeitraum ist nach Wahl des Unternehmers ein Zeitraum von mindestens drei Monaten bis zu höchstens einem Kalenderjahr. Der Vergütungszeitraum kann weniger als drei Monate umfassen, wenn es sich um den restlichen Zeitraum des Kalenderjahres handelt. In den Antrag für diesen Zeitraum können auch abziehbare Vorsteuerbeträge aufgenommen werden, die in vorangegangene Vergütungszeiträume des betreffenden Kalenderjahres fallen.

§ 61 Vergütungsverfahren

(1) Der Unternehmer hat die Vergütung nach amtlich vorgeschriebenem Vordruck bei dem Bundesamt für Finanzen oder bei dem nach § 5 Abs. 1 Nr. 8 Satz 2 des Finanzverwaltungsgesetzes zuständigen Finanzamt zu beantragen. Der Antrag ist binnen sechs Monaten nach Ablauf des Kalenderjahres zu stellen, in dem der Vergütungsanspruch entstanden ist. In dem Antrag hat der Unternehmer die Vergütung selbst zu berechnen. Der Antrag gilt als Verzicht im Sinne des § 19 Abs. 2 des Gesetzes. Dem Vergütungsantrag sind die Rechnungen und Einfuhrbelege im Original beizufügen.

(2) Die Vergütung muß mindestens 400 Deutsche Mark betragen. Das gilt nicht, wenn der Vergütungszeitraum das Kalenderjahr oder der letzte Zeitraum des Kalenderjahres ist. Für diese Vergütungszeiträume muß die Vergütung mindestens 50 Deutsche Mark betragen.

(3) Der Unternehmer muß der zuständigen Finanzbehörde in den Fällen des § 59 Abs. 1 Nr. 1 durch behördliche Bescheinigung des Staates, in dem er ansässig ist, nachweisen, daß er als Unternehmer unter einer Steuernummer eingetragen ist.

Sondervorschriften für die Besteuerung bestimmter Unternehmer

§ 62 Berücksichtigung von Vorsteuerbeträgen, Belegnachweis

(1) Ist bei den in § 59 Abs. 1 genannten Unternehmern die Besteuerung nach § 16 und § 18 Abs. 1 bis 4 des Gesetzes durchzuführen, so sind hierbei die Vorsteuerbeträge nicht zu berücksichtigen, die nach § 59 Abs. 1 vergütet worden sind.

(2) Die abziehbaren Vorsteuerbeträge sind in den Fällen des Absatzes 1 Satz 1 durch Vorlage der Rechnungen und Einfuhrbelege im Original nachzuweisen.

Umsatzsteuer-Durchführungsverordnung

§ 63

Zu § 22 des Gesetzes

§ 63 Aufzeichnungspflichten

(1) Die Aufzeichnungen müssen so beschaffen sein, daß es einem sachverständigen Dritten innerhalb einer angemessenen Zeit möglich ist, einen Überblick über die Umsätze des Unternehmers und die abziehbaren Vorsteuern zu erhalten und die Grundlagen für die Steuerberechnung festzustellen.

(2) Entgelte, Teilentgelte, Bemessungsgrundlagen nach § 10 Abs. 4 und 5 des Gesetzes, nach § 14 Abs. 2 und 3 des Gesetzes geschuldete Steuerbeträge sowie Vorsteuerbeträge sind am Schluß jedes Voranmeldungszeitraums zusammenzurechnen. Im Falle des § 17 Abs. 1 Satz 2 des Gesetzes sind die Beträge der Entgeltsminderungen am Schluß jedes Voranmeldungszeitraums zusammenzurechnen.

(3) Der Unternehmer kann die Aufzeichnungspflichten nach § 22 Abs. 2 Nr. 1 Satz 1, 3, 5 und 6, Nr. 2 Satz 1 und Nr. 3 Satz 1 des Gesetzes in folgender Weise erfüllen:
1. Das Entgelt oder Teilentgelt und der Steuerbetrag werden in einer Summe statt des Entgelts oder des Teilentgelts aufgezeichnet.
2. Die Bemessungsgrundlage nach § 10 Abs. 4 und 5 des Gesetzes und der darauf entfallende Steuerbetrag werden in einer Summe statt der Bemessungsgrundlage aufgezeichnet.
3. Bei der Anwendung des § 17 Abs. 1 Satz 2 des Gesetzes werden die Entgeltsminderung und die darauf entfallende Minderung des Steuerbetrags in einer Summe statt der Entgeltsminderung aufgezeichnet.

§ 22 Abs. 2 Nr. 1 Satz 2, Nr. 2 Satz 2 und Nr. 3 Satz 2 des Gesetzes gilt entsprechend. Am Schluß jedes Voranmeldungszeitraums hat der Unternehmer die Summe der Entgelte und Teilentgelte, der Bemessungsgrundlagen nach § 10 Abs. 4 und 5 des Gesetzes sowie der Entgeltsminderungen im Falle des § 17 Abs. 1 Satz 2 des Gesetzes zu errechnen und aufzuzeichnen.

(4) Dem Unternehmer, dem wegen der Art und des Umfangs des Geschäfts eine Trennung der Entgelte und Teilentgelte nach Steuersätzen (§ 22 Abs. 2 Nr. 1 Satz 2 und Nr. 2 Satz 2 des Gesetzes) in den Aufzeichnungen nicht zuzumuten ist, kann das Finanzamt auf Antrag gestatten, daß er die Entgelte und Teilentgelte nachträglich auf der Grundlage der Wareneingänge oder, falls diese hierfür nicht verwendet werden können, nach anderen Merkmalen trennt. Entsprechendes gilt für die Trennung nach Steuersätzen bei den Bemessungsgrundlagen nach § 10 Abs. 4 und 5 des Gesetzes (§ 22 Abs. 2 Nr. 1 Satz 3 und Nr. 3 Satz 2 des Gesetzes). Das Finanzamt darf nur ein Verfahren zulassen, dessen steuerliches Ergebnis nicht wesentlich von dem Ergebnis einer nach Steuersätzen getrennten Aufzeichnung der Entgelte, Teilentgelte und sonstigen Bemessungsgrundlagen abweicht. Die Anwendung des Verfahrens kann auf einen in der Gliederung des Unternehmens gesondert geführten Betrieb beschränkt werden.

(5) Der Unternehmer kann die Aufzeichnungspflicht nach § 22 Abs. 2 Nr. 5 des Gesetzes in der Weise erfüllen, daß er die Entgelte oder Teilentgelte und die auf sie entfallenden Steuerbeträge (Vorsteuern) jeweils in einer Summe, getrennt nach den in den Eingangsrechnungen angewandten Steuersätzen, aufzeichnet. Am Schluß jedes Voranmeldungszeitraums hat der Unternehmer die Summe der Entgelte und Teilentgelte und die Sunme der Vorsteuerbeträge zu errechnen und aufzuzeichnen.

Umsatzsteuer-Durchführungsverordnung

§§ 64–68

§ 64 Aufzeichnung im Falle der Einfuhr

Der Aufzeichnungspflicht nach § 22 Abs. 2 Nr. 6 des Gesetzes ist genügt, wenn die entrichtete oder in den Fällen des § 16 Abs. 2 Satz 4 des Gesetzes zu entrichtende Einfuhrumsatzsteuer mit einem Hinweis auf einen entsprechenden zollamtlichen Beleg aufgezeichnet wird.

§ 65 Aufzeichnungspflichten der Kleinunternehmer

Unternehmer, auf deren Umsätze § 19 Abs. 1 Satz 1 des Gesetzes anzuwenden ist, haben an Stelle der nach § 22 Abs 2 bis 4 des Gesetzes vorgeschriebenen Angaben folgendes aufzuzeichnen:
1. die Werte der erhaltenen Gegenleistungen für die von ihnen ausgeführten Lieferungen und sonstigen Leistungen;
2. den Eigenverbrauch. Für seine Bemessung gilt Nummer 1 entsprechend.

Die Aufzeichnungspflicht nach § 22 Abs. 2 Nr. 4 des Gesetzes bleibt unberührt.

§ 66 Aufzeichnungspflichten bei der Anwendung allgemeiner Durchschnittsätze

Der Unternehmer ist von den Aufzeichnungspflichten nach § 22 Abs. 2 Nr. 5 und 6 des Gesetzes befreit, soweit er die abziehbaren Vorsteuerbeträge nach einem Durchschnittsatz (§§ 69 und 70) berechnet.

§ 66 a Aufzeichnungspflichten bei der Anwendung des Durchschnittsatzes für Körperschaften, Personenvereinigungen und Vermögensmassen im Sinne des § 5 Abs. 1 Nr. 9 des Körperschaftsteuergesetzes

Der Unternehmer ist von den Aufzeichnungspflichten nach § 22 Abs. 2 Nr. 5 und 6 des Gesetzes befreit, soweit er die abziehbaren Vorsteuerbeträge nach dem in § 23 a des Gesetzes festgesetzten Durchschnittsatz berechnet.

§ 67 Aufzeichnungspflichten bei der Anwendung der Durchschnittsätze für land- und forstwirtschaftliche Betriebe

Unternehmer, auf deren Umsätze § 24 des Gesetzes anzuwenden ist, sind für den land- und forstwirtschaftlichen Betrieb von den Aufzeichnungspflichten nach § 22 des Gesetzes befreit. Ausgenommen hiervon sind die Bemessungsgrundlagen für die Umsätze im Sinne des § 24 Abs. 1 Satz 1 Nr. 3 des Gesetzes. Die Aufzeichnungspflicht nach § 22 Abs. 2 Nr. 4 des Gesetzes bleibt unberührt.

§ 68 Befreiung von der Führung des Steuerheftes

(1) Unternehmer im Sinne des § 22 Abs. 5 des Gesetzes sind von der Verpflichtung, ein Steuerheft zu führen, befreit,
1. wenn sie im Erhebungsgebiet eine gewerbliche Niederlassung besitzen und ordnungsmäßige Aufzeichnungen nach § 22 des Gesetzes in Verbindung mit den §§ 63 bis 66 dieser Verordnung führen,
2. soweit ihre Umsätze nach den Durchschnittsätzen für land- und forstwirtschaftliche Betriebe (§ 24 Abs. 1 Satz 1 Nr. 1, 2 und 4 des Gesetzes) besteuert werden,
3. soweit sie mit Zeitungen und Zeitschriften handeln.

Umsatzsteuer-Durchführungsverordnung

§§ 69–71

(2) In den Fällen des Absatzes 1 Nr. 1 stellt das Finanzamt dem Unternehmer eine Bescheinigung über die Befreiung von der Führung des Steuerheftes aus.

Zu § 23 des Gesetzes

§ 69 Festsetzung allgemeiner Durchschnittssätze

(1) Zur Berechnung der abziehbaren Vorsteuerbeträge nach allgemeinen Durchschnittssätzen (§ 23 des Gesetzes) werden die in der Anlage bezeichneten Vomhundertsätze des Umsatzes als Durchschnittssätze festgesetzt. Die Durchschnittssätze gelten jeweils für die bei ihnen angegebenen Berufs- und Gewerbezweige.

(2) Umsatz im Sinne des Absatzes 1 ist der Umsatz, den der Unternehmer im Rahmen der in der Anlage bezeichneten Berufs- und Gewerbezweige im Erhebungsgebiet ausführt, mit Ausnahme der Einfuhr und der in § 4 Nr. 8, Nr. 9 Buchstabe a und Nr. 10 des Gesetzes bezeichneten Umsätze.

(3) Der Unternehmer, dessen Umsatz (Absatz 2) im vorangegangenen Kalenderjahr 100 000 Deutsche Mark überstiegen hat, kann die Durchschnittssätze nicht in Anspruch nehmen.

§ 70 Umfang der Durchschnittssätze

(1) Die in Abschnitt A der Anlage bezeichneten Durchschnittssätze gelten für sämtliche Vorsteuerbeträge, die mit der Tätigkeit der Unternehmer in den in der Anlage bezeichneten Berufs- und Gewerbezweigen zusammenhängen. Ein weiterer Vorsteuerabzug ist insoweit ausgeschlossen.

(2) Neben den Vorsteuerbeträgen, die nach den in Abschnitt B der Anlage bezeichneten Durchschnittssätzen berechnet werden, können unter den Voraussetzungen des § 15 des Gesetzes abgezogen werden:
1. die Vorsteuerbeträge für Gegenstände, die der Unternehmer zur Weiterveräußerung erworben oder eingeführt hat, einschließlich der Vorsteuerbeträge für Rohstoffe, Halberzeugnisse, Hilfsstoffe und Zutaten;
2. die Vorsteuerbeträge
   a) für Lieferungen von Gebäuden, Grundstücken und Grundstücksteilen,
   b) für Ausbauten, Einbauten, Umbauten und Instandsetzungen bei den in Buchstabe a bezeichneten Gegenständen,
   c) für Leistungen im Sinne des § 4 Nr. 12 des Gesetzes
Das gilt nicht für Vorsteuerbeträge, die mit Maschinen und sonstigen Vorrichtungen aller Art in Zusammenhang stehen, die zu einer Betriebsanlage gehören, auch wenn sie wesentliche Bestandteile eines Grundstücks sind.

Zu § 24 Abs. 4 des Gesetzes

§ 71 Verkürzung der zeitlichen Bindungen für land- und forstwirtschaftliche Betriebe

Der Unternehmer, der eine Erklärung nach § 24 Abs. 4 Satz 1 des Gesetzes abgegeben hat, kann von der Besteuerung des § 19 Abs. 1 des Gesetzes zur Besteuerung nach § 24

Umsatzsteuer-Durchführungsverordnung
§ 72

Abs. 1 bis 3 des Gesetzes mit Wirkung vom Beginn eines jeden folgenden Kalenderjahres an übergehen. Auf den Widerruf der Erklärung ist § 24 Abs. 4 Satz 4 des Gesetzes anzuwenden.

Zu § 25 Abs. 2 des Gesetzes

§ 72 Buchmäßiger Nachweis bei steuerfreien Reiseleistungen

(1) Bei Leistungen, die nach § 25 Abs. 2 des Gesetzes ganz oder zum Teil steuerfrei sind, ist § 13 Abs 1 entsprechend anzuwenden.

(2) Der Unternehmer soll regelmäßig folgendes aufzeichnen:
1. die Leistung, die ganz oder zum Teil steuerfrei ist,
2. den Tag der Leistung,
3. die der Leistung zuzurechnenden einzelnen Reisevorleistungen im Sinne des § 25 Abs. 2 des Gesetzes und die dafür von dem Unternehmer aufgewendeten Beträge,
4. den vom Leistungsempfänger für die Leistung aufgewendeten Betrag,
5. die Bemessungsgrundlage für die steuerfreie Leistung oder für den steuerfreien Teil der Leistung.

(3) Absatz 2 gilt entsprechend für die Fälle, in denen der Unternehmer die Bemessungsgrundlage nach § 25 Abs. 3 Satz 3 des Gesetzes ermittelt.

(Fortsetzung auf Seite 25)

Umsatzsteuer-Durchführungsverordnung
§§ 73–74

Zu § 26 Abs. 5 des Gesetzes

§ 73 Nachweis der Voraussetzungen der in bestimmten Abkommen enthaltenen Steuerbefreiungen

(1) Der Unternehmer hat die Voraussetzungen der in § 26 Abs. 5 des Gesetzes bezeichneten Steuerbefreiungen wie folgt nachzuweisen:
1. bei Lieferungen und sonstigen Leistungen, die von einer amtlichen Beschaffungsstelle in Auftrag gegeben worden sind, durch eine Bescheinigung der amtlichen Beschaffungsstelle nach amtlich vorgeschriebenem Vordruck (Abwicklungsschein),
2. bei Lieferungen und sonstigen Leistungen, die von einer deutschen Behörde für eine amtliche Beschaffungsstelle in Auftrag gegeben worden sind, durch eine Bescheinigung der deutschen Behörde.

(2) Zusätzlich zu Absatz 1 muß der Unternehmer die Voraussetzungen der Steuerbefreiungen im Geltungsbereich dieser Verordnung buchmäßig nachweisen. Die Voraussetzungen müssen eindeutig und leicht nachprüfbar aus den Aufzeichnungen zu ersehen sein. In den Aufzeichnungen muß auf die in Absatz 1 bezeichneten Belege hingewiesen sein.

(3) Das Finanzamt kann auf die in Absatz 1 Nr. 1 bezeichnete Bescheinigung verzichten, wenn die vorgeschriebenen Angaben aus anderen Belegen und aus den Aufzeichnungen des Unternehmers eindeutig und leicht nachprüfbar zu ersehen sind.

(4) Bei Beschaffungen oder Baumaßnahmen, die von deutschen Behörden durchgeführt und von den Entsendestaaten oder den Hauptquartieren nur zu einem Teil finanziert werden, gelten Absatz 1 Nr. 2 und Absatz 2 hinsichtlich der anteiligen Steuerbefreiung entsprechend.

Übergangs- und Schlußvorschriften

§ 74 Künftige Fassungen des § 34 Abs. 1 sowie der §§ 67 und 68 Abs. 1

(1) Ab dem Zeitpunkt, an dem die in § 28 Abs. 1 Nr. 1 des Gesetzes enthaltene Fassung des § 4 Nr. 7 des Gesetzes in Kraft tritt, gilt § 34 Abs. 1 Satz 1 in folgender Fassung:
»(1) Fahrausweise, die für die Beförderung von Personen ausgegeben werden, gelten als Rechnungen im Sinne des § 14 Abs. 1 des Gesetzes, wenn sie mindestens folgende Angaben enthalten:
1. den Namen und die Anschrift des Unternehmers, der die Beförderung ausführt. § 31 Abs. 2 ist entsprechend anzuwenden;
2. das Entgelt und den Steuerbetrag in einer Summe;
3. den Steuersatz, wenn die Beförderungsleistung nicht dem ermäßigten Steuersatz nach § 12 Abs. 2 Nr. 10 des Gesetzes unterliegt.«

(2) Ab 1. Januar 1981 gilt folgendes:
1. In § 67 erhält der Satz 2 folgende Fassung:
»Ausgenommen hiervon sind die Bemessungsgrundlagen für die Umsätze im Sinne des § 24 Abs. 1 Satz 1 Nr. 2 des Gesetzes.«
2. In § 68 Abs. 1 erhält die Nummer 2 folgende Fassung:
»2. soweit ihre Umsätze nach den Durchschnittssätzen für land- und forstwirtschaftliche Betriebe (§ 24 Abs. 1 Satz 1 Nr. 1 und 3 des Gesetzes) besteuert werden,«.

(3) Für die Zeit vom 1. Juli 1984 bis zum 31. Dezember 1991 gilt folgendes:
1. In § 67 erhält Satz 2 folgende Fassung:
»Ausgenommen hiervon sind
   1. die Bemessungsgrundlagen für die Umsätze im Sinne des § 24 Abs. 1 Satz 1 Nr. 3 und 4 des Gesetzes und
   2. die Bemessungsgrundlagen für die Umsätze im Sinne des § 24 Abs. 1 Satz 1 Nr. 5 des Gesetzes, soweit dem Unternehmer für diese Umsätze nach § 24 a des Gesetzes ein Kürzungsanspruch nicht zusteht.«
2. In § 68 Abs. 1 erhält die Nummer 2 folgende Fassung:
»2. soweit ihre Umsätze nach den Durchschnittssätzen für land- und forstwirtschaftliche Betriebe (§ 24 Abs. 1 Satz 1 Nr. 1, 2 und 5 des Gesetzes) besteuert werden und ihnen für Umsätze im Sinne des § 24 Abs. 1 Nr. 5 des Gesetzes Kürzungsansprüche nach § 24 a des Gesetzes zustehen,«.

§ 75 Berlin-Klausel

Diese Verordnung gilt nach § 14 des Dritten Überleitungsgesetzes in Verbindung mit § 30 des Umsatzsteuergesetzes auch im Land Berlin.

§ 76 Inkrafttreten

Diese Verordnung tritt am 1. Januar 1980 in Kraft. Die §§ 51 bis 58 sind auf Leistungen anzuwenden, die nach dem 31. Dezember 1979 ausgeführt werden, soweit die Gegenleistungen nach diesem Zeitpunkt erbracht werden.

Der Bundeskanzler
Der Bundesminister der Finanzen

Umsatzsteuer-Durchführungsverordnung
Anlage

Anlage
(zu den §§ 69 und 70)

Abschnitt A
Durchschnittsätze für die Berechnung sämtlicher Vorsteuerbeträge (§ 70 Abs. 1)

I. Handwerk

1. Bäckerei: 5,0 v. H. des Umsatzes

   Handwerksbetriebe, die Frischbrot, Pumpernickel, Knäckebrot, Brötchen, sonstige Frischbackwaren, Semmelbrösel, Paniermehl und Feingebäck, darunter Kuchen, Torten, Tortenböden, herstellen und die Erzeugnisse überwiegend an Endverbraucher absetzen. Die Caféumsätze dürfen 10 vom Hundert des Umsatzes nicht übersteigen.

2. Bau- und Möbeltischlerei: 7,8 v. H. des Umsatzes

   Handwerksbetriebe, die Bauelemente und Bauten aus Holz, Parkett, Holzmöbel und sonstige Tischlereierzeugnisse herstellen und reparieren, ohne daß bestimmte Erzeugnisse klar überwiegen.

3. Beschlag-, Kunst- und Reparaturschmiede: 6,5 v. H. des Umsatzes

   Handwerksbetriebe, die Beschlag- und Kunstschmiedearbeiten einschließlich der Reparaturarbeiten ausführen.

4. Buchbinderei: 4,6 v. H. des Umsatzes

   Handwerksbetriebe, die Buchbindearbeiten aller Art ausführen.

5. Druckerei: 5,6 v. H. des Umsatzes

   Handwerksbetriebe, die folgende Arbeiten ausführen:
   1. Hoch-, Flach-, Licht-, Sieb- und Tiefdruck.
   2. Herstellung von Weichpackungen, Bild-, Abreiß- und Monatskalendern, Spielen und Spielkarten, nicht aber von kompletten Gesellschafts- und Unterhaltungsspielen.
   3. Zeichnerische Herstellung von Landkarten, Bauskizzen, Kleidermodellen u. ä. für Druckzwecke.

6. Elektroinstallation: 7,9 v. H. des Umsatzes

   Handwerksbetriebe, die die Installation von elektrischen Leitungen sowie damit verbundener Geräte einschließlich der Reparatur- und Unterhaltungsarbeiten ausführen.

7. Fliesen- und Plattenlegerei, sonstige Fußbodenlegerei und -kleberei: 7,6 v. H. des Umsatzes

   Handwerksbetriebe, die Fliesen, Platten, Mosaik und Fußböden aus Steinholz, Kunststoffen, Terrazzo und ähnlichen Stoffen verlegen, Estricharbeiten ausführen sowie Fußböden mit Linoleum und ähnlichen Stoffen bekleben, einschließlich der Reparatur- und Instandhaltungsarbeiten.

8. Friseure: 3,9 v. H. des Umsatzes

   Damenfriseure, Herrenfriseure sowie Damen- und Herrenfriseure.

9. Gewerbliche Gärtnerei: 5,3 v. H. des Umsatzes

   Ausführung gärtnerischer Arbeiten im Auftrage anderer, wie Veredeln, Landschaftsgestaltung, Pflege von Gärten und Friedhöfen, Binden von Kränzen und Blumen, wobei diese Tätigkeiten nicht überwiegend auf der Nutzung von Bodenflächen beruhen.

10. Glasergewerbe: 8,0 v. H. des Umsatzes

    Handwerksbetriebe, die Glaserarbeiten ausführen, darunter Bau-, Auto-, Bilder- und Möbelarbeiten.

11. Hoch- und Ingenieurhochbau: 5,5 v. H. des Umsatzes

    Handwerksbetriebe, die Hoch- und Ingenieurhochbauten, aber nicht Brücken- und Spezialbauten, ausführen, einschließlich der Reparatur- und Unterhaltungsarbeiten.

12. Klempnerei, Gas- und Wasserinstallation: 7,4 v. H. des Umsatzes

    Handwerksbetriebe, die Bauklempnerarbeiten und die Installation von Gas- und Flüssigkeitsleitungen sowie damit verbundener Geräte einschließlich der Reparatur- und Unterhaltungsarbeiten ausführen.

13. Maler- und Lackierergewerbe, Tapezierer: 3,3 v. H. des Umsatzes

    Handwerksbetriebe, die folgende Arbeiten ausführen:
    1. Maler- und Lackiererarbeiten, einschließlich Schiffsmalerei und Entrostungsarbeiten. Nicht dazu gehört das Lackieren von Straßenfahrzeugen.
    2. Aufkleben von Tapeten, Kunststoffolien und ähnlichem.

14. Polsterei- und Dekorateurgewerbe: 8,3 v. H. des Umsatzes

    Handwerksbetriebe, die Polsterer- und Dekorateurarbeiten einschließlich Reparaturarbeiten ausführen. Darunter fallen auch die Herstellung von Möbelpolstern und Matratzen mit fremdbezogenen Vollpolstereinlagen, Federkernen oder Schaumstoff- bzw. Schaumgummikörpern, die Polsterung fremdbezogener Möbelgestelle sowie das Anbringen von Dekorationen, ohne Schaufensterdekorationen.

Umsatzsteuer-Durchführungsverordnung

Anlage

15. **Putzmacherei:** 10,6 v. H. des Umsatzes

    Handwerksbetriebe, die Hüte aus Filz, Stoff und Stroh für Damen, Mädchen und Kinder herstellen und umarbeiten. Nicht dazu gehört die Herstellung und Umarbeitung von Huthalbfabrikationen aus Filz.

16. **Reparatur von Kraftfahrzeugen:** 7,9 v. H. des Umsatzes

    Handwerksbetriebe, die Kraftfahrzeuge, ausgenommen Ackerschlepper, reparieren.

17. **Schlosserei und Schweißerei:** 6,9 v. H. des Umsatzes

    Handwerksbetriebe, die Schlosser- und Schweißarbeiten einschließlich der Reparaturarbeiten ausführen.

18. **Schneiderei:** 5,2 v. H. des Umsatzes

    Handwerksbetriebe, die folgende Arbeiten ausführen:
    1. Maßfertigung von Herren- und Knabenoberbekleidung, von Uniformen und Damen-, Mädchen- und Kinderoberbekleidung, aber nicht Maßkonfektion.
    2. Reparatur- und Hilfsarbeiten an Erzeugnissen des Bekleidungsgewerbes.

19. **Schuhmacherei:** 5,7 v. H. des Umsatzes

    Handwerksbetriebe, die Maßschuhe, darunter orthopädisches Schuhwerk, herstellen und Schuhe reparieren.

20. **Steinbildhauerei und Steinmetzerei:** 7,4 v. H. des Umsatzes

    Handwerksbetriebe, die Steinbildhauer- und Steinmetzerzeugnisse herstellen, darunter Grabsteine, Denkmäler und Skulpturen einschließlich der Reparaturarbeiten.

21. **Stukkateurgewerbe:** 3,8 v. H. des Umsatzes

    Handwerksbetriebe, die Stukkateur-, Gipserei- und Putzarbeiten, darunter Herstellung von Rabitzwänden, ausführen.

22. **Winder und Scherer:** 1,8 v. H. des Umsatzes

    In Heimarbeit Beschäftigte, die in eigener Arbeitsstätte mit nicht mehr als zwei Hilfskräften im Auftrag von Gewerbetreibenden Garne in Lohnarbeit umspulen.

23. **Zimmerei:** 7,1 v. H. des Umsatzes

    Handwerksbetriebe, die Bauholz zurichten, Dachstühle und Treppen aus Holz herstellen sowie Holzbauten errichten und entsprechende Reparatur- und Unterhaltungsarbeiten ausführen.

II. Einzelhandel

1. **Blumen und Pflanzen:** 5,3 v. H. des Umsatzes

    Einzelhandelsbetriebe, die überwiegend Blumen, Pflanzen, Blattwerk, Wurzelstücke und Zweige vertreiben.

2. **Brennstoffe:** 10,9 v. H. des Umsatzes

    Einzelhandelsbetriebe, die überwiegend Brennstoffe vertreiben.

3. **Drogerien:** 9,5 v. H. des Umsatzes

    Einzelhandelsbetriebe, die überwiegend vertreiben: Heilkräuter, pharmazeutische Spezialitäten und Chemikalien, hygienische Artikel, Desinfektionsmittel, Körperpflegemittel, kosmetische Artikel, diätetische Nährmittel, Säuglings- und Krankenpflegebedarf, Reformwaren, Schädlingsbekämpfungsmittel, Fotogeräte und Fotozubehör.

4. **Elektrotechnische Erzeugnisse, Leuchten, Rundfunk-, Fernseh- und Phonogeräte:** 10,3 v. H. des Umsatzes

    Einzelhandelsbetriebe, die überwiegend vertreiben: Elektrotechnische Erzeugnisse, darunter elektrotechnisches Material, Glühbirnen und elektrische Haushalts- und Verbrauchergeräte. Leuchten, Rundfunk-, Fernseh-, Phono-, Tonaufnahme- und -wiedergabegeräte, deren Teile und Zubehör, Schallplatten und Tonbänder.

5. **Fahrräder und Mopeds:** 10,6 v. H. des Umsatzes

    Einzelhandelsbetriebe, die überwiegend Fahrräder, deren Teile und Zubehör, Mopeds und Fahrradanhänger vertreiben.

6. **Fische und Fischerzeugnisse:** 6,2 v. H. des Umsatzes

    Einzelhandelsbetriebe, die überwiegend Fische, Fischerzeugnisse, Krebse, Muscheln und ähnliche Waren vertreiben.

7. **Kartoffeln, Gemüse, Obst und Südfrüchte:** 6,2 v. H. des Umsatzes

    Einzelhandelsbetriebe, die überwiegend Speisekartoffeln, Gemüse, Obst, Früchte (auch Konserven) sowie Obst- und Gemüsesäfte vertreiben.

8. **Lacke, Farben und sonstiger Anstrichbedarf:** 9,8 v. H. des Umsatzes

    Einzelhandelsbetriebe, die überwiegend Lacke, Farben, sonstigen Anstrichbedarf, darunter Malerwerkzeuge, Tapeten, Linoleum, sonstigen Fußbodenbelag, aber nicht Teppiche vertreiben.

9. **Milch, Milcherzeugnisse, Fettwaren und Eier:** 6,2 v. H. des Umsatzes

    Einzelhandelsbetriebe, die überwiegend Milch, Milcherzeugnisse, Fettwaren und Eier vertreiben.

Umsatzsteuer-Durchführungsverordnung
Anlage

VII B
30 a
Seite 29

10. **Nahrungs- und Genußmittel:**
    7,9 v. H. des Umsatzes

    Einzelhandelsbetriebe, die überwiegend Nahrungs- und Genußmittel aller Art vertreiben, ohne daß bestimmte Warenarten klar überwiegen.

11. **Oberbekleidung: 10,7 v. H. des Umsatzes**

    Einzelhandelsbetriebe, die überwiegend vertreiben: Oberbekleidung für Herren, Knaben, Damen, Mädchen und Kinder, auch in sportlichem Zuschnitt, darunter Berufs- und Lederbekleidung, aber nicht gewirkte und gestrickte Oberbekleidung, Sportbekleidung, Blusen, Hausjacken, Morgenröcke und Schürzen.

12. **Reformwaren: 7,9 v. H. des Umsatzes**

    Einzelhandelsbetriebe, die überwiegend vertreiben: Reformwaren, darunter Reformnahrungsmittel, diätetische Lebensmittel, Kurmittel, Heilkräuter, pharmazeutische Extrakte und Spezialitäten.

13. **Schuhe und Schuhwaren:**
    10,4 v. H. des Umsatzes

    Einzelhandelsbetriebe, die überwiegend Schuhe aus verschiedenen Werkstoffen sowie Schuhwaren vertreiben.

14. **Süßwaren: 6,2 v. H. des Umsatzes**

    Einzelhandelsbetriebe, die überwiegend Süßwaren vertreiben.

15. **Textilwaren verschiedener Art:**
    10,7 v. H. des Umsatzes

    Einzelhandelsbetriebe, die überwiegend Textilwaren vertreiben, ohne daß bestimmte Warenarten klar überwiegen.

16. **Tiere und zoologischer Bedarf:**
    8,4 v. H. des Umsatzes

    Einzelhandelsbetriebe, die überwiegend lebende Haus- und Nutztiere, zoologischen Bedarf, Bedarf für Hunde- und Katzenhaltung und dergleichen vertreiben.

17. **Unterhaltungszeitschriften und Zeitungen: 6,1 v. H. des Umsatzes**

    Einzelhandelsbetriebe, die überwiegend Unterhaltungszeitschriften, Zeitungen und Romanhefte vertreiben.

18. **Wild und Geflügel: 6,2 v. H. des Umsatzes**

    Einzelhandelsbetriebe, die überwiegend Wild, Geflügel und Wildgeflügel vertreiben.

III. Sonstige Gewerbebetriebe

1. **Eisdielen: 5,3 v. H. des Umsatzes**

    Betriebe, die überwiegend erworbenes oder selbsthergestelltes Speiseeis zum Verzehr auf dem Grundstück des Verkäufers abgeben.

2. **Fremdenheime und Pensionen:**
    5,9 v. H. des Umsatzes

    Unterkunftsstätten, in denen jedermann beherbergt und häufig auch verpflegt wird.

3. **Gast- und Speisewirtschaften:**
    7,9 v. H. des Umsatzes

    Gast- und Speisewirtschaften mit Ausschank alkoholischer Getränke (ohne Bahnhofswirtschaften).

4. **Gebäude- und Fensterreinigung:**
    1,4 v. H. des Umsatzes

    Betriebe für die Reinigung von Gebäuden, Räumen und Inventar, einschließlich Teppichreinigung, Fensterputzen, Schädlingsbekämpfung und Schiffsreinigung. Nicht dazu gehören die Betriebe für Hausfassadenreinigung.

5. **Personenbeförderung mit Personenkraftwagen: 5,2 v. H. des Umsatzes**

    Betriebe zur Beförderung von Personen mit Taxis oder Mietwagen.

6. **Wäschereien: 5,7 v. H. des Umsatzes**

    Hierzu gehören auch Mietwaschküchen, Wäschedienst, aber nicht Wäscheverleih.

IV. Freie Berufe

1. a) **Bildhauer: 6,2 v. H. des Umsatzes**

    b) **Grafiker: (nicht Gebrauchsgrafiker):**
    4,6 v. H. des Umsatzes

    c) **Kunstmaler: 4,6 v. H. des Umsatzes**

2. **Selbständige Mitarbeiter bei Bühne, Film, Funk, Fernsehen und Schallplattenproduzenten: 3,2 v. H. des Umsatzes**

    Natürliche Personen, die auf den Gebieten der Bühne, des Films, des Hörfunks, des Fernsehens, der Schallplatten-, Bild- und Tonträgerproduktion selbständig Leistungen in Form von eigenen Darbietungen oder Beiträge zu Leistungen Dritter erbringen.

3. **Hochschullehrer: 2,5 v. H. des Umsatzes**

    Umsätze aus freiberuflicher Nebentätigkeit zur unselbständig ausgeübten wissenschaftlichen Tätigkeit.

4. **Journalisten: 4,2 v. H. des Umsatzes**

    Freiberuflich tätige Unternehmer, die in Wort und Bild überwiegend aktuelle politische, kulturelle und wirtschaftliche Ereignisse darstellen.

5. **Schriftsteller: 2,2 v. H. des Umsatzes**

    Freiberuflich tätige Unternehmer, die geschriebene Werke mit überwiegend wissenschaftlichem, unterhaltendem oder künstlerischem Inhalt schaffen.

Umsatzsteuer-Durchführungsverordnung

Anlage

Abschnitt B

Durchschnittssätze für die Berechnung eines Teils der Vorsteuerbeträge (§ 70 Abs. 2)

1. **Architekten:** 1,7 v. H. des Umsatzes

   Architektur-, Bauingenieur- und Vermessungsbüros, darunter Baubüros, statische Büros und Bausachverständige, aber nicht Film- und Bühnenarchitekten.

2. **Hausbandweber:** 2,8 v. H. des Umsatzes

   In Heimarbeit Beschäftigte, die in eigener Arbeitsstätte mit nicht mehr als zwei Hilfskräften im Auftrag von Gewerbetreibenden Schmalbänder in Lohnarbeit weben oder wirken.

3. **Patentanwälte:** 1,5 v. H. des Umsatzes

   Patentanwaltspraxis, aber nicht die Lizenz- und Patentverwertung.

4. **Rechtsanwälte und Notare:** 1,3 v. H. des Umsatzes

   Rechtsanwaltspraxis mit und ohne Notariat sowie das Notariat, nicht aber die Patentanwaltspraxis.

5. **Schornsteinfeger:** 1,4 v. H. des Umsatzes

6. **Wirtschaftliche Unternehmensberatung, Wirtschaftsprüfung:** 1,5 v. H. des Umsatzes

   Wirtschaftsprüfer, vereidigte Buchprüfer, Steuerberater und Steuerbevollmächtigte. Nicht dazu gehören Treuhandgesellschaften für Vermögensverwaltung.

Gewerbesteuergesetz

Änderungsregister

Gewerbesteuergesetz 1984
(GewStG 1984)

Vom 1. Dezember 1936 (RGBl. I S. 979)
in der Fassung der Bekanntmachung vom 14. Mai 1984 (BGBl. I S. 657)[1]
(BGBl. III 611-5)

Änderungen seit Neufassung

Paragraph	Art der Änderung	Geändert durch	Datum	Fundstelle BGBl.
3, 35 c, 36 14 a, 14 b	geändert eingefügt	Steuerbereinigungsgesetz 1985	14.12.1984	I S.1493
2, 2 a, 5, 8–14, 31, 35 b, 36	geändert	Steuerbereinigungsgesetz 1986	19.12.1985	I S.2436
3	geändert	Gesetz zur Änderung des Gesetzes über die Lastenausgleichsbank	20. 2.1986	I S.297
3, 36	geändert	Gesetz über das Baugesetzbuch	8.12.1986	I S.2191

---

[1] **Bekanntmachung
der Neufassung des Gewerbesteuergesetzes**

Vom 14. Mai 1984

Auf Grund des § 35 d des Gewerbesteuergesetzes in der Fassung der Bekanntmachung vom 22. September 1978 (BGBl. I S. 1557) wird im Einvernehmen mit dem Bundesminister des Innern nachstehend der Wortlaut des Gewerbesteuergesetzes in der ab 1. Januar 1984 geltenden Fassung bekanntgemacht. Die Neufassung berücksichtigt:
1. die Fassung der Bekanntmachung des Gesetzes vom 22. September 1978 (BGBl. I S. 1557),
2. den am 3. Dezember 1978 in Kraft getretenen Artikel 2 des Steueränderungsgesetzes 1979 vom 30. November 1978 (BGBl. I S. 1849),
3. das am 1. Januar 1980 in Kraft getretene Zweite Kapitel Artikel 3 des Gesetzes vom 26. November 1979 (BGBl. I S. 1953),
4. den am 29. August 1980 in Kraft getretenen Artikel 4 des Gesetzes vom 18. August 1980 (BGBl. I S. 1537),
5. den am 29. August 1980 in Kraft getretenen Artikel 4 des Gesetzes vom 20. August 1980 (BGBl. I S. 1545),
6. den am 1. Januar 1981 in Kraft getretenen Artikel 3 des Gesetzes vom 22. August 1980 (BGBl. I S. 1558),
7. den am 1. Juli 1981 in Kraft getretenen Artikel 13 des Subventionsabbaugesetzes vom 26. Juni 1981 (BGBl. I S. 537),
8. den am 30. Dezember 1981 in Kraft getretenen Artikel 31 des 2. Haushaltsstrukturgesetzes vom 22. Dezember 1981 (BGBl. I S. 1523),
9. den am 24. Dezember 1982 in Kraft getretenen Artikel 4 des Haushaltsbegleitgesetzes 1983 vom 20. Dezember 1982 (BGBl. I S. 1857),
10. den am 1. April 1983 in Kraft getretenen Artikel 2 Abs. 15 des Gesetzes vom 29. März 1983 (BGBl. I S. 377),
11. den am 29. Dezember 1983 in Kraft getretenen Artikel 7 des Steuerentlastungsgesetzes 1984 vom 22. Dezember 1983 (BGBl. I S. 1583).

Der Bundesminister der Finanzen

Gewerbesteuergesetz
Änderungsregister

Paragraph	Art der Änderung	Geändert durch	Datum	Fundstelle BGBl.
3, 9, 12, 36	geändert	Gesetz über Unternehmens-beteiligungs-gesellschaften	17.12.1986	I S.2488
3, 8, 9, 10 a, 12, 19, 31, 35 c, 36	geändert	Steuerreform-gesetz 1990	25. 7.1988	I S.1093
36	geändert	Haushaltsbegleit-gesetz 1989	20.12.1988	I S.2262
3, 5, 11, 36	geändert	Vereinsförderungs-gesetz	18.12.1989	I S.2212
3, 9, 11, 12, 19, 31, 36	geändert	Wohnungsbau-förderungsgesetz	22.12.1989	I S.2408

Gewerbesteuergesetz
Inhaltsübersicht – § 1

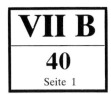

Inhaltsübersicht

	§
Abschnitt I	
Allgemeines	
Steuerberechtigte	1
Steuergegenstand	2
Arbeitsgemeinschaften	2 a
Befreiungen	3
Hebeberechtigte Gemeinde	4
Steuerschuldner	5
Besteuerungsgrundlagen	6
Abschnitt II	
Gewerbesteuer nach dem Gewerbeertrag	
Gewerbeertrag	7
Hinzurechnungen	8
Kürzungen	9
Maßgebender Gewerbeertrag	10
Gewerbeverlust	10 a
Steuermeßzahl und Steuermeßbetrag	11
Abschnitt III	
Gewerbesteuer nach dem Gewerbekapital	
Gewerbekapital	12
Steuermeßzahl und Steuermeßbetrag	13
Abschnitt IV	
Einheitlicher Steuermeßbetrag	
Festsetzung des einheitlichen Steuermeßbetrags	14
Steuererklärungspflicht	14 a
Verspätungszuschlag	14 b
Pauschfestsetzung	15
Abschnitt V	
Entstehung, Festsetzung und Erhebung der Steuer	
Hebesatz	16
(weggefallen)	17 und 17 a
Entstehung der Steuer	18
Vorauszahlungen	19
Abrechnung über die Vorauszahlungen	20
Entstehung der Vorauszahlungen	21
(weggefallen)	22 bis 27
Abschnitt VI	
Zerlegung	
Allgemeines	28
Zerlegungsmaßstab	29
Zerlegung bei mehrgemeindlichen Betriebsstätten	30
Begriff der Arbeitslöhne für die Zerlegung	31
(weggefallen)	32
Zerlegung in besonderen Fällen	33
Kleinbeträge	34
(weggefallen)	35
Abschnitt VII	
Gewerbesteuer der Reisegewerbebetriebe	35 a
Abschnitt VIII	
Änderung des Gewerbesteuermeßbescheids von Amts wegen	35 b
Abschnitt IX	
Durchführung	
Ermächtigung	35 c
Neufassung	35 d
Abschnitt X	
Schlußvorschriften	
Zeitlicher Anwendungsbereich	36
Berlin-Klausel	37

Abschnitt I
Allgemeines

§ 1 Steuerberechtigte

Die Gemeinden sind berechtigt, eine Gewerbesteuer als Gemeindesteuer zu erheben.

Fehlerberichtigung:

Bei der Gruppe VII B 40 Gewerbesteuergesetz wurde versehentlich die Seite 2 nicht bedruckt. Den fehlenden Text finden Sie auf der Rückseite dieses Blattes.

Wir bitten vielmals um Entschuldigung.

Gewerbesteuergesetz
§ 2

§ 2 Steuergegenstand

(1) Der Gewerbesteuer unterliegt jeder stehende Gewerbebetrieb, soweit er im Inland betrieben wird. Unter Gewerbebetrieb ist ein gewerbliches Unternehmen im Sinne des Einkommensteuergesetzes zu verstehen. Im Inland betrieben wird ein Gewerbebetrieb, soweit für ihn im Inland oder auf einem in einem inländischen Schiffsregister eingetragenen Kauffahrteischiff eine Betriebsstätte unterhalten wird.

(2) Als Gewerbebetrieb gilt stets und in vollem Umfang die Tätigkeit der Kapitalgesellschaften (Aktiengesellschaften, Kommanditgesellschaften auf Aktien, Gesellschaften mit beschränkter Haftung, Kolonialgesellschaften, bergrechtliche Gewerkschaften), der Erwerbs- und Wirtschaftsgenossenschaften und der Versicherungsvereine auf Gegenseitigkeit. Ist eine Kapitalgesellschaft in ein anderes inländisches gewerbliches Unternehmen in der Weise eingegliedert, daß die Voraussetzungen des § 14 Nr. 1 und 2 des Körperschaftsteuergesetzes erfüllt sind, so gilt sie als Betriebsstätte des anderen Unternehmens. Dies gilt sinngemäß, wenn die Eingliederung im Sinne der vorbezeichneten Vorschriften im Verhältnis zu einer inländischen im Handelsregister eingetragenen Zweigniederlassung eines ausländischen gewerblichen Unternehmens besteht.

(3) Als Gewerbebetrieb gilt auch die Tätigkeit der sonstigen juristischen Personen des privaten Rechts und der nichtrechtsfähigen Vereine, soweit sie einen wirtschaftlichen Geschäftsbetrieb (ausgenommen Land- und Forstwirtschaft) unterhalten.

(4) Vorübergehende Unterbrechungen im Betrieb eines Gewerbes, die durch die Art des Betriebs veranlaßt sind, heben die Steuerpflicht für die Zeit bis zur Wiederaufnahme des Betriebs nicht auf.

(5) Geht ein Gewerbebetrieb im ganzen auf einen anderen Unternehmer über, so gilt der Gewerbebetrieb als durch den bisherigen Unternehmer eingestellt. Der Gewerbebetrieb gilt als durch den anderen Unternehmer neu gegründet, wenn er nicht mit einem bereits bestehenden Gewerbebetrieb vereinigt wird.

(6) Der Gewerbesteuer unterliegen nicht Betriebsstätten, die sich außerhalb des Geltungsbereichs des Grundgesetzes in einem zum Inland gehörenden Gebiet befinden, in dem Betriebsstätten von Unternehmen mit Geschäftsleitung im Geltungsbereich des Grundgesetzes wie selbständige Unternehmen zur Gewerbesteuer herangezogen werden. Im Geltungsbereich des Grundgesetzes gelegene Betriebsstätten eines Unternehmens, dessen Geschäftsleitung sich außerhalb des Geltungsbereichs des Grundgesetzes in einem Gebiet der in Satz 1 bezeichneten Art befindet, werden wie selbständige Unternehmen zur Gewerbesteuer herangezogen.

(7) Inländische Betriebsstätten von Unternehmen, deren Geschäftsleitung sich in einem ausländischen Staat befindet, mit dem kein Abkommen zur Vermeidung der Doppelbesteuerung besteht, unterliegen nicht der Gewerbesteuer, wenn und soweit
1. die Einkünfte aus diesen Betriebsstätten im Rahmen der beschränkten Einkommensteuerpflicht steuerfrei sind und
2. der ausländische Staat Unternehmen, deren Geschäftsleitung sich im Inland befindet, eine entsprechende Befreiung von den der Gewerbesteuer ähnlichen oder ihr entsprechenden Steuern gewährt, oder in dem ausländischen Staat keine der Gewerbesteuer ähnlichen oder ihr entsprechenden Steuern bestehen.

Gewerbesteuergesetz
§§ 2 a–3

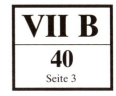

(8) Zum Inland im Sinne dieses Gesetzes gehört auch der der Bundesrepublik Deutschland zustehende Anteil am Festlandsockel, soweit dort Naturschätze des Meeresgrundes und des Meeresuntergrundes erforscht oder ausgebeutet werden.

§ 2 a Arbeitsgemeinschaften

Als Gewerbebetrieb gilt nicht die Tätigkeit der Arbeitsgemeinschaften, deren alleiniger Zweck sich auf die Erfüllung eines einzigen Werkvertrags oder Werklieferungsvertrags beschränkt, es sei denn, daß bei Abschluß des Vertrags anzunehmen ist, daß er nicht innerhalb von drei Jahren erfüllt wird. Die Betriebsstätten der Arbeitsgemeinschaften gelten insoweit anteilig als Betriebsstätten der Beteiligten.

§ 3 Befreiungen

Von der Gewerbesteuer sind befreit
1. die Deutsche Bundespost, die Deutsche Bundesbahn, die Monopolverwaltungen des Bundes, die staatlichen Lotterieunternehmen und der Erdölbevorratungsverband nach § 2 Abs. 1 des Erdölbevorratungsgesetzes vom 25. Juli 1978 (BGBl. I S. 1073);
2. die Deutsche Bundesbank, die Kreditanstalt für Wiederaufbau, die Deutsche Ausgleichsbank, die Landwirtschaftliche Rentenbank, die Bayerische Landesanstalt für Aufbaufinanzierung, die Hessische Landesentwicklungs- und Treuhandgesellschaft mit beschränkter Haftung, die Wirtschaftsaufbaukasse Schleswig-Holstein Aktiengesellschaft, die Niedersächsische Gesellschaft für öffentliche Finanzierungen mit beschränkter Haftung, die Finanzierungs- Aktiengesellschaft Rheinland-Pfalz, die Hanseatische Gesellschaft für öffentliche Finanzierungen mit beschränkter Haftung Bremen, die Landeskreditbank Baden-Württemberg-Förderungsanstalt, die Bayerische Landesbodenkreditanstalt, die Wohnungsbau-Kreditanstalt Berlin, die Hamburgische Wohnungsbaukreditanstalt, die Niedersächsische Landestreuhandstelle für den Wohnungs- und Städtebau, die Wohnungsbauförderungsanstalt des Landes Nordrhein-Westfalen, die Wohnungsbaukreditanstalt des Landes Schleswig-Holstein, die Niedersächsische Landestreuhandstelle für Wirtschaftsförderung Norddeutsche Landesbank, die Landestreuhandstelle für Agrarförderung Norddeutsche Landesbank, die Saarländische Investitionskreditbank Aktiengesellschaft und die Liquiditäts-Konsortialbank Gesellschaft mit beschränkter Haftung;
3. und 4. (weggefallen)
5. Hauberg-, Wald-, Forst- und Laubgenossenschaften und ähnliche Realgemeinden. Unterhalten sie einen Gewerbebetrieb, der über den Rahmen eines Nebenbetriebs hinausgeht, so sind sie insoweit steuerpflichtig;
6. Körperschaften, Personenvereinigungen und Vermögensmassen, die nach der Satzung, dem Stiftungsgeschäft oder der sonstigen Verfassung und nach der tatsächlichen Geschäftsführung ausschließlich und unmittelbar gemeinnützigen, mildtätigen oder kirchlichen Zwecken dienen (§§ 51 bis 68 der Abgabenordnung). Wird ein wirtschaftlicher Geschäftsbetrieb – ausgenommen Land- und Forstwirtschaft – unterhalten, ist die Steuerfreiheit insoweit ausgeschlossen;
7. Hochsee- und Küstenfischerei, wenn sie mit weniger als sieben im Jahresdurchschnitt beschäftigten Arbeitnehmern oder mit Schiffen betrieben wird, die eine eigene Triebkraft von weniger als 100 Pferdekräften haben;
8. Erwerbs- und Wirtschaftsgenossenschaften sowie Vereine im Sinne des § 5 Abs. 1 Nr. 14 des Körperschaftsteuergesetzes, soweit sie von der Körperschaftsteuer befreit sind;

9. rechtsfähige Pensions-, Sterbe-, Kranken- und Unterstützungskassen im Sinne des § 5 Abs. 1 Nr. 3 des Körperschaftsteuergesetzes, soweit sie die für eine Befreiung von der Körperschaftsteuer erforderlichen Voraussetzungen erfüllen;
10. Körperschaften oder Personenvereinigungen, deren Hauptzweck die Verwaltung des Vermögens für einen nichtrechtsfähigen Berufsverband im Sinne des § 5 Abs. 1 Nr. 5 des Körperschaftsteuergesetzes ist, wenn ihre Erträge im wesentlichen aus dieser Vermögensverwaltung herrühren und ausschließlich dem Berufsverband zufließen;
11. öffentlich-rechtliche Versicherungs- und Versorgungseinrichtungen von Berufsgruppen, deren Angehörige auf Grund einer durch Gesetz angeordneten oder auf Gesetz beruhenden Verpflichtung Mitglieder dieser Einrichtungen sind, wenn die Satzung der Einrichtung die Zahlung keiner höheren jährlichen Beiträge zuläßt als das Zwölffache der Beiträge, die nach den §§ 1387 und 1388 der Reichsversicherungsordnung höchstens entrichtet werden können. Sind nach der Satzung der Einrichtung nur Pflichtmitgliedschaften sowie freiwillige Mitgliedschaften, die unmittelbar an eine Pflichtmitgliedschaft anschließen, möglich, so steht dies der Steuerbefreiung nicht entgegen, wenn die Satzung die Zahlung keiner höheren jährlichen Beiträge zuläßt als das Fünfzehnfache der Beiträge, die nach den §§ 1387 und 1388 der Reichsversicherungsordnung höchstens entrichtet werden können;
12. Gesellschaften, bei denen die Gesellschafter als Unternehmer (Mitunternehmer) anzusehen sind, sowie Erwerbs- und Wirtschaftsgenossenschaften, soweit die Gesellschaften und die Erwerbs- und Wirtschaftsgenossenschaften eine gemeinschaftliche Tierhaltung im Sinne des § 51 a des Bewertungsgesetzes betreiben;
13. private Schulen und andere allgemeinbildende oder berufsbildende Einrichtungen, wenn sie mit ihren Leistungen nach § 4 Nr. 21 des Umsatzsteuergesetzes von der Umsatzsteuer befreit sind, soweit der Gewerbebetrieb unmittelbar dem Schul- und Bildungszweck dient;
14. Erwerbs- und Wirtschaftsgenossenschaften sowie Vereine, deren Tätigkeit sich auf den Betrieb der Land- und Forstwirtschaft beschränkt, wenn die Mitglieder der Genossenschaft oder dem Verein Flächen zur Nutzung oder für die Bewirtschaftung der Flächen erforderliche Gebäude überlassen und
    a) bei Genossenschaften das Verhältnis der Summe der Werte der Geschäftsanteile des einzelnen Mitglieds zu der Summe der Werte aller Geschäftsanteile,
    b) bei Vereinen das Verhältnis des Werts des Anteils an dem Vereinsvermögen, der im Fall der Auflösung des Vereins an das einzelne Mitglied fallen würde, zu dem Wert des Vereinsvermögens
    nicht wesentlich von dem Verhältnis abweicht, in dem der Wert der von dem einzelnen Mitglied zur Nutzung überlassenen Flächen und Gebäude zu dem Wert der insgesamt zur Nutzung überlassenen Flächen und Gebäude steht;
15. Erwerbs- und Wirtschaftsgenossenschaften sowie Vereine im Sinne des § 5 Abs. 1 Nr. 10 des Körperschaftsteuergesetzes, soweit sie von der Körperschaftsteuer befreit sind;
16. (aufgehoben)
17. die von den zuständigen Landesbehörden begründeten oder anerkannten gemeinnützigen Siedlungsunternehmen im Sinne des Reichssiedlungsgesetzes in der im Bundesgesetzblatt Teil III, Gliederungsnummer 2331-1, veröffentlichten bereinigten Fassung, zuletzt geändert durch Artikel 2 Nr. 24 des Gesetzes vom 8. Dezember 1986 (BGBl. I S. 2191), und im Sinne der Bodenreformgesetze der Länder, soweit die Unternehmen im ländlichen Raum Siedlungs-, Agrarstrukturverbesserungs- und Landentwicklungs-

maßnahmen mit Ausnahme des Wohnungsbaus durchführen. Die Steuerbefreiung ist ausgeschlossen, wenn die Einnahmen des Unternehmens aus den in Satz 1 nicht bezeichneten Tätigkeiten übersteigen.
18. (aufgehoben)
19. der Pensions-Sicherungs-Verein Versicherungsverein auf Gegenseitigkeit, wenn er die für eine Befreiung von der Körperschaftsteuer erforderlichen Voraussetzungen erfüllt;
20. Krankenhäuser, Altenheime, Altenwohnheime und Pflegeheime, wenn
    a) diese Einrichtungen von juristischen Personen des öffentlichen Rechts betrieben werden oder
    b) bei Krankenhäusern im Erhebungszeitraum die in § 67 Abs. 1 oder 2 der Abgabenordnung bezeichneten Voraussetzungen erfüllt worden sind oder
    c) bei Altenheimen, Altenwohnheimen und Pflegeheimen im Erhebungszeitraum mindestens zwei Drittel der Leistungen den in § 68 Abs. 1 des Bundessozialhilfe gesetzes oder den in § 53 Nr. 2 der Abgabenordnung genannten Personen zugute gekommen sind;
21. Unternehmen, die als Sicherungseinrichtung eines Verbandes der Kreditinstitute nach ihrer Satzung oder sonstigen Verfassung ausschließlich den Zweck haben, bei Gefahr für die Erfüllung der Verpflichtungen eines Kreditinstituts Hilfe zu leisten, wenn sie die für eine Befreiung von der Körperschaftsteuer erforderlichen Voraussetzungen erfüllen. Dies gilt entsprechend für Einrichtungen zur Sicherung von Spareinlagen bei Unternehmen, die am 31. Dezember 1989 als gemeinnützige Wohnungsunternehmen anerkannt waren;
22. (aufgehoben)
23. Unternehmensbeteiligungsgesellschaften, die nach dem Gesetz über Unternehmensbeteiligungsgesellschaften vom 17. Dezember 1986 (BGBl. I S. 2488) anerkannt sind. Der Widerruf der Anerkennung und der Verzicht auf die Anerkennung haben Wirkung für die Vergangenheit, wenn nicht Aktien der Unternehmensbeteiligungsgesellschaft öffentlich angeboten worden sind. Bescheide über die Anerkennung, die Rücknahme oder den Widerruf der Anerkennung und über die Feststellung, ob Aktien der Unternehmensbeteiligungsgesellschaft öffentlich angeboten worden sind, sind Grundlagenbescheide im Sinne der Abgabenordnung.

§ 4 Hebeberechtigte Gemeinde

(1) Die stehenden Gewerbebetriebe unterliegen der Gewerbesteuer in der Gemeinde, in der eine Betriebsstätte zur Ausübung des stehenden Gewerbes unterhalten wird. Befinden sich Betriebsstätten desselben Gewerbebetriebs in mehreren Gemeinden, oder erstreckt sich eine Betriebsstätte über mehrere Gemeinden, so wird die Gewerbesteuer in jeder Gemeinde nach dem Teil des Steuermeßbetrags erhoben, der auf sie entfällt.

(2) Für Betriebsstätten in gemeindefreien Gebieten bestimmt die Landesregierung durch Rechtsverordnung, wer die nach diesem Gesetz den Gemeinden zustehenden Befugnisse ausübt.

§ 5 Steuerschuldner

(1) Steuerschuldner ist der Unternehmer. Als Unternehmer gilt der, für dessen Rechnung das Gewerbe betrieben wird. Ist die Tätigkeit einer Personengesellschaft Gewerbebetrieb, so ist Steuerschuldner die Gesellschaft. Wird das Gewerbe in der Rechtsform einer Europäischen wirtschaftlichen Interessenvereinigung mit Sitz im Geltungsbereich der Verord-

Gewerbesteuergesetz
§§ 6–8

nung (EWG) Nr. 2137/85 des Rates vom 25. Juli 1985 über die Schaffung einer Europäischen wirtschaftlichen Interessenvereinigung (EWIV) – ABl. EG Nr. L 199 S. 1 – betrieben, sind abweichend von Satz 3 die Mitglieder Gesamtschuldner.

(2) Geht ein Gewerbebetrieb im ganzen auf einen anderen Unternehmer über (§ 2 Abs. 5), so ist der bisherige Unternehmer bis zum Zeitpunkt des Übergangs Steuerschuldner. Der andere Unternehmer ist von diesem Zeitpunkt an Steuerschuldner.

§ 6 Besteuerungsgrundlagen

Besteuerungsgrundlagen für die Gewerbesteuer sind der Gewerbeertrag und das Gewerbekapital. Im Falle des § 11 Abs. 4 treten an die Stelle des Gewerbeertrags die Entgelte (§ 10 Abs. 1 des Umsatzsteuergesetzes) aus Werbesendungen.

Abschnitt II
Gewerbesteuer nach dem Gewerbeertrag

§ 7 Gewerbeertrag

Gewerbeertrag ist der nach den Vorschriften des Einkommensteuergesetzes oder des Körperschaftsteuergesetzes zu ermittelnde Gewinn aus dem Gewerbebetrieb, der bei der Ermittlung des Einkommens für den dem Erhebungszeitraum (§ 14 Abs. 2) entsprechenden Veranlagungszeitraum zu berücksichtigen ist, vermehrt und vermindert um die in den §§ 8 und 9 bezeichneten Beträge.

§ 8 Hinzurechnungen

Dem Gewinn aus Gewerbebetrieb (§ 7) werden folgende Beträge wieder hinzugerechnet, soweit sie bei der Ermittlung des Gewinns abgesetzt sind:
1. die Hälfte der Entgelte für Schulden, die wirtschaftlich mit der Gründung oder dem Erwerb des Betriebs (Teilbetriebs) oder eines Anteils am Betrieb oder mit einer Erweiterung oder Verbesserung des Betriebs zusammenhängen oder der nicht nur vorübergehenden Verstärkung des Betriebskapitals dienen;
2. Renten und dauernde Lasten, die wirtschaftlich mit der Gründung oder dem Erwerb des Betriebs (Teilbetriebs) oder eines Anteils am Betrieb zusammenhängen. Das gilt nicht, wenn diese Beträge beim Empfänger zur Steuer nach dem Gewerbeertrag heranzuziehen sind;
3. die Gewinnanteile des stillen Gesellschafters, wenn sie beim Empfänger nicht zur Steuer nach dem Gewerbeertrag heranzuziehen sind;
4. die Gewinnanteile, die an persönlich haftende Gesellschafter einer Kommanditgesellschaft auf Aktien auf ihre nicht auf das Grundkapital gemachten Einlagen oder als Vergütung (Tantieme) für die Geschäftsführung verteilt worden sind;
5. und 6. (weggefallen)
7. die Hälfte der Miet- und Pachtzinsen für die Benutzung der nicht in Grundbesitz bestehenden Wirtschaftsgüter des Anlagevermögens, die im Eigentum eines anderen stehen. Das gilt nicht, soweit die Miet- oder Pachtzinsen beim Vermieter oder Verpächter zur Gewerbesteuer nach dem Gewerbeertrag heranzuziehen sind, es sei denn, daß ein Betrieb oder ein Teilbetrieb vermietet oder verpachtet wird und der Betrag der Miet- oder Pachtzinsen 250 000 Deutsche Mark übersteigt. Maßgebend ist jeweils der Betrag, den der Mieter oder Pächter für die Benutzung der zu den Betriebsstätten eines Gemeindebezirks gehörigen fremden Wirtschaftsgüter an einen Vermieter oder Verpächter zu zahlen hat;

Gewerbesteuergesetz
§ 9

8. die Anteile am Verlust einer in- oder ausländischen offenen Handelsgesellschaft, einer Kommanditgesellschaft oder einer anderen Gesellschaft, bei der die Gesellschafter als Unternehmer (Mitunternehmer) des Gewerbebetriebs anzusehen sind;
9. bei den der Körperschaftsteuer unterliegenden Gewerbebetrieben die Ausgaben im Sinne des § 9 Nr. 3 des Körperschaftsteuergesetzes mit Ausnahme der bei der Ermittlung des Einkommens abgezogenen Ausgaben zur Förderung wissenschaftlicher Zwecke;
10. Gewinnminderungen, die
    a) durch Ansatz des niedrigeren Teilwerts des Anteils an einer Körperschaft oder
    b) durch Veräußerung oder Entnahme des Anteils oder bei Auflösung oder Herabsetzung des Kapitals der Körperschaft
    entstanden sind, soweit der Ansatz des niedrigeren Teilwerts oder die sonstige Gewinnminderung auf Gewinnausschüttungen der Körperschaft zurückzuführen ist und auf die Gewinnausschüttungen § 9 Nr. 2 a, 7, oder 8 angewendet wird;
11. bei den der Körperschaftsteuer unterliegenden Gewerbebetrieben die in § 10 Nr. 2 des Körperschaftsteuergesetzes genannten Zinsen.

§ 9 Kürzungen

Die Summe des Gewinns und der Hinzurechnungen wird gekürzt um
1. 1,2 vom Hundert des Einheitswerts des zum Betriebsvermögen des Unternehmers gehörenden Grundbesitzes, soweit er nicht zu Betriebsstätten im Sinne des § 2 Abs. 6 Satz 1 gehört; maßgebend ist der Einheitswert, der auf den letzten Feststellungszeitpunkt (Hauptfeststellungs-, Fortschreibungs- oder Nachfeststellungszeitpunkt) vor dem Ende des Erhebungszeitraums (§ 14 Abs. 2) lautet. An Stelle der Kürzung nach Satz 1 tritt auf Antrag bei Unternehmen, die ausschließlich eigenen Grundbesitz oder neben eigenem Grundbesitz eigenes Kapitalvermögen verwalten und nutzen oder daneben Wohnungsbauten betreuen oder Einfamilienhäuser, Zweifamilienhäuser oder Eigentumswohnungen im Sinne des Ersten Teils des Wohnungseigentumsgesetzes in der im Bundesgesetzblatt Teil III, Gliederungsnummer 403-1, veröffentlichten bereinigten Fassung, zuletzt geändert durch Artikel 4 des Gesetzes vom 8. Dezember 1982 (BGBl. I S. 1615), errichten und veräußern, die Kürzung um den Teil des Gewerbeertrags, der auf die Verwaltung und Nutzung des eigenen Grundbesitzes entfällt. Satz 2 gilt entsprechend, wenn in Verbindung mit der Errichtung und Veräußerung von Eigentumswohnungen Teileigentum im Sinne des Wohnungseigentumsgesetzes errichtet und veräußert wird und das Gebäude zu mehr als $66^{2}/_{3}$ vom Hundert Wohnzwecken dient. Betreut ein Unternehmen auch Wohnungsbauten oder veräußert es auch Einfamilienhäuser, Zweifamilienhäuser oder Eigentumswohnungen, so ist Voraussetzung für die Anwendung des Satzes 2, daß der Gewinn aus der Verwaltung und Nutzung des eigenen Grundbesitzes gesondert ermittelt wird. Die Sätze 2 und 3 gelten nicht, wenn der Grundbesitz ganz oder zum Teil dem Gewerbebetrieb eines Gesellschafters oder Genossen dient;
2. die Anteile am Gewinn einer in- oder ausländischen offenen Handelsgesellschaft, einer Kommanditgesellschaft oder einer anderen Gesellschaft, bei der die Gesellschafter als Unternehmer (Mitunternehmer) des Gewerbebetriebs anzusehen sind, wenn die Gewinnanteile bei Ermittlung des Gewinns (§ 7) angesetzt worden sind;
2a. die Gewinne aus Anteilen an einer nicht steuerbefreiten inländischen Kapitalgesellschaft im Sinne des § 2 Abs. 2, einer Kreditanstalt des öffentlichen Rechts, einer Er-

werbs- und Wirtschaftsgenossenschaft oder einer Unternehmensbeteiligungsgesellschaft im Sinne des § 3 Nr. 23, wenn die Beteiligung zu Beginn des Erhebungszeitraums mindestens ein Zehntel des Grund- oder Stammkapitals beträgt und die Gewinnanteile bei Ermittlung des Gewinns (§ 7) angesetzt worden sind. Ist ein Grund- oder Stammkapital nicht vorhanden, so ist die Beteiligung an dem Vermögen, bei Erwerbs- und Wirtschaftsgenossenschaften die Beteiligung an der Summe der Geschäftsguthaben, maßgebend;

3. den Teil des Gewerbertrags eines inländischen Unternehmens, der auf eine nicht im Inland belegene Betriebsstätte entfällt;

4. die bei der Ermittlung des Gewinns aus Gewerbebetrieb des Vermieters oder Verpächters berücksichtigten Miet- oder Pachtzinsen für die Überlassung von nicht in Grundbesitz bestehenden Wirtschaftsgütern des Anlagevermögens, soweit sie nach § 8 Nr. 7 dem Gewinn aus Gewerbebetrieb des Mieters oder Pächters hinzugerechnet worden sind;

5. die nach den Vorschriften des Einkommensteuergesetzes bei der Ermittlung des Einkommens abgezogenen Ausgaben zur Förderung wissenschaftlicher Zwecke, soweit sie aus Mitteln des Gewerbebetriebs einer natürlichen Person oder Personengesellschaft entnommen worden sind;

6. die Zinsen aus den in § 43 Abs. 1 Nr. 5 des Einkommensteuergesetzes bezeichneten festverzinslichen Wertpapieren, bei denen die Einkommensteuer (Körperschaftsteuer) durch Abzug vom Kapitalertrag (Kapitalertragsteuer) erhoben worden ist;

7. die Gewinne aus Anteilen an einer Kapitalgesellschaft mit Geschäftsleitung und Sitz außerhalb des Geltungsbereichs dieses Gesetzes, an deren Nennkapital das Unternehmen seit Beginn des Erhebungszeitraums ununterbrochen mindestens zu einem Zehntel beteiligt ist (Tochtergesellschaft) und die ihre Bruttoerträge ausschließlich oder fast ausschließlich aus unter § 8 Abs. 1 Nr. 1 bis 6 des Außensteuergesetzes fallenden Tätigkeiten und aus unter § 8 Abs. 2 des Außensteuergesetzes fallenden Beteiligungen bezieht, wenn die Gewinnanteile bei der Ermittlung des Gewinns (§ 7) angesetzt worden sind. Bezieht ein Unternehmen, das über eine Tochtergesellschaft mindestens zu einem Zehntel an einer Kapitalgesellschaft mit Geschäftsleitung und Sitz außerhalb des Geltungsbereichs dieses Gesetzes (Enkelgesellschaft) mittelbar beteiligt ist, in einem Wirtschaftsjahr Gewinne aus Anteilen an der Tochtergesellschaft und schüttet die Enkelgesellschaft zu einem Zeitpunkt, der in dieses Wirtschaftsjahr fällt, Gewinne an die Tochtergesellschaft aus, so gilt auf Antrag des Unternehmens das gleiche für den Teil der von ihm bezogenen Gewinne, der der nach seiner mittelbaren Beteiligung auf das Unternehmen entfallenden Gewinnausschüttung der Enkelgesellschaft entspricht. § 26 Abs. 5 Satz 2 und 3 des Körperschaftsteuergesetzes ist entsprechend anzuwenden;

8. die Gewinne aus Anteilen an einer ausländischen Gesellschaft, die nach einem Abkommen zur Vermeidung der Doppelbesteuerung unter der Voraussetzung einer Mindestbeteiligung von der Gewerbesteuer befreit sind, ungeachtet der im Abkommen vereinbarten Mindestbeteiligung, wenn die Beteiligung mindestens ein Zehntel beträgt;

9. den Ausbildungsplatz-Abzugsbetrag nach § 24 b des Einkommensteuergesetzes in Höhe der für den Gewerbebetrieb geleisteten finanziellen Hilfen.

§ 10 Maßgebender Gewerbertrag

(1) Maßgebend ist der Gewerbertrag, der in dem Erhebungszeitraum bezogen worden ist, für den der einheitliche Steuermeßbetrag (§ 14) festgesetzt wird.

Gewerbesteuergesetz
§§ 10 a–11

(2) Weicht bei Unternehmen, die Bücher nach den Vorschriften des Handelsgesetzbuchs zu führen verpflichtet sind, das Wirtschaftsjahr, für das sie regelmäßig Abschlüsse machen, vom Kalenderjahr ab, so gilt der Gewerbeertrag als in dem Erhebungszeitraum bezogen, in dem das Wirtschaftsjahr endet.

(3) (gestrichen)

§ 10 a Gewerbeverlust

Der maßgebende Gewerbeertrag wird um die Fehlbeträge gekürzt, die sich bei der Ermittlung des maßgebenden Gewerbeertrags für die vorangegangenen Erhebungszeiträume nach den Vorschriften der §§ 7 bis 10 ergeben haben, soweit die Fehlbeträge nicht bei der Ermittlung des Gewerbeertrags für die vorangegangenen Erhebungszeiträume berücksichtigt worden sind. Die Höhe der vortragsfähigen Fehlbeträge ist gesondert festzustellen. Im Fall des § 2 Abs. 5 kann der andere Unternehmer den maßgebenden Gewerbeertrag nicht um die Fehlbeträge kürzen, die sich bei der Ermittlung des maßgebenden Gewerbeertrags des übergegangenen Unternehmens ergeben haben. Auf die Fehlbeträge ist § 8 Abs. 4 des Körperschaftsteuergesetzes entsprechend anzuwenden.

§ 11 Steuermeßzahl und Steuermeßbetrag

(1) Bei der Berechnung der Gewerbesteuer nach dem Gewerbeertrag ist von einem Steuermeßbetrag auszugehen. Dieser ist vorbehaltlich des Absatzes 4 durch Anwendung eines Hundertsatzes (Steuermeßzahl) auf den Gewerbeertrag zu ermitteln. Der Gewerbeertrag ist auf volle 100 Deutsche Mark nach unten abzurunden und
1. bei natürlichen Personen sowie bei Personengesellschaften um einen Freibetrag in Höhe von 36 000 Deutsche Mark,
2. bei Unternehmen im Sinne des § 2 Abs. 3 und des § 3 Nr. 5, 6, 8, 9, 15 und 17 sowie bei Unternehmen von juristischen Personen des öffentlichen Rechts um einen Freibetrag in Höhe von 7 500 Deutsche Mark,

höchstens jedoch in Höhe des abgerundeten Gewerbeertrags, zu kürzen.

(2) Die Steuermeßzahl für den Gewerbeertrag beträgt 5 vom Hundert.

(3) Die Steuermeßzahl ermäßigt sich auf 2,5 vom Hundert
1. bei Hausgewerbetreibenden und ihnen nach § 1 Abs. 2 Buchstaben b und d des Heimarbeitsgesetzes in der im Bundesgesetzblatt Teil III, Gliederungsnummer 804-1, veröffentlichten bereinigten Fassung, zuletzt geändert durch Artikel I des Heimarbeitsänderungsgesetzes vom 29. Oktober 1974 (BGBl. I S. 2879), gleichgestellten Personen. Das gleiche gilt für die nach § 1 Abs. 2 Buchstabe c des Heimarbeitsgesetzes gleichgestellten Personen, deren Entgelte (§ 10 Abs. 1 des Umsatzsteuergesetzes) aus der Tätigkeit unmittelbar für den Absatzmarkt im Erhebungszeitraum 50 000 Deutsche Mark nicht übersteigen;
2. bei Unternehmen, soweit sie den Betrieb von Schiffen der in § 34 c Abs. 4 des Einkommensteuergesetzes bezeichneten Art zum Gegenstand haben. § 34 c Abs. 4 Satz 5 zweiter Halbsatz des Einkommensteuergesetzes gilt entsprechend.

(4) Der Steuermeßbetrag beträgt beim Zweiten Deutschen Fernsehen, Anstalt des öffentlichen Rechts, für das Geschäft der Veranstaltung von Werbesendungen 0,8 vom Hundert der Entgelte (§ 10 Abs. 1 des Umsatzsteuergesetzes) aus Werbesendungen.

(5) und (6) (gestrichen)

Abschnitt III
Gewerbesteuer nach dem Gewerbekapital

§ 12 Gewerbekapital

(1) Als Gewerbekapital gilt der Einheitswert des gewerblichen Betriebs im Sinne des Bewertungsgesetzes mit den sich aus den Absätzen 2 bis 4 ergebenden Änderungen. Maßgebend ist der Einheitswert, der auf den letzten Feststellungszeitpunkt (Hauptfeststellungs-, Fortschreibungs- oder Nachfeststellungszeitpunkt) vor dem Ende des Erhebungszeitraums lautet.

(2) Dem Einheitswert des gewerblichen Betriebs werden folgende Beträge hinzugerechnet:
1. Die Verbindlichkeiten, die den Entgelten, den Renten und dauernden Lasten und den Gewinnanteilen im Sinne des § 8 Nr. 1 bis 3 entsprechen, soweit sie bei der Feststellung des Einheitswerts abgezogen worden sind. Verbindlichkeiten, die den Entgelten im Sinne des § 8 Nr. 1 entsprechen, werden nur hinzugerechnet, soweit der abgezogene Betrag 50 000 Deutsche Mark übersteigt; der übersteigende Betrag wird zur Hälfte hinzugerechnet;
2. die Werte (Teilwerte) der nicht in Grundbesitz bestehenden Wirtschaftsgüter, die dem Betrieb dienen, aber im Eigentum eines Mitunternehmers oder eines Dritten stehen, soweit sie nicht im Einheitswert des gewerblichen Betriebs enthalten sind. Das gilt nicht, wenn die Wirtschaftsgüter zum Gewerbekapital des Vermieters oder Verpächters gehören, es sei denn, daß ein Betrieb oder ein Teilbetrieb vermietet oder verpachtet wird und die im Gewerbekapital des Vermieters oder Verpächters enthaltenen Werte (Teilwerte) der überlassenen Wirtschaftsgüter des Betriebs (Teilbetriebs) 2,5 Millionen Deutsche Mark übersteigen. Maßgebend ist dabei jeweils die Summe der Werte der Wirtschaftsgüter, die ein Vermieter oder Verpächter dem Mieter oder Pächter zur Benutzung in den Betriebsstätten eines Gemeindebezirks überlassen hat.

(3) Die Summe des Einheitswerts des gewerblichen Betriebs und der Hinzurechnungen wird gekürzt um
1. die Summe der Einheitswerte, mit denen die Betriebsgrundstücke in dem Einheitswert des gewerblichen Betriebs enthalten sind;
2. den Wert (Teilwert) einer zum Gewerbekapital gehörenden Beteiligung an einer in- oder ausländischen offenen Handelsgesellschaft, einer Kommanditgesellschaft oder einer anderen Gesellschaft, bei der die Gesellschafter als Unternehmer (Mitunternehmer) des Gewerbebetriebs anzusehen sind;
2a. den Wert (Teilwert) einer zum Gewerbekapital gehörenden Beteiligung an einer nicht steuerbefreiten inländischen Kapitalgesellschaft im Sinne des § 2 Abs. 2, einer Kreditanstalt des öffentlichen Rechts, einer Erwerbs- und Wirtschaftsgenossenschaft oder einer Unternehmensbeteiligungsgesellschaft im Sinne des § 3 Nr. 23, wenn die Beteiligung mindestens ein Zehntel des Grund- oder Stammkapitals beträgt. Ist ein Grund- oder Stammkapital nicht vorhanden, so ist die Beteiligung am Vermögen, bei Erwerbs- und Wirtschaftsgenossenschaften die Beteiligung an der Summe der Geschäftsguthaben, maßgebend;
3. die nach Absatz 2 Nr. 2 dem Gewerbekapital eines anderen hinzugerechneten Werte (Teilwerte), soweit sie im Einheitswert des gewerblichen Betriebs des Eigentümers enthalten sind;

Gewerbesteuergesetz
§ 13

4. den Wert (Teilwert) einer zum Gewerbekapital gehörenden Beteiligung an einer Kapitalgesellschaft mit Geschäftsleitung und Sitz außerhalb des Geltungsbereichs dieses Gesetzes (Tochtergesellschaft), die in dem Wirtschaftsjahr, das dem maßgebenden Feststellungszeitpunkt vorangeht, ihre Bruttoerträge ausschließlich oder fast ausschließlich aus unter § 8 Abs. 1 Nr. 1 bis 6 des Außensteuergesetzes fallenden Tätigkeiten und aus unter § 8 Abs. 2 des Außensteuergesetzes fallenden Beteiligungen bezieht, wenn die Beteiligung mindestens ein Zehntel des Nennkapitals beträgt. Das gleiche gilt auf Antrag des Unternehmens für den Teil des Werts seiner Beteiligung an der Tochtergesellschaft, der dem Verhältnis des Werts (Teilwerts) der Beteiligung an einer Enkelgesellschaft im Sinne des § 9 Nr. 7 Satz 2 und 3 zum gesamten Wert des Betriebsvermögens der Tochtergesellschaft entspricht; die Vorschriften des Bewertungsgesetzes sind für die Bewertung der Wirtschaftsgüter der Tochtergesellschaft entsprechend anzuwenden. Die vorstehenden Vorschriften sind nur anzuwenden, wenn der Steuerpflichtige nachweist, daß alle Voraussetzungen erfüllt sind;
5. den Wert (Teilwert) einer zum Gewerbekapital gehörenden Beteiligung an einer ausländischen Gesellschaft, die nach einem Abkommen zur Vermeidung der Doppelbesteuerung unter der Voraussetzung einer Mindestbeteiligung von der Gewerbesteuer befreit ist, ungeachtet der im Abkommen vereinbarten Mindestbeteiligung, wenn die Beteiligung mindestens ein Zehntel beträgt.

(4) Nicht zu berücksichtigen sind
1. das Gewerbekapital von Betriebsstätten, die das Unternehmen im Ausland unterhält. Bei Luftverkehrsunternehmen, deren Flugbetriebsleistung überwiegend nicht im Inland erbracht wird, sind die überwiegend nicht im Inland eingesetzten Luftfahrzeuge den ausländischen und den inländischen Betriebsstätten anteilig zuzurechnen. Für die Zurechnung sind die Zerlegungsvorschriften (§§ 28 bis 34) sinngemäß anzuwenden;
2. das Gewerbekapital, das auf Betriebsstätten im Sinne des § 2 Abs. 6 Satz 1 entfällt.

(5) Maßgebend ist das Gewerbekapital nach dem Stand zu Beginn des Erhebungszeitraums, für den der einheitliche Steuermeßbetrag (§ 14) festgesetzt wird.

§ 13 Steuermeßzahl und Steuermeßbetrag

(1) Bei der Berechnung der Gewerbesteuer nach dem Gewerbekapital ist von einem Steuermeßbetrag auszugehen. Dieser ist durch Anwendung eines Tausendsatzes (Steuermeßzahl) auf das Gewerbekapital zu ermitteln. Das Gewerbekapital ist auf volle 1 000 Deutsche Mark nach unten abzurunden und um einen Freibetrag in Höhe von 120 000 Deutsche Mark, höchstens jedoch in Höhe des abgerundeten Gewerbekapitals, zu kürzen.

(2) Die Steuermeßzahl für das Gewerbekapital beträgt 2 vom Tausend.

(3) Die Steuermeßzahl ermäßigt sich bei Unternehmen, soweit sie den Betrieb von Schiffen der in § 34 c Abs. 4 des Einkommensteuergesetzes bezeichneten Art zum Gegenstand haben, auf 1 vom Tausend. Die ermäßigte Steuermeßzahl ist nur auf den Teil des Gewerbekapitals anzuwenden, der auf die unter Satz 1 fallenden Schiffe entfällt.

(4) (gestrichen)

Gewerbesteuergesetz
§§ 14–16

Abschnitt IV
Einheitlicher Steuermeßbetrag

§ 14 Festsetzung des einheitlichen Steuermeßbetrags

(1) Durch Zusammenrechnung der Steuermeßbeträge, die sich nach dem Gewerbeertrag und dem Gewerbekapital ergeben, wird ein einheitlicher Steuermeßbetrag gebildet.

(2) Der einheitliche Steuermeßbetrag wird für den Erhebungszeitraum nach dessen Ablauf festgesetzt. Erhebungszeitraum ist das Kalenderjahr. Besteht die Gewerbesteuerpflicht nicht während eines ganzen Kalenderjahrs, so tritt an die Stelle des Kalenderjahrs der Zeitraum der Steuerpflicht (abgekürzter Erhebungszeitraum).

§ 14a Steuererklärungspflicht

Für steuerpflichtige Gewerbebetriebe ist eine Erklärung zur Festsetzung des einheitlichen Steuermeßbetrages und in den Fällen des § 28 außerdem eine Zerlegungserklärung abzugeben. Zur Abgabe verpflichtet ist der Steuerschuldner (§ 5). Die Erklärungen müssen von ihm oder von den in § 34 der Abgabenordnung bezeichneten Personen eigenhändig unterschrieben werden.

§ 14b Verspätungszuschlag

Ein nach § 152 der Abgabenordnung zu entrichtender Verspätungszuschlag fließt der Gemeinde zu. Sind mehrere Gemeinden an der Gewerbesteuer beteiligt, so fließt der Verspätungszuschlag der Gemeinde zu, der der größte Zerlegungsanteil zugewiesen ist. Auf den Verspätungszuschlag ist der Hebesatz der Gemeinde nicht anzuwenden.

§ 15 Pauschfestsetzung

Wird die Einkommensteuer oder die Körperschaftsteuer in einem Pauschbetrag festgesetzt, so kann die für die Festsetzung zuständige Behörde im Einvernehmen mit der Landesregierung oder der von ihr bestimmten Behörde auch den einheitlichen Steuermeßbetrag in einem Pauschbetrag festsetzen.

Abschnitt V
Entstehung, Festsetzung und Erhebung der Steuer

§ 16 Hebesatz

(1) Die Steuer wird auf Grund des einheitlichen Steuermeßbetrags (§ 14) mit einem Hundertsatz (Hebesatz) festgesetzt und erhoben, der von der hebeberechtigten Gemeinde (§§ 4, 35 a) zu bestimmen ist.

(2) Der Hebesatz kann für ein Kalenderjahr oder mehrere Kalenderjahre festgesetzt werden.

(3) Der Beschluß über die Festsetzung oder Änderung des Hebesatzes ist bis zum 30. Juni eines Kalenderjahrs mit Wirkung vom Beginn dieses Kalenderjahrs zu fassen.

Gewerbesteuergesetz
§§ 17–17 a

Nach diesem Zeitpunkt kann der Beschluß über die Festsetzung des Hebesatzes gefaßt werden, wenn der Hebesatz die Höhe der letzten Festsetzung nicht überschreitet.

(4) Der Hebesatz muß für alle in der Gemeinde vorhandenen Unternehmen der gleiche sein. Wird das Gebiet von Gemeinden geändert, so kann die Landesregierung oder die von ihr bestimmte Stelle für die von der Änderung betroffenen Gebietsteile auf eine bestimmte Zeit verschiedene Hebesätze zulassen.

(5) In welchem Verhältnis die Hebesätze für die Grundsteuer der Betriebe der Land- und Forstwirtschaft, für die Grundsteuer der Grundstücke und für die Gewerbesteuer zueinander stehen müssen, welche Höchstsätze nicht überschritten werden dürfen und inwieweit mit Genehmigung der Gemeindeaufsichtsbehörde Ausnahmen zugelassen werden können, bleibt einer landesrechtlichen Regelung vorbehalten.

§§ 17 und 17 a (weggefallen)

(Fortsetzung auf Seite 13)

Gewerbesteuergesetz

§§ 18–27

§ 18 Entstehung der Steuer

Die Gewerbesteuer entsteht, soweit es sich nicht um Vorauszahlungen (§ 21) handelt, mit Ablauf des Erhebungszeitraums, für den die Festsetzung vorgenommen wird.

§ 19 Vorauszahlungen

(1) Der Steuerschuldner hat am 15. Februar, 15. Mai, 15. August und 15. November Vorauszahlungen zu entrichten. Gewerbetreibende, deren Wirtschaftsjahr vom Kalenderjahr abweicht, haben die Vorauszahlungen während des Wirtschaftsjahrs zu entrichten, das im Erhebungszeitraum endet.

(2) Jede Vorauszahlung beträgt grundsätzlich ein Viertel der Steuer, die sich bei der letzten Veranlagung ergeben hat.

(3) Die Gemeinde kann die Vorauszahlungen der Steuer anpassen, die sich für den Erhebungszeitraum (§ 14 Abs. 2) voraussichtlich ergeben wird. Die Anpassung kann bis zum Ende des fünfzehnten auf den Erhebungszeitraum folgenden Kalendermonats vorgenommen werden; bei einer nachträglichen Erhöhung der Vorauszahlungen ist der Erhöhungsbetrag innerhalb eines Monats nach Bekanntgabe des Vorauszahlungsbescheids zu entrichten. Das Finanzamt kann bis zum Ende des fünfzehnten auf den Erhebungszeitraum folgenden Kalendermonats für Zwecke der Gewerbesteuer-Vorauszahlungen den einheitlichen Steuermeßbetrag festsetzen, der sich voraussichtlich ergeben wird. An diese Festsetzung ist die Gemeinde bei der Anpassung der Vorauszahlungen nach den Sätzen 1 und 2 gebunden.

(4) Wird im Laufe des Erhebungszeitraums ein Gewerbebetrieb neu gegründet oder tritt ein bereits bestehender Gewerbebetrieb infolge Wegfalls des Befreiungsgrundes in die Steuerpflicht ein, so gilt für die erstmalige Festsetzung der Vorauszahlungen Absatz 3 entsprechend.

(5) Die einzelne Vorauszahlung ist auf den nächsten vollen Betrag in Deutscher Mark nach unten abzurunden. Sie wird nur festgesetzt, wenn sie mindestens 100 Deutsche Mark beträgt.

§ 20 Abrechnung über die Vorauszahlungen

(1) Die für einen Erhebungszeitraum (§ 14 Abs. 2) entrichteten Vorauszahlungen werden auf die Steuerschuld für diesen Erhebungszeitraum angerechnet.

(2) Ist die Steuerschuld größer als die Summe der anzurechnenden Vorauszahlungen, so ist der Unterschiedsbetrag, soweit er den im Erhebungszeitraum und nach § 19 Abs. 3 Satz 2 nach Ablauf des Erhebungszeitraums fällig gewordenen, aber nicht entrichteten Vorauszahlungen entspricht, sofort, im übrigen innerhalb eines Monats nach Bekanntgabe des Steuerbescheids zu entrichten (Abschlußzahlung).

(3) Ist die Steuerschuld kleiner als die Summe der anzurechnenden Vorauszahlungen, so wird der Unterschiedsbetrag nach Bekanntgabe des Steuerbescheids durch Aufrechnung oder Zurückzahlung ausgeglichen.

§ 21 Entstehung der Vorauszahlungen

Die Vorauszahlungen auf die Gewerbesteuer entstehen mit Beginn des Kalendervierteljahrs, in dem die Vorauszahlungen zu entrichten sind, oder, wenn die Steuerpflicht erst im Laufe des Kalendervierteljahrs begründet wird, mit Begründung der Steuerpflicht.

§§ 22 bis 27 (weggefallen)

Gewerbesteuergesetz

§§ 28–31

Abschnitt VI
Zerlegung

§ 28 Allgemeines

(1) Sind im Erhebungszeitraum Betriebsstätten zur Ausübung des Gewerbes in mehreren Gemeinden unterhalten worden, so ist der einheitliche Steuermeßbetrag in die auf die einzelnen Gemeinden entfallenden Anteile (Zerlegungsanteile) zu zerlegen. Das gilt auch in den Fällen, in denen eine Betriebsstätte sich über mehrere Gemeinden erstreckt hat oder eine Betriebsstätte innerhalb eines Erhebungszeitraums von einer Gemeinde in eine andere Gemeinde verlegt worden ist. Betriebsstätten, die nach § 2 Abs. 6 Satz 1 nicht der Gewerbesteuer unterliegen, sind nicht zu berücksichtigen.

(2) Bei der Zerlegung sind die Gemeinden nicht zu berücksichtigen, in denen
1. Verkehrsunternehmen lediglich Gleisanlagen unterhalten,
2. sich nur Anlagen befinden, die der Weiterleitung fester, flüssiger oder gasförmiger Stoffe sowie elektrischer Energie dienen, ohne daß diese dort abgegeben werden,
3. Bergbauunternehmen keine oberirdischen Anlagen haben, in welchen eine gewerbliche Tätigkeit entfaltet wird.

Dies gilt nicht, wenn dadurch auf keine Gemeinde ein Zerlegungsanteil oder der einheitliche Steuermeßbetrag entfallen würde.

§ 29 Zerlegungsmaßstab

(1) Zerlegungsmaßstab ist
1. vorbehaltlich der Nummer 2 das Verhältnis, in dem die Summe der Arbeitslöhne, die an die bei allen Betriebsstätten (§ 28) beschäftigten Arbeitnehmer gezahlt worden sind, zu den Arbeitslöhnen steht, die an die bei den Betriebsstätten der einzelnen Gemeinden beschäftigten Arbeitnehmer gezahlt worden sind;
2. bei Wareneinzelhandelsunternehmen zur Hälfte das in Nummer 1 bezeichnete Verhältnis und zur Hälfte das Verhältnis, in dem die Summe der in allen Betriebsstätten (§ 28) erzielten Betriebseinnahmen zu den in den Betriebsstätten der einzelnen Gemeinden erzielten Betriebseinnahmen steht.

(2) Bei der Zerlegung nach Absatz 1 sind die Betriebseinnahmen oder Arbeitslöhne anzusetzen, die in den Betriebsstätten der beteiligten Gemeinden (§ 28) während des Erhebungszeitraums (§ 14 Abs. 2) erzielt oder gezahlt worden sind.

(3) Bei Ermittlung der Verhältniszahlen sind die Betriebseinnahmen oder Arbeitslöhne auf volle 1 000 Deutsche Mark abzurunden.

§ 30 Zerlegung bei mehrgemeindlichen Betriebsstätten

Erstreckt sich die Betriebsstätte auf mehrere Gemeinden, so ist der einheitliche Steuermeßbetrag oder Zerlegungsanteil auf die Gemeinden zu zerlegen, auf die sich die Betriebsstätte erstreckt, und zwar nach der Lage der örtlichen Verhältnisse unter Berücksichtigung der durch das Vorhandensein der Betriebsstätte erwachsenden Gemeindelasten.

§ 31 Begriff der Arbeitslöhne für die Zerlegung

(1) Arbeitslöhne sind vorbehaltlich der Absätze 2 bis 6 die Vergütungen im Sinne des § 19 Abs. 1 Nr. 1 des Einkommensteuergesetzes, soweit sie nicht durch andere Rechtsvor-

schriften von der Einkommensteuer befreit sind. Zuschläge für Mehrarbeit und für Sonntags-, Feiertags- und Nachtarbeit gehören unbeschadet der einkommensteuerlichen Behandlung zu den Arbeitslöhnen.

(2) Zu den Arbeitslöhnen gehören nicht Vergütungen, die an Personen gezahlt worden sind, die zu ihrer Berufsausbildung beschäftigt werden.

(3) In Fällen des § 3 Nr. 5, 6, 8, 9, 12, 13, 15 und 17 bleiben die Vergütungen an solche Arbeitnehmer außer Ansatz, die nicht ausschließlich oder überwiegend in dem steuerpflichtigen Betrieb oder Teil des Betriebs tätig sind.

(4) Nach dem Gewinn berechnete einmalige Vergütungen (z.B. Tantiemen, Gratifikationen) sind nicht anzusetzen. Das gleiche gilt für sonstige Vergütungen, soweit sie bei dem einzelnen Arbeitnehmer 100 000 Deutsche Mark übersteigen.

(5) Bei Unternehmen, die nicht von einer juristischen Person betrieben werden, sind für die im Betrieb tätigen Unternehmer (Mitunternehmer) insgesamt 50 000 Deutsche Mark jährlich anzusetzen.

(6) (gestrichen)

§ 32 (weggefallen)

§ 33 Zerlegung in besonderen Fällen

(1) Führt die Zerlegung nach den §§ 28 bis 31 zu einem offenbar unbilligen Ergebnis, so ist nach einem Maßstab zu zerlegen, der die tatsächlichen Verhältnisse besser berücksichtigt. In dem Zerlegungsbescheid hat das Finanzamt darauf hinzuweisen, daß bei der Zerlegung Satz 1 angewendet worden ist.

(2) Einigen sich die Gemeinden mit dem Steuerschuldner über die Zerlegung, so ist der Steuermeßbetrag nach Maßgabe der Einigung zu zerlegen.

§ 34 Kleinbeträge

(1) Übersteigt der einheitliche Steuermeßbetrag nicht den Betrag von 20 Deutsche Mark, so ist er in voller Höhe der Gemeinde zuzuweisen, in der sich die Geschäftsleitung befindet. Befindet sich die Geschäftsleitung im Ausland oder in einem der in § 2 Abs. 6 Satz 1 bezeichneten Gebiete außerhalb des Geltungsbereichs des Grundgesetzes, so ist der Steuermeßbetrag der Gemeinde zuzuweisen, in der sich die wirtschaftlich bedeutendste der zu berücksichtigenden Betriebsstätten befindet.

(2) Übersteigt der einheitliche Steuermeßbetrag zwar den Betrag von 20 Deutsche Mark, würde aber nach den Zerlegungsvorschriften einer Gemeinde ein Zerlegungsanteil von nicht mehr als 20 Deutsche Mark zuzuweisen sein, so ist dieser Anteil der Gemeinde zuzuweisen, in der sich die Geschäftsleitung befindet. Absatz 1 Satz 2 ist entsprechend anzuwenden.

(3) Wird der Zerlegungsbescheid geändert oder berichtigt, würde sich dabei aber der Zerlegungsanteil einer Gemeinde um nicht mehr als 20 Deutsche Mark erhöhen oder ermäßigen, so ist der Betrag der Erhöhung oder Ermäßigung bei dem Zerlegungsanteil der Gemeinde zu berücksichtigen, in der sich die Geschäftsleitung befindet. Absatz 1 Satz 2 ist entsprechend anzuwenden.

Gewerbesteuergesetz
§§ 35–35 b

§ 35 (weggefallen)

Abschnitt VII
Gewerbesteuer der Reisegewerbebetriebe

§ 35 a

(1) Der Gewerbesteuer unterliegen auch die Reisegewerbebetriebe, soweit sie im Inland – mit Ausnahme der in § 2 Abs. 6 Satz 1 bezeichneten Gebiete – betrieben werden.

(2) Reisegewerbebetrieb im Sinne dieses Gesetzes ist ein Gewerbebetrieb, dessen Inhaber nach den Vorschriften der Gewerbeordnung und den Ausführungsbestimmungen dazu entweder einer Reisegewerbekarte bedarf oder von der Reisegewerbekarte lediglich deshalb befreit ist, weil er einen Blindenwaren-Vertriebsausweis (§ 55 a Abs. 1 Nr. 4 der Gewerbeordnung) besitzt. Wird im Rahmen eines einheitlichen Gewerbebetriebs sowohl ein stehendes Gewerbe als auch ein Reisegewerbe betrieben, so ist der Betrieb in vollem Umfang als stehendes Gewerbe zu behandeln.

(3) Hebeberechtigt ist die Gemeinde, in der sich der Mittelpunkt der gewerblichen Tätigkeit befindet.

(4) Ist im Laufe des Erhebungszeitraums der Mittelpunkt der gewerblichen Tätigkeit von einer Gemeinde in eine andere Gemeinde verlegt worden, so hat das Finanzamt den einheitlichen Steuermeßbetrag nach den zeitlichen Anteilen (Kalendermonaten) auf die beteiligten Gemeinden zu zerlegen.

Abschnitt VIII
Änderung des Gewerbesteuermeßbescheids von Amts wegen

§ 35 b

Der Gewerbesteuermeßbescheid ist von Amts wegen aufzuheben oder zu ändern, wenn der Einkommensteuerbescheid, der Körperschaftsteuerbescheid oder ein Feststellungsbescheid aufgehoben oder geändert wird und die Aufhebung oder Änderung den Gewinn aus Gewerbebetrieb oder den Einheitswert des gewerblichen Betriebs berührt. Die Änderung des Gewinns aus Gewerbebetrieb oder des Einheitswerts des gewerblichen Betriebs ist insoweit zu berücksichtigen, als sie die Höhe des Gewerbeertrags oder des Gewerbekapitals beeinflußt. § 171 Abs. 10 der Abgabenordnung gilt sinngemäß.

Gewerbesteuergesetz
§§ 35 c–36

Abschnitt IX
Durchführung

§ 35 c Ermächtigung

Die Bundesregierung wird ermächtigt, mit Zustimmung des Bundesrates
1. zur Durchführung des Gewerbesteuergesetzes Rechtsverordnungen zu erlassen
   a) über die Abgrenzung der Steuerpflicht,
   b) über die Ermittlung des Gewerbeertrags und des Gewerbekapitals,
   c) über die Festsetzung der Steuermeßbeträge, soweit dies zur Wahrung der Gleichmäßigkeit der Besteuerung und zur Vermeidung von Unbilligkeiten in Härtefällen erforderlich ist,
   d) über die Zerlegung des einheitlichen Steuermeßbetrags,
   e) über die Abgabe von Steuererklärungen unter Berücksichtigung von Freibeträgen und Freigrenzen;
2. Vorschriften durch Rechtsverordnung zu erlassen
   a) über die sich aus der Aufhebung oder Änderung von Vorschriften dieses Gesetzes ergebenden Rechtsfolgen, soweit dies zur Wahrung der Gleichmäßigkeit bei der Besteuerung oder zur Beseitigung von Unbilligkeiten in Härtefällen erforderlich ist,
   b) (weggefallen)
   c) über die Steuerbefreiung der Einnehmer einer staatlichen Lotterie,
   d) über die Steuerbefreiung bei bestimmten kleineren Versicherungsvereinen auf Gegenseitigkeit im Sinne des § 53 des Versicherungsaufsichtsgesetzes, wenn sie von der Körperschaftsteuer befreit sind,
   e) über die Beschränkung der Hinzurechnung von Dauerschulden (§ 8 Nr. 1, § 12 Abs. 2 Nr. 1) bei Kreditinstituten nach dem Verhältnis des Eigenkapitals zu Teilen der Aktivposten,
   f) über die Begriffsbestimmung des Wareneinzelhandelsunternehmens,
   g) über die Festsetzung abweichender Vorauszahlungstermine.

§ 35 d Neufassung

Der Bundesminister der Finanzen wird ermächtigt, im Einvernehmen mit dem Bundesminister des Innern den Wortlaut des Gewerbesteuergesetzes und der dazu erlassenen Durchführungsverordnungen in der jeweils geltenden Fassung mit neuem Datum, unter neuer Überschrift und in neuer Paragraphenfolge bekanntzumachen und dabei Unstimmigkeiten des Wortlauts zu beseitigen.

Abschnitt X
Schlußvorschriften

§ 36 Zeitlicher Anwendungsbereich

(1) Die vorstehende Fassung dieses Gesetzes ist, soweit in den folgenden Absätzen nichts anderes bestimmt ist, erstmals für den Erhebungszeitraum 1990 anzuwenden.

(2) Die Steuerbefreiung nach § 3 Nr. 2 ist für die Landeskreditbank Baden- Württemberg letztmals für den Erhebungszeitraum 1988 und für die Landeskreditbank Baden-Württemberg-Förderungsanstalt erstmals für den Erhebungszeitraum 1989 anzuwenden.

(3) § 3 Nr. 15 bis 18 des Gewerbesteuergesetzes 1984 in der Fassung der Bekanntmachung vom 14. Mai 1984 (BGBl. I S. 657) ist im Falle des Antrags nach § 54 Abs. 3 Satz 1 des Körperschaftsteuergesetzes letztmals für den Erhebungszeitraum 1990 anzuwenden, wenn die Körperschaft in diesem Erhebungszeitraum ausschließlich Geschäfte betreibt, die nach den bis zum 31. Dezember 1989 geltenden gesetzlichen Vorschriften zulässig waren. In diesem Fall ist § 3 Nr. 15 und 17 dieses Gesetzes in der vorstehenden Fassung erstmals für den Erhebungszeitraum 1991 anzuwenden.

(3 a) § 5 Abs. 1 Satz 4 ist erstmals für den Erhebungszeitraum 1989 anzuwenden.

(4) § 8 Nr. 10 ist erstmals anzuwenden, soweit die Gewinnminderungen auf Gewinnausschüttungen nach dem 23. Juni 1988 zurückzuführen sind.

(4 a) § 9 Nr. 6 ist erstmals auf Kapitalerträge anzuwenden, die nach dem 30. Juni 1989 zufließen. Auf Kapitalerträge, die nach dem 31. Dezember 1988 und vor dem 1. Juli 1989 zugeflossen sind, ist § 9 Nr. 6 in der Fassung des Artikels 3 Nr. 3 des Steuerreformgesetzes 1990 vom 25. Juli 1988 (BGBl. I S. 1093) anzuwenden.

(5) § 10 a Satz 1 ist erstmals auf Fehlbeträge des Erhebungszeitraums 1985 anzuwenden.

(6) § 10 a letzter Satz ist auch für Erhebungszeiträume vor 1990 anzuwenden, wenn die Rechtsgeschäfte, die zum Verlust der wirtschaftlichen Identität geführt haben, nach dem 23. Juni 1988 abgeschlossen worden sind.

(6 a) § 12 Abs. 4 Nr. 1 Satz 2 und 3 gilt erstmals für den Erhebungszeitraum 1986.

(7) § 19 Abs. 1 Satz 2 ist erstmals auf Wirtschaftsjahre anzuwenden, die im Erhebungszeitraum 1990 enden, und gilt nicht für Gewerbebetriebe, deren Wirtschaftsjahr bereits vom Kalenderjahr abweicht, es sei denn, sie sind nach dem 31. Dezember 1985 gegründet oder infolge Wegfalls eines Befreiungsgrunds nach diesem Zeitpunkt in die Steuerpflicht eingetreten oder sie haben nach diesem Zeitpunkt das Wirtschaftsjahr auf einen vom Kalenderjahr abweichenden Zeitraum umgestellt.

§ 37 Berlin-Klausel

Dieses Gesetz gilt nach Maßgabe des § 12 Abs. 1 des Dritten Überleitungsgesetzes auch im Land Berlin. Rechtsverordnungen, die auf Grund dieses Gesetzes erlassen werden, gelten im Land Berlin nach § 14 des Dritten Überleitungsgesetzes.

Gewerbesteuer-Durchführungsverordnung
Änderungsregister

Gewerbesteuer-Durchführungsverordnung (GewStDV 1986)

Vom 24. März 1956 (BGBl. I S. 152)
in der Fassung der Bekanntmachung vom 24. November 1986 (BGBl. I S. 2074)[1]
(BGBl. III 611-5-1)

Änderungen seit Neufassung

Paragraph	Art der Änderung	Geändert durch	Datum	Fundstelle BGBl.
19, 36	geändert	Steuerreformgesetz 1990	25. 7.1988	I S.1093

---

[1] **Bekanntmachung**
der Neufassung der Gewerbesteuer-Durchführungsverordnung

Vom 24. November 1986

Auf Grund des § 35 d des Gewerbesteuergesetzes in der Fassung der Bekanntmachung vom 14. Mai 1984 (BGBl. I S. 657) wird im Einvernehmen mit dem Bundesminister des Innern nachstehend der Wortlaut der Gewerbesteuer-Durchführungsverordnung in der seit 1. Januar 1986 geltenden Fassung bekanntgemacht. Die Neufassung berücksichtigt:
1. die Fassung der Bekanntmachung vom 26. Januar 1979 (BGBl. I S. 114),
2. die nach ihrem Artikel 4 am 8. Mai 1980 und teilweise am 1. Januar 1981 in Kraft getretene Verordnung vom 25. April 1980 (BGBl. I S. 487) und
3. die mit Wirkung vom 1. Januar 1986 in Kraft getretene Verordnung vom 24. November 1986 (BGBl. I S. 2073).

Die Rechtsvorschriften wurden auf Grund des § 35 c des Gewerbesteuergesetzes erlassen.

Der Bundesminister der Finanzen

Gewerbesteuer-Durchführungsverordnung
§§ 1–7

Zu § 2 des Gesetzes

§ 1 Stehender Gewerbebetrieb

Stehender Gewerbebetrieb ist jeder Gewerbebetrieb, der kein Reisegewerbebetrieb im Sinne des § 35 a Abs. 2 des Gesetzes ist.

§ 2 Betriebe der öffentlichen Hand

(1) Unternehmen von juristischen Personen des öffentlichen Rechts sind gewerbesteuerpflichtig, wenn sie als stehende Gewerbebetriebe anzusehen sind. Das gilt auch für Unternehmen, die der Versorgung der Bevölkerung mit Wasser, Gas, Elektrizität oder Wärme, dem öffentlichen Verkehr oder dem Hafenbetrieb dienen.

(2) Unternehmen von juristischen Personen des öffentlichen Rechts, die überwiegend der Ausübung der öffentlichen Gewalt dienen (Hoheitsbetriebe), gehören unbeschadet der Vorschrift des Absatzes 1 Satz 2 nicht zu den Gewerbebetrieben. Für die Annahme eines Hoheitsbetriebs reichen Zwangs- oder Monopolrechte nicht aus.

§ 3 (weggefallen)

§ 4 Aufgabe, Auflösung und Konkurs

(1) Ein Gewerbebetrieb, der aufgegeben oder aufgelöst wird, bleibt Steuergegenstand bis zur Beendigung der Aufgabe oder Abwicklung.

(2) Die Gewerbesteuerpflicht wird durch die Eröffnung des Konkursverfahrens über das Vermögen des Unternehmers nicht berührt.

§ 5 Betriebsstätten auf Schiffen

Ein Gewerbebetrieb wird gewerbesteuerlich insoweit nicht im Inland betrieben, als für ihn eine Betriebsstätte auf einem Kauffahrteischiff unterhalten wird, das im sogenannten regelmäßigen Liniendienst ausschließlich zwischen ausländischen Häfen verkehrt, auch wenn es in einem inländischen Schiffsregister eingetragen ist.

§ 6 Binnen- und Küstenschiffahrtsbetriebe

Bei Binnen- und Küstenschiffahrtsbetrieben, die feste örtliche Anlagen oder Einrichtungen zur Ausübung des Gewerbes nicht unterhalten, gilt eine Betriebsstätte in dem Ort als vorhanden, der als Heimathafen (Heimatort) im Schiffsregister eingetragen ist.

§ 7 Gewerbebetriebe, die auch außerhalb des Geltungsbereichs des Gesetzes im Inland betrieben werden

(1) Befindet sich die Geschäftsleitung außerhalb des Geltungsbereichs des Gesetzes in einem inländischen Gebiet, in dem Betriebsstätten von Unternehmen mit Geschäftsleitung im Geltungsbereich des Gesetzes wie selbständige Unternehmen zur Gewerbesteuer herangezogen werden, so ist,
1. wenn im Geltungsbereich des Gesetzes nur eine Betriebsstätte vorhanden ist, diese wie ein selbständiges Unternehmen zur Gewerbesteuer heranzuziehen;

Gewerbesteuer-Durchführungsverordnung

§§ 8–15

2. wenn im Geltungsbereich des Gesetzes mehrere Betriebsstätten vorhanden sind, die Gesamtheit dieser Betriebsstätten wie ein selbständiges Unternehmen zu behandeln und der einheitliche Steuermeßbetrag von dem Finanzamt festzusetzen, in dessen Bezirk sich die wirtschaftlich bedeutendste der im Geltungsbereich des Gesetzes gelegenen Betriebsstätten befindet.

(2) Ist die Geschäftsleitung im Laufe des Erhebungszeitraums aus einem inländischen Gebiet der in Absatz 1 bezeichneten Art in den Geltungsbereich des Gesetzes verlegt worden, so ist das Unternehmen so zu behandeln, als ob sich die Geschäftsleitung während des ganzen Zeitraums, in dem das Gewerbe im Geltungsbereich des Gesetzes betrieben wurde, in diesem befunden hätte. Ist die Geschäftsleitung im Laufe des Erhebungszeitraums aus dem Geltungsbereich dieses Gesetzes in ein inländisches Gebiet der in Absatz 1 bezeichneten Art verlegt worden, so ist das Unternehmen so zu behandeln, als ob sich die Geschäftsleitung während des ganzen Erhebungszeitraums in diesem Gebiet befunden hätte.

§ 8 Zusammenfassung mehrerer wirtschaftlicher Geschäftsbetriebe

Werden von einer sonstigen juristischen Person des privaten Rechts oder einem nichtrechtsfähigen Verein (§ 2 Abs. 3 des Gesetzes) mehrere wirtschaftliche Geschäftsbetriebe unterhalten, so gelten sie als ein einheitlicher Gewerbebetrieb.

§ 9 (weggefallen)

Zu § 3 des Gesetzes

§§ 10 bis 12 (weggefallen)

§ 12 a Kleinere Versicherungsvereine

Kleinere Versicherungsvereine auf Gegenseitigkeit im Sinne des § 53 des Gesetzes über die Beaufsichtigung der privaten Versicherungsunternehmungen in der im Bundesgesetzblatt Teil III, Gliederungsnummer 7631-1, veröffentlichten bereinigten Fassung, zuletzt geändert durch das Gesetz vom 18. Dezember 1975 (BGBl. I S. 3139), sind von der Gewerbesteuer befreit, wenn sie nach § 5 Abs. 1 Nr. 4 des Körperschaftsteuergesetzes von der Körperschaftsteuer befreit sind.

§ 13 Einnehmer einer staatlichen Lotterie

Die Tätigkeit der Einnehmer einer staatlichen Lotterie unterliegt auch dann nicht der Gewerbesteuer, wenn sie im Rahmen eines Gewerbebetriebs ausgeübt wird.

Zu § 4 des Gesetzes

§ 14 (weggefallen)

§ 15 Hebeberechtigte Gemeinde bei Gewerbebetrieben auf Schiffen und bei Binnen- und Küstenschiffahrtsbetrieben

Hebeberechtigte Gemeinde für die Betriebsstätten auf Kauffahrteischiffen, die in einem inländischen Schiffsregister eingetragen sind und nicht im sogenannten regelmäßigen Li-

Gewerbesteuer-Durchführungsverordnung
§§ 16–19

niendienst ausschließlich zwischen ausländischen Häfen verkehren, und für die in § 6 bezeichneten Binnen- und Küstenschiffahrtsbetriebe ist die Gemeinde, in der der inländische Heimathafen (Heimatort) des Schiffes liegt.

Zu den §§ 7, 8 und 9 des Gesetzes

§ 16 Gewerbeertrag bei Abwicklung und Konkurs

(1) Der Gewerbeertrag, der bei einem in der Abwicklung befindlichen Gewerbebetrieb im Sinne des § 2 Abs. 2 des Gesetzes im Zeitraum der Abwicklung entstanden ist, ist auf die Jahre des Abwicklungszeitraums zu verteilen.

(2) Das gilt entsprechend für Gewerbebetriebe, wenn über das Vermögen des Unternehmers das Konkursverfahren eröffnet worden ist.

§§ 17 und 18 (weggefallen)

Zu den §§ 8 und 12 des Gesetzes

§ 19 Dauerschulden bei Kreditinstituten

(1) Bei Kreditinstituten im Sinne des § 1 des Gesetzes über das Kreditwesen sind Dauerschulden nur insoweit anzusetzen, als der Ansatz der zum Anlagevermögen gehörenden Grundstücke, Gebäude, Betriebs- und Geschäftsausstattung, Gegenstände, über die Leasingverträge abgeschlossen worden sind, Schiffe, Anteile an Kreditinstituten und sonstigen Unternehmen sowie der Forderungen aus Vermögenseinlagen als stiller Gesellschafter und aus Genußrechten das Eigenkapital überschreitet. Den Anlagen nach Satz 1 sind Forderungen gegen ein Unternehmen hinzuzurechnen, mit dem eine organschaftliche Verbindung nach § 2 Abs. 2 Sätze 2 und 3 des Gesetzes besteht und das nicht zu den Kreditinstituten gehört, auf die Satz 1 und Absatz 2 anzuwenden sind, wenn die Forderungen am Ende des Erhebungszeitraums mehr als zwölf Monate bestanden haben.

(2) Voraussetzung für die Anwendung des Absatzes 1 ist, daß im Durchschnitt aller Monatsausweise des Wirtschaftsjahrs des Kreditinstituts nach § 25 des Gesetzes über das Kreditwesen oder entsprechender Statistiken die Aktivposten aus Bankgeschäften und dem Erwerb von Geldforderungen die Aktivposten aus anderen Geschäften überwiegen. In den Vergleich sind Aktivposten aus Anlagen nach Absatz 1 und aus Geschäften, die nach § 9 der Befreiungsverordnung vom 20. August 1985 (BGBl. I S. 1719) von der Anzeigepflicht nach § 24 Abs. 1 Nr. 9 des Gesetzes über das Kreditwesen ausgenommen sind, nicht einzubeziehen.

(3) Für Pfandleiher im Sinne der Pfandleiherverordnung in der Fassung der Bekanntmachung vom 1. Juni 1976 (BGBl. I S. 1334), geändert durch Artikel 5 der Verordnung vom 28. November 1979 (BGBl. I S. 1986), gelten die vorstehenden Bestimmungen entsprechend.

Gewerbesteuer-Durchführungsverordnung
§§ 20–25

Zu § 9 des Gesetzes

§ 20 Grundbesitz

(1) Die Frage, ob und inwieweit im Sinne des § 9 Nr. 1 des Gesetzes Grundbesitz zum Betriebsvermögen des Unternehmers gehört, ist nach den Vorschriften des Einkommensteuergesetzes oder des Körperschaftsteuergesetzes zu entscheiden. Maßgebend ist dabei der Stand zu Beginn des Kalenderjahrs.

(2) Gehört der Grundbesitz nur zum Teil zum Betriebsvermögen im Sinne des Absatzes 1, so ist der Kürzung nach § 9 Nr. 1 des Gesetzes nur der entsprechende Teil des Einheitswerts zugrunde zu legen.

Zu den §§ 9 und 12 des Gesetzes

§ 21 Kürzungen für Grundstücke im Zustand der Bebauung

Befindet sich ein Grundstück im Zustand der Bebauung, so bemessen sich die Kürzungen nach § 9 Nr. 1 Satz 1 und nach § 12 Abs. 3 Nr. 1 des Gesetzes nach dem Einheitswert, der nach § 91 Abs. 1 des Bewertungsgesetzes festgestellt ist.

Zu § 11 des Gesetzes

§ 22 Hausgewerbetreibende und ihnen gleichgestellte Personen

Betreibt ein Hausgewerbetreibender oder eine ihm gleichgestellte Person noch eine andere gewerbliche Tätigkeit und sind beide Tätigkeiten als eine Einheit anzusehen, so ist § 11 Abs. 3 Nr. 1 des Gesetzes nur anzuwenden, wenn die andere Tätigkeit nicht überwiegt. Die Vergünstigung gilt in diesem Fall für den gesamten Gewerbeertrag.

§§ 23 und 24 (weggefallen)

Zu § 14 des Gesetzes

§ 25 Gewerbesteuererklärung

(1) Eine Gewerbesteuererklärung ist abzugeben
1. für alle gewerbesteuerpflichtigen Unternehmen, deren Gewerbeertrag im Erhebungszeitraum den Betrag von 36 000 Deutsche Mark oder deren Gewerbekapital an dem maßgebenden Feststellungszeitpunkt den Betrag von 120 000 Deutsche Mark überstiegen hat;
2. für Kapitalgesellschaften (Aktiengesellschaften, Kommanditgesellschaften auf Aktien, Gesellschaften mit beschränkter Haftung, Kolonialgesellschaften, bergrechtliche Gewerkschaften);
3. für Erwerbs- und Wirtschaftsgenossenschaften und für Versicherungsvereine auf Gegenseitigkeit.

Gewerbesteuer-Durchführungsverordnung
§§ 26–30

Für sonstige juristische Personen des privaten Rechts und für nichtrechtsfähige Vereine ist eine Gewerbesteuererklärung nur abzugeben, soweit diese Unternehmen einen wirtschaftlichen Geschäftsbetrieb (ausgenommen Land- und Forstwirtschaft) unterhalten, dessen Gewerbeertrag im Erhebungszeitraum den Betrag von 5 000 Deutsche Mark oder dessen Gewerbekapital an dem maßgebenden Feststellungszeitpunkt den Betrag von 120 000 Deutsche Mark überstiegen hat;

4. für Unternehmen von juristischen Personen des öffentlichen Rechts, wenn sie als stehende Gewerbebetriebe anzusehen sind und ihr Gewerbeertrag im Erhebungszeitraum den Betrag von 5 000 Deutsche Mark oder ihr Gewerbekapital an dem maßgebenden Feststellungszeitpunkt den Betrag von 120 000 Deutsche Mark überstiegen hat;

5. für alle gewerbesteuerpflichtigen Unternehmen, für die vom Finanzamt eine Gewerbesteuererklärung besonders verlangt wird.

(2) Die Steuererklärung ist spätestens an dem von den obersten Finanzbehörden der Länder bestimmten Zeitpunkt abzugeben. Für die Erklärung sind die amtlichen Vordrucke zu verwenden. Das Recht des Finanzamts, schon vor diesem Zeitpunkt Angaben zu verlangen, die für die Besteuerung von Bedeutung sind, bleibt unberührt.

§§ 26 bis 28 (weggefallen)

Zu § 19 des Gesetzes

§ 29 Anpassung und erstmalige Festsetzung der Vorauszahlungen

(1) Setzt das Finanzamt nach § 19 Abs. 3 Satz 3 des Gesetzes einen einheitlichen Steuermeßbetrag für Zwecke der Gewerbesteuer-Vorauszahlungen fest, so wird ein Zerlegungsbescheid nicht erteilt. Die hebeberechtigten Gemeinden sind an dem Steuermeßbetrag in demselben Verhältnis beteiligt, nach dem die Zerlegungsanteile in dem unmittelbar vorangegangenen Zerlegungsbescheid festgesetzt sind. Das Finanzamt hat gleichzeitig mit der Festsetzung des einheitlichen Steuermeßbetrags den hebeberechtigten Gemeinden mitzuteilen

1. den Hundertsatz, um den sich der einheitliche Steuermeßbetrag gegenüber dem in der Mitteilung über die Zerlegung (§ 188 Abs. 1 der Abgabenordnung) angegebenen einheitlichen Steuermeßbetrag erhöht oder ermäßigt, oder den Zerlegungsanteil,
2. den Erhebungszeitraum, für den die Änderung erstmals gilt.

(2) In den Fällen des § 19 Abs. 4 des Gesetzes hat das Finanzamt erforderlichenfalls den einheitlichen Steuermeßbetrag für Zwecke der Gewerbesteuer-Vorauszahlungen zu zerlegen. Das gleiche gilt in den Fällen des § 19 Abs. 3 des Gesetzes, wenn an den Vorauszahlungen nicht dieselben Gemeinden beteiligt sind, die nach dem unmittelbar vorangegangenen Zerlegungsbescheid beteiligt waren. Bei der Zerlegung sind die mutmaßlichen Betriebseinnahmen oder Arbeitslöhne des Erhebungszeitraums anzusetzen, für den die Festsetzung der Vorauszahlungen erstmals gilt.

§ 30 Verlegung von Betriebsstätten

Wird eine Betriebsstätte in eine andere Gemeinde verlegt, so sind die Vorauszahlungen in dieser Gemeinde von dem auf die Verlegung folgenden Fälligkeitstag ab zu entrichten. Das

Gewerbesteuer-Durchführungsverordnung
§§ 31–35

gilt nicht, wenn in der Gemeinde, aus der die Betriebsstätte verlegt wird, mindestens eine Betriebsstätte des Unternehmens bestehen bleibt.

§§ 31 und 32 (weggefallen)

Zu § 29 des Gesetzes

§ 33 Wareneinzelhandelsunternehmen

(1) Wareneinzelhandelsunternehmen im Sinne des § 29 Abs. 1 Nr. 2 des Gesetzes sind Unternehmen, die ausschließlich Lieferungen im Einzelhandel bewirken. Der Eigenverbrauch (§ 1 Abs. 1 Nr. 2 des Umsatzsteuergesetzes) bleibt außer Betracht.

(2) Eine Lieferung im Einzelhandel im Sinne des Absatzes 1 liegt nicht vor, wenn der Unternehmer einen Gegenstand an einen anderen Unternehmer zur Verwendung in dessen Unternehmen liefert (zur gewerblichen Weiterveräußerung – sei es in derselben Beschaffenheit, sei es nach vorheriger Bearbeitung oder Verarbeitung – oder zur gewerblichen Herstellung anderer Gegenstände oder zur Bewirkung gewerblicher oder beruflicher Leistungen). Wird ein Gegenstand teils zu den genannten Zwecken, teils zu anderen Zwecken erworben, so ist der Haupterwerbszweck maßgebend. Eine Änderung des Erwerbszwecks nach der Lieferung bleibt unberücksichtigt.
Lieferungen im Einzelhandel sind außerdem nicht:
1. Lieferungen von Wasser, Gas, Elektrizität oder Wärme;
2. Lieferungen von Brennstoffen, und zwar von Steinkohle, Braunkohle, Preßkohle (Briketts) und aus Kohle hergestelltem Koks sowie von Heizöl, Holz und Torf;
3. Lieferungen an den Bund oder andere Körperschaften des öffentlichen Rechts.

Zu § 34 des Gesetzes

§ 34 Kleinbeträge bei Verlegung der Geschäftsleitung

Hat das Unternehmen die Geschäftsleitung im Laufe des Erhebungszeitraums in eine andere Gemeinde verlegt, so ist der Kleinbetrag der Gemeinde zuzuweisen, in der sich die Geschäftsleitung während des Erhebungszeitraums die längste Zeit befunden hat. Befand sich im Fall des Satzes 1 die Geschäftsleitung gleich lange Zeit in mehreren Gemeinden, so ist der Kleinbetrag der Gemeinde zuzuweisen, in der sich die Geschäftsleitung am Ende des Erhebungszeitraums befunden hat.

Zu § 35 a des Gesetzes

§ 35 Reisegewerbebetriebe

(1) Der Mittelpunkt der gewerblichen Tätigkeit befindet sich in der Gemeinde, von der aus die gewerbliche Tätigkeit vorwiegend ausgeübt wird. Das ist in der Regel die Gemeinde, in der sich der Wohnsitz des Reisegewerbetreibenden befindet. In Ausnahmefällen ist Mittelpunkt eine auswärtige Gemeinde, wenn die gewerbliche Tätigkeit von dieser Gemeinde (z. B. von einem Büro oder Warenlager) aus vorwiegend ausgeübt wird. Ist der Mittel-

Gewerbesteuer-Durchführungsverordnung
§§ 36–38

punkt der gewerblichen Tätigkeit nicht feststellbar, so ist die Gemeinde hebeberechtigt, in der der Unternehmer polizeilich gemeldet oder meldepflichtig ist.

(2) Eine Zerlegung des einheitlichen Steuermeßbetrags auf die Gemeinden, in denen das Gewerbe ausgeübt worden ist, unterbleibt.

(3) Der einheitliche Steuermeßbetrag ist im Fall des § 35 a Abs. 4 des Gesetzes nach dem Anteil der Kalendermonate auf die hebeberechtigten Gemeinden zu zerlegen. Kalendermonate, in denen die Steuerpflicht nur während eines Teils bestanden hat, sind voll zu rechnen. Der Anteil für den Kalendermonat, in dem der Mittelpunkt der gewerblichen Tätigkeit verlegt worden ist, ist der Gemeinde zuzuteilen, in der sich der Mittelpunkt in diesem Kalendermonat die längste Zeit befunden hat.

Schlußvorschriften

§ 36 Anwendungszeitraum

Die vorstehende Fassung dieser Verordnung ist erstmals für den Erhebungszeitraum 1990 anzuwenden.

§ 37 (weggefallen)

§ 38 Berlin-Klausel

Diese Verordnung gilt nach § 14 des Dritten Überleitungsgesetzes in Verbindung mit § 37 des Gesetzes auch im Land Berlin.

Grundsteuergesetz

Steuerpflicht
§§ 1—3

Grundsteuergesetz
(GrStG)

Vom 7. August 1973 (BGBl. I S. 965; BGBl. III 611-7),
geändert durch das Einführungsgesetz zur Abgabenordnung
vom 14. Dezember 1976 (BGBl. I S. 3341)

Abschnitt I
Steuerpflicht

§ 1 Heberecht

(1) Die Gemeinde bestimmt, ob von dem in ihrem Gebiet liegenden Grundbesitz Grundsteuer zu erheben ist.

(2) Bestehen in einem Land keine Gemeinden, so stehen das Recht des Absatzes 1 und die in diesem Gesetz bestimmten weiteren Rechte dem Land zu.

(3) Für den in gemeindefreien Gebieten liegenden Grundbesitz bestimmt die Landesregierung durch Rechtsverordnung, wer die nach diesem Gesetz den Gemeinden zustehenden Befugnisse ausübt.

§ 2 Steuergegenstand

Steuergegenstand ist der Grundbesitz im Sinne des Bewertungsgesetzes:
1. die Betriebe der Land- und Forstwirtschaft (§§ 33, 48 a und 51 a des Bewertungsgesetzes). Diesen stehen die in § 99 Abs. 1 Nr. 2 des Bewertungsgesetzes bezeichneten Betriebsgrundstücke gleich;
2. die Grundstücke (§§ 68, 70 des Bewertungsgesetzes). Diesen stehen die in § 99 Abs. 1 Nr. 1 des Bewertungsgesetzes bezeichneten Betriebsgrundstücke gleich.

§ 3 Steuerbefreiung für Grundbesitz bestimmter Rechtsträger

(1) Von der Grundsteuer sind befreit
1. Grundbesitz, der von einer inländischen juristischen Person des öffentlichen Rechts für einen öffentlichen Dienst oder Gebrauch benutzt wird. Ausgenommen ist der Grundbesitz, der von Berufsvertretungen und Berufsverbänden sowie von Kassenärztlichen Vereinigungen und Kassenärztlichen Bundesvereinigungen benutzt wird;
2. Grundbesitz, der von der Deutschen Bundesbahn für Verwaltungszwecke benutzt wird;
3. Grundbesitz, der von
   a) einer inländischen juristischen Person des öffentlichen Rechts,
   b) einer inländischen Körperschaft, Personenvereinigung oder Vermögensmasse, die nach der Satzung, dem Stiftungsgeschäft oder der sonstigen

---

1) Dieses Gesetz ist als Artikel 1 Bestandteil des Gesetzes zur Reform des Grundsteuerrechts vom 7. 8. 1973 (BGBl. I S. 965).

Verfassung und nach ihrer tatsächlichen Geschäftsführung ausschließlich und unmittelbar gemeinnützigen oder mildtätigen Zwecken dient, für gemeinnützige oder mildtätige Zwecke benutzt wird;
4. Grundbesitz, der von einer Religionsgesellschaft, die Körperschaft des öffentlichen Rechts ist, einem ihrer Orden, einer ihrer religiösen Genossenschaften oder einem ihrer Verbände für Zwecke der religiösen Unterweisung, der Wissenschaft, des Unterrichts, der Erziehung oder für Zwecke der eigenen Verwaltung benutzt wird. Den Religionsgesellschaften stehen die jüdischen Kultusgemeinden gleich, die nicht Körperschaften des öffentlichen Rechts sind;
5. Dienstgrundstücke und Dienstwohnungen der Geistlichen und Kirchendiener der Religionsgesellschaften, die Körperschaften des öffentlichen Rechts sind, und der jüdischen Kultusgemeinden. Die §§ 5 und 6 sind insoweit nicht anzuwenden.

Der Grundbesitz muß ausschließlich demjenigen, der ihn für die begünstigten Zwecke benutzt, oder einem anderen nach den Nummern 1 bis 5 begünstigten Rechtsträger zuzurechnen sein.

(2) Öffentlicher Dienst oder Gebrauch im Sinne dieses Gesetzes ist die hoheitliche Tätigkeit oder der bestimmungsgemäße Gebrauch durch die Allgemeinheit. Ein Entgelt für den Gebrauch durch die Allgemeinheit darf nicht in der Absicht, Gewinn zu erzielen, gefordert werden.

(3) Öffentlicher Dienst oder Gebrauch im Sinne dieses Gesetzes ist nicht anzunehmen bei Betrieben gewerblicher Art von Körperschaften des öffentlichen Rechts im Sinne des Körperschaftsteuergesetzes.

§ 4 Sonstige Steuerbefreiungen

Soweit sich nicht bereits eine Befreiung nach § 3 ergibt, sind von der Grundsteuer befreit
1. Grundbesitz, der dem Gottesdienst einer Religionsgesellschaft, die Körperschaft des öffentlichen Rechts ist, oder einer jüdischen Kultusgemeinde gewidmet ist;
2. Bestattungsplätze;
3. a) die dem öffentlichen Verkehr dienenden Straßen, Wege, Plätze, Wasserstraßen, Häfen und Schienenwege sowie die Grundflächen mit den diesem Verkehr unmittelbar dienenden Bauwerken und Einrichtungen, zum Beispiel Brücken, Schleuseneinrichtungen, Signalstationen, Stellwerke, Blockstellen;
   b) auf Verkehrsflughäfen und Verkehrslandeplätzen alle Flächen, die unmittelbar zur Gewährleistung eines ordnungsgemäßen Flugbetriebes notwendig sind und von Hochbauten und sonstigen Luftfahrthindernissen freigehalten werden müssen, die Grundflächen der Bauwerke und Einrichtungen, die unmittelbar diesem Betrieb dienen, sowie die Grundflächen ortsfester Flugsicherungsanlagen einschließlich der Flächen, die für einen einwandfreien Betrieb dieser Anlagen erforderlich sind;
   c) die fließenden Gewässer und die ihren Abfluß regelnden Sammelbecken, soweit sie nicht unter Buchstabe a fallen;
4. die Grundflächen mit den im Interesse der Ordnung und Verbesserung der Wasser- und Bodenverhältnisse unterhaltenen Einrichtungen der öffentlich-rechtlichen Wasser- und Bodenverbände und die im öffentlichen Interesse staatlich unter Schau gestellten Privatdeiche;

Grundsteuergesetz

Steuerpflicht
§§ 5—7

5. Grundbesitz, der für Zwecke der Wissenschaft, des Unterrichts oder der Erziehung benutzt wird, wenn durch die Landesregierung oder die von ihr beauftragte Stelle anerkannt ist, daß der Benutzungszweck im Rahmen der öffentlichen Aufgaben liegt. Der Grundbesitz muß ausschließlich demjenigen, der ihn benutzt, oder einer juristischen Person des öffentlichen Rechts zuzurechnen sein;
6. Grundbesitz, der für die Zwecke eines Krankenhauses benutzt wird, wenn das Krankenhaus in dem Kalenderjahr, das dem Veranlagungszeitpunkt (§ 13 Abs. 1) vorangeht, die Voraussetzungen des § 67 Abs. 1 oder 2 der Abgabenordnung erfüllt hat. Der Grundbesitz muß ausschließlich demjenigen, der ihn benutzt, oder einer juristischen Person des öffentlichen Rechts zuzurechnen sein.

§ 5 Zu Wohnzwecken benutzter Grundbesitz

(1) Dient Grundbesitz, der für steuerbegünstigte Zwecke (§§ 3 und 4) benutzt wird, zugleich Wohnzwecken, gilt die Befreiung nur für
1. Gemeinschaftsunterkünfte der Bundeswehr, der ausländischen Streitkräfte, der internationalen militärischen Hauptquartiere, des Bundesgrenzschutzes, der Polizei und des sonstigen Schutzdienstes des Bundes und der Gebietskörperschaften sowie ihrer Zusammenschlüsse;
2. Wohnräume in Schülerheimen, Ausbildungs- und Erziehungsheimen sowie Prediger- und Priesterseminaren, wenn die Unterbringung in ihnen für die Zwecke des Unterrichts, der Ausbildung oder der Erziehung erforderlich ist. Wird das Heim oder Seminar nicht von einem der nach § 3 Abs. 1 Nr. 1, 3 oder 4 begünstigten Rechtsträger unterhalten, so bedarf es einer Anerkennung der Landesregierung oder der von ihr beauftragten Stelle, daß die Unterhaltung des Heims oder Seminars im Rahmen der öffentlichen Aufgaben liegt;
3. Wohnräume, wenn der steuerbegünstigte Zweck im Sinne des § 3 Abs. 1 Nr. 1, 3 oder 4 nur durch ihre Überlassung erreicht werden kann;
4. Räume, in denen sich Personen für die Erfüllung der steuerbegünstigten Zwecke ständig bereithalten müssen (Bereitschaftsräume), wenn sie nicht zugleich die Wohnung des Inhabers darstellen.

(2) Wohnungen sind stets steuerpflichtig, auch wenn die Voraussetzungen des Absatzes 1 vorliegen.

§ 6 Land- und forstwirtschaftlich genutzter Grundbesitz

Wird Grundbesitz, der für steuerbegünstigte Zwecke (§§ 3 und 4) benutzt wird, zugleich land- und forstwirtschaftlich genutzt, so gilt die Befreiung nur für
1. Grundbesitz, der Lehr- oder Versuchszwecken dient;
2. Grundbesitz, der von der Bundeswehr, den ausländischen Streitkräften, den internationalen militärischen Hauptquartieren oder den in § 5 Abs. 1 Nr. 1 bezeichneten Schutzdiensten als Übungsplatz oder Flugplatz benutzt wird;
3. Grundbesitz, der unter § 4 Nr. 1 bis 4 fällt.

§ 7 Unmittelbare Benutzung für einen steuerbegünstigten Zweck

Die Befreiung nach den §§ 3 und 4 tritt nur ein, wenn der Steuergegenstand für den steuerbegünstigten Zweck unmittelbar benutzt wird. Unmittelbare Benutzung liegt vor, sobald der Steuergegenstand für den steuerbegünstigten Zweck hergerichtet wird.

§ 8 Teilweise Benutzung für einen steuerbegünstigten Zweck

(1) Wird ein räumlich abgegrenzter Teil des Steuergegenstandes für steuerbegünstigte Zwecke (§§ 3 und 4) benutzt, so ist nur dieser Teil des Steuergegenstandes steuerfrei.

(2) Dient der Steuergegenstand oder ein Teil des Steuergegenstandes (Absatz 1) sowohl steuerbegünstigten Zwecken (§§ 3 und 4) als auch anderen Zwecken, ohne daß eine räumliche Abgrenzung für die verschiedenen Zwecke möglich ist, so ist der Steuergegenstand oder der Teil des Steuergegenstandes nur befreit, wenn die steuerbegünstigten Zwecke überwiegen.

§ 9 Stichtag für die Festsetzung der Grundsteuer; Entstehung der Steuer

(1) Die Grundsteuer wird nach den Verhältnissen zu Beginn des Kalenderjahres festgesetzt.

(2) Die Steuer entsteht mit dem Beginn des Kalenderjahres, für das die Steuer festzusetzen ist.

§ 10 Steuerschuldner

(1) Schuldner der Grundsteuer ist derjenige, dem der Steuergegenstand bei der Feststellung des Einheitswerts zugerechnet ist.

(2) Derjenige, dem ein Erbbaurecht, ein Wohnungserbbaurecht oder ein Teilerbbaurecht zugerechnet ist, ist auch Schuldner der Grundsteuer für die wirtschaftliche Einheit des belasteten Grundstücks.

(3) Ist der Steuergegenstand mehreren Personen zugerechnet, so sind sie Gesamtschuldner.

§ 11 Persönliche Haftung

(1) Neben dem Steuerschuldner haften der Nießbraucher des Steuergegenstandes und derjenige, dem ein dem Nießbrauch ähnliches Recht zusteht.

(2) Wird ein Steuergegenstand ganz oder zu einem Teil einer anderen Person übereignet, so haftet der Erwerber neben dem früheren Eigentümer für die auf den Steuergegenstand oder Teil des Steuergegenstandes entfallende Grundsteuer, die für die Zeit seit dem Beginn des letzten vor der Übereignung liegenden Kalenderjahres zu entrichten ist. Das gilt nicht für Erwerbe aus einer Konkursmasse, für Erwerbe aus dem Vermögen eines Vergleichsschuldners, das auf Grund eines Vergleichsvorschlags nach § 7 Abs. 4 der Vergleichsordnung verwertet wird, und für Erwerbe im Vollstreckungsverfahren.

§ 12 Dingliche Haftung

Die Grundsteuer ruht auf dem Steuergegenstand als öffentliche Last.

Grundsteuergesetz

Bemessung der Grundsteuer
§§ 13—16

Abschnitt II
Bemessung der Grundsteuer

§ 13 Steuermeßzahl und Steuermeßbetrag

(1) Bei der Berechnung der Grundsteuer ist von einem Steuermeßbetrag auszugehen. Dieser ist durch Anwendung eines Tausendsatzes (Steuermeßzahl) auf den Einheitswert oder seinen steuerpflichtigen Teil zu ermitteln, der nach dem Bewertungsgesetz im Veranlagungszeitpunkt (§ 16 Abs. 1, § 17 Abs. 3, § 18 Abs. 3) für den Steuergegenstand maßgebend ist.

(2) Bei Grundbesitz, der von der Deutschen Bundesbahn für Betriebszwecke benutzt wird, ermäßigt sich der Steuermeßbetrag auf die Hälfte; die §§ 5 bis 8 gelten entsprechend.

(3) In den Fällen des § 10 Abs. 2 ist der Berechnung des Steuermeßbetrags die Summe der beiden Einheitswerte zugrunde zu legen, die nach § 92 des Bewertungsgesetzes festgestellt werden.

§ 14 Steuermeßzahl für Betriebe der Land- und Forstwirtschaft

Für Betriebe der Land- und Forstwirtschaft beträgt die Steuermeßzahl 6 vom Tausend.

§ 15 Steuermeßzahl für Grundstücke

(1) Die Steuermeßzahl beträgt 3,5 vom Tausend.

(2) Abweichend von Absatz 1 beträgt die Steuermeßzahl
1. für Einfamilienhäuser im Sinne des § 75 Abs. 5 des Bewertungsgesetzes mit Ausnahme des Wohnungseigentums und des Wohnungserbbaurechts einschließlich des damit belasteten Grundstücks 2,6 vom Tausend für die ersten 75 000 Deutsche Mark des Einheitswerts oder seines steuerpflichtigen Teils und 3,5 vom Tausend für den Rest des Einheitswerts oder seines steuerpflichtigen Teils;
2. für Zweifamilienhäuser im Sinne des § 75 Abs. 6 des Bewertungsgesetzes 3,1 vom Tausend.

§ 16 Hauptveranlagung

(1) Die Steuermeßbeträge werden auf den Hauptfeststellungszeitpunkt (§ 21 Abs. 2 des Bewertungsgesetzes) allgemein festgesetzt (Hauptveranlagung). Dieser Zeitpunkt ist der Hauptveranlagungszeitpunkt.

(2) Der bei der Hauptveranlagung festgesetzte Steuermeßbetrag gilt vorbehaltlich der §§ 17 und 20 von dem Kalenderjahr an, das zwei Jahre nach dem Hauptveranlagungszeitpunkt beginnt. Dieser Steuermeßbetrag bleibt unbeschadet der §§ 17 und 20 bis zu dem Zeitpunkt maßgebend, von dem an die Steuermeßbeträge der nächsten Hauptveranlagung wirksam werden. Der sich nach den Sätzen 1 und 2 ergebende Zeitraum ist der Hauptveranlagungszeitraum.

(3) Ist die Festsetzungsfrist (§ 169 der Abgabenordnung) bereits abgelaufen, so kann die Hauptveranlagung unter Zugrundelegung der Verhältnisse vom

Grundsteuergesetz
Bemessung der Grundsteuer
§§ 17—18

Hauptveranlagungszeitpunkt mit Wirkung für einen späteren Veranlagungszeitpunkt vorgenommen werden, für den diese Frist noch nicht abgelaufen ist.

§ 17 Neuveranlagung

(1) Wird eine Wertfortschreibung (§ 22 Abs. 1 des Bewertungsgesetzes) oder eine Artfortschreibung oder Zurechnungsfortschreibung (§ 22 Abs. 2 des Bewertungsgesetzes) durchgeführt, so wird der Steuermeßbetrag auf den Fortschreibungszeitpunkt neu festgesetzt (Neuveranlagung).

(2) Der Steuermeßbetrag wird auch dann neu festgesetzt, wenn dem Finanzamt bekannt wird, daß
1. Gründe, die im Feststellungsverfahren über den Einheitswert nicht zu berücksichtigen sind, zu einem anderen als dem für den letzten Veranlagungszeitpunkt festgesetzten Steuermeßbetrag führen oder
2. die letzte Veranlagung fehlerhaft ist; § 176 der Abgabenordnung ist hierbei entsprechend anzuwenden; das gilt jedoch nur für Veranlagungszeitpunkte, die vor der Verkündung der maßgeblichen Entscheidung eines obersten Gerichts des Bundes liegen.

(3) Der Neuveranlagung werden die Verhältnisse im Neuveranlagungszeitpunkt zugrunde gelegt. Neuveranlagungszeitpunkt ist
1. in den Fällen des Absatzes 1 der Beginn des Kalenderjahres, auf den die Fortschreibung durchgeführt wird;
2. in den Fällen des Absatzes 2 Nr. 1 der Beginn des Kalenderjahres, auf den sich erstmals ein abweichender Steuermeßbetrag ergibt. § 16 Abs. 3 ist entsprechend anzuwenden;
3. in den Fällen des Absatzes 2 Nr. 2 der Beginn des Kalenderjahres, in dem der Fehler dem Finanzamt bekannt wird, bei einer Erhöhung des Steuermeßbetrags jedoch frühestens der Beginn des Kalenderjahres, in dem der Steuermeßbescheid erteilt wird.

(4) Treten die Voraussetzungen für eine Neuveranlagung während des Zeitraums zwischen dem Hauptveranlagungszeitpunkt und dem Zeitpunkt des Wirksamwerdens der Steuermeßbeträge (§ 16 Abs. 2) ein, so wird die Neuveranlagung auf den Zeitpunkt des Wirksamwerdens der Steuermeßbeträge vorgenommen.

§ 18 Nachveranlagung

(1) Wird eine Nachfeststellung (§ 23 Abs. 1 des Bewertungsgesetzes) durchgeführt, so wird der Steuermeßbetrag auf den Nachfeststellungszeitpunkt nachträglich festgesetzt (Nachveranlagung).

(2) Der Steuermeßbetrag wird auch dann nachträglich festgesetzt, wenn der Grund für die Befreiung des Steuergegenstandes von der Grundsteuer wegfällt, der für die Berechnung der Grundsteuer maßgebende Einheitswert (§ 13 Abs. 1) aber bereits festgestellt ist.

(3) Der Nachveranlagung werden die Verhältnisse im Nachveranlagungszeitpunkt zugrunde gelegt. Nachveranlagungszeitpunkt ist
1. in den Fällen des Absatzes 1 der Beginn des Kalenderjahres, auf den der Einheitswert nachträglich festgestellt wird;

Grundsteuergesetz

Bemessung der Grundsteuer
§§ 19—22

2. in den Fällen des Absatzes 2 der Beginn des Kalenderjahres, der auf den Wegfall des Befreiungsgrundes folgt. § 16 Abs. 3 ist entsprechend anzuwenden.

(4) Treten die Voraussetzungen für eine Nachveranlagung während des Zeitraums zwischen dem Hauptveranlagungszeitpunkt und dem Zeitpunkt des Wirksamwerdens der Steuermeßbeträge (§ 16 Abs. 2) ein, so wird die Nachveranlagung auf den Zeitpunkt des Wirksamwerdens der Steuermeßbeträge vorgenommen.

§ 19 Anzeigepflicht

Jede Änderung in der Nutzung oder in den Eigentumsverhältnissen eines ganz oder teilweise von der Grundsteuer befreiten Steuergegenstandes hat derjenige anzuzeigen, der nach § 10 als Steuerschuldner in Betracht kommt. Die Anzeige ist innerhalb von drei Monaten nach Eintritt der Änderung bei dem Finanzamt zu erstatten, das für die Festsetzung des Steuermeßbetrags zuständig ist.

§ 20 Aufhebung des Steuermeßbetrags

(1) Der Steuermeßbetrag wird aufgehoben,
1. wenn der Einheitswert aufgehoben wird oder
2. wenn dem Finanzamt bekannt wird, daß
   a) für den ganzen Steuergegenstand ein Befreiungsgrund eingetreten ist oder
   b) der Steuermeßbetrag fehlerhaft festgesetzt worden ist.

(2) Der Steuermeßbetrag wird aufgehoben
1. in den Fällen des Absatzes 1 Nr. 1 mit Wirkung vom Aufhebungszeitpunkt (§ 24 Abs. 2 des Bewertungsgesetzes) an;
2. in den Fällen des Absatzes 1 Nr. 2 Buchstabe a mit Wirkung vom Beginn des Kalenderjahres an, der auf den Eintritt des Befreiungsgrundes folgt. § 16 Abs. 3 ist entsprechend anzuwenden;
3. in den Fällen des Absatzes 1 Nr. 2 Buchstabe b mit Wirkung vom Beginn des Kalenderjahres an, in dem der Fehler dem Finanzamt bekannt wird.

(3) Treten die Voraussetzungen für eine Aufhebung während des Zeitraums zwischen dem Hauptveranlagungszeitpunkt und dem Zeitpunkt des Wirksamwerdens der Steuermeßbeträge (§ 16 Abs. 2) ein, so wird die Aufhebung auf den Zeitpunkt des Wirksamwerdens der Steuermeßbeträge vorgenommen.

§ 21 Änderung von Steuermeßbescheiden

Bescheide über die Neuveranlagung oder die Nachveranlagung von Steuermeßbeträgen können schon vor dem maßgebenden Veranlagungszeitpunkt erteilt werden. Sie sind zu ändern oder aufzuheben, wenn sich bis zu diesem Zeitpunkt Änderungen ergeben, die zu einer abweichenden Festsetzung führen.

§ 22 Zerlegung des Steuermeßbetrags

(1) Erstreckt sich der Steuergegenstand über mehrere Gemeinden, so ist der Steuermeßbetrag vorbehaltlich des § 24 in die auf die einzelnen Gemeinden entfallenden Anteile zu zerlegen (Zerlegungsanteile). Für den Zerlegungsmaßstab gilt folgendes:

Grundsteuergesetz

Bemessung der Grundsteuer —
Festsetzung und Entrichtung der Grundsteuer
§§ 23—25

1. Bei Betrieben der Land- und Forstwirtschaft ist der auf den Wohnungswert entfallende Teil des Steuermeßbetrags der Gemeinde zuzuweisen, in der sich der Wohnteil oder dessen wertvollster Teil befindet. Der auf den Wirtschaftswert entfallende Teil des Steuermeßbetrags ist in dem Verhältnis zu zerlegen, in dem die auf die einzelnen Gemeinden entfallenden Flächengrößen zueinander stehen.
2. Bei Grundstücken ist der Steuermeßbetrag in dem Verhältnis zu zerlegen, in dem die auf die einzelnen Gemeinden entfallenden Flächengrößen zueinander stehen. Führt die Zerlegung nach Flächengrößen zu einem offenbar unbilligen Ergebnis, so hat das Finanzamt auf Antrag einer Gemeinde die Zerlegung nach dem Maßstab vorzunehmen, der nach bisherigem Recht zugrunde gelegt wurde. Dies gilt nur so lange, als keine wesentliche Änderung der tatsächlichen Verhältnisse eintritt; im Falle einer wesentlichen Änderung ist nach einem Maßstab zu zerlegen, der den tatsächlichen Verhältnissen besser Rechnung trägt.

Einigen sich die Gemeinden mit dem Steuerschuldner über die Zerlegungsanteile, so sind diese maßgebend.

(2) Entfällt auf eine Gemeinde ein Zerlegungsanteil von weniger als fünfzig Deutsche Mark, so ist dieser Anteil der Gemeinde zuzuweisen, der nach Absatz 1 der größte Zerlegungsanteil zusteht.

§ 23 Zerlegungsstichtag

(1) Der Zerlegung des Steuermeßbetrags werden die Verhältnisse in dem Feststellungszeitpunkt zugrunde gelegt, auf den der für die Festsetzung des Steuermeßbetrages maßgebende Einheitswert festgestellt worden ist.

(2) Ändern sich die Grundlagen für die Zerlegung, ohne daß der Einheitswert fortgeschrieben oder nachträglich festgestellt wird, so sind die Zerlegungsanteile nach dem Stand vom 1. Januar des folgenden Jahres neu zu ermitteln, wenn wenigstens bei einer Gemeinde der neue Anteil um mehr als ein Zehntel, mindestens aber um zwanzig Deutsche Mark von ihrem bisherigen Anteil abweicht.

§ 24 Ersatz der Zerlegung durch Steuerausgleich

Die Landesregierung kann durch Rechtsverordnung bestimmen, daß bei Betrieben der Land- und Forstwirtschaft, die sich über mehrere Gemeinden erstrecken, aus Vereinfachungsgründen an Stelle der Zerlegung ein Steuerausgleich stattfindet. Beim Steuerausgleich wird der gesamte Steuermeßbetrag der Gemeinde zugeteilt, in der der wertvollste Teil des Steuergegenstandes liegt (Sitzgemeinde); an dem Steueraufkommen der Sitzgemeinde werden die übrigen Gemeinden beteiligt. Die Beteiligung soll annähernd zu dem Ergebnis führen, das bei einer Zerlegung einträte.

Abschnitt III
Festsetzung und Entrichtung der Grundsteuer

§ 25 Festsetzung des Hebesatzes

(1) Die Gemeinde bestimmt, mit welchem Hundertsatz des Steuermeßbetrags oder des Zerlegungsanteils die Grundsteuer zu erheben ist (Hebesatz).

Grundsteuergesetz

Festsetzung und Entrichtung der Grundsteuer
§§ 26—28

(2) Der Hebesatz ist für ein oder mehrere Kalenderjahre, höchstens jedoch für den Hauptveranlagungszeitraum der Steuermeßbeträge festzusetzen.

(3) Der Beschluß über die Festsetzung oder Änderung des Hebesatzes ist bis zum 30. Juni eines Kalenderjahres mit Wirkung vom Beginn dieses Kalenderjahres zu fassen. Nach diesem Zeitpunkt kann der Beschluß über die Festsetzung des Hebesatzes gefaßt werden, wenn der Hebesatz die Höhe der letzten Festsetzung nicht überschreitet.

(4) Der Hebesatz muß jeweils einheitlich sein

1. für die in einer Gemeinde liegenden Betriebe der Land- und Forstwirtschaft;
2. für die in einer Gemeinde liegenden Grundstücke.

Wird das Gebiet von Gemeinden geändert, so kann die Landesregierung oder die von ihr bestimmte Stelle für die von der Änderung betroffenen Gebietsteile auf eine bestimmte Zeit verschiedene Hebesätze zulassen.

§ 26 Koppelungsvorschriften und Höchsthebesätze

In welchem Verhältnis die Hebesätze für die Grundsteuer der Betriebe der Land- und Forstwirtschaft, für die Grundsteuer der Grundstücke, für die Gewerbesteuer nach dem Gewerbeertrag und dem Gewerbekapital und für die Lohnsummensteuer zueinander stehen müssen, welche Höchstsätze nicht überschritten werden dürfen und inwieweit mit Genehmigung der Gemeindeaufsichtsbehörde Ausnahmen zugelassen werden können, bleibt einer landesrechtlichen Regelung vorbehalten.

§ 27 Festsetzung der Grundsteuer

(1) Die Grundsteuer wird für das Kalenderjahr festgesetzt. Ist der Hebesatz für mehr als ein Kalenderjahr festgesetzt, kann auch die jährlich zu erhebende Grundsteuer für die einzelnen Kalenderjahre dieses Zeitraums festgesetzt werden.

(2) Wird der Hebesatz geändert (§ 25 Abs. 3), so ist die Festsetzung nach Absatz 1 zu ändern.

(3) Für diejenigen Steuerschuldner, die für das Kalenderjahr die gleiche Grundsteuer wie im Vorjahr zu entrichten haben, kann die Grundsteuer durch öffentliche Bekanntmachung festgesetzt werden. Für die Steuerschuldner treten mit dem Tage der öffentlichen Bekanntmachung die gleichen Rechtswirkungen ein, wie wenn ihnen an diesem Tage ein schriftlicher Steuerbescheid zugegangen wäre.

§ 28 Fälligkeit

(1) Die Grundsteuer wird zu je einem Viertel ihres Jahresbetrags am 15. Februar, 15. Mai, 15. August und 15. November fällig.

(2) Die Gemeinden können bestimmen, daß Kleinbeträge wie folgt fällig werden:

1. am 15. August mit ihrem Jahresbetrag, wenn dieser dreißig Deutsche Mark nicht übersteigt;

Grundsteuergesetz

Festsetzung und Entrichtung der Grundsteuer —
Erlaß der Grundsteuer
§§ 29—32

2. am 15 Februar und 15. August zu je einer Hälfte ihres Jahresbetrags, wenn dieser sechzig Deutsche Mark nicht übersteigt.

(3) Auf Antrag des Steuerschuldners kann die Grundsteuer abweichend vom Absatz 1 oder Absatz 2 Nr. 2 am 1. Juli in einem Jahresbetrag entrichtet werden. Der Antrag muß spätestens bis zum 30. September des vorangehenden Kalenderjahres gestellt werden. Die beantragte Zahlungsweise bleibt so lange maßgebend, bis ihre Änderung beantragt wird; die Änderung muß spätestens bis zum 30. September des vorangehenden Jahres beantragt werden.

§ 29 Vorauszahlungen

Der Steuerschuldner hat bis zur Bekanntgabe eines neuen Steuerbescheids zu den bisherigen Fälligkeitstagen Vorauszahlungen unter Zugrundelegung der zuletzt festgesetzten Jahressteuer zu entrichten.

§ 30 Abrechnung über die Vorauszahlungen

(1) Ist die Summe der Vorauszahlungen, die bis zur Bekanntgabe des neuen Steuerbescheids zu entrichten waren (§ 29), kleiner als die Steuer, die sich nach dem bekanntgegebenen Steuerbescheid für die vorausgegangenen Fälligkeitstage ergibt (§ 28), so ist der Unterschiedsbetrag innerhalb eines Monats nach Bekanntgabe des Steuerbescheids zu entrichten. Die Verpflichtung, rückständige Vorauszahlungen schon früher zu entrichten, bleibt unberührt.

(2) Ist die Summe der Vorauszahlungen, die bis zur Bekanntgabe des neuen Steuerbescheids entrichtet worden sind, größer als die Steuer, die sich nach dem bekanntgegebenen Steuerbescheid für die vorangegangenen Fälligkeitstage ergibt, so wird der Unterschiedsbetrag nach Bekanntgabe des Steuerbescheids durch Aufrechnung oder Zurückzahlung ausgeglichen.

(3) Die Absätze 1 und 2 gelten entsprechend, wenn der Steuerbescheid aufgehoben oder geändert wird.

§ 31 Nachentrichtung der Steuer

Hatte der Steuerschuldner bis zur Bekanntgabe der Jahressteuer keine Vorauszahlungen nach § 29 zu entrichten, so hat er die Steuer, die sich nach dem bekanntgegebenen Steuerbescheid für die vorangegangenen Fälligkeitstage ergibt (§ 28), innerhalb eines Monats nach Bekanntgabe des Steuerbescheids zu entrichten.

Abschnitt IV
Erlaß der Grundsteuer

§ 32 Erlaß für Kulturgut und Grünanlagen

(1) Die Grundsteuer ist zu erlassen

1. für Grundbesitz oder Teile von Grundbesitz, dessen Erhaltung wegen seiner Bedeutung für Kunst, Geschichte, Wissenschaft oder Naturschutz im öffentlichen Interesse liegt, wenn die erzielten Einnahmen und die sonstigen Vorteile (Rohertrag) in der Regel unter den jährlichen Kosten liegen. Bei Park- und Gartenanlagen von geschichtlichem Wert ist der Erlaß von der weiteren Voraussetzung abhängig, daß sie in dem billigerweise zu fordernden Umfang der Öffentlichkeit zugänglich gemacht sind;

Grundsteuergesetz
Erlaß der Grundsteuer
§ 33

2. für öffentliche Grünanlagen, Spiel- und Sportplätze, wenn die jährlichen Kosten in der Regel den Rohertrag übersteigen.

(2) Ist der Rohertrag für Grundbesitz, in dessen Gebäuden Gegenstände von wissenschaftlicher, künstlerischer oder geschichtlicher Bedeutung, insbesondere Sammlungen oder Bibliotheken, dem Zweck der Forschung oder Volksbildung nutzbar gemacht sind, durch die Benutzung zu den genannten Zwecken nachhaltig gemindert, so ist von der Grundsteuer der Hundertsatz zu erlassen, um den der Rohertrag gemindert ist. Das gilt nur, wenn die wissenschaftliche, künstlerische oder geschichtliche Bedeutung der untergebrachten Gegenstände durch die Landesregierung oder die von ihr beauftragte Stelle anerkannt ist.

§ 33 Erlaß wegen wesentlicher Ertragsminderung

(1) Ist bei Betrieben der Land- und Forstwirtschaft und bei bebauten Grundstücken der normale Rohertrag des Steuergegenstandes um mehr als 20 vom Hundert gemindert und hat der Steuerschuldner die Minderung des Rohertrags nicht zu vertreten, so wird die Grundsteuer in Höhe des Prozentsatzes erlassen, der vier Fünfteln des Prozentsatzes der Minderung entspricht. Bei Betrieben der Land- und Forstwirtschaft und bei eigengewerblich genutzten bebauten Grundstücken wird der Erlaß nur gewährt, wenn die Einziehung der Grundsteuer nach den wirtschaftlichen Verhältnissen des Betriebs unbillig wäre. Normaler Rohertrag ist

1. bei Betrieben der Land- und Forstwirtschaft der Rohertrag, der nach den Verhältnissen zu Beginn des Erlaßzeitraums bei ordnungsmäßiger Bewirtschaftung gemeinhin und nachhaltig erzielbar wäre;

2. bei bebauten Grundstücken, deren Wert nach dem Bewertungsgesetz im Ertragswertverfahren zu ermitteln ist, die Jahresrohmiete, die bei einer Hauptfeststellung auf den Beginn des Erlaßzeitraums maßgebend wäre. § 79 Abs. 3 und 4 des Bewertungsgesetzes findet keine Anwendung;

3. bei bebauten Grundstücken, deren Wert nach dem Bewertungsgesetz im Sachwertverfahren zu ermitteln ist, die nach den Verhältnissen zu Beginn des Erlaßzeitraums geschätzte übliche Jahresrohmiete.

In den Fällen des § 77 des Bewertungsgesetzes gilt als normaler Rohertrag die in entsprechender Anwendung des Satzes 3 Nr. 2 oder 3 zu ermittelnde Jahresrohmiete.

(2) Bei eigengewerblich genutzten bebauten Grundstücken gilt als Minderung des normalen Rohertrags die Minderung der Ausnutzung des Grundstücks.

(3) Umfaßt der Wirtschaftsteil eines Betriebs der Land- und Forstwirtschaft nur die forstwirtschaftliche Nutzung, so ist die Ertragsminderung danach zu bestimmen, in welchem Ausmaß eingetretene Schäden den Ertragswert der forstwirtschaftlichen Nutzung bei einer Wertfortschreibung mindern würden.

(4) Wird nur ein Teil des Grundstücks eigengewerblich genutzt, so ist die Ertragsminderung für diesen Teil nach Absatz 2, für den übrigen Teil nach Absatz 1 zu bestimmen. Umfaßt der Wirtschaftsteil eines Betriebs der Land- und Forstwirtschaft nur zu einem Teil die forstwirtschaftliche Nutzung, so ist die Ertragsminderung für diesen Teil nach Absatz 3, für den übrigen Teil nach Absatz 1 zu bestimmen. In den Fällen der Sätze 1 und 2 ist für den ganzen Steuergegenstand ein einheitlicher Hundertsatz der Ertragsminderung nach dem Anteil der einzelnen Teile am Einheitswert des Grundstücks oder am

Wert des Wirtschaftsteils des Betriebs der Land- und Forstwirtschaft zu ermitteln.

(5) Eine Ertragsminderung ist kein Erlaßgrund, wenn sie für den Erlaßzeitraum durch Fortschreibung des Einheitswerts berücksichtigt werden kann oder bei rechtzeitiger Stellung des Antrags auf Fortschreibung hätte berücksichtigt werden können.

§ 34 Verfahren

(1) Der Erlaß wird jeweils nach Ablauf eines Kalenderjahres für die Grundsteuer ausgesprochen, die für das Kalenderjahr festgesetzt worden ist (Erlaßzeitraum). Maßgebend für die Entscheidung über den Erlaß sind die Verhältnisse des Erlaßzeitraums.

(2) Der Erlaß wird nur auf Antrag gewährt. Der Antrag ist bis zu dem auf den Erlaßzeitraum folgenden 31. März zu stellen.

(3) In den Fällen des § 32 bedarf es keiner jährlichen Wiederholung des Antrags. Der Steuerschuldner ist verpflichtet, eine Änderung der maßgeblichen Verhältnisse der Gemeinde binnen drei Monaten nach Eintritt der Änderung anzuzeigen.

Abschnitt V
Übergangs- und Schlußvorschriften

§ 35 Auslaufende Beihilfen zur Förderung von Arbeiterwohnstätten

§ 29 des Grundsteuergesetzes in der Fassung der Bekanntmachung vom 10. August 1951 (Bundesgesetzbl. I S. 519), zuletzt geändert durch das Gesetz zur Änderung des Grundsteuergesetzes vom 24. August 1965 (Bundesgesetzbl. I S. 905), ist in den Fällen, in denen der Beihilfezeitraum am 1. Januar 1974 noch nicht abgelaufen ist, weiter anzuwenden.

§ 36 Steuervergünstigung für abgefundene Kriegsbeschädigte

(1) Der Veranlagung der Steuermeßbeträge für Grundbesitz solcher Kriegsbeschädigten, die zum Erwerb oder zur wirtschaftlichen Stärkung ihres Grundbesitzes eine Kapitalabfindung auf Grund des Gesetzes über die Versorgung der Opfer des Krieges (Bundesversorgungsgesetz) in der Fassung der Bekanntmachung vom 20. Januar 1967 (Bundesgesetzbl. I S. 141, 180), zuletzt geändert durch das Vierte Anpassungsgesetz-KOV vom 24. Juli 1972 (Bundesgesetzbl. I S. 1284), erhalten haben, ist der um die Kapitalabfindung verminderte Einheitswert zugrunde zu legen. Die Vergünstigung wird nur so lange gewährt, als die Versorgungsgebührnisse wegen der Kapitalabfindung in der gesetzlichen Höhe gekürzt werden.

(2) Die Steuervergünstigung nach Absatz 1 ist auch für ein Grundstück eines gemeinnützigen Wohnungs- oder Siedlungsunternehmens zu gewähren, wenn die folgenden Voraussetzungen sämtlich erfüllt sind:

1. Der Kriegsbeschädigte muß für die Zuweisung des Grundstücks die Kapitalabfindung an das Wohnungs- oder Siedlungsunternehmen bezahlt haben.
2. Er muß entweder mit dem Unternehmen einen Mietvertrag mit Kaufanwartschaft in der Weise abgeschlossen haben, daß er zur Miete wohnt, bis

Grundsteuergesetz
Übergangs- und Schlußvorschriften
§§ 37—39

das Eigentum an dem Grundstück von ihm erworben ist, oder seine Rechte als Mieter müssen durch den Mietvertrag derart geregelt sein, daß das Mietverhältnis dem Eigentumserwerb fast gleichkommt.

3. Es muß sichergestellt sein, daß die Steuervergünstigung in vollem Umfang dem Kriegsbeschädigten zugute kommt.

(3) Lagen die Voraussetzungen des Absatzes 1 oder des Absatzes 2 bei einem verstorbenen Kriegsbeschädigten zur Zeit seines Todes vor und hat seine Witwe das Grundstück ganz oder teilweise geerbt, so ist auch der Witwe die Steuervergünstigung zu gewähren, wenn sie in dem Grundstück wohnt. Verheiratet sich die Witwe wieder, so fällt die Steuervergünstigung weg.

§ 37 Sondervorschriften für die Hauptveranlagung 1974

(1) Auf den 1. Januar 1974 findet eine Hauptveranlagung der Grundsteuermeßbeträge statt (Hauptveranlagung 1974). Der Steuermeßbescheid kann bereits vor dem 1. Januar 1974 erteilt werden; § 21 gilt sinngemäß.

(2) Die Hauptveranlagung 1974 gilt mit Wirkung von dem am 1. Januar 1974 beginnenden Kalenderjahr an. Der Beginn dieses Kalenderjahres ist der Hauptveranlagungszeitpunkt.

(3) Bei der Hauptveranlagung 1974 gilt Artikel 1 des Bewertungsänderungsgesetzes 1971 vom 27. Juli 1971 (Bundesgesetzbl. I S. 1157).

(4) Die bei der Hauptfeststellung der Einheitswerte des Grundbesitzes auf den 1. Januar 1964 festgestellten Einheitswerte sind, soweit die Steuerpflicht in diesem Gesetz abweichend vom bisherigen Recht geregelt ist, zu ändern.

§ 38 Anwendung des Gesetzes

Dieses Gesetz gilt erstmals für die Grundsteuer des Kalenderjahres 1974.

§ 39 Berlin-Klausel

Dieses Gesetz gilt nach Maßgabe des § 12 Abs. 1 des Dritten Überleitungsgesetzes vom 4. Januar 1952 (Bundesgesetzbl. I S. 1) auch im Land Berlin.

Grunderwerbsteuergesetz
§ 1

Grunderwerbsteuergesetz
(GrEStG 1983)

Vom 17. Dezember 1982 (BGBl. I S. 1777)
(BGBl. III 610-6-10)

Der Bundestag hat mit Zustimmung des Bundesrates das folgende Gesetz beschlossen:

Erster Abschnitt
Gegenstand der Steuer

§ 1 Erwerbsvorgänge

(1) Der Grunderwerbsteuer unterliegen die folgenden Rechtsvorgänge, soweit sie sich auf inländische Grundstücke beziehen:
1. ein Kaufvertrag oder ein anderes Rechtsgeschäft, das den Anspruch auf Übereignung begründet;
2. die Auflassung, wenn kein Rechtsgeschäft vorausgegangen ist, das den Anspruch auf Übereignung begründet;
3. der Übergang des Eigentums, wenn kein den Anspruch auf Übereignung begründendes Rechtsgeschäft vorausgegangen ist und es auch keiner Auflassung bedarf. Ausgenommen sind
   a) der Übergang des Eigentums durch die Abfindung in Land und die unentgeltliche Zuteilung von Land für gemeinschaftliche Anlagen im Flurbereinigungsverfahren sowie durch die entsprechenden Rechtsvorgänge im beschleunigten Zusammenlegungsverfahren und im Landtauschverfahren nach dem Flurbereinigungsgesetz in seiner jeweils geltenden Fassung,
   b) der Übergang des Eigentums im Umlegungsverfahren nach dem Bundesbaugesetz in seiner jeweils geltenden Fassung, wenn der neue Eigentümer in diesem Verfahren als Eigentümer eines im Umlegungsgebiet gelegenen Grundstücks Beteiligter ist,
   c) der Übergang des Eigentums im Zwangsversteigerungsverfahren;
4. das Meistgebot im Zwangsversteigerungsverfahren;
5. ein Rechtsgeschäft, das den Anspruch auf Abtretung eines Übereignungsanspruchs oder der Rechte aus einem Meistgebot begründet;
6. ein Rechtsgeschäft, das den Anspruch auf Abtretung der Rechte aus einem Kaufangebot begründet. Dem Kaufangebot steht ein Angebot zum Abschluß eines anderen Vertrags gleich, kraft dessen die Übereignung verlangt werden kann;
7. die Abtretung eines der in den Nummern 5 und 6 bezeichneten Rechte, wenn kein Rechtsgeschäft vorausgegangen ist, das den Anspruch auf Abtretung der Rechte begründet.

(2) Der Grunderwerbsteuer unterliegen auch Rechtsvorgänge, die es ohne Begründung eines Anspruchs auf Übereignung einem anderen rechtlich oder wirtschaftlich ermöglichen, ein inländisches Grundstück auf eigene Rechnung zu verwerten.

Grunderwerbsteuergesetz

§ 2

(3) Gehört zum Vermögen einer Gesellschaft ein inländisches Grundstück, so unterliegen der Steuer außerdem:
1. ein Rechtsgeschäft, das den Anspruch auf Übertragung eines oder mehrerer Anteile der Gesellschaft begründet, wenn durch die Übertragung alle Anteile der Gesellschaft in der Hand des Erwerbers oder in der Hand von herrschenden und abhängigen Unternehmen oder abhängigen Personen oder in der Hand von abhängigen Unternehmen oder abhängigen Personen allein vereinigt werden würden;
2. die Vereinigung aller Anteile der Gesellschaft, wenn kein schuldrechtliches Geschäft im Sinne der Nummer 1 vorausgegangen ist;
3. ein Rechtsgeschäft, das den Anspruch auf Übertragung aller Anteile der Gesellschaft begründet;
4. der Übergang aller Anteile der Gesellschaft auf einen anderen, wenn kein schuldrechtliches Geschäft im Sinne der Nummer 3 vorausgegangen ist.

(4) Im Sinne des Absatzes 3 gelten
1. als Gesellschaften auch die bergrechtlichen Gewerkschaften und
2. als abhängig
   a) natürliche Personen, soweit sie einzeln oder zusammengeschlossen einem Unternehmen so eingegliedert sind, daß sie den Weisungen des Unternehmers in bezug auf die Anteile zu folgen verpflichtet sind;
   b) juristische Personen, die nach dem Gesamtbild der tatsächlichen Verhältnisse finanziell, wirtschaftlich und organisatorisch in ein Unternehmen eingegliedert sind.

(5) Bei einem Tauschvertrag, der für beide Vertragsteile den Anspruch auf Übereignung eines Grundstücks begründet, unterliegt der Steuer sowohl die Vereinbarung über die Leistung des einen als auch die Vereinbarung über die Leistung des anderen Vertragsteils.

(6) Ein in den Absätzen 1, 2 oder 3 bezeichneter Rechtsvorgang unterliegt der Steuer auch dann, wenn ihm ein in einem anderen dieser Absätze bezeichneter Rechtsvorgang vorausgegangen ist. Die Steuer wird jedoch nur insoweit erhoben, als die Bemessungsgrundlage für den späteren Rechtsvorgang den Betrag übersteigt, von dem beim vorausgegangenen Rechtsvorgang die Steuer berechnet worden ist.

(7) Erwirbt ein Erbbauberechtigter das mit dem Erbbaurecht belastete Grundstück, so wird die Steuer nur insoweit erhoben, als die Bemessungsgrundlage für den Erwerb des Grundstücks den Betrag übersteigt, von dem für die Begründung oder den Erwerb des Erbbaurechts, soweit er auf das unbebaute Grundstück entfällt, die Steuer berechnet worden ist.

§ 2 Grundstücke

(1) Unter Grundstücken im Sinne dieses Gesetzes sind Grundstücke im Sinne des bürgerlichen Rechts zu verstehen. Jedoch werden nicht zu den Grundstücken gerechnet:
1. Maschinen und sonstige Vorrichtungen aller Art, die zu einer Betriebsanlage gehören,
2. Mineralgewinnungsrechte und sonstige Gewerbeberechtigungen.

(2) Den Grundstücken stehen gleich
1. Erbbaurechte,
2. Gebäude auf fremdem Boden.

Grunderwerbsteuergesetz
§§ 3–4

(3) Bezieht sich ein Rechtsvorgang auf mehrere Grundstücke, die zu einer wirtschaftlichen Einheit gehören, so werden diese Grundstücke als ein Grundstück behandelt. Bezieht sich ein Rechtsvorgang auf einen oder mehrere Teile eines Grundstücks, so werden diese Teile als ein Grundstück behandelt.

Zweiter Abschnitt
Steuervergünstigungen

§ 3 Allgemeine Ausnahmen von der Besteuerung

Von der Besteuerung sind ausgenommen:
1. der Erwerb eines Grundstücks, wenn der für die Berechnung der Steuer maßgebende Wert (§ 8) 5 000 Deutsche Mark nicht übersteigt;
2. der Grundstückserwerb von Todes wegen und Grundstücksschenkungen unter Lebenden im Sinne des Erbschaftsteuer- und Schenkungsteuergesetzes. Schenkungen unter einer Auflage sind nur insoweit von der Besteuerung ausgenommen, als der Wert des Grundstücks (§ 10) den Wert der Auflage übersteigt;
3. der Erwerb eines zum Nachlaß gehörigen Grundstücks durch Miterben zur Teilung des Nachlasses. Den Miterben steht der überlebende Ehegatte gleich, wenn er mit den Erben des verstorbenen Ehegatten gütergemeinschaftliches Vermögen zu teilen hat oder wenn ihm in Anrechnung auf eine Ausgleichsforderung am Zugewinn des verstorbenen Ehegatten ein zum Nachlaß gehöriges Grundstück übertragen wird. Den Miterben stehen außerdem ihre Ehegatten gleich;
4. der Grundstückserwerb durch den Ehegatten des Veräußerers;
5. der Grundstückserwerb durch den früheren Ehegatten des Veräußerers im Rahmen der Vermögensauseinandersetzung nach der Scheidung;
6. der Erwerb eines Grundstücks durch Personen, die mit dem Veräußerer in gerader Linie verwandt sind. Den Abkömmlingen stehen die Stiefkinder gleich. Den Verwandten in gerader Linie sowie den Stiefkindern stehen deren Ehegatten gleich;
7. der Erwerb eines zum Gesamtgut gehörigen Grundstücks durch Teilnehmer an einer fortgesetzten Gütergemeinschaft zur Teilung des Gesamtguts. Den Teilnehmern an der fortgesetzten Gütergemeinschaft stehen ihre Ehegatten gleich;
8. der Rückerwerb eines Grundstücks durch den Treugeber bei Auflösung des Treuhandverhältnisses. Voraussetzung ist, daß für den Rechtsvorgang, durch den der Treuhänder den Anspruch auf Übereignung des Grundstücks oder das Eigentum an dem Grundstück erlangt hatte, die Steuer entrichtet worden ist. Die Anwendung der Vorschrift des § 16 Abs. 2 bleibt unberührt.

§ 4 Besondere Ausnahmen von der Besteuerung

Von der Besteuerung sind ausgenommen:
1. der Erwerb eines Grundstücks durch eine Körperschaft des öffentlichen Rechts, wenn das Grundstück aus Anlaß des Übergangs von Aufgaben oder aus Anlaß von Grenzänderungen von der einen auf die andere Körperschaft übergeht;
2. der Erwerb eines Grundstücks durch einen ausländischen Staat, wenn das Grundstück für die Zwecke von Botschaften, Gesandtschaften oder Konsulaten dieses Staates bestimmt ist und Gegenseitigkeit gewährt wird;

Grunderwerbsteuergesetz
§§ 5–7

3. der Erwerb eines Grundstücks durch einen ausländischen Staat oder eine ausländische kulturelle Einrichtung, wenn das Grundstück für kulturelle Zwecke bestimmt ist und Gegenseitigkeit gewährt wird.

§ 5 Übergang auf eine Gesamthand

(1) Geht ein Grundstück von mehreren Miteigentümern auf eine Gesamthand (Gemeinschaft zur gesamten Hand) über, so wird die Steuer nicht erhoben, soweit der Anteil des einzelnen am Vermögen der Gesamthand Beteiligten seinem Bruchteil am Grundstück entspricht.

(2) Geht ein Grundstück von einem Alleineigentümer auf eine Gesamthand über, so wird die Steuer in Höhe des Anteils nicht erhoben, zu dem der Veräußerer am Vermögen der Gesamthand beteiligt ist.

§ 6 Übergang von einer Gesamthand

(1) Geht ein Grundstück von einer Gesamthand in das Miteigentum mehrerer an der Gesamthand beteiligter Personen über, so wird die Steuer nicht erhoben, soweit der Bruchteil, den der einzelne Erwerber erhält, dem Anteil entspricht, zu dem er am Vermögen der Gesamthand beteiligt ist. Wird ein Grundstück bei der Auflösung der Gesamthand übertragen, so ist die Auseinandersetzungsquote maßgebend, wenn die Beteiligten für den Fall der Auflösung der Gesamthand eine vom Beteiligungsverhältnis abweichende Auseinandersetzungsquote vereinbart haben.

(2) Geht ein Grundstück von einer Gesamthand in das Alleineigentum einer an der Gesamthand beteiligten Person über, so wird die Steuer in Höhe des Anteils nicht erhoben, zu dem der Erwerber am Vermögen der Gesamthand beteiligt ist. Geht ein Grundstück bei der Auflösung der Gesamthand in das Alleineigentum eines Gesamthändlers über, so gilt Absatz 1 Satz 2 entsprechend.

(3) Die Vorschriften des Absatzes 1 gelten entsprechend beim Übergang eines Grundstücks von einer Gesamthand auf eine andere Gesamthand.

(4) Die Vorschriften der Absätze 1 bis 3 gelten insoweit nicht, als ein Gesamthänder – im Fall der Erbfolge sein Rechtsvorgänger – innerhalb von fünf Jahren vor dem Erwerbsvorgang seinen Anteil an der Gesamthand durch Rechtsgeschäft unter Lebenden erworben hat. Die Vorschriften der Absätze 1 bis 3 gelten außerdem insoweit nicht, als die vom Beteiligungsverhältnis abweichende Auseinandersetzungsquote innerhalb der letzten fünf Jahre vor der Auflösung der Gesamthand vereinbart worden ist.

§ 7 Umwandlung von gemeinschaftlichem Eigentum in Flächeneigentum

(1) Wird ein Grundstück, das mehreren Miteigentümern gehört, von den Miteigentümern flächenweise geteilt, so wird die Steuer nicht erhoben, soweit der Wert des Teilgrundstücks, das der einzelne Erwerber erhält, dem Bruchteil entspricht, zu dem er am gesamten zu verteilenden Grundstück beteiligt ist.

(2) Wird ein Grundstück, das einer Gesamthand gehört, von den an der Gesamthand beteiligten Personen flächenweise geteilt, so wird die Steuer nicht erhoben, soweit der Wert des Teilgrundstücks, das der einzelne Erwerber erhält, dem Anteil entspricht, zu dem er am Vermögen der Gesamthand beteiligt ist. Wird ein Grundstück bei der Auflö-

Grunderwerbsteuergesetz
§§ 8–9

sung der Gesamthand flächenweise geteilt, so ist die Auseinandersetzungsquote maßgebend, wenn die Beteiligten für den Fall der Auflösung der Gesamthand eine vom Beteiligungsverhältnis abweichende Auseinandersetzungsquote vereinbart haben.

(3) Die Vorschriften des Absatzes 2 gelten insoweit nicht, als ein Gesamthänder – im Fall der Erbfolge sein Rechtsvorgänger – seinen Anteil an der Gesamthand innerhalb von fünf Jahren vor der Umwandlung durch Rechtsgeschäft unter Lebenden erworben hat. Die Vorschrift des Absatzes 2 Satz 2 gilt außerdem insoweit nicht, als die vom Beteiligungsverhältnis abweichende Auseinandersetzungsquote innerhalb der letzten fünf Jahre vor der Auflösung der Gesamthand vereinbart worden ist.

Dritter Abschnitt
Bemessungsgrundlage

§ 8 Grundsatz

(1) Die Steuer bemißt sich nach dem Wert der Gegenleistung.

(2) Die Steuer wird nach dem Wert des Grundstücks bemessen:
1. wenn eine Gegenleistung nicht vorhanden oder nicht zu ermitteln ist;
2. in den Fällen des § 1 Abs. 3.

§ 9 Gegenleistung

(1) Als Gegenleistung gelten
1. bei einem Kauf:
   der Kaufpreis einschließlich der vom Käufer übernommenen sonstigen Leistungen und der dem Verkäufer vorbehaltenen Nutzungen;
2. bei einem Tausch:
   die Tauschleistung des anderen Vertragsteils einschließlich einer vereinbarten zusätzlichen Leistung;
3. bei einer Leistung an Erfüllungs Statt:
   der Wert, zu dem die Leistung an Erfüllungs Statt angenommen wird;
4. beim Meistgebot im Zwangsversteigerungsverfahren:
   das Meistgebot einschließlich der Rechte, die nach den Versteigerungsbedingungen bestehen bleiben;
5. bei der Abtretung der Rechte aus dem Meistgebot:
   die Übernahme der Verpflichtung aus dem Meistgebot. Zusätzliche Leistungen, zu denen sich der Erwerber gegenüber dem Meistbietenden verpflichtet, sind dem Meistgebot hinzuzurechnen. Leistungen, die der Meistbietende dem Erwerber gegenüber übernimmt, sind abzusetzen;
6. bei der Abtretung des Übereignungsanspruchs:
   die Übernahme der Verpflichtung aus dem Rechtsgeschäft, das den Übereignungsanspruch begründet hat, einschließlich der besonderen Leistungen, zu denen sich der Übernehmer dem Abtretenden gegenüber verpflichtet. Leistungen, die der Abtretende dem Übernehmer gegenüber übernimmt, sind abzusetzen;
7. bei der Enteignung:
   die Entschädigung. Wird ein Grundstück enteignet, das zusammen mit anderen Grundstücken eine wirtschaftliche Einheit bildet, so gehört die besondere Entschädigung für

eine Wertminderung der nicht enteigneten Grundstücke nicht zur Gegenleistung; dies gilt auch dann, wenn ein Grundstück zur Vermeidung der Enteignung freiwillig veräußert wird.

(2) Zur Gegenleistung gehören auch
1. Leistungen, die der Erwerber des Grundstücks dem Veräußerer neben der beim Erwerbsvorgang vereinbarten Gegenleistung zusätzlich gewährt;
2. die Belastungen, die auf dem Grundstück ruhen, soweit sie auf den Erwerber kraft Gesetzes übergehen. Zur Gegenleistung gehören jedoch nicht die auf dem Grundstück ruhenden dauernden Lasten. Der Erbbauzins gilt nicht als dauernde Last;
3. Leistungen, die der Erwerber des Grundstücks anderen Personen als dem Veräußerer als Gegenleistung dafür gewährt, daß sie auf den Erwerb des Grundstücks verzichten;
4. Leistungen, die ein anderer als der Erwerber des Grundstücks dem Veräußerer als Gegenleistung dafür gewährt, daß der Veräußerer dem Erwerber das Grundstück überläßt.

(3) Die Grunderwerbsteuer, die für den zu besteuernden Erwerbsvorgang zu entrichten ist, wird der Gegenleistung weder hinzugerechnet noch von ihr abgezogen.

§ 10 Wert des Grundstücks

(1) Als Wert des Grundstücks ist der Einheitswert anzusetzen, wenn das Grundstück, das Gegenstand des Erwerbsvorgangs ist, eine wirtschaftliche Einheit (Untereinheit) im Sinne des Bewertungsgesetzes bildet. Maßgebend ist der Einheitswert, der nach den Vorschriften des Bewertungsgesetzes auf den dem Erwerbsvorgang unmittelbar vorausgegangenen Feststellungszeitpunkt festgestellt ist.

(2) Bildet das Grundstück, das Gegenstand des Erwerbsvorgangs ist, einen Teil einer wirtschaftlichen Einheit (Untereinheit), für die ein Einheitswert festgestellt ist, so ist als Wert der auf das Grundstück entfallende Teilbetrag des Einheitswerts anzusetzen. Der Teilbetrag ist nach den gleichen Grundsätzen des Bewertungsgesetzes zu ermitteln, nach denen der Einheitswert der wirtschaftlichen Einheit (Untereinheit) festgestellt worden ist.

(3) Weicht in den Fällen der Absätze 1 und 2 der Wert der wirtschaftlichen Einheit (Untereinheit) im Zeitpunkt des Erwerbsvorgangs (Stichtag) vom Einheitswert des letzten Feststellungszeitpunkts ab und erreicht die Wertabweichung die jeweils maßgebenden Wertgrenzen für die Fortschreibung von Einheitswerten nach dem Bewertungsgesetz, so ist der Wert am Stichtag als Wert des Grundstücks anzusetzen, in den Fällen des Absatzes 2 aber nur dann, wenn sich die Wertabweichung auch auf den Teil der wirtschaftlichen Einheit erstreckt, der Gegenstand des Erwerbsvorgangs ist. Der Stichtagswert ist unter sinngemäßer Anwendung der Grundsätze des Zweiten Teils des Bewertungsgesetzes zu ermitteln.

(4) Ist für den letzten dem Erwerbsvorgang vorausgegangenen Hauptfeststellungszeitpunkt oder einen späteren Zeitpunkt weder für das Grundstück, das Gegenstand des Erwerbsvorgangs ist, noch für die wirtschaftliche Einheit, zu der das Grundstück gehört, ein Einheitswert festzustellen, so ist der Wert zur Zeit des Erwerbsvorgangs (Stichtagswert) als Wert des Grundstücks anzusetzen. Der Wert ist nach den Wertverhältnissen vom Stichtag unter sinngemäßer Anwendung der Grundsätze des Zweiten Teils des Bewertungsgesetzes zu ermitteln.

Grunderwerbsteuergesetz
§§ 11–14

(5) Befindet sich das Grundstück, das Gegenstand des Erwerbsvorgangs ist, im Zeitpunkt des Erwerbsvorgangs im Zustand der Bebauung, so gilt bei der Anwendung der Absätze 1 bis 4 die Vorschrift des § 91 Abs. 2 des Bewertungsgesetzes entsprechend.

Vierter Abschnitt
Steuerberechnung

§ 11 Steuersatz, Abrundung

(1) Die Steuer beträgt 2 vom Hundert.

(2) Die Steuer ist auf volle Deutsche Mark nach unten abzurunden.

§ 12 Pauschbesteuerung

Das Finanzamt kann im Einvernehmen mit dem Steuerpflichtigen von der genauen Ermittlung des Steuerbetrags absehen und die Steuer in einem Pauschbetrag festsetzen, wenn dadurch die Besteuerung vereinfacht und das steuerliche Ergebnis nicht wesentlich geändert wird.

Fünfter Abschnitt
Steuerschuld

§ 13 Steuerschuldner

Steuerschuldner sind
1. regelmäßig:
   die an einem Erwerbsvorgang als Vertragsteile beteiligten Personen;
2. beim Erwerb kraft Gesetzes:
   der bisherige Eigentümer und der Erwerber;
3. beim Erwerb im Enteignungsverfahren:
   der Erwerber;
4. beim Meistgebot im Zwangsversteigerungsverfahren:
   der Meistbietende;
5. bei der Vereinigung aller Anteile einer Gesellschaft in der Hand
   a) des Erwerbers:
      der Erwerber;
   b) mehrerer Unternehmen oder Personen:
      diese Beteiligten.

§ 14 Entstehung der Steuer in besonderen Fällen

Die Steuer entsteht,
1. wenn die Wirksamkeit eines Erwerbsvorgangs von dem Eintritt einer Bedingung abhängig ist, mit dem Eintritt der Bedingung;
2. wenn ein Erwerbsvorgang einer Genehmigung bedarf, mit der Genehmigung.

§ 15 Fälligkeit der Steuer

Die Steuer wird einen Monat nach der Bekanntgabe des Steuerbescheids fällig. Das Finanzamt darf eine längere Zahlungsfrist setzen.

Sechster Abschnitt
Nichtfestsetzung der Steuer, Aufhebung oder Änderung der Steuerfestsetzung

§ 16

(1) Wird ein Erwerbsvorgang rückgängig gemacht bevor das Eigentum am Grundstück auf den Erwerber übergegangen ist, so wird auf Antrag die Steuer nicht festgesetzt oder die Steuerfestsetzung aufgehoben,
1. wenn die Rückgängigmachung durch Vereinbarung, durch Ausübung eines vorbehaltenen Rücktrittsrechts oder eines Wiederkaufsrechts innerhalb von zwei Jahren seit der Entstehung der Steuer stattfindet;
2. wenn die Vertragsbedingungen nicht erfüllt werden und der Erwerbsvorgang deshalb auf Grund eines Rechtsanspruchs rückgängig gemacht wird.

(2) Erwirbt der Veräußerer das Eigentum an dem veräußerten Grundstück zurück, so wird auf Antrag sowohl für den Rückerwerb als auch für den vorausgegangenen Erwerbsvorgang die Steuer nicht festgesetzt oder die Steuerfestsetzung aufgehoben,
1. wenn der Rückerwerb innerhalb von zwei Jahren seit der Entstehung der Steuer für den vorausgegangenen Erwerbsvorgang stattfindet. Ist für den Rückerwerb eine Eintragung in das Grundbuch erforderlich, so muß innerhalb der Frist die Auflassung erklärt und die Eintragung im Grundbuch beantragt werden;
2. wenn das dem Erwerbsvorgang zugrundeliegende Rechtsgeschäft nichtig oder infolge einer Anfechtung als von Anfang an nichtig anzusehen ist;
3. wenn die Vertragsbedingungen des Rechtsgeschäfts, das den Anspruch auf Übereignung begründet hat, nicht erfüllt werden und das Rechtsgeschäft deshalb auf Grund eines Rechtsanspruchs rückgängig gemacht wird.

(3) Wird die Gegenleistung für das Grundstück herabgesetzt, so wird auf Antrag die Steuer entsprechend niedriger festgesetzt oder die Steuerfestsetzung geändert,
1. wenn die Herabsetzung innerhalb von zwei Jahren seit der Entstehung der Steuer stattfindet.
2. wenn die Herabsetzung (Minderung) auf Grund der §§ 459 und 460 des Bürgerlichen Gesetzbuches vollzogen wird.

(4) Tritt ein Ereignis ein, das nach den Absätzen 1 bis 3 die Aufhebung oder Änderung einer Steuerfestsetzung begründet, so endet die Festsetzungsfrist (§§ 169 bis 171 der Abgabenordnung) insoweit nicht vor Ablauf eines Jahres nach dem Eintritt des Ereignisses.

(5) Die Vorschriften der Absätze 1 bis 4 gelten nicht, wenn einer der in § 1 Abs. 2 und 3 bezeichneten Erwerbsvorgänge rückgängig gemacht wird, der nicht ordnungsmäßig angezeigt (§§ 18, 19) war.

Grunderwerbsteuergesetz
§§ 17–18

Siebenter Abschnitt
Örtliche Zuständigkeit, Feststellung von Besteuerungsgrundlagen, Anzeigepflichten und Erteilung der Unbedenklichkeitsbescheinigung

§ 17 Örtliche Zuständigkeit, Feststellung von Besteuerungsgrundlagen

(1) Für die Besteuerung ist vorbehaltlich des Satzes 2 das Finanzamt örtlich zuständig, in dessen Bezirk das Grundstück oder der wertvollste Teil des Grundstücks liegt. Liegt das Grundstück in den Bezirken von Finanzämtern verschiedener Länder, so ist jedes dieser Finanzämter für die Besteuerung des Erwerbs insoweit zuständig, als der Grundstücksteil in seinem Bezirk liegt.

(2) In den Fällen des Absatzes 1 Satz 2 sowie in Fällen, in denen sich ein Rechtsvorgang auf mehrere Grundstücke bezieht, die in den Bezirken verschiedener Finanzämter liegen, stellt das Finanzamt, in dessen Bezirk der wertvollste Grundstücksteil oder das wertvollste Grundstück oder der wertvollste Bestand an Grundstücksteilen oder Grundstücken liegt, die Besteuerungsgrundlagen gesondert fest.

(3) Die Besteuerungsgrundlagen werden
1. bei Grundstückserwerben durch Verschmelzung oder durch Umwandlung durch das Finanzamt, in dessen Bezirk sich die Geschäftsleitung des Erwerbers befindet, und
2. in den Fällen des § 1 Abs. 3 durch das Finanzamt, in dessen Bezirk sich die Geschäftsleitung der Gesellschaft befindet,

gesondert festgestellt, wenn ein außerhalb des Bezirks dieser Finanzämter liegendes Grundstück oder ein auf das Gebiet eines anderen Landes sich erstreckender Teil eines im Bezirk dieser Finanzämter liegenden Grundstücks betroffen wird. Befindet sich die Geschäftsleitung nicht im Geltungsbereich des Gesetzes und werden in verschiedenen Finanzamtsbezirken liegende Grundstücke oder in verschiedenen Ländern liegende Grundstücksteile betroffen, so stellt das nach Absatz 2 zuständige Finanzamt die Besteuerungsgrundlagen gesondert fest.

(4) Von der gesonderten Feststellung kann abgesehen werden, wenn
1. der Erwerb steuerfrei ist oder
2. die anteilige Besteuerungsgrundlage für den Erwerb des in einem anderen Land liegenden Grundstücksteils 5 000 Deutsche Mark nicht übersteigt.

Wird von der gesonderten Feststellung abgesehen, so ist in den Fällen der Nummer 2 die anteilige Besteuerungsgrundlage denen der anderen für die Besteuerung zuständigen Finanzämter nach dem Verhältnis ihrer Anteile hinzuzurechnen.

§ 18 Anzeigepflicht der Gerichte, Behörden und Notare

(1) Gerichte, Behörden und Notare haben dem zuständigen Finanzamt Anzeige nach amtlich vorgeschriebenem Vordruck zu erstatten über
1. Rechtsvorgänge, die sie beurkundet oder über die sie eine Urkunde entworfen und darauf eine Unterschrift beglaubigt haben, wenn die Rechtsvorgänge ein Grundstück im Geltungsbereich dieses Gesetzes betreffen;
2. Anträge auf Berichtigung des Grundbuchs, die sie beurkundet oder über die sie eine Urkunde entworfen und darauf eine Unterschrift beglaubigt haben, wenn der Antrag darauf gestützt wird, daß der Grundstückseigentümer gewechselt hat;

3. Zuschlagsbeschlüsse im Zwangsversteigerungsverfahren, Enteignungsbeschlüsse und andere Entscheidungen, durch die ein Wechsel im Grundstückseigentum bewirkt wird;
4. nachträgliche Änderungen oder Berichtigungen eines der unter Nummer 1 bis 3 aufgeführten Vorgänge.

Der Anzeige ist eine Abschrift der Urkunde über den Rechtsvorgang, den Antrag, den Beschluß oder die Entscheidung beizufügen.

(2) Die Anzeigepflicht bezieht sich auch auf Vorgänge, die ein Erbbaurecht oder ein Gebäude auf fremdem Boden betreffen. Sie gilt außerdem für Vorgänge, die die Übertragung von Anteilen an einer Kapitalgesellschaft, einer bergrechtlichen Gewerkschaft, einer Personenhandelsgesellschaft oder einer Gesellschaft des bürgerlichen Rechts betreffen, wenn zum Vermögen der Gesellschaft ein im Geltungsbereich dieses Gesetzes liegendes Grundstück gehört.

(3) Die Anzeigen sind innerhalb von zwei Wochen nach der Beurkundung oder der Unterschriftsbeglaubigung oder der Bekanntgabe der Entscheidung zu erstatten, und zwar auch dann, wenn die Wirksamkeit des Rechtsvorgangs vom Eintritt einer Bedingung, vom Ablauf einer Frist oder von einer Genehmigung abhängig ist. Sie sind auch dann zu erstatten, wenn der Rechtsvorgang von der Besteuerung ausgenommen ist.

(4) Die Absendung der Anzeige ist auf der Urschrift der Urkunde, in den Fällen, in denen eine Urkunde entworfen und darauf eine Unterschrift beglaubigt worden ist, auf der zurückbehaltenen beglaubigten Abschrift zu vermerken.

(5) Die Anzeigen sind an das für die Besteuerung, in den Fällen des § 17 Abs. 2 und 3 an das für die gesonderte Feststellung zuständige Finanzamt zu richten.

§ 19 Anzeigepflicht der Beteiligten

(1) Der Veräußerer, der Erwerber und die sonstigen Personen, die an einem unter dieses Gesetz fallenden Erwerbsvorgang beteiligt sind, müssen, soweit sie nach § 13 Steuerschuldner sind, Anzeige erstatten über
1. Rechtsvorgänge, die es ohne Begründung eines Anspruchs auf Übereignung einem anderen rechtlich oder wirtschaftlich ermöglichen, ein Grundstück auf eigene Rechnung zu verwerten;
2. formungültige Verträge über die Übereignung eines Grundstücks, die die Beteiligten unter sich gelten lassen und wirtschaftlich erfüllen;
3. den Erwerb von Gebäuden auf fremdem Boden;
4. schuldrechtliche Geschäfte, die auf die Vereinigung aller Anteile einer Gesellschaft gerichtet sind, wenn zum Vermögen der Gesellschaft ein Grundstück gehört (§ 1 Abs. 3 Nr. 1);
5. die Vereinigung aller Anteile einer Gesellschaft, zu deren Vermögen ein Grundstück gehört (§ 1 Abs. 3 Nr. 2);
6. Rechtsgeschäfte, die den Anspruch auf Übertragung aller Anteile einer Gesellschaft begründen, wenn zum Vermögen der Gesellschaft ein Grundstück gehört (§ 1 Abs. 3 Nr. 3);
7. die Übertragung aller Anteile einer Gesellschaft auf einen anderen, wenn zum Vermögen der Gesellschaft ein Grundstück gehört (§ 1 Abs. 3 Nr. 4).

Sie haben auch alle übrigen Erwerbsvorgänge anzuzeigen, über die ein Gericht, eine Behörde oder ein Notar eine Anzeige nach § 18 nicht zu erstatten hat.

(2) Die in Absatz 1 bezeichneten Personen haben außerdem in allen Fällen Anzeige zu erstatten über
1. jede Erhöhung der Gegenleistung des Erwerbers durch Gewährung von zusätzlichen Leistungen neben der beim Erwerbsvorgang vereinbarten Gegenleistung;
2. Leistungen, die der Erwerber des Grundstücks anderen Personen als dem Veräußerer als Gegenleistung dafür gewährt, daß sie auf den Erwerb des Grundstücks verzichten;
3. Leistungen, die ein anderer als der Erwerber des Grundstücks dem Veräußerer als Gegenleistung dafür gewährt, daß der Veräußerer dem Erwerber das Grundstück überläßt.

(3) Die Anzeigepflichtigen haben innerhalb von zwei Wochen, nachdem sie von dem anzeigepflichtigen Vorgang Kenntnis erhalten haben, den Vorgang anzuzeigen, und zwar auch dann, wenn der Vorgang von der Besteuerung ausgenommen ist.

(4) Die Anzeigen sind an das für die Besteuerung, in den Fällen des § 17 Abs. 2 und 3 an das für die gesonderte Feststellung zuständige Finanzamt zu richten. Ist über den anzeigepflichtigen Vorgang eine privatschriftliche Urkunde aufgenommen worden, so ist der Anzeige eine Abschrift der Urkunde beizufügen.

(5) Die Anzeigen sind Steuererklärungen im Sinne der Abgabenordnung. Sie können jedoch formlos abgegeben werden.

§ 20 Inhalt der Anzeigen

(1) Die Anzeigen müssen enthalten:
1. Vorname, Zuname und Anschrift des Veräußerers und des Erwerbers, gegebenenfalls auch, ob und um welche begünstigte Person im Sinne des § 3 Nr. 3 bis 7 es sich bei dem Erwerber handelt;
2. die Bezeichnung des Grundstücks nach Grundbuch, Kataster, Straße und Hausnummer;
3. die Größe des Grundstücks und bei bebauten Grundstücken die Art der Bebauung;
4. die Bezeichnung des anzeigepflichtigen Vorgangs und den Tag der Beurkundung, bei einem Vorgang, der einer Genehmigung bedarf, auch die Bezeichnung desjenigen, dessen Genehmigung erforderlich ist;
5. den Kaufpreis oder die sonstige Gegenleistung (§ 9);
6. den Namen der Urkundsperson.

(2) Die Anzeigen, die sich auf Anteile an einer Gesellschaft beziehen, müssen außerdem enthalten:
1. die Firma und den Ort der Geschäftsleitung der Gesellschaft,
2. die Bezeichnung des oder der Gesellschaftsanteile.

§ 21 Urkundenaushändigung

Die Gerichte, Behörden und Notare dürfen Urkunden, die einen anzeigepflichtigen Vorgang betreffen, den Beteiligten erst aushändigen und Ausfertigungen oder beglaubigte Abschriften den Beteiligten erst erteilen, wenn sie die Anzeigen an das Finanzamt abgesandt haben.

§ 22 Unbedenklichkeitsbescheinigung

(1) Der Erwerber eines Grundstücks darf in das Grundbuch erst dann eingetragen werden, wenn eine Bescheinigung des für die Besteuerung zuständigen Finanzamts vorgelegt wird (§ 17 Abs. 1 Satz 1) oder Bescheinigungen der für die Besteuerung zuständigen Finanzämter (§ 17 Abs. 1 Satz 2) vorgelegt werden, daß der Eintragung steuerliche Bedenken nicht entgegenstehen.

(2) Das Finanzamt hat die Bescheinigung zu erteilen, wenn die Grunderwerbsteuer entrichtet, sichergestellt oder gestundet worden ist oder wenn Steuerfreiheit gegeben ist. Es darf die Bescheinigung auch in anderen Fällen erteilen, wenn nach seinem Ermessen die Steuerforderung nicht gefährdet ist.

Achter Abschnitt
Übergangs- und Schlußvorschriften

§ 23 Anwendungsbereich

(1) Dieses Gesetz ist auf Erwerbsvorgänge anzuwenden, die nach dem 31. Dezember 1982 verwirklicht werden. Es ist auf Antrag auch auf Erwerbsvorgänge anzuwenden, die vor dem 1. Januar 1983, jedoch nach dem Tag der Verkündung des Gesetzes, 22. Dezember 1982, verwirklicht werden.

(2) Auf vor dem 1. Januar 1983 verwirklichte Erwerbsvorgänge sind vorbehaltlich des Absatzes 1 Satz 2 die bis zum Inkrafttreten dieses Gesetzes geltenden Vorschriften anzuwenden. Dies gilt insbesondere, wenn für einen vor dem 1. Januar 1983 verwirklichten Erwerbsvorgang Steuerbefreiung in Anspruch genommen und nach dem 31. Dezember 1982 ein Nacherhebungstatbestand verwirklicht wurde.

§ 24 Aufhebung bundesrechtlicher Vorschriften

(1) Vorbehaltlich des § 23 Abs. 2 werden mit dem Inkrafttreten dieses Gesetzes aufgehoben:
1. das Gesetz zur Befreiung bestimmter Erwerbe von der Grunderwerbsteuer in der Fassung des Artikels 5 des Gesetzes vom 23. Dezember 1974 (BGBl. I S. 3676);
2. § 108 Abs. 3 zweiter Halbsatz des Flurbereinigungsgesetzes in der Fassung der Bekanntmachung vom 16. März 1976 (BGBl. I S. 546);
   (Die Änderung ist in IV B 10 eingearbeitet.)
3. Artikel 7 des Gesetzes zur Förderung von Wohnungseigentum und Wohnbesitz im sozialen Wohnungsbau vom 23. März 1976 (BGBl. I S. 737);
4. § 21 Abs. 3 des Gesetzes über die Errichtung einer Stiftung »Hilfswerk für behinderte Kinder« vom 17. Dezember 1971 (BGBl. I S. 2018), der durch Artikel 1 des Gesetzes vom 22. Juli 1976 (BGBl. I S. 1876) eingefügt wurde;
   (Die Änderung ist in VIII K 20 eingearbeitet.)
5. § 77 des Städtebauförderungsgesetzes in der Fassung der Bekanntmachung vom 18. August 1976 (BGBl. I S. 2318);
   (Die Änderung ist in V H 60 eingearbeitet.)
6. § 27 des Gesetzes über steuerliche Maßnahmen bei Änderung der Unternehmensform in der Fassung des Artikels 1 des Gesetzes vom 6. September 1976 (BGBl. I S. 2641);
   (Die Änderung ist in VII B 94 eingearbeitet.)

Grunderwerbsteuergesetz
§ 25

7. Artikel 97 § 3 Abs. 2 und §§ 4 bis 7 des Einführungsgesetzes zur Abgabenordnung vom 14. Dezember 1976 (BGBl. I S. 3341);
   (Die Änderung ist in VII A 2 eingearbeitet.)
8. das Gesetz zur Grunderwerbsteuerbefreiung beim Erwerb von Einfamilienhäusern, Zweifamilienhäusern und Eigentumswohnungen in der Fassung des Artikels 3 des Gesetzes vom 11. Juli 1977 (BGBl. I S. 1213).
   (Die Änderung ist in VII B 48 eingearbeitet.)

(2) § 17 Abs. 2 und 3 und § 121 a des Bewertungsgesetzes in der Fassung der Bekanntmachung vom 26. September 1974 (BGBl. I S. 2369), § 3 Abs. 3 der Verordnung über die Gewährung von Erleichterungen, Vorrechten und Befreiungen an die Ständige Vertretung der Deutschen Demokratischen Republik vom 24. April 1974 (BGBl. S. 1022) sowie die auf völkerrechtlichen Verträgen beruhenden Grunderwerbsteuervergünstigungen bleiben unberührt.

§ 25 Aufhebung landesrechtlicher Vorschriften

(1) Im Land Baden-Württemberg treten vorbehaltlich des § 23 Abs. 2 mit Inkrafttreten dieses Gesetzes außer Kraft:
1. das Grunderwerbsteuergesetz vom 2. August 1966 in der Fassung der Bekanntmachung vom 17. April 1978 (Gesetzblatt für Baden-Württemberg – GBl. – S. 245);
2. das Gesetz über die Erhebung eines Zuschlags zur Grunderwerbsteuer vom 27. Oktober 1952 (GBl. S. 45), zuletzt geändert durch § 41 des Gesetzes vom 2. August 1966 (GBl. S. 165);
3. das Gesetz über Grunderwerbsteuerbefreiung bei Änderung der Unternehmensform und zur Änderung des Grunderwerbsteuergesetzes vom 12. Mai 1970 (GBl. S. 155);
4. das Gesetz über Grunderwerbsteuerbefreiung bei Maßnahmen zur Verbesserung der Wirtschaftsstruktur vom 10. Juli 1973 (GBl. S. 204), zuletzt geändert durch Gesetz vom 4. Oktober 1977 (GBl. S. 401);
5. § 44 des Baden-Württembergischen Ausführungsgesetzes zum Bürgerlichen Gesetzbuch vom 26. November 1974 (GBl. S. 498).

(2) Im Freistaat Bayern treten vorbehaltlich des § 23 Abs. 2 mit Inkrafttreten dieses Gesetzes außer Kraft:
1. das Grunderwerbsteuergesetz in der Fassung der Bekanntmachung vom 28. Juni 1977 (Bayerisches Gesetz- und Verordnungsblatt – GVBl. – S. 406, 600), geändert durch Artikel 3 des Gesetzes vom 11. Juli 1977 (BGBl. I S. 1213);
2. die Durchführungsverordnung zum Grunderwerbsteuergesetz vom 30. März 1940 in der in der Bereinigten Sammlung des Bayerischen Landesrechts, Ergänzungsband S. 136, Nr. 56, veröffentlichten Fassung vom 1. August 1968;
3. das Gesetz über die Erhebung eines Zuschlags zur Grunderwerbsteuer in der in der Bereinigten Sammlung des Bayerischen Landesrechts, Band III S. 437, veröffentlichten Fassung vom 28. Oktober 1952, geändert durch Artikel 4 des Gesetzes vom 15. Dezember 1971 (GVBl. S. 450);
4. die Verordnung über Erlaß von Grunderwerbsteuer auf dem Gebiete der Wasserwirtschaft vom 22. August 1922 in der in der Bereinigten Sammlung des Bayerischen Landesrechts, Ergänzungsband S. 139, Nr. 57, veröffentlichten Fassung vom 1. August 1968;

Grunderwerbsteuergesetz
§ 25

5. das Gesetz über die Grunderwerbsteuerbefreiung für den sozialen Wohnungsbau in der Fassung der Bekanntmachung vom 28. Juni 1977 (GVBl. S. 413), geändert durch Artikel 3 des Gesetzes vom 11. Juli 1977 (BGBl. I S. 1213);
6. die Durchführungsbestimmungen zum Gesetz über die Grunderwerbsteuerbefreiung für den sozialen Wohnungsbau vom 21. Dezember 1959 (GVBl. S. 325, 1960 S. 10), zuletzt geändert durch Verordnung vom 6. Oktober 1970 (GVBl. S. 512);
7. das Gesetz über die Grunderwerbsteuerfreiheit für die Eingliederung der Vertriebenen und Flüchtlinge in die Landwirtschaft und für die Aufstockung landwirtschaftlicher Betriebe in der Fassung der Bekanntmachung vom 28. Juni 1977 (GVBl. S. 416);
8. das Umwandlungs-Grunderwerbsteuergesetz vom 14. Juli 1958 (GVBl. S. 161);
9. das Gesetz über die grunderwerbsteuerliche Behandlung von Erwerbsvorgängen aus dem Bereich des Bundesbaugesetzes in der Fassung der Bekanntmachung vom 28. Juni 1977 (GVBl. S. 417);
10. das Gesetz über Grunderwerbsteuerbefreiung bei Änderung der Unternehmensform und bei Betriebsinvestitionen in volkswirtschaftlich förderungsbedürftigen Gebieten in der Fassung der Bekanntmachung vom 28. Juni 1977 (GVBl. S. 418), zuletzt geändert durch Gesetz vom 23. Dezember 1981 (GVBl. S. 539);
11. das Gesetz über die befristete Befreiung bestimmter Zweiterwerbe von der Grunderwerbsteuer und zur Änderung anderer grunderwerbsteuerlicher Vorschriften vom 23. Dezember 1975 (GVBl. S. 423);
12. § 40 der Ersten Wasserverbandverordnung vom 3. September 1937 in der in der Bereinigten Sammlung des Bayerischen Landesrechts, Ergänzungsband S. 95, Nr. 40, veröffentlichten Fassung vom 1. August 1968;
13. Artikel 2 des Gesetzes zur Ausführung des Reichsvermögen-Gesetzes vom 16. Mai 1961 (BGBl. I S. 597) vom 11. Juli 1962 (GVBl. S. 103);
14. Artikel 54 Abs. 1 des Bayerischen Naturschutzgesetzes in der Fassung der Bekanntmachung vom 10. Oktober 1982 (GVBl. S. 874);
15. § 2 der Verordnung über Zuständigkeiten auf dem Gebiet der Wirtschaftsförderung und der Außenwirtschaft vom 18. Mai 1982 (GVBl. S. 246).

(3) Im Land Berlin treten vorbehaltlich des § 23 Abs. 2 mit Inkrafttreten dieses Gesetzes außer Kraft:
1. das Grunderwerbsteuergesetz vom 18. Juli 1969 (Gesetz- und Verordnungsblatt für Berlin – GVBl. – S. 1034), zuletzt geändert durch Artikel I des Gesetzes vom 28. November 1978 (GVBl. S. 2208);
2. die Verordnung über Erlaß von Grunderwerbsteuer auf dem Gebiete der Wasserwirtschaft vom 22. August 1922 in der im Gesetz- und Verordnungsblatt für Berlin, Sonderband III, Gliederungsnummer 6111-9, veröffentlichten Fassung;
3. das Gesetz über den Fortfall von Unbedenklichkeitsbescheinigungen bei Erwerb eines Grundstücks, Erbbaurechts oder Erbpachtrechts im Erbgang vom 12. April 1954 (GVBl. S. 210);
4. § 40 der Ersten Wasserverbandverordnung vom 3. September 1937 in der im Gesetz- und Verordnungsblatt für Berlin, Sonderband III, Gliederungsnummer 753-4-1, veröffentlichten Fassung.

(4) In der Freien Hansestadt Bremen treten vorbehaltlich des § 23 Abs. 2 mit Inkrafttreten dieses Gesetzes außer Kraft:

Grunderwerbsteuergesetz

§ 25

1. das Grunderwerbsteuergesetz vom 29. März 1940 in der in der Sammlung des Bremischen Rechts (früheres Reichsrecht), Gliederungsnummer 61-a-02, veröffentlichten bereinigten Fassung, geändert durch Artikel 3 des Gesetzes vom 11. Juli 1977 (BGBl. I S. 1213);
2. die Durchführungsverordnung zum Grunderwerbsteuergesetz vom 30. März 1940 in der in der Sammlung des Bremischen Rechts (früheres Reichsrecht), Gliederungsnummer 61-a-03, veröffentlichten bereinigten Fassung;
3. die Verordnung über Erlaß von Grunderwerbsteuer auf dem Gebiete der Wasserwirtschaft vom 22. August 1922 in der in der Sammlung des Bremischen Rechts (früheres Reichsrecht), Gliederungsnummer 61-a-01, veröffentlichten bereinigten Fassung;
4. das Gesetz über den Zuschlag zur Grunderwerbsteuer vom 2. Juli 1954 in der in der Sammlung des Bremischen Rechts, Gliederungsnummer 61-a-1, veröffentlichten Fassung;
5. das Gesetz über die Befreiung des sozialen Wohnungsbaus von der Grunderwerbsteuer in der in der Sammlung des Bremischen Rechts, Gliederungsnummer 61-a-2, veröffentlichten Fassung der Bekanntmachung vom 19. Dezember 1961, geändert durch Artikel 3 des Gesetzes vom 11. Juli 1977 (BGBl. I S. 1213);
6. das Gesetz über die grunderwerbsteuerliche Behandlung von Erwerbsvorgängen aus dem Bereich des Bundesbaugesetzes in der in der Sammlung des Bremischen Rechts, Gliederungsnummer 61-a-3, veröffentlichten Fassung vom 20. November 1962;
7. das Gesetz über Grunderwerbsteuerbefreiung bei Änderung der Unternehmensform vom 16. Dezember 1969 (Gesetzblatt der Freien Hansestadt Bremen S. 159);
8. § 40 der Ersten Wasserverbandverordnung vom 3. September 1937 in der in der Sammlung des Bremischen Rechts (früheres Reichsrecht), Gliederungsnummer 2181-a-2, veröffentlichten bereinigten Fassung;
9. § 5 Abs. 2 der Verordnung zur Einheitsbewertung, zur Vermögensbesteuerung, zur Erbschaftsteuer und zur Grunderwerbsteuer vom 4. April 1943 in der in der Sammlung des Bremischen Rechts (früheres Reichsrecht), Gliederungsnummer 61-a-04, veröffentlichten bereinigten Fassung;
10. § 2 a des Bremischen Abgabengesetzes vom 15. Mai 1962 in der in der Sammlung des Bremischen Rechts, Gliederungsnummer 60-a-1, veröffentlichten Fassung.

(5) In der Freien und Hansestadt Hamburg treten vorbehaltlich des § 23 Abs. 2 mit Inkrafttreten dieses Gesetzes außer Kraft:
1. das Grunderwerbsteuergesetz in der Fassung vom 26. April 1966 (Hamburgisches Gesetz- und Verordnungsblatt – GVBl. – S. 129), zuletzt geändert durch Artikel 3 des Gesetzes vom 11. Juli 1977 (BGBl. I S. 1213);
2. die Durchführungsverordnung zum Grunderwerbsteuergesetz vom 30. März 1940 in der in der Sammlung des bereinigten hamburgischen Landesrechts II, Gliederungsnummer 61-l-1, veröffentlichten Fassung;
3. die Verordnung über Erlaß von Grunderwerbsteuer auf dem Gebiete der Wasserwirtschaft vom 22. August 1922 in der in der Sammlung des bereinigten hamburgischen Landesrechts II, Gliederungsnummer 61-h, veröffentlichten Fassung;
4. das Gesetz über Grunderwerbsteuerbefreiung bei Änderung der Unternehmensform vom 1. Dezember 1969 (GVBl. S. 231);
5. § 40 der Ersten Wasserverbandverordnung vom 3. September 1937 in der in der Sammlung des bereinigten hamburgischen Landesrechts II, Gliederungsnummer 753-a-1, veröffentlichten Fassung;

Grunderwerbsteuergesetz
§ 25

6. § 8 des Gesetzes über die Bereinigung von Grundstücksgrenzen vom 17. September 1954 in der in der Sammlung des bereinigten hamburgischen Landesrechts I, Gliederungsnummer 3212-h, veröffentlichten Fassung;
7. § 116 a des Hamburgischen Wassergesetzes vom 20. Juni 1960 (GVBl. S. 335), der durch § 1 Nr. 16 des Gesetzes vom 29. April 1964 (GVBl. S. 79) eingefügt wurde;
8. § 11 des Gesetzes zur Ordnung deichrechtlicher Verhältnisse vom 29. April 1964 (GVBl. S. 79);
9. § 66 Abs. 4 des Hamburgischen Wegegesetzes in der Fassung vom 22. Januar 1974 (GVBl. S. 41);
10. § 21 des Hafenentwicklungsgesetzes vom 25. Januar 1982 (GVBl. S. 19).

(6) Im Land Hessen treten vorbehaltlich des § 23 Abs. 2 mit Inkrafttreten dieses Gesetzes außer Kraft:
1. das Grunderwerbsteuergesetz vom 29. März 1940 in der Fassung vom 31. Mai 1965 (Gesetz- und Verordnungsblatt für das Land Hessen – GVBl. – I S. 110, 1969 S. 188), zuletzt geändert durch Artikel 3 des Gesetzes vom 11. Juli 1977 (BGBl. I S. 1213);
2. die Durchführungsverordnung zum Grunderwerbsteuergesetz vom 30. März 1940 in der Fassung des Gesetzes vom 31. Oktober 1972 (GVBl. I S. 349), geändert durch Artikel 2 des Gesetzes vom 21. Dezember 1976 (GVBl. I S. 532);
3. die Verordnung über Erlaß von Grunderwerbsteuer auf dem Gebiete der Wasserwirtschaft vom 22. August 1922 in der im Gesetz- und Verordnungsblatt für das Land Hessen Teil II, Gliederungsnummer 42-26, veröffentlichten Fassung;
4. das Gesetz über Grunderwerbsteuerbefreiung bei der Umwandlung von Kapitalgesellschaften und bergrechtlichen Gewerkschaften vom 15. Mai 1958 (GVBl. S. 59);
5. das Gesetz über Grunderwerbsteuerbefreiung bei Änderung der Unternehmensform vom 4. Februar 1970 (GVBl. I S. 93);
6. § 40 der Ersten Wasserverbandverordnung vom 3. September 1937 in der im Gesetz- und Verordnungsblatt für das Land Hessen Teil II, Gliederungsnummer 85-18, veröffentlichten Fassung.

(7) Im Land Niedersachsen treten vorbehaltlich des § 23 Abs. 2 mit Inkrafttreten dieses Gesetzes außer Kraft:
1. das Grunderwerbsteuergesetz vom 29. März 1940 in der im Niedersächsischen Gesetz- und Verordnungsblatt, Sonderband II S. 499, veröffentlichten Fassung, zuletzt geändert durch Gesetz vom 31. Mai 1978 (Niedersächsisches Gesetz- und Verordnungsblatt – Nieders. GVBl. – S. 464);
2. die Durchführungsverordnung zum Grunderwerbsteuergesetz vom 30. März 1940 in der im Niedersächsischen Gesetz- und Verordnungsblatt, Sonderband II S. 504, veröffentlichten Fassung;
3. das Gesetz über den Zuschlag zur Grunderwerbsteuer vom 20. April 1955 in der im Niedersächsischen Gesetz- und Verordnungsblatt, Sonderband I S. 536, veröffentlichten Fassung;
4. die Verordnung über Erlaß von Grunderwerbsteuer auf dem Gebiete der Wasserwirtschaft vom 22. August 1922 in der im Niedersächsischen Gesetz- und Verordnungsblatt, Sonderband II S. 499, veröffentlichten Fassung;
5. das Gesetz über die Befreiung des sozialen Wohnungsbaues von der Grunderwerbsteuer in der Fassung der Bekanntmachung vom 17. Februar 1966 (Nieders. GVBl. S. 64), geändert durch Artikel 3 des Gesetzes vom 11. Juli 1977 (BGBl. I S. 1213);

Grunderwerbsteuergesetz
§ 25

6. das Umwandlungs-Grunderwerbsteuergesetz vom 25. März 1958 in der im Niedersächsischen Gesetz- und Verordnungsblatt, Sonderband I S. 537, veröffentlichten Fassung;
7. das Gesetz über Befreiungen von der Grunderwerbsteuer beim Erwerb von Grundstücken zur Verbesserung der Struktur land- und forstwirtschaftlicher Betriebe vom 25. März 1959 (Nieders. GVBl. S. 57);
8. das Gesetz über Befreiungen von der Grunderwerbsteuer bei Erwerbsvorgängen aus dem Bereich des Bundesbaugesetzes vom 29. Oktober 1962 (Nieders. GVBl. S. 217);
9. die Verordnung zur Durchführung des Gesetzes über Befreiungen von der Grunderwerbsteuer bei Erwerbsvorgängen aus dem Bereich des Bundesbaugesetzes vom 5. April 1963 (Nieders. GVBl. S. 227);
10. das Gesetz zur Änderung des Grunderwerbsteuergesetzes vom 12. Juni 1964 (Nieders. GVBl. S. 94);
11. das Gesetz über Grunderwerbsteuerbefreiung bei Änderung der Unternehmensform vom 19. März 1970 (Nieders. GVBl. S. 66);
12. das Gesetz über Grunderwerbsteuerbefreiung bei Maßnahmen zur Verbesserung der Wirtschaftsstruktur und zur Änderung des Grunderwerbsteuergesetzes vom 22. April 1971 (Nieders. GVBl. S. 149), zuletzt geändert durch Gesetz vom 15. Dezember 1979 (Nieders. GVBl. S. 325);
13. § 40 der Ersten Wasserverbandverordnung vom 3. September 1937 in der im Niedersächsischen Gesetz- und Verordnungsblatt, Sonderband II S. 712, veröffentlichten Fassung;
14. § 5 Abs. 2 der Verordnung zur Einheitsbewertung, zur Vermögensbesteuerung, zur Erbschaftsteuer und zur Grunderwerbsteuer vom 4. April 1943 in der im Niedersächsischen Gesetz- und Verordnungsblatt, Sonderband II S. 488, veröffentlichten Fassung;
15. § 7 Abs. 2 und 3 des Niedersächsischen Ausführungsgesetzes zum Flurbereinigungsgesetz vom 20. Dezember 1954 in der im Niedersächsischen Gesetz- und Verordnungsblatt, Sonderband I S. 642, veröffentlichten Fassung;
16. § 33 des Niedersächsischen Denkmalschutzgesetzes vom 30. Mai 1978 (Nieders. GVBl. S. 517).

(8) Im Land Nordrhein-Westfalen treten vorbehaltlich des § 23 Abs. 2 mit Inkrafttreten dieses Gesetzes außer Kraft:
1. das Grunderwerbsteuergesetz in der Fassung der Bekanntmachung vom 12. Juli 1970 (Gesetz- und Verordnungsblatt für das Land Nordrhein-Westfalen – GV.NW. – S. 612), zuletzt geändert durch Artikel 3 des Gesetzes vom 11. Juli 1977 (BGBl. I S. 1213);
2. das Gesetz über Grunderwerbsteuerbefreiung für den Wohnungsbau in der Fassung der Bekanntmachung vom 20. Juli 1970 (GV.NW. S. 620), zuletzt geändert durch Artikel 3 des Gesetzes vom 11. Juli 1977 (BGBl. I S. 1213);
3. das Umwandlungs-Grunderwerbsteuergesetz vom 13. Mai 1958 (GV.NW. S. 195);
4. das Gesetz über die Befreiung von der Grunderwerbsteuer bei Grunderwerb nach dem Bundesbaugesetz vom 25. Juni 1962 (GV.NW. S. 347);
5. das Gesetz über Grunderwerbsteuerbefreiung zur Förderung der Rationalisierung im Steinkohlenbergbau vom 5. Mai 1964 (GV.NW. S. 169), geändert durch Gesetz vom 26. April 1966 (GV.NW. S. 269);

6. das Gesetz über Befreiung des Grunderwerbs zu gemeinnützigen, mildtätigen und kirchlichen Zwecken von der Grunderwerbsteuer vom 14. Juli 1964 (GV.NW. S. 258), geändert durch Artikel 5 des Gesetzes vom 8. April 1975 (GV.NW. S. 298);
7. das Gesetz über Grunderwerbsteuerbefreiung für Maßnahmen zur Verbesserung der Agrarstruktur und auf dem Gebiet der landwirtschaftlichen Siedlung vom 29. März 1966 (GV.NW. S. 140), geändert durch Artikel 4 des Gesetzes vom 21. Mai 1970 (GV.NW. S. 395);
8. die Verordnung zur Durchführung des Gesetzes über Grunderwerbsteuerbefreiung für Maßnahmen zur Verbesserung der Agrarstruktur und auf dem Gebiet der landwirtschaftlichen Siedlung vom 13. Februar 1967 (GV.NW. S. 28), geändert durch Verordnung vom 11. Dezember 1969 (GV.NW. 1970 S. 16);
9. das Gesetz über Grunderwerbsteuerbefreiung bei Maßnahmen zur Verbesserung der Wirtschaftsstruktur vom 24. November 1969 (GV.NW. S. 878), zuletzt geändert durch Gesetz vom 13. Juli 1982 (GV.NW. S. 347);
10. die Verordnung zur Übertragung der Zuständigkeit für das Bescheinigungsverfahren nach § 2 Abs. 2 GrEStStrukturG vom 16. Februar 1970 (GV.NW. S. 164);
11. das Gesetz über Grunderwerbsteuerbefreiung bei Änderung der Unternehmensform vom 5. Mai 1970 (GV.NW. S. 314);
12. das Gesetz über Grunderwerbsteuerbefreiung für Vertriebene, Sowjetzonenflüchtlinge, Verfolgte und politische Häftlinge in der Fassung des Artikels 2 des Gesetzes vom 21. Mai 1970 (GV.NW. S. 395), geändert durch Artikel 3 des Gesetzes vom 8. April 1975 (GV.NW. S. 298);
13. die Verordnung über die Übertragung von Zuständigkeiten auf dem Gebiet der Grunderwerbsteuer auf das Finanzamt Düsseldorf-Altstadt vom 31. Oktober 1970 (GV.NW. S. 736);
14. die Zweite Verordnung zur Durchführung des Gesetzes über Grunderwerbsteuerbefreiung für Maßnahmen zur Verbesserung der Agrarstruktur und auf dem Gebiet der landwirtschaftlichen Siedlung vom 16. Juli 1976 (GV.NW. S. 292);
15. § 40 der Ersten Wasserverbandverordnung vom 3. September 1937 in der in der Sammlung des als Landesrecht fortgeltenden ehemaligen Reichsrechts, S. 130, veröffentlichten Fassung;
16. § 64 Abs. 3 des Gesetzes über die Gründung des Großen Erftverbandes vom 3. Juni 1958 (GV.NW. S. 253);
17. § 15 Abs. 3 und 4 des Gesetzes über die Studentenwerke im Lande Nordrhein-Westfalen vom 27. Februar 1974 (GV.NW. S. 71), der zuletzt durch Artikel I des Gesetzes vom 25. April 1978 (GV.NW. S. 180) geändert wurde.

(9) Im Land Rheinland-Pfalz treten vorbehaltlich des § 23 Abs. 2 mit Inkrafttreten dieses Gesetzes außer Kraft:
1. das Grunderwerbssteuergesetz vom 1. Juni 1970 (Gesetz- und Verordnungsblatt für das Land Rheinland-Pfalz – GVBl. – S. 166), geändert durch Artikel 3 des Gesetzes vom 11. Juni 1977 (BGBl. I S. 1213);
2. das Landesgesetz über Grunderwerbsteuerbefreiung bei Änderung der Unternehmensform vom 22. April 1970 (GVBl. S. 144);
3. § 6 Abs. 3 des Ausführungsgesetzes zum Flurbereinigungsgesetz vom 18. Mai 1978 (GVBl. S. 271).

(10) Im Saarland treten vorbehaltlich des § 23 Abs. 2 mit Inkrafttreten dieses Gesetzes außer Kraft:

Grunderwerbsteuergesetz

§ 25

1. das Gesetz Nr. 201 »Grunderwerbsteuergesetz« in der Fassung der Bekanntmachung vom 3. März 1970 (Amtsblatt des Saarlandes – Amtsbl. – S. 158), zuletzt geändert durch Artikel 3 des Gesetzes vom 11. Juli 1977 (BGBl. I S. 1213);
2. das Gesetz Nr. 720 über die Grunderwerbsteuerbefreiung beim Wohnungsbau in der Fassung der Bekanntmachung vom 3. März 1970 (Amtsbl. S. 155), zuletzt geändert durch Artikel 3 des Gesetzes vom 11. Juli 1977 (BGBl. I S. 1213);
3. die Durchführungsverordnung zum Gesetz Nr. 720 über die Grunderwerbsteuerbefreiung beim Wohnungsbau vom 31. Januar 1961 (Amtsbl. S. 104);
4. das Gesetz Nr. 727 über die Grunderwerbsteuerbefreiung beim Erwerb von Grundstücken zur Aufstockung land- und forstwirtschaftlicher Betriebe vom 29. September 1960 (Amtsbl. S. 812) in der Fassung des Gesetzes vom 26. Februar 1975 (Amtsbl. S. 449);
5. das Gesetz Nr. 792 über Grunderwerbsteuerbefreiung bei Grundstückserwerben nach dem Bundesbaugesetz und zur Änderung und Ergänzung des Gesetzes über die Grunderwerbsteuerbefreiung beim Wohnungsbau vom 22. April 1964 (Amtsbl. S. 397);
6. das Gesetz Nr. 902 über Grunderwerbsteuerbefreiung bei Änderung der Unternehmensform und zur Änderung grunderwerbsteuerlicher Vorschriften vom 25. Februar 1970 (Amtsbl. S. 154);
7. das Gesetz Nr. 880 über Grunderwerbsteuerbefreiung bei Maßnahmen zur Verbesserung der Wirtschaftsstruktur in der Fassung der Bekanntmachung vom 30. März 1976 (Amtsbl. S. 345);
8. § 40 der Ersten Wasserverbandverordnung vom 3. September 1937 in der in der Sammlung des bereinigten saarländischen Landesrechts, Gliederungsnummer 753-4-1, veröffentlichten Fassung;
9. Artikel II und Artikel III des Gesetzes Nr. 836 zur Änderung des Grunderwerbsteuergesetzes vom 9. November 1966 (Amtsbl. S. 837)
10. Artikel 4 des Gesetzes Nr. 1041 zur Änderung des Gesetzes Nr. 880 über Grunderwerbsteuerbefreiung bei Maßnahmen zur Verbesserung der Wirtschaftsstruktur sowie des Gesetzes Nr. 202 (Grunderwerbsteuergesetz) vom 18. Februar 1976 (Amtsbl. S. 216).

(11) Im Land Schleswig-Holstein treten vorbehaltlich des § 23 Abs. 2 mit Inkrafttreten dieses Gesetzes außer Kraft:
1. das Grunderwerbsteuergesetz in der Fassung der Bekanntmachung vom 3. Februar 1967 (Gesetz- und Verordnungsblatt für Schleswig-Holstein – GVOBl. Schl.-H. – S. 20), zuletzt geändert durch Artikel 5 des Gesetzes vom 20. Dezember 1977 (GVOBl. Schl.-H. S. 502);
2. die Verordnung über Erlaß von Grunderwerbsteuer auf dem Gebiete der Wasserwirtschaft vom 22. August 1922 in der in der Sammlung des schleswig-holsteinischen Landesrechts II, Gliederungsnummer B 611-0-2, veröffentlichten Fassung;
3. das Gesetz über die Befreiung von der Grunderwerbsteuer bei Maßnahmen des sozialen Wohnungsbaues, bei Maßnahmen aus dem Bereich des Bundesbaugesetzes und bei Maßnahmen zur Verbesserung der Wirtschaftsstruktur in der Fassung der Bekanntmachung vom 16. September 1974 (GVOBl. Schl.-H. S. 353), zuletzt geändert durch Artikel 8 des Gesetzes vom 20. Dezember 1977 (GVOBl. Schl.-H. S. 502);
4. das Gesetz über Befreiungen von der Grunderwerbsteuer beim Erwerb von Grundstücken zur Verbesserung der Struktur land- und forstwirtschaftlicher Betriebe in der Fassung der Bekanntmachung vom 6. April 1970 (GVOBl. Schl.-H. S. 88);

5. das Gesetz über Befreiungen von der Grunderwerbsteuer bei Änderung der Unternehmensform vom 25. März 1970 in der in der Sammlung des schleswig-holsteinischen Landesrechts II, Gliederungsnummer 611-6, veröffentlichten Fassung;
6. die Landesverordnung zur Bestimmung der zuständigen Behörde nach dem Grunderwerbsteuergesetz und dem Gesetz über Befreiungen von der Grunderwerbsteuer beim Erwerb von Grundstücken zur Verbesserung der Struktur land- und forstwirtschaftlicher Betriebe vom 11. Juni 1970 in der in der Sammlung des schleswig-holsteinischen Landesrechts II, Gliederungsnummer 611-6-1, veröffentlichten Fassung;
7. § 40 der Ersten Wasserverbandverordnung vom 3. September 1937 in der in der Sammlung des schleswig-holsteinischen Landesrechts II, Gliederungsnummer 753-1-1, veröffentlichten Fassung;
8. § 31 Abs. 1 bis 3 des Gesetzes zur Ergänzung bundesrechtlicher Bestimmungen über die Angelegenheiten der Vertriebenen, Flüchtlinge und Kriegsgeschädigten vom 28. April 1954 (GVOBl. Schl.-H. S. 77);
9. § 52 Abs. 3 des Landschaftspflegegesetzes in der Fassung des Artikels 1 des Gesetzes vom 19. November 1982 (GVOBl. Schl.-H. S. 256).

(12) Vorbehaltlich des § 23 Abs. 2 treten mit dem Inkrafttreten dieses Gesetzes auch alle weiteren Vorschriften der Länder auf dem Gebiet des Grunderwerbsteuerrechts außer Kraft, soweit diese nicht bereits in den Absätzen 1 bis 11 aufgeführt sind. Rechtsvorschriften der Länder, die sich auch auf anderes als die Grunderwerbsteuer beziehen, sind mit dem Inkrafttreten dieses Gesetzes hinsichtlich der Grunderwerbsteuer nicht mehr anzuwenden.

§ 26 Änderung einzelner landesrechtlicher Vorschriften

(1) In Artikel 18 des Gesetzes zur Ausführung des Flurbereinigungsgesetzes in der Fassung der Bekanntmachung vom 25. März 1977 (Bayerisches Gesetz- und Verordnungsblatt S. 104) wird Satz 2 gestrichen.

(2) In § 13 Abs. 4 Satz 1 des Gesetzes über das Studentenwerk Hamburg vom 10. November 1975 (Hamburgisches Gesetz- und Verordnungsblatt S. 189) wird die Textstelle »Grunderwerbsteuer«, gestrichen.

(3) In § 12 Abs. 1 des Hessischen Ausführungsgesetzes zum Flurbereinigungsgesetz vom 1. April 1977 (Gesetz- und Verordnungsblatt für das Land Hessen Teil I S. 151) wird Satz 2 gestrichen.

(4) In § 1 Abs. 1 des Gesetzes über Kosten- und Abgabenfreiheit im Flurbereinigungsverfahren vom 15. März 1955 (Gesetz- und Verordnungsblatt für das Land Nordrhein-Westfalen S. 49) wird Satz 2 gestrichen. In § 3 der Verordnung über die Zuständigkeiten nach dem Städtebauförderungsgesetz vom 24. Januar 1980 (GV.NW. S. 88) wird die Textstelle »§ 77 Abs. 2 sowie« gestrichen.

(5) In § 8 des Gesetzes Nr. 73 über die während des Krieges ausgeführten oder begonnenen sogenannten Neuordnungsbauten vom 7. Februar 1949 (Amtsblatt des Saarlandes S. 194) wird Satz 2 gestrichen In § 14 Abs. 1 Satz 2 des Gesetzes Nr. 693 »Saarländisches Ausführungsgesetz zum Flurbereinigungsgesetz« vom 17. Juli 1959 (Amtsbl. S. 1255)

Grunderwerbsteuergesetz
§§ 27-28

wird die Textstelle »für die Grunderwerbsteuer bei dem Übergang von Grundstücken auf den Träger des Unternehmens gemäß §§ 87 bis 90 des Flurbereinigungsgesetzes und« gestrichen.

§ 27 Geltung im Land Berlin

Dieses Gesetz gilt nach Maßgabe des § 12 Abs. 1 des Dritten Überleitungsgesetzes auch im Land Berlin.

§ 28 Inkrafttreten

Dieses Gesetz tritt am 1. Januar 1983 in Kraft.

Das vorstehende Gesetz wird hiermit ausgefertigt und wird im Bundesgesetzblatt verkündet.

Der Bundespräsident
Der Bundeskanzler
Der Bundesminister der Finanzen
Der Bundesminister für Raumordnung, Bauwesen und Städtebau

**Gesetz über steuerliche Maßnahmen
bei Änderung der Unternehmensform**

Änderungsregister

Gesetz
über steuerliche Maßnahmen bei Änderung der Unternehmensform (UmwStG 1977)

Vom 6. September 1976 (BGBl. I S. 2641, 2643)[1])
(BGBl. III 611-4-5)

Änderungen

Paragraph	Art der Änderung	Geändert durch	Datum	Fundstelle BGBl.
5, 15, 16, 28	geändert	Gesetz zur Änderung des Einkommensteuergesetzes, des Körperschaftsteuergesetzes und anderer Gesetze	28. 8.1980	I S.1545
27	aufgehoben	Grunderwerbsteuergesetz	17.12.1982	I S.1777
16, 28	geändert	Steuerbereinigungsgesetz 1985	14.12.1984	I S.1493
17, 28	geändert	Steuerreformgesetz 1990	25. 7.1988	I S.1093

---

[1]) Verkündet als Artikel 1 des Einführungsgesetzes zum Körperschaftsteuerreformgesetz vom 6. 9. 1976 (BGBl. I S. 2641). In Kraft ab 1. 1. 1977.

Gesetz über steuerliche Maßnahmen bei Änderung der Unternehmensform

Inhaltsübersicht

Inhaltsübersicht

	§§
Erster Teil	
Allgemeine Vorschriften zu dem Zweiten bis Fünften Teil	
Anwendungsbereich der Vorschriften des Zweiten bis Fünften Teils	1
Steuerliche Rückwirkung	2
Zweiter Teil	
Vermögensübergang auf eine Personengesellschaft oder auf eine natürliche Person	
Erstes Kapitel	
Auswirkungen auf den Gewinn der übertragenden Körperschaft	
Wertansätze in der steuerlichen Schlußbilanz	3
Befreiung des Übertragungsgewinns von der Körperschaftsteuer	4
Zweites Kapitel	
Einkünfte der Gesellschafter der übernehmenden Personengesellschaft oder der übernehmenden natürlichen Person	
Erster Abschnitt	
Vermögensübergang auf eine Personengesellschaft	
Auswirkungen auf den Gewinn der übernehmenden Personengesellschaft	5
Auswirkungen auf den Gewinn der übernehmenden Personengesellschaften in Sonderfällen	6
Stundung der auf den Übernahmegewinn entfallenden Steuern vom Einkommen	7
Gewinnerhöhung durch Vereinigung von Forderungen und Verbindlichkeiten	8
Ermittlung der Einkünfte nicht wesentlich beteiligter Anteilseigner	9
Vermögensübergang auf eine Personengesellschaft ohne Betriebsvermögen	10
Zweiter Abschnitt	
Vermögensübergang auf eine natürliche Person	
Sinngemäße Anwendung von Vorschriften des Ersten Abschnitts	11
Drittel Kapitel	
Anrechnung von Körperschaftsteuer	
Körperschaftsteueranrechnung	12
Ausschluß der Anrechnung; Steuerpflicht für den Übertragungsgewinn	13

	§§
Dritter Teil	
Vermögensübergang auf eine andere Körperschaft	
Auswirkungen auf den Gewinn der übertragenden Körperschaft	14
Auswirkungen auf den Gewinn der übernehmenden Körperschaft	15
Besteuerung der Gesellschafter der übertragenden Körperschaft	16
Vierter Teil	
Barabfindung an Minderheitsgesellschafter	
Anwendung des § 6 b des Einkommensteuergesetzes	17
Fünfter Teil	
Gewerbesteuer	
Gewerbesteuer bei Vermögensübergang auf eine Personengesellschaft oder auf eine natürliche Person	18
Gewerbesteuer bei Vermögensübergang auf eine andere Körperschaft	19
Sechster Teil	
Einbringung eines Betriebs, Teilbetriebs oder Mitunternehmeranteils in eine Kapitalgesellschaft gegen Gewährung von Gesellschaftsanteilen	
Bewertung des eingebrachten Betriebsvermögens und der Gesellschaftsanteile	20
Veräußerung der Gesellschaftsanteile	21
Einlage der Gesellschaftsanteile in ein Betriebsvermögen	22
Sonstige Auswirkungen der Sacheinlage	23
Siebenter Teil	
Einbringung eines Betriebs-, Teilbetriebs- oder Mitunternehmeranteils in eine Personengesellschaft	24
Achter Teil	
Verhinderung von Mißbräuchen; mitbestimmte Unternehmen	
Wegfall von Steuererleichterungen	25
Übergang des Vermögens einer mitbestimmten Körperschaft auf eine Personengesellschaft oder auf eine natürliche Person	26
Neunter Teil	
(aufgehoben)	27
Zehnter Teil	
Übergangs- und Schlußvorschriften	28

Gesetz über steuerliche Maßnahmen
bei Änderung der Unternehmensform

§§ 1–3

Erster Teil
Allgemeine Vorschriften zu dem Zweiten bis Fünften Teil

§ 1 Anwendungsbereich der Vorschriften des Zweiten bis Fünften Teils

(1) Geht das Vermögen einer Kapitalgesellschaft im Sinne des § 1 Abs. 1 Nr. 1 des Körperschaftsteuergesetzes, einer Erwerbs- oder Wirtschaftsgenossenschaft oder eines Versicherungsvereins auf Gegenseitigkeit durch Gesamtrechtsnachfolge auf einen anderen über, so gelten die Vorschriften der §§ 2 bis 19.

(2) Absatz 1 gilt nur für den Übergang des Vermögens von Körperschaften, die nach § 1 des Körperschaftsteuergesetzes unbeschränkt steuerpflichtig sind.

§ 2 Steuerliche Rückwirkung

(1) Das Einkommen und das Vermögen der übertragenden Körperschaft sowie der Übernehmerin sind so zu ermitteln, als ob das Vermögen der Körperschaft mit Ablauf des Stichtages der Bilanz, die dem Vermögensübergang zugrunde liegt (steuerlicher Übertragungsstichtag), auf die Übernehmerin übergegangen wäre und die übertragende Körperschaft gleichzeitig aufgelöst worden wäre. Das gleiche gilt für die Ermittlung der Bemessungsgrundlagen bei der Gewerbesteuer.

(2) Ist die Übernehmerin eine Personengesellschaft, so gilt Absatz 1 Satz 1 für das Einkommen und das Vermögen der Gesellschafter.

(3) Bei einer Umwandlung nach den Vorschriften des Ersten Abschnitts des Umwandlungsgesetzes oder bei einer Verschmelzung nach den Vorschriften des Gesetzes betreffend die Erwerbs- und Wirtschaftsgenossenschaften gilt Absatz 1 nur, wenn die bei der Anmeldung zur Eintragung in das Handelsregister oder in das Genossenschaftsregister einzureichende Bilanz für einen Stichtag aufgestellt ist, der höchstens sechs Monate vor der Anmeldung liegt.

(4) Soweit die Regelung des Absatzes 1 an dem auf den steuerlichen Übertragungsstichtag folgenden Feststellungszeitpunkt (§§ 21 bis 23 des Bewertungsgesetzes) oder Veranlagungszeitpunkt (§§ 15 bis 17 des Vermögensteuergesetzes) zu einem höheren Einheitswert des Betriebsvermögens oder des land- und forstwirtschaftlichen Vermögens oder zu einem höheren Gesamtvermögen führt, ist bei der Feststellung des Einheitswerts des Betriebsvermögens oder des land- und forstwirtschaftlichen Vermögens oder bei der Ermittlung des Gesamtvermögens ein entsprechender Betrag abzuziehen.

Zweiter Teil
Vermögensübergang auf eine Personengesellschaft oder auf eine natürliche Person

Erstes Kapitel
Auswirkungen auf den Gewinn der übertragenden Körperschaft

§ 3 Wertansätze in der steuerlichen Schlußbilanz

In der steuerlichen Schlußbilanz für das letzte Wirtschaftsjahr der übertragenden Körperschaft sind die nach den steuerrechtlichen Vorschriften über die Gewinnermittlung auszuweisenden Wirtschaftsgüter mit dem Teilwert anzusetzen. Wirtschaftsgüter, die nicht in ein

Gesetz über steuerliche Maßnahmen bei Änderung der Unternehmensform

§§ 4–5

Betriebsvermögen übergehen, sind mit dem gemeinen Wert anzusetzen. Für die Bewertung von Pensionsverpflichtungen gilt § 6 a des Einkommensteuergesetzes.

§ 4 Befreiung des Übertragungsgewinns von der Körperschaftsteuer

Der Teil des Gewinns der übertragenden Körperschaft, der sich infolge des Vermögensübergangs ergibt (Übertragungsgewinn), unterliegt nicht der Körperschaftsteuer.

Zweites Kapitel
Einkünfte der Gesellschafter der übernehmenden Personengesellschaft oder der übernehmenden natürlichen Person

Erster Abschnitt
Vermögensübergang auf eine Personengesellschaft

§ 5 Auswirkungen auf den Gewinn der übernehmenden Personengesellschaft

(1) Die Personengesellschaft hat die auf sie übergegangenen Wirtschaftsgüter einschließlich der in § 8 bezeichneten Wirtschaftsgüter mit dem in der steuerlichen Schlußbilanz der übertragenden Körperschaft enthaltenen Wert zu übernehmen. Eine auf die Personengesellschaft übergegangene Vermögensabgabeschuld ist unbeschadet des § 211 des Lastenausgleichsgesetzes stets auszuweisen. Sie ist mit dem Zeitwert anzusetzen.

(2) Die übergegangenen Wirtschaftsgüter gelten mit dem in Absatz 1 bezeichneten Wert als angeschafft. Ist die Dauer der Zugehörigkeit eines Wirtschaftsguts zum Betriebsvermögen für die Besteuerung bedeutsam, so ist der Zeitraum seiner Zugehörigkeit zum Betriebsvermögen der übertragenden Körperschaft der übernehmenden Personengesellschaft anzurechnen.

(3) Der Gewinn der übernehmenden Personengesellschaft erhöht sich in dem Wirtschaftsjahr, in dem das Vermögen nach § 2 als übergegangen gilt, um die nach § 12 anzurechnende Körperschaftsteuer und um einen Sperrbetrag im Sinne des § 50 c des Einkommensteuergesetzes.

(4) Übersteigt der auf einen Gesellschafter der übernehmenden Personengesellschaft entfallende Übernahmeverlust den auf diesen Gesellschafter entfallenden Erhöhungsbetrag im Sinne des Absatzes 3, so bleibt der übersteigende Betrag bei der Ermittlung des Gewinns der Personengesellschaft und bei der Ermittlung des Einkommens des Gesellschafters unberücksichtigt.

(5) Übernahmegewinn oder Übernahmeverlust ist der infolge des Vermögensübergangs sich ergebende Unterschiedsbetrag zwischen dem Buchwert der Anteile an der übertragenden Körperschaft und dem Wert, mit dem die übergegangenen Wirtschaftsgüter zu übernehmen sind. Der Buchwert ist der Wert, mit dem die Anteile nach den steuerrechtlichen Vorschriften über die Gewinnermittlung in einer für den steuerlichen Übertragungsstichtag aufzustellenden Steuerbilanz anzusetzen sind oder anzusetzen wären.

Gesetz über steuerliche Maßnahmen
bei Änderung der Unternehmensform

§§ 6–8

§ 6 Auswirkungen auf den Gewinn der übernehmenden Personengesellschaft in Sonderfällen

(1) Hat die übernehmende Personengesellschaft Anteile an der übertragenden Körperschaft nach dem steuerlichen Übertragungsstichtag angeschafft oder findet sie einen Anteilseigner ab, so ist ihr Gewinn so zu ermitteln, als hätte sie die Anteile an diesem Stichtag angeschafft.

(2) Haben an dem steuerlichen Übertragungsstichtag Anteile an der übertragenden Körperschaft zu dem Betriebsvermögen eines Gesellschafters der übernehmenden Personengesellschaft gehört, so ist der Gewinn so zu ermitteln, als wären die Anteile an diesem Stichtag in das Betriebsvermögen der Personengesellschaft überführt worden.

(3) Anteile an der übertragenden Körperschaft, die an dem steuerlichen Übertragungsstichtag zu dem Privatvermögen eines Gesellschafters der übernehmenden Personengesellschaft gehört haben, gelten für die Ermittlung des Gewinns als an diesem Stichtag in das Betriebsvermögen der Personengesellschaft eingelegt. Dabei sind die Anteile in den Fällen des § 6 Abs. 1 Ziff. 5 Buchstabe a des Einkommensteuergesetzes stets mit dem Teilwert anzusetzen. Die Vorschriften des § 17 Abs. 4 und des § 22 Ziff. 2 des Einkommensteuergesetzes sind nicht anzuwenden.

§ 7 Stundung der auf den Übernahmegewinn entfallenden Steuern vom Einkommen

Übersteigt die Einkommensteuer oder die Körperschaftsteuer, die auf den Übernahmegewinn und den Erhöhungsbetrag im Sinne des § 5 Abs. 3 entfällt, die nach § 12 anzurechnende Körperschaftsteuer, so kann der Unterschiedsbetrag auf Antrag für einen Zeitraum von höchstens zehn Jahren seit Eintritt der ersten Fälligkeit gegen Sicherheitsleistung gestundet werden. Der gestundete Betrag ist in regelmäßigen Teilbeträgen zu tilgen. Von der Sicherheitsleistung kann nur abgesehen werden, wenn der Steueranspruch nicht gefährdet erscheint und die Stundung für einen Zeitraum von höchstens fünf Jahren gewährt wird. Stundungszinsen werden nicht erhoben.

§ 8 Gewinnerhöhung durch Vereinigung von Forderungen und Verbindlichkeiten

(1) Erhöht sich der Gewinn der übernehmenden Personengesellschaft dadurch, daß der Vermögensübergang zum Erlöschen von Forderungen und Verbindlichkeiten zwischen der übertragenden Körperschaft und der Personengesellschaft oder zur Auflösung von Rückstellungen führt, so darf die Personengesellschaft insoweit eine den steuerlichen Gewinn mindernde Rücklage bilden.

(2) Vorbehaltlich des Absatzes 3 ist die Rücklage in den auf ihre Bildung folgenden drei Wirtschaftsjahren mit mindestens je einem Drittel gewinnerhöhend aufzulösen.

(3) Ist die Rücklage auf Grund der Vereinigung einer vor dem 1. Januar 1955 entstandenen Darlehnsforderung im Sinne des § 7 c des Einkommensteuergesetzes mit der Darlehnsschuld gebildet worden, so ist die Rücklage in den auf ihre Bildung folgenden Wirtschaftsjahren mindestens in Höhe der Tilgungsbeträge gewinnerhöhend aufzulösen, die ohne den Vermögensübergang nach dem Darlehnsvertrag in dem jeweiligen Wirtschaftsjahr zu erbringen gewesen wären. Der aufzulösende Betrag darf 10 vom Hundert der Rücklage nicht unterschreiten. Satz 1 gilt entsprechend, wenn die Rücklage auf Grund der Vereinigung einer Darlehnsforderung im Sinne der bis zum 31. Dezember 1954 geltenden Fassung des § 7 d Abs. 2 des Einkommensteuergesetzes in der Fassung der Bekanntmachung vom

Gesetz über steuerliche Maßnahmen bei Änderung der Unternehmensform

§§ 9–10

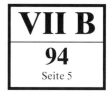

28. Dezember 1950 (BGBl. 1951 I S. 1), zuletzt geändert durch das Gesetz zur Änderung steuerrechtlicher Vorschriften und zur Sicherung der Haushaltsführung vom 24. Juni 1953 (BGBl. I S. 413), mit der Darlehnsschuld gebildet worden ist.

(4) Vereinigt sich infolge des Vermögensübergangs eine nach dem 31. Dezember 1954 entstandene Darlehnsforderung im Sinne des § 7 c des Einkommensteuergesetzes mit der Darlehnsschuld, so ist § 7 c Abs. 5 des Einkommensteuergesetzes nicht anzuwenden.

(5) Vereinigt sich infolge des Vermögensübergangs eine Darlehnsforderung im Sinne des § 17 des Gesetzes zur Förderung der Berliner Wirtschaft mit der Darlehnsschuld, so ist Absatz 3 Satz 3 dieser Vorschrift mit der Maßgabe anzuwenden, daß die Steuerermäßigung mit soviel Zehnteln unberührt bleibt, als seit der Hingabe des Darlehns bis zum steuerlichen Übertragungsstichtag volle Jahre verstrichen sind. Satz 1 gilt sinngemäß für Darlehnsforderungen im Sinne des § 16 des Gesetzes zur Förderung der Berliner Wirtschaft mit der Maßgabe, daß bei Darlehen, die vor dem 1. Januar 1970 gegeben worden sind, an die Stelle von einem Zehntel ein Sechstel, bei Darlehen, die nach dem 31. Dezember 1969 gegeben worden sind, an die Stelle von einem Zehntel ein Achtel tritt.

(6) Die Absätze 1 bis 5 gelten sinngemäß, wenn sich der Gewinn eines Gesellschafters der übernehmenden Personengesellschaft dadurch erhöht, daß eine Forderung oder Verbindlichkeit der übertragenden Körperschaft auf die Personengesellschaft übergeht oder daß infolge des Vermögensübergangs eine Rückstellung aufzulösen ist. Satz 1 gilt nur für Gesellschafter, die im Zeitpunkt der Eintragung des Umwandlungsbeschlusses in das Handelsregister an der Personengesellschaft beteiligt sind.

§ 9 Ermittlung der Einkünfte nicht wesentlich beteiligter Anteilseigner

Haben Anteile an der übertragenden Körperschaft im Zeitpunkt des Vermögensübergangs zum Privatvermögen eines Gesellschafters der übernehmenden Personengesellschaft gehört, der nicht wesentlich im Sinne des § 17 des Einkommensteuergesetzes beteiligt war, so sind ihm

1. der Teil des für Ausschüttungen verwendbaren Eigenkapitals der übertragenden Körperschaft mit Ausnahme des Teilbetrags im Sinne des § 30 Abs. 2 Nr. 4 des Körperschaftsteuergesetzes, der dem Verhältnis des Nennbetrags der Anteile der Summe der Nennbeträge aller Anteile an der übertragenden Körperschaft entspricht, und
2. die nach § 12 anzurechnende Körperschaftsteuer als Einkünfte aus Kapitalvermögen zuzurechnen.

§ 10 Vermögensübergang auf eine Personengesellschaft ohne Betriebsvermögen

(1) Wird das übergehende Vermögen nicht Betriebsvermögen der übernehmenden Personengesellschaft, so sind die infolge des Vermögensübergangs entstehenden Einkünfte abweichend von § 6 Abs. 2 und 3 bei den Gesellschaftern der Personengesellschaft zu ermitteln. Die Vorschriften des § 5 Abs. 2 Satz 1 und Abs. 3, des § 6 Abs. 1, des § 8 Abs. 6 und des § 9 gelten sinngemäß.

(2) In den Fällen des Absatzes 1 sind die Vorschriften des § 17 Abs. 3, § 22 Ziff. 2 und § 34 Abs. 1 des Einkommensteuergesetzes nicht anzuwenden. Ein Veräußerungsgewinn im Sinne des § 17 Abs. 4 des Einkommensteuergesetzes erhöht sich um die nach § 12 anzurechnende Körperschaftsteuer.

Gesetz über steuerliche Maßnahmen bei Änderung der Unternehmensform

§§ 11–14

Zweiter Abschnitt
Vermögensübergang auf eine natürliche Person

§ 11 Sinngemäße Anwendung von Vorschriften des Ersten Abschnitts

(1) Wird das Vermögen der übertragenden Körperschaft Betriebsvermögen einer natürlichen Person, so sind die Vorschriften der §§ 5 bis 8 Abs. 5 sinngemäß anzuwenden.

(2) Wird das Vermögen der übertragenden Körperschaft Privatvermögen einer natürlichen Person, so sind die Vorschriften des § 5 Abs. 2 Satz 1, des § 6 Abs. 1, des § 8 Abs. 1 bis 5 sowie des § 10 Abs. 2 sinngemäß anzuwenden.

Drittes Kapitel
Anrechnung von Körperschaftsteuer

§ 12 Körperschaftsteueranrechung

Die Körperschaftsteuer, die auf den Teilbeträgen des für Ausschüttungen verwendbaren Eigenkapitals der übertragenden Körperschaft im Sinne des § 30 Abs. 1 Nr. 1 und 2 des Körperschaftsteuergesetzes lastet, ist auf die Einkommensteuer oder Körperschaftsteuer der Gesellschafter der übernehmenden Personengesellschaft oder auf die Einkommensteuer der übernehmenden natürlichen Person anzurechnen.

§ 13 Ausschluß der Anrechnung; Steuerpflicht für den Übertragungsgewinn

(1) Die Anrechnung von Körperschaftsteuer nach § 12 ist bei Anteilseignern ausgeschlossen, bei denen der anteilige Übernahmegewinn oder die Einkünfte im Sinne des § 9, § 10 oder § 11 Abs. 2 nicht der Einkommensteuer oder der Körperschaftsteuer unterliegen.

(2) In den Fällen des Absatzes 1 ist der Übertragungsgewinn abweichend von § 4 mit dem Teil steuerpflichtig, der dem Verhältnis des Nennbetrags der Anteile des Anteilseigners zu der Summe der Nennbeträge aller Anteile an der übertragenden Körperschaft entspricht.

Dritter Teil
Vermögensübergang auf eine andere Körperschaft

§ 14 Auswirkungen auf den Gewinn der übertragenden Körperschaft

(1) In der steuerlichen Schlußbilanz für das letzte Wirtschaftsjahr der übertragenden Körperschaft sind die übergegangenen Wirtschaftsgüter insgesamt mit dem Wert der für die Übertragung gewährten Gegenleistung anzusetzen. Wird eine Gegenleistung nicht gewährt, so ist § 3 entsprechend anzuwenden.

(2) Absatz 1 ist auf Antrag nicht anzuwenden, soweit
1. sichergestellt ist, daß der bei seiner Anwendung sich ergebende Gewinn später bei der übernehmenden Körperschaft der Körperschaftsteuer unterliegt und
2. eine Gegenleistung nicht gewährt wird oder in Gesellschaftsrechten besteht.

Gesetz über steuerliche Maßnahmen bei Änderung der Unternehmensform
§§ 15–16

§ 15 Auswirkungen auf den Gewinn der übernehmenden Körperschaft

(1) Für die Übernahme der übergegangenen Wirtschaftsgüter gilt § 5 Abs. 1 Satz 1 sinngemäß.

(2) Bei der Ermittlung des Gewinns der übernehmenden Körperschaft bleibt der Übernahmegewinn oder der Übernahmeverlust im Sinne des § 5 Abs. 5 außer Ansatz. Übersteigen die tatsächlichen Anschaffungskosten den Buchwert der Anteile an der übertragenden Körperschaft, so ist der Unterschiedsbetrag dem Gewinn der übernehmenden Körperschaft hinzuzurechnen. Die Hinzurechnung unterbleibt, soweit eine Gewinnminderung, die sich durch den Ansatz der Anteile mit dem niedrigeren Teilwert ergeben hat, nach § 50 c des Einkommensteuergesetzes nicht anerkannt worden ist. Die Hinzurechnung darf den nach § 14 Abs. 1 ermittelten Wert des übernommenen Vermögens, vermindert um den Buchwert der Anteile, nicht übersteigen. Sind der übernehmenden Körperschaft an dem steuerlichen Übertragungsstichtag nicht alle Anteile an der übertragenden Körperschaft zuzurechnen, so tritt bei der Anwendung des Satzes 3 an die Stelle des Werts des übernommenen Vermögens der Teil dieses Werts, der dem Verhältnis des Nennbetrags der Anteile der übernehmenden Körperschaft zu dem Nennbetrag aller Anteile an der übertragenden Körperschaft entspricht.

(3) Vorbehaltlich des Absatzes 4 tritt die übernehmende Körperschaft bezüglich der Absetzungen für Abnutzung, der erhöhten Absetzungen, der Sonderabschreibungen, der Inanspruchnahme von Bewertungsfreiheit oder eines Bewertungsabschlags, der den steuerlichen Gewinn mindernden Rücklagen sowie der Anwendung der Vorschriften des § 6 Abs. 1 Ziff. 2 Satz 2 und 3 des Einkommensteuergesetzes in die Rechtsstellung der übertragenden Körperschaft ein.

(4) Wirtschaftsgüter, die nach § 14 Abs. 1 in der steuerlichen Schlußbilanz der übertragenden Körperschaft mit dem Wert der Gegenleistung oder mit dem in § 3 bezeichneten Wert angesetzt sind, gelten bei der übernehmenden Körperschaft als mit diesem Wert angeschafft.

(5) § 5 Abs. 2 Satz 2 und § 6 Abs. 1 gelten sinngemäß. § 8 Abs. 1 bis 5 gilt sinngemäß für den Teil des Gewinns aus der Vereinigung von Forderungen und Verbindlichkeiten, der der Beteiligung der übernehmenden Körperschaft am Kapital der übertragenden Körperschaft entspricht.

§ 16 Besteuerung der Gesellschafter der übertragenden Körperschaft

(1) Werden Kapitalgesellschaften im Sinne des § 1 Abs. 1 Nr. 1 des Körperschaftsteuergesetzes nach den Bestimmungen des Ersten Teils des Vierten Buches des Aktiengesetzes oder des Zweiten Abschnitts des Gesetzes über die Kapitalerhöhung aus Gesellschaftsmitteln und über die Verschmelzung von Gesellschaften mit beschränkter Haftung auf Grund eines Verschmelzungsvertrags verschmolzen, so gelten die Anteile an der übertragenden Kapitalgesellschaft, die zu einem Betriebsvermögen gehören, als zum Buchwert veräußert und die an ihre Stelle tretenden Anteile als mit diesem Wert angeschafft.

(2) Gehören Anteile an der übertragenden Kapitalgesellschaft nicht zu einem Betriebsvermögen und sind die Voraussetzungen des § 17 des Einkommensteuergesetzes erfüllt, so gilt Absatz 1 entsprechend mit der Maßgabe, daß an die Stelle des Buchwerts die Anschaffungskosten treten. Die im Zuge der Verschmelzung gewährten Anteile gelten als Anteile im Sinne des § 17 des Einkommensteuergesetzes.

(3) Die Absätze 1 und 2 gelten sinngemäß, wenn das Vermögen einer Körperschaft nach den Vorschriften des Ersten Abschnitts des Umwandlungsgesetzes auf den Hauptgesellschafter übertragen wird und der Hauptgesellschafter ausscheidenden Anteilseignern eigene Anteile gewährt.

(4) In den Fällen der Absätze 1 bis 3 ist § 50 c des Einkommensteuergesetzes auch auf die Anteile anzuwenden, die an die Stelle der Anteile an der übertragenden Kapitalgesellschaft treten.

Vierter Teil
Barabfindung an Minderheitsgesellschafter

§ 17 Anwendung des § 6 b des Einkommensteuergesetzes

Wird ein Anteilseigner der übertragenden Körperschaft aus Anlaß des Vermögensübergangs in bar abgefunden und erhöht sich dadurch sein Gewinn, so ist auf Antrag § 6 b des Einkommensteuergesetzes mit der Maßgabe anzuwenden, daß die Sechsjahresfrist im Sinne des Absatzes 4 Ziff. 2 dieser Vorschrift entfällt.

Fünfter Teil
Gewerbesteuer

§ 18 Gewerbesteuer bei Vermögensübergang auf eine Personengesellschaft oder auf eine natürliche Person

(1) Geht das Vermögen der übertragenden Körperschaft auf eine Personengesellschaft oder auf eine natürliche Person über, so gelten die Vorschriften der §§ 3, 5, 6, 8, 10 Abs. 1, §§ 11 und 17 vorbehaltlich des Absatzes 2 auch für die Ermittlung des Gewerbeertrags.

(2) Der Übernahmegewinn ist nicht zu erfassen, soweit er auf Anteile entfällt, die nach § 6 Abs. 3 als in das Betriebsvermögen eingelegt gelten. Der auf andere Anteile entfallende Teil des Übernahmegewinns ist nur mit einem Drittel anzusetzen, soweit er den Unterschiedsbetrag zwischen den tatsächlichen Anschaffungskosten der Anteile und deren Buchwert übersteigt.

(3) Auf übergegangene Renten und dauernde Lasten finden die Vorschriften des § 8 Ziff. 2 und des § 12 Abs. 2 Ziff. 1 des Gewerbesteuergesetzes keine Anwendung. Satz 1 gilt nicht, wenn die Voraussetzungen für die Hinzurechnung nach den bezeichneten Vorschriften bereits bei der übertragenden Körperschaft erfüllt waren.

(4) Die auf den Übertragungsgewinn entfallende Gewerbesteuer kann auf Antrag für einen Zeitraum von höchstens zehn Jahren seit Eintritt der ersten Fälligkeit gegen Sicherheitsleistung gestundet werden. § 7 Satz 2 bis 4 gilt entsprechend.

§ 19 Gewerbesteuer bei Vermögensübergang auf eine andere Körperschaft

Geht das Vermögen der übertragenden Körperschaft auf eine andere Körperschaft über, so gelten die §§ 14 bis 17 auch für die Ermittlung des Gewerbeertrags. § 18 Abs. 3 ist entsprechend anzuwenden.

Gesetz über steuerliche Maßnahmen bei Änderung der Unternehmensform

§ 20

Sechster Teil
Einbringung eines Betriebs, Teilbetriebs oder Mitunternehmeranteils in eine Kapitalgesellschaft gegen Gewährung von Gesellschaftsanteilen

§ 20 Bewertung des eingebrachten Betriebsvermögens und der Gesellschaftsanteile

(1) Wird ein Betrieb oder Teilbetrieb oder ein Mitunternehmeranteil in eine unbeschränkt körperschaftsteuerpflichtige Kapitalgesellschaft (§ 1 Abs. 1 Nr. 1 des Körperschaftsteuergesetzes) eingebracht und erhält der Einbringende dafür neue Anteile an der Gesellschaft (Sacheinlage), so gelten für die Bewertung des eingebrachten Betriebsvermögens und der neuen Gesellschaftsanteile die Absätze 2 bis 7.

(2) Die Kapitalgesellschaft darf das eingebrachte Betriebsvermögen mit seinem Buchwert oder mit einem höheren Wert ansetzen. Der Ansatz mit dem Buchwert ist auch zulässig, wenn in der Handelsbilanz das eingebrachte Betriebsvermögen nach handelsrechtlichen Vorschriften mit einem höheren Wert angesetzt werden muß. Der Buchwert ist der Wert, mit dem der Einbringende das eingebrachte Betriebsvermögen im Zeitpunkt der Sacheinlage nach den steuerrechtlichen Vorschriften über die Gewinnermittlung anzusetzen hat. Übersteigen die Passivposten des eingebrachten Betriebsvermögens die Aktivposten, so hat die Kapitalgesellschaft das eingebrachte Betriebsvermögen mindestens so anzusetzen, daß sich die Aktivposten und die Passivposten ausgleichen; dabei ist das Eigenkapital nicht zu berücksichtigen. Erhält der Einbringende neben den Gesellschaftsanteilen auch andere Wirtschaftsgüter, deren gemeiner Wert den Buchwert des eingebrachten Betriebsvermögens übersteigt, so hat die Kapitalgesellschaft das eingebrachte Betriebsvermögen mindestens mit dem gemeinen Wert der anderen Wirtschaftsgüter anzusetzen. Bei dem Ansatz des eingebrachten Betriebsvermögens dürfen die Teilwerte der einzelnen Wirtschaftsgüter nicht überschritten werden.

(3) Die Kapitalgesellschaft hat das eingebrachte Betriebsvermögen mit seinem Teilwert anzusetzen, wenn der Einbringende beschränkt einkommensteuerpflichtig oder beschränkt körperschaftsteuerpflichtig ist oder wenn das Besteuerungsrecht der Bundesrepublik Deutschland hinsichtlich des Gewinns aus einer Veräußerung der dem Einbringenden gewährten Gesellschaftsanteile im Zeitpunkt der Sacheinlage durch ein Abkommen zur Vermeidung der Doppelbesteuerung ausgeschlossen ist. Satz 1 gilt nicht, wenn der Einbringende eine juristische Person des öffentlichen Rechts ist oder wenn er eine Körperschaft, Personenvereinigung oder Vermögensmasse ist, die nur steuerpflichtig ist, soweit sie einen wirtschaftlichen Geschäftsbetrieb unterhält.

(4) Der Wert, mit dem die Kapitalgesellschaft das eingebrachte Betriebsvermögen ansetzt, gilt für den Einbringenden als Veräußerungspreis und als Anschaffungskosten der Gesellschaftsanteile. Soweit neben den Gesellschaftsanteilen auch andere Wirtschaftsgüter gewährt werden, ist deren gemeiner Wert bei der Bemessung der Anschaffungskosten der Gesellschaftsanteile von dem sich nach Satz 1 ergebenden Wert abzuziehen.

(5) Auf einen bei der Sacheinlage entstehenden Veräußerungsgewinn ist § 34 Abs. 1 des Einkommensteuergesetzes anzuwenden, wenn der Einbringende eine natürliche Person ist. § 16 Abs. 4 des Einkommensteuergesetzes ist in diesem Fall nur anzuwenden, wenn die Kapitalgesellschaft das eingebrachte Betriebsvermögen mit dem Teilwert ansetzt. In den Fällen des Absatzes 3 kann die Einkommensteuer oder die Körperschaftsteuer, die auf den bei der Sacheinlage entstehenden Veräußerungsgewinn entfällt, in jährlichen Teilbeträgen

von mindestens je einem Fünftel entrichtet werden, wenn die Entrichtung der Teilbeträge sichergestellt ist.

(6) Die Absätze 1 bis 5 gelten entsprechend für die Einbringung der Beteiligung an einer Kapitalgesellschaft in eine andere Kapitalgesellschaft, wenn die Beteiligung das gesamte Nennkapital der Gesellschaft oder alle Kuxe der bergrechtlichen Gewerkschaft umfaßt.

(7) Wird die Sacheinlage durch Umwandlung auf Grund handelsrechtlicher Vorschriften vorgenommen, so gilt auf Antrag als Zeitpunkt der Sacheinlage der Stichtag, für den die Umwandlungsbilanz aufgestellt ist. Dieser Stichtag darf höchstens sechs Monate vor der Anmeldung des Umwandlungsbeschlusses zur Eintragung in das Handelsregister liegen. Das Einkommen und das Vermögen des Einbringenden und der Kapitalgesellschaft sind in diesem Fall so zu ermitteln, als ob der Betrieb mit Ablauf des Umwandlungsstichtags in die Kapitalgesellschaft eingebracht worden wäre. Satz 3 gilt hinsichtlich des Einkommens und des Gewerbeertrags nicht für Entnahmen und Einlagen, die nach dem Umwandlungsstichtag erfolgen. Die Anschaffungskosten der Gesellschaftsanteile (Absatz 4) sind um den Buchwert der Entnahmen zu vermindern und um den sich nach § 6 Abs. 1 Ziff. 5 des Einkommensteuergesetzes ergebenden Wert der Einlagen zu erhöhen.

§ 21 Veräußerung der Gesellschaftsanteile

(1) Werden Anteile an einer Kapitalgesellschaft veräußert, die der Veräußerer oder – bei unentgeltlichem Erwerb der Anteile – der Rechtsvorgänger durch eine Sacheinlage (§ 20 Abs. 1) erworben hat, so gilt der Betrag, um den der Veräußerungspreis nach Abzug der Veräußerungskosten die Anschaffungskosten (§ 20 Abs. 4) übersteigt, als Veräußerungsgewinn im Sinne des § 16 des Einkommensteuergesetzes. § 34 Abs. 1 des Einkommensteuergesetzes ist anzuwenden, wenn der Veräußerer eine natürliche Person ist. § 16 Abs. 4 des Einkommensteuergesetzes ist in diesem Fall mit der Maßgabe anzuwenden, daß sich der Freibetrag danach bemißt, ob die Sacheinlage einen ganzen Betrieb, einen Teilbetrieb oder einen Anteil am Betriebsvermögen umfaßt hat; der sich hiernach ergebende Freibetrag ist im Verhältnis der veräußerten Anteile zu den gesamten durch Sacheinlage erworbenen Anteilen zu ermäßigen. Führt der Tausch von Anteilen im Sinne des Satzes 1 wegen Nämlichkeit der hingegebenen und der erworbenen Anteile nicht zur Gewinnverwirklichung, so treten die erworbenen Anteile für die Anwendung der Sätze 1 bis 3 an die Stelle der hingegebenen Anteile.

(2) Die Rechtsfolgen des Absatzes 1 treten auch ohne Veräußerung der Anteile ein, wenn
1. der Anteilseigner dies beantragt oder
2. der Anteilseigner beschränkt einkommensteuerpflichtig oder beschränkt körperschaftsteuerpflichtig wird oder
3. das Besteuerungsrecht der Bundesrepublik Deutschland hinsichtlich des Gewinns aus der Veräußerung der Anteile durch ein Abkommen zur Vermeidung der Doppelbesteuerung ausgeschlossen wird oder
4. die Kapitalgesellschaft, an der die Anteile bestehen, aufgelöst und abgewickelt wird oder das Kapital dieser Gesellschaft herabgesetzt und an die Anteilseigner zurückgezahlt wird, soweit die Rückzahlung nicht als Gewinnanteil gilt.

Dabei tritt an die Stelle des Veräußerungspreises der Anteile ihr gemeiner Wert. Die auf den Veräußerungsgewinn entfallende Einkommensteuer oder Körperschaftsteuer kann in jährlichen Teilbeträgen von mindestens je einem Fünftel entrichtet werden, wenn die Entrichtung der Teilbeträge sichergestellt ist. Stundungszinsen werden nicht erhoben.

Gesetz über steuerliche Maßnahmen bei Änderung der Unternehmensform
§§ 22–23

(3) Ist der Veräußerer oder Eigner von Anteilen im Sinne des Absatzes 1 Satz 1
1. eine juristische Person des öffentlichen Rechts, so gilt der Veräußerungsgewinn als Gewinn aus einem Betrieb gewerblicher Art dieser Körperschaft,
2. persönlich von der Körperschaftsteuer befreit, so gilt diese Steuerbefreiung nicht für den Veräußerungsgewinn.

(4) Die Absätze 1 bis 3 sind nicht anzuwenden, wenn als Anschaffungskosten der Anteile der Teilwert des eingebrachten Betriebsvermögens maßgebend ist.

§ 22 Einlage der Gesellschaftsanteile in ein Betriebsvermögen

(1) Werden Anteile an einer Kapitalgesellschaft im Sinne des § 21 Abs. 1 in ein Betriebsvermögen eingelegt, so sind sie mit ihren Anschaffungskosten (§ 20 Abs. 4) anzusetzen. Ist der Teilwert im Zeitpunkt der Einlage niedriger, so ist dieser anzusetzen; der Unterschiedsbetrag zwischen den Anschaffungskosten und dem niedrigeren Teilwert ist außerhalb der Bilanz vom Gewinn abzusetzen.

(2) Absatz 1 ist nicht anzuwenden, wenn als Anschaffungskosten der Anteile der Teilwert des eingebrachten Betriebsvermögens maßgebend ist.

§ 23 Sonstige Auswirkungen der Sacheinlage

(1) Setzt die Kapitalgesellschaft das eingebrachte Betriebsvermögen mit dem Buchwert (§ 20 Abs. 2 Satz 2) an, so gelten § 5 Abs. 2 Satz 2 und § 15 Abs. 3 sinngemäß.

(2) Setzt die Kapitalgesellschaft das eingebrachte Betriebsvermögen mit einem über dem Buchwert aber unter dem Teilwert liegenden Wert an, so gilt § 15 Abs. 3 sinngemäß mit der folgenden Maßgabe:
1. Die Absetzungen für Abnutzung oder Substanzverringerung nach § 7 Abs. 1, 4, 5 und 6 des Einkommensteuergesetzes sind vom Zeitpunkt der Einbringung an nach den Anschaffungs- oder Herstellungskosten des Einbringenden, vermehrt um den Unterschiedsbetrag zwischen dem Buchwert der einzelnen Wirtschaftsgüter und dem Wert, mit dem die Kapitalgesellschaft die Wirtschaftsgüter ansetzt, zu bemessen.
2. Bei den Absetzungen für Abnutzung nach § 7 Abs. 2 des Einkommensteuergesetzes tritt im Zeitpunkt der Einbringung an die Stelle des Buchwerts der einzelnen Wirtschaftsgüter der Wert, mit dem die Kapitalgesellschaft die Wirtschaftsgüter ansetzt.

(3) Setzt die Kapitalgesellschaft das eingebrachte Betriebsvermögen mit dem Teilwert an, so gelten die eingebrachten Wirtschaftsgüter als im Zeitpunkt der Einbringung von der Kapitalgesellschaft zum Teilwert angeschafft.

(4) § 8 Abs. 1 bis 5 und § 18 Abs. 3 gelten sinngemäß.

(5) Bei Anteilen im Sinne des § 21 Abs. 1 Satz 1 treten beim Einbringenden die Rechtsfolgen des § 102 des Bewertungsgesetzes auch ein, wenn die zeitlichen Voraussetzungen dieser Vorschrift nicht erfüllt sind.

Gesetz über steuerliche Maßnahmen
bei Änderung der Unternehmensform

§§ 24–25

Siebenter Teil
Einbringung eines Betriebs, Teilbetriebs oder Mitunternehmeranteils in eine Personengesellschaft

§ 24

(1) Wird ein Betrieb oder Teilbetrieb oder ein Mitunternehmeranteil in eine Personengesellschaft eingebracht und wird der Einbringende Mitunternehmer der Gesellschaft, so gelten für die Bewertung des eingebrachten Betriebsvermögens die Absätze 2 bis 4.

(2) Die Personengesellschaft darf das eingebrachte Betriebsvermögen in ihrer Bilanz einschließlich der Ergänzungsbilanzen für ihre Gesellschafter mit seinem Buchwert oder mit einem höheren Wert ansetzen. Buchwert ist der Wert, mit dem der Einbringende das eingebrachte Betriebsvermögen im Zeitpunkt der Einbringung nach den steuerrechtlichen Vorschriften über die Gewinnermittlung anzusetzen hat. Bei dem Ansatz des eingebrachten Betriebsvermögens dürfen die Teilwerte der einzelnen Wirtschaftsgüter nicht überschritten werden.

(3) Der Wert, mit dem das eingebrachte Betriebsvermögen in der Bilanz der Personengesellschaft einschließlich der Ergänzungsbilanzen für ihre Gesellschafter angesetzt wird, gilt für den Einbringenden als Veräußerungspreis. § 16 Abs. 4 und § 34 Abs. 1 des Einkommensteuergesetzes sind nur anzuwenden, wenn das eingebrachte Betriebsvermögen mit seinem Teilwert angesetzt wird.

(4) § 23 gilt sinngemäß.

Achter Teil
Verhinderung von Mißbräuchen; mitbestimmte Unternehmen

§ 25 Wegfall von Steuererleichterungen

(1) Bei einer Umwandlung nach den Vorschriften des Umwandlungsgesetzes oder bei einer Verschmelzung nach den Vorschriften des Gesetzes betreffend Erwerbs- und Wirtschaftsgenossenschaften sind die Vorschriften der §§ 7, 18 Abs. 2 Satz 2 und Abs. 4 nicht anzuwenden, wenn die bei der Anmeldung zur Eintragung in das Handelsregister oder in das Genossenschaftsregister einzureichende Bilanz für einen Stichtag aufgestellt ist, der mehr als sechs Monate vor der Anmeldung liegt.

(2) Die Anwendbarkeit der §§ 8 und 18 Abs. 2 Satz 2 entfällt rückwirkend, wenn die Übernehmerin den auf sie übergegangenen Betrieb innerhalb von fünf Jahren nach dem steuerlichen Übertragungsstichtag in eine Kapitalgesellschaft einbringt oder ohne triftigen Grund veräußert oder aufgibt. Bereits erteilte Steuerbescheide, Steuermeßbescheide, Freistellungsbescheide oder Feststellungsbescheide sind zu ändern, soweit sie auf der Anwendung der in Satz 1 bezeichneten Vorschriften beruhen.

(3) In den Fällen des Absatzes 2 ist die nach den §§ 7 und 18 Abs. 4 gestundete Steuer sofort zu entrichten. Das gleiche gilt, wenn in anderen Fällen die Übernehmerin den auf sie übergegangenen Betrieb innerhalb des Stundungszeitraums veräußert oder aufgibt.